Per Olof C. Aurivillius

Rhopalocera æthiopica

Die Tagfalter des æthiopischen Faunengebietes, eine systematisch-geographische

Studie

Per Olof C. Aurivillius

Rhopalocera æthiopica
Die Tagfalter des æthiopischen Faunengebietes, eine systematisch-geographische Studie

ISBN/EAN: 9783743331310

Hergestellt in Europa, USA, Kanada, Australien, Japan

Cover: Foto ©ninafisch / pixelio.de

Manufactured and distributed by brebook publishing software (www.brebook.com)

Per Olof C. Aurivillius

Rhopalocera æthiopica

RHOPALOCERA ÆTHIOPICA

DIE TAGFALTER DES ÆTHIOPISCHEN FAUNENGEBIETES

EINE SYSTEMATISCH-GEOGRAPHISCHE STUDIE

VON

CHR. AURIVILLIUS

—

MIT 6 TAFELN

—

DER KÖNIGL. AKADEMIE DER WISSENSCHAFTEN VORGELEGT DEN 8. JUNI 1898

—•—

STOCKHOLM 1898
KUNGL. BOKTRYCKERIET. P. A. NORSTEDT & SÖNER

Auf den Gedanken, eine Uebersicht der afrikanischen Tagfalter zu liefern, kam ich zum ersten Male bei der Bearbeitung der reichen Sammlungen, welche von Dr. YNGVE SJÖSTEDT aus Kamerun heimgeführt und dem Reichsmuseum in Stockholm übergeben wurden. Diese Expedition, für deren Verwirklichung das Reichsmuseum dem Mr. F. WARBURG in London und den Herren O. HEILBORN, K. KNUTSSON und G. VALDAU in Stockholm sehr zu Dank verbunden ist, wurde in den Jahren 1890—1892 ausgeführt.

Ausser den Sammlungen, welche von dieser Expedition heimgebracht wurden, besitzt die entomologische Abtheilung des Reichsmuseums noch folgende Sammlungen von Tagfaltern aus Afrika:

1:o. Eine nicht unbedeutende Anzahl von Arten aus Sierra Leona, daselbst am Ende des vorigen Jahrhunderts, 1792—1795, von ADAM AFZELIUS gefangen, von SCHÖNHERR eingekauft und nach seinem Tode nebst seinen übrigen Sammlungen dem Reichsmuseum überliefert.

2:o. Einige seltene, von J. HEDENBORG 1831—40 in Nubien und Kordofan gesammelte Arten.

3:o. Die sehr schöne und reiche Sammlung, welche in den Jahren 1839—1845 von dem berühmten Reisenden und Naturforscher J. A. WAHLBERG hauptsächlich in Natal und Transvaal bis zum Limpopo-Flusse und dann 1853—1856 im Damaralande zusammengebracht wurde. Die Tagfalter dieser Sammlung sind von H. D. J. WALLENGREN unter dem Titel »Rhopalocera Caffrariæ« etc. und in Bidrag till S. Afrikas Fjärilsfauna» bearbeitet worden.

4:o. Eine kleinere Sammlung von Tagfaltern aus dem Kaplande, von Konsul ÅKERberg geschenkt.

5:o. Schmetterlinge aus dem Damara- und Ovampolande, von G. DE VYLDER eingesammelt und vom Verf. in »Lepidoptera Damarensia«, 1879, verzeichnet.

6:o. Mehrere vom Grosshändler F. THEORIN aus Gabun und dem Gebiete des Kamerunflusses heimgesandte Sammlungen. Vergl. N:o 59 und 61 im Literaturverzeichniss.

7:o. Drei von Lieutenant M. JUHLIN-DANNFELT in dem Gebiete des Congoflusses gemachte Sammlungen, von denen das Museum die zwei ersten von DANNFELT selbst erhielt (Vergl. Literaturverzeichniss N:o 41) und die dritte nach DANNFELTS Tode als Gabe vom Hauptmann CLAES GRILL bekam.

8:o. Zahlreiche Arten aus dem Congogebiete, von den Kapitänen A. EKBLOM und C. A. BERTHELIUS eingesammelt.

9:o. Verschiedene Arten von Kamerun, eingesammelt von G. VALDAU, K. KNUTSSON, P. DUSÉN, A. LÖFMARK, P. LINELL u. a.

Ausser diesen von Schweden aus Afrika heimgebrachten Sammlungen hat das Museum durch Kauf oder Tausch auch eine Menge Arten von der Goldküste, aus dem Togolande, aus Ost-Afrika, Abyssinien und von Madagaskar erworben.

Dessen ungeachtet wäre es mir unmöglich gewesen, die vorliegende Arbeit auszuführen, wenn ich nicht Gelegenheit gehabt hätte, die bedeutendsten Museen und privaten Sammlungen in Europa zu besuchen, um in ihnen aufbewahrte seltene Formen und Typen zu untersuchen. Die K. Schwedische Akademie der Wissenschaften, der ich hier dafür meinen besten Dank abstatte, bewilligte mir zu diesem Zwecke das Letterstedtsche Stipendium, wodurch es mir möglich wurde, die Museen in Malmö, Kopenhagen, Greifswald, Berlin, Wien, Frankfurt a. M., Leiden, Brüssel, London und Tring zu besuchen und die reichen Schätze, welche in den privaten Sammlungen von O. STAUDINGER, H. GROSE-SMITH, F. D. GODMAN & O. SALVIN, Miss E. SHARPE und G. WEYMER aufbewahrt werden, zu studieren. Für das freundliche Entgegenkommen, das mir überall erzeigt worden ist, bin ich sehr dankbar.

Bei der Arbeit haben sich indessen immer neue Schwierigkeiten gezeigt und immer neue Fragen sind entstanden, welche nicht mit dem Materiale des Reichsmuseums erledigt werden konnten, wozu noch kam, dass aus Englands und Deutschlands Kolonien, namentlich aber aus dem Congostaate, jährlich viele neue Formen nach Europa gesandt wurden. Ich bin darum genöthigt gewesen, mich in schwierigen Fällen an die geehrten Herren und Kollegen, welche die bedeutendsten Sammlungen besitzen oder verwalten, mit der Bitte um Aufschluss zu wenden. Auch in diesem Falle ist man mir in freundlichster Weise entgegengekommen. Ich erlaube mir hier, in Kürze die Dienste anzuführen, die mir erwiesen worden sind.

Der Direktor der zoologischen Sammlungen des Museums für Naturkunde in Berlin, Herr Geheimerath K. MÖBIUS, hat mir durch Herrn Professor F. KARSCH eine grosse Sammlung von neuen oder zweifelhaften Formen zur Untersuchung und Bestimmung gesandt und mir das in schwedischen Bibliotheken fehlende Werk von WARD, African Lepidoptera, geliehen. Professor KARSCH hat mir gütigst viele Fragen, mit denen ich ihn belästigt, beantwortet.

Dr. O. STAUDINGER in Blasewitz hat mir wiederholt Exemplare aus seiner berühmten Sammlung zur Ansicht gesandt und mir von einigen schwierigen Gruppen, zum Beispiel von den Gattungen *Teracolus*, *Terias* und *Cupido*, sogar sein ganzes Material zur Verfügung gestellt.

Herr G. SEVERIN in Brüssel hat mir mit der Erlaubnis des Herrn Direktor E. DUPONT viele grosse und sehr interessante Sammlungen aus den inneren und entferntesten Gegenden des Congostaates geschickt. Das Museum in Brüssel verdankt diese Sammlungen den Beamten des Congostaates, welche im allgemeinen mit grossem Eifer naturhistorische Gegenstände gesammelt und nach Hause gesandt haben. Für unsere Kenntniss von der Verbreitung der Tagfalter in Central-Afrika sind diese Sendungen von grösster Bedeutung

gewesen, und ich kann darum nicht umhin, hier einige dieser Beamten besonders zu erwähnen und ihnen allen im Namen der Wissenschaft Dank für die Arbeit zu sagen, die sie
für dieselbe geleistet haben. In Bena Bendi am Sankuru-Flusse legte L. CLOETENS sehr
schöne und an neuen und überraschenden Formen reiche Sammlungen an; Hauptman ROM
sammelte am oberen Congo, zwischen Kassongo und den Stanley-Fällen; Lieutenant
COLMANT und EBEUT bei Sassa und Bangasso am oberen Ubangi-Flusse an der äussersten
Nordgrenze des Congostaates; E. WILVERTH bei Umangi, L. MAIRESSE am Maringa, einem
von Lulangas Quellenflüssen, E. DEWÈVRE bei Isangi, P. LE BOULENGÉ bei Luahabourg
an der Lulua, LERMAN bei Popokabaka am Kwango, H. CAMBIER bei Inongo am Leopold II
See, WAELBROECK bei Kinshassa u. s. w.

Dr. A. G. BUTLER und Mr. G. HAMPSON in London haben mehrere an sie gerichtete Fragen beantwortet, und Dr. BUTLER hat ausserdem die Güte gehabt, die jetzt im
Museum in Tring aufbewahrten Felderschen Typen der Gattung *Teracolus* für mich zu
untersuchen und mit den Typen in British Museum zu vergleichen.

Mons. R. OBERTHÜR in Rennes hat mir Auskunft über mehrere von BOISDUVAL's
und WARD's Arten gegeben und mir kolorierte Abbildungen einiger derselben gesandt.

Mr. L. PÉRINGUEY in der Kapstadt hat mir Exemplare von vielen südafrikanischen
Arten, welche früher nicht im Reichsmuseum vertreten waren, verschafft und mir zur
Ansicht ein Stück von *Deloneura immaculata* TRIMEN, einer sehr seltenen Lycaenide, gesandt,
welche in allen europäischen Sammlungen, die ich untersucht habe, fehlt.

Mr. G. CHAMPION hat mir aus GODMANS und SALVINS Sammlung den Typus von
Iolaus laon HEW. gesandt, wodurch eine wichtige synonymische Frage erledigt werden
konnte.

Herr E. SEELDRAYERS in Brüssel hat mir viele neue und seltene Arten, darunter
auch die von ihm neu beschriebenen, geschickt.

Dr. R. GESTRO in Genua hat mir gütigst die uniken Typen von drei von CH. OBER-
THÜR aus Abyssinien beschriebenen Arten gesandt.

Dr. H. REBEL in Wien hat mir einige von ROGENHOFERS Typen sowie eine Sammlung
von seltenen Arten aus Ost-Afrika zur Ansicht geliehen.

Major ALEX. VON HOMEYER in Greifswald hat mir den Typus von *Papilio Homeyeri*
PLÖTZ gesandt, wodurch eine bisher von allen Verfassern übersehene Art sicher gedeutet
werden konnte.

Schliesslich ist hier zu erwähnen, dass mir die Herren E. SUFFERT und H. FRUHS-
TORFER in Berlin einige hauptsächlich von Madagaskar und aus Ost-Afrika stammende
Sammlungen, in denen einige für meine Arbeit wichtige Formen angetroffen wurden, zur
Bestimmung gesandt haben.

Allen, welche mich bei meiner Arbeit in irgend einer Weise unterstützt haben, sage
ich hier meinen wärmsten Dank.

Die Literatur, welche die aethiopische Tagfalterfauna behandelt, ist sehr umfassend
und in einer grossen Anzahl von Zeitschriften und Gesellschaft-Publikationen zerstreut.
Dank der reichen Bibliotek der Akademie der Wissenschaften und der Gefälligkeit vieler
Autoren konnte ich indessen alle diese Arbeiten benutzen.

Ich habe mein Werk in zwei Hauptabschnitte eingetheilt nämlich: in einen speciellen Theil, welcher ein vollständiges Verzeichniss aller Arten nebst ihren Synonymen und ihrer Verbreitung sowie, soweit dieses möglich ist, kurze Uebersichten über die Familien, Gattungen und Arten enthält, und in einen allgemeinen Theil, welcher das Verhältnis zwischen dem æthiopischen und den übrigen Faunengebieten und einige mit der geographischen Verbreitung zusammenhängende, biologische Fragen behandelt.

I.

SYSTEMATISCH-SYNONYMISCHE ABTHEILUNG.

Bevor ich zum Gegenstand dieser Abtheilung übergehe, will ich erst einige Bemerkungen über den Plan der Arbeit und die nomenklatorischen und systematischen Grundsätze, denen ich bei derselben gefolgt bin, vorausschicken.

1. Die geographische Begrenzung und Eintheilung des Gebietes.

Das æthiopische Faunengebiet wird hier ganz wie von WALLACE, SCLATER u. a. aufgefasst; es umfasst demnach ganz Afrika südlich von der Sahara, einen grossen Theil von Arabien und alle Inseln an der West- und Ostküste Afrikas, welche zwischen dem Wendekreise des Krebses und dem 35. südlichen Breitengrad liegen. Die vom Festlande am weitesten entfernten Inseln, welche demnach dem æthiopischen Gebiete angehören, sind Ascension und St. Helena im Atlantischen Ocean und Rodriguez im Indischen Ocean. Das Gebiet ist in geographischer Hinsicht so gut begrenzt, wie man es überhaupt wünschen kann. Gegen Westen, Süden und Osten ist es durch das offene Meer von allen übrigen Gebieten weit getrennt, und im Norden bildet die Sahara ein sehr breites und wenigstens für die Tagfalter unübersteigliches Grenzland zwischen der mittelländischen und der æthiopischen Fauna. Nur in Ost-Afrika stossen diese beiden Faunengebiete längs des Nils an einander. Dort musste deshalb bis auf weiteres eine willkürliche Grenze, der nördliche Wendekreis, gewählt werden. Noch mehr unbekannt sind die Verhältnisse in Arabien. In Ermangelung aller Angaben über die Tagfalterfauna von Ost-Arabien weiss ich nicht, ob dieselbe näher mit der Fauna von Persien, oder mit der æthiopischen Fauna übereinstimmt. Bisher sind nämlich Schmetterlinge nur aus der Umgegend von Aden, von einigen Plätzen an der Westküste Arabiens und von Nord-Arabien bekannt. Im letztgenannten Theil dieses Landes sind die palæarktischen Elemente deutlich vorherrschend. Jedenfalls erstreckt sich die æthiopische Fauna auch in Arabien nicht weiter gegen Norden, als bis zum nördlichen Wendekreise.

Im Betreff der Unterabtheilungen des Gebietes habe ich die jetzige politische Eintheilung von Afrika benutzt. Im Ganzen genommen grenzen in Afrika alle politischen Gebiete mit Ausnahme des Orangefreistaates, Transvaals und Aequatorias, der Provinz Emin Paschas, an das Meer. Sie werden darum immer in der Ordnung aufgezählt, in welcher sie an der Küste liegen. Ich beginne stets in Nordwesten mit Senegal, folge dann der Westküste südwärts bis zu dem Vorgebirge der guten Hoffnung und von dort der Ost-

küste nordwärts bis an den Wendekreis des Krebses. Hierauf kommt Arabien, und diesem
reihen sich, in entgegengesetzter Ordnung, die Inseln, von Sokotra in Nordosten bis zu den
Cap Verde Inseln in Nordwesten, an.

Um alle unnötigen Wiederholungen und Hinweisungen vermeiden, gleichwohl aber
die Quellen anführen zu können, denen die Angaben der Lokale entnommen sind, füge ich
hier ein vollständiges Verzeichniss aller Werke und Abhandlungen bei, welche die Tagfalterfauna eines grösseren oder kleineren Gebietes von Afrika behandeln. In dieses Verzeichniss sind Abhandlungen, welche nur Beschreibungen von neuen Arten enthalten oder
ganz systematisch sind, nicht aufgenommen, da sich dieselben im Synonymenverzeichniss
angeführt finden. Die Länder sind in alphabetischer Ordnung aufgezählt, und bei jedem
Lande finden sich die Werke angegeben, welche die Tagfalterfauna dieses Landes behandeln. Die Abhandlungen sind nummeriert und die Nummern dann jeder Lokalangabe beigefügt, welche aus diesen Abhandlungen genommen ist. Alle diejenige Abhandlungen,
welche erschienen sind, nachdem ich meine Arbeit begonnen hatte, habe ich, um dieselbe nicht zum grossen Theil umzuschreiben zu müssen, in einem Anhange angeführt.

Verzeichniss der bisher veröffentlichten Abhandlungen über die Tagfalter der einzelnen Gebiete Afrikas.

A. Das Festland.

I. Abyssinien.

1. GUÉRIN-MÉNEVILLE, F. E., Insectes dans :Voyage en Abyssinie exécuté pendant les années 1839—1843 par Lefebvre). 4:o, p. 239—390, tab. 1—12. Paris 1849. 8:o. Lepid. diurnes p. 364—386. (60 spp.)
2. BUTLER, A. G. On a collection of Lepidoptera recently received from Abyssinia. — An. N. H. (4) 18, p. 480—490. 1876. (57 spp.)
3. ODERTHÜR, CH. Spedizione italiana nell' Africa equatoriale. Risultati zoologici. 1. Lepidotteri. — An. Mus. Genova 15, p. 129—186, 1880; 18 p. 709—740. 1883. (96 spp.)
Vergl. auch n:o 11, 48.

2. Aequatorial- (Emin Pascha) Provinz.

4. BUTLER, A. G. On the Lepidoptera received from Dr. Emin Pascha. — Proc. Zool. Soc. 1888, p. 56—85. (128 spp.)
Vergl. auch n:o 119.

3. Angola oder Portugies. Süd-West-Africa.

5. BUTLER, A. G., List of the Lepidoptera Rhopalocera sent by Mr Ansell from S.-W. Africa (Kinsembo). — Trans. Ent. Soc. London 1870, p. 524—527. 1871. (59 spp.)
6. BUTLER, A. G., On a small collection of Butterflies from Angola. — Proc. Zool. Soc. 1871, p. 721—725 1872. (24 spp.)
7. DRUCE, H. A list of the collection of Diurnal Lepidoptera made by Mr J. J. Monteiro in Angola with descriptions of some new species. — Proc. Zool. Soc. 1875, p. 406—417. (167 spp.)
8. HEWITSON, W. C. Note on the butterflies of Angola. — MONTEIRO, J. J. Angola and the River Congo. Vol. 2, p. 293—295, 1875. (Allgemeine Bemerkungen ohne besondere Bedeutung.)
9. SNELLEN, P. C. T., Aanteekeningen over Afrikaansche Lepidoptera. — Tijdschr. v. Ent. 25, p. 215—234. 1882.
10. TRIMEN, R., On butterflies collected in tropical South-Western Africa, by Mr A. W. Eriksson. — Proc. Zool. Soc. 1891, p. 59—107. t. 8, 9, 1891. (125 spp.)
Vergl. auch n:o 65, 66, 66 a, 137.

4. Arabien.

11. WALKER, T. A list of the lepidoptera collected by J. K. Lord, Esq., in Egypt, along the African shore of the Red Sea and in Arabia. with descriptions of the species new to science. — Entomologist 5, p. 48 -—57. 1870. (43 spp.)

12. BUTLER, A. G. On a collection of Lepidoptera made by Major J. W. Yerbury at or near Aden. — Proc. Zool. Soc. 1884, p. 472—503, tab. 46, 1885. (42 spp.) Siehe auch n:o 83.

5. Ashante (Goldküste).

13. BUTLER, A. G. Notes on a collection of butterflies recently brought from Cape Coast, West-Africa. -- Ent. M. Mag. 11, p. 57—58. 1874. (12 spp.)

14. HEWITSON, W. C. A list of Butterflies taken on the march to Coomassie by Lieutenant Alwin S. Bell, of the second West India Regiment, between Mansu and the river Prah, with descriptions of new species. — An. N. H. (4) 13, p. 380- 383. 1874. (55 spp.)

15. BUTLER, A. G. On the butterflies of the genus *Teracolus* occurring at Accra, Gold Coast. — Ent. M. Mag. 18, p. 227—230. 1882. (7 spp.)

16. MÖSCHLER, H. B. Beiträge zur Schmetterlingsfauna der Goldküste. — Abhandl. Senckenb. Ges. 15: 1, p. 49—100, 1 tab. 1887. (146 spp.) Vergl. auch n:o 64, 66 a.

6. Benin.

17. PALISOT DE BEAUVAIS, A. M. F. J. Insectes recueillis en Afrique et en Amérique, dans les royaumes d'Oware et de Benin, à Saint-Domingue et dans les Etats Unis, pendant les années 1786—1797. Paris. 1805—1821. Fol. 276 pg. 90 tab. col. — (12 spp.)

7. Britisch Ost-Afrika.

18. GERSTÆCKER, A. Beitrag zur Insektenfauna von Zanzibar. 5. Lepidoptera. — Archiv f. Naturg. 37: 1, p. 357 -361, 1871, und ausführlich in: C. von der DECKENS Reisen in Ostafrika 3: 2, Gliederthiere, p. 363 —384, tab. 15—16. 1873. (29 spp.)

19. ROGENHOFER, A. F. Afrikanische Schmetterlinge des k. k. naturhistorischen Hofmuseums. 2. Gesammelt vom k. u. k. Linienschiffs-Lieutenant L. von Höhnel während der Graf S. von Teleki'schen Expedition 1887—1888. — Annal. naturh. Hofmuseum. Wien, 6. p. 455—465. 1891. (46 spp.) Die Namenliste ist abgedruckt in HÖHNEL: Zum Rudolph-See und Stephanie-See. Wien. 1892, p. 847—849.

20. HAMPSON, G. F. Lepidoptera from the Sabaki River, East Africa, with descriptions of new species. — An. N. H. (6) 7, p. 179 184. 1891. (55 spp.)

21. SHARPE, E. M. List of Butterflies collected by captain J. W. Pringle, R. E., on the march from Teita to Uganda, in British East Africa. — Proc. Zool. Soc. 1894, p. 334—353, 1894, tab. 19. (134 spp.)

22. BUTLER, A. G. On a collection of Lepidoptera from British East Africa, made by Dr J. W. Gregory between the months of March and August 1893. — Proc. Zool. Soc. 1894, p. 557—593, tab. 36, 37. (141 spp.) Vergl. auch n:o 53, 119. 123, 127, 142.

8. Britisch Süd-Afrika.

23. TRIMEN, R. Rhopalocera Africæ australis. London. 1862—1866. 8:o. 353 pg. 6 tab. (222 spp.)
24. TRIMEN, R., & BOWKER, J. H. South African Butterflies. A monograph of the extratropical species. 3 Volumes. London. 1887—89. 8:o. (387 spp.)

a. Kap Kolonie.

25. WULFEN, X. Descriptiones quorundam capensium inscetorum. Erlangæ. 17×6. 4:o. 40 pg. 2 tab. (5 spp.)
26. WALLENGREN, H. D. J. Bidrag till södra Afrikas Fjärilfauna. — Öfvers. Vet. Akad. Förh. 29: 3, p. 41 —61 (1872). (14 spp.)
Siehe auch n:o 66 a.

b. Kaffernland (eigentl.).

27. MÖSCHLER, H. B. Beiträge zur Schmetterlingsfauna des Kaffernlandes. — Verh. z. b. Ges. Wien. 33, p. 267—310, tab. 16. 1884. (76 spp.)

c. Basutoland.

28. TRIMEN, R. Notes on butterflies collected by J. H. Bowker Esq. in Basuto Land, South Africa, with descriptions of some new species. — Trans. Ent. Soc. London. 1870, p. 341—390, 1 tab. (62 sp.)

d. Natal.

29. BOISDUVAL, J. A. Catalogue des Lépidoptères recueillis par M. Delegorgue pendant les années 1838—1844 à Port-Natal, au pays des Amazoulous et dans la contrée de Massilicatzi. — DELEGORGUE, A. Voyage dans l'Afrique australe. Vol. 2, p. 585—602. 1847. (94 spp.)
30. WALLENGREN, H. D. J. Kafferlandets Dagfjärilar, insamlade aren 1838—1845 af J. A. Wahlberg. Lepidoptera Rhopalocera in terra Caffrorum collecta. — Vet. Akad. Handl. (2) 2: 4. 1857. 55 pag. (141 spp.)
31. BUTLER, A. G. On a collection of Lepidoptera from Southern Africa with descriptions of new genera and species. — An. N. H. (4) 16, p. 394—420. 1875. (10 spp.)
32. TRIMEN, R. On some recent additions to the list of South African butterflies. — Trans. Ent. Soc. London 1891, p. 169—178. (6 spp.)
33. SPILLER, A. J. Notes on the rhopalocera of Natal. — Entomol. 13, p. 1—5, 55—58, 80—83. 1880; 15 p. 5—10. 1882.
34. GOOCH, W. D. Notes on the lepidoptera of Natal. — Entomol. 13 p. 226—231, 273—276. 1880; 14 p. 1—7, 35—40. 1881.
Siehe auch n:o 138, 141.

e. Zululand.

Siehe n:o 23, 24, 29, 32.

9. Britisch Süd-Central-Afrika (Rhodesia).

a. Betschuâna Land.

Siehe n:o 23, 24.

b. Kamas Land.

Siehe n:o 24, 26.

c. Matabele Land.

35. WESTWOOD, J. O. Lepidoptera in F. OATES Matabele Land and the Victoria Falls. London. 1881, 8:o, p. 333—358, tab. E—G. (75 spp.) — Edit. 2. London. 1889, p. 340—368, t. 5—7. (74 spp.) Siehe auch n:o 141.

d. Mambunda Reich.

e. Nyassa Land.

36. BUTLER, A. G. On two collections of Lepidoptera sent by H. H. Johnston, Esqu., C. B., from British Central Africa. — Proc. Zool. Soc. 1893, p. 643—684, tab. 60, 1894. (154 spp.)
37. BUTLER, A. G. On collections of Lepidoptera from British Central Africa and lake Tanganyika. — Proc. Zool. Soc. 1895, p. 250—270, tab. 15, 16. 1895. (63 spp.)
38. BUTLER, A. G. On a small collection of Butterflies sent by Mr Richard Crawshay from the country west of lake Nyasa. — Proc. Zool. Soc. 1895, p. 627—634, t. 35, 1895. (18 spp.)
Siehe auch n:o 120, 121, 125, 130, 131.

10. Congo Staat.

39. SNELLEN, P. C. T. Bijdrage tot de Vlinder-Fauna van Neder-Guinea. — Tijdschr. v. Ent. 15, p. 1—110, 1872. (22 spp.) — Mündung des Congo-Flusses.
40. DEWITZ. Von Herrn Dr POGGE in Mukenge (Central-Afrika) und Umgegend gesammelte Rhopaloceren. — Berl. E. Zeit. 30, p. 301—302, tab. 7, 1886. (21 spp.)
41. AURIVILLIUS, CHR. Förteckning öfver en samling Coleoptera och Lepidoptera fran Kongollodens område, skänkt till Riksmuseum af löjtnant M. Julin-Dannfelt. — Öfvers. Vet.-Akad. Förh 44, p. 305—314. 1887. (30 spp.)
42. DEWITZ, H. Westafrikanische Tagschmetterlinge. — Nov. Acta Ac. Nat. Cur. 50:4, 8 pg., 1 tab. 1887. (86 spp.)
43. CAPRONNIER, J. B. Liste des Lépidoptères capturés au Congo par messieurs Thys, Legat, Martini et Machado en 1887. — An. Ent. Belg. 33. Bull., p. 118—126. 1889. (75 spp.)
44. DEWITZ, H. West- und Centralafrikanische Tagschmetterlinge. — Ent. Nachr. 15, p. 101—110, tab. 1—2. 1889. (70 spp.)
45. GODMAN, F. D., & SALVIN, O. Lepidoptera Rhopalocera in: JAMESON, J. S. The Story of the rear column of the Emin Pascha Relief Expedition. London. 1890. 8:o, p. 426—445. (132 spp.)
46. SMITH, H. G. A list of the butterflies collected by Mr William Bonny on the journey with Mr Stanley from Yambuya on the Aruwimi river through the great forest of Central Africa with descriptions of nine new species. — Proc. Zool. Soc. 1890, p. 463—473. 1890. (111 spp.)
47. SHARPE, E. M. On a collection of Lepidoptera from Bangala. — Iris. 4, p. 53—60. 1891. (74 spp.)
Vergl. auch n:o 37, 63, 65, 66, 66 a.

11. Dahomey.

12. Deutsch Ost-Afrika.

48. OBERTHÜR, CH. Etudes d'Entomologie. 3. Faune des Lépidoptères de la côte orientale d'Afrique. Rennes. 1878. 8:o. (78 spp.)

49. BUTLER, A. G. On some lepidoptera from the Victoria Nyanza. — An. N. H. (5) 12. p. 101—107. 1883. (28 spp.)

50. GODMAN, F. D. List of the lepidoptera collected by Mr H. H. Johnston during his recent expedition to Kilima-njaro. — Proc. Zool. Soc. 1885, p. 536—541. 1885. (21 spp.) and in: JOHNSTON, Kilima-Ndjaro Anhang, p. 348.

51. BUTLER, A. G. Descriptions of some new lepidoptera from Kilima-njaro. — Proc. Zool. Soc. 1888, p. 91 —98. 1888. (26 spp.)

52. FROMHOLZ, C. Die Schmetterlinge des Kilimandscharo-Gebietes in: H. MEYER, Ostafrikanische Gletscherfahrten. Leipzig. 1890, p. 334—335. (63 spp.)

53. BUTLER, A. G. List of Lepidoptern in a collection made by Emin Pascha in Central Africa. — An. N. H. (6) 7, p. 40—51. 1891. (72 spp.)

54. ROGENHOFER, A. F. Schmetterlinge, gesammelt von Dr O. Baumann in: O. BAUMANN, Usambara und seine Nachbargebiete. Berlin 1891, 8:o. p. 321—332. (96 spp.)

55. PAGENSTECKER, A. Lepidopteren gesammelt in Ost-Afrika 1888—89 von Dr Franz Stuhlmann. — Jahrb. Hamb. wissensch. Anst. 10, p. 207—262, 1893. (73 spp.)

55 a. REBEL, H., & ROGENHOFER, A. Insekten aus Deutsch Ost-Afrika. I. Lepidopteren. in: BAUMANN, O., Durch Massailand zur Nilquelle. Berlin. 1894, p 323—341. (163 spp.)

Vergl. auch n:o 18, 118, 122, 134, 136.

13. Deutsch Süd-West-Afrika.

a. Owambo-Land.

Siehe n:o 10.

b. Damara Land.

56. AURIVILLIUS, CHR. Lepidoptera Damarensia. Förteckning på fjärilar insamlade i Damaralandet af G. de Vylder åren 1873 och 1874 jemte beskrifning öfver förut okända arter. — Öfvers. Vet.-Akad. Förh. 36: 7, p. 39—69. 1879. (25 spp.)

Vergl. auch n:o 26.

c. Gross Namaqua-Land.

Siehe n:o 23, 24.

14. Elfenbeinküste.

57. MABILLE, P. Voyage du M. Ch. Alluaud dans le territoire d'Assinie en juillet et août 1886. Lépidoptères. — An. E. Fr. (6) 10, p. 17—51. 1890. (86 spp.)

15. Französisch Congo. (Gabun.)

58. CRÜGER, C. Ueber Schmetterlinge von Gaboon. — Verh. Ver. nat. Unterh. Hamburg, 3. p. 133—134. 1878.
59. AURIVILLIUS, CHR. Om en samling fjärilar från Gabun. — Ent. Tidskr., 2. p. 38—47. 1881.

60. CAPRONNIER, J. B. Liste d'une collection de Lépidoptères recueillis au Gabon. — An. Ent. Belg. 33. Bull., p. 141—147. 1889. (94 spp.)

61. AURIVILLIUS, CHR. Verzeichniss einer vom Herrn Fritz Theorin aus Gabun und dem Gebiete des Camerun-flusses heimgebrachten Schmetterlingssammlung. — Ent. Tidskr., 12, p. 193—228, tab. 1—3, 1891. (226 spp.) Vergl. auch n:o 63, 64, 65, 66.

16. Guinea (im Allgem.)

62. THUNBERG, C. P. Fauna Guineensis. Upsaliae 1823, 4:o, 10 pg. (62 spp.)

63. MABILLE, P. Catalogue des Lépidoptères de la côte occidentale d'Afrique. — Bull. Soc. Zool. Fr., 1, p. 194—203, 274—281, 1876; 2, p. 214—240. 1877. (180 spp.)

64. PLÖTZ, C. Verzeichniss der von Professor Dr. R. Buchholz in West-Africa — vom 5 Gr. nordl. bis 3 Gr. südl. Breite, auf dem Camerons-Gebirge in ungefährer Höhe von 4,000 Fuss und auf der Insel Fernando Po vom August 1872 bis November 1875 — gesammelten Schmetterlinge. — Stett. Ent. Zeit., 40. p. 353 —364, 1879; 41, p. 76—88, 189—206, 298—307, 477—478, 1880. (280 spp.)

65. DEWITZ, H. Afrikanische Tagschmetterlinge. — Nov. Acta Ac. Nat. Cur. 41: 2, n:o 2, p. 173—210, tab. 25, 26. 1879. (100 spp. aus Chinchoxo, 146 spp. aus dem Lunda Reich.)

66. FROMHOLZ, C. Verzeichniss der von Herrn Dr. Richard Büttner in West-Afrika gesammelten Rhopaloceren. — Berl. Ent. Zeitschr., 31, p. 89—92. 1887. (99 spp.)

66 a. HOLLAND, J. W. Lepidoptera in C. V. RILEY Scientific Results of the U. S. Eclipse expedition to West-Africa 1889—1890. Report upon the Insecta, Arachnida and Myriopoda. — Proc. U. S. Nat. Mus., 16, p. 565—590. 1894. (33 spp.)

17. Kamerun.

67. BUTLER, A. G. On two small collections of African Lepidoptera recently received from Mr H. H. Johnston. — Proc. Zool. Soc. 1887, p. 567—574. (9 spp. von Kamerun und 55 spp. von Rio del Rey.)

68. PREUSS, P. Ueber entomologische Beobachtungen auf der Barombi Station. — Berl. Ent. Zeitschr., 33, p. (17)—(29). 1889.

69. KARSCH, F. Insecten von Baliburg (Deutsch Westafrika), gesammelt von Herrn Dr. Eugen Zintgraff. — Ent. Nachr., 18, p. 161—183. 1892. (60 spp.)

70. SJÖSTEDT, Y. Från Kamerun. Några drag ur insektlifvet kring Bonge vid tiden mot torrperiodens in-trädande. — Ent. Tidskr., 14, p. 97—119. 1893.

71. AURIVILLIUS, CHR. Beiträge zur Kentniss der Insektenfauna von Kamerun. 2. Tagfalter 1—4. — Ent. Tidskr., 14, p. 257—292, tab. 3—6, 1893; 15, p. 273—314, tab. 4—6, 1894; 16, p. 195—220, 255—268, tab. 2, 3, 1895. (329 spp.)

72. KARSCH, F. Papilioniden aus Kamerun gesammelt, von Herrn Dr Paul Preuss. — Berl. Ent. Zeitschr., 38, p. 367—372. 1893. (24 spp.) Vergl. auch n:o 61, 64, 137.

18. Kordofan.

19. Liberia.

73. (RITSEMA, C.?) Schmetterlinge in: J. BÜTTIKOFER, Reisebilder aus Liberia, 2, p. 482—483. 1890. (105 spp.)

20. Niger-Fluss-Gebiet.

74. GODMAN, F. D., SALVIN, O., & DRUCE, H. On the lepidoptera collected by the late W. A. FORBES on the banks of the Lower Niger. Proc. Zool. Soc. 1884, p. 219--229, tab. 17. (50 spp.)
Siehe auch n:o 126.

21. Nubien.

75. MANDERS, N. Field Notes at Suakin. — Ent. M. Mag., 22, p. 277—279. 1886.
Vergl. auch n:o 11, 133.

22. Old Calabar.

Siehe n:o 67.

23. Orange Republik.

Siehe n:o 23, 24, 30.

24. Portugisisch Ost-Afrika.
(Küste von Mossambik.)

a. Delagoa Bay.

76. MONTEIRO, R. Delagoa Bay: its natives and natural history. London. 1891. 8:o. 8 + 274 pg. 1 tab.
Vergl. auch n:o 24.

b. Manicaland.

77. TRIMEN, R. On a collection of Butterflies made in Manica, Tropical South-East Africa by Mr F. C. Selous in the year 1892. — Proc. Zool. Soc. 1894, p. 14 - 82, tab. 4 - 6. (165 spp.)

c. Zambezi.

Siehe n:o 79.

d. Mossambique.

78. BERTOLONI, G. Illustrazione dei prodotti naturali del Mozambico. Dissertazione 1. Insetti Lepidotteri Diurni. — Mem. Acad. Sc. Istit. Bologna, 2, p. 167--187, tab. 1. 1851. -- Separat, Bologna. 1851. 4:o. 24 pg. 1 tab. (16 spp.)
79. HOPFFER, C. Die Schmetterlinge in W. C. H. PETERS Reise nach Mossambique. Zoologie, 5, p. 349 - 438, tab. 21—28. 1862. (85 spp.)
Siehe auch n:o 140.

25. Senegal.

80. ODERTHÜR, CH. Note sur une collection de Lépidoptères de la région du Haut-Sénégal. An. E. Fr. (6) 3. Bull., p. 11—13. 1883. (23 spp.)

26. Sierra Leona.

81. SCHAUS, W., & CLEMENTS, W. G. On a collection of Sierra Leone Lepidoptera. London. 1893, 8:o.
46 pg. 3 tab. (211 spp.)

27. Somaliland (Italienisches).

82. BUTLER, A. G. An account of two collections of Lepidoptera recently received from Somali-land. — Proc.
Zool. Soc. 1885, p. 756 - 776, tab. 47, 1886. (52 spp.)
83. BUTLER, A. G. On the butterflies obtained in Arabia and Somaliland by Capt. Chas. G. Nurse and Colonel
J. W. Yerbury in 1894 and 1895. — Proc. Zool. Soc. 1896, p. 242 - 257, tab. 10, 1896.
Vergl. auch n:o 11, 128, 129, 132, 139.

28. Togoland.

84. KARSCH, F. Die Insecten der Berglandschaft Adeli im Hinterlande von Togo etc. — Berliner Ent. Zeitschr.
38, p. 1—266, tab. 1 - 6; Lepidoptera Rhopalocera, p. 167— 266, tab. 6. (220 spp.)

29. Transvaal.

85. WALLENGREN, H. D. J. Insecta Transvaaliensia. Bidrag till Transvaalska republikens i södra Afrika In-
sektfauna. — Öfvers. Vet. Akad. Förh. 32: 1, p. 83—137. 1875. (70 spp.)
86. DISTANT, W. L. A naturalist in the Transvaal. London. 1892, 8:o. 277 pg. 5 tab. Rhopalocera, p.
231—235. (71 spp.)
Siehe auch n:o 23, 24, 30, 32, 135.

B. Die Inseln.

29 b. Aldabra.

Siehe n:o 124.

30. Ascension.

87. Mc LACHLAN, R. Destructive Insects in the Island of Ascension.   Ent. M. Mag., 15, p. 79—80. 1878.
(2 spp.; Vanessa cardui, Lycaena baetica).
Siehe auch n:o 66 a.

31. Bourbon (I. Réunion).

88. GUENÉE, A. Lépidoptères, in MAILLARD, L. Notes sur l'île de la Réunion (Bourbon). Paris. 1862. Annexe G. 72 pg., tab. 22 - 23. (22 spp.)

32. Cap Verde Inseln.

Siehe n:o 66 a.

33. Comoren.

89. BUTLER, A. G. On a collection of Lepidoptera from the Island of Johanna. An. N. H. (5) 3, p. 186 —192. 1879. (24 spp.)
90. OBERTHÜR, CH. Lépidoptères des Iles Comorres. Etudes d'Entom. 13, p. 9 15. 1890. (11 spp.) Siehe auch n:o 98.

34. Fernando Po.

91. BOLIVAR, I. Articulados en: OSSORIO, A., Fernando Po y el golfo de Guinea. Anales Hist. Nat. Madrid, 15, p. 341--348. (1 sp.)

35. I. do Principe.

92. SNELLEN, P. C. T. Lepidoptera van het Prinsen-Eiland. — Tijdschr. v. Ent. 16, p. 71—74. 1873. (11 spp.)

36. Madagaskar.

93. BOISDUVAL, J. A. Faune Entomologique de Madagascar, Bourbon et Maurice. Lépidoptères. Paris. 1833. 8:o, 122 pg., 16 tab. (71 spp.)
94. HEWITSON, W. C. A list of diurnal Lepidoptera taken in Madagascar by Caldwell. Proc. Zool. Soc. 1863, p. 64—65, t. 11.
95. TRIMEN, R. On the Butterflies of Madagascar. — Quart. Journ. of Science. London. 1, p. 648 654. 1864.
96. GUENÉE, A. Lépidoptères dans: A. VINSON, Voyage à Madagascar. Paris. 1865. Annexe F., p. 25—48.
97. GRANDIDIER, A. Description de quatre espèces nouvelles de Lépidoptères découvertes sur la côte sud-ouest de Madagascar. — Rev. Mag. Zool. (2) 19, p. 272 275. 1897.
98. SNELLEN VAN VOLLENHOVEN, S. C. Recherches sur la faune de Madagascar et de ses dépendances d'après les découvertes de F. P. L. Pollen et D. C. van Dam. 5: 1 Insectes. Lépidoptères p. 3—5. Leyde. 1869, 4:o. (32 spp.)
99. KEFERSTEIN, A. Entomologische Notizen aus dem Tagebuche des zu Madagascar verstorbenen Herrn Tollin. — Jahrb. Akad. Erfurt (2) 6, p. 1 — 17. 1870.
100. BUTLER, A. G. On a collection of Lepidoptera recently received from Madagascar. — An. N. H. (5) 2, p. 283—297. 1878. (41 spp.)
101. BUTLER, A. G. On a collection of Lepidoptera from Madagascar. — Cist. Ent. 2, p. 389- 394. 1879. (17 spp.)
102. MABILLE, P. Note sur une petite collection de Lépidoptères recueillis à Madagascar. - Le Natural 1: 1, p. 3—4; 1: 3, p. 4—5. 1879. (28 spp.)
103. SAALMÜLLER, M. Mittheilungen über Madagaskar. seine Lepidopterenfauna etc. — Ber. Senckenb. Ges. 1877—78, p. 71—96, 1879. (52 spp.); 1878—79, p. 122—126.
104. BUTLER, A. G. On a collection of Lepidoptera from Madagascar, with descriptions of new genera and species. An. N. H. (5) 5, p. 333 –344, 384—395. 1880. (25 spp.)
105. MABILLE, P. Note sur une collection de Lépidoptères recueillis à Madagascar. -- An. E. Belg. 23. Bull. p. 104—109. 1880. (17 spp.)
106. SAALMÜLLER, M. Lepidopteren von Madagascar. 1. 2. Frankfurt a. Main. 1884. 1891. 1:o. 531 pg. 14 tab. (265 spp.)
107. MABILLE, P. Histoire naturelle des Lépidoptères dans: A. GRANDIDIER, Histoire physique, naturelle et politique de Madagascar. Paris. 4:o. Tom. 1: 1. Rhopalocères. Texte. 1887. 364 pg.; Tom. 2: 1. Atlas. 1885. 55 tab. (255 spp.)

108. BRANCSIK, K. Beiträge zur Kenntniss Nossibé's und dessen Fauna nach Sendungen und Mittheilungen des Herrn P. Frey. — Jahresh. nat. Ver. Trencsén. Comit. 13— 14, p. 123—167, tab. 7. 1891. Lepidoptera, p. 161—164. (44 spp.)

37. Mauritius.

109. TRIMEN, R. Notes on the Butterflies of Mauritius. — Trans. Ent. Soc. London (3) 5. p. 329—344. 1866. (26 spp.)
Vergl. auch n:o 93.

38. Rodriguez.

110. BUTLER, A. G. Transit of Venus Expeditions. Collections from Rodriguez. Lepidoptera. — Philos. Trans. Vol. 168, p. 541—544. (7 spp.)

39. S:t Helena.

111. MELLISS, J. CH. S:t Helena: a physical, historical and topographical description of the island. London. 1875. 8:o. (4 spp.)
112. WOLLASTON, T. V. Notes on the lepidoptera of S:t Helena, with descriptions of new species. — An. N. H. (5) 3, p. 219—233, 329—343, 415—441. 1879. (4 spp.)
Siehe auch n:o 66 a.

40. S:t Thomé.

113. SHARPE, E. M. Descriptions of new species of Butterflies from the island of S:t Thomas, West-Africa. — Proc. Zool. Soc. 1893, p. 553—558. (26 spp.)

41. Seychellen.

114. PIKE, N. A visit to Seychelles islands aug —sept. 1871. — Trans. Roy. Soc. of Mauritius. 1872. (2 spp.) nach Joannis.
115. JOANNIS, J. DE. Mission scientifique de M. Ch. Alluaud aux iles Séchelles. Lépidoptères. — An. E. Fr. 63, p. 425—438, 1894. (14 spp.)
Siehe auch n:o 124.

42. Socotra.

116. BUTLER, A. G. On the lepidoptera collected in Socotra by J. B. Balfour. — Proc. Zool. Soc. 1881, p. 175—180. t. 18. (11 spp.)
117. TASCHENBERG, O. Beiträge zur Fauna der Insel Sokotra, vorzüglich nach dem von Herrn Dr. Emil Riebeck aus Halle a. S. gesammelten Materiale zusammengestellt. — Zeitschr. f. Naturw. 56, p. 157—185. 1883. (7 spp.)

Nachtrag.

118. LANZ, H. Besprechung der von Dr. Bumiller 1893 aus Ost-Afrika mitgebrachten Schmetterlinge. — Iris 9, p. 113—147. 1896. (104 spp.)
119. BUTLER, A. G. On Lepidoptera recently collected in British East Africa by Mr G. F. Scott Elliot. — Proc. Zool. Soc. 1895, p. 722—742, t. 42, 43. 1896.
120. BUTLER, A. G. On a small collection of Butterflies made by Consul Alfred Sharpe at Zomba, British Central Africa. — Proc. Zool. Soc. 1895, p. 720—721. 1896.

121. BUTLER, A. G. On a collection of Butterflies obtained by Mr Richard Crawshay in Nyasa Land, between the months of Januari and April 1895. — Proc. Zool. Soc. 1896, p. 108 –136, tab. 6. 1896.

122. HOLLAND, W. J. List of the Lepidoptera collected in Eastern Africa by Dr. W. L. Abbott, with descriptions of some apparently new species. — Proc. U. S. Nat. Museum, 18, p. 229 –258, tab. 7, 8. 1895. (91 spp.)

123. HOLLAND, W. J. List of the Lepidoptera collected in Somali-Land. East-Africa, by Mr William Astor Chanler and Lieutenant von Hoehnel. — Proc. U. S. Nat. Mus. 18, p. 259—264. 1895. (48 spp.) (Brit. Ost-Afrika; nicht Somali.)

124. HOLLAND, W. J. List of the Lepidoptera from Aldabra, Seychelles and other East-African Islands, collected by Dr W. L. Abbott. — Proc. U. S. Nat. Mus. 18, p. 265 –273, tab. 8. 1895. (18 spp.)

125. BUTLER, A. G. On a small collection of Lepidoptera sent from Nyasa in 1895 by Mr R. Crawshay. — An. N. H. (6) 18, p. 67—75. 1896. (28 spp.)

126. CARPENTER, G. H. A collection of Lepidoptera from Lokoja, West Africa. Proc. R. Dublin Soc. (2) 8, p. 304—310. 1895. (54 spp.)

127. HOLLAND, W. J. List of the Lepidoptera collected in East-Africa, 1894, by Mr William Astor Chanler and Lieutenant Ludwig von Höhnel. — Proc. U. S. Nat. Museum, 18, p. 741 –767. 1896. (118 spp.)

128. SHARPE, EMILY M. List of Lepidoptera collected in Somali-Land by Mrs E. LORT PHILLIPS. — Proc. Zool. Soc. 1896, p. 523 –529. (71 spp.)

129. SHARPE, EMILY M. List of Lepidoptera obtained by Dr A. DONALDSON SMITH during his recent expedition to lake Rudolf. — Proc. Zool. Soc., 1896, p. 530—537. (91 spp.)

130. BUTLER, A. G. On two collections of Lepidoptera made by Mr R. Crawshay in Nyasa-land. — Proc. Zool. Soc., 1896, p. 817—850, t. 41, 42. 1897. (120 spp.)

131. BUTLER, A. G. On a collection of Lepidoptera from Nyasa-land presented to the Museum by sir Harry Johnston, K. C. B., and collected by Mr J. B. Yule. — Proc. Zool. Soc. 1896, p. 851—855, t. 13. 1897. (89 spp.)

132. BUTLER, A. G. On a collection of Lepidoptera obtained in the Arusa Galla country in 1894 by Mr F. Gillett. — Proc. Zool. Soc. 1897, p. 692—695. (55 spp.)

133. SHARPE EMILY M. A list of the lepidopterous insects collected on the Red Sea, in the neighbourhood of Suakim, by Mr Alfred J. Cholmley. — Proc. Zool. Soc. 1897, p. 775 –777. (24 spp.)

134. KARSCH, F. Neue Eingänge deutsch-ostafrikanischer Insecten im Museum für Naturkunde zu Berlin. I — Ent. Nachr., 23, p. 366—372. 1897. (35 spp.)

135. DISTANT, W. L. The Butterflies of Transvaal. — An. Nat. Hist. (7) 1, p. 47—56. 1898. (238 spp.)

136. KARSCH, F. Neue Eingänge deutsch-ostafrikanischer Insecten im Museum für Naturkunde zu Berlin. II. Von Herrn Premierlieutenant Glauning in Mpwapwa gesammelte Lepidopteren. — Ent. Nachr. 24, p. 97 – 105. 1898. (58 spp.)

137. DEWITZ, H. Lepidoptera in: WISSMAN, H., WOLF, L., FRANÇOIS, C. VON, und MUELLER, H. Im Innern Afrikas. Leipzig, 1888, 8:o, p. 449. (14 spp. aus Kamerun, 13 spp. aus Malange in Angola.)

138. BUTLER, A. G. On three consignments of Butterflies collected in Natal in 1896 and 1897 by Mr Guy A. K. Marshall. — Proc. Zool. Soc. London 1897, p. 835—857, tab. 50. 1898. (117 spp.)

139. BUTLER, A. G. On a small collection of Lepidoptera made by Mr F. Gillett in Somali-land. — Proc. Zool. Soc. London 1897, p. 923—925. 1898. — (25 spp.)

140. BUTLER, A. G. On a collection of Lepidoptera made by Mr F. V. KIRBY, chiefly in Portuguese East Africa. — Proc. Zool. Soc. London 1898, p. 49 –58. 1898. — (80 spp.)

141. BUTLER, A. G. On the Lepidopterous insects collected by Mr G. A. K. MARSHALL in Natal and Mashonaland in 1895 and 1897. -- Proc. Zool. Soc. London 1898, p. 186 –201, tab. 20. 1898. – (99 spp.)

142. SHARPE, E. M. A list of the lepidoptera collected by Mr Arthur H. Neumann, in: NEUMANN, A. H., Elephant Hunting in East Equatorial Africa. London. 1898, 8:o. Appendix, p. 437--447, tab. color. (152 spp.)

2. Der Umfang des Begriffs Tagfalter (Rhopalocera).

Der Name Tagfalter (*Rhopalocera*) wurde bis in die letzten Jahre hinein in so weitem Sinne gebraucht, dass man zu den Tagfaltern auch die Familie der Hesperiiden zählte. Diese Familie weicht aber in vielen Beziehungen so sehr von den übrigen Tagschmetter-lingen ab, dass sie wahrscheinlich einen selbständigen Ursprung hat und also nicht mit den übrigen Tagfalterfamilien in derselben systematischen Abtheilung vereinigt bleiben darf. Wenn man nämlich davon absieht, dass die Hesperiiden bei Tage fliegen und dass ihre Fühler am Ende mehr oder weniger verdickt sind, so findet man zwischen ihnen und den ächten Rhopaloceren kaum andere wesentliche Aehnlichkeiten. Uebrigens giebt es auch unter den Heteroceren Formen, welche bei Tage fliegen und mehr oder weniger gekolbte Fühler haben.

Mit HAASE und E. REUTER betrachte ich darum die Hesperiiden als eine selbständige, mit den *Rhopalocera* gleichwertige Abtheilung, *Grypocera*, und lasse sie aus diesem Grunde hier unberücksichtigt. Einen Anlass dazu finde ich auch noch darin, dass HOLLAND neulich eine vollständige und sehr verdienstvolle Arbeit[1] über alle aus Afrika bekannten Hesperiiden veröffentlicht hat.

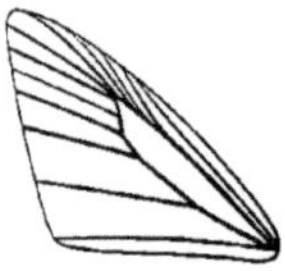

Für diejenigen, welche die Hesperiiden nicht genau kennen, sei hier erwähnt, dass sie kleine oder mittelgrosse Schmetterlinge mit kur-zem und kräftig gebautem Körper und breitem Kopfe sind. Die Augen und die Fühler sind deshalb weit von einander getrennt und die Palpen, besonders wenn man sie von unten sieht, gewöhnlich sehr breit. Am sichersten können die Hesperiiden von den Rhopaloceren dadurch unter-schieden werden, dass die Vorderflügel 12 Rippen haben, welche, mit Ausnahme der 1 und 12, frei von einander unmittelbar aus der Mittelzelle entspringen (vergl. Fig. 1). Die Fühlerkeule ist gewöhnlich an der Spitze hakenförmig gebogen.

Fig. 1. Vorderflügel von *Acallopistes holocausta* MAB. (nach HOLLAND).

3. Nomenklatorisches.

Die Namen der Gattungen und Arten sind überall nach dem Prioritätsprinzipe ge-wählt. Hinsichtlich der Gattungsnamen muss jedoch hervorgehoben werden, dass ich ohne jedes Bedenken alle Gattungsnamen, welche nicht von einer die Kennzeichen der Gattung angebenden Beschreibung begleitet sind, verworfen habe. Es giebt gewiss nichts, was eine so grosse Verwirrung in der Benennung der Schmetterlinge hervorgerufen hat, wie die Kühnheit einiger Verfasser, die Gattungsnamen in HÜBNER's Tentamen», in BILL-

[1] A preliminary revision and synonymic catalogue of the Hesperiidæ of Africa and the adjacent islands. Proc. Zool. Soc. London 1896, p. 2—107; tab. 1—5.

BERG's »Enumeratio» und in verschiedenen anderen, ebenso werthlosen Schriften für prioritätsberechtigt zu halten, obgleich diese Namen von keiner Beschreibung begleitet sind und
nur auf eine oder mehrere Arten bezogen werden. Wenn solche Namen wirklich an-
erkannt werden sollten, würde es auch dem unkundigsten Dilettanten frei gestellt sein,
eine beliebige Anzahl von neuen Gattungsnamen zu schaffen; denn wenn man nicht die
Pflicht hat, die neuen Gattungen zu begründen, braucht man auch keine Ahnung von
Gattungskennzeichen, ja nicht einmal von den Arten der Gattung zu haben, sondern nur
den Mut zu besitzen, neue Gattungsnamen mit alten Artnamen zu verbinden. Alle solche
Nomina nuda» müssen deshalb von jedem, welcher das wissenschaftliche Ansehen der
Lepidopterologen bewahrt sehen will, verworfen werden. Dieselben sind auch in allen
übrigen Abtheilungen der Zoologie einstimmig verworfen worden.

Es wurde behauptet, dass eine Gattung durch die Feststellung eines Typus bestimmt
(»defined») sei. Dies ist jedoch durchaus nicht der Fall, denn wenn ich auch weiss, dass
eine Art einer Gattung angehört, so weiss ich doch deshalb noch nichts von der Begrenzung und dem Umfange dieser Gattung. Die Gattung kann dessen ungeachtet in jedem
beliebigen Sinne aufgefasst werden. Damit ist auch noch ein anderer Uebelstand verbunden, welcher in einer wahren Wissenschaft nicht existieren darf. Wenn nun auch eine
Gattung nur durch die Angabe eines Types begründet sein könnte, so würde sie doch für
Jedermann, der den Typus nicht besitzt oder sich denselben nicht verschaffen kann, unbekannt
bleiben. Wenn nun die typische Art eine sehr seltene Art oder sogar ein Unikum ist,
welches Jahreszehnte nicht wieder gefunden wird, so bleibt die Gattung für lange Zeit
ein völliges Rätsel.

Ein aus der afrikanischen Fauna stammendes Beispiel mag hier erwähnt werden.
BOISDUVAL führt in seinem Verzeichnisse von Delegorgues Schmetterlingen aus Süd-Afrika
auch eine Art als *Euriphene caerulea* n. sp. auf. Der Gattungsname kommt hier zum
ersten Male in der Literatur vor; die Gattung wird aber nicht beschrieben, ja nicht einmal
als neu bezeichnet, sondern als schon bekannt behandelt. Dagegen wird die Art als neu
beschrieben und mit einigen anderen Arten verglichen. Die Anhänger der Lehre von der
Begründung einer Gattung durch einen Typus behaupten nun, dass die Gattung *Euriphene*
1847 von BOISDUVAL aufgestellt wurde und den Typus *E. caerulea* habe. Diese Art ist
aber allen Verfassern unbekannt geblieben und in Süd-Afrika nie wieder gefunden worden.
Wie konnte man also wissen, was *Euriphene* BOISD. ist? Von Herrn R. OBERTHÜR in
Rennes habe ich indessen eine Abbildung des typischen Stückes mit der Bemerkung erhalten, dass auf dem Zettel des Typus »Côte de Guinée« steht. Diese Abbildung zeigt sofort,
dass *E. caerulea* BOISD. der von KARSCH 1893 von *Euryphene* WESTW. getrennten Gattung
Diestogyna angehört. Soll nun *Diestogyna* KARSCH gegen *Euryphene* BOISD. ausgetauscht
und der Gattung *Euryphene* WESTW. sens. str. ein neuer Name gegeben werden? Nach
meiner Ansicht wäre dies eine offenbare Ungerechtigkeit. Eine Gattung *Eury(i)phene* exi-
stierte nicht, ehe sie 1850 so vortrefflich von WESTWOOD beschrieben wurde, und KARSCH
war daher 1893 völlig berechtigt, die Gattung *Diestogyna* von WESTWOOD's Gattung zu
trennen, um so mehr, als aus WESTWOOD's Beschreibung deutlich hervorgeht, dass er seine
Gattung *Euryphene* auf die Formen gegründet hatte, welche von KARSCH in der Gattung
Euryphene gelassen wurden.

Gemäss diesem Grundsatze habe ich in dem Synonymenverzeichnisse, welches den Gattungsnamen beigefügt ist, nur diejenigen Verfasser angeführt, welche die Gattungskennzeichen besprechen. Wenn die Gattung in weiterem oder engerem Sinne als hier aufgefasst wurde, ist dieses durch die Zeichen < und > vor dem Gattungsnamen angegeben. Bei den Artsynonymen habe ich die Gattungsnamen nicht angeführt, theils weil dieselben gewöhnlich schon aus den Gattungssynonymen hervorgehen, theils weil viele Verfasser sich gar nicht mit Gattungskennzeichen befassen und es also ohne Bedeutung ist, zu welcher Gattung sie die Art gezählt haben. Mich dem nunmehr allgemeinen Brauch anschliessend, habe ich die Artnamen mit Ausnahme der Genitive der Eigennamen mit kleinem Anfangsbuchstaben geschrieben. So lange nämlich sowohl in der lateinischen, wie auch in anderen Sprachen die Eigennamen in Nominativus mit grossem Anfangsbuchstaben geschrieben werden, scheint es mir nothwendig, sie auch im Genitivus mit grossem Anfangsbuchstaben zu schreiben, weil sonst der Name eine andere Bedeutung erhält. So lange man nämlich z. B. Professor KARSCH schreibt, muss man auch *Diestogyna Karschi* und nicht *karschi* schreiben. Ganz anders verhält es sich mit solchen Artnamen wie *pylades*, *nireus*, *priamus* u. v. a. Dieselben sind zwar ursprünglich Eigennamen, werden aber in der Zoologie nicht als Eigennamen, sondern als Appellative, als Artnamen, gebraucht.

4. Bemerkungen zur Systematik.

Hinsichtlich der Systematik habe ich in erster Linie versucht, die Gattungen so scharf wie möglich zu begrenzen und die Arten den richtigen Gattungen zuzutheilen. Besonders bei den Lycaeniden herrschte bisher in dieser Hinsicht eine grosse Verwirrung. Man ist nunmehr sehr geneigt, neue Gattungen aufzustellen und die grossen alten Gattungen in viele kleinere zu zerlegen. An und für sich ist ein solches Streben kein Uebel. Es kommt jedoch darauf an, ob die neuen Gattungen natürlich sind und durch scharfe Merkmale von allen übrigen unterschieden werden können. Ich theile in diesem Falle ganz BUTLERS Ansicht, welcher sagt: »Genera founded on good structural characters will alone stand«.[1] Es ist gleichfalls nothwendig, dass sich die Gattungskennzeichen bei beiden Geschlechtern und nicht nur bei dem einen finden. Alle Gattungen, welche nur auf sekundäre Geschlechtscharaktere begründet sind, habe ich deshalb in dieser Arbeit eingezogen oder höchstens als Untergattungen oder Gruppen behandelt. Viele Verfasser wollen von Untergattungen und Abtheilungen einer Gattung nichts wissen; dieses erscheint mir aber als eben so unbefugt, wie die Verwerfung der Lokalrassen und der Varietäten.

So weit es mir möglich gewesen ist, habe ich versucht, zwischen Arten, Lokalrassen, Zeitformen und Aberrationen genau zu unterscheiden. Einige Verfasser betrachten alle Formen, welche in irgend einer Weise unterschieden werden können, als verschiedene Arten. Dadurch aber geht der Einblick in die nähere oder fernere Verwandtschaft der Arten, welcher bei einer mehr wissenschaftlichen Systematik gewonnen wird, gänzlich verloren und die thiergeographische Forschung verliert den grössten Theil ihres Interesses.

[1] Proc. Zool. Soc. 1885, p. 767.

Es ist eine unleugbare Thatsache, dass viele Schmetterlingsarten, welche in solchen Gegenden leben, wo kalte und warme, oder trockene und feuchte Jahreszeiten mit einander abwechseln, in ein und demselben Jahre zwei oder mehrere, ganz verschiedene Generationen haben können, welche genau den Jahreszeiten entsprechen und beim Wechsel der Jahreszeiten in einander übergehen können. Diese oft als besondere Arten beschriebenen Formen müssen natürlich unter denselben Artbegriff gebracht werden, wobei die zuerst beschriebene Form als Hauptform und die anderen Formen als Zeitformen (*varietates temporales; var. temp.*) oder, wenn die Jahreszeit angegeben werden kann, als Sommer- (Regenzeit-) Formen (*var. æstiv.*) oder Winter- (Trockenzeit-) Formen (*var. hib.*) zu bezeichnen sind. In ähnlicher Weise verhält es sich auch mit den Lokalrassen. Im zweiten Theile dieser Arbeit werde ich versuchen, den Zusammenhang zwischen den Zeitformen und den geographischen Rassen näher darzulegen. Hier mag nur bemerkt werden, dass ich, ganz wie STAUDINGER, solche Formen, welche in verschiedenen Gegenden des Verbreitungsgebietes einer Art vorkommen und dort durch bestimmte Kennzeichen leicht von einander zu unterscheiden sind, in den Gegenden aber, wo ihre Verbreitungsgebiete an einander stossen, ohne scharfe Unterschiede in einander übergehen, als Lokalrassen auffasse. Es ist offenbar ebenso unrichtig, diese räumlich getrennten Formen als selbständige Arten zu betrachten, wie zeitlich getrennte Zeitformen als verschiedene Arten aufzuführen. Die Lokalrassen sind als *var. geogr.* oder kurzweg als *var.* bezeichnet. Die æthiopische Region ist sehr reich an Lokalrassen; unsere unvollständige Kenntniss der Formen vieler Grenzgegenden hat es aber in vielen Fällen unmöglich gemacht, sicher zu entscheiden, ob es sich um Lokalrassen, oder um selbständige Arten handelt.

Eine Art kann schliesslich in derselben Gegend und in derselben Jahreszeit unter verschiedenen, mehr zufälligen Formen auftreten. Solche Abweichungen werden Aberrationen genannt und sind mit *ab.* bezeichnet.

Es verdient ausdrücklich hervorgehoben zu werden, dass die englischen Autoren fast ohne Ausnahme das Wort *variety* in der Bedeutung von Aberration und nicht in dem Sinne gebrauchen, in dem es hier und von STAUDINGER in »Catalogus Lepid. Europæ» angewandt ist. Das letztgenannte Verzeichniss ist thatsächlich das einzige Schmetterlingsverzeichniss, worin die Bezeichnungen *var.* und *ab.* folgerichtig angewandt sind.

W. ROTHSCHILD und die Beamten des Museums in Tring wenden eine andere Bezeichnung an. Sie fügen den Namen der Varietät oder der Aberration dem Artnamen bei und schreiben also: *Troides priamus urcillianus* GUÉR. u. s. w. Ausser dass eine solche Bezeichnung leicht eine Rückkehr in die Zeit vor LINNÉ zur Folge haben kann, erscheint sie mir auch darum verwerflich, weil aus ihr nicht hervorgeht, ob der dritte Name eine Lokalrasse, eine Zeitform oder etwas anderes bezeichnet.

Hybriden sind noch nicht mit Sicherheit unter den Tagfaltern Afrikas bekannt. Viele Stücke der Gattung *Euphædra* scheinen jedoch als Hybriden gedeutet werden zu können, und um dieses anzugeben, habe ich die vorzügliche Bezeichnung, welche von den Botanikern gebraucht wird, angewendet. *Euphædra? hybr. Preussi × carola* bezeichnet also eine Form, welche wahrscheinlich von *E. Preussi* ♂ und *E. carola* ♀ herstammt. Den Hybriden besondere Namen zu geben, ist ganz unrichtig und irreführend.

5. Die geographische Lage einiger wenig bekannten Lokalitäten.

Abou-Mombasi	Lat. 3° 40' N.;	Long. E. Greenw.	22° 30'
Amadi	3 25' N.;		26 50'.
Banzyville	4° 16' N.;		21° 20'.
Beni Bendi	4 15' S.;		20° 15'.
Ibembo	2° 40' N.;		24° 15'.
Nkenge	5 10' S.:		11° 5'.
Popokabaka	5° 15' S.;		16 56'.
Ronbi-Gebiet zwischen	2 —4 N.;		23°—24°.
Sassa	5 4' N.;		25'.
Uangi	2 8' N.;		21 34'.
Zongo Mokoanghe	4° 30' N.;		19°.

6. Erklärung einiger Zeichen und Abkürzungen.

vor dem Namen einer Art oder Varietät bedeutet, dass ich diese Art oder Varietät nicht oder nur ungenügend untersuchen konnte.

⌐ vor einem Gattungsnamen bedeutet, dass derselbe nicht in so weitem Sinne wie hier aufgefasst wurde.

vor einem Gattungsnamen bedeutet, dass derselbe in weiterem Sinne als hier aufgefasst wurde.

♂ = Männchen.

♀ = Weibchen.

Metam.: Unter diesem Titel werden alle Citate angeführt, welche sich auf die Entwicklungsgeschichte einer Art beziehen.

So weit es mir möglich gewesen ist, habe ich bei jeder Art die Sammlung angegeben, in welcher jetzt das typische Stück aufbewahrt ist. Private Sammlungen sind mit Coll. (Collectio) und dem Namen des Besitzers und öffentliche Sammlungen mit. Mus. (Museum) und einer Abkürzung des Namens der Stadt oder des Landes bezeichnet. Diese Abkürzungen sind hier erklärt.

Mus. Berol.   Kgl. Museum für Naturkunde. Berlin.

Mus. Brit.   British Museum (Natural History). S. Kensington. London.

Mus. Brux. — Musée R. d'Histoire Naturelle de Belgique. Bruxelles.

Mus. Capense   South African Museum. Capetown.

Mus. Francof.   Senckenbergisches Museum. Frankfurt a. M.

Mus. Genuæ   Museo Civico di Storia Naturale. Genova.

Mus. Gryph.   Zoologisches Museum der Kgl. Universität zu Greifswald.

Mus. Havniæ   Universitetets zoologiske Museum. Kjöbenhavn.

Mus. Holmiæ   Naturhistoriska Riksmuseum. Stockholm.

Mus. Lisboa = Museu Nacional de Lisboa. Portugal.
Mus. Malmogiae : Malmö Naturhistoriska Museum. Malmö. Schweden.
Mus. Oxoniae = Hope Collection University. Oxford.
Mus. Paris. = Museum d'Histoire Naturelle. Paris.
Mus. Tring = Zoological Museum founded by L. W. de Rothschild. Tring. England.
Mus. Upsaliae = Kgl. Universitetets Zoologiska Museum. Upsala.
Mus. Vindob. = K. k. Naturhistorisches Hofmuseum. Wien.
Mus. Washingt. = U. S. National Museum. Washington.

7. Uebersicht der in diesem Werke angewendeten Terminologie der Flügel.

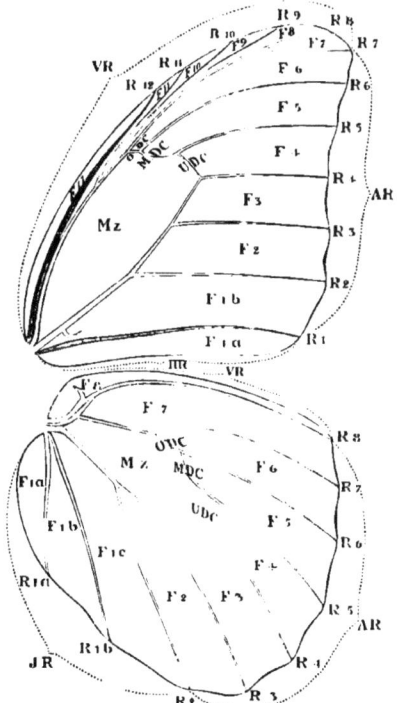

Fig. 2. Flügelgeäder einer Nymphalide
(etwas schematisch).

R I, R 1 a, R 1 b - R 12 = Rippe I, 1 a, 1 b u. s. w.; F 1 a,
F 1 b - F 12 - Feld 1 a, Feld 1 b Feld 12; Mz. die Mit-
telzelle; ODC, MDC, UDC die obere, mittlere und untere
Discocellularrippe, von welchen Rippen die UDC in den
Hinterflügeln der abgebildeten Art fehlt; VR der Vorder-
rand; AR der Aussenrand oder der Saum; HR der
Hinterrand, welcher bei den Hinterflügeln Innenrand,
IR, genannt wird.

Rhopalocera.

< *Papilio* L. et Auct. veter.

< *Rhopaloc(es)a* DUMÉRIL. Zool. Anal. p. 271 (1806). — BOISD., Spec. Gen. Lep. I. p. 162 (1836). — TRIMEN, Rhop. Afr. Austr., p. 7 (1862). — TRIMEN, S. Afr. Butt. 1, p. 15 (1887). — KIRBY. Handb. Lep. 1, p. 1 (1894).

Papilionides LATR., Considér.. p. 343 (1810).

— *Papiliones* DALM., K. Vet. Akad. Handl. 37, p. 55 (1816).

< *Papiliones* HÜBNER, Verz.. p. 7 (1826).

= *Rhopalocera* (vera: s. str.) HAASE. Iris 4. p. 32 (1891). — KARSCH. B. E. Z. 38, p. 169 (1893). — E. REUTER, Acta Soc. Sc. Fenniæ 22: 1, p. 548—550 (1896).

Uebersicht der Familien.

I. Die Vorderflügel ohne eine freie, in den Hinterrand auslaufende Rippe 1 a. Die Hinter-
    flügel mit zwei Innenrandrippen. 1 a und 1 b (vergl. Fig. 2). Die Vorderschienen
    ohne Dorn (Schienenblatt) an der Innenseite.

A. Die Vorderbeine wenigstens bei den ♂♂ verkümmert mit ungegliedertem, klauen-
    losem oder mit einem hornigen Haken endendem Tarsus. Die Fussklauen gewöhn-
    lich einfach. (Die Gattungen *Aremgia* und *Lachnocnema* haben auch beim männ-
    lichen Geschlechte normal gebildete Vordertarsen. können aber durch die ein-
    fachen Klauen sofort von den Pieriden unterschieden werden).

a. Die Vordertarsen beim ♂ unbewaffnet. langhaarig.

*. Auch die Vorderbeine des ♀ verkümmert; sein Tarsus gegliedert, aber ohne
    Endklauen.

§. Die Submediana (Rippe 1) der Vorderflügel an der Wurzel deutlich gega-
    belt (vergl. Fig. 4).

1. *Danaididæ.*

§§. Die Submediana der Vorderflügel mit einfacher Wurzel (vergl. Fig. 2 und 6).

1. Die Palpen zusammengedrückt. Die Mittelzelle beider Flügel durch eine
    kräftige UDC geschlossen. Eine bis drei Vorderflügelrippen an der
    Wurzel aufgeblasen. Die Flügel fast immer mit submarginalen Augen-
    flecken.

2. *Satyridæ.*

2. Die Palpen breit, cylindrisch oder vorne erweitert, nicht zusammengedrückt. Die Mittelzelle der Hinterflügel gewöhnlich offen oder nur durch eine feine UDC geschlossen. Die Vorderflügelrippen gewöhnlich nicht an der Wurzel geschwollen.

3. *Nymphalidæ.*

**. Die Vorderbeine des ♀ zwar kürzer als die übrigen, aber mit normal gebauten Tarsen und mit zwei Endklauen.

1. Die Palpen gerade hervorgestreckt, sehr lang, vielmals länger als der Kopf. 4. *Libytheidæ.*

2. Die Palpen kurz und klein. 5. *Lemoniidæ.*

β. Die Vordertarsen des ♂ am Ende mit einem gekrümmten Haken, anliegend beschuppt. 6. *Lycænidæ.*

B. Die Vorderbeine bei beiden Geschlechtern vollständig entwickelt, nicht oder nur wenig kürzer als die übrigen Beine. Die Fussklauen stets zweispaltig.

7. *Pieridæ.*

II. Die Rippe 1 der Vorderflügel entsendet aus ihrer Wurzel einen kurzen Zweig, welcher in den Hinterrand vor dessen Mitte mündet. Die Hinterflügel nur mit einer Innenrandrippe, indem die Rippe 1 a fehlt. Die Vorderschienen etwa an der Mitte ihrer Innenseite mit einem flachen Dorn (Schienenblatt). Die Vorderbeine bei beiden Geschlechtern vollständig entwickelt. 8. *Papilionidæ.*

Fam. **Danaididæ.**

— *Limnades* + *Nereides* (part.) Hübner Verz., p. 14, 8 (1826).
Danaidæ + *Heliconidæ* (part.) Doubleday, Gen. D. Lep., p. 84, 96 (1847).
— *Danaina* + *Heliconina* Abth. I Herr. Schæff., Prodr. Syst. Lep. I, p. 6—10 (1864).
Euplœinæ Moore, Lep. of Ceylon I, p. ? (1881): Lep. Ind. I, p. 8 (1890). [1]
— *Danaidæ* Trimen Rhop. Afr. Austr., p. 82 (1862).
Danaiden + *Neotropiden* Schatz, Exot. Schm. 2, p. 75, 85 (1886).
— *Danainæ* Trimen. S. Afr. Butt. I, p. 47 (1887).
Danaididæ E. Reuter, Acta Soc. Sc. Fenn. 22: I, p. 301 etc. (1896).

Diese Familie ist in der æthiopischen Region nur durch drei Gattungen vertreten, welche alle der Unterfamilie *Danaidinæ* E. Reuter angehören.

Uebersicht der Gattungen.

A. Die Rippe 8 der Hinterflügel trennt sich erst nach oder an dem Ursprung der Præcostalrippe von der vorderen Mittelrippe ab und bildet mit dieser eine zwar sehr enge, aber deutliche Wurzelzelle. — Gruppe *Danaïdidi*. — Vergl. Fig. 4.
 α. Die Rippe 10 der Vorderflügel entspringt aus oder hinter der Spitze der Mittelzelle, und die Querrippe der Vorderflügel ist so stark nach innen gebogen, dass die Rippe 5 viel näher an der Flügelwurzel als die Rippe 10 entspringt.
1. Danaïda.

 β. Die Rippe 10 der Vorderflügel entspringt vor der Spitze der Mittelzelle, und die Querrippe der Vorderflügel ist nur schwach nach innen gebogen, so dass die Rippe 5 nicht oder nur wenig näher an der Flügelwurzel als die Rippe 10 entspringt. Vergl. Fig. 4.
2. Amauris.

B. Die Rippe 8 der Hinterflügel trennt sich ziemlich weit vor dem Ursprunge der Præcostalrippe von der vorderen Mittelrippe ab und bildet keine Wurzelzelle. — Gruppe *Euplœidi*.
3. Euplœa.

---

[1] Vergl. hier die Benennungen bei den älteren Auctoren.

1. Danaida Latr.

< *Danaida* Latr., Hist. Nat. Crust. Ins. 14, p. 108 (1805). — Typus: *D. plexippus* L.

< *Danaus* Latr., Gen. Crust. Ins. 4, p. 201 (1809).

< *Danais* Latr., Enc. Meth. 9, p. 10, 172 (1819).   Doubl. & Hew., Gen. D. Lep., p. 89 (1847). — Trimen. Rhop. Afr. Austr., p. 84 (1862).

> *Tirumala* Moore, Lep. of Ceylon 1, p. 4 (1880); Lep. Ind. 1, p. 29 (1890). — Karsch, B. E. Z. 38, p. 200 (1893). — Typus: *D. limniace* Cram.

> *Melinda* Moore, Proc. Zool. Soc. 1883, p. 229 (1883). — Typus: *D. formosa* Godm.

> *Limnas* Moore, Proc. Zool. Soc. 1883, p. 237 (1883). — Karsch, B. E. Z. 38, p. 200 (1893). — Typus: *D. chrysippus* L.

= *Danais* Schatz, Exot. Schm. 2, p. 78 (1886). — Trimen, S. Afr. Butt. 1, p. 50 (1887).

> *Elsa* Honrath, B. E. Z. 36, p. 436 (1892). — Typus: *D. Morgeni* Honr.

= *Danaida* Auriv., Ent. Tidskr. 14, p. 259 (1893). — E. Reuter, Acta Soc. Sc. Fenn. 22: 1, p. 29, 301 t. 2, f. 11, 12 (1896).

Wenn mann nur die æthiopischen Formen berücksichtigt, können die Arten durch die von Karsch (l. c.) angeführte und hier in der Uebersicht wiedergegebene Verschiedenheit des Geäders sehr leicht auf zwei Gattungen vertheilt werden. Wenn man aber auch die zahlreichen asiatischen und amerikanischen Formen in Betracht zieht, findet man allmählige Uebergänge zwischen den extremen Formen und kann die »Gattungen« nur mit Hülfe der Zeichnung und der sekundären Geschlechtscharaktere unterscheiden.

Uebersicht der Arten.

A. Die mittlere Querrippe (M D C) der Hinterflügel sehr stark, fast rechtwinkelig nach innen gebogen. — Das ♂ mit kleiner, unten kaum hervortretender Schuppentasche an der Rippe 2 der Hinterflügel.   Die Raupe mit drei Paaren von Fleischfäden (an den Gliedern 2, 5 und 11.) — *Danaida* sens. str.   Die Flügel bei den æthiopischen Arten mit braungelber—gelbbrauner Grundfarbe und schwarzer, weisspunktierter Saumbinde.

  α. Die Vorderflügelspitze oben breit schwarz, mit einer schmalen, weissen, von 4—5 Flecken der Felder 3—6, 9+10 gebildeten Subapicalbinde.   N:o 1.

  β. Die Vorderflügelspitze braungelb, schwarz gesäumt und ohne weisse Querbinde.   N:o 2.

B. Die mittlere Querrippe (M D C) der Hinterflügel nur schwach gebogen oder ganz gerade. — Das ♂ mit einer grossen, unten sackförmig hervortretenden Schuppentasche im Felde 1 c der Hinterflügel.   Die Raupe (so weit bekannt) nur mit zwei Fleischfäden (auf den Gliedern 2 und 11).   Die Flügel mit zahlreichen hellen Flecken.

  α. Die hellen Wurzelflecke der Hinterflügel in den Feldern 1 b, 1 c und in der Mittelzelle tief gespalten. — *Tirumala* Moore.   Die Flügelflecke hell grünlich.   N:o 3.

  β. Die hellen Wurzelflecke der Hinterflügel einfach, nicht gespalten.   *Melinda* Moore.   Die Flügelflecke sind weiss. Sie bestehen auf den Vorderflügeln aus einem Flecke in der Mittelzelle, 3—5 Diskalflecken im Wurzeltheil von 2 (3), 4, 5 und 10, von denen der im Felde 2 stets der grösste ist, aus 4—9 Submarginalflecken in 1 b—6 und 8 und aus (je zwei) Saumpunkten in 1 b—7, und auf den Hinterflügeln aus 4—5 grossen Wurzelflecken in 1 a, 1 b, 1 c, 7 und in der Mittelzelle, aus 2—3 Diskalflecken in 2, 4 und 5, die jedoch auch alle fehlen können, aus 4—12 Submarginalflecken in 1 b—6 und gewöhnlich auch aus (12 —14) Saumpunkten in denselben Feldern. Vergl. Fig. 3.

'. Die Vorderflügel oben schwarzbraun, nicht oder kaum heller an der Wurzel. Die Hinterflügel oben etwas heller schwarzbraun mit nur 4 Submarginalflecken (in 3 6) und gewöhnlich ganz ohne Diskal- und Saumpunkte.   N:o 4.

**. Die Vorderflügel oben an der Wurzel breit braungelb oder kastanienbraun. Die Hinterflügel mit 2—3 Diskalflecken und zahlreichen Submarginal- und Saumpunkten.

   1. Die Vorderflügel an der Wurzel bis zum Diskalfleck 2 und die Hinterflügel bis weit über die Mitte hinaus kastanienbraun.   N:o 5.

   2. Die Vorderflügel an der Wurzel bis zum Diskalfleck 2 braungelb (fast orangegelb), die Hinterflügel nur dicht an der Wurzel und zwischen dem Wurzelflecke 7 und dem Diskalflecke 6 braungelb.   N:o 6.

1. **D. chrysippus** L., Syst. Nat., ed. 10, p. 471 (1758). — CRAMER, Pap. Exot. 2, p. 32 t. 118 f. B, C (1777). — HERBST, Naturs. Schm. 7, p. 13 t. 155 f. 1, 2 (1794). — HÜBNER, Samml. Exot. Schm. 1 t. 22 (1806—16). — BOISD., Faune Mad., p. 35 (1833). — LUCAS, in Chenu Enc. H. N. Pap. 1, p. 64 f. 154 (1853). — WALLENGR., Rhop. Caffr., p. 20 (1857). — TRIMEN, Rhop. Afr. Austr., p. 88 (1862); Trans. Linn. Soc. London 26, p. 522 t. 42 f. 5 (1869). — MAB., Hist. Mad. Lep. 1, p. 1 (1887). — TRIMEN, S. Afr. Butt. 1, p. 54 (1887). — HAASE, Bibl. Zool. 8: 1 t. 3 f. 23 (1891). KIRBY, Handb. Lep. 1, p. 16 (1894). — SWINHOE, Journ. Linn. Soc. Zool. 25, p. 340 t. 15 f. 2 (1896). — alis posticis haud albis.

argyptius SCHREBER, Nov. Spec. Ins., p. 12 t. f. 11, 12 (1759).

asclepiadis GAGLIARDI, Atti R. Istit. Nap. 1, p. 155 t. f. 1—6 (1811).

chrysippe GOD., Enc. Meth. 9, p. 187 (1819).

Metam.: TRIMEN, Rhop. Afr. Austr., p. 89, 90 t. 1 f. 3, 3 a (1862—66); S. Afr. Butt. 1, p. 53 (1887).

Ganz Afrika. Arabien.[12] Sokotra.[116] Seychellen.[115] Aldabra.[124] Comoren.[89] Madagaskar.[93] Bourbon.[88] Rodriguez.[110] St. Thomé.[113] Prinzen-Insel.[92] Fernando Po. St. Helena.[111]

var. et ab. **alcippus** CRAMER, Pap. Exot. 2, p. 45 t. 127 f. E. F. (1777). — HERBST, Naturs. Schm. 7, p. 16 t. 155 f. 5, 6 (1794). — SWINHOE, Journ. Linn. Soc. Zool. 25, p. 340 t. 15 f. 6 (1896). — alis posticis ex magna vel maxima parte albis.

alcippe GOD., Enc. Meth. 9, p. 188 (1819).

Metam.: AURIV., Ent. Tidskr. 14, p. 258 (1893).

Senegal[80] — Sierra Leona — Liberia[73] — Elfenbeinküste[57] — Ashanti[18] — Togo[54] — Niger[74, 126] — Old Calabar — Kamerun[64, 69] — Gabun — Congogebiet[46] — Transvaal[125] — Manicaland[77] — Aequatoria[4] — Sudan[133] — Arabien.[12]

    °ab. (et var.) **alcippoides** MOORE, Proc. Zool. Soc. 1883, p. 238, t. 31 f. 1 (1883); Lep. Indica 1, p. 41, t. 9 f. 2 (1890). — BUTLER, Proc. Zool. Soc. 1888, p. 57 (1888). Deutsch Ost-Afrika: Njangabe[51] — Aequatoria.[4]

2. **D. dorippus** KLUG., Symb. Phys., t. 48 Text (1845) Mus. Berol. — HOPFFER, Peters Reise Mossamb. Ins., p. 371 (1862). — OBERTH., Etudes d'Ent. 3, p. 24, t. 1 f. 5 (1878): An. Mus. Genov. 15, p. 153 (1879). — præcedentis var.?; alis post. supra fulvis.

Klugii BUTLER, Proc. Zool. Soc. 1885, p. 758 (1886). — MOORE, Lep. Ind. 1, p. 42
t. 9 f. 1 (1890).

Natal — Transvaal[135] — Mero See[36] — Deutsch Ost-Afrika: Parumbira,[118] Usambara,[54, 134] Mpwapwa,[136] Kilimanjaro,[30] Kandera,[55] Nguru,[55] Bagamoyo,[55] Zanzibar,[48] Umbugwe[55 a] — Brit. Ost-Afrika[20, 21, 22] — Uganda[119] — Somaliland[82, 128, 129] — Aequatoria[4] — Abyssinien[3] — Sudan[133] — Arabien.[12]

ab. **infumata** n. nom.   alis ad basin paullo infuscatis, fusco-fulvis.
dorippus var. KLUG, Symb. Phys., t. 48 f. 5 (1845). Mus. Berol.
Nubien.

var. et ab. **albinus** LANZ., Iris 9, p. 130 (1896). – alis post. medio plus minus late albo-suffusis.
dorippus var. KLUG., Symb. Phys., t. 48 Text (1845). Mus. Berol. — HOPFFER, Peters Reise Mossamb. Ins., p. 371 (1862).
dorippus KLUG., Symb. Phys., t. 48 f. 1—4 (1845).
Mero See[36] — Deutsch Ost-Afrika: Parumbira,[118] Usambara,[134] Nguru[55] — Brit. Ost-Afrika: Ngatana[22] — Somaliland[82, 128] — Abyssinien[3] — Nubien — Arabien.[12]

3. **D. limniace** CRAMER — forma typica ex. Asia.
var. **petiverana** DOUBL. & HEW., Gen. D. Lep., p. 93 non descr.! (1847), Mus. Brit. — GERST., Deckens Reise 3: 2, p. 368 (1873).
limniace DOUBL. & HEW., Gen. D. Lep., t. 12 f. 1 (1847).
leonora BUTLER, Proc. Zool. Soc. 1866, p. 51; Lep. Exot. p. 53 t. 20 f. 2 (1870). Mus. Brit. — nomen restituendum?
Ashanti[14] - Togo[84] — Niger[126] — Kamerun[61, 89] —
Congogebiet:[46] Yambuya,[45] Congo Mündung[9]   Angola,[6, 7]
Deutsch Ost-Afrika: Parumbira,[118] Tanganika,[118] Mpwapwa,[136] Njangabo,[53] Kiriamo,[53] Usegua,[55] Umbugwe[55 a] — Brit. Ost.-Afrika: Sabaki,[20] Tana[22] — Somaliland[129] — Aequatoria[4] — Abyssinien.[3]

4. **D. Morgeni** HONRATH, B. E. Z. 36, p. 136 t. 15 f. 5 (1892), Mus. Berol. — KARSCH, Ent. Nachr. 20, p. 228 (1894).
Kamerun.

5. **D. mercedonia** KARSCH, Ent. Nachr. 20, p. 225 (1894).
Mus. Berol. — Fig. 3.
Deutsch Ost-Afrika: Kirima, Karewia, Ukondja, Mtarika — Uganda.

Fig. 3. D. mercedonia KARSCH.

6. **D. formosa** GODM., Proc. Zool. Soc. 1880, p. 183 t. 19 f. 1 (1880), Mus. Brit. — KARSCH, Ent. Nachr. 20, p. 228 (1894).
Deutsch Ost-Afrika: Nguru, Mpwapwa[136] — Brit. Ost-Afrika.[21]

2. **Amauris** Hübner.

Amauris Hübner, Verz., p. 14 (1826). — Reakirt, Proc. Acad. N. Sc. Philad. 1866,
p. 240 (1866). — Schatz. Exot. Schm. 2, p. 83 t. 9 (1885—6). — Trimen, S. Afr.
Butt. 1, p. 56 (1887). — Mab., Hist. Mad. Lep. 1, p. 6 (1887). — Karsch, B. E. Z. 38,
p. 199 (1893). — E. Reuter, Acta Soc. Sc. Fenn. 22: 1, p. 34 (1896).
Danais Sect. 1 Doubl. & Hew., Gen. D. Lep., p. 89 (1817). — Butler, Proc. Zool.
Soc. 1866, p. 43 (1866).
Calytis Moore, Proc. Zool. Soc. 1883, p. 226 (1883). — Typus: *A. vashti* Butl.
Amauris Moore, Proc. Zool. Soc. 1883, p. 226 (1883). — Typus: *A. niavius* L.
Nebroda Moore, Proc. Zool. Soc. 1883, p. 228 (1883). — Typus: *A. echeria* Stoll.
Berethis Moore, Proc. Zool. Soc. 1883, p. 229 (1883). — Typus: *A. phœdon* Fabr.

Die von Moore aufgestellten Gattungen sind entweder nur auf männliche Kennzeichen oder nur auf Farbe und Zeichnung begründet und verdienen darum nicht beibehalten zu werden. Alle Arten sind thatsächlich mit einander
nahe verwandt und haben dieselben Zeichnungsanlagen.

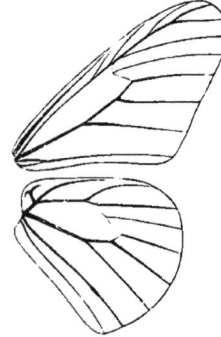

Fig. 4 Rippenbau von Amauris niavius L.

Die Vorderflügel führen gewöhnlich folgende, helle (weisse
oder gelbliche) Zeichnungen: einen oder zwei Flecke in der
Mittelzelle gewöhnlich etwas hinter der Mitte der Zelle; 4—9
oft grosse Diskalflecke in 1 a—6, 9 und 10, von denen jedoch
der Fleck 1 a gewöhnlich fehlt und der Fleck 3 gewöhnlich
viel näher am Saume als die übrigen liegt; 3—6 Submarginalpunkte, von denen diejenigen in 1 b, 2, 3, 6 und 7 fast immer
da sind, und mehrere kleine Saumpunkte, die gewöhnlich nur
unten deutlich entwickelt sind. Die Hinterflügel haben gewöhnlich eine helle Querbinde oder ein grosses helles Feld,
welches bald nahe an der Wurzel, bald in der Mitte, bald
sogar etwas hinter der Mitte liegt und nur selten völlig fehlt.
Dazu kommen gewöhnlich auch kleine Submarginal- und Saumpunkte. Vergl. Figur 5.

Uebersicht der Arten.

I. Die Hinterflügel schwarzbraun ohne helles Wurzelfeld oder helle Querbinde und nur mit einigen kleinen, weissen Submarginalpunkten (in 2—6). Die Vorderflügel 48—58 Mill. lang, mit zwei grossen, zusammenhängenden
Diskalflecken in 1 b und 2 und mit kleineren Diskalflecken in 5, 6, 9 und 10; ihre Mittelzelle einfarbig oder
mit 1—2 kleinen, weissen Flecken; 5—6 Submarginalpunkte. — ♂. Die Hinterflügel oben in 1 b und 1 c
langhaarig, aber ohne Mehlfleck. — *Calytis* Moore. N:o 1.
II. Die Hinterflügel fast immer mit hellem Wurzelfelde oder mit heller Querbinde, sehr selten einfarbig schwarzbraun; in diesem Falle auch ohne Submarginal- und Saumpunkte. — ♂. Die Hinterflügel oben nahe am
Analwinkel mit einem von der Rippe 1 b getheilten Mehlflecke.

A. Die Flügel mit ganzrandigen, einfarbigen, dunklen Franzen. Die Hinterflügel oben gewöhnlich ohne Submarginal- und Saumpunkte.

    α. Die Vorderflügel in 1 a mit einem langen Diskalflecke, welcher zusammen mit dem grossen Diskalfleck 1 b und dem kleinen, die Rippe 3 nicht erreichenden Diskalflecke 2 einen grossen Hinterrandsfleck bildet. Die Diskalflecke 3—6 und 8 zu einer breiten Subapicalbinde vereinigt. Die Mittelzelle einfarbig oder nur mit einem kleinen Querstrich am Vorderrande hinter der Mitte. Die Hinterflügel stets mit grossem, weissem, von den schwarzen Rippen getheiltem Wurzelfelde.   N:o 2.

    β. Die Vorderflügel ohne Fleck in 1 a oder selten mit einer weissen Längslinie, die jedoch nicht mit dem Diskalflecke 1 b zusammenhängt. Der Diskalfleck 2 ist gross und erreicht die Rippe 3. Der Diskalfleck 3 ist grösser als die Diskalflecke 4 und 5 und von denselben mehr oder weniger breit getrennt. Die Mittelzelle mit einem grossen Querfleck, welcher nicht oder nur sehr schmal vom Diskalflecke 2 getrennt ist.

        *. Der Diskalfleck 3 der Vorderflügel nach innen stumpf abgerundet. Die Vorderflügel im Felde 1 b nur mit einem strichförmigen, der Rippe 2 anliegenden Diskalflecke und fast immer ohne Wurzelstrich.

            §. Die Hinterflügel mit einem grösseren oder kleineren Wurzelfelde, welches wenigstens die Mitte der Mittelzelle erreicht; mit oder ohne Submarginalpunkte.   N:o 3.

            §§. Die Hinterflügel oben einfarbig schwarzbraun ohne Zeichnungen oder höchstens an der Wurzel der Mediana ein wenig weiss beschuppt.   N:o 4.

        **. Der Diskalfleck 3 der Vorderflügel setzt sich mehr oder weniger deutlich als ein gebogener Strich bis zur hinteren Innenecke des Feldes 3 fort. Die Vorderflügel im Felde 1 b mit zwei durch die Falte getrennten oder mit einander vereinigten Diskalflecken, von denen der hintere die Rippe 1 fast erreicht, und nahe an der Wurzel mit einem weissen Striche dicht an der Rippe 1.

                      N:o 5.

B. Die Flügel mit wellenförmigen oder gezackten, unregelmässig weissgefleckten Franzen. Die Hinterflügel stets mit hellem Wurzelfelde oder mit heller Querbinde.

    α. Die Hinterflügel mit hellem Wurzelfelde oder mit einer Querbinde, welche in oder vor der Mitte liegt und die Mitte der Mittelzelle bedeckt.

        *. Das helle Feld der Hinterflügel erreicht fast die Wurzel der Mittelzelle und ist gewöhnlich rein weiss, selten gelblich überzogen; in diesem Falle aber ist es nach aussen undeutlich begrenzt.

            †. Der Diskalfleck 2 der Vorderflügel ist gross, bedeckt vollständig die Wurzel des Feldes 2 und bildet mit dem Flecke in der Mittelzelle und mit dem Diskalfleck 1 b eine breite weisse Querbinde. Der Diskalfleck 1 b erreicht die Rippe 1. Die Diskalflecke 4—6 bilden eine zusammenhängende Subapicalbinde. Die weisse Farbe der Hinterflügel weit über die Spitze der Mittelzelle hinaus ausgedehnt, nach aussen scharf begrenzt.

                §. Der Fleck in der Mittelzelle der Vorderflügel wurzelwärts lang und spitz ausgezogen, die Wurzel der Zelle fast erreichend. Der Diskalfleck 3 der Vorderflügel ist durch zwei bisweilen vereinigte Flecke, einen dreieckigen an der Wurzel und einen strichförmigen an der Rippe 4, vertreten. Die Hinterflügel unten am Analwinkel lebhaft kastanienbraun.   N:o 6.

                §§. Der Fleck in der Mittelzelle der Vorderflügel wurzelwärts quer abgeschnitten. Der Diskalfleck 3 der Vorderflügel fehlt gewöhnlich gänzlich oder ist nur durch einen kleinen Fleck, welcher den innersten Hinterwinkel des Feldes 3 bedeckt, vertreten. Die dunkelbraune Saumbinde der Hinterflügelunterseite ist am Analwinkel etwas gelblich angeflogen, nicht aber kastanienbraun.   N:o 7.

        ††. Der Diskalfleck 2 der Vorderflügel ist mässig gross und nach innen abgerundet oder quer abgeschnitten so, dass er nie die Wurzel des Feldes 2 vollständig bedeckt. Der Diskalfleck 3 fehlt immer vollständig.

            §. Der Diskalfleck 6 der Vorderflügel ist wohl entwickelt und bildet mit den Diskalflecken 4 und 5 eine zusammenhängende Subapicalbinde. Der Diskalfleck 1 b der Vorderflügel ist strich- oder halbkreisförmig und schliesst sich dem Diskalflecke 2 eng an. Das weisse Wurzelfeld der Hinterflügel ist scharf begrenzt und gross, die Spitze der Mittelzelle ziemlich weit überragend.

N:o 8.

§§. Der Diskalfleck 6 der Vorderflügel fehlt ganz oder ist sehr klein, punktförmig. Der Diskalfleck 1 b der Vorderflügel fehlt gänzlich oder ist selten vorhanden und strichförmig, sich der Rippe 2 anschliessend; in letzterem Falle ist das weisse Wurzelfeld der Hinterflügel klein und erreicht nicht die Spitze der Mittelzelle.

+. Der Fleck in der Mittelzelle der Vorderflügel ist stets durch einen Zwischenraum vom Diskalflecke 2 getrennt. Der Diskalfleck 1 b fehlt gänzlich. — ♂. Der Mehlfleck der Hinterflügel heller als die Grundfarbe, gelblich.

o. Die Diskalflecke 4 und 5 der Vorderflügel sind langgestreckt und berühren einander wenigstens mit ²⁄₃ ihrer Länge. Das helle Wurzelfeld der Hinterflügel ist weiss und erreicht wenigstens die Spitze der Mittelzelle.

N:o 9.

oo. Die Diskalflecke 4 und 5 der Vorderflügel sind kurz, fast quadratisch und der Fleck 4 liegt so viel näher am Saume, dass er den Fleck 5 nicht oder nur mit seiner inneren Ecke berührt.

1. Das helle Wurzelfeld der Hinterflügel ist rein weiss, nach aussen scharf begrenzt und reicht ziemlich weit über die Spitze der Mittelzelle hinaus, so dass die dunkle Saumbinde an der Rippe 4 nur etwa 6 Mill. breit ist.

N:o 10.

2. Das helle Wurzelfeld der Hinterflügel ist gelblich, nach aussen undeutlich begrenzt und erreicht ungefähr die Spitze der Mittelzelle. Die Submarginalflecke der Vorderflügel (in 1 b, 2, 3, 6 und 7) alle fast gleich gross und gerundet.

N:o 11.

3. Das helle Wurzelfeld der Hinterflügel weiss oder etwas gelblich, nach aussen nicht ganz scharf begrenzt und gewöhnlich so klein, dass es die Wurzel der Rippe 2 kaum erreicht. Der Submarginalfleck 3 der Vorderflügel grösser als die übrigen.

N:o 12.

++. Der Fleck in der Mittelzelle der Vorderflügel ist gross und nur durch die Mediana vom Diskalflecke 2 getrennt. Das helle Wurzelfeld der Hinterflügel weiss und erreicht nicht die Spitze der Mittelzelle. Der Diskalfleck 1 b der Vorderflügel ist, wenn vorhanden, strichförmig und liegt dicht an der Rippe 2. Die Submarginalflecke sind besonders auf den Hinterflügeln klein oder fehlen gänzlich. — ♂. Der Mehlfleck der Hinterflügel schwärzlich, dunkler als die Grundfarbe.

N:o 13.

**. Das helle Feld der Hinterflügel ist auf beiden Seiten scharf begrenzt, gelb oder selten weisslich und erreicht gewöhnlich nicht die Wurzel der Mittelzelle. — *Nebroda* MOORE. Die Diskalflecke 1 a, 1 b und 3 der Vorderflügel fehlen.

÷. Die Wurzel der Hinterflügel wenigstens bis zum Ursprunge der Rippe 7 schwarz oder schwarzbraun, 5—6 Mill. breit, und nach aussen scharf und geradlinig begrenzt. Der Diskalfleck 4 der Vorderflügel liegt viel näher am Saume als der Diskalfleck 5 und ist darum von diesem ganz getrennt oder berührt ihn nur mit seiner Innenecke.

§. Die Mittelbinde der Hinterflügel sowie alle übrige Zeichnungen weiss oder weisslich.

N:o 14.

§§. Die Mittelbinde der Hinterflügel gelb.

N:o 15.

÷÷. Die Dunkle Wurzel der Hinterflügeloberseite ist höchstens 3 Mill. breit und erreicht bei weitem nicht den Ursprung der Rippe 7. Das helle Wurzelfeld der Hinterflügel stets gelb.

§. Der Diskalfleck 4 der Vorderflügel liegt viel näher am Saume als der Diskalfleck 5 und ist darum von diesem ganz getrennt oder berührt ihn nur mit einem Theile seiner Länge.

o. Alle Flecke der Vorderflügel, sowie auch die Submarginalflecke und die Saumpunkte der Hinterflügel weiss.

N:o 16.

oo. Wenigstens ein Theil der Vorderflügelflecke und die Submarginalflecke der Hinterflügel gelb oder gelblich.

N:o 17—19.[1]

---

[1] Diese drei Formen sind mir nicht hinreichend bekannt; wahrscheinlich sind sie nur Lokalrassen einer Art.

§§. Der Diskalfleck 4 liegt nicht näher am Saume als der etwas längere Diskalfleck 5 und bildet mit diesem und den Diskalflecken 6 und 9 eine kleine Querbinde, welche fast senkrecht gegen den Vorderrand steht.

  o. Alle Flecke der Oberseite ockergelb. Die Hinterflügel mit grossen, vollständig entwickelten, unregelmässig angeordneten Submarginalflecken.   N:o 20.

    oo. Alle Flecke der Vorderflügel weiss. Die Submarginalflecke der Hinterflügel gelb, aber kleiner und theilweise undeutlich.   N:o 21.

  ß. Die Hinterflügel mit einer fast gleichbreiten, nur 6--7 Mill. breiten, gelben Querbinde, welche hinter der Mitte liegt, von der Mitte des Innenrandes gegen den Vorderwinkel verläuft und aus 8 Flecken (einem Flecke in der Spitze der Mittelzelle und 7 Diskalflecken in 1 b--6) gebildet ist. Die Vorderflügel gewöhnlich ohne Fleck in der Mittelzelle und nur mit 6 gelben Diskalflecken (in 2, 4, 5, 6, 9, 10). Beide Flügel mit gelben Submarginal- und Saumflecken. *Berethis* MOORE. N:o 22.

1. **A. vashti** BUTLER, Cist. Ent. 1, p. 1 (1869); Lep. Exot., p. 54, t. 21, f. 1 (1871) Mus. Brit. — STAUD., Exot. Schm. 1, p. 50 (1885).

Old Calabar — Kamerun[44] — Gabun[61] — Chinchoxo[65] — Landana[63] — Congogebiet: Bangala,[47] Nkalama,[45] Aruwimi.[46]

2. **A. niavius** L., Syst. Nat., ed. 10, p. 470 (1758). — CLERCK, Icones Ins., t. 32, f. 2 (1764). — CRAMER, Pap. Exot. 1, p. 4, t. 4, f. F. G. (1775). — HERBST, Naturs. Schm. 6, p. 24, t. 122, f. 4. 5 (1793). — GOD., Enc. Meth. 9, p. 182 (1819). — LUCAS, Lep. Exot., p. 89, t. 46, f. 1 (1835). — STAUD., Exot. Schm. 1, p. 50 (1885) ex parte. — HAASE, Bibl. Zool. 8: 1, t. 2, f. 14 (1891). — KARSCH, B. E. Z. 38, p. 200 (1893). — KIRBY, Handb. Lep. 1, p. 21 (1894). — area alba alar. post. apicem cellulæ disc. haud vel vix superante; margine nigro, ad costam 4, 12—15 Mill. lato. *niavius* FABR., Spec. Ins. 2, p. 52 (1781).

niavices Fabr., Mant. Ins. 2, p. 25 (1787).

Sierra Leona[81] — Liberia[73] — Ashanti[14] — Togo[84] — Niger[126] — Kamerun[61] — Chinchoxo[65] — Landana[63] — Congogebiet: Bangala,[47] Mukenge,[44] Yambuya,[45] Aruwimi[46] — Angola: im Inneren.[65]

var. **dominicanus** TRIMEN, Trans. Ent. Soc. London 1879, p. 323 (1879); S. Afr. Butt. 1, p. 61 (1887). — SWINHOE, Journ. Linn. Soc. Zool. 25, p. 343, t. 17, f. 1 (1896). — area alba alar. post. longe ultra apicem cellulæ disc. extensa, margine nigro ad costam 4 tantum 6 Mill. lato.

niavius var. TRIMEN, Trans. Linn. Soc. 26, p. 511, 521, t. 42, f. 6 (1869).

niavius STAUD., Exot. Schm. 1, p. 50, t. 25 (1884).

Natal — Delagoa Bay — Transvaal[145] — Manicaland[77] — Zambezi — Nyassaland[120] — Deutsch Ost-Afrika[53] — Brit. Ost-Afrika:[22, 142] Mombasa.[18]

3. **A. payttalea** PLÖTZ, S. E. Z. 41, p. 189 (1880), Mus. Gryph. — KARSCH, B. E. Z. 38, p. 200 (1893). — area basali alba alar. post. apicem cellulæ disc. haud vel vix superante.

enceladus var. BROWN, Ill. Zool., p. 18, t. 9 (1776), nec *enceladus* L. — area basali alba apicem cellulæ disc. attingente; nomen haud conserv.

damocles BEAUV., Ins. Afr. et Amer., p. 239, t. 6, f. 3 a, 3 b (1805—21), nec *damocles* FABR. — AURIV., Ent. Tidskr. 12, p. 195 (1891). — area basali alba alar. post. minore, apicem cellulæ disc. haud attingente.
egialea HAASE, Bibl. Zool. 8: 2, t. 4, f. 25 (1891).
Sierra Leona[?1] — Liberia[73] — Ashanti[84] — Togo[84] — Benin[17] — Kamerun[41] — Gabun[61] — Chinchoxo[65] — Congogebiet: Bangala,[47] Inkissi,[45] Aruwimi,[46] Beni-Bendi, Mukenge[44] — Angola.[65] Uganda[119] (= var.?).
var. **damoclides** STAUD., Iris 8, p. 367, t. 7, f. 3 (1896), Coll. Staud. — area basali alba alar. post. maxima, longe ultra apicem cellulæ disc. extensa, margine nigro ad costam 1:am tantum 5—6 Mill. lato.
Deutsch Ost-Afrika: Dar-es-Salaam.

4. **A. tartarea** MAB., Bull. Soc. Zool. Fr. 1, p. 199 (1876), Mus. Paris. — præcedentis var.? *gabunica* AURIV., Ent. Tidskr. 2, p. 39 (1881), Mus. Holmiæ.
Kamerun — Gabun[59] — Landana — Congogebiet: Nkenge (Mus. Brux.). ? Deutsch Ost-Afrika: Sogonoi.[55 a]

5. **A. bulbifera** SMITH, An. N. H. (5) 19, p. 369 (1887), Coll. Grose Smith. — AURIV. Ent. Tidskr. 14, p. 260, f. 1 (1894).
Metam.: AURIV., Ent. Tidskr. 14, p. 260, t. 3, f. 1, 1 a, 1 b (1894).
Kamerun — Gabun (Mus. Holmiæ).

6. **A. nossima** WARD., Ent. M. Mag. 6, p. 225 (1870); Afr. Lep., p. 5, t. 5, f. 1 (1873). — MAB., Hist. Mad. Lep. 1, p. 8, t. 1, f. 3 (1885—7).
Madagaskar.

7. **A. ochlea** BOISD., Voy. Deleg. 2, p. 589 (1847), Coll. Oberth. — WALLENGR., Rhop. Caffr., p. 20 (1857). — TRIMEN, Rhop. Afr. Austr., p. 85, t. 2, f. 6 (1862). — REAKIRT, Proc. Acad. N. Sc. Philad. 1866, p. 241 (1866). — AURIV., Ent. Tidskr. 12, p. 197 (1891).
Natal — Zululand — Delagoa Bay — Transvaal[115] — Manicaland[77] — Quilimane — Nyassaland: Zomba[56] — Deutsch Ost-Afrika: Usambara,[54] Bagamoyo[55] — Brit. Ost. Afrika.[142]

8. **A. ochleides** STAUD., Iris 8, p. 366, t. 7, f. 2 (1896), Coll. STAUD. — macula cellulæ disc. alar. ant. cum macula discali 2:a plus minus late connexa; maculis submarginalibus et marginalibus alarum post. numerosis et majoribus.
Abyssinien.
var. **Bumilleri** LANZ., Iris 8, p. 380, t. 7, f. 1 (1896), Coll. Lanz & Mus. Holmiæ — macula cellulæ discoidalis alar. ant. a macula discali 2:a plus minus late distante; maculis submarginalibus et marginalibus alar. post. paucioribus minoribusque.
Deutsch Ost-Afrika: Parumbira, Tanganika.

9. **A. hyalites** BUTLER, Cist. Ent. 1, p. 209 (1874), Mus. Brit.
difficilis AURIV., Ent. Tidskr. 12, p. 194, 197 (1891), Mus. Holmiæ.
egialea SWINHOE, Journ. Linn. Soc. Zool. 25, p. 343, t. 17, f. 6 (1896).
Kamerun — Gabun[61] — Congogebiet: Bangala,[17] Tanganika — Angola: Ambriz. Aequatoria: Kangasi.[4]

10. **A. Dannfelti** Auriv.. Ent. Tidskr. 12, p. 196 (1891), Mus. Holmiæ. — Fig. 5.
Congo.

Fig 5. A Dannfelti Auriv

11. **A. egialea** Cramer, Pap. Exot. 2, p. 146, t. 192, f. D (1777). Fabr., Spec. Ins. 2, p. 102 (1781). — Herbst, Naturs. Schm. 6, p. 23, t. 122, f. 3 (1793). — Trimen, Trans. Linn. Soc. 26, p. 506 (1869). — Auriv., Ent. Tidskr. 12, p. 196 (1891). — Karsch, B. E. Z. 38, p. 200 (1893). *damoetes* Fabr., Ent. Syst. 3: 1, p. 41 (1793). *damoetia* God., Enc. Meth. 9, p. 182 (1819).
Sierra Leona — Liberia[73] — Ashanti[16] — Togo[54] — Kamerun[69] — Gabun[60] — Chinchoxo[65] — Congogebiet: Kassai,[45] Mswata,[45] Aruwimi,[46] Beni-Bendi, Mukenge[44] — Angola.[65]

12. **A. inferna** Butler, Proc. Zool. Soc. 1871, p. 79 (1871); Lep. Exot., p. 86, t. 33, f. 2 (1872), Coll. Saunders. — Mab., Bull. Soc. Zool. Fr. 1, p. 198 (1876). — Auriv., Ent. Tidskr., 12, p. 196 (1891).
Ashanti[16] — Kamerun[64] — Landana.[65]

13. **A. hecate** Butler, Proc. Zool. Soc. 1866, p. 44 (1866), Mus. Brit. — Auriv., Ent. Tidskr. 12, p. 197 (1891). — Karsch, B. E. Z. 38, p. 200 (1893). *niarius* Doubl. & Hew., Gen. D. Lep., t. 11, f. 3 (1847).
Sierra Leona[81] — Togo[54] — Old Calabar[67] — Kamerun[64] — Gabun[60] — Congogebiet: Aruwimi,[46] Zongo Mokoange, Beni-Bendi, Amadi (Mus. Brux.), Mukenge.[44]

14. **A. Hanningtoni** Butler, Proc. Zool. Soc. 1888, p. 91 (1888), Mus. Brit. — Trimen, Proc. Zool. Soc. 1894, p. 19 (1894). — seqventis var.?
Deutsch Ost-Afrika: Kilimanjaro, Usambara,[54] Kisuani.[55a]

15. **A. echeria** Stoll., Suppl. Cram., p. 135, t. 29, f. 2, 2 b (1790). — Trimen, Rhop. Afr. Austr., p. 86 (1862); Trans. Linn. Soc. 26, p. 524, t. 42, f. 3 (1869); S. Afr. Butt. 1, p. 57 (1887). — maculis omnibus vel fere omnibus paginae superioris flavidis; fascia alar. post. circiter 10 mill. lata. — ♂. macula farinacea alar. post. parva, obscura, 3 mill. longa.
vaillantiana God., Enc. Meth. 9, p. 183 (1819).
Metam.: Trimen, S. Afr. Butt. 1, p. 58 (1887).
Kamerun[64] — Fernando Po. Kap Kolonie -- Kaffernland — Natal (sehr selten) — Transvaal: Barberton[24] — Brit. Ost-Afrika: Teita.[21]
var. (ab.?) **Steckeri** Kheil., B. E. Z. 33, p. 393, fig. (1889), Coll. Kheil & Staud. — a forma typica tantum differt fascia alar. post. irregulari et angustiore, circiter 6 mill. lata.
Abyssinien.
var. (ab.?) **Jacksoni** Em. Sharpe, Proc. Zool. Soc. 1891, p. 633, t. 48, f. 2 (1892), Coll. Jackson. — Trimen, Proc. Zool. Soc. 1894, p. 19 (1894). — maculis omnibus

alar. ant. albis, maculis submarginal. et marginal. alar. post. numerosis, supra flavidis, infra albis; fascia alar. post. circiter 10 mill. lata.
Brit. Ost-Afrika: Kavirondo.

var. **albimaculata** BUTLER, An. N. H. (4) 16, p. 394 (1875), Mus. Brit. — AURIV. Ent. Tidskr. 14, p. 262 (1893). — maculis omnibus paginæ superioris albis; fascia alar. post. circiter 10 mill. lata. — ♂. macula farinacea alar. post. pallidiore et majore, 6 mill. longa. — spec. diversa?

echeria var. BOISD., Voy. Deleg. 2, p. 589 (1847), Coll. Oberth. — WALLENGR., Rhop. Caffr., p. 20 (1857). — TRIMEN, Rhop. Afr. Austr., p. 87 (1862); Trans. Linn. Soc. 26, p. 521, t. 42, f. 7 (1869); S. Afr. Butt. 1, p. 58 (1887). — HAASE, Bibl. Zool. 8: 1, t. 2, f. 12 (1891).
Kap Kolonie (sehr selten) — Kaffernland[27] — Natal — Zululand — Delagoa Bay — Transvaal[125] — Manicaland.[77] Ruwenzori.[118]

16. **A. Crawshayi** BUTLER, Proc. Zool. Soc. 1896, p. 821, t. 41, f. 1 (1897), Mus. Brit. Nyassaland.

17. **A. lobengula** EM. SHARPE, An. N. H. (6) 6, p. 346 (1890), Coll. Shelley. — BUTLER, Proc. Zool. Soc. 1893, p. 644 (1894). — KIRBY, Handb. Lep. 1, p. 22, t. 6, f. 1 (1894). Matabeleland — Nyassaland: Zomba.[36]

18. **A. Whytei** BUTLER, Proc. Zool. Soc. 1893, p. 644 (1894), Mus. Brit. Nyassaland: Zomba.

19. **A. comorana** OBERTH., Bull. Soc. Ent. Fr. 1897, p. 191, fig. 10 (1897), Coll. Oberth. Comoren.

20. **A. Ellioti** BUTLER, An. N. H. (6) 16, p. 122 (1895), Mus. Brit.; Proc. Zool. Soc. 1895, p. 723, t. 42, f. 1 (1896).
Brit. Ost-Afrika: zwischen Salt Lake und Wawamba. Ruwenzori.

21. **A. Ansorgei** EM. SHARPE, An. N. H. (6) 18, p. 158 (1896). — præcedentis var.? Nyassaland: Kasungu Berg[130] — Uganda.

22. **A. phædon** FABR., Ent. Syst. Suppl., p. 423 (1798), Mus. Havniæ. — STAUD., Exot. Schm. 1, p. 50 (1885). — MAB., Hist. Mad. Lep. 1, p. 7, t. 1, f. 1, 2 (1885—7).
phædone GOD., Enc. Meth. 9, p. 183 (1819). — BOISD., Faune Mad., p. 37, t. 3, f. 3 (1833). — GEYER. Hübner Zutr. 5, p. 39, f. 957, 958 (1837).
Madagaskar — Mauritius.

°23. **A. semivitrea** MAB., Bull. Soc. Zool. Fr. 1, p. 198 (1876), Coll. Mab. — vix descripta! Patria?

3. **Euploea** FABR.

< *Euploea* FABR.. Illig. Magaz. 6. p. 280 (1807).
> *Crastia* HÜBNER. Verz., p. 16 (1826).
== *Euploea* DOUBL... Gen. D. Lep., p. 86 (1847). — THIMES. Rhop. Afr. Austr., p. 83
(1862). — SCHATZ, Exot. Schm. 2, p. 80 (1886). — E. REUTER, Acta Soc. Sc. Fennic:
22; 1, p. 32 (1896).
> *Vonona* MOORE, Proc. Zool. Soc. 1883. p. 257 (1883). — Typus: *E. Goudoti* BOISD.
> *Pramasa* MOORE, Proc. Zool. Soc. 1883, p. 281 (1883). — Typus: *E. mitra* MOORE.

Diese für die indo-malayische und die austro-malayische Region so äusserst charakteristische Gattung ist in der aethiopischen Region nur auf den Inseln an der Ostküste Afrikas vertreten und liefert einen Beweis für die frühere Verbindung zwischen der südasiatischen und der madagassischen Fauna.

Hier oben sind nur solche Gattungsnamen, welche Vertreter in der aethiopischen Region haben, aufgeführt. MOORE hat die zahlreichen Arten auf nicht weniger als 16 Gattungen vertheilt. Diese Gattungen sind aber nur auf sekundäre männliche Geschlechtscharaktere oder auf unbedeutende Unterschiede der Flügelform gegründet. Es ist darum ganz unmöglich die Weibchen für sich zu bestimmen und sehr ähnliche Weibchen werden oft zu ganz verschiedenen Gattungen gestellt, weil ihre Männchen in Bezug auf die Mehlflecke von einander abweichen. Noch ist es aber eine offene Frage, ob die Arten, welche in dieser Hinsicht mit einander übereinstimmen, auch wirklich näher mit einander verwandt sind als mit anderen Arten, mit denen beide Geschlechter in Farbe und Zeichnung übereinstimmen. MOORE glaubt dieses und erklärt darum die Uebereinstimmung der Arten verschiedener Gattungen in Farbe und Zeichnung als *Mimicry!*

Die Raupen sind leider nur wenig bekannt, scheinen aber durch die Zahl und die Anordnung der langen Fleischzapfen beträchtlich von einander abweichen zu können. Nur wenn es einmal dargelegt wird, dass die Verschiedenheiten der Entwicklungsstadien mit den männlichen Geschlechtsauszeichnungen in offenbarer Uebereinstimmung stehen, werde ich die Mooreschen Gattungen als natürliche Gruppen oder Untergattungen betrachten können.

Uebersicht der Arten.

A. Die Mittelzelle der Vorderflügel oben einfarbig, ungefleckt. Die Hinterflügel wenigstens oben ohne Diskalflecke.
   a. Die Vorderflügel oben ohne Diskalflecke oder mit 2—6 kleinen, getrennten, punkt- oder strichförmigen Diskalflecken in 3—6, 9, 10. Die Hinterflügel unten mit 4—5 weissen Diskalpunkten in 2—6. — ♂.
   Die Flügel ohne Mehlflecke. Die Vorderflügel mit geradem Hinterrande. — *Vonona* MOORE.
   *. Die Vorderflügel mit einer vollständigen oder fast vollständigen Reihe von ziemlich grossen, weissen Submarginalflecken, von denen die Flecke 6—8 eine Subapicalbinde bilden. Die Hinterflügel mit sehr grossen, viereckigen, zu einer 5—6 Mill. breiten Querbinde vereinigten, gelblich weissen Submarginalflecken und 8—10 freien, gerundeten Sammlflecken.

1. Die Flügel oben dunkel samtbraun; die Vorderflügel im äusseren Theil fast schwarz mit schwachem, bläulichem Schiller.   N:o 1.
2. Die Flügel oben gelbbraun.   N:o 2.
**. Die Vorderflügel ohne Submarginal- und Saumflecke; die Hinterflügel etwa 2 Mill. vor dem Saume mit einer Reihe von 8—10 fast zusammenstossenden, weisslichen Flecken. Die Flügel oben von der Wurzel bis über die Mitte hinaus tief schwarzbraun, dann heller, gelbbraun.   N:o 3.
  ♂. Die Vorderflügel oben mit 7, zu einer etwa 6 Mill. breiten Querbinde vereinigten, weissen Diskalflecken in den Feldern 3—6 und 9—11 und mit einem grossen, gerundeten (in 2) und fünf kleinen (in 4—8) Submarginalflecken. Die Hinterflügel oben ohne deutliche Submarginal- und Saumflecke. Beide Flügel unten mit gerundeten Submarginal- und Saumflecken. Die Hinterflügel auch mit 6 Diskalflecken in 1 c—6. –
  ♂. Die Vorderflügel oben etwa in der Mitte des Feldes 1 b mit einer 9 Mill. langen und nur 1, 5 Mill. breiten Brandmarke; ihr Hinterrand stark gebogen. Die Hinterflügel oben vom Vorderrande bis zur Mediana glänzend grau mit silbernem Schiller. — *Pramosa* MOORE.   N:o 4.
B. Die Mittelzelle der Vorderflügel mit einem weissen Fleck in der Spitze. Die Hinterflügel unmittelbar hinter der Mitte mit einer breiten, von den vereinigten Diskal- und Submarginalflecken gebildeten, weissen Querbinde, welche in 1 c am breitesten ist. Die Vorderflügel mit einer ganz wie bei N:o 4 gebildeten Diskalbinde. Beide Flügel mit freien Saumflecken und die Vorderflügel auch mit freien Submarginalflecken in 3 —8. — ♂ unbekannt.   ? *Crastia* HÜBN.   N:o 5.

1. **E. euphon** FABR., Ent. syst. Suppl., p. 423 (1798), Mus. Havniæ. — MAB. Hist. Mad. Lep. 1, p. 3, t. 1, f. 4, 5 (1885—7).
   euphone GON., Enc. Meth. 9, p. 181 (1819). — BOISD., Faune Mad., p. 36, t. 3, f. 1 (1833).
   Metam.: BOISD., Faune Mad., p. 37 (1833).
   Mauritius. Madagaskar.

°2. **E. Desjardinsi** GUÉR., Icones Regn. Anim., p. 471 (1844), Mus. Brit. — MOORE, Proc. Zool. Soc. 1883, p. 257 (1883).
   Rodriguez.

3. **E. Goudoti** BOISD., Faune Mad., p. 36, t. 3, f. 2 (1833), Coll. Oberth. — TRIMEN, Rhop. Afr. Austr., p. 83 (1862). — MAB., Hist. Mad. Lep. 1, p. 5, t. 1, f. 6, 7 (1885—7). Metam.: GUENÉE in: MAILLARD, Note sur l'île de la Réunion. Lep., p. 8 (1862). Madagaskar. Bourbon.

4. **E. mitra** MOORE, Cat. Lep. Ins. E. Ind. Comp. 1, p. 127 (1857), Mus. Brit. — BUTLER, Proc. Zool. Soc. 1866, p. 299 (1866). — MOORE, Proc. Zool. Soc. 1883, p. 281, t. 31, f. 8 (1883). — JOANNIS, An. E. Fr. 63, p. 427 (1894). — HOLL., Proc. U. S. Nat. Mus. 18, p. 266, t. 8, f. 6 ♀ (1895).
   Seychellen.

5. **E. Rogeri** GEYER in: HÜBNER, Zutr. 5, p. 36, figg. 947, 948 (1837). — JOANNIS, An. E. Fr. 63, p. 425 (1894).
   ? Seychellen.

Fam. **Satyridae.**

= *Satyriden* SCHATZ & RÖBER, Exot. Schm. 2, p. 195 (1889). Vergl. für andere Citate
MOORE, Lep. Ind. 1, p. 141.
= *Satyridae* E. REUTER, Acta Soc. Sc. Fenniae 22; 1, p. 335 etc. (1896).

Uebersicht der Gattungen.

I. Die Hinterflügel mit deutlicher, beim ♀ sehr grosser Subcostalzelle; die Rippe 8 der
Hinterflügel trennt sich schon von der Wurzel aus allmählig von der Rippe 7. —
Tribus *Elymniina*.   1. *Elymnias.*
II. Die Hinterflügel ohne deutliche Subcostalzelle. — Tribus *Satyrina*.
  A. Die Klauen gespaltet. Die Palpen schuppig. Augen nackt.
    α. Die Praecostalrippe der Hinterflügel entspringt nach der Abtrennung der Rippe 8.
                                              2. *Melanitis.*
    β. Die Praecostalrippe der Hinterflügel entspringt an oder vor der Abtrennungsstelle
    der Rippe 8.   3. *Cnophodes.*
  B. Die Klauen einfach.
    α. Die Vorderflügel mit *drei* an der Wurzel stark aufgeblasenen Rippen. Die
    Rippen 10 und 11 der Vorderflügel aus der Mittelzelle. Vergl. Fig. 6.
      *. Augen nackt.   4. *Mycalesis.*
      **. Augen haarig.
        1. Die Vorderflügelspitze nicht ausgezogen.   5. *Henotesia.*
        2. Die Vorderflügelspitze sichelförmig ausgezogen. 6. *Heteropsis.*
    β. Die Vorderflügel höchstens mit *zwei* an der Wurzel aufgeblasenen Rippen.
      *. Augen haarig. Die Rippen 10 und 11 der Vorderflügel aus der Mittelzelle.
        †. Die Rippe 12 und die hintere Mittelrippe (Mediana) der Vorderflügel an
        der Wurzel deutlich aufgeblasen.   7. *Pararge.*
        ††. Die Rippen der Vorderflügel an der Wurzel nicht aufgeblasen; die Rippe
        12 nur etwas verdickt.
          1. Die Hinterflügel an den Rippen 2 und 4 geschwänzt. Fühlerkolbe breit
          und scharf abgesetzt.   8. *Aphysoneura.*

2. Die Hinterflügel nicht geschwänzt.
　a. Die Rippen 3 und 4 der Hinterflügel aus einem Punkte oder kurz
　gestielt. 　　　　　　　　　　　　　　　　　　9. *Meneris.*
　b. Die Rippe 3 der Hinterflügel vor dem Zellende ausgehend. Der
　doppelt gekernte Augenfleck der Vorderflügel liegt in den Feldern
　5 und 6. 　　　　　　　　　　　　　　10. *Leptoneura.*
**. Augen nackt.
　†. Die Rippen 10 und 11 der Vorderflügel aus der Mittelzelle. Die Vorder-
　flügel oben mit zwei, einfachen Augenflecken in den Feldern 3 und 5.
　　　　　　　　　　　　　　　　　　　　11. *Coenyra.*
　††. Die Rippe 11 allein aus der Mittelzelle, 10 weit hinter dem Zellende
　aus dem Stiele von 7 + 8 + 9.
　　o. Die Vorderflügel nur mit einfachen Augenflecken. Die Fühler an der
　　Spitze nicht oder kaum verdickt. 　　　　12. *Physcaeneura.*
　　oo. Die Vorderflügel vor der Spitze mit einem grossen, doppelt gekernten
　　Augenflecke in den Feldern 4 und 5, selten mit noch einem Flecke
　　im Felde 2.
　　　1. Nur die Rippe 12 der Vorderflügel an der Wurzel aufgeblasen.
　　　　a. Die Fühler mit deutlich abgesetzter, mehr oder weniger flach-
　　　　gedrückter Kolbe. 　　　　　　　　13. *Pseudonympha.*
　　　　b. Die Fühler mit wenig hervortretender, drehrunder Kolbe.
　　　　　　　　　　　　　　　　　　　14. *Neocoenyra.*
　　　2. Sowohl die Rippe 12 wie auch die hintere Mittelrippe (Mediana)
　　　der Vorderflügel an der Wurzel aufgeblasen; die letztere jedoch
　　　nur schwach. 　　　　　　　　　　　15. *Ypthima.*

Trib. Elymniina.

< *Eurytelidae* WESTWOOD, Gen. D. Lep., p. 403 (1851).
= *Elymniina* HERRICH-SCHÄFFER, Prod. Syst. Lep. 1, p. 15 (1864). - MARSH. & DE
　NICÉVILLE, Butt. of India. 1. p. 263 (1883). — MOORE, Lep. Ind. 2. p. 141 (1891).

1. Elymnias HÜBN.

< *Elymnias* HÜBN., Verz., p. 37 (1818—27).
　Elymnias MOORE, Lep. of Ceylon, 1, p. 25 (1880). — DISTANT, Rhop. Malay., p. 58
　(1882). —MARSH. & DE NICÉVILLE, Butt. of India. 1, p. 261 (1883). — SCHATZ & RÖBER,
　Exot. Schmett., 2, p. 225, t. 39, figg. (1889--92).
　Melanitis WESTW., Gen. D. Lep., 2. p. 403 (1851).
Obs. Bei den afrikanischen Arten entspringt die Rippe 7 der Hinterflügel viel näher an
der Rippe 6 als bei den asiatischen. Die Wurzelzelle der Hinterflügel ist bei den ♀♀
viel grösser als bei den ♂♂.

1. **E. phegea** Fabr., Ent. syst. 3: 1. p. 132 (1793), ex. parte. — Donov., Ins. India, t. 31,
   f. 1 (1800). — Mab., Hist. Mad. Lep., 1, p. 80 (1887).
   Liberia[73] — Ashanti[16] - Kamerun[64] — Gabun. ?Madagaskar[107].
   var. **intermedia** n. var.
   phegea var. Staud., Exot. Schm., 1, p. 237, t. 86 (1887—88).
   Patria?

2. **E. bammakoo** Westw., Gen. D. Lep., p. 405 note, t. 68, f. 3 (1851). Mus. Brit.
   phegea ♀ Haase, Bibl. Zool., 8: 2, t. 3, f. 16 (1891).
   S. Leona — Ashanti — Togo[84] Kamerun[71] — Gabun[61] — Congogebiet: Kassai
   (Mus. Brux.) — Angola.

Trib. Satyrina.

Boisduval Spec. Gen. Lep., 1, p. 166 (1836). — Doubl. & Westwood, Gen. D.
Lep., 2, p. 352 (1851). — Herrich-Schaeffer, Prod. Syst. Lep., 1, p. 12 (1861). —
Trimen, S. Afr. Butt., 1, p. 62 (1887). — Moore, Lep. Ind., 1, p. 111 (1891).

2. Melanitis Fabr.

< *Melanitis* Fabr., Illigers Mag., 6, p. 282 (1807). — Trimen, S. Afr. Butt., 1, p. 111
(1887). — Karsch, B. E. Z., 38, p. 202 (1893).

Melanitis Moore, Lep. of Ceylon, 1, p. 14 (1880). — Distant, Rhop. Malay., p. 10
(1882). — Marsh & de Nicéville, Butt. of India, 1, p. 250 (1883). — Schatz & Röber,
Exot. Schmett., 2, p. 205, t. 34 (1888—89).
= *Hipio* Hübn., Verz., p. 56 (1818—27).
=? *Cyllo* Westw., Gen. D. Lep., 2, p. 360 (1851).
Typus: *M. leda* L.

1. **M. leda** L., Syst. Nat., ed. 10, p. 474 (1758), ex. parte. — Cramer, Pap. Exot., 3, p. 5,
   t. 196, f. C. D (1779). — Hübner, Exot. Schm., 1, t. 91 (1806—16). - Boisd.,
   Faune Mad., p. 58 (1833). — Trimen, Rhop. Afr. Austr., 2, p. 186 (1866); S. Afr.
   Butt., 1, p. 112 (1887); Pr. Zool. Soc. 1894, p. 22 (1894), ex. parte. — Lanz, Iris,
   9, p. 143 (1896).
   helena Westw., Gen. D. Lep., p. 361 (1851).
   determinata Butl., Pr. Ent. Soc. Lond. 1885, p. 6.
   ismene (wet season brood) Moore, Lep. Ind., 2, p. 118, t. 122 (1893).
   Forma subtus ocellata et striolata: alis anticis maris haud aut vix angulatis.
   var. (temp.?) et ab. **ismene** Cramer, Pap. Exot. 1, p. 40, t. 26, f. A, B (1775) (dry
   season brood) Moore, Lep. Ind., 2, p. 119, t. 123 (1893).
   leda (ex. parte) Trimen loc. cit.
   Forma subtus haud aut obsolete ocellata, alis anticis semper ad costam 5am angulatis.

Metam. TRIMEN, S. Afr. Butt., 1, p. 114 (1887).

Sierra Leona[x1] — Ashanti[16] — Kamerun[71] — Gabun — Congogebiet — Angola — Damara — Natal — Deutsch Ost-Afrika — Brit. Ost-Afrika — Somaliland — Aequatoria — Abyssinien — Arabien — Seychellen[115] — S:t Thomé[113].

var. (et ab.) **fulvescens** GUENÉE, Note s. Réunion. Lép., p. 15 (1863). — SAALM., Lep. Mad., 1. p. 90 (1884). — MAB., Hist. Mad. Lep., 1, p. 12, t. 2, f. 5—7 (1885—87), (nom. vix conserv.).

Madagaskar. Bourbon[x]. Mauritius. Rodriguez.[110]

2. **M. libya** DISTANT, An. N. H. (5) 10. p. 405 (1882); Tr. Ent. Soc. London 1884, p. 90, t. 3, f. 5 (1884). — TRIMEN, Pr. Zool. Soc. 1894, p. 22, t. 4, f. 2 ♂ (1894). Manicaland[77] — Nyassaland[36]   Deutsch Ost-Afrika: Masasi.

3. Gnophodes WESTW.

Gnophodes WESTW., Gen. D. Lep., 2, p. 363 (1851). — TRIMEN, Rhop. Afr. Austr., 2, p. 189 (1866). — SCHATZ & RÖBER, Exot. Schm., 2. p. 205, t. 34 (1888—89). — AURIV., Ent. Tidskr., 14, p. 263 (1893).

< *Melanitis* TRIMEN, S. Afr. Butt., 1, p. 111 (1887). — KARSCH, B. E. Z., 38, p. 202 (1893). Typus *G. parmeno* DOUBL. & HEW.

Uebersicht der Arten.

A. Der ♂ im Felbe 1 b der Vorderflügel mit einem grossen, von langen Haaren bedeckten Mehlfleck; Vorderflügelbinde gelblich.   N:o 1—2.

B. Der ♂ ohne solchen Fleck, statt desselben aber mit einem länglichen, kreideweisen Fleck am Vorderrande der Mittelzelle der Hinterflügel; ♀ mit weisser Subapicalbinde der Vorderflügel.   N:o 3.

1. **G. parmeno** DOUBL. & HEW., Gen. D. Lep., t. 61, f. 2 (1851). Mus. Brit. — AURIV., Ent. Tidskr., 14, p. 262 (1893).   KARSCH, B. E. Z., 38, p. 211 (1893). *parmens* LUCAS in Chenu Enc. H. N. Pap., p. 184, fig. 291 (1853). Sierra Leona — Ashanti[16] — Togo[x4] — Kamerun[64] — Gabun[63] — Chinchoxo[65] — Congogebiet[63]: Mukenge[44]. Bangasso, Bangala.[47]

var. **diversa** BUTLER, An. N. H., (5) 5, p. 333 (1880). — TRIMEN, S. Afr. Butt., 1, p. 116 (1887). *parmeno* TRIMEN, Rhop. Afr. Austr., 2, p. 190 (1866). — STAUD., Exot. Schmett., 1, p. 222, t. 78 (1886). Metam.: TRIMEN, S. Afr. Butt., 1, p. 118 (1887). Natal — Manica[77] — Nyassa Land[36] — Deutsch Ost-Afrika:[118] Kilimanjaro, Nguru[53] — Aequatoria: Foda.[4]

2. **G. betsimena** BOISD., Faune Mad., p. 58 (1833). Coll. Oberth. — BUTLER, An. N. H. (5) 5, p. 333 (1880). — MAB., Hist. Mad. Lep., 1, p. 10, t. 2, f. 1—4, t. 2ᵃ, f. 1 (1885—87). Madagaskar.

3. **G. chelys** FABR., Ent. syst., 3: 1, p. 80 (1793). — BUTLER, Fabr. D. Lep., p. 10 (1869). STAUD., Exot. Schm., 1, p. 222 (1887). — AURIV., Ent. Tidskr., 14. p. 263 (1893). — KARSCH, B. E. Z., 38, p. 211 (1893).

♀ *pythia* FABR., Ent. syst. 3: 1, p. 116 (1793). Mus. Havniæ. — BUTLER, An. N. H. (5) 5, p. 333 (1880).

morpheus BUTLER, Cat. Satyr., p. 7 (1868). Mus. Brit.

Metam: AURIV. l. c., p. 263, t. 3, f. 3—3 d (1893).

Sierra Leona[81] Ashanti[16] — Togo[54] — Kamerun[64] — Chinchoxo[55] Kinsembo[5] — Congogebiet: Mukenge[44], Bena-Bendi, Bangala[47] — Albert Nyanza.

ab. ♀ **harpa** KARSCH, B. E. Z., 38., p. 211 (1893). Mus. Berol.

Togo-Hinterland.

4. Mycalesis HÜBN.

< *Mycalesis* HÜBN., Verz., p. 55 (1818—27). — WESTW., Gen. D. Lep., 2, p. 392 (1851). — TRIMEN, S. Afr. Butt., 1, p. 103 (1887). — SCHATZ & RÖBER, Exot. Schm., 2, p. 203, t. 35 (1889).

> *Idiomorphus* DOUMET, Rev. Zool., (2) 13, p. 171 (1861), nom. praeocc.

> *Bicyclus* KIRBY, Cat. D. Lep., p. 47 (1871). — SCHATZ & RÖBER, Exot. Schm., 2, p. 204, t. 35 (1889).

> *Monotrichtis* HAMPSON, An. N. H. (6) 7, p. 179 (1891).

> *Dichothyris* KARSCH, B. E. Z., 38, p. 203 (1893); Ent. Nachr., 20, p. 237 (1894). — AURIV., Ent. Tidskr., 14, p. 274 (1893).

Die zahlreichen und interessanten Arten der Gattung *Mycalesis* (s. str.) sind bisher nur im æthiopischen Faunengebiete angetroffen. Man hat versucht dieselben auf mehrere Gattungen zu vertheilen, diese Gattungen können aber nur durch die sekundären Geschlechtsauszeichnungen des ♂ getrennt werden und können darum nach meiner Ansicht nur als Gruppen oder Untergattungen verwendet werden.[1] Die bisher als *Bicyclus* betrachteten Formen scheinen zwar eine verschiedene Flügelform zu haben. Diese bei *M. Hewitsoni* so ausgeprägte Flügelform geht jedoch bei *M. italus* und *M. medontias* so allmählich in die Flügelform des ♂ von *M. xeneas* und *M. phalanthus* über, dass ich nicht weiss, wo die Grenze zu ziehen wäre, und bei den ♀♀ ist die Flügelform noch weniger ausgeprägt. Die ♂♂ von *allen* Arten haben in der Mittelzelle der Hinterflügel am Vorderrande und nahe an der Wurzel einen langen, nach vorne oder schief nach aussen gerichteten Haarpinsel. Dieser wird demnach nicht in den folgenden Uebersichten berücksichtigt.

Uebersicht der Untergattungen.

A. Die Rippe 7 der Hinterflügel entspringt beim ♂ viel näher an der Rippe 6 als an der Rippe 8 oder ist sogar mit der Rippe 6 gestielt. (Vergl. Fig. 6). Die Vorderflügel des ♂ ohne schwieligen Mehlfleck im Felde 1 a.[2]

---

[1] Vergl. hierüber auch SNELLEN Tijdschr. v. Ent., 25, p. 220 (1882).

[2] Nur bei *M. nobilis* finde ich nahe an der Wurzel der Rippe 1 einen solchen dunklen Fleck.

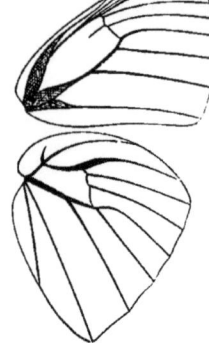

Fig. 6 *Mycalesis italus* Hew. Rippenbau

α. Die Hinterflügel des ♂ haben in der Mittelzelle am Hinterrande zwischen den Ausgangspunkten der Rippen 2 und 3 einen schief nach aussen und hinten gerichteten Haarpinsel.

a. Subg. *Bicyclus.*

β. Die Hinterflügel des ♂ ohne solchen Haarpinsel.

b. Subg. *Mycalesis.*

B. Die Rippe 7 der Hinterflügel entspringt beim ♂ in der Mitte zwischen 6 und 8 oder näher an 8, selten etwas näher an 6, jedoch nicht doppelt so weit von 8 als von 6 (der Mehlfleck der Vorderflügel im letzteren Falle immer gross und deutlich).[1] Die Vorderflügel des ♂ haben bei fast allen Arten im Felde 1 a dicht an der Hinterseite der Rippe 1 einen kleinen, warzen- oder schwiel-artig erhabenen Mehlfleck.

c. Subg. *Monotrichtis.*

a. Subgen. Bicyclus Kirby.

Uebersicht der Arten.

A. Die Hinterflügel oben mit einer blauen oder violetten Saumbinde.   N:o 1, 2.

B. Die Hinterflügel oben ohne Saumbinde.
   α. Vorderflügel vor der Spitze mit einer blauen Querbinde.
     *. Die Flügel unten vor den Augenflecken mit einer gelblich-weissen, fast geraden Querlinie.
         N:o 3.
     **. Die Flügel unten vor den Augenflecken mit einer dunklen Querlinie.
      a. Die blaue Querbinde der Vorderflügel erreicht fast den Hinterwinkel (immer die Rippe 1).
         N:o 4, 5.
      b. Die blaue Querbinde der Vorderflügel erreicht höchstens die Rippe 2.   N:o 6, 7.
   β. Vorderflügel beim ♂ ohne deutliche Querbinde, beim ♀ mit einer weisslichen Querbinde.
     *. Die äussere Querlinie (vor den Augenflecken) auf der Unterseite der Vorderflügel ist dunkel, fast gerade und schief nach aussen gegen den Vorderrand gerichtet. Flügel unten ohne deutliche Saumlinie.
         N:o 8, 9.
     **. Die äussere Querlinie vor den Augenflecken auf der Unterseite der Vorderflügel ist hell gefärbt, mehr oder weniger geschlängelt und fast senkrecht gegen die Mitte des Vorderrandes gerichtet. Die Flügel unten dicht vor dem Saume mit einer scharfen, dunklen Saumlinie.   N:o 10, 11.

1. **M. Hewitsoni** Doumet, Rev. Zool. (2) 13, p. 175, t. 5, f. 2 (1861). Kamerun[64] — Gabun — Congo.

2. **M. nanodes** Smith, Pr. Zool. Soc. 1890, p. 172 (1890) Coll. Gr. Smith. Aruwimi.

---

[1] Am längsten von Rippe 8 entfernt ist die Rippe 7 bei *M. Danckelmanni* und *M. vulgaris-tolosa.*

3. **M. medontias** HEW. Exot. Butt. Mycalesis, t. 9, f. 56, 57 (1874). Mus. Brit.
vala PLÖTZ, S. E. Z. 41, p. 196 (1880) Mus. Gryph.
Metam.: HOLLAND Psyche, 6, p. 214, t. 5, f. 2, 3 (1892). — AURIV. Ent. Tidskr.
14, p. 264, t. 3, f. 2—2 c (1893).
Kamerun[71] — Ogowe — Gabun — Congogebiet: Bangasso (Ubangi sup.), Maringa,
Mukenge.

4. **M. iccius** HEW., Exot. Butt. Idiom., t. 1, f. 4, 5 (1865). Mus. Brit.
Old Calabar — Kamerun[71] — Congogebiet: Bangala[47], Umangi (WILVERTH).

5. **M. ephorus** WEYMER, S. E. Z., 53, p. 79 (1892). Coll. Weymer.
Goldküste.

6. **M. sebetus** HEW. Exot. Butt. Mycalesis, t. 10, f. 6, 7 (1877). Mus. Brit.
Liberia[73] — Ogowe — Gabun. — Congogebiet: Bangasso (am oberen Ubangi),
Bangala, Ibembo, Maringa (MAIRESSE) — Angola[65].

7. **M. una** PLÖTZ, S. E. Z., 41, p. 195 (1880). Mus. Gryph. — præcedentis var.?
Agoncho.

8. **M. zinebi** BUTLER, An. N. H. (4) 3, p. 19, t. 9, f. 4 (1869). — KARSCH, B. E. Z., 38,
p. 202 (1893).
? ♀ *massalia* KARSCH, B. E. Z., 38, p. 202 (1893). Mus. Berol.
Goldküste[64] — Togo Hinterland[84].

9. **M. italus** HEW., Exot. Butt. Idiom., t. 1, f. 1—3 (1865). Mus. Brit. — STAUD., Exot.
Schmett., 1, p. 224, t. 20 (1886—87). — WEYMER, S. E. Z., 53, p. 119 (1892).
massalia PLÖTZ, S. E. Z., 41, p. 195 (1880). Mus. Gryph.
Loko (am Benue Fluss) — Old Calabar — Kamerun[64] — Ogowe — Gabun[64].

10. **M. xeneas** HEW., Exot. Butt. Mycalesis, t. 7, f. 48 (1865). Mus. Brit. — KARSCH.
Ent. Nachr., 20, p. 239 (1894).
Old Calabar — Kamerun[71]. Bangasso (am oberen Ubangi).

11. **M. phalanthus** STAUD., Exot. Schm., 1, p. 229, t. 82 (1887). Coll. Staud. — AURIV.,
Ent. Tidskr., 14, p. 265 (1893). — KARSCH., Ent. Nachr., 20, p. 239 (1894).
xeneas HEW., Exot. Butt. Mycalesis, t. 8, f. 49 (1866). Mus. Brit.
Ashanti?[14] Old Calabar — Kamerun[71] — Gabun — Congo (Mündung).

b. Subg. **Mycalesis** HÜBN. s. str.

Uebersicht der Arten.

A. Flügelunterseite gelbbraun oder schwarzbraun, selten hellgrau, dann aber mit gezackten Querlinien.
  α. Hinterflügel unten ohne Augenfleck im Felde 1 b.
    *. Die Grundfarbe der Unterseite der Flügel gelbbraun, grau oder hellgrau.

1. Feld 3 der gelblichen Unterseite der Hinterflügel ohne Fleck oder mit sehr winzigem Augenflecke; Feld 1 c beim ♂ nur mit einem Augenflecke.

   a. Die zweite Querlinie der Unterseite deutlich S-förmig gebogen. Das ♀ mit weisser Subapical-binde der Vorderflügel.   N:o 12.

   b. Die zweite Querlinie der Unterseite eben und fast gerade. Das ♀ ohne Subapicalbinde der Vorderflügel.   N:o 13.

2. Feld 3 der Unterseite der Hinterflügel mit gut entwickeltem Augenfleck.

   a. Flügel unten gelblich braungrau mit fast ebenen oder schwach gewellten Querlinien. Vorder-flügel oben mit zwei Augenflecken (in 2 und 5). Das ♀ ohne weisse Subapicalbinde der Vor-derflügel.   N:o 14.

   b. Flügel unten rein grau; Hinterflügel zum Theil weisslich; Querlinien stark wellig oder gezackt.   N:o 15.

                                                      N:o 19.

**. Die Grundfarbe der Unterseite der Flügel tief violett-dunkelbraun.

β. Hinterflügel unten mit einem deutlichen Augenflecke im Felde 1 b.

  *. Die dunkle Mittelbinde der Flügelunterseite mit fast geraden und parallelen Rändern.

    1. Die kleinen Augenflecke der Felder 4 und 5 der Hinterflügelunterseite stehen weit nach aussen, dicht am Saume. Feld 3 immer ohne Augenfleck.   N:o 16.

    2. Die kleinen Augenflecke der Felder 4 und 5 der Hinterflügel auf dem gewöhnlichen Platz. Feld 3 mit kleinem Augenfleck.   N:o 17.

  **. Die dunkle Mittelbinde der Flügelunterseite auf beiden Seiten tief gezackt und eingeschnitten.

                                                      N:o 18, 18 a.

B. Unterseite der Flügel weiss oder weisslich mit ebenen, fast geraden, bisweilen undeutlichen Querlinien.

   a. Flügel oben an der Wurzel nicht weiss.   N:o 21.

   β. Flügel oben bis über die Mitte hinaus weiss.   N:o 22.

Uebersicht der Flecke und Pinsel der ♂♂. [1]

A. Hinterflügel ohne Sammetfleck.

   a. Hinterflügel im Felde 1 c nahe an der Wurzel und fast in der Mitte zwischen den Rippen 1 b und 2 mit einem schwarzen Pinsel.   N:o 13.

   β. Hinterflügel nur mit dem für allen *Mycalesis*-Arten gemeinsamen Pinsel der Mittelzelle. [2]

    *. Die Rippen 6 und 7 der Hinterflügel getrennt; Vorderflügel oben an der Mitte des Hinterrandes mit langen Haaren bekleidet.   N:o 15.

    **. Die Rippen 6 und 7 der Hinterflügel kurz gestielt mit angeschwollenem Stiele; Vorderflügel ohne Haare im Felde 1 a.   N:o 19.

B. Hinterflügel mit einem Sammetflecke.

   a. Der Sammetfleck ist gerundet und liegt in der Nähe des Analwinkels,

    *. zwischen der Rippe 1 b und dem Innenrande und ist ganz unbedeckt.   N:o 12.

    **. und wird von der Rippe 1 b in zwei Theile getheilt.

      1. Der Sammetfleck erreicht beinahe den Saum und ist nicht von Haaren begleitet.   N:o 14.

      2. Der Sammetfleck ist fast 2 mm. vom Saume entfernt und auf der Wurzelseite von einer Gruppe langer Haare begrenzt.   N:o 17.

   β. Der Sammetfleck ist sehr lang und schmal, dicht an der Hinterseite der Rippe 1 b anliegend und bei-nahe von der Wurzel bis weit über die Mitte dieser Rippe ausgedehnt; im äusseren Theil wird er von einer Reihe schwarzer, im Felde 1 c befestigter Haare bedeckt.   N:o 16.

   γ. Der Sammetfleck liegt dicht an der Wurzel der Hinterflügel in den Feldern 1 a und 1 b und wird also von der Rippe 1 a getheilt: er ist von langen, auf der Rippe 1 b befestigten Haaren mehr oder weniger bedeckt.   N:o 21, 22.

---

[1] Bei allen Arten dieser Gruppe fehlt der Pinsel im Felde 6 der Hinterflügel.

[2] Zu dieser Gruppe gehört wahrscheinlich auch *M. dubia*; in Greifswald habe ich einen ♂ gesehen, die Stellung der Rippen 6 und 7 der Hinterflügel aber nicht untersucht.

12. **M. sciathis** HEW., Exot. Butt. Mycalesis, t. 8, f. 55, 56 (1866), Mus. Brit. — AURIV., Ent. Tidskr., 14, p. 269 (1893).
Liberia[73] — Old Calabar — Kamerun[71].

13. **M. procora** KARSCH, B. E. Z., 38, p. 210 (1893). Mus. Berol.
Togo Hinterland.

14. **M. analis** AURIV., Ent. Tidskr., 16, p. 113, fig. 1 (1895). Mus. Berol. & Holm.
Yaunde (Kamerun Hinterland). Congogebiet: Bena-Bendi (Mus. Brux.).

15. **M. tænias** HEW., Exot. Butt. Mycalesis, t. 10, f. 66 (1877), Mus. Brit. — KARSCH, B. E. Z., 38, p. 205 (1893).
gerda PLÖTZ, S. E. Z., 41, p. 198 (1880). Mus. Gryph.
Sierra Leona[71] — Liberia[73] — Goldküste[64] — Kamerun — Gabun.

16. **M. ignobilis** BUTLER, Trans. Ent. Soc. Lond. 1870, p. 124; Lep. Exot., p. 55, t. 21, f. 4 (1871) Coll. Swanzy. — AURIV., Ent. Tidskr., 14, p. 270 (1893). — KARSCH, Ent. Nachr., 20, p. 238 (1894).
Goldküste[16] — Kamerun[64] — Mukenge.

17. **M. nobilis** AURIV., Ent. Tidskr., 14, p. 269, t. 6, f. 1, 2 (1893). Mus. Holmiæ. — KARSCH., Ent. Nachr., 20, p. 238 (1894).
Kamerun — Gabun.

18. **M. dubia** AURIV., Ent. Tidskr., 14, p. 270, fig. 4 (1893). Mus. Holmiæ. — KARSCH. Ent. Nachr., 20, p. 237, note 1 (1894).
Kamerun.

°18 a. **M. dentata** EM. SHARPE in: NEUMANN, Elephant-Hunting, p. 438, tab., fig. 4, 4 a, 5 (März 1898). Coll. Jackson.
fluviatilis SMITH, Nov. Zool. 5, p. 353 (Aug. 1898) Mus. Tring.
Brit. Ost-Afrika: Kikuyu, Embe[142], Uganda.

19. **M. evadne** CRAMER, Pap. Exot., 3, p. 48, t. 222, f. E. F. (1779). — HERBST, Naturs. Schm., 8, p. 31, t. 185, f. 1, 2 (1796). — KARSCH, Ent. Nachr., 20, p. 240 (1894).
servatius GOD., Enc. Meth., 9, p. 525 (1823).
elionas HEW., Exot. Butt. Mycalesis, t. 7, f. 41, 42 (1866) Mus. Brit.
Sierra Leona — Liberia[73] — Kamerun[61] — Gabun.

°20. **M. Noblemairei** JAVET, An. E. Fr., 63, Bull., p. 256 (1894). Coll. Javet. — ?   n:o 19.
Französisch Congo.

21. **M. halyma** FABR., Ent. syst., 3: 1, p. 243 (1793). — HERBST, Naturs. Schm., 8, p. 304 (1796). — GOD., Enc. Meth., 9, p. 487 (1823).
♀ *macrones* HEW., Exot. Butt. Mycalesis, t. 9, f. 60 (1874). Mus. Brit.
Sierra Leona — Liberia[73].

22. **M. asochis** Hew., Exot. Butt. Mycalesis, t. 7, f. 46, 47 (1866), Mus. Brit. — ♀ Kirby,
Pr. R. Dubl. Soc. (2) 2, p. 335 (1880). — Staud., Exot. Schm. 1, p. 229, t. 82
(1887). — Karsch, Ent. Nachr. 20, p. 239 (1894).

Old Calabar — Kamerun[71] — Gabun[80] — Congo[83] — Angola.[7] Bangasso am
oberen Ubangi.

c. Subgen. Monotrichtis Hampson.

Uebersicht der Arten.

A. Die Vorderflügel des ♂ jenseit der Mitte der Rippe 1 mit einem schwarzen, von der Rippe getheilten Haarpinsel.   N:o 23.

B. Die Vorderflügel des ♂ ohne solchen Pinsel.

   α. Die Hinterflügel des ♂ im Felde 1 c nahe an der Wurzel oder in der Mittelzelle dicht am Hinterrande
     oder an beiden Stellen mit einem Haarpinsel geziert.

     †. Im Felde 6 der Hinterflügel findet sich beim ♂ immer ein Pinsel; der Mehlfleck im Felde 1 a der
       Vorderflügel ist dagegen gewöhnlich klein und schmal oder undeutlich.   *Dichothyris.*

       *. Der Pinsel im Felde 1 c der Hinterflügel anwesend und

         +. näher an der Mittelzelle als an der Rippe 1 b befestigt.

          a. Die Hinterflügel des ♂ in der Mittelzelle dicht am Hinterrande dem Felde 2 gegenüber mit
           einem Haarpinsel.

           1. und auch im Felde 2 mit einem Pinsel.   N:o 24.

           2. im Felde 2 aber ohne Pinsel.   N:o 25, 28.

          b. Die Hinterflügel ohne Pinsel am Hinterrande der Mittelzelle.   N:o 27, 31.

         ++. näher an der Rippe 1 b als an der Mittelzelle befestigt.   N:o 30.

       **. Der Pinsel im Felde 1 c fehlt, wird aber von einem Pinsel in der Mittelzelle dicht am Hinterrande
        und dem Ursprunge der Rippe 2 gegenüber vertreten.   N:o 29.

     ††. Hinterflügel ohne Pinsel im Felde 6, in 1 c aber nahe an der Wurzel langhaarig.   N:o 38.

   β. Die Hinterflügel des ♂ immer ohne andere Pinsel als der am Vorderrande der Mittelzelle und einer im
     Felde 6, der jedoch auch fehlen kann; das Feld 1 c und die Mittelzelle jedoch bisweilen langhaarig. Die
     männlichen Vorderflügel fast immer mit einem deutlichen Mehlfleck im Felde 1 a. Dieser Fleck ist bei
     einigen Arten (z. B. *nebulosa*) von vorne und von aussen gesehen hell und deutlich, von innen und von
     hinten gesehen aber dunkel und undeutlich.

     *. Die Flügel oben ohne weisse Zeichnungen.

      +. Die Vorderflügel oben vor der Spitze ohne scharf begrenzte, gelbe Querbinde, höchstens etwas gelb-
       grau aufgehellt.

       a. Die Hinterflügel des ♂ ohne Pinsel im Felde 6 und also nur mit einem Pinsel (in der Mittel-
        zelle am Vorderrande).

        1. Die Vorderflügel des ♂ oben ohne Sammetfleck.   N:o 33, 47.

        2. Die Vorderflügel des ♂ oben mit grossem, schwarzem oder schwarzbraunem Sammetfleck. Der
         Mehlfleck im Felde 1 a liegt vor der Mitte nahe an der Wurzelblase der Rippe 1 und ist von
         zwei kleinen Flecken zusammengesetzt.

         .1. Der Sammetfleck ist sehr gross und uregelmässig und bedeckt den inneren Theil der Fel-
          der 2 und 3 und die angrenzenden Theile von 1 b und 4.   N:o 34.

         .11. Der Sammetfleck ist kleiner, gerundet und liegt nahe am Saume, hauptsächlich im Felde 2.
                                 N:o 35.

b. Die Hinterflügel vor der Mittelzelle mit einem Pinsel im Felde 6 oder an der Rippe 7.

1. Die Vorderflügel des ♂ oben an der Wurzel nicht oder nur mässig behaart ohne Pinsel. Der Mehlfleck im Felde 1 a kurz und abgerundet oder selten länglich, aber gleichbreit.

N:o 37, 39—46.

2. Die Vorderflügel des ♂ oben an der Wurzel lang und dicht behaart oder mit Pinseln.

,A. Die Vorderflügel des ♂ oben in der Mittelzelle dicht am Hinterrande und im Felde 1 b mit nach hinten gerichteten Haarpinseln. Der Mehlfleck im Felde 1 a undeutlich.

N:o 48.

††. Die Vorderflügel des ♂ ohne Pinsel. Der Mehlfleck im Felde 1 a gross, nach innen breit, nach aussen aber in eine sehr lange Spitze ausgezogen. N:o 49, 50.

++. Die Vorderflügel oben vor der Spitze mit einer breiten, scharf begrenzten, gelben Querbinde.

N:o 52.

**. Die Flügel oben mit rein weissen Zeichnungen und unten mit einer gemeinsamen, breiten, weissen Querbinde.

1. Die Flügel oben mit einer gemeinsamen, weissen Querbinde, welche von der Rippe 4 oder 3 der Vorderflügel bis zur Rippe 2 der Hinterflügel geht und nach hinten erweitert ist. Die weisse Querbinde der Vorderflügelunterseite fast ganz gerade. — ♂. Die Hinterflügel oben mit einem kleinen Haarpinsel im Felde 6. N:o 53.

2. Die Vorderflügel oben ohne weisse Zeichnungen oder nur mit einem kleinen, weissen Doppelfleck in 3 und 4. Die Hinterflügel oben mit einem grossen, gerundeten, weissen Flecke in den Feldern 3—5. Die weisse Querbinde der Vorderflügelunterseite am Vorderrande deutlich wurzelwärts gebogen. — ♂. Die Hinterflügel ohne Haarpinsel im Felde 6. N:o 54.

23. **M. madetes** HEW., An. N. H. (4) 13, p. 381 (1874), Mus. Brit. — KARSCH, Ent. Nachr. 20, p. 239 (1894).

nura PLÖTZ, S. E. Z. 41, p. 196 (1880), Mus. Gryph.

Ashanti[16] — Kamerun[71] — Gabun.

24. **M. sambulos** HEW., Exot. Butt. Mycalesis, t. 10, f. 63, 64 (1877), Mus. Brit. — KARSCH, Ent. Nachr. 20, p. 238 (1894).

Gabun.

25. **M. graphidabra** KARSCH, B. E. Z. 38, p. 203 (1893), Mus. Berol.; Ent. Nachr. 20, p. 238 (1894).

Togo-Hinterland — Congogebiet: Bena-Bendi (Mus. Brux.).

°26. **M. kenia** ROGENHOFER, An. Mus. Wien 6, p. 462, t. 15, f. 8 (1891), Mus. Vindob. Deutsch Ost-Afrika: Usinja[55a] — Brit. Ost-Afrika: Kenia-Berg.

27. **M. auricruda** BUTLER, Cat. Satyr., p. 131, t. 3, f. 6 (1868), Mus. Brit. — AURIV., Ent. Tidskr. 14, p. 271 (1893). — KARSCH., Ent. Nachr. 20, p. 238 (1894).

mandanes HEW., Exot. Butt. Mycalesis, t. 9, f. 61, 62 fig. male! (1874), Mus. Brit. *madnanes* HEW. l. c., text (1874).

Ashanti[16] — Kamerun[71] — Gabun[64] — Congogebiet: Vombo,[45] Bangasso — Angola.

28. **M. mesogena** KARSCH, Ent. Nachr. 20, p. 236, 240 (1894), Mus. Berol.

Sierra Leona — Ashanti[64] (»madetes») — Togo. Südl. centr. Afrika (6° s. Br., 22—26 ö. L. v. Greenw.).

29. **M. sandace** HEW., Exot. Butt. Mycalesis, t. 10, f. 65 (1877), Mus. Brit. — AURIV., Ent. Tidskr. 14, p. 271 (1893). — KARSCH, Ent. Nachr. 20, p. 240 (1894). Senegal — Liberia[73] — Kamerun.[71] Fernando Po.

30. **M. technatis** HEW., Exot. Butt. Mycalesis, t. 10, f. 67 (1877), Mus. Brit. — AURIV., Ent. Tidskr. 14, p. 268 (1893). — KARSCH, Ent. Nachr. 20, p. 239 (1894). Liberia[77] — Kamerun[71] — Gabun. Brit. Ost-Afrika: Ruwenzori.[119]

31. **M. miriam** FABR., Ent. syst. 3: 1, p. 242 (1793). — BUTLER, Pr. Zool. Soc. 1893, p. 645 (1894).
Gabun — Congogebiet: zwischen Kassongo und den Stanley Fällen — Nyassaland.[36]

32. **M. ena** HEW., Ent. M. Mag. 14, p. 107 (1877), Mus. Brit. — ? TRIMEN, Pr. Zool. Soc. 1894, p. 82 (1894).
Nyassaland.

33. **M. dorothea** CRAMER, Pap. Exot. 3, p. 19, t. 204, f. E. F. (1799).
mirjam HERBST, Naturs. Schm. 8, p. 155, t. 204, f. 3, 4 (1796).
Sierra Leona.

var. **melusina** FABR., Mant. Ins. 2, p. 43 (1787), Mus. Havn. — ? GOD., Enc. Meth. 9, p. 496 (1823).
ræsaces HEW., Exot. Butt. Mycalesis t. 8, f. 51, 52 (1866), Mus. Brit.
dorothea AURIV., Ent. Tidskr. 14, p. 271 (1894). — KARSCH, B. E. Z. 38, p. 205 (1893).
Metam.: AURIV. l. c., p. 272, t. 3, f. 4—4 b (1893).
Sierra Leona — Ashanti[16] — Togo[84] — Niger[74] — Kamerun[71] — Gabun[80] — Congogebiet: Stanley Fälle, Kassongo (Mus. Bruxell.) — Angola.[7]

Obs. CRAMERS Abbildung weicht so sehr von allen Stücken, die ich gesehen habe, ab, dass er, wenn die Figur naturgetreu ist, sicher eine besondere Form vor sich gehabt hat. *Melusina* FABR. aber ist nach dem Typus sicher die gewöhnliche, von HEWITSON als *ræsaces* abgebildete Form und statt »quintoque» ist in der Beschreibung *quartoque* zu lesen.

34. **M. sophrosyne** PLÖTZ, S. E. Z. 41, p. 196 (1880), Mus. Gryph.
rhanidostroma AURIV., Ent. Tidskr. 14, p. 267 (1893), Mus. Holm.
Kamerun — Congogebiet: Bena-Bendi (Mus. Brux.).

35. **M. istaris** PLÖTZ, S. E. Z. 41, p. 197 (1880), Mus. Gryph.
rhanidostroma KARSCH, B. E. Z. 38, p. 207, t. 5, f. 5 ♂ (non f. 6) (1893), Mus. Berol.
Ashanti — Togo.[84]

°36. **M. mollitia** KARSCH, Ent. Nachr. 21, p. 281 (1895), Mus. Berol.
Uganda.

37.[1] **M. golo** AURIV., Ent. Tidskr. 14, p. 267, fig. 2 (1893), Mus. Holmiæ. — ♀ AURIV.,
Öfvers. Vet. Aknd. Förh. 53, p. 431 (1896).
Kamerun — Congogebiet: Zongo, Mokoanghe.
var. **violascens** n. var., siehe unten! — Mus. Holmiæ.
Bangasso.

38. **M. rhacotis** HEW., Exot. Butt. Mycalesis, t. 8, f. 50 (1866), Mus. Brit. — AURIV.,
Öfvers. Vet. Akad. Förh. 53, p. 431 (1896).
Old Calabar — Congogebiet: Matadi, Bangala — Nyassaland.[36]

39. **M. Baumanni** KARSCH, Ent. Nachr. 20, p. 230 (1894), Mus. Berol. — sequentis var.?
Togo.

40. **M. campa** KARSCH, B. E. Z. 38, p. 206, t. 5, f. 4 (1893), Mus. Berol.
Togo.

41. **M. milyas** HEW., Exot. Butt. Mycalesis, t. 6, f. 34 (1864), Mus. Brit. — KARSCH,
B. E. Z. 38, p. 205 (1893).
Togo.[14] Congogebiet: Bangasso, Zongo, Mokoanghe (Mus. Brux.). Weisser Nil
— Abyssinien.[2]

42. **M. desolata** BUTLER, An. N. H. (4) 18, p. 480 (1876), Mus. Brit.
leptoglena KARSCH, B. E. Z. 38, p. 208, t. 5, f. 7 (1893), Mus. Berol.
Sierra Leona — Togo[84] — Niger[74] — Abyssinien.

°42a. **M. Selousi** TRIMEN, Trans. Ent. Soc. London 1895, p. 183, t. 5, f. 2, 2a (1895).
— MARSHALL, Trans. Ent. Soc. London 1896, p. 562 (1896).
Mashuna Land.

---

[1] Diese und die verwandten Arten können, soweit sie mir genau bekannt sind, auf folgende Weise unterschieden werden:

A. Die Vorderflügel oben ohne Augenflecke oder nur mit einem dunklen Punkte im Felde 2 und 5.
 a. Die Querlinie (= die äussere Begrenzung des Wurzelfeldes) auf der Unterseite der Vorderflügel fast gerade oder nur schwach und gleichmässig gebogen.
  *. Die Augenflecke der Unterseite deutlich und gut entwickelt.
   a. Der vorderste Augenfleck (im Felde 7) der Hinterflügel klein und nicht grösser als der im Felde 6. Der Mehlfleck im Felde 1a der Vorderflügel kurz und breit, an der Mitte der Rippe 1.
    1. Die Querlinie und das Saumfeld der Unterseite nicht violett; die Querlinie der Hinterflügel etwas uneben. N:o 37.
    2. Die Querlinie und das Saumfeld der Unterseite stark violett-schillernd. Die Querlinie der Hinterflügel sehr schwach und ganz gleichmässig gebogen. N:o 37 var. *violascens*.
   b. Der Augenfleck im Felde 7 der Hinterflügel gross und viel grösser als der Fleck im Felde 6. Der Mehlfleck im Felde 1a der Vorderflügel lang und sehr schmal, undeutlich. N:o 41.
  **. Die Augenflecke der Unterseite alle klein und unvollkommen. N:o 42.
 β. Die Querlinie auf der Unterseite der Vorderflügel an der Rippe 4 fast rechtwinkelig gebrochen. Der Mehlfleck der Vorderflügel eiförmig und deutlich. N:o 39, 40.
B. Die Vorderflügel oben wenigstens im Felde 2 und 5 mit einem deutlichen Augenfleck.
 a. Die gelben Ringe der Augenflecke der Unterseite sind auf der Wurzelseite roth. N:o 44.
 β. Die Augenflecke ohne Roth.
  *. Die helle Querlinie der Unterseite der Vorderflügel an der Rippe 4 deutlich stumpfwinkelig gebrochen. Der Mehlfleck im Felde 1a der Vorderflügel liegt hinter der Mitte der Rippe 1. N:o 45.
  **. Die helle Querlinie der Unterseite der Vorderflügel schwach gebogen oder fast gerade. Der Mehlfleck der Vorderflügel liegt etwas vor oder an der Mitte der Rippe 1. N:o 46.

43. M. pavonis BUTLER, An. N. H. (4) 18, p. 481 (1876), Mus. Brit.
Abyssinien.

44. M. anisops KARSCH, Ent. Nachr. 18. p. 176 (1892), Mus. Berol. — AURIV., Ent.
Tidskr. 14, p. 268, fig. 3 (1893).
Kamerun.

45. M. Danckelmanni ROGENH. in: BAUMANN Usambara. Anhang, p. 330 (sep. p. 10), (1891),
Mus. Vind.; An. Mus. Wien 6, p. 462, t. 15, f. 9 (1891).
? *campa* TRIMEN, Pr. Zool. Soc. 1894, p. 81 (1894).
Deutsch Ost-Afrika: Usambara, Mkonda,⁵⁵ Usinja⁵⁵ᵃ — ? Manica-Land.

46. M. safitza HEW., Gen. D. Lep. 2, p. 394 note, t. 66, f. 3 (1851); Exot. Butt. Mycalesis, t. 1, f. 4 (1862), Mus. Brit. — TRIMEN, S. Afr. Butt. 1, p. 105 (1887); 3,
p. 395 (1889). — Forma ocellata.
? *delila* FABR., Ent. syst. 3: 1, p. 234 (1793), Mus. Havniæ.¹
eusirus HOPFF., Monatsb. Ak. Wiss. Berlin 1855, p. 641 (1855); Peters Reise Mossamb. Ins., p. 393, t. 25, f. 3, 4 (1862), Mus. Berol. — OBERTH., An. Mus. Genov.
18, p. 729 (1883).
injusta WALLENGR., Lep. Rhop. Caffr., p. 33 (1857), Mus. Holmiæ.
var. (et gen. altera) **evenus** HOPFF., Monatsb. Ak. Wiss. Berlin 1855, p. 641 (1855);
Peters Reise Moss. Ins., p. 394, t. 25, f. 5, 6 (1862), Mus. Berol. — TRIMEN, Rhop.
Afr. Austr., p. 207 (1866). — Forma punctata vel subocellata.
caffra WALLENGR., Lep. Rhop. Caffr., p. 34 (1857), Mus. Holmiæ.
safitza var. A. TRIMEN, S. Afr. Butt. 1, p. 105 (1887).
Togo"⁴ — Chinchoxo⁶⁵ — Congogebiet⁴⁵,⁴⁶ — Angola⁵,⁷ — S. Afrika — Ost Afrika
— Aequatoria⁴ — Abyssinien.³

47. M. anynana BUTLER, An. N. H. (5) 4, p. 187 (1879), Mus. Brit. — DIXEY, Pr. Zool.
Soc. 1898, p. 374 (1898).
socotrana BUTLER, Pr. Zool. Soc. 1881, p. 175, t. 18, f. 7 (1881), Mus. Brit.
? Brit. Ost-Afrika.²¹ Socotra. Insel Johanna.

48. M. martius FABR., Ent. syst. 3: 1, p. 219 (1793). — KARSCH, B. E. Z. 38, p. 204 (1893).
sanaos HEW., Exot. Butt. Mycalesis, t. 8, f. 53, 54 (1866), Mus. Brit.
Ashanti¹⁶ — Togo⁸⁴ — Old Calabar⁶⁷ — Kamerun⁷¹ — Gabun⁶¹ — Chinchoxo⁶⁵
— Congogebiet: Bangala⁴⁷ — Angola.⁷ Deutsch Ost-Afrika.¹²²

49. M. vulgaris BUTLER, Cat. Satyr., p. 130, t. 3, f. 2 (1868), Mus. Brit. — KARSCH,
B. E. Z. 38, p. 205 (1893). — Forma subocellata.
var. **angulosa** BUTLER, Cat. Satyr., p. 130, t. 3, f. 8 (1868), Mus. Brit. — Forma
punctata.

---

¹ Als Typus dieser Art findet sich in Copenhagen ein ♂ von *safitza*; die Beschreibung passt jedoch nicht
vollständig und es bleibt also zweifelhaft, ob FABRICIUS wirklich diese Art oder eine andere Form vor sich
gehabt hat.

var. **tolosa** PLÖTZ, S. E. Z. 41, p. 197 (1880), Mus. Gryph. — Forma ocellata.
Sierra Leona[81] — Ashanti[16] — Togo[84] — Niger[74] — Kamerun — Gabun[63] — Chinchoxo[65] — Congogebiet — Angola.[7]

50. **M. nebulosa** FELDER, Reise Novar. Lep., p. 502 (1867), Mus. Tring. — KIRBY, Pr. R. Dublin Soc. (2) 2, p. 298 (1880). — Forma subocellata aut punctata.
saga BUTLER, Cat. Satyr., p. 130, t. 3, f. 1 (1868), Mus. Brit.
Sierra Leona[81] — Gabun[63] — Congogebiet: zwischen Kasongo und den Stanley-Fällen (Mus. Brux.).

var. **agraphis** KARSCH, B. E. Z. 38, p. 207 (1893), Mus. Berol. — AURIV., Ent. Tidskr. 14, p. 266 (1893). — Forma ocellata.
♀ *rhanidostroma* KARSCH, B. E. Z. 38, p. 207, t. 5, f. 6 ♀ (non ♂), (1893), Mus. Berol.
Sierra Leona — Togo[84] — Kamerun.[71]

°51. **M. funebris** GUÉRIN, Icon. R. An. Ins., p. 488 (1844).
Senegal.

52. **M. matuta** KARSCH, Ent. Nachr., 20, p. 228 (1894), Mus. Berol.
Brit. Ost-Afrika: Ruwenzori, zwischen Salt Lake und Wawamba.[119]

53. **M. Saussurei** DEWITZ, Nov. Acta Ac. N. Cur. (2) 44: 2, N:o 2, p. 17, t. 1, f. 9 (1879), Mus. Berol.
Central-Afrika (10 s. Br., 17—22 ö. L. v. Greenw.) — Deutsch Ost-Afrika: Usinja (Mus. Vindob.).

54. **M. Aurivillii** BUTLER, Proc. Zool. Soc. 1895, p. 724, t. 42, f. 2 (1896), Mus. Brit.
Ruwenzori. — Deutsch Ost-Afrika: Imbo-Urundi (Mus. Vindob.).

°55. **M. florimel** FABR., Ent. syst. 3: 1, p. 215 (1793). — BUTLER, Fabr. Lep., p. 132 (1869).
? Africa.

°56. **M. Ansorgei** EM. SHARPE, An. N. H. (6) 18, p. 158 (1896). — ? = *mollitia* KARSCH.
Ost-Afrika: Mtebe.

°57. **M. erysichton** EHRMANN, Journ. N. York Ent. Soc. 2, p. 77 (1894), Coll. Ehrm.
Liberia.

°58. **M. Ansorgei** SMITH, Nov. Zool. 5, p. 352 (1898), Mus. Tring.
Brit. Ost-Afrika: Nandi-land.

Obs. Die Arten N:o 55—58 sind so unvollständig beschrieben (genaue Angaben über die Pinsel und die Mehlflecke der ♂♂ sowie über die Lage der Augenflecke fehlen gänzlich), dass ich sie in meinem Systeme nicht einordnen kann. Wenn N:o 58 wirklich neu ist, schlage ich für sie den Namen *M. Smithi* vor.

5. **Henotesia** Butler.

> *Henotesia* Butler, An. N. H. (5) 4, p. 228 (1879).
< *Mycalesis* Trimen, S. Afr. Butt. 1, p. 103 (1887). — Mabille, Hist. Madag. Lep. 1,
   p. 40 (1887). — Schatz & Röber, Exot. Schm. 2, p. 203, t. 35 (1889). — Karsch,
   B. E. Z. 38, p. 202, 204 (1893).
> *Smithia* Mabille, An. E. Fr. (5) 9, Bull., p. 173 (1879); Hist. Madag. Lep. 1, p. 15
   (1887). — nom. praeocc.
Typus: *H. andravahana* Mab.

Die vielen, von Moore unter den mit haarigen Augen versehenen »Mycalesis«-Arten aufgestellten Gattungen[1] sind theils nur auf sekundäre männliche Charakteren, theils auf nicht stichhaltige Unterschiede des Geäders begründet und müssen darum entweder ganz eingezogen oder nur als Untergattungen betrachtet werden. Vom Werthe der Mooreschen Kennzeichen will ich hier nur ein Paar Beispiele geben. Von *Samanta* sagt Moore: »first and second subcostal branches emitted together from end of the cell« (of hindwing) (Tr. E. Soc. 1880, p. 166) und (Lep. Ind. 1, p. 153) »with the first subcostal veinlet in hindwing emitted at end of the cell«, p. 202 desselben Werkes aber liest man: »Hindwing — — — first and second subcostal branches emitted before end of the cell« (!!). Bei 8 von mir untersuchten Stücken der typischen Art, *Samanta malsara*, und ihrer Saisonform *S. rudis* finde ich jedoch, dass die Rippe 7 der Hinterflügel immer getrennt von 6 und vor dem Zellende ausgeht. Hierdurch fallen die zwischen *Culapa* und *Samanta* angegebenen Unterschiede weg. Von *Calysisme* wird behauptet, dass die Rippe 3 der Hinterflügel aus dem Zellende ausgeht; bei *polydecta* aus Ceylon sind die Rippen 3 und 4 jedoch gestielt ganz wie bei *Nissanga*.

Unter den von Moore aufgestellten Gattungen ist nur eine, *Culapa*, (April 1879) älter als *Henotesia*. Wenn man alle mit haarigen Augen versehene »Mycalesis«-Arten in einer Gattung vereinigt, wäre also für diese der Name *Culapa* zu gebrauchen. Da ich augenblicklich den Typus von *Culapa*, *Mycalesis mnasicles* Hew., nicht untersuchen kann, und es möglich, wenn auch gar nicht wahrscheinlich ist, dass diese Art generisch von den afrikanischen verschieden wäre, habe ich für die afrikanischen Arten Butlers Name *Henotesia* gewählt.

Die beiden Arten, für welche Mabille die Gattung *Smithia* aufgestellt hat, habe ich genau untersucht ohne Merkmale finden zu können, wodurch sie von den übrigen *Henotesia*-Arten generisch unterschieden werden können. Auch von Mabille selbst werden keine solche Kennzeichen angeführt. Uebrigens sind die Arten unter sich mehr verschieden als von einigen Henotesien.

Die folgende Artübersicht darf nur als eine provisorische betrachtet werden.

---

[1] Trans. Ent. Soc., London 1880, p. 155—177 und Lepid. Indica 1, p. 152—153 etc. *Orsotriæna* Wallengr. ist dagegen durch die nackten Augen, durch die allein aufgeblasene, vordere Mittelrippe der Vorderflügel und durch die verkümmerte, gegen die Flügelwurzel gerichtete Præcostalrippe der Hinterflügel so weit von allen Mycalesis-Arten verschieden, dass es unbegreiflich ist, warum man sie mit diesen vereinigt hat. Eben so wohl konnte man alle Satyriden in einer Gattung stellen.

Uebersicht der Arten.

A. Wenigstens die Vorderflügel oben mit einem Augenfleck im Felde 2.

  a. Die Hinterflügel mit ganzrandigem oder gewelltem Saume.

    *. Die Flügel oben dunkelbraun-schwarzbraun, höchstens ringsum den Augenfleck im Felde 2 der Vorderflügel etwas gelb.

      †. Arten vom Festlande Afrikas. Die Rippe 3 der Hinterflügel aus der Hinterrecke der Mittelzelle.

        §. Die Hinterflügel des ♂ ohne Haarpinsel an der Wurzel der Rippe 1 b. Die Augenflecke beider Flügel ziemlich weit vom Saume entfernt.[1]

          1. Die Unterseite der Vorderflügel nur mit zwei selbständigen Augenflecken.

            a. Auf der Vorderflügelunterseite ist die dunkle Mittelquerlinie auswärts von einer hellen Querbinde begleitet, welche die Querlinie vom Ringe des Augenfleckes 2 trennt.   N:o 1.

            b. Auf der Vorderflügelunterseite fehlt diese helle Querbinde ganz und die dunkle Querlinie grenzt darum an den breiten gelben Ring des hinteren Augenfleckes.   N:o 2.

          2. Die Unterseite der Vorderflügel mit vier selbständigen Augenflecken.   N:o 3.

        §§. Die Hinterflügel des ♂ oben nahe an der Wurzel der Rippe 1 b mit einem schwarzen, gegen den Innenrand gerichteten Haarpinsel, welcher einen hellen Wurzelfleck der Felder 1 a und 1 b auswärts begrenzt. Die Augenflecke stehen dicht am Saume.   N:o 5, 6.

      ††. Arten von Madagaskar und Mauritius. Die Rippe 3 der Hinterflügel entspringt gewöhnlich vor der Hinterrecke der Mittelzelle.

        o. Die Flügel unten ohne gelbe Querbinde ausserhalb der Augenflecke.

          +. Die Hinterflügel oben ohne Augenflecke oder nur mit einem Augenflecke (im Felde 2).

            1. Der Saum der Hinterflügel gleichförmig gebogen oder nur zwischen 1 b und 4 etwas stärker gewellt.

              §. Der grosse Augenfleck im Felde 2 der Vorderflügel liegt dicht am Saume, deutlich hinter der Mitte des Feldes 2.   N:o 7.

              §§. Der Augenfleck im Felde 2 der Vorderflügel liegt weiter vom Saume entfernt, fast genau in der Mitte des Feldes 2.   N:o 8—14, 18, 19.

            11. Der Saum der Hinterflügel zwischen den Rippen 4 und 6 schwach, aber deutlich konkav und darum an der Rippe 4 winkelig gebrochen. Die Flügel unten fein gestrichelt, mehr oder weniger, besonders vor der Spitze der Vorderflügel, violett angeflogen, nur im Felde 2 mit Augenflecke, sonst mit weissen Punkten statt der Augenflecke.   N:o 17.

          ++. Die Hinterflügel oben mit zwei gleichgrossen, gelbroth geringelten Augenflecken in den Feldern 2 und 3 und bisweilen auch mit einem dritten, kleineren Augenflecke im Felde 4.

            §. Die Hinterflügel unten hinter der rothbraunen Mittellinie fast wie im Wurzeltheile gefärbt und gestrichelt und höchstens mit einem Augenflecke.   N:o 15.

            §§. Die Hinterflügel unten hinter der Mittellinie weiss mit drei Augenflecken.   N:o 16.

        oo. Beide Flügel unten ausserhalb der Augenflecke mit einer scharf begrenzten, schwefelgelben, geraden Querbinde. Die Vorderflügel auf beiden Seiten nur mit einem Augenflecke (im Felde 2). Die Hinterflügel oben beim ♂ nur mit Augenfleck im Felde 3, beim ♀ mit 3–4 Augenflecken (in den Feldern 3–6), unten bei beiden Geschlechtern nur mit einem Augenflecke (im Felde 6).   N:o 20.

    **. Die Flügel oben in der Mitte (wenigstens im Wurzeltheile der Felder 2 und 3 der Vorderflügel und 3—5 der Hinterflügel) oder zum grössten Theil rothbraun—rothgelb—hellgelb.

      †. Die Hinterflügel oben ringsum, mehr oder weniger breit, dunkel gesäumt.

        §. Der Vorderrand und die Spitze der Vorderflügel oben wenigstens bis zur Rippe 4 schwarzbraun. Die hellen Felder der Oberseite rothgelb.   N:o 21. 22.

---

[1] Vergl. für die folgenden Arten KARSCH Ent. Nachr. 20, p. 235 –236.

§§. Der Vorderrand und die Spitze der Vorderflügel oben höchstens bis zur Rippe 5 schwarzbraun. Die Flügel oben mit rothbrauner Grundfarbe.   N:o 24.

††. Die Hinterflügel oben am Vorder- und Innenrande gar nicht verdunkelt, unten mit einer vollständigen Reihe von 7 Augenflecke. Die Vorderflügel auf beiden Seiten wenigstens mit zwei Augenflecken (in 2 und 5).

§. Die Augenflecke beider Flügel liegen weit, etwa 4—5 Millim., vom Saume entfernt.

1. Die Flügel oben an der Wurzel und die Vorderflügel am Vorderrande und an der Spitze bis zur Rippe 4 gelbbraun-schwarzbraun.   N:o 25.

2. Die Flügel oben sehr hell ockergelblich, fast einfarbig, nur an der Spitze der Vorderflügel etwas dunkler, bräunlich.   N:o 26.

§§. Die Augenflecke sind besonders unten gut entwickelt und liegen dicht an der innersten Saumlinie, nur 1—1,5 Millim. vom Saume entfernt. Die Flügel oben ockergelb, der Vorderrand und die Spitze der Vorderflügel ziemlich breit schwarzbraun. Am Saume beider Flügel zwei—drei dunklen Linien, von denen die innerste in der Mitte jedes Feldes mehr oder weniger erweitert ist.

1. Grössere Art, 40—42 Millim., vom Festlande Afrikas. Die schwarzen, weisspupillirten Augenflecke mit einem gelben, einem schwärzlichen und äusserst mit einem weisslichen Ringe.
N:o 27.

2. Kleinere Art, 38—39 Millim., von Madagaskar. Die Augenflecke nur mit einem gelben und einem feinen, schwärzlichen Ringe.   N:o 23.

ϑ. Die Hinterflügel mit 2—3 Zacken oder kurzen Schwänzchen.

*. Die Hinterflügel an den Rippen 2—4 mit drei Zacken, von denen der an der Rippe 4 länger oder wenigstens nicht kürzer als die anderen ist. Die Hinterflügel unten mit 6—7 deutlichen Augenflecken.

o. Beide Flügel weiss; die Vorderflügel oben am Vorderrande und an der Spitze schmal schwarz, in der Mitte schwefelgelb angeflogen. Beide Flügel mit feiner, schwarzer Saumlinie und unten an der Wurzel ein wenig schwarzgestrichelt.   N:o 28.

oo. Beide Flügel oben mit schwarzbrauner-graugelber Grundfarbe.

1. Die Flügel unten weisslich mit braunen Strichelchen besonders im Wurzelfelde und schwarzbrauner Mittellinie.   N:o 29, 30.

2. Die Flügel unten dunkel violett-braun, sehr dicht marmorirt.   N:o 31.

**. Die Hinterflügel mit zwei gleich grossen Zacken oder Lappen am Ende der Rippen 2 und 3, an der Rippe 4 aber gar nicht oder nur viel kürzer gezackt. Die Vorderflügel wie gewöhnlich mit zwei Augenflecken (in 2 und 5).

1. Die Zacken der Hinterflügel länger, schmäler und mehr zugespitzt, oben mit einem schwärzlichen, unten mit einem rothbraunen, dreieckigen Flecke. Die Flügel unten hinter der braunen Mittellinie mit einer breiten, gelben Querbinde.   N:o 32.

2. Die Zacken der Hinterflügel kurz und breit, lappenförmig, auf beiden Seiten mit einem grossen, dreieckigen, tief rothbraunen Flecke geziert. Die Flügel unten ohne gelbe Querbinde. N:o 33.

B. Die Flügel oben gänzlich ohne Augenflecke.

α. Die Flügel oben einfarbig, schwärzlich mit blauem Schiller.   N:o 34—40.[1]

β. Die Vorderflügel mit (gelblich) weissem Wurzeltheile und schwarzem Aussentheile und Vorderrande. Die Hinterflügel oben einfarbig schwarz, unten weisslich mit schwarzen Strichelchen und 4—6 Augenflecken.
N:o 41.

---

[1] Alle diese bisher nur wenig bekannte Arten sind einander sehr ähnlich und nur durch geringfügige Unterschiede in der Färbung und Zeichnung der Unterseite zu trennen. Wenn die von MABILLE angeführten Kennzeichen stichhaltig sind, können sie auf folgende Weise unterschieden werden:

A. Die Vorderflügel unten mit einem Augenflecke im Felde 2.

α. Die Hinterflügel unten ohne weisse Punkte zwischen dem Vorderrande und dem Augenflecke im Felde 2.
N:o 34.

β. Die Hinterflügel unten mit weissen Punkten zwischen dem Vorderrande und dem Augenflecke im Felde 2.
N:o 35.

1. **H. perspicua**[1] Trimen, Tr. Ent. Soc. London 1873, p. 104, t. 1, f. 3; S. Afr. Butt.
1, p. 107 (1887); 3, p. 395 (1889). — Butler, Pr. Zool. Soc. 1893, p. 646 (1894).
— Karsch, Ent. Nachr. 20, p. 236 (1894). — Barker. Tr. Ent. Soc. 1895, p. 414.
— Forma ocellata.
var. temp.[1] **mævius** Staud., Exot. Schm. 1, p. 229, t. 82 (1887), Coll. Staud. —
Rebel & Rogenh., Baumann Massai-Land, p. 334; sep. p. 12 (1894). — Forma
punctata aut subocellata.
Congo — Natal — Nyassaland[36] — Deutsch Ost-Afrika: Tanganika, Usaramo,
Zanzibar. — Brit. Ost-Afrika — Abyssinien.

2. **H. elisi** Karsch, B. E. Z. 38, p. 209, t. 5, f. 8 (1893), Mus. Berol.: Ent. Nachr. 20,
p. 236 (1894).
Togo Hinterland.

3. **H. phæa** Karsch, Ent. Nachr. 20, p. 232 (1894), Mus. Berol.
Congogebiet: Quango, Longe.

°4. **H. victorina** Westw., Oates Matabele Land, p. 350 (1882), Mus. Oxon.; edit. 2, p.
359 (1889). — ? Trimen, S. Afr. Butt. 1, p. 108 note (1887).
Zambezi: Victoria Fall.

5. **H. peitho** Plötz, S. E. Z. 41, p. 197 (1880), Mus. Gryph. — Karsch, Ent. Nachr.
20, p. 239 (1894).
Goldküste[64] — Kamerun — Gabun.[64]

6. **H. decira** Plötz, S. E. Z. 41, p. 198 (1880), Mus. Gryph.
Goldküste.

7. **H. anganavo** Ward., Ent. M. Mag. 8, p. 122 (1871). — Mabille, Hist. Mad. Lep.
1, p. 63, t. 7, f. 10—11 (1885—7).
Madagaskar.

8. **H. exocellata** Mabille, An. E. Fr. (5) 9, p. 343 (1879), Coll. Gr. Smith.: Hist. Mad.
Lep. 1, p. 48, t. 7b, f. 7, 7a (1885—7).
Madagaskar.

9. **H. strato** Mabille, An. E. Fr. (5) 8, Bull., p. 76 (1878), Coll. Oberth.; Hist. Mad.
Lep. 1, p. 45 (1887), t. 5a, f. 3, 4 (ined.).
Madagaskar.

B. Die Vorderflügel unten ohne Augenfleck im Felde 2.
   α. Die weisse Pupille des kleinen Augenfleckes im Felde 2 der Hinterflügelunterseite liegt nur 2 Millim. vom
      Saume entfernt. In den Feldern 3—6 stehen weisse Punkte ebenso weit vom Saume entfernt.   N:o 36.
   β. Die weisse Pupille des Augenfleckes im Felde 2 liegt genau 3 Millim. vom Saume entfernt.
     *. Die Flügel unten wenigstens im Wurzeltheil mit ockergelben Schuppen bestreut.   N:o 37.
     **. Die Flügel unten ohne ockergelbe Schuppen.
      1. Die Vorderflügel unten in der Mitte kaum schwarzblau. Die Hinterflügel unten mit rostbrauner,
        undeutlicher Mittellinie.   N:o 39.
      2. Die Vorderflügel unten in der Mitte deutlich schwarzblau.
        a. Der Augenfleck der Hinterflügel klein; ihre schwärzliche Mittellinie deutlich.   N:o 38.
        b. Der Augenfleck der Hinterflügel gross, die Rippen berührend; ihre Mittellinie undeutlich.
                                   N:o 40.

[1] Vergl. auch N:o 26.

10. **H. andravahana** MABILLE, Bull. Soc. Zool. Fr. 3, p. 82 (1878); Hist. Mad. Lep. 1, p. 57, t. 5, f. 6—9 (1885—7), Coll. Gr. Smith.
anganaro? BUTLER, An. N. H. (5) 4, p. 228 (1879).
Wardii BUTLER, An. N. H. (5) 4, p. 229 (1879), Mus. Brit.
Madagaskar.

11. **H. fuliginosa** MABILLE, Bull. Soc. Zool. Fr. 3, p. 82 (1878); Hist. Mad. Lep. 1, p. 59, t. 5, f. 10, 11 (1885—7), Coll. Gr. Smith.
Madagaskar.

12. **H. bicristata** MABILLE, Bull. Soc. Zool. Fr. 3, p. 81 (1878); Hist. Mad. Lep. 1, p. 56, t. 5, f. 12, 13 (1885—7), Coll. Gr. Smith.
Madagaskar.

13. **H. strigula** MABILLE, Pet. Nouv. Ent. 2, p. 158 (1877); Hist. Mad. Lep. 1, p. 68, t. 8. f. 4, 5 (1885—7), Coll. Gr. Smith.
var. **subsimilis** BUTLER, An. N. H. (5) 4, p. 228 (1879), Mus. Brit. — MABILLE, Hist. Mad. Lep. 1, p. 69 (1887).
Madagaskar.

14. **H. angulifascia** BUTLER, An. N. H. (5) 4, p. 228 (1879), Mus. Brit. — MABILLE, Hist. Mad. Lep. 1, p. 70, t. 7ᵇ, f. 5, 6 (1885—7).
Butleri MABILLE, An. E. Fr. (5) 9, p. 343 (1879), Coll. Gr. Smith.
Madagaskar.

15. **H. ankova** WARD, Ent. M. Mag. 7, p. 31 (1870), Coll. Oberth.; Lep. Afr., p. 15, t. 12, f. 3, 4 (1874). — MABILLE, Hist. Mad. Lep. 1, p. 65, t. 7ᵃ, f. 1—3 (1885—7).
var. **turbata** BUTLER, An. N. H. (5) 5, p. 334 (1880), Mus. Brit. — MABILLE, Hist. Mad. Lep. 1, p. 66 (1887), t. 5ᵃ, f. 11, 12 (ined.).
Madagaskar.

16. **H. Cowani** BUTLER, An. N. H. (5) 5, p. 334 (1880), Mus. Brit. — MABILLE, Hist. Mad. Lep. 1, p. 67 (1887), t. 5ᵃ, f. 13, 14 (ined.).
Madagaskar.

17. **H. parva** BUTLER, An. N. H. (5) 4, p. 228 (1879), Mus. Brit. — MABILLE, Hist. Mad. Lep. 1, p. 64, t. 7ᵇ, f. 3, 3ᵃ (1885—7).
irrorata MABILLE, An. E. Fr. (5) 9, p. 343 (1879), Coll. Gr. Smith?
Madagaskar.

18. **H. iboina** WARD, Ent. M. Mag. 7. p. 31 (1870), Coll. Oberth.; Afr. Lep. 1, p. 16, t. 12, f. 5, 6 (1874). — MABILLE, Hist. Mad. Lep. 1, p. 60, t. 7, f. 5—9 (1885—7).
Madagaskar.

19. **H. difficilis** MABILLE, An. E. Belg. 23 Bull., p. 105 (1880), Coll. Gr. Smith.; Hist. Mad. Lep. 1, p. 62, t. 7ᵇ, f. 2, 2ᵃ (1885—7).
Madagaskar.

20. **H. vola** WARD., Ent. M. Mag. 7, p. 31 (1870), Coll. Oberth.; Lep. Afr., p. 15, t. 11, f. 1, 2 (1874). — MABILLE, Hist. Mad. Lep. 1, p. 72, t. 8, f. 1—3 (1885—7). Madagaskar.

21. **H. narcissus** FABR., Ent. syst. Suppl., p. 428 (1798), Mus. Havniæ. — GODART, Enc. Meth. 9, p. 551 (1823). — TRIMEN, Rhop. Afr. Austr., p. 209 (1866). Mauritius. Bourbon.[88]
  var. **fraterna** BUTLER, Cat. Satyr., p. 145, t. 3, f. 13 (1868), Mus. Brit.; An. N. H. (5) 3, p. 186 (1879).
  evanescens SAALM., Lep. Mad. 1, p. 91 (1884), Mus. Francof.
  narcissus MABILLE, Hist. Mad. Lep. 1, p. 75, t. 7ª, f. 9, 10 (1885—7).
  mæva MABILLE, Hist Mad. Lep. 1, p. 77, t. 7ª, f. 13 (1885—7).
  Madagaskar. Insel Johanna.

22. **H. mæva** MABILLE, Bull. Soc. Zool. Fr. 3, p. 82 (1878); Hist. Mad. Lep. 1, p. 76, t. 7ª, f. 11, 12 (1885—7), Coll. Gr. Smith. — præcedentis var.? Madagaskar.

°23. **H. menamena** MABILLE, Pet. Nouv. Ent. 2, p. 158 (1877); Hist. Mad. Lep. 1, p. 77, t. 7ª, f. 7, 8 (1885—7), Coll. Mabille? Madagaskar.

24. **H. ankaratra** WARD., Ent. M. Mag. 7, p. 30 (1870), Coll. Oberth. — SAALM., Lep. Mad. 1, p. 93, t. 2, f. 28, 29 (1884). — MABILLE, Hist. Mad. Lep. 1, p. 73, t. 7ª, f. 4—6 (1885—7). — STAUD., Exot. Schm. 1, p. 228 (1887).
  sakalava SAALM., Ber. Senck. Ges. 1878, p. 79 (1879), Mus. Francof.
  loucoubensis SAALM., l. c., p. 80 (1879), Mus. Francof.
  Madagaskar.

25. **H. teratia** KARSCH, Ent. Nachr. 20, p. 234 (1890), Mus. Berol.
  Congo-Staat: Lualaba-Gebiet. — Deutsch Ost-Afrika: Tabora (Mus. Vindob.).

26. **H. simonsii** BUTLER, An. N. H. (4) 19, p. 458 (1877), Mus. Brit. — TRIMEN, S. Afr. Butt. 1, p. 109 (1887). — KIRBY, Handb. Lep. 1, p. 213, t. 35, f. 5 (1894). — MARSHALL, Trans. Ent. Soc. London 1896, p. 562 (1896). — BUTLER, Proc. Zool. Soc. 1896, p. 822 (1897); l. c. 1898, p. 50 (1898).[1]
  Transvaal — Mashuna — Zambezi — Nyassa.

27. **H. eliasis** HEW., Exot. Butt. Mycalesis, t. 7, f. 44, 45 (1866), Mus. Brit.
  Loango[63, 65] — Congo — Angola.[5]

28. **H. masoura** HEW., Ent. M. Mag. 11, p. 227 (1875), Mus. Brit. — MAB., Hist. Mad. Lep. 1, p. 17, t. 2, f. 8, 9 (1885—7).
  Madagaskar.

29. **H. benacus** MABILLE, An. E. Belg. 28 Bull., p. 185 (1884), Coll. Thierry-Mieg.; Hist. Mad. Lep. 1, t. 7ᵇ, f. 1 (1885).
  Madagaskar.

---

[1] MARSHALL und BUTLER betrachten *H. Simonsi* als der Winter- (-dry season) Form von *H. perspicua*. Ob mit Recht?

30. **H. antahala** WARD., Ent. M. Mag. 9, p. 148 (1872), Coll. Oberth.; Lep. Afr. p. 16, t. 12, f. 7, 8 (1871). — SAALM., Lep. Mad. 1, p. 95, t. 2, f. 26, 27 (1884). — MABILLE, Hist. Mad. Lep. 1, p. 49 (1887), t. 5ᵃ, f. 7, 8 (ined.).
Madagaskar.

31. **H. ankoma** MABILLE., An. E. Fr. (5) 8 Bull., p. 76 (1878); Hist. Mad. Lep. 1, p. 51, t. 6, f. 11, 12 (1885—7), Coll. Gr. Smith.
Mabillei BUTLER, An. N. H. (5) 4, p. 227 (1879), Mus. Brit.
Madagaskar.

32. **H. avelona** WARD., Ent. M. Mag. 7, p. 31 (1870), Coll. Oberth.; Lep. Afr., t. 12, f. 7, 8 (1874). — MABILLE, Hist. Mad. Lep. 1, p. 52, t. 7, f. 1—4 (1885—7).
Madagaskar.

33. **H. parvidens** MABILLE, An. E. Fr. (5) 9, p. 343 (1879), Coll. Gr. Smith.; Hist. Mad. Lep. 1, p. 55 (1887), t. 5ᵃ, f. 9, 10 (ined.).
Madagaskar.

°34. **H. cingulina** MABILLE, An. E. Belg. 23 Bull., p. 105 (1880); Hist. Mad. Lep. 1, p. 47, t. 7ᵇ, f. 8, 8ᵃ (1885—7), Coll. Oberth.
Madagaskar.

35. **H. perdita** BUTLER, An. N. H. (5) 2, p. 283 (1878), Mus. Brit. — MABILLE, Hist. Mad. Lep. 1, p. 17 (1887), t. 5ᵃ, f. 5, 6 (ined.).
Madagaskar.

36. **H. Wardi** MABILLE, An. E. Fr. (5), 7 Bull., p. 73 (1877); Hist. Mad. Lep. 1, p. 46, t. 6, f. 9, 10 (1885—7), Coll. Oberth.
Madagaskar.

°37. **H. narova** MABILLE, Pet. Nouv. Ent. 2, p. 158 (1877), Coll. Gr. Smith; Hist. Mad., Lep. 1, p. 14, t. 6, f. 7, 8 (1885—7).
Madagaskar.

38. **H. andrivola** MABILLE, Pet. Nouv. Ent. 2, p. 157 (1877); Hist. Mad. Lep. 1, p. 43, t. 6, f. 5, 6 (1885—7), Coll. Gr. Smith.
Madagaskar.

39. **H. masikora** MABILLE, Pet. Nouv. Ent. 2, p. 157 (1877); Hist. Mad. Lep. 1, p. 42, t. 6, f. 3, 4 (1885—7), Coll. Gr. Smith.
Madagaskar.

40. **H. passandava** WARD., Ent. M. Mag. 8, p. 122 (1871), Coll. Oberth. — MABILLE, Pet. Nouv. Ent. 2, p. 158 (1877); Hist. Mad. Lep. 1, p. 41, t. 6, f. 1, 2 (1885—7).
Madagaskar.

41. **H. paradoxa** MABILLE, An. E. Fr. (5) 9 Bull., p. 173 (1879); Hist. Mad. Lep. 1, p. 16, t. 2ᵃ, f. 2, 2ᵃ (1885—7), Coll. Gr. Smith.
Madagaskar.

6. Heteropsis Westw.

= *Heteropsis* Westwood, Gen. D. Lep., 2, p. 323 (1850). — Butler, An. N. H., (5) 2, p. 284 (1878). — Mabille, Hist. Mad. Lep., 1, p. 78 (1887). — Schatz & Röber, Exot. Schm., 2, p. 224 (1889).

Diese Gattung ist in der That so nahe mit *Henotesia* verwandt, dass sie sich nur durch die Form der Vorderflügel unterscheiden lässt, und ich kann nicht verstehen, warum man sogar ihre Stellung unter den Satyriden bezweifelt hat. Schon Herrich-Schæffer, vereinigte *H. drepana* ganz richtig mit seiner Gattung *Mycalesis* (= die ganze Mycalesis-Gruppe).

Der ♂ hat nicht nur, wie alle *Mycalesis-* und *Henotesia*-Arten, einen Pinsel in der Mittelzelle der Hinterflügel am Vorderrande, sondern auch eine pinselartige Behaarung an der Rippe 1 c vor ihrer Mitte.

1. **H. drepana** Doubl. & Hew., Gen. D. Lep., 2, p. 323, t. 63, f. 5 (1850). Coll. Oberth. — Hew., Ent. M. Mag. 11, p. 227 (1875). — Mabille, Hist. Mad. Lep., 1, p. 79, t. 8, f. 10—13 (1885—87).
   Madagaskar.

7. Pararge Hübn.

> *Pararge* Hübner, Verz. p. 59 (1816—27).
= » Schatz & Röber, Exot. Schm., 2, p. 202 (1889).
> *Dira* Hübner, Verz. p. 60 (1816—27).
= *Lasiommata* Westw., Br. Butt. p. 65 (1840); Gen. D. Lep. p. 385 (1850). — Herrich-Schæffer, Prodr. Syst. Lep., 1, p. 15 (1864).
> *Lasiommata* Moore, Lep. Ind., 2. p. 5 (1892).
> *Amecera* Butler, An. N. H., (3) 19, p. 162 (1867).

1. **P. maderakal** Guérin, Lefeb. Voy. Abyss., 6, p. 381, t. 10, f. 1—3 (1849).
   Abyssinien. — Somaliland[128, 144].
   Eine mit *P. maera* und *hiera* sehr nahe verwandte Art.

8. Aphysoneura Karsch.

= *Aphysoneura* Karsch, Ent. Nachr., 20, p. 190 (1894, Juni).
= *Rhaphiceropsis* E. Sharpe, Pr. Zool. Soc. London. 1894, p. 336, t. 19, f. 2ᵃ. 2ᵇ (1894. Aug.).

1. **A. pigmentaria** Karsch, Ent. Nachr., 20, p. 191 (1894), Mus. Berol.
   Pringlei E. Sharpe, Pr. Zool. Soc. London 1894, p. 336, t. 19, f. 1, 2 (1894).

Nyassaland[121] — Deutsch O. Afrika: Usambara — Brit. O. Afrika: zwischen Kikuyu und Victoria Nyanza[21].

9. Meneris WESTW.

> *Meneris* WESTWOOD, Gen. D. Lep., 2, p. 296 (1850). — TRIMEN, Rhop. Afr. Austr., p. 161 (1862); S. Afr. Butt., 1, p. 123 (1887). — HERRICH-SCHÆFFER, Prodr. Syst. Lep., 1, p. 22 (1864).

= *Meneris* SCHATZ & RÖBER, Exot. Schm., 2, p. 199, t. 35 (1889).

< *Lethe* TRIMEN, S. Afr. Butt., 1, p. 123 (1887).

Die zwei von TRIMEN zu *Lethe* gezählten Arten weichen nur durch die kürzeren Fühler und die in der Uebersicht angegebene Abweichung des Geäders von *M. tulbaghia* ab und stehen jedenfalls der Gattung *Meneris* viel näher als *Lethe*. Mit RÖBER halte ich es für unnöthig für sie eine neue Gattung zu bilden.

Uebersicht der Arten.

A. Die Rippe 8 der Vorderflügel mündet in den Saum. Flügelspannung 75—85 Mill.   N:o 1.
B. Die Rippe 8 der Vorderflügel mündet in die Spitze. Flügelspannung 60—65 Mill.
  α. Alle Flecke der Vorderflügel weiss und deutlich.   N:o 2.
  β. Die inneren Flecke der Vorderflügel rothgelb und weniger scharf begrenzt.   N:o 3.

1. **M. tulbaghia** L., Mus. L. Ulr. p. 284 (1764); Syst. Nat., ed. 12, p. 775 (1767). — CRAMER, Pap. Exot., 1, p. 6, t. 3, f. E, F (1775). — FABR., Spec. Ins., 2, p. 83 (1781). — HÜBNER, Samml. Exot. Schm., 1, t. 93 (1806—16). — GODART, Enc. Meth., 9, p. 400 (1823). — DOUBL. & HEW., Gen. D. Lep., 2, p. 296, t. 46, f. 3 (1850). — WALLENGREN, Rhop. Caffr. p. 28 (1857). — TRIMEN, Rhop. Afr. Austr., 1, p. 162 (1862); S. Afr. Butt., 1, p. 125 (1887). — STAUD., Exot. Schm., 1, p. 167, t. 57 (1885—86).
   tulbachia MÜLLER, Naturs. 6: 1, p. 607 (1774).
   tulbachius HERBST. Naturs. Schm., 8, p. 214, t. 214, f. 5, 6 (1796).
   Tulbachii HÜBNER, Verz. p. 60 (1816—27).
   Metam.: TRIMEN, S. Afr. Butt., 3, p. 396 (1889).
   Kap Kolonie — Kafferuland — Natal — Transvaal.

2. **M. indosa** TRIMEN, Tr. Ent. Soc. London 1879, p. 324 (1879); S. Afr. Butt., 1, p. 121, t. 7, f. 1 (1887).
   dendrophilus var. TRIMEN, Tr. Ent. Soc. London 1868, p. 285 (1868).
   dendrophilus STAUD, Exot. Schm., 1, t. 78 (1886).
   albomaculatus STAUD, Exot. Schm., 1, p. 222 (1887).
   Natal — Transvaal.

3. **M. dendrophilus** TRIMEN, Tr. Ent. Soc. London, (3) 1, p. 399 (1862); Rhop. Afr. Austr. p. 191, t. 3, f. 8 (1866); S. Afr. Butt., 1, p. 120 (1887).
   Kap Kolonie — Kafferuland.

10. Leptoneura WALLENGR.

= *Leptoneura* WALLENGREN, Rhop. Caffr. p. 31 (1857). — TRIMEN, Rhop. Afr. Austr.,
p. 192 (1866); S. Afr. Butt., 1, p. 91 (1887). — SCHATZ & RÖBER, Exot. Schm., 2,
p. 214, t. 37 (1889).
= *Iphthima* MABILLE, Hist. Mad. Lep., 1, p. 18 (1887).

SCUDDER will für diese Gattung HÜBNERS Namen *Dira* anwenden. Da aber HÜBNER
zu *Dira* die Arten *roxelane*, *megæra*, *mæra* und *clytus* gestellt hat, und seine Beschreibung:
»Die Flügel oben *rostgelb* gefleckt» nur auf die drei ersten passt und STEPHENS schon
1850 *Dira* für *megæra* gebraucht hat, scheint es mir unrichtig, den Namen *Dira* für die
letzte, abweichende Art zu verwenden. Wenn eine Art einmal als Typus einer Gattung
erklärt wurde, und dieses nicht offenbar ganz der Auffassung des Begründers der Gattung
widerspricht, muss sie nachher immer als Typus betrachtet werden, auch wenn der Name
dadurch eine Synonyme werden sollte.

Bei allen Arten findet sich in den Feldern 5 und 6 der Vorderflügel vor der Spitze
ein doppelter Augenfleck, der bisweilen von einem dritten Augenfleck im Felde 4 begleitet ist.

Uebersicht der Arten.

A. Fühlerkolbe langgestreckt, allmählig verdickt, spindelförmig. Die Vorderflügel hinter der Mitte mit einer
hellen, mehr oder weniger zusammenhängenden Querbinde.

   α. Der Augenfleck der Vorderflügel durch einen schmalen Zwischenraum von der Querbinde getrennt, auf
der Aussenseite von 3—4 hellgelben Flecken begleitet.

      *. Die Rippen der Hinterflügelunterseite dunkel.   N:o 1—2.

      **. Die Rippen der Hinterflügelunterseite weisslich.   N:o 3.

   β. Der Augenfleck der Vorderflügel liegt unmittelbar an der Aussenseite der Querbinde.

      *. Die Querbinde von gelbrothen Flecken gebildet.   N:o 4.

      **. Die Querbinde von weissen Flecken gebildet.   N:o 5.

B. Fühlerkolbe kurz und breit, stumpf und scharf abgesetzt, birnförmig.   N:o 6, 7.

1. **L. clytus** L., Mus. Lud. Ulr., p. 268 (1764); Syst. Nat. ed. 12. p. 768 (1767). —
FABR., Syst. Ent. p. 485 (1775). — CRAMER, Pap. Exot., 1, p. 136, t. 86, f. C, D
(1776). — WULFEN, Ins. Cap. p. 31 (1786). — ESPER, Eur. Schm., 1: 2, p. 91,
t. 66, f. 2—4 (178?). — HERBST, Naturs. Schm., 8, p. 212, t. 213, f. 9, 10;
t. 214, f. 1—4 (1796). — GODART, Enc. Meth., 9, p. 525 (1823). — WALLENGREN,
Rhop. Caffr. p. 31 (1857). — TRIMEN, Rhop. Afr. Austr., p. 192 (1866); S. Afr.
Butt., 1, p. 92 (1887). — STAUD, Exot. Schm., 1, p. 227, t. 81 (1887).
tisiphone ROTTEMB., Naturf., 6, p. 16, t. 1, f. 1, 2 (1775).
clyte HÜBNER, Verz. p. 60 (1816—27).
Metam: TRIMEN, S. Afr. Butt., 1, p. 93 (pupa).
Kap Kolonie.

2. **L. oxylus** Trimen, Tr. Ent. Soc. London 1881, p. 437 (1881); S. Afr. Butt., 1, p. 91, t. 6, f. 5 (1887).
clytus var. A. Trimen, Rhop. Afr. Austr. p. 194 (1866).
Kap Kolonie — Kaffernland.

3. **L. mintha** Geyer in: Hübner, Zutr. Ex. Schm., 5, p. 15, f. 851—852 (1837). — Trimen, S. Afr. Butt., 1, p. 96 (1887). — Staud, Exot. Schm., 1, p. 227 (1887). *clytus* var. C. Trimen, Rhop. Afr. Austr., p. 194 (1886).
Kap Kolonie.

4. **L. dingana** Trimen, Tr. Ent. Soc. London 1873, p. 102, t. 1, f. 1 (1873); S. Afr. Butt., 1, p. 97 (1887).
Natal — Transvaal.

5. **L. Bowkeri** Trimen, Tr. Ent. Soc. 1870, p. 348, t. 6, f. 2 (1871); S. Afr. Butt., 1, p. 98 (1887).
clytus var. B. Trimen, Rhop. Afr. Austr. p. 194 (1866).
Kap Kolonie — Kaffernland — Natal — Transvaal.

6. **L. cassus** L., Mus. Lud. Ulr. p. 269 (1764). — Cramer, Pap. Exot., 4, p. 50, t. 314, f. C, D (1780). — Herbst, Naturs. Schm., 8, p. 153, t. 204, f. 1, 2 (1796). — Godart, Enc. Meth., 9, p. 526 (1823). — Trimen, Rhop. Afr. Austr. p. 195 (1866); S. Afr. Butt., 1, p. 100 (1887). — Mabille, Hist. Mad. Lep., 1, p. 19, t. 3, f. 6—9 (1885—87). — Staud, Exot. Schm., 1, p. 227 (1887).
casse Hübner, Verz. p. 63 (1816—27).
Kap Kolonie. Madagaskar[107].

7. **L. cassina** Butler, Cat. Satyr. p. 72, t. 2, f. 12 (1868). — Trimen, Tr. Ent. Soc. 1868, p. 283 (1868); S. Afr. Butt., 1, p. 102 (1887).
Kap Kolonie.

11. Coenyra Hew.

= *Coenyra* Hew., Tr. Ent. Soc. London, (3) 2, p. 281 (1865). — Trimen, S. Afr. Butt., 1, p. 68 (1887). — Schatz & Röber, Exot. Schm., 2, p. 211 (1889).

1. **C. hebe** Trimen, Tr. Ent. Soc. London, (3) 1, p. 280 (1862). — Hew., Tr. Ent. Soc. London, (3) 2, p. 281 (1865). — Trimen, Rhop. Afr. Austr., p. 205, t. 4, f. 3 (1866); S. Afr. Butt., 1, p. 69 (1887). — Staud., Exot. Schm., 1, p. 231, t. 82 (1887).
♀ *corycia* Hew., Tr. Ent. Soc., (3) 2, t. 17, f. 1, 2 (1865). Mus. Brit.
Kap Kolonie — Kaffernland — Natal — Delagoa Bay.

Die Vorderflügel des ♂ oben an der Rippe 1 nahe an der Wurzel mit einem grossen schwarzen Flecke.

12. Physcæneura WALLENGR.

= *Physcæneura* WALLENGREN, Rhop. Caffr. p. 32 (1857). — TRIMEN, S. Afr. Butt., 1, p. 71 (1887).

> *Periplysia* GERST., Arch. f. Naturg. 37: 1, p. 358 (1871); Deckens Reise 3: 2, p. 370 (1873). — SCHATZ & RÖBER, Exot. Schm., 2, p. 213 (1889).

Uebersicht der Arten.

A. Die Fühler sehr kurz, die Spitze der Wurzelblase der Rippe 12 nur wenig überragend; ihre Kolbe kurz und stumpf, sehr schwach, jedoch aber merkbar verdickt. Die Flügel oben braun mit einer Reihe Augenflecke vor dem Saume. — *Physcæneura* s. str. N:o 1.

B. Die Fühler mittelmässig, die Wurzelblase der Rippe 12 weit überragend; ihre Kolbe sehr lang, gar nicht verdickt. Die Flügel oben zum grössten Theil weiss oder weisslich; der Vorderrand der Vorderflügel schmal und der Saum beider Flügel breit schwarzbraun. — *Periplysia* GERST.

   α. Der Hinterrand der Vorderflügel und gewöhnlich auch der Vorderrand der Hinterflügel oben breit braun. N:o 2.

   β. Der Hinterrand der Vorderflügel und der Vorderrand der Hinterflügel, wie die Grundfarbe weiss oder weisslich. N:o 3.

1. **Ph. panda** BOISD., Voy. Deleg., 2, p. 594 (1847). Coll. Oberth. — WALLENGREN, Rhop. Caffr. p. 33 (1857). — HOPFFER, Peters Reise Moss. Ins. p. 392, t. 25, f. 1, 2 (1862) — TRIMEN, Rhop. Afr. Austr. p. 204 (1866). — STAUD, Exot. Schm., 1, p. 228, t. 81 (1887) — TRIMEN, S. Afr. Butt., 1, p. 71 (1887).
   Damara — Kama's Land — Transvaal — Natal — Zulu-Land — Inhambane. Matabele Land.

2. **Ph. pione** GODMAN, Pr. Zool. Soc. 1880, p. 183, t. 19, f. 2, 3 (1880). Coll. Godman & Salvin. — TRIMEN, S. Afr. Butt., 3, p. 395 (1889); Pr. Zool. Soc. 1894. p. 20, t. 4, f. 1 ♂ (1894).
   Johnstoni BUTLER, Pr. Zool. Soc. 1893, p. 647, t. 60, f. 1 ♂ (1894). Mus. Brit.; l. c. 1894, p. 15 note (1894).
   ab. **lucida** BUTLER, Proc. Zool. Soc. 1896, p. 853, t. 43, f. 1 (1897).
   Manica Land — Zomba[36] — N'Guru Gebirge (Deutsch Ost-Afrika).

3. **Ph. leda** GERST., Arch. f. Naturg. 37: 1, p. 358 (1871). Mus. Berol.; Deckens Reise 3: 2. p. 371, t. 15, f. 3, 3 a (1873).
   Deutsch Ost-Afrika: Usambara[74], Mhonda[55], Ungu[55], Ufiomi[55a] — Brit. Ost-Afrika: Mombasa, Ngatana[22].

13. Pseudonympha WALLENGR.

= *Pseudonympha* WALLENGR., Rhop. Caffr., p. 31 (1857); Öfvers. Vet. Akad. Förhandl., 15, p. 79 (1858). — TRIMEN, S. Afr. Butt., 1. p. 73 (1887).

< *Erebia* WESTW., Gen. D. Lep., 2, p. 376 (1851). — TRIMEN Rhop. Afr. Austr., 2, p. 196 (1866).

Für diese Gattung will SCUDDER HÜBNERS Namen *Melampyia* gebraucht haben; aus demselben Grunde, welcher bei *Leptoneura* angeführt ist, kann ich ihm aber darin nicht beipflichten.

Die Vorderflügel führen bei allen Arten vor der Spitze einen grossen, schwarzen, mit schmalem, hellem Ringe umgebenen Augenfleck, welcher *zwei*, in den Feldern 4 und 5 gestellte, weisse oder blaue Pupillen hat.

Uebersicht der Arten.

A. Die Hinterflügel oben nicht einfarbig und gewöhnlich mit Augenflecken.
   α. Die Rippen der Hinterflügelunterseite nicht weiss.
      *. Die Unterseite der Hinterflügel nebelig, gestrichelt und gesprenkelt.
         1. Die Hinterflügel oben ohne Roth, aber mit zwei gelbgeringelten Augenflecken (in den Feldern 2 und 3).   N:o 1.
         2. Die Hinterflügel oben in den Feldern 2 und 3 mehr oder weniger mit Roth überzogen.
           +. Die Unterseite der Hinterflügel grau-weisslich, oft mit kleinen Augenflecken.
              a. Der rothe Fleck der Hinterflügeloberseite ist klein und erreicht nicht die Mittelzelle.
                1. Der rothe Fleck der Vorderflügel ist gross und erreicht die Aussenseite des Augenfleckes.   N:o 2.
                2. Der rothe Fleck der Vorderflügel ist klein und liegt fast ganz nach innen vom Augenflecke.   N:o 3.
              b. Der rothe Fleck der Hinterflügeloberseite erstreckt sich weit in die Mittelzelle hinein.
                                        N:o 4.
           ++. Die Unterseite der Hinterflügel schwarzbraun, schwach weissgesprenkelt und statt der Augenflecke mit undeutlichen, weissen Punkten.   N:o 7.
      **. Die Unterseite der Hinterflügel nicht nebelig, braun mit sehr deutlichen Augenflecken.
         1. Die Hinterflügel unten an der Wurzel des Vorderrandes rothgelb.   N:o 10.
         2. Die Hinterflügel unten nicht rothgelb an der Wurzel.   N:o 11.
   β. Die Rippen der Hinterflügelunterseite weiss, scharf hervortretend.
      *. Die rothe Farbe der Oberseite der Vorderflügel zusammenhängend.   N:o 5.
      **. Die rothe Farbe der Oberseite der Vorderflügel in zwei Flecke getheilt.   N:o 6.
B. Die Hinterflügel oben einfarbig ohne Zeichnungen.
   α. Die Hinterflügel unten nebelig, mit graugelben Flecken bestreut und ohne Augenflecke.   N:o 8.
   β. Die Hinterflügel unten eintönig braun mit deutlichen Augenflecken.   N:o 9.

1. **Ps. cassius** GODART, Enc. Meth., 9, p. 526 (1823) parte. — TRIMEN, Rhop. Afr. Austr. p. 202 (1866): S. Afr. Butt., 1, p. 89 (1887).
   hyperbius CRAMER, Pap. Exot., 2, p. 110, t. 168, f. C, D (1777) — HERBST, Naturs. Schm., 8, p. 151, t. 203, f. 5, 6 (1796).
   hyperbioides WALLENGR., Rhop. Caffr. p. 32 (1857). Mus. Holmiae.
   Kap Kolonie — Kaffernland — Natal — Transvaal.

2. **Ps. magus** FABR., Ent. syst., 3: 1, p. 223 (1793).
   sabacus TRIMEN, Rhop. Afr. Austr. p. 200, t. 4, f. 1 (1866); S. Afr. Butt., 1, p. 85 (1887).
   hippia »♂» WALLENGR., Rhop. Caffr., p. 32 (1857).
   Kap Kolonie — Kaffernland — Natal — Transvaal.
   Fabricius Beschreibung passt, so weit sie reicht, vollständig auf diese Art, nicht aber auf *cassius* GOD.

3. **Ps. vigilans** Trimen, S. Afr. Butt., 1, p. 84 (1887); Pr. Zool. Soc. 1894, p. 21 (1894). — Butler, Proc. Zool. Soc, 1897, p. 838, t. 50, f. 1 (1898).
hippia Trimen, Rhop. Afr. Austr. p. 199 (1866).
Kap Kolonie — Kaffernland — Natal — Zulu — Transvaal — Manicaland[77] — Mashunaland[141].

4. **Ps. hippia** Cramer, Pap. Exot., 3, p. 48, t. 222, f. C, D (1779). — ♀ Wallengr.. Rhop. Caffr. p. 32 (1857). — Trimen, S. Afr. Butt., 1, p. 82 (1887); 3, p. 395 (1889).
montana Burchell, Travels into S. Afr., 1, p. 45, fig. (1822).
cassius ♀ God., Enc. Meth., 9, p. 526 (1823).
Umgegend der Kapstadt.

°5. **Ps. poetula** Trimen, Tr. Ent. Soc. London 1891, p. 169 (1891). Mus. Capens. — Butler, Proc. Zool. Soc. 1897, p. 838, t. 50, f. 2 (1898).
Transvaal — Natal[138].

6. **Ps. Trimeni** Butler, Cat. Satyr. p. 94 (1868). — Trimen, Tr. Ent. Soc. London 1868, p. 284 (1868); S. Afr. Butt., 1, p. 88 (1887).
sabacus var. A. Trimen, Rhop. Afr. Austr. p. 201, t. 4, f. 2 (1866).
Kap Kolonie.

7. **Ps. hyperbius** L., Mus. Lud. Ulr. p. 257 (1764). — Cramer, Pap. Exot., 2, p. 110, t. 168, f. E, F (1777). — Wulfen, Ins. Cap. p. 32 (1786). — Herbst, Naturs. Schm., 8, p. 151, t. 203, f. 7, 8 (1796). — Godart, Enc. Meth., 9, p. 527 (1823). — Wallengr., Rhop. Caffr. p. 32 (1857). — Trimen, Rhop. Afr. Austr. p. 197 (1866); S. Afr. Butt., 1, p. 75 (1887).
Kap Kolonie. »Caffraria» (J. Wahlberg; Mus. Holmiæ).
var.? **Mabillei** (n. sp.?).
hippia Mabille, Hist. Mad. Lep., 1, p. 20, t. 3, f. 4, 5 (1885).
Madagaskar.

°8. **Ps. irrorata** Trimen, Tr. Ent. Soc. London 1873, p. 103, t. 1, f. 2 (1873); S. Afr. Butt., 1, p. 76 (1887).
Kap Kolonie.

9. **Ps. narycia** Wallengren, Rhop. Caffr., p. 32 (1857). Mus. Holmiæ. — Trimen, Tr. Ent. Soc. London 1870, p. 350, t. 6, f. 1 (1871); S. Afr. Butt., 1, p. 77 (1887).
Kap Kolonie — Orange Republik — Transvaal.

10. **Ps. neita** Wallengren,[1] Öfvers. Vet. Akad. Förhandl., 32: 1, p. 84 (1875). Mus. Malmogiæ. — Trimen, S. Afr. Butt., 1, p. 79, t. 7, f. 2 (1887).
narycia Trimen, Rhop. Afr. Austr. p. 198 (1866).
Kaffernland — Natal — Transvaal.

°11. **Ps. Durbani** Trimen, S. Afr. Butt., 1, p. 80 (1887).
Kap Kolonie.

---

[1] Gehört nach Butler (Proc. Zool. Soc. 1897, p 839) zu *Neocoenyra*.

14. Neocoenyra Butler.

Neocoenyra Butler, Proc. Zool. Soc. 1885, p. 758 (1886); l. c. 1893, p. 646 (1894); l. c. 1894, p. 559 (1894).

Wiewohl Butler darin ganz Recht hat, dass die Fühlerkolben bei *C. duplex* und bei dem Typus von *Pseudonympha* ganz verschieden gebildet sind, so giebt es jedoch Arten, z. B. *Ps. cassius* God., welche ziemlich in der Mitte stehen, und es scheint mir darum etwas zweifelhaft, ob die beiden Gattungen bei einer genauen Vergleichung aller bekannten Arten scharf getrennt werden können. Die Arten von *Neocoenyra* sind selten u. den Sammlungen und mir so oberflächlich bekannt, dass ich eine Uebersicht derselben nicht geben will. *N. bera* und *natalii* müssen, wenn sie nicht identisch sind, wenigstens sehr nahe verwandt sein. *N. Gregorii* ist den *Ypthima*-Arten sehr ähnlich.

°1. **N. natalii** Boisd., Voy. Deleg., 2, p. 593 (1847). — Trimen, Rhop. Afr. Austr. p. 203 (1866); S. Afr. Butt., 1, p. 81 (1887).
　　　Zululand — Transvaal. Damaraland. Tati Fluss. Matabeleland.

2. **N. bera** Hewitson, Ent. M. Mag., 14, p. 107 (1877). Mus. Brit. — Elwes & Edwards, Tr. E. Soc. London 1893, p. 48 (1893). — Kirby, Handb., 1, p. 219, t. 35, f. 3 (1894) — praecedentis var.?
　　　Nyassa See.

3. **N. ypthimoides** Butler, Proc. Zool. Soc. 1893, p. 646 (1894). Mus. Brit.
　　　Zomba.

4. **N. duplex** Butler, Proc. Zool. Soc. 1885, p. 758 (1886); l. c. 1893, p. 646 (1894); l. c. 1894, p. 560, t. 36, f. 1 (1894). Mus. Brit.
　　　? *bera* Trimen, Pr. Zool. Soc. 1891, p. 62 (1891).
　　　Brit. Ost-Africa[21, 22, 142] — Somali. ? Okavango Fluss.

5. **N. rufilineata** Butler, Proc. Zool. Soc. 1894, p. 559 (1894). Mus. Brit.
　　　duplex ♀ Butler, Proc. Zool. Soc. 1885, p. 758 (1886).
　　　Somali: Dabulli[129].

6. **N. Gregorii** Butler, Proc. Zool. Soc. 1894, p. 560, t. 36, f. 2 (1894). Mus. Brit.; l. c. 1895, p. 724 (1896).
　　　Chanleri Holland, Proc. U. S. Nat. Mus., 18, p. 260 (1895), p. 744, note 1 (1896).
　　　Brit. Ost-Africa[142]. Ruwenzori.

°7. **N. extensa** Butler, Proc. Zool. Soc. 1898, p. 188, t. 20, f. 1 (1898). Mus. Brit.
　　　Mashunaland.

8. **N. Victoriæ** n. sp. — Taf. 1, Fig. 4 — praecedentis forma?

Alis supra brunneo-fuscis, lineis marginalibus, una in alis anticis, duabus in alis posticis, fuscis et margine parallelis; alis anticis ocello magno bipupillato, nigro, cingulo latiore aurantiaco et tenuiore fusco cincto et in area magna ovata pallidiore, costam tertiam attingente et utrinque linea fusca cincta locato; alis posticis supra ocellis duobus nigris, fulvo- et fusco-cinctis in areis 2 et 3 ornatis. Alis infra paullulo pallidioribus, clare fuscis, basi paullo aut vix obscurioribus, omnino non striolatis aut variegatis, sed lineis marginalibus ut supra instructis; ocello anticarum omnino ut supra formato, sed lineis aream ocellarem cingentibus postice cum macula nigra areæ 2ᵃᵉ connexis; alis posticis infra macula parva fulva ad basin costæ ocellisque 4 distinctissimis in areis 1 b, 2, 3 et 6 ornatis; linea marginali interiore utrinque (in area 7 et ad costam 1 b) recurva et cum linea tertia irregulari ocellos intus tangente connexa. ♂. — Long. alar. exporr. 39 millim.

Victoria Nyanza — A Dᵉ E. SUFFERT describenda missa.

Mit *N. Gregorii* BUTL. nahe verwandt, von dieser Art aber dadurch leicht zu unterscheiden, dass der grosse Augenfleck der Vorderflügel in einem helleren, graulichen Felde liegt, welches sich bis an die Rippe 3 erstreckt, und dadurch, dass auf der Unterseite der Hinterflügel eine feine dunkle, etwas gebrochene und stark gebogene Querlinie dicht an der Innenseite der Augenflecke hinläuft und sich an beiden Enden mit der inneren Saumlinie vereinigt.

9. **N.? parallelopupillata** KARSCH, Ent. Nachr., 23, p. 370 (1897). Mus. Berol.
Deutsch Ost-Afrika: Usambara.

15. **Ypthima** (HÜBN.) WESTW.

< *Ypthima* HÜBNER, Verz. p. 63 (1816—27).
- *Ypthima* WESTW., Gen. D. Lep., 2, p. 394 (1851). — TRIMEN, S. Afr. Butt., 1, p. 65 (1887). — SCHATZ & RÖBER, Exot. Schm., 2, p. 210, t. 36 (1889). — ELWES & EDWARDS, Tr. Ent. Soc. London 1893, p. 1—8 (1893).
Callyphthima BUTLER, An. N. H., (5) 5, p. 335 (1880).
= *Strabena* MABILLE, Hist. Mad. Lep., 1, p. 10, 22 (1887).

Was BUTLER über den Namen *Strabena* sagt,[1] ist ein schlagender Beweis für die Unzulässigkeit solcher Gattungsnamen, die von keiner Beschreibung begleitet sind. MABILLE beschrieb 1877 als neue Art eine *Strabena* Smithi, ohne die Gattung zu beschreiben oder als neu zu bezeichnen. Dessen ungeachtet behauptet BUTLER, dass *Smithi* der Typus der neuen Gattung sein muss und dass *Strabena* also Priorität vor *Callyphthima*, welche auf dieselbe Art gegründet ist, haben soll. Aus MABILLE's späteren Schriften geht aber deutlich hervor, dass er 1877 gar nicht die Absicht hatte, auf *Smithi* eine neue Gattung zu gründen, sondern dass er diese Art nur in eine grosse, schon längst bekannte Gattung (*Ypthima* WESTW.) stellen wollte, diese Gattung aber *Strabena* nannte, weil er *Ps. cassus* L. als Typus von *Ypthima* (*Iphthima*) betrachtete. Dies ist also ein warnendes Beispiel, welches zeigt, wohin es führen kann, wenn man Gattungs*namen* mit Gattungsbegriffen verwechselt.

Alle Arten haben vor der Spitze der Vorderflügel einen grossen Augenfleck, welcher zwei Kerne, in den Feldern 4 und 5, hat.

[1] Proc. Zool. Soc, 1894, p. 559 (1894).

Uebersicht der Arten.

I. Die Vorderflügel auch im Felde 2 mit einem rothgelb geringelten Augenflecke. Die breiten, rothgelben Ringe
der beiden Augenflecke zu einem grossen, eiförmigen Felde vereinigt.   N:o 1.

II. Die Vorderflügel ohne Augenfleck im Felde 2.

 A. Die Augenflecke beider Flügel mit rothem—rothgelbem orangegelbem Ringe. Arten aus Madagaskar.

  a. Die Hinterflügel unten nie theilweise rein weiss ohne Stricheleben.

   *. Die Vorderflügel mit gleichmässig, schwach gebogenem Saume.

    †. Die Hinterflügel unten mit zahlreichen Silberflecken.   N:o 4.

    ††. Die Hinterflügel unten ohne Silberflecke.

     1. Die Hinterflügel oben stets mit zwei grossen Augenflecken (in den Feldern 2 und 3), deren
rothgelbe Ringe zusammengeflossen sind, unten ohne Augenflecke. Der rothgelbe Ring des
Augenfleckes der Vorderflügel ist ebenso dick oder breiter als der schwarze Kern.

      1. Die Flügel oben mit deutlicher, dunkler Linie zwischen dem Saume und den Augenflecken.
Saum der Hinterflügel gewellt.

       a. Die Hinterflügel unten mit einem hellgelben Flecke an der Wurzel der Rippe 5.
         N:o 2.

       b. Die Hinterflügel unten ohne solchen Fleck.   N:o 3.

      2. Die Flügel oben ohne dunkle Saumlinie. Die Hinterflügel ganzrandig, unten bis über die
Mitte hinaus chocoladenbraun marmoriert, mit gelblichen Schuppen bestreut und am
Saume breit violett angeflogen. [1]   N:o 8.

     11. Die Hinterflügel oben mit 1—3 Augenflecken in 2, 3 (und 6). Die Augenflecke in 2 und
3 sind völlig getrennt oder berühren höchstens einander, ohne sich zu vereinigen. Der orangegelbe Ring des Augenfleckes der Vorderflügel ist gewöhnlich schmäler als sein schwarzer
Kern. Die Flügel ganzrandig.

      o. Kleine Arten mit einer Flügelspannung von 32—36 Millim.

       §. Die Hinterflügel unten ohne Augenflecke, aber mit einem hellen Flecke an der Wurzel
der Rippe 5.   N:o 5.

       §§. Die Hinterflügel unten wenigstens mit einem Augenflecke (im Felde 2).

        1. Die Hinterflügel unten ohne Augenfleck im Felde 3, gewöhnlich aber mit einem
Flecke im Felde 6.

         a. Die Vorderflügel unten an der Spitze in den Feldern 6 und 7 und die Hinter-
flügel am Saume in den Feldern 5 und 6 mit einem bei frischen Stücken sehr
deutlichen, violettgrauen Flecke. Die Hinterflügel auch sonst unten mehr oder
weniger mit violettgrauen oder weisslichen Nebelflecken.   N:o 6.

         b. Die Flügel unten ohne solche Apicalflecke und die Hinterflügel unten mehr
eintönig graubraun.   N:o 7.

        2. Die Hinterflügel unten mit drei Augenflecken, in 2, 3 und 6. Die Augenflecke
oben mit breiteren, rothgelben Ringen.   N:o 9.

      oo. Grössere Arten mit einer Flügelspannung von 44—45 Millim. Die Hinterflügel oben
mit 2(♂)—3(♀) Augenflecken.

       1. Die Hinterflügel unten ohne Augenflecke, aber mit einem breiten, an der Spitze und
am Innenrande erweiterten, violettgrauen, braungestrichelten Querbande über die Mitte.
   N:o 11.

       2. Die Hinterflügel unten mit Augenflecken (in 1 c, 2 und 6), bis über die Mitte hinaus
dunkelbraun und erst hinter der Mitte dicht vor den Augenflecken mehr oder weniger
erhellt.   N:o 12.

---

[1] Mabille's Figur ist offenbar nach einem schlechten Stücke gemacht.

**. Der Saum der Vorderflügel am Ende der Rippe 5 oder 6 deutlich geeckt. — *Callyphthima* BUTLER.

  1. Der Saum der Vorderflügel am Ende der Rippe 5 geeckt.   N:o 13.

  2. Der Saum der Vorderflügel zwischen den Rippen 6 und 7 stark winkelig hervortretend.

                                                     N:o 14.

†. Die Hinterflügel unten zum grösseren oder kleineren Theil rein weiss ohne Strichelchen. Die Hinterflügel oben mit 1—3 (in 2, 3 und 6), unten mit 3 Augenflecke in 2, 3 und 6 oder in 1 c, 2 und 6.

  *. Die Hinterflügel unten fast bis zur Mitte oder über sie hinaus schwarzbraun.

    1. Die dann folgende weisse Querbinde ist ziemlich schmal und erreicht nur hinter dem Augenflecke des Feldes 6 den Vorderrand.   N:o 15.

    2. Die dann folgende weisse Querbinde ist in der Mitte 6—7 Millim. breit und erreicht auf beiden Seiten des Augenfleckes 6 den Vorderrand.   N:o 16.

**. Die Hinterflügel unten von der Wurzel aus weiss mit einem breiten, nach aussen zugespitzten Streifen am Vorderrande, dem Saume und der Umgebung der Augenflecke dunkelbraun.   N:o 17.

B. Die Augenflecke beider Flügel mit hellgelbem Ringe. Arten vom Festlande Afrikas und aus Arabien, nur N:o 18 kommt auch auf Madagaskar vor.

  α. Die Hinterflügel oben höchstens mit 4 Augenflecken und selten mit einem Flecke im Felde 3.

    *. Die Flügel oben mit brauner Grundfarbe.

      o. Der Augenfleck im Felde 6 auf der Unterseite der Hinterflügel fehlt oder ist nicht grösser als der Fleck im Felde 2.

        1. Die Hinterflügel oben ohne dunkle Querlinie hinter der Mitte und mit eintöniger, nicht gestrichelter Grundfarbe.   N:o 18—20.

        2. Die Hinterflügel oben vor den Augenflecken mit einer dunklen, geschlängelten Querlinie und einer etwas nebeligen, gestrichelten Grundfarbe.   N:o 21.

      oo. Der Augenfleck im Felde 6 auf der Unterseite der Hinterflügel ist grösser als der Fleck im Felde 2.   N:o 23.

    **. Die Flügel oben mit bläulich weisser, etwas silberähnlicher Grundfarbe und braunem Aussenrande.

                                                   N:o 24.

  β. Die Hinterflügel oben wenigstens mit 5 und unten mit 7 Augenflecken.   N:o 25.

1. **Y. Goudoti** MABILLE, Hist. Mad. Lep., 1, p. 21, t. 3, f. 1—3 (1885—87). Madagaskar.

2. **Y. Tamatavæ** BOISD., Faune Mad. p. 60, t. 8, f. 6, 7 (1833). — HEW. Tr. Ent. Soc., (3) 2, p. 293 (1865). — MABILLE, Hist. Mad. Lep., 1, p. 23, t. 3, f. 10—12 (1885—87). Madagaskar.

3. **Y. zanjuga** MABILLE, Hist. Mad. Lep., 1, p. 25, t. 4, f. 11, 12 (1885—87). Madagaskar.

4. **Y. argyrina** MABILLE, An. E. Fr., (5) 8 Bull., p. 91 (1878); Hist. Mad. Lep., 1, p. 32, t. 4, f. 9, 10 (1885—87). Madagaskar.

5. **Y. andriana** MABILLE, Hist. Mad. Lep., 1, p. 26, t. 4, f. 1, 2, t. 7ᵇ, f. 4 (1885—87). Coll. Gr. Smith. Madagaskar.

6. **Y. Vinsoni** GUENÉE, Vinson Voy. Lépid., p. 39 (1865). — BUTLER, An. N. H., (5) 4, p. 229 (1879). — MABILLE, Hist. Madag. Lep., 1, p. 27, t. 4, f. 6, 7 (1885—87). — ELWES & EDWARDS, Tr. Ent. Soc. London 1893, p. 45 (1893). Madagaskar.

7. **Y. rakoto** WARD, Ent. M. Mag. 7, p. 30 (1870). Coll. Oberth. — BUTLER, An. N. H., (5) 5, p. 335 (1880). — MABILLE, Hist. Mad. Lep., 1, p. 29, t. 5, f. 1—3 (1885—87). Madagaskar.

8. **Y. dyscola** MABILLE, An. E. Belg., 23, Bull., p. 105 (1880). Coll. Gr. Smith; Hist. Mad. Lep., 1, p. 30, t. 2ᵃ, f. 5, 5ᵃ (1885—87). Madagaskar.

9. **Y. triophthalma** MABILLE, Hist. Mad. Lep., 1, p. 28, t. 4. f. 8 (1885—87). Coll. Oberth. Madagaskar.

°10. **Y. ibitina** WARD, Ent. M. Mag., 10, p. 60 (1873). Coll. Oberth. — BUTLER, Cist. Ent., 2, p. 389 (1879). — MABILLE, Hist. Mad. Lep., 1, p. 31 (1887), t. 5ᵃ, f. 1, 2 (ined.) Madagaskar.

11. **Y. Mabillei** n. sp. [1] *mopsus* ♀ MABILLE, An. E. Fr. (5) 8, Bull., p. 76 (1878); Hist. Mad. Lep., 1, p. 38, t. 5, f. 4, 5 (1885—87). Madagaskar.

12. **Y. mopsus** MABILLE, An. E. Fr. (5) 8, Bull., p. 76 (1878); Hist. Mad. Lep., 1, p. 38, t. 2ᵃ, f. 3, 3ᵃ (1885—87) ♂; non autem ♀. Madagaskar.

13. **Y. Smithi** MABILLE, Pet. Nouv. Ent., 2, p. 157 (1877); Bull. Soc. Zool. Fr. 3, p. 81 (1878); Hist. Mad. Lep., 1, p. 33, t. 4, f. 3—5 (1885—87). Coll. Gr. Smith. *Wardi* BUTLER, Cist. Ent., 2, p. 390 (1879). Mus. Brit.; An. N. H. (5) 5, p. 335 (1880). Madagaskar.

14. **Y. Sufferti** n. sp. — Tab. 1, Fig. 5.

Alis supra fuscis; anticis elongatis margine externo inter costam 6ᵃᵐ et 7ᵃᵐ angulato-producto et pone angulum paullo excavato, utrinque ocello nigro, albo-bipupillato et annulo lato fulvo cincto instructis, infra ad marginem anticum et apice striolatis et margine externo pone costam 6 late obscure brunneo, fusco striolato; alis posticis supra ad marginem exteriorem late dilutioribus, linea undata submarginali fusca, ad angulum analem spatio luteo, brunneo-striolato ocellisque duobus nigris, fulvo-cinctis, confluentibus in areis 2 et 3 ornatis, infra pulcherrime variegatis et marmoratis, ad marginem anticum et ex-

---

[1] Von dieser guten Art habe ich beide Geschlechter gesehen. Dieselben sind einander ganz ähnlich mit der Ausnahme, dass der Augenfleck im Felde 6 der Hinterflügel beim ♂ fehlt.

teriorem late ochraceis et densissime ferrugineo-marmoratis, in medio irregulariter violascentibus et ad marginem interiorem ante angulum ani plaga magna albida, brunneo-striolata et basin versus fascia abbreviata obscure ferruginea terminata. ♀. — Longit. alar. exporr. 42 millim.

Madagaskar. — A D° E. Suffert ad describendum missa.
Mit *Y. Smithi* Mab. am nächsten verwandt.

15. **Y. albivittula** Mabille, An. E. Fr. (5) 9, p. 344 (1879), Coll. Gr. Smith; Hist. Mad. Lep. 1, p. 37, t. 2ᵃ, f. 4, 4ᵃ (1885). — ocellis paginae inferioris alar. post. in arcis 2, 3 et 6 sitis.

   ab. **excellens** Butler. Ent. M. Mag. 21, p. 198 (1885), Mus. Brit. — Elwes & Edwards, Trans. Ent. Soc. London 1893, p. 46 (1893). — ocellis paginæ inferioris alar. post. in arcis 1 c, 2 et 6 sitis.
Madagaskar.

16. **Y. Batesi** Felder, Reise Novar. Lep., p. 486, t. 68, f. 10, 11 (1867), Mus. Tring. — ocellis paginae inferioris alar. post. in arcis 1 c, 2 et 6 sitis.

   ab. **Elwesi** n. ab. — ocellis paginae inferioris alar. post. in arcis 2, 3 et 6 sitis.
Batesi Elwes & Edwards, Trans. Ent. Soc. London 1893, p. 46 (1893).
Madagaskar.

17. **Y. niveata** Butler, An. N. H. (5) 4, p. 229 (1879), Mus. Brit.
corynetes Mabille, Hist. Mad. Lep. 1, p. 36, t. 8, f. 6—9 (1885—7). — Elwes & Edwards, Trans. Ent. Soc. London 1893, p. 46 (1893).
Madagaskar.

18. **Y. asterope** Klug., Symb. Phys., t. 29, f. 11—14 (1832), Mus. Berol. — Lederer, Verh. z. bot. Ges. Wien 5. p. 192, t. 1, f. 6 (1855). — Hopffer, Peters Reise Ins, p. 395 (1862). — Hew., Trans. Ent. Soc. London (3) 2, p. 283 (1865). — Trimen. S. Afr. Butt. 1, p. 66 (1887). — Mabille, Hist. Mad. Lep. 1, p. 39 (1887). — Elwes & Edwards, Tr. Ent. Soc. 1893, p. 11, t. 1, f. 4, t. 3, f. 44ᵇ (1893). — Trimen, Pr. Zool. Soc. 1894, p. 19 (1894).
doleta Butler, Proc. Zool. Soc. 1897, p. 837 (1898).
Damara — Kap Kolonie — Natal — Transvaal — Delagoa — Somali — Abyssinien. Arabien.

19. **Y. granulosa** Butler, An. N. H. (5) 12, p. 101 (1883), Mus. Brit. Elwes & Edwards, Tr. Ent. Soc. London 1893, p. 12, t. 3, f. 44, 44ᵃ (1893).
Zanzibar — Victoria Nyanza.

20. **Y. simplicia** Butler, An. N. H. (4) 18, p. 481 (1876), Mus. Brit. — Elwes & Edwards, Tr. Ent. Soc. London 1893, p. 13, t. 3, f. 54 (1893).
Congo (Mus. Holmiæ). Victoria Nyanza — Wadelai⁴ — Abyssinien.

21. **Y. doleta** Kirby, Pr. R. Dublin Soc. (2) 2, p. 336 (1880), Mus. Dublin. — Elwes & Edwards, Tr. Ent. Soc. London 1893, p. 24, t. 3, f. 51 (1893).
Sierra Leona[81] — Liberia[73] — Kamerun — Congogebiet — Angola. Somaliland.[120].

°22. **Y. impura** Elwes & Edwards, Tr. Ent. Soc. London 1893, p. 23, t. 3, f. 48 (1893).
Coll. Godm. & Salv.
Gabun — Angola — Zambezi — Delagoa Bay.

23. **Y. pupillaris** Butler, Pr. Zool. Soc. 1888, p. 59 (1888). Mus. Brit. — Elwes &
Edwards, Tr. Ent. Soc. London 1893, p. 20 (1893).
Fluss Dangu (Monbuttu Land?) Central Africa.

24. **Y. albida** Butler, Pr. Zool. Soc. 1888, p. 59 (1888). Mus. Brit. — Elwes & Edwards, Tr. Ent. Soc. London 1893, p. 48 (1893). — E. Sharpe, Pr. Zool. Soc.
1894, p. 336, t. 19, f. 4 (1894).
Deutsch Ost-Afrika: Bugnéra — Brit. Ost-Afrika: Teita[21], Ruwenzori[119], Uganda[119]
— Aequatoria: Foda.

25. **Y. itonia** Hew., Tr. Ent. Soc. (3) 2, p. 287, t. 18, f. 13 (1865). Mus. Brit. — Elwes
& Edwards, Tr. Ent. Soc. London 1893, p. 44 (1893). — Butler, Pr. Zool. Soc.
1893, p. 647 (1894). — Trimen, Pr. Zool. Soc. 1894, p. 20 (1894).
Sierra Leona[a1] — Goldküste[64] — Niger. Fernando Po. Angola. Zambezi. Manica
Land. Emin Pascha Provinz. Weisser Nil.

—

°26. **Y. mashuna** Trimen, Trans. Ent. Soc. London 1895, p. 181, t. 5, f. 1 (1895).
Mashuna Land.

°27. **Y. Hoehneli** Holland, Proc. U. S. N. Museum, 18, p. 744 (1896). Mus. Washingt.
— ? : *itonia* Hew.
Brit. Ost-Afrika.

Fam. **Nymphalidæ.**

≧ *Nymphales* L., Syst. Nat., ed. 10, p. 458 (1758).

≧ *Dryades* + *Hamadryades* + *Najades* + *Potamides* Hübner, Verz., p. 29–52 (1826).

< *Nymphalidæ* Swainson, Phil. Mag. (2) 1, p. 87 (1827). — Bates, Journ. Ent. 1, p. 220 (1861). — Trimen, S. Afr. Butt. 1, p. 45 (1887). — Kirby, Handb. Lep. 1, p. 10 (1894).

= *Acræidæ* + *Nymphalidæ* + *Eurytelidæ* Westw., Gen. D. Lep., p. 137, 143, 403 (1848 —51). — Trimen Rhop. Afr. Austr., p. 9 (1862).

= *Nymphalidæ* E. Reuter, Acta Soc. Sc. Fenn. 22: 1, p. 422 (1896).

Bei der Begrenzung dieser Familie bin ich den Ansichten E. Reuters gefolgt. Die Familie zerfällt demnach in drei Unterfamilien: die Acræinen, Heliconinen und Nymphalinen, von denen jedoch die Heliconinen in der æthiopischen Region nicht vertreten sind.

Uebersicht der Unterfamilien.

A. Die Mittelzelle beider Flügel vollständig geschlossen. Die Hinterflügel am Innenrande ohne Kanal zur Aufnahme des Hinterleibes. 1. Subfam. *Acræinæ*.

B. Wenigstens die Mittelzelle der Hinterflügel offen oder nur durch eine feine UDC geschlossen. Die Hinterflügel am Innenrande mit einem Kanale oder einer Rinne zur Aufnahme des Hinterleibes. 2. Subfam. *Nymphalinæ*.

Subfam. **Acræinæ.**

= *Acræidæ* Doubl., Gen. D. Lep., p. 137 (1848). — Schatz & Röber, Exot. Schm. 1, p. 101 (1887).

= *Acræinæ* Bates, Journ. Ent. 1, p. 220 (1861); 2, p. 176 (1864). — Trimen, S. Afr. Butt. 1, p. 128 (1887). — E. Reuter, Acta Soc. Sc. Fenn. 22: 1, p. 422 (1896).

Uebersicht der Gattungen.

A. UDC der Vorderflügel sehr lang (viel länger als MDC + UDC) und sehr schief gestellt, so dass sie als eine Fortsetzung der vorderen Mittelrippe betrachtet werden kann.

Die Rippen 5 und 6 aus einem Punkte (scheinbar aus der Vorderecke der Mittelzelle), und der Stiel von 7 + 8 + 9 + 10 weit vor dieser Ecke. Vergl. Fig. 7.

1. *Pardopsis.*

B. ODC der Vorderflügel fehlend oder sehr kurz und fast senkrecht gegen den Vorderrand gerichtet. Die Rippen 5 und 6 getrennt.

α. Die Rippe 11 der Vorderflügel entspringt vor dem Ende der Mittelzelle. Die Mittelzelle der Hinterflügel ist lang und erreicht die Mitte des Flügels. Die Palpen hell gelblich oder weisslich, nur das sehr kurze Endglied schwärzlich.

2. *Acræa.*

β. Die Rippe 11 der Vorderflügel entspringt hinter der Zelle aus dem Stiele von 7—10 oder selten aus demselben Punkte wie dieser. Die Mittelzelle der Hinterflügel ist kurz und erreicht nicht die Mitte des Flügels. Die Palpen schwarz oder schwärzlich, an den Seiten mit einer weissen Längslinie.

3. *Planema.*

1. Pardopsis Trimen.

= *Pardopsis* Trimen S. Afr. Butt. 1, p. 182 (1887).

Diese ausgezeichnete Gattung ist nicht nur durch das Geäder, sondern auch durch die vollständige, den Grundtypus der meisten afrikanischen Acraeiden am besten entsprechende Zeichnung vom grössten Interesse. Die Mittelzelle der Vorderflügel weicht durch ihre Bildung von der Mittelzelle aller mir bekannten Nymphaliden ab, erinnert aber sehr an die Mittelzelle der Lycaeniden-Gattung *Pentila*, unter deren Arten einige merkwürdigerweise auch in Färbung und Zeichnung an *Pardopsis* erinnern. Eine wirkliche Verwandtschaft zwischen den beiden Gattungen scheint aber kaum denkbar und man wäre darum versucht die Thatsache als Nachahmung zu erklären. Warum aber die nachgeahmte Art der nachahmenden in der Bildung der Mittelzelle ähnlicher sein sollte als den nächsten Verwandten, ist ein Problem, das ich den Anhängern der Mimicry-Theorie zu lösen überlassen muss.

Fig. 7. Vorderflügel von *Pardopsis punctatissima.*

Die *schwarzen* Flügelpunkte (resp. Flecke) theile ich hier und bei allen Acraeinen in folgende Gruppen ein.

1. *Wurzelpunkte.* Vorderflügel: a. in 1 a dicht an der Wurzel, gewöhnlich strichförmig, oft fehlend (fehlt bei *Pardopsis*); b. in 1 b vor dem Ausgang der Rippe 2 (2 bei *Pardopsis*); c. in der Mittelzelle (3 bei *P.*); d. im Felde 11 vor dem Ausgang der Rippe 11 (2 bei *P.*). Hinterflügel: a. in 1 a dicht an der Wurzel (fehlt bei Pardopsis); b. in 1 b vor der Mitte (2 bei *P.*); c. in 1 c vor der Mitte (3 bei *P.*); d. in der Mittelzelle (2 bei *P.*); e. im Felde 7 vor der Mitte (2 bei *P.*); f. im Felde 8 vor der Praecostalrippe (1 bei *P.*).

2. *Mittelpunkte.* In beiden Flügeln ein bis drei auf der Schlussrippe der Mittelzelle, oft zu einem Querstriche vereinigt (1 oder 2 bei *Pardopsis*).

3. *Diskal- oder Scheibenpunkte.* Diese bilden, gewöhnlich dicht hinter der Spitze der Mittelzelle, eine oft sehr unregelmässige Querreihe vom Hinterrande bis zum Vorderrande, welche in den Vorderflügeln aus je einem Punkte in den Feldern 1 a, 1 b, 2—6, (9), 10 und 11, in den Hinterflügeln aus je einem Punkte in den Feldern 1 a—1 c, 2—7 bestehen kann. Bei *Pardopsis* fehlt der Punkt in 1 a und gewöhnlich auch der in 5 beider Flügel.

4. *Submarginalpunkte.* Diese bilden eine gewöhnlich regelmässige Bogenreihe zwischen den Diskalpunkten und dem Aussenrande und können in den Vorderflügeln in den Feldern 1 b, 2—6 und 8, in den Hinterflügeln in 1 b, 1 c, 2—7 auftreten, fehlen aber viel gewöhnlicher als die Diskalpunkte. Bei *Pardopsis* sind sie fast vollständig entwickelt.

5. *Saumpunkte.* Diese stehen dicht vor dem Saume in den Feldern 1 b (resp. 1 c), 2—7 und sind nur bei *Pardopsis* vollständig entwickelt.

1. **P. punctatissima** Boisd., Faune Mad. 1, p. 31, t. 6, f. 2 (1833). — Trimen, Rhop. Afr. Austr., p. 105 (1862). — Staud., Exot. Schm. 1. p. 84, t. 33 (1885). — Mabille, Hist. Mad. Lep. 1, p. 114, t. 11, f. 14 (1885—7). — Trimen, S. Afr. Butt. 1, p. 183 (1887). — Brunner, Farbenpr. der Ins., p. 5, t. 14, f. 44 (1897).

stictica Boisd., Voy. Deleg. 2, p. 590 (1847).   — punctis nigris majoribus; nom. vix conserv.

Kap Kolonie — Natal — Zululand — Delagoa Bay — Zanzibar — Brit. Ost-Afrika — Somaliland[139] — Abyssinien.[3] Madagaskar.

2. **Acræa** Fabr.

< *Acraea* Fabr., Illiger's Magaz. 6, p. 284 (1807). — Latr., Enc. Meth. 9, p. 10, 172 (1819). — Doubl., Gen. D. Lep. 1, p. 137 (1848). — Trimen, Rhop. Afr. Austr., p. 92 (1862). — Herr. Schæffer, Prodr. Syst. Lep. 1, p. 9 (1864). — Schatz & Röber, Exot. Schm. 2, p. 101 (1887). — Mabille, Hist. Mad. Lep. 1, p. 81—88 (1887).

> *Acraea* Trimen, S. Afr. Butt. 1, p. 131 (1887).

> *Hyalites* Doubl., Gen. D. Lep., p. 140 (1848). — Schatz & Röber, Exot. Schm. 2, p. 102, t. 13 (1887).

> *Gnesia* Doubl., l. c., p. 141 (1848). — Schatz & Röber, l. c., p. 102, t. 13 (1887).

> *Telchinia* Hüb., Verz., p. 27 (1816—27). — Doubl., l. c., p. 141 (1848). — Schatz & Röber, l. c., p. 103, t. 13 (1887).

> *Pareba* Doubl., l. c., p. 142 (1848). — Schatz & Röber, l. c., p. 103, t. 13 (1887).

> *Solenites* Mabille, Hist. Mad. Lep. 1, p. 82 (1887) nom. præoce.

> *Planopeltis* Mabille, l. c., p. 84 (1887).

> *Aphanopeltis* Mabille, l. c., p. 85 (1887).

Die zahlreichen Arten dieser Gattung lassen sich zwar nicht nach Structurverschiedenheiten in stichhaltige natürliche[1] Gruppen vertheilen, nach der Zeichnung aber kann man sie wenigstens in 2—3 gut getrennte und ganz natürliche Gruppen eintheilen.

---

[1] Die weiblichen Abdominalanhänge liefern, wie Mabille und Rogenhofer (Verh. z. b. Ges. Wien 42. p. 574—5) gezeigt haben, gute Artcharaktere, können aber nicht als Gruppenkennzeichen verwendet werden, weil durch sie verwandte Arten getrennt und einander fremde Arten vereinigt werden würden.

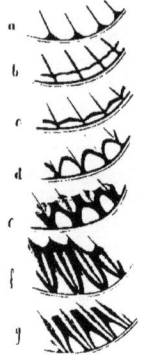

Fig 8. Die Zeichnungen am
Saume der Hinterflügelunterseite bei

a. *Acræa mahela* BOISD.
b. » *atolmis* WESTW.
c. » *atergatis* WESTW.
d. » *pseudegina* WESTW.
e. » *terpsichore* L.
f. » *cabira* HOPF.
g. » *Oberthüri* BUTL.

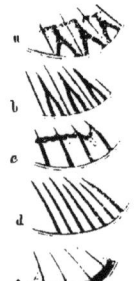

Fig. 9. Die Zeichnungen am
Saume der Hinterflügelunterseite bei

a. *Acræa vinidia* HEW.
b. » *Althoffi* DEW.
c. » *rahira* BOISD.
d. » *aleiope* DEW.
e. » *insignis* DIST.

Nachdem die wenigen, der *A. vesta* ähnlichen Arten, bei
denen die Hinterflügel auf beiden Seiten ohne schwarze Punkte
sind, abgeschieden worden sind, können die übrigen nach der Zeichnung am Saume auf der Unterseite der Hinterflügel in zwei Gruppen
eingetheilt werden. Bei der einen Gruppe sind die Saumfelder durch
einfache, schwärzliche Längsstriche auf den Zwischenaderfalten
(Fig. 9 d) getheilt, bei der anderen fehlen diese Längsstriche gänzlich
und die Mitte jedes Feldes ist anstatt dessen gewöhnlich von
einem hellen Fleck (Fig. 8 b—g; 9 a—b) eingenommen. Dieser Fleck
ist nach innen von einer geraden (Fig. 8 b) oder gebogenen (Fig.
8 c, d) schwarzen (bisweilen sehr verdickten) Linie oder von zwei
schiefen, nach innen convergirenden (Fig. 8 f) oder vereinigten (Fig.
8 e, g; 9 a, b) Strichen begrenzt. Selten fehlt die schwarze Begrenzung nach innen so ganz und gar (Fig. 8 a), dass der Fleck
von der Grundfarbe nicht getrennt ist, oder ist so verdickt, dass
der Fleck verschwindet (Fig. 9 e).

Bei dieser Eintheilung bieten nur die Arten, bei denen der
Saum der Hinterflügel glashell oder rauchig und ohne Zeichnungen
ist, einige Schwierigkeiten dar. Zuerst hatte ich die Absicht diese
für sich in eine besondere Gruppe zu stellen, da sie aber offenbar
nicht alle näher mit einander verwandt sind, wäre dies unnatürlich,
und ich habe darum die mit *pentapolis* verwandten Arten zur dritten
Gruppe und die übrigen zur zweiten gestellt.

Hinsichtlich der schwarzen Flügelpunkte verweise ich auf das
unter *Pardopsis* gesagte.

Uebersicht der Gruppen.

A. Die Hinterflügel auf beiden Seiten ohne schwarze Punkte. Die
   Rippen 6 und 7 der Hinterflügel bisweilen gestielt. — *Pareba*
   DOUBL.   Gruppe 1.
B. Die Hinterflügel wenigstens unten mit schwarzen Punkten. Die
   Rippen 6 und 7 der Hinterflügel nie gestielt.

   α. Die Hinterflügel unten am Saume ganz ohne schwarze Längs-
       striche auf den Zwischenaderfalten.

                                                           Gruppe 2.
   β. Die Hinterflügel unten am Saume in der Mitte jedes Feldes
       mit einem einfachen, schwarzen Längsstriche auf der Zwi-
       schenaderfalte, selten am Saume fast glashell, so dass die
       Striche höchstens in den Feldern 1 b—2 sichtbar sind; die
       Vorderflügel jedoch in diesem Falle mit breiten, dunklen
       Querzeichnungen.   Gruppe 3.

Gruppe 1.

Uebersicht der Arten.

A. Die Flügel ohne gemeinsame Querbinde. Mittelzelle der Vorderflügel ohne Flecke. N:o 1.

B. Die Flügel hinter der Mitte mit gemeinsamer, zusammenhängender, schwärzlicher Querbinde. Mittelzelle der Vorderflügel in der Mitte mit grossem, schwarzem Flecke. N:o 2.

1. **A. Rabbaiæ** WARD., Ent. M. Mag. 10, p. 152 (1873), Coll. Oberth. — OBERTH., Etud. d'Ent. 3, p. 25, t. 2, f. 1 (1878). — TRIMEN, S. Afr. Butt. 1, p. 133 (1887). — Forma pallidior, albescens.
   Metam.: MONTEIRO, Delagoa Bay, p. 219 (1891).
   var. **Mombasæ** SMITH., An. N. H. (6) 3, p. 127 (1889). — SMITH & KIRBY, Rhop. Exot. 21, Acræa, p. 14, t. 4, f. 9, 10 (1892), Coll. Gr. Smith. — Forma obscurior, flavescens.
   Delagoa Bay — Deutsch Ost-Afrika: Bagamoyo — Brit. Ost.-Afrika: Mombasa, Ribé, Sabaki Fluss.[20]

2. **A. zonata** HEW., Ent. M. Mag. 14, p. 154 (1877), Mus. Brit.
   makupa SMITH, An. N. H. (6) 3, p. 126 (1889). — SMITH & KIRBY, Rhop. Exot. 9, Acræa, p. 3, t. 1, f. 6 (1889), Coll. Gr. Smith.
   Dar es Salaam — Mombasa.

Gruppe 2.

Uebersicht der Untergruppen.

A. Die Vorderflügel wenigstens hinter der Mitte durchsichtig, glashell oder rauchig ohne Zeichnungen, selten vor der Spitze und am Saume mit hellen Flecken; die Hinterflügel in diesem Falle unten an der Wurzel schwarz mit weissen Punkten. Die letzte Bauchplatte bei ♂ sehr gross, scheibenförmig, stark gewölbt oder fast röhrenförmig. — *Hyalites* (— *Solenites*).

   α. Die Hinterflügel am Saume (mehr oder weniger breit) unvollständig beschuppt, mehr oder weniger durchsichtig—glashell, selten rauchig, ohne Zeichnungen oder nur an den Rippenenden verdunkelt. Erste Untergruppe.

   β. Die Hinterflügel am Saume vollständig beschuppt und mehr oder weniger gefleckt. Zweite Untergruppe.

B. Die Vorderflügel vollständig beschuppt, sehr selten hinter der Mitte zum Theile glashell mit geflecktem Saume; die Hinterflügel in diesem Falle unten mit freien, nicht zusammengeflossenen Wurzelflecken.

   α. Die Hinterflügel unten am Saume sehr schmal schwarz ohne helle Saumflecke. Dritte Untergruppe.

β. Die Hinterflügel unten am Saume in jedem Felde mit einem hellen Flecke oder mit breiter schwarzer, hellgefleckter Saumbinde; sehr selten (N:o 48, 56, 61) ohne Flecke und ohne Saumbinde.

*. Die hellen, gerundeten oder viereckigen-transversalen Saumflecke der Hinterflügelunterseite sind nach innen (und auf den Seiten) von *einer* geraden oder gebogenen, bisweilen stark verdickten Querlinie begrenzt (Fig. 8 b—d); im letzten Falle kann die Querlinie zu einer breiten, die verkleinerten Flecke ganz einschliessenden Saumbinde erweitert sein. Die Vorderflügel mit Diskal- und gewöhnlich auch mit Wurzelpunkten. Sehr selten (N:o 48, 56) fehlt die innere Begrenzung der Saumflecke der Hinterflügel ganz, wodurch die Flecke mit der Grundfarbe zusammenfliessen.

    1. Die Wurzelflecke der Hinterflügelunterseite zu einem schwarzen, weissgefleckten Wurzelfelde zusammengeflossen.   Vierte Untergruppe.

    2. Die Wurzelflecke der Hinterflügelunterseite getrennt.

        †. Die Vorderflügel unten mit deutlichen, den Saum erreichenden, schwarzen Strichen auf den Zwischenaderfalten. Sehr selten sind diese Striche undeutlich; in diesem Falle ist der Halskragen rothgefleckt.

                              Fünfte Untergruppe.

        ††. Die Vorderflügel unten ohne dunkle Striche auf den Zwischenaderfalten oder selten mit kurzen solchen Strichen, die jedoch vom Saume weit entfernt sind. Der Halskragen nicht rothgefleckt.

            a. Der Diskalfleck 1 b der Vorderflügel steht schief nach aussen hinter dem Diskalflecke 2, so dass eine durch diese Flecke gehende Linie den Hinterwinkel und die Mittelzelle durchschneiden und fast senkrecht gegen den Vorderrand stehen würde.[1]   Sechste Untergruppe.

            b. Der Diskalfleck 1 b der Vorderflügel steht fast gerade hinter dem Diskalflecke 2, so dass eine durch diese Flecke gehende Linie fast senkrecht gegen den Hinterrand stehen und die Mittelzelle kaum oder nicht berühren würde.[1]   Siebente Untergruppe.

**. Die hellen, oft dreieckigen oder in die Länge gezogenen Saumflecke der Hinterflügelunterseite sind auf den Seiten und nach innen von zwei schief gestellten, nach innen convergierenden oder oft auch vereinigten, geraden oder gebogenen, mit den schwarzen Rippen gewöhnlich nicht verbundenen, dunklen Strichen begrenzt (Fig. 8 e—g: 9 a, b)). Wenn diese Striche gebogen, verdickt und mit den Rippen vereinigt sind, ist die Saumbinde derjenigen der vorigen Abtheilung sehr ähnlich, in welchem Falle aber die Vorderflügel keine freien Diskalpunkte haben. Sehr selten (bei N:o 61) fehlt die innere schwarze Begrenzung der Saumflecke gänzlich, wodurch diese mit der Grundfarbe zusammenfliessen, in welchem Falle aber die Hinterflügel unten in der Mitte zwischen den Diskalpunkten und dem Saume eine schwärzliche Querlinie haben, welche vom Innenrande ausgeht und sich bis zur Rippe 4 oder 5 erstreckt (Fig. 9 c). Achte Untergruppe.

---

[1] Wenn der eine der Flecke 1 b und 2 oder beide fehlen, muss man die Art sowohl in der sechsten wie in der siebenten Untergruppe suchen.

Erste Untergruppe.

Uebersicht der Arten.

A. Mittelzelle der Hinterflügel ohne Flecke oder nur im innersten Wurzelwinkel schwarz. Die Hinterflügel hinter der Mitte in 2, 3, 5, 6 und 7 mit einer Bogenreihe von 5 grossen, schwarzen Flecken, die wahrscheinlich alle oder fast alle als Submarginalflecke zu deuten sind; Vorderflügel ungefleckt.

    α. Feld 7 der Hinterflügel gerade vor dem Flecke in 6 mit einem grossen Submarginalfleck, aber ohne Diskalfleck. Wurzeltheil der Flügel beim ♂ ockergelb—braungelb, beim ♀ weisslich, in den Vorderflügeln bräunlich angeflogen.   N:o 3.

    β. Feld 7 der Hinterflügel ohne oder mit kleinem Submarginalfleck, dagegen mit grossem Diskalfleck, welcher viel näher der Wurzel als der Fleck in 6 liegt. Wurzeltheil der Flügel beim ♂ ziegel- —rosenroth, beim ♀ weiss oder röthlich.   N:o 4.

B. Mittelzelle der Hinterflügel mit 1—2 schwarzen Punkten. Die Hinterflügel mit Diskalpunkten und gewöhnlich auch mit Submarginalpunkten.

    α. Die durchsichtige Saumbinde der Hinterflügel sehr breit, ein Drittel bis fast die Hälfte des Flügels einnehmend, nach innen undeutlich begrenzt.

        . Die Vorderflügel in der Mittelzelle, in 1 a und in 1 b bis zur Rippe 2, die Hinterflügel bis zur Spitze der Mittelzelle ockergelb. Vorderflügel mit oder ohne Wurzelpunkte, Hinterflügel gewöhnlich mit zwei Submarginalpunkten (in 1 c und 2).   N:o 5.

        **.* Die Vorderflügel bis zur Wurzel durchsichtig, etwas rauchig; die Hinterflügel bis über die Mitte hinaus weisslich oder gelblich weiss ohne Submarginalpunkte.   N:o 6.

    β. Die durchsichtige Saumbinde der Hinterflügel, besonders am Analwinkel, schmal und nach innen ziemlich scharf begrenzt.

        . Die Vorderflügel beim ♂ nur im Wurzeltheil der Felder 1 a, 1 b (und 2) schwach röthlich, sonst bis zur Wurzel glashell, beim ♀ im Wurzeltheil bräunlich angeflogen, unbezeichnet. Der Diskalpunkt 4 der Hinterflügel liegt näher am Saume als die Diskalpunkte 3 und 5.   N:o 7.

        **.* Die Vorderflügel bis zur Spitze der Mittelzelle ziegelroth oder gelblich, fast immer mit einem schwarzen Punkte in der Mittelzelle und beim ♀ auch mit anderen Wurzelpunkten. Der Diskalpunkt 4 der Hinterflügel liegt näher an der Wurzel als die Diskalpunkte 3 und 5.   N:o 8, 9.[1]

3. **A. igati** Boisd., Faune Mad. p. 29, t. 4. f. 3, t. 5, f. 3 (1833), Coll. Oberth. — Staud., Exot. Schm. 1, p. 83, t. 33 (1885). — Mab., Hist. Mad. Lep. 1. p. 82, 89. t. 10, f. 1, 2 (1885—7). — Oberth., Etud. d'Ent. 13. p. 13, t. 4, f. 22 (1890). Madagaskar. Comoren.

4. **A. Dammii** Vollenh., Pollen & van Dam, Faune Mad. 5. Ins., p. 12. t. 2. f. 4 (1869). — Mab., Hist. Mad. Lep. 1. p. 83, 88, t. 10, f. 3, 4 (1885—7). — Oberth., Etud. d'Ent. 13, p. 12, t. 3, f. 11—16 (1890).
percussa Keferst, Jahrb. Akad. Erfurt (2) 6, p. 13, t. 1, f. 1, 2 (1870).
masonala Ward., Ent. M. Mag. 9, p. 3 (1872): Afr. Lep., p. 10, t. 7, f. 5 (1874). Coll. Oberth.
Madagaskar. Nossi-Bé. Comoren.

---

[1] Hier konnte mann auch das ♀ von N:o 90, *A. orestia*, suchen, welche Art die dritte Gruppe an diese Untergruppe anknüpft.

var. **cuva** SMITH. An. N. H. (6) 3, p. 126 (1889), Coll. Gr. Smith. — SMITH & KIRBY, Rhop. Exot. 9, Acræa, p. 2, t. 1, f. 5 (1889). — Alis ant. ultra medium roseis; fascia marg. vitrea posticar. angustiore.
Dar-es-Salaam — Zanzibar — Mombasa.

5. **A. kraka** AURIV., Ent. Tidskr. 14, p. 272, t. 6, f. 3 (1893). Mus. Holmiæ. Kamerun.

6. **A. eugenia** KARSCH, B. E. Z. 38, p. 196 (1893), Mus. Berol. Togo-Hinterland.

7. **A. quirina** FABR., Spec. Ins. 2. p. 36 (1781), Mus. Brit. — GOD., Enc. Meth. 9, p. 231 (1819). — KARSCH, B. E. Z. 38, p. 193 (1893).
dice DRURY, Ill. Exot. Ins. 3, p. 23, t. 18, f. 3, 4 (1782). — HERBST, Naturs. Schm. 5, p. 24, t. 83, f. 3, 4 (1792).
Senegal — Sierra Leona — Liberia — Togo — Kamerun - Gabun — Congo: Mukenge — Ruwenzoro — Uganda.[118]

8. **A. cerasa** HEW., Exot. Butt. Acræa, t. 2, f. 10 (1861), Mus. Brit. — TRIMEN, S. Afr. Butt. 1, p. 139 (1887). — ♀ SMITH & KIRBY, Rhop. Exot. 21, Acræa, p. 11, t. 4, f. 1 (non fig. 2) (1892).
Metam.: TRIMEN, S. Afr. Butt. 1, p. 139 (1887).
Natal. Deutsch Ost-Afrika.[122]

9. **A. iturina** SMITH, Pr. Zool. Soc. 1890, p. 465 (1890), Coll. Gr. Smith. — SMITH & KIRBY, Rhop. Exot. 21, Acræa, p. 12, t. 4, f. 3, 4 (1892). — praecedentis var.?
Congostaat; im grossen Walde am oberen Aruwimi. ? Ruwenzori.[119]

9a. **A. humilis** EM. SHARPE, An. N. H. (6) 19 p. 582 (1897).
unimaculata SMITH, Nov. Zool. 5, p. 350 (1898), Mus. Tring.
Uganda.

Zweite Untergruppe.

Uebersicht der Arten.

A. Die Hinterflügel auf beiden Seiten ohne dunkle Saumbinde und ohne besondere helle Saumflecke, an den Rippenenden aber mehr oder weniger schwarzgefleckt (Fig. 8 a). Die Vorderflügel mit gut entwickelten Diskalflecken (und Wurzelflecken).
  α. Grössere (62—72 mm.) Art; die Hinterflügel sowohl mit Diskal-, wie mit Submarginalpunkten.
      N:o 10.
  ϑ. Kleinere (54—59 mm.) Art; die Hinterflügel ohne Submarginalpunkte.   N:o 11.
B. Die Hinterflügel mit dunkler, gefleckter oder sehr selten ungefleckter Saumbinde. Die Vorderflügel fast immer ohne entwickelte Diskalpunkte.
  α. Die hellen (rothen) Saumpunkte der Hinterflügel nach innen von gut entwickelten, schwarzen Submarginalpunkten begrenzt.   N:o 12, 13.
  β. Die Hinterflügel ohne Submarginalpunkte.
    *. Die Hinterflügel auf beiden Seiten mit schmaler, scharf begrenzter, ungefleckter, schwarzer Saumbinde (Fig. 9 e).   N:o 18.

**. Die Saumbinde der Hinterflügel wenigstens unten mit deutlichen, hellen Flecken.

  +. Die Querrippe der Vorderflügel beim ♂ ohne oder mit sehr undeutlichen Mittelflecken. Die Vorderflügel gänzlich glashell oder höchstens bis zur Spitze der Mittelzelle und nicht am Vorderrande röthlich oder gelblich beschuppt. Die Wurzelpunkte der Hinterflügelunterseite getrennt.

    †. Der Saum der Hinterflügel oben ohne Flecke, unten mit breiten, weissen, nach innen von schma-
len, schwarzen Bogen begrenzten Saumflecken.   N:o 16.

    ††. Der Saum der Hinterflügel auch oben mit hellen Flecken.

      1. Die Hinterflügel ganz oder zum grössten Theil undurchsichtig.

        a. Die Wurzel der Vorderflügel und die Hinterflügel hell rothgelb, gelblich oder weisslich.

          a'. Die Hinterflügel zwischen den Diskalflecken und der Saumbinde mehr oder weniger
durchsichtig.   N:o 14, 15.

          b'. Die Hinterflügel nicht zum Theil durchsichtig.   N:o 15 a.

        b. Die Wurzel der Vorderflügel und die Hinterflügel tief rothgelb; diese ohne durchsichtige
Felder.   N:o 17.

      2. Die Hinterflügel bis zur schmalen Saumbinde glashell.   N:o 19.

  ++. Die Querrippe der Vorderflügel mit deutlichen, gewöhnlich zu einem Querstriche vereinigten Mittelflecken. Die Vorderflügel gewöhnlich bis über die Mittelzelle hinaus rothgelb—braun oder gänzlich
schwarzbraun, rauchig, selten mit weissem Hinterrandsfleck und weisser Querbinde hinter der Mittelzelle.

    †. Die Diskalpunkte der Hinterflügel getrennt; die Wurzelpunkte der Felder 1 a—1 c (und der
Mittelzelle) dagegen wenigstens beim ♂ unten zu einem weisspunktierten Flecke zusammengeflossen.

      1. Die Vorderflügel nicht einfarbig.

        a. Die hellen Saumflecke der Hinterflügeloberseite beim ♂ nach innen nicht vollständig von
der Grundfarbe getrennt. Die Vorderflügel ohne Diskalflecke oder nur in 1 b und 2 mit
solchen.   N:o 20.

        b. Die hellen Saumflecke der Hinterflügeloberseite durch schwarzen Bogen vollständig von der
Grundfarbe getrennt. Die Vorderflügel mit Diskalpunkten in 1 b, 2, 4, 5 und 6.
                                                 N:o 21.

      2. Die Vorderflügel einfarbig, dunkel rauchbraun ohne andere Zeichnungen als den etwas dunk-
leren Strich auf der Querrippe der Mittelzelle.   N:o 22.

    ††. Die Diskalpunkte der Hinterflügel mit einander und mit den äusseren Wurzelpunkten und den
Mittelpunkten zu einer unregelmässigen, am Innenrande gegabelten Querbinde über die Flügelmitte zusammengeflossen. Die Grundfarbe rothbraun (♂) oder weiss (♀).   N:o 23.

10. **A. hova** Boisd., Faune Madag., p. 29, t. 4, f. 1, 2 (1833). — Blanchard, Hist. Nat.
Ins. 3, p. 438, t. 11, f. 1 (1840). — Lucas in Chenu Enc. H. N., p. 3, f. 6, t. 27,
f. 3 (1852). — Guenée, Vinson Voy. Annex, p. 35 (1864). — Ward, Afr. Lep.,
p. 10, t. 7, f. 6 (1874). — Mabille, Hist. Mad. Lep. 1, p. 94, t. 9, f. 1—3, t. 9ᵃ.
f. 6 (1885—7).
Madagaskar.

11. **A. mahela** Boisd., Faune Mad., p. 31, t. 6, f. 1 (1833). — Mabille, Hist. Mad.
Lep. 1, p. 90, t. 11, f. 13 (1885—7).
madhela Staud., Exot. Schm. 1, p. 83 (1885).
Madagaskar.

12. **A. ranavalona** Boisd., ♂ (forma typ.), Boisd., Faune Mad., p. 30, t. 6, f. 3, 4 (1833),
Coll. Oberth. — Geyer, Hübner Zutr. 5, p. 31, f. 925, 926 (1837). — Staud.,

Exot. Schm. 1, p. 83 (1885). — Mab., Hist. Mad. Lep. 1, p. 92, t. 9, f. 4 (1885—7).
- Obertii., Etud. d'Ent. 13, p. 11, t. 5, f. 25, 26, 29, 30 (1890). — maculæ
basales al. posticarum liberæ.
♀ (forma typ.. albida) Bonsd., Faune Mad., p. 30, t. 6, f. 5 (1833). — Mab., Hist.
Mad. Lep. 1, p. 92, t. 9, f. 5 (1885—7). — Obertii., Etud. d'Ent. 13, p. 11, t. 5,
f. 27, 28 (1890).
manandaza Ward., Ent. M. Mag. 9, p. 147 (1872) ex parte; Afr. Lep., p. 9, t. 7,
f. 1 (1874), Coll. Oberth. — Mab., Hist. Mad. Lep. 1, t. 9, f. 6—7 (1885).
ab. ♂ **maransetra** Ward., Ent. M. Mag. 9, .p. 2 (1872). — maculæ basales arcarum
1 a—1 c al. posticarum inter se et cum maculis discalibus connexæ.
ab. ♀ **manandaza** Ward., Afr. Lep., p. 9, t. 7, f. 2 (1874), Coll. Oberth. — Obertii..
Etud. d'Ent. 13, p. 11, t. 5, f. 23, 24 (1890). — mari concolor, rubra.
ramavalona var. Mab., Hist. Mad. Lep. 1, t. 9ª, f. 5 (1885).
Madagaskar. Comoren.

°13. **A. machequena** Smith, An. N. H. (5) '9, p. 62 (1887), Coll. Gr. Smith. — Smith
& Kirby, Rhop. Exot. 9, Acræa, p. 2, t. 1, f. 3, 4 (1889). — Trimen, S. Afr.
Butt. 3, p. 377 (1889). — Monteiro, Delagoa Bay, Titelpl., fig. 9 (1891).
Delagoa Bay.

14. **A. obeira** Hew., Proc. Zool. Soc. 1863, p. 65 (1863), Mus. Brit. — Mab., Hist. Mad.
Lep. 1, p. 95, t. 9ª, f. 7, t. 10, f. 5, 6 (1885—7). — Trimen, Tr. Ent. Soc. London 1891, p. 172 (1891).
piva Guenée, Vinson Voy. Mad. Annex, p. 34 (1864).
Madagaskar. Natal — Zulu.

°15. **A. andromba** Smith, An. N. H. (6) 7, p. 124 (1891), Coll. Gr. Smith. — Smith &
Kirby, Rhop. Exot. 21, Acræa, p. 13, t. 4, f. 6—8 (1892).
Madagaskar.

15a. **A. Burni** Butler, An. N. H. (6) 18, p. 467 (1896); Proc. Zool. Soc. 1897, p. 841,
t. 50, f. 3 (1898), Mus. Brit.
obeira var. Trimen, Proc. Zool. Soc. 1894, p. 23 (1894).
Natal — Manicaland.[77]

16. **A. lia** Mabille, Bull. Soc. Philom. (7) 3, p. 132 (1879); Hist. Mad. Lep. 1, p. 97,
t. 9ª, f. 8, 8ª (1885—7). — Smith & Kirby, Rhop. Exot. 29, Acræa, p. 15, t. 5,
f. 1—3 (1894).
Südwest-Madagaskar.

17. **A. admatha** Hew., Exot. Butt. Acræa, t. 3, f. 16, 17 (1865), Mus. Brit. — Trimen,
Tr. Ent. Soc. 1891, p. 171 (1891).
Ashanti[16] — Old Calabar — Kamerun — Gabun — Congogebiet: Bena Bendi,
Zongo, Mokoange. Natal. Zululand.
ab. **leucographa** Ribbe, Iris 2, p. 181, t. 4, f. 1 (1889), Coll. Staud. — Snellen,
Tijdschr. v. Ent. 38, p. 13 (1895). — alæ post. plaga alba in areis 1 b—3 ornatæ.
Niam-Niam. Congogebiet: Sassa (Colmant).

18. **A. insignis** Distant, Proc. Zool. Soc. 1880, p. 181, t. 19, f. 6 (1880). — Godman, Proc. Zool. Soc. 1885, p. 538 (1885). — Rogenh., Ann. Mus. Wien 6, p. 457 (1891). *Buxtoni* Hew., Ent. M. Mag. 14, p. 155 (1877) (non Butl.), Mus. Brit. *balbina* Oberth., Etud. d'Ent. 12. p. 6, t. 3, f. 8 (1888), Coll. Oberth. Nyassaland[130] — Deutsch Ost-Afrika: Magila, Kilimanjaro, Bukoba. — Brit. Ost-Afrika.[22] — Aequatoria.[4]

19. **A. crystallina** Smith, An. N. H. (6) 5, p. 167 (1890), Coll. Gr. Smith. — Smith & Kirby, Rhop. Exot. 19, Acraea, p. 7, t. 3, f. 3, 4 (1892). Brit. Ost-Afrika: Voi-Fluss.[146]

20. **A. horta** L., Mus. Lud. Ulr., p. 234 (1764), Mus. Upsaliense; Syst. Nat. ed. 12, p. 755 (1767). — Fabr., Syst. Ent., p. 459 (1775). — Sulzer, Gesch. Ins., p. 143, t. 15, f. 1 (1776). — Cramer, Pap. Exot. 4, p. 18, t. 298, f. F., G. (1780). — Drury, Ill. Exot. Ins. 3, p. 37, t. 28, f. 1, 2 (1782). — Wulfen, Ins. Cap., p. 31 (1786). — Herbst, Naturs. Schm. 5, p. 22, t. 83, f. 1, 2 (1792). — Godart, Enc. Meth. 9, p. 231 (1819). — Trimen, Rhop. Afr. Austr., p. 93 (1862); S. Afr. Butt. 1, p. 134 (1887). — Staud., Exot. Schmett. 1, p. 82, t. 33 (1885). — Brunner, Farbenpr. der Ins., p. 5, t. 4, f. 43 (1897). Metam.: Trimen, S. Afr. Butt. 1, p. 135 (1887). Kap Kolonie — Kaffernland — Natal — Transvaal.

21. **A. neobule** Doubl. Hew., Gen. D. Lep., t. 19, f. 3 (1848), Mus. Brit. — Guérin in: Lefeb. Voy. Abyss. 6, p. 378 (1849). — Reiche in: Ferr. et Gal. Voy. Abyss. Ent., p. 466, t. 33, f. 3, 4 (1849). — Trimen, Tr. Ent. Soc. London 1870, p. 345 (1870). — Butler, Proc. Zool. Soc. 1881, p. 177, t. 18, f. 5 (1881). — Trimen, S. Afr. Butt. 1, p. 137 (1887). — maculis marginal. alar. antic. obsoletis aut nullis. *matuapa* Smith, An. N. H. (6) 3, p. 127 (1889), Coll. Gr. Smith. — Smith & Kirby, Rhop. Exot. 10, Acraea, p. 6, t. 2, f. 5, 6 (1889). *mhondana* Vuillot, An. E. Fr. 60, Bull., p. 115 (1891). Congo — Angola — Damara — Kap Kolonie — Kaffernland — Natal — Transvaal — Mashuna[141] — Mombasa — Aequatoria[4] — Abyssinien. Socotra. var. **seis** Feistn., An. E. Fr. (2) 8, p. 247 (1850), Coll. Oberth. — maculis marginal. alar. antic. magnis.[1] *calyce* Godman & Salvin, Proc. Zool. Soc. 1884, p. 221, t. 17, f. 1, 2 (1884). Senegal — Sierra Leona — Liberia — Ashanti — Togo — Dahomey — Niger.

22. **A. camæna** Drury, Ill. Exot. Ins. 2, p. 12, t. 7, f. 2 (1773). — Fabr., Syst. Ent., p. 464 (1775). — Herbst, Naturs. Schm. 5, p. 9, t. 81, f. 3 (1792). — God., Enc. Meth. 9, p. 234 (1819). *murcia* Fabr., Spec. Ins. 2, p. 33 (1781), Mus. Brit. Sierra Leona — Liberia — Ashanti — Lagos.

---

[1] Durch die grössere Entwicklung der Saumflecke wird der glashelle Theil sehr verkleinert und vom Saume getrennt. Diese Form erinnert sehr an *A. brasia* Godm.

23. **A. satis** WARD., Ent. M. Mag. 8, p. 35 (1871), Coll. Oberth.; Afr. Lep., p. 6, t. 6,
f. 1 (1875). — MAB., Hist. Mad. Lep. 1, p. 115, t. 10, f. 10, 11 (1885—7).
corona STAUD., Exot. Schm. 1, p. 83, t. 33 (1885), Coll. Staud.
Bagamoyo — Saadani — Ribé. Madagaskar.

Dritte Untergruppe.

24. **A. asboloplintha** KARSCH, Ent. Nachr. 20, p. 223 (1894), Mus. Berol.
dissociata SMITH, Nov. Zool. 5, p. 350 (1898), Mus. Tring.
Albert Nyanza — Brit. Ost-Afrika: Uganda.

Vierte Untergruppe.

Der Diskalfleck 1 b der Vorderflügel liegt, wenn er vorhanden ist, immer näher am
Saume als der Diskalfleck 2. Die Formen dieser Gruppe sind sehr veränderlich und gehen
vielleicht alle in einander über. Ich habe ein ♀ aus der Gegend von Victoria Nyanza
gesehen, von dem ich nicht sicher bin, ob es zu *acara* oder zu einer Form von *anemosa*
zu führen ist.

Uebersicht der Arten.

A. Die Hinterflügel mit Diskalpunkten.
　α. Die Vorderflügelspitze oben breit schwarz.　　　　　　　　　　　　　　　　　　N:o 25.
　β. Die Vorderflügelspitze oben sehr schmal und nicht breiter als der Saum schwarz.　　N:o 26.
B. Die Hinterflügel ohne Diskalpunkte.
　α. Die Vorderflügel oben an der Wurzel bis zur Rippe 2 tief schwarz und ihre Saumbinde nach innen eben
　　ohne Zacken. Die weissen Saumflecke der Hinterflügelunterseite klein, punktförmig.　　N:o 27.
　β. Die Vorderflügel oben bis zur Wurzel ockergelb oder nur mit einem dreieckigen, schwarzen Wurzelflecke
　　in der Mittelzelle. Ihre schwarze Saumbinde oben an den Rippen 3—6 nach innen zahn- oder strich-
　　förmig verlängert. Die Saumbinde der Hinterflügel nur 3—4 Millim. breit und unten mit grossen weisslichen
　　Saumflecken.　　　　　　　　　　　　　　　　　　　　　　　　　　　　　　　N:o 28.

25. **A. zetes** L., Syst. Nat. ed. 10, p. 487 (1758); Mus. Lud. Ulr., p. 270 (1764). —
CLERCK, Icones Ins. 2, t. 43, f. 1 (1764). — KARSCH, B. E. Z. 38, p. 195, 198
(1893). — AURIV., Ent. Tidskr. 14, p. 275 (1893).
menippe DRURY, Ill. Exot. Ins. 3, t. 13, f. 3, 4 (1782). — STOLL., Suppl. Cram., p. 131,
t. 28, f. 1, 1 a (1790). — HERBST, Naturs. Schm. 5, p. 11, t. 81, f. 4, 5 (1792).
mycenaea HÜBNER, Verz., p. 27 (1816).
zethea GOD., Enc. Meth. 9, p. 236 (1819).
zethes STAUD., Exot. Schm. 1, p. 83 (1885).
Metam.: AURIV., Ent. Tidskr. 14, p. 276, t. 4, f. 4—4 b (1893).
Sierra Leona — Ashanti — Togo — Kamerun — Gabun — Chinchoxo[85] — Angola
im Inneren, 10° S. B.[65] — Inneres Congogebiet (zwischen Yambuya und Albert
Nyanza)[46] — Uganda[119] — Kangasi (Aecquatoria).[4] ? Parumbira[118] (? *acara*). Fernando Po.[92] St. Thomé.[113]

ab. Jalema GOD., Enc. Meth. 9, p. 234 (1819). — Transitus ad var. *acara*.
Gabun (ein mit der Beschreibung übereinstimmendes Stück in Mus. Holmiæ). Nyassaland (Coll. Staud.).

var. acara HEW., Exot. Butt. Acræa, t. 3, f. 19, 20 (1865), Mus. Brit. — TRIMEN,
S. Afr. Butt. 1, p. 159 (1887); Proc. Zool. Soc. 1891, p. 72 (1891).

zetes TRIMEN, Rhop. Afr. Austr., p. 99 (1862); Tr. Linn. Soc. 26, p. 517, t. 42,
f. 8, 9 (1869).

caffra FELDER, Reise Novar. Lep., p. 369, t. 46, f. 10, 11 (1865), Mus. Tring.
Metam.: TRIMEN. S. Afr. Butt. 1, p. 160, t. 1, f. 1, 1 a (1887). — MONTEIRO, De-
lagoa Bay, p. 201 (1892).
Natal — Delagoa Bay — Transvaal — Nyassaland — Zanzibar — Sabaki Fluss[20]
— Nilus albus.

ab ♀ pseudolycia BUTLER, Cist. Ent. 1, p. 213 (1874), Mus. Brit.; Proc. Zool. Soc.
1893, p. 658 (1894). — Forma alba.
Angola.

26. A. Barberi TRIMEN, Trans. Ent. Soc. London 1881, p. 433 (1881); S. Afr. Butt. 1,
p. 162, t. 3, f. 1, 1 a (1887).
Transvaal.

ab. (et var.?) Trimeni n.
Barberi TRIMEN, S. Afr. Butt. 1, p. 163, drittes Stück (1887).
Rehaboth (Deutsch S. W. Afrika), Coll. Staud. — West Griqualand — Transvaal.

27. A. anemosa HEW., Exot. Butt. Acræa, t. 3, f. 14, 15 (1865). — TRIMEN, S. Afr.
Butt. 1, p. 157 (1887). — ROGENH., Verh. z. b. Ges. Wien 42, p. 574, fig. 2 (1892).
Damara Land — Khamas Land — Transvaal — Mashuna[14] — Swaziland — De-
lagoa Bay — Zambesi.

ab. alboradiata n. ab.
anemosa aberr. TRIMEN, S. Afr. Butt. 1, p. 158 (1887); Proc. Zool. Soc. 1894, p.
28 (1894).
Damaraland. Zambesi.

var. (et ab.?) arcticincta BUTLER, An. N. H. (5) 12, p. 103 (1883), Mus. Brit.; Proc.
Zool. Soc. 1893, p. 658 (1894). — Fascia margin. al. posticarum angustiore.
anemosa STAUD., Exot. Schm. 1, p. 83, t. 33 (1885).
Nyassa See. Victoria Nyanza. Sabaki Fluss.[20]

28. A. Welwitschi ROGENH., Verh. z. b. Ges. Wien 42, p.
573, fig. 1 (1892), Mus. Vindob. — praecedentis var.?
? *anemosa* var. DEWITZ, Acta Ac. Nat. Cur. 41: 2, N:o 2,
p. (17) 189 (1879), Mus. Berol.
Angola.

Fig 10. *A. Welwitschi* ROGENH

Fünfte Untergruppe.

Der Rücken des Hinterleibes ist beim ♂ hinter der Mitte einfarbig, gelblich, beim ♀ schwarz mit zwei Reihen grosser, runder, gelber Flecke. Die ♂♂ der drei letzten Arten sind sehr intressant, weil die rothe Farbe der Vorderflügel bei Stücken aus Nord-West-Afrika wenig entwickelt, bei Stücken aus Ost-Afrika aber am stärksten ausgebreitet ist.

Uebersicht der Arten.

A. Die Hinterflügel im Felde 7 ohne Submarginalpunkt und demnach in diesem Felde nur mit zwei Punkten. Die Vorderflügel ohne Submarginalpunkte.

    α. Der Diskalfleck 4 der Vorderflügel liegt so weit nach aussen, dass die Diskalflecke 2, 3 und 4 in einer geraden Linie stehen.   N:o 29.

    β. Der Diskalfleck 4 der Vorderflügel liegt kaum näher am Saume als der in 3 und die Diskalflecke 3—6 stehen darum fast in gerader Linie.

       *. Der Diskalfleck 1 b der Vorderflügel steht viel näher am Saume als der Diskalfleck 2. Die Vorderflügel von gewöhnlicher Form, und mit fast geradem Saume.

          a. Die Flügel beim ♀ in der Mitte weisslich mit stark vergrösserten Diskalflecken. (Der ♂ is mir unbekannt).   N:o 30.

          b. Die Flügel ohne weiss oder nur die Vorderflügel beim ♀ mit einer weisslichen Subapicalbinde.   N:o 31.

       **. Der Diskalfleck 1 b der Vorderflügel steht gewöhnlich nur wenig näher am Saume als der Diskalfleck 2. Die Vorderflügel lang und schmal, ihr Saum in der Mitte breit ausgeschweift.   N:o 32.

B. Die Hinterflügel mit einem Submarginalpunkte im Felde 7 und demnach in diesem Felde mit drei Punkten. Die Vorderflügel fast immer mit Submarginalpunkten in 1 b und 2.   N:o 33.

29. **A. niobe** EM. SHARPE. Proc. Zool. Soc. 1893, p. 554 (1893), Mus. Lisboa. — SMITH & KIRBY, Rhop. Exot. 29, Acræa, p. 18, t. 5, f. 10 (1894).
St. Thomé.

30. **A. medea** CRAMER, Pap. Exot. 1, p. 128, t. 81, f. C, D (1775). — HERBST, Naturs. Schm. 4, p. 200, t. 80, f. 3, 4 (1790). — KIRBY, Handb. Lep. 1, p. 38, t. 7, f. 4 (1894). *pasiphae* FABR., Spec. Ins. 2, p. 33 (1781). — GOD., Enc. Meth. 9, p. 235 (1819). — DUNCAN, For. Butt., p. 143, t. 12, f. 4 (1837).
medea BEAUV., Ins. Afr. Amer., p. 220, t. 6, f. 2 a, b (1805).
saronis HÜBNER, Verz., p. 27 (1816).
Senegal — Sierra Leona.

31. **A. egina** CRAMER, Pap. Exot. 1, p. 64, t. 39, f. F., G. (1775). — STAUD., Exot. Schm. 1, p. 83, t. 33, figg. ♂, ♀ (1885). — HAASE, Bibl. Zool. 8: 2, t. 4, f. 26 (1891). — KARSCH, B. E. Z. 38, p. 195, 198 (1893). — alæ aut. tantum in areis 1 a et 1 b macula magna fulva.
rudolphina HERBST, Naturs. Schm. 5, p. 7, t. 81, f. 1, 2 (1792).

♀ *persephone* FABR., Ent. syst. 3: 1, p. 174 (1793). — GOD., Enc. Meth. 9, p. 234 (1819).

zidora GOD., Enc. Meth. 9, p. 237 (1819). — LUCAS, Lep. Exot., t. 52, f. 1 (1835). — BLANCH., Cuv. Regn. An. ed. 3, Ins., t. 134, f. 2 (1836). — LUCAS in: Chenu Encycl. II. N. Pap., p. 11, fig. 33 (1853).

Senegal — Sierra Leona — Liberia[73] — Ashanti[16] — Togo[4] — Kamerun[69] — Gabun — Bangala[47] — Angola, 10° S. B.[65] — Nyassaland[125] — Bukoba und Sesse (Westküste von Victoria Nyanza) — Uganda.[119]

var. **areca** MAB., An. E. Fr. (6) 8 Bull., p. 169 (1888)[1] — MAB. & VUILL., Nov. Lep. 10, p. 100, t. 14, f. 5 (1893). — ♀ BUTLER, Pr. Zool. Soc. 1893, p. 658 (1894). — alae ant. e max. parte fulvae.

khara SMITH, An. N. H. (6) 3, p. 128 (1889), Coll. Gr. Smith. — SMITH & KIRBY, Rhop. Exot. 10, Acraea, t. 2, f. 1, 2 (1889). — ROGENH., An. Mus. Wien 6, p. 457 (1891).

Nyassaland[36] — Deutsch Ost-Afrika — Brit. Ost-Afrika.

32. **A. perenna** DOUBL. & HEW., Gen. D. Lep., t. 19, f. 4 (1848), Mus. Brit. — alae ant. tantum in areis 1 a—2 fulvo-maculatae.

polydectes WARD., Ent. M. Mag. 8, p. 81 (1871); Afr. Lep., p. 8, t. 6, f. 5, 6 (1873), Coll. Oberth.

Ashanti — Kamerun — Congogebiet: Quango, Mukenge, Ubangi. Uganda.[21] Kangasi.[4]

var. **thesprio** OBERTH., Etud. d'Ent. 17, p. 21, t. 3, f. 34 (1893), Coll. Oberth. — alae ant. e max. parte fulvae.

Nyassaland — Deutsch Ost-Afrika.

33. **A. cepheus** L., Syst. Nat. ed. 10, p. 487 (1758); Mus. Lud. Ulr., p. 252 (1764). — CLERCK, Icones Ins. 2, t. 43, f. 4 (1764). — MAB., Hist. Mad. Lep. 1, p. 98, t. 12, f. 1, 2 (1885—7). — alae ant. maris ultra maculas discales fascia subapicali fulva.

zosteria GOD., Enc. Meth. 9, p. 232 (1819).

♀ *Baumanni* ROGENH., An. Mus. Wien 4, p. 551, t. 23, f. 2 (1889).

Chinchoxo[42] [2] — Congo — Angola. Bangasso am oberen Ubangi. Kangasi (Aequatoria)[4] — ? Madagaskar.[107]

var. **abdera** HEW., Exot. Butt. Acraea, t. 1, f. 1, 2 (1852), Mus. Brit. — ♀ AURIV., Ent. Tidskr. 12, p. 200 (1891). — alae ant. maris ultra apicem cellulae disc. haud fulvae.

cepheus STAUD., Exot. Schm. 1, p. 85 (1885).

Lagos — Fernando Po — Kamerun — Congogebiet: Sassa (COLMANT).

var. **eginopsis** n. var. — Alae anticae tantum in areis 1 a et 1 b macula magna fulva, fere omnino ut in *A. egina* formata. — Mus. Holmiae.

Patria? (wahrscheinlich Sierra Leona); Togo (Mus. Berol.).

---

[1] SMITH und KIRBY behaupten, Rhop. Exot. 40 (1897), Additions p. 1. dass *khara* früher publicirt sei. So ist es aber nicht, denn die Bulletins de la Soc. Ent. de France werden auch für sich bald nach den Sitzungen veröffentlicht, und *areca* ist sicher schon 1888 beschrieben. Im nördlichen Nyassaland kommen (Coll. Staud.) Stücke vor, welche in der Mitte zwischen der Hauptform und der *areca* MAB. stehen. Die Vorderflügel sind bei denselben in 1 a, 1 b und 2 breit roth und auch in der Mittelzelle mehr oder weniger roth gefärbt.

[2] Als *petraea* aufgeführt.

Sechste Untergruppe.

Hinsichtlich des Saisondimorphismus der Arten dieser und folgender Untergruppe verweise ich auf die interessanten Bemerkungen von Butler in Trans. Ent. Soc. 1895, p. 520—521 und 1897, p. 105—111. Viele seiner Schlusse scheinen mir richtig zu sein.

Uebersicht der Arten.

I. Die Vorderflügel mit Submarginalpunkten wenigstens in 1 b und 2.

  A. Die Rippen der Vorderflügel gegen den Saum allmählig breiter schwarz gesäumt. Die Vorderflügel höchstens mit drei Submarginalflecken (in 1 b, 2 und 3). Die Flügel beim ♂ mit lebhaft rother oder gelbrother Grundfarbe.

    α. Auch die Rippen der Hinterflügel gegen die Saumbinde schwarz verdickt. Die hellen Saumflecke der Hinterflügelunterseite nach innen von fast geraden, schwarzen Strichen begrenzt.   N:o 34.

    β. Die Rippen der Hinterflügel gegen die Saumbinde nicht schwarz. Die hellen Saumflecke der Hinterflügelunterseite nach innen von schwarzen Bogen begrenzt.   N:o 35.

  B. Die Rippen der Vorderflügel nicht schwarz gesäumt. Die Vorderflügel mit 4—6 Submarginalpunkten (in 1 b—6). Vorderflügelspitze unten mit 2—3 hellen Flecken.

    α. Alle schwarze Flecke gross und kräftig entwickelt, mehr oder weniger eckig. Die Grundfarbe lebhaft gelbroth, selten beim ♀ grau.   N:o 36.

    β. Die schwarzen Flügelflecke viel kleiner und mehr gerundet. Der Submarginalpunkt 6 der Vorderflügel fehlt gewöhnlich. Die Grundfarbe ockergelb—graugelb—schwarzgrau.

     *. Die Hinterflügel unten an der Wurzel in den Feldern 1 a—1 c mehr oder weniger röthlich angeflogen. Der Hinterleib oben hinter der Mitte gelblich (♂), oder bis zur Spitze schwarz mit zwei Reihen gelber Flecke (♀).   N:o 37.

     **. Die Hinterflügel unten an der Wurzel nicht röthlich. Der Hinterleib bei beiden Geschlechtern oben zum grössten Theil weiss oder weisslich.   N:o 38.

II. Die Vorderflügel ohne Submarginalpunkte.

  A. Der Diskalfleck 4 der Hinterflügel liegt wenigstens eben so weit nach aussen wie die Diskalflecke 3 und 5.

    α. Die Hinterflügel unten in der Mittelzelle nur mit einem einzigen schwarzen Punkte, welcher etwas hinter dem Anfange der Rippe 2 liegt.

     *. Die Vorderflügel oben mit 7 grossen, gelblichen Saumflecken in 1 b—7.   N:o 41.

     **. Die Vorderflügel oben ohne Saumflecke oder nur mit wenigen kleinen Saumflecken im dunklen Saume.   N:o 42.

    β. Die Hinterflügel unten in der Mittelzelle, wie gewöhnlich, mit zwei schwarzen Punkten, von denen der äussere an oder vor der Rippe 2 liegt.

     *. Die Vorderflügel wenigstens oben mit 6—8 hellen (gelblichen oder röthlichen) Flecken im dunklen Saume.

      1. Die Diskalflecke 4—6 der Vorderflügel in die Quere ausgezogen, unter sich und mit den Mittelflecken zu einer breiten Querbinde zusammengeflossen.   N:o 39.

      2. Die Diskalflecke 4—6 normal gebildet, der erstgenannte liegt so weit nach aussen, dass die Diskalflecke 2—4 in einer geraden Linie stehen.

       a. Die Hinterflügel oben mit rothen oder gelblichen Saumflecken. Der Saum der Vorderflügel beim ♂ an der Rippe 3 deutlich eingebuchtet.   N:o 40.

       b. Die Hinterflügel oben mit weissen Saumflecken. Der Saum der Vorderflügel schwach convex.   N:o 40 a.

     **. Die Vorderflügel ohne helle Saumflecke.

      §. Die Rippen der Vorderflügel gegen den Saum nicht schwarz gesäumt.   N:o 43.

§§. Die Rippen der Vorderflügel gegen den Saum mehr oder weniger breit schwarz gesäumt.
1. Die Spitze der Vorderflügel breit schwarz. N:o 44.
2. Die Spitze der Vorderflügel sehr schmal und nicht breiter als der Saum schwarz.
N:o 45.
B. Der Diskalfleck 4 der Hinterflügel liegt näher an der Wurzel als die Diskalflecke 3 und 5.
α. Der Diskalfleck 4 der Vorderflügel liegt nicht in einer Linie mit den Diskalflecken 5 und 6. sondern näher am Saume. N:o 46.
β. Die Diskalflecke 3—6 der Vorderflügel liegen in einer geraden Linie.
*. Die Hinterflügel unten, wie gewöhnlich, mit schwarzer, hellgefleckter Saumbinde. N:o 47.
**. Die Hinterflügel unten nur mit einer feinen Linie vor dem Saume oder ganz ohne innere schwarze Begrenzung der Saumflecke, welche darum ohne Grenze in die Grundfarbe und die rothlichen Zwischenaderstriche übergehen (Fig. 8 b). N:o 48.

34. **A. petræa** BOISD., Voy. Deleg., 2, p. 589 (1847). Coll. Oberth. — WALLENGR., Rhop. Caffr. p. 21 (1857). — HOPFF., Peters Reise Ins. p. 373, t. 24, f. 1—4 (1862). — TRIMEN, Rhop. Afr. Austr. p. 100 (1862). — OBERTH., Etud. d'Ent., 3, p. 26, t. 2, f. 4 (1878). — STAUD., Exot. Schm., 1, p. 85, t. 33 (1885). — TRIMEN, S. Afr. Butt., 1, p. 144 (1887).
Metam: TRIMEN, S. Afr. Butt., 1, p. 145 (1887).
Natal — Querimba — Zanzibarküste.

35. **A. Büttneri** ROGENH., An. Mus. Wien, 4, p. 553, t. 23, f. 8 (1889). Mus. Vindob.; Verh. z. h. Ges. Wien, 42, p. 575, fig. 3 (1892).
felina TRIMEN. Proc. Zool. Soc. 1891. p. 65, t. 8, f. 5, 6 (1891).
Congo-Staat: Abumonbasi, Stanley-Fälle, Popokabaka — Süd-Angola.

36. **A. violarum** BOISD., Voy. Deleg., 2, p. 591 (1847). Coll. Oberth. — WALLENGR., Rhop. Caffr. p. 21 (1857). — TRIMEN, Rhop. Afr. Austr. p. 95 (1862). — STAUD., Exot. Schm., 1, p. 84 (1885). — TRIMEN, S. Afr. Butt., 1, p. 141, t. 3, f. 4 (1887).
nataliensis ANGAS, Kaff. Ill., t. 30, f. 6 (1849).
Kaffernland — Natal — Zululand — Transvaal — Mashuna[141].

37. **A. asema** HEW., Ent. M. Mag., 14, p. 52 (1877). Mus. Brit. — TRIMEN, Proc. Zool. Soc. 1894, p. 24, t. 4, f. 3, 3 a (1894). — MARSHALL, Trans. Ent. Soc. London 1896, p. 555 (1896). — forma præcedentis?
empusa BUTL., Proc. Zool. Soc. 1893, p. 656 (1894).
Mashuna[141] — Manica-Land — Nyassaland.

38. **A. omrora** TRIMEN, Proc. Zool. Soc. 1894, p. 24 note (1894).
asema TRIMEN, Proc. Zool. Soc. 1891, p. 68, t. 8, f. 9, 10, 10ᵃ (1891).
Südlichste Angola — Ovambo — Damara.

39. **A. turna** MAB., Pet. Nouv. Ent., 2, p. 158 (1877); Hist. Mad. Lep., 1, p. 99, t. 12, f. 8, 9 (1885—87). — forma albescens.
Madagaskar.
var. (et ab.?) **marmorata** SMITH & KIRBY, Rhop. Exot., 19, Acræa, p. 9, t. 3, f. 7, 8 (1892). Coll. Gr. Smith. — forma lutescens.
Madagaskar.

40. **A. chilo** GODM., Proc. Z. Soc. 1880, p. 184, t. 19, f. 4, 5 (1880), Mus. Brit.
rosina ROGENH., Verh. z. b. Ges. Wien 41, p. 565 (1891), Mus. Vindob.; in: BAU-
MANN, Usambara, p. 326 (1891).
Hoehneli HOLLAND, Proc. U. S. N. Museum 18, p. 746 (1896), Mus. Washingt.
Brit. Ost-Afrika — Somali[82] — Abyssinien.

40a. **A. hypoleuca** TRIMEN, Trans. Ent. Soc. London 1898, p. 2, t. 1, f. 1 (1898), Mus.
Oxoniæ.
Patria?

41. **A. anacreon** TRIMEN, Trans. Ent. Soc. 1868, p. 77, t. 6, f. 3—5; 1870, p. 347;
S. Afr. Butt. 1, p. 168 (1887). — MARSHALL, Trans. Ent. Soc. London 1896, p.
552 (1896). — BUTLER, Proc. Zool. Soc. 1897, p. 841 (1898).
Basuto Land — Kaffernland — Natal — Transvaal.

°41a. **A. anacreontica** SMITH, Nov. Zool. 5, p. 352 (1898), Mus. Tring.
Brit. Ost-Afrika: Nandi.

42. **A. bomba**[1] SMITH, An. N. H. (6) 3, p. 128 (1889), Coll. Gr. Smith. — SMITH &
KIRBY, Rhop. Exot. 19, Acræa, p. 8, t. 3, f. 5, 6 (1892). — alis posticis supra
basi haud nigris.
Britisch Ost-Afrika: Mombasa.

var. **induna** TRIMEN, Trans. Ent. Soc. London 1895, p. 184, t. 5, f. 3, 3a (1895).
— alis post. supra basi nigris.
Mashuna — Nyassa[121] — Zomba[121] — Mero Sec.[36]

43. **A. acrita** HEW., Exot. Butt. Acræa, t. 3, f. 18 (1865), Mus. Brit. — TRIMEN, S. Afr.
Butt. 3, p. 381 (1889). — TRIMEN, Proc. Zool. Soc. 1894, p. 28, t. 4, f. 4: var. (Ueberg.
zu *pudorina*) (1894). — apice nigro alar. ant. circ. 5 mill. lato.
Delagoa Bay — Zambezi — Mashuna — Deutsch Ost-Afrika. Mero Sec.[36]

ab. **ambigua** TRIMEN, Proc. Zool. Soc. 1891, p. 70, t. 9, f. 11 (1891). — alæ ant.
ante apicem nigrum area albescente.
Okavango. Zambezi. Usaramo (Mus. Berol.).

var. **chæribula** OBERTHÜR, Et. d'Ent. 17, p. 19, t. 2, f. 16 (1893), Coll. Oberth. —
apice nigro alar. ant. 6—8 mill. lato.
Zomba — Tanganika — Deutsch Ost-Afrika.

var. **pudorina** STAUD., Exot. Schmett. 1, p. 84, t. 33 (1885), Coll. Staud. — PAGENST.,
Jahrb. Hamb. Naturw. Anst. 10: 2, N:o 6, p. 19 (1893). — BUTLER, Proc. Z. Soc.
1894, p. 566 (1894); Tr. Ent. Soc. London 1895, p. 520 (1895). — apice alar.
ant. haud aut angustissime nigro.
Zanzibarküste — Brit. Ost-Afrika.[22, 142]

---

[1] Dr. BUTLER betrachtet (Tr. Ent. Soc. 1895, p. 521; Proc. Z. Soc. 1896, p. 116 und Tr. Ent. Soc.
1897, p. 107) diese Art als Zeitform von *A. anacreon*. Vergl. jedoch hierüber MARSHALL, Trans. Ent. Soc.
London 1896, p. 552, 564.

44. **A. periphanes** OBERTH., Et. d'Ent. 17, p. 20, t. 2, f. 23 (1893). Coll. Oberth. — BUTLER, Proc. Z. Soc. 1893, p. 657 (1894); l. c. 1896, p. 116 (1896); Tr. Ent. Soc. London 1897, p. 107 (1897). — ? = N:o 46.
Mero See[36] — Nyassaland. — Tanganika.

45. **A. onerata** TRIMEN, Proc. Z. Soc. 1891, p. 67, t. 8, f. 7, 8, 8 a (1891).
Okavango Fluss. Delagoa Bay (Coll. Staud.).

46. **A. Guillemei** OBERTH., Et. d'Ent. 17, p. 19, t. 1, f. 1 (1893). Coll. Oberth. — BUTLER, Proc. Z. Soc. 1893, p. 658 (1894).
Nyassaland — Tanganika.

47. **A. nohara** BOISD., Voy. Deleg. 2, p. 590 (1847). Coll. Oberth. — WALLENGR., Rhop. Caffr., p. 21 (1857). — TRIMEN, Rhop. Afr. Austr., p. 96, t. 3, f. 1 (1862). — STAUD., Exot. Schmett. 1, p. 84, t. 33 (1885). — TRIMEN, S. Afr. Butt. 1, p. 112 (1887); Proc. Z. Soc. 1891, p. 24 (1894).
actiaca HEW., Exot. Butt. Acraea, t. 1, f. 3 (1852).
Congogebiet: Quango, Mukenge.[42] Natal — Transvaal.

°var. **halali** MARSHALL, Trans. Ent. Soc. London 1896, p. 555 (1896).
Mashunaland.

48. **A. atolmis** WESTW., Oates Matabele Land, p. 343, t. F, f. 3, 4 (1882); Edit. 2, p. 351, t. 6, f. 3, 4 (1889), Mus. Oxoniae. — TRIMEN, Proc. Z. Soc. 1891, p. 63, t. 8, f. 1—3 (1891).
Luxi ROGENH., An. Mus. Wien 4, p. 550, t. 23, f. 5 (1889), Mus. Vindob.

var. (æstiv.?) **acontias** WESTW., Oates Matabele Land, p. 345, t. F, f. 7, 8 (1882); Ed. 2, p. 353, t. 6, f. 7, 8 (1889), Mus. Oxoniae. — TRIMEN, Proc. Z. Soc. 1891, p. 64, t. 8, f. 4 (1891).
Angola — Ovambo — Victoria Fälle — Congogebiet: Popokabaka und zwischen Kasongo und den Stanley-Fällen.

Siebente Untergruppe.

Bei allen Arten dieser Untergruppe sind die Diskalpunkte der Hinterflügel auf ähnliche Weise angeordnet und zwar so, dass die Punkte (1 c) 3 und 5, wenn vorhanden, näher am Saume als die übrigen stehen. Hierdurch können Stücke, bei denen die Diskalflecke 1 b und 2 der Vorderflügel fehlen, von den ähnlichen Formen der Acrita-Gruppe leicht unterschieden werden. Die Arten sind sehr veränderlich und sehr nahe verwandt, so dass es schwierig (vielleicht nicht möglich?) ist scharfe Unterschiede anzugeben.

Uebersicht der Arten.

I. Die Vorderflügel ohne Submarginalpunkte (sehr selten unten mit einem Punkte in 1 b).

    a. Die Vorderflügel vor dem Saume ohne schwarze Striche auf den Zwischenaderfalten.

        *. Die Vorderflügel vollständig beschuppt oder nur in 4 und 5, dicht nach aussen von den Diskalpunkten, mit zwei kleinen glashellen Flecken.

            a. Die Diskalpunkte der Hinterflügel von normaler Grösse, diejenige in 3 und 5 ungefähr in der Mitte zwischen der Zellenspitze und der Saumbinde.

                1. Die Vorderflügel des ♂ oben bis über die Mitte der Mittelzelle hinaus tief schwarzbraun.

                                                N:o 49.

                2. Die Vorderflügel des ♂ an der Wurzel nicht oder nur unbedeutend verdunkelt.   N:o 50.

            b. Die Diskalpunkte der Hinterflügel sehr klein, alle weit von der Saumbinde entfernt.   N:o 51.

        **. Die Vorderflügel zwischen den Diskalpunkten und dem Saume mehr oder weniger breit glashell.

                                                 N:o 52.

    β. Die Vorderflügel in der Mitte zwischen dem Saume und den Diskalpunkten mit deutlichen, schwarzen Strichen auf den Zwischenaderfalten.   N:o 53, 54.

II. Die Vorderflügel mit Submarginalpunkten wenigstens in 1 b und 2.

    a. Die Vorderflügel in der Mitte zwischen dem Saume und den Diskalpunkten mit deutlichen, schwarzen Strichen auf den Zwischenaderfalten der Felder 3—5 oder 6.

        *. Die hellen Saumflecke der Hinterflügelunterseite gross und gerundet, nach innen von dicken, schwarzen Bogen begrenzt.   N:o 55.

        **. Die hellen Saumflecke der Hinterflügelseite sehr schmal, strichförmig und nach innen von sehr flachen, fast geraden Bogen begrenzt oder ohne innere schwarze Begrenzung und da mit der Grundfarbe zusammenfliessend.   N:o 56.

    β. Die Vorderflügel ohne schwarze Striche auf den Zwischenaderfalten; an der Wurzel wenigstens bis zur Rippe 2 schwärzlich.

        *. Die Hinterflügel oben mit breiter, nach innen scharf begrenzter Saumbinde, unten mit grossen, hellen Saumflecken, die nach innen von dicken, fast zu einer ebenen Linie vereinigten Bogen begrenzt werden.

            a. Die Flügel in der Mitte mit weissgelber oder weisslicher Grundfarbe. Die Diskalflecke 4—6 der Vorderflügel von der Spitze der Mittelzelle weit getrennt.   N:o 57.

            b. Die Flügel mit braungelber Grundfarbe. Die Diskalflecke 4—6 der Vorderflügel der Spitze der Mittelzelle sehr genähert oder dieselbe berührend.   N:o 58.

        **. Die Hinterflügel oben mit sehr schmaler oder mittelmässiger, nach innen aber stets unregelmässig und undeutlich begrenzter Saumbinde, unten mit sehr grossen, hellen Saumflecken, welche nach innen von schmalen, stark gebogenen und tief getrennten Bogen begrenzt sind.   N:o 59.

49. **A. stenobea** WALLENGR., Wien. Ent. Mon. 4, p. 35 (1860); Öfvers. Vet. Akad. Förh. 29: 3, p. 49 (1872), Mus. Holmiæ. — TRIMEN, S. Afr. Butt. 1, p. 153, t. 3, f. 2 (1887); Proc. Z. Soc. 1891, p. 71 (1891). — WESTW., Oates Matabele Land, Edit. 2, p. 354, t. 6, f. 11, 12 (1889).

    acromycta WESTW., Oates Matabele Land, p. 346, t. F., f. 11, 12 (1881), Mus. Oxon.

    ab. ♀ **lygus** DRUCE, Proc. Z. Soc. 1875, p. 408 (1875), Mus. Brit.

    natalica ♀ var. TRIMEN, Trans. Ent. Soc. 1870, p. 346 (1870).

    albomaculata WEYMER, S. E. Z. 53, p. 83 (1892), Coll. Weymer.

    Angola — Damara — Kap Kolonie — Betschuanaland — Khamaland — Matabeleland — Transvaal. Saadani (Deutsch Ost-Afrika).

50. **A. caldarena** HEW., Ent. M. Mag. 14, p. 52 (1877), Mus. Brit. — TRIMEN, S. Afr. Butt. 1, p. 149 (1887). — WESTW., Oates Matabele Land, Edit. 2, p. 355, t. 5, f. 1, 2 (1889). — BUTLER, Proc. Z. Soc. 1893, p. 657 (1894). — TRIMEN, Proc. Z. Soc. 1894, p. 27 (1894). — MARSHALL, Trans. Ent. Soc. 1896, p. 553 (1896). — apice nigro alar. ant. 7—8 mm. lato.

amphimalla WESTW., Oates Matabele Land, p. 347, t. E., f. 1, 2 (1881), Mus. Oxoniæ. *direcra* WESTW., l. c., p. 348 (1881), Mus. Oxoniæ.

ab. ♀ **nero** BUTLER, An. N. H. (5) 12, p. 102 (1883), Mus. Brit. — alis posticis supra in arcis 1 c—4 fascia submarginali alba. — Taf. 1, Fig. 3.

var. (temp.?) **nelusca** OBERTH., Etud. d'Ent. 3, p. 25, t. 2, f. 2, 3 (1878), Coll. Oberth. — apice nigro alar. ant. 5—6 mm. lato.

ombria WEYMER, S. E. Z. 53, p. 82 (1892), Coll. WEYMER.

var. **pudorella** n. var. — apice nigro alar. ant. angustissimo, 1 m. tantum lato. — Entspricht völlig der Varietät *pudorina* STAUD. von *A. arcita*. Nach Stücken aus Kibwezi in Britisch Ost-Afrika, die von Miss SHARPE[21] als *bræsia* GODM. gedeutet wurden, aufgestellt. Die Grundfarbe der Flügel ist gelblicher als bei *bræsia* und die Vorderflügel sind vollständig, wenn auch dünn beschuppt.

Damara — Khama's Land — Transvaal — Matabeleland — Mashuna[141] — Manica — Nyassaland — Mero Soc — Deutsch Ost-Afrika — Britisch Ost-Afrika.

51. **A. aglaonice** WESTW., Oates Matabele Land, p. 346, t. F., f. 9, 10 (1881); Edit. 2, p. 353, t. 6, f. 9, 10 (1889), Mus. Oxoniæ. — TRIMEN, S. Afr. Butt. 1, p. 151, t. 3, f. 3 (1887); 3, p. 398 (1889); Proc. Zool. Soc. 1894, p. 27 (1894). — MARSHALL, Trans. Ent. Soc. London 1896, p. 555 (1896).

fenestrata TRIMEN, Trans. Ent. Soc. London 1881, p. 135 (1881).

Transvaal — Matabeleland — Manicaland.

52. **A. bræsia** GODM., Proc. Z. Soc. 1885, p. 538 (Oktob. 1885), Mus. Brit. — SMITH & KIRBY, Rhop. Exot. 9, Acræa, p. 3, t. 1. f. 7 (1889) — area vitrea alar. ant. magna. *leucosoma* STAUD., Exot. Schmett. 1, p. 84 (Nov. 1885), Coll. Staud.

Deutsch Ost-Afrika: Kitui, Kilimanjaro — Brit. Ost-Afrika[142] — Somali.[xx 139]

var. **regalis** OBERTH., Etud. d'Ent. 17, p. 20, t. 2, f. 20 (1893), Coll. Oberth. — HOLLAND, An. N. H. (6) 12, p. 249 (1893). — area vitrea alar. ant. parva; nomen vix conserv. Uebergang zu *A. caldarena* v. *pudorella?* Kilimanjaro.

53. **A. Doubledayi** GUÉRIN, Lef. Voy. Abyss. 6, p. 378 (1849). — REICHE, Ferret & Galinier Voy. Abyss., t. 33, f. 1, 2 (1849). [Tripolis: Montes Barca]. Abyssinien. Niam-Niam (Coll. Staud.).

54. **A. axina** WESTW., Oates Matabele Land, p. 344 t. F., f. 5, 6 (1881); Edit. 2, p. 352, t. 6, f. 5, 6 (1889), Mus. Oxoniæ. — TRIMEN, Proc. Z. Soc. 1891, p. 66 (1891); l. c. 1894, p. 26 (1894).

Doubledayi var. TRIMEN, S. Afr. Butt. 1, p. 147 (1887).
Benguela — Damara — Matabele — Transvaal — Manicaland.

55. **A. oncæa** HOPFF., Monatsb. Ak. Wiss. Berlin 1855, p. 640 (1855); Peters Reise Ins.,
p. 375, t. 24. f. 5—8 (1862), Mus. Berol. — STAUD., Exot. Schmett. 1, p. 84 (1885).
Doubledayi TRIMEN, S. Afr. Butt. 1, p. 147 (1887).
Natal — Delagoa Bay — Manicaland — Tette — Nyassaland — Mero See[36] —
Deutsch Ost-Afrika — Brit. Ost-Afrika.[22] Abyssinien.[3]
var. **Marnois** ROGENH., An. Mus. Wien 4, p. 552, t. 23, f. 7 (1889), Mus. Vindob.
Sudan: Bahr-el-Seraf. Congo (Mus. Holmiæ).

56. **A. atergatis** WESTW., Oates Matabele Land, p. 342, t. F., f. 1, 2 (1881); Edit. 2,
p. 350, t. 6, f. 1, 2 (1889). — TRIMEN, Proc. Z. Soc. 1891, p. 65 (1891).
Popokabaka — Süd-Angola — Victoria Fälle.

57. **A. cæcilia** FABR., Spec. Ins. 2, p. 84 (1781), Mus. Brit.   GOD., Enc. Meth. 9, p. 235
(1819). — KARSCH, B. E. Z. 38, p. 194 (1893).
? ♀ *artemisa*[1] STOLL., Suppl. Cramer., p. 123, t. 25, f. 4, 1 d (1790).
bentis HÜBN., Verz., p. 27 (1816).
Senegal — Sierra Leona — Togo — Niger.[74] Nubien: Ambukohl (Mus. Berol.)
? var. **hypatia**[2] DRURY, Ill. Exot. Ins. 3, p. 15, t. 13, f. 1, 2 (1782). — GOD., Enc.
Meth. 9, p. 232 (1819).
Sierra Leona.

58. **A. natalica** BOISD., Voy. Deleg. 2, p. 590 (1847), Coll. Oberth. — HOPFFER, Peters
Reise Ins., p. 371, t. 23, f. 12, 13 (1862). — STAUD., Exot. Schm. 1, p. 83 (1885).
— TRIMEN, S. Afr. Butt. 1, p. 155 (1887).
? *cephea* BERTOLONI Mem. Acad. Bologna 2, p. 176 (1851).
bellua WALLENGR., Rhop. Caffr., p. 22 (1857), Mus. Holmiæ.
hypatia var. B. TRIMEN, Rhop. Afr. Austr., p. 98 (1862).
Metam.: TRIMEN, S. Afr. Butt. 1, p. 156 (1887)
Congogebiet: Mukenge. Quango (Mus. Ber.). Kap Kolonie — Kaffernland — Natal
— Delagoa Bay — Transvaal — Matabeleland — Manica — Zambezi — Nyassa-
land — Mero See — Deutsch Ost-Afrika — Brit. Ost-Afrika.

59. **A. pseudegina** WESTW., Gen. D. Lep., p. 531 (1852). — AURIV., Ent. Tidskr. 14, p.
276 (1893). — KARSCH, B. E. Z. 38, p. 195 (1893). — Forma obscura. (Forma
praecedentis?; vergl. BUTLER, Proc. Z. Soc. 1896, p. 117.)
egina STOLL., Suppl. Cramer., p. 122, t. 25, f. 3, 3 c (1790).
Sierra Leona — Liberia[73] — Togo (var.?) — Niger (var.?).

---

[1] STOLL'S Figur weicht durch die sehr breiten, schwarzen Saumbinden beider Flügel von den männlichen
Stücken, die ich als typisch betrachte, bedeutend ab, stellt jedoch wahrscheinlich das mir unbekannte Weibchen
von *cæcilia* dar.

[2] Eine ähnliche Form habe ich in keiner Sammlung gesehen. Die Punkte stehen wie bei *cæcilia* und
der Diskalpunkt 5 der Hinterflügel fehlt, wie bei allen Stücken von *cæcilia*, die ich gesehen habe.

ab. BUTLER, Proc. Z. Soc. 1895, p. 371 (1896).
Brit. Ost-Afrika.
var. abadima RIBBE, Iris 2, p. 182, t. 4, f. 2 (1889), Coll. Staud. — AURIV., Ent.
Tidskr. 12, p. 201 (1891). — Forma pallidior.
Kamerun — Gabun — Congo — Niam-Niam — Angola[7] — Aequatoria: Kangasi, Wadelai.[4]

Achte Untergruppe.

Uebersicht der Arten.

I. Die Diskalpunkte 4—6 der Vorderflügel wohl entwickelt und getrennt. Die Diskalpunkte 1 b—4 oder 5 der Hinterflügel stehen in einer fast geraden Querlinie hinter der Spitze der Mittelzelle.

   A. Die hellen Saumflecke der Hinterflügelunterseite nach innen ohne schwarze Begrenzung und darum nicht von der Grundfarbe getrennt; vor denselben liegen auf den Zwischenaderfalten orangegelbe Längsstriche, welche in den Feldern 1 b—4 wurzelwärts von einer schwarzen Querlinie begrenzt sind. Vergl. Fig. 9 c.

                                                            N:o 61.

   B. Die hellen Saumflecke der Hinterflügelunterseite nach innen von zwei kurzen, sehr quer gestellten, schwarzen Strichen, die sich jedoch in der Mitte nicht berühren, begrenzt.

                                                            N:o 62.

II. Die Diskalpunkte 4—6 der Vorderflügel fehlen oder sind mit einander und den Mittelflecken zu einer Querbinde, welche gewöhnlich den Vorderrand mit dem Saume vereinigt, verbunden.

   A. Die Mittelzelle der Vorderflügeloberseite in oder beinahe in ihrer ganzen Breite bis zur Wurzel hell gefärbt (roth, rothgelb, gelb oder weisslich) und nur an der äussersten Spitze schwarz oder selten wie die Felder 1 b und 2 rauchfarbig.

     α. Die Mittelzelle der Hinterflügel unten wie gewöhnlich mit zwei schwarzen Wurzelpunkten und mit normal angeordneten, freien Diskalpunkten.

        *. Die ganze Spitzenhälfte der Vorderflügel oben schwarz oder schwärzlich mit 2—3 kleinen, weisslich-hyalinen Flecken in den Feldern 4—6 und ohne Saumflecke.

                                               N:o 63.

        **. Die Spitzenhälfte der Vorderflügel mit breiter, heller Subapicalbinde oder nur ringsum schwarz begrenzt, fast immer mit länglichen, hellen Saumflecken.

          1. Die Hinterflügel unten in der Wurzelhälfte ohne rothe Längsstriche oder nur mit 1—2 rothgelben Längsstrichen (in 1 c und in der Mittelzelle). Die helle Saumflecke der Hinterflügelunterseite nach innen ohne rothe Längsstriche, höchstens mit schwarzen Mittelspitzen (Fig. 8 c).

                                           N:o 64.

          2. Die Hinterflügel unten mit drei dicken, rothen Längsstrichen zwischen den Wurzel- und den Diskalpunkten der Felder 1 c und 7 und der Mittelzelle. Die helle Saumflecke der Hinterflügelunterseite nach innen in rothe Striche verlängert, welche in den Feldern 1 c—3 länger als in den übrigen sind.

                                           N:o 65.

     β. Die Mittelzelle der Hinterflügel unten ohne Punkte oder nur mit einem Wurzelpunkte; die Diskalpunkte sind der Wurzel stark genähert und mit den Wurzelpunkten zu zwei grossen, roth gefleckten Feldern in 1 a, 1 b, 1 c und 2 einerseits und in 4—7 anderseits vereinigt. Der Saum beider Flügel oben beim ♂ ungefleckt, beim ♀ mit rothgelben Saumflecken. Die Mittelbinde der Hinterflügeloberseite fast ganz hellgelb oder vorne in 5—7 rothgelb oder ganz rothgelb.

                                            N:o 66.

   B. Die Mittelzelle der Vorderflügeloberseite ganz schwarz oder wenigstens in ihrer *vorderen* Längenhälfte bis zur Wurzel schwarz.

     α. Die Rippen 3 und 4 der Hinterflügel so weit wie gewöhnlich getrennt; UDC mässig lang und nicht sehr schief gestellt. Die Diskalpunkte 4—6 der Hinterflügelunterseite oft anwesend und in normaler Stellung. Die Hinterflügel oben an der Wurzel nicht oder unbedeutend schwarz. Die hellen Saumflecke der Hinterflügelunterseite kurz (Fig. 9 a).

                                           N:o 67, 68.

β. Die Rippen 3 und 4 der Hinterflügel aus einem Punkte oder nur sehr kurz getrennt; UDC der Hinterflügel sehr lang und schief gestellt. Die Diskalpunkte 4—6 der Hinterflügel fehlen. Die Hinterflügelwurzel oben gewöhnlich wenigstens bis zur Rippe 2 schwarz. Die hellen Saumflecke der Hinterflügelunterseite oft nach innen in eine Spitze ausgezogen (Fig. 8 f, g; 9 b).

*. Die hellen Saumflecke der Hinterflügelunterseite dreieckig oder abgerundet, höchstens doppelt so lang wie am Saume breit, ihre Spitze nach innen bisweilen in einen rothbraunen Strich verlängert. (Vergl. Fig. 8 f, g.) Die Vorderflügel oben schwarz mit einer hellen Subapicalbinde und einem grossen Hinterrandsfleck, welcher mit der hellen Mittelbinde der Hinterflügel zusammenhängt. Die ♀♀ oben mit hellen Saumflecken der Hinterflügel.[1]

    1. Die Hinterflügel unten an der Wurzel höchstens mit 12—14 schwarzen Punkten, die mehr oder weniger zusammengeflossen oder durch rothbraune Striche vereinigt sind.

    +. Die Hinterflügel unten an der Wurzel ohne rothe Striche. Die Flügel oben mit gelbrothen Zeichnungen.

        a. Der grosse Hinterrandsfleck der Vorderflügeloberseite setzt sich auf beiden Seiten der Mediana fast bis zur Wurzel fort.   N:o 73.

        b. Der grosse Hinterrandsfleck der Vorderflügeloberseite ist nach innen fast gerade abgeschnitten und besteht aus 5 Abtheilungen (in 1 a, 1 b, 2, 3 und in der Spitze der Mittelzelle.)   N:o 74.

    ++. Die Hinterflügel unten wenigstens in der Mittelzelle und im Felde 7 mit einem rothen Striche oder Flecke zwischen den schwarzen Punkten.

        §. Der innerste Theil des Feldes 2 der Vorderflügeloberseite mehr oder weniger breit schwarz.

            1. Die Vorderflügeloberseite mit einem hellen (rothen oder gelblichen), gewöhnlich von der Wurzel ausgehenden Längsstreife längs dem Hinterrande der Mittelzelle; selten ist nur die Mediana roth.

                a. Der Längsstreif der Vorderflügel schmal und an seiner Spitze nicht oder kaum mit dem grossen Hinterrandsflecke verbunden.   N:o 69, 70, 71.

                b. Der Längsstreif der Vorderflügel an seiner Spitze mit dem Hinterrandsflecke breit verbunden.   N:o 72.

            2. Die Vorderflügeloberseite ohne hellen Längsstreif längs der Mediana; der hellgelbe Hinterrandsfleck der Vorderflügel nach innen fast gerade abgeschnitten.

                                N:o 78 var. *Karschi*.

        §§. Der innerste Theil des Feldes 2 der Vorderflügeloberseite vollständig von dem hellen Hinterrandsflecke bedeckt.

            1. Der grosse helle Fleck im Felde 1 b der Vorderflügel ist rektangulär und an der Rippe 1 ebenso breit wie an der Rippe 2. Der Hinterrandsfleck der Vorderflügel nach innen fast gerade abgeschnitten und nicht an der Mediana wurzelwärts verlängert.

                a. Alle Zeichnungen der Oberseite gelbroth.   N:o 75.

                b. Alle Zeichnungen der Oberseite hell, schwefelgelb.   N:o 78.

            2. Der grosse helle Fleck im Felde 1 b der Vorderflügel ist in seiner inneren und oberen Ecke mehr oder weniger verlängert und auf der Innenseite schief abgeschnitten, so dass er an der Rippe 1 viel schmäler als an der Rippe 2 ist. Der Hinterrandsfleck der Vorderflügel setzt sich längs der Mediana mehr oder weniger wurzelwärts fort.

---

[1] Die zu dieser Abtheilung gezählten Arten sind sehr veränderlich und müssen genau studiert werden, bevor man mit denselben auf's Reine kommen kann. Die hier gegebene Uebersicht ist nur als vorläufig zu betrachten; ich bin selbst mit derselben nicht befriedigt, kann aber jetzt keine bessere liefern.

a. Die Mittelbinde der Hinterflügel und der Hinterrandsfleck der Vorderflügel (bisweilen auch die Subapicalbinde der Vorderflügel) oben röthlich.

N:o 76.

b. Alle Zeichnungen der Oberseite schwefelgelb—weissgelb. N:o 77.

††. Die Hinterflügel unten an der Wurzel mit 17—18 abgerundeten, getrennten, schwarzen Punkten auf gelblichem Grunde und ohne rothe Striche oder Flecke, am Saume wie in Fig. 8 g.

N:o 79.

**. Die hellen Saumflecke der Hinterflügelunterseite strichförmig, 4—5-mal so lang wie am Saume breit. (Vergl. Fig. 9 b.) N:o 80.

°60. **A. mirabilis**[1] Butler, Proc. Zool. Soc., 1885, p. 760, t. 47, f. 1 (1886) und in: James, Unknown Horn of Africa, p. 236, tab. fig. 1 (1888). Mus. Brit.
Brit. Ost-Afrika[142] — Somali.

61. **A. rahira** Boisd., Faune Madag. p. 33, t. 5, f. 4, 5 (1833). Coll. Oberth.; Voy. Deleg., 2, p. 590 (1847). — Wallengr., Rhop. Caffr. p. 21 (1857). — Trimen, Rhop. Afr. Austr., p. 103 (1862). — Mab., Hist. Mad. Lep., 1, p. 116, t. 11, f. 9, 10 (1885—87). — Trimen, S. Afr. Butt., 1, p. 166 (1887); Proc. Z. Soc. 1891, p. 73 (1891).
Angola[7] — Ovambo — Damara — Kap Kolonie — Kaffernland — Natal — Transvaal — Matabeleland — Mashuna[141] — Manicaland. — Quilimane[55]. (?) Madagaskar.

62. **A. zitja** Boisd., Faune Mad., p. 32, t. 4, f. 4, 5 (1833). Coll. Oberth. — Guenée., Vinson Voy. Mad. Annexe F., p. 35 (1864). — Mab. Hist. Mad. Lep., 1, p. 108, t. 11, f. 1, 2 (1885—87). — Costis alar. post. infra albo-marginatis. Femina fulva.

ab. **radiata** Guenée, Vins. Voy. Mad. Annexe F., p. 35, note 8 (1864). — Mab., Hist. Mad. Lep., 1, p. 109, t. 11. f. 5, 6 (1885—87). — Costis alar. post. infra latius albomarginatis.

ab. ♀ **calida** Butler, An. N. H. (5) 2, p. 288 (1878). Mus. Brit. — Mab., Hist. Mad. Lep., 1, p. 109 (1887).

ab. **rakeli**[2] Boisd., Faun. Mad. p. 32, t. 5, f. 1, 2 (1833). Coll. Oberth. — Costis alar. post. infra haud albomarginatis. Femina sordide ochracea.
zitja ♀ Mab. Hist. Mad. Lep., 1, p. 108, t. 11, f. 3, 4 (1885—87).

ab. ♀ **fumida** Mab., An. E. Belg. 23 Bull., p. 106 (1880); Hist. Mad. Lep., 1, p. 109, t. 9ª, f. 9 (1885—87).
Madagaskar.

63. **A. fornax** Butler, An. N. H. (5) 4, p. 230 (1879). Mus. Brit. — Mab., Hist. Mad. Lep., 1, p. 106, t. 9ª, f. 10, 10 a (1885—87).
Smithi Mab., An. E. Fr. (5) 9, p. 341 (1879). Coll. Gr. Smith.
Madagaskar.

---

[1] Ich habe leider versäumt, diese Art in British Museum genau zu untersuchen und konnte sie darum in die Uebersicht nicht einführen. Nach der Abbildung gehört sie jedoch wahrscheinlich zu dieser Untergruppe.

[2] Von A. zitja kommen Weibchen vor, die ganz wie die Mannchen gefärbt sind; rakeli Boisd. muss darum als eine besondere Form betrachtet werden.

64. **A. terpsichore** L., Syst. Nat., edit. 10, p. 466 (1758); Mus. Lud. Ulr., p. 222 (1764).
— Butler, Proc. Zool. Soc. 1893, p. 655 (1894).
serena Fabr., Syst. Ent. p. 461 (1775). Mus. Havniæ. — Herbst, Naturs. Schm.,
5, p. 19, t. 82, f. 8, 9 ♀ (non ♂) (1792). — God., Enc. Meth. 9, p. 232 ♀ (non ♂)
(1819). — Oberth., An. Mus. Genov. 15, p. 157, 184 (1879). — Snellen, Tijdschr.
v. Ent. 25, p. 216 (1882). — Staud., Exot. Schm., I, p. 83 (1885). — Karsch.,
B. E. Z. 38, p. 195 (1893). — Butler, Proc. Zool. Soc. 1896, p. 115 (1896). —
Fascia nigra transversa alar. ant. completa; alis ant. infra serie marginali macularum pallidarum.
eponina Cramer, Pap. Exot. 3, p. 138, т. 268, f. C, D (non A, B) (1780).
liberia Butler, Trans. Ent. Soc. Lond. 1870, p. 525 (1870).
manjaca Snellen, Tijdschr. v. Ent. 15, p. 11 (1872).
ab. ♀ **janisca** God. Enc. Meth. 9. p. 233 (1819). — alis plus minus infuscatis.
Senegal — Sierra Leona — Liberia — Togo — Old Calabar — Kamerun —
Gabun. Congo (Uebergänge zu *Rougeti*). I. do Principe[92].
var. et ab. **Rougeti** Guérin, Voy. Abyss. 6, p. 368, t. 10, f. 6, 7 (1849). —
Fascia transv. nigra alar. ant. sæpe interrupta; alis anticis infra ad marginem tenue
nigrostriatis, haud maculatis.
manjaca Wallengr., Rhop. Caffr. p. 22 (1857). Mus. Holmiæ.
serena Trimen, Rhop. Afr. Austr. p. 107 (1862). — Hopff., Peters Reise Ins. p.
377 (1862). — Staud., Exot. Schm. 1, t. 33 (1885).
Buxtoni Butler, An. N. H. (4) 16, p. 395 (1875). Mus. Brit. — Trimen, S. Afr.
Butt. 1, p. 170 (1887); Proc. Zool. Soc. 1891, p. 74.
perrupta Butler, An. N. H. (5) 12. p. 102 (1883); Proc. Z. Soc. 1898, p. 400
(1898). Mus. Brit.
Metam.: Trimen, S. Afr. Butt. 1, p. 172 (1877).
Angola — Süd-Afrika — Ost-Afrika — Abyssinien.
var. **manjaca** Boisd., Faun. Mad. p. 33, t. 4, f. 6, t. 5, f. 6, 7 (1833). Coll. Oberth.
— ♂ a v. *Rougeti* vix distinguendus; ♀ albida.
serena Mab., Hist. Mad. Lep. 1, p. 111, t. 11, f. 7, 8 (1885—87).
Madagaskar — Comoren[89].
ab. **melas** Oberth., Etud. d'Ent. 17, p. 24, t. 1, f. 13 (1893). Coll. Oberth.
?

65. **A. ventura** Hew., Ent. M. Mag. 14, p. 51 (1887). Mus. Brit. Butler, Proc. Z.
Soc. 1893, p. 655 (1894).
Nyassa Land. Brit. Ost-Afrika[22].

66. **A. excelsior** Em. Sharpe, Proc. Z. Soc. 1891, p. 192, t. 17, f. 3 (1891). Coll. Jackson. — Karsch, Ent. Nachr. 23, p. 371 (1897).
Nyassa Land[56] — Deutsch Ost-Afrika[154] — Brit. Ost-Afrika.

67. **A. acerata** Hew., An. N. H. (4) 13, p. 381 (Mai 1874); Exot. Butt. Acræa, t. 7,
f. 14 (1875). Mus. Brit. — Butler, Proc. Z. Soc. 1895, p. 730 (1896).
Ashanti.

68. **A. vinidia** HEW., Ent. M. Mag. 11, p. 130 (Nov. 1874); Exot. Butt. Acraea. t. 7,
f. 45, 46 (1875). Mus. Brit. — STAUD., Exot. Schm. 1, p. 84 (1885). — KARSCH,
B. E. Z. 38, p. 195 (1893). — Forma fulva; praecedentis var?
Metam.: AURIV., Ent. Tidskr. 14. p. 277, t. 4, f. 3, 3 a, 3 b (1893).
Togo[84] — Niger[74] — Old Calabar — Kamerun — Gabun — Congogebiet: Bangala[47]. Abunonbasi, Popokabaka — Angola — Mero See[26]. Uganda[119]. Aeqva-
toria[4].

var. **tenella** ROGENH., Ann. Mus. Wien, 6, p. 457, t. 15, f. 1 (1891). Mus. Vindob.—
BUTLER, Proc. Z. Soc. 1896, p. 114 (1896). — Forma pallidior, straminea.
Abbotti HOLLAND, Entomol. 25, Supplem., p. 89 (1892); Proc. U. S. Nat. Mus. 18,
p. 233, t. 7, f. 1 (1895).
Nyassaland — Deutsch Ost-Afrika — Taveta.

69. **A. sotikensis** EM. SHARPE, Proc. Z. Soc. 1891, p. 634, t. 48, f. 1 (1892). Coll. Jackson. — OBERTH., Etud. d'Ent. 17, p. 23 (1893).
Ruwenzoro — Sotik (in Kavirondo). Usagara [1] (Coll. Staud.).

70. **A. præponina** STAUD., Iris, 9, p. 202 (1896). Coll. Staud.
Kuilu — Congogebiet.

71. **A. supponina** STAUD., Iris, 9, p. 201 (1896). Coll. Staud. — ? ♂ praecedentis.
Congogebiet.

72. **A. bonasia** FABR., Syst. Ent. p. 461 (1775). Mus. Brit. — TRIMEN. S. Afr. Butt. 1,
p. 174 note (1887). — AURIV., Ent. Tidskr., 12, p. 202 (1891). — KARSCH, B. E.
Z., 38, p. 195 (1893).
eponina ♂ CRAMER, Pap. Exot. 3, p 138. t. 268, f. A, B (1780). — STAUD., Exot.
Schmett. 1, p. 84 (1885): ♀ Iris, 9, p. 202 (1896).
serena HERBST. Naturs. Schmett. 4, t. 82, f. 6, 7 ♂ (non ♀) (1890). — ♂ GOD.,
Enc. Meth. 9, p. 232 (non ♀) (1819).
Metam.: AURIV., Ent. Tidskr. 11, p. 277, t. 5, f. 1 (1893).
ab. ♀ **cynthius** DRURY, Ill. Exot. Ins. 3, p. 52, t. 37, f. 5, 6 (1782). Mus. Brit. ? —
BUTLER, An. N. H. (6) 16, p. 271 (1895). — Forma pallide signata.
cynthia HERBST., Naturs. Schm., 4, p. 198 t. 80, f. 1, 2 (1790). — GOD., Enc.
Meth., 9, p. 234 (1819).
eponina ♀ var. STAUD., Iris., 9, p. 202 (1896).
Sierra Leona — Liberia[73] — Ashanti — Togo — Old Calabar — Kamerun —
Gabun — Congo-staat (bis zu den grossen Seen[15, 16, 47]). Ruwenzoro — Uganda[119] —
Aequatoria[4] — Abyssinien[3].

73. **A. alicia** EM. SHARPE, An. N. H. (6) 5, p. 442 (1890). Coll. Jackson.
♀ *cappadox* OBERTH., Etud. d'Ent. 17, p. 23, t. 1, f. 2 (1893). Coll. Oberth.

---

[1] Wohl = Ankole am Albert Edward See und nicht Usagara an der Zanzibarküste.

♂ *planesium* OBERTH., l. c. p. 24, t. 1, f. 11 (1893). Coll. Oberth.
Deutsch Ost-Afrika — Brit. Ost-Afrika. Ruwenzori[119]. Kamerun: Barombi (Coll. Staud.)

74. **A. uvui** SMITH, An. N. H. (6) 5, p. 168 (1890). Coll. Gr. Smith.
minima[1] HOLLAND, Entomol., 25, Suppl., p. 89 (1892); An. N. H. (6) 12, p. 249 (1893); Proc. U. S. Nat. Mus., 18, p. 232 (1895). Mus. Washingt.
Dar-es-Salaam — Mombasa — Tana Fluss[123]. Ruwenzoro.

75. **A. balina** KARSCH, Ent. Nachr., 18, p. 170 (1892). Mus. Berol. — Fig. 11.
Baliburg im Hinterlande von Kamerun.

76. **A. apecida** OBERTH., Etud. d'Ent., 17, p. 23, t. 2, f. 15 (1893). Coll. Oberth. —
STAUD., Iris, 9, p. 206 (1896). — Sequentis forma rufescens?
cabira var. A. TRIMEN, S. Afr. Butt., 1, p. 174 (1887). — ROGENH. in: Baumann Usambara, p. 326 (1891).
Zambezi[24] — Nyassaland[120] — Deutsch Ost-Afrika: Usambara.

77. **A. cabira** HOPFF., Monatsb. Akad. Wiss. Berlin 1855, p. 640 (1855); Peters Reise Ins. p. 378, t. 23, f. 14, 15 (1862). Mus. Berol. — STAUD., Iris, 9, p. 205 (1896).
flavomaculata(us) LANZ., Iris, 9, p. 130 (1896). Coll. Lanz.
Inhambane — Nyassaland — Deutsch Ost-Afrika — Brit. Ost-Afrika[21]. Mukenge[44] (die Var.?)
var. et ab. **natalensis** STAUD., Iris, 9, p. 206 (1896). Coll. Staud.
cabira WALLENGR., Rhop. Caffr. p. 21 (1857). — STAUD., Exot. Schm., 1, p. 84, t. 33 (1885). — TRIMEN, S. Afr. Butt. 1, p. 173 (1887).
cynthia TRIMEN, Rhop. Afr. Austr. p. 108 (1862) parte.
Metana: GOOCH, Entomol. 14, p. 1 (1881). — TRIMEN, S. Afr. Butt. 1, p. 174 (1887).
Natal — Delagoa Bay - Manicaland[77].

Fig. 11. *A. balina* KARSCH.　　Fig. 12. *A. viviana* STAUD.　　Fig. 13. *A. viviana* var. *Karschi* AURIV.

78. **A. viviana** STAUD., Iris, 9, p. 204 (1896). Coll. Staud. — area 2 alar. ant. basi flava; fascia alar. post. 8 mm. lata. — Fig. 12.
Congogebiet: Vivi, Zongo, Mokoange, Bangasso, Sassa.

var. **Karschi** n. var. — parte basali areae 2ᵃ alar. ant. nigra; fascia alar. post. 5—6 mm. lata. — Mus. Berol. — Fig. 13.
Kamerun: Baliburg.

---

[1] HOLLAND giebt selbst an, dass *minima* = *planesium* OBERTH. sei. Die Beschreibung beweist jedoch, dass dies unmöglich richtig sein kann und dass *minima* dagegen mit *uvui* zusammenfällt.

79. **A. Oberthüri** Butler, An. N. H. (6) 16, p. 271 (1895).
  bonasia Staud, Exot. Schm., 1, p. 84 (1885); non Fabr.
  cynthias? Obertu., Etud. d'Ent., 17, p. 27, t. 1, f. 5 (1893).
  Old Calabar — Kamerun — Gabun — Congogebiet: Bangala[47] — Angola[7]. Aequatoria[4].

80. **A. Althoffi** Dewitz, Ent. Nachr., 15, p. 102, t. 1, f. 5 (1889). Mus. Berol.
  Mukenge.
  var. **rubrofasciata** Auriv., Ent. Tidskr., 16, p. 111 (1895). Mus. Brux.
  Bangala (am oberen Congo). Niam-Niam (Coll. Staud.)

Gruppe 3.

Uebersicht der Arten.

I. Die Vorderflügel wenigstens in 1 b und 2 mit den gewöhnlichen, schwarzen Wurzel- und Diskalpunkten (vergl. p. 80—81).
  A. Die Hinterflügel wenigstens in 1 c—3, die Vorderflügel in 1 b und 2 mit grossen Submarginalpunkten. Die Diskalflecke 1 b—3 der Vorderflügel in einer geraden Linie.   N:o 81.
  B. Beide Flügel ohne Submarginalpunkte. Der Diskalpunkt 1 b der Vorderflügel steht schief nach aussen hinter dem Diskalpunkt 2.
    α. Der Diskalpunkt 4 der Hinterflügel steht näher an der Wurzel als die Diskalpunkte 3 und 5.
                                                                        N:o 82, 83.
    β. Der Diskalpunkt 4 der Hinterflügel steht etwas näher am Saume als die übrigen und bildet mit den Diskalpunkten 2, 3, 5 und 6 einen fast regelmässigen Bogen.   N:o 84.
II. Die Vorderflügel ganz ohne die für die vorhergehenden Arten so charakteristischen, schwarzen Wurzel- und Diskalpunkte, nur bei den ♀♀ von *A. aleiope* sind die Diskalpunkte 1 b—3 mehr oder weniger gut entwickelt; diese Art ist indessen durch eine zackige, helle Mittelbinde der Vorderflügel von allen vorhergehenden Arten ausgezeichnet.
  A. Die Vorderflügel niemals so wie in B (siehe unten) gezeichnet.
    α. Die Mittelzelle der Hinterflügel, wie gewöhnlich, mit zwei grossen, schwarzen Wurzelpunkten. Die Diskalpunkte der Hinterflügel gewöhnlich gut entwickelt und normal angeordnet; die der Felder 3—7 fehlen jedoch bisweilen.
      *. Die Felder 5—7 der Hinterflügel immer ohne schwarze Punkte, gewöhnlich durchsichtig. Grosse Arten, 65—80 mm., mit langgestreckten Flügeln; ihre Vorderflügel mehr oder weniger glashell mit zwei dunklen Querbinden, einer vom Hinterwinkel gegen die Mitte des Vorderrandes und der anderen hinter der Spitze der Mittelzelle, und mit dunklerem Saume.
        §. Die Hinterflügel längs dem Vorder- und Aussenrande bis zur Rippe 3 breit glashell oder am Saume rauchig.
          1. Die dunklen Querzeichnungen der Vorderflügel mässig breit und nicht scharf hervortretend. Die Vorderflügel längs der Mediana nicht schwarz.
            a. Die Innenrandshälfte der Hinterflügel gelblich weiss hellgelb.   N:o 85.
            b. Die Innenrandshälfte der Hinterflügel ziegelroth.   N:o 86.
          2. Die dunklen Querzeichnungen der Vorderflügel sehr breit und scharf hervortretend. Die Vorderflügel längs der Mediana breit schwärzlich. Die Innenrandshälfte der Hinterflügel hell gelblich.   N:o 87.
        §§. Die Hinterflügel auf beiden Seiten oekergelblich—gelbbraun, oben mit breiter, dunkler Saumbinde.   N:o 88.

**. Das Feld 7 der Hinterflügel immer mit zwei schwarzen Punkten, nie ganz glashell.

    a. Die Hinterflügel oben (von der Wurzel bis zur dunklen Saumbinde) roth gelbroth rothgelb —ockergelb oder mit solcher Querbinde über die Mitte.

        †. Die Diskalpunkte der Hinterflügel sind gut entwickelt und gewöhnlich vollständig vorhanden, nur die der Felder 4 und 5 sind bisweilen klein oder fehlen. Die Hinterflügel oben an der Wurzel nicht oder kaum verdunkelt.

            ‡. Der äussere Theil der Vorderflügel wenigstens hinter dem Ende der Mittelzelle glasklar oder durchsichtig mit dunklen Rippen und dunklen Rändern.

                +. Die Mittelzelle der Vorderflügel ganz durchsichtig oder nur mit einem gelbrothen Fleck in der Mitte.   N:o 90.

                ++. Die Mittelzelle der Vorderflügel wenigstens bis zur Mitte beschuppt, roth—gelb.

                    o. Die Hinterflügel oben mit breiter, zusammenhängender, schwarzer Saumbinde.

                        1. Die Mittelzelle der Vorderflügel bis zur Spitze beschuppt.   N:o 91, 92.

                        2. Die Mittelzelle der Vorderflügel am Ende glashell.   N:o 93.

                    oo. Die Hinterflügel oben nur mit dreieckigen schwarzen Flecken an den Rippenenden. Die Mittelzelle der Vorderflügel bis oder fast bis zur Spitze beschuppt.   N:o 94.

            ‡‡. Der äussere Theil der Vorderflügel schwarz mit einer dreitheiligen hellen Subapicalbinde.

                1. Die Subapicalbinde der Vorderflügel weiss. Die Vorderflügel oben in der Mittelzelle und im grössten Theil der Felder 1 b und 2 roth ohne schwarze Flecke.   N:o 95.

                2. Die Subapicalbinde der Vorderflügel oben roth, unten gelblich. Die rothe Farbe des Feldes 1 b der Vorderflügeloberseite in der Mitte durch einen grossen schwarzen Fleck getheilt und mit einem schwarzen Längsstrich an der Wurzel. (Vergl. auch unten Abtheilung ††. ‡. 1.)   N:o 96.

    ††. Die Diskalpunkte der Hinterflügel unvollständig entwickelt und der Wurzel genähert, die der Felder 3 und 4 fehlen wenigstens auf der Oberseite immer; bei *peneleos* sind diese Punkte am besten entwickelt und bisweilen alle da. Die Hinterflügel oben an der Wurzel mehr oder weniger breit verdunkelt, schwärzlich.

        ‡. Der Apicaltheil der Vorderflügel vollständig beschuppt, schwarz, in den Feldern 3—6 mit rothen Flecken oder ohne Flecke.

            1. Der rothe Streif im Felde 1 b der Vorderflügel in der Mitte von einem grossen, schwarzen Fleck getheilt. Die schwarzen Saumstriche der Hinterflügelunterseite kurz und nach innen durch eine schwarze Submarginalbinde verbunden, wodurch in jedem Felde zwei kleine, helle Saumflecke der Grundfarbe getrennt werden.   N:o 96.

            2. Der rothe Streif im Felde 1 b der Vorderflügel ungetheilt. Die Saumstriche der Hinterflügelunterseite länger und getrennt.   N:o 97.

        ‡‡. Der Apicaltheil der Vorderflügel zum Theile durchsichtig oder in den Feldern 4—6 mit glashellen, weisslichen oder hellgelblichen Subapicalflecken.

            §. Die Vorderflügel in der Mittelzelle und im Wurzeltheil der Felder 1 b—6 rauchig, halb durchscheinend; ihre Subapicalflecke der Felder 4—6 fast glashell, nach innen ohne scharfe Grenze in die Grundfarbe übergehend und die Spitze der Mittelzelle erreichend.

                o. Die Hinterflügel unten am Saume nicht verdunkelt, die Rippen und die Zwischenaderfalten nur schmal schwarz. Die Mediana der Vorderflügelunterseite beim ♂ gelb gesäumt.   N:o 98, 99.

                oo. Die Hinterflügel unten am Saume mit einer nach innen scharf begrenzten, bräunlichen Saumbinde, in der die schwarzen Striche der Rippen und der Falten stehen.   N:o 100.

ooo. Die Hinterflügel unten zwar ohne dunkle Saumbinde, die schwarze Einfassung der Rippen aber gegen den Saum kolbig verdickt, bisweilen so stark, dass die Rippen und die Zwischenaderstriche einander fast berühren. N:o 100 var. *peloperia*.

§§. Die Vorderflügel dicht beschuppt, tief schwarzbraun, in den Feldern 4—6 mit drei weissen oder glashellen, auf beiden Seiten scharf begrenzten Subapicalflecken, welche die Spitze der Mittelzelle nicht erreichen.

o. Die Vorderflügel im Felde 2 mit einem gerundeten, weissen oder durchsichtigen Wurzelfleck.

1. Die rothgelbe Mittelbinde der Hinterflügeloberseite nur 3—4 Mill. breit.

a. Die Vorderflügel mit einem gerundeten, gelblichen, durchsichtigen Flecke in 1 b. N:o 101.

b. Die Vorderflügel ohne Fleck in 1 b. N:o 102.

2. Die rothgelbe Mittelbinde der Hinterflügeloberseite 8 Mill. breit. Die Vorderflügel in 1 b mit einem kleinen, weisslichen Striche. N:o 103.

oo. Die Vorderflügel mit zwei gerundeten, scharf begrenzten, hell ockergelben, dicht beschuppten Flecken in 1 b und 2. Die Mittelbinde der Hinterflügel sehr schmal, fast in Flecke aufgelöst. N:o 104.

b. Die Hinterflügel mit schwefelgelber—weissgelber Mittelbinde. Die Vorderflügel glashell mit schwarzen Rändern und Rippen oder schwarz mit glashellen oder weisslichen Flecken.

†. Die Hinterflügel mit 4, zu einer Querbinde vereinigten Glasflecken in den Feldern 4—7. N:o 105.

††. Die Hinterflügel ohne Glasflecke. N:o 106.

β. Die Mittelzelle der Hinterflügel ohne Wurzelpunkte oder gewöhnlich nur mit einem freien, schwarzen Wurzelpunkte. Die Diskalpunkte der Hinterflügel fehlen gewöhnlich gänzlich oder sind nur in den Feldern 1 b, 1 c und 7 vorhanden. Die Vorderflügel sind dunkel, schwärzlich oder selten rothgelb überflogen und haben zwei Querreihen von grossen, hellen, eckigen Flecken, eine schief über die Mitte aus 2—4, die andere vor der Spitze aus 3—5 Flecken.

*. Die Vorderflügel mit einem hellen (schwefelgelben) Flecke in der Mittelzelle. Die Hinterflügel oben schwarz mit grossem schwefelgelbem Felde.

a. Die innere Fleckenquerreihe der Vorderflügel besteht ausserdem nur aus einem Flecke im Felde 2. Die Hinterflügel unten gelblich. N:o 107.

b. Die innere Fleckenquerreihe der Vorderflügel besteht ausserdem aus zwei Flecken, je einem in 1 b und 2. Die Hinterflügel unten dunkel rothbraun; ihr gelbes Feld vom Innenrande breit getrennt. N:o 108.

**. Die Vorderflügel ohne helle Flecke in der Mittelzelle. Die innere Fleckenquerreihe der Vorderflügel besteht demnach nur aus zwei Flecken, in 1 b und 2. Die Hinterflügel einfarbig oder gewöhnlich mit einer breiten, hellen Querbinde, welche den Innenrand erreicht.

a. Die Vorderflügelflecke 1 b und 2 sind getrennt und gerundet oder quadratisch. N:o 109—110.

b. Die Vorderflügelflecke 1 b und 2 sind gross, in die Länge ausgezogen und berühren einander gewöhnlich längs der Rippe 2. N:o 111.

B. Die Vorderflügel schwarzbraun mit einer hellen Subapicalbinde und einem grossen, hellen Hinterrandsflecke oder mit einer hellen, gegen den Hinterrand verbreiteten Querbinde über die Mitte. [1]

a. Der Subapicalband und der Hinterrandsfleck der Vorderflügel getrennt. N:o 112, 113.

β. Der Subapicalband und der Hinterrandsfleck der Vorderflügel zu einer Querbinde vereinigt.

N:o 114. 115.

---

[1] Die Arten dieser Abtheilung sind nahe verwandt und sehr veränderlich und müssen darum in allen Gegenden Afrikas genau studiert werden, bevor man etwas sicheres über sie sagen kann.

81. **A. Rogersi** HEW. Ent. M. Mag. 10, p. 57 (1873). Mus. Brit. — Disco alar. post. et
area anali anticarum rufis.
Ehmckei DEWITZ, Ent. Nachr. 15, p. 103, t. 1, f. 6—8 (1889). Mus. Berol.
Kamerun: Baliburg — Congogebiet: Quango, Mukenge — Angola.
var. **salambo** SMITH, An. N. H. (5) 19, p. 62 (1887), Coll. Gr. Smith. — SMITH &
KIRBY, Rhop. Exot. 10, Aeræa, p. 5, t. 2, f. 3, 4 (1889). — KARSCH, B. E. Z. 38,
p. 194 (1893). — Alis brunneo-fuscis.
Sierra Leona.[51] Kamerun: Victoria, Barombi — Congogebiet: Popokabaka, Abumonbasi.

82. **A. pharsalus** WARD., Ent. M. Mag. 8, p. 81 (1871); Afr. Lep., p. 8, t. 6, f. 7, 8
(1873). Coll. Oberth. — DEWITZ, Nov. Acta Ac. Nat. Cur. 11: 2, N:o 2, p. 5, (177)
(1879). — MAB., Hist. Mad. Lep. 1, p. 100, t. 12, f. 3, 4 (1885—7). — KARSCH,
B. E. Z. 38, p. 195 (1893).
Metam.: AURIV., Ent. Tidskr. 14, p. 275, t. 4, f. 1a, 1b, 1c, 1d (1893).
Senegal. Togo — Kamerun — Gabun — Chinchoxo — Mukenge.[44] Uganda.[21,119]
? Madagaskar.[107]
var. **pharsaloides** HOLLAND, Entomolog. 25, Suppl., p. 89 (1892); Proc. U. S. Nat.
Mus. 18, p. 232, t. 7, f. 3 (1895); p. 747 (1896). — color rufus alar. ant. multo
magis extensus.
Nyassaland (Coll. Staud.) — Deutsch Ost-Afrika: Usambara, Kilimanjaro.

83. **A. Vuilloti** MAB., An. E. Fr. (6) 8 Bull., p. 170 (1888), Coll. Mab. — MAB. & VUILL.,
Nov. Lep. 2, p. 10, t. 2, f. 1 (1890). — Præcedentis aberr.?
Deutsch Ost-Afrika: Kikoka.

84. **A. encedon**[1] L., Syst. Nat. ed. 10, p. 188 (1758); Mus. Lud. Ulr., p. 244 (1761).
— AURIV., Sv. Vet. Akad. Handl. 19: 5, p. 56 (1882). — TRIMEN, S. Afr. Butt. 3,
p. 163 (1889).
encedonia L., Syst. Nat. ed. 12, p. 762 (1767).
Sganzini BOISD., Voy. Deleg. 2, p. 590 (1847), Coll. Oberth. — GUÉRIN, Lefeb.
Voy. Abyss., p. 375, t. 10, f. 4, 5 (1849).

---

[1] Die vielen, sehr verschiedenen Formen dieser Art zeigen hinsichtlich ihrer Färbung eine wunderbare
Uebereinstimmung mit den Varietäten von *Danaida chrysippus* und *Diadema Misippus* ♀. Sie sind durch
Zwischenformen verbunden, können aber gewöhnlich auf folgende Weise auseinandergehalten werden.
A. Die Spitzenhälfte der Vorderflügeloberseite viel dunkler als die Wurzelhälfte, schwärzlich mit weisser Querbinde.
   α. Die Hinterflügel und die Wurzelhälfte der Vorderflügel oben rothbraun—gelbbraun.   *encedon.*
   β. Die Hinterflügel und die Wurzelhälfte der Vorderflügel oben rauchbraun.   *infuscata.*
   γ. Die Hinterflügel zum grössten Theil weiss, die Wurzelhälfte der Vorderflügel rothbraun—gelbbraun.
          alcippina.
   δ. Die Hinterflügel und die Wurzelhälfte der Vorderflügel hell strohgelb—lehmgelb.   *Sganzini.*
   ε. Die Hinterflügel und die Wurzelhälfte der Vorderflügel weiss.   *lycia.*
B. Die Spitzenhälfte der Vorderflügel nicht oder wenig dunkler als die Wurzelhälfte.
   α. Die Vorderflügel aschgrau, halbdurchsichtig mit weisslicher Querbinde vor der Spitze.   *uvedao.*
   β. Flügel hell braungelb; die Vorderflügel ohne Subapicalbinde oder mit einer undeutlichen, hellgelblichen
Binde.   *daira.*

fulva DOUBL. & HEW., Gen. D. Lep., p. 140, t. 19, f. 2 (1848), Mus. Brit. — STAUD., Exot. Schm. 1, p. 83 (1885).

lycia WALLENGR., Rhop. Caffr., p. 22 (1857).

lycia var. a TRIMEN, Rhop. Afr. Austr., p. 103 (1862).

Chinchoxo[65] — Congostaat — Angola — Kap Kolonie — Natal — Manicaland[77] — Nyassaland — Deutsch Ost-Afrika.[118] Abyssinien.[1] Madagaskar.

ab. **infuscata** STAUD., Exot. Schm. 1, p. 83 (1885), Coll. Staud.
Kamerun.

ab. **alcippina** n. ab. — Alis anticis utrinque ut in forma typica (*encedon*) coloratis et signatis, alis posticis albis margine antico maculisque triangularibus ante marginem exteriorem pallide fulvis, margine exteriore supra fusco. ♀. Long. alar. exporr. 60 m. m. — Entspricht völlig der Varietät *alcippus* von *Danaida chrysippus*.
Kamerun (Mus. Holmiae).

ab. **Sganzini** BOISD., Faune Madag., p. 31, t. 6, f. 6, 7 (1833), Coll. Oberth. — STAUD., Exot. Schm. 1, p. 83 (1885).

lycia MAB., Hist. Mad. Lep. 1, p. 113, t. 11, f. 11, 12 (1885—7). — TRIMEN, S. Afr. Butt. 1, p. 164 (1887).

Madagaskar. Süd-Afrika. Brit. Ost-Afrika[140].

ab. et var. **lycia** FABR., Syst. Ent., p. 461 (1775), Mus. Brit. — GOD., Enc. Meth. 9, p. 239 (1819). — STAUD., Exot. Schm. 1, p. 83 (1885).

Braunei STAUD., Exot. Schm. 1, t. 33 (1885), Coll. Staud.

Sierra Leona — Liberia — Ashanti — Togo — Kamerun — Gabun — Congo.

ab. **necoda** HEW., Exot. Butt. Acraea, t. 2, f. 9 (1861), Mus. Brit.
Abyssinien.

ab. **daira** GODM. & SALV., Proc. Zool. Soc. 1884, p. 221, t. 17, f. 3 (1884), Mus. Brit. — BUTLER, Proc. Z. Soc. 1896, p. 115 (1896).

encedon aberr.? ♀ TRIMEN, S. Afr. Butt. 1, p. 165 (1887).

lycia var. BUTLER, Proc. Z. Soc. 1888, p. 66 (1888).

Usagarae VUILLOT, An. E. Fr. 60 Bull., p. 78 (1891), Coll. Vuill.

caecilia BUTLER, Proc. Z. Soc. 1894, p. 566 (1894).

encedon LANZ, Iris 9, p. 131 (1896).

Niger. Zambezi. Deutsch Ost-Afrika: Parumbira,[118] N'Guru, Kilimanjaro — Brit. Ost-Afrika[146].

85. **A. pentapolis** WARD., Ent. M. Mag. 8, p. 60 (1871); Afr. Lep., p. 7, t. 6, f. 2 (1873), Coll. Oberth.

Sierra Leona[81] — Ashanti — Togo — Kamerun.

86. **A. thelestis** OBERTH., Etud. d'Ent. 17, p. 17, t. 3, f. 33 (1893), Coll. Oberth. — Praecedentis var.?

Yaunde — Gabun — Congo — Niam-Niam. Uganda: Sesse.

87. **A. epidica** OBERTH., Etud. d'Ent. 17, p. 18, t. 3, f. 27 (1893), Coll. Oberth.

Pangani (Deutsch Ost-Afrika).

88. **A. vesperalis** SMITH, Proc. Z. Soc. 1890, p. 466 (1890), Coll. Gr. Smith. — SMITH & KIRBY, Rhop. Exot. 19, Acraea, p. 7, t. 3, f. 1, 2 (1892).
Congogebiet: Zongo, Mokoange; zwischen Yambuya und Albert Nyanza; Kassai: Uzongoda (Mus. Holmiae).

89. **A. insularis** EM. SHARPE, Proc. Z. Soc. 1893, p. 555 (1893), Mus. Lisb. — SMITH & KIRBY, Rhop. Exot. 29, Acraea, p. 16, t. 5, f. 6, 7 (1894).
Insel St. Thomé.
Die wahre Verwandtschaft dieser Art ist mir räthselhaft: mit *A. bonasia* und Verwandten hat sie jedoch nichts zu thun.

90. **A. orestia** HEW., Ent. M. Mag. 11, p. 131 (1874); Exot. Butt. Acraea, t. 7, f. 47 (1875), Mus. Brit. — SNELLEN, Tijdschr. v. Ent. 25, p. 217 (1882). — AURIV., Ent. Tidskr. 14, p. 273 (1893).
orestina PLÖTZ, S. E. Z. 41, p. 190 (1880), Mus. Gryph.
Kamerun — Fernando Po — Congogebiet: Bangala — Loanda.?

91. **A. igola** TRIMEN, S. Afr. Butt. 3, p. 379 (1889). — SMITH & KIRBY, Rhop. Exot. 21, Acraea, p. 12, t. 4, f. 5 (1892).
cerasa SMITH & KIRBY, Rhop. Exot. 21, Acraea, t. 4, f. 2 (non f. 1) (1892).
♀ *maculicentris* SMITH & KIRBY, Rhop. Exot. 29, Acraea. p. 16, t. 5, f. 4, 5 (1894), Coll. Gr. Smith.
Zululand.

92. **A. strattipocles** OBERTH., Etud. d'Ent. 17, p. 18, t. 1, f. 9, t. 3, f. 25 (1893), Coll. Oberth.
Madagaskar.

93. **A. masamba** WARD., Ent. M. Mag. 9, p. 3 (1872); Afr. Lep., p. 10, t. 7, f. 4 (1874), Coll. Oberth. — SAALM., Lep. Mad. 1, p. 75, t. 3, f. 32 (1884). — MAB., Hist. Mad. Lep. 1, p. 103, t. 9a, f. 1, 1 a, 2 (1885—7).
Räppelli SAALM., Ber. Senck. Ges. 1877—78, p. 80 (1878), Mus. Francof.
ab **silia** MAB., Hist. Mad. Lep. 1, p. 105, t. 9a, f. 3, 4 (1885—7).
masamba WARD., Afr. Lep., p. 10, t. 7, f. 3 (1874).
ab. **Boseæ** SAALM., Ber. Senck. Ges. 1879—80, p. 259 (1880); Lep. Mad. 1, p. 76, t. 1, f. 3 (1884), Mus. Francof.
Madagaskar.

94. **A. sambavæ** WARD., Ent. M. Mag. 10. p. 59 (1873). Coll. Oberth. — MAB., Hist. Mad. Lep. 1, p. 101, t. 10, f. 7—9 (1885—7).
Madagaskar.

95. **A. Conradti** OBERTH., Etud. d'Ent. 17, p. 22, t. 1, f. 10 (1893), Coll. Oberth. Usambara (Deutsch Ost-Afrika).

96. **A. Buschbecki** DEWITZ, Ent. Nachr. 15, p. 102, t. 1, f. 2 (April 1889), Mus. Berol. *zaire* ROGENH., An. Mus. Wien 4, p. 551 (Dezemb. 1889), Mus. Vindob.
Congogebiet: Quango, Stanley-Fälle.

97. **A. orina** HEW., Ent. M. Mag. 11, p. 130 (1874); Exot. Butt. Acræa, t. 7, f. 43, 48 (1875). Mus. Brit.
♀ *oreta* HEW., Ent. M. Mag. 11, p. 131 (1874); Exot. Butt. Acræa, t. 7, f. 42 (1875), Mus. Brit.
Sierra Leona.[81] Fernando Po.
ab. **nigroapicalis** AURIV., Ent. Tidskr. 14, p. 275 (1893), Mus. Holmiæ.
Kamerun.
ab. (et var.?) **orinata** OBERTH., Etud. d'Ent. 17, p. 22, t. 2, f. 22 (1893), Coll. Oberth.
Ubangi. Congo.
?ab. melan. **derbela** HEW., Ent. M. Mag. 14, p. 51 (1877), Mus. Brit.
Nyassa.

98. **A. parrhasia** FABR., Ent. syst. 3: 1, p. 175 (1893), Mus. Brit.? — STAUD., Iris 9, p. 200 (1896).
Sierra Leona.
var. **oppidia** HEW., Ent. M. Mag. 11, p. 131 (1874); Exot. Butt. Acræa, t. 7, f. 49, 50 (1875), Mus. Brit.
peneleos AURIV., Ent. Tidskr. 14, p. 274 (1893).
parrhasia AURIV., Ent. Tidskr. 15, p. 273 (1894).
parrhoppidia STAUD., Iris 9, p. 201 (1896), Coll. Staud.
Metam.: AURIV., Ent. Tidskr. 14, p. 274, t. 4, f. 2, 2 a, 2 b (1893), als *peneleos*.
Fernando Po. Kamerun.

99. **A. leona** STAUD., Iris 9, p. 199 (1896), Coll. Staud.
Sierra Leona.

100. **A. peneleos** WARD., Ent. M. Mag. 8, p. 60 (1871); Afr. Lep., p. 7, t. 6, f. 3, 4 (1873), Coll. Oberth. — DEWITZ, Nov. Acta Ac. Nat. Cur. 41: 2, N:o 2, p. 19 (1879). — STAUD., Iris 9, p. 196 (1896).
jeneleos AURIV., Ent. Tidskr. 14, p. 273, fig. 5 (1893), Mus. Holmiæ.
Kamerun. ? Sierra Leona.[81]
var. **pelopeia** STAUD., Iris 9, p. 192 (1896), Coll. Staud. — spec. dist.?
Oberes Congogebiet: Bena Bendi (Mus. Brux.).

101. **A. penelope** STAUD., Iris 9, p. 195 (1896), Coll. Staud.
Kuilu — Congogebiet: Bena Bendi (Mus. Brux.).

°102. **A. Newtoni** EM. SHARPE, Proc. Z. Soc. 1893, p. 554 (1893), Mus. Lisb. — SMITH & KIRBY, Rhop. Exot. 29, Acræa, p. 17, t. 5, f. 8, 9 (1894).
St. Thomé.

103. **A. servona** GOD., Enc. Meth. 9, p. 239 (1819).
peneleos var. DEWITZ, Nov. Acta Ac. Nat. Cur. 41: 2, N:o 2, p. 19, t. 1, f. 7 (1879), Mus. Berol.
Angola.

°104. **A. safie** FELDER, Reise Novara Lep., p. 370 (1867), Mus. Francof.
Abyssinien.

ab. (var.?) **Antinorii** OBERTH., An. Mus. Genova 15, p. 157, t. 1, f. 3 (1880).
Mus. Genuæ.
Abyssinien.

105. **A. semivitrea** AURIV., Ent. Tidskr. 16, p. 111 (1895), Mus. Brux. — Taf. 1, Fig. 2.
Lualuaburg im südl. Congogebiete.
var. **pervia** EM. SHARPE, An. N. H. (6) 19, p. 581 (1897).
Uganda.

106. **A. circeis** DRURY, Ill. Exot. Ins. 3, p. 24, t. 18, f. 5, 6 (1782). — HERBST, Naturs.
Schm. 5, p. 13, t. 81, f. 6, 7 (1792).
mandane FABR., Ent. syst. 3: 1, p. 183 (1793). — GOD., Enc. Meth. 9, p. 239 (1819).
opis HERBST, Naturs. Schm. 6, t. 136, f. 1, 2 (1793).
Sierra Leona — Ashanti.[16] Uganda[21] (? *lycoides*).
var. (sp. dist.?) **lycoides** BOISD., Spec. Gen. 1, t. 11, f. 5 (1836), Coll. Oberth. —
Fascia sulphurea alar. postic. latiore; alis posticis infra ad basin flavescentibus.
circeis var. SMITH., Proc. Z. Soc. 1890, p. 466 (1890).
dejana GODM. & SALV., Hist. Relief Exped., p. 431 (1890), Mus. Brit.
Congogebiet: Quango, Popokabaka, Abumonbasi.
var. **ntebiæ** EM. SHARPE, An. N. H. (6) 19, p. 581 (1897).
Uganda.

107. **A. melanoxantha** EM. SHARPE, Proc. Z. Soc. 1891, p. 193, t. 17, f. 4 (1891), Coll.
Jackson.
Elgon Berg (Brit. Ost-Afrika).

108. **A. oreas** EM. SHARPE, Proc. Z. Soc. 1891, p. 193, t. 17, f. 5 (1891), Coll. Jackson.
Elgon Berg (Brit. Ost-Afrika). Kilimanjaro. Katoto.[55 a]

109. **A. johnstoni** GODMAN, Proc. Z. Soc. 1885, p. 537 (1885), Mus. Brit. — HOLLAND,
An. N. H. (6) 12, p. 248 (1893). — — BUTLER, Proc. Z. Soc. 1896, p. 113 (1896).
— Alis anticis latissime fulvo-suffusis.[1]
telekiana ROGENH., Ann. Mus. Wien 6, p. 459, t. 15, f. 4 (1891), Mus. Vindob.
fulvescens OBERTH., Etud. d'Ent. 17, p. 26, t. 2, f. 21 (1893), Coll. Oberth.
semifulvescens OBERTH. l. c., t. 2, f. 19 (1893), Coll. Oberth.
Deutsch Ost-Afrika: Kilimanjaro, Meru, Usambara. — Brit. Ost-Afrika.[142]
ab. **octobalia** KARSCH, Ent. Nachr. 20, p. 222 (1894), Mus. Berol. — Alis ant. fuscis
maculis flavis, ochracco-cinctis.
Mpwapwa.

---

[1] BUTLER (l. c.) betrachtet alle Stücke, deren Vorderflügel mit Gelbroth überzogen sind als ♂♂;
das mir vorliegende Stück ist jedoch sicher ein ♀. Vergl. auch ROGENH. in: BAUMANN, Usambara und seine
Nachbargebiete p. 336.

ab. (et var.?) **confusa** Rogenh. in Baumann: Usambara. Anhang. p. 326 (1891): Ann.
Mus. Wien 6, p. 459, t. 15, f. 5 (1891), Mus. Vindob. — Alis ant. fuscis nigris,
maculis sulphureis—albis.
Johnstoni ♀ Butler, Proc. Z. Soc. 1888, p. 91 (1888). Trimen, Proc. Z. Soc.
1894, p. 30 (1894).
proteina Oberth., Etud. d'Ent. 17, p. 25, t. 2, f. 14 (1893), Coll. Oberth.
flavescens Oberth., l. c., p. 26, t. 1, f. 4 (1893), Coll. Oberth.
semialbescens Oberth., l. c., p. 26, t. 3, f. 29 (1893), Coll. Oberth.
Nyassaland[36] — Deutsch Ost-Afrika: Usambara — Taveta.

110. **A. fallax** Rogenh., Ann. Mus. Wien 6, p. 459, t. 15, f. 6 (1891), Mus. Vindob. —
Forma praecedentis?
kilimandjara Oberth., Etud. d'Ent. 17, p. 26, t. 2, f. 17 (1893), Coll. Oberth.
Kilimanjaro — Taveta.

111. **A. lycoa** God., Enc. Meth. 9, p. 239 (1819). — Staud., Exot. Schm. 1, p. 85 (1885).
— Dewitz, Ent. Nachr. 15, p. 104 (1889). — Auriv., Ent. Tidskr. 11, p. 277
(1893).[1]
Metam.: Auriv., Ent. Tidskr. 14, p. 278, t. 5, f. 2, 2 a, 2 b (1893).
Sierra Leona — Elfenbeinküste[37] — Ashanti[16] — Niger[74] — Kamerun — Gabun
— Congo — Angola. Ruwenzori.[119] Kangasi.[1] Fernando Po.
ab. ♀ **Butleri** n. ab.
lycoa var. ⅟ Butler, Proc. Z. Soc. 1895, p. 731 (1896).
Ruwenzori.

112. **A. esebria** Hew., Exot. Butt. Acraea, t. 2, f. 11 (1861), Mus. Brit. — Weale, Trans.
E. Soc. London 1877, p. 271 (1877). — Möschler, Verh. z. b. Ges. Wien 33,
p. 283 (1883). — Trimen, S. Afr. Butt. 1, p. 177 (1887).
protea var. B. Trimen, Rhop. Afr. Austr., p. 111, t. 3, f. 2 (1866).
Metam.: Trimen, S. Afr. Butt. 1, p. 178, t. 1, f. 2, 2 a (1887).
Kap Kolonie — Kaffernland — Natal — Zululand.
ab. **pseudoprotea** Butler, Trans. E. Soc. Lond. 1874, p. 428 (1874), Mus. Brit.
Angola.
ab. (var.?) **amphiprotea** Butler, Trans. E. Soc. Lond. 1874, p. 428 (1874), Mus. Brit.
Angola.
ab. **protea** Trimen, Rhop. Afr. Austr., p. 110 (1866).
esebria Hew., Exot. Butt. Acraea, t. 2, f. 12 (1861), Mus. Brit. — Staud., Exot.
Schm. 1, p. 85, t. 33 (1885).
arctifas ia Butler, Trans. E. Soc. Lond. 1874, p. 127 (1874), Mus. Brit.
esebria var. a. Trimen, S. Afr. Butt. 1, p. 178 (1887).
Angola. Kap Kolonie — Kaffernland — Natal. Deutsch Ost-Afrika: Mangi.[35a]

---

[1] Die Geschlechter wurden (l. c.) leider von mir verwechselt; die ♂♂ haben halbdurchsichtige Flügel und
gelbliche Zeichnungen, die ♀♀ weisse Zeichnungen.

var. **masaris** Oberth., Etud. d'Ent. 17, p. 27, t. 1, f. 3, 12; t. 2, f. 18; t. 3, f. 30 (1893), Coll. Oberth.
Comoren.

var. (ab.?) **metaprotea** Butler, Cist. Ent. 1, p. 211 (1874), Mus. Brit.
Ambriz.

var. **Jacksoni** Em. Sharpe, An. N. H. (6) 5, p. 335 (1890), Coll. Jackson. — Waterh., Aid. t. 189, f. 1 (1890). — Rogenh. in: Baumann, Usambara, p. 326 (1891).
Brit. Ost-Afrika: Ukamba.

var. **Monteironis**[1] Butler, Cist. Ent. 1, p. 211 (1874); Trans. E. Soc. Lond. 1874, p. 427 (1874).
Angola. Brit. Ost-Afrika.[142]

113. **A. iodutta** Fabr., Ent. syst. 3:1, p. 175 (1793) — Butler, Fabr. Lep., p. 130 (1869).
♂ *flara* Dewitz, N. Acta Ac. Nat. Cur. 41: 2, N:o 2, p. 19, t. 1, f. 10 (1879), Mus. Berol.
yca Möschler. Abhandl. Senckenb. Ges. 15, p. 55 (1887).
Senegal. Ashanti. Kamerun.

ab. ♀ **carmentis** Doubl. & Hew., Gen. D. Lep., p. 140, t. 19, f. 1 (1848), Mus. Brit.
Ashanti.

114. **A. alciope** Hew., Exot. Butt. Acræa, t. 1, f. 4, 5 (1852), Mus. Brit. — Karsch, B. E. Z. 38, p. 196 (1893).
♂ *cydonia* Ward., Ent. M. Mag. 10, p. 59 (1873), Coll. Oberth. — Karsch, B. E. Z. 38, p. 196 (1893). — Auriv., Ent. Tidskr. 14, p. 278 (1893).
Elfenbeinküste[57] — Ashanti[14] — Togo — Kamerun — Congogebiet: Aruwimi Fluss.[46] Inkissi Fluss.[45] ? Angola.

var. ♀ **macarina** Butler, Proc. Z. Soc. 1868, p. 221, t. 17, f. 6 (1868).
alciope var. Auriv., Ent. Tidskr. 14, p. 278, fig. 6 (1893).
Metam.: Auriv., Ent. Tidskr. 14, p. 279, t. 5, f. 3, 3a, 3b (1893).
Ashanti — Kamerun — Congogebiet: Maringa (L. Mairesse; Mus. Brux.).

—

[1] Die zahlreichen Formen, die ich hier mit *esebria* Hew. vereinigt habe, können im allgemeinen (Übergänge sind nicht selten) auf folgende Weise unterschieden werden.
A. Die Subapicalbinde der Vorderflügel schmal, so dass die hellen Flecke der Felder 4—6 nicht oder nur wenig
länger als der schwarze Wurzeltheil dieser Felder sind.
   a. Der Hinterrandsfleck der Vorderflügel breit, die Wurzel von 1b fast erreichend.
     1. Die Hinterflügel mit breiter, scharf begrenzter, schwarzer Saumbinde.
       a. Die Hinterflügel und der Hinterrandsfleck der Vorderflügel rothgelb.   *esebria* typisch.
       b. Die Hinterflügel und der Hinterrandsfleck der Vorderflügel heller, gelblich.   *pseudoprotea.*
     2. Die Hinterflügel mit schmaler, undeutlich begrenzter Saumbinde.   *amphiprotea.*
   β. Der Hinterrandsfleck der Vorderflügel schmal, die innere Hälfte von 1b frei lassend.
     1. und die Rippe 2 nicht oder kaum überragend.   *protea.*
     2. und mit einem deutlichen Fleck im Felde 2.   *masaris.*
B. Die Subapicalbinde der Vorderflügel ist gross und so breit, dass die hellen Flecke der Felder 4—6 zwei-
fünftmal so lang wie der schwarze Wurzeltheil dieser Felder sind.
   a. Die hellen Zeichnungen rothgelb—rothbraun.
     1. Die Hinterflügel oben mit schmalem, undeutlich begrenztem, dunklem Saume.   *metaprotea.*
     2. Die Hinterflügel oben mit breitem, scharf begrenztem, dunklem Saume.   *Jacksoni.*
   β. Die hellen Zeichnungen weiss.   *Monteironis.*

115. **A. Aurivillii** Staud., Iris 9, p. 209, t. 2, f. 2 (1896), Coll. Staud.
Barombi-Station im Inneren Kameruns.

116. **A. disjuncta** Smith, Nov. Zool. 5, p. 351 (1898), Mus. Tring.
Brit. Ost-Afrika: Nandiland.

Gruppe ?

°117. **A.? Ansorgei** Smith, Nov. Zool. 5, p. 351 (1898), Mus. Tring. — An *Planema* sp.?
Brit. Ost-Afrika: Nandi.

°118 **A.? conjuncta** Smith, Nov. Zool. 5, p. 351 (1898), Mus. Tring.
Brit. Ost-Afrika: Nandi.

3. **Planema** Doubl. & Hew.

< *Planema* Doubl. & Hew., Gen. D. Lep., p. 140 (1848) (= Abtheilung ††). — Trimen,
S. Afr. Lep. 1, p. 175 (1887). — Schatz & Röber, Exot. Schm. 2, p. 104, tab. 13
(1887). — E. Reuter, Acta Soc. Sc. Fenniæ 22: 1, p. 46 (1896).[1]
= *Planema* Auriv., Ent. Tidskr. 14, p. 279 (1893).
< *Acræa* Auctor. ceter.

In der Zeichnungsanlage stimmen die *Planema*-Arten mit den letzten Arten von *Acræa*
(N:o 112—115) nahe überein. Die Vorderflügel entbehren immer alle schwarze Punkte.
Die Hinterflügel haben immer gut entwickelte Wurzelpunkte und gewöhnlich auch Diskalpunkte (wenigstens in 1 b, 1 c und 2); diese sind jedoch wegen der Kürze der Mittelzelle
der Wurzel stark genähert; Submarginalpunkte fehlen immer. Am Saume finden sich
sehr lange, schwarze Striche auf den Zwischenaderfalten.

Uebersicht der Arten.

A. Die Vorderflügel unten an der Wurzel des Vorderrandes (im Felde 12) mit einem kleinen, weissen, nach
aussen schwarz begrenzten Punkte und oben mit einem grossen, die Rippe 3 (aber nie die Wurzel) erreichenden, scharf begrenzten, hellen Hinterrandsfleck. Die Querbinde der Vorderflügel liegt fast in der Mitte zwischen
der Spitze und dem Zellende und ist schief gegen die Mitte des Saumes gerichtet.
α. Der Hinterrandsfleck der Vorderflügel schmal und ziemlich gleichbreit, nicht oder kaum breiter als die
Hälfte des Hinterrandes, den innersten Theil des Feldes 2 frei lassend. Der schwarze Saum der Hinterflügel beim ♂ am Vorderwinkel plötzlich sehr stark erweitert, beim ♀ sehr breit die Mitte des Flügels
erreichend, die Wurzel auf der Unterseite lebhafter gefärbt, gelbbraun rothbraun.   N:o 1.
β. Der Hinterrandsfleck der Vorderflügel breit, nach hinten sehr erweitert, weit mehr als die Hälfte des
Hinterrandes bedeckend und auch den innersten Theil des Feldes 2 erfüllend. Der schwarze Saum der
Hinterflügel mässig breit, gegen den Vorderwinkel nur allmählig und wenig breiter. Die Wurzel der
Hinterflügelunterseite nicht dunkler als die Mitte.   N:o 2.

[1] Vergl. jedoch auch p. 423—424.

B. Die Vorderflügel unten an der Wurzel des Vorderrandes (im Felde 12) gewöhnlich ohne weissen Punkt, aber mit einem kleinen, (viereckigen) schwarzen, jederseits von der helleren Grundfarbe begrenzten Fleck und oben ohne besonderen, von der Querbinde getrennten Hinterrandsfleck.

   α. Die helle Querbinde der Vorderflügel ist von der Spitze der Mittelzelle weit entfernt, gegen den Saum gerichtet und wird nach hinten von der Rippe 3 begrenzt.   N:o 3.

   β. Die helle Querbinde der Vorderflügel ist dem Ende der Mittelzelle genähert, gegen den Hinterwinkel oder gegen den Hinterrand gerichtet und erreicht wenigstens die Rippe 2; selten fehlt sie gänzlich.

      *. Die Querbinde der Vorderflügel ist immer vorhanden und verläuft beim ♂ gänzlich jenseits der Mittelzelle, den innersten Theil des Feldes 3 immer frei lassend.

       †. Der Wurzeltheil der Hinterflügelunterseite nicht oder kaum dunkler als die Mitte des Flügels und davon nicht abgesetzt. Die Hinterflügel oben mit schmaler oder mässig breiter (höchstens 5 mm.), nach innen scharf begrenzter Saumbinde. Die Querbinde der Vorderflügel erreicht gewöhnlich den Hinterrand.

         a. Die Querbinde der Vorderflügel schmal, 3—5, höchstens 8 mm. breit.

          1. Die Wurzel der Hinterflügeloberseite nicht verdunkelt. Die Wurzelhälfte der Vorderflügel wenigstens in 1 a und 1 b kastanienbraun.   N:o 4.

          2. Die Wurzel der Hinterflügeloberseite mehr (♂) oder weniger (♀) verdunkelt, schwarzbraun —schwärzlich. Die Wurzelhälfte der Vorderflügel einfarbig, schwarz oder schwarzbraun.   N:o 5.

         b. Die Querbinde der Vorderflügel wenigstens 10 mm. breit.   N:o 6.

      ††. Der Wurzeltheil der Hinterflügelunterseite rothbraun—schwarzbraun, viel dunkler als die helle Mittelbinde und von dieser scharf und fast geradlinig begrenzt. Die Diskalpunkte stehen im Aussenrande des Wurzeltheiles.

       ł. Die helle Querbinde der Vorderflügel vollständig und zusammenhängend, den Hinterrand erreichend.

        o. Die Hinterflügel oben mit schmaler, nach innen nicht scharf begrenzter Saumbinde und sehr breiter, matt gelbbrauner Mittelbinde.   N:o 7.

        oo. Die Hinterflügel oben mit sehr breiter, nach innen scharf begrenzter, schwarzer Saumbinde.

         a. Die Vorderflügel oben mit schwarzem Wurzeltheil und sehr breiter, gelber Querbinde. Die Hinterflügel auf beiden Seiten mit weisser Mittelbinde.

          1. Die Querbinde der Vorderflügel mit gebogener Aussenseite. Die Querbinde der Hinterflügel breit.   N:o 8.

          2. Die Querbinde der Vorderflügel mit winkelig gebrochener Aussenseite. Die Querbinde der Hinterflügel schmäler.   N:o 9.

        b. Die Vorderflügel oben mit kastanienbraunem Wurzeltheil und schmaler, 4—6 mm. breiter Querbinde.

          1. Die Querbinde der Vorderflügel lässt fast das ganze erste Drittel des Feldes 3 frei. Die Mittelbinde der Hinterflügel auf beiden Seiten schneeweiss.   N:o 10.

          2. Die Querbinde der Vorderflügel lässt wurzelwärts nur einen kleinen Fleck des Feldes 3 frei. Die Mittelbinde der Hinterflügel oben hell ockergelb, unten weisslich.   N:o 11.

      łł. Die helle Querbinde der Vorderflügel ist bisweilen an der Rippe 4 unterbrochen und wird nach hinten von der Rippe 2 oder von der Falte des Feldes 2 begrenzt oder hat in 1 b nur einen freien, abgerundeten oder dreieckigen Fleck. Die Wurzelhälfte der Vorderflügel einfarbig schwarz oder schwarzbraun.

       a. Die Flecke der Felder 2 und 3 der Vorderflügel dem Saume stark genähert, an der Rippe 3 den Saum fast erreichend.

         1. Die Querbinde der Vorderflügel bis zur Rippe 2 breit und zusammenhängend, orangegelb.   N:o 12.

2. Die Querbinde der Vorderflügel ist schmal, weiss und besteht aus zwei völlig getrennten Theilen, von denen der eine fast senkrecht gegen den Vorderrand steht und aus fünf kleinen Flecken der Felder 4—6, 9 und 10 gebildet ist, und der andere aus zwei Flecken nahe am Saume in den Feldern 2 und 3 besteht und nach hinten von der Falte des Feldes 2 begrenzt wird. N:o 13.

b. Die Flecke 2 und 3 der Vorderflügel vom Saume weit entfernt auf ihrer Aussenseite abgerundet oder quer abgeschnitten. N:o 15.

**. Die Querbinde der Vorderflügel berührt, wenn sie vorhanden ist, die Spitze der Mittelzelle und füllt wenigstens beim ♂[1] auch den innersten Theil des Feldes 3 vollständig aus.

†. Die Querbinde der Vorderflügel fängt am Vorderrande oder wenigstens an der Vorderecke der Mittelzelle an.

a. Die Flecke 1 b und 2 der Querbinde der Vorderflügel auf der äusseren Seite quer abgeschnitten oder abgerundet, selten (beim ♀) mit enger Spalte. Die Querbinde hat zwar beim ♂ in der Hinterecke der Mittelzelle einen kleinen Fleck; dieser fliesst aber, weil die Schlussrippe (UDC) gelb ist, mit dem Flecke 4 zu einem Flecke zusammen. N:o 17, 18.

b. Die Flecke 1 b und 2 der Querbinde der Vorderflügel auf der äusseren Seite tief und breit eingeschnitten, bisweilen ganz gespalten. Beim ♂ hat die Querbinde in der Spitze der Mittelzelle einen gewöhnlich scharf begrenzten, oft beinahe getheilten Fleck, welcher einen schwarzen Punkt einschliesst.

1. Die Hinterflügel bis über die Mitte hinaus gelbbraun. N:o 19.

2. Die Hinterflügel oben an der Wurzel dunkelbraun—schwärzlich, dann mit einer deutlichen, gelblichen (♂) oder weissen (♀) Mittelbinde. N:o 20.

††. Die Querbinde der Vorderflügel fängt höchstens an der Hinterecke der Mittelzelle an oder fehlt oft gänzlich. N:o 21.

1. **P. epæa** CRAMER, Pap. Exot., 3, p. 64, t. 230, f. B, C (1779). — HERBST, Naturs. Schm., 5, p. 11, t. 81, f. 8, 9 (1792). — MÖSCHLER, Abhandl. Senck. Ges., 15, p. 55 (1887). — AURIV. Ent. Tidskr., 14, p. 280 (1893). — KARSCH, B. E. Z., 38, p. 196 (1893).

gea FABR., Spec. Ins., 2, p. 32 (1781). Mus. Brit. — GOD., Enc. Meth., 9, p. 238 (1819). — STAUD., Exot. Schm., 1, p. 85, t. 33 (1885). — MAB., Hist. Mad. Lep., 1, p. 116, t. 12, f. 6, 7 (1885—87). — HAASE, Bibl. Zool. 8; 2, p. 40, t. 3, f. 17, 18 (1891).

Sierra Leona — Liberia — Ashanti — Kamerun — Chinchoxo[55] — Congogebiet: Bangala,[17] Mukenge,[14] (?? Madagaskar[107]; ?? Parumbira[18].)

2. **P. tellus** AURIV., Ent. Tidskr., 14, p. 280, fig. 7 (1893). Mus. Holmiæ.

Kamerun. — Congogebiet: Bangasso am oberen Ubangi (Coll. Seeldr.); zwischen Kasongo und den Stanley Fällen (Mus. Brux.)

var. **epitellus** STAUD., Iris, 9, p. 207 (1896). Coll. Staud.

Deutsch Ost-Afrika: Lindi, Mikindani (Coll. Suffert).

3. **P. epiprotea** BUTLER, Cist. Ent., 1, p. 210 (1874). Mus. Brit. — AURIV., Ent. Tidskr., 14, p. 282 (1893).

♀ *eurita* HEW., Exot. Butt. Acræa, t. 5, f. 29 (1867). Mus. Brit.

Kamerun — Gabun — Congogebiet.

---

[1] Bei den ♀♀ ist die Wurzel des Feldes 3 oft etwas, bisweilen (*ombra*) sehr breit schwarz. Da aber die Zugehörigkeit der Weibchen zu den ♂♂ noch bei vielen Formen sehr unsicher ist, konnte ich die ♀♀ in der Uebersicht nicht berücksichtigen.

4. **P. consanguinea** Auriv., Ent. Tidskr., 14, p. 282, fig. 8 (1893). Mus. Holmiæ.   area basali alar. ant. tota fulva.
   ♂ *curita* Hew., Exot. Butt. Acræa, t. 4, f. 22 (1867). Mus. Brit. — specim. parvum.
   Old Calabar — Kamerun.
   var. (ab.?) **intermedia** n. var. — cellula discoidali alar. ant. saltem nigra.
   curita Hew., Exot. Butt. Acræa, t. 5, f. 30 (1867). Mus. Brit.
   consanguinea var. Karsch, Ent. Nachr., 21, p. 281 (1895).
   Congogebiet: Mukenge, Bena-Bendi.
   °var. ♀ (ab.?) **albicolor** Karsch. Ent. Nachr., 21, p. 280 (1895). Mus. Berol. — Butler,
   An. N. H. (6) 16, p. 416 (1895). — signaturis albis.
   Uganda.

5. **P. elongata** Butler, Cist. Ent., 1, p. 212 (1874). Mus. Brit. — Godm. & Salvin, Story
   of the rear col. p. 430 (1890). — Auriv., Ent. Tidskr., 14, p. 283 (1893).
   curita Hew., Exot. Butt. Acræa, t. 5, f. 28 (1867). Mus. Brit.
   Kamerun — Gabun — Congogebiet: Mukenge.

6. **P. excisa** Butler, Cist. Ent., 1, p. 212 (1874).
   curita Hew., Exot. Butt. Acræa, t. 4, f. 26, t. 5, f. 31 (1867). Mus. Brit.
   pseudeuryta Godm. & Salvin, Story of the rear col. p. 429 (1890).
   Kamerun — Gabun — Congogebiet bis zum Aruwimifluss[45].

7. **P. Dewitzi** Staud., Iris, 9, p. 209, t. 2, f. 5 (1896). Coll. Staud.
   Niam-Niam.

8. **P. Poggei** Dewitz, N. Acta Ac. Nat. Cur. 41: 2, Nro 2, p. 18, t. 1, f. 8 (1879); Ent.
   Nachr. 15, p. 104 (1889). Mus. Berol.
   Poggei var. Smith, Proc. Z. Soc. 1890, p. 466 (1890).
   ♂ *Nelsoni* Smith & Kirby, Rhop. Exot., 19, Acræa, p. 10, t. 3, f. 9, 10 (1892).
   Coll. Gr. Smith.
   Kamerun: Baliburg[69] — Aruwimi. Im Inneren Angolas (10° S. Br.; 17°—22°
   Ö. L. Greenw.).

9. **P. formosa** Butler, Cist. Ent., 1, p. 213 (1874). Mus. Brit.
   Cabinda — Ambriz — Congogebiet: Mukenge, Bangala[47].

°10. **P. quadricolor** Rogenh., Ann. Mus. Wien, 6, p. 458, t. 15, f. 3 (1891). Mus. Vindob.
   Deutsch Ost-Afrika: Meru-Berg.

11. **P. latifasciata** E. Sharpe, Proc. Z. Soc., 1891, p. 635, t. 48, f. 6 (1892).
   Ruwenzori — Albert Nyanza — Elgon Berg.

12. **P. leopoldina** Auriv., Ent. Tidskr., 16, p. 112 (1895). Mus. Bruxell. — Taf. 1, Fig. 1.
   Congo: Leopoldville.

°13. **P. scalivittata** Butler, An. N. H. (6) 18, p. 159 (1896); Proc. Zool. Soc. 1896,
   p. 826, t. 41, f. 3 (1897). Mus. Brit.
   Nyassaland: Kasungu Berg, Nyika.

14. **P. meruana** Rogenh., Ann. Mus. Wien 6. p. 458 (1891),
    Mus. Vindob. — praecedentis ♀ vel sequentis feminae varietas?
    — Fig. 14.
    Deutsch Ost-Afrika: Meru Berg.

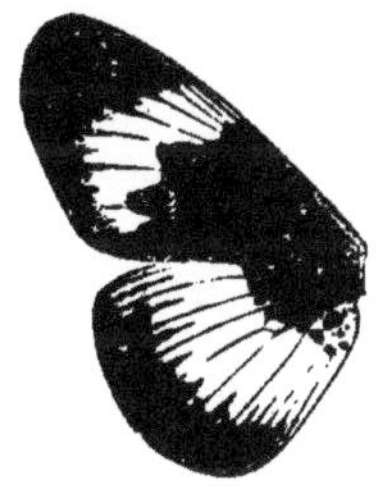

15. **P. aganice** Hew., Exot. Butt. Acraea. t. 1, f. 6 (1852), Mus.
    Brit. — Trimen, Rhop. Afr. Austr., p. 109 (1862); Trans.
    Linn. Soc. 26, p. 516, t. 42, f. 2. ♂ (1869); S. Afr. Butt. 1.
    p. 180 (1887). — signaturis albis (♂, ♀) aut flavo-albidis (♂).
    Metam.: Trimen, S. Afr. Butt. 1, p. 181, t. 1, f. 3 (1887).
    Kaffernland — Natal.
    var. **montana** Butler, Proc. Z. Soc. 1888, p. 91 (1888), Mus.
    Brit. — ♀ Rogenh., Ann. Mus. Wien 6. p. 458, t. 15, f. 2
    (1891). — ♀ Butler, Proc. Z. Soc. 1894, p. 567 (1894).
    — signaturis maris fulvo-ochraceis.
    bertha Vuillot, An. E. Fr. 60, Bull. p. 96 (1891). — Mab. & Vuill., Nov. Lepid.
    12, p. 139, t. 19, f. 5 (1895).
    Chanleri Holland, Proc. U. S. N. Museum 18. p. 748 (1893), Mus. Washingt.
    Parumbira am Nyassa See[118] — Deutsch Ost-Afrika — Brit. Ost-Afrika.

    Fig. 14. P. meruana Rog. ♀.

16. **P. adrasta** Weymer, S. E. Z. 53, p. 85 (1892), Coll. Weymer.[1]
    Machoni Oberth., Etud. d'Ent. 17, p. 29, t. 3, f. 28 (1893), Coll. Oberth.
    West-Afrika (??). N'Guru (Deutsch Ost-Afrika).

17. **P. alcinoe** Felder, Reise Novar. Lep., p. 368, t. 46, f. 12, 13 (1865—7), Mus. Tring.
    — margine fusco alar. post. modice lato, trientem alae circiter occupante.
    ♀ *euryta* Palisot, Ins. Afr. et Amer., p. 262. t. 7, f. 4 (1821). — Mab., Hist.
    Mad. Lep. 1, p. 117, t. 12, f. 5 (1885—7).
    ♂ *curita* Hew., Exot. Butt. Acraea, t. 4, f. 23 (1867), Mus. Brit.
    ? ♀ *euryta* Lucas. Lep. Exot., p. 100, t. 52, f. 2 (1835).
    ? ♀ *timandra* Karsch, B. E. Z. 38, p. 196, 199 (1893).
    Sierra Leona (Ins. Bissao). Togo (?). Benin.[17] ? Bangala.[47] ? ! Madagaskar.[107]
    var. **camerunica** Auriv., Ent. Tidskr. 14, p. 285, t. 6, f. 4, 5 (1893), Mus. Holmiae.
    — margine fusco alar. post. medium fere attingente.
    Metam.: Auriv., l. c., p. 286, t. 5, f. 4, 4 a, 4 b (1893).
    Kamerun. Congogebiet: Bena-Bendi (Mus. Brux.).

18. **P. umbra**[2] Drury. Ill. Exot. Ins. 3, p. 23, t. 18, f. 1, 2; fig. mala! (1782), Mus.
    Brit.? — Herbst, Naturs. Schm. 6, p. 20, t. 121, f. 4, 5 (1793). — Gon., Enc.
    Meth. 9, p. 236 (1819). — Butler, Fabr. Lep., p. 130 (1869). — Auriv., Ent.
    Tidskr. 14, p. 283 (1893).

---

[1] Das ♂ ist mir unbekannt und ich konnte darum die Art in die Uebersicht nicht einreihen.
[2] Die Zusammengehörigkeit der Geschlechter und die Stellung dieser Art sind mir etwas zweifelhaft.

curita CRAMER, Pap. Exot. 3, p. 69, t. 233, f. A. (1779). — HERBST, Naturs. Schm.
4, p. 202, t. 80, f. 5 (1790). — HEW., Exot. Butt. Acræa, t. 5, f. 27 ♂, 32 ♀ (1867).
— KARSCH, B. E. Z. 38, p. 196, 199 (1893).
Metam.: AURIV., Ent. Tidskr. 14, p. 281, t. 5, f. 5, 5 a (1893).
Sierra Leona — Togo — Kamerun.

19. **P. macarioides** AURIV., Ent. Tidskr. 14, p. 284 (1893), Mus. Holmiæ. — ♂ major,
cellula discoid. alar. ant. nigra.
Kamerun.

var. **Hewitsoni** n. var. — ♂ minor, 57—70 mm., cellula disc. alar. ant. e max. parte
fulva vel castanea.
curita HEW., Exot. Butt. Acræa, t. 4. f. 24 (1867). Mus. Brit.
Ashanti?

20. **P. macaria** FABR., Ent. syst. 3:1, p. 174 (1793). — AURIV., Ent. Tidskr. 14, p. 285
(1893).
curita CRAMER, Pap. Exot. 3, p. 69, t. 233, f. B. (1782) (non L.). — HERBST,
Naturs. Schm. 4, p. 202, t. 80, f. 6 (1790) ♀ (non ♂). — GOD., Enc. Meth. 9, p.
238 (1819) ex parte. — HEW., Exot. Butt. Acræa, t. 4, f. 25 (1867).
Sierra Leona.

21. **P. vestalis** FELDER, Reise Novar. Lep., p. 369, t. 46, f. 8, 9 (1865—7), Mus. Tring.
curita HEW., Exot. Butt. Acræa, t. 4, f. 21 (1867).
Sierra Leona — Togo. Congogebiet.

22. **P. Godmanni**[1] BUTLER, An. N. H. (6) 16, p. 415 (1895), Mus. Brit.
Sierra Leona.

23. **P. indentata** BUTLER, An. N. H. (6) 16, p. 416 (1895), Mus. Brit.
Kamerun.

24. **P. Salvini** BUTLER, An. N. H. (6) 16, p. 415 (1895), Mus. Brit.
Fernando Po; Kamerun.

----

[1] Diese und die folgenden Arten sind mir leider unbekannt. Nach den Beschreibungen kann ich sie
in die Uebersicht nicht einführen und bin darum genöthigt, sie hier als Anhang alphabetisch aufzuzählen.

Subfam. Nymphalinæ.

Uebersicht der Tribus.

I. Die Rippen 7 und 8 der Vorderflügel immer kürzer als ihr gemeinsamer Stiel.

A. Die Praecostalrippe der Hinterflügel entspringt immer nach der Trennung der Rippe 8 von der vorderen Mittelrippe. Die Fühlerkolbe mässig lang und gewöhnlich mehr oder weniger flachgedrückt. Der Zwischenraum zwischen der Rippe 12 der Vorderflügel und dem Stiele der Rippen 7 + 8 gewöhnlich ziemlich breit. (Vergl. Fig. 15). Die Vorderfusstarsen des Weibchens am 1—4 Glied bedornt.

α. Die hintere Mittelrippe der Vorderflügel nicht aufgeblasen oder verdickt.

*. Die Rippe 12 der Vorderflügel nicht aufgeblasen.

1. Das Mittelglied der Palpen aufgeblasen mit hellem Chitin und schwarzen Grannenhaaren. *Argynnidii.*

2. Die Palpen nicht aufgeblasen. *Vanessidi.*

**. Die Rippe 12 der Vorderflügel an der Wurzel zu einer grossen, ellipsoidischen Blase aufgeschwollen. *Euryteliti.*

β. Die hintere Mittelrippe bis zum Anfange der Rippe 2 und die Rippe 12 an der Wurzel schwach aber deutlich verdickt. *Eunicidi.*

B. Die Praecostalrippe der Hinterflügel entspringt fast immer vor oder an dem Punkte, wo sich die Rippe 8 von der vorderen Mittelrippe trennt, nur bei *Catuna* und *Aterica* nach diesem Punkte. Fühler stets mit allmählig verdickter, in die Länge gezogener, drehrunder (nicht flachgedrückter) Kolbe. Der Zwischenraum zwischen der Rippe 12 der Vorderflügel und dem Stiele der Rippen 7 + 8 gewöhnlich sehr schmal, Fig. 18, (nur bei *Cyrestis*, *Pseudacrca*, *Pseudoneptis* und *Neptis* breiter, bis sehr breit). Die Vorderfusstarsen des Weibchens nur am 2—4 oder 3—4 Glied bedornt.

α. Der Saum der Hinterflügel an der Rippe 4 geschwänzt und zwischen den Rippen 1 b und 2, dicht an der Rippe 2, mit einem stumpfen Lappen. Die Rippe 8 der Vorderflügel geht in den Vorderrand oder die Spitze aus. *Marpesidi.*

β. Der Saum der Hinterflügel niemals auf einmal an der Rippe 2 gelappt und an der Rippe 4 geschwänzt. Die Rippe 8 der Vorderflügel in den Saum (Fig. 18).

*. Die Rippen 5—7 der Hinterflügel entspringen dicht an einander und so nahe an der Wurzel, dass die Praecostalrippe weiter von der Wurzel als von der Rippe 7 entfernt ist. *Neptidivi.*

**. Die Praecostalrippe der Hinterflügel liegt näher an der Wurzel als an der Rippe 7. *Nymphalidi.*

II. Die Rippen 7 und 8 der Vorderflügel immer viel länger als ihr Stiel. Die Praecostalrippe der Hinterflügel entspringt immer weit nach dem Punkte, wo sich die Rippe 8 von der vorderen Mittelrippe trennt. *Charaxidi.*

Tribus 1. **Argynnididi.**

Die Mittelzelle der Vorderflügel geschlossen. — Die Raupen auf jedem der Glieder 2—12 mit 4—6 Dornen, ihr Kopf aber unbewaffnet.

Uebersicht der Gattungen.

A. Die Rippen 3 und 4 der Vorderflügel aus einem Punkte oder kurz gestielt.
    α. Augen nackt. Die Rippe 10 der Vorderflügel entspringt hinter der Spitze der Mittelzelle aus dem Stiele von 7 · 8 · 9.
        *. Die Mittelzelle der Hinterflügel offen. Das ♂ mit grossem Filzflecke in den Feldern 5—7 auf der Oberseite der Hinterflügel.   1. *Lachnoptera.*
        **. Die Mittelzelle der Hinterflügel geschlossen und die Rippen 3 und 4 gestielt. Das ♂ ohne Filzfleck.   2. *Atella.*
    β. Augen haarig. Die Rippe 10 der Vorderflügel vor oder aus der Spitze der Mittelzelle.   3. *Smerina.*
B. Die Rippen 3 und 4 der Vorderflügel breit getrennt. Augen nackt.
    α. Die Rippe 10 der Vorderflügel entspringt vor oder aus der Spitze der Mittelzelle.
         4. *Argynnis.*
    β. Die Rippe 10 der Vorderflügel entspringt nach der Spitze der Mittelzelle aus dem Stiele von 7 · 8 + 9.   5. *Brenthis.*

1. **Lachnoptera** DOUBL.

< *Issoria* HÜBNER, Verz., p. 31 (1816—27).
Lachnoptera DOUBL., Gen. D. Lep., p. 161 (1848). — HERRICH-SCHÄFFER, Prodr. Syst. Lep. 1, p. 27 (1864). — SCHATZ & RÖBER, Exot. Schm. 2, p. 116, t. 11 (1886—7). — TRIMEN, S. Afr. Butt. 1, p. 195 (1887). — E. REUTER, Acta Soc. Sc. Fenn. 22: 1, p. 54 (1896).

Uebersicht der Arten.

A. Die Vorderflügel des ♂ oben hinter der Zellenspitze mit einem scharfen, schwarzen Querstrich zwischen dem Vorderrande und der Rippe 4 und mit einem Querfleck im Felde 6 vor dem Submarginalpunkte.
         N:o 1.
B. Die Vorderflügel des ♂ ohne diese schwarzen Zeichnungen.   N:o 2.

1. **L. Ayresi** TRIMEN. Trans. Ent. Soc. London 1879, p. 326 (1879); S. Afr. Butt. 1, p. 196, t. 3, f. 5, 5 a (1887). — sequentis var.? Natal. Brit. Ost-Afrika.[142, 146] (? = var. *Abbotti*).
    var. **Abbotti** HOLLAND, Proc. U. S. N. Mus. 18, p. 234 (1895), Mus. Washingt. Deutsch Ost-Afrika (?)[122]

2. **L. iole** FABR., Spec. Ins. 2, p. 78 (1781). — HERBST, Naturs. Schm. 8, p. 64, t. 191,
f. 5, 6 (1796). — GOD., Enc. Meth. 9, p. 260 (1819). — DOUBL. & HEW., Gen. D. Lep.,
t. 22, f. 2 (1848). — STAUD., Exot. Schm. 1, p. 89, t. 35 (1885). — HOLLAND, Trans.
Amer. Ent. Soc. 13, p. 326 (1886). — TRIMEN, S. Afr. Butt. 1, p. 197, note 2 (1887).
— AURIV., Ent. Tidskr. 15, p. 273 (1894).

anticlia HÜBNER, Verz., p. 31 (1816—27).

laodice CRAMER, Pap. Exot. 2, p. 95. t. 157, f. E., F. (1777), nom. praeocc.

ab. ♀ **hecatæa** HEW., Ent. M. Mag. 13, p. 277 (1877), Mus. Brit. — BUTLER, Ent. M.
Mag. 24, p. 86 (1887). forma albida.

iole ♀ dimorf. HOLLAND, Trans. Amer. Ent. Soc. 13, p. 326, t. 9, f. 2 (1886).

ab. **Afzelii** AURIV., Öfvers. Vet. Akad. Förhl. 44, p. 309 (1887), Mus. Holmiae. — alis
infra totis margaritaceis.

Sierra Leona — Liberia[73] — Kamerun — Gabun — Congogebiet: Inkissi Fluss[45] —
Ruwenzori (Mus. Berol.).

2. Atella DOUBL.

= *Atella* DOUBL., Gen. D. Lep., p. 165 (1848). — FELDER, N. Acta Acad. N. Cur. 28, p. 9,
(1861). — HERRICH-SCHÄFFER, Prodr. Syst. Lep. 1, p. 25 (1864). — SCHATZ & RÖBER,
Exot. Schmett. 2, p. 117, t. 15 (1886—7). — TRIMEN, S. Afr. Butt. 1, p. 188 (1887).
KARSCH, B. E. Z. 38, p. 171 (1893). — REUTER, E., Acta
Soc. Sc. Fenn. 22: 1, p. 55 (1896).

Die afrikanischen Arten sind alle oben mehr oder weniger
tief gelb und haben folgende schwarze Zeichnungen: 1. eine
feine Saumlinie; 2. zwei Submarginallinien, von denen die
äussere in den Vorderflügeln mit der Saumlinie zusammen-
schmelzen kann; 3. eine Reihe von gerundeten Submarginalpunkten, 5 (in 1 b—5) in den Vorderflügeln und 4 (in 2, 3,
5 und 6) in den Hinterflügeln; 4. eine von Strichen oder
Bogen gebildete Mittellinie, die jedoch gewöhnlich nur in den
Feldern 8, 6 und 5 der Vorderflügel ausgebildet ist; 5. fünf—
acht Diskalpunkte der Vorderflügel in den Feldern 1 b—6 und
9—11; 6. zwei Querstriche an der Schlussrippe der Vorderflügelzelle und 7. zwei in der Mittelzelle der Vorderflügel.

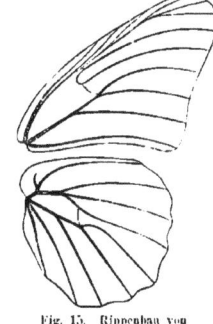

Fig. 15. Rippenbau von
Atella phalantha Dr.

Uebersicht der Arten.

A. Die Flügel oben an der Wurzel nicht verdunkelt. Die schwarze Mittellinie höchstens in den Feldern 8 und
6—4 der Vorderflügel und den Feldern 6—7 der Hinterflügel deutlich.
   a. Die innere Submarginallinie aus stark gekrümmten Bogen gebildet.
      *. Die Submarginalpunkte der Hinterflügelunterseite gross und schwarz mit braunem Ringe. N:o 1.

**. Die Submarginalpunkte der Hinterflügelunterseite braun mit kleiner, punktförmiger oder keiner, schwarzer
    Pupille und hellgelbem Ringe.   N:o 2.
    †. Die innere Submarginallinie aus fast geraden Strichen zusammengesetzt.   N:o 3.
B. Das Wurzeldrittel der Vorderflügel und die Wurzelhälfte der Hinterflügel verdunkelt, grünlich gelbbraun, und
    nach aussen von der vollständig entwickelten Mittellinie begrenzt.   N:o 4.

1. **A. columbina** CRAMER. Pap. Exot. 3, p. 76, t. 238, f. A. B. (1779). — TRIMEN, S.
   Afr. Butt. 1, p. 193 (1887).
   phalanthus ♂ HERBST, Naturs. Schm. 9, p. 187, t. 256, f. 5, 6 (1798).
   eurytis DOUBL. & HEW., Gen. D. Lep., t. 22, f. 3 (1848).
   phalantha STAUD., Exot. Schm. 1, p. 89 (ex parte), t. 36 (1885).
   Sierra Leona — Ashanti[16] — Togo[84] — Niger[74] — Old Calabar — Kamerun —
   Gabun — Congogebiet: Popokabaka, Kassai — Angola — Natal — Brit. Ost-
   Afrika[142, 146] — Abyssinien.[3]

2. **A. phalantha** DRURY, Ill. Exot. Ins. 1, p. 41, t. 21, f. 1, 2 (1773). — FABR., Syst.
   Ent., p. 518 (1775). — GOD., Enc. Meth. 9, p. 259 (1819). — BOISD., Faune Mad.,
   p. 41 (1833); Voy. Deleg. 2, p. 592 (1847). — WALLENGR., Rhop. Caffr., p. 23 (1857).
   — TRIMEN, Rhop. Afr. Austr., p. 115 (1862); p. 334 (1866). — MAB., Hist. Mad.
   Lep. 1, p. 119 (1887). — TRIMEN, S. Afr. Butt. 1, p. 189 (1887).[1]
   columbina CRAMER, Pap. Exot. 4, p. 92, t. 337, f. D. E. (1782).
   phalanthus ♀ HERBST, Naturs. Schm. 9, p. 187, t. 257, f. 1, 2 (1798).
   laudonius HERBST, Naturs. Schm. 9, p. 186, t. 256, f. 3, 4 (1798).
   Metam.: TRIMEN, S. Afr. Butt. 1, p. 191 (1887). — OBERTH., Etud. d'Ent. 12, p. 15,
   t. 4, f. 3 c, f (1888).
   Sierra Leona — Togo — Kamerun.[69, 71] Angola[7](?). Kap Kolonie — Kaffernland —
   Natal — Transvaal — Delagoa Bay — Manicaland[77] — Zambezi[78] — Deutsch Ost-
   Afrika[54, 55, 118] — Brit. Ost-Afrika.[142] Abyssinien.[3] Seychellen.[124] Aldabra.[124] Co-
   moren.[89] Gloriosa Inseln.[124] Madagaskar. Bourbon.[55] Mauritius.[109]

3. **A. madagascariensis** MAB., Hist. Mad. Lep. 1, p. 120, t. 13, f. 1 (1885—7), Mus. Paris.
   Madagaskar.

4. **A. Philiberti** JOANNIS, An. E. Fr. 62 Bull., p. 50 (1893); l. c., 63, p. 427, t. 15, f. 7 (1894).
   seychellarum HOLLAND, Proc. U. S. Nat. Mus. 18, p. 266, t. 8, f. 11 (1895), Mus. Washingt.
   Seychellen.

3. Smerina HEW.

Smerina HEWITSON, An. N. H. (4) 14, p. 359 (1874). — SCHATZ & RÖBER, Exot. Schm.
2, p. 117 (1887). — MABILLE, Hist. Mad. Lep. 1, p. 122 (1887).

1. **S. manoro** WARD, Ent. M. Mag. 8, p. 121 (1871). Coll. Oberth. — MAB., Hist. Mad.
   Lep. 1, p. 122, t. 13, f. 2—4 (1885—7).
   rindonissa HEW., An. N. H. (4) 14, p. 359 (1874), Mus. Brit.
   Madagaskar.

[1] Alle (11) unseren Stücke dieser Art sind merkwürdiger Weise Weibchen!!

4. Argynnis Fabr.

< *Argynnis* Fabr., Illig. Mag. 6, p. 283 (1807). — Auctorum plurim.
= *Argynnis* Felder, N. Acta Acad. N. Cur. 28, p. 9 (1861). — H. Schleffer, Prodr. Syst.
Lep. 1, p. 25 (1864). — Schatz & Röber, Exot. Schm. 2, p. 118, t. 15 (1887). —
Reuter, E., Acta Soc. Sc. Fenn. 22: 1, p. 56 (1896).
> *Acidalia* Hübner, Verz., p. 31 (1816—1826).

1. **A. hyperbius** L., Cent. Ins., p. 25 (1763).
    niphe L., Syst. Nat., ed. 12, p. 785 (1767). — Drury, Ill. Exot. Ins. 1, p. 12, t. 6,
    f. 1 (1773). — Cramer, Pap. Exot. 1, p. 21, t. 14, f. B., C. (♀), D., E. (♂) (1775).
    — Herbst, Naturs. Schm. 9, p. 173, t. 254, f. 3–4 (1798). — God., Enc. Meth. 9,
    p. 261 (1819). — Kollar, Hügel's Kaschmir 4, p. 440, t. 13, f. 1, 2 (1844). —
    Moore, Lepid. Ceylon 1, p. 60, t. 31, f. 2, 2 a (1881).
    ♂ *argyrius* L., Iter Chin., p. 10 (1768).
    ♂ *argynnis* Drury, Ill. Exot. Ins. 1, p. 12, t. 6, f. 2 (1773). — Herbst, Naturs.
    Schm. 9, t. 254, f. 5, 6 (1798).
    ♂ *tephnia* God., Enc. Meth. 9, p. 262 (1819).
    Metam.; Moore, Lep. Ceylon 1, t. 31, f. 2 b (1881). — Nicév., Butt. India 2, p.
    131 (1886).
    Abyssinien.[3]

5. Brenthis Hübn.

⤓ *Brenthis* Hübn., Verz., p. 30 (1818—26).
= *Brenthis* Felder, N. Acta Acad. N. Cur. 28, p. 10 (1861). — H. Schleffer, Prodr. Syst.
Lep. 1, p. 25 (1864). — Schatz & Röber, Exot. Schm. 2, p. 119, t. 15 (1887). —
Reuter, E., Acta Soc. Sc. Fenn. 22: 1, p. 56 (1896).

Wegen Mangel an Material bin ich nicht im Stande eine Übersicht über die hieher
gehörigen Formen zu liefern. Dieselben sind nur auf Bergen in Ost-Afrika gefunden und
sind vielleicht nicht alle selbständige Arten.

1. **B. Hanningtoni** Elwes, Trans. Ent. Soc. London 1889, p. 558 fig. (1889). Mus. Brit.
    — Holland, Proc. U. S. Nat. Mus. 18, p. 235, t. 7, f. 2[1] (1895). — Butler, Proc.
    Zool. Soc. 1895, p. 729, t. 42, f. 3 (1896).
    Kilimanjaro (ob wirklich auf der Ebene bei *Tareta?*) — Brit. Ost-Afrika.[142]

2. **B. excelsior** Butler, Proc. Zool. Soc. 1895, p. 729, t. 42, f. 4 (1896). Mus. Brit. —
    praecedentis var.?
    Ruwenzori (5,600—9,000 engl. Fuss.)

---

[1] Diese Figur muss, obgleich scheinbar photographisch dargestellt, unrichtig sein, denn die Submarginallinie der Hinterflügel besteht bei *Hanningtoni*, wie überhaupt bei allen *Brenthis*-Arten, aus nach aussen offenen
Bogen, während diese Bogen in der Figur nach innen offen sind.

3. **B. Baumanni** REBEL & ROGENH. in: BAUMANN, Massai-Land, p. 329 (Sep. p. 7) (1894). Mus. Vindob.

Missosi ya Mwesi Berg (2,500 Mtr).

4. **B. smaragdifera** BUTLER, Proc. Zool. Soc. 1895. p. 629. t. 35. f. 1, 2 (1895), Mus. Brit. Metam.: FROHAWK. Proc. Zool. Soc. 1896. p. 826 (1897) ovum.

Nyassaland: Gipfel vom Kasungu Berg.

Tribus 2. **Vanessidi.**

Uebersicht der Gattungen.

I. Augen dicht haarig.

    α. Die Hinterflügel am Ende der Rippen 1 c, 2 und 4 geeckt oder geschwänzt.

                                                1. *Hypanartia.*

    β. Die Hinterflügel mit gleichmässig gebogenem, nicht geecktem Aussenrande.

                                                2. *Pyrameis.*

II. Augen nackt.

    A. Der Aussenrand der Vorderflügel an der Rippe 6 (oder 5) mehr oder weniger eckig hervortretend; die eigentliche Flügelspitze (am Ende der Rippe 9) dagegen gewöhnlich zurückgezogen und abgerundet, selten spitz hervortretend.

        α. Die Rippen 10 und 11 der Vorderflügel entspringen beide hinter der Spitze der Mittelzelle aus dem Stiele von 7 + 8 + 9. Die Mittelzellen geschlossen.

                                            3. *Vanessula.*

        β. Die Rippe 11 (und gewöhnlich auch die Rippe 10) der Vorderflügel entspringt vor der Spitze der Mittelzelle aus dem Vorderrande der Zelle.

            *. Die Rippen 5 und 6 der Vorderflügel an ihrem Ursprunge durch einer gebogenen MDC deutlich getrennt.

                a. Die Mittelzelle aller Flügel offen (oder äusserst fein geschlossen).

                    1. Der Aussenrand der Vorderflügel an der Rippe 6 am weitesten hervortretend. Fühlerkolbe deutlich abgesetzt, mehr oder weniger flachgedrückt.

                                    4. *Precis.*

                    2. Der Aussenrand der Vorderflügel an der Rippe 5 am weitesten hervortretend. Fühlerkolbe schwach und allmählig verdickt, drehrund.

                                    5. *Catacroptera.*

                b. Die Mittelzelle der Vorderflügel deutlich geschlossen.

                    1. Die Palpen einfarbig ohne Flecke.   6. *Salamis.*

                    2. Die Palpen schwarz mit scharf hervortretenden, weissen Zeichnungen.

                                    7. *Hypolimnas.*

           **. Die Rippen 5 und 6 der Vorderflügel fast aus demselben Punkte; die Rippe 10 aus dem Stiele von 7+8+9. Die Mittelzellen offen (Fig. 16). 8. *Apaturopsis.*

    B. Der Aussenrand der Vorderflügel an den Rippen 5 und 6 nicht hervortretend, gerade oder sogar ausgerandet; die wahre Flügelspitze (am Ende der Rippe 9) dagegen scharf hervortretend recht- oder spitzwinkelig. Die Rippen 10 und 11 der Vorderflügel vor der Spitze der Mittelzelle.   9. *Kallima.*

1. **Hypanartia** Kirby.

= *Eurema* Doubl., Gen. D. Lep., p. 192 (1848). — Felder, N. Acta Acad. N. Cur. 28, N:o 1, p. 12 (1861). — H. Schäffer, Prodr. Syst. Lep. 1, p. 25 (1864). — Trimen, S. Afr. Butt. 1, p. 203 (1887). — nomen praeocc.
= *Hypanartia* Kirby, Cat. D. Lep., p. 180 (1871). — Schatz & Röber, Exot. Schm. 2, p. 123 (1887). — E. Reuter, Acta Soc. Sc. Fenn. 22:1, p. 62 (1896).

Uebersicht der Arten.

A. Das Feld 12 auf der Unterseite der Vorderflügel vor der Querbinde schwarzbraun mit weisslichen Querstrichelchen. N:o 1.

B. Das Feld 12 der Vorderflügelunterseite vor der Querbinde einfarbig braun oder nur mit einigen hellen Schuppen bestreut.

   α. Die Hinterflügel oben schwarzbraun mit gelber—rothgelber Saumbinde zwischen dem Vorderwinkel und der Rippe 4. Die helle Querbinde der Vorderflügel wurzelwärts scharf begrenzt. N:o 2, 3.

   β. Die Hinterflügel oben zum grössten Theil braunroth—gelbroth mit dunkler Submarginalbinde. Die helle Querbinde der Vorderflügel wurzelwärts undeutlich begrenzt. N:o 4.

1. **H. hippomene** Hübn., Samml. Exot. Schm. 2, t. 25 (1816—24). — Trimen, Rhop. Afr. Austr., p. 121 ♀ (1862); S. Afr. Butt. 1, p. 204 (1887); 3, p. 400 (1889). — clava antennarum infra nigra.

Metam.: Trimen, S. Afr. Butt. 1, p. 205 (1887).

Kap Kolonie — Kaffernland — Natal — Nyassaland.[130] Kamerun: Baliburg.[69] Ruwenzori.[119] Abyssinien.[3]

   var. **madegassorum** n. var. — clava antennarum infra ferruginea; caudae alar. post. longiores.

hippomene Mab., Hist. Mad. Lep. 1, p. 123 (1887), t. 20ᵃ, f. 1, 1ᵃ (inedit.). — Butler, Proc. Z. Soc. 1895, p. 727 (1896).

Madagaskar.

2. **H. schæneia** Trimen, Trans. Ent. Soc. London 1879, p. 329 (1879); S. Afr. Butt. 1, p. 207, t. 4, f. 1 (1887). — Oberth., An. Mus. Genov. 18, p. 723, t. 9, f. 1, 2 (1883). — Butler, Proc. Zool. Soc. 1895, p. 727 (1896).

hippomene ♂ Trimen, Rhop. Afr. Austr., p. 121 (1862).
commixta Butler, An. N. H. (5) 5, p. 336 (1880).

Kap Kolonie — Kaffernland — Natal — Transvaal — Nyassaland.[130] Brit. Ost-Afrika.[142] Ruwenzori.[119] Abyssinien.[3]

°3. **H. borbonica** Oberth., An. Mus. Genova 15, p. 164 (Febr. 1880). — Mab., Hist. Mad. Lep. 1, p. 125, t. 14, f. 1, 2 (1885—7).

hippomene Boisd., Faune Mad., p. 43, t. 8, f. 3, 4 (1833), Coll. Oberth. — Trimen, Trans. Ent. Soc. London (3) 5, p. 333 (1866). — Guenée in: Maillard, Ile Réunion, Lepid., p. 10 (1862).
Metam.: Obertu., Etud. d'Ent. 12, p. 17, t. 4, f. 4 (1888).
Bourbon. Mauritius. Madagaskar.[107]

4. **H. delius** Drury, Ill. Exot. Ins. 3, p. 18, t. 14, f. 5, 6 (1782). — Staud., Exot. Schm. 1, p. 97, t. 37 (1885). — Auriv., Ent. Tidskr. 15, p. 274 (1894).
eurocilia Fabr., Ent. syst. 3: 1, p. 79 (1793).
demonica God., Enc. Meth. 9, p. 301 (1819).
Sierra Leona — Ashanti — Kamerun — Gabun — Congogebiet: Yambuya;[45] Quango[42].

2. **Pyrameis** Hübn.

> *Pyrameis* Hübner, Verz., p. 33 (1818—26).
Pyrameis Dorbl., Gen. D. Lep., p. 202 (1849). — Felder, Nov. Acta Acad. N. Cur. 28, p. 13 (1861). — H. Schleffer, Prodr. Syst. Lep. 1, p. 25 (1864). — Trimen, S. Afr. Butt. 1, p. 198 (1887). — Schatz & Röber, Exot. Schm. 2, p. 125 (1887). — E. Reuter, Acta Soc. Sc. Fenniæ 22: 1, p. 64 (1896).

1. **P. abyssinica** Felder, Reise Novar. Lep., p. 397 (1867), Mus. Francof.. — Obertu., An. Mus. Genov. 15, p. 165 (1879); 18, p. 722, t. 9, f. 5 (1883). — Butler, Proc. Zool. Soc. 1894, p. 564 (1894); l. c., 1895, p. 727 (1896).
Britisch Ost-Afrika:[142] Subaki Fluss?[22] Ruwenzori.[119] Abyssinien.

2. **P. cardui** L.. Syst. Nat. edit. 10, p. 475 (1758). — Wallengr., Rhop. Caffr., p. 24 (1857). — Trimen, Rhop. Afr. Austr., p. 119 (1862); S. Afr. Butt. 1, p. 200 (1887). — Mab., Hist. Mad. Lep. 1, p. 126 (1887).
carduelis Cramer, Pap. Exot. 1, p. 40, t. 26, f. E., F. (1775).
Im ganzen æthiopischen Faunengebiete.

3. **Vanessula** Dewitz.

= *Vanessula* Dewitz, Ent. Nachr. 13, p. 145 fig. (1887). — Karsch, Ent. Nachr. 18, p. 171, fig. 2 (1892).

1. **V. milca** Hew., Exot. Butt., Pentila & Liptena, t. 2, f. 17 (1873), Mus. Brit. — Karsch, Ent. Nachr. 18, p. 171, fig. 1 (1892).
Buchneri Dewitz, Ent. Nachr. 13, p. 145, fig. (1887), Mus. Berol.
Kamerun. Central-Afrika.

4. Precis Hübner.

> *Precis* Hübner, Verz., p. 33 (1818—26). — Doubl., Gen. D. Lep., p. 209 (1849). — Felder, Nov. Acta Acad. N. Cur. 28, p. 13 (1861). — H. Schæffer, Prodr. Syst. Lep. 1, p. 29 (1864). — Trimen, S. Afr. Butt. 1, p. 219 (1887). — Schatz & Röber, Exot. Schm. 2, p. 127, t. 17 (1887). — Karsch, B. E. Z. 38, p. 171 (1893). — E. Reuter, Acta Soc. Sc. Fenniæ 22: 1, p. 66 (1896).

> *Junonia* Hübner, Verz., p. 34 (1818—26) — Sect. 1. Doubl., Gen. D. Lep., p. 208 (1849). — Felder, Nov. Acta Acad. N. Cur. 28, p. 13 (1861). — H. Schæffer, Prodr. Syst. Lep. 1, p. 29 (1864). — Trimen, S. Afr. Butt. 1, p. 209 (1887). — Schatz & Röber, Exot. Schm. 2, p. 125 (1887). — Karsch, B. E. Z. 38, p. 171 (1893). — E. Reuter, Acta Soc. Sc. Fenniæ 22: 1, p. 64 (1896).

< *Junonia* Doubl., Gen. D. Lep., p. 206 (1849). — Trimen, Rhop. Afr. Austr., p. 124 (1862).

> *Alcyoneis* Hübn., Verz., p. 35 (1818—26).

> *Apatura* Hübn., Verz., p. 35 (1818—26).

> *Coryphæola* Butler, An. N. H. (5) 2, p. 284 (1878). — Schatz & Röber, Exot. Schm. 2, p. 129, t. 18 (1887).

Es ist, wie schon früher Trimen, Schatz (l. c., p. 126) und Butler (Pr. Z. Soc. 1893, p. 650) hervorgehoben haben, eine vergebliche Mühe zu versuchen, die Gattungen *Precis* und *Junonia* durch haltbare Kennzeichen zu unterscheiden. Ich habe darum hier die beiden *Gattungen zu einer vereinigt. Auch *Coryphæola* Butler stimmt thatsächlich völlig in der Structur und den Zeichnungsanlagen mit *Precis* überein und hat nichts mit *Kallima* zu thun. Bei *eurodoce* ist nicht, wie Schatz sagt, die Flügelspitze, sondern, ganz wie bei *Precis tugela*, *milionia* u. and., der Saum am Ende der Rippe 6 sichelförmig ausgezogen. Die *Precis*-Arten sind in vielen Beziehungen und besonders wegen ihrer zahlreichen Localrassen und Zeitformen sehr interessant und verdienen im ganzen Gebiete genau studiert zu werden.

Die nahe Verwandtschaft und die grosse Veränderlichkeit der Arten erschweren sehr eine Uebersicht derselben, und ich muss darum für meinen Versuch hier eine solche zu geben um Nachsicht bitten.

Uebersicht der Arten.

I. Die Hinterflügel am Analwinkel abgerundet ohne Schwanzanhang am Ende der Rippe 1 b, der Saum aber bisweilen an der Rippe 2 am meisten und mehr als an der Rippe 1 b hervortretend.

A. Die Vorderflügel schwarz mit weisslicher, mehr oder weniger vollständiger Submarginallinie, mit 2—3 weissen Flecken vor der Spitze in den Feldern 6—8 und mit einer weisslichen Querbinde, welche sich schief vom Vorderrande bis zur Rippe 2 (am Saume) erstreckt und gewöhnlich im Felde 3 unterbrochen ist.

α. Die Vorderflügel oben mit einem blauen Fleck am Hinterwinkel. Die Hinterflügel zum grössten Theil blau mit schwarzer Wurzel. N:o 1.

β. Die Vorderflügel ohne blauen Fleck am Hinterwinkel. Die Hinterflügel schwarz und wenigstens beim ♂ mit einem grossen, gerundeten, blauen Flecke, welcher die Mittelzelle und den innersten Theil der Felder 4—7 bedeckt. N:o 2.

B. Die Vorderflügel zum grössten Theil roth—rothgelb—gelb—weisslich oder wenigstens mit solchen Submarginalflecken in 1 b—4 geziert.

α. Die Flügel oben ohne blaue Flecke vor dem Aussenrande.

*. Die hellen Zeichnungen der Flügeloberseite nicht durch die Rippen in Flecke aufgelöst. Die Mittelzelle der Vorderflügel oben (fast immer) ohne rothbraune Querstriche. Grössere Arten, 47 —65 mm.

+. Die Hinterflügel des ♂ oben am Vorderrande (am Ursprunge der Rippen 6 und 7) mit grossem, blauen Flecke. Die Flügel des ♀ oben ohne weisse Zeichnungen. Die Flügel oben je mit einem grossen, gelben oder orangegelben (scharf begrenzten) Felde.

a. Diese gelbe Felder in der Mitte heller gefärbt. Die Hinterflügel unten mehr oder weniger eintönig aschgrau mit schwachen, braunen Zeichnungen und ohne schwarzen Punkt in der Wurzel der Mittelzelle. N:o 3.

b. Die orangegelben Felder der Flügeloberseite in der Mitte nicht heller. Die Hinterflügel unten mit scharfen schwarzen Zeichnungen, mit einem schwarzen Punkte in der Wurzel der Mittelzelle und mit 5 schwarzen Submarginalpunkten (in den Feldern 2—6). N:o 5.

++. Die Hinterflügel oben ohne blauen Fleck; die Flügel des ♀ hinter der Mitte zum grössten Theil weiss; die des ♂ dagegen goldgelb mit schwarzbraunen Zeichnungen. N:o 4.

**. Die hellen (braungelben—weissen) Zeichnungen der Flügeloberseite durch die schwarzen Rippen mehr oder weniger vollständig in Flecke aufgelöst. Die Mittelzelle der Vorderflügel mit zwei rothbraunen, schwarzbegrenzten Querstrichen. Kleinere Art, 35—44 mm. N:o 6.

β. Die Flügel oben vor dem Saume mit 1—2 Reihen von blauen Bogen oder Punkten.

*. Die Flügel unten dunkelbraun—grünlich schwarzbraun mit einer zackigen Querlinie über die Mitte und ohne Wurzelflecke oder mit undeutlichen röthlichen Flecke an der Wurzel, vor dem Saume ohne deutliche, helle Bogenflecke. Die zwei vordersten Submarginalpunkte der Vorderflügeloberseite (in den Feldern 5 und 6) sind nur durch ihre grosse, weisse Pupille vom dunklen Grunde unterschieden. N:o 7 die Winterformen.

**. Die Flügel unten zum grössten Theil roth ohne dunkle Mittellinie, aber mit scharf begrenzten, abgerundeten, weissgelben Flecken im schwarzen Wurzelfelde und am Saume mit 1—2 Reihen heller Bogen in der schwarzen Saumbinde. Die Submarginalpunkte 5 und 6 der Vorderflügeloberseite eintarbig schwarz oder nur mit einigen weissen Schuppen in der Mitte und vom rothen Grunde scharf abgegrenzt. N:o 7 die Sommerformen.

II. Die Hinterflügel am Hinterwinkel am Ende der Rippe 1 b deutlich verlängert, gelappt oder geschwänzt und immer mehr als am Ende der Rippe 2 hervortretend.

A. Die Wurzelhälfte der Vorderflügel nicht blau. Die Hinterflügel oben ohne Augenflecke oder mit einer Querreihe von 4—7 kleinen Augenflecken.

α. Die Flügel oben hell braungelb oder mit einer gut begrenzten, hellen (weissen—gelben—rothen) Querbinde über die Mitte oder etwas hinter der Mitte.

*. Der Saum der Hinterflügel ganzrandig oder nur schwach gewellt, abgerundet oder an der Rippe 4 geeckt. Die schwarzen Submarginalpunkte stehen auf beiden Flügeln in der hellen Querbinde oder fehlen gänzlich.

+. Die Vorderflügel ohne weisse Subapicalpunkte[1]; ihre Spitze niemals breit schwarz, einfarbig.

---

[1] Sehr selten finden sich 1—2 weisse Subapicalpunkte, dann aber ist der Saum *beider* Flügel braun (nicht schwarz) mit zwei schwarzen Linien.

1. Die Flügel beiderseits mit zwei Reihen weisslicher Punkte oder Bogen im schwarzen Saume.
   a. Die Flügel unten mit schwarzer Wurzelhälfte, welche 3 - 4 hellgelbe Flecke einschliesst. Die Hinterflügel am Analwinkel mit einem kurzen Lappen.   N:o 8.
   b. Die Flügel unten mit röthlicher, schwarzgefleckter Wurzelhälfte. Die Hinterflügel am Analwinkel mehr ausgezogen, fast dreieckig.   N:o 9.
2. Die Flügel beiderseits ohne helle Saumflecke. Die Vorderflügel an der Rippe 6 langgespitzt; die Hinterflügel am Analwinkel geschwänzt.   N:o 10.

++. Die Vorderflügel mit 1—4 weissen Subapicalpunkten. Bei *milonia* fehlen diese Punkte bisweilen ganz, dann aber ist die Flügelspitze breit einfarbig, schwarz.

   1. Die helle Querbinde der Flügeloberseite wenigstens in den Hinterflügeln zusammenhängend.
      o. Die helle Querbinde der Vorderflügel ist zwischen dem Vorderrande und der Rippe 4 durch einen schwarzen Fleck in zwei Äste getheilt, welche beide zusammenhängend sind und den Vorderrand erreichen. Die Hinterflügel an der Rippe 4 deutlich geeckt.
        1. Die helle Querbinde oben wurzelwärts kaum heller, unten von der Grundfarbe wenig verschieden und durch eine gewellte Linie in einen schmäleren, ockergelben, inneren und einen breiteren, braunen, äusseren Theil getheilt. Der Saum unten ohne helle Striche.   N:o 11.
        2. Die helle Querbinde auf beiden Seiten scharf begrenzt und wurzelwärts weisslich. Die Wurzelhälfte der Unterseite eintönig ockergelb mit scharf begrenzten, schwarz umzogenen, weissen Flecken. Der Saum auf beiden Seiten mit zwei Reihen weisser oder weisslicher Striche.   N:o 12.
      oo. Der äussere Ast der hellen Querbinde der Vorderflügel fehlt gänzlich oder auch ist er nur durch 1—4 kleine, freie Flecke der Felder 4—8 vertreten. Der Saum der Hinterflügel gleichmässig oder etwas bauchig gebogen. Die schwarze Grundfarbe der Wurzelhälfte der Vorderflügeloberseite bildet im Felde 3 eine Ausbuchtung in die helle Querbinde hinein.
       †. Die Flügel oben im dunkeln Saume mit 1—2 Reihen blauer Punkte oder Striche.
        1. Diese Striche auch unten deutlich, aber weisslich. Die Wurzelhälfte der Hinterflügelunterseite nach aussen fast geradlinig begrenzt. Der Saum der Vorderflügel an der Rippe 6 abgerundet oder kurz geeckt.   N:o 13.
        2. Die Saumstriche fehlen unten gänzlich oder auch sind sie kaum angedeutet. Die Wurzelhälfte der Hinterflügelunterseite ist nach aussen von einer hellen oder dunkeln, gewöhnlich *gebogenen* Linie begrenzt. Der Saum der Vorderflügel an der Rippe 6 sehr stark, sichelförmig ausgezogen.
          a. Die äusseren, blauen Saumstriche der Flügeloberseite stehen etwas vor dem Saume und sind nicht zu einer Linie zusammengeflossen.   N:o 14.
          b. Die äusseren, blauen Saumstriche der Flügeloberseite stehen am Saume selbst und sind zu einer dicken Saumlinie vereinigt.   N:o 15.
       ††. Die Flügel oben mit zwei zusammenhängenden, undeutlichen, grauen Saumlinien oder die Hinterflügel mit zwei scharfen schwarzen Linien im gelben Saume.
        1. Die Hinterflügel oben mit breitem, schwarzem Saume. Die Submarginalpunkte der hellen Querbinde gut entwickelt.   N:o 16.
        2. Der Saum der Hinterflügel ganz wie die Querbinde braungelb und von zwei schwarzen Linien durchzogen. Die Submarginalpunkte sehr klein oder fehlend.   N:o 17.

   11. Die helle Querbinde der Flügeloberseite in abgerundete, freie Flecke aufgelöst. In den Flecken 2—6 der Hinterflügel und 1 b—3 der Vorderflügel steht je ein Submarginalpunkt.
                                          N:o 18.

**. Der Saum der Hinterflügel stark gewellt, gelappt oder gezackt.

+. Die Hinterflügel mit gleichförmig abgerundetem oder an der Rippe 5 nur sehr schwach hervortretendem Saume.

1. Die schwarzen, oft weisspupillirten Submarginalpunkte der Hinterflügel klein und nicht zu Augenflecken entwickelt.

1. Die Submarginalpunkte der Hinterflügel liegen in der hellen Querbinde.

a. Die helle Querbinde der Hinterflügel auf beiden Seiten eben oder in Flecke aufgelöst.   N:o 19.

b. Die helle Querbinde der Hinterflügel zusammenhängend, auf der Aussenseite aber tief gelappt mit einem Submarginalpunkte in jedem Lappen.   N:o 20.

2. Die Submarginalpunkte der Hinterflügel liegen (hinter der hellen Querbinde) im dunklen Saumfelde.   N:o 21.

11. Die schwarzen Submarginalpunkte der Hinterflügel sind sehr gross und wenigstens in den Feldern 1 b und 2 zu wirklichen Augenflecken entwickelt; sie liegen alle dicht hinter der breiten, ockergelben Querbinde.   N:o 23.

++. Die Hinterflügel an der Rippe 5 mit kurzem Schwanzanhange.   N:o 22.

β. Die Flügel oben dunkelbraun—schwarzbraun ohne eigentliche helle Querbinde, aber mit zwei schwarzen Mittellinien, welche eine bald dunklere, bald etwas hellere (rothbraune) Querbinde einschliessen. Die Submarginalpunkte sind gross und wenigstens im Felde 2 der Hinterflügel zu einem Augenflecke entwickelt. Der Saum der Hinterflügel an der Rippe 5 deutlich, oft sehr stark geeckt.

*. Die Submarginalpunkte der Vorderflügel alle (6—7) oder fast alle mit weisser Pupille.
                                                                        N:o 24.

**. Die Submarginalpunkte der Felder 1 b—6 der Vorderflügel ohne weisse Pupille.

+. Die Vorderflügel oben hinter der Mitte mit drei weissen Flecken in den Feldern 4—6.
                                                                        N:o 25.

++. Die Vorderflügel oben ganz ohne weisse Flecke oder nur mit einem sehr kleinen, weissen Fleck im Felde 7.

1. Die äussere, schwarze Mittellinie der Vorderflügeloberseite fast gerade oder an der Rippe 5 nur wenig hervortretend, nach aussen von einer eintönigen Binde der Grundfarbe begrenzt. Die Grundfarbe rauchbraun—schwarzbraun.   N:o 26.

2. Die äussere, schwarze Mittellinie der Vorderflügeloberseite unregelmässig, zwischen den Rippen 4 und 5 stark hervortretend, dann zwischen 4 und 2 eingebogen, nach aussen von gelblichen Flecken begleitet. Die Grundfarbe der Flügeloberseite tief gelbbraun.
                                                                        N:o 27.

B. Die Wurzelhälfte der Vorderflügel blau. Die Hinterflügel oben mit 1—2 grossen Augenflecken (in den Feldern 2 und 5).

α. Der Saum der Hinterflügel an der Rippe 4 geeckt oder gezähnt. Die Mittelzelle der Vorderflügel oben mit 4 schwarzen Querlinien.   N:o 28.

β. Der Saum der Hinterflügel gleichförmig abgerundet. Die Mittelzelle der Vorderflügel mit 5—6 schwarzen Querlinien.

*. Die Hinterflügel unten bis weit über die Mitte hinaus fast einfarbig dunkelbraun ohne helle Querlinie, am Saume breit grauviolett mit einer schwarzen Submarginallinie. Die Hinterflügel auf beiden Seiten mit zwei Augenflecken.   N:o 29.

**. Die Hinterflügel unten mit einer hellen Querlinie über die Mitte und am Saume nicht breit violett.

1. Die Hinterflügel oben braun mit nur einem Augenflecke (im Felde 5) oder mit zwei ungleich grossen Augenflecken.   N:o 30.

2. Die Hinterflügel oben an der Wurzel blau mit zwei, fast gleich grossen Augenflecken.
                                                                        N:o 31.

1. **P. orithya** L. Die Hauptform nur in Asien.
var. **madagascariensis** GUENÉE, Vinson, Voy. Mad. Lep., p. 37 (1864). — MAB., Hist.
Mad. Lep. 1, p. 129, t. 14, f. 5 (1885—87); non f. 6, 7.
orithya WALLENGR., Rhop. Caffr., p. 27 (1857).
orithyia TRIMEN, Rhop. Afr. Austr., p. 327 (1866).
boopis TRIMEN, Trans. Ent. Soc. London 1879, p. 333 (1879); S. Afr. Butt., 1, p. 217,
t. 4. f. 2 (1887). — BUTLER, Proc. Zool. Soc. 1888, p. 62 (1888).
Congogebiet — Angola — Damara[10] — Natal — Delagoa Bay — Transvaal —
Matabeleland[35] — Manica[77] — Nyassaland[121] — Deutsch Ost-Afrika[55, 118] — Brit.
Ost-Afrika[22] — Somaliland[139] — Abyssinien?. Madagaskar.
var. **here** LANG, Entomol., 17, p. 206 (1884): Butterfl. of Eur., p. 373 (1884). —
BUTLER, Proc. Zool. Soc. 1884, p. 482 (1885). — cellula disc. alar. ant. supra strigis
rufis destituta.
Arabien.

2. **P. clelia** CRAMER, Pap. Exot. 1, p. 33, t. 21, f. E, F (1775). — GOD., Enc. Meth. 9,
p. 317 (1819). — LUCAS, Lep. Exot., p. 115, t. 60 (1835). — TRIMEN, Rhop. Afr.
Austr., p. 128, t. 3, f. 7 (1866); Trans. Ent. Soc. London 1870, p. 354 (1870); S.
Afr. Butt. 1, p. 214 (1887). — STAUD., Exot. Schm. 1, p. 99, t. 37 (1885). ···
KARSCH, B. E. Z. 38, p. 174 (1893).
oenone L., Mus. L. Ulr., p. 274 (1764).
Metam: TRIMEN, S. Afr. Butt. 1, p. 215 (1887).
Ueberall auf dem Festlande Afrikas (südl. von der Sahara). Sokotra[14a]. Comoren[89].
Aldabra[124].
var. **epiclelia** BOISD., Faune Mad., p. 44, t. 7, f. 3 (1833). Coll. Oberth. — LUCAS in:
Chenu, Enc. II. N., p. 105, f. 214 (1853). — MAB., Hist. Mad. Lep. 1, p. 127, t. 14,
f. 3, 4 (1885—87). — TRIMEN, S. Afr. Butt. 1. p. 216 (1887). — maculis albidis
alar. ant. minoribus; alis post. feminae macula coerulea nulla.
madagascariensis ♀ MAB., Hist. Mad. Lep. 1, p. 129, t. 14, f. 6, 7 (1885—87).
Madagaskar.

3. **P. oenone** L. (= *hierta* FABR.). Die Hauptform nur in Asien.
var. **cebrene** TRIMEN, Trans. Ent. Soc. 1870, p. 353 (1870); S. Afr. Butt. 1, p. 210 (1887).
— KARSCH, B. E. Z. 38, p. 174 (1893). — cellula disc. alar. ant. usque ad ultra
medium nigra, strigis nullis coeruleis.
oenone HÜBN., Samml. Exot. Schm. 2, t. 34, f. 1, 2 (1816—26). — GOD., Enc.
Meth. 9, p. 318 (1819) ex parte. — WALLENGR., Rhop. Caffr., p. 27 (1857). —
TRIMEN, Rhop. Afr. Austr., p. 125 (1862). — STAUD., Exot. Schm. 1, p. 99, t. 37,
(1885).
crebrene BUTLER, Trans. Ent. Soc. 1870, p. 524 (1870). Mus. Brit.
Metam.: TRIMEN, S. Afr. Butt. 1, p. 212, t. 1, f. 4 (1887).
Ganz Afrika südl. v. d. Sahara. Arabien[1a].
var. **paris** TRIMEN, S. Afr. Butt. 1, p. 212 (1887). Mus. Capens. — cellula disc. alar.
ant. fere tota nigra, strigis duabus coeruleis ornata.

oenone Mab., Hist. Mad. Lep. 1, p. 130 (1887).
Madagaskar.

4. **P. hadrope** Doubl. & Hew., Gen. D. Lep., p. 209, t. 25, f. 2 (1847). Mus. Brit. — H.
Schleffer, Samml. ausserelr. Schm., f. 99, 100 (1850). — Staud., Exot. Schm. 1,
p. 99 (1885).
♀ *ixia* Butler, Ent. M. Mag. 2. p. 227 (1866); Lep. Exot., p. 85, t. 33, f. 1 (1872).
Mus. Brit.
Ashanti.

5. **P. Westermanni** Westw., Ent. M. Mag. 6, p. 278 (1870); Thes. Oxon., p. 182, t. 34,
f. 7 ♂, 8 ♀ (1874). — Staud., Exot. Schm. 1, p. 99, t. 37 (1885).
Kamerun — Congogebiet: Abunonbasi, Yambuya[45, 46]. Niam-Niam. Ruwenzori.
Monbuttu[4]. Angola. Brit. Ost-Afrika: Teita[21].

6. **P. sophia** Fabr., Ent. syst. 3: 1, p. 248 (1793). — Donov., Ins. India, t. 36, f. 3
(1800). — God., Enc. Meth. 9, p. 823 (1823). — Staud., Exot. Schm. 1, p. 100,
t. 37 (1885). — Trimen, S. Afr. Butt. 1, p. 221 (1887). — Auriv., Ent. Tidskr.
15, p. 274 (1894).
Metam.: Auriv., Ent. Tidskr. 15, p. 274. t. 4, f. 1—1 d (1894).
Senegal — Sierra Leona — Liberia[73] — Elfenbeinküste[57] — Niger[74] — Old Calabar[67]
— Kamerun — Gabun — Congogebiet[45, 47]: Stanley Fälle. Natal. Fernando Po.
var. **infracta** Butler, Proc. Zool. Soc. 1888, p. 63 (1888). Mus. Brit. — maculis pallidis in arcis 1 b et 2 alar. ant. linea flexuosa nigra ab angulo postico cellulæ ad
costam 1 ducta haud divisis.
sophia? Rogenh., An. Mus. Wien 6, p. 460 (1891).
Deutsch Ost-Afrika[54, 55a]. Ruwenzori[110]. ? Abyssinien[48].

7. **P. octavia** Cramer, Pap. Exot. 2, p. 60, t. 135, f. B, C (1777). — Herbst. Naturs.
Schm. 7. p. 89, t. 166, f. 3, 4 (1794). — God., Enc. Meth. 9, p. 322 (1819). —
Karsch, B. E. Z. 38, p. 175 (1893). — forma æstivalis: minor colore fundi supra
brunneo-rubro.
var. hib. **amestris** Drury, Ill. Exot. Ins. 3, p. 26, t. 20, f. 3, 4 (1782). — Herbst,
Naturs. Schm. 7, p. 156, t. 177, f. 1, 2 (1794). — Dewitz, B. E. Z. 29, p. 142,
t. 2, f. 4 (1885). — Karsch, B. E. Z. 38, p. 175, 176 (1893). — a forma hibernali meridionali (*sesamus*) differt alarum parte basali supra haud aut vix cæruleo-
tincta cellulaque disc. alar. ant. strigis 1—2 rubris ornata.
zingha Fabr., Mant. Ins. 2, p. 48 (1787). Mus. Havniæ.
cnuma God., Enc. Meth. 9, p. 315 (1819).
Sierra Leona — Liberia — Togo[84] — Kamerun[64, 69]: Baliburg[69] — Congogebiet:
Kassai[43], Ubangi, Zongo, Mokoange, Amadi, Bangala, Niam-Niam. — Aequatoria[4].
Abyssinien[3] (var. *sesamus?*). Deutsch Ost-Afrika: Nord-Urundi[55a].
var. geogr. **natalensis** Staud., Exot. Schm. 1, p. 101 (1885). Coll. Staud. — forma
æstivalis; major colore fundi supra magis dilatato, læte rubro.

octaria ANGAS, Kafirs Illustr., t. 30. f. 8 (1849). — WALLENGR., Rhop. Caffr., p. 26
(1857). — TRIMEN, Rhop. Afr. Austr., p. 130 (1862). — STAUD., Exot. Schm. 1,
t. 38 (1885). — TRIMEN, S. Afr. Butt. 1, p. 229; 3, p. 400 (1887—89).
calescens BUTLER, Proc. Zool. Soc. 1893, p. 652 (1894). Mus. Brit.
Metam.: TRIMEN, S. Afr. Butt. 1, p. 230 (1887).
var. hib. **sesamus** TRIMEN, Trans. Ent. Soc. London 1883, p. 347 (1883); S. Afr. Butt.
1, p. 231, t. 4, f. 3 (1887); 3, p. 401 (1889). — MARSHALL, An. X. H. (7) 2, p.
30 (1898). — a forma typica hibernali differt alar. parte basali supra plus minus
dense caeruleo-tincta cellulaque disc. alar. ant. strigis rubris destituta.
Metam.: TRIMEN, S. Afr. Butt. 1, p. 232; 3, p. 401. — MARSHALL, An. X. H.
(7) 2, p. 32 (1898).
Süd Angola[10] — Ovamboland[10] — Kap Kolonie — Kafternland — Natal — Transvaal — Delagoa Bay — Matabeleland — Manicaland[77] — Mashunaland[141] — Zambezi[24] — Nyassaland[36, 37] — Deutsch Ost-Afrika[54, 55a, 118] — Brit. Ost-Afrika[21, 22] —
Somaliland[139, 144]. Ruwenzori[119].

Schon früher waren merkwürdige Zwischenformen zwischen *P. octaria* und *amestris*
(Vergl. DEWITZ, B. E. Z. 29, p. 142, t. 2, f. 1—3 (1885) und OBERTHÜR, An. Mus.
Genov. 18, p. 721 (1883)) und zwischen *natalensis* und *sesamus* (Vergl. TRIMEN, S.
Afr. Butt. 1, p. 230, 233, t. 4, f. 4; 3, p. 401 und MARSHALL, Trans. Ent. Soc.
London 1896, p. 557, 560 (1896)) bekannt geworden. Diese Stücke konnten damals
nur als Hybriden betrachtet werden. Durch MARSHALLS soeben veröffentlichte, hoch-
interessante Entdeckung (An. X. H. (7) 2, p. 30—40, 1898) ist es aber nunmehr
festgestellt geworden, dass *amestris* nur die Winterform von *octaria*, und *sesamus*
nur die Winterform von der südöstlichen Lokalrasse, *natalensis*, ist. Hierdurch
werden die eigenthümlichen Zwischenformen sehr einfach erklärt.

Bei Stücken von *natalensis* aus Ost-Afrika ist die rothe Grundfarbe noch mehr als
bei den südafrikanischen ausgebreitet und der schwarze Saum und die schwarze
Wurzel dadurch schmäler.

8. **P. simia** WALLENGR., Rhop. Caffr., p. 26 (1857). Mus. Holmiae. — TRIMEN, S. Afr.
Butt. 1, p. 227 (1887); Proc. Zool. Soc. 1894, p. 33, t. 4, f. 5 (1894). — MAR-
SHALL, Trans. Ent. Soc. London 1896, p. 559 (1896). — ? = *evania*, forma aestivalis.
octaria var.? TRIMEN, Rhop. Afr. Austr., p. 335 (1866).
micromera BUTLER, An. X. H. (4) 18, p. 482 (1876). Mus. Brit. — BUTLER, Proc.
Zool. Soc. 1894, p. 15 note (1894).
Natal — Manicaland[77] — Nyassaland[36] — Mero-See[36] — Lomani Fluss (6° s. B.)
— Deutsch Ost-Afrika — Brit. Ost-Afrika[22, 142] — Aequatoria: Wadelai[4] — Abys-
sinien.

9. **P. Trimeni** BUTLER, Proc. Zool. Soc. 1893, p. 651, t. 60, f. 4 (1894). Mus. Brit. —
BUTLER, Proc. Zool. Soc. 1896, p. 824 (1897). — Praecedentis aberr.??
Mashuna[141] — Nyassaland: Zomba. — Deutsch Ost-Afrika: Zanzibar, Bagamoyo,
Mamboia.

10. **P. antilope** FEISTH., An. E. Fr. (2) 8, p. 250 (1850). Coll. Oberth. — fascia media nigra alar. ant. continua; signaturis nigris majoribus.
ibris FELDER, Reise Novar. Lep., p. 403 (1867). Mus. Francof.
Petersi DEWITZ, N. Acta Acad. N. Cur. 41: 2, p. 192, t. 25, f. 14 (1879). Mus. Berol.
— TRIMEN, Proc. Zool. Soc. 1891, p. 75 note (1891).
cuama TRIMEN, Proc. Zool. Soc. 1891, p. 74 (1891). — LANZ, Iris 9, p. 135 (1896).
BUTLER, An. N. H. (6) 18, p. 71 (1896).
Senegal. Mukenge[65] — Süd Angola[10] — Ovamboland[10] — Mashuna[141] — Manicaland[77] — Nyassaland[36] — Deutsch Ost-Afrika[55, 55a, 118] — Brit. Ost-Afrika[21, 22] — Wadelai[4] — Abyssinien.

ab. (var.?) **cuama** HEW., Exot. Butt. Junonia. t. 1. f. 4, 5 (1864). Mus. Brit. — TRIMEN, Proc. Zool. Soc. 1894, p. 33 (1894) ex parte. — signaturis nigris minoribus, magis partitis, punctis duobus primis submarginalibus alar. ant. albopupillatis. Zambezi — Manicaland.

11. **P. tukuoa** WALLENGR., Rhop. Caffr., p. 25 (1857). Mus. Holmiæ. — TRIMEN, S. Afr. Butt. 1, p. 226 (1887). — Sequentis forma temp.?[1]
Natal — Zululand — Transvaal — Mashuna — Manica[77] — Zambezi.

12. **P. ceryne** BOISD., Voy. Deleg. 2, p. 592 (1847). Coll. Oberth. — WALLENGR., Rhop. Caffr., p. 25 (1857). — TRIMEN, Rhop. Afr. Austr., p. 131, t. 3, f. 4 (1862—66); S. Afr. Butt. 1, p. 224 (1887).
Kamerunhinterland: Yaunde. Mukenge[42] — Angola[7]. Kaffernland — Natal - Zululand — Transvaal — Manica[77] — Zambezi[24] — Nyassaland[36] — Mero See[36].

13. **P. pelarga** FABR., Syst. Ent., p. 513 (1775). Mus. Brit. — major, circit. 50 mm., margine exteriore alar. ant. ad costam 6[am] angulato, fascia alar. rubra—flavorufa.
? laodora GOD., Enc. Meth. 9, p. 314 (1819).
Kamerun[6]. Congo (übrige Lokalangaben unsicher).

var.? (ab.?) **galami** BOISD., Faune Mad., p. 46 (1833). Coll. Oberth. — minor, circit. 45 mm., margine exteriore alar. ant. ad costam 6[am] rotundato aut vix angulato, fascia alar. pallide flava, sæpe intus albescente.
Senegal — Sierra Leona. Congogebiet: Isangi (DEWÈVRE: Mus. Brux.). ??Nyassaland[36]. ? Ruwenzori[119].

14. **P. leodice** CRAMER, Pap. Exot. 2, p. 64, t. 138, f. G, H (1777). — HERNST, Naturs. Schm. 7, p. 124, t. 171, f. 6, 7 (1794). — fascia alarum fulva, intus sæpe plus minus alba.
laodice PALISOT, Ins. Afr. et Amer., p. 173, t. 4, f. 2 a, 2 b (1805—21). — BRANDES, Zeitschr. f. Naturw. 66, p. 293, t. 2, f. 7 (1893).
pelarga DRURY, Ill. Exot. Ins. 3, p. 35 (1782). — ♂ TRIMEN, Rhop. Afr. Austr., p. 136 (1862).
monroviana STAUD., Exot. Schm. 1, p. 100 (1885). Coll. Staud.

---

[1] Vergl. MARSHALL, Trans. Ent. Soc. London 1896, p. 557, 559 (1896).

Sierra Leona — Liberia — Togo[54] — Ashanti. Ubangi Fluss. Niam-Niam. ?? Deutsch Ost-Afrika[55].

ab. **harpyia** FABR., Spec. Ins. 2, p. 104 (1781). Mus. Brit. — fascia alarum intus latissime coerulea.

pelarga DRURY, Ill. Exot. Ins. 3, t. 27, f. 1, 2 (1782) (non descriptio). — STOLL, Suppl. Cramer, p. 128, t. 27, f. 2, 2a (1790). — GOD., Enc. Meth. 9, p. 313 (1819). — ♀ TRIMEN, Rhop. Afr. Austr., p. 136 (1862).

trullus HERBST, Naturs. Schm. 7, p. 108, t. 169, f. 6, 7 (1794).

Sierra Leona. Bangasso am oberen Ubangi.

15. **P. actia** DISTANT, Proc. Zool. Soc. 1880, p. 185, t. 19, f. 7 (1880). Coll. Horniman. — TRIMEN, S. Afr. Butt. 3, p. 401 note (1889).

cetula STAUD., Exot. Schm. 1, p. 101 (1885). Coll. Stand. — LANZ, Iris 9, p. 135 (1896).

Portug. Ost-Afrika — Mero See[66] — Nyassaland: Zomba[37] — Deutsch Ost-Afrika[54, 118].

16. **P. milonia** FELDER, Reise Novara Lep., p. 403 (1867). Mus. Tring. — AURIV., Ent. Tidskr. 15, p. 275 (1894). — alae anticae modice falcatae: fascia alar. ant. in area 2ᵃ 8 (♂) — 11 (♀) mm. lata.

koirara WARD, Ent. M. Mag. 8, p. 22 (1871); Afr. Lep., p. 6, t. 5, f. 5, 6 (1873). Coll. Oberth.

Old Calabar — Kamerun — Congogebiet. Ruwenzori[119].

var.? (ab.?) **aurorina** BUTLER, Proc. Zool. Soc. 1893, p. 651, t. 60, f. 3 (1894). Mus. Brit. — BUTLER, Proc. Zool. Soc. 1895, p. 628 (1895); l. c. 1896, p. 111 (1896); An. N. H. (6) 18, p. 72 (1896); Proc. Zool. Soc. 1898, p. 397 (1898). — alae anticae ad costam 6ᵃᵐ tantum angulatae; fascia alar. ant. angustiore, in area 2ᵃ circit. 6 mm. lata[1] (♂).

Nyassaland. Brit. Ost-Afrika[142, 146].

var.? **pyriformis** BUTLER, Proc. Zool. Soc. 1895, p. 726, t. 42, f. 5, 6 (1896). Mus. Brit. — alae ant. modice falcatae, posticae elongatae; fascia alar. angusta, in area 2ᵃ ant. circit. 6 mm. lata (♂).

Ruwenzori. Brit. Ost-Afrika[142].

ab. (hybr.?) **pelargoides** AURIV., Ent. Tidskr. 12, p. 204 (1891). Mus. Holmiae. — alae subtus strigis marginalibus albis ornatis; alae ant. paullo minus falcatae; cetera ut in *sinuata*. (? — *pelarga* × *sinuata*).

Kamerun.

°var.? **rauana** SMITH, Nov. Zool., 5, p. 352 (1898). Mus. Tring.

Brit. Ost-Afrika: Nandi.

---

[1] Alle übrigen, von BUTLER (Pr. Z. Soc. 1895, p. 628) angeführten Kennzeichen finde ich ebenso gut bei Stücken aus Kamerun ausgeprägt. Ueberhaupt ist es mir nicht gelungen, einige konstante Unterschiede zwischen den hier aufgeführten Formen von *milonia* zu finden, und ich muss sie darum alle fortwährend als Zeit- und Localformen einer Art betrachten,

var. (temp.?) **sinuata** PLÖTZ. S. E. Z. 41, p. 477 (1880). Mus. Gryph. — AURIV., Ent. Tidskr. 12. p. 203 (1891). — alæ ant. valde falcatæ et ad costam 4^{am} et 5^{am} profunde emarginatæ; fascia alar. ant. angustiore, in area 2^a circiter 6 mm. lata. *serena* WEYMER, S. E. Z. 53, p. 86 (1892). Coll. Weymer. Sierra Leona. Kamerun. Brit. Ost-Afrika[21] (*tugela*?).

var. **tugela** TRIMEN, Trans. Ent. Soc. 1879, p. 334 (1879); S. Afr. Butt. 1, p. 241, t. 4, f. 5 (1887); 3, p. 402 (1889). — MARSHALL, Trans. Ent. Soc. 1896, p. 558, (1896). — alæ ant. valde falcatæ processu longo, recto, angusto; margine pone processum vix emarginato; fascia alar. sæpe ochracea, lata ut in forma typica. Pungo Andongo — Natal — Zululand — Transvaal — Nyassaland[38] — Deutsch Ost-Afrika[54, 55a].

17. **P. eurodoce** WESTW., Gen. D. Lep., p. 325, note, t. 54*, f. 1 (1850). — STAUD., Exot. Schm. 1, p. 104, t. 39 (1885—86). — MABILLE, Hist. Mad. Lep. 1, p. 144, t. 15, f. 6—9 (1885—87). Madagaskar.

18. **P. coelestina** DEWITZ, N. Acta Acad. Nat. Cur. 41: 2, p. 193, t. 25, f. 13 (1879). Mus. Berol. Kamerun: Baliburg[69]. Im inneren von Angola.

19. **P. archesia** CRAMER, Pap. Exot. 3, p. 44. t. 219, f. D, E (1779). — HERBST, Naturs. Schm. 7, p. 150, t. 175, f. 5, 6 (1794). — GOD., Enc. Meth. 9, p. 316 (1819). — WALLENGR., Rhop. Caffr., p. 25 (1857). — TRIMEN, Rhop. Afr. Austr., p. 133 (1862); S. Afr. Butt. 1, p. 234 (1887); Proc. Zool. Soc. 1894, p. 34 (1894). — BUTLER, Proc. Zool. Soc. 1895, p. 258 (1895). — MARSHALL, Trans. Ent. Soc. London 1896, p. 561 (1896). — alæ ant. supra strigis transv. cellulæ disc. ramoque interiore fasciæ pallidæ coeruleis; alæ subtus nebulosæ, marmoratæ fascia indistincta; forma hibernalis. Kap Kolonie — Kafferuland — Natal — Transvaal[85] — Mashunaland[141] — Manica[77] — Zambezi — Nyassaland[37] — Deutsch Ost-Afrika[55a].

ab. **Staudingeri** DEWITZ, Nova Acta Acad. Nat. Cur. 41: 2, p. 193, t. 25, f. 15 (1879). Mus. Berol. — TRIMEN, S. Afr. Butt. 1, p. 235 (1887). — BUTLER, Proc. Zool. Soc. 1895, p. 259 (1895). — LANZ, Iris 9, p. 134 (1896). — alæ supra ut in forma typica coloratæ, sed subtus non marmoratæ. Angola — Nyassaland[37, 118].

var. **semitypica** n. var. — transitus ad *pelasgis*[1]. *pelarga* WALLENGR., Rhop. Caffr., p. 25 (1857). *archesia* var. A. TRIMEN. S. Afr. Butt. 1, p. 235 (1887). Natal.

var. æstiv. **pelasgis** GOD., Enc. Meth. 9, p. 820 (1823). — WALLENGR., Rhop. Caffr., p. 25 (1857). — TRIMEN, Rhop. Afr. Austr., p. 135 (1862); S. Afr. Butt. 1, p. 236

---

[1] Wenn *pelasgis* eine selbständige Art ist, muss diese Form eine Hybride sein.

(1887); 3, p. 402 (1889); Proc. Zool. Soc. 1894, p. 34 (1894). — Brandes, Zeitschr.
f. Naturw. 66, p. 203, t. 2, f. 8 (1893). — alæ ant. supra strigis nullis coeruleis
in cellula disc.; fascia alar. lata et continua. supra tota flavescente, infra lactea,
distinctissima; alæ infra unicolores, nigrescentes.

Congo[45] — Angola[65, 10] — Kap Kolonie — Kaffernland — Natal — Transvaal —
Mashuna[141] — Manica[77] — Nyassaland[125] (Uebergänge zu *chapunga*). ? Brit. Ost-
Afrika[142].

ab. **chapunga** Hew., Exot. Butt. Junonia, t. 1, f. 2, 3 (1864). Mus. Brit. - Trimen, S. Afr Butt. 1, p. 237 (1887). — Butler, Proc. Zool. Soc. 1893, p. 651
(1894). — fascia alar. angusta aut in maculas dissoluta, cetera ut in *pelasgis*.
Zambezi — Nyassaland — Deutsch Ost-Afrika.

°20. **P. guruana** Rogenh., Verh. z. b. Ges. Wien 41, p. 564 (1891). Mus. Vindob.
Deutsch Ost-Afrika: N'Guru, N'Goroine[55a] — Brit. Ost-Afrika[146].

21. **P. limnoria** Klug, Symb. Phys., t. 48, f. 6, 7 (1845). Mus. Berol.
Arabien.

var.? (ab.?) **naib** Guérin, Lefeb. Voy., t. 11, f. 1, 2 (1849). — transitus ad var. seqv.
Abyssinien.

var. **taveta** Rogenh., Ann. Mus. Wien 6, p. 460, t. 15, f. 7 (1891). Mus. Vindob.
Kilimanjaro[55a] — Brit. Ost-Afrika[142, 146]; Taveta, etc.[21, 22] — Somaliland[82, 139, 144].

22. **P. andremiaja**[1] Boisd., Faune Mad., p. 45 (1833). Coll. Oberth. — Guenée, Vinson
Voy. Lep., p. 36 (1865). — Butler, An. N. H. (5) 2, p. 286 (1878). — Staud.,
Exot. Schm. 1, p. 100 (1885). — alæ subtus haud marmoratæ, basi albomaculatæ;
fascia lata distincta, albida.

♀ *galami* Mab., Hist. Mad. Lep. 1, p. 137, t. 13, f. 10, 11; t. 18a, f. 2, 3 (1885
—87).
Madagaskar.

var. (temp.) **musa** Guérin, Icon. R. Anim., p. 474 (1884). — Mab., Hist. Mad. Lep.
1, p. 138, t. 13, f. 12, 13 (1885—87). — alæ subtus marmoratæ maculis basalibus haud clare albis fasciaque obsoleta.

♂, ♀ *andremiaja*, Staud., Exot. Schm. 1, t. 38 (1885).
♂ *andremiaja* Mab., Hist. Mad. Lep. 1, p. 135, t. 13, f. 8, 9; t. 18a, f. 1 (1885
—87).
Boisduvali Staud., Exot. Schm. 1, p. 100 (1885). Coll. Staud.
Madagaskar.

23. **P. terea** Drury, Ill. Exot. Ins. 2, p. 32, t. 18, f. 3, 4 (1773). — Cramer, Pap.
Exot. 2, p. 63, t. 138, f. E, F (1777). — Herbst, Naturs. Schm. 7, p. 122, t.
171, f. 3—5 (1794). — God., Enc. Meth. 9, p. 314 (1819). — Staud., Exot.

---

[1] Diese Art und ihre Zeitform *musa* bietet viele Vergleichungspunkte mit *ceryne-tukuoa* dar. Diese
Arten sind jedoch nicht sehr nahe verwandt, denn die Hinterflügel sind bei *ceryne* an der Rippe 4, bei *andremiaja* aber an der Rippe 5 geschwänzt.

Schm. 1. p. 100 (1885). — KARSCH, B. E. Z. 38, p. 174 (1893). — fascia alar. latissima, linea fusca partita.

Sierra Leona — Liberia[73] — Elfenbeinküste[57] — Ashanti[16] — Togo[84] — Niger[74] — Kamerun — Gabun — Congogebiet — Angola (Uebergänge zu *elgiva*). Niam-Niam. Brit. Ost-Afrika[21, 22]. Aequatoria[4].

var. elgiva HEW., Exot. Butt. Junonia, t. 1, f. 1 (1864). Mus. Brit. — STAUD., Exot. Schm. 1, p. 100, t. 37 (1885). — TRIMEN, S. Afr. Butt. 1. p. 240 (1887). — MARSHALL, Trans. Ent. Soc. London 1896, p. 558 (1896). — fascia alar. angustior, haud partita, colore enim basali fusco usque ad lineam extenso.
zipha BUTLER, Cist. Ent., 1. p. 7 (1869).
Angola. Natal — Manica[77] — Zambezi — Nyassaland[36] — Mero Sec[36] — Deutsch Ost-Afrika[54, 55]. — Brit. Ost-Afrika[142]: Taveta[19].

24. **P. Goudoti** BOISD., Faune Mad., p. 45, t. 7, f. 1 (1833). Coll. Oberth. — MAB., Hist. Mad. Lep. 1. p. 133, t. 13, f. 6, 7 (1885—87).
Madagaskar.

25. **P. natalica** FELDER, Wien. E. Mon. 4. p. 106 (1860). — MAB., Hist. Mad. Lep. 1. p. 134, t. 13, f. 5 (1885—87). — TRIMEN, S. Afr. Butt. 1, p. 238 (1887). — MARSHALL, Trans. Ent. Soc. London 1896, p. 558 (1896).
chorimene ♀ HOPFFER, Peters Reise Mossamb. Ins., p. 381 (1862).
hecate TRIMEN, Rhop. Afr. Austr., p. 140, t. 3, f. 6 (1862—66).
Angola[7] — Matabeleland[35]. Natal — Manica[77] — Zambezi[24] — Nyassaland[36] — Deutsch Ost-Afrika[54, 55a, 118]. — Brit. Ost-Afrika[20—22, 142]. Madagaskar. ?? Old Calabar. (Coll. Hew.)

26. **P. stygia** AURIV., Ent. Tidskr. 15, p. 275 (1894). Mus. Holmiae. — margine alar. undulato.
ethyra STAUD., Exot. Schm. 1, p. 102, t. 38 (1883). — KARSCH, B. E. Z. 38, p. 175 (1893).
Elfenbeinküste[57] — Ashanti — Togo[84] — Old Calabar[67] — Kamerun — Gabun — Congogebiet — Angola.

var. Gregorii BUTLER, Proc. Zool. Soc. 1895, p. 726, t. 42, f. 7, 8 (1896). Mus. Brit. margine alar. fere integro.
Ruwenzori[119]. Brit. Ost-Afrika[22].

27. **P. chorimene** GUÉRIN, Icon. R. Anim., p. 476 (1844). KARSCH, B. E. Z. 38, p. 175 (1893). — alae posticae subtus maculis 1—2 costalibus flavo-albidis ornatae.
ethyra FEISTH., An. E. Fr. (2) 8, p. 250 (1850).

ab. orthosia KLUG, Symb. Phys., t. 48, f. 8, 9 (1845). Mus. Berol. — alae post. infra maculis costalibus pallidis destitutae. Nomen vix conservandum.
Senegal — Sierra Leona — Assinie[57] — Ashanti[16] — Togo[84]. Congogebiet: Sassa am Ubangi-Fluss, Aruwimi[46] — Aequatoria[4] — Abyssinien[3]. Arabien.

28. **P. rhadama** Boisd., Faune Mad., p. 44, t. 7, f. 2 (1833). Coll. Oberth. — Guérin, Icon. R. Anim., p. 475 (1844). — Hopffer, Peters Reise Mossamb. Ins., p. 380 (1862). — Trimen, Trans. Ent. Soc. London (3) 5, p. 333 (1866). — Saalm, Lep. Mad. 1, p. 78, t. 1, f. 4—6 (1884). — Staud., Exot. Schm. 1, p. 100, t. 37 (1885). — Mab., Hist. Mad. Lep. 1, p. 131, t. 14, f. 8—10 (1885—87). Metam.: Oberth., Etud. d'Ent. 12, p. 16, t. 4, f. 1 (1888). Küste von Mossambik: Querimba[79]. Comoren[98]. Madagaskar. Bourbon[99]. Mauritins[109]. Rodriguez[110].

29. **P. Nachtigalli** Dewitz, N. Acta Acad. N. Cur. 41: 2, p. 194, t. 25, f. 16 (1879). Mus. Berol. — Trimen. Proc. Zool. Soc. 1891, p. 76 (1891). — sequentis forma temp.? Angola Hinterland (10° s. B.). Nyassaland[36].

30. **P. artaxia** Hew., Exot. Butt. Junonia, t. 1, f. 6 (1864). — Trimen, Proc. Zool. Soc. 1891, p. 75 (1891); l. c. 1894, p. 35 (1894). — Lanz, Iris 9, p. 132 (1896). — Marshall, Trans. Ent. Soc. London 1896, p. 561 (1896). Süd Angola[10]. Mashunaland[10, 141] — Manica[77] — Zambezi — Nyassaland[36] — Mero See[36] — Deutsch Ost-Afrika[55a].

31. **P. touhilimasa** Vuillot, An. E. Fr. 61, Bull., p. 148 (1892). Coll. Vuillot. — Lanz, Iris 9, p. 134 (1896). *paronina* Butler, Proc. Zool. Soc. 1895, p. 257, t. 16, f. 1—3 (1895). Mus. Brit. Westküste von Tanganika See: Mpala, Fwambo[17] — Hochplateau zwischen Nyassa und Tanganika[118].

5. **Catacroptera** Karsch.

< *Precis* Auct.
= *Catacroptera* Karsch, B. E. Z. 39, p. 2 (1894).

1. **C. cloanthe** Cramer, Pap. Exot. 4, p. 93, t. 338, f. A, B (1781). — Herbst, Naturs. Schm. 7, p. 152, t. 176, f. 3, 4 (1794). — alis infra flavescentibus.
cloantha God., Enc. Meth. 9, p. 322 (1819). — Lucas, Lep. Exot., p. 113, t. 59 (1835); Chenu, Enc. H. N. Pap., t. 26, f. 3 (1852). — Wallengr., Rhop. Caffr., p. 24 (1857). — Trimen, Rhop. Afr. Austr. 1, p. 137 (1862); S. Afr. Butt. 1, p. 222 (1887). — Staud., Exot. Schm. 1, p. 101, t. 38 (1885). — Karsch, B. E. Z. 38, p. 176 (1893).
Metam.: Trimen, Proc. Zool. Soc. 1894, p. 32 note (1894).
var. (temp.? ab.?) **obscurior** Staud., Exot. Schm. 1, p. 101 (1885). Coll. Staud. — alis infra brunneo-fuscis.
Sierra Leona. — Ashanti[64] — Togo[84]. Angola[6, 7]. Kap Kolonie — Kaffernland — Natal — Transvaal — Matabeleland[35] — Manica[77] — Zambezi[24] — Nyassaland[36] — Deutsch Ost-Afrika[54, 55a] — Brit. Ost-Afrika[19, 21, 22] — Aequatoria[4] — Abyssinien[3].

6. Salamis Boisd.

< *Salamis* Boisd., Faune Mad., p. 46 (1833). — Doubl., Gen. D. Lep., p. 211 (1849). — Felder, Nov. Acta Acad. N. Cur. 28, p. 13 (1861). — H. Schæffer, Prodr. Syst. Lep. 1, p. 26 (1864).

— *Salamis* Trimen, S. Afr. Butt. 1, p. 243 (1887). — Schatz & Röber, Exot. Schm. 2, p. 127, t. 17 (1887). — Karsch, B. E. Z. 38, p. 171 (1893). — E. Reuter, Acta Soc. Sc. Fenniæ 22: 1, p. 67 (1896).

> *Protogoniomorpha* Wallengr., Rhop. Caffr., p. 23 (1857).

Uebersicht der Arten.

A. Der Saum der Hinterflügel am Ende der Rippe 5 geeckt oder kurz geschwänzt.

   α. Die Hinterflügel oben wenigstens bis zur Mitte blau, dann braungrau mit 1—5 Augenflecken und zwei schwarzen Saumlinien.   N:o 1.

   β. Die Hinterflügel oben an der Wurzel schwarz, mehr oder weniger blauschillernd, dann mit breiter, heller (hellblauer—weisser) Mittelbinde.   N:o 2.

B. Der Saum der Hinterflügel gleichförmig abgerundet oder am Ende der Rippe 4 am weitesten hervortretend, gelappt oder geschwänzt.

   α. Die Flügel oben mit weisser—weisslicher, stark perlmutterglänzender Grundfarbe.

      1. Die Hinterflügel am Analwinkel geeckt, nicht aber eigentlich geschwänzt.   N:o 3.

      2. Die Hinterflügel am Analwinkel mit deutlichem Schwanzanhange.   N:o 4.

   β. Die Flügel oben tief braun; die Spitze der Vorderflügel bis zum Hinterwinkel breit schwarz. Die Unterseite äusserst veränderlich, blattnachahmend.

      1. Die Flügel oben dunkel zimmtbraun ohne violetten Glanz; die Hinterflügel am Saume heller. Die schwarze Vorderflügelspitze mit einem weissen Flecke.   N:o 5.

      2. Die Flügel oben rothbraun mit violettem Glanze; die Hinterflügel am Saume dunkler.

        a. Die Vorderflügel nahe am Innenrande des schwarzen Spitzentheiles mit einer blauen—weissen Querbinde in den Feldern 3—6 (9—10). Die Hinterflügel abgerundet.   N:o 6.

        b. Die schwarze Vorderflügelspitze einfarbig oder nur mit einem weissen Punkte im Felde 7 (8). Die Hinterflügel an der Rippe 4 kurz geschwänzt.   N:o 7.

1. **s. temora** Felder, Reise Novaras Lep., p. 404 (1867). Mus. Tring. — Staud., Exot. Schm. 1, p. 102, t. 38 (1885).

  amarantha Butler, Cist. Ent. 1, p. 6 (1869). Mus. Brit.

  Old Calabar — Kamerun. Angola-Hinterland[65]. Bangasso am oberen Ubangi. Deutsch Ost-Afrika: Lindi, N'Guru, Bagamoyo (Coll. Staud.).

2. **s. cytora** Doubl. & Hew., Gen. D. Lep., p. 211, t. 25. f. 5 (1847). Mus. Brit. — Staud., Exot. Schm. 1, p. 102 (1885). — Karsch, B. E. Z. 38, p. 176 (1893). Metam.: Karsch, B. E. Z. 38, p. 177 (1893).

  Sierra Leona[81]. — Ashanti — Togo[84].

3. **S. anacardii** L.., Syst. Nat., ed. 10, p. 467 (1758). Mus. Upsal. — CLERCK, Icon. Ins.
2, t. 28, f. 3 (1764). — L., Mus. L. Ulr., p. 236 (1764). — minor, parum virescens
apice alar. ant. latius nigro.
nebulosa TRIMEN, Trans. Ent. Soc. 1881, p. 441 (1881): S. Afr. Butt. 1. p. 246, t.
4, f. 6 (1887); Proc. Zool. Soc. 1894, p. 35 (1894).
definita BUTLER, Proc. Zool. Soc. 1893, p. 653 (1894).
aglatonice BUTLER, Proc. Zool. Soc. 1894, p. 564 (1894).

ab. **parhassus** DRURY, Ill. Exot. Ins. 3, p. 4, t. 4, f. 1, 2 (1782). — major, magis
virescens et margaritaceo-micans, apice alar. ant. angustius nigro. Nomen vix conservandum.
œthiops PALISOT, Ins. Afr. et Amer., p. 22, Lep. t. 3 (1805).
aglatonice GOD., Enc. Meth. 9, p. 299 (1819). — LUCAS, Lep. Exot., p. 110, t. 57,
f. 2 (1835).
anacardii WALLENGR., Rhop. Caffr., p. 24 (1857). — TRIMEN, Rhop. Afr. Austr., p.
141 (1862). — STAUD., Exot. Schm. 1, p. 102, t. 38 (1885). — TRIMEN, S. Afr.
Butt., 1, p. 244 (1887). — KARSCH, B. E. Z. 38, p. 176 (1893).
Metam.: AURIV., Ent. Tidskr. 15, p. 276, t. 4, f. 2, 2a, 2b (1894).
Ueber das ganze Festland Afrikas (südl. von der Sahara) mit Ausnahme vom Somali-
Land und Abyssinien verbreitet. Die Hauptform ist mir jedoch aus Nordwest-Afrika
(Sierra-Leona — Gabun) nicht bekannt.

4. **S. Duprei** VINSON, An. E. Fr. (4) 3, p. 424, t. 10 (1863); Voy. Mad., p. 573, t. 5
(1865). — MAB., Hist. Mad. Lep. 1, p. 139, t. 16, f. 1—4 (1885—87). — STAUD.,
Exot. Schm. 1, p. 102 (1885).
♀ *definita* BUTLER, An. N. H. (5) 4, p. 230 (1879), Mus. Brit.
Metam.: VINSON, An. E. Fr., (4) 3, p. 425 (1863).
Madagaskar.

5. **S. augustina** BOISD., Faune Mad., p. 47, t. 8, f. 1 (1833). — TRIMEN, Trans. Ent. Soc.
(3) 5, p. 334 (1866). — STAUD., Exot. Schm. 1, p. 102 (1885). — MAB., Hist.
Mad. Lep. 1, p. 142, t. 15, f. 1, 2 (1885—87).
Madagaskar. Bourbon[88]. Mauritius[109].

6. **S. anteva** WARD., Ent. M. Mag. 6, p. 225 (1869): Afr. Lep., p. 5, t. 5, f. 2—4 (1873).
Coll. Oberth. — STAUD., Exot. Schm. 1, p. 102, t. 38 (1885). — MAB., Hist. Mad.
Lep. 1, p. 143, t. 15, f. 3—5 (1885—87).
Madagaskar.

7. **S. cacta** FABR., Ent. syst. 3: 1. p. 116 (1793). — DONOV., Ins. of India (p. 43), t. 29,
f. 1 (fig. mala!) (1800).
Sierra Leona — Ashanti[18] — Kamerun[71] — Ogowe — Congogebiet[45, 47] — Ruwenzori.

7. Hypolimnas Hübn.

> *Hypolimnas* Hübner, Verz., p. 45 (1816—26).

Hypolimnas Schatz & Röber, Exot. Schm. 2, p. 131, t. 19 (1887). — E. Reuter, Acta Soc. Sc. Fenniæ 22: 1, p. 70 (1896).

= *Diadema* Boisd.,[1] Voy. Astrol. Lep., p. 135 (1832). — Felder, Nov. Acta Acad. N. Cur. 28, p. 25 (1861). — Trimen, Rhop. Afr. Austr., p. 150 (1862). — nomen præoccup.

< *Diadema* Westw., Gen. D. Lep., p. 279 (1850).

> *Diadema* H. Schæffer, Prodr. Syst. Lep. 1, p. 25 (1864). — Trimen, S. Afr. Butt. 1, p. 275 (1887). — Karsch, B. E. Z. 38, p. 171 (1893).

> *Euralia* Westw., Gen. D. Lep., p. 281 (1850). — H. Schæffer, Prodr. Syst. Lep. 1, p. 27 (1864). — Trimen, S. Afr. Lep. 1, p. 281 (1887). — Karsch, B. E. Z. 38, p. 171 (1893).

> *Esoptria* Hübner, Verz., p. 45 (1816—26).

Uebersicht der Arten.

I. Die Hinterflügel unten am Vorderrande mit einem schwarzen Querflecke oder Querstriche im Felde 7. Die Mittelzelle der Hinterflügel deutlich geschlossen.   N:o 1.

II. Die Hinterflügel unten ohne schwarzen Querfleck im Felde 7. Die Mittelzelle der Hinterflügel offen oder äusserst fein geschlossen.

  A. Die Flügel oben gewöhnlich mit kleinen, paarweise gestellten, strichförmigen, weissen oder blauen Saumpunkten und grösseren, gerundeten, weissen Submarginalflecken. Wenn die Saumpunkte fehlen, sind die Submarginalflecke wenigstens der Vorderflügel vorhanden, und wenn im Gegentheil die Submarginalflecke fehlen, sind die Saumpunkte wenigstens auf den Hinterflügeln gut entwickelt. Die Vorderflügel gewöhnlich ohne hellen Hinterrandsfleck.

    *. Die Vorderflügel oben nur mit *einer* weissen Querbinde, welche gewöhnlich dicht hinter der Spitze der Mittelzelle verläuft oder bisweilen nur von 2—3 Flecken der Felder 2—4 repræsentirt ist. Die Hinterflügel immer ohne Submarginalpunkte, gewöhnlich aber mit deutlichen Saumpunkten.

      α. Der Saum der Hinterflügel an den Rippenenden in lange, schwauzähnliche Zacken ausgezogen. Die Saumflecke sind lang, strichförmig, blau und laufen paarweise in die Zacken aus. Die weisse Querbinde der Vorderflügel ist breit, zusammenhängend und geht vom Vorderrande bis in das Feld 2 hinein.   N:o 2.

      β. Der Saum der Hinterflügel stark gewellt oder etwas gelappt. Die Saumpunkte der Hinterflügel sind kurz, klein, weisslich und erreichen nicht den Saum.

        1. Die weisse Querbinde der Vorderflügel erreicht den Vorderrand und ist schief gegen den Saum gerichtet. Die Flügel oben mehr oder weniger mit Blau überzogen.

          a. Die Vorderflügel oben mit einer vollständigen oder fast vollständigen Reihe von grossen weissen Submarginalpunkten. Die Hinterflügel oben mit einer gleichbreiten, ungefähr 7 mm. breiten, blauen Querbinde und unten mit einer scharf begrenzten, nur 2—2½ mm. breiten weissen Querlinie.   N:o 3.

---

[1] Es scheint mir eine sehr eigenthümliche Inconsequenz zu sein, dass viele Verfasser die älteren Hübnerschen Gattungsnamen, weil zu schlecht beschrieben, verwerfen, statt derselben aber jüngere Namen von Boisduval, die von gar keiner oder einer eben so schlechten Beschreibung begleitet sind, annehmen. *Diadema* Boisd. ist in Faune Madag. gar nicht und in Voyage de l'Astrolabe nur mit folgenden Worten beschrieben: »Ce genre est remarquable par les points blancs, qui sont sur la tête, et plus encore en ce qu'il présente souvent la forme et les dessins que l'on retrouve dans les *Danais* et les *Euploeas*. Das ist alles! — Uebrigens ist *Diadema* schon zweimal vor 1832 in der Zoologie verbraucht worden.

b. Die Vorderflügel ohne Submarginalpunkte oder nur mit 1—4 solchen Punkten. Die Hinterflügel oben zum grössten Theil blau mit weisslicher Mittelbinde oder mit sehr breiter, weisser
—hellgelber Mittelbinde, unten mit breiter, unregelmässiger, weisser Querbinde. N:o 4.

2. Die weisse Querbinde der Vorderflügel erreicht den Vorderrand nicht und besteht gewöhnlich
nur aus zwei oder drei Flecken (in den Feldern 2—4). Die Flügel oben gar nicht oder nur
unbedeutend (am Rande der weissen Zeichnungen) blau.

   a. Die Hinterflügel unten am Vorderrande breit rothbraun.   N:o 5.

   b. Die Hinterflügel unten nicht rothbraun.   N:o 6.

**. Die Vorderflügel oben mit zwei weissen Querbinden, einer über die Mitte aus 3(—4) Flecken in den
Feldern 1 b, 2 (3) und in der Mittelzelle, und einer vor der Spitze aus 3(—4) Flecken der Felder
(3), 4—6.

   α. Die Vorderflügel oben ohne hellen Hinterrandsfleck.

      o. Die Saumflecke sind klein, punktförmig oder fehlen gänzlich.

        1. Der Saum der Vorderflügel am Ende der Rippe 6 schwach geeckt. Die Hinterflügel oben
        mit rein weissem Mittelfelde und tief schwarzem Saume ohne braune oder gelbliche Zwischen-
        farben.   N:o 7.

        2. Der Saum der Vorderflügel am Ende der Rippe 6 stumpf und breit abgerundet. Die Hinter-
        flügel oben mit weissem—gelbem Wurzelfleck oder solcher Wurzelhälfte, selten ganz ohne helles
        Feld; ihr Saum wenigstens gegen den Afterwinkel mehr oder weniger braun—gelblich.
                                                  N:o 8.

      oo. Die Saumflecke gross und auf beiden Seiten zu einer weissen, nur durch die Rippen getheilten
      Saumbinde vereinigt.   N:o 9.

   β. Die Vorderflügel oben mit grossem, weisslichem Hinterrandsflecke, welcher die Rippe 2 erreicht und
   sich demnach mit dem weissen Flecke des Feldes 2 vereinigt.   N:o 10.

B. Die Flügel oben ohne Saumflecke und ohne Submarginalpunkte.

  *. Die Flügel im Wurzeltheil nicht roth- oder gelbbraun. Die Vorderflügel mit grossem, weissem, scharf
  begrenztem, die Rippe 3 nicht erreichendem Hinterrandsflecke und mit weisser, zusammenhängender
  Subapicalbinde in den Feldern 4—6.

   α. Die Flügel ohne braunrothe Zeichnungen.   N:o 11.

   β. Die Hinterflügel oben in den Feldern 1 b und 2 vor dem Saume mit braunrothen Flecken und
   unten vor dem schmalen, schwarzen Saume mit einer ähnlich gefärbten, breiten Bogenbinde. Die
   Vorderflügel unten vor der Spitze breit braunroth.   N:o 12.

  **. Die Flügel an der Wurzel mehr oder weniger breit rothbraun—gelbbraun. Die Vorderflügel ohne
  weissen Hinterrandsfleck.   N:o 13.

1. **H. misippus** L., Mus. L. Ulr., p. 264 (1764); Syst. Nat. ed. 12, p. 767 (1767). —
Hopffer, Peters Reise Moss. Ins., p. 385 (1862). — Trimen, Trans. Ent. Soc. Lond.
1870, p. 356 (1870). — Staud., Exot. Schm. 1, p. 136, t. 46 (1885—6). — Mab.,
Hist. Mad. Lep. 1, p. 156, t. 18, f. 7 (1885—7). — Trimen, S. Afr. Butt. 1, p. 277
(1887). — Auriv., Ent. Tidskr. 15, p. 280 (1894). — Swinhoe, Journ. Linn. Soc.
Zool. 25, p. 340, t. 15, f. 1 (1896).

bolina Drury, Ill. Exot. Ins. 1, p. 26, t. 14, f. 1, 2 (1773). — Cramer, Pap. Exot. 1,
p. 102, t. 65, f. E., F. (1775). — Boisd., Faune Mad., p. 39 (1833). — Trimen,
Rhop. Afr. Austr., p. 153 (1862).

♀ *diocippus* Cramer, Pap. Exot. 1, p. 44, t. 28, f. B, C (1775).

♀ *chrysippus* Sulzer, Gesch. Ins., p. 114, t. 16, f. 3 (1776).

♀ *misippe* God., Enc. Meth. 9, p. 188, 394 (1819).

ab. ♀ **alcippoides**[1] BUTLER, An. N. H. (5) 12, p. 102 (1883). — TRIMEN, S. Afr. Butt.
3, p. 404 (1889).
misippus ♀ var. SWINHOE, Journ. Linn. Soc. Zool. 25, p. 340, t. 15, f. 5 (1896).
ab. ♀ **inaria** CRAMER, Pap. Exot. 3, p. 36, t. 214, f. A., B. (1779). — HERBST, Naturs.
Schm. 7, p. 26, t. 157, f. 5, 6 (1794).
misippus var. ♀ TRIMEN, S. Afr. Butt. 1, p. 278 (1887). — SWINHOE, Journ. Linn.
Soc. Zool. 25, p. 340, t. 15, f. 3 (1896).
ab. ♀ **dorippoides** n. ab. — alæ ut in aberratione *inaria* signatæ et coloratæ, at disco
alarum posticarum plus minus late albo.
Metam.: TRIMEN, S. Afr. Butt. 1, p. 279, t. 1, f. 5 pupa (1887).
Die ganze æthiopische Region nebst allen Inseln.

2. **H. dexithea** HEW., Proc. Zool. Soc. 1863, p. 65, t. 40 (1863), Mus. Brit. — MAB.,
Hist. Mad. Lep. 1, p. 163, t. 18[b], f. 1, 2 (1885—7).
imperialis GUENÉE, Vinson Voy. Mad. Lep., p. 28 (1864).
Madagaskar.

3. **H. antevorta** DISTANT, Proc. Zool. Soc. 1879, p. 703 (1880), Coll. Horniman. —
WATERH., Aid 1, t. 69 (1881).
Deutsch Ost-Afrika: Magila.

4. **H. salmacis** DRURY, Ill. Exot. Ins. 2, p. 14, t. 8, f. 1, 2 (1773). — HERBST, Naturs.
Schm. 7, t. 166, f. 5, 6 (1794). — HEW., Gen. D. Lep., t. 39, f. 1 (1850). — LUCAS
in: Chenu Enc. H. N. Pap. 1, p. 136, f. 253 (1853). — TRIMEN, Rhop. Afr. Austr.,
p. 151 (1862). — STAUD., Exot. Schm. 1, p. 137 (1886). — AURIV., Ent. Tidskr. 15,
p. 280 (1894). — alæ anticæ in areis 1 b, 2, (5), 6, 7 maculis submarginalibus albis
instructæ.
salmasis FABR., Ent. Syst. 3: 1, p. 132 (1793). — HERBST, Naturs. Schm. 7, p. 91
(1794). — GOD., Enc. Meth. 9, p. 397 (1823).
omphale STOLL., Suppl. Cramer., p. 124, t. 26, f. 1 (1791).
Sierra Leona — Elfenbeinküste[57] — Ashanti[16] — Kamerun. Aequatoria.[4]
var. **Monteironis** DRUCE, Cist. Ent. 1, p. 286 (1874), Mus. Brit. — alæ anticæ maculis
submarginalibus albis omnino destitutæ; fascia discali alba latiore.
salmacis var. STAUD., Exot. Schm. 1, t. 47 (1885).
Old Calabar — Kamerun[64] — Fernando Po — Gabun — Congogebiet — Angola.
Ruwenzori. Bukoba am Victoria Nyanza (Mus. Berol.).

---

[1] Die Weibchen treten in vier Formen auf, welche den Formen von *Danaida chrysippus* und *Acræa
encedon* genau entsprechen und auf folgende Weise unterschieden werden können.
A. Die Spitzenhälfte der Vorderflügel schwarz mit 2 - 3 weissen Apicalflecken und einer weissen Subapicalbinde.
  α. Die Hinterflügel in der Mitte nicht weiss.   Die typische Form.
  β. Die Hinterflügel in der Mitte mehr oder weniger ausgedehnt weiss.   ab. *alcippoides*.
B. Die Spitze der Vorderflügel gelbbraun mit schwarzen Rändern, bisweilen von dem Wurzeltheile durch einen
schwarzen Querstreif getrennt. Die weissen Flecke fehlen oder sind nur angedeutet.
  α. Die Hinterflügel in der Mitte nicht weiss.   ab. *inaria*.
  β. Die Hinterflügel in der Mitte mehr oder weniger ausgedehnt weiss.   ab. *dorippoides*.

5. **H. Mechowi** Dewitz, B. E. Z. 28, p. 187, t. 1, f. 2 (1884), Mus. Berol.
ragiens Capronn., An. E. Belg. 33, Bull., p. 123 (1889), Mus. Brux.
Stanleyi Smith, Proc. Zool. Soc. 1890, p. 467 (1890); Rhop. Exot. 15, Hypolimnas,
p. 2, t. 1, f. 3, 4 (1891), Coll. Gr. Smith.
Congogebiet: Quango, Kassai,[43] Bangala,[47] Yambuya.[45]

6. **H. dinarcha** Hew., Exot. Butt. Diadema, t. 2, f. 7 (1865), Mus. Brit. — Distant, Proc.
Zool. Soc. 1879, p. 704 (1880). — Auriv., Ent. Tidskr. 15, p. 280 (1894).
Sierra Leona. Old Calabar — Kamerun — Gabun — Congogebiet: Quango, Kassai[43]
Bena-Bendi.
var. (ab.?) **Bartteloti** Smith, Proc. Zool. Soc. 1890, p. 468 (1890); Rhop. Exot. 15,
Hypolimnas, p. 1, t. 1, f. 1, 2 (1891), Coll. Gr. Smith. — Auriv., Ent. Tidskr. 15,
p. 280 (1894).
Congogebiet: Aruwimi Fluss im grossen Walde; Stanley Fälle, Bena-Bendi. Ru-
wenzori (Mus. Berol.).

7. **H. deceptor** Trimen, Trans. Ent. Soc. 1873, p. 105 (1873); S. Afr. Butt. 1, p. 286,
t. 6, f. 3 (1887). — punctis submarginalibus alar. ant. perpaucis, 1—2, posticar.
sæpissime nullis.
dubia ♀ Hopffer, Peters Reise Moss. Ins., p. 385 (1862), Mus. Berol.
Natal — Delagoa Bay — Querimba.[79] Brit. Ost-Afrika.[22]
var. **deludens** Smith, An. N. H. (6) 7, p. 125 (1891); Rhop. Exot. 43, Hypolimnas,
p. 6, t. 3, f. 3—5 (1898), Coll. Gr. Smith. — punctis submarginalibus albis utriusque
alæ completis.
Madagaskar.
°var. **Kirbyi** Butler, Proc. Zool. Soc. 1898, p. 51 (1898), Mus. Brit. — signaturis
albis minoribus.
Portug. Ost-Afrika. — Nyassaland: Zomba[146] — Brit. Ost-Afrika.[146]

8. **H. dubius**[1] Palisot, Ins. Afr. et Amer., p. 238, Lep. t. 6, f. 2 a, 2 b (1805). — Staud.,
Exot. Schm. 1, p. 137 (1886). — Haase, Biblioth. Zool. 8: 2, p. 42, t. 4, f. 24 (1892).

---

[1] Die mir bekannten Formen von *H. dubius* können im allgemeinen durch folgende Kennzeichen unterschieden werden.
A. Die weissen Submarginalpunkte der Hinterflügeloberseite nicht vollständig vorhanden (die zwei des Feldes 1 c
fehlen immer).
  α. Die Hinterflügel oben einfarbig schwarz oder schwarzbraun, höchstens in der Wurzel der Mittelzelle etwas
heller braun.   ab. *cerberus*.
  β. Die Hinterflügel oben im Wurzeltheile mehr oder weniger ausgedehnt weiss—weissgelb.
    *. Der Wurzeltheil der Hinterflügel weiss oder weisslich, nach aussen unregelmässig begrenzt. Der weisse
Fleck der Mittelzelle der Vorderflügel ist gewöhnlich gross, abgerundet und erreicht den Hinterwinkel
der Zelle.
      1. Der helle Wurzeltheil der Hinterflügel gross, in 4—6 die Mitte überragend. *Die Hauptform.*
      2. Der helle Wurzeltheil der Hinterflügel klein, die Flügelmitte nicht erreichend. ab. *damoclina*.
    **. Der Wurzeltheil der Hinterflügel gelblich, nach aussen gleichförmig abgerundet. Der weisse Fleck der
Mittelzelle der Vorderflügel ist klein, strichförmig und erreicht den Hinterwinkel der Zelle nicht.
      var. *mima*.
B. Die weissen Submarginalpunkte der Hinterflügeloberseite in den Feldern 1 c—6 immer vorhanden.
  α. Der Wurzeltheil der Hinterflügel gelblich.   var. *Drucei*.
  β. Der Wurzeltheil der Hinterflügel weiss oder nur an den Rändern etwas gelblich.   ab. *Bowkeri*.

— Auriv., Ent. Tidskr. 15, p. 281 (1894). — Lanz, Iris 9, p. 136 (1896). —
Swinhoe, Journ. Linn. Soc. Zool. 25, p. 343, t. 17, f. 5 (1896).
Sierra Leona[81] — Ashanti[64] — Benin[17] — Kamerun — Fernando Po — Gabun[60]
— Congogebiet — Angola.[7] Nyassaland.[118] Deutsch Ost-Afrika. Ruwenzori.[120]

ab. **cerberus** Auriv., Ent. Tidskr. 15, p. 281 (1894), Mus. Holmiæ.
Metam.: Auriv., l. c., p. 282, t. 4, f. 4, 4 a, 4 b (1894).
Kamerun.

ab. (var.?) **damoclina** Trimen, Trans. Linn. Soc. 26, p. 505 note (1869), Mus. Brit.?
Angola. ? Parumbira am Nyassasee.[118] Kamerun.

var. (et ab.) **mima** Trimen, Trans. Linn. Soc. 26, p. 506 note, t. 43, f. 7 (1869);
Trans. Ent. Soc. Lond. 1873, p. 107; Proc. Ent. Soc. Lond. 1881, p. 8 (1881); S.
Afr. Butt. 1, p. 281 (1887). — Haase, Biblioth. Zool. 8: 2, p. 42, t. 2, f. 11 (1891—2).
Natal. Nyassaland.[37]

var. **Drucei** Butler, Trans. Ent. Soc. Lond. 1874, p. 426, t. 6, f. 3 (1874), Mus. Brit.
Saalm., Lep. Mad. 1, p. 84, t. 3, f. 34 (1884).
dubius Boisd., Faune Mad., p. 40 (1833).
lutescens Mab., Hist. Mad. Lep. 1, p. 162, t. 18, f. 8, 9 (1885—7).
Madagaskar.

ab. **Bewsheri** Butler, An. N. H. (5) 3, p. 187 (1879), Mus. Brit. — nomen vix
conservandum.
Drucei Mab., Hist. Mad. Lep. 1, p. 160, t. 18a, f. 5, 6 (1885—7).
Comoren. Madagaskar.

°9. **H. limbata** Crowley, Trans. Ent. Soc. Lond. 1890, p. 552, t. 17, f. 2 (1890), Coll.
Crowley.
Madagaskar.

10. **H. diffusa** Butler, An. N. H. (5) 5, p. 336 (1880), Mus. Brit. — Mab., Hist. Mad.
Lep. 1, p. 159, t. 18a, f. 4 (1885—7). — puncta submarginalia alar. post. etiam
in area 1 c adsunt. (? = hybr. *Drucei* × *madagascariensis*).
Madagaskar.

var. **dæmona** Staud., Iris 9, p. 211, t. 2, f. 1 (1896), Coll. Staud. — puncta submarginalia alar. post. pauciora, saltem in area 1 c semper desunt. (? = hybr. *dubius* × *anthedon*).
Kamerun: Barombi Station.

var. **dæmonides** Staud., Iris 9, p. 212 (1896), Coll. Staud.
Kuilu.

11. **H. anthedon** Doubl., An. N. H. 16, p. 184 (1845), Mus. Brit. — Doubl. & Hew.,
Gen. D. Lep., t. 37, f. 2 (1850). — Godm. & Salv., Proc. Zool. Soc. 1884, p. 223
(1884). — Haase, Biblioth. Zool. 8: 2, t. 2, f. 13 (1891). — Auriv., Ent. Tidskr. 15,
p. 282 (1894). — margine nigro alar. post. latiore, ad costam 2am 6—19 mm., ad
costam 6am 5—9 mm. lato.

Sierra Leona — Elfenbeinküste[57] — Ashanti — Togo — Niger[74] — Kamerun — Gabun — Congogebiet — Angola — Ruwenzori.[120]

var. **Wahlbergi** WALLENGR., Rhop. Caffr., p. 27 (1857), Mus. Holmiæ. — TRIMEN, S. Afr. Butt. 1, p. 282, t. 6, f. 2 (1887). — margine nigro alar. post. angustiore, 4—6 mm. lato, ad angulum analem dilatato.

anthedon TRIMEN, Rhop. Afr. Austr., p. 152 (1862); Trans. Linn. Soc. 26, p. 511 note (1869); Trans. Ent. Soc. Lond. 1873, p. 106, 107 note (1873).

marginalis BUTLER, An. N. H. (4) 16, p. 395 (1875), Mus. Brit. — SWINHOE, Journ. Linn. Soc. Zool. 25, p. 343, t. 17, f. 3 (1896).

angustolimbata WEYMER, S. E. Z. 53. p. 87 (1892), Coll. Weymer.

Natal — Zululand — Nyassaland[87] — Deutsch Ost-Afrika.[118,53]

var. **madagascariensis** MAB., An. E. Belg. 25, Bull., p. 55 (1881); Hist. Mad. Lep. 1, p. 158 (t. 20[a], f. 2, ined.) (1887). — margine nigro alar. post. angusto, æquilato, 4—5 mm. lato.

Madagaskar.[107]

12. **H. usambara** WARD., Ent. M. Mag. 9, p. 148 (1872), Coll. Oberth.

imperialis STAUD., Exot. Schm. 1, p. 137, t. 47 (1885—6), Coll. Staud.

Deutsch Ost-Afrika:[48] Karagwe (Mus. Berol.). — Brit. Ost-Afrika: *Ribi*.

13. **H. Chapmani** HEW., Ent. M. Mag. 9, p. 233 (1873), Mus. Brit. — AURIV., Ent. Tidskr. 15, p. 280 (1894).

Old Calabar.

ab. **fasciata** AURIV., Ent. Tidskr. 15, p. 280, t. 6, f. 1 (1894), Mus. Holmiæ. Kamerun.

8. **Apaturopsis** n. gen.

Oculi nudi. — Cellulæ discoidales apertæ. — Alæ anticæ ad costam 6[am] angulatæ; posticæ ad angulum ani paullulum productæ. — Costæ alar. ant. 12: 5 et 6 fere ex eodem puncto, 8—10 pone apicem cellulæ e costa 7, 11 libera e margine anteriore cellulæ, 9 a costa 8 propius quam ab apice cellulæ oritur. — Costæ alar. post. 8: costa præcostalis marginem versus curvata e costa 8 longe pone punctum separationis costæ 8[æ] et costæ medianæ anterioris egreditur.

< *Apatura* HEW., Ent. M. Mag. 10, p. 58 (1873).
< *Thaleropis* SMITH, Rhop. Exot. 16, Thaleropis, p. 1 (1891).

Diese Gattung gehört aller Wahrscheinlichkeit nach zu den Apaturiden, da aber noch kein Merkmal bekannt ist, wodurch die Imagines der Apaturiden von den Vanessiden sicher unterschieden werden können, bin ich genöthigt die Gattung *Apaturopsis* bis auf weiteres unter die Vanessiden zu stellen.

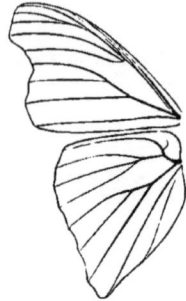

Apaturopsis stimmt in der Flügelform mit *Thaleropis*, im Rippenbau fast vollständig mit *Dilipa* MOORE überein. Von beiden weicht sie durch die nackten Augen und die ganz offenen Mittelzellen ab.

Wenn man eine *Apaturopsis* nach HERRICH-SCHÆFFER's Uebersicht[1] der Nymphaliden-Gattungen zu bestimmen sucht, kommt man auf *Euripus*, nach DE NICEVILLE's Uebersicht[2] aber auf *Dilipa* und nach MOORE[3] auf *Dravira*, *Sephisa* und *Euripus*. Von *Euripus* unterscheidet sich *Apaturopsis* besonders dadurch, dass die Rippe 10 kurz hinter der Spitze der Mittelzelle entspringt.

Mit *Apaturopsis* haben »*Thaleropis*» *kinugnana* SMITH und Verwandte nichts zu thun.

Fig. 16. Rippenbau von *Apaturopsis cleocharis* HEW.

1. **A. cleocharis** HEW., Ent. M. Mag. 10, p. 58 (1873), Mus. Brit. — SMITH & KIRBY, Rhop. Exot. 16, Thaleropis, p. 1, f. 1, 2 (1891).

Congogebiet: Sassa am oberen Ubangi (COLMANT). Angola.

?2. **A. kilusa** SMITH, An. N. H. (6) 7, p. 125 (1891), Coll. Gr. Smith. — SMITH & KIRBY, Rhop. Exot. 16, Thaleropis, p. 2, t. 1, f. 3, 4 (1891).
Madagaskar.

9. **Kallima** WESTW.

Kallima WESTW., Gen. D. Lep., p. 324 (1850). — FELDER, N. Acta Acad. N. Cur. 28, p. 14 (1861). — H. SCHÆFFER, Prodr. Syst. Lep. 1, p. 26 (1864). — SCHATZ & RÖBER, Exot. Schm. 2, p. 128, t. 18 (1887). — E. REUTER, Acta Soc. Sc. Fenniæ 22:1, p. 67 (1896).

Uebersicht der Arten.

A. Beide Flügel oben an der Wurzel braun mit oder ohne violetten Glanz.   N:o 1.

B. Beide Flügel oben an der Wurzel blau.

  α. Die Vorderflügel oben mit gelber Subapicalbinde, welche sich wenigstens bis zur Rippe 3 erstreckt.
                                                                                     N:o 2.

  β. Die Vorderflügel ohne gelbe Querbinde.   N:o 3.

1. **K. rumia** DOUBL. & WESTW., Gen. D. Lep., p. 325, t. 52, f. 2 (1850), Mus. Brit. — STAUD., Exot. Schm. 1, p. 103, t. 39 (1885—6). — SMITH, Proc. Zool. Soc. 1890, p. 467 (1890).
Metam.: AURIV., Ent. Tidskr. 15, p. 277, t. 4, f. 3, 3 a, 3 b (1894).
Elfenbeinküste[57] — Ashanti[16] — Old Calabar[87] — Kamerun — Gabun — Congogebiet.[43, 46, 65]

---

[1] Prodr. Syst. Lep. 1, p. 28.
[2] Butterflies of India 2, p. 4.
[3] Lep. Ind. 3, p. 3.

2. **K. cymodoce** CRAMER. Pap. Exot. 2. p. 5. t. 99. f. G., H. (1777). — HERBST, Naturs. Schm. 6, p. 154. t. 152, f. 1, 2 (1793). — GOD., Enc. Meth. 9, p. 369 (1823). — STAUD., Exot. Schm. 1, p. 103 (1886).

Kamerun — Gabun — Ogowe — Congogebiet[42] — Angola[55] (6° s. B., 20° ö. L. v. Gr.).

3. **K. Jacksoni** EM. SHARPE, An. N. H. (6) 17, p. 125 (1896). — Taf. 1, Fig. 6.

Congogebiet: Sassa (COLMANT) — Brit. Ost-Afrika: Kavirondo am Victoria Nyanza.

Tribus 3. Eurytelidi.

Uebersicht der Gattungen.

A. Die Augen dicht haarig. Die Mittelzelle der Hinterflügel geschlossen. 1. *Eurytela.*

B. Die Augen nackt.

α. Die Mittelzelle der Hinterflügel ganz offen. Die Flügel auf beiden Seiten mit weisser Querbinde. 2. *Neptidopsis.*

β. Die Mittelzelle der Hinterflügel geschlossen, selten fast offen. Die Flügel ohne weisse Querbinde.

*. Der Saum der Vorderflügel an der Rippe 6 deutlich geeckt; die Flügelspitze scharf. 3. *Ergolis.*

**. Der Saum und die Spitze der Vorderflügel abgerundet.

a. Die Rippen 3 und 4 der Hinterflügel gestielt. MDC der Hinterflügel gerade und länger als UDC. 4. *Mesoxantha.*

b. Die Rippen 3 und 4 der Hinterflügel aus einem Punkte. MDC der Hinterflügel gebogen und kürzer als die bisweilen sehr undeutliche (oder fehlende) UDC. 5. *Byblia.*

1. Eurytela BOISD.

< *Eurytela* BOISD., Faune Mad., p. 54 (1833). — WESTW., Gen. D. Lep., p. 108 (1851). — H. SCHÆFFER, Prodr. Syst. Lep. 1, p. 16 (1864). — TRIMEN, Rhop. Afr. Austr., p. 211 (1862). — SCHATZ & RÖBER, Exot. Schm. 2, p. 129, t. 18 (1887). — TRIMEN, S. Afr. Butt. 1, p. 256 (1887). — KARSCH, B. E. Z. 38, p. 171 (1893). — E. REUTER, Acta Soc. Sc. Fenniæ 22: 1, p. 68 (1896).

Uebersicht der Arten.

A. Die Flügel oben mit weisser Submarginalbinde oder mit einer in der Mitte der Hinterflügel nur 4 mm. breiten, gelben Querbinde. N:o 1.

B. Die Flügel mit einer ockergelben Submarginalbinde, welche in der Mitte der Hinterflügel wenigstens 7 mm. breit ist. N:o 2.

1. **E. hiarbas** DRURY, Ill. Exot. Ins. 3, p. 17, t. 14, f. 1, 2 (1782). — HERBST, Naturs. Schm. 7, p. 106, t. 169, f. 3, 4 (1794). — DONOV., Ins. of India, t. 32, f. 3 (1800). — KARSCH, B. E. Z. 38, p. 177 (1893). — AURIV., Ent. Tidskr. 15, p. 278 (1894). — fascia alba alar. post. 6—6,5 mm. lata; alæ ant. ad costam 6^{am} obtusæ; alæ post. aequaliter rotundatæ.
   Sierra Leona — Ashanti[14] — Togo[84] — Kamerun — Gabun — Congogebiet[45] — Angola[7].

   var. **angustata** AURIV., Ent. Tidskr. 15, p. 278 (1894). — fascia alba alar. post. 3—4 mm. lata; alæ ant. ad costam 6^{am} distinctius angulatæ; alæ post. ad costas 3 et 4 lobato-dentatæ.
   hiarba GOD., Enc. Meth. 9, p. 824 (1823). — DOUBL. & HEW., Gen. D. Lep., p. 409, t. 31, f. 4 (1851).
   hyarba WALLENGR., Rhop. Caffr., p. 29 (1857).
   hiarbas TRIMEN, Rhop. Afr. Austr., p. 212 (1862); S. Afr. Butt. 1, p. 258 (1887). — STAUD., Exot. Schm. 1, p. 105, t. 39 (1885—86).
   Metam.: GOOCH., Entomol. 14, p. 37 (1881). — TRIMEN, S. Afr. Butt. 1, p. 259 (1887).
   Kap Kolonie — Kaffernland — Natal — Zululand — Manicaland[77] — Deutsch Ost-Afrika[54] — Brit. Ost-Afrika[21]. Abyssinien[3] (Die Hauptform?).

   ab. **flavescens** AURIV., Ent. Tidskr. 15, p. 278 (1894).
   hiarbas var. STAUD., Exot. Schm. 1, p. 105 (1886). — var. A. TRIMEN, S. Afr. Butt. 1, p. 259, t. 5. f. 5 (1887). — fascia alar. angusta, flava. (? = hybr. *hiarbas* × *dryope*).
   Natal.

2. **E. dryope** CRAMER, Pap. Exot. 1, p. 125, t. 78. f. E, F (1775). — HERBST, Naturs. Schm. 7, p. 102, t. 168, f. 5, 6 (1794). — GOD., Enc. Meth. 9, p. 824 (1823). — KARSCH, B. E. Z. 38, p. 177 (1893).
   Sierra Leona — Ashanti[64] — Togo[84].

   ab. (var.?) **alinda** MAB., An. E. Belg. 37, p. 50 (1893). — (*dryopina* STAUD. in litt.)
   Elfenbeinküste (Assinie). Kamerun.

   var. **angulata** n. var.
   dryope WALLENGR., Rhop. Caffr., p. 30 (1857). — HOFFFER, Peters Reise Moss. Ins., p. 395 (1862). — TRIMEN, Rhop. Afr. Austr., p. 213 (1866); S. Afr. Butt. 1, p. 261 (1887); Proc. Zool. Soc. 1894, p. 36 (1894).
   Metam.: TRIMEN, S. Afr. Butt. 3, p. 404 (1889). — MONTEIRO, Delagoa Bay, p. 218 (1891).
   Congogebiet — Angola. Natal — Zululand — Delagoa Bay — Querimba[79] — Manicaland — Nyassaland[36] — Deutsch Ost-Afrika[54, 55, 55a, 118] — Brit. Ost-Afrika[20, 21] Ruwenzori[119] (Die Hauptform?). Abyssinien (Die Hauptform?).

   var. **lineata** n. var.
   dryope MAB., Hist. Mad. Lep. 1, p. 146 (1887).

narinda TRIMEN, S. Afr. Butt. 1, p. 262 note (1887).
Madagaskar.

var. (sp. dist.?) **narinda** WARD., Ent. M. Mag. 9, p. 148 (1872). Coll. Oberth. – MAB.,
Hist. Mad. Lep. 1, p. 147, t. 18, f. 3, 4 (1885—87). — STAUD., Exot. Schm. 1,
p. 105 (1886).
Bekkeri STAUD., Exot. Schm. 1, t. 39 (1885). Coll. Staud.
Madagaskar.

Die hier unter *dryope* vereinigten Formen sind wahrscheinlich alle Lokal- (und Zeit-)
Formen einer Art. Sie können durch folgende Kennzeichen unterschieden werden.

A. Die kastanienbraunen Flecke der Unterseite gross und getrennt, nicht zu zusammenhängenden Querbinden vereinigt. Im Felde 1 b der Vorderflügel stehen entweder nur zwei solche Flecke oder drei, von denen jedoch die zwei äusseren einander stark genähert sind. Der Saum der Vorderflügel an der Rippe 6 stumpf abgerundet, kaum geeckt.

   α. Kleinere Form; der dunkle Saum der Hinterflügeloberseite nur 2—4 mm. breit.   Die Hauptform.

   β. Grössere Form; der dunkle Saum der Hinterflügeloberseite 7—8 mm. breit.   v. *alinda*.

B. Die braunen Flecke der Unterseite kleiner und mehr oder weniger vollständig zu Querbinden oder Querlinien vereinigt. Im Felde 1 b der Vorderflügel stehen 3 dunkle Querstriche, gleich weit von einander entfernt oder der zweite etwas näher am ersten als am dritten.

   α. Die Querbinde der Flügeloberseite ockergelb, den Saum nicht erreichend. Der Saum der Vorderflügel an der Rippe 6 deutlich geeckt. Die Unterseite heller gefärbt.

    *. Die braunen Querlinien der Unterseite breiter und mehr uneben.   v. *angulata*.

    **. Die braunen Querlinien der hellen Unterseite schmal und wenig gebrochen.   v. *lineata*.

   β. Die Querbinde der Oberseite ist rötlich gelb und erreicht den Saum. Der Saum der Vorderflügel an der Rippe 6 stumpf hervortretend, kaum geeckt. Die Unterseite sehr dunkel, rothbraun.

                                      v. *narinda*.

2. **Neptidopsis** n. gen.

< *Acca* HÜBNER, Verz., p. 44 (1818—26).
< *Libythea* BOISDUVAL, Faune Mad., p. 52 (1833).
< *Eurytela* Auctor.

Wenn man nicht alle afrikanischen Euryteliden zu einer Gattung vereinigen will, können die hier in Betracht kommenden Arten nicht mit *Eurytela* vereinigt werden, denn sie weichen offenbar von den echten *Eurytela*-Arten mehr als von den übrigen Gattungen ab. Die Zeichnung ist auch abweichend und erinnert an die Zeichnung der *Neptis*-Arten.

Uebersicht der Arten.

A. Der Saum beider Flügel fast gleichförmig gebogen und stark gewellt, an der Rippe 6 der Vorderflügel nur schwach und stumpf hervortretend. Die Hinterflügel unten hinter der Mitte mit einer vollständigen Querreihe von 8 schwarzen, weissumzogenen Flecken.   N:o 1.

B. Der Flügelsaum sehr unregelmässig, gezackt, an der Rippe 6 der Vorderflügel scharf geeckt, zwischen den Rippen 4 und 6 der Hinterflügel tief ausgeschnitten.   N:o 2.

1. **N. ophione** Cramer. Pap. Exot. 2, p. 27, t. 114, f. E, F (1777). — Herbst, Naturs.
Schm. 9, p. 80, t. 238, f. 1, 2 (1798). — God., Enc. Meth. 9, p. 432 (1823). —
Karsch, B. E. Z. 38, p. 177 (1893). — alæ posticæ ad apicem et ad angulum ani
haud aut vix rufæ.
valentina Cramer, Pap. Exot. 4, p. 76, t. 327, f. C, D (1780). — Herbst, Naturs.
Schm. 9, p. 82, t. 238, f. 3, 4 (1798). — Staud., Exot. Schm. 1, p. 105 (1886).
Morgani Doubl. & Hew., Gen. D. Lep., t. 31, f. 5 (1848).
Sierra Leona — Liberia[73] — Ashanti[14] — Togo[84] — Kamerun — Ogowe — Chin-
choxo[65] — Congogebiet[45-47] — Angola.
var. **velleda** Mab., An. E. Fr. (6) 10, p. 19 note (1890). Coll. Mab. — Mab. & Vuill.,
Nov. Lep., p. 60, t. 10, f. 1 (1892). — alæ post. supra prope apicem et ad angulum
ani macula rufescente ornatæ.
Deutsch Ost-Afrika[54, 55a] — Brit. Ost-Afrika[19, 21, 22].

2. **N. fulgurata** Boisd., Faune Mad., p. 52, t. 8, f. 5 (1833). — Lucas, in: Chenu Enc.
H. N. Pap. 1, p. 174, fig. 285 (1852). — Staud., Exot. Schm. 1, p. 105, t. 39
(1885—86). — Mab., Hist. Mad. Lep. 1, p. 148, t. 18, f. 1, 2 (1885—87).
Deutsch Ost-Afrika: Mombasa, Usagara (Coll. Staud.) — Brit. Ost-Afrika: Mgana[146].
Madagaskar.

3. Ergolis Westw.

= *Ariadne* Boisd., Faune Mad., p. 53 (1833). nomen præoccup.
= *Ergolis* Westw., Gen. D. Lep., p. 409 (1851). — H. Schæffer, Prodr. Syst. Lep. 1,
p. 16 (1864). — Schatz & Röber, Exot. Schm. 1, p. 129, t. 17 (1887). — Karsch,
B. E. Z. 38, p. 171 (1893). — E. Reuter, Acta Soc. Sc. Fenniæ 22: 1, p. 68 (1896).

Uebersicht der Arten.

A. Die Flügel oben in der Mitte mehr oder weniger blaugrau.   N:o 1.
B. Die Flügel oben ohne blaugraue Farbe.
    α. Die Flügel oben dunkel olivbraun mit röthlich braunen Querbinden.   N:o 2.
    β. Die Flügel oben gelbbraun mit feinen, dunklen Querlinien.   N:o 3.

1. **E. enotrea** Cramer, Pap. Exot. 3, p. 73, t. 236, f. A, B (1779). — Herbst, Naturs.
Schm. 7, p. 101, t. 168, f. 3, 4 (1794). — Staud., Exot. Schm. 1, p. 106, t. 40
(1885—86). — Auriv., Ent. Tidskr. 15, p. 279 (1894).
♂ (var.?) *ariadne* Drury, Ill. Exot. Ins. 3, p. 14, t. 11, f. 3, 4 (1782). — Herbst,
Naturs. Schm. 7, p. 104, t. 169, f. 1, 2 (1794).
enothrea Fabr., Ent. syst. 3: 1, p. 59 (1793). — God., Enc. Meth. 9, p. 315 (1819).
— Donov., Nat. Repos. 2, t. 37 (1824).
Sierra Leona — Liberia[73] — Elfenbeinküste[57] — Ashanti[14] — Togo[84] — Niger —
Kamerun — Gabun — Chinchoxo[65] — Congogebiet[42, 45, 46] — Angola[7, 65]. Ruwenzori[119].

2. **E. actisanes** HEW., Ent. M. Mag. 11, p. 183 (1875). Mus. Brit. — HOLLAND, Trans. Amer. Ent. Soc. 13, p. 327, t. 9, f. 3 (1886).

Kamerun — Ogowe — Kuilu — Congogebiet: Kassai (BOULENGÉ: Mus. Brux.).

°3. **E. alphæa** DRURY, Ill. Exot. Ins. 3, p. 49, t. 36, f. 3, 4 (1782).

Sierra Leona.

Ich habe diese Art nirgends gefunden. Ob aus Afrika? Eine schlechte Abbildung von *E. ariadne* L.? Ob *Ergolis corita* HEW. (An. N. H. (1) 13, p. 381)?

4. **Mesoxantha** n. gen.

< *Eurytela* Auctor.

Durch Habitus und Flügelform kommt diese Gattung der Gattung *Byblia* viel näher als der Gattung *Eurytela*.

1. **M. ethosea** DRURY, Ill. Exot. Ins. 3, p. 51, t. 37, f. 3, 4 (1782). — GOD., Enc. Meth. 9, p. 235 (1819). — STAUD., Exot. Schm. 1, p. 105, t. 39 (1885—86). — DEWITZ, Nov. Acta Acad. N. Cur. 50, p. 368, t. 17, f. 1 (1887). — KARSCH, B. E. Z. 38, p. 177 (1893). — AURIV., Ent. Tidskr. 15, p. 278 (1894).

Sierra Leona — Elfenbeinküste[57] — Ashanti[16] — Togo[84] — Kamerun — Ogowe — Congogebiet[42, 45] — Angola[65].

5. **Byblia** HÜBNER.

= *Byblia* HÜBNER, Verz., p. 28 (1816—26).
= *Hypanis* BOISD., Faune Mad., p. 55 (1833). — WESTW., Gen. D. Lep., p. 410 (1851). — H. SCHEFFER, Prodr. Syst. Lep. 1, p. 16 (1864). — TRIMEN, Rhop. Afr. Austr., p. 214 (1866). — SCHATZ & RÖBER, Exot. Schm. 1, p. 130, t. 18 (1887). — TRIMEN, S. Afr. Butt. 1, p. 263 (1887). — KARSCH, B. E. Z. 38, p. 171 (1893). — E. REUTER, Acta Soc. Sc. Fennic 22: 1, p. 69 (1896).

Die beiden hier aufgeführten Arten werden gewöhnlich als eine Art betrachtet,[1] da aber die beiden in der Uebersicht angeführten Trennungsmerkmale immer zusammen auftreten und keine Uebergänge bekannt sind, scheint es mir, dass wir es hier sicher mit zwei verschiedenen Arten zu thun haben. Beide Arten sind oben braungelb mit schwarzen Zeichnungen, unten aber sehr veränderlich, besonders in der Zeichnung der Hinterflügel.

---

[1] Vergl. G. A. K. MARSHALL, An. N. H. (6) 18, p. 333—340 (1896). Der Verf. bestätigt die Thatsache, dass *B. götzius* und ihre Varietäten sich immer von *B. ilithyia* durch die von mir angeführten Kennzeichen trennen lassen, theilt aber mit, dass *B. götzius* v. *vulgaris* aus einem von *B. ilithyia* gelegten Eie gezogen wurde. Dies scheint mir aber so unwahrscheinlich, dass ich es bis auf weiteres als einen Beobachtungsfehler erklären muss.

Uebersicht der Arten.

A. Die Hinterflügel oben etwas vor der Mitte mit 1 (♂) oder 2 (♀) Querreihen von schwarzen Punkten. Der schwarze Vorderrand der Vorderflügel sendet drei schwarze Querstriche in die Mittelzelle hinein und entsendet dann hinter der Spitze der Zelle einen schmalen, nach aussen scharf begrenzten, gegen den Vorderrand fast senkrecht stehenden Querstrich, welcher die Rippe 4 erreicht. Der gelbe Fleck am Ende der Mittelzelle wird dadurch viereckig und von den Rippen 4 und 6 begrenzt. Vergl. Fig. 17 a.   N:o 1.

B. Die Hinterflügel oben an der Wurzel schwarz, dann aber mit einer breiten, hellen Querbinde, in der keine schwarzen Punkte stehen. Der schwarze Vorderrand der Vorderflügel sendet, wie bei der vorigen Art, drei schwarze Striche in die Mittelzelle hinein, erweitert sich aber dann hinter der Mittelzelle zu einem grossen, schwarzen Querfleck, welcher die Rippe 4 erreicht und nach aussen auf der Rippe 5 einen Zahn bildet. Der gelbe Fleck am Ende der Mittelzelle wird dadurch fast dreieckig und ist vorne gewöhnlich von der Rippe 5 begrenzt. Vergl. Fig. 17 b.   N:o 2.

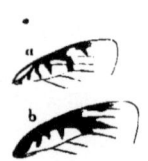

Fig. 17. Die schwarzen Zeichnungen am Vorderrande der Vorderflügel bei a. *Byblia ilithyia* Dr. und b. *B. götzius* Herbst.

1. **B. ilithyia** Drury, Ill. Exot. Ins. 2, p. 29, t. 17, f. 1, 2 (1773). — Herbst, Naturs. Schm. 9, p. 195, t. 258, f. 5, 6 (1798). — Staud., Exot. Schm. 1, p. 106 (1886). — signaturis nigris majoribus; alæ post. infra fasciis latioribus, castaneis.
   cora Feisth., An. E. Fr. (2) 8, p. 249 (1850).
   auratara Staud., Exot. Schm. 1, t. 40 (1885). Coll. Staud.
   Senegal[1]. Arabien.

   var. temp. (ab.?) **polinice** Cramer, Pap. Exot. 4, p. 169, t. 375, f. G, H (1781). — Boisd., Spec. Gen. Lep. 1, t. 9, f. 6 (1836). — Obertu., An. Mus. Genov. 18, p. 725 (1883). — signaturis nigris minoribus; alæ post. infra fasciis angustioribus, flavis.
   götzius ♂ Herbst, Naturs. Schm. 9, p. 193, t. 258, f. 1, 2 (1798).
   ilithyia Trimen, Rhop. Afr. Austr., p. 214 (1866); S. Afr. Butt. 1, p. 264 (1887). Senegal. Cap Verde Inseln. Damara. Nyassaland. Deutsch Ost-Afrika. Arabien. (Ost-Indien).

2. **B. götzius** Herbst, Naturs. Schm. 9, p. 193, t. 258, f. 3, 4 (1798) ;♀-, non ♂. — margine externo alar. ant. infra nigro maculis subæqualibus marginalibus, discretis, pallidis ornato; alæ post. infra punctis vel striolis albis marginalibus distinctis.
   ilithya Cramer, Pap. Exot. 3, p. 35, 37, t. 213, f. A, B; t. 214, f. C, D (1779).
   cora Lucas, in: Chenu Enc. H. N. Pap. 1, p. 299, f. 516 (1853).
   Crameri? Auriv., Ent. Tidskr. 15, p. 279 (1894). Mus. Holmiæ.
   Sierra Leona — Togo — Kamerun — Gabun — Chinchoxo.

---

[1] Da die Verfasser gewöhnlich die beiden Arten und ihre Varietäten nicht unterschieden haben, führe ich nur solche Lokalangaben an, die ich selbst prüfen können habe.

[2] Da der ♂ von *B. götzius* Herbst = *polinice* Cramer ist, betrachtete ich früher diese beiden Namen als Synonymen. Da es aber besser ist *Crameri* als Hauptform zu haben, habe ich Butler gefolgt und den Namen *götzius* für die von Herbst als ♀ beschriebene Form beibehalten.

var. (et ab.?) **vulgaris** STAUD., Exot. Schm. 1, p. 106 (1886). Coll. Staud. — BUTLER,
Proc. Zool. Soc. 1896, p. 113 (1896). — maculis pallidis marginalibus alar. ant. infra
apicem alæ versus longioribus et in fasciam latam marginalem confluentibus, in areis
5—8 maculis albidis sæpissime ornatam; alæ post. infra punctis albis marginalibus
distinctis.
ilithyia DOUBL. & HEW., Gen. D. Lep., t. 68, f. 1 (1851). — WALLENGREN, Rhop.
Caffr., p. 29 (1857). — var. A. TRIMEN, S. Afr. Butt. 1, p. 265, t. 5, f. 4 (1887).
Metam.: MARSHALL, An. N. H. (6) 18, p. 339 (1896).
Kap Kolonie — Natal — Transvaal — Tette — Nyassaland — Deutsch Ost-Afrika
— Brit. Ost-Afrika — Abyssinien.

var. temp. **acheloia** WALLENGR., Rhop. Caffr., p. 29 (1857). Mus. Holmiæ. — TRIMEN,
Proc. Zool. Soc. 1891, p. 36 (1891). — margine alar. ant. et alis posticis totis infra
obscure castaneis signaturis albis marginalibus omnino destitutis, his fasciis tribus ma-
cularibus albidis.
castanea BUTLER, Proc. Zool. Soc. 1885, p. 759 (1886); l. c. 1895, p. 729 (1896).
Mus. Brit.
Metam.: MARSHALL, An. N. H. (6) 18, p. 339 (1896).
Natal. Deutsch Ost-Afrika. Somaliland. Socotra.

var. **Boydi** DIXEY, Proc. Zool. Soc. 1898, p. 375, t. 30, f. 1 ♂, 2 ♀ (1898). Mus.
Oxoniæ. — macula discali fulva alar. ant. in area 1 b antice valde angustata, triangulari; alæ post. infra punctis vel striolis marginalibus albis distinctis.
cora BUTLER, Proc. Zool. Soc. 1881, p. 177, t. 18, f. 4 (1881). Mus. Brit.
Socotra[116, 145].

var. **anvatara** BOISD., Faune Mad., p. 56, t. 7, f. 5 (1833). Coll. Oberth. — BLAN-
CHARD, Hist. Nat. Ins. 3, p. 444 (1840). — alæ ant. infra fere ut in varietate prima
signatæ; alæ post. infra fascia brunnea postmediana intus in area 5 profunde sinuata.
ilithyia MAB., Hist. Mad. Lep. 1, p. 149, t. 17, f. 11, 12 (1885—87).
Madagaskar. Comoren[89].

Tribus 4. Eunicidi.

Von dieser Gruppe kommt in der æthiopischen Region nur eine Gattung vor.

1. Crenis BOISD.

— *Crenis* BOISD., Faune Mad., p. 48 (1833). — DOUBL., Gen. D. Lep., p. 223 (1849). —
TRIMEN, S. Afr. Butt. 1, p. 248 (1887). — SCHATZ & RÖBER, Exot. Schm. 1, p. 144,
t. 21 (1887—88). — KARSCH, B. E. Z. 38, p. 171 (1893). — E. REUTER, Acta Soc. Sc.
Fenniæ 22: 1, p. 79 (1896).
< *Eunica* FELDER, N. Acta Acad. N. Cur. 28, p. 15 (1861). — HOPFFER, Peters Reise
Moss. Ins., p. 381 (1862).
< *Myscelia* TRIMEN, Rhop. Afr. Austr., p. 144 (1862).
≧ *Metacrenis* BUTLER, Proc. Zool. Soc. 1895, p. 259 (1895).

Crenis Hübn. ist ein *nomen nudum* und darum ohne alle Bedeutung. *Metacrenis* Butler ist ein Gemisch von zwei ganz verschiedenen Gattungen, indem *rosa* eine echte *Crenis* ist und *Crawshayi* zu Karsch's Gattung *Crenidomimas* gehört. Die Gattung *Crenis* steht der nur in Süd-Amerika vorkommenden Gattung *Eunica* äusserst nahe.

Uebersicht der Arten.

I. Die Vorderflügel oben schwärzlich—braun—grau—gelb ohne violetten oder blauen Schiller.

   A. Die Vorderflügel und der Wurzeltheil der Hinterflügel tief braunschwarz—fast rein schwarz. Der Saum der Hinterflügel und beim ♀ auch eine Saumbinde der Vorderflügel heller braun—grau mit violettem Glanze.   N:o 1.

   B. Die Flügel oben an der Wurzel nicht schwarz.

     α. Die Hinterflügel unten in der Saumhälfte scheckig mit helleren und dunkleren Zeichnungen, gewöhnlich in den Augenflecken viel dunkler als vor und hinter denselben; die Ringe der Augenflecke braun oder schwärzlich, selten gelblich. Die Flügel oben dunkel, braun oder nur schwach ockergelb überzogen.   N:o 3, 4.

     β. Die Hinterflügel unten wenigstens in der Saumhälfte mit eintöniger, nicht gescheckter, heller Grundfarbe; die Augenfleckenringe fein. Die Flügel oben mit heller Grundfarbe.

       *. Die Spitze der Vorderflügel oben nicht breit und einfarbig schwarz.

         a. Die Flügel oben mit graulicher Grundfarbe. Die Hinterflügel unten weisslich mit braunen Augenfleckenringen.   N:o 5.

         b. Die Flügel oben mit ockergelber—braungelber Grundfarbe. Die Hinterflügel unten lila weissgrau mit ockergelben Augenfleckenringen.   N:o 6.

       **. Die Spitze der Vorderflügel oben breit und einfarbig schwarz, bisweilen mit kleinen, gelben Flecken am Vorderrande in den Feldern 6—8. Die Unterseite der Hinterflügel aschgrau.   N:o 7.

II. Die Flügel oben hell violettblau—grünlich oder braun mit starkem, violettem Schiller.

   α. Die Vorderflügel unten fast bis zum Saume lebhaft ockergelb.

       *. Die Flügel oben mit starkem, violettem Glanze; die Vorderflügel unten mit einem grossen schwarzen Submarginalfleck im Felde 5 und zwei kleinen, blauen Punkten in 6 und 7. Die Wurzel der Mittelzelle der Hinterflügelunterseite ockergelb.   N:o 8.

       **. Die Flügel oben hell violett-blau; die Vorderflügel unten mit einer gewöhnlich vollständigen Reihe von schwarzen, in den Feldern 6—8 blaugeringelten Submarginalpunkten. Die innere Hälfte der Mittelzelle der Hinterflügelunterseite blaugrau.   N:o 10.

   β. Nur die Mittelzelle und die innerste Wurzel des Feldes 1 b der Vorderflügelunterseite ockergelb.   N:o 11.

1. **C. occidentalium** Mab., Bull. Soc. Zool. Fr. 1, p. 275 (1876); An. E. Fr. (6) 6, Bull. p. 117 (1886). — ♀ Auriv., Ent. Tidskr. 12, p. 205 (1891).
radimonis Druce, Ent. M. Mag. 14, p. 226 (1878). Mus. Brit.
Ribbei Dewitz, N. Acta Acad. N. Cur. 41: 2, p. 196, t. 26, f. 3 (1879). Mus. Berol.
Sierra Leona (Coll. Staud.). Old Calabar[67] — Kamerun — Gabun — Congogebiet: Leopoldville, Kassai, Quango, Mukenge[42]. Ruwenzori (Mus. Berol.).

°2. **C. Morantii** Trimen, Trans. Ent. Soc. London 1881, p. 439 (1881); S. Afr. Butt. 1, p. 253, t. 5, f. 3 (1887).
Natal.

3. **C. Boisduvali** Wallengr., Rhop. Caffr., p. 30 (1857). Mus. Holmiæ. — Trimen, S. Afr. Butt. 1, p. 252, t. 5, f. 2, 2 a (1887).

natalensis TRIMEN, Rhop. Afr. Austr., p. 144 (1862). — STAUD., Exot. Schm. 1, p. 108 (1886).
Metam: JUNOD, Bull. Soc. Sc. Nat. Neuchat. 20, p. 21 (1892).
Sierra Leona. Kamerun[61] — Gabun — Congogebiet — Angola — Kap Kolonie — Natal — Delagoa Bay — Manicaland.[77] Albert Edward See (Mus. Berol.).

4. **C. howensis** STAUD., Exot. Schm. 1, p. 108 (1886), Coll. Staud. — forma præcedentis? *natalensis* HOPFFER, Peters Reise Moss. Ins., p. 381 (1862). — MAB., Hist. Mad. Lep. 1, p. 152, t. 17, f. 5, 6 (3, 4?) (1885—7).
garega KARSCH, Ent. Nachr. 18, p. 173 (1892). Mus. Berol.
Kamerun.[69] Natal — Delagoa Bay — Querimba.[78] Madagaskar.

5. **C. umbrina** KARSCH, Ent. Nachr. 18, p. 114 (1892), Mus. Berol.; B. E. Z. 38, p. 179, t. 5, f. 2 (1893).
Togo.

6. **C. natalensis** BOISD., Voy. Deleg. 2, p. 592 (1847). — WALLENGR., Rhop. Caffr., p. 30 (1857). — TRIMEN, S. Afr. Butt. 1, p. 250, t. 5, f. 1 (1887).
Boisduvali STAUD., Exot. Schm. 1, t. 40 (1885).
amazoula MAB., An. E. Belg. 23, Bull., p. 16 (1880); Hist. Mad. Lep. 1, p. 153, t. 17, f. 7—10 (1885—7).
Wallengreni STAUD., Exot. Schm. 1, p. 108 (1886), Coll. Staud.
Natal — Transvaal. Madagaskar.
var. **Trimeni** n. var.
natalensis var. TRIMEN, Proc. Zool. Soc., 1891, p. 76, t. 9, f. 12 (1891).
Quango Fluss (Mus. Bruxell.). Omrora,[10] Okavango Fluss.[10]

7. **C. madagascariensis** BOISD., Faune Mad., p. 48 (1833), Coll. Oberth. — LUCAS, in: Chenu Enc. H. N. Pap. 1, t. 27, f. 1 (1853). — MAB., Hist. Mad. Lep. 1, p. 151, t. 17, f. 1, 2 (1885—6).
Madagaskar.

8. **C. amulia** CRAMER, Pap. Exot. 2, p. 128, t. 180, f. C. (1777). — GOD., Enc. Meth. 9, p. 388 (1823). — BUTLER, Proc. Zool. Soc. 1868, p. 222, t. 17, f. 3, 4 (1868). — ♀ HOLLAND, Trans. Amer. Ent. Soc. 13, p. 328, t. 9, f. 1 (1886).
amulia FABR., Ent. syst. 3:1, p. 129 (1793). — DONOV., Nat. Repos. 2, t. 40, f. 2 (1824).
Sierra Leona. Lagos — Old Calabar — Kamerun — Gabun — Congogebiet: Leopoldville, Lualuaburg. Quango.

°9. **C. Mafia** STAUD., Iris 10, p. 358 (1898). Coll. Staud.
Deutsch Ost-Afrika: Insel Mafia.

10. **C. rosa** HEW., Ent. M. Mag. 14, p. 82 (1877), Mus. Brit. — TRIMEN, S. Afr. Butt. 1, p. 255 (1887); 3, p. 403 (1889); Proc. Zool. Soc. 1891, p. 77 (1891). — MONTEIRO, Delagoa Bay, Titlepl., f. 10 (1891).

Pechueli Dewitz, N. Acta Ac. N. Cur. 41: 2, p. 195, t. 26, f. 1 (1879); ♀ l. c. 50, p. 368. t. 17, f. 2 (1887). — Staud., Exot. Schm. 1, p. 107, t. 40 (1885—6). Popokabaka — Angola — Ovamboland.[77] Delagoa Bay. Deutsch Ost-Afrika.[55A]

11. **C. Benguelæ** Charm., Ent. M. Mag. 8, p. 175 (1872). — Dewitz, N. Acta Acad. N. Cur. 41: 2, p. 179, t. 25, f. 1, 2 (1879). — Staud., Exot. Schm. 1, p. 108 (1886). Chinchoxo — Congogebiet:[45] Mukenge[42] — Angola.

Tribus 5. Marpesiidi.

Auch diese Gruppe ist in der æthiopischen Region nur durch eine Gattung vertreten.

1. Cyrestis Westw.

< *Marpesia* Hübner. Verz., p. 47 (1818—26).
= *Cyrestis* Westw., Gen. D. Lep., p. 260 (1850). — Felder, N. Acta Acad. N. Cur. 28, p. 24 (1861). — H. Schæffer, Prodr. Syst. Lep. 1, p. 24 (1864). — Schatz & Röber, Exot. Schm. 1, p. 155, t. 23 (1887—8). — Karsch, B. E. Z. 38. p. 172 (1893). — E. Reuter, Acta Soc. Sc. Fennia 22: 1. p. 87 (1896).

Als Auctor der Gattung *Cyrestis* wird gewöhnlich Boisduval angeführt; er hat jedoch nirgends diese Gattung charakterisiert.

Die afrikanischen Arten haben zierliche weisse Flügel mit 10 dunklen (schwarzen—braunen) Querlinien oder Querbinden, welche an die Zeichnungen der Flügel von *Papilio podalirius* und verwandten Arten erinnern und in folgender Weise angeordnet sind: die erste bedeckt die Wurzel der Vorderflügel und erreicht den Innenrand der Hinterflügel etwas vor dem Analwinkel; die zweite verläuft vor der Mitte der Mittelzelle der Vorderflügel und endet im Felde 1 c der Hinterflügel etwas vor dem Analwinkel; die dritte geht etwas hinter der Mitte der Mittelzelle der Vorderflügel und dicht hinter der Spitze der Mittelzelle der Hinterflügel, erreicht die Rippe 2 und biegt sich dann in einem Bogen gegen den Innenrand; die vierte bedeckt die Schlussrippe der Mittelzelle der Vorderflügel und erreicht höchstens die Rippe 3 derselben Flügel; die fünfte ist auch sehr kurz und erstreckt sich nur vom Vorderrande bis zur Rippe 4 der Vorderflügel; die sechste fängt am Vorderrande der Vorderflügel fast in der Mitte zwischen der Mittelzelle und der Flügelspitze an, geht in fast gerader Linie bis zur Rippe 3 der Hinterflügel und biegt sich dann in einem Bogen gegen den Innenrand, den sie, an demselben Punkte wie die dritte Querbinde, am Ende der Rippe 1 a erreicht; die siebente ist von Bogen oder Strichen gebildet und erreicht den Innenrand der Hinterflügel am Ende der Rippe 1 b; die achte fehlt auf den Vorderflügeln, geht aber auf den Hinterflügeln in fast gerader Linie vom Vorderwinkel zum Anallappen; die neunte ist sehr fein und läuft auf beiden Flügeln dicht vor dem Saume; die zehnte bildet eine feine Saumlinie.

Uebersicht der Arten.

A. Die Querlinien, besonders die 2:e, 3:e und 6:e, breiter und dunkler, bindenartig. Der Anallappen und der Analwinkel der Hinterflügel unten zusammenhängend schwarz gefärbt. N:o 1.

B. Die Querlinien schmäler, feiner und heller, bisweilen zum Theil undeutlich oder verschwunden. Der Anallappen und der Analwinkel der Hinterflügel unten mit zwei, gut getrennten, blau bestäubten, schwarzen Flecken. N:o 2.

1. **C. camillus** FABR., Spec. Ins. 2, p. 11 (1781), Mus. Brit. — GOD., Enc. Meth. 9, p. 361 (1823). — STAUD., Exot. Schm. 1, p. 133 (1886). — BUTLER, Proc. Zool. Soc. 1895, p. 729 (1896).

pantheus DRURY, Ill. Exot. Ins. 3, p. 7, t. 6, f. 4 (1782). — HERBST, Naturs. Schm. 4, p. 12, t. 54, f. 1 (1790).

Sierra Leona[81] — Ashanti — Togo[84] — Kamerun — Congogebiet: Kassai.[43] Ruwenzori.[119] Uganda.[21]

2. **C. elegans** BOISD., Faune Mad., p. 42, t. 7, f. 4 (1833), Coll. Oberth. — HÜBNER, Zutr. Exot. Schm. 5, p. 31, fig. 923, 924 (1837). — BLANCHARD, Hist. Nat. Ins. 3, p. 446 (1840). — STAUD., Exot. Schm. 1, p. 133, t. 45 (1885—6). — MAB., Hist. Mad. Lep. 1, p. 154, t. 18, f. 5, 6 (1885—7). — praecedentis var.?
Madagaskar.

Tribus 6. Neptididi.

Zu dieser Gruppe gehört nur eine einzige Gattung, welche auch in der æthiopischen Region durch zahlreiche Arten vertreten ist.

1. Neptis FABR.

= *Neptis* FABR., Illigers Magaz. 6, p. 282 (1807). — WESTW., Gen. D. Lep., p. 270 (1850). — FELDER, N. Acta Acad. N. Cur. 28, p. 30 (1861). — H. SCHÄFFER, Prodr. Syst. Lep. 1, p. 23 (1864). — TRIMEN, S. Afr. Butt. 1, p. 268 (1887). — SCHATZ & RÖBER, Exot. Schm. 2, p. 152, t. 24 (1887—8). — KARSCH, B. E. Z. 38, p. 173 (1893). — E. REUTER, Acta Soc. Sc. Fenniæ 22:1, p. 85, 510 (1896).

< *Area* HÜBNER, Verz., p. 44 (1818—26).

> *Neptis* TRIMEN, Rhop. Afr. Austr., p. 145 (1862).

Hieher gehören mittelgrosse—kleine (Flügelspannung 32—65 mm.; durchschnittlich 45 mm.) Tagfalter mit schwarzen, gelb oder weiss gezeichneten Flügeln.

Die hellen Zeichnungen sind typisch die folgenden: 1. Ein Längsstrich in der Mittelzelle der Vorderflügel, oft in Flecken aufgelöst; 2. Eine Querbinde über die Mitte, welche in den Hinterflügeln stets zusammenhängend und von 8 Flecken der Felder 1a—6 gebildet, in den Vorderflügeln aber mehr oder weniger unterbrochen ist und aus Flecken der

Felder 1 a—6 (8, 9) besteht (ich bezeichne diese Flecke als Diskalfleck 1 a, 1 b u. s. w.); 3. Vier Querlinien vor dem Saume, welche von Strichen oder Bogen gebildet und unten dicker als oben sind (ich bezeichne sie von innen nach aussen als Saumlinie 1, 2, 3, 4); 4. Drei Querlinien oder Querbinden (»Wurzelbinden») auf der Unterseite der Hinterflügel im Wurzeltheile; die erste von der Wurzel längs dem Vorderrande; die zweite und dritte vom Innenrande quer über die Mittelzelle und höchstens bis zur Rippe 8 sich erstreckend.

Man hat versucht, die zahlreichen Arten nach der Stellung der Rippe 10 der Vorderflügel in Gruppen einzutheilen. Bei vielen Arten ist dieses Kennzeichen konstant, bei anderen aber entspringt die Rippe 10 bald am Ende der Mittelzelle, bald etwas hinter derselben. Uebrigens stimmen Arten, welche aus anderen Gründen nahe verwandt sein müssen, nicht immer in dieser Hinsicht mit einander überein. Ich habe es darum vorgezogen, die Arten nach der Zeichnung in Gruppen zu theilen.

Uebersicht der Arten.

I. Die Mittelbinde beider Flügel wenigstens auf der Oberseite gelb. Die Saumlinien fehlen oben ganz oder sind undeutlich. Die Mittelbinde der Vorderflügel zweimal, in 1 b und 4, unterbrochen. Der Diskalfleck 4 fehlt oder er ist klein und mit dem Flecke 3 vereinigt.

    a. Die Mittelzelle der Vorderflügel beiderseits einfarbig ohne weisse Punkte. Die Flügel unten vor der Querbinde einfarbig ohne Zeichnungen.   N:o 1.

    ß. Die Mittelzelle der Vorderflügel wenigstens unten mit weissen Punkten.

       *. Die Diskalflecke 1 a und 1 b der Vorderflügel vorhanden.

         1. Die Diskalflecke 5 und 6 der Vorderflügel kurz und viereckig, einander breit berührend, auf der Unterseite weiss.   N:o 2.

         2. Die Diskalflecke 5 und 6 der Vorderflügel lang und dreieckig, einander kaum berührend, unten heller gelb.   N:o 3.

       **. Die Diskalflecke 1 a und 1 b der Vorderflügel fehlen ganz.   N:o 4.

II. Die hellen Zeichnungen der Flügeloberseite weiss.

    A. Die Flügel beiderseits mit 2—4 hellen Saumlinien.

       a. Die Hinterflügel unten im Wurzeltheile hell, weisslich—gelblich mit zahlreichen, braunen—schwarzen Flecken. Die Saumlinie 1 der Vorderflügel bildet an der Rippe 4 einen scharfen Winkel nach innen. Die Rippe 10 der Vorderflügel entspringt ziemlich weit hinter der Spitze der Mittelzelle.

         *. Die Wurzel der Hinterflügel unten gelblich mit 17—18 gerundeten schwarzen Punkten. Die Mittelzelle der Vorderflügel mit einem langen, weissen Längsstriche, welcher dem Hinterrande der Zelle folgt.   N:o 5.

         **. Die Wurzel der Hinterflügel unten mit unregelmässigen, braunen Flecken. Die Mittelzelle der Vorderflügel ohne Längsstrich, oben einfarbig oder weisspunktiert, unten weissgefleckt.   N:o 6.

       ß. Die Hinterflügel unten im Wurzeltheile schwarz—schwarzbraun mit zwei bis drei weissen Querbinden. Die Rippe 10 der Vorderflügel entspringt vor der Spitze der Mittelzelle oder selten unmittelbar hinter dieser Spitze.

         *. Die Mittelzelle der Vorderflügel oben einfarbig oder weisspunktiert, selten mit einem gebogenen Längsstriche, der sich dicht an den Vorderrand der Zelle anlegt und den Hinterrand nicht berührt.

           †. Die erste Wurzelquerbinde der Hinterflügelunterseite sehr kurz nur den Wurzellappen bedeckend; die zweite steht näher an der Wurzel als gewöhnlich und erreicht fast den Vorderrand. Die erste Saumlinie der Vorderflügel ist in den Feldern 2—5 von sehr schief gestellten, nicht zusammenhängenden Strichen vertreten. (Die Diskalflecke 1 a—3 der Vorderflügel vereinigt, der Diskalfleck 4 fehlt oder ist sehr klein.)   N:o 7.

††. Die Wurzelbinden der Hinterflügelunterseite typisch (siehe oben!) angeordnet. Die erste Saumlinie der Vorderflügel ist in den Feldern 2—7 zusammenhängend und gleichförmig gebogen oder fehlt gänzlich.

   Λ. Die Diskalflecke 1 b und 2 der Vorderflügel lang gestreckt und breit vereinigt. Der Diskalfleck 4 fehlt.   N:o 8.

   ΛΛ. Die Diskalflecke 1 b und 2 der Vorderflügel durch einen Zwischenraum der Grundfarbe getrennt. Der Diskalfleck 4 vorhanden und gewöhnlich lang gestreckt.

      o. Die zweite Saumlinie der Hinterflügeloberseite nicht erweitert, fein.

        +. Die Mittelzelle der Vorderflügel oben mit drei runden, scharf hervortretenden, weissen Punkten und 3—4 anderen, matteren, weisslichen Punktflecken.[1] Die Saumlinien der Vorderflügel in den Feldern 3 und 6 ganz verschwunden oder sehr undeutlich.
                                              N:o 9.

        ++. Die Mittelzelle der Vorderflügel oben einfarbig oder mit undeutlichen weissen Punkten oder auch 1—2 weissen Strichen.[1] Die Saumlinien nur durch die Rippen unterbrochen oder höchstens in der vorderen Hälfte des Feldes 3 undeutlich.

         §. Die Mittelzelle der Vorderflügel oben einfarbig oder nur mit einigen kleinen weissen Punkten. Der Diskalfleck 4 der Vorderflügel stets gross.

          1. Die Diskalflecke 4—6 der Vorderflügel treten wurzelwärts weit mehr als die Diskalflecke 2 und 3 hervor.

            a. Grössere Art; Flügelspannung ungefähr 60 mm.   N:o 11.

            b. Kleinere Art; Flügelspannung 44—48 mm.   N:o 12.

          2. Die Diskalflecke 2—6 der Vorderflügel vollständig zusammenhängend, nach innen fast geradlinig begrenzt, nach aussen einen Bogen bildend. Flügelspannung 34—37 mm.   N:o 13.

         §§. Die Mittelzelle der Vorderflügel oben am Vorderrande mit 1—3 weissen Strichen, selten einfarbig, der Diskalfleck 4 aber in diesem Falle sehr klein dreieckig.

          1. Der Diskalfleck 4 der Vorderflügel lang und gut entwickelt.

            a. Die Diskalflecke 3 und 4 der Vorderflügel berühren gewöhnlich einander vollständig, selten sind sie sehr schmal getrennt. Kleinere Art, 34—40 mm.   N:o 14.

            b. Die Diskalflecke 3 und 4 der Vorderflügel ziemlich breit getrennt. Grössere Art, 45—47 mm.   N:o 15.

          2. Der Diskalfleck 4 der Vorderflügel sehr klein, dreieckig.   N:o 16.

      oo. Die zweite Saumlinie der Hinterflügeloberseite zu einer weissen Querbinde erweitert.
                                              N:o 17, 18.

**. Die Mittelzelle der Vorderflügel oben mit einem weissen Längsstriche, welcher entweder die ganze Mittelzelle anstüllt oder, den vorderen Theil frei lassend, dem Hinterrande der Zelle folgt. Der Diskalfleck 4 der Vorderflügel fehlt oder ist nur durch einen kleinen Fleck vertreten.

   †. Dieser Längsstrich der Mittelzelle der Vorderflügel füllt nicht die ganze Zelle aus, sondern lässt den vorderen Theil frei.

      Λ. Der Längsstrich ohne deutlichen freien Fleck an seiner Spitze.

        o. Der Längsstrich am Ende stumpf abgerundet.

          1. Der Diskalfleck 4 der Vorderflügel ist sehr schmal, liegt dicht an der Rippe 5 und ist daher mit dem Diskalfleck 5 vereinigt.   N:o 19.

          2. Der Diskalfleck 4 ist sehr klein, dreieckig und liegt ganz frei nahe an der Saumlinie 1.

            a. Die Saumlinien der Vorderflügel im vorderen Theil des Feldes 3 undeutlich oder fehlend. Die Diskalflecke 5 und 6 klein und abgerundet. Kleinere Art, 43—45 mm.   N:o 20.

---

[1] Wenn die Zeichnungen der Mittelzelle, was möglich ist, nicht konstant sind, müssen wahrscheinlich einige von den hier aufgeführten Arten vereinigt werden.

     b. Die Saumlinien nur durch die Rippen unterbrochen. Die Diskalflecke 5 und 6 der Vorderflügel gross und eckig. Grössere Art, ungefähr 55 mm.   N:o 21.

       oo. Der Längsstrich der Mittelzelle am Ende spitz ausgezogen;

          1. Seine vordere Seite kurz vor der Spitze tief eingeschnitten. Grössere Art, 54 mm.   N:o 22.

          2. Seine vordere Seite ohne Einschnitt. Kleine Art, 32 mm.   N:o 23.

       11. Der Längsstrich an seiner Spitze mit einem kleinen, freien, dreieckigen Flecke.

          1. Die Diskalflecke 5 und 6 der Vorderflügel lang und schmal, getrennt oder einander nur an der inneren Ecke berührend.   N:o 24.

          2. Die Diskalflecke 5 und 6 der Vorderflügel kurz und breit, mit einander vollständig vereinigt.   N:o 25.

     ††. Der Längsstrich der Mittelzelle der Vorderflügel füllt die ganze Zelle aus und endet in eine Spitze im Felde 4; der äussere Theil bläulich. Grosse Art, über 60 mm.   N:o 26.

   B. Die Flügel beiderseits ohne helle Saumlinien. Der Diskalfleck 4 der Vorderflügel fehlt.

     *. Die Diskalflecke länglich. Die Diskalflecke 1 b und 2 der Vorderflügel zusammenstossend. Die Mittelbinde der Hinterflügel breit, den Anfang der Rippen 3 und 4 bedeckend.   N:o 27.

     **. Die Diskalflecke kurz, zum Theil quadratisch. Die Diskalflecke 1 b und 2 der Vorderflügel getrennt; der letztere mehr saumwärts liegend. Die Mittelbinde der Hinterflügel schmal, den Anfang der Rippen 3 und 4 frei lassend.   N:o 28.

1. **N. frobenia** FABR., Ent. syst. Suppl., p. 425 (1798). Mus. Havniæ. — GOD., Enc. Meth. 9, p. 430 (1823). — BOISD., Faune Mad., p. 51 (1833). — TRIMEN, Trans. Ent. Soc. London (3) 5, p. 335 (1866). — MAB., Hist. Mad. Lep. 1, p. 170, t. 20, f. 5, 6 (1885—7). Mauritius. Madagaskar.

2. **N. dumetorum** BOISD., Faune Mad., p. 50, t. 7, f. 6 (1833), Coll. Oberth. — MAB., Hist. Mad. Lep. 1, p. 169, t. 20, f. 3, 4 (1885—7). — OBERTH., Etud. d'Ent. 13, p. 14 (1890). Metam.: OBERTH., Etud. d'Ent. 12, p. 14, t. 4, f. 2 c, 2 d (1888). Bourbon. (Madagaskar[10]??)

3. **N. mayottensis** OBERTH., Etud. d'Ent. 13, p. 14, t. 2, f. 10 a, 10 b (1890), Coll. Oberth. Mayotte.

4. **N. comorarum** OBERTH., Etud. d'Ent. 13, p. 14, t. 2, f. 9 a, 9 b (1890), Coll. Oberth. Gross Comoro Insel.

5. **N. metella** DOUBL. & HEW., Gen. D. Lep., p. 272, t. 35, f. 2 (1850), Mus. Brit. — HOLLAND, Ent. News 3, t. 9, f. 3 (1892).
Sierra Leona — Ashanti[16] — Togo. — Kamerunberg — Gabun[60]. — Congogebiet (Coll. Stand.): Bena-Bendi. Victoria Nyanza (Mus. Berol.).
°var. **gratilla** MAB., An. E. Belg. 23, Bull., p. 106 (1880): Hist. Mad. Lep. 1, p. 172, t. 18ᵃ, f. 7 (1885—7). — maculis albis majoribus.
Madagaskar.

6. **N. saclava** BOISD., Faune Mad., p. 49 (1833). Coll. Oberth. — LUCAS, in Chenu: Enc. H. N. Pap., p. 132, f. 248 (1853). — TRIMEN, Rhop. Afr. Austr., p. 148, 338 (1862 —66). — MAB., Hist. Mad. Lep. 1, p. 173, t. 20, f. 7, 8 (1885).

marpessa HOPFF., Sitzb. Akad. Wiss. Berlin 1855, p. 640 (1855); Peters Reise Moss. Ins., p. 383, t. 24, f. 9, 10 (1862), Mus. Berol. — TRIMEN, S. Afr. Butt. 1, p. 272 (1887). — BUTLER, Proc. Zool. Soc. 1888, p. 65 (1888).
Kamerun (Coll. Staud.) — Chinchoxo[65] — Angola[7]. Kap Kolonie — Kaffernland — Natal — Zululand — Delagoabay — Manicaland[77] — Tette[79] — Deutsch Ost-Afrika[55a] — Brit. Ost-Afrika[146] — Aequatoria[4] — Abyssinien.[2,3] Madagaskar.

7. **N. nemetes** HEW., Exot. Butt. Neptis, t. 1, f. 1, 2 (1868), Mus. Brit. — HOLLAND, Ent. News 3, t. 9, f. 4 (1892). — KARSCH, B. E. Z. 38, p. 186 (1893).
Sierra Leona — Liberia[73] — Elfenbeinküste[57] — Ashanti[16] — Togo[84] — Kamerun — Gabun[60] — Chinchoxo — Congogebiet[45,46] — Angola.[7] Albert Nyanza (Mus. Ber.). Uganda.[119]
°var. **Pasteuri** SNELLEN, Tijdschr. v. Ent. 25, p. 221 (1882). — an hujus speciei? Quanza Fluss.

8. **N. kikideli** BOISD., Faune Mad., p. 50 (1833), Coll. Oberth. — MAB., Hist. Mad. Lep. 1, p. 171, t. 20, f. 9, 10 (1885—7). — TRIMEN, S. Afr. Butt. 1, p. 271 (1887). Madagaskar. (?? Congo[43]).

9. **N. agatha** STOLL, in Cramers Pap. Exot. 4, p. 76, t. 327, f. A, B (1780). — HOPFFER, Peters Reise Moss. Ins., p. 383 (1862). — STAUD., Exot. Schm. 1, p. 146, t. 50 (1885—6). — TRIMEN, S. Afr. Butt. 1, p. 270 (1887). — HOLLAND, Ent. News 3, t. 9, f. 2 (1892). — KARSCH, B. E. Z. 38, p. 186 (1893).
melicerta FABR., Syst. Ent., p. 508 (1775). — GOD., Enc. Meth. 9, p. 432 (1823). — TRIMEN, Rhop. Afr. Austr., p. 146 (1862). — nom. præocc.
agathe HERBST, Naturs. Schm. 9, p. 86, t. 238, f. 7, 8 (1798).
Sierra Leona — Liberia — Ashanti — Togo[84] — Niger[74,126] — Old Calabar[67] — Kamerun — Chinchoxo — Congogebiet[45,46] — Angola[5,6] — Ovamboland.[1] Natal — Transvaal — Mashuna — Manicaland[77] — Querimba[79] — Nyassaland[36] — Mero See[36] — Deutsch Ost-Afrika[48,55,55a,118] — Brit. Ost-Afrika[21,22,146] — Ruwenzori[119] Aequatoria[4] — Abyssinien.[3]

°10. **N. sextilla** MAB., Le Natural. 2, p. 99 (1882); Hist. Mad. Lep. 1, p. 174 [t. 20a, f. 3, 3a, ined.] (1887).
Madagaskar.

11. **N. Seeldrayersi** AURIV., Ent. Nachr. 21, p. 379 (1895), Coll. Seeldr. — Taf. 1, Fig. 7. Banana am Congo Fluss.

12. **N. nysiades** HEW., Exot. Butt. Neptis, t. 1, f. 3, 4 (1868), Mus. Brit. — TRIMEN, S. Afr. Butt. 1, p. 271 (1887). — AURIV., Ent. Tidskr. 15, p. 285 (1894). — maculis medianis 2a et 3a alar. ant. inter se et a macula 4a plus minus late separatis; maculis 4a—6a elongatis.
Old Calabar — Kamerun — Gabun[61] — Congogebiet[46] — Angola.[65]
ab. **metanira** HOLLAND, Ent. News 3, p. 249, t. 9, f. 6 (1892), Coll. Holl. — maculis 4a—6a alar. ant. brevibus, præterea ut in forma typica; nomen vix conserv.
Yaunde im Hinterlande Kameruns — Ogowe. — Congogebiet.

ab. **continuata** Holland, Ent. News 3, p. 249, t. 9, f. 9 (1892), Coll. Holl. — maculis 2ª—6ª alar. ant. omnino contiguis.

majo Karsch, B. E. Z. 38, p. 186, t. 5, f. 1 (1893), Mus. Berol.

Togo[54] — Kamerun — Ogowe — Abumonbasi (Mus. Brux.) — Angola.[65]

13. **N. puella** Auriv., Ent. Tidskr. 15, p. 285, fig. 11 (1894), Mus. Holmiæ.
Kamerun. Congo (Mus. Holmiæ).
var.? **nina** Staud., Iris 8, p. 369, t. 8, f. 1 (1896), Coll. Staud.[1]
Deutsch Ost-Afrika: Usagara.

14. **N. nicomedes** Hew., Ent. M. Mag. 10, p. 205 (1874), Mus. Brit. — Kirby, Handb.
Lep. 1, p. 147, t. 20, f. 3 (1894). — fascia media alar. ant. intus subrecta, haud angulata.
Ashanti.[14] Kamerun — Kuilu — Angola.
var. et ab. **quintilla** Mab., An. E. Fr. (6) 10, p. 21, t. 2, f. 7 (1890). — macula mediana 3ª alar. ant. brevi fasciaque ideo intus ad costam 4 profunde angulata.
nicomedes Auriv., Ent. Tidskr. 15, p. 284 (1894).
Elfenbeinküste[57] — Kamerun — Angola — Congogebiet: Popokabaka, Kasongo (Mus. Brux.).

15. **N. strigata** Auriv., Ent. Tidskr. 15, p. 284, fig. 10 (1894), Mus. Holmiæ.
? *biafra* Holland, Ent. News 3, t. 9, f. 10 (1892).
Kamerun. — Congogebiet: Maringa (Mairesse; Mus. Brux.).

16. **N. trigonophora** Butler, An. N. H. (5) 2, p. 177 (1878), Mus. Brit.
Deutsch Ost-Afrika: Massailand.

17. **N. biafra** Ward, Ent. M. Mag. 8, p. 121 (1871); Afr. Lep., p. 12, t. 9, f. 1, 2 (1874), Coll. Oberth.
Kamerun.

18. **N. paula** Staud., Iris 8, p. 368, t. 8, f. 2 (1896), Coll. Staud.
Sierra Leona.

19. **N. nicoteles** Hew., Ent. M. Mag. 10, p. 206 (1874), Mus. Brit. — Holland, Ent.
News 3, t. 9, f. 8 (1892).
Ashanti — Togo — Kamerun — Ogowe. — Congogebiet: Zongo, Mokoange — Angola.

20. **N. nicobule** Holland, Ent. News 3, p. 249, t. 9, f. 7 (1892), Coll. Holl.
Ogowe — Bangasso am oberen Ubangi-Fluss (Coll. Seeldr).

21. **N. Lermanni** Auriv., Öfvers. Vet. Akad. Förhandl. 53, p. 431 (1896), Mus. Brux. —
Taf. 1, Fig. 8.
Congogebiet: Popokabaka, Bangala.

---

[1] Ich habe keine nennenswerthen Unterschiede zwischen Staudingers Beschreibung und Abbildung von *nina* und meiner Art entdecken können. Wenn die Fundorte nicht so weit getrennt wären, würde ich *nina* ohne Bedenken als Synonym anführen.

22. **N. nebrodes** Hew., Ent. M. Mag. 10, p. 206 (1874). Mus. Brit. — Holland, Ent. News. 3, t. 9, f. 1 (1892).
Togo. Ogowe. Angola.

°23. **N. mixophyes** Holland, Ent. News 3, p. 249. t. 9. f. 11 (1892). Coll. Holl. Ogowe.

24. **N. melicerta** Drury, Ill. Exot. Ins. 2, p. 34. t. 19. f. 3, 4 (1773). — Herbst. Naturs. Schm. 9, p. 84, t. 238. f. 5, 6 (1798). — Staud., Exot. Schm. 1, p. 147 (1886). — Holland, Ent. News 3, t. 9. f. 5 (1892). — Karsch, B. E. Z. 38, p. 186 (1893).
blandina Cramer, Pap. Exot. 4, p. 76, t. 327, f. E. F (1782).
melinoe God., Enc. Meth. 9, p. 432 (1823).
Sierra Leona — Liberia[73] — Elfenbeinküste[57] — Ashanti[14, 16] — Togo[84] — Kamerun — Ogowe — Chinchoxo[65] — Congogebiet[46]: Mukengo[42], Sassa — Angola[7]. Uganda[119].

25. **N. Goochi** Trimen, Trans. Ent. Soc. 1879, p. 336 (1879); S. Afr. Butt. 1, p. 273, t. 5, f. 6 (1887). — Butler, Proc. Zool. Soc. 1888, p. 65 (1888).
Natal — Manicaland[77] — Deutsch Ost-Afrika: Parumbira[118], Kilimanjaro[57], Usegua[55].

26. **N. Jamesoni** Godm., Story of the Relief Exped., p. 436 (1891). Mus. Brit. — Aurv.. Ent. Tidskr. 15, p. 283 (1894).
Kamerun. Congogebiet: Quango, Kassai, Bangala, Upoto.

27. **N. exaleuca** Karsch, B. E. Z. 39, p. 9, fig. 5 (1894). Mus. Berol.
Kamerun-Hinterland: Yaunde.

28. **N. incongrua** Butler, Proc. Zool. Soc. 1896, p. 112. t. 6, f. 2 (1896), Mus. Brit. — Butler, Proc. Zool. Soc. 1896, p. 826 (1897).
Nyassaland.

Tribus 7. Nymphalidi.

Zu dieser Gruppe gehören nicht weniger als 17 æthiopische Gattungen, welche alle auf die æthiopische Region beschränkt sind und keine Vertreter in anderen Regionen haben. Sie sind in Arabien nur durch eine einzige Art vertreten und in Ost-Afrika viel seltener, als in West-Afrika, wo sie für den Urwald charakteristisch sind.

Die Gattungen sind theilweise sehr nahe verwandt und oft nur durch Vergleichung beider Geschlechter sicher zu unterscheiden. Die Geschlechter sind gewöhnlich einander sehr unähnlich. Dieser Umstand erschwert einerseits bedeutend das Studium der hieher gehörenden Formen, macht aber anderseits diese Gruppe zu einer der interessantesten unter den Tagfaltern. Die Raupen haben, soweit sie bekannt sind, nur zwei Reihen von ausgebildeten Dornen, eine jederseits des Rückens.

Uebersicht der Gattungen.

I. Der Stiel der Rippen 7 + 8 + 9 (+ 10) und die Rippen 10—12 der Vorderflügel sind breit oder sehr breit von einander getrennt. Die Mittelzellen geschlossen.

α. Die Rippe 10 der Vorderflügel entspringt vor der Spitze der Mittelzelle. Die Rippen 3 und 4 der Vorderflügel ans demselben Punkte oder sehr nahe neben einander.

1. *Pseudacræa.*

β. Die Rippe 10 der Vorderflügel entspringt hinter der Spitze der Mittelzelle aus dem Stiele von 7 + 8 + 9. Die Rippen 3 und 4 der Vorderflügel ziemlich weit getrennt.

2. *Pseudoneptis.*

II. Der Zwischenraum zwischen dem Stiele der Rippen 7—9 der Vorderflügel und der Rippe 12 ist so schmal. dass die Rippen 10—12 einander (mehr oder weniger) berühren oder nur durch sehr schmale Zwischenräume getrennt sind, welche selten breiter als die Rippen selbst sind.

A. Die Rippe 10 der Vorderflügel entspringt aus dem Stiele von 7 + 8 + 9 weit hinter der Spitze der Mittelzelle.

α. Die Præcostalrippe der Hinterflügel entspringt aus der Rippe 8, nachdem diese sich von der Mittelzelle entfernt hat. Die Mittelzelle der Hinterflügel offen. Die Rippen 3 und 4 der Vorderflügel ziemlich weit getrennt.

*. Die Vorderflügel langgestreckt mit gebogenem Saume und breit abgerundeter Spitze. Die Rippe 11 der Vorderflügel eine Strecke mit der Rippe 12 vereinigt.

3. *Catuna.*

**. Die Vorderflügel kurz und breit mit fast geradem Saume. Die Rippe 11 der Vorderflügel frei.

4. *Pseudargynnis.*

β. Die Præcostalrippe der Hinterflügel entspringt aus der Rippe 8 an oder ein wenig vor dem Punkte, wo sich diese von der Mittelzelle entfernt.

5. *Cymandra.*

B. Die Rippe 10 der Vorderflügel entspringt aus der Mittelzelle oder sehr selten dicht hinter dem Zellende aus dem Stiele von 7 + 8 + 9.

α. Die Præcostalrippe der Hinterflügel entspringt aus der Rippe 8, nachdem diese sich von der Mittelzelle entfernt hat. Die Mittelzelle der Hinterflügel offen.

6. *Aterica.*

β. Die Præcostalrippe der Hinterflügel entspringt aus der Rippe 8. an oder ein wenig vor dem Punkte, wo sich diese von der Mittelzelle entfernt; sehr selten etwas nach diesem Punkte: die Mittelzelle der Hinterflügel in letzterem Falle immer geschlossen.

*. Die Mittelzelle beider Flügel vollständig geschlossen.

†. Die Rippe 9 der Vorderflügel entspringt bei beiden Geschlechtern aus 7 + 8 viel näher an der Rippe 8, als an der Spitze der Mittelzelle. Die Rippen 3 und 4 der Vorderflügel an ihrem Ursprunge wenigstens so weit wie die Rippen 5 und 6 getrennt. Die Præcostalrippe der Hinterflügel entspringt an oder etwas vor dem Trennungspunkte der Rippe 8 von der vorderen

Mittelrippe. Die Rippe 10 der Vorderflügel immer aus der Mittelzelle. Die Flügel oben erdgrau mit weissen, schwarzgeringelten Punktflecken.

7. *Hamanumida.*

†† Die Rippe 9 der Vorderflügel entspringt beim ♂ gewöhnlich kurz hinter der Spitze der Mittelzelle und immer näher an der Mittelzelle, als an der Rippe 8.

Α. Die Rippe 9 der Vorderflügel entspringt auch beim ♀ näher an der Spitze der Mittelzelle, als an der Rippe 8. Die Rippen 3 und 4 der Vorderflügel sind an ihrem Ursprunge weiter getrennt, als die Rippen 5 und 6. Die Praecostalrippe der Hinterflügel entspringt immer ein wenig *vor* dem Punkte, wo sich die Rippe 8 von der vorderen Mittelrippe entfernt. Die Rippe 10 der Vorderflügel immer aus der Mittelzelle.

a. Palpen orangegelb behaart.   8. *Euphaedra.*

b. Palpen grau behaart.   9. *Euryphene.*

Β. Die Rippe 9 der Vorderflügel entspringt beim ♂ näher an der Rippe 8, als an der Mittelzelle. Die Rippen 3 und 4 der Vorderflügel entspringen aus demselben Punkte (der Hinterecke der Mittelzelle) oder wenigstens näher an einander, als die Rippen 5 und 6. Die Praecostalrippe der Hinterflügel entspringt gerade an oder etwas nach dem Punkte, wo die Rippe 8 sich von der Mittelzelle entfernt.

∗. Die Hinterflügel am Analwinkel abgerundet oder an einer der Rippen 1 b oder 2 hervortretend.

1. Beide Geschlechter ähnlich gefärbt und gezeichnet und mit fast derselben Flügelform. Die Rippe 10 der Vorderflügel immer aus der Mittelzelle.

     a. Die ODC der Vorderflügel fehlt ganz; der Stiel von 7 + 8 + 9 und die Rippe 6 darum aus demselben Punkte.

         11. *Crenidomimas.*

     b. Die Rippe 6 der Vorderflügel durch die kurze, schief gestellte ODC vom Stiele der Rippen 7 + 8 + 9 getrennt.

         12. *Harmilla.*

2. Die Geschlechter durch Farbe, Zeichnung und Flügelform einander sehr unähnlich.

     a. Der Saum der Hinterflügel tritt, besonders beim ♂, an der Spitze der Rippe 2 am meisten und mehr als an der Rippe 1 b hervor.   10. *Diestogyna.* [1]

     b. Der Saum der Hinterflügel tritt an der Rippe 1 b eben so weit (♀) oder viel weiter (♂) als an der Rippe 2 hervor.

         14. *Euryphura.*

---

[1] Vergl. hier auch *Cymothoe Lucasi* und *ormilius*, welche eine geschlossene Mittelzelle der Hinterflügel haben, aber von allen Formen dieser Abtheilung dadurch abweichen, dass die Rippe 9 der Vorderflügel beim ♂ in der Mitte zwischen der Zelle und der Rippe 8 und die Praecostalrippe ein wenig vor dem Trennungspunkte entspringt.

++. Die Hinterflügel am Analwinkel in der Mitte zwischen der Rippen 1 b und 2 mit breitem, stumpfem Schwanzlappen. Die Flügel oben mit grüner Grundfarbe.   13. *Euryphædra*.

**. Die Mittelzelle der Hinterflügel offen. sehr selten (bei *Cymothoe Lucasi* und *œmilius*) deutlich geschlossen. (Vergl. Anmerk. 1 Seite 171.)

1. Die Mittelzelle der Vorderflügel geschlossen. Die Rippe 9 der Vorderflügel entspringt beim ♂ ungefähr in der Mitte zwischen der Spitze der Mittelzelle und der Rippe 8. beim ♀ aber etwas näher an der Rippe 8. Die Praecostalrippe der Hinterflügel entspringt aus der Rippe 8 ein wenig vor dem Trennungspunkte.   15. *Cymothoe*.

2. Die Mittelzelle der Vorderflügel offen. Die Rippe 9 der Vorderflügel entspringt beim ♂ viel näher an der Mittelzelle, als an der Rippe 8, beim ♀ näher an der Rippe 8. als an der Mittelzelle. Die Praecostalrippe der Hinterflügel entspringt gerade dem Trennungspunkte gegenüber.

a. Die Rippe 10 der Vorderflügel aus der Mittelzelle. Die Hinterflügel beim ♂ am Analwinkel verlängert.   16. *Euptera*.

b. Die Rippe 10 der Vorderflügel aus dem Stiele von 7 + 8 + 9 kurz hinter der Spitze der Mittelzelle. Die Hinterflügel am Analwinkel abgerundet.   17. *Pseudathyma*.

1. Pseudacræa WESTW.

> *Panopea* HÜBNER, Verz., p. 39 (1818—26). — WESTW., Gen. D. Lep., p. 281 (1850). — FELDER, N. Acta Ac. N. Cur. 28, p. 27 (1861). — nomen praeoccup.

= *Panopea* H. SCHLEFFER, Prodr. Syst. Lep. 1, p. 22 (1864). — TRIMEN, Trans. Ent. Soc. Lond. 1868. p. 79 note (1868).

> *Pseudacræa* WESTW., Gen. D. Lep., p. 281 (1850).

= *Pseudacræa* TRIMEN, S. Afr. Butt. 1. p. 288 (1887). — SCHATZ & RÖBER, Exot. Schm. 2, p. 160, t. 25 (1887—88). — KARSCH. B. E. Z. 38, p. 172 (1893). — E. REUTER, Acta Soc. Sc. Fenniae 22: 1. p. 92 (1896).

Fast alle zu dieser Gattung gehörenden Arten sind selten in den Sammlungen und zeigen mimetische Ähnlichkeit mit Danaiden und Acraeiden. Die Entwicklungsstadien sind leider noch gänzlich unbekannt.

Uebersicht der Arten.

I. Die Hinterflügel beiderseits ohne schwarze Wurzelpunkte. oben fast einfarbig schwarz. Die Vorderflügel mit mehreren kleinen und drei grossen. grünen Flecken. je einem in der Mittelzelle und den Feldern 1 b und 2.
        N:o 1.

II. Die Hinterflügel wenigstens unten mit schwarzen Wurzelpunkten oder Strichen.
    A. Die Vorderflügel auf beiden Seiten ohne schwarze Wurzelpunkte.
        a. Die Vorderflügel schwarz mit 8 weissen oder weisslichen Flecken in vier Gruppen, wovon zwei am Hinterrande in 1 a und 1 b. zwei in der Mitte in 2 und 3, zwei an der Spitze der Mittelzelle (der

eine in der Mittelzelle, der andere in der Wurzel des Feldes 4) und zwei in den Feldern 5 und 6 in der Mitte zwischen der Mittelzelle und der Flügelspitze. Gewöhnlich finden sich auch paarweise helle Flecke vor dem Saume in den Feldern 1 b—5. Die Hinterflügel oben schwarz mit weisser—gelblicher Mittelbinde. Die Palpen unten weiss mit schwarzem Längsstreife.

    *. Die schwarze Wurzel der Hinterflügeloberseite erreicht die Rippe 2.   N:o 2.

    **. Die schwarze Wurzel der Hinterflügeloberseite erreicht die Rippe 2 nicht.   N:o 3.

β. Die Vorderflügel in der Wurzelhälfte zum grössten Theile roth—rothgelb oder schwarzbraun mit einer rothgelben Querbinde über die Mitte.

    *. Die Hinterflügel ohne schwarze Striche auf den Zwischenaderfalten. Ist in Farbe und Zeichnung dem *Danaida chrysippus* sehr ähnlich.   N:o 4.

    **. Die Hinterflügel wenigstens unten mit schwarzen Strichen auf den Zwischenaderfalten.

        1. Die Vorderflügel schwarz mit rothgelber Mittelbinde.

            a. Die Hinterflügel rothbraun, nur am Saume schmal schwärzlich.   N:o 5.

            b. Die Hinterflügel schwarzbraun mit weisser Mittelbinde, am Analwinkel braungelb.

                                                 N:o 6.

        2. Die Vorderflügel bis über die Mitte hinaus roth mit 3—4 schwarzen Längsstrichen (in 1 b, 2 und der Mittelzelle). Die Hinterflügel oben roth mit einer 4 mm. breiten, schwarzen, hellgefleckten Saumbinde.   N:o 7.

B. Die Vorderflügel auf beiden Seiten mit schwarzen Wurzelpunkten. Die Palpen unten einfarbig, gelblich.

  α. Die Mittelzelle der Hinterflügel mässig lang; die Rippen 3 und 4 aus demselben Punkte. Die Flügel mit rothen, gelbrothen, gelben oder weissen Zeichnungen. Der Leib oben hellgefleckt.

    *. Die Hinterflügel mit scharf begrenzter, dunkler, hellgefleckter Saumbinde und ohne schwarze Striche auf den Zwischenaderfalten. *Acraea*-ähnliche Formen.

        1. Der Saum der Hinterflügel am Ende der Rippe 1 b etwas hervortretend. Die Felder 6 und 7 der Hinterflügel jedes nur mit einem schwarzen Wurzelpunkte.   N:o 8.

        2. Der Saum der Hinterflügel am Analwinkel stark abgerundet. Die Felder 6 und 7 der Hinterflügel jedes mit zwei schwarzen Punkten.   N:o 9.

    **. Die Hinterflügel ohne helle Saumflecke, aber mit schwarzen Strichen auf den Zwischenaderfalten. *Planema*-ähnliche Formen.

      †. Die schwarzen Wurzelpunkte der Vorderflügel gross und auf beiden Seiten von scharf hervortretenden, weissen oder weisslichen Ringen umgeben.   N:o 10.

      ††. Die schwarzen Punkte der Vorderflügel ohne oder mit sehr undeutlichen Ringen.

        o. Die Vorderflügel mit einem deutlichen, von der subapicalen Querbinde getrennten Hinterrandsflecke.

            1. Der Hinterrandsfleck der Vorderflügel ist gross und erreicht die Rippe 3. Die Wurzel der Hinterflügel oben nicht schwarz.   N:o 11.

            2. Der Hinterrandsfleck der Vorderflügel ist klein und reicht nicht oder kaum bis an die Rippe 2. Die Wurzel der Hinterflügel oben wenigstens bis zur Rippe 6 schwarz.

                                             N:o 12.

        oo. Die Vorderflügel ohne besonderen Hinterrandsfleck, gewöhnlich aber mit einer hellen Querbinde, welche den Hinterrand erreichen kann.

            1. Die Querbinde der Vorderflügel berührt die Spitze der Mittelzelle und ist gegen den Hinterrand, den sie erreicht, stark erweitert. Die Wurzel der Felder 2, 3 und 5 wird von der Querbinde ganz oder fast gänzlich bedeckt.

                1. Die Querbinde bildet (ganz wie bei *Planema macaria*) einen Fleck in der Spitze der Mittelzelle.   N:o 13.

                2. Die Querbinde bedeckt die Spitze der Mittelzelle nicht.   N:o 14.

            11. Die Querbinde der Vorderflügel liegt gänzlich hinter der Spitze der Mittelzelle und lässt immer den Wurzeltheil der Felder 2—5 frei oder sie fehlt gänzlich.

1. Die Vorderflügel mit heller Querbinde. Der schwarze Saum der Hinterflügel nur
   1—3 mm. breit.
   a. Die Querbinde der Vorderflügel erreicht wenigstens die Rippe 2. Der schwarze
   Saum der Hinterflügel nach innen scharf begrenzt.   N:o 15.
   b. Die Querbinde der Vorderflügel erreicht höchstens die Rippe 3. Der schwarze
   Saum der Hinterflügel nach innen weniger scharf begrenzt.   N:o 16.
   2. Die Vorderflügel ohne Querbinde. Der schwarze Saum der Hinterflügel 7—9 mm.
   breit.   N:o 17.

β. Die Mittelzelle der Hinterflügel sehr kurz. Die Rippen 3 und 4 der Hinterflügel lang gestielt. Die
   Flügel mit grünen Flecken. Der Leib ohne helle Flecke. — Subgen. *Chloropoea* n. subg. (= *Pano-*
   pea Hübn.).   N:o 18.

1. **P. glaucina** Guenée, Vinson Voy. Lep., p. 38, t. 6, f. 1. 2 (1864). — Mab., Hist.
   Mad. Lep. 1, p. 164, t. 18, f. 10, 11 (1885—87).
   imerina Hew., Exot. Butt. Diadema, t. 2, f. 5. 6 (1865). Mus. Brit. — Staud., Exot.
   Schm. 1, p. 138 (1886).
   Madagaskar.

2. **P. apaturoides** Felder, Reise Novar. Lep., p. 416 (1867), Mus. Tring. — Saalm., Lep.
   Mad. 1. p. 82, t. 3, f. 35, 36 (1884). — Mab., Hist. Mad. Lep. 1, p. 165, t. 20, f.
   1. 2 (1885—87). — macula alba marginis dorsalis alar. ant. magna, subquadrata,
   costam 2ᵃᵐ attingente.
   drusilla Saalm., Ber. Senckenb. Ges. 1877—78, p. 81 (1878), Mus. Francof.
   Madagaskar.

   var. **comorana** Oberth., Etud. d'Ent. 13, p. 14, t. 2, f. 8 (Mai 1890), Coll. Oberth. —
   macula alba marginis dorsalis alar. ant. parva apice rotundato, medium areæ 1 b vix
   superante.
   serena Mab., An. E. Fr. (6) 10, p. 20 (Juli 1890).
   Comoren.

   °var.? (spec. dist.?) **walensensis** Em. Sharpe, Proc. Zool. Soc. 1896, p. 532 (1896).
   Britisch Ost-Afrika: Walenso.

3. **P. lucretia**[1] Cramer, Pap. Exot. 1, p. 71, t. 45. f. C. D (1775). — Herbst, Naturs.
   Schm. 9, p. 102, t. 241, f. 3, 4 (1798). — God., Enc. Meth. 9, p. 392 (1823). —
   Staud., Exot. Schm. 1, p. 140 (1886). — Karsch, B. E. Z. 38, p. 185 (1893).

---

[1] Von den zu dieser Art gezählten Formen habe ich leider nur wenige Stücke gesehen. Alle sind jedoch
wahrscheinlich Lokalrassen einer Art. Sie können in folgender Weise unterschieden werden.
A. Der Hinterrandsfleck der Vorderflügel und die Mittelbinde der Hinterflügel rein weiss.
   α. Die Hinterflügel ohne gelbe Flecke vor dem Saume. Die Flecke der Vorderflügel mässig gross. Die
   Mittelbinde der Hinterflügel oben 6—8 mm. breit.   *lucretia.*
   β. Die Hinterflügel am Analwinkel vor dem Saume gewöhnlich mit einigen ockergelben Flecken. Die weissen
   Flecke der Vorderflügel sehr gross. Die Mittelbinde der Hinterflügel 10—13 mm. breit. *expansa.*
B. Der Hinterrandsfleck der Vorderflügel und die Mittelbinde der Hinterflügel gelblich.
   α. Die Saumflecke der Hinterflügel oben deutlich. Grössere Formen.   *protracta.*
                                                                                  heliogenes.
   β. Die Saumflecke der Hinterflügel oben sehr undeutlich oder fehlend.   *tarquinia.*

sulpitia FABR., Ent. syst. 3: 1, p. 245 (1793).

Sierra Leona — Ashanti[16] — Togo[84] — Kamerun — Chinchoxo[65] — Congogebiet: Yambuya[45], Mukenge[42] — Angola. Niam-Niam (Coll. Staud.). Monbuttu[4].

var. **expansa** BUTLER, An. N. H. (5) 2, p. 177 (1878), Mus. Brit.

Delagoa TRIMEN, S. Afr. Butt. 1, p. 291 (1887).

Delagoa Bay — Deutsch Ost-Afrika: Lindi (Coll. Staud.), Masasi.

var. **protracta** BUTLER, Ent. M. Mag. 11, p. 164 (1874), Mus. Brit.

Kabinda (etwas nördlich von der Mündung des Congo-Flusses).

var. **tarquinia** TRIMEN, Trans. Ent. Soc. London 1868, p. 79, t. 5, f. 3 (1868); Trans. Linn. Soc. 26, t. 42, f. 4 (1869). — STAUD., Exot. Schm. 1, p. 140, t. 49 (1885—86). — TRIMEN, S. Afr. Butt. 1, p. 289 (1887); 3, p. 404 note 2 (1889).

Natal — Zululand — Zambezi[24] — Deutsch Ost-Afrika: Magila[24].

°var. **heliogenes** BUTLER, An. N. H. (6) 18, p. 69 (1896), Mus. Brit. — BUTLER, Proc. Zool. Soc. 1896, p. 823, t. 41, f. 2 (1897).

Nyassaland.

4. **P. Poggei** DEWITZ, N. Acta Ac. Nat. Cur. 41: 2, p. 197, t. 2, f. 2 (1879), Mus. Berol. — TRIMEN, Proc. Zool. Soc. 1891, p. 79 (1891). — HAASE, Bibl. Zool. 8: 2, p. 43, t. 3, f. 22 (1891). — BUTLER, Trans. Ent. Soc. 1892, p. 202, t. 10, f. 2, 2 a (1892). Angola. — Omrora[10].

5. **P. Gottbergi** DEWITZ, B. E. Z. 28, p. 187, t. 1, f. 1 (1884), Mus. Berol.

Gazengeli OBERTH., Etud. d'Ent. 17, p. 30, t. 3, f. 31 (1893), Coll. Oberth.

Kamerun: Barombi (Mus. Berol.) — Kuilu (Coll. Staud.) — Congogebiet: Quango, Bena-Bendi.

6. **P. Künowi** DEWITZ, N. Acta Ac. Nat. Cur. 42: 2, p. 198, t. 2, f. 6 (1879), Mus. Berol.

Angola (im Inneren). — Congogebiet: Bena Bendi.

7. **P. Clarki** BUTLER, Trans. Ent. Soc. London 1892, p. 201, t. 10, f. 1, 1 a (1892), Mus. Tring.

Kamerun (Coll. Staud.) — Kuilu (Coll. Staud.) — Congogebiet: Lokolele: Bassam Kussu (Mus. Bruxell.).

8. **P. Boisduvali** DOUBL., An. N. H. 16, p. 180 (1845); Gen. D. Lep., p. 281, t. 37, f. 3, (1850). Mus. Brit. — STAUD., Exot. Schm. 1, p. 140, t. 49 [1] (1885—86). — HAASE, Bibl. Zool. 8: 2, p. 43, t. 4, f. 28 (1891). — alis anticis fascia nulla subapicali ochracea, tantum area rufa ad angulum posticum.

Sierra Leona[81] — Ashanti — Kamerun — Ogowe — Kuilu (Coll. Staud.) — Chinchoxo[65] (Uebergänge zu *Trimeni*). ?Parumbira[118] (wohl *Trimeni*?).

var. (ab.?) **Colvillei** BUTLER, An. N. H. (5) 14, p. 123 (1884), Mus. Tring. — WATERH., Aid., t. 150, f. 1 (1884). — alis anticis fascia nulla subapicali, dimidio basali toto rubro.

---

[1] Uebergangsform.

Trimeni var. A. TRIMEN, S. Afr. Butt. 1, p. 297 (1887).
Natal. Deutsch Ost-Afrika: Urambo[55a].
°ab. **deficiens** KARSCH, Ent. Nachr. 23, p. 372 (1897).
Deutsch Ost-Afrika: Usambara.
var. **Trimeni** BUTLER, Ent. M. Mag. 11, p. 57 (1874), Mus. Brit. — TRIMEN, S. Afr.
Butt. 1, p. 296 (1887); 3, p. 405 (1889). — alis anticis fascia subapicali ochracea
et dimidio basali toto rubro.
Boisduvali var. TRIMEN, Trans. Linn. Soc. 26, p. 517, t. 43, f. 8, 9 (1869).
Ogowe (Coll. Staud.). Natal — Delagoa Bay — Zambezi[24] — Mossambik (Mus.
Berol.).

9. **P. hostilia** DRURY, Ill. Exot. Ins. 3, p. 38, t. 28, f. 5. 6 (1782). — GOD., Enc. Meth.
9, p. 393 (1823). — maculæ marginales alar. post. arcubus bene separatis inclusæ.
metea STOLL, Suppl. Cramer., p. 122, t. 25, f. 2, 2 b (1791).
hostilius HERBST, Naturs. Schm. 9, p. 198, t. 259, f. 3. 4 (1798).
methea GOD., Enc. Meth. 9, p. 257 (1819).
orthosia HÜBNER, Verz., p. 32 (1816—26).
Sierra Leona. Ashanti (Coll. Staud.; Uebergang zu *Warburgi*).
var. **Warburgi** AURIV., Ent. Tidskr. 13, p. 200 (1892); 15, p. 282 (1894), Mus. Holmiæ. — fascia marginalis alar. post. lata, continua, maculas parvas includens.
Kamerun. Congogebiet: Nkalama-Fluss[45] (die Hauptform?).

10. **P. dolomena** HEW., Exot. Butt. Diadema, t. 2, f. 4 (1865), Mus. Brit.
♂ *macularia* CAPRONN., An. E. Belg. 33, Bull., p. 144 (1889), Mus. Brux.
Sierra Leona[51]. Old Calabar — Kamerun — Gabun[60]. Niam-Niam (Coll. Staud.).
Angola[65].
var. (?) **usagaræ** STAUD., Iris 3, t. 3, f. 6 (1890); 4, p. 88 (1891), Coll. Staud.
?♂ *simulator* ♂ SMITH, An. N. H. (6) 3. p. 129 (1889) (non ♀, nec *simulator* BUTL.)
Coll. Gr. Smith.
Deutsch Ost-Afrika: Usagara. ? Mombasa.

11. **P. eurytus** L., Syst. Nat. ed. 10, p. 487 (1758), Mus. Upsal. — CLERCK, Icones Ins.
2, t. 31, f. 4 (1764). — HEW., Exot. Butt. Diadema, t. 3, f. 10 ♂, 11 ♀ (1868). —
AURIV., Ent. Tidskr. 14, p. 285 note 9 (1893). — femina albosignata.
euryta L., Mus. L. Ulr., p. 221 (1764); Syst. Nat. ed. 12, p. 757 (1767). — DOUBL.,
Ann. N. H. 16, p. 182 (1845).
♂ *hirce* DRURY, Ill. Exot. Ins. 3, p. 37, t. 28, f. 3, 4 (1782). — DOUBL., An. N.
H. 16, p. 182 (1845). — HAASE, Bibl. Zool. 8: 2, p. 43, t. 3, f. 15 (1891).
♂ *gea* WESTW.: in DRURY, Ill. Exot. Ins. ed. 2, p. 38, t. 28, f. 3, 4 (1837).
ab. ♀ **epigea** BUTLER, Cist. Ent. 1, p. 216 (1874), Mus. Brit. — mari concolor, fulvo-
signata.
Sierra Leona[51] — Ashanti — Kamerun[64].
ab. ♀ **bicolor** n. ab. — Fascia subapicali alar. ant. alba; alis posticis plagaque marginis postici alarum ant. fulvis.
Congogebiet: Sassa (COLMANT).

12. **P. imitator** TRIMEN, Trans. Ent. Soc. London 1873, p. 407 (1873); S. Afr. Butt. 1,
    p. 293, t. 6, f. 1 ♀ (1887).
    ? *simulator* ♀ SMITH, An. N. H. (6) 3, p. 129 (1889), Coll. Gr. Smith.
    ♂ *Conradti* OBERTH., Etud. d'Ent. 17, p. 29, t. 3, f. 32 (1893), Coll. Oberth.
    Natal. Deutsch Ost-Afrika: Usambara — Brit. Ost-Afrika: Mombasa.

13. **P. simulator** BUTLER, Cist. Ent. 1, p. 125 (1873).
    Sierra Leona — Ashanti — Sklavenküste.

14. **P. fulvaria** BUTLER, Cist. Ent. 1, p. 214 (1874), Mus. Brit.
    Kabinda — Angola[7].

15. **P. ruhama** HEW., Ent. M. Mag. 9, p. 81 (1872), Mus. Brit.
    ♀ *eurytus* HEW., Exot. Butt. Diadema, t. 3, f. 8 (1868). — OBERTH., Etud. d'Ent.
    17, p. 30, t. 3, f. 26 (1893).
    ♀ *metaplanema* BUTLER, Cist. Ent. 1, p. 215 (1874).
    Ashanti (teste STAUD.). Kamerun[61] — Congogebiet: Mukenge — Angola[7].

16. **P. Theorini** AURIV., Ent. Tidskr. 12, p. 207 (1891), Mus. Holmiae.
    Kamerun.
    ab. **consanguinea** AURIV., Ent. Tidskr. 15, p. 283, fig. 9 (1894), Mus. Holmiae.
    Kamerun.

17. **P. striata** BUTLER, Cist. Ent. 1, p. 215 (1874), Mus. Brit.
    eurytus HEW., Exot. Butt. Diadema, t. 3, f. 9 (1868).
    Sierra Leona — Ashanti[11] — Sklavenküste (Coll. Stand.) — Kamerun. Ambriz.

18. **P. semire** CRAMER, Pap. Exot. 3, p. 3, t. 194, f. B, C (1779). — GOD., Enc. Meth. 9,
    p. 392 (1823). — STAUD., Exot. Schm. 1, p. 111 (1886). — KARSCH, B. E. Z. 38,
    p. 185 (1893).
    hyppolite DRURY, Ill. Exot. Ins. 3, p. 17, t. 11, f. 3, 4 (1782).
    Sierra Leona — Elfenbeinküste[57] — Old Calabar — Kamerun[61. 71] — Gabun[60] —
    Congogebiet[5]: Isangila[11]. Mukenge[12]. — Angola[7].

2. Pseudoneptis SNELLEN.

< *Jara & Catuna* Auct.
   Pseudoneptis SNELLEN, Tijdschr. v. Ent. 25, p. 221 (1882). — KARSCH, B. E. Z. 38,
   p. 172 (1893). — E. REUTER, Acta Soc. Sc. Fennia 22: 1, p. 93 (1896).

1. **P. coenobita** FABR., Ent. syst. 3: 1, p. 217 (1793). — DONOV., Ins. India, t. 35, f. 3,
   (1800). — DOUBL. & HEW., Gen. D. Lep., t. 43, f. 2 (1850). — STAUD., Exot. Schm.
   1, p. 115, t. 50 (1885—86).
   Metam.: AURIV., Ent. Tidskr. 15, p. 285, t. 5, f. 1—1 b (1894).
   Sierra Leona[81] — Liberia[75] — Ashanti[11. 16] — Kamerun — Gabun[60] — Chinchoxo[65]
   — Angola[7].

3. **Catuna** KIRBY.

Jera HÜBNER. Verz., p. 38 (1818—26). — WESTW., Gen. D. Lep., p. 269 (1850). —
FELDER, N. Acta Ac. Nat. Cur. 28, p. 30 (1861). — H. SCHEFFER, Prodr. Syst. Lep. I,
p. 28 (1864). — nomen præoccup.
< *Euonnna* FELDER, Reise Novar. Lep., p. 425 (1867). — nomen præoccup.
Catuna KIRBY. Cat. D. Lep., p. 238 (1871). — SCHATZ & RÖBER Exot. Schm. I, p. 100,
t. 25 (1887).
= *Catuna* KARSCH, B. E. Z. 38, p. 172 (1893); 39, p. 2 (1894). — E. REUTER, Acta Soc.
Sc. Fenniæ 22: 1, p. 93 (1896).

Die Arten sind einander beim ersten Anblick sehr ähnlich, können jedoch, wie schon
KARSCH (B. E. Z. 39, p. 2) dargethan hat, durch gute Kennzeichen scharf getrennt wer-
den und sind sicher nicht Lokalrassen [1] oder Veränderungen einer Art. Ihre geographische
Verbreitung ist noch nicht genau bekannt, weil sie von den Verfassern verwechselt wor-
den sind. Ich habe hier nur solche Fundorte angeführt, aus denen ich selbst Stücke oder
Abbildungen gesehen habe.

Uebersicht der Arten.

A. Die Vorderflügel in jedem der Felder 1 b—3 dicht an der Mittelzelle mit einem gerundeten, scharf begrenzten,
schwarzen, gelbgeringelten Flecke. In oder kurz vor der Mitte des Feldes 2 liegt ein dreieckiger, schwarzer
Fleck, dessen Basis auf der Rippe 2 steht und dessen Spitze die Rippe 3 erreicht.
  a. Die Vorderflügel oben in der Mitte zwischen der Mittelzelle und der Flügelspitze mit zwei kleinen, schief
    gestellten, grauen—gelblichen Flecken in den Feldern 5 und 6. Die breite Binde der Hinterflügel hell-
    gelb.   N:o 1.
  β. Die Vorderflügel oben mit einer breiteren, weissen Querbinde in den Feldern 4—6. Die breite Binde
    der Hinterflügel rothgelb.   N:o 2.
B. Die Vorderflügel nur in der Wurzel des Feldes 2 mit einem gerundeten, gelbgeringelten, schwarzen Flecke.
Das Feld 2 der Vorderflügel in der Mitte ohne dreieckigen schwarzen Fleck.
  a. Der schiefe, gelbe Strich, welcher den einfarbigen Wurzeltheil der Felder 1 a und 1 b der Vorderflügel
    vom äusseren Theile begrenzt, ist fast gerade.   N:o 3.
  β. Der schiefe, gelbe Strich, welcher den mit 1—2 hellen Flecken gezierten Wurzeltheil der Felder 1 a und
    1 b vom äusseren Theile begrenzt, ist deutlich gebogen.   N:o 4.

1. **C. crithea** DRURY. Ill. Exot. Ins. 2, p. 29 t. 16, f. 5, 6 (1773). — CRAMER, Pap. Exot.
2, p. 63, t. 138, f. C, D (1777). — HERBST, Naturs. Schm. 6, p. 114, t. 113, f. 1,
2 (1793). — AURIV., Ent. Tidskr. 12, p. 208 (1891). — KARSCH, B. E. Z. 38, p.
180 (1893); 39, p. 3 (1894).
opis var. GOD., Enc. Meth. 9, p. 381 (1823).
Metam.: AURIV., Ent. Tidskr. 15, p. 286, t. 5, f. 2, 2 a, 2 b (1894).
Sierra Leona — Liberia — Togo[x] — Kamerun — Congogebiet: Ibembo, Bena-
Bendi. Albert Nyanza (Mus. Berol.).

---

[1] *Sikorana* könnte jedoch die östliche Form von *crithea* sein.

2. **C. sikorana** Rogenh., Verh. z. b. Ges. Wien 39, Sitzb., p. 76 (1889). Mus. Vindob. Deutsch Ost-Afrika: Usagara, Bagamoyo.

3. **C. angustata**(um) Felder, Reise Novaras Lep., p. 125 (1867), Mus. Tring. — Karsch, B. E. Z. [?38, p. 181 (1893)[1]; 39, p. 4 (1894). — Auriv., Ent. Tidskr. 15, p. 287 (1894).
euonina Karsch, B. E. Z. 39, p. 4 (1894) event. Namen.
Sierra Leona — Liberia[73] — Ashanti — Togo[84] — Old Calabar — Kamerun — Gabun — Congogebiet: Lopori Shoveu[43] (*crithea*). Bena-Bendi, Ibembo, Zongo, Mokoange.

4. **C. Oberthüri** Karsch, B. E. Z. 39, p. 4 (1894), Mus. Berol.
crithea Staud., Exot. Schm. 1, p. 145 t. 50 (1885—6).
angustatum Auriv., Ent. Tidskr. 12, p. 208 (1891).
Kamerun — Gabun[??] (*crithea*) — Congogebiet: Ibembo, Bena-Bendi.

4. **Pseudargynnis** Karsch.

< *Jara* & *Catuna* Auct.
— *Pseudargynnis* Karsch, Ent. Nachr. 18, p. 173, fig. 3, 4 (1892). — Auriv., Ent. Tidskr. 15, p. 289 (1894).

1. **P. hegemone** God., Enc. Meth. 9, p. 258 (1819).
duodecimpunctata Snellen, Tijdschr. v. Ent. (2) 7, p. 15, t. 1, f. 1—3 (1872); l. c. 25, p. 223 (1882); l. c. 35, p. 4 (1892). Coll. Snellen.
clorana Druce, Trans. Ent. Soc. 1874, p. 157 (1874). Mus. Brit.
Kamerunhinterland: Baliburg.[68] Congogebiet:[45] Mukenge,[42] Lualaba,[42] Stanley Fälle, Mündung des Congo-Flusses.[39] — Ambriz.[7] Nyassaland.[120, 121] Ruwenzori.[119]

5. **Cynandra** Schatz.

< *Catuna* & *Aterica* Auct.
= *Cynandra* Schatz & Röber, Exot. Schm. 2, p. 161, t. 25 (1887—8). — Auriv., Ent. Tidskr. 15, p. 289 (1894).
= *Cynandra* Röber, in Schatz & Röber, Exot. Schm. 2, p. 284 (1892). — Karsch, B. E. Z. 38, p. 172 (1893).

1. **C. opis** Drury, Ill. Exot. Ins. 2, p. 33, t. 18, f. 5, 6 (1773). — Cramer, Pap. Exot. 2, p. 63, t. 138, f. A., B. (1777). — Herbst, Naturs. Schm. 6, p. 78, t. 113, f. 3, 4 (1793). — God., Enc. Meth. 9, p. 381 (1823).

---

[1] Die Beschreibung passt eben so gut auf *Oberthüri*, zu welcher auch die citirte Abbildung gehört, wird aber vom Verfasser selbst später zu *angustata* gezogen.

♂ *afer* Drury, Ill. Exot. Ins. 3, p. 49, t. 36, f. 1, 2 (1782). — Stoll., Suppl. Cramer. p. 129, t. 27, f. 3, 3 b (1790). — ♂, ♀ Staud., Exot. Schm. 1, p. 150, t. 52 (1885–6).

♂ *athiopa* Fabr., Ent. syst. 3: 1. p. 136 (1793). — God., Enc. Meth. 9, p. 385 (1823). Sierra Leona — Liberia[73] — Togo[84] — Kamerun — Gabun — Congogebiet: Bangala,[47] Yambuya,[45] Mukenge.[65] — Angola.[7]

6. Aterica Boisd.

< *Aterica* Boisd., Faune Mad., p. 17 (1833). — Westw., Gen. D. Lep., p. 286 (1850) (= Divis. * subdivis. a). — Felder, N. Acta Acad. N. Cur. 28, p. 33, = Sect. 1 (1861). — H. Schleffer, Prodr. Syst. Lep. 1, p. 28 (1864). — Schatz & Röber, Exot. Schm. 2, p. 161. 1, 25 (1887—8).

Aterica Karsch, B. E. Z. 38, p. 171 (1893). — Auriv., Ent. Tidskr. 15, p. 289 (1894). — E. Reuter, Acta Soc. Sc. Fenniæ 22: 1, p. 92 (1896).

Die Vorderflügel haben auf dem dunklen Grunde zwei helle Querbinden, die eine vor der Spitze aus 1—4 Flecken (einem in 4, 1—2 in 5 und 1 in 6), die andere über die Mitte aus 1—6 Flecken, je einem in den Feldern (1 b). 2, 3, 4, (5) und in der Spitze der Mittelzelle. Vor dem Saume finden sich gewöhnlich helle Flecke in den Feldern 1 b—4.

Uebersicht der Arten.

A. Die Wurzel und der Hinterrand der Vorderflügel und die ganzen Hinterflügel (mit Ausnahme von dem Saume zwischen der Spitze und der Rippe 5) gelbbraun. N:o 1.

B. Die Vorderflügel überall mit schwarzer Grundfarbe. Die Hinterflügel auch schwarz, aber mit einem grossen, hellen (weissen—hellgelben—ockergelben) Flecke in der Mitte. N:o 2.

1. **A. rabena** Boisd., Faune Madag., p. 47, t. 8. f. 2 (1833), Coll. Oberth. — Geyer in Hübner, Samml. Exot. Schm. 3, t. 10 (1826—37). — Blanchard, Hist. Nat. Ins. 3, p. 148 (1840). — Doubl. & Hew., Gen. D. Lep., p. 287, t. 43, f. 3 (1850). — Lucas, in Chenu: Enc. H. N. Pap., p. 139, fig. 256 (1852). — Mab., Hist. Mad. Lep. 1, p. 175, t. 20, f. 11, 12 (1885—7).
Madagaskar.

2. **A. galene** Brown, New Ill. of Zool., p. 94, t. 37 (1776).
eupalia Cramer, Pap. Exot. 3, p. 2, t. 193, f. E, F (1779). — Herbst, Naturs. Schm. 6, p. 87, t. 137, f. 3, 4 (1793). — God., Enc. Meth. 9, p. 382 (1823). — Staud., Exot. Schm. 1, p. 151, t. 52 (1885—6), — macula discoidal. alar. post. pallide flava (♂) aut nivea (♀).
Sierra Leona — Liberia[73] — Elfenbeinküste[57] — Ashanti[16] — Togo[84] — Kamerun — Gabun[66] — Chinchoxo[65] — Congogebiet: Bangala,[47] Aruwimi,[45,46] Mukenge[43] — Angola.[7,6] — Albert Nyanza (Mus. Berol.). Ruwenzori.[118] Deutsch Ost-Afrika:[55a] Parumbira.[118]

var. et ab. **theophane** HOFFER, Sitzb. Akad. Wiss. Berlin 1855, p. 641 (1855); Peters Reise Mossamb. Ins., p. 387, t. 22, f. 7—10 (1862). Mus. Berol. — DEWITZ, N. Acta Acad. N. Cur. 41: 2, p. 179 (1879).

Congogebiet: Mamonbasi (Mus. Bruxell.). Querimba.[79] Deutsch Ost-Afrika.[54,55,55a]

7. **Hamanumida** HÜBNER.

< *Hamanumida* HÜBNER, Verz. p. 183 (1816—26).
Hamanumida TRIMEN, S. Afr. Butt. 1, p. 307 (1887). — SCHATZ & RÖBER, Exot. Schm. 2, p. 160, t. 25 (1887—8). — KARSCH, B. E. Z. 38, p. 173 (1893). — E. REUTER, Acta Soc. Sc. Fenniæ 22: 1, p. 92 (1896).
< *Atrica* WESTW., Gen. D. Lep., p. 286 (1850). — TRIMEN, Rhop. Afr. Austr., p. 156 (1862).
= *Canopus* FELDER, N. Acta Acad. N. Cur. 28: 3, p. 33 (1861). — H. SCHÆFFER, Prodr. Syst. Lep. 1, p. 22 (1864). — nomen præoccup.

1. **H. dædalus** FABR., Syst. Ent., p. 482 (1775). — GOD., Enc. Meth. 9, p. 388 (1823). BUTLER, Proc. Zool. Soc. 1885, p. 760 (1886). — BARKER, Trans. Ent. Soc. London 1895, p. 415. — alæ subtus brunneæ, immaculatæ aut obsolete maculatæ.
   melantha FABR., Syst. Ent., p. 513 (1775). Mus. Brit.
   meleagris var. REICHE, Ferret & Galin., Voy. Abyssinie Ent., p. 468, t. 32, f. 3, 4 (1849).
   meleagrina STAUD., Exot. Schm. 1, p. 150 (1886), Coll. Staud.
   dædalus var. TRIMEN, S. Afr. Butt. 1, p. 310 (1887).
   var. (temp.) **meleagris** CRAMER, Pap. Exot. 1, p. 102, t. 66, f. A., B. (1775). — DRURY, Ill. Exot. Ins. 3, p. 35, t. 27, f. 3, 4 (1782). — HERBST, Naturs. Schm. 6, p. 123, t. 125, f. 1, 2 (1793). — GOD., Enc. Meth. 9, p. 387 (1823). — BLANCHARD, Hist. Nat. Ins. 3, p. 449 (1840). — TRIMEN, Rhop. Afr. Austr., p. 157 (1862). — BAKER, Trans. Ent. Soc. Lond. 1895, p. 415 (1895). - alæ subtus ochraceæ, albo-maculatæ.
   dædalus STAUD., Exot. Schm. 1, p. 150, t. 52 (1885—6). — TRIMEN, S. Afr. Butt. 1, p. 309 (1887); Proc. Zool. Soc. 1894, p. 37 (1894).
   Ueberall auf dem Festlande Afrikas, südlich von der Sahara mit Ausnahme der Kap Kolonie. Arabien.[83]

8. **Euphædra** HÜBNER.

= *Euphædra* HÜBNER, Verz. p. 39 (1818—26). — TRIMEN, S. Afr. Butt. 1, p. 302 (1887). — KARSCH, B. E. Z. 38, p. 172 (1893).
= *Romaleosoma* BLANCHARD, Hist. Nat. Ins. 3, p. 448 (1840).
= *Romaleosoma* WESTW., Gen. D. Lep., p. 283 (1850). — FELDER, N. Acta Ac. N. Cur. 28: 3, p. 32 (1861). — H. SCHÆFFER, Prodr. Syst. Lep. 1, p. 22 (1864). — SCHATZ & RÖBER, Exot. Schm. 2, p. 162, t. 26 (1887—8). — E. REUTER, Acta Soc. Sc. Fenniæ 22: 1, p. 95 (1896).

Diese und die folgende Gattung sind so äusserst nahe verwandt, dass sie thatsächlich nur durch die Farbe der Palpen unterschieden werden können. Dies Kennzeichen kann aber kaum als ein genügendes Gattungsmerkmal betrachtet werden und die Gattungen wären vielleicht besser zu einer vereinigt. Da aber die Raupen von *Euryphene* noch unbekannt sind, scheint es mir besser mit der Vereinigung zu warten bis die Entwicklungsstadien auch hinreichend untersucht worden sind. Die *Euphaedra*-Raupen sind sehr charakteristisch und erinnern sehr an die Raupen der ostindischen Gattung *Euthalia*.

Die Euphaedra-Arten sind ausserordentlich veränderlich und können darum nur mit grösster Schwierigkeit schematisch getrennt werden. Wenn einige Formen nicht Hybride sind, muss die Artanzahl sehr reducirt werden. Vergleiche hierüber STAUDINGER in Iris 4. p. 119—120.

Uebersicht der Arten.

I. Die Vorderflügel mit zwei, weissen oder gelben, Querbinden, der einen vor der Spitze, der anderen über die Mitte aus 2—3 Flecken (in der Mittelzelle und in den Feldern 2 (und 3)). Die Hinterflügel oben roth oder gelb mit breiter, schwarzer Saumbinde.

   A. Der Saum der Hinterflügel oben einfarbig, schwarz. Die Vorderflügel längs dem Hinterrande einfarbig, schwarz oder an der Wurzel blaugrün angeflogen oder mit einem gelben Längsstriche in 1 a.

      α. Die Hinterflügel unten mit paarweise gestellten, schwarzen Flecken vor dem Saume, aber ohne schwarze Striche auf den Zwischenaderfalten. Die Subapicalbinde der Vorderflügel zusammenhängend. Die Mittelzelle der Vorderflügel unten grünlich.   N:o 18.

      β. Die Hinterflügel unten mit dunklem oder ockergelbem, ungeflecktem Saume, aber mit schwärzlichen Strichen auf den Zwischenaderfalten. Die Subapicalbinde der Vorderflügel wenigstens in zwei Flecke aufgelöst. Die Mittelzelle der Vorderflügel unten im Wurzeltheil roth.   N:o 1.

   B. Die Hinterflügel mit hellen Flecken im dunklen Saume. Die Vorderflügel längs dem Hinterrande mehr oder weniger rothgelb.

      α. Der Saum der Hinterflügel in jedem Felde mit zwei blauen oder bläulichen Flecken.   N:o 2.

      β. Der Saum der Hinterflügel in jedem Felde mit einem weissen Flecke.   N:o 3.

II. Die Vorderflügel höchstens mit einer hellen Querbinde vor der Spitze und immer ohne Mittelbinde.

   A. Die Hinterflügel mit weissen oder gelblichen Flecken in der dunklen Saumbinde. Thorax und Hinterleib oben mit deutlichen weissen Paarflecken.

      α. Die Hinterflügel ohne schwarzen Fleck auf der Schlussrippe der Mittelzelle und mit weissen Saumflecken.

         *. Die Hinterflügel unten ohne weissen Längsstreif am Vorderrande. Der dunkle Spitzentheil der Vorderflügel unten schwärzlich und wurzelwärts scharf begrenzt. Die Flügel beiderseits von der Wurzel bis weit über die Mitte hinaus einfarbig gelbroth ohne Zeichnungen.   N:o 4.

         **. Die Hinterflügel unten nahe an dem Vorderrande mit einem weissen Längsstreife. Der Spitzentheil der Vorderflügel unten braun, nach innen weniger scharf begrenzt.   N:o 5.

      †. Die Hinterflügel mit einem grossen schwarzen Flecke auf der Schlussrippe der Mittelzelle. Saumflecke gelblich, bisweilen strichförmig.   N:o 6.

   B. Der Saum der Hinterflügel oben ungefleckt oder mit blauweissen—blauen—grünen oder schwarzen Flecken, die bisweilen zu einer Submarginalbinde vereinigt sein können. Thorax und Hinterleib oben einfarbig oder mit wenigen, sehr undeutlichen Paarflecken, sehr selten so wie in Abtheilung A gefleckt.

      α. Die helle Subapicalbinde der Vorderflügel erreicht, wenn sie vorhanden ist, nie den Saum und wird fast immer nach hinten von der Rippe 3 begrenzt.

*. Die Hinterflügel oben immer wenigstens mit Andeutungen von hellen oder dunklen Submarginal-flecken.[1]

†. Die Flügel unten an der Wurzel nie roth oder rothgelb.

 1. Die Hinterflügel oben mit einem sehr grossen, schwarzen Flecke auf der Schlussrippe der Mittelzelle und mit einem sehr breiten, rein schwarzen Saume, welcher sieben grosse, scharf begrenzte, blaue Flecke (in den Feldern 1 c—7) einschliesst.   N:o 7.

 11. Die Hinterflügel oben ohne schwarzen Fleck auf der Schlussrippe oder selten mit einem kleinen solchen Flecke. Der Saum der Hinterflügel nie auf einmal breit schwarz und mit 7 grossen blauen Flecken.

  +. Die Hinterflügel unten am Vorderrande mit einem breiten, zusammenhängenden, weissen Längsstreife, welcher von der Wurzel ausgeht und sich weit über die Mitte des Feldes 7 hinaus erstreckt.   N:o 8.

  ++. Die Hinterflügel unten ohne solchen Längsstreif, höchstens mit einem weissen Längsflecke in oder hinter der Mitte des Feldes 7.

   1. Die Hinterflügel unten ganz ohne schwarze Zeichnungen oder höchstens mit 1—3 schwarzen Punkten in der Mittelzelle. Die Vorderflügel unten ohne andere, schwarze Zeichnungen als drei Punkte in der Mittelzelle.

    a. Die Hinterflügel unten ganz einfarbig, gelblich grün oder grün ohne weisse Quer-binde und nur mit etwas helleren, grünen Submarginalflecken.   N:o 9.

    b. Die Hinterflügel unten mit breiter—schmaler (bisweilen in Flecke aufgelöster), weisser Mittelbinde, welche sich vom Vorderrande bis zur Rippe 3 oder 4 erstreckt. In der Mittelzelle gewöhnlich ein schwarzer Punkt. Die Submarginalflecke fehlen oder sind undeutlich, grünlich.   N:o 10.

   2. Die Hinterflügel unten immer mit schwarzen Zeichnungen an der Wurzel (und vor der Mitte) und gewöhnlich auch mit deutlichen schwarzen Submarginalflecken. Die Vorderflügel unten auch mit anderen, schwarzen Flecken als den Punkten der Mittel-zelle.   N:o 11.

††. Wenigstens die Hinterflügel unten an der Wurzel roth oder rothgelb.

 1. Die rothe Farbe der Hinterflügelunterseite bildet nur einen grossen Fleck an der Wurzel, welcher nach aussen von der Rippe 8 begrenzt wird oder nur einen kleinen Theil der Wurzel des Feldes 7 bedeckt.

  o. Beide Flügel unten ohne schwarze Diskalflecke und mit undeutlichen oder grünlichen Sub-marginalflecken. Die Subapicalbinde der Vorderflügel fehlt beim ♂ und ist beim ♀ weiss. Entspricht in dieser Gruppe der *E. sarita* und *inauma* der Ceres-Gruppe.   N:o 12.

  oo. Beide Flügel unten mit schwarzen (gewöhnlich grossen) Diskalflecken und grossen, schwar-zen Submarginalflecken.

   a. Die schwarzen Submarginalflecke 1 b—6 der Vorderflügelunterseite stehen in einer fast geraden Linie. Der Diskalfleck im Felde 2 der Vorderflügelunterseite ist langgezogen, (dreieckig) und steht gewöhnlich in der Mitte oder erreicht wenigstens die Mitte des Feldes 2.   N:o 13.

   b. Die Submarginalflecke der Vorderflügelunterseite stehen in einer unregelmässig ge-bogenen Linie, indem die Flecke 3 und 4 dem Saume stark genähert sind. Der Diskalfleck 2 der Vorderflügelunterseite ist quergestellt und steht vor der Mitte des Feldes 2.   N:o 14.

---

[1] Alle die zahlreichen, beim ersten Blicke so verschiedenen Formen dieser Gruppe sind durch Zwischen-formen (Hybriden?) eng verbunden und gehen oft so allmählig in einander über, dass man geneigt sein konnte alle als eine Art zu betrachten. Bis auf weiteres und so lange die Entwicklungsstadien der meisten Arten unbekannt sind, habe ich einen Mittelweg gewählt und die am meisten hervorragenden Formen als Arten betrachtet.

†. Die rothe Farbe der Hinterflügelunterseite bildet einen Längsstreif am Vorderrande, welcher sich über die Mitte des Flügels hinaus erstreckt. Die Vorderflügel nie unten an der Wurzel der Mittelzelle roth.

  1. Nur die Franzen der Vorderflügelspitze weiss. Die schwarzen Submarginalflecke der Unterseite gewöhnlich einfach. Der rothe Vorderrandsstreif der Hinterflügel bedeckt die Wurzel des Feldes 7.   N:o 15.

  2. Die Vorderflügelspitze auf beiden Seiten 2—5 mm. breit weiss. Die Submarginalflecke der Unterseite zweigetheilt. Der rothe Vorderrandsstreif der Hinterflügel bedeckt nicht die Wurzel des Feldes 7.

    a. Die Submarginalflecke liegen weit (5—6,5 mm.) vom Saume und sind oben zu einer zusammenhängenden Querlinie vereinigt. Die Grundfarbe der Oberseite heller, gelbgrau schiefergrau-grün.   N:o 16.

    b. Die Submarginalflecke liegen nur 2—4 mm. vom Saume entfernt und sind oben wenig merkbar. Die Flügel oben mit schwärzlicher Grundfarbe. Die Hinterflügel unten in der Mitte gewöhnlich mehr oder weniger ausgedehnt roth.   N:o 17.

**. Die Hinterflügel oben am Saume breit einfarbig ohne Spur von Submarginalflecken.

  †. Die Hinterflügel unten an der Wurzel des Vorderrandes roth; die rothe Farbe nach aussen von einer weissen Linie, welche der Rippe 8 genau folgt, begrenzt. Die Subapicalbinde der Vorderflügel beim ♂ gelb, beim ♀ fast weiss, 3—5 Mill. breit.   N:o 19.

  ††. Die Hinterflügel unten ohne Roth an der Wurzel und ohne weissen Streif längs der Rippe 8.

    1. Die Hinterflügel oben beim ♂ einfarbig, grün—blaugrün, oder bis über die Mitte tief blau, beim ♀ wenigstens in der Mitte und über dem Ende der Mittelzelle blau, violett oder grünlich.

      1. Die Subapicalbinde der Vorderflügel fehlt oder ist zusammenhängend, gelb oder grünlich, selten weiss; ihr Fleck im Felde 4 sehr langgezogen. Die Flügel unten gewöhnlich mit deutlichen Submarginalflecken und mit drei schwarzen Punkten in der Mittelzelle der Hinterflügel.   N:o 20.

      2. Die Subapicalbinde der Vorderflügel in vier kurze, weisse, oben blaugerandete Flecke aufgelöst. Die Wurzel der Vorderflügel bis zur Rippe 2 und längs dem Hinterrande und die Hinterflügel bis weit über die Mitte hinaus schön kobaltblau. Die Flügel unten grünlich weissgrau ohne Submarginalflecke und ohne schwarze Punkte in der Mittelzelle der Hinterflügel.   N:o 21.

  ††. Die Hinterflügel oben wenigstens bis über das Ende der Mittelzelle hinaus einfarbig olivbraun —schwarzbraun.

    1. Die Hinterflügel oben hinter der Mitte mit einer scharf begrenzten, blauen Querbinde, welche am Analwinkel erweitert ist und dort den Saum erreicht.

      a. Die Hinterflügel und gewöhnlich auch die Vorderflügel unten mit einer Querreihe von scharf begrenzten, weissen Flecken über die Mitte.   N:o 22.

      b. Die Hinterflügel unten ohne weisse Mittelflecke   N:o 23.

    2. Die Hinterflügel oben einfarbig braun ohne blaue Querbinde, höchstens am Analwinkel mehr oder weniger violett-schillernd.

      a. Die Hinterflügel oben am Saume mit violett-schillerndem Purpurglanze, unten hell weisslich blaugrün mit deutlicher, weisser Mittelquerbinde zwischen dem Vorderrande und der Rippe 4. Die Mittelzellen unten mit 3 schwarzen Punkten.   N:o 24.

      b. Die Hinterflügel oben ohne Purpurglanz am Saume. Die Mittelzellen unten gewöhnlich nur mit einem schwarzen Punkte.

        o. Die Hinterflügel unten mit einer weissen, bisweilen in Flecke aufgelösten Mittelbinde vom Vorderrande bis zur Rippe 4 und vor dem Saume nur mit *einer* Querreihe von grossen schwärzlichen Submarginalflecken.   N:o 25.

oo. Die Hinterflügel unten ohne weisse Querbinde, hinter der Mitte aber mit zwei Querreihen von grossen, fast zusammenhängenden, dunkelgrünen Submarginalflecken. N:o 26.

β. Die helle Subapicalbinde der Vorderflügel ist sehr breit, erreicht in den Feldern 2 und 3 den Saum und wird nach hinten von der Rippe 2 begrenzt. Die Submarginalflecke der Hinterflügelunterseite wie in den Gattungen *Euryphene* und *Diestogyna* von hellen Ringen umgeben. N:o 27.

1. **E. eusemoides** SMITH & KIRBY, Rhop. Exot. 8, Euryphene, p. 1, t. 1, f. 1, 2 (1889). Coll. Gr. Smith.
Patria? — Congogebiet: Isangi (DEWÈVRE; Mus. Brux.)
Obs. Beim ♂ haben die Vorderflügel oben einen gelben, grünlich bestäubten Längsstrich in 1 a.

2. **E. imitans** HOLLAND, Canad. Ent. 25, p. 3 (1893). Coll. Holl.
Ogowe.

3. **E. perseis** DRURY, Ill. Exot. Ins. 2, p. 37, t. 21, f. 3, 4 (1773). — HERBST, Naturs. Schm. 6, p. 88, t. 137, f. 5, 6 (1793).
persea FABR., Ent. syst. 3: 1. p. 137 (1793). — GOD., Enc. Meth. 9, p. 391 (1823).
Sierra Leona — Liberia.[73]

4. **E. ruspina** HEW., Exot. Butt., Romaleosoma, t. 2, f. 6, 7 (1865). Mus. Brit. — STAUD., Exot. Schm. 1, p. 148, t. 51 (1885—6). — HAASE, Bibl. Zool. 8: 1, t. 4, f. 31 (1891).
Old Calabar — Kamerun — Ogowe — Gabun — Congogebiet: Bangala.[47] Aruwimi,[46] Mukenge[42] — Angola.[7]

5. **E. eleus**[1] DRURY, Ill. Exot. Ins. 3, p. 14, t. 12, f. 1, 2 (1782). — GOD., Enc. Meth. 9, p. 391 (1823). — DONOV., Nat. Repos. 4, t. 113 (1826). — STAUD., Exot. Schm. 1, p. 119 (1886).
Sierra Leona — Liberia.[73] Kamerun — Gabun — Chinchoxo[65] — Congogebiet: Mukenge,[42] Bangala,[47] Kassai[41] — Angola.[65] Ruwenzoro (Mus. Berol.). Kangasi.[4]

var. (?) **orientalis** ROTSCH., Nov. Zool. 5, p. 97 (1898), Mus. Tring.
Deutsch Ost-Afrika: Mikindani.

------

[1] Die in einander übergehenden Formen dieser Art können im Allgemeinen auf folgende Weise unterschieden werden.
A. Die Wurzelhälfte der Flügel oben in beiden Geschlechtern rothbraun—gelbbraun. Die Vorderflügelspitze nur mit weissen Franzen.
  α. Der Spitzentheil der Vorderflügel und die Saumbinde der Hinterflügel oben schwarz oder schwarzblau. Die Mittelzellen ohne schwarze Punkte. *Die Hauptform.*
  β. Der Spitzentheil der Vorderflügel und die Saumbinde der Hinterflügel oben grün.
    *. Die Mittelzelle der Vorderflügel ohne schwarze Punkte. ab. *hybridus.*
    **. Die Mittelzelle der Vorderflügel auf beiden Seiten mit 2—3 schwarzen Punkten. ab. *copiates.*
B. Die Vorderflügel oben beim ♂ ganz blaugrün mit weisser Subapicalbinde und drei schwarzen Punkten in der Mittelzelle. Die Vorderflügelspitze weiss.
  α. Die Hinterflügel bis über die Mitte hinaus rothbraun. ab. *ferruginea.*
  β. Die Hinterflügel nur an der Wurzel mit kleinem, rothem Flecke, sonst blaugrün. ab. *campea.*

ab. **hybridus** (STAUD. in litt.) n. ab. — a forma typica tantum differt parte apicali alar. ant. fasciaque marginali alar. post. supra virescentibus.
Unter der Hauptform.

ab. **coprates** DRUCE, Proc. Zool. Soc. 1875, p. 411 (1875), Mus. Brit.
Bangasso am oberen Ubangi-Fluss (Coll. Seeldr.) — Angola.[7]

ab. **ferruginea** STAUD., Exot. Schm. 1, p. 149 (1886), Coll. Staud.
zampa STAUD., Exot. Schm. 1, t. 51 (1885).
Kamerun.

ab. **zampa** WESTW., Gen. D. Lep., p. 284 (1850), Mus. Brit. — HEW., Exot. Butt., Romaleosoma, t. 1, f. 1, 3 (1864). — STAUD., Exot. Schm. 1, p. 149 (1886).
Sierra Leona.

6. **E. Edwardsi** HOEVEN, Tijd. natuurl. Gesch. 12, p. 251, t. 4, f. 1 a, 1 b (1845). —
KARSCH, B. E. Z. 38, p. 184 (1893).
pratinas DOUBL. & HEW., Gen. D. Lep., p. 284, t. 38, f. 3 (1850), Mus. Brit. —
STAUD., Exot. Schm. 1, p. 149 (1886).
Ashanti — Togo[S4] — Dahomey (Coll. Staud.) — Kamerun[7] — Kuilu.[7]

7. **E. francina** GOD., Enc. Meth. 9, p. 390 (1823).
sophron DOUBL. & HEW., Gen. D. Lep., p. 284, t. 38, f. 2 (1850), Mus. Brit.
Sierra Leona.

8. **E. Preussi** STAUD., Iris 4, p. 119, t. 1, f. 1 (1891), Coll. Staud. — alæ subtus ochraceæ—virescentes.
Kamerun: Barombi. Congogebiet. Angola. Albert Nyanza (Mus. Berol.).

var. (ab.?) **njami** STAUD., Iris 4, p. 125 (1891), Coll. Staud. — alæ subtus ferrugineæ maculis submarginalibus distinctis.
Niam-Niam-Gebiet (an der Nordost-Grenze des Congostaates). Congogebiet: Bena-Bendi.

ab. **njamnjami** STAUD., Iris 4, p. 126 (1891), Coll. Staud. — alæ subtus ferrugineæ maculis nullis submarginalibus.
Niam-Niam-Gebiet.

hybr. (?) **Preussi** × **ravola** STAUD., Iris 4, p. 124 (1891), Coll. Staud.
Kamerun.

hybr. (?) **Preussi** × **aureola** STAUD., Iris 4, p. 125 (1891), Coll. Staud.
Kamerun.

9. **E. sarita** EM. SHARPE, An. N. H. (6) 7, p. 133 (1891), Coll. Em. Sharpe.
Congogebiet: Bangasso am oberen Ubangi-Fluss, Sassa, Bangala, Amadi, Bena-Bendi.

10. **E. inanum** BUTLER, Cist. Ent. 1, p. 158 (1873), Mus. Brit. — DISTANT, Proc. Zool. Soc. 1879, p. 706 (1880). — WEYMER, S. E. Z. 53, p. 120 (1892).

_____

[7] In Staudingers Sammlung: diese Stücke sind heller als die typischen (= ab. *clarus* STAUD. in litt.).

vesparia Möschler, Abh. Senck. Ges. 15, p. 59 (1888).
vespasia Möschler, Abh. Senck. Ges. 15, p. 97 (1888).
Sierra Leona[81] — Ashanti[16] — Old Calabar — Congogebiet[47] · Angola.[7]

11. **E. ceres** Fabr., Syst. Ent., p. 504 (1775), Mus. Brit. — Karsch, B. E. Z. 38, p. 184 (1893).
　♂ *lucille* Cramer, Pap. Exot. 2, p. 93, t. 156, f. A., C. (1777).
　♀ *medon* Cramer, Pap. Exot. 3, p. 21, t. 205, f. C., D. (1779).
　♂ *lucullus* Herbst, Naturs. Schm. 6, p. 94, t. 138. f. 5, 6 (1793).
　♀ *zeuxis* Westw., Gen. D. L., p. 284 (1850).
　Sierra Leona — Ashanti[16] — Togo.[81]
ab. — — — Butler, Lep. Exot., p. 81, t. 31, f. 1 (1871).
　Kinsembo.

ab. **Afzelii** Felder, Reise Novar. Lep., p. 430 (1867), Mus. Tring.
　Sierra Leona.

ab. **phaëthusa** Butler, Proc. Zool. Soc. 1865, p. 670, fig. 4 (1866), Mus. Brit.
　Ashanti — Congogebiet: Bena-Bendi.

ab. et var. **ravola** Hew., Exot. Butt., Romaleosoma, t. 4, f. 19, 20 (1866), Mus. Brit.
　— Staud., Isis 4, p. 121 (1891). — Auriv., Ent. Tidskr. 15, p. 290 (1894).
　Metam.: Auriv., Ent. Tidskr. 15, p. 290, t. 5, f. 3, 3 a, 3 b (1894).
　Liberia[73] — Ashanti[16] — Old Calabar — Kamerun — Gabun.[61]

ab. et var.? **rezia** Hew., Exot. Butt., Romaleosoma, t. 4, f. 16—18 (1866), Mus. Brit.
　Kamerun — Ogowe — Gabun — Kuilu.

ab. **artaynta**[1] Möschler, Abh. Senck. Ges. 15. p. 60 (1888).
　Ashanti.

12. **E. Eberti** Auriv., Öfvers. Vet. Akad. Förhl. 53, p. 433 (1896), Mus. Brux. — Taf. 2, Fig. 1, 2.
Congogebiet: Ubangi-Fluss, Amadi.

[1] Der Typus dieser Form ist wahrscheinlich verloren gegangen; ich konnte ihn nämlich bei Staudinger, welcher Möschlers Sammlung besitzt, nicht wiederfinden. Nach der Beschreibung kann ich nicht entscheiden, ob *artaynta* mit einer der früher beschriebenen Varietäten zusammenfällt oder eine selbständige Form ist. Die übrigen Formen können, *wenn sie in typischen Stücken vorhanden sind*, in folgender Weise unterschieden werden:
A. Die Flügel unten grünlich ohne oder mit sehr undeutlichen Submarginalflecken. Uebergangsform zu *E. inanum*? ab. *phaëthusa*.
B. Die Flügel unten mit deutlichen, schwärzlichen Submarginalflecken.
　α. Die schwarzen Diskalflecke der Felder 3—5(—6) der Vorderflügelunterseite, welche die helle Subapicalbinde wurzelwärts begrenzen, sind gewöhnlich gross und liegen dicht hinter der Spitze der Mittelzelle (in einer Linie, welche ausgezogen gewöhnlich oder den Hinterrand schneiden würde).
　*. Die Hinterflügel unten mit weisser oder weisslicher Mittelbinde, oben gewöhnlich mit schwarzem Punkte auf der Schlussrippe der Mittelzelle. *Ceres* typica.
　**. Die Hinterflügel unten ohne weisse Mittelbinde, oben gewöhnlich ohne Diskalpunkt.
　　a. Die Subapicalbinde der Vorderflügel grünlich (♂)— weisslich (♀). ab. *Afzelii*.
　　b. Die Subapicalbinde der Vorderflügel bei beiden Geschlechtern orangegelb. ab. *ravola*.
　β. Die schwarzen Diskalflecke der Felder 3—5(—6) der Vorderflügelunterseite sind gewöhnlich klein und liegen weit hinter der Spitze der Mittelzelle in einer Linie, welche ausgezogen den Saum in den Feldern 2 oder 3 schneiden würde. Die Subapicalbinde der Vorderflügel gewöhnlich gelb. ab. *rezia*.

13. **E. themis** Hübner, Exot. Schm. 1, t. 60 (1806—16). — Staud., Exot. Schm. 1,
p. 149 (1886). — Staud., Iris 4, p. 127 (1891).
Liberia[73] — Ashanti[16] — Old Calabar — Kamerun.

ab. **permixtum** Butler, Cist. Ent. 1, p. 158 (1873). Mus. Brit.
Gabun.

ab. **justitia** Staud., Exot. Schm. 1, p. 149 (1886), Coll. Staud.; Iris 4, p. 130 (1891).
zeuxis Staud., Exot. Schm. 1, t. 51 (1885).
Lagos — Isubu — Kamerun — Gabun.

ab. **adonina** Hew., Exot. Butt. Romaleosoma, t. 3, f. 11, 12 (1865), Mus. Brit.
Old Calabar.

ab. **janetta** Butler, Proc. Zool. Soc. 1871, p. 80 (1871), Mus. Brit.; Lep. Exot., p. 82,
t. 31, f. 4 (1871). — Staud., Iris 4, p. 130 (1891).
Ashanti — Kamerun.

ab. **aureola** Kirby, An. N. H. (6) 3, p. 246 (1889), Coll. Gr. Smith.
auriger Staud., Iris 4, p. 126 (1891), Coll. Staud.
Metam.: Aurv., Ent. Tidskr. 15, p. 291, t. 5, f. 5, 5a (1894).
Kamerun.

ab. **campaspe** Felder, Reise Novar. Lep., p. 431 (1867), Mus. Tring.
innocentia Staud., Exot. Schm. 1, p. 149 (1886), Coll. Staud.
rubronotata Em. Sharpe, An. N. H. (6) 7, p. 130 (1891), Coll. Crowley.
Gabun — Kuilu — Congogebiet: Bangala[47] — Angola.

ab. **normalis** Staud., Iris 4, p. 129 (1891), Coll. Staud.
Sierra Leona.

ab. **aberrans** Staud., Iris 4, p. 128, t. 2, f. 2 (1891), Coll. Staud.
Sierra Leona.

ab. **vetusta**[1] Butler, Lep. Exot., p. 82, t. 31, f. 5 (1871), Mus. Brit.
Sierra Leona. Congogebiet: Bangala (Mus. Brux.), Isangi (Dewèvre).

---

[1] Wenn man von den unzähligen Zwischenformen absieht, können die hier aufgenommenen Formen von *themis* auf folgende Weise unterschieden werden:
A. Die Vorderflügel unten mit deutlicher, heller Subapicalbinde.
 α. Die Vorderflügel oben an der Wurzel roth. Die Subapicalbinde der Vorderflügel wenigstens beim ♂ goldgelb.
  *. Die Subapicalbinde der Vorderflügel ist mässig gross, gleichbreit oder am Vorderrande schmaler
    a. und besteht aus 3—4 Flecken in den Feldern 3—6.   *themis* typica.
    b. und besteht nur aus 2 Flecken in den Feldern 3 und 4.   *permixtum.*
  **. Die Subapicalbinde der Vorderflügel gross und abgerundet.
    a. Der Hinterrandsfleck der Vorderflügel und der Wurzeltheil der Hinterflügel mehr oder weniger
       grün oder bläulich.   *justitia.*
    b. Der grosse Hinterrandsfleck der Vorderflügel und der Wurzeltheil der Hinterflügel gelb.
                                                                       adonina.
 β. Die Vorderflügel oben ohne roth an der Wurzel.
  *. Die Subapicalbinde der Vorderflügel auf beiden Seiten goldgelb oder gelblich.
    a. Die Flügel unten an der Wurzel violettroth.   *janetta.*
    b. Die Flügel unten an der Wurzel ziegelroth.   *aureola.*
  Die Subapicalbinde der Vorderflügel unten weiss, oben grün (♂) oder weiss (♀). *campaspe.*

14. **E. cyparissa** CRAMER, Pap. Exot. 1, p. 63, t. 39, f. D., E. (1775). — HERBST, Naturs.
Schm. 6, p. 96, t. 130, f. 1, 2 (1793). — alae ant. infra basi haud rubrae, supra
fascia subapicali viridi.
cato FABR., Mant. Ins. 2, p. 12 (1787).
Sierra Leona. Congogebiet: Zongo, Mokoange (TILKENS: Mus. Brux.).
var. **aurata** CARPENTER, Proc. R. Dubl. Soc. (2) 8, p. 305 (1895). Mus. Dublin. —
alae ant. infra basi haud rubrae, supra fascia subapicali aurata.
Niger — Kamerun.
var. **sarcoptera** BUTLER, Lep. Exot., p. 81, t. 31, f. 2 (1871). — alae ant. infra basi
rubrae, supra fascia subapicali aurea.
Ashanti — Dahomey (Coll. Staud.).

15. **E. gausape** BUTLER, Proc. Z. Soc. 1865, p. 671, 670 fig. 5 (1866). Mus. Brit. —
AURIV., Ent. Tidskr. 15, p. 292 (1894). — fascia subapicalis alar. ant. aurea—flava.
Ashanti — Kamerun.
var. **judith** WEYMER, S. E. Z. 53, p. 88 (1892). — fascia subapicalis alar. ant. viridis
aut virescenti-albida.
cyparissa ♀ CRAMER, Pap. Exot. 2, p. 93, t. 156, f. B. (1777). — HERBST, Naturs.
Schm. 6, p. 96, t. 130, f. 3 (1793).
Sierra Leona. Congogebiet: Banzyville, Bena-Bendi.

16. **E. Herberti** EM. SHARPE, An. N. H. (6) 7, p. 131 (1891). Coll. Em. Sharpe. — Taf. 2.
Fig. 3.
acrozaleuca KARSCH, Ent. Nachr. 21, p. 279 (1895). Mus. Berol.
Congogebiet: Bangala, Quango, Bena-Bendi.

17. **E. xypete** HEW., Exot. Butt. Romaleosoma. t. 2, f. 8—10 (1865). Mus. Brit. — STAUD.,
Exot. Schm. 1, p. 149, t. 51 (1885—6). — alae ant. utrinque fascia subapicali alba
aut ochracea.
Sierra Leona[81] — Liberia[25] — Ashanti[16] — Old Calabar[57] — Kamerun — Gabun
— Congogebiet: Bangala,[47] Lopori Shoven,[43] Mukenge,[42] Sassa. — Angola.[5,56]
ab. (et var.?) **Crockeri** BUTLER, An. N. H. (4) 3, p. 20, t. 9, f. 6 (1869). Mus. Brit.
— alae ant. infra fascia subapicali nulla aut caerulescente.
Ashanti — Niger.[126] Bangala.[47]
var. **caerulescens** SMITH, Proc. Zool. Soc. 1890, p. 469 (1890), Coll. Gr. Smith. — alae
ant. infra fascia subapicali nulla aut caerulescente, supra fascia subap. caerulescente,
marginem exter. versus valde dilatata. A var. *Crockeri* distincta?
Im Inneren des Congostaates: Aruwimi Fluss, Sassa, Bangasso am Ubangi, Isangi.

B. Die Vorderflügel unten eintönig grün ohne helle Subapicalbinde.
   α. Die Vorderflügel oben mit grünem Fleck vor der Spitze; die schwarzen Diskalflecke der Unterseite bilden
    eine mit dem Saume fast parallele Reihe.
    *. Der Subapicalfleck der Vorderflügel mit dem Hinterrandsfleck verbunden.   *oberrans.*
    **. Der Subapicalfleck der Vorderflügel vom Hinterrandsfleck getrennt.   *normalis.*
   β. Die Vorderflügel oben im Spitzendrittel grün ohne besonderen Subapicalfleck. Die schwarzen Diskalflecke
    der Unterseite stehen in einem Bogen oder sind wenigstens nicht mit dem Saume parallel.
    obtusa.

18. **E. Zaddachi** DEWITZ. N. Acta Ac. N. Cur. 41:2. p. 199. t. 26. f. 9 (1879). Mus. Berol.
— LANZ, Iris 9, p. 138 (1896).
elephantina STAUD., Iris 4, p. 130, t. 2, f. 3 (1891). Coll. Staud.
Crawshayi BUTLER, Proc. Zool. Soc. 1895, p. 628, t. 35. f. 3 (1895), Mus. Brit.
Kamerun — Ogowe — Congogebiet — Angola (im Inneren). Nyassaland[38] —
Deutsch Ost-Afrika: Parumbira.[118]

19. **E. luperca** HEW., Exot. Butt. Romalæosoma, t. 1. f. 2, 4 (1864), Mus. Brit.
Old Calabar — Kamerun — Kuilu-Fluss (Coll. Staud.) — Congogebiet: Umangi
(WILVERTH).

20. **E. medon** L.. Cent. Ins., p. 19 (1763); Syst. Nat. edit. 12, p. 753 (1767). — CLERCK,
Icones Ins. 2, t. 28, f. 1 (1764). — BUTLER, Proc. Zool. Soc. 1865, p. 672, 673
fig. 6 (1866). — DEWITZ, Nov. Acta Ac. N. Cur. 50, p. 370, t. 17, f. 3—5 (1887).
— ♀ alis post. supra usque a basi caerulescentibus aut violascentibus.
janassa L., Mus. L. Ulr. p. 294 (1764).
♂ *pholus* HOEVEN, Tijd. Nat. Gesch. 7, p. 276. t. 5, f. 1 (1840).
? Sierra Leona[81] — ? Ashanti.[16] Congogebiet[42] — Angola.[7]

ab. ♀ **agnes** BUTLER, Proc. Zool. Soc. 1865, p. 672 (1866), Mus. Brit. — alis post.
supra fascia media caerulea.
medon DRURY, Ill. Exot. Ins. 3, p. 26, t. 15, f. 1, 2 (1773). — KARSCH, B. E. Z.
38, p. 184 (1893).
erithonius WESTW. in DRURY, Ill. Exot. Ins. (edit. 2) 2, t. 15, f. 1, 2 (1840).
Sierra Leona[81] — Ashanti — Togo[84] — Niger[74] — Kamerun.

ab. (et var.?) **viridinota** BUTLER, Lep. Exot., p. 82, t. 31, f. 3 (1871), Mus. Brit.: Cist.
Ent. 1, p. 159 (1873). — alæ post. supra in medio area pallidiore virescente.
Gabun — Congogebiet.

21. **E. uganda** AURIV., Ent. Nachr. 21, p. 380 (1895), Mus. Berol. — Taf. 2, Fig. 4.
Uganda.

22. **E. eupalus** FABR., Spec. Ins. 2, p. 54 (1781), Mus. Brit. — BUTLER, Cat. Fabr. Lep.,
p. 94 (1869).
erithonius FABR., Mant. Ins. 2, p. 11, (1787). — GON., Enc. Meth. 9, p. 390 (1823).
swanzyana BUTLER, Proc. Zool. Soc. 1868, p. 222, t. 17, f. 7, 8 (1868).
Sierra Leona (Mus. Holmiæ) — Liberia[73] — Elfenbeinküste[57] — Ashanti.[16] ? Gabun.[60]
Congogebiet: zwischen Kasongo und den Stanleyfällen (ROM).

23. **E. harpalyce** CRAMER, Pap. Exot. 2, p. 78, t. 145, f. D.. E. (1779). — STAUD., Exot.
Schm. 1, p. 150, 306 (1886)●— alæ ant. fascia subapicali nulla (♂) aut angusta (♀).
eupalus STAUD., Exot. Schm. 1, t. 51 (1885).

ab. **lakuma** BUTLER, Trans. Ent. Soc. London 1870, p. 123 (1870); Lep. Exot., p. 51,
t. 21, f. 2 (1871). — alæ ant. fascia subapicali angusta (♂) aut latiore, 4—5
millim. lata (♀).
fasciata STAUD., Exot. Schm. 1. p. 150 (1886), Coll. Staud.
Sierra Leona — Liberia[73] — Ashanti[16] — Kamerun.

24. **E. Wardi** Druce, Cist. Ent. 1, p. 286 (1874), Mus. Brit.
Johnstoni Butler, Proc. Zool. Soc. 1887, p. 569 (1888), Mus. Brit.   Smith &
Kirby, Rhop. Exot. 8, Euphædra. t. 1, f. 3, 4 (1889).
Old Calabar — Kamerun.

25. **E. losinga** Hew., Exot. Butt. Romaleosoma, t. 1, f. 5 (1864), Mus. Brit.
Congogebiet — Angola.[7]

26. **E. spatiosa** Mabille, Bull. Soc. Zool. Fr. 1, p. 278 (1877). — Auriv., Ent. Tidskr.
12, p. 212 (1891).
Kamerun — Gabun[61] — Landana — Congogebiet.

27. **E. neophron** Hopffer, Sitzb. Akad. Wiss. Berlin 1855, p. 640 (1855); Peters Reise
Mossamb. Ins., p. 386, t. 22, f. 1, 2 (1862), Mus. Berol. — Trimen, S. Afr. Butt. 1,
p. 304 (1887). — alis supra pallide virescente-caeruleis—viridibus.
zambesia Felder, Reise Novar. Lep., p. 430 (1867), Mus. Tring.
Delagoa Bay — Manicaland[77] — Zambezi — Querimba — Nyassaland[125] — Deutsch
Ost-Afrika.[54, 55, 55a, 118]

var. **violacea** Butler, Proc. Zool. Soc. 1888, p. 91 (1888), Mus. Brit. — Rogenh.,
Ann. Mus. Wien 6, p. 461 (1891). — Butler, Proc. Zool. Soc. 1894, p. 565 (1894).
— alis supra violaceis.
Kilimanjaro — Brit. Ost-Afrika.[19, 20, 22, 146]

9. Euryphene Westw.

Euryphene Westw., Gen. D. Lep., p. 285 (1850). — Felder, N. Acta Acad. N. Cur.
28: 3, p. 32 (1861). — Schatz & Röber, Exot. Schm. 2, p. 161. t. 26 (1887—8). —
Karsch, B. E. Z. 38, p. 172 (1893). — Auriv., Ent. Tidskr. 15, p. 288 (1894). —
E. Reuter, Acta Soc. Sc. Fenniæ 22: 1, p. 94 (1896).

Diese sehr interessante Gattung ist einerseits äusserst nahe mit *Euphædra* verwandt,
zeigt aber anderseits viele verwandtschaftliche Beziehungen zu der Gattung *Diestogyna*.
Viele Arten scheinen beim ersten Anblicke einander sehr unähnlich, in der That aber sind
sie durch andere Arten mit einander eng verbunden. Die Geschlechter weichen gewöhnlich
durch Farbe und Zeichnung sehr von einander ab und es kommt oft vor, dass zwei Arten
sehr ähnliche ♂♂, aber ganz verschiedene ♀♀ haben oder umgekehrt, dass die ♀♀ sehr
ähnlich, die ♂♂ aber ganz unähnlich sind. Hiedurch sind die Arten auf eine eigenthümliche Weise mit einander verflochten. Auf der Unterseite sind die Geschlechter jedoch
wie gewöhnlich einander ziemlich ähnlich. Da aber die verworrenen Zeichnungen der
Flügelunterseite nur mit Schwierigkeit beschrieben und in einer Uebersicht benutzt werden
können, wurde ich genöthigt besondere Uebersichte für die ♂♂ und die ♀♀ zu geben.

Uebersicht der Männchen.

I. Die Hinterflügel oben von der Wurzel bis wenigstens über die Mitte hinaus (metallglänzend) grün oder grünlich, einfarbig oder nur mit einigen schwarzen Punkten in der Mittelzelle und (selten) in den Feldern 4—6. — *Euphædra*-ähnliche Formen.

  A. Die Hinterflügel unten an der Wurzel des Vorderrandes blutroth. Die Flügel unten mit einer gemeinsamen, sehr unregelmässigen, grünlich braunen Querbinde, welche etwas hinter der Mitte des Vorderrandes der Vorderflügel anfängt, die Spitze der Mittelzellen berührt und kurz vor der Mitte des Innenrandes der Hinterflügel ausmündet. Beide Flügel unten mit 2—3 tief schwarzen Punkten in der Mittelzelle. Die Vorderflügel oben in der Wurzelhälfte grün, dann schwarzbraun mit einer gelben Subapicalbinde, aber ohne weissen Fleck an der Spitze.   N:o 1.

  B. Die Hinterflügel unten an der Wurzel nicht roth.

    α. Die Hinterflügel oben mit breiter, schwarzer Saumbinde, unten ohne Mittelbinde.

      †. Der breite, schwarze Saum der Hinterflügeloberseite mit einer Reihe von 7 länglichen, blaugrünen Submarginalflecken. Die Mittelzelle beider Flügel oben mit einem grossen schwarzen Fleck in der Mitte und einem ähnlichen auf der Schlussrippe. Die Flügel unten eintönig gelbgrün mit schwarzen Submarginalstrichen und schwarzen Zeichnungen in den Mittelzellen.   N:o 2.

      ††. Der breite, schwarze Saum der Hinterflügeloberseite ohne Submarginalflecke, nach innen aber mehr oder weniger blauschillernd.

        *.̇ Die Spitze der Vorderflügel mit weissem Flecke. Die Mittelzelle der Vorderflügel oben schwarz mit zwei blauen Querstrichen.

          a. Die Vorderflügel ohne helle Subapicalbinde. Die Hinterflügel unten ohne hellen Querstrich in der Mitte des Feldes 7.   N:o 3.

          b. Die Vorderflügel mit gelber Subapicalbinde. Die Hinterflügel unten am Vorderrande mit einem gelblichen Querstriche in der Mitte des Feldes 7.   N:o 4.

        **. Die Spitze der Vorderflügel oben ohne hellen Fleck. Die Vorderflügel mit heller (gelber—weisslicher) Subapicalbinde.

          1. Die Flügel unten lederbraun ohne schwarze Diskalflecke.   N:o 5.

          2. Die Flügel unten mehr oder weniger grün und gelblich mit deutlichen schwarzen Diskalflecken wenigstens in den Feldern 4—7.

            a. Die schwarzen Submarginalstriche der Unterseite fehlen oder sind undeutlich. Die Hinterflügel unten nur mit einem schwarzen Flecke in jedem der Felder 5—7.   N:o 6.

            b. Die schwarzen Submarginalstriche der Unterseite scharf hervortretend. Die Hinterflügel unten mit zwei schwarzen Flecken in jedem der Felder 5—7.   N:o 7.

    β. Die metallgrüne Farbe der Hinterflügeloberseite erreicht in den Feldern 1 b—4 fast den Saum. Die Hinterflügel unten gelb mit einer scharf begrenzten, tiefbraunen Mittelbinde.   N:o 8.

II. Die Hinterflügel oben gar nicht metallisch glänzend oder selten blau schillernd.

  A. Die Flügel unten mit einer deutlichen, gemeinsamen, schmalen, geraden, dunklen Querbinde, welche sich von der Spitze der Vorderflügel bis zum Analwinkel der Hinterflügel am Ende der Rippe 1 b erstreckt. Alle Arten einander unten ganz ähnlich.

    α. Die Vorderflügel oben ohne Subapicalbinde oder statt der Binde mit kleinen gelben Flecken in den Feldern 3—6. Die Felder 3—1 b der Vorderflügel im Wurzeltheil mit deutlichen schwarzen Flecken, welche auf den Hinterflügeln durch eine schwarze Querlinie der Felder 6—4 fortgesetzt werden. Die Hinterflügel oben gewöhnlich mit 6 deutlichen, schwarzen Submarginalpunkten vor der Submarginallinie.

      *. Die Flügel oben dunkel schwarzbraun ohne helle Flecke.   N:o 12.

      **. Die Flügel oben dunkel rothbraun mit gelben Ringen der schwarzen Submarginalpunkte der Vorderflügel und mit winkelig gebrochenen, gelben Flecken in den Feldern 3—6 der Vorderflügel hinter den schwarzen Zeichnungen am Ende der Mittelzelle.   N:o 13.

β. Die Vorderflügel oben mit deutlicher, gelber Subapicalbinde. Die Hinterflügel oben ohne oder mit undeutlicher, schwarzer Querlinie im Warzeltheile der Felder 4—6.

  *. Die Flügel oben dunkel rothbraun mit violettem Schiller. Die schwarzen Zeichnungen, besonders die Submarginalpunkte der Hinterflügel, undeutlich oder fehlend.   N:o 14.

  **. Die Flügel oben heller, rothgelb gewöhnlich mit deutlicheren schwarzen Zeichnungen.

                                      N:o 15.

B. Die Flügel unten ohne gemeinsame Querbinde oder mit einer Querbinde, welche am Innenrande der Hinterflügel vor der Spitze der Rippe 1 a endet.

  α. Die Vorderflügel oben wenigstens in den Feldern 1 b -4 mit hellen Flecken auf dunklem Grunde.

    *. Die Flügel unten mit einer scharf begrenzten, schwarzbraunen, gemeinsamen Querbinde, welche ganz wie bei *E. barce* gebildet ist.   N:o 9.

    **. Die Flügel unten höchstens mit Andeutungen von einer Querbinde.

      1. Die Wurzelhälfte der Vorderflügel oben dunkel mit blauweissen Flecken.   N:o 10.

      2. Die Wurzelhälfte der Vorderflügel oben rothbraun ohne Zeichnungen.   N:o 11.

  β. Die Vorderflügel oben ohne freie helle Flecke in den Feldern 1 b—4, gewöhnlich mit dunklen Flecken auf hellem Grunde.

    *. Die Vorderflügel oben mit einer breiten, gelben, ungefleckten Querbinde, welche an der Mitte des Vorderrandes anfängt und die Rippe 2 dicht vor dem Saume erreicht. *Vor der Spitze* stehen in den Feldern 6—8 ein bis drei helle Flecke.

      1. Die Flügel oben gelbbraun. Die Hinterflügel mit Submarginalpunkten und Submarginallinie. Die Subapicalflecke der Vorderflügel kurz und gelb.   N:o 16.

      2. Die Flügel oben dunkelbraun. Die Hinterflügel einfarbig, ohne Zeichnungen. Die Subapicalflecke der Vorderflügel langgestreckt und wenigstens zum Theil weisslich.   N:o 17.

    **. Die Vorderflügel oben ohne helle Querbinde oder mit einer Subapicalbinde, welche höchstens die Rippe 3 erreicht oder hinten ohne Grenze in die Grundfarbe übergeht.

      †. Die Flügel unten wenigstens theilweise mehr oder weniger tief grün.

        1. Die Spitze der Vorderflügel oben weiss. Die Flügel oben eintönig dunkel olivbraun ohne deutliche, dunkle Zeichnungen, aber mit einer gelben Subapicalbinde der Vorderflügel.

                                   N:o 18, 19.

      ††. Die Spitze der Vorderflügel oben nicht weiss oder nur mit weissen Franzen.

        +. Die Vorderflügel unten an der Wurzel des Vorderrandes im Felde 12 weiss oder grünlich weiss.

          o. Die Vorderflügel oben mit deutlicher, gelber Subapicalbinde.

            1. Die Flügel unten eintönig grün, nicht dunkler am Saume und ohne dunkle Zeichnungen.   N:o 21.

            2. Die Vorderflügel unten am Saume dunkler; der dunkle Saumtheil nach innen bogenförmig begrenzt. Die Flügel unten mit mehr oder weniger angedeuteten, dunklen Zeichnungen.

              a. Die Flügel oben tief schwarzbraun ohne deutliche schwarze Zeichnungen. Grössere Art. 60—65 mm.   N:o 20.

              b. Die Flügel oben mit den gewöhnlichen Querreihen von dunklen Flecken recht deutlich hervortretend. Kleinere Art. 50—55 mm.   N:o 22.

          oo. Die Vorderflügel oben ohne helle Subapicalbinde, aber mit deutlichen schwarzen Fleckenquerreihen.

            1. Die Flügel oben mit kastanienbrauner Grundfarbe.   N:o 23.

            2. Die Flügel oben mit schwarzgrauer Grundfarbe.   N:o 24.

        ++. Die Vorderflügel unten an der Wurzel des Vorderrandes nicht weiss. oben mit gelber Subapicalbinde und mit deutlichen schwarzen Fleckenquerreihen. Die Vorderflügel unten mit dunkleren, olivenbraunen Saumtheil, welcher nach innen von einer weissen, von der Spitze bis zur Mitte des Hinterrandes gehenden Bogenlinie begrenzt wird.

N:o 26.

††. Die Flügel unten braun, grau, gelb oder weisslich, aber nicht grün. Die Spitze der Vorderflügel oben nie weiss. Die Flügel oben hinter der Spitze der Mittelzelle mit vier schwarzen Fleckenquerreihen oder Querlinien, die gewöhnlich sehr deutlich sind. Die äusserste Querlinie bildet auf den Vorderflügeln gewöhnlich eine dunkle Saumbinde, ist aber auf den Hinterflügeln vom Saume entfernt.

   ⅄. Der Vorderrand der Vorderflügel unten an der Wurzel schneeweiss.

        1. Die Flügel mit ockerbrauner—kastanienbrauner Grundfarbe und deutlichen Fleckenreihen.

           a. Die Flügel oben mit olivenbrauner Grundfarbe. Die Hinterflügel unten im Felde 7 mit einem schmalen weissen Querstrich. Ein weisslicher Querwisch unten hinter dem Ende der Mittelzelle der Vorderflügel.   N:o 27.

           b. Die Flügel oben mit kastanienbrauner Grundfarbe. Die Hinterflügel unten dunkel rothbraun ohne weissen Querstrich im Felde 7 und nicht grau am Analwinkel.

                   N:o 28.

           c. Die Hinterflügel unten mit einem grossen, viereckigen, schneeweissen Flecke im Felde 7 und je einem weissen Punkte in 5 und 6. Die Vorderflügel unten ohne weisslichen Wisch am Ende der Mittelzelle.   N:o 29.

        2. Die Flügel oben mit rothgelber Grundfarbe; ihre Fleckenquerreihen zum grössten Theil verschwunden oder sehr undeutlich. Die Hinterflügel unten am Vorderrande breit schwarzbraun.   N:o 42.

   ⅄⅄. Der Vorderrand der Vorderflügel unten an der Wurzel nicht weiss.

        +. Die Flügel unten mit einer fast geraden, scharf begrenzten, dunkelbraunen Querlinie, welche sich von der Spitze der Vorderflügel bis zur Mitte des Innenrandes der Hinterflügel erstreckt.

           1. Die Vorderflügel oben mit kurzer, gelber Subapicalbinde. Die Flügel unten eintönig grünlich grau mit feiner, nicht welliger Submarginallinie.   N:o 34.

           2. Die Vorderflügel oben ohne helle Subapicalbinde. Die Flügel unten gelblich mit welliger Submarginallinie.   N:o 35.

        ++. Die Flügel unten ohne gemeinsamer, gerader, dunkler Querlinie bisweilen aber mit undeutlichen Querschatten statt der Querlinie.

           o. Der Saum der Vorderflügel deutlich ausgerandet. Die Flügel oben gelbbraun— rothgelb mit deutlichen Querreihen von dunklen Flecken.   N:o 30—33.

           oo. Der Saum der Vorderflügel ganz gerade oder sehr schwach konvex.

               §. Die Flügel oben mit braungelber—rothgelber Grundfarbe mit oder ohne blauen Schiller, nie aber zum Theil mit metallischer oder dunkelbrauner Grundfarbe.

                   N:o 36—38.

               §§. Die Flügel oben zum Theil metallisch oder mit tief schwarzbrauner Grundfarbe.

                   1. Die Flügel oben dunkel schwarzbraun, sammtartig mit undeutlichen schwarzen Fleckenquerreihen und dunkelblauem Schiller.   N:o 39.

                   2. Die Vorderflügel oben längs dem Vorderrande breit metallisch dunkelgrün; die Flügel sonst oben mit gelbbrauner Grundfarbe und röthlichem Erzglanz.   N:o 40.

                   3. Die Flügel oben bis über die Mitte, die Hinterflügel in den Feldern 2 und 3 bis zum Saume metallisch blau. Die Hinterflügel mit grossem schwarzem Fleck in den Feldern 4—6 am Ende der Mittelzelle.   N:o 41.

Uebersicht der Weibchen.

I. Die Hinterflügel oben ohne breite, gelbe Mittelbinde. Die Flügel oben nicht *Catuna*-ähnlich.

  A. Die Flügel unten mit einer gemeinsamen, dunklen, geraden Querbinde, welche von der Spitze der Vorderflügel ausgeht und den Analwinkel der Hinterflügel erreicht.

    α. Beide Flügel hinter der Mitte weisslich mit schwärzlichen Submarginalpunkten und schwärzlicher Submarginallinie, im Wurzeltheil hell ockergelblich ohne scharfe Farbengrenz.　　　　　　　　　N:o 13.

    β. Die Flügel nicht hinter der Mitte weisslich.

      *. Beide Flügel oben sehr dunkel olivenbraun; die vorderen erst hinter der weissen Subapicalbinde schwärzlich.　　　　　　　　　N:o 12.

      **. Beide Flügel oben olivenbraun—gelbbraun. Die Spitzenhälfte der Vorderflügel ist schwarz oder schwärzlich, schliesst die weisse Subapicalbinde in sich ein und ist von der Wurzelhälfte ziemlich scharf begrenzt. Die Submarginalpunkte der Vorderflügel wenigstens in den Feldern 2—4 weiss umzogen.

        1. Die Hinterflügel oben ohne Submarginalpunkte oder mit sehr undeutlichen solchen Punkten. Die Subapicalbinde der Vorderflügel wird nach hinten nur von einem kleinen weissen Fleck im Felde 3 begleitet.　　　　　　　　　N:o 14.

        2. Alle oder fast alle Submarginalpunkte der Hinterflügel deutlich. Die Subapicalbinde der Vorderflügel wird nach hinten von einem grösseren weissen Fleck im Felde 3 und gewöhnlich auch von einem kleineren im Felde 2 begleitet.　　　　　　　　　N:o 15.

  B. Die Flügel unten ohne gemeinsame Querbinde oder mit einer Querbinde oder Querlinie, welche vor der Mitte des Innenrandes der Hinterflügel endet.

    α. Die Vorderflügel oben hinter der Mittelzelle in den Feldern 1 b—4 mit (zwei bis) drei Querreihen von weissen Flecken. Siehe ♂ II. B. *α*.　　　　　　　　　N:o 9—11.

    β. Die Vorderflügel oben in der Spitzenhälfte ohne weisse Flecke oder höchstens mit weissen Ringen der Submarginalpunkte oder mit weisser Subapicalbinde.

      *. Die Spitze der Vorderflügel oben mehr oder weniger breit weiss.

        †. Die Flügel unten mit scharf hervortretenden, rein schwarzen Zeichnungen in der Mittelzelle.

          §. Die Hinterflügel unten an der Wurzel des Vorderrandes blutroth. Die Vorderflügel oben mit gelber, unten mit weisser Subapicalbinde. Die Hinterflügel unten mit einer breiten, weissen, an der Rippe 4 rechtwinkelig gebrochenen und etwas unterbrochenen Mittelbinde.　　　　　　　　　N:o 1.

          §§. Die Hinterflügel unten an der Wurzel nicht roth.

            !. Die Hinterflügel unten ohne schwarze Diskalflecke.

              o. Der breite schwarze Saum der Hinterflügeloberseite mit einer Reihe von 7 länglichen, blaugrünen Submarginalflecken.　　　　　　　　　N:o 2.

              oo. Der schwarze Saum der Hinterflügeloberseite ohne Submarginalflecke.

                1. Die Flügel unten grüngrau—grün. Siehe ♂ I. B. *α*. ††. *.　　　N:o 3, 4.

                2. Die Flügel unten lederbraun.　　　　　　　　　N:o 5.

            !!. Die Hinterflügel unten mit schwarzen Diskalflecken. Siehe ♂ I. B. *α.* ††. **. 2.

                            N:o 6, 7.

        ††. Die Flügel unten ohne oder mit undeutlichen, matten, nie rein schwarzen Zeichnungen in der Mittelzelle.

          !. Die Hinterflügel oben einfarbig dunkelbraun. Die Vorderflügel mit gelber Subapicalbinde.　　　　　　　　　N:o 18, 19.

          !!. Die Hinterflügel oben mit blauer oder grüner, selten unvollständiger Mittelbinde.

            o. Die Subapicalbinde der Vorderflügel oben gelb, selten sehr schmal oder fehlend.

              §. Die Flügel unten grün—grau. Die Hinterflügel unten im Felde 7 mit einem weisslichen Querstrich.

1. Die Flügel unten grün. Die Vorderflügel oben mit deutlicher Subapicalbinde.
   a. Die Vorderflügel unten am Saume dunkler, bräunlich; der dunkle Theil nach
      innen bogenförmig begrenzt.   N:o 22.
   b. Die Vorderflügel unten eintönig grün.   N:o 21.
2. Die Flügel unten grau mit schwachen braunen Zeichnungen. Die Vorderflügel
   oben ohne oder mit sehr schmaler Subapicalbinde.   N:o 24.
§§. Die Flügel unten tief dunkelbraun. Die Hinterflügel unten im Felde 7 mit einem
   grossen, viereckigen, schneeweissen Flecke.   N:o 29.
oo. Die Subapicalbinde der Vorderflügel oben schneeweiss. Die blaue Mittelbinde der Hinterflügel unvollständig und undeutlich.   N:o 25.
**. Die Spitze der Vorderflügel oben nicht weiss, bisweilen aber mit weissen Franzen.
   †. Die Hinterflügel oben wenigstens bis zur Mitte und die Vorderflügel wenigstens in der Wurzel-
      hälfte von 1 a und 1 b blaugrün—olivengrün.
      1. Die Flügel oben an der Wurzel metallisch blaugrün oder grün.
         1. Die Flügel unten mit breiter, fast gerader, dunkel rothbrauner, scharfbegrenzter Mittel-
           binde, welche sich von der Spitze der Vorderflügel bis zur Mitte des Innenrandes der
           Hinterflügel erstreckt.   N:o 8.
         2. Die Vorderflügel unten mit dem Saumtheil nach innen von einer aus weissen Strichen
           zusammengesetzten, schiefen Querlinie begrenzt. Diese Querlinie in den Hinterflügeln
           durch einen weisslichen Strich im Felde 7 fortgesetzt.
           a. Die Flügel unten im Wurzeltheil heller, violettgrau, dann mehr oder weniger grünlich.
                                          N:o 26.
           b. Die Flügel unten nicht heller an der Wurzel, ziemlich eintönig gelbbraun—graubraun.
             a'. Der Querstrich im Felde 7 der Hinterflügelunterseite fast gerade. Die submargi-
                nalen Augenflecke der Hinterflügelunterseite nicht weiss umzogen.   N:o 27.
             b'. Der Querstrich im Felde 7 der Hinterflügelunterseite s-förmig gebogen. Die gros-
                sen, submarginalen Augenflecke der Hinterflügelunterseite mehr oder weniger weiss-
                lich umzogen.   N:o 28.
      11. Die Flügel oben olivengrün ohne Metallglanz. Der Spitzentheil der Vorderflügel schwärzlich
         mit breiter, weisser, nach aussen gelblicher Subapicalbinde. Die schwarzen Fleckenquerreihen
         recht deutlich.   N:o 30.
   ††. Die Flügel oben mit dunkelbrauner—gelbbrauner Grundfarbe.
      1. Die Flügel unten grün; die Vorderflügel unten mit einer dunkelgrünen, gebogenen Querbinde
        welche sich von der Spitze bis zur Mitte des Hinterrandes erstreckt und sich auf den Hinter-
        flügeln bis zur Rippe 4 fortsetzt. Die Vorderflügel oben mit einer gelben Subapicalbinde,
        welche sich bis zur Rippe 4 erstreckt.
         1. Grösser, mit einer Flügelspannung von etwa 70 - 73 Mill. Die Flügel oben sehr dunkel
           braun ohne schwarze Zeichnungen, unten hell silbergrünlich, jenseits der Bogenquerbinde
           der Vorderflügel am Saume breit schwarzgrün. Die Hinterflügel unten vor der Mitte des
           Feldes 7 mit einem breiten, weissen Querflecke.   N:o 20.
         2. Kleiner, mit einer Flügelspannung von etwa 67 Mill. Die Flügel oben etwas heller braun,
           wenigstens in der Mittelzelle der Vorderflügel mit deutlichen schwarzen Querzeichnungen,
           unten dunkler (graulich) grün, am Saume der Vorderflügel jenseits der schmalen Bogen-
           querbinde kaum dunkler grün. Die Hinterflügel unten ohne weissen Querfleck im Felde 7.
                                        N:o 23.
  11. Die Flügel unten nicht grün, selten grünlich grau.
      §. Die Vorderflügel oben mit weisser Subapicalbinde bis zur Rippe 4.
        o. Die Flügel unten mit einer gemeinsamen, scharf begrenzten, fast ganz geraden, braunen
          Querlinie. Die Vorderflügel oben mit vier grünen Querlinien in den Feldern 1 a—3.
                                        N:o 34.

oo. Die Flügel unten ohne solche Querlinie. Die Vorderflügel oben mit schwarzer, vom braunen Wurzeltheil scharf begrenzter Spitzenhälfte.

1. Die Hinterflügel unten längs dem Vorderrande breit (bis zur Rippe 7) schwarzbraun.
   N:o 42.

2. Die Hinterflügel unten längs dem Vorderrande nicht schwärzlich.   N:o 31—33.

§§. Die Vorderflügel oben mit einer breiten, gelben Subapicalbinde, welche sich bis zur Rippe 2 erstreckt. Siehe ♂ II. B. β. *.   N:o 16, 17.

II. Die Hinterflügel oben mit einer breiten, gelben—weisslichen Mittelbinde, welche an der Rippe 1 b ziemlich schmal anfängt und, allmählig breiter werdend, sich fast bis zur Rippe 7 erstreckt. Die Flügel auch sonst oben den Arten der Gattung *Catuna* sehr ähnlich gefärbt und gezeichnet.

A. Die Vorderflügel ohne grossen, gelben Fleck an der Mitte des Hinterrandes.

†. Die Flügel unten mit einer braunen, geraden, gemeinsamen Querlinie.   N:o 35.

††. Die Flügel unten ohne solche, gemeinsame Querlinie.

α. Die Hinterflügel unten in der Mittelzelle mit drei ringförmigen, kleinen, dunklen Zeichnungen.

*. Die Flügel unten wie beim ♂ (Taf. 3, Fig. 7) braun und weisslich stark gescheckt.
   N:o 36.

**. Die Flügel unten weniger gescheckt, mehr einfarbig.

1. Der dunkle Wurzeltheil der Hinterflügel erreicht nicht die Rippe 3.   N:o 37.

2. Der dunkle Wurzeltheil der Hinterflügel erreicht den Ausgangspunkt der Rippen 3 und 4 und bildet wenigstens unten gewöhnlich auch einen kleinen Fleck im Felde 3.
   N:o 38.

β. Die Hinterflügel unten in der Mittelzelle mit drei tief schwarzen (nicht ringförmigen) Punkten.
   N:o 39.

B. Die Vorderflügel an der Mitte des Hinterrandes mit einem grossen, gelben Flecke, der sich wenigstens bis zur Rippe 2 erstreckt.

α. Die feine dunkle Linie, welche auf der Unterseite der Hinterflügel den Wurzeltheil begrenzt, ist in den Feldern 5 und 6 tief winkelig gebrochen, begrenzt aber keinen dunklen Fleck.   N:o 40.

β. Die genannte feine dunkle Linie ist in den Feldern 5 und 6 nur schwach gelappt und begrenzt einen gewöhnlich scharf hervortretenden, dunklen, viereckigen Fleck.   N:o 41.

1. **E. rubrocostata** Aurv., Öfvers. Sv. Vet.-Akad. Förh. 54: 5, p. 279, fig. 1 ♀ (1897). Mus. Bruxell. et Holmiæ. — Taf. 2, Fig. 5 ♂.
Congogebiet: Bena-Bendi am Sankuru.

2. **E. octogramma** Smith & Kirby. Rhop. Exot. 8, Euphaedra, p. 1, t. 1, f. 1, 2 (1889). Coll. Gr. Smith.
Kamerun.

3. **E. barombina** Staud., Iris 8, p. 372, t. 8, f. 5 (1896). Coll. Staud.
Kamerun: Barombi-Station.

4. **E. chilonis** Hew., Exot. Butt. Harma t. 6 & Euryphene t. 10, f. 42, 43 (1871). Mus. Brit.
Gabun. — Congogebiet: Bangasso am oberen Ubangi (Coll. Seeldr.).

5. **E. eliensis** Hew., Exot. Butt. Euryphene, t. 6, f. 25, 26 (non 23, 24) (1866). Mus. Brit.
♀ *unita* Capronn., An. E. Belg. 33 Bull., p. 124 (1889), Mus. Bruxell.
Gabun — Kuilu.

6. **E. innocua** Smith & Kirby, Rhop. Exot. 8 Euryphene, p. 1, t. 1, f. 3, 4 (1889), Coll. Gr. Smith.
Lagos (Coll. Staud.) — Kamerun.

7. **E. Cutteri** Hew., Exot. Butt. Romalæosoma, t. 3, f. 13—15 (1865), Mus. Brit. Liberia[73] — Old Calabar — Kamerun[64].

8. **E. barce** Doubl., Proc. Zool. Soc. 1847, p. 59 (1847).
lesbonax Hew., Exot. Butt. Euryphene, t. 1, f. 5, 6 (1864), Mus. Brit. — Staud., Exot. Schm. 1, p. 148 (1886).
Sierra Leona — Liberia[71] — Ashanti[64] — Sklavenküste — Niger — Kamerun — Kuilu (Coll. Staud.).[1]

9. **E. Staudingeri** Auriv., Ent. Tidskr. 14, p. 199 (1893), Mus. Holmiæ. — Auriv., Ent. Tidskr. 15, p. 295, t. 6, f. 2 (1894).
Kamerun.

10. **E. arcadius** Fabr., Ent. syst. 3: 1, p. 151 (1793). — Donov., Nat. Repos. 5, t. 155 (!) (1827). — Doubl., Gen. D. Lep., p. 285, t. 40, f. 1 (1850).
sira God., Enc. Meth. 9, p. 398 (1823).
Sierra Leona — Ashanti.

11. **E. plistonax** Hew., Exot. Butt. Euryphene, t. 9, f. 38, 39 (1874), Mus. Brit.
Lagos — Kamerun: Barombi — Gabun — Congogebiet: Ubangi, Isangi, Mukenge[42] — Angola.

12. **E. theognis** Hew., Exot. Butt. Euryphene, t. 1, f. 3, 4 (1864), Mus. Brit. — seqventis var.?
Ashanti.

13. **E. cocalia** Fabr., Ent. syst. 3: 1, p. 250 (1793). — Donov., Ins. India. t. 36, f. 1 (1800). — God., Enc. Meth. 9, p. 405 (1823).
Kamerun.

14. **E. mardania** Fabr., Ent. syst. 3: 1, p. 249 (1793). — Butler, Lep. Exot., p. 74, t. 28, f. 5, 6 (1871). — Karsch, B. E. Z. 38, p. 183 (1893).
guineensis Felder, Reise Novar. Lep., p. 430 (1867), Mus. Tring.
cocalia Staud., Exot. Schm. 1, p. 148, t. 52 (1885—86). Coll. Staud.
Ashanti — Togo[64] — Old Calabar[67] — Kamerun[61] — Gabun[61] — Congogebiet[45] — Angola[7].

15. **E. senegalensis** Herr. Schæffer, Aussereur. Schm. Tagf., fig. 95—98 (1850). Coll. Staud. — præcedentis var.?
Senegal — Sierra Leona.

---

[1] Die Stücke aus Kamerun und Kuilu haben eine grössere und auch beim ♂ weissliche Querbinde der Vorderflügel und wurden von Staudinger als var. *maculata* versandt.

var. **orientis** KARSCH, Ent. Nachr. 21. p. 277 (1895). Mus. Berol.
senegalensis HOLLAND, Proc. U. S. N. Mus. 18. p. 752 (1896).
pseudocalia STAUD., Iris 8, p. 369 (1896), Coll. Staud.
Deutsch Ost-Afrika: Dar-es-Salaam, Usagara, Usaramo, Lindi.

16. **E. cinæthon** HEW., Exot. Butt. Euryphene, t. 9, f. 40. 41 (1871), Mus. Brit.
Gabun — Kuilu.

17. **E. comus** WARD., Ent. M. Mag. 8, p. 82 (1871); Afr. Lep., p. 13, t. 10, f. 1, 2
(1874). Coll. Oberth.
Kamerun — Gabun[61] — Kuilu — Congogebiet (Coll. Stand.).

18. **E. maximiniana** STAUD., Iris 4, p. 112 (1891.). Coll. Staud.
Kamerun.

19. **E. flaminia** STAUD., Iris 4, p. 110, t. 1. f. 4 (1891). Coll. Staud.
phantasia var.? BUTLER, Proc. Zool. Soc. 1887. p. 568 (1888).
Old Calabar[67] — Kamerun.

20. **E. nivaria** WARD., Ent. M. Mag. 8, p. 82 (1871); Afr. Lep., p. 13, t. 10, f. 3, 4
(1874). Coll Oberth.
suffumigata HOLL., Canad. Ent. 25, p. 2 (1893). Coll. Holl.
Kamerun — Kuilu Fluss (Coll. Staud.).

21. **E. phantasia** HEW., Exot. Butt. Euryphene, t. 2. f. 9—11 (1865). Mus. Brit. —
STAUD., Exot. Schm. 1, p. 148 (1886).
Old Calabar — Kamerun — Gabun — Kuilu — Congogebiet: Isangi (DEWÈVRE).

22. **E. phantasiella** STAUD., Iris 4. p. 114 (1891). Coll. Staud.
Kamerun — Congogebiet: Bena-Bendi.

var. **phantasina** STAUD., Iris 4, p. 115 (1891). Coll. Staud.
phantasia KARSCH. B. E. Z. 38, p. 183 (1893).
Sierra Leona — Ashanti — Togo[83] — Lagos.

23. **E. Wilverthi** AURIV., Ent. Tidskr. 19, p. 177 (1898), Mus. Bruxellense et Holmiae.
Congogebiet: Umangi, Sassa.

24. **E. demetra** GOD., Enc. Meth. 9, p. 389 (1823).
♀ *soemis* HEW., Exot. Butt. Euryphene, t. 1. f. 1, 2 (1864). Mus. Brit. — KARSCH.
B. E. Z. 38, p. 183 (1893).
leonina STAUD., Iris 4, p. 116 (1891), Coll. Staud.
Sierra Leona[81] — Ashanti — Togo[84] — Kamerun: Barombi (Coll. Staud.).

25. **E. aurora** AURIV., Öfvers. Vet.-Akad. Förhandl. 53, p. 433 (1896), Mus. Bruxell. —
Taf. 2. Fig. 6 ♀.
Ubangi-Fluss.

26. **E. sophus** FABR., Ent. syst. 3: 1, p. 46 (1793). — DOUBL. & HEW., Gen. D. Lep., p.
286, t. 43, f. 4 (1850). — STAUD., Exot. Schm. 1. p. 148. t. 52 ♂ (1885—86). —
KARSCH, B. E. Z. 38, p. 183 (1893). — obscurior; fascia subapicali alar. ant. feminæ ochracea.
coralia ♂ FEISTH., An. E. Fr. (2) 8, p. 251 (1850). Coll. Oberth. (non ♀? [1]).
Sierra Leona[21] — Ashanti — Togo[34] — Kamerun — Kuilu — Congogebiet: Bangala[47], Yambuya[45] — Angola.
   ab. **phreone** FEISTH., An. E. Fr. (2) 8, p. 253 (1850). Coll. Oberth. — pallidior;
fascia subapicali alar. ant. feminæ alba.
sophus ♀ STAUD., Exot. Schm. 1, p. 148, t. 52 ♀ (1885—86).
Cazamanca — Monrovia. Congogebiet: Umangi (WILVERTH; Mus. Brux.), Sassa.

27. **E. lætitia** PLÖTZ, S. E. Z. 41, p. 192 (1880). Mus. Gryphisw. — Taf. 3, Fig. 2 ♂.
   ♀ *cliensis* ♀ HEW., Exot. Butt. Euryphene, t. 6, f. 23, 24 (1866), Mus. Brit.
   ♂ *brunhilda* ♂ KIRBY, An. N. H. (6) 3, p. 247 (1889). Coll. Gr. Smith.
   ♂ *castanea* HOLL., Canad. Ent. 25, p. 1 (1893). Coll. Holl.
   Sierra Leona (Coll. Staud.). Lagos — Kamerun — Ogowe — Gabun.

28. **E. Severini** AURIV., Öfvers. Sv. Vet.-Akad. Förhandl. 54: 5, p. 280, fig. 2 ♀ (1897).
Mus. Bruxellense et Holmiæ. — Taf. 3, Fig. 10 ♂.
Congogebiet: Bena-Bendi (CLOETENS).

29. **E. phranza** HEW., Exot. Butt. Euryphene, t. 2, f. 7, 8 (1865). Mus. Brit. — AURIV.,
Ent. Tidskr. 15, p. 293 (1894).
Niger[126] — Old Calabar — Kamerun — Kuilu-Fluss (Coll. Staud.).

30. **E. congolensis** CAPRONN., An. E. Belg. 33 Bull., p. 122 (1889). Mus. Bruxell. —
Taf. 3, Fig. 8 ♂, 9 ♀.
Congogebiet: Kassai, Lopori Shoven.

31. **E. chriemhilda** STAUD., Iris 8. p. 370, t. 8, f. 4 (1896). Coll. Staud. — Taf. 3,
Fig. 3 ♂.
Deutsch Ost-Afrika: Usagara.

[c]32. **E. brunhilda** KIRBY, An. N. H. (6) 3, p. 247 ♀ (non ♂) (1889). Coll. Gr. Smith. —
an eadem ac *chriemhilda*??
Kamerun.

33. **E. iturina** KARSCH, Ent. Nachr. 20, p. 215 (1894). Mus. Berol. — Taf. 3, Fig. 1 ♀.
Ubangi-Fluss (Coll. Seeldr.) — Ituri-Fluss.

34. **E. partita** AURIV., Ent. Nachr. 21, p. 380 (1895). Coll. Staud.; Mus. Berol.
Aurivillii STAUD., Iris 8, p. 371, t. 8, f. 3 ♂ (1896). Coll. Staud.
Kamerun. — Congogebiet: Umangi (WILVERTH): Isangi (Mus. Brux.).

---

[1] Das ♀ von *E. coralia* FEISTH. kann ich nach der Beschreibung nicht sicher deuten; es könnte vielleicht auch *E. phantasina* ♀ oder *phranza* ♀ sein oder sogar einer mir unbekannten Art gehören.

35. **E. oxione** Hew., Exot. Butt. Euryphene, t. 5 text (1866); t. 8, f. 36, 37 ♂ (1871), Mus. Brit. — Dewitz, B. E. Z. 30, p. 302, t. 7, f. 1, 2 ♀ (1886).
Old Calabar — Kamerun — Gabun[60] — Congogebiet: Lopori Shoven[4], Mukenge[42] — Angola.

36. **E. mandinga** Felder, [1] Wien Ent. Mon. 4, p. 108 (1860). — Auriv., Ent. Tidskr. 15, p. 294 (1894). — Taf. 3, Fig. 7 ♂.
Senegal. Kamerun. Congogebiet: Umangi, Kasongo, Sassa.

37. **E. zonara** Butler, [1] Proc. Zool. Soc. 1871, p. 81; Lep. Exot., p. 72, t. 28, f. 1, 2 (1871). — Taf. 3, fig. 6 ♂.
absolon Auriv., Ent. Tidskr. 15, p. 294 (1894).
sp. ♀ Auriv., Ent. Tidskr. 15, p. 294, n:o 135 (1894).
Ashanti. Kamerun. — Congogebiet: Bangala, Stanley Fälle, Boma, Isangi.

38. **E. absolon** Fabr., [1] Ent. syst. 3: 1, p. 56 (1793). — alæ maris supra omnino non coeruleo-micantes, infra lutescentes, submnicolores, signaturis obsoletis. — Taf. 3. Fig. 4 ♂.
♀ *candida* Capronn., [1] An. E. Belg. 33 Bull., p. 145 (1889). Mus. Bruxell.
mandinga Karsch, B. E. Z. 38, p. 182 (1893).
Kamerun — Gabun[60] — Congogebiet: Bangala, Sassa.
var. (spec. div.?) *micans* n. var. — alæ maris supra lætissime coeruleo-micantes, infra obscuriores, magis variegatæ. — Mus. Holmiæ. — Taf. 3. Fig. 5 ♂.
Kamerun — Congogebiet: Sassa.

39. **E. abesa** Hew., Trans. Ent. Soc. London 1869, p. 74 (1869); Exot. Butt. Euryphene, t. 7, f. 29, 30 (1871), Mus. Brit. — Auriv., Ent. Tidskr. 15, p. 294 (1894).
cervestis Ward, Ent. M. Mag. 8, p. 36 (1871).
Ashanti. Kamerun — Gabun — Kuilu-Fluss. — Congogebiet: Sassa (Colmant).

40. **E. tentyris** Hew., Exot. Butt. Euryphene, t. 5, f. 21, 22 (1866), Mus. Brit. — Karsch, B. E. Z. 38, p. 183 (1893).
♀ *calabarensis* Felder, Reise Novar. Lep., p. 430 (1867), Mus. Tring.
Sierra Leona[81] — Ashanti[16] — Togo[84] — Old Calabar — Kamerun — Gabun — Kuilu-Fluss — Congogebiet: Bangasso, Bangala[47], Sassa — Angola (Coll. Stand.).
var. **Seeldrayersi** n. var. — ♂. Alæ supra totæ obscure coeruleæ (fere ut in *carsheni*) signaturis nigris obsoletis, subtus ut in forma typica at paullo magis cinerascentes.

---

[1] Diese vier Formen werden oft verwechselt und sind thatsächlich sehr nahe verwandt. Die Typen von *absolon*, *mandinga* und *zonara* habe ich leider nicht gesehen und die Feststellung der Arten nach den kurzen Beschreibungen ist darum nicht ganz sicher. Hinsichtlich der Unterschiede der ♂♂ verweise ich auf die Abbildungen der Tafel 3 und will hier nur bemerken, dass *mandinga* durch die Unterseite leicht zu trennen ist, dass *zonara* oben viel heller als *absolon* ist und unten die Spitze der Vorderflügel durch einen dunklen Streif getheilt hat, wozu kommt, dass die dunkle Mittellinie oder -binde der Hinterflügel die Rippe 3 nicht erreicht. Bei *absolon* und *micans* ist die Grundfarbe oben gelbbraun, die Vorderflügelspitze unten nicht getheilt und die Mittellinie der Hinterflügel erreicht die Rippe 3 und bildet sogar einen kleinen Fleck in der Wurzel des Feldes 3. Die Weibchen von *mandinga* und *zonara* können durch die männlichen Kennzeichen der Unterseite unterschieden werden; die Weibchen von *absolon* und *micans* aber konnte ich bisher nicht sicher unterscheiden.

— Coll. Seeldrayers. — ♀ ab *E. tentyris* ♀ differt plaga dorsali flava alarum anticarum fasciola transversa fusca divisa.
Congo: Momporo (Rosen).

41. **E. carshena** HEW., Exot. Butt. Euryphene, t. 7, f. 31, 32 (1871). Mus. Brit. — AURIV., Ent. Tidskr. 15, p. 295 (1894).
Ashanti (Coll. Staud.) — Old Calabar — Kamerun — Ogowe — Kuilu Fluss — Congogebiet: Isangi (DEWÈVRE). Albert Nyanza (Mus. Berol.).

42. **E. elpinice** HEW., Ent. M. Mag. 6, p. 97 (1869); Exot. Butt. Euryphene, t. 8, f. 34, 35 (1871), Mus. Brit. — SMITH, An. N. H. (5) 19, p. 63 (1887). — SMITH & KIRBY, Rhop. Exot. 8, Euryphene, t. 1, f. 5, 6 (1889).
Goodii HOLLAND, Trans. Amer. Ent. Soc. 13, p. 329, t. 8, f. 1 (1886), Coll. Holl.
Old Calabar — Kamerun — Ogowe — Gabun.[51]

10. **Diestogyna** KARSCH.

< *Hamanumida* HÜBNER, Verz., p. 18 (1816—27).
< *Symphædra* HÜBNER, Verz., p. 40 (1818—27).
< *Aterica* AUCT.
= *Diestogyna* KARSCH, B. E. Z. 38, p. 181 (1893). — AURIV., Ent. Tidskr. 15, p. 296 (1894).

Da ich die Absicht habe, diese schwierige Gattung später, wenn möglich, monographisch zu bearbeiten, kann ich mich hier auf eine Aufzählung der Arten beschränken.

1. **D. gambiæ** FEISTH. Ann. E. Fr. (2) 8, p. 251, t. 9, f. 2 (1850), Coll. Oberth.[1]
Cazamanca — Sierra Leona.[81] — Old Calabar[67] — Kamerun.

2. **D. atossa** HEW., Exot. Butt. Euryphene, t. 3, f. 1, 2 (1865), Mus. Brit. - BUTLER, Proc. Zool. Soc. 1887, p. 568 (1888).
♂ *amaxia* HEW., Exot. Butt. Euryphene, t. 6, f. 8. 9 (1866), Mus. Brit.
Old Calabar — Kamerun — Congogebiet: Bangala.[47] Quango.

3. **D. ampedusa** HEW., Exot. Butt. Aterica & Euryphene, t. 5, f. 3—5 (1866), Mus. Brit. *auge* DONOV., Ins. India, t. 36, f. 4 (1800).
Ashanti — Old Calabar.
var. **leonis** n. var.[2] — ♂ fascia fulva prima pone apicem cellulæ alar. ant. inter costas 2 et 7 ceteris multo distinctiore, subrecta, optime definita: ♀ fascia subapicali alar. ant. pallide flava. — Mus. Hohniæ.
Sierra Leona.

4. **D. doriclea** DRURY, Ill. Exot. Ins. 3, p. 50, t. 36. f. 5, 6 (1782). — GOD., Enc. Meth. 9, p. 386 (1823). — alis utrinque obscurioribus signaturis plus minus obsoletis.
Sierra Leona.

---

[1] Einige englische Verfasser führen diese Art als *mirus* FABR. auf. Die von FABRICIUS gegebene Beschreibung scheint mir jedoch auf diese Art nicht zu passen.
[2] Diese Form wurde von STAUDINGER als *Barce* versandt.

ab. **lysandra** Stoll., Suppl. Cramer, p. 135, t. 29, f. 3, 3 c (1790). God., Enc. Meth. 9, p. 387 (1823). — alis pallidioribus signaturis distinctioribus.

♀ *zeugma* Hew., Trans. Ent. Soc. London 1869, p. 73 (1869), Mus. Brit.

♀ *lisandra* Hew., Exot. Butt. Euryphene, t. 8, f. 13, 14 (1871), Mus. Brit.

Sierra Leona — Old Calabar — Kamerun.

ab. (et var.) **infusca** Capronn., An. E. Belg. 33, Bull., p. 145 (1889), Mus. Bruxell. — Auriv., Ent. Tidskr. 15, p. 301 (1894). — fascia media brunnea paginae inferioris alar. post. ad marginem anticum haud aut parum dilatata.

mollicella Karsch, Ent. Nachr. 20, p. 219 (1894), Mus. Berol.

Kamerun[71] — Gabun — Congogebiet: Mukenge, Umangi, Momporo (Rosen).

5. **D. melanops** Auriv., Öfvers. Sv. Vet. Akad. Förhl. 54: 5, p. 282 (1897). Mus. Bruxell. Congogebiet: Bena-Bendi (L. Cloetens).

6. **D. amicia** Hew., Exot. Butt. Euryphene, t. 7, f. 27, 28 (1871), Mus. Brit. — ♀ Karsch. Ent. Nachr. 21, p. 277 (1895).

Old Calabar — Kamerun.

7. **D. plagiata** Auriv., Öfvers. Sv. Vet. Akad. Förhl. 54: 5, p. 282 (1897), Mus. Bruxell. Congogebiet: Bena-Bendi (L. Cloetens).

8. **D. Milnei** Hew., Exot. Butt. Euryphene, t. 3, f. 12, 13 (1865), Mus. Brit. Liberia[73] — Old Calabar — Kamerun.

9. **D. Karschi** Auriv., Ent. Tidskr. 15, p. 314 (1894), Mus. Berol.

♀ *amaranta* Karsch, B. E. Z. 39, p. 7, fig. 3 ♀ (non ♂) (1894), Mus. Berol.

Kamerun: Yaunde.

°10. **D. felicia** Butler, Proc. Zool. Soc. 1871, p. 80 (1871): Lep. Exot. p. 73, t. 28, f. 3 (1871).

Ashanti.

11. **D. saphirina** Karsch, Ent. Nachr. 20, p. 220 (1894), Mus. Berol. Am Ituri-Fluss.

12. **D. Ernesti-Baumanni** Karsch, Ent. Nachr. 21, p. 275 (1895), Mus. Berol. Togoland: Misahöhe.

13. **D. tadema** Hew., Exot. Butt. Aterica & Harma, f. 10—12 (1866), Mus. Brit. — Staud., Exot. Schm. 1, p. 150, 306 (1886).

?♀ *gnidia* Fabr., Ent. Syst. 3: 1, p. 137 (1793). — Donovan, Ins. India, t. 32, f. 2 (1800). — God., Enc. Meth. 9, p. 386 (1823).

Ashanti (?). Old Calabar — Kamerun — Gabun.

14. **D. veronica** Cramer, Pap. Exot. 4, p. 73, t. 325, f. C, D (1780). — Herbst, Naturs. Schm. 6, p. 109, t. 142, f. 1, 2 (1793). — God., Enc. Meth. 9, p. 385 (1823). — Staud., Exot. Schm. 1, p. 151 (1886).

Sierra Leona[81] — Liberia[73] — Elfenbeinküste[57] — Ashanti[16] — Togo.[84]

15. **D. barombina** Auriv., Ent. Tidskr. 15, p. 297 (1894). Mus. Holmiæ.
Kamerun.

°16. **D. caerulea** Boisd., Voy. Deleg. 2. p. 592 (1847), Coll. Oberth. — Trimen, S. Afr.
Butt. 1, p. 306 (1887).
:Côte de Guinée.›[1]

17. **D. albopunctata** Auriv., Ent. Tidskr. 19, p. 178 (1898), Mus. Bruxell.
Congogebiet: Banana, Umangi.

18. **D. feronia** Staud., Iris 4, p. 96 (1891), Coll. Staud.
Sierra Leona.

19. **D. simplex** Staud., Iris 4, p. 97 (1891), Coll. Staud.
Sierra Leona.

20. **D. amaranta** Karsch, B. E. Z. 39, p. 6, fig. 2 (1894), non ♀. Mus. Berol.
Kamerun: Yaunde.

21. **D. atropurpurea** Auriv., Ent. Tidskr. 15, p. 313 (1894), Mus. Holmiæ.
amaranta Auriv., Ent. Tidskr. 15, p. 298 (1894).
Kamerun.

22. **D. atrovirens** Mab., An. E. Fr. (5) 8, Bull., p. 77 (1878).[2]
♂ *abasa* ♂ Auriv., Ent. Tidskr. 15, p. 298 (1895).
♀ *Sjöstedti* ♀ Auriv., Ent. Tidskr. 15, p. 299 (1895).
Kamerun — Gabun — Landana.

23. **D. abasa** Hew., Exot. Butt. Euryphene, t. 5, text (1866), Mus. Brit.
Sjöstedti Auriv., Ent. Tidskr. 14, p. 200 (1893), Mus. Holmiæ.
♀ *fuliginosa* Holland, Canad. Ent. 25, p. 2 (1893), Coll. Holland.
♀ *abasa* ♀ Auriv., Ent. Tidskr. 15, p. 298 (1894).
♂ *Sjöstedti* ♂ Auriv., Ent. Tidskr. 15, p. 299 (1894).
Old Calabar — Kamerun.

24. **D. aridatha** Hew., Exot. Butt. Euryphene, t. 5, f. 6, 7 (1866), Mus. Brit. — Auriv.,
Ent. Tidskr. 15, p. 300 (1894).
Old Calabar — Kamerun.

25. **D. Grose-Smithi** Staud., Iris 3, t. 3, f. 4 (1890); 4, p. 94 (1891), Coll. Stand.
Kamerun.

26. **D. Romi** Auriv., Ent. Tidskr. 18, p. 213 (1897), Mus. Bruxell.
Congogebiet: zwischen Kasongo und den Stanley-Fällen (Rom).

---

[1] Diese Art wurde von Boisduval als aus Natal stammend beschrieben. Diese Angabe ist indessen sicher aus Versehen entstanden, denn die Art wurde nicht in Natal wiedergefunden und der einzige Typus trägt nach Oberthürs gütiger Mittheilung die Lokalangabe ‹Côte de Guinée›.

[2] Nachdem Dr Staudinger mir mitgetheilt hat, dass er aus Gabun zusammen mit dem ♂ von *atrovirens* zahlreiche Weibchen von der Form, die ich 1895 als *Sjöstedti* ♀ betrachtete, und keine anderen empfangen hat, sehe ich mich gezwungen, meine erste Ansicht von 1895 wieder als die richtige anzunehmen.

27. **D. Duseni** Auriv., Ent. Tidskr. 14, p. 200 (1893); 15. p. 297 (1894), Mus. Holmiæ. Kamerun.

28. **D. goniogramma** Karsch, B. E. Z. 39, p. 5, fig. 1 (1894), Mus. Berol. Kamerun: Yaunde. — Congogebiet: Zongo (Mus. Brux.).

29. **D. camarensis** Ward., Ent. M. Mag. 8, p. 35 (1871); Afr. Lep., p. 12, t. 9, f. 3—6 (1874), Coll. Oberth. Kamerun — Gabun — Kuilu.

30. **D. ribensis** Ward., Ent. M. Mag. 8, p. 35 (1871); Afr. Lep., p. 12, t. 9, f. 7, 8 (1871). Kamerun. ? Angola.⁶ Uganda.¹¹⁹ »*Rib:*».

°31. **D. cyrna** God.,[1] Enc. Meth. 9, p. 386 (1823). »Westküste Afrikas».

°32. **D. auge** Fabr.,[1] Ent. syst. 3: 1, p. 248 (1793). — God., Enc. Meth. 9, p. 387 (1823). ·In Indiis».

11. **Crenidomimas** Karsch.

= *Crenidomimas* Karsch., Ent. Nachr. 20, p. 258 (1894).
< *Metacrenis* Butler, Proc. Zool. Soc. 1895, p. 259 (1895), genus mixtum!

1. **C. concordia** Hopffer, Sitzb. Akad. Wiss. Berlin 1855, p. 641 (1855); Peters Reise Mossamb. Ins., p. 391, t. 22, f. 3, 4 (1862), Mus. Berol. — Butler, Proc. Zool. Soc. 1898. p. 52 (1898).
Crawshayi Butler, Proc. Zool. Soc. 1893, p. 654, t. 60, f. 5 (1895), Mus. Brit. — Butler, Proc. Zool. Soc. 1895, p. 260 (1895).
Angola (im Inneren)⁶⁵ — Querimba — Nyassaland¹²⁵ — Mero See³⁶ — Tanganika See³⁷ — Deutsch Ost-Afrika: Ussui.⁵⁵ᵃ

12. **Harmilla** Auriv.

= *Harmilla* Auriv., Ent. Tidskr. 13, p. 200 (1892); 15, p. 301 (1894).

1. **H. elegans** Auriv., Ent. Tidskr. 13. p. 200 (1892); 15, p. 302. t. 6, f. 3 (1894). Mus. Holmiæ. Kamerun.

---

[1] Diese beiden Arten gehören wahrscheinlich der Gattung *Diestogyna* an. können aber nach den kurzen Beschreibungen nicht gedeutet werden.

13. **Euryphædra** Staud.

= *Euryphædra* Staud., Iris 4, p. 102 (1891).

1. **E. thauma** Staud., Iris 4, p. 102 (1891); 6, p. 83, t. 1, f. 2 (1893), Coll. Staud.
   Gabun.

14. **Euryphura** Staud.

= *Euryphura* Staud., Iris 4, p. 103 (1891). — Auriv., Ent. Tidskr. 15, p. 289 (1894).
< *Harma* & *Cymothoe* Auct.

Euryphura steht der folgenden Gattung so nahe, dass es erst durch Untersuchung
der Entwicklungsstadien entschieden werden kann, ob es natürlich ist, diese Gattungen
getrennt aufzuführen.

Uebersicht der Arten.

A. Die Mittelzelle der Vorderflügel oben mit zwei sehr grossen, viereckigen, rein schwarzen Flecken, einem in
   der Mitte und dem anderen am Ende der Zelle.
   α. Die Flügel oben mit grüner Grundfarbe.   N:o 1.
   β. Die Vorderflügel oben am Hinterrande, die Hinterflügel bis über die Mitte rothbraun.   N:o 2.
B. Die Mittelzelle der Vorderflügel oben statt dieser Flecke mit zwei unregelmässigen, hohlen, schwarzen Ringen.
   α. Die Weibchen oben mit blaugrüner, grüner oder grünlicher Grundfarbe.[1]   N:o 3.
   β. Die Weibchen oben nicht grün oder grünlich.[1]
      1. Die Hinterflügel des Weibchens oben in der Mitte oder am Saume heller gefärbt.   N:o 4.
      2. Die Hinterflügel des Weibchens oben bis zum Saume eintönig dunkelbraun.   N:o 5.

1. **E. nobilis** Staud., Iris 4, p. 107, t. 1, f. 3 (1891), Coll. Staud.
   Sierra Leona.

2. **E. porphyrion** Ward., Ent. M. Mag. 8, p. 118 (1871); Afr. Lep., p. 13, t. 10, f. 5—8
   (1874).
   Ashanti[16] — Kamerun.

3. **E. achlys** Hopffer, Sitzb. Akad. Wiss. Berlin 1855, p. 641 (1855); Peters Reise
   Mossamb. Ins., p. 390, t. 22, f. 5, 6 (1862), Mus. Berol.
   Querimba — Deutsch Ost-Afrika: Kandera[53] — Brit. Ost-Afrika: Sabaki Fluss.[20]
   var. **chalcis** Felder, Wien. Ent. Mon. 4, p. 234 (1860).
   «Guinea». Bangasso am Ubangi-Fluss.

4. **E. plautilla** Hew., Exot. Butt. Euryphene, t. 3, f. 14, 15 (1865), Mus. Brit. — Staud.,
   Iris 9, p. 213 (1896).

   ---
   [1] Ich habe keine sicheren Unterschiede der Männchen ausfinden können.

♀ *doralice* HEW., Exot. Butt. Euryphene, t. 4, f. 18 (1865), Mus. Brit. — AURIV.,
Ent. Tidskr. 12, p. 214 (1891).

ab. (et var.?) **lisidora** AURIV., Ent. Tidskr. 12, p. 214 (1891). — STAUD., Iris 9, p. 213
(1896).

doralice HEW., Exot. Butt. Euryphene, t. 4, f. 19, 20 (1865).

form. ♀ **claudianus** DRUCE, Trans. Ent. Soc. 1874, p. 157 (1874), Mus. Brit. — STAUD.,
Iris 9, p. 214 (1896).

form. ♀ **albofasciata** STAUD., Iris 9, p. 213 (1896), Coll. Staud.

Old Calabar — Kamerun — Gabun — Ogowe — Kuilu.

5. **E. aurantiaca** AURIV., Ent. Tidskr. 19, p. 179 (1898), Mus. Bruxell. — praecedentis var.?
— Taf. 3, Fig. 11 ♂, 12 ♀.

Congogebiet: Umangi (WILVERTH).

15. **Cymothoe** HÜBNER.

> *Cymothoe* HÜBNER, Verz., p. 39 (1818—27). — nomen praeoccup. habendum?
= *Cymothoe* SCHATZ, Exot. Schm. 2, p. 162, t. 26 (1887—8). — KARSCH, B. E. Z. 38,
p. 172 (1893). — AURIV., Ent. Tidskr. 15, p. 290 (1894).
= *Harma* WESTW., Gen. D. Lep., p. 287 (1850). — FELDER, N. Acta Acad. Nat. Cur. 28:3,
p. 33 (1861). — TRIMEN, Rhop. Afr. Austr., p. 158 (1862). — H. SCHÆFFER, Prodr.
Syst. Lep. 1, p. 22 (1864). — TRIMEN, S. Afr. Butt. 1, p. 310 (1887).
> *Pallene* WESTW., Gen. D. Lep., p. 289 (1850). — nomen praeoccupatum.
> *Amphidema* FELDER, N. Acta Acad. N. Cur. 28:3, p. 27 (1861). — H. SCHÆFFER, Prodr.
Syst. Lep. 1, p. 22 (1864).
> *Paradiadema* DISTANT, Proc. Zool. Soc. 1879, p. 704 (1880).

Auch diese Gattung ist durch die grosse Verschiedenheit der Geschlechter ausgezeichnet. Die Weibchen einiger Arten scheinen dimorph oder sogar polymorph zu sein
und ihre Zusammengehörigkeit mit den ♂♂ ist in mehreren Fällen noch nicht genau festgestellt. Ich bin darum gegenwärtig nicht im Stande eine Uebersicht der Weibchen zu
liefern.

Uebersicht der Männchen.

1. Die Flügel oben nicht roth.
   A. Die Flügel oben schwarz mit weisslichen, bläulich gerandeten Zeichnungen.
      α. Die Flügel oben mit einer gemeinsamen weisslichen Mittelbinde und zwei Querreihen von freien weiss-
      lichen Submarginalpunkten.   N:o 1.
      β. Die Flügel oben mit einer blauweisslichen Mittelbinde, welche nach aussen in jedem Felde in eine
      lange, den Saum fast erreichende Spitze ausgezogen ist.   N:o 2.
   B. Die Flügel oben anders als in A gezeichnet.
      α. Der Saum der Hinterflügel an der Spitze der Rippe 4 deutlich geeckt. Die Wurzel beider Flügel
      bis zur Rippe 3 dunkelbraun.   N:o 3.

ℰ. Der Saum der Hinterflügel abgerundet oder gleichförmig gezackt.

  *. Die Hinterflügel oben mit einer zusammenhängenden, beiderseits dunkel begrenzten, hellen Mittel-
binde, welche die Rippe 1 b erreicht und vorne nur wenig erweitert ist.   N:o 4.

  **. Die Hinterflügel oben ohne solche, helle Querbinde.

    †. Grössere Arten; 76—60 mm. zwischen den Vorderflügelspitzen. Die Flügel oben mit orange-
brauner—orangegelber—ockergelber—dottergelber Grundfarbe.

      1. Die Hinterflügel nie oben von der Wurzel bis über die Mitte hinaus eintönig schwarz; bis-
weilen in der Mitte breit schwarz, an der Wurzel aber stets heller.

        +. Der Saum der Hinterflügel gleichmässig abgerundet, am Analwinkel nicht hervortretend.

          §. Die Flügel unten mit einer gemeinsamen, scharf hervortretenden, fast geraden und
ebenen Mittellinie. Die Spitze der Vorderflügel oben schmal schwärzlich.

            1. Die Flügel oben feurig orangegelb, nicht heller an der Wurzel. Die Franzen ein-
farbig schwarz.

              a. Die Hinterflügel oben mit einer am Innenrande sehr breiten, gegen den Vorder-
rand stark verschmälerten und darum fast dreieckigen, tief sammtschwarzen
Mittelbinde, welche sich dann auch gewöhnlich als undeutliche Linie über die
Vorderflügel fortsetzt.   N:o 5.

              b. Die Flügel oben einfarbig, ohne andere Zeichnungen als eine schwarze, vorne
nur durch Punkte angedeutete Kappenlinie vor dem Saume der Hinterflügel.
                                                              N:o 6.

            2. Die Flügel oben im Wurzeltheil sahnefarbig, dann ockergelb. Der Aussenrand beider
Flügel oben schmal schwärzlich.   N:o 7.

        §§. Die Mittellinie der Flügelunterseite ist nicht scharf hervortretend und nicht gerade.
Die Flügel oben an der Wurzel mehr oder weniger breit grauschwärzlich, in der Mitte
sahnefarbig und am Saume mehr oder weniger breit ockergelb—gelbbraun—schwärzlich.

          1. Die Flügel ganzrandig oder fast ganzrandig mit einfarbigen, schwarzen Franzen.
Der dunkle Wurzeltheil beider Flügel nach aussen scharf begrenzt; die Hinterflügel am Innenrande sehr breit (wenigstens bis zur Rippe 3) dunkelbraun—
schwärzlich.

            a. Beide Flügel oben ohne Submarginallinie; Die Vorderflügel und die Hinterflügel
vom Vorderrande bis zur Rippe 4 am Saume breit orange- oder ockergelb ohne
schwarze Saumbinde.   N:o 8.

            b. Beide Flügel oben mit gezackter, schwarzer Submarginallinie und jenseits dieser
Linie dicht mit schwarzen Schuppen bestreut, fast schwarzbraun.   N:o 9.

          2. Die Flügel wellenrandig mit schwarzen, in den Einschnitten aber weissen Franzen.
Die Hinterflügel oben in 1 a und 1 b schwärzlich, in 1 c weissgrau behaart, längs
dem Aussenrande bis zur Spitze sehr breit schwärzlich.   N:o 10.

        ++. Die Hinterflügel am Analwinkel am Ende der Rippe 1 b deutlich hervortretend gelappt
oder kurz geschwänzt. Die Vorderflügel mit scharfer, fast rechtwinkeliger Spitze.

          o. Die Hinterflügel oben an der Wurzel bräunlich, in der Mitte aber ohne deutliche
schwarze Mittelbinde oder Mittellinie.

            1. Die Hinterflügel oben mit einer breiten, gegen den Analwinkel erweiterten, schwarzen
oder schwärzlichen Saumbinde und die Vorderflügel mit einer 2,5—3 Mill. breiten,
gleichbreiten, schwarzbraunen Saumbinde.   N:o 11, 12.

            2. Die Hinterflügel oben am Saume nur mehr oder weniger schwarzgesprenkelt und
mit scharf hervortretender, schwarzer Submarginallinie. Die Vorderflügel am Saume
nur äusserst schmal schwarz bestäubt, an der Spitze etwas breiter schwarz.
                                                             N:o 13.

         oo. Die Hinterflügel oben in der Mitte mit einer dunklen Mittellinie oder Mittelbinde,
welche bisweilen nach innen ohne scharfe Grenze in die verdunkelte Wurzel übergeht.

§. Die schwarze Mittelbinde der Hinterflügel setzt sich nicht auf den Vorderflügeln fort.

   1. Die Vorderflügel oben am Vorderrande in der Mitte des Feldes 6 mit einem schwärzlichen Wisch. Beide Flügel oben mit schmalem, dunklem Saume und einer deutlichen Kappenlinie vor dem Saume.   N:o 14.

   2. Die Vorderflügel oben am Vorderrande ohne dunklen Querwisch. Die Flügel mit breiter dunkler Saumbinde. mit welcher die feine Kappenlinie wenigstens zum Theile vereinigt ist.   N:o 15.

§§. Die schwarze Mittellinie oder Mittelbinde der Hinterflügel setzt sich mehr oder weniger weit auf die Vorderflügel hinein fort.

   1. Die Hinterflügel oben mit schmaler, schwarzer Mittellinie.   N:o 16.

   2. Die Hinterflügel oben mit schwarzer Mittelbinde.

      a. Diese Mittelbinde der Hinterflügel setzt sich auf den Vorderflügeln nur bis zur Rippe 1 fort.   N:o 17.[1]

      b. Die Mittelbinde der Hinterflügel setzt sich auf den Vorderflügeln bis zur Rippe 3 fort.   N:o 18, 19.

44. Die Hinterflügel oben ganz oder wenigstens weit über die Mitte hinaus eintönig schwarz, nicht heller an der Wurzel.

   1. Die Hinterflügel oben mit einem 5—7 mm. breiten, dottergelben—orangegelben Saume.

      a. Die Mittelzelle der Vorderflügeloberseite zum grössten Theil gelb oder gelblich. Die Hinterflügel oben wenigstens in den Feldern 3—6 mit freien Submarginalpunkten.   N:o 20.

      b. Die Mittelzelle der Vorderflügeloberseite nur im Endviertel gelb. Die Hinterflügel oben mit einer dicken, zusammenhängenden, gezackten, schwarzen Submarginallinie.   N:o 21.

   2. Die Hinterflügel oben bis zum Saume einfarbig schwarz oder schwarzbraun.

      a. Die gelbe Farbe der Vorderflügeloberseite erreicht am Hinterwinkel die Rippe 1 oder sogar fast den Hinterrand.   N:o 22.

      b. Die gelbe Farbe der Vorderflügeloberseite erreicht höchstens die Rippe 2.   N:o 24.

††. Kleinere Arten von 50—60 mm., selten etwas mehr als 60 mm. zwischen den Flügelspitzen. Die Flügel oben mit weisser—sahnefarbiger—hellgelber—hell ockergelber Grundfarbe.

   1. Die Hinterflügel am Saume mehr oder weniger breit schwarzbraun ohne helle Saumflecke.

     §. Die helle Grundfarbe der Hinterflügel bildet ein auf beiden Seiten scharf begrenztes, unbezeichnetes, dreieckiges Mittelfeld, welches am Vorderrande ungefähr 7 Millim. breit ist und an der Rippe 2 seine Spitze hat. Die Wurzel beider Flügel oben bis oder fast bis zur Rippe 2 schwärzlich.

     1. Die schwarze, scharf winkelig gebrochene Submarginallinie (Kappenlinie) beider Flügel auf beiden Seiten breit hell ockergelblich eingefasst und auf den Vorderflügeln nur wenig gebogen.   N:o 23.

     2. Die schwarze Kappenlinie auf beiden Flügeln nach aussen mit dem schwarzen Saume vereinigt und nur nach innen theilweise hell begrenzt, auf den Vorderflügeln in den Feldern 3 und 4 sehr tief nach innen gebogen.

      a. Das weisse Mittelfeld beider Flügel auf der Unterseite nach aussen durch eine scharf hervortretende, gerade, dunkelbraune Querlinie begrenzt.   N:o 26.

      b. Das weisse Mittelfeld der Flügelunterseite nach aussen unregelmässig gebogen und durch keine Querlinie begrenzt.   N:o 28.

     §§. Die helle Grundfarbe der Hinterflügeloberseite ist gewöhnlich über einen grösseren Theil des Flügels verbreitet oder hat eine andere Form als in Abtheilung § oder ist nicht scharf begrenzt.

---

[1] Ich kenne diese Art nur durch die Abbildung von WARD. Vielleicht gehört sie besser in die Abtheilung I. B. β. **. †. λ. +.

o. Die Flügel oben vor dem Saume mit zwei deutlichen, gleich dunklen (schwarzen) Kappenlinien, von denen jedoch die innere zum Theil fehlen kann.

. Die Hinterflügel oben vor der inneren Kappenlinie mit einer geraden, schwärzlichen
2—3 mm. breiten Querbinde, welche sich bis zur Rippe 2 der Vorderflügel fortsetzt, im Felde 6 der Hinterflügel aber bisweilen undeutlich ist.　N:o 30.

. Die Hinterflügel ohne solche Querbinde.

1. Die Flügel oben an der Wurzel wenigstens 7—8 Millim. breit verdunkelt. Die
innere Kappenlinie vollständig vorhanden. Die Grundfarbe oben gewöhnlich
mehr gelblich.

a. Die Vorderflügelwurzel oben bis zur Rippe 2, die Hinterflügelwurzel bis zur
Rippe 3 dunkel bläulich grau; die graue Farbe nach aussen scharf begrenzt.
Der Saum der Vorderflügel in der Mitte tief ausgebuchtet. Die Querbinde der
Hinterflügelunterseite geht gerade durch die Mitte des Flügels.　N:o 31.

b. Der dunkle Wurzeltheil der Oberseite ist nach aussen nicht scharf begrenzt
und erreicht auf den Vorderflügeln nicht die Rippe 2 und auf den Hinterflügeln
nicht oder kaum die Rippe 3. Der Saum der Vorderflügel fast gerade oder
nur schwach konkav. Die Querlinie der Hinterflügelunterseite liegt deutlich
hinter der Mitte des Flügels.　N:o 32, 33.

2. Die Flügel oben an der Wurzel kaum oder höchstens 3—4 Millim. breit verdunkelt. Die innere Kappenlinie oben in den Feldern 3—5 (besonders der
Hinterflügel) verschwunden oder nur durch Punkte vertreten. Die Grundfarbe
der Oberseite sehr hell, fast milchweiss.　N:o 34.

oo. Die Flügel oben vor dem Saume nur mit einer schwarzen Kappenlinie oder höchstens
am Analwinkel der Hinterflügel mit Andeutungen von einer inneren, viel helleren
(braunen) Kappenlinie.

. Die schwarzbraune Saumbinde der Oberseite breit, einfarbig, die Kappenlinie völlig
einschliessend und am Analwinkel der Hinterflügel stark verbreitet. N:o 36.

. Die dunkle Saumbinde der Oberseite ist schmal und überall durch die helle Grundfarbe von der Kappenlinie getrennt.

1. Die Grundfarbe der Oberseite sandfarbig.　N:o 35.

2. Die Flügel oben mehr oder weniger tief ockergelblich.

a. Der Analwinkel der Hinterflügel abgerundet. Die Grundfarbe der Oberseite
heller.　N:o 41.

b. Der Analwinkel der Hinterflügel deutlich ausgezogen. Die Flügel oben lebhaft ockergelb.　N:o 42.

ΛΛ. Die Hinterflügel am Saume mit hellen Flecken an den Rippenenden oder bis zum Saume
hell gefärbt.

1. Die Flügel oben gelblich weiss mit zwei Kappenlinien vor dem Saume und dunkler, hellgefleckter Saumbinde.　N:o 43.

2. Die Flügel oben bis zum Saume einfarbig golden ockergelb, nur mit einer, auf den Vorderflügeln gewöhnlich nur durch Punkten vertretenen, schwarzen Kappenlinie vor dem Saume;
ihre Franzen schwarz, weissgescheckt.　N:o 44.

II. Die Flügel oben fast einfarbig blutroth—gelbroth mit schwarzen weisspunktierten Franzen. Wenigstens die
Hinterflügel vor dem Saume mit einer Reihe von schwarzen Punkten oder mit einer Kappenlinie.

A. Die Hinterflügel unten am Vorderrande in der Mitte des Feldes 7 mit einem grossen, weisslichen Flecke.

α. Die Flügel oben gelblich roth. Die Vorderflügelspitze bis über den Anfang der Rippe 8 hinein schwarz;
die schwarze Farbe setzt sich auch längs dem Saume als schmale Binde fort.　N:o 47, 48.

β. Die Flügel oben scharlakroth. Die schwarze Farbe der Spitze der Vorderflügel erreicht kaum die Mitte
des Feldes 7 und setzt sich längs dem Saume nur als eine sehr feine Linie fort.　N:o 49.

B. Die Hinterflügel unten ohne hellen Fleck am Vorderrande. Die Flügel oben blutroth.　N:o 51.

1. **C. oemilius** Doumet, Rev. Zool. (2) 11. p. 260, t. 10, f. 1 (1859). — Staud., Exot.
Schm. 1, p. 151 (1886). Auriv., Ent. Tidskr. 15, p. 304 (1894).
hemeresia Hew., Exot. Butt. Harma, t. 1, f. 1, 2 (1864), Mus. Brit. — fascia alar.
angustiore.
Old Calabar — Kamerun — Gabun.

2. **C. frederica** Distant, Proc. Zool. Soc. 1879. p. 707, t. 51, f. 3 (1880). Coll. Horniman.
— praecedentis aberr.?
Old Calabar.

3. **C. theobene** Doum. & Hew., Gen. D. Lep., p. 288, t. 40, f. 3 (1850). Mus. Brit. —
Distant, Proc. Zool. Soc. 1879, p. 708 (1880). — Staud., Exot. Schm. 1, p. 151
(1886). — fascia media pallida alar. ant. extus bene determinata.
Elfenbeinküste[57] — Ashanti — Kamerun — Gabun — Congogebiet: Kassai[43], Aruwimi[46] — Angola[5,7].
var. **Blassi** Weymer, S. E. Z. 53, p. 90 (1892). Coll. Weymer. — fascia media alar.
ant. extus plus minus diffusa.
theobene Hopffer, Peters Reise Mossamb. Ins., p. 389, t. 24, f. 1—4 (1862).
Querimba — Mero-See[56] — Parumbira[18] — Tanganika[18].

4. **C. egesta** Cramer, Pap. Exot. 1. p. 72, t. 46, f. B, C (1775). — fascia mediana pallida alarum post. in alis ant. continuata, ibi autem non fusco-limitata.
egestus Herbst, Naturs. Schm. 6, p. 153, t. 151, f. 5, 6 (1793).
Sierra Leona.
ab. **degesta** Staud., S. E. Z. 50, p. 418 (1889), Coll. Staud. — fascia mediana pallida
in alis posticis anguste aut vix fusco-limitata.
Sierra Leona — Ashanti.
var. **confusa** Auriv., Öfvers. Vet.-Akad. Förhandl. 44, p. 310 (1887), Mus. Holmiae. —
Ent. Tidskr. 15, p. 306 (1894). — fascia media pallida etiam in alis anticis utrinque
fusco-limitata.
egesta God., Enc. Meth. 9, p. 369 (1823). — Dewitz, N. Acta Acad. N. Cur. 50,
p. 370, t. 17, f. 6, 7 (1887). — Staud., Exot. Schm. 1, p. 151 (1886).
megaesta Staud., S. E. Z. 50, p. 418 (1889), Coll. Staud.
Kamerun — Gabun — Congogebiet.

5. **C. Lucasi** Doumet, Rev. Zool. (2) 11, p. 262, t. 10, f. 2 (1859). — ♂ Distant, Proc.
Zool. Soc. 1879, p. 706, t. 51, f. 2 (1880).
Old Calabar — Kamerun[61] — Gabun.

6. **C. Cloetensi** Seeldr., An. E. Belg. 40, p. 501, fig. ♀ (1896). Mus. Bruxell. — Taf. 4.
Fig. 1 ♂.
Congogebiet: Bena-Bendi am Sankuru Flusse.

7. **C. Reinholdi** Plötz, S. E. Z. 41, p. 194 (1880), Mus. Gryph. — ♀ Auriv., Ent. Tidskr.
15, p. 305 (1894). — Taf. 4, Fig. 6 ♂, 7 ♀.

theodora STAUD., S. E. Z. 50, p. 417 (1889), Coll. Staud.
Kamerun.

8. **C. hyarbita** HEW., Exot. Butt. Harma, t. 2, f. 5, 6 (1866), Mus. Brit.
   ♀ *hora* DISTANT. Proc. Zool. Soc. 1879, p. 704, t. 54, f. 1 (1 April 1880). —
   WEYMER, S. E. Z. 45, p. 28 (1884).
   ♀ *Buchholzi* PLÖTZ. S. E. Z. 41, p. 192 (Ende April 1880), Mus. Gryph.
   Old Calabar — Kamerun.

9. **C. hyarbitina** AURIV., Öfvers. Sv. Vet.-Akad. Förhandl. 54: 5, p. 283 (1897), Mus.
   Bruxell. — Taf. 5, Fig. 4 ♂.
   Congogebiet: Bena-Bendi.

10. **C. Beckeri** H. SCHÆFFER, Aussereur. Schm. Tagf., f. 81 (1850), Coll. Staud. — ♀ alis
    post. ultra medium albis macula magna subovali ochracea.
    ♂ *theodota* HEW., Exot. Butt. Harma, t. 1, f. 3, 4 (1864). — STAUD., Exot. Schm.
    1, p. 151, t. 53 (1885—86).
    Old Calabar[67] — Kamerun — Congogebiet — Angola[7].
    var. **theodosia** STAUD., S. E. Z. 50, p. 416 (1889), Coll. Staud. — GODM. & SALV.,
    Story of the rear column, p. 438 (1890). — ♀ alis post. ultra medium pallide flavis.
    theodota SMITH, Proc. Zool. Soc. 1890, p. 471 (1890).
    diphyia ♀ KARSCH, Ent. Nachr. 20, p. 211 (1894), Mus. Berol.
    Aruwimi Fluss[45] — Niam-Niam — Albert Edward See.
    ab. (melan.?) **theocranta** KARSCH, Ent. Nachr. 20, p. 209, fig. 1 (1894), Mus. Berol.
    Kamerun: Barombi.

11. **C. lurida** BUTLER, Proc. Zool. Soc. 1871, p. 80 (1871); Lep. Exot., p. 73, t. 28, f. 4
    (1871).
    hesiodus var. DEWITZ, N. Acta Acad. N. Cur. 50, p. 370 (1887).
    Ashanti — Kamerun — Gabun[60] — Congogebiet: Mukenge[42] — Angola[7].

12. **C. hesiodotus** STAUD., S. E. Z. 50, p. 415 (1889), Coll. Staud. — praecedentis var.?
    Ogowe.

13. **C. Colmanti** AURIV., Ent. Tidskr. 19. p. 180, fig. 6 (1898), Mus. Bruxell.
    Congogebiet: Sassa.

14. **C. heliada** HEW., Ent. M. Mag. 10, p. 274 (1874); Exot. Butt. Harma, t. 5, f. 21—
    23 (1874), Mus. Brit.
    Kamerun — Gabun[60] — Congogebiet: Kassai[43].

15. **C. hesiodus** HEW., Exot. Butt. Harma, t. 4, f. 15—18 (1869), Mus. Brit. — DRUCE,
    Proc. Zool. Soc. 1875, p. 412 (1875).
    Gabun — Ogowe — Chinchoxo[65] — Congogebiet: Cabinda[7], Auriwimi (?)[45] —
    Angola[7].

16. **C. ochreata** Smith, Proc. Zool. Soc. 1890, p. 471 (1890), Coll. Gr. Smith.
Zwischen Yambuya und Albert Nyanza.

°17. **C. cyclades** Ward., Ent. M. Mag. 8, p. 119 (1871); Afr. Lep. p. 14, t. 11, f. 4, 5 (1874). Coll. Oberth.
Kamerun.

18. **C. Bonnyi** Smith, Proc. Zool. Soc. 1890, p. 470 (1890), Coll. Gr. Smith.
♀ *orphnina* Karsch, Ent. Nachr. 20, p. 213 (1894), Mus. Berol.
Aruwimi-Fluss — Ituri-Fluss.

19. **C. hypatha** Hew., Exot. Butt. Harma, t. 2, f. 7, 8 (1866), Mus. Brit. — ♂ Hew., Trans. Ent. Soc. London 1869, p. 75 (1869).
Ashanti[16] — Old Calabar — Kamerun.

20. **C. fumana** Westw., Gen. D. Lep., p. 288 (1850), Mus. Brit.
Ashanti — Old Calabar[57] — Kamerun[64] — Kuilu (Coll. Staud.).

21. **C. diphyla** Karsch, Ent. Nachr. 20, p. 211 (1894), Mus. Berol. (non ♀).
Congogebiet: Sassa (Colmant) — Ruwenzori.

22. **C. fumosa** Staud., Iris 9, p. 215, t. 2, f. 3 (1896), Coll. Staud.
Kuilu-Fluss.

23. **C. superba** n. sp. — ♀. Alis repandis supra obscure fuscis, anticis fascia 8—9 mm. lata a medio marginis antici ad angulum posteriorem ducta in areis 1b et 2 fusco-maculata, striolaque in area 8 niveis, cellula discoidali lineis 4 undulatis nigris; alis posticis fascia circiter 9 mm. lata marginali, ab angulo ani a costam 6am ducta brunneo-ochracea; alis infra griseis albido- et brunneo-marmoratis, ad marginem rufo-brunneis fascia nivea anticarum fere ut supra formata, posticis linea media rufa, extus fuscomarginata et deinde fascia angusta albida ornatis ciliis incisurarum niveis. — Long. alar. exporr. 90 mm. — Mus. Berol. — praecedentis aut sequentis ♀? — Taf. 4, Fig. 2.
Süd-Kamerun: Lolodorf.

24. **C. Haynæ** Dewitz, B. E. Z. 30, p. 302, t. 7, f. 5, 6 (1886), Mus. Berol.
Congogebiet: Mukenge.

25. **C. herminia** Smith, An. N. H. (5) 19, p. 63 (1887). Coll. Gr. Smith. — Smith & Kirby, Rhop. Exot. 12, Cymothoe, p. 1, t. 1, f. 1, 2 (1890).
?♀ *althea* Drury, Ill. Exot. Ins. 3, p. 25, t. 20, f. 1, 2 (1782).
Sierra Leona? Kamerun — Bangasso am Ubangi Fluss (Mus. Brux.) — Aruwimi — Albert Nyanza (Mus. Berol.).

26. **C. Staudingeri** n. sp. — Taf. 4, Fig. 5 ♂. — Mas sequentis??
indamora Staud., Stettin. Ent. Zeit. 50, p. 419 (1889), Coll. Staud.
Kamerun: Barombi-Station.

27. **C. indamora** HEW., Exot. Butt. Aterica & Harma. f. 13, 15 (1866), Mus. Brit.
Old Calabar.

28. **C. Hewitsoni** STAUD., S. E. Z. 50, p. 419 (1889). Coll. Staud. — Taf. 4. Fig. 3 ♂, 1 ♀.
Kamerun: Barombi-Station, Kitta[7].

29. **C. caprina** AURIV., Öfvers. Vet.-Akad. Förhandl. 54: 5, p. 284 (1897), Mus. Bruxell.
— Taf. 5, Fig. 3 ♂.
Congogebiet: Bena-Bendi.

30. **C. capella** WARD., Ent. M. Mag. 8, p. 119 (1871); Afr. Lep., p. 11, t. 11, f. 1—3
(1874), Coll. Oberth.
Kamerun — Kuilu Fluss (Coll. Staud.).

31. **C. eris** AURIV., Öfvers. Vet.-Akad. Förhandl. 53, p. 134 (1896). Mus. Brux. — Taf.
5, Fig. 5 ♂.
Congogebiet: Bangala, Bena-Bendi.

°32. **C. amphicede** CRAMER, Pap. Exot. 2, p. 80, t. 116, f. D, E (1777). — HERBST, Naturs. Schm. 9, p. 147, t. 249, f. 3, 4 (1798). — GOD., Enc. Meth. 9, p. 384 ♀
(1823).
:Guinea'.

33. **C. consanguis** AURIV., Öfvers. Vet.-Akad. Förhandl. 53, p. 135 (1896), Mus. Holmiæ.
— Taf. 5, Fig. 1 ♂, 2 ♀.
amphicede AURIV., Ent. Tidskr. 15, p. 307 (1894).
Metam.: AURIV., Ent. Tidskr. 15, p. 307, t. 5, f. 6, 6 b (1894).
Kamerun.

34. **C. cœnis** DRURY, Ill. Exot. Ins. 2, p. 33, t. 19, f. 1, 2 (1773). — GOD., Enc. Meth.
9, p. 142 (1819). — STAUD., Exot. Schm. 1, p. 156, t. 52 (1885—86).
♀ *althea* CRAMER, Pap. Exot. 1, p. 141, t. 89, f. E, F (1776). — HERBST, Naturs.
Schm. 9, p. 146, t. 249, f. 1, 2 (1798). — GOD., Enc. Meth. 9, p. 383 (1823).
♂ *amphicede* ♀ GOD., Enc. Meth. 9, p. 384 (1823).
Metam.: HOLLAND, Psyche 6, p. 215, t. 5, f. 4, 5 (1892).
ab. ♀ **euthalioides** KIRBY. An. N. H. (6) 3, p. 249 (1889). Coll. Gr. Smith. — fascia
media alarum valde dilatata et irregulari.
ab. ♀ **conformis** n. ab. — Supra a mari vix differt nisi forma alarum et signaturis
cellularum disc. etiam supra distinctis.
Sierra Leona[*1] — Liberia[73] — Ashanti[16] — Lagos — Old Calabar — Kamerun
— Gabun — Congogebiet — Angola. Kangasi[4].

°35. **C. coranus** SMITH, An. N. H. (6) 3, p. 133 (1889), Coll. Gr. Smith. — TRIMEN, S.
Afr. Butt. 3, p. 382 (1889).
Natal[24] — Zululand[24] — Brit. Ost-Afrika: Mombasa.

36. **C. iodutta** Westw., Gen. D. Lep., p. 289 (1850), Mus. Brit. - fascia fusca marginali alar. ant. in areis 5 (et 6) profunde sinuata.
♂ *cyriades* Ward., Ent. M. Mag. 8, p. 120 (1874), Coll. Oberth.
♂ *aralus* ♂ Mab., An. E. Fr. (6) 10, p. 22, t. 2, f. 8 (1890).
Liberia[73] (als *Ehmckei*) -- Elfenbeinküste[57] — Ashanti -- Kamerun.
var. **Ehmckei** Dewitz, B. E. Z. 30, p. 302, t. 7, f. 3, 4 (1886), Mus. Berol. — fascia fusca marginali alar. ant. apicem versus dilatata et in area 5 maculam albam includente.
Congogebiet: Mukenge.

37. **C. ciceronis** Ward., Ent. M. Mag. 8, p. 119 (1874); Afr. Lep., p. 14, t. 11, f. 6, 7 (1874), Coll. Oberth. — Mas ignotus. An forma feminæ praecedentis?[1]
Kamerun.

38. **C. seneca** Kirby, An. N. H. (6) 3, p. 249 (1889), Coll. Gr. Smith. — Mas ignotus. *euthalioides?* Karsch, B. E. Z. 39, p. 9, fig. 4 (1894), Mus. Berol.
Kamerun.

39. **C. amenides** Hew., Ent. M. Mag. 11, p. 56 (1874), Mus. Brit. — Mas ignotus.[2]
Gabun.

40. **C. harmilla** Hew., Ent. M. Mag. 10, p. 274 (1874); Exot. Butt. Harma, t. 5, f. 19, 20 (1874), Mus. Brit. — Mas ignotus.
Kamerun.

41. **C. adelina** Hew., Exot. Butt. Harma, t. 3, f. 9, 11 (1869), Mus. Brit.
♂ *altisidora* Hew., Exot. Butt. Harma, t. 3, f. 10, 12 (1869), Mus. Brit.
ab. ♀ **corsandra** Druce, Tr. Ent. Soc. London 1874, p. 158 (1874).
Kamerun — Gabun — Chinchoxo[55] — Congogebiet: Bangasso, Mukenge[42], Quango — Angola.

42. **C. adela** Staud., S. E. Z. 50, p. 413 (1889), Coll. Staud.
marginata Crowley, Tr. Ent. Soc. 1890, p. 552, t. 17, f. 1 (1890), Coll. Crowley.
Sierra Leona.

43. **C. alcimeda** God., Enc. Meth. 9, p. 384 (1823). — Trimen, Rhop. Afr. Austr., p. 159 (1862); S. Afr. Butt. I, p. 312 (1887).
♂ *eupithes* Doubl. & Hew., Gen. D. Lep., t. 41, f. 1 (1850), Mus. Brit. — Trimen, Rhop. Afr. Austr., p. 160 (1862).
Kap Kolonie - Kafferuland — Natal — Transvaal — Zululand (Mus. Holmiæ).

44. **C. Preussi** Staud., S. E. Z. 50, p. 412 (1889), Coll. Staud. — Smith & Kirby, Rhop. Exot. 12 Cymothoe, p. 3, t. 1, f. 6—8 (1890).
Kamerun.

---

[1] Vergl. Karsch, B. E. Z. 39, p. 9 (1894).
[2] Vergl. C. consanguis ♀, mit dem *amenides* in der Zeichnung sehr nahe übereinstimmt.

°45. **C. haimodia** Smith, An. N. H. (5) 19, p. 64 (1887), Coll. Gr. Smith. — Smith & Kirby, Rhop. Exot. 12 Cymothoe, p. 1, t. 1, f. 3, 4 (1890). — Mas. ignotus. Kamerun.

°46. **C. Crowleyi** Kirby, An. N. H. (6) 3, p. 247 (1889), Coll. Gr. Smith.   Smith & Kirby, Rhop. Exot. 12 Cymothoe, p. 2, t. 1, f. 5 (1890). — Mas ignotus. An hujus generis?
    Dahomey: Agowe.

47. **C. aramis** Hew., Exot. Butt. Euryphene, t. 4. f. 16, 17 (1865), Mus. Brit.
    fulvomacula Capron., An. E. Belg. 33 Bull., p. 144 (1889), Mus. Brux.
    Old Calabar — Gabun[60] — Congogebiet: Kassai[41], Mukenge[42].

48. **C. anitorgis** Hew., Exot. Butt. Harma, t. 6 & Euryphene, t. 10 text (1874), Coll. Gr. Smith.
    ♀ *aramis* Hew., Exot. Butt. Harma, t. 6, f. 27 (1874).
    ♂ *coccinata* Hew., Exot. Butt. Harma, t. 6, f. 26 (1874), Mus. Brit.
    ? *aralus* ♀ Mab., An. E. Fr. (6) 10, p. 22, t. 2, f. 9 (1890).
    Elfenbeinküste[57]?. Kamerun — Gabun — Congogebiet: Mukenge[42].

49. **C. coccinata** Hew., Exot. Butt. Harma, t. 6, f. 24, 25 (1874), Mus. Brit.
    sangaris Hew., Exot. Butt. Aterica & Harma, f. 14 (1866), Mus. Brit. — Staud., Exot. Schm. 1, p. 151, t. 53 (1885—86).
    Old Calabar — Kamerun[64] — Chinchoxo[65] — Congogebiet: Mukenge[42], Isangila[41], Sassa.

50. **C. ogova** Plötz, S. E. Z. 41, p. 193 (1880), Mus. Gryph. — mas non rite cognitus.
    serpentina Kirby, An. N. H. (6) 3, p. 248 (1889), Coll. Gr. Smith.
    Kamerun — Ogowe.

51. **C. sangaris** God., Enc. Meth. 9, p. 384 (1823), Mus. Paris. — Lucas, Lep Exot., t. 69, f. 2 (1835).
    ♀ *uselda* Hew., Exot. Butt. Harma, t. 3, f. 13, 14 (1869), Mus. Brit.
    Sierra Leona[81] — Ashanti[16] — Old Calabar[87] — Kamerun — Gabun[60] — Congogebiet: Mukenge[42], Kassai[43], Aruwimi[45], Sassa — Angola[7].

52. **C. angulifascia** Auriv., Öfvers. Sv. Vet.-Akad. Förhandl. 54: 5, p. 285, fig. 3 ♀ (1897), Mus. Bruxell. — ♂ ignotus.
    Congogebiet: Bena-Bendi.

16. **Euptera** Staud.

< *Euryphene* Hew.; Ward.
< *Thaleropis* Smith.
< *Pseudacraea* Mab.
-- *Euptera* Staudinger. Iris 4, p. 98 (1891). — Auriv. Ent. Tidskr. 15, p. 290, 303 (1894).

Die Arten dieser Gattung sind alle sehr selten in den Sammlungen und wurden früher zu anderen, ganz fremden Gattungen geführt. Dr STAUDINGER hat den Verdienst zuerst nachgewiesen zu haben, dass sie eine besondere, gut charakterisirte Gattung bilden. Die Geschlechter weichen durch Flügelform und Zeichnung nicht unerheblich von einander ab. Die Weibchen sind jedoch noch nicht alle bekannt. Die mir ganz unbekannt gebliebene *Cymothoe Crowleyi* SMITH ist vielleicht das ♀ eines noch unbekannten Männchens dieser Gattung.

Uebersicht der Arten.

A. Die hellen Zeichnungen der Oberseite, besonders die Mittelbinde, treten auf der Unterseite ebenso scharf und meist weiss oder weisslich hervor.

  α. Die Hinterflügel oben mit zwei hellen Querbinden, der einen vor, der anderen hinter der Mitte, von denen die erstere mit der aus vier Flecken (in 1 a, 1 b, 2 und 3) bestehenden Halbbinde der Vorderflügel zusammenhängt.

    *. Die Flecke der Felder 2 und 3 der Halbbinde der Vorderflügel gross und langgestreckt, doppelt so lang wie der Fleck im Felde 1 b und nach innen stumpf abgerundet oder quer abgeschnitten. Die hellen Submarginalbogen nach innen offen.   N:o 1.

    **. Die Flecke der Felder 2 und 3 der Halbbinde der Vorderflügel kleiner, nach innen zugespitzt, eiförmig. Die hellen Submarginalbogen sind zu vollständigen, langgezogenen Ringen, welche einen schwärzlichen Kern einschliessen, entwickelt.   N:o 2.

  β. Die Hinterflügel oben nur mit einer hellen Querbinde, welche über die Mitte verläuft und mit der Halbbinde der Vorderflügel zusammenhängt.   N:o 3, 4.

B. Die hellen Zeichnungen der Oberseite sind auf der Unterseite mehr oder weniger verloschen und undeutlich und treten nie so scharf wie oben hervor.

  α. Die Hinterflügel oben mit einer hellgelben, gegen den Vorderrand verschmälerten Mittelbinde und ohne rothbraune Zeichnungen.   N:o 5.

  β. Die Hinterflügel oben mit zwei am Vorderrande breit vereinigten, rothbraunen Querbinden, welche zwischen sich eine hellgelbe, dreieckige, von der Rippe 1 b bis zur Rippe 4 ausgedehnte, vorne breit schwarz gesäumte Halbbinde einschliessen.   N:o 6.

1. **E. elabontas** HEW., Exot. Butt. Euryphene. t. 7, f. 33 (1870). — ♀ STAUD., Iris 4. p. 100 (1891).
    Creek Town. Sklavenküste — Kamerun.

2. **E. intricata** AURIV., Ent. Tidskr. 15, p. 303, fig. 12 (1894). Mus. Holmiae.
    Kamerun: Ekundu.

3. **E. pluto** WARD., Ent. M. Mag. 10. p. 59 (1873).
    trigona HOLLAND An. N. H. (6) 10. p. 284 (1892); Ent. News 4. p. 28. t. 1, f. 2 (1893), Coll. Holland.
    Mocquerysi STAUD., Iris 6. p. 84 (1893), Coll. Stand.
    sterna STAUD., Iris 6. p. 369 (1894).
    Kamerun — Gabun — Kuilu-Fluss.

4. **E. kinugnana** SMITH. An. N. H. (6) 3. p. 133 (1889), Coll. Gr. Smith. — SMITH & KIRBY, Rhop. Exot. 16 Thaleropis p. 3, t. 1, f. 5—7 (1891). — LANZ, Iris 9. p. 136 (1896).

uhelda Mabille, An. E. Fr. (6) 10, p. 20 (1890), Coll. Mab. — Mab. & Vuill., Nov. Lep. 8, p. 60, t. 10, f. 2 (1892).
Deutsch Ost-Afrika: Parumbira[118] — Brit. Ost-Afrika: Mombasa.

5. E. hirundo Staud., Iris 4, p. 101 (1891); 6, p. 83, t. 1, f. 3 (1893), Coll. Staud. Gabun.

6. E. sirene Staud., Iris 4, p. 100, t. 1, f. 6 (1891), Coll. Staud. Goldküste.

17. **Pseudathyma** Staud.

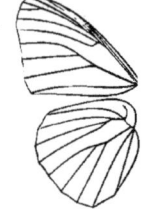

Fig. 18. Rippenbau von *Pseudathyma neptidina* Karsch.

— *Pseudathyma* Staud., Iris 4, p. 90 (1891).

Obgleich Staudinger diese Gattung in derselben Abhandlung wie *Euptera* aufstellt, scheint er nicht bemerkt zu haben, dass diese beiden Gattungen in der That sehr nahe verwandt sind. Ich kann *Euptera* und *Pseudathyma* nur durch die in der Übersicht angeführten Kennzeichen unterscheiden. Bei *Ps. sibyllina* ist die Rippe 11 der Vorderflügel eine Strecke mit der Rippe 12 vereinigt, bei *P. neptidina* ist sie aber frei und dies Kennzeichen kann demnach nicht als Gattungsmerkmal angewendet werden. Die bisher bekannten Arten sind auf beiden Seiten schwarzbraun mit weissen Zeichnungen, welche fast wie bei den *Neptis*-Arten angeordnet sind.

Uebersicht der Arten.

A. Die Mittelzelle der Vorderflügel oben unbezeichnet, einfarbig, schwarz.   N:o 1.

B. Die Mittelzelle der Vorderflügel auf beiden Seiten mit einer längs dem Hinterrande der Zelle verlaufenden und nach dem Zellende hin vorn rundlich erweiterten weissen Längsbinde, welche von der braunen Grundfarbe nur einen schmalen Vorderrand der Zelle frei lässt.»   N:o 2.

1. **Ps. sibyllina** Staud., Iris 3, t. 3, f. 8 (1890); 4, p. 92 (1891), Coll. Staud. Sierra Leona.

2. **Ps. neptidina** Karsch, Ent. Nachr. 20, p. 289 (1894), Mus. Brit. — Taf. 1, Fig. 9. Kamerun: Yaunde. Congogebiet (Coll. Seeldr.).

—

3. **Ps.** (?) **callina** Smith, An. N. H. (7) 1, p. 216 (1898), Coll. Gr. Smith. Kamerun.

Obs. Diese Art wurde als *Neptis* beschrieben; nach der Beschreibung aber gehört sie wahrscheinlich zur Gattung *Pseudathyma*.

Tribus 8. **Charaxidi.**

Diese zuerst von HERRICH-SCHLÆFFER[1] aufgestellte, dann aber von SCHATZ & RÖBER näher begrenzte und von den Anædi (ob mit Recht?) getrennte Gruppe ist sowohl durch die Eigenthümlichkeiten des Geäders als durch die nur mit 2—4 Kopfdornen bewaffneten Raupen ausgezeichnet und als die am höchsten entwickelte Abtheilung der Nymphalidæ zu betrachten. Im æthiopischen Gebiete kommen nur drei Gattungen vor, von denen *Euxanthe* im Habitus von den übrigen Gattungen sehr abweichend ist.

Uebersicht der Gattungen.

A. Die ODC-Rippe der Vorderflügel ist gut entwickelt, gewöhnlich so lang wie oder länger als MDC und bildet einen sehr stumpfen Winkel mit dem Vorderrande der Mittelzelle. Die Hinterflügel gleichförmig, breit abgerundet ohne Ecken oder Schwänze. Die Palpen schwarz mit weissen Punkten.   1. *Euxanthe.*

B. Die ODC der Vorderflügel ist sehr kurz und steht senkrecht oder fast senkrecht gegen den Vorderrand der Mittelzelle. Die Hinterflügel fast immer geeckt oder geschwänzt. Die Palpen unten mit hellem Längsstreife.

    α. Die Hinterflügel am Analwinkel nicht in einen Lappen ausgezogen, gewöhnlich aber an der Rippe 2 lang geschwänzt.   2. *Charaxes.*

    β. Die Hinterflügel am Analwinkel zwischen den Rippen 1 b und 2 in einen breiten Lappen ausgezogen, welcher mit einem kurzen, stumpfen Schwänzchen an der Rippe 2 vereinigt ist.   3. *Monura.*

1. **Euxanthe** HÜBNER.

= *Euxanthe* HÜBNER. Verz., p. 39 (1818—27). — SCHATZ & RÖBER, Exot. Schm. 2, p. 180, t. 28 (1888). — E. REUTER, Acta Soc. Sc. Fenniæ 22: 1, p. 106, 511 (1896).

= *Godartia* LUCAS, An. E. Fr. (1) 11, p. 297 (1842). — WESTW., Gen. D. Lep., p. 282 (1850). — LUCAS in Chenu: Enc. H. N. Papillons, p. 137 (1852). — HERR. SCHLÆFFER. Prodr. Syst. Lep. 1, p. 28 (1864). — TRIMEN, S. Afr. Butt. 1, p. 299 (1887). — SNELLEN, Tijdschr. v. Ent. 35, p. 7 (1892).

Alle Arten sind oben schwarz oder schwärzlich mit hellen, weissen oder grünlichen Zeichnungen, welche typisch auf folgende Weise angeordnet sind: Vorderflügel: 1. Ein Fleck in der Mittelzelle; 2. eine aus 5—8 oft weit getrennten Flecken (Mittelflecken) der Felder 1 a—6 gebildete Mittelbinde; 3. eine aus 3—4 Flecken der Felder 4—7 gebildete Subapicalbinde in der Mitte zwischen der Mittelzelle und der Flügelspitze und endlich

---

[1] Seine Abtheilung III: 1 entspricht völlig den Gruppen Charaxidi und Anædi bei SCHATZ und RÖDER. Vergl. Prodr. Syst. Lep. 1, p. 23.

1. eine Reihe Flecke oder Punkte vor dem Saume, von denen der im Felde 2 gewöhnlich grösser als die anderen ist. Hinterflügel: 1. ein grösseres oder kleineres Wurzelfeld, welches oben immer die Mittelzelle und die Wurzel der Felder 1 c, 2, 4 und 5 bedeckt; 2. eine Bogenreihe von gerundeten Flecken oder Punkten hinter der Mitte und 3. eine oder zwei Reihen von Saumpunkten. Die Gattung kann in zwei Untergattungen eingetheilt werden. Mabille behauptet (Faune Mad. Lep. 1, p. 167), dass *E. madagascariensis* und *trajanus* zu derselben Abtheilung gehören, was jedoch offenbar ein Irrthum ist und von seinen eigenen Abbildungen widergelegt wird. Es wird gewöhnlich als Gattungsmerkmal hervorgehoben, dass die Rippen 10 und 11 der Vorderflügel mit der Rippe 12 eine Strecke vereinigt sind. Dies ist indessen nicht immer der Fall. Die Rippe 10 ist oft, besonders bei den ♀♀, ganz frei und auch die Rippe 11 kann bisweilen frei sein.

Uebersicht der Arten.

A. Die Mittelzelle der Vorderflügel fast halbkreisförmig mit weit hervortretender Hinterecke und stumpf abgerundeter Vorderecke. Die Mittelzelle der Hinterflügel offen. Die Mittelzelle der Vorderflügel an der Wurzel mehr oder weniger breit schwarz, nie aber rothbraun. Die Saumflecke weiss; die übrigen beim ♂ blaugrün —graugrün, beim ♀ hellgrün weiss. — Untergattung *Euxanthe* Hübn.

  α. Die Vorderflügel mit einer vollständigen Punktreihe vor dem Saume, aber ohne Subapicalflecke. Die Hinterflügel unten mit rostbrauner Grundfarbe. Der Hinterkörper oben schwarzbraun. Die Mittelzelle der Hinterflügel nur mit einem hellen Querstriche nahe an der Spitze. N:o 1.

  β. Die Vorderflügel mit Subapicalflecken. Die Hinterflügel unten mit brauner—graubrauner Grundfarbe. Der Hinterkörper gelblich.

    *. Die Mittelflecke der Vorderflügel sind gross und berühren gewöhnlich einander. Der Mittelfleck 3 bedeckt die Wurzel des Feldes 3.

      1. Der helle Fleck in der Mittelzelle der Vorderflügel liegt gänzlich hinter der Mitte der Zelle, in deren Wurzeltheil gewöhnlich ein weisser Punkt zu sehen ist. Das Wurzelfeld der Hinterflügel von den Discalflecken völlig getrennt. N:o 2.

      2. Der helle Fleck der Mittelzelle der Vorderflügel ist sehr gross und liefert nur einen kleinen Theil der Wurzel frei. Die Flecke des Wurzelfeldes der Hinterflügel weit über die Mitte der Flügel hinaus ausgedehnt und wenigstens unten mit den Flecken hinter der Mitte vereinigt. N:o 3.

    **. Die Mittelflecke der Vorderflügel mehr oder weniger strichförmig und unter sich breit getrennt. Der Fleck im Felde 3 liegt weit nach aussen und bedeckt nicht die Wurzel des Feldes. N:o 4.

B. Die Mittelzelle der Vorderflügel ist fast dreieckig und ihre Hinterecke tritt nicht oder kaum mehr als die Vorderecke hervor. Die Mittelzelle der Hinterflügel geschlossen. Die Mittelzelle der Vorderflügel bis über die Mitte hinaus rothbraun. Die Hinterflügel des ♂ unten nur mit Saumpunkten, sonst einfarbig schwarzbraun. — Untergattung *Hypomelæna* n. subg.

  α. ♂. Die Hinterflügel oben in der Mitte weissgrau; die Mittelbinde der Vorderflügel gelblich. — ♀. Die Subapicalflecke 4—6 der Vorderflügel in einer geraden Linie. N:o 5.

  β. ♂. Die Hinterflügel oben einfarbig schwarz mit weissen Saumpunkten. Die Mittelbinde der Vorderflügel grünlich. — ♀. Die Subapicalflecke 4—6 der Vorderflügel nicht in einer geraden Linie. N:o 6.

1. **E. madagascariensis** Lucas, An. E. Fr. (1) 11, p. 299, t. 12, f. 1, 2 (1842), Mus. Paris. — Lucas, in Chenu: Enc. H. N. Papillons 1, p. 137, t. 34, f. 1 (1852). — Staud., Exot. Schm. 1, p. 140, t. 48 (1885—6). — Mabille, Hist. Mad. Lep. 1, p. 167, t. 19, f. 1—4 (1885—7).
  Madagaskar.

2. **E. Wakefieldi** WARD., Ent. M. Mag. 10, p. 152 (1873). Coll. Oberth.   OBERTH.,
Etud. d'Ent. 3, p. 28, **t. 2**, f. 5, ♂ (1878). — STAUD., Exot. Schm. 1, p. 140 (1886).
— TRIMEN, S. Afr. Butt. 1, p. 300 (1887). — SMITH & KIRBY, Rhop. Exot. 11
Euxanthe, p. 1, t. 1, f. 1, ♀ (1890).
eurinome HOPFFER, Peters Reise Mossamb. Ins., p. 386 (1862).
Metam.: JUXON, Bull. Sc. Nat. Neuchat. 20, p. 25 (1892).
Delagoa[24] — Querimba[79] — Deutsch Ost-Afrika: Parumbira,[118] Tanganika,[118] Baga-
moyo, Usambara — Brit. Ost-Afrika: Ribé, Mgana.[146]

3. **E. Crossleyi** WARD., Ent. M. Mag. 8, p. 36 (1871); Afr. Lep., p. 11, t. 8, f. 1, 2 (1874),
Coll. Oberth. — OBERTH., Etud. d'Ent. 17, p. 31, t. 1, f. 7 (1893).
Kamerun. ? Kandera.[53]

4. **E. eurinome** CRAMER, Pap. Exot. 1, p. 109, t. 70, f. A. (1775). — HERBST, Naturs.
Schm. 6, p. 26, t. 123, f. 1 (1793). — DONOV., Ins. India, t. 31, f. 1 (1800). —
GOD., Enc. Meth. 9, p. 398 (1823). — DOUBL. & HEW., Gen. D. Lep., t. 38, f. 1
(1850) — STAUD., Exot. Schm. 1, p. 140 (1886).
Sierra Leona[81] — Liberia[73] (*ansellica*[2]) — Ashanti[16] — Old Calabar — Kamerun
— Gabun.
var. **ansellica** BUTLER, Trans. Ent. Soc. London 1870, p. 525 (1870); Lep. Exot., p. 51,
t. 20, f. 1 (1870), Mus. Brit. — STAUD., Exot. Schm. 1, p. 140 (1886). — maculis
discalibus alar. post. majoribus; nomen vix conservandum.
Chinchoxo[65] — Congogebiet: Bangasso, Arnwimi,[46] Mukenge[42] — Angola:[7] Kinsembo.[5]

5. **E. trajanus** WARD., Ent. M. Mag. 8, p. 36 (1871); Afr. Lep., p. 10, t. 8, f. 3, 4 (1874),
Coll. Oberth. — STAUD., Exot. Schm. 1, p. 140 (1886). — SNELLEN, Tijdschr. v.
Ent. 35, p. 8 (1892).
Schatzi STAUD., Exot. Schm. 1, t. 18 (1885), Coll. Staud.
Kamerun[71] — Chinchoxo[65] — Congogebiet.

6. **E. tiberius** SMITH, An. N. H. (6) 3, p. 129 (1889), Coll. Gr. Smith. — SMITH & KIRBY,
Rhop. Exot. 11 Euxanthe, p. 2, t. 1, f. 2—4 (1890).
Brit. Ost-Afrika: Mombasa.

2. **Charaxes** OCHS.

< *Nymphalis* LATR., Sonn. Buff. 14, p. 82 (1805). Typus *P. populi* L.
< *Paphio* FABR., Illig. Magaz. 6, p. 282 (1807). — Nomen praeoccupatum.
-- *Charaxes* OCHSENH., Schm. Eur. 4, p. 18 (1816). — FELDER, N. Acta Acad. N. Cur. 28: 3,
p. 39 (1861). — HERR. SCHÄFFER, Prodr. Syst. Lep. 1, p. 23 (1864). — TRIMEN, S.
Afr. Butt. 1, p. 315 (1887). — SCHATZ & RÖBER, Exot. Schm. 2, p. 175, t. 29 (1888).
— KARSCH, B. E. Z. 38, p. 173 (1893). — E. REUTER, Acta Soc. Sc. Fenniae 22: 1,
p. 104, t. 4, f. 40 (1896).
-- *Eribaea* HÜBNER, Verz., p. 46 (1818—27).

> *Palla* Hübner, Verz., p. 47 (1818—27). — Schatz & Röber, Exot. Schm. 1, p. 176, (1888). — E. Reuter, Acta Soc. Sc. Fenniæ 22: 1, p. 105 (1896).
= *Jasia* Swainson, Zool. Ill. (2) 2, t. 90 (1831—2).
= *Nymphalis* Westw., Gen. D. Lep., p. 306 (1850). — Lucas, in: Chenu Enc. H. N. Pap. 1, p. 152 (1852). — Trimen, Rhop. Afr. Austr., p. 165 (1862).
< *Philognoma* Westw., Gen. D. Lep., p. 310 (1850). — Felder, N. Acta Acad. N. Cur. 28: 3, p. 40 (1861). — Herr. Schæffer, Prodr. Syst. Lep. 1, p. 23 (1864).

Einige Verfasser, z. B. Moore,[1] haben in den letzten Jahren versucht, diese sehr natürliche, aber auch sehr artenreiche Gattung in mehrere zu zerlegen. Die angeführten Unterschiede sind indessen ganz geringfügig und nicht hinreichend um Gattungen zu begründen. Ich billige darum völlig, was Butler in seinem neulich veröffentlichten Verzeichniss[2] über die Arten der Gattung *Charaxes* hierüber sagt.

Die afrikanischen Arten können jedoch nach den Zeichnungsanlagen und der Bildung der Hinterflügel in natürliche Gruppen eingetheilt werden.

Uebersicht der Arten.

1. Die Felder 1 a—1 c der Hinterflügelunterseite in ihrem Wurzeltheile durch hellen und dunklen Längsstrahlen bunt gefärbt. Die Wurzelhälfte der Unterseite beider Flügel tief rothbraun oder schwarz mit zahlreichen, grell hervortretenden, grossen, schwarzen—grauen, weiss oder silbern umrandeten Flecken oder Strichen. Der Wurzeltheil ist vom Saumtheile durch eine helle Mittelbinde getrennt. Die Hinterflügel mit zwei deutlichen Schwänzen (am Ende der Rippen 2 und 4). Die Rippen nie grün gefärbt.
  A. Die Hinterflügel oben schwarz oder schwärzlich mit einer weissen, selten hellgelben Mittelbinde. Die Hinterflügel vor dem Saume mit 2—4 blauen Punkten (zwei in 1 c und je einem in 2 und 3).
    α. Die Querbinde der Vorderflügel ist auch weiss und setzt sich in fast gerader, einfacher Linie bis zum Vorderrand fort, ist aber gegen den Vorderrand in Flecke aufgelöst.   N:o 1.
    β. Die Querbinde der Vorderflügel erreicht nicht den Vorderrand oder ist zwischen der Rippe 3 und dem Vorderrande in unregelmässig angeordnete Flecke aufgelöst.
      '. Die Querbinde der Vorderflügel ist ganz (♂) oder wenigstens zwischen dem Hinterrande und der Rippe 2 (♀) weiss.   N:o 2.
      ''. Die Querbinde der Vorderflügel ist ganz dunkel ockergelb.   N:o 2 a.
  B. Die Hinterflügel nie oben schwarz mit weisser Mittelbinde.
    α. Die Vorderflügel einfarbig schwarzbraun mit breiter, ockergelber, gegen die Spitze etwas verschmälerter Saumbinde. Die Hinterflügel unmittelbar hinter der Mitte mit einer hell blauen, gegen den Vorderrand sehr verschmälerten oder sogar undeutlichen Querbinde, welche nach aussen von der Fortsetzung der Saumbinde der Vorderflügel begrenzt wird.   N:o 3.
    β. Die Vorderflügel immer oben gleich hinter der Mitte mit einer ockergelber—braungelber Querbinde. Die Hinterflügel ohne blaue Querbinde, gewöhnlich aber mit 1—4 blauen Submarginalflecken in 1 c—3.
      '. Die Hinterflügel oben in der Mitte mit einer kurzen, dreieckigen Halbbinde, welche am Vorderrande am breitesten ist und an der Rippe 3 oder 4 spitz endet.
        a. Die Flügel oben überall mit schwarzer Grundfarbe. Die Vorderflügel oben ohne Saumflecke.   N:o 4.

---

[1] Lep. Ind. 2, p. 229 (1896).
[2] Journ. Linn. Soc. London. Zool. Vol. 25. p. 348 (1896).

b. Die Flügel oben an der Wurzel mehr oder weniger kastanienbraun — gelbbraun. Die Mittelbinde darum vom Wurzeltheil weniger scharf begrenzt; in den Feldern (1 b) 2—8 der Vorderflügel sind jedoch die Querbinde und die Wurzelhälfte durch schwarze Flecke scharf getrennt. Die Vorderflügel mit grossen, ockergelben Saumflecken. N:o 5.

**. Die Hinterflügel oben mit einer vollständigen, den Innenrand erreichenden, fast gleichbreiten Mittelbinde.

 †. Die Flügel oben schwärzlich mit schwefelgelben Saumflecken und Mittelbinde. N:o 6.

 ††. Die Flügel oben mit ockergelber—braungelber Mittelbinde. Die Mittelbinde der Hinterflügelunterseite silberglänzend.

 §. Die schwarzen, weissumzogenen Wurzelflecke der Hinterflügelunterseite sind ebenso zahlreich, wie bei den vorhergehenden Arten; es findet sich nämlich deren drei im Felde 8, zwei im Felde 7 u. s. w. Der Wurzeltheil der Flügeloberseite ist kaum oder nur wenig dunkler als die Mittelbinde.

 1. Die Hinterflügel mit 8—9 Millim. langen Schwänzchen, oben mit orangegelben Mondflecken dicht vor dem Saume. N:o 7.

 2. Die Schwänzchen der Hinterflügel nur 3—4 Millim. lang.

 a. Die Hinterflügel oben mit einer 9—10 Millim. breiten, tief schwarzen Saumbinde und gewöhnlich ganz ohne Saumflecke. Die Vorderflügel nur mit sehr kleinen orangegelben Saumflecken. N:o 8.

 b. Beide Flügel oben mit grossen, vereinigten oder nur durch die schwarzen Rippen getrennten Saumflecken. Die Mittelbinde ist beim ♂ sehr breit (die schwarze Submarginalbinde wird dadurch nur 3—5 Millim. breit), beim ♀ in den Hinterflügeln weiss oder weisslich. N:o 9.

 §§. Die schwarzen, weissumzogenen Wurzelflecke der Hinterflügelunterseite sind zum Theil in einfarbige Silberflecke verwandelt und dadurch in Anzahl sehr reducirt; im Felde 8 ist nur einer nächst der Wurzel und im Felde 7 auch nur einer oder keiner übrig.

 1. Die Mittelbinde der Vorderflügeloberseite ist gegen den Vorderrand sehr unregelmässig in Flecke aufgelöst und nach innen nur unvollständig von schwarzen Flecken begrenzt. Die silberglänzende Mittelbinde der Hinterflügelunterseite sehr breit und ohne ockergelbe Flecke.

 a. Der silberne Fleck in der Wurzel des Feldes 7 der Hinterflügelunterseite mit schwarzem Kern; die silberne Mittelbinde mit 4 freien schwarzen Flecken oder Strichen in den Feldern 2—4. N:o 10.

 b. Der silberne Fleck in der Wurzel des Feldes 7 der Hinterflügelunterseite einfarbig; die Mittelbinde ohne Flecke oder nur an ihrer Innenseite in den Feldern 2 und 4 mit einem Striche. N:o 11.

 2. Die Mittelbinde der Vorderflügeloberseite auf beiden Seiten durch die schwarze Grundfarbe vollständig begrenzt, gegen den Vorderrand stark verschmälert, aber fast gerade. Das Wurzelviertel beider Flügel oben dunkel rostbraun; die Saumflecke gross und auf den Hinterflügeln zu einer Saumbinde vereinigt. Die Mittelbinde der Hinterflügelunterseite sehr schmal und mit gelblichen Flecken längs der Mitte. N:o 12.

II. Die Felder 1 a und 1 b der Hinterflügelunterseite wenigstens bis zum Ende der Rippe 1 a gewöhnlich einfarbig ohne Zeichnungen, selten mit einem dunklen Querstriche und sehr selten mit helleren Längsstrahlen. In letzterem Falle aber hat die Wurzelhälfte der Unterseite keine schwarze, hell gerandete Flecke oder sind die Rippen grün.

 A. Die Vorderflügel unten im Felde 1 b vor dem Saume mit einem grossen oder zwei kleineren, gewöhnlich scharf hervortretenden, schwarzen Flecken, welche bald den Kern bald die Begrenzung eines grossen Augenfleckes bilden, bald in keiner Verbindung mit anderen Zeichnungen stehen. Die Hinterflügel haben beim ♂ immer, beim ♀ fast immer zwei Schwänzchen (an den Rippen 2 und 4), welche gewöhnlich ziemlich gleich lang oder höchstens das eine doppelt so lang wie das andere sind; bisweilen sind beide sehr kurz.

α. Die Flügelrippen besonders an der Wurzel und auf der Unterseite grün oder grünlich.

  *. Die Vorderflügel oben mit rothbrauner—hellgelber Wurzelhälfte und schwarzer Spitzenhälfte, in der eine S-förmig gebogene Querreihe von 6—7 gelblichen Submarginalflecken steht. Die Hinterflügel führen oben eine dreieckige, schwarze Saumbinde, welche am Vorderrande am breitesten ist und nach hinten allmählig schmäler wird.

    †. Die Saumbinde der Hinterflügel erreicht wenigstens die Rippe 3 und ist mit hellen Submarginal-flecken geziert. Die Hinterflügel unten ohne Augenflecke vor dem Saume.

      1. Die Wurzelhälfte der Vorderflügeloberseite hell gelblich. Die Hinterflügel ohne Schwänzchen am Ende der Rippe 3.

        a. Die hellgelbe Farbe der Wurzelhälfte der Vorderflügel geht nach aussen längs dem Innen-rande der schwarzen Spitzenhälfte in eine gelbbraune Farbe über.   N:o 51.

        b. Die hellgelbe Farbe der Wurzelhälfte der Vorderflügel ist nicht nach aussen verdunkelt.   N:o 52.

      2. Die Wurzelhälfte der Vorderflügeloberseite eintönig dunkel rothbraun. Die Hinterflügel mit einem kurzen Schwänzchen am Ende der Rippe 3.   N:o 53.

    ††. Die Saumbinde der Hinterflügel erreicht nur die Rippe 4 und ist ganz einfarbig ohne Flecke. Die Hinterflügel unten vor dem Saume mit einer Reihe von grossen Augenflecken, von denen besonders der jenige im Felde 7 gross und deutlich ist.   N:o 54.

  **. Beide Flügel oben hell rothbraun mit schmaler, schwarzer, hellgefleckter Saumbinde und einigen schwarzen Diskalflecken. Die Hinterflügel unten mit Silberflecken.   N:o 50.

β. Die Flügelrippen braun oder weisslich, nie grün.

  *. Die Zeichnungen auf der Unterseite der Hinterflügel hören an der Rippe 8 auf und setzen sich nicht bis zum Vorderrande fort. Der Vorderrand (= Feld 8) ist demnach von der Præcostalrippe bis weit hinter der Mitte einfarbig weiss oder weissgrau. Der Saum der Hinter-flügel mit einem deutlichen Absatz oder Einschnitt; die Submarginalflecke 7—5 liegen darum näher an der Wurzel als die Flecke 3 und 4. Die Flügel oben mit schwarzer oder schwärzlicher Grundfarbe und mit einer hellen Querbinde oder einer Querreihe von hellen Flecken. *Etesipe-Gruppe.*

    †. Die helle Querbinde oder Querreihe der Flügeloberseite ist beim ♂ zum grössten Theil blau und liegt deutlich hinter der Mitte beider Flügel, beim ♀ dagegen wenigstens zum grössten Theile weiss und in der Mitte verlaufend.

      1. Die Querbinde des ♂ ist auf beiden Flügeln in gut getrennte kleine Flecke aufgelöst; die Flecke der Felder 3—7 der Vorderflügel sind weiss. Beim ♀ ist die Querbinde weiss (auf den Hinterflügeln etwas grünlich angeflogen) und breit und nur gegen den Vorderrand der Vorderflügel in Flecke aufgelöst.   N:o 13.

      2. Die Querbinde des ♂ ist breiter und wenigstens hinter der Mitte der Hinterflügel zusammen-hängend. Beim ♀[1] ist die Querbinde breit, auf den Hinterflügeln und in 1 a und 1 b der Vorderflügel weiss, schwach bläulich gerandet, sonst ockergelblich.

        a. Die Querbinde der Hinterflügel beim ♂ nach vorn sehr verschmälert und in Flecke auf-gelöst.   N:o 14.

        b. Die Querbinde der Hinterflügel beim ♂ bis zum Vorderrande fast gleichbreit und zu-sammenhängend.   N:o 15.

    ††. Die helle Querbinde der Flügeloberseite liegt bei beiden Geschlechtern in der Mitte und ist beim ♂ weiss, beim ♀ ockergelb.   N:o 16.

  **. Die Zeichnungen in der Mitte der Unterseite der Hinterflügel setzen sich bis zum Vorderrand fort; das Feld 8 ist demnach auch in der Mitte bezeichnet.

    1. Die Mittelzelle der Vorderflügelunterseite tief schwarz mit weissen Flecken.   N:o 49.

---

[1] Das ♀ von *Ch. boretensis* ist mir unbekannt geblieben.

2. Die Mittelzelle der Vorderflügelunterseite mit rothbraunen Zeichnungen auf hellerem oder dunklerem Grunde. Die Hinterflügel oben mit zusammenhängender, rothgelber Saumbinde.

Cynthia-Gruppe.

§. Der Vorderrand der Vorderflügel (= Feld 12) unten wenigstens bis zum Ende der Mittelzelle heller als die Grundfarbe, weiss oder silbern. Die Wurzel der Vorderflügel oben bis zum Ende der Mittelzelle hell rothbraun. Das ♀ oben mit hellgelber Discalbinde.

    a. Die rothbraune Wurzel der Vorderflügeloberseite ist durch eine breite, zusammenhängende, schwarze Querbinde von der hellen, einfachen und bis zur Rippe 7 fast geraden Discalbinde vollständig getrennt.   N:o 21.

    b. Die rothbraune Wurzel der Vorderflügeloberseite ist nur durch eine Reihe schwarzer Flecke in den Feldern (1 b), 2—6 von der breiten, von der Rippe 2 oder 3 an durch schwarze Flecke in zwei unregelmässige Zweige gespaltenen Discalbinde getrennt.

N:o 20.

§§. Der Vorderrand der Vorderflügel unten nicht heller als die Grundfarbe. Die Vorderflügel oben zum grössten Theile und beim ♂ auch die Wurzelhälfte der Hinterflügeloberseite tief schwarz. Die Hinterflügel beim ♀ oben mit sehr breiter, weisser Mittelbinde, welche sich wenigstens bis zur Rippe 4 der Vorderflügel fortsetzt. Der sehr breite Saumtheil der Hinterflügeloberseite des ♂:s orangegelb.

    a. Die Vorderflügel oben nur in den Feldern 1 a—2 mit orangegelben Saumflecken oder orangegelber Saumbinde.   N:o 22.

    b. Die Vorderflügel oben bis zur Spitze mit orangegelber Saumbinde.   N:o 23.

3. Die Mittelzelle der Vorderflügelunterseite mit schwarzen, oft weissumzogenen Zeichnungen auf hellerem Grunde.

  †. Die Hinterflügel oben einfarbig weiss mit schwarzen Submarginalstrichen und schwarzer Saumlinie, unten mit schmaler, rothbrauner, auf der Wurzelseite schwarzgesäumter Mittelbinde. Die Vorderflügel oben schwarz mit weisser Halbbinde, weissen Submarginalflecken und rothbrauner Wurzel.   N:o 48.

  ††. Die Hinterflügel oben nie einfarbig weiss.

    . Die Mittelzelle der Vorderflügelunterseite so wie in Fig. 19 a oder 19 b gezeichnet.

      o. Die Flügel oben wenigstens in der äusseren Hälfte schwarz und rothbraun oder beim ♀ schwärzlich mit gemeinsamer weisser Mittelbinde und rostbrauner Vorderrandswurzel der Vorderflügel. — <i>Lucretius</i>-Gruppe.

        §. Die Wurzelhälfte der Hinterflügeloberseite schwarz oder schwärzlich.

          a. Die Vorderflügel des ♀ oben ohne andere weisse Flecke als die des Discalbandes.   N:o 19.

          b. Die Vorderflügel des ♀ oben noch mit 5 weissen Flecken hinter der Mittelzelle und mit Saumflecken in 1 b und 2.   N:o 18.

        §§. Die Wurzel beider Flügel oben bis zur Rippe 3 bläulich weiss.   N:o 17.

      oo. Die Flügel oben mit schwarzer, oft blauschillernder Grundfarbe und weissen oder blauen Zeichnungen, selten beim ♀ grossenteils olivengrau.   <i>Tirilates</i>-Gruppe.

        1. Die gewöhnlich nur wenig dunklere Mittelbinde der Hinterflügelunterseite nach aussen von einer <i>zusammenhängenden</i>, nur wenig geschlängelten, schwarzen und weissen Linie begrenzt.

          +. ♂. Die Vorderflügel oben mit blauen Saumfleckchen und hinter der Mitte mit einer Querreihe von 6—8 blauen Submarginalflecken in 1 a—5(—7), aber ohne blaue Discalflecke in 2 und 3. — ♀. Die Vorderflügel oben mit zwei fast parallelen Reihen von weisslichen Flecken, welche sich hinten an einen Hinterrandsfleck in 1 a und 1 b anschliessen.

1. Die Vorderflügel oben mit einfarbiger. schwarzer Mittelzelle, an deren Ende
ein weisser Punkt steht. Die Submarginalflecke 3—6 beim ♂ weisspunktiert.
Der Hinterrandsfleck der Vorderflügel beim ♀ blau.　　N:o 46.

2. Die Vorderflügel oben beim ♂ in der Mittelzelle mit einem breiten, blauen
Längsstriche und einem grossen blauen Fleck an der Spitze der Mittelzelle
sowie mit einem Flecke in der Wurzel des Feldes 6 und einem Wurzelstriche
in 1 b. Der Hinterrandsfleck der Vorderflügel des ♀ weisslich. N:o 47.

++. ♂. Die Vorderflügel oben mit einer schiefen Querreihe von 4 Diskalflecken im
inneren oder innersten Theile von 2 5. — ♀. Die Vorderflügel auf beiden
Seiten mit einer zusammenhängenden, weissen Querbinde vom Vorderrande fast
bis zum Hinterwinkel.

1. ♂. Die Hinterflügel oben hinter der Mitte mit einer S-förmig gebogenen Querreihe von 7 blauen Flecken. — ♀. Die Wurzelhälfte der Vorderflügel und die
Hinterflügel oben bis weit über die Mitte hinaus olivengrau. N:o 45.

2. ♂. Die Hinterflügel oben mit einer sehr breiten, am Vorderrande in Flecke
aufgelösten, blauen, nach hinten weisslichen Mittelbinde. — ♀. Die Wurzelhälfte der Vorderflügel schwärzlich, die der Hinterflügel weiss mit violettem
Schiller.　　N:o 40.

11. Die Mittelbinde der Hinterflügelunterseite nach aussen von einer sehr unregelmässigen, an den Rippen 4, 6 und 7 breit unterbrochenen Linie begrenzt. Die
Querstriche, welche diese Linie in den Feldern 4 und 6 bildet, liegen nämlich viel
näher an der Flügelwurzel als die übrigen. — Die Weibchen auf den Vorderflügeln
mit einer breiten, gewöhnlich zusammenhängenden, weissen Querbinde, welche sich
vom Vorderrande gegen den Hinterwinkel erstreckt. Die Hinterflügel oben bei beiden
Geschlechtern mit hellen (weissen oder blauen) Flecken oder Punkten nahe am
Saume und gewöhnlich auch mit hellen Saumstrichen.

+. Die Hinterflügel beim ♂ oben schwarz mit bläulichem Schiller und etwas hinter
der Mitte mit einer Querreihe von blauen Flecken oder beim ♀ olivenbraungrau
mit undeutlichen Spuren der bläulichen Flecke am Rande des grauen Feldes.

1. Die Schwänzchen der Hinterflügel 3—7 Millim. lang. N:o 43.

2. Die Schwänzchen der Hinterflügel sehr kurz, zahnförmig. N:o 44.

++. Die Hinterflügel bei beiden Geschlechtern oben von der Wurzel bis über die
Mitte hinaus hell blau; die Vorderflügel an der Wurzel breit blau. N:o 36.

+++. Die Hinterflügel bei beiden Geschlechtern oben an der Wurzel schwarz oder
dunkel braun. dann gewöhnlich mit breiter, blauer, weisser oder gelblicher
Querbinde.

1. Die Hinterflügel (wenigstens beim ♂) ohne Schwänzchen. Die Flügel unten
hell lederbraun.　　N:o 39.

2. Die Hinterflügel wenigstens am Ende der Rippe 4 mit deutlichem Schwanzanhang. Die Flügel unten grau schwarzbraun.

a. Die blaue, weissliche oder gelbe Querbinde der Hinterflügel ist mässig
breit und überall vom Saume getrennt.

a'. Die Querbinde der Hinterflügel beim ♂ gegen den Innenrand weisslich, beim ♀ bläulich weiss.　　N:o 41.

b'. Die Querbinde der Hinterflügel beim ♂ violettblau, beim ♀ hell gelblich.　　N:o 42.

b. Die blaue oder selten (beim ♀ von N:o 38) olivenbraune Querbinde der
Hinterflügel ist wenigstens in den Feldern 1 c 3 mit den hellen Saumstrichen vereinigt und schliesst dadurch schwarze Flecke ein. in denen
die blauen Submarginalflecke stehen.

a'. Die Querbinde der Hinterflügel ist bei beiden Geschlechtern blau und gegen den Vorderwinkel vom Saume völlig getrennt. N:o 37.

b'. Die Querbinde der Hinterflügel ist beim ♂ blau, beim ♀ braun und stets bis zum Vorderwinkel mit den Saumstrichen vereinigt.

N:o 38.

. Die Mittelzelle der Vorderflügel auf der Unterseite mit drei freien, abgerundeten Punkten und einem gebogenen Querstriche, welche stets wie in Fig. 19 c angeordnet sind. — Die *Etheocles*-Gruppe.

o. Die Flügel unten mit weisser, silberglänzender Grundfarbe und weit hinter der Mitte mit einer gemeinsamen, braunen, mit schwarzen Strichen oder Punkten bezeichneten, schmalen Querbinde,[1] oben schwarz, stark blauschillernd und etwas hinter der Mitte mit einer gemeinsamen, blauen Querbinde, welche an der Rippe 2 der Hinterflügel beginnt und gegen den Vorderrand der Vorderflügel in Flecke aufgelöst ist. N:o 26.

oo. Die Flügel unten mit brauner oder grauer Grundfarbe.

Fig. 19. Die Zeichnungen in der Mittelzelle auf der Unterseite der Vorderflügel bei a. *Charaxes Bohemani* FELD.; b. *Ch. numenes* HEW. und c. *Ch. etheocles* CRAM.

l. Die Flügel unten mit einer *gemeinsamen*, dunkelbraunen, auf beiden Seiten von einer *zusammenhängenden*, schwarzen Linie scharf und fast gerade begrenzten Mittelbinde. — ♂. Die Hinterflügel oben an oder dicht vor dem Saume mit einer breiten Querbinde, welche sich auf den Vorderflügeln als dreieckige Halbbinde fast bis zur Rippe 3 fortsetzt. — ♀. Die Flügel oben mit einer breiten, gemeinsamen Mittelbinde, welche zwischen der Rippe 4 der Vorderflügel und dem Vorderrande in zwei Fleckenreihen gespaltet ist.

1. Die Querbinde der Oberseite bei beiden Geschlechtern gelbroth. N:o 24.

2. Die Querbinde der Oberseite beim ♂ blau, beim ♀ weiss. N:o 25.

ll. Die Vorderflügel unten ohne deutliche Mittelbinde.

§. Die Hinterflügel unten mit einer deutlichen, nach aussen sehr scharf und fast geradlinig begrenzten Mittelbinde. Die Flügel oben mit gemeinsamer, weisser, nach aussen grünlich gesäumter Mittelbinde. N:o 27.

§§. Die Mittelbinde der Hinterflügelunterseite nach aussen durch eine sehr unregelmässige, gewöhnlich unterbrochene Linie begrenzt.

+. Die Vorderflügel oben mit grossen weissen (♂) oder rothgelben (♀) Saumflecken; beim ♂ ausserdem mit einem grossen weissen Flecke an der Spitze der Mittelzelle, zwei Vorderrandflecken in 5 und 6 und einer vollständigen Reihe von blauweissen Submarginalflecken. Beim ♀ haben die Vorderflügel zwischen dem Vorderrande und der Rippe 2 zwei Reihen von Flecken, in 1 a und 1 b einen Hinterrandsfleck und am Ende der Mittelzelle einen Fleck, welche Flecke alle gelb oder rothgelb sind. N:o 35.

++. Die Vorderflügel oben ohne Saumflecke oder nur mit kleinen, grünen oder blauen, selten ockergelben Saumflecken.[2] Die Männchen oben tief schwarz

---

[1] Die Unterseite erinnert ganz wunderbar an die Unterseite von *Apatura namouna* DOUBL. Vergl. STAUD. Exot. Schm. 1, t. 55.

[2] Die zu dieser Abtheilung gehörenden, hauptsächlich von BUTLER aufgestellten Arten sind im männlichen Geschlecht einander so äusserst ähnlich, dass ich sie nicht durch scharfe und in einer Uebersicht verwendbare Merkmale trennen kann. Ich muss darum auf die von BUTLER in seinen Arbeiten angeführten Kennzeichen verweisen. Die Weibchen dagegen sind einander zum Theile sehr unähnlich und scheinen anzugeben, dass wir es hier entweder mit wirklich verschiedenen Arten oder mit einem ganz unglaublichen Polymorphismus

mit oder ohne grünliche oder blaue Bestäubung und blauen Schiller und
mit 1—4 hellen Flecken am Vorderrande der Vorderflügel; ihre Hinterflügel
mit hellen, grünlichen oder rothen Saumstrichen und weisslichen oder blauen
Submarginalpunkten.

1. ♂. Beide Flügel oben mit einer vollständigen Reihe von gerundeten,
blauen Submarginalpunkten. Die Hinterflügel oben mit einer blauen,
etwa 3—4 Mill. breiten Diskalbinde zwischen den Rippen 2 und 6;
ihre Saumstriche alle rein blau.   N:o 33.

2. ♂. Die Submarginalpunkte nie vollständig vorhanden und nie alle gerundet. Die Hinterflügel oben nie zugleich mit blauer Diskalbinde und
mit einfarbigen, blauen Saumstrichen.

    a. ♀. Beide Flügel oben im Wurzeltheil, fast ganz wie bei *Ch. Bohe-*
        mani, hell blau.   N:o 28.

    b. ♀. Wenigstens die Vorderflügel an der Wurzel schwarz oder braun,
        bisweilen jedoch mit blauem *Schiller*.

        a'. ♀. Die Vorderflügel oben mit einer breiten, weissen Querbinde,
           welche am Vorderrande etwas vor seiner Mitte beginnt, die Wur-
           zel der Felder 6—3 und die Spitze der Mittelzelle bedeckt, gegen
           den Hinterwinkel gerichtet ist und wenigstens die Rippe 2 erreicht.

        a''. ♀. Die Hinterflügel oben bis weit über die Mitte hinaus, so
           wie auch die Vorderflügel vor der Querbinde olivenbraun (ganz
           wie bei *Ch. tiridates* ♀).   N:o 29.

        b''. ♀. Die Hinterflügel oben blau oder mit breiter, blauer Quer-
           binde.

           a'''. Die Vorderflügel bei beiden Geschlechtern oben mit einer
              grünlichen (♂) oder weisslichen (♀), kappenförmigen
              Submarginallinie.   N:o 30.

           b'''. ♀. Die Vorderflügel ohne eine solche Linie.

              a''''. ♀. Die Vorderflügelquerbinde bildet auch im Felde
                1 b einen grossen weissen Fleck.   N:o 32.

              b''''. ♀. Die Vorderflügelquerbinde wird im Felde 1 b
                durch einen grünlichen Fleck fortgesetzt.

                                N:o 31.

        b'. ♀. Die Vorderflügel oben hinter der Spitze der Mittelzelle mit
           zwei Querreihen von hellen Flecken, welche sich gewöhnlich in
           1 a und 1 b zu einem Hinterrandsfleck vereinigen oder auch
           in diesen Feldern ganz fehlen können.   N:o 34.

B. Die Vorderflügel unten im Felde 1 b nahe am Hinterwinkel ohne schwarzen Fleck oder Flecke, selten (in
    der *Varanes*-Gruppe) mit schwacher Andeutung von zwei dunklen Punkten. Die Hinterflügel sind ent-
    weder abgerundet ohne Schwanzanhänge oder nur mit einem, selten mit zwei Schwänzchen, von denen
    jedoch das eine fast immer drei- bis fünfmal so lang wie das andere ist; nur die Weibchen der Zoolina-
    Gruppe haben zwei gleich lange Schwänzchen.

    z. Die Hinterflügel wenigstens mit einem langen Schwänzchen, nie oben tief schwarz mit blauen Zeich-
      nungen.

        *. Die Hinterflügel bei beiden Geschlechtern an der Rippe 4 lang geschwänzt, an der Rippe 2 aber
        ohne Anhang oder nur kurz geschwänzt.

der ♀♀ zu thun haben. Die hier gegebene Uebersicht bezieht sich demnach nur auf die Weibchen. Die Zusammengehörigkeit der von BUTLER vereinigten Männchen und Weibchen ist wohl indessen nicht in allen Fällen
als sicher zu betrachten.

†. Die Rippen 3 und 4 der Hinterflügel nicht gestielt. Die Flügel oben mit weisslicher—gelblicher—kastanienbrauner, unbezeichneter Wurzelhälfte und grünlichen Rippen. Die Hinterflügel unten ziemlich weit vor dem Saume mit einer Querreihe von grossen Augenflecken. Die *Parurnes*-Gruppe.

    ^. Die Hinterflügel mit kurzem Schwänzchen an der Rippe 2. Beide Flügel oben mit kastanienbrauner Wurzelhälfte.   N:o 55.

    ^^. Die Hinterflügel an der Rippe 2 nur gezackt oder ganzrandig. Beide Flügel oben mit weisslicher—hellgelber Wurzelhälfte.   N:o 56.

††. Die Rippen 3 und 4 der Hinterflügel deutlich gestielt. Die Flügelrippen nicht grünlich. Die Hinterflügel stets ohne Schwänzchen an der Rippe 2.

    †. Die Vorderflügel oben tief schwarz oder schwarzbraun mit einer weissen, gewöhnlich bläulich gesäumten, nach hinten erweiterten Querbinde, welche sich auch mehr oder weniger weit auf den Hinterflügeln fortsetzt und sich dort beim ♂ mit einem rothgelben Analfleck oder einer solchen Querbinde vereinigt. Die Vorderflügel beim ♀ mit einer Querreihe von grossen, hellen Submarginalflecken, welche bisweilen zu einer Querbinde vereinigt sind und beim ♂ ganz fehlen. Die Flügelunterseite hinter der weissen Querbinde mit unzähligen, kleinen, braunen Strichelchen geziert. — Die *Decius*-Gruppe.

        §. Die weisse Querbinde der Vorderflügelunterseite wird nach aussen ebenso scharf wie nach innen durch die tief schwarzbraune Grundfarbe begrenzt.   N:o 57.

        §§. Die weisse Querbinde der Vorderflügelunterseite wird nach aussen nur durch die unregelmässig angeordneten, braunen Strichelchen begrenzt.

          o. Die weisse Querbinde der Vorderflügel setzt sich beim ♂ auf den Hinterflügeln nur bis zur Rippe 7 fort und wird dann durch die sehr grosse und breite, orangegelbe Querbinde fortgesetzt. Die Submarginalflecke der Vorderflügeloberseite des ♀:s zu einer Querlinie vereinigt.   N:o 58.

          oo. Die weisse Querbinde der Vorderflügel oder wenigstens die blaue Begrenzung dieser Binde setzt sich auf den Hinterflügeln des ♂:s wenigstens bis zur Rippe 5 fort. Die Submarginalflecke der Vorderflügeloberseite des ♀:s getrennt.

             1. ♂. Die weisse und blaue Querbinde der Hinterflügeloberseite bedeckt auch die Wurzel der Felder 2 und 3. ♀. Die weisse Querbinde der Flügeloberseite in der Mitte 12—15 Millim. breit.   N:o 59.

             2. ♂. Die weisse Querbinde der Hinterflügel erreicht nur die Mediana der Hinterflügel; die Wurzel der Felder 2 und 3 wird also von dem grossen orangegelben Flecke bedeckt. ♀. Die weissliche oder gelbliche Querbinde der Flügeloberseite in der Mitte nur 7—11 Millim. breit.   N:o 60.

    ††. Die Flügel oben rothbraun; die Spitze und der Saum der Vorderflügel mehr oder weniger breit schwarz. Die Flügel unten mit einer gemeinsamen, dunklen Querlinie, welche vom Vorderrande der Vorderflügel, dicht vor der Spitze, bis zum Analwinkel der Hinterflügel geht. Der Vorderrand der Vorderflügel unten im Felde 12 bis zum Ende der Mittelzelle weiss. — Die *Lichas*-Gruppe.

        1. Die Flügel unten mit braunen Zeichnungen auf ockergelbem Grunde. Die Querlinie der Vorderflügel gerade.   N:o 61.

        2. Die Flügel unten mit hellbrauner, seidenglänzender Grundfarbe. Die Querlinie der Vorderflügel gebogen.   N:o 62.

**. Die Hinterflügel beim ♂ an der Rippe 2 lang geschwänzt, an der Rippe 4 aber ganzrandig, gezackt oder sehr kurz geschwänzt; beim ♀ dagegen mit zwei fast gleich langen Schwänzchen an den Rippen 2 und 4. — Die *Zoolina*-Gruppe.

    †. Beide Flügel unten mit 1—2 deutlichen und zusammenhängenden, schwarzen oder dunkelbraunen Submarginallinien oder Submarginalbinden. Die Flügel oben grünlich weiss mit schwarzen Zeichnungen.

1. Die Vorderflügel oben mit der Spitzenhälfte des Vorderrandes und dem Saume schmal schwarz. Die Flügelspitze selbst etwas breiter schwarz. Vom schwarzen Vorderrande entspringt eine schwarze Submarginallinie, welche die Rippe 4 ($♀$) oder 2 ($♂$) erreicht. Die Hinterflügel oben einfarbig grünlich weiss mit den Franzen, den Schwänzchen und drei Saumflecken in den Feldern 1 c—3 schwarz.   N:o 63.

2. Beide Flügel oben mit breiter, schwarzer, weissgefleckter Saumbinde. Beim ♀ ist die Saumbinde schmäler mit grösseren Flecken, welche zum Theil mit der Grundfarbe verbunden sein können, und die Binde der Hinterflügel ist nächst dem Saume ockergelb.   N:o 64.

†† Die Flügel unten ohne dunkle Submarginallinie, statt mit dieser aber gewöhnlich mit einer Reihe von dunklen Submarginalpunkten. Die Flügel oben wenigstens zum Theil gelb, rothgelb oder gelbbraun.

1. Die Wurzel der Vorderflügel bis zur Rippe 3, die Hinterflügel bis über die Mitte hinaus weisslich.

a. ♂. Der Saum der Hinterflügel ganzrandig und gleichmässig gebogen. Die Flügel unten mit scharf hervortretender, schwarzbrauner Mittellinie und die Hinterflügel mit einem ähnlichen, von der Wurzel ausgehenden und gegen den Analwinkel gerichteten Längsstrahle.   N:o 65.

b. ♂. Der Saum der Hinterflügel an der Rippe 4 deutlich geeckt oder gezackt. Die Unterseite ohne Mittelbinde und Längsstrahl.   N:o 66.

2. Die Flügel oben bis über die Mitte hinaus hellgelb—braungelb, dann rothbraun—schwärzlich braun. Die Unterseite mit oder ohne schwarzen, nach innen weiss gesäumten Mittelstreif.

a. Die Flügel oben hell grünlich gelb mit breiter, wenigstens an den Vorderflügeln schwarzbrauner Saumbinde.   N:o 67.

b. Die Flügel oben hell braungelb mit rostbrauner Saumbinde der Vorderflügel.   N:o 68.

β. Die Hinterflügel ganzrandig oder nur schwach gezackt, beim ♀ oft mit einem stumpfen Schwänzchen an der Rippe 4, die Flügel aber in diesem Falle oben tief schwarz mit blauen Zeichnungen.

*. Die Flügel nicht grün.

† Die Flügel oben gelbroth ($♂$)—braungelb ($♀$) mit schwarzbraunen Zeichnungen. Die Vorderflügel mit tief ausgebuchtetem Saume und ausgezogener Spitze. Die Hinterflügel des ♂:s mit ausgezogenem Analwinkel. Die Vorderflügel oben mit folgenden dunklen Zeichnungen: ein Punkt in der Mittelzelle, ein Fleck am Ende der Zelle, eine discale Querreihe von 4—5 Punkten in (1 b), 2, 3, 5 und 6, eine schmälere oder breitere zusammenhängende Querbinde hinter der Mitte und eine bisweilen undeutliche Saumbinde, welche sich auch auf den Hinterflügeln bis zur Rippe 3 oder noch weiter fortsetzt. Die Hinterflügel führen noch vor dem Saume eine Querreihe von 6—8 hohlen oder ausgefüllten Flecken, welche beim ♂ klein und gerundet, beim ♀ gross und zu einer Binde vereinigt sind. — Die *Nichetes*-Gruppe.   N:o 69.

†† Die Flügel oben tief schwarz mit blauen Zeichnungen. Die Hinterflügel des ♀:s an der Rippe 4 geschwänzt. Die Unterseite beider Flügel dunkel mit matten Zeichnungen. — Die *Laodice*-Gruppe.

§. ♂.[1] Die Hinterflügel auf beiden Seiten mit einer Reihe von 8 weissen oder bläulichen Punkten vor dem Saume.

1. Die Hinterflügel oben in der Mitte mit einer blauen Querbinde, welche sich auf den Vorderflügeln bis zur Rippe 7 fortsetzt. Die Vorderflügel ausserdem nur mit einem blauen Fleck am Ende der Mittelzelle.   N:o 70.

[1] Die Weibchen sind noch nicht hinreichend bekannt, um in der Uebersicht berücksichtigt zu werden.

2. Die Hinterflügel oben weit hinter der Mitte zwischen dem Analwinkel und der Vorderecke mit einer geraden Reihe von blauen Flecken. Die Vorderflügel oben nur mit einigen kleinen blauen Discalflecken in 1 a, 1 b, 2, 3 und 6. N:o 71.

§§. ♂. Die Hinterflügel oben ohne Submarginalpunkte, aber mit blauen Saumflecken oder Saumstrichen und mit einer blauen Querbinde, welche auf den Vorderflügeln durch 4 blaue Flecke der Felder 1 a—3 fortgesetzt wird.

1. Die blaue Querbinde der Hinterflügel liegt weit hinter der Mitte dicht vor den Saumflecken. Die Vorderflügel ohne blaue Saumflecke und ohne Flecke in der Mittelzelle. N:o 72.

2. Die blaue Querbinde der Hinterflügel liegt weit vom Saume entfernt, fast in der Mitte des Flügels und ist ganz zusammenhangend. Die Mittelzelle der Vorderflügel ganz oder zum grössten Theil mit Blau ausgefüllt.

   a. Die Vorderflügel oben ohne blaue Saumflecke. N:o 73.

   b. Die Vorderflügel oben mit 4—7 blauen Saumflecken. N:o 74.

**. Die Flügel auf beiden Seiten mit grüner Grundfarbe; die Hinterflügel und die Wurzelhälfte der Vorderflügel oben weisslich grün. — Die *Eupale*-Gruppe. N:o 75.

1. **Ch. brutus** CRAMER, Pap. Exot. 3, p. 82, t. 241, f. E, F (1779). — STAUD, Exot. Schm. 1, p. 169 (1886). — KARSCH, B. E. Z. 38, p. 188 (1893). — alis supra maculis nullis marginalibus.

cajus HERBST, Naturs. Schm. 4, p. 65, t. 64, f. 1, 2 (1790).

brutius GOD., Enc. Meth. 9, p. 351 (1819).

Sierra Leona[81] — Elfenbeinküste[57] — Ashanti — Togo[84] — Kamerun[61] — Congogebiet: Bangala[47], Aruwimi[45], Kassai[45], Mukengo[42] — Angola[7]. Fernando Po.[′]

var. **natalensis** STAUD., Exot. Schm. 1, p. 169 (1886), Coll. Staud. — alis supra maculis aut strigis marginalibus pallidis, ochraceis in alis ant., albescentibus—coerulescentibus in alis post.

brutus TRIMEN, Rhop. Afr. Austr., p. 173 (1862); S. Afr. Butt. 1, p. 335 (1887). — BUTLER, Proc. Zool. Soc. 1895, p. 253 (1895); Journ. Linn. Soc. 25, p. 350 ex parte (1896).

Metam.: TRIMEN, S. Afr. Butt. 1, p. 337 (1887). — MONTEIRO, Delagoa Bay, p. 220 (1891).

Kaffernland — Natal — Delagoa Bay — Zambezi — Zomba[57] — Deutsch Ost-Afrika: Parumbira[118], Tanganika[118].

°var. **junius** OBERTH., An. Mus. Genov. 15, p. 166 (1880), Mus. Genov. — fascia alar. media supra pallide flavescente; maculis marginal. distinctis. Abyssinien.

2. **Ch. andara** WARD., Ent. M. Mag. 9, p. 209 (1873), Coll. Oberth. — MABILLE, Hist. Mad. Lep. 1, p. 187, t. 22, f. 4—6 (1885—87). Madagaskar.

°2a. **Ch. Ansorgei** ROTHSCH., Nov. Zool. 4, p. 181 (1897), Mus. Tring. Brit. Ost-Afrika: Uganda.

[′] CRAMER giebt als das Vaterland dieser Art das Cap der guten Hoffnung an. Seine Abbildung aber stellt offenbar ein Stück von der Westküste Afrikas dar.

3. **Ch. epijasius** REICHE, in Ferret & Galin. Voy. Abyss. Ent., p. 469, t. 32, f. 1, 2 (1849). — FEISTH., An. E. Fr. (2) 8, p. 257 (1850) aberratio. — STAUD., Exot. Schm. 1, p. 168 (1886). — KARSCH, B. E. Z. 38, p. 188 (1893).
Senegal — Sierra Leona[81] — Togo Hinterland[84] — Niger[74]; Lokoja[126] — Niam-Niam — Abyssinien.

4. **Ch. castor** CRAMER, Pap. Exot. 1, p. 61, t. 37, f. C, D (1775). — colore fundi partis basalis paginæ inferioris rufo-brunneo; fascia media paginæ superioris angustiore et obscuriore.
pollux FABR., Gen. Ins., p. 251 (1776). — HERBST, Naturs. Schm. 4, p. 60, t. 63, f. 3, 4 (1790).
Kamerun (Mus. Holmiæ). Congogebiet: Popokabaka (Mus. Brux.).
var. et ab. **Godarti** n. var. — colore fundi partis basalis paginæ inferioris atro.
pollux GOD., Enc. Meth. 9, p. 352 (1823). — LUCAS, Lep. Exot., p. 119, t. 62, f. 1 (1835). — FEISTH., An. E. Fr. (2) 8, p. 255, t. 9, f. 1 (1850). — STAUD., Exot. Schm. 1, p. 168 (1886).
Senegal — Sierra-Leona[81] — Elfenbeinküste[57] — Ashanti — Togo[84] — Kamerun[61].
var. **flavifasciatus** BUTLER, Proc. Zool. Soc. 1895, p. 251 (1895), Mus. Brit.
castor TRIMEN, S. Afr. Butt. 1, p. 338 (1887); 3, p. 407 (1889).
Delagoa Bay[24] — Zambezi[24] — Manicaland[77] — Nyassaland[37] — Deutsch Ost-Afrika[55]; Parumbira[118] — Brit. Ost-Afrika[123].

5. **Ch. pelias** CRAMER, Pap. Exot. 1, p. 5, t. 3, f. C, D (1775). — HERBST, Naturs. Schm. 4, p. 62, t. 63, f. 5, 6 (1790). — GOD., Enc. Meth. 9, p. 351 (1823). — TRIMEN, Rhop. Afr. Austr. p. 175, 340 (1862—66). — ♀ BUTLER, Lep. Exot., p. 25, t. 10, f. 5 (1869). — STAUD., Exot. Schm. 1, p. 168 (1886). — TRIMEN, S. Afr. Butt. 1, p. 331 (1887). — maculis ferrugineis pone fasciam albam paginæ inferioris alar. post. sitis parvis; alis supra basi obscure ferrugineis.
Kap Kolonie.
var. **saturnus** [1] BUTLER, Proc. Zool. Soc. 1865, p. 624, t. 36, f. 1 (1866), Mus. Brit.; Lep. Exot. p. 5, t. 2, f. 2 (1869). — AURIV., Lep. Dam., p. 41 (1879). — STAUD., Exot. Schm. 1, p. 168 (1886). — TRIMEN, S. Afr. Butt. 1, p. 334 (1887). — maculis ferrugineis pone fasciam albam paginæ inferioris alar. post. sitis magnis.
jasius var. BERTOLONI, Mem. Acad. Bologna 2, p. 169 (1851).
pelias WALLENGR., Rhop. Caffr., p. 28 (1857). — TRIMEN, Rhop. Afr. Austr., p. 175, 340 (1862—66) ex parte. — STAUD., Exot. Schm. 1, t. 58 (1885).
Chinchoxo[65] — Congogebiet[42] — Angola[7, 65] — Ovamboland[10] — Damaraland[56] — Khamas Land — Mashuna[141] — Transvaal — Natal — Delagoa Bay — Zambezi —

---

[1] Stücke aus dem Congo-Thale sind grösser und oben an der Wurzel dunkel rostbraun, ganz wie *pelias*. Unten ist bei ihnen die Grundfarbe der Wurzelhälfte dunkelrothbraun und bei weitem nicht so hell wie beim typischen *saturnus*. Sie nähern sich auch dadurch *pelias*, haben aber wie *saturnus* grössere rothbraune Diskalflecke auf der Unterseite der Hinterflügel.

Manica[77] — Nyassaland[37] — Tanganika[118] — Deutsch Ost-Afrika[55] · · Brit. Ost-Afrika[20, 127].

ab. laticinctus BUTLER, Proc. Zool. Soc. 1895, p. 252 (1895), Mus. Brit. Konde Land — Shiré Fluss — Zomba.

6. **Ch. Hansali** FELDER, Reise Nov. Lep., p. 446, t. 59, f. 3, 4 (1867), Mus. Tring. Bogos — Abyssinien[3] — Somaliland[144].

7. **Ch. phraortes** DOUBL., Proc. Zool. Soc. 1847, p. 60 (1847), Mus. Brit. - BUTLER, Lep. Exot., p. 26, t. 10, f. 6 (1870). — MABILLE, Hist. Mad. Lep. 1, p. 177, t. 25, f. 1 (1885—87). Madagaskar.

8. **Ch. pollux** CRAMER, Pap. Exot. 1, p. 61, t. 37, f. E, F (1775). — TRIMEN, Proc. Zool. Soc. 1894, p. 41 (1894).
castor FABR., Gen. Ins., p. 251 (1776). — HERBST, Naturs. Schm. 4, p. 57, t. 63, f. 1, 2 (1790). GOD., Enc. Meth. 9, p. 351 (1823). - DONOV., Natur. Repos. 1, t. 116 (1826).
camillus DRURY, Ill. Exot. Ins. 3, p. 41, t. 30, f. 1, 2 (1782).
Senegal Sierra Leona[81] — Ashanti — Kamerun[61] — Gabun[60] — Chinchoxo[65] — Angola[7]. Manicaland[77] (Variet.). Nyassaland[37]. Monbuttu[1].

9. **Ch. phoebus** BUTLER, Proc. Zool. Soc. 1865, p. 625, t. 36, f. 2 (1866), Mus. Brit. — OBERTH., An. Mus. Civ. Genov. 15, p. 167 (1879). Abyssinien.

10. **Ch. andranodorus** MABILLE, An. E. Belg. 28 Bull., p. 181 (1884), Mus. Brit. - MABILLE, Hist. Mad. Lep. 1, p. 182, t. 21, f. 1 ♀; t. 25, f. 1 ♂ (1885—87).
zoippus MAB., An. E. Belg. 28 Bull., p. 185 (1884), Coll. Gr. Smith. — MAB., Hist. Mad. Lep. 1, p. 179, t. 25, f. 2 (1885—87). Madagaskar.

11. **Ch. druceanus** BUTLER, Cist. Ent. 1, p. 4 (1869), Mus. Brit. — BUTLER, Lep. Exot., p. 26, t. 10, f. 4 (1870). — WESTW., Thes. Oxon., p. 182, t. 34, f. 6 (1874). STAUD., Exot. Schm. 1, p. 169 (1886). — TRIMEN, S. Afr. Butt. 1, p. 329 (1887).
cinadon HEW., Ent. M. Mag. 6, p. 177 (1870), Mus. Brit.
Old Calabar — Gabun — Congogebiet (Mus. Holmiae) — Angola[7, 65] · Natal — Transvaal — Zambezi — Nyassaland[37, 121].

12. **Ch. eudoxus** DRURY, Ill. Exot. Ins. 3, p. 44, t. 33, f. 1, 4 (1782). GOD., Enc. Meth. 9, p. 352 (1823). — ♀ AURIV., Ent. Tidskr. 15, p. 310 (1894). Metam.: AURIV., Ent. Tidskr. 15, p. 310 (1894). Sierra Leona[16] — Ashanti — Kamerun[71]. Angola[65].

13. **Ch. etesipe** God., Enc. Meth. 9, p. 355 (1823). — Butler. Trans. Ent. Soc. London 1869, p. 273, t. 5, f. 5, 6, ♂ (1869). — Mab., Hist. Mad. Lep. 1. p. 189, t. 24. f. 1—4 (1885—87).
♀ *etheocles* Dairy. Ill. Exot. Ins. 3. p. 12. t. 10 (1782). — *etheocles* ♀ (non ♂) Herbst, Naturs. Schm. 4, p. 71, t. 65, f. 5 (1790). — nomen præoccup.
♂ *etheta* God., Enc. Meth. 9, p. 356 (1823). — Guérin, Icones R. Anim. Ins., p. 477 (1844), t. 78, f. 4 (1829—32). — Griffith, Anim. Kingd. Ins., t. 2, f. 4 (1832).
Sierra Leona — Ashanti — Kamerun — Gabun[59, 61] — Congogebiet: Aruwimi[45, 46]. Mukenge[42] — Angola[65]. Abyssinien[3]. ??Madagaskar[107]

14. **Ch. tavetensis** Rothsch., Nov. Zool. 1, p. 535 (1894). Mus. Tring.
Brit. Ost-Afrika: Taveta.

15. **Ch. cacuthis** Hew., Exot. Butt. Charaxes, t. 3, f. 12, 13 (1863), Mus. Brit. — Mab., Hist., Mad. Lep. 1, p. 185, t. 22, f. 1 3 (1885—87).
antanala Lucas, An. Sc. Nat. (5) 15, n:o 22, p. 1 (1872).
Madagaskar. ?Deutsch Ost-Afrika: Parumbira[118] (wohl *tavetensis?*).

16. **Ch. achæmenes** Felder, Reise Novar. Lep., p. 446, t. 59, f. 6, 7 (1867), Mus. Tring.
Trimen, S. Afr. Butt. 1, p. 340 (1887). — Monteiro, Delagoa Bay, t. 1, f. 2 (1891).
Trimen, Proc. Zool. Soc. 1894. p. 41. t. 5, f. 7 ♀ (1894). — Lanz, Iris 9, p. 142 (1896).
iocaste Butler, Trans. Ent. Soc. London 1869, p. 274 note (1869): Proc. Zool. Soc. 1893, p. 648 (1894).
Senegal. Elfenbeinküste[57]. Niger: Lokoja[126]. Angola (im Inneren)[65] — Deutsch S. West-Afrika: Omrora[10] — Betschuanaland — Natal — Delagoa Bay — Manica-land[77] — Zambezi — Nyassaland[36] — Deutsch Ost-Afrika: Tanganika[118], Kandera[53], Karagwe — Somaliland[138] — Abyssinien[2, 3].

17. **Ch. lactetinctus** Karsch, Ent. Nachr. 18, p. 113 (1892); B. E. Z. 38, p. 190, t. 5, f. 3 (1893). Mus. Berol.
Togo.

18. **Ch. odysseus** Staud., Iris 5, p. 260 (1892), Coll. Staud.
Insel St. Thomé.

19. **Ch. lucretius** Cramer, Pap. Exot. 1, p. 129, t. 82, f. E, F (1775). — Herbst, Na-turs. Schm. 4, p. 73, t. 66, f. 1, 2 (1790). — God., Enc. Meth. 9, p. 352 (1823). — Dewitz, Nov. Acta Ac. N. Cur. 41: 2, p. 180 (1879). — Staud., Exot. Schm. 1, p. 169, t. 58 (1885—86). — Karsch, B. E. Z. 38, p. 188 (1893).
Sierra Leona[81] Elfenbeinküste[57] — Ashanti[16] — Togo[84] — Old Calabar — Ka-merun[61] — Fernando Po — Gabun[60] — Chinchoxo[65] — Congogebiet: Kassai[41], Mukenge[42], Aruwimi[45]. Monbuttu[4] — Angola.

20. **Ch. Bouetl** Feistu, An. E. Fr. (2) 8, p. 261 (1850). Coll. Oberth. — alis subtus flavescentibus. — Taf. 5, Fig. 6 ♂.
Senegambien: Cazamanca.

    var. **Macclounii** Butler, Proc. Zool. Soc. 1895, p. 252, t. 15, f. 1 (1895), Mus. Brit.
    — ? == *Boueti*. — alis infra flavescentibus.
    Lasti Trimen, Proc. Zool. Soc. 1894, p. 39, t. 5 f. 6 ♀ (1894).
    flarescens Lanz, Iris 9, p. 142 (1896), Coll. Lanz.
    Manicaland[77] — Nyassaland: Zomba[37] — Deutsch Ost-Afrika: Parumbira[118], Tan-
    ganika[118].

    var. **Lasti** Smith, An. N. H. (6) 3, p. 131 (1889), Coll. Gr. Smith. — Smith &
    Kirby, Rhop. Exot. 13, Charaxes, p. 8, t. 4, f. 4, 5 (1890). — alis subtus rufo-
    brunneis.
    Brit. Ost-Afrika: Mombasa.

21. **Ch. cynthia** Butler, Proc. Zool. Soc. 1865, p. 626, t. 36, f. 3 (1866), Mus. Brit.
— Staud., Exot. Schm. 1. p. 169 (1886). — Auriv., Ent. Tidskr. 12, p. 215
(1891).
    ♀ *lysianassa* Westw., Thes. Oxon., p. 181, t. 34, f. 3, 4 (1874), Mus. Oxon.
    Ashanti — Old Calabar[67] — Kamerun — Kuilu — Congogebiet: Aruwimi[46]. Niam-
    Niam (Coll. Staud.) — Angola[65].

22. **Ch. protoclea** Feistu, An. E. Fr. (2) 8, p. 260 (1850), Coll. Oberth. — Staud.,
Exot. Schm. 1, p. 170 (1886). — Karsch, B. E. Z. 38, p. 190 (1893).
    ♀ *œson* H. Schæffer, Aussereur. Schm. Tagf., f. 9, 10 (1850).
    Senegambien: Cazamanca — Sierra Leona[1] — Ashanti — Togo[54] — Kamerun —
    Gabun[60] — Congogebiet: Kassai[43], Mukengo[42] — Angola (Mus. Berol.).

23. **Ch. azota** Hew., Ent. M. Mag. 14, p. 82 (1877). — Trimen, S. Afr. Butt. 3, p. 387 ♀.
non ♂, (1889). — Monteiro, Delagoa Bay, t. 1, f. 1 (1891). — Trimen, Proc. Zool.
Soc. 1894, p. 40 (1894). — Butler, An. N. H. (6) 15, p. 249 (1895); Proc. Zool.
Soc. 1895, p. 253 (1895).
    Delagoa Bay — Manicaland[77].

    var. (ab.?) **nyasana** Butler, An. N. H. (6) 15, p. 249 (1895); Proc. Zool. Soc. 1895,
    p. 253 (1895), Mus. Brit.
    ♂ *azota* Hew., Ent. M. Mag. 14, p. 181 (1878), Mus. Brit. — Trimen, S. Afr.
    Butt. 3, p. 387 ♂, non ♀, (1889).
    Nyassaland: Zomba.

    var (ab.?) **calliclea** Smith, An. N. H. (6) 3, p. 130 (1889), Coll. Gr. Smith.
    Brit. Ost-Afrika: Mombasa.

24. **Ch. anticlea** Drury, Ill. Exot. Ins. 3, p. 36, t. 27, f. 5, 6 (1782). — God., Enc.
Meth. 9, p. 353 (1823). — ♀ Westw., Thes. Oxon., p. 181, t. 34, f. 5 (1874).

horatius FABR., Ent. syst. 3: 1, p. 64 (1793). — FEISTH, An. E. Fr. (2) 8, p. 259 (1850).
Sierra Leona[81] — Kamerun — Gabun[60] — Angola.[65]

25. **Ch. Baumanni** ROGENH., Verh. z. bot. Ges. Wien 41, p. 564 (1891), Mus. Vindob.
Whytei BUTLER, Proc. Zool. Soc. 1895, p. 649, t. 60, f. 2 (1894); 1894, p. 14 note
(1894); 1895, p. 255, t. 15, f. 3 ♀ (1895), Mus. Brit.
♂ *Selousi* TRIMEN, Proc. Zool. Soc. 1894, p. 45, t. 6, f. 10 (1894).
Manicaland[77] — Nyassaland: Zomba[36, 37] — Deutsch Ost-Afrika: Usambara.[54]

25a. **Ch. blanda** ROTHSCH., Nov. Zool. 4, p. 507 (1897), Mus. Tring.
Deutsch Ost-Afrika: Mikindani.

26. **Ch. Thysi** CAPRONN., An. E. Belg. 33, Bull., p. 125 (1889), Mus. Brux. — Taf. 5,
Fig. 7 ♂.
Congogebiet.

27. **Ch. Hildebrandti** DEWITZ, N. Acta Ac. N. Cur. 41: 2, p. 200, t. 2, f. 16 (1879),
Mus. Berol.
talaguga HOLLAND, Trans. Amer. Ent. Soc. 13, p. 332, t. 8, f. 3 (1886), Coll. Holl.
Ashanti — Lagos — Kamerun — Ogowe Fluss — Kuilu Fluss — Congogebiet
(BERTHELIUS): Bena-Bendi — Angola.[65]

28. **Ch. phæus** HEW., Ent. M. Mag. 14, p. 82 ♂ (non ♀) (1877), Mus. Brit. — ♀ TRIMEN,
S. Afr. Butt. 1, p. 344 ♂?; 3, p. 408 (1889). — ♀ MONTEIRO, Delagoa Bay, t. 1,
f. 4 (1891). — BUTLER, Proc. Zool. Soc. 1895, p. 255 (1895); Journ. Linn. Soc. 25,
p. 360 (1896).
♂ *alladinis* BUTLER, Proc. Zool. Soc. 1893, p. 648 ♂ (1894).
Delagoa Bay — Nyassaland[36, 37] — Mero See — Deutsch Ost-Afrika:[118] Tabora.

29. **Ch. cedreatis** HEW., Ent. M. Mag. 10, p. 247 (1874); Exot. Butt. Charaxes, t. 5,
f. 22—24, ♀♂ (1876), Mus. Brit. — ♂, ♀ BUTLER, Journ. Linn. Soc. Zool. 25,
p. 361 (1896).
Carteri BUTLER, Ent. M. Mag. 18, p. 108 (1881).
Ashanti. Fernando Po. Congogebiet: N'kalama Fluss.[45] Angola.

30. **Ch. fulgurata** n. sp.
ephyra var. DEWITZ, N. Acta Ac. N. Cur. 50, p. 371, t. 17, f. 10 ♂, 11 ♀ (1887),
Mus. Berol.
Angola.

31. **Ch. manica** TRIMEN, Proc. Zool. Soc. 1894, p. 13, t. 6, f. 9 ♀ (1894). — BUTLER,
Journ. Linn. Soc. 25, p. 360 (1896); Proc. Zool. Soc. 1896, p. 822 (1897).
Manicaland. — Nyassaland.[130]

32. **Ch. Rosæ** BUTLER, Proc. Zool. Soc. 1895, p. 255 (1895); Journ. Linn. Soc. Zool. 25,
p. 360 (1896), Mus. Brit.

♀ *phœus* HEW., Ent. M. Mag. 11, p. 82 ♀, non ♂. (1877), Mus. Brit. TRIMEN, S. Afr. Butt. 1, p. 311 ♀. non ♂. (1887). — MONTEIRO, Delagoa Bay, t. 1, f. 5 (1891).

♀ *alladinis* ♀ DEWITZ, Nov. Acta Ac. N. Cur. 50, p. 371. t. 17, f. 9 (1887). Delagoa Bay — Manicaland[77] — Nyassaland — Deutsch Ost-Afrika.[118]

33. **Ch. Kheili** STAUD., Iris 9, p. 216, t. 2, f. 1 (1896), Coll. Staud.
   Niam-Niam — Congogebiet: Zongo (Mus. Brux.), Sassa (COLMANT).

34. **Ch. etheocles** CRAMER, Pap. Exot. 2, p. 34, t. 119, f. D., E. (1777). — HERBST, Naturs. Schm. 4, p. 71, t. 65, f. 3, 4 (1790). — GOD., Enc. Meth. 9, p. 355 (1823). — DUNCAN, For. Butt., p. 157, t. 17, f. 1 (1837). — KIRBY, Handb. 1, p. 185, t. 27, f. 3 (1894). — ? BUTLER, Journ. Linn. Soc. 25, p. 359 (1896).
   ephyra GOD., Enc. Meth. 9, p. 355 (1823). — BUTLER, Ent. M. Mag. 9, p. 57 (1874). — TRIMEN, Proc. Zool. Soc., 1891, p. 80 (1891). — STAUD., Iris 9, p. 217, 363, t. 3, f. 1—6 (1896—7).
   Sierra Leona — ? Angola.[1]

ab. **catochrous** STAUD., Iris 9, p. 218 (1896), Coll. Staud.
   Kamerun.

var. (ab.?) **alladinis** BUTLER, Cist. Ent. 1, p. 5 (1869); Lep. Exot., p. 27, t. 10, f. 2 ♀ (1870), Mus. Brit. — BUTLER, Proc. Zool. Soc. 1895, p. 255 (1895); Journ. Linn. Soc. Zool. 25, p. 361 (1896).
   Sierra Leona.[81] Lagos — Kamerun — Gabun? (BUTLER).

var. (ab.?) **Hollandi** BUTLER, An. N. H. (6) 12, p. 266 (1893); Journ. Linn. Soc. Zool. 25, p. 362 (1896).
   ?Sierra Leona — Old Calabar? (BUTLER).

var. (ab.?) **Dewitzi** BUTLER Proc. Zool. Soc. 1895, p. 255 (1895).
   ♀ *alladinis* ♂? DEWITZ, Nov. Acta Ac. N. Cur. 50, p. 371, t. 17, f. 8 (1887).
   Südl. Congogebiet[42] — Delagoa Bay (BUTLER).

var. **ethallon** BOISD., Voy. Deleg. 2. p. 593 (1847), Coll. Oberth. — TRIMEN, Rhop. Afr. Austr., p. 170, 340 (1862—6); S. Afr. Butt. 1, p. 312 (1887). — BUTLER, Journ. Linn. Soc. Zool. 25, p. 362 (1896).
   ♀ *erithalion* WESTW., Gen. D. Lep., t. 48, f. 1 (1850), Mus. Brit.
   ♀ *erythalion* LUCAS, in Chenu: Enc. H. N. Papillons 1, p. 152, fig. 267 (1852).
   ♂ *ephyra* STAUD., Exot. Schm. 1, p. 170, t. 58 (1885).
   Kap Kolonie — Kaffernland — Natal — Delagoa Bay — Nyassaland.[57]

var. **phæacus** STAUD., Iris 9, p. 217 (1896).[2]
   Angola. Deutsch Ost-Afrika. Niam-Niam.

°var. **Chanleri** HOLLAND, Proc. U. S. Nat. Mus. 18, p. 262 (1895); ♀ l. c., p. 755 (1896), Mus. Washingt.
   Brit. Ost-Afrika.

---

[1] Da die Formen dieser Art in der Litteratur nicht unterschieden worden sind, ist es mir unmöglich genauere Localangaben zu liefern.

[2] Das ♂ scheint mir kaum von dem ♂, welches BUTLER (siehe oben) als *phœus* ♂ betrachtet, verschieden.

var. **viola** Butler, Proc. Zool. Soc. 1865, p. 627, t. 36, f. 4 ♀ (1866), Mus. Brit. — Butler, An. X. II. (4) 18, p. 481 ♂ (1876); Journ. Linn. Soc. 25, p. 359 (1896). *ephyra* Feisth, An. E. Fr. (2) 8, p. 258 (1850), Coll. Oberth.

♀ *chiron* Staud., Exot. Schm. 1, p. 168, t. 58 (1885). Coll. Staud.

Cazamauca — Ashanti — Togo[84] — Old Calabar — Kamerun[69] — Angola. ? Abyssinien.[2]

var. **Kirki** Butler, Ent. M. Mag. 18, p. 115 (1881), Mus. Brit. — Butler, Proc. Zool. Soc. 1888, p. 60 (1888); Journ. Linn. Soc. Zool. 25, p. 358 (1896).

Deutsch Ost-Afrika: Mamboia, Kandera[53] — Somaliland[139] — Aequatoria[4] — Am weissen Nil — Abyssinien.[']

35. **Ch. guderiana** Dewitz, Nov. Acta Ac. X. Cur. 40: 2, p. 200, t. 2, f. 18 ♂ (1879), Mus. Berol. — Trimen, Proc. Zool. Soc. 1891, p. 81 (1891). — Butler, Proc. Zool. Soc. 1893, p. 648 (1894). — Trimen, Proc. Zool. Soc. 1894, p. 42, t. 5, f. 8 ♀ (1894). ♀ *tanganika* Robbe, An E. Belg. 36, p. 133 (1892).

Angola (im Inneren)[65] — Omrora[10] — Mashunaland — Manicaland[77] — Nyassa-land[36, 120] — Mero See — Deutsch Ost-Afrika: Tanganika,[118] Ussure,[55a] — Brit. Ost-Afrika.[22]

36. **Ch. Bohemani** Felder, Wien. Ent. Mon. 3, p. 321, t. 6, f. 3 (1859), Mus. Holmiæ. — Butler, Lep. Exot. p. 20, t. 10, f. 3 ♀ (1870). — Staud., Exot. Schm. 1, p. 170 (1886). — Trimen, Proc. Zool. Soc. 1894, p. 41 (1894). — Butler, Proc. Zool. Soc. 1895, p. 256 (1895).

Congo[2] — Angola[7, 65] — Omrora[10] — Damaraland — Mashunaland — Manica-land[77] — Zambezi — Nyassaland[37, 125] — Mero See — Deutsch Ost-Afrika: Hoch-plateau zwischen den Nyassa- und Tanganika Seen,[118] Kandera,[53] Uha.[55a]

37. **Ch. smaragdalis** Butler, Proc. Zool. Soc. 1865, p. 630, t. 36, f. 5 (1866); Lep. Exot. p. 5, t. 2, f. 1 ♀ (1869), Mus. Brit.

Sierra Leona[51] — Kamerun[81] — Congogebiet: Aruwimi,[45] Lualuaburg, Bena-Bendi (Mus. Brux.).

var. (ab.?) **princeps** Butler, Journ. Linn. Soc. Zool. 25, p. 376 (1896), Mus. Brit. Kamerun: Victoria.

38. **Ch. Monteiri** Staud., Exot. Schm. 1, p. 170, t. 59 ♂, ♀ (1885—6). Coll. Staud.

Insel St. Thomé.

['] Vielleicht mit Ausnahme der beiden letzten Formen sind die übrigen hier als Varietäten von *etheocles* aufgeführten Formen nach meiner Ansicht weder im männlichen noch im weiblichen Geschlecht scharf von einander zu unterscheiden. Diese Auffassung wird auch dadurch bestätigt, dass die sechs neulich von Staudinger als *ephyra*-♀♀ abgebildeten Stücke weder mit Cramers Originalabbildung noch mit einigen der früher auf-gestellten Formen genau übereinstimmen. Staudingers Figur 1 könnte vielleicht am besten zu *alladixis*, die Fig. 4 und 5 zu *Hollandi* und Fig. 3 zu der Hauptform gezogen werden. Die beiden übrigen aber sind neue Zwischenformen!

[2] Stücke vom Congogebiete sind unten dunkelbraun und demnach viel dunkler als die unten hellgraue, typische Form aus dem Damaralande.

39. **Ch. pythodoris** HEW., Ent. M. Mag. 10, p. 57 (1873), Mus. Brit.; Exot. Butt. Charaxes, t. 4, f. 18, 19 (1874).
nesæa SMITH, An. N. H. (6) 3, p. 132 (1889), Coll. Gr. Smith.
Congogebiet: Mukenge[42] — Angola — Mero See.[36] — Deutsch Ost-Afrika.[118]

40. **Ch. violetta** SMITH, Ent. M. Mag. 21, p. 247 (1885), Coll. Gr. Smith. — SMITH & KIRBY, Rhop. Exot. 1, Charaxes, p. 4, t. 4, f. 1—3 (1887). — TRIMEN, S. Afr. Butt. 3, p. 385 (1889). — MONTEIRO, Delagoa Bay, t. 1, f. 3 (1891).
Delagoa Bay — Deutsch Ost-Afrika: Bagamoyo, Pangani.

41. **Ch. cithæron** FELDER, Wien. Ent. Mon. 3, p. 398, t. 8, f. 2 ♂, 3 ♀ (1859), Mus. Tring. — STAUD., Exot. Schm. 1, p. 170 (1886). — TRIMEN, S. Afr. Butt. 1, p. 344 (1887); Proc. Zool. Soc. 1894, p. 45 (1894). sequentis varietas?
xiphares var. TRIMEN, Rhop. Afr. Austr., p. 169 (1862).
Metam.: TRIMEN, S. Afr. Butt. 1, p. 345 (1887).
Congogebiet: Mukenge[42] — Natal — Transvaal - - Manicaland[77] — Nyassaland[36] — Kilimanjaro (Mus. Brit.) — Brit. Ost-Afrika.[146]

42. **Ch. xiphares** CRAMER, Pap. Exot. 4, p. 171, t. 377, f. A, B (1781). — GOD., Enc. Meth. 9, p. 357 (1823). — TRIMEN, Rhop. Afr. Austr., p. 167 (1862); S. Afr. Butt. 1, p. 346 (1887).
xyphares HERBST, Naturs. Schm. 4, p. 47, t. 60, f. 5, 6 (1790).
♂ *thyestes* STOLL, Suppl. Cram., p. 144, t. 32, f. 2, 2 B (1790).
♂ *thurius* GOD., Enc. Meth. 9, p. 354 (1823).
Kap. Kolonie — Kaffernland.[27] ?? Brit. Ost-Afrika[127] (— *cithæron?*).

43. **Ch. tiridates** CRAMER, Pap. Exot. 2, p. 100, t. 161, f. A, B ♂ (1777). — DRURY, Ill. Exot. Ins. 3, p. 34, t. 23, f. 1, 2 (1782). — HERBST, Naturs. Schm. 4, p. 55, t. 62, f. 3, 4 (1790). — DONOVAN, Ins. of India, t. 23, f. 3 (1800). — GOD., Enc. Meth. 9, p. 354 (1823). — LUCAS, Lep. Exot. p. 119, t. 62 (1835). - DUNCAN, For. Butterfl., p. 159, t. 17, f. 2, 3 (1837). — TRIMEN, Rhop. Afr. Austr., p. 172 (1862). — STAUD., Exot. Schm. 1, p. 169, t. 59 (1886). — KARSCH, B. E. Z. 38, p. 189 (1893). — KIRBY, Handb. Lep. 1, p. 184, t. 27, f. 2, 3 (1894). — strigis marginalibus alar. post. ochraceis aut albidis; caudis longioribus.
♀ *marica* FABR., Ent. syst. 3: 1, p. 113 (1793), Mus. Brit. — DONOV., Nat. Reposit. 2, t. 37 (1824).
Metam.: AURIV., Ent. Tidskr. 15, p. 311 (1894).
Sierra Leona — Ashanti — Togo[84] — Kamerun[64] — Gabun[60] - Ogowe — Kuilu — Congogebiet: Mukenge,[42] Kassai,[43] Aruwimi,[45,46] — Angola[7] — Mero See[36] Uganda.[21]

var. **mixtus** ROTHSCHILD, Nov. Zool. 1, p. 536, t. 11, f. 8 (1894), Mus. Tring. — BUTLER, An. N. H. (6) 19, p. 124 (1897). — strigis marginal. alar. post. coerulescentibus; caudis brevioribus; femina mari concolor !
Kamerun — Congogebiet: Lukolele, Katanga (Mus. Bruxell.).

44. **Ch. bipunctatus** Rothschild, Nov. Zool. 1, p. 536 (1891), Mus. Tring. — Butler, Journ. Linn. Soc. 25, p. 378 (1896).
Ashanti.

45. **Ch. numenes** Hew., Exot. Butt. Charaxes, t. 2, f. 9—11 (1859), Mus. Brit. — Staud., Exot. Schm. 1, p. 170 (1886).
Sierra Leona[81] — Liberia — Ashanti[16] — Niger Fluss: Loko (Coll. Stand.) — Old Calabar · Kamerun[64] Fernando Po · Gabun[64] — Chinchoxo[65] — Landana[63] · — Congogebiet: Aruwimi,[45] Mukenge,[42] Bena-Bendi — Angola.

46. **Ch. imperialis** Butler, Trans. Ent. Soc. London 1874, p. 531, t. 11, f. 3 ♂ (1874), Coll. Swanzy. — ♀ Butler, Proc. Zool. Soc. 1887, p. 570 (1888), Mus. Brit.
Sierra Leona[81] — Ashanti — Old Calabar.[67] Congogebiet: Bena-Bendi (Mus. Brux.).

47. **Ch. ameliæ** Doumet, Rev. Zool. (2) 13, p. 171, t. 5, f. 1 ♂ (1861). — Hew., Exot. Butt. Charaxes, t. 5, f. 20, 21 ♀ (1876). Auriv., Ent. Tidskr. 12, p. 215, t. 3, f. 1 ♂ (1891). — Karsch, B. E. Z. 38, p. 189 (1893).
regius Auriv., Ent. Tidskr. 10, p. 189 (1889), Mus. Holmiæ.
Sierra Leona[81] — Liberia[73] — Ashanti · Togo[84] — Kamerun[61] — Gabun — Congogebiet: Mukenge,[42] Kassai,[43] Bena-Bendi.

48. **Ch. hadrianus** Ward., Ent. M. Mag. 8, p. 120 (1871).
dux Staud., Exot. Schm. 1, p. 170 (1886), Coll. Stand.
gabonica Crowley, Trans. Ent. Soc. 1890, p. 553, t. 17, f. 3 ♂ (1890), Coll. Crowley.
Kamerun Gabun — Ogowe — Bangasso am oberen Ubangi Fluss.

49. **Ch. nobilis** Druce, Ent. M. Mag. 10, p. 13 (1873). Mus. Brit.
agabo Distant, Proc. Zool. Soc. 1879, p. 708, t. 54, f. 4 (1880), Coll. Horniman.
homerus Staud., Iris 4, p. 132, t. 2, f. 1 (1891), Coll. Staud.
Old Calabar Kamerun: Barombi.

50. **Ch. jahlusa** Trimen, Rhop. Afr. Austr., p. 177, 341, t. 3, f. 5 (1862—6); S. Afr. Butt. 1, p. 325 (1887); 3, p. 407 (1889). — Butler, Journ. Linn. Soc. Zool. 25, p. 371 (1896).
Kap Kolonie — Kaffernland — Natal — Transvaal.[5]
var. **argynnides** Westw., Trans. Ent. Soc. London (3) 2 Proc., p. 10 (1864), Mus. Oxoniæ. — Butler, Journ. Linn. Soc. Zool. 25, p. 371 (1896).
Zambezi — Nyassaland — Tanganika.

51. **Ch. candiope** God., Enc. Meth. 9, p. 353 (1823). — Staud., Exot. Schm. 1, p. 169, t. 58 (1885—6). — Trimen, S. Afr. Butt. 1, p. 327, t. 6, f. 4 (1887). — Butler, Proc. Zool. Soc. 1895, p. 254 (1895).
viridicostatus Auriv., Öfvers. Vet. Ak. Förh. 36: 7, p. 41 (1879), Mus. Holmiæ.
Sierra Leona[81] — Ashanti — Lagos — Kamerun[69-71] — Gabun[90] — Chinchoxo[65] Congogebiet: Lubilasch,[42] Aruwimi[45,46] — Angola[7] — Ovamboland[10] — Damara[56]

— Natal — Zululand – Transvaal — Delagoa Bay — Nyassaland[17] — Deutsch Ost-Afrika: Bagamoyo (Coll. Staud.), N'Guru (Mus. Brit.). — Brit. Ost-Afrika[22] — Aequatoria[119] — Abyssinien.[5]

var. **thomasius** STAUD., Exot. Schm. 1, p. 169 (1886), Coll. Staud.
Insel St. Thomé.

52. **Ch. antamboulou** LUCAS, An. Sc. Nat. Zool. (5) 15, N:o 22, p. 1 (1872). — SAALM., Lep. Madag., p. 86, t. 2, f. 24, 25 (1884). — MAB., Hist. Mad. Lep. 1, p. 191, t. 23, f. 3, 4, t. 25ᵃ, f. 3 (1885—7). — BUTLER, Journ. Linn. Soc. Zool. 25, p. 368 (1896).
Madagaskar.

53. **Ch. Cowani** BUTLER, An. N. H. (5) 2, p. 285 (1878); (5) 5, p. 336 (1880), Mus. Brit. *antamboulou* ♂ MAB., Hist. Mad. Lep. 1, p. 191, t. 23, f. 1, 2 (1885—7). *Cowani* STAUD., Exot. Schm. 1, p. 169 (1886), Coll. Staud.
Madagaskar.

54. **Ch. analava** WARD, Ent. M. Mag. 9, p. 3 (1872), Coll. Oberth. - - MAB., Hist. Mad. Lep. 1, p. 194, t. 25ᵃ, f. 2, 2ᵃ (1885).
Madagaskar.

55. **Ch. Balfouri** BUTLER, Proc. Zool. Soc. 1881, p. 176, t. 18, f. 6 (1881), Mus. Brit.
Insel Socotra.

56. **Ch. varanes** CRAMER, Pap. Exot. 2, p. 100, t. 160, f. D, E (1777). — HERBST, Naturs. Schm. 4, p. 22, t. 56, f. 5 (1790). — TRIMEN, Rhop. Afr. Austr., p. 181 (1862); S. Afr. Butt. 1, p. 321 (1885). — TRIMEN, Proc. Zool. Soc. 1894, p. 39 (1894). — alis supra basi niveis; cauda alar. post. longiore.
varanessa HÜBNER, Verz. p. 48 (1818—27).
veranes GOD., Enc. Meth. 9, p. 364 (1823). — LUCAS, Lep. Exot., p. 123, t. 65, f. 1 (1835).
rologeses MAB., Bull. Soc. Zool. Fr. 1, p. 280 (1876).
Metam.: TRIMEN, S. Afr. Butt. 1, p. 323, t. 1, f. 6 (1885); 4, p. 406 (1889).
Sierra Leona (Coll. Staud.). Niger Fluss: Loko (Coll. Staud.). Old Calabar – Kamerun — Landana[63] — Congogebiet[45,46,63] — Angola[7] — Kap Kolonie Kaffernland — Natal — Zululand — Delagoa Bay — Manicaland[77] — Zambezi – Nyassaland[36,37] — Mero See[36] — Deutsch Ost-Afrika: Parumbira[118], Kaudera[53], N'Guru[53], Mwansa[55a] — Brit. Ost-Afrika[20,22,146] — Aequatoria[4] — Abyssinien[5].

var.? (ab.?) **nigrescens** BUTLER, Journ. Linn. Soc. 25, p. 101 (1896), Mus. Brit.
Sierra Leona — Ashanti.

var. (temp.?) (ab.?) **fulvescens** AURIV., Ent. Tidskr. 12, p. 216 (1891). — KARSCH, B. E. Z. 38, p. 189 (1893).

caranes Drury, Ill. Exot. Ins. 3, p. 42, t. 31, f. 1, 2 (1782). — Cramer, Pap. Exot. 4, p. 202. t. 388, f. A, B (1782), figuræ intermediæ. — Herbst, Naturs. Schm. 4, p. 22, t. 56, f. 3, 4 (1790). — Staud., Exot. Schm. 1, p. 174, t. 60 (1885—6) ?an forma typica? — alis supra basi flavescentibus, cauda alar. post. breviore.

Sierra Leona — Ashanti — Togo[84] — Kamerun — Ogowe Fluss — Congogebiet.

57. **Ch. publius** Staud., Iris 5, p. 267 (Juli 1892), Coll. Staud. — Auriv., Ent. Tidskr. 15, p. 312 (1894). — Forma sequentis?
rectifascia Weymer, S. E. Z. 53, p. 91 (Nov. 1892), Coll. Weymer.
Sierra Leona — Sklavenküste (Coll. Staud.) — Old Calabar — Kuilu Fluss — Congogebiet: Lukungu[44] (als *Ussheri*), Popokabaka (Mus. Brux.) — Angola.

58. **Ch. Ussheri** Butler, Trans. Ent. Soc. 1870, p. 124 (1870); Lep. Exot., p. 52, t. 21, f. 3 (1871), Coll. Swanzy. — Staud., Exot. Schm. 1, p. 173 (1886). — Staud., Iris 5, p. 265 (1892).
decius Gob., Enc. Meth. 9, p. 364 ♂ (1823). — Lucas, Lep. Exot. p. 122, t. 64, f. 2 (1835). — Lucas, in Chenu: Enc. H. N. Pap. 1, t. 26, f. 4 (1852). — Staud., Exot. Schm. 1, t. 60 (1885).
Sierra Leona[81] — Ashanti — Dahomey — Old Calabar — Kamerun — Gabun — Congogebiet. Uganda[21].

59. **Ch. violinitens** Crowley, Trans. Ent. Soc. London 1890, p. 554, t. 18, f. 1, 2 (1890), Coll. Crowley. — Staud., Iris 5, p. 266 (1892).
Ashanti — Sklavenküste (Coll. Staud.) — Old Calabar — Kamerun.

60. **Ch. decius** Cramer, Pap. Exot. 2, p. 26, t. 114, f. A, B ♀ (1777). — Drury, Ill. Exot. Ins. 3, p. 6, t. 6, f. 1, 2 ♂ (1782). — Herbst, Naturs. Schm. 4, p. 20, t. 56, f. 1, 2 (1790). — Gob., Enc. Meth. 9, p. 363, ♀, non ♂ (1823). — Doxov., Nat. Reposit. 4, t. 109 ♂ (1826). — Staud., Exot. Schm. 1, p. 174 (1886). — area fulva alar. post. irregulari, costam medianam et costam 4am plus minus superante.
Sierra Leona? (♀ teste Butler). Ashanti — Sklavenküste.

var. **coniger** Butler, Journ. Linn. Soc. Zool. 25, p. 403 (1896), Mus. Brit. — ♂. area fulva alar. post. conica, antice costam medianam et costam 4am haud superante.
Old Calabar — Kamerun — Congo — Angola.

61. **Ch. lichas** Doubl. & Hew., Gen. D. Lep., t. 49, f. 3 ♂ (1850), Mus. Brit. — Lucas, in Chenu: Enc. H. N. Pap. 1, p. 154, fig. 269 (1852). ♀ Weymer, S. E. Z. 53, p. 93 (1892).
Sierra Leona[81] — Ashanti — Old Calabar — Kamerun — Congogebiet: Mukenge[42] — Angola.

62. **Ch. paphianus** Ward, Ent. M. Mag. 8, p. 120 (1871), Coll. Oberth.
falcata Butler, Lep. Exot., p. 101, t. 38, f. 1 ♂ (1872), Mus. Brit. — ♀ Weymer, S. E. Z. 53, p. 94 (1892) *hamulosa*! — Karsch, B. E. Z. 38, p. 189 (1893).

Sierra Leona — Ashanti — Togo[81] — Old Calabar — Kamerun — Ogowe — Congogebiet: Quango, Mukenge[42]. Aruwimi[46] — Angola.

63. **Ch. Kahldeni** HOMEYER & DEWITZ, B. E. Z. 26, p. 381, t. 7, f. 1 ♂, 2 ♀ (1882). Mus. Berol.
Kamerun: Yaunde Station (Mus. Berol.). Angola.

64. **Ch. zoolina** DOUBL. & HEW., Gen. D. Lep., t. 53, f. 1 ♀ (1850), Mus. Brit. — TRIMEN, Rhop. Afr. Austr., p. 178. 341 (1862—6). — STAUD., Exot. Schm. 1, p. 171 (1886). — TRIMEN, S. Afr. Butt. 1, p. 318 (1887); 3. p. 405 (1889). — TRIMEN, Proc. Zool. Soc. 1894. p. 38 (1894).
. . . . . . ANGAS, Kafirs Illustr., t. 30, f. 7 (1849).
betsimisaraka LUCAS, An. Sc. Nat. (5) 15, N:o 22, p. 2 (1872). — MAB., Hist. Mad. Lep. 1, p. 195, t. 21, f. 2 ♂ (1885).
(Kamerun??; teste BUTLER). Kaffernland — Natal — Delagoa Bay — Manicaland[77] — Zambezi — Nyassaland[130] — Deutsch Ost-Afrika: Mamboia, N'Guru, Kisuani,[353] Kilimanjaro, Mkaramo, Victoria Nyanza. — Brit. Ost-Afrika[127. 146] — Abyssinien[1]. Madagaskar.

var. (ab.?) **relatus** BUTLER, An. N. H. (5) 5, p. 394 (1880). Mus. Brit.[1] — MAB. Hist. Mad. Lep. 1, p. 196, t. 21, f. 3 (1885—7). — BUTLER, Journ. Linn. Soc. Zool. 25, p. 371 (1896). — maculis albis submarginalibus minutis, punctiformibus.
Madagaskar.

65. **Ch. Homeyeri** DEWITZ, B. E. Z. 26, p. 382, t. 7, f. 3 (1882), Mus. Berol.
Kamerun: Yaunde Station. Angola.

66. **Ch. Ehmckei** DEWITZ, B. E. Z. 26, p. 382, t. 7, f. 4 (1882). Mus. Berol. — BUTLER. Journ. Linn. Soc. Zool. 25, p. 369 (1896).
Angola.

67. **Ch. betanimena** LUCAS, An. Sc. Nat. Zool. (5) 15, N:o 22, p. 3 (1872). — MAB., Hist. Mad. Lep. 1, p. 198, t. 23, f. 5, 6 ♂ (1885—7). -- alis infra fascia media communi destitutis.
Madagaskar.

ab. **andriba** WARD., Ent. M. Mag. 9, p. 210 (1873), Coll. Oberth. — alis infra fascia media communi fusca, intus albo-marginata instructis.
betanimena var. MAB., Hist. Mad. Lep. 1, p. 198. t. 23, f. 7 ♂ (1885- 7).
♀ *Freyi* BRANCSIK, Jahresh. Trencsiner Comitates 13—14, p. 161. t. 7, f. 8 (1891). Coll. Brancs.
Madagaskar. Nossi-Bé.

---

[1] BUTLERS Beschreibung und MABILLE's Figur sind nach einem verstümmelten Stücke verfertigt; die Hinterflügel sind ganz wie bei *zoolina* geschwänzt.

68. **Ch. neanthes** HEW., Exot. Butt. Nymphalis, t. 1, f. 2, 3 ♀ (1854), Mus. Brit. —
TRIMEN, Rhop. Afr. Austr., p. 179 (1862). — STAUD., Exot. Schm. 1, p. 171,
t. 58 ♂ (1885—6). — TRIMEN, S. Afr. Butt. 1. p. 320 (1887); 3, p. 406 (1889).
Kaffernland — Natal — Delagoa Bay — Zambezi — Mero See[36] — Deutsch Ost-
Afrika: Usagara,[54] Serengeti[55ª] — Brit. Ost-Afrika[125,146] — Abyssinien.[3]

69. **Ch. nichetes** SMITH, Ent. M. Mag. 20, p. 58 (1883), Mus. Brit. ♂: Coll. Gr. Smith ♀.
— SMITH & KIRBY, Rhop. Exot. 13, Charaxes, p. 7, t. 4, f. 1—3 (1890). — fascia
transversa fusca alar. ant. 6—9 millim. lata.
hamatus DEWITZ, Ent. Nachr. 10, p. 285, fig. (1884), Mus. Berol. — DEWITZ, Nov.
Acta Ac. N. Cur. 50, p. 372, t. 17, f. 12 (1887).
ogorensis HOLLAND, Trans. Amer. Ent. Soc. 13, p. 330, t. 8, f. 2 ♂ (1886), Coll.
Holland.
Kamerun — Ogowe Fluss — Congogebiet: am oberen Kassai.[12]
var. **leoninus** BUTLER, Proc. Zool. Soc. 1895, p. 253, t. 15, f. 2 ♂ (1895), Mus. Brit.
— fascia transversa fusca alar. ant. 2—3 mill. lata.
Nyassaland: Zomba.[37]

70. **Ch. porthos** SMITH, Ent. M. Mag. 20, p. 57 (1883), Coll. Gr. Smith. — SMITH &
KIRBY, Rhop. Exot. 1. Charaxes, p. 2, t. 1, f. 1, 5 (1887).
midas STAUD., Iris 4, p. 135, 223, t. 2, f. 1 ♂ (1891), Coll. Staud.
Kamerun — Gabun — Congogebiet: Bena-Bendi (Mus. Brux.).

71. **Ch. zelica** BUTLER, Ent. M. Mag. 6, p. 28 (1869), Mus. Brit. — BUTLER, Lep. Exot.,
p. 12, t. 5, f. 3 ♂ (1869).
Ashanti? — Kamerun[71] — Angola.

72. **Ch. laodice** DRURY, Ill. Exot. Ins. 3, p. 34, t. 26, f. 1, 2 (1782). — AURIV., Ent.
Tidskr. 15, p. 312 (1894).
lycurgus FABR., Ent. syst. 3: 1. p. 67 (1793). — GOD., Enc. Meth. 9, p. 364
(1823).
nasiope HEW., Exot. Butt. Nymphalis, t. 1, f. 5, 6 (1854), Mus. Brit.
Ashanti — Old Calabar — Kamerun[61,71] — Gabun — Congogebiet[42,43] — Angola.[7]
Tanganika See.

73. **Ch. mycerina** GOD., Enc. Meth. 9, p. 369 (1823). — LUCAS, Lep. Exot., p. 124, t. 65,
f. 2 (1835).
nausicaa STAUD., Iris 4, p. 137 (1891), Coll. Staud. — BUTLER, Journ. Linn. Soc.
Zool. 25, p. 373 (1896).
Sierra Leona — Kamerun — Kuilu Fluss — Congogebiet: Kassai (Mus. Brux.).

74. **Ch. Doubledayi** n. nom.[1]

---

[1] LUCAS' Figur, welche wahrscheinlich nach dem Typus gemacht wurde, so wie auch die Beschreibung
GODART's zeigen, dass die wahre *mycerina* = *nausicaa* STAUD. ist; ich musste darum dem *Ch. mycerina* AUCTOR.
einen neuen Namen geben.

mycerina Doubl. & Hew., Gen. D. Lep., t. 53, f. 2 (1850), Mus. Brit.   Staud.,
Exot. Schm. 1, p. 171 (1886). — ♀ Staud., Iris 4, p. 138 (1891). — Karsch,
B. E. Z. 38, p. 189 (1893).
Sierra Leona — Ashanti — Togo[84] — Old Calabar — Kamerun[61, 71] — Ogowe
Fluss (Coll. Staud.).

75. **Ch. eupale** Drury, Ill. Exot. Ins. 3, p. 7, t. 6, f. 3 (1782). — Staud., Exot. Schm. 1,
p. 171, t. 58 (1885—6). — Karsch, B. E. Z. 38, p. 190 (1893).
amasia Fabr., Ent. syst. 3:1, p. 136 (1793). — God., Enc. Meth. 9, p. 389 (1823).
— Lucas, Lep. Exot., p. 129, t. 69, f. 3 (1835).

ab. **dilutus** Rothsch., Nov. Zool. 5, p. 97 (1898), Mus. Tring.
Sierra Leona — Ashanti — Togo[84] — Kamerun[60] — Chinchoxo[85] — Congogebiet:
Manyanga.[41] Kassai.[43] Aruwimi.[45] Mukenge[42] — Angola[7] — Nyassaland[120] — Deutsch
Ost-Afrika[54, 55a] — Brit. Ost-Afrika.[127]

3. **Monura** Mab.

< *Charaxes* Ochs. & Auctorum.
< *Tigridia* Hübner, Verz., p. 40 (1818—27).
= *Monura* Mabille, Bull. Soc. Zool. Fr. 1, p. 280 (1876).

1. **M. zingha** Cramer, Pap. Exot. 4, p. 53, t. 315, f. B, C (1780). — Staud., Exot.
Schm. 1, p. 171, t. 58 (1885—6). — Kirby, Handb. Lep. 1, p. 187 (1894).
berenice Drury, Ill. Exot. Ins. 3, p. 13, t. 11, f. 1, 2 (1782). — Fabr., Mant. Ins. 2,
p. 48 (1787). — God., Enc. Meth. 9, p. 356 (1823). — Donov., Nat. Reposit. 3,
t. 107 (1825).
zinghus Herbst, Naturs. Schm. 6, p. 151, t. 151, f. 3, 4 (1793).
Sierra Leona[81] — Ashanti[16] — Kamerun[61] — Congogebiet: Mukenge.[42] Yambuya.[45]

Fam. **Libytheidæ.**

Hypati sereri HÜBNER. Verz., p. 100 (1826).
Libythides BOISD., Spec. Gen. Lep. 1, p. 167 (1836).
— *Libytheidæ* WESTW., Gen. D. Lep., p. 412 (1851). — SCHATZ & RÖBER, Exot. Schm. 2,
  p. 226 figg. (1892). — KIRBY. Handb. Lep. 2, p. 1 (1896). — E. REUTER, Acta Soc.
  Sc. Fenniæ 22: 1. p. 291—301 (1896).
Libytheinæ BATES, Journ. Ent. 1, p. 220 (1861). — TRIMEN, S. Afr. Butt. 2, p. 2 (1887).

Ich betrachte die Gattung *Libythea* als Vertreter einer selbständigen Familie und
verweise hinsichtlich meiner Gründe dafür auf die vortreffliche Auseinandersetzung derselben bei E. REUTER (l. c.).
Die Familie umfasst nur eine einzige Gattung.

1. **Libythea** FABR.

Libythea FABR., Illig. Magaz. 6, p. 284 (1807). — LATR., Enc. Meth. 9, p. 10 (1819).
— WESTW., Gen. D. Lep., p. 412 (1851). — TRIMEN, S. Afr. Butt. 2, p. 4 (1887). — SCHATZ
& RÖBER, Exot. Schm. 2, p. 226, t. 40 (1892). — KIRBY, Handb. Lep. 2, p. 2 (1896).
— E. REUTER, Acta Soc. Sc. Fenn. 22: 1. p. 146, t. 5, f. 56 (1896).
= *Hecaërge* OCHS., Schm. Eur. 4, p. 32 (1816) non deser., sed pro Libythea. — HÜBNER,
Verz., p. 100 (1826).
> *Dichora* SCUDDER, Rep. U. S. Geol. Survey 8: 1. p. 470 (1890). — Typus: *L. lab-
daca* WESTW.

Der Saum der Vorderflügel hinter der Rippe 5 mehr oder weniger tief eingeschnitten
oder eingebuchtet. Die Rippe 6 der Vorderflügel aus demselben Punkte wie 7 + 8 + 9;
die Rippe 7 in den Saum. Die Rippen 3 und 4 der Hinterflügel aus demselben Punkte,
der Hinterecke der Mittelzelle; die Praecostalrippe ist deutlich nach aussen gebogen und
entspringt gerade aus dem Trennungspunkte der Rippe 8. Die Zeichnungen der Oberseite
sind bei allen aethiopischen Arten fast dieselben und bestehen auf den Vorderflügeln aus
einem Längsstriche und einem Flecke in der Mittelzelle und aus 5—6 Diskalflecken in
1 b—6 und auf den Hinterflügeln aus 6 Diskalflecken, von denen die vier ersten (in 2—5)
in einer geraden Querreihe liegen. Die Hinterflügel sind an der Rippe 2 kurz geschwänzt
oder gelappt.

Uebersicht der Arten.

A. Die Vorderflügel mit einem Diskalflecke im Felde 1 b. Alle Zeichnungen der Oberseite, mit Ausnahme der weissen Diskalpunkte 4—6 der Vorderflügel, grau. N:o 1.

B. Die Vorderflügel ohne Diskalfleck im Felde 1 b.
  α. Die Zeichnungen der Oberseite grau oder weiss. N:o 2.
  β. Die Zeichnungen der Oberseite gewöhnlich, jedoch mit Ausnahme der weissen Diskalflecke 4—6 der Vorderflügel, rothgelb.
    *. Die Mittelzelle der Vorderflügel mit einem rothgelben Längsstriche.
      1. Die Mittelzelle der Vorderflügel mit einem von dem Längsstriche mehr oder weniger vollständig getrennten Spitzenflecke. N:o 3.
      2. Der Längsstrich der Mittelzelle der Vorderflügel ist vollständig mit dem Spitzenflecke verschmolzen. N:o 4.
    **. Die Mittelzelle der Vorderflügel ohne Längsstrich und nur mit einem Flecke an der Spitze. N:o 5.

1. **L. labdaca** Westw., Gen. D. Lep., p. 113 note, t. 68, f. 6 (1851), Mus. Brit.
   Sierra Leona — Ashanti[14] — Niger[126] — Kamerun[64] — Gabun[63] — Chinchoxo[65] — Congogebiet: Acquator Station[43], Aruwimi[46].

2. **L. ancoata** Smith, An. N. H. (6) 7, p. 126 (1891), Coll. Gr. Smith.
   Madagaskar.

3. **L. laius** Butler, Trans. Ent. Soc. 1879, p. 337 (1880); S. Afr. Butt. 2, p. 5, t. 7, f. 3 (1887).
   Angola[8] — Natal — Manicaland[77] — Quilimane.

4. **L. tsiandava** Smith, An. N. H. (6) 8, p. 81 (1891), Coll. Gr. Smith. — praecedentis var.?
   Madagaskar.

5. **L. cinyras** Trimen, Trans. Ent. Soc. (3) 5, p. 337 (1866), Mus. Capens.
   Mauritius.

Fam. Lemoniidæ.

= *Amphipodes* Illiger, Wiedem. Zool. Magaz. 1: 2, p. 97 (1818).
— *Napæa* Hübner. Verz., p. 17 (1826).
   Erycinidæ Swainson, Phil. Mag. (2) 1, p. 187 (1827). — Boisd., Spec. Gen. Lep. 1, p. 161 (1836). — Westw., Gen. D. Lep., p. 115 (1851). — Bates, Journ. Ent. 1, p. 220 (1861). — Schatz & Röber, Exot. Schm. 2, p. 227 figg. (1892). — E. Reuter, Acta Soc. Sc. Fenn. 22: 1, p. 269—282 (1896). - - nomen praeoccup.
< *Erycinidæ* Trimen, S. Afr. Butt. 2, p. 1 (1887). — nom. praeoccup.
   Lemoniidæ Kirby, Cat. D. Lep., p. 282 (1871); Handb. Lep. 2, p. 6 (1896).

Auch diese Familie ist in der æthiopischen Region nur durch wenige Arten vertreten. Dieselben gehören alle der Unterfamilie *Nemeobiina* an, welche von der anderen Unterfamilie, den *Lemoniina*, durch das Fehlen der haftborstähnlichen Verdickung an der Wurzel des Vorderrandes der Hinterflügel, die Basalrippe genannt wurde, unterschieden werden kann.

Die Vorderflügel haben 12 Rippen und die Hinterflügel eine deutliche Praecostalrippe. Die Rippen 6 und 7 der Hinterflügel mit gemeinsamem Stiele.

Uebersicht der Gattungen.

A. Die Hinterflügel an der Rippe 1 b mit eckig hervortretendem Analwinkel und mit zwei Schwänzchen am Ende der Rippen 2 und 3. Der Stiel der Rippen 6 und 7 der Hinterflügel ist sehr lang, viel länger als die Rippe 6. Die Rippe 8 ist am Ursprunge der Praecostalrippe nur wenig von der Mittelzelle entfernt. Die Augen haarig.

1. *Saribia.*

B. Die Hinterflügel mit abgerundetem Analwinkel und an der Rippe 4 geeckt oder geschwänzt. Der Stiel der Rippen 6 und 7 der Hinterflügel ist immer kürzer als die Rippe 6 und selten so lang wie die Rippe 7. Die Rippe 8 ist am Ursprunge der Praecostalrippe weit von der Mittelzelle entfernt.

2. *Abisara.*

1. **Saribia** BUTLER.

< *Abisara* Auct.
= *Saribia* BUTLER, An. N. H. (5) 2, p. 289 (1878).

1. **S. tepahi** BOISD., Faune Madag., p. 37, t. 3, f. 4 (1833). — LUCAS in Chenu Enc. H. N. Lep. 1, p. 219, fig. 367 (1852). — GUÉN., Vinson. Voy. Mad. Lep., p. 39 (1865). — MAB., Hist. Mad. Lep. 1, p. 200, t. 26, f. 1—3 (1885—87). — STAUD., Exot. Schm. 1, p. 239, t. 88 (1888). — KIRBY, Handb. Lep. 2, p. 14 (1896). Madagaskar.

2. **Abisara** FELDER.

< *Taxila* WESTW., Gen. D. Lep., p. 421 (1851).
< *Abisara* FELDER, Wien. Ent. Mon. 4, p. 397 (1860). — Typus: *A. echerius* STOLL.
= *Sospita* HEW., Exot. Butt. Sospita, tab. 1 Text (1861). — Typus: *A. fylla* DOUBL.
Abisara DE NICÉV., Butt. of India 2, p. 319 (1886). — SCHATZ & RÖBER, Exot. Schm. 2, p. 232, t. 40 (1892). — E. REUTER, Acta Soc. Sc. Fenn. 22: 1, p. 149, 271, 272, t. 5, f. 57 (1896).

Bei den æthiopischen Arten haben die Vorderflügel stets unten einen Augenfleck im Felde 6 und die Hinterflügel unten dicht am Saume in den Feldern 4 und 5 zwei zusammenstossende Augenflecke.

Uebersicht der Arten.

A. Die Flügel oben braun mit einer gemeinsamen, breiten, weissen Querbinde. Die Augenflecke der Felder 1 und 5 der Hinterflügel auch oben gut entwickelt, gelbgeringelt. Die Hinterflügel zwischen den Rippen 3 und 4 mit einem etwa 5 Mill. langen Schwänzchen. Die Augen nackt.

    a. Die weisse Querbinde erreicht nicht ganz den Vorderrand der Vorderflügel, höchstens die Rippe 12, und endet auf den Hinterflügeln spitz im Felde 3, ohne die Augenflecke vorn oder hinten zu begrenzen.

N:o 1.

    β. Die weisse Querbinde erreicht den Vorderrand der Vorderflügel und ist auf den Hinterflügeln erweitert, so dass sie die Augenflecke vorn und hinten und gewöhnlich auch auf der Aussenseite umgiebt, jedoch fast immer einen schmalen Ring der Grundfarbe um die Augenflecke zurücklassend.

        *. Die Vorderflügel oben ohne weisse Subapicalbinde oder Subapicallinie, aber mit einem schwarzen Augenpunkte im Felde 6.

N:o 2.

        **. Die Vorderflügel auf beiden Seiten mit einer schmalen, weissen Subapicalbinde, welche sich wenigstens von der Rippe 8 bis zur Rippe 4, bisweilen aber bis zum Hinterwinkel erstreckt.

N:o 3.

B. Die Flügel oben heller oder dunkler braun ohne gemeinsame weisse Querbinde. Die Hinterflügel an der Rippe 4 scharf geeckt oder gelappt. Beide Flügel unten mit einer weissen Diskal- und einer weissen Submarginallinie; die letztere bisweilen auf den Vorderflügeln undeutlich.

    a. Die MDC (= die Querrippe zwischen den Rippen 5 und 6) der Hinterflügel kürzer als der Vorderrand der Mittelzelle. Die Augen nackt.

        *. Die Vorderflügel auf beiden Seiten mit einem gelbgeringelten Augenfleck im Felde 6.

            1. ♂ mir unbekannt. — ♀. Die Vorderflügel oben mit zwei breiten weissen Querbinden, der einen von der Mitte des Vorderrandes bis zur Rippe 3, der anderen vor der Spitze zwischen den Rippen 3 und 7.

N:o 4.

            2. ♂. Die Flügel oben einfarbig schwarzbraun, die Hinterflügel mit violettem Glanze, beide ohne Mehlflecke, die Hinterflügel aber mit einem Haarpinsel in der Mittelzelle. - ♀ mir unbekannt.

N:o 5.

        **. Die Vorderflügel oben ohne Fleck im Felde 6 oder nur mit einem schwarzen, nicht hellgeringelten Flecke. — ♂. Die Vorderflügel oben einfarbig dunkel violettbraun mit einem tief schwarzen Sammtfleck vor der Spitze in den Feldern 4 - 6. Die Hinterflügel oben ohne Augenflecke, aber mit einem gerundeten, lebhaft blauen Fleck zwischen den Rippen 3 und 5, und mit einem schwarzen, von den Vorderflügeln bedeckten Mehlfleck vor der Mittelzelle in den Feldern 5 und 7. - ♀. Die Vorderflügel oben gewöhnlich mit einem blauen Hinterrandsfleck in 1 b. (1 a und 2). Die Hinterflügel oben einfarbig, aber mit Augenflecken in 4 und 5.

N:o 6.

    β. Die MDC der Hinterflügel länger als der Vorderrand der Mittelzelle (Fig. 20). Die Augen feinhaarig. Beide Flügel oben mit den gewöhnlichen Augenflecken. - ♂. Die Vorderflügel oben mit zwei blauen Querbinden, von denen die innere den Hinterrand erreicht und dort sehr erweitert ist, die äussere sich ungefähr zwischen den Rippen 4 und 8 erstreckt. Die Hinterflügel oben am Vorderrande breit blau und vor dem Saume mit zwei blauen Linien in 2 und 3. Die Hinterflügel unten mit einem grossen, weissen Wurzelfleck. - ♀. Die Vorderflügel oben mit drei hellen, gegen den Hinterrand einander genäherten Querlinien, von denen die innerste (über die Mitte) blau, die übrigen weisslich sind. Die Hinterflügel am Vorderrande nicht oder nur wenig blau und in den Feldern 1 b—3 mit weissen Linien vor dem Saume.

N:o 7.

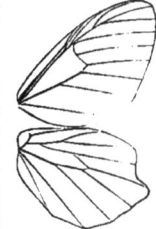

Fig. 20. Rippenbau von *Abisara labiatus* Arkr.

1. **A. gerontes** Fabr., Spec. Ins. 2, p. 117 (1781), Mus. Brit. — Staud., Exot. Schm. 1, p. 239 (1888).
   bancis Drury, Ill. Exot. Ins. 3, p. 15, t. 12, f. 3, 4 (1782).
   Sierra Leona — Liberia[73]. Congogebiet: Aruwimi[46], Monbuttu[4] — Angola[7] (sp. seqv.?)

2. **A. Dewitzi** n. sp.
   gerontes Dew., Ent. Nachr. 15, p. 105, t. 2, f. 4, 5 (1889), Mus. Berol.
   Congogebiet: Mukenge.

3. **A. Rogersi** Druce, Ent. M. Mag. 15, p. 101 (1878).　　　alis ant. supra puncto nullo subapicali nigro.
   geryon Dew., Ent. Nachr. 15, p. 105, t. 1, f. 3, 4 (1889), Mus. Berol.
   Congogebiet: Quango[44] — Angola.

   var. (ab.?) **geryon** Staud., Exot. Schm. 1, p. 239, t. 88 (1887–88).　　　alis anticis puncto subapicali nigro in area 6 instructis.
   Congo.

4. **A. tantalus** Hew., Exot. Butt. Sospita, t. 1, f. 1 (1861), Mus. Brit.
   Ashanti — Old Calabar[4]. ? Congogebiet: Aruwimi[46] — Angola[7].

5. **A. intermedia** Auriv., Ent. Nachr. 21, p. 381 (1895), Mus. Berol. — praecedentis mas? Kamerun: Yaunde.

6. **A. Rutherfordi** Hew., Ent. M. Mag. 11, p. 56 (1874), Mus. Brit. — Auriv., Ent. Tidskr. 16, p. 196 (1895). — ♂ macula nigra subapicali alar. ant. majore; ♀ alis ant. macula coerulea distincta.
   Old Calabar — Kamerun[64].

   var. **Herwigi** Dew., D. E. Z. 30, p. 429, t. 2, f. 1 (1886), Mus. Berol. — ♂ macula nigra alar. ant. minore; ♀ alis ant. macula nulla coerulea.
   Congogebiet[45]: Mukenge.

7. **A. talantus** Auriv., Ent. Tidskr. 12, p. 217 (1891); 16, p. 195 (1895), Mus. Holmiae.
   tantalus Hew., Exot. Butt. Dodona & Sospita, f. 11, 15 (1866), Mus. Brit.
   Old Calabar — Kamerun.

Fam. Lycænidæ.

Die Lycæniden sind, wie Scudder[1] und E. Reuter[2] neulich hervorgehoben haben, mit den Eryciniden so nahe verwandt, dass keine anderen Unterschiede als die grössere oder geringere Verkümmerung der männlichen Vorderbeine angegeben werden können. Da aber diese Verkümmerung in den beiden Familien nicht immer gleich gross ist, ist es leicht möglich, dass Zwischenformen angetroffen werden können.

Uebersicht der Unterfamilien.

A. Die Vorderflügel fast immer mit zwölf Rippen, von denen die Rippen 8 und 9 hinter der Spitze der Mittelzelle aus der Rippe 7 entspringen. Selten (bei *Eresina* und *Iridopsis*) sind nur 11 Rippen vorhanden; in diesem Falle entspringen entweder die Rippen 8 und 9, wie im vorigen Falle, aus 7 und *nur* die Rippe 10 frei aus der Mittelzelle (*Eresina*) oder die Rippe 7 ist (*Iridopsis*), wie bei keiner anderen, mir bekannten Lycænide, vor ihrem Ende halbkreisförmig gebogen. Die Augen nackt. Die Hinterflügel stets abgerundet ohne Schwanzanhänge, Analklappen oder Haarpinsel. *Liptenina*.

B. Die Vorderflügel fast immer nur mit 10—11 Rippen, von denen die Rippe 8 allein aus der Vorderseite der Rippe 7 jenseits der Mittelzelle entspringt und die Rippen 9 und 10 frei aus der Mittelzelle vor deren Spitze ausgehen. Selten sind (bei den ♂♂ einiger *Jolaus*-Arten, bei *Aphnaeus*, bei *Phasis* und *Ericksonia*) 12 Rippen vorhanden; in diesem Falle sind jedoch die Hinterflügel mehr oder weniger geschwänzt, gelappt oder geeckt. *Lycænina*.

Subfam. Lipteninæ.

Liptenina Röber in Schatz & Röber, Exot. Schm. 2, p. 262 (1892). — E. Reuter, Acta Soc. Sc. Fenniæ 22: 1, p. 260, 267 (1896).

Diese sehr interessante und fast ausschliesslich afrikanische Gruppe wurde erst in den letzten Jahrzehnten näher studiert und mit zahlreichen Gattungen und Arten bereichert. Die Gattungen waren bisher zum Theil nur schlecht begrenzt und die neuen Arten wurden darum gewöhnlich, ohne jede Untersuchung ihres Körperbaues, aufs Geratewohl nach Habitus und Farbe in die Gattungen eingereiht.

---

[1] Butterfl. of East U. S. and Canada 2, p. 769—772 (1889).
[2] Acta Soc. Sc. Fenniæ 22, N:o 1, p. 282—289 (1896).

Nachdem ich namentlich durch die zuvorkommende Güte des Herrn Doctor STAUDINGER, dessen Sammlung von diesen seltenen Thieren unzweifelhaft die reichste in der Welt ist, in der Lage gewesen bin, fast alle beschriebenen Arten selbst zu untersuchen, gebe ich hier eine neue Bearbeitung dieser Gruppe und hoffe, dass dadurch künftig die neuen Arten ohne Schwierigkeit in die richtigen Gattungen eingereiht werden können. Die wenigen von HOLLAND beschriebenen Arten, welche ich nicht untersuchen konnte, habe ich als Anhang bei der Gattung *Liptena* aufgeführt. Es ist zu hoffen, dass sie der Verfasser selbst recht bald untersuchen und in die richtigen Gattungen einreihen wird.

Uebersicht der Gattungen.

I. Die Hinterflügel mit deutlicher Praecostalrippe. Die Rippen 3 und 4 der Hinterflügel immer getrennt.

   a. Die Stirn und die Palpen lang und struppig behaart. Die Fühlerkeule scharf abgesetzt und flachgedrückt.   1. *Alaena*.

   β. Die Stirn und die Palpen anliegend beschuppt.

      *. Die Rippe 6 der Vorderflügel und der Stiel der Rippen 7 + 8 + 9 entspringen aus demselben Punkte (der Spitze der Mittelzelle) oder sind eine Strecke mit einander vereinigt. Die obere Querrippe (ODC) fehlt demnach gänzlich. Die Rippen 6 und 7 der Hinterflügel aus demselben Punkte oder an ihrem Ursprunge nur sehr kurz getrennt. Die Palpen kurz mit knopfförmigem Endgliede. 2. *Telipna*.

     **. Die Rippe 6 der Vorderflügel ist durch die gut entwickelte, sehr schief gestellte obere Querrippe (ODC) der Mittelzelle vom Stiele der Rippen 7 + 8 + 9 getrennt, welcher demnach scheinbar vor der Spitze der Mittelzelle entspringt. Die Rippen 6 und 7 der Hinterflügel entspringen weit von einander getrennt.

        1. Die Palpen kurz und klein mit winzigem, knopfförmigem Endgliede. Die Fühler kurz, das Ende der langen Mittelzelle bei weitem nicht erreichend.   3. *Pentila*.

        2. Die Palpen lang, die Stirn weit überragend und mit fast cylindrischem Endgliede. Die Fühler mittelmässig, die Spitze der Mittelzelle erreichend.   4. *D'Urbania*.

II. Die Hinterflügel ohne Praecostalrippe.

  A. Der Stiel der Rippen 7 + 8(+ 9) der Vorderflügel entspringt aus der Spitze der Mittelzelle und ist gar nicht oder nur durch eine sehr kurze, gewöhnlich fast senkrecht stehende Querrippe (ODC) von der Rippe 6 getrennt. Die Rippe 6 kann sogar aus dem Stiele von 7 + 8 + 9 ausgehen.

   c. Die Rippen 6 und 7 der Hinterflügel gestielt. Die Rippen 3 und 4 der Hinterflügel immer getrennt. Die Rippe 6 der Vorderflügel aus dem Stiele von 7 + 8 + 9 oder 7 + 8.

     *. Die Flügel ganzrandig oder mit gleichförmig gewelltem Saume.

       ✧. Die Vorderflügel mit 12 Rippen, von denen die Rippe 6 aus dem Stiele von 7 + 8 + 9 und die Rippen 10 und 11 fast immer vor der Spitze der Mittelzelle entspringen.

o. Die Mittelzelle der Hinterflügel klein und kurz, die Flügelmitte nicht
  erreichend. Die Rippe 5 der Hinterflügel entspringt fast in der Mitte
  zwischen den Rippen 6 + 7 und 1.   5. *Mimacraea*.

oo. Die Mittelzelle der Hinterflügel von gewöhnlicher Länge. Die Rippe 5
  der Hinterflügel entspringt viel näher an den Rippen 6 + 7 als an 1.
      §. Die Querrippe der Mittelzelle der Hinterflügel ist zwischen den Rippen
      4 und 5 gebogen. Die Rippe 7 der Vorderflügel mündet gewöhnlich
      in den Saum.   6. *Pseuderesia*.

      §§. Die Querrippe der Mittelzelle der Hinterflügel ist zwischen den
      Rippen 4 und 5 gerade. Die Rippe 7 der Vorderflügel mündet in
      die Flügelspitze oder in den Vorderrand.   7. *Citrinophila*.

  ††. Die Vorderflügel nur mit 11 Rippen. Die Rippe 9 entspringt entweder
  aus der Spitze der Mittelzelle oder hinter dieser Spitze aus dem Stiele von
  6 + 7 + 8. Die Rippe 10 allein frei aus dem Vorderrande der Mittelzelle.
  Vergl. Fig. 28.   12. *Eresina*.

**. Die Vorderflügel am Ende der Rippen 4—6 stark, die Hinterflügel an den
  Rippen 2—4 schwach gelappt. Die Vorderflügel mit 12 Rippen, die Rippe 8
  aber sehr kurz. (Fig. 29).   13. *Argyrocheila*.

β. Die Rippen 6 und 7 der Hinterflügel getrennt oder aus demselben Punkte.
  *. Die Rippe 6 der Vorderflügel aus dem Stiele von 7 + 8 + 9.
    1. Die Rippen 3 und 4 der Hinterflügel an ihrem Ursprunge deutlich getrennt.
    Vergl. Fig. 26.   8. *Teriomima*.

    2. Die Rippen 3 und 4 der Hinterflügel aus demselben Punkte oder gestielt.
                                                      15. *Euliphyra*.

  **. Die Rippe 6 der Vorderflügel frei aus der Spitze der Mittelzelle.
    †. Die Vorderflügel mit 12 Rippen. Die Rippe 7 der Vorderflügel gerade.
    Die Palpen nicht oder nur schwach aufgeblasen.
      §. Der Innenrand der Hinterflügel bis zum Analwinkel gerade oder
      schwach konvex.
        1. Die Mittelzelle beider Flügel hinten schief ausgezogen, so dass der
        Hinterwinkel, besonders im Hinterflügel, weit mehr als der Vorder-
        winkel hervortritt; die untere Querrippe (UDC) der Hinterflügel
        sehr lang, gerade oder etwas nach aussen gebogen. Die Rippen 3
        und 4 der Hinterflügel immer an ihrem Ursprunge weit getrennt.
        Die zwei vorletzten Ventralglieder des ♀ stark halbkugelig an-
        geschwollen.   9. *Larinopoda*.

        2. Die Mittelzelle am Ende quer oder nur wenig schief abgeschnitten,
        so dass der Hinterwinkel nicht oder nur wenig hervortritt; die
        untere Querrippe (UDC) der Hinterflügel mehr oder weniger nach
        innen gebogen. Die Rippen 3 und 4 der Hinterflügel fast immer
        aus einem Punkte oder gestielt, sehr selten kurz getrennt. Die vor-
        letzten Ventralglieder des ♀ nicht geschwollen.

a. Die Palpen glatt anliegend beschuppt; ihr Endglied lang, zusammengedrückt. Die Fühlerkeule allmählig verdickt, langgestreckt, nur wenig oder gar nicht zusammengedrückt. 10. *Liptena.*

b. Die Palpen unten mit abstehenden Haaren oder haarähnlichen Schuppen bekleidet; ihr Endglied kürzer, kegelförmig. Die Fühlerkeule gut abgesetzt, eiförmig und stark zusammengedrückt.
11. *Micropentila.*

§§. Der Innenrand der Hinterflügel zwischen den Rippen 1 a und 1 b tief ausgeschnitten. 11. *Aslauga.*

††. Die Vorderflügel nur mit 11 Rippen. Die Rippe 7 der Vorderflügel an ihrer Spitze halbkreisförmig gebogen (Fig. 30). Die zwei ersten Glieder der Palpen sehr stark aufgeblasen, anliegend beschuppt und etwas haarig.
16. *Iridopsis.*

B. Der Stiel der Rippen 7 + 8 + 9 entspringt scheinbar vor der Spitze der Mittelzelle, indem sie durch die gut entwickelte, sehr schief gestellte obere Querrippe (ODC) von der Rippe 6 getrennt ist. Die Rippen 3 und 4 der Hinterflügel aus einem Punkte oder gestielt. Die Rippe 7 der Vorderflügel in den Saum.

a. Die MDC der Vorderflügel fehlt und die Rippen 5 und 6 entspringen darum aus demselben Punkte, etwa in der Mitte zwischen 4 und 7 (Fig. 31).
17. *Deloneura.*

β. Die MDC der Vorderflügel ist vorhanden und die Rippen 5 und 6 darum stets an ihrem Ursprunge getrennt.

*. Die Rippe 9 der Vorderflügel ist wenigstens ebenso lang oder gewöhnlich viel länger als der Stiel von 7 + 8 + 9 (Fig. 32). 18. *Epitolina.*

**. Die Rippe 9 der Vorderflügel ist immer viel kürzer als der Stiel von 7 + 8 + 9.

1. Die Rippe 11 der Vorderflügel ist eine lange Strecke mit der Rippe 12 vereinigt. 19. *Phytala.*

2. Die Rippe 11 frei verlaufend oder nur an einem Punkte die Rippe 12 berührend.

a. Die Hinterecke der Mittelzelle der Hinterflügel spitzwinkelig hervortretend. 20. *Epitola.*

b. Die Hinterecke der Mittelzelle der Hinterflügel rechtwinkelig, nicht hervortretend. 21. *Hewitsonia.*

1. Alæna BOISD.

- *Alæna* Boisd., Voy. Deleg. 2, p. 591 (1847). — TRIMEN, S. Afr. Lep. 2, p. 222 (1887).
--- RÖBER in STAUD. & SCHATZ, Exot. Schm. 2, p. 280, t. 50 (1892). — E. REUTER, Acta Soc. Sc. Fenniæ 22:1, p. 191 (1896).

Diese sehr eigenthümliche Gattung wurde von BOISDUVAL und den älteren Verfassern zu den Acraëiden gezählt. Sie gehört jedoch sicher zu den Lipteninen, nimmt aber auch dort eine ziemlich isolierte Stellung ein.

Uebersicht der Arten.

A. Die Flügel unten gelb oder weisslich mit schwarzen Rippen, aber ohne andere schwarze Zeichnungen.
N:o 1.

B. Die Flügelunterseite ist wenigstens am Saume mit schwarzen Querzeichnungen versehen, durch welche die Rippen verbunden werden, oder schwarz mit hellen Flecken.

   α. Die Hinterflügel oben mit hellen Zeichnungen.   N:o 2—8.[1]

   β. Die Hinterflügel oben einfarbig schwarz.   N:o 9.

1. **A. amazoula** Boisd., Voy. Deleg. 2. p. 591 (1847). Coll. Oberth. — Wallengr., Rhop. Caffr., p. 23 (1857). — Trimen, Rhop. Afr. Austr. 1. p. 111, t. 3, f. 3 (1862—6). — Staud., Exot. Schm. 1, p. 86, t. 33 (1885). — Trimen, S. Afr. Butt. 2, p. 223 (1887). — Trimen, Proc. Zool. Soc. 1894, p. 60 (1894).
   Congo-Fluss (Dannfelt: Mus. Holmiae)[2] — Okavango-Fluss.[10] Kap Kolonie — Kaffernland — Natal — Zululand — Transvaal — Matabeleland[10] — Mashunaland[10] — Manicaland[77] — Nyassaland.[36]

2. **A. Hauttecoeuri** Oberth., Etudes d'Ent. 12, p. 7, t. 3, f. 9 (1888). Coll. Oberth. — sequentis varietas?
   aurantiaca Butler, Proc. Zool. Soc. 1895, p. 262, t. 15, f. 4 (1895), Mus. Brit.
   Congostaat: Fwambo nahe am Tanganika See[37] — Deutsch Ost-Afrika: Tabora.

3. **A. interposita** Butler, An. N. H. (5) 12, p. 103 (1883), Mus. Brit. — Butler, Proc. Zool. Soc. 1893, p. 659 (1894).
   Hauttecoeuri ♀ Oberth., Etudes d'Ent. 12, p. 7, t. 3, f. 7 (1888), Coll. Oberth.
   Deutsch Ost-Afrika: Tabora, Victoria Nyanza.

4. **A. nyassæ** Hew., Ent. M. Mag. 14, p. 6 (1877), Mus. Brit. — Butler, Proc. Zool. Soc. 1893, p. 659 (1894). — Trimen, Proc. Zool. Soc. 1894, p. 61, t. 6, f. 15 (1894). — Butler, Proc. Zool. Soc. 1896, p. 118 (1896).
   major Oberth., Etudes d'Ent. 12, p. 7, t. 2, f. 5 (1888), Coll. Oberth.
   Matabeleland[77] — Mashunaland[77, 141] — Manicaland[77] — Nyassaland.

   ab. **ochracea** Butler, Proc. Zool. Soc. 1893, p. 659 (1894), Mus. Brit.
   Nyassaland.

5. **A. caissa** Rebel & Rogenh. in Baumann: Massai-Land, p. 336 (1894), Mus. Vindob.
   Deutsch Ost-Afrika: N'Goroine (nahe am Victoria Nyanza).

6. **A. picata** E. M. Sharpe, An. N. H. (6) 17, p. 125 (1896).
   Brit. Ost-Afrika: zwischen der Küste und Teita, Voi.[146]

---

[1] Ich besitze von diesen Arten leider nicht Material genug, um sie kritisch zu behandeln. Die Beschreibungen und Abbildungen bieten auch keine brauchbaren Kennzeichen dar. Ich muss darum diese Arten einem künftigen Bearbeiter überlassen. Wahrscheinlich sind die beschriebenen Formen zum Theil nur Varietäten oder Abänderungen.

[2] Diese Stücke sind kleiner und oben mehr orangegelb und weniger schwarz, als Stücke aus Natal.

7. **A. johanna** E. M. Sharpe, An. N. H. (6) 5, p. 442 (1890), Coll. Jackson. — E. M.
Sharpe, Proc. Zool. Soc. 1894, t. 19, f. 5 (1894).
Brit. Ost-Afrika: Tsavo-Fluss. — Somaliland.[128]

8. **A. reticulata** Butler, An. N. H. (6) 18, p. 169 (1896), Mus. Brit. — Butler, Proc.
Zool. Soc. 1896, p. 827, t. 41, f. 4 (1897).
Nyassaland.

9. **A. Oberthuri** n. sp. Alis supra nigris, posticis unicoloribus, anticis pone medium
maculis 6 parvis albis seriatis in areis 2— 6 et 9; alis infra nigris, anticis maculis 6
discalibus ut supra, maculisque binis submarginalibus et marginalibus in areis 1 b—7
nec non macula singula in areis 8 et 9 albis, area 12 a basi fere ad medium ochracea;
posticis infra maculis 8—9 basalibus albis nec non in dimidio exteriore seriebus
tribus transversis curvatis macularum 7—8 albarum ornatis; ciliis albis nigro-macu-
latis. — Long. alar. exporr. 27 mm.   Mus. Holmiæ; Coll. Oberth.
M'pala an der Westküste vom Tanganika.

2. **Telipna** Auriv.

= *Liptena* Smith & Kirby, Rhop. Exot. 1, Lycaen. Afr., p. 1 (1887); non *Liptena* Hew.
(1865). — Röber in Staud. & Schatz, Exot. Schm. 2, p. 279, t. 50 (1892). — E.
Reuter, Acta Soc. Sc. Fennia 22: 1, p. 190 (1896).
Telipna Auriv., Ent. Tidskr. 16, p. 198 (1895).

Hewitson, welcher 1865 zuerst die Gattung *Liptena* durch eine Beschreibung begründet, giebt in derselben an, dass die Palpen lang sind und die Mittelzelle kurz ist.
Diese und andere Kennzeichen passen aber gar nicht auf *acræa* und verwandte Arten,
welche darum unmöglich als die typischen Liptenen betrachtet werden können.

Alle Arten sind oben roth—rothgelb mit schwarzer Saumbinde auf beiden Flügeln und
schwarzer Spitzenhälfte der Vorderflügel; selten sind die Vorderflügel oben ganz schwarz.

Uebersicht der Arten.

A. Die Hinterflügel unten mit breiter, zusammenhängender, weissgefleckter, schwarzer Saumbinde. Die Flügelfranzen gewöhnlich weissgefleckt.
  α. Die Hinterflügel unten am Vorderrande mit 4 oder (wenn man den ersten dicht an der Wurzel stehenden
  mitrechnet) mit 5 schwarzen Querstreifen, welche ziemlich gleich lang und nur durch die Grundfarbe getrennt sind (der zweite und dritte erreichen die Mittelzelle oder bilden sogar einen Fleck in der Zelle,
  der vierte, welcher die Querrippe bedeckt, und der fünfte erreichen gewöhnlich die Rippe 5).
    *. Die Vorderflügel oben mit gelblicher Subapicalbinde oder ganz ohne Subapicalfleck. Die Hinterflügel
    oben immer ohne weisse Saumflecke. Die Mittelzelle der Vorderflügel ist oben wenigstens in ihrer
    vorderen Längshälfte schwarz.
      1. Die Subapicalbinde der Vorderflügel ist gross und (wenigstens beim ♀) im Felde 3 mit dem grossen
      Hinterrandsflecke vereinigt.   N:o 1.
      2. Die Subapicalbinde der Vorderflügel fehlt ganz oder ist klein und durch die schwarze Farbe vom
      Hinterrandsflecke weit getrennt.   N:o 3.

**. Die Vorderflügel oben mit rein weisser, getrennter Subapicalbinde. Die Hinterflügel gewöhnlich mit weissen Saumflecken. Die Mittelzelle der Vorderflügel beim ♂ ganz rothgelb. Die Querstreife der Hinterflügelunter cite gewöhnlich mehr oder weniger unregelmässig und nach hinten in Flecke aufgelöst.

N:o 4.

β. Die Hinterflügel unten am Vorderrande nur mit 4 Querstreifen, von denen der erste an der Wurzel sehr klein ist, der zweite aus zwei Flecken in 7 und 8 besteht, der dritte und vierte aber lang, schief gestellt und durch einen rein weissen Fleck getrennt sind; der dritte bedeckt die Querrippe der Mittelzelle. Die Mittelzelle der Vorderflügel ist ganz oder fast ganz durch die rothe Farbe bedeckt. Die Subapical-binde der Vorderflügel rein weiss. Die Hinterflügel oben mit weissen Submarginalflecken. N:o 5.

B. Die Hinterflügel unten mit getrennten, dunklen Flecken am Saume. Die Flügel oben schwarz; die Wurzel-hälfte der Hinterflügel und gewöhnlich auch ein grosser Hinterrandsfleck der Vorderflügel roth. Die Flügel unten gelblich mit einigen schwarzen Flecken. Die Flügelfranzen einfarbig schwarz. N:o 6.

1. **T. acræa** Doubl. & Hew., Gen. D. Lep., t. 77, f. 6 (1852). Mus. Brit. — Smith & Kirby, Rhop. Exot. 1, Lycæn. Afr., p. 1, t. 1, f. 5, 6 (1887).
Ashanti — Kamerun.

°2. **T. Rothi** Smith, Nov. Zool. 5, p. 353 (1898). Mus. Tring.
Benin: Warri.

3. **T. bimacula** Plötz, S. E. Z. 41, p. 199 (1880), Mus. Gryph. — fascia subapicalis alar. ant. flavescens.
ferrida Smith & Kirby, Rhop. Exot. 13, Lycæn. Afr., p. 39, t. 10, f. 1—3 (1890), Coll. Staud.
Kamerun.

var. **echo** Smith & Kirby, Rhop. Exot. 13, Lycæn. Afr., p. 40, t. 10, f. 4, 5 (1890), Coll. Staud. — fascia subapicalis alar. ant. rufa.
Ashanti.

var. (ab.?) **semirufa** Smith & Kirby, Rhop. Exot. 10, Lycæn. Afr., p. 33, t. 8, f. 5, 6 ♂ [1] (1889), Coll. Gr. Smith. — fascia subapicalis alar. ant. deest.
Ashanti — Kamerun — Congogebiet: Mompono (Rosen).

4. **T. acræoides** Smith & Kirby, Rhop. Exot. 13, Lycæn. Afr., p. 39 (1890), Mus. Brit.
acræa Hew., Exot. Butt. Pentila & Liptena, f. 12 (1866).
sanguinea ♂ Smith & Kirby, Rhop. Exot. 1, Lycæn. Afr., p. 2, t. 1, f. 1, 2 (1887), Coll. Gr. Smith.
Kamerun — Gabun — Congogebiet — Angola.

5. **T. sanguinea** Plötz, S. E. Z. 41, p. 198 (1880), Mus. Gryph. — Smith & Kirby, Rhop. Exot. 1, Lycæn. Afr. p. 2, t. 1, f. 3, 4 (1887). — Haase, Bibl. Zool. 8: 2, p. 44, t. 4, f. 30 (1891).
Janneckei Dewitz, D. E. Z. 30, p. 127, t. 2, f. 2, 2ᵃ (1886), Mus. Berol. — Staud., Exot. Schm. 1, p. 267 (1888).
acræa Staud., Exot. Schm. 1, t. 94 (1887).
Kamerun — Gabun — Congogebiet: Mukenge — Angola.

¹ Der Typus ist ein ♂ und nicht, wie im Texte gesagt wird, ein ♀.

6. **T. carnuta** Hew., Ent. M. Mag. 10, p. 125 (1873), Mus. Brit. — Smith & Kirby. Rhop. Exot. 21, Lycæn. Afr., p. 91, t. 21, f. 1, 2 (1893). — ♂ macula rufa alar. ant. parva aut nulla, margine nigro alar. post. latiore.

Gabun — Kuilu-Fluss.

var. **parva** Kirby, An. N. H. (5) 19, p. 362 (1887), Coll. Gr. Smith. — Smith & Kirby, Rhop. Exot. 4, Lycæn. Afr., p. 15, t. 4, f. 1—4 (1888). — Auriv., Ent. Tidskr. 16, p. 198 (1895). — ♂ macula rufa alar. ant. majore, margine nigro alar. post. angustiore: ♀ a forma typica vix distincta.

Sierra Leona — Kamerun.

3. **Pentila** Westw.

= *Pentila* Westw., Gen. D. Lep., p. 503 (1852). — Trimen, Rhop. Afr. Austr., p. 284 (1866). — Trimen, S. Afr. Butt. 2, p. 210 (1887). — Röber in Staud. & Schatz, Exot. Schm. 2, p. 279, t. 50 (1892). — Trimen, Proc. Zool. Soc. 1894, p. 56 (1894). — Aurivillius, Ent. Tidskr. 16, p. 196 (1895).

-- *Tingra* Smith & Kirby, Rhop. Exot. 2, Lycæn. Afr. p. 6 (1887).

Diese Gattung wird bisweilen in der Litteratur als *Tingra* Boisd. aufgeführt. Da aber weder Boisduval noch ein anderer Verfasser die Gattung *Tingra* vor 1852 beschrieben hat, kann *Tingra* nicht prioritätsberechtigt sein.

Bei den Arten der *Tirza*-Gruppe, welche bisher mit Unrecht zu *Liptena* und *Larinopoda* geführt wurden, ist die Mittelzelle und die ODC-Rippe der Vorderflügel etwas kürzer als bei den mehr typischen Arten, sonst aber stimmen diese Formen völlig mit den übrigen überein.

Bei den schwarzgefleckten Arten sind die Punkte oder Flecke (vergl. Fig. 21) ähnlich wie bei *Pardopsis* angeordnet. Die Diskalpunkte (Fig. 21 b) liegen jedoch näher am Saume als bei den Acræiden. In Zusammenhang damit tritt im Wurzeltheil der Felder 1 b, 2, 9 und 10 der Vorderflügel und in 1 c und 2 der Hinterflügel je ein neuer Punkt auf. Diese Punkte betrachte ich als Wurzelpunkte.

Fig. 21. *Pentila urco* Sm. & Kirb. Die Anordnung der Flügelpunkte der Unterseite. a Sub-marginal-, b Diskal-punkte.

Uebersicht der Arten.

I. Die Flügel oben mit rother—rothgelber—orangegelber—ockergelber Grundfarbe.

  A. Die Spitze der Vorderflügel sehr breit schwarz mit weisser Subapicalbinde. Beide Flügel mit gelbrother, ungefleckter Grundfarbe. Der Saum der Hinterflügel 2 Millim. breit schwarz. Beide Flügel unten mit weissen Saumflecken.   N:o 1.

  B. Die Vorderflügel ohne weisse Subapicalbinde. Die Flügel unten ohne weisse Saumflecke.

    a. Die Hinterflügel oben mit schwarzer—schwarzgrauer Saumbinde oder wenigstens mit grossen, schwarzen, zusammenstossenden Saumflecken.[1]

     *. Beide Flügel unten mit grossen, sehr deutlichen Submarginal- und Diskalflecken.

[1] Obs.! Die Saumflecke stehen bei *Pentila* an den Rippenenden, die Submarginal- und Diskalflecke dagegen in der Mitte zwischen den Rippen.

§. Die Diskalflecke sind dem Saume und den Submarginalflecken stark genähert (mit den letzteren gewöhnlich unten durch Striche vereinigt) und darum oben mit der schwarzen Saumbinde zusammengeflossen. Der Diskalfleck 2 der Vorderflügel steht dem Submarginalfleck 2 viel näher als dem Wurzelfleck 2.

    1. Die schwarze Spitze der Vorderflügeloberseite ist sehr breit, erreicht die Spitze der Mittelzelle und bedeckt ganz oder fast ganz die Wurzel der Felder 5 und 6. Die Grundfarbe der Oberseite rothgelb.   N:o 2.

    2. Die schwarze Spitze der Vorderflügeloberseite ist mässig breit, bedeckt nicht die Wurzel der Felder 4—6 und ist von der Spitze der Mittelzelle ziemlich weit getrennt.   N:o 3.

§§. Die Diskalflecke stehen nicht so nahe am Saume und sind darum oben auf den Hinterflügeln und in den Feldern 1 b—3 der Vorderflügel nie mit dem schwarzen Saume vereinigt.[1]
                                                          N:o 4, 5.

**. Die Flügel unten ohne Diskal- und Submarginalflecke oder nur mit kleinen und undeutlichen solchen Flecken. Oben ist gewöhnlich nur ein schwarzer Punkt am Ende der Mittelzelle, bisweilen aber auch einige kleine Wurzelpunkte vorhanden.

    1. Der Vorderrand der Vorderflügel nicht verdunkelt. Die Flügel unten hell orangegelb ohne dunkle Bestäubung, aber mit kleinen, zum Theil verloschenen Diskalpunkten und grossen, schwarzen, dicken Strichen am Saume auf den Zwischenaderfalten (Fig. 23).   N:o 7.

    2. Der Vorderrand der Vorderflügel oben breit (wenigstens bis zur Mittelzelle) schwärzlich und auch unten mehr oder weniger verdunkelt. Die Flügel unten mehr oder weniger mit schwarzen Schuppen bestreut, am Saume etwas dunkler, aber ohne schwarze Saumflecke oder Saumstriche.   N:o 8.

β. Die Hinterflügel oben ohne dunkle Saumbinde und gewöhnlich auch ohne Saumpunkte, bisweilen aber mit kleinen Saumstrichen, welche sich auf den Franzen als schwarze Flecke ausdehnen.

    *. Beide Flügel unten ohne Submarginalpunkte; auch die Diskalpunkte fehlen oder sind sehr klein und bräunlich. Oben haben die Flügel nur einen Punkt auf der Querrippe der Mittelzelle und bisweilen 1—3 Wurzelpunkte. Die Spitze der Vorderflügel ist beim ♂ oben ungefähr 5 Millim. breit schwarz; die schwarze Farbe fängt hinter der Mitte des Vorderrandes an und streckt sich längs dem Saume, allmählig schmäler werdend, bis zum Ende der Rippe 3 oder 4.   N:o 9.

    **. Die Flügel unten mit deutlichen Diskal- und Submarginalpunkten.

        1. Beide Flügel oben ohne Diskalpunkte, die Hinterflügel auch ohne Submarginalpunkte. Die Vorderflügel beim ♂ oben mit 3—4 Millim. breiter, schwarzer Spitze und deutlichen Submarginalpunkten in 1 b—3, beim ♀ oben ohne Submarginalpunkte und ohne Schwarz an der Spitze. Die Grundfarbe ockergelb.   N:o 10.

        2. Beide Flügel oben mit Diskalpunkten.

            a. Die Vorderflügelspitze oben wenigstens 3—4 Millim. breit schwarz. Beide Flügel oben mit Submarginalpunkten, welche auf den Vorderflügeln mehr oder weniger mit dem Saume vereinigt sind.   N:o 11.

            b. Die Vorderflügelspitze oben beim ♂ kaum oder sehr wenig geschwärzt. Beide Flügel oben ohne Submarginalpunkte. Die Grundfarbe lebhaft orangegelb.   N:o 12.

II. Die Flügel mit hell schwefelgelber—weisser Grundfarbe und nur dicht an der Wurzel etwas ockergelb.

  A. Die Flügel mehr oder weniger dünn beschuppt, nicht aber halbdurchsichtig. Die Vorderflügel fast immer mit einem gerundeten, freien, schwarzen Punkte auf der Querrippe der Mittelzelle. Wenn dieser Punkt fehlt (N:o 22) haben die Flügel unten grosse schwarze Saumpunkte.

    α. Beide Flügel unten und wenigstens die Hinterflügel auch oben mit deutlichen, freien, dunklen Saumpunkten.

      *. Die Flügel oben mit Diskalpunkten, unten sowohl mit Diskal- wie mit Submarginalpunkten.

[1] Wenn die Diskalflecke auf der Oberseite fehlen, kann man jedoch ihre Lage auf der Unterseite leicht sehen, wenn man die Flügel gegen das Licht hält.

1. Alle Punkte klein und auf der Flügelunterseite bräunlich.   N:o 13.
2. Die Flügelpunkte gross und sehr deutlich, schwarz—schwarzgrau.   N:o 14.
**. Die Flügel auf beiden Seiten ohne Diskalpunkte, oben auch stets ohne Submarginalpunkte.
  †. Die Flügel auf beiden Seiten mit deutlichem, schwarzem Punkte auf der Querrippe der Mittel-
     zelle. Die Spitze der Vorderflügel oben vom Vorderrande bis zur Rippe 4 oder 3 mehr oder
     weniger (gewöhnlich 4 Millim.) breit schwarz oder schwarzgrau.
     1. Ohnedies führen die Vorderflügel 6—8 (je einen in 1 b, 2, 3, 9—11 und 2—3 in der
        Mittelzelle) und die Hinterflügel 2—7 (je einen in 1 c, 2, 7 und 0—3 in der Mittelzelle)
        Wurzelpunkte und unten bisweilen auch Submarginalpunkte.   N:o 15—18.
     2. Ohnedies führen die Vorderflügel nur 2—3 (in 2 (10) und der Mittelzelle) und die Hinter-
        flügel nur 1—2 Wurzelpunkte (in 7 und in 2).
        a. Die Vorderflügel hell gelb mit grossem, weissem Hinterrandsfleck, die Hinterflügel weiss.
           Die Spitze der Vorderflügel oben nur 1—2 Millim. breit schwarz.   N:o 19.
        b. Beide Flügel weiss. Die schwarze Spitze der Vorderflügeloberseite 4—5 Millim. breit.
                                                                                N:o 20.
     3. Ohnedies führen die Flügel keinen Wurzelfleck oder selten einen kleinen in der Mittel-
        zelle der Vorderflügel und einen im Felde 7 der Hinterflügel.   N:o 21.
  ††. Beide Flügel ohne Punkt auf der Querrippe und ohne alle anderen schwarzen Punkte als die
      Saumpunkte.   N:o 22.
β. Beide Flügel ohne schwarze Saumpunkte und ohne Diskal- und Submarginalpunkte, aber mit einem
   schwarzen Punkt auf die Querrippe der Mittelzelle.
  *. Die Vorderflügel haben oben einen 4—5 Millim. breiten, schwarzen Apicalfleck, welcher an der
     Rippe 1 oder zwischen den Rippen 3 und 4 breit endet. Die Flügel unten gelblich.   N:o 23.
  **. Die Vorderflügelspitze oben gar nicht oder nur zwischen den Rippen 6 und 9 sehr schmal schwarz.
     1. Die Vorderflügel mit einem schwarzen Punkte in der Mittelzelle, die Hinterflügel mit einem
        Wurzelpunkte im Felde 7. Die Vorderflügel oben an der Spitze sehr schmal schwarz.
                                                                                N:o 24.
     2. Beide Flügel ohne Wurzelpunkte und ohne alle andere schwarze Zeichnungen als die Mittel-
        punkte.   N:o 25.
B. Die Flügel weiss, halbdurchsichtig, kürzer und breiter als bei den vorigen Arten, am Saume mehr oder
   weniger breit schwärzlich, stets aber ohne Saumpunkte, Submarginal- und Diskalpunkte. Die Vorderflügel
   auch immer ohne freien, runden Punkt auf der Querrippe. — Die *Tirza*-Gruppe.
  α. Die Hinterflügel mit einem grossen, schwarzen Punkte auf der Querrippe der Mittelzelle. Der Vorder-
     rand der Vorderflügel und der Saum beider Flügel mehr oder weniger breit schwarz.
     *. Die Vorderflügel über die Spitze der Mittelzelle mit einer breiten schwarzen Querbinde, welche
        den Vorderrand mit dem Saume verbindet und die weisse Grundfarbe in zwei grosse Flecke
        theilt. Grössere Art von 40—50 Millim.   N:o 26.
     **. Die Vorderflügel ohne solche Querbinde. Kleinere Arten mit einer Flügelbreite von 28—34 Millim.
        1. Der Vorderrand der Vorderflügel ist breit schwarz und bildet einen Fleck am Ende der Mittel-
           zelle. Der schwarze Saum beider Flügel 2—3 Millim. breit.
           a. Der schwarze, mit dem Vorderrande zusammenhängende Fleck an der Spitze der Mittelzelle
              ist gross und abgerundet und erreicht die Hinterecke der Mittelzelle (die Rippe 4). Der
              dunkle Vorderrand dringt nicht oder kaum in die Mittelzelle hinein.   N:o 27.
           b. Der dunkle Vorderrand der Vorderflügel dringt ziemlich weit in die Mittelzelle hinein
              und bildet an der Spitze der Mittelzelle einen kleinen Vorsprung, der sich jedoch nicht über
              die Mitte der UDC hinaus erstreckt.   N:o 28.
        2. Der Vorderrand der Vorderflügel ist nur schmal schwarz und bildet keinen Fleck an der Spitze
           der Mittelzelle. Der dunkle Saum beider Flügel sehr schmal.   N:o 29.
  β. Die Hinterflügel ohne schwarzen Punkt auf der Querrippe der Mittelzelle und, wie auch die Vorder-
     flügel, ohne Wurzelpunkte.

*. Der Vorderrand der Vorderflügel ist schmal schwarz und bildet keinen Fleck am Ende der Mittelzelle. Der Saum beider Flügel sehr schmal oder auf den Hinterflügeln kaum schwarz.

N:o 30.

**. Der dunkle Vorderrand der Vorderflügel erreicht die Mittelzelle und bildet an ihrem Ende einen Querfleck, welcher wenigstens die Mitte der UDC erreicht. Die Spitze und der Saum der Vorderflügel sehr breit (4—5 Millim.) schwarz. Der dunkle Saum der Hinterflügel ungefähr 2 Millim. breit.

N:o 31.

1. **P. Hiendlmayeri** Dewitz, D. E. Z. 30, p. 129, t. 2, f. 3, 3ª (1886), Mus. Berol.
Congogebiet: Mukenge.

2. **P. nero** Smith & Kirby, Rhop. Exot. 29, Lycæn. Afr., p. 119, t. 25, f. 10, 11 (1891).
Coll. Staud. — Fig. 21 (p. 258).
bertha Smith & Kirby, Rhop. Exot. 29, Lycæn. Afr., p. 120, t. 25, f. 12 (1891).
Coll. Staud.
Kuilu-Fluss — Congo-Fluss (Mus. Holmiæ).

3. **P. rotha** Hew., Exot. Butt. Pentila & Liptena, t. 2, f. 8, 9 (1873), Mus. Brit.
Smith & Kirby, Rhop. Exot. 24, Lycæn. Afr., p. 94, t. 24, f. 8, 9 (1893).
Kamerun[71] — Gabun.

4. **P. amenaida** Hew., Exot. Butt. Pentila & Liptena, t. 2, f. 4—7 (1873), Mus. Brit.
? Butler, Proc. Zool. Soc. 1893, p. 659 (1894).
Congogebiet — Angola — Nyassaland[56] (die Var.?). Brit. Ost-Afrika[148] (? *mombasæ*).

var. **nyassana** n. var. — Punctis discalibus et submarginalibus paginae inferioris multo minoribus; alis infra pallidioribus, ad marginem distincte virescentibus. — Coll. Staud. — Fig. 22. Nyassaland[56].

Fig. 22. *P. amenaida* var. *nyassana* Auriv.

5. **P. Mombasæ** Smith & Kirby, Rhop. Exot. 10, Lycæn. Afr., p. 31, t. 8, f. 9—12 (1889), Coll. Gr. Smith. — præcedentis var.?
Brit. Ost-Afrika: Mombasa.

°6. **P. amenaidoides** Holland, Ent. News 4, p. 23 (1892), Coll. Holland.
Gabun.

7. **P. Pauli** Staud., Exot. Schm. 1, p. 267 (1888), Coll. Staud.
Niger-Fluss: Loko.

Fig. 23. *Pentila Pauli* Staud.

8. **P. petreia** Hew., An. N. H. (4) 13, p. 382 (1874), Mus. Brit. —
Smith & Kirby, Rhop. Exot. 10, Lycæn. Afr., p. 32, t. 8, f. 7, 8 (1889). — alis fulvis.
tripunctata Druce, Ent. M. Mag. 25, p. 109 (1888), Coll. H. H. Druce.
Ashanti.

var. **Preussi** Staud., Exot. Schm. 1, p. 267 (1888), Coll. Staud. — Smith & Kirby, Rhop. Exot. 18, Lycæn. Afr., p. 63, t. 15, f. 10—12 (1891). — alis ochraceis.
Sierra Leona.

9. **P. paucipunctata** KIRBY, An. N. H. (6) 6, p. 263 (1890), Coll. Staud.   SMITH &
Kirby, Rhop. Exot. 18, Lycæn. Afr., p. 63, t. 15, f. 6, 7 (1891).
lunaris WEYMER, S. E. Z. 53, p. 95 (1892), Coll. Weymer.
cydaria SMITH, Nov. Zool. 5, p. 355 (1898), Mus. Tring.
?♀ *umangiana* AURIV., Ent. Tidskr. 19, p. 181 (1898).
Sierra Leona — Benin: Warri — Kamerun — Congogebiet: Umangi.

10. **P. tropicalis** BOISD., Voy. Deleg. 2, p. 589 (1847), Coll. Oberth. — WALLENGR.,
Rhop. Caffr., p. 46 (1857). — ?HOPFFER, Peters Reise Moss. Ins. p. 413 (1862).
— TRIMEN, Rhop. Afr. Austr., p. 284 (1866). — HEWITSON, Exot. Butt. Pentila &
Liptena, t. 1, f. 2 ♂ (1866). — STAUD., Exot. Schm. 1, p. 267, t. 91 ♀: non ♂
(1887). — TRIMEN, S. Afr. Butt. 2, p. 211 (1887). — SMITH & KIRBY, Rhop. Exot.
2, Lycæn. Afr., p. 3, t. 2, f. 9, 10 ♀ (1887). — TRIMEN, Proc. Zool. Soc. 1894,
p. 57 (1891).
Natal — Delagoa Bay — Manicaland[77].

11. **P. Lasti** SMITH & KIRBY, Rhop. Exot. 10 Lycæn. Afr., p. 31, t. 8,
f. 1—4 (1889), Coll. Gr. Smith. — præcedentis var.?
Brit. Ost-Afrika: Mombasa.

12. **P. occidentalium** n. sp. — Fig. 21.
Kamerun (Mus. Holmiæ).

13. **P. laura** KIRBY, An. N. H. (6) 6, p. 267 (1890), Coll. Staud. —
SMITH & KIRBY, Rhop. Exot. 18, p. 61, t. 15, f. 1—3 (1891).
Benin-Küste: Lagos.

Fig. 21. *Pentila occidentalium* AURIV.

14. **P. Hewitsoni** SMITH & KIRBY, Rhop. Exot. 2, Lycæn. Afr., p. 3 (r. p. 7) (1887). —
punctis marginalibus et submarginalibus alar. post. supra inter se separatis.
tropicalis HEW., Exot. Butt. Pentila & Liptena, t. 1, f. 1 (1866), Mus. Brit.
Old Calabar — Kamerun.

var. **limbata** HOLLAND, Ent. News 4, p. 23, t. 1, f. 3 (1893), Coll. Holland. —
punctis marginalibus et submarginalibus alar. post. supra in fasciam connexis.
Gabun — Ogowe.

15. **P. abraxas** DOUBL. & HEW., Gen. D. Lep., t. 77, f. 5 (1852), Mus. Brit. — SMITH &
Kirby, Rhop. Exot. 6, Lycæn. Afr., p. 21, t. 5, f. 7 (1888). — AURIV., Ent. Tidskr.
16, p. 196 (1895).
♂ *abraxas* var. HEW., Exot. Butt. Pentila & Liptena, t. 2, f. 10 (1873).
♂ *maculata* KIRBY, An. N. H. (5) 19, p. 363 (1887), Coll. Gr. Smith. — SMITH
& KIRBY, Rhop. Exot. 6, Lycæn. Afr., p. 21, t. 5, f. 8—10 (1888).
Ashanti — Kamerun — Gabun.

16. **P. yaunda** KARSCH, Ent. Nachr. 21, p. 293 (1895), Mus. Berol. — ? abraxas ♂.
Kamerungebiet: Yaunde.

17. **P. auga** KARSCH, Ent. Nachr. 21, p. 293 (1895), Mus. Berol.
Kamerungebiet: Yaunde.

18. **P. Cloetensi** Auriv., Ent. Tidskr. 18, p. 214, fig. 3 (1897), Mus. Bruxell.
Congogebiet: Bena-Bendi.

19. **P. phidia** Hew., An. N. H. (4) 13, p. 383 (1874), Mus. Brit. — Smith & Kirby,
Rhop. Exot. 24, Lycaen. Afr., p. 93, t. 21, f. 5 (1893).
nana Karsch, B. E. Z. 38, p. 215, t. 5, f. 10 (1893), Mus. Berol.
Ashanti — Togo[84].

20. **P. tripunctata** Auriv., Ent. Tidskr. 16, p. 197 nota (1895), Mus. Holmiae.
Congo-Fluss.

21. **P. torrida** Kirby, An. N. H. (5) 19, p. 364 (1887), Coll. Gr. Smith. — Smith &
Kirby, Rhop. Exot. 2, Lycaen. Afr., p. 3, t. 2, f. 7, 8 (1887).
♀ *larinia* Kirby, An. N. H. (6) 6, p. 267 (1890), Mus. Brit. — Smith & Kirby,
Rhop. Exot. 18, Lycaen. Afr., p. 62, t. 15, f. 4, 5 (1891).
Gabun — Ogowe — Kuilu.

22. **P. tachyroides** Dewitz, Nov. Acta Ac. N. Cur. 41: 2, p. 201, t. 26, f. 5 (1879),
Mus. Berol.
♀ *mylothrina* Butler, Proc. Zool. Soc. 1888, p. 67 (1888), Mus. Brit.
Kamerun im Inneren — Congogebiet: Monbuttu, Isangi (Dewèvre). — Angola im
Inneren.

23. **P. picena** Hew., An. N. H. (4) 13, p. 382 (1874), Mus. Brit. — Smith & Kirby,
Rhop. Exot. 24, Lycaen. Afr., p. 92, t. 21, f. 3, 4 (1893).
Ashanti.

24. **P. alba** Dewitz, D. E. Z. 30, p. 128, t. 2, f. 8, 8ᵃ (1886), Mus. Berol.
Congogebiet: Mukenge.

25. **P. glagoessa** Holland, Ent. News 4, p. 22, t. 1, f. 4 (1893), Coll. Holland.
Ogowe.

26. **P. peucetia** Hew., Exot. Butt. Pentila & Liptena, t. 1, f. 3 (1866), Mus. Brit. —
Trimen, Proc. Zool. Soc. 1894, p. 58 (1894).
peuceda Smith, An. N. H. (6) 3, p. 134 (1889), Coll. Gr. Smith. — Smith & Kirby,
Rhop. Exot. 11, Lycaen. Afr., p. 37, t. 8, f. 5, 6 (1890).
Delagoa Bay[77] — Manicaland[77] — Zambezi — Brit. Ost-Afrika: Mombasa.

27. **P. Kirbyi** Auriv., Ent. Tidskr. 16, p. 198 (1895), Mus. Holmiae.
muhata Smith & Kirby, Rhop. Exot. 2, Lycaen. Afr., p. 5 (-4), t. 2, f. 1—2, non
3—4 (1887).
Kamerun.

28. **P. muhata** Dewitz, D. E. Z. 30, p. 428, t. 2, f. 6, 6ᵃ (1886), Mus. Berol. — Auriv.,
Ent. Tidskr. 16, p. 197 (1895).
Kamerun[71] — Congogebiet: Mukenge.

29. **P. sylphida** Staud, Iris 4, p. 217 (1891), Coll. Staud. — Smith & Kirby, Rhop. Exot. 21, Lycæn. Afr., p. 74, t. 18. f. 3, 4 (1892).
Kamerun — Kuilu-Fluss.

30. **P. tirza** Hew., Ent. M. Mag. 10, p. 125 (1873), Mus. Brit. — Smith & Kirby, Rhop. Exot. 24, Lycæn. Afr., p. 94, t. 21, f. 7 (1893).
Gabun.

31. **P. sylpha** Kirby, An. N. H. (6) 6, p. 266 (1890), Coll. Staud. — Smith & Kirby, Rhop. Exot. 19, Lycæn. Afr., p. 65, t. 16, f. 1, 2 (1892).
Kamerun: Barombi.

°32. **P.? perfragilis** Holland, Psyche 5, p. 427 (1890), Coll. Holland. — N:o 29? An hujus generis?
Ogowe-Fluss.

1. D'Urbania Trimen.

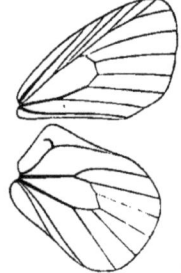

Fig. 25. Rippenbau von *D'Urbania amakosa* Trimen (nach Schatz & Röber).

D'Urbania Trimen, Trans. Ent. Soc. (3) 1, p. 400 (1862); Rhop. Afr. Austr. 2, p. 282 (1866). — Herr. Schæffer, Prodr. Syst. Lep. 3, p. 13 (1867). — Trimen, S. Afr. Butt. 2, p. 213 (1887). — Schatz & Röber, Exot. Schm. 2, p. 281, t. 50 (1892).

Mit dieser Gattung sind von Trimen selbst und von anderen Verfassern mehrere Arten vereinigt worden, welche sofort durch das Fehlen der Praecostalrippe der Hinterflügel von den ächten D'Urbanien abweichen und in andere Gattungen gestellt werden müssen.

Die bisher bekannten Arten sind oben schwarz—schwarzgrau mit einer Querreihe von 1—6 orangegelben oder rothen Flecken vor dem Saume beider Flügel.

Uebersicht der Arten.

A. Die Unterseite der Hinterflügel mehr oder weniger dicht weiss-gesprenkelt, aber ohne weissen Querstrich.
   α. Die Fleckenquerreihe der Oberseite ist wenigstens 2 Millim. vom Saume entfernt und orangegelb gefärbt. Die Flecke der Vorderflügel sind kleiner am Vorderrande als am Hinterrande.   N:o 1.
   β. Die Fleckenquerreihe der Oberseite liegt dicht am Saume und ist orangeroth gefärbt. Die Flecke der Vorderflügel sind grösser am Vorderrande als am Hinterrande.   N:o 2.
B. Die Unterseite der Hinterflügel hinter der Mitte mit einem scharf hervortretenden, unregelmässig gebrochenen, weissen, wurzelwärts schwarz begrenzten Querstriche.   N:o 3.

1. **D. amakosa** Trimen, Trans. Ent. Soc. (3) 1, p. 401 (1862). — Trimen, Rhop. Afr. Austr. 2, p. 283, t. 5, f. 4, 5 (1866). — Trimen, S. Afr. Butt. 2, p. 215 (1887). — Staud., Exot. Schm. 1, p. 268, t. 94 (1888).
Metam.: Trimen, S. Afr. Butt. 2, p. 216, t. 2, f. 2, 2ᵃ (1887).
Kap Kolonie — Kaffernland — Natal — Transvaal.

2. **D. limbata** Trimen, S. Afr. Butt. 2, p. 217 (1887).
amabilis Staud., Exot. Schm. 1, p. 268 (1888), Coll. Staud.
Natal. — Transvaal.

3. **D. saga** Trimen, Trans. Ent. Soc. London 1883, p. 353 (1883); S. Afr. Butt. 2, p. 219 (1887); 3, p. 417 (1889).
Kap Kolonie.

5. **Mimacræa** Butler.

= *Mimacræa* Butler, Lep. Exot., p. 104 (1872). — Smith & Kirby, Rhop. Exot. 13, Lycæn. Afr., p. 41 (1890). — Röber in Staud. & Schatz, Exot. Schm. 2, p. 277, t. 49 (1892).

Die Arten sind alle gross (50—65 Millim.) und ahmen, besonders unten, gewisse Arten der Gattung *Acræa* (besonders aus den *Bonasia*- und *Esebria*-Gruppen) nach. Die Flügel sind nämlich unten am Saume mit dunklen und hellen Längsstrahlen bezeichnet und die Hinterflügel führen unten ganz wie bei jenen Acræen 8—11 Wurzelpunkte und bisweilen auch eine Querreihe von Diskalpunkten, welche jedoch alle der Wurzel stark genähert sind.

Uebersicht der Arten.

A. Die Vorderflügel auf beiden Seiten mit einer gebogenen, zusammenhängenden, orangegelben Querbinde, welche etwas hinter der Mitte des Vorderrandes anfängt und allmählig breiter werdend den Hinterrand erreicht, ohne die Wurzel der Felder 1—5 zu bedecken.

   α. Die Hinterflügel oben röthlich gelb; ihre schwarze Saumbinde nur 2—3 Millim. breit.   N:o 1.

   β. Die Hinterflügel mit breiter orangegelber Mittelbinde; ihre schwarze Saumbinde 6—7 Millim. breit.
                                     N:o 2.

B. Die Vorderflügel mit zwei getrennten, hellen Feldern, einem grossen Hinterrandsfleck und einer von 3—4 Flecken (in den Feldern 4—6 und 8—9) gebildeten Querbinde zwischen der Mittelzelle und der Flügelspitze.

   α. Die subapicale Querbinde der Vorderflügel schwefelgelb—orangegelb. Der Hinterrandsfleck der Vorderflügel bedeckt nicht die Mittelzelle oder nur einen kleinen Theil derselben. Die Hinterflügel unten mit einer hellgelben, auf beiden Seiten dunkel begrenzten Querbinde über die Mitte.

      *. Der grosse Hinterrandsfleck der Vorderflügel ist ungetheilt und ungefleckt. Die Hinterflügel oben an der Wurzel orangegelb—orangeroth ohne Schwarz oder nur an der innersten Wurzel ein wenig schwarz.

        1. Die Rippen in den hellen Feldern nicht oder wenig dunkel. Der schwarze Saum der Hinterflügeloberseite nur 4—5 Millim. breit.   N:o 3.

        2. Die Rippen in den hellen Feldern schwarz. Der schwarze Saum der Hinterflügeloberseite erreicht die Mitte des Flügels.   N:o 4.

      **. Der grosse Hinterrandsfleck der Vorderflügel ist durch die schwarze Grundfarbe in zwei, nur an der Rippe 4 vereinigte Abtheilungen getheilt, von denen die äussere gleichbreit und aus vier Flecken der Felder 1 a—3, die innere dagegen aus einem unregelmässigen Längenstreife auf beiden Seiten der Mediana und aus einem kleinen Flecke im Felde 4 gebildet ist. Die Hinterflügel oben an der Wurzel wenigstens bis zur Rippe 2 schwarz.   N:o 5.

β. Die subapicale Querbinde der Vorderflügel ist weiss. Der orangegelbe Hinterrandsfleck der Vorderflügel bedeckt die ganze Mittelzelle und erreicht die Wurzel der Rippe 5. Die Hinterflügel unten ohne Mittelbinde, aber mit Wurzel- und Diskalpunkten.

　*. Beide Flügel unten mit lang ausgezogenen, dreieckigen, schwarz gesäumten, hellgelben Saumflecken. Die Vorderflügel beiderseits mit einem weissen Flecke hinter der Mitte des Feldes 2. 　N:o 6.

　**. Die Flügel unten ohne solche Saumflecke. Die Hinterflügel beiderseits mit einer 2—3 Mill. breiten schwarzen Saumbinde. Die Vorderflügel ohne weissen Fleck im Felde 2. 　N:o 7.

1. **M. charmian** SMITH & KIRBY. Rhop. Exot. 13. Lycaen. Afr., p. 42, t. 10, f. 8, 9 (1890), Coll. Gr. Smith.
Kamerun.

2. **M. fulvaria** AURIV., Ent. Nachr. 21, p. 381 (1895), Coll. Sceldr. — Taf. 6, Fig. 6.
Congogebiet: Ubangi Fluss.

3. **M. darwinia** BUTLER, Lep. Exot., p. 104, t. 38, f. 8 (1872), Coll. Cornthwaite. — fascia subapicalis alar. ant. concolor, aurantiaca.
West-Africa?

var. **apicalis** SMITH & KIRBY. Rhop. Exot. 13, Lycaen. Afr., p. 41, t. 10, f. 6, 7 (1890), Coll. Staud. — fascia subapicalis alar. ant. pallidior, flavida.
Togo — Kamerun — Ogowe — Kuilu.

°4. **M. neurata** HOLLAND, Ent. News 6, p. 166 (1895), Coll. Holland.
Liberia.

5. **M. Krausi** DEWITZ, Ent. Nachr. 15, p. 106, t. 1, f. 1 (1889), Mus. Berol.
Congogebiet: Mukenge.

6. **M. gelinia** OBERTH., Etudes d'Ent. 17, p. 31, t. 2, f. 24 (1893), Coll. Oberth.
Deutsch Ost-Afrika: Usambara.

7. **M. Marshalli** TRIMEN. Trans. Ent. Soc. London 1898, p. 13, t. 1, f. 9 (1898).
Mashunaland.

6. **Pseuderesia** BUTLER.

= *Pseuderesia* BUTLER, Trans. Ent. Soc. London 1874. p. 532 (1874). — RÖBER in STAUD. & SCHATZ, Exot. Schm. 2. p. 278, t. 49 (1892).

　　Viele Arten, welche zu der Gattung *Liptena* gehören, werden von KIRBY und SMITH in diese Gattung gestellt. Von *Liptena* unterscheidet sich *Pseuderesia* hauptsächlich dadurch, dass die Rippe 6 in beiden Flügeln mit der Rippe 7 eine Strecke vereinigt ist. Bei *Ps. cariegata* entspringt die Rippe 10 der Vorderflügel hinter der Spitze der Mittelzelle aus dem Stiele von 7 + 8 + 9.

　　Alle Arten sind oben schwarz mit rothen oder rothgelben Flecken oder rothgelb mit schwarzer Spitze der Vorderflügel, schwarzen Rändern und einigen schwarzen Punkten. Die Geschlechter sind gewöhnlich (ob immer?) oben sehr verschieden, indem die ♂♂ mehr schwarz mit kleineren rothgelben Flecken und die ♀♀ weit mehr rothgelb sind.

Uebersicht der Arten.

A. Die Hinterflügel unten mit rothen (oder rothgelben) Flecken oder durch das Zusammenfliessen der Flecke zum grössten Theile roth.

   a. Die Hinterflügel unten zum grössten Theile roth mit schwarzer, orangefleckter Saumbinde und schwarzgesprenkeltem Innenrande. In der rothen Grundfarbe stehen mehrere dunkle Flecke, von denen 5—6 (in 1 c, 7, 8 und auf der Querrippe) abgerundet und tief schwarz sind.   N:o 1.

   b. Die Hinterflügel unten mit rothen Flecken, aber ohne graue Saumflecke.

     *. Die Grundfarbe der Hinterflügelunterseite weissgrau—schwärzlich.

       §. Die Hinterflügel unten auch mit scharf hervortretenden, tief schwarzen Punkten oder Flecken, ihre Grundfarbe blaugrau—dunkelgrau. Die Vorderflügel unten mit rothen Flecken vor der Spitze.

          1. ♂ Die Vorderflügel oben mit einem rothgelben Flecke auf der Scheibe in den Feldern 1 b— 3(—4), welcher den Saum nicht erreicht. Die Hinterflügel oben einfarbig schwarz.

             a. ♂. Der rothgelbe Fleck der Vorderflügeloberseite breit und abgerundet, kaum länger als breit.   N:o 2.

             b. ♂. Der rothgelbe Fleck der Vorderflügeloberseite lang und schmal, fast doppelt so lang wie breit.   N:o 3(, 4).

          2. ♂. Die Vorderflügel oben einfarbig schwarz. Die Hinterflügel oben mit einem grossen orangegelben Flecke am Innenrande in 1 a oder auch einfarbig schwarz.   N:o 5.

       §§. Die Hinterflügel unten schwärzlich—dunkelgrau ohne schwarze Punkte. Die Vorderflügel unten mit einem grossen rothgelben Hinterrandsfleck, welcher vorne spitz ausgezogen ist. Die Hinterflügel oben mit einem grossen, rothgelben Längenfleck am Vorderrande, welcher wenigstens die Rippe 4 erreicht und beim ♂ einfarbig, beim ♀ aber schwarzgefleckt ist.

          1. Grösser, 34 Millim. zwischen den Flügelspitzen. ♂. Die Vorderflügel oben einfarbig schwarz.   N:o 6.

          2. Kleiner, 28—30 Millim. ♂. Die Vorderflügel oben mit einem kleinen rothen Fleck am Hinterrande.   N:o 7.

     **. Die Hinterflügel unten mit gelblicher Grundfarbe und nur mit drei rothen Flecken (in 2, 3 und 5), von denen die beiden vorderen durch einen schwarzen Punkt im Felde 4 getrennt sind. Uebrigens stehen schwarze Punkte auf der Innenseite der rothen Flecke, in den Feldern 1 b, 1 c, 6, 7 und am Ende der Mittelzelle.   N:o 8.

B. Die Hinterflügel unten ohne rothe Flecke, gelblich und schwarzgefleckt.   N:o 9.

1. **Ps. libentina** HEW., Exot. Butt. Pentila & Liptena, t. 1, f. 8, 9 (1866).[1]
Old Calabar.

   var. **zerita** PLÖTZ, S. E. Z. 41, p. 199 (1880), Mus. Gryph. — a *libentina* vix distincta.
   rubrica DRUCE, Ent. M. Mag. 25, p. 108 (1888); 28, p. 65 (1892). — SMITH & KIRBY, Rhop. Exot. 20, p. IX (1892).
   zoraida SMITH & KIRBY, Rhop. Exot. 11, Lycaen. Afr., p. 36, t. 9, f. 9—12 (1890), Coll. Gr. Smith.
   Kamerun — Gabun.

2. **Ps. catharina** BUTLER, Trans. Ent. Soc. 1874, p. 532, t. 11, f. 4, 5 (1874), Coll. Swanzy.
Sklavenküste: Whydah.

---

[1] Der Typus fehlt jetzt in HEWITSONS Sammlung; er ist offenbar sehr schlecht gewesen und daher lassen sich die Unterschiede zwischen den Figuren von *libentina* und *zerita* leicht erklären.

2a. **Ps. picta** Smith, Nov. Zool. 5, p. 356 (1898), Mus. Tring. — ? = *eleaza* Hew. Benin: Warri.

3. **Ps. eleaza** Hew., Exot. Butt. Pentila & Liptena, t. 2, f. 11, 12 (1873), Mus. Brit. Old Calabar.

4. **Ps. variegata** Smith & Kirby, Rhop. Exot. 14, Lycæn. Afr., p. 45, t. 11, f. 13, 14 (1890). Coll. Staud. — nonne praecedentis ♀? Goldküste. Congogebiet: Sassa am oberen Ubangi (Colmant).

5. **Ps. debora** Kirby, An. N. H. (6) 6, p. 261 (Sept. 1890), Coll. Staud. — Smith & Kirby, Rhop. Exot. 17. Lycæn. Afr., p. 57, t. 11, f. 1, 2 (1891); 20, p. IX (1892). *ashira* Holland, Psyche 5, p. 428 (Nov. 1890). Coll. Holland. Kamerun: Barombi. — Ogowe Fluss.

    var. **deborula** n. var. — ♂ alis post. supra unicoloribus, nigris. — Coll. Staud. *debora* :♀: Smith & Kirby, Rhop. Exot. 29, p. 116, t. 25, f. 5 (1894). Kuilu.

6. **Ps. bicolor** Smith & Kirby, Rhop. Exot. 14. Lycæn. Afr., p. 44, t. 11, f. 5, 6 (1890). Coll. Staud. »Accu« (?).

7. **Ps. isca** Hew., Exot. Butt. Pentila & Liptena, t. 2, f. 14—16 (1873), Mus. Brit. Old Calabar — Kamerun — Congogebiet: Zongo, Mokoange (Mus. Bruxell.).

8. **Ps. dinora** Kirby, An. N. H. (6) 6, p. 265 (1890). Coll. Staud. — Smith & Kirby, Rhop. Exot. 17, Lycæn. Afr., p. 60, t. 11, f. 9—12 (1891). Kamerun.

9. **Ps. cellularis** Kirby, An. N. H. (6) 6, p. 262 (Sept. 1890), Coll. Staud. — Smith & Kirby, Rhop. Exot. 17, Lycæn. Afr., p. 59, t. 11, f. 5—8 (1891); 20, p. X (1892). *mondo* Holland, Psyche 5, p. 428 (Nov. 1890), Coll. Holland. Kamerun — Ogowe Fluss.

7. Citrinophila Kirby.

Citrinophila Kirby, An. N. H. (5) 19, p. 367 (1887). — Smith & Kirby, Rhop. Exot. 3, Lycæn. Afr., p. 13 (1888).

Teriomima Röber in Staud. & Schatz, Exot. Schm. 2, p. 278, t. 50 (1892).

Röber giebt in seinem Werke an, dass er *Citrinophila* und *Teriomima* als eine Gattung betrachtet. Seine Beschreibung und Abbildung passt jedoch nur auf die ächten *Citrinophila-* und nicht auf die *Teriomima*-Arten. Die Gattung *Citrinophila* steht zwar der Gattung *Teriomima* ziemlich nahe, ist aber von der letzteren durch die gestielten Rippen 6 und 7 der Hinterflügel und durch den Ausgang der Rippe 7 der Vorderflügel in die Spitze oder in den Vorderrand sehr leicht zu unterscheiden. Die Rippe 8 der Vorderflügel ist kurz, bisweilen sehr klein.

Alle Arten sind citrongelb—schwefelgelb—weissgelb mit schwarzen Saumflecken oder schwarzer Saumbinde, aber oben ohne Flecke in der Grundfarbe. Bei den ♂♂ ist der Vorderrand der Vorderflügel oben breit und tief schwarz, bei den ♀♀ nur schwarzgesprenkelt oder fast ganz gelb.

Uebersicht der Arten.

A. Die breite, schwarze Saumbinde der Vorderflügeloberseite ist auf der Innenseite deutlich uneben und eingeschnitten besonders in den Feldern 2 und 3. Grössere Art. 35—45 Millim. N:o 1.

B. Die breite, schwarze Saumbinde der Vorderflügeloberseite ist nach innen eben und fast gleichmässig ausgeschweift. Kleinere Arten, 27—30 Millim. N:o 2—5.[1]

1. **C. erastus** Hew., Exot. Butt. Pieris, t. 8, f. 51 (1866); Pentila & Liptena, t. 2 text (1873), Mus. Brit. — Smith & Kirby, Rhop. Exot. 6, Lycaen. Afr., p. 20, t. 5, f. 6. (1888). — Auriv., Ent. Tidskr. 16, p. 199 (1895).
   ♂ *erasmus* Kirby, An. N. H. (5) 19, p. 366 (1887), Coll. Gr. Smith. — Smith & Kirby, Rhop. Exot. 6, Lycaen. Afr., p. 19, t. 5, f. 1, 2 (1888).
   ♀ *flareola* Kirby, An. N. H. (5) 19, p. 366 (1887), Coll. Gr. Smith. — Smith & Kirby, Rhop. Exot. 6, Lycaen. Afr., p. 19, t. 5, f. 3—5 (1888).
   Ashanti — Kamerun — Gabun — Congogebiet: Isangi — Angola.

2. **C. tenera** Kirby, An. N. H. (5) 19, p. 365 (1887), Coll. Gr. Smith. — Smith & Kirby, Rhop. Exot. 3, Lycaen. Afr., p. 11, t. 3, f. 3, 4 (1888). — Auriv., Ent. Tidskr. 16, p. 199 (1895).
   ♂ *limbata* Kirby, An. N. H. (5) 19, p. 368 (1887), Coll. Gr. Smith. — Smith & Kirby, Rhop. Exot. 3, Lycaen. Afr., p. 14, t. 3, f. 7, 8 (1888).
   Kamerun — Gabun.

°3. **C. pusio** Smith, Nov. Zool. 5, p. 355 (1898), Mus. Tring.
   Benin: Warri.

4. **C. similis** Kirby, An. N. H. (5), 19, p. 366 (1887), Coll. Gr. Smith. — Smith & Kirby, Rhop. Exot. 3, Lycaen. Afr., p. 11, t. 3, f. 1, 2 (1888). — = *tenera*?
   ♂ *marginalis* Kirby, An. N. H. (5) 19, p. 368 (1887), Coll. Gr. Smith. — Smith & Kirby, Rhop. Exot. 3, p. 13, t. 3, f. 5, 6 (1888).
   Ashanti.

5. **C. serena** Kirby, An. N. H. (6) 6, p. 269 (1890), Coll. Staud. — Smith & Kirby. Rhop. Exot. 19, Lycaen. Afr., p. 68, t. 16, f. 11, 12 (1891).
   Sierra Leona — Kamerun — Gabun — Kuilu.

---

[1] Kirby führt die ♂♂ zu *Citrinophila*, die Weibchen aber zu *Teriomima*!! Von N:o 5 kenne ich nur das ♀. Nach den Abbildungen und Beschreibungen können die ♀♀ auf folgende Weise unterschieden werden.
A. Die Hinterflügel oben mit zusammenhängender, schwarzer Saumbinde.
   α. Die Saumbinde der Hinterflügel 2 Millim. breit. Die Unterseite schwarzgesprenkelt. N:o 4.
   β. Die Saumbinde sehr schmal. Die Unterseite hell und fast ganz ohne schwarze Strichelchen. N:o 5.
B. Die Hinterflügel oben nur mit Saumpunkten. N:o 2.
   Diese Kennzeichen sind jedoch wahrscheinlich nicht konstant.

8. **Teriomima** Kirby.

— *Teriomima* Kirby, An. N. H. (5) 19, p. 363 (1887). — Smith & Kirby, Rhop. Exot. 3, Lycaen. Afr., p. 11 (1888).

Fig. 26. Rippenbau von *Teriomima freya* Smith & Kirby.

Diese Gattung wurde von Kirby für *T. subpunctata* aufgestellt. Die Beschreibung ist aber ungenügend, und Kirby selbst scheint nicht eine klare Auffassung derselben gehabt zu haben, denn er führt zu *Teriomima* viele Arten, welche damit nichts zu thun haben. Von *Citrinophila* ist *Teriomima*, wie oben gesagt wurde, sowohl durch Rippenbau wie durch Habitus leicht zu trennen. Mit *Liptena* aber ist *Teriomima* so nahe verwandt, dass es zweifelhaft ist, ob eine scharfe Grenze immer zwischen diesen Gattungen gezogen werden kann. Der einzige Unterschied scheint mir darin zu liegen, dass die Rippe 6 der Vorderflügel bei *Teriomima* aus dem Stiele von 7 + 8 + 9, bei *Liptena* dagegen frei aus der Spitze der Mittelzelle entspringt.

Uebersicht der Arten.

A. Die Unterseite der Hinterflügel mit kleinen, dunklen Punkten auf weissem oder gelbem Grunde. Die Vorderflügel oben mit einem dreieckigen, schwarzen Spitzenfleck, welcher hinten an der Rippe 3 oder 2 spitz endet. Die Hinterflügel oben einfarbig oder nur mit kleinen, schwarzen Saumpunkten.

   α. Die Grundfarbe beider Flügel weiss.

      *. Die Unterseite rein weiss mit zahlreichen, zum Theil langgestreckten dunklen Punkten.   N:o 1.

      **. Die Unterseite der Hinterflügel, so wie die Spitze der Vorderflügel unten schwach gelblich angeflogen mit wenigeren Punkten.   N:o 2.

   β. Die Grundfarbe beider Flügel gelb. Die Hinterflügel unten mit 6—8 dunklen Punkten, oben einfarbig.

      *. Die Vorderflügel oben mit 4 dunklen Punkten nach einander am Vorderrande. Der schwarze Spitzenfleck auf der Innenseite nicht eingeschnitten. Kleinere Art, etwa 28 Millim.   N:o 3.

      **. Die Vorderflügel oben nur mit zwei dunklen Punkten vor der Mitte des Vorderrandes. Der schwarze Spitzenfleck auf der Innenseite im Felde 5 deutlich eingeschnitten. Grössere Art, etwa 32 Millim.   N:o 4.

B. Die Unterseite der Hinterflügel und die Wurzel und die Spitze der Vorderflügel unten schwarzgrau mit zahlreichen, in Querreihen geordneten, orangegelben Flecken oder röthlich mit hellen Flecken. Die Flügel oben mit schwarzer Spitze der Vorderflügel und grossen, dunklen, mehr oder weniger vereinigten Flecken am Vorderrande der Vorderflügel.

   α. Die schwarze Farbe der Vorderflügelspitze setzt sich oben als eine breite Saumbinde bis zum Analwinkel der Hinterflügel fort.   N:o 5.

   β. Die schwarze Farbe der Vorderflügelspitze endet scharf an der Rippe 3 oder 2; die Hinterflügel oben ohne Saumbinde oder nur am Saume etwas gebräunt.   N:o 6, 7.

1. **T. subpunctata** Kirby. An. N. H. (5) 19, p. 364 (1887), Coll. Gr. Smith. — Smith & Kirby, Rhop. Exot. 3, Lycaen. Afr., p. 13, t. 3, f. 11, 12 (1888); 20, p. X (1892). — Butler, Proc. Zool. Soc. 1898, p. 402 (1898).

Deutsch Ost-Afrika: Usagara. — Brit. Ost-Afrika: Taru.[146]

2. **T. delicatula** KIRBY. An. X. H. (6) 6, p. 269 (1890). Coll. Staud. — SMITH & KIRBY, Rhop. Exot. 19, Lycaen. Afr., p. 67. t. 16. f. 5, 6 (1891). — praecedentis ♀? Deutsch Ost-Afrika: Usagara.

3. **T. puella** KIRBY. An. X. H. (5) 19, p. 365 (1887), Coll. Gr. Smith. — SMITH & KIRBY. Rhop. Exot. 3, Lycaen. Afr., p. 12, t. 3, f. 9, 10 (1888); 20, p. X (1892). Gabun?

4. **T. puellaris** TRIMEN, Proc. Zool. Soc. 1894, p. 59, t. 6, f. 14 (1894). — praecedentis var.? Manicaland.

5. **T. hildegarda** KIRBY, An. X. H. (5) 19, p. 367 (1887), Coll. Gr. Smith. — SMITH & KIRBY, Rhop. Exot. 4, Lycaen. Afr., p. 16, t. 4, f. 7, 8 (1888); 11, Lycaen. Afr., p. 46 (1890).
Ashanti (?)
var. **freya** SMITH & KIRBY, Rhop. Exot. 29, Lycaen. Afr., p. 115, t. 25, f. 1, 2 (1894). Coll. Staud.
hildegarda TRIMEN, Proc. Zool. Soc. 1894, p. 58 (1894). — BUTLER, Proc. Zool. Soc. 1898, p. 402 (1898).
Manicaland — Deutsch Ost-Afrika: Lindi. — Brit. Ost-Afrika.[146]

6. **T. aslauga** TRIMEN, Trans. Ent. Soc. London 1873, p. 117 (1873); S. Afr. Butt. 2, p. 220, t. 9, f. 9, 9ᵃ (1887). — STAUD., Exot. Schm. 1, p. 267, t. 94 (1887—8). Natal — Zanzibar.

7. **T. pallida** TRIMEN, Trans. Ent. Soc. London 1898, p. 12, t. 1, f. 7, 8 (1898). Mashunaland.

*8. **T.? micra** SMITH. Nov. Zool. 5, p. 356 (1898). Mus. Tring. Brit. Ost-Afrika: Tana Fluss.

9. **Larinopoda** BUTLER.

= *Larinopoda* BUTLER, Trans. Ent. Soc. London 1871. p. 172 (1871). — SMITH & KIRBY. Rhop. Exot. 2, Lycaen. Afr., p. 5 (?1?) (1887). — RÖBER in STAUD. & SCHATZ, Exot. Schm. 2, p. 280, t. 50 (1892). — KARSCH, B. E. Z. 38, p. 213 (1893). — E. REUTER. Acta Soc. Sc. Fenn. 22: 1, p. 191 (1896).
= *Pentila* E. REUTER, Acta Soc. Sc. Fenn. 22: 1, p. 189 (1896).

SMITH und KIRBY führen, ohne die von BUTLER und von ihnen selbst angegebenen Kennzeichen zu beachten, zu dieser Gattung mehrere Arten, welche im Rippenbau ganz abweichend sind und zu *Pentila* oder *Liptena* gehören.

Alle ächten *Larinopoda*-Arten sind ziemlich grosse (32—40 Mill.), breitflügelige Formen mit weisser Grundfarbe und wenigen schwarzen Zeichnungen. Die Vorderflügel haben oben einen dunklen Spitzenfleck oder eine dunkle Saumbinde und unten immer einen dunklen Costalfleck am Ende der Mittelzelle. Die Hinterflügel haben unten stets einen schwarzen Punkt im Felde 1 c nahe am Ursprunge der Rippe 2 und gewöhnlich auch einen anderen, ähnlichen Punkt im Felde 6 (fehlt nur bei N:o 7).

Uebersicht der Arten.

A. Die Hinterflügel unten ohne schwarzen Punkt in der Mittelzelle.
    α. Die Hinterflügel auf beiden Seiten ohne dunkle Saumbinde oder Saumflecke.
        . Der schwarze Spitzenfleck der Vorderflügeloberseite ist höchstens 2 Mill. breit und setzt sich als schwarzer
           Saumlinie nur bis zur Rippe 3 fort.   N:o 1.
        **.* Der schwarze Spitzenfleck der Vorderflügeloberseite ist 5—6 Millim. breit und setzt sich als breite
           Saumbinde wenigstens bis zur Rippe 2 fort.   N:o 2.
    β. Die Hinterflügel wenigstens unten mit dunkler Saumbinde oder dunklen Saumflecken. Die Spitze und der
        Saum der Vorderflügel oben wenigstens bis zur Rippe 2 breit schwarz.
        . Die Hinterflügel beim ♂ auf beiden Seiten, beim ♀ nur unten mit breiter, zusammenhängender, dunkler
           Saumbinde.   N:o 3.
        **.* Die Hinterflügel (beim ♀) auf beiden Seiten mit grossen, dreieckigen, dunklen Saumflecken.
                                                     N:o 5.
B. Die Hinterflügel unten mit einem schwarzen Punkte in der Mittelzelle. Die Spitze und der Saum der Vorderflügel wenigstens oben breit schwärzlich.
    α. Die Hinterflügel unten rein weiss mit drei schwarzen Punkten (in 1 c, 6 und in der Mittelzelle) und am
        Saume mehr oder weniger verdunkelt.   N:o 6.
    β. Die Hinterflügel unten hinter der Mitte mit drei schwarzbraunen Schattenbinden, welche am Innenrande vereinigt sind. Die erste und zweite sind breit, die dritte aber schmal und von Halbmonden zusammengesetzt; die erste erreicht gewöhnlich nur die Rippe 5 oder 6, die beiden anderen den Vorderrand. Der schwarze Punkt im Felde 6 fehlt, ist aber von einem Punkte im Wurzeltheile des Feldes 7 ersetzt.   N:o 7.

1. L. lircæa HEW., Exot. Butt. Pentila & Liptena, t. 1, f. 10, 11 (1866), Mus. Brit. — STAUD., Exot. Schm. 1, p. 268, t. 94 (1888). — SMITH & KIRBY, Rhop. Exot. 24, Lycæn. Afr., p. 95, t. 21, f. 10 (1893). — AURIV., Ent. Tidskr. 16, p. 199 (1895). *lycænoides* BUTLER, Trans. Ent. Soc. London 1871, p. 173, t. 7, f. 2—5 (1871), Mus. Oxon.
    Old Calabar — Kamerun — Gabun — Kuilu.

2. L. lagyra HEW., Exot. Butt. Pentila & Liptena, t. 1, f. 4; fig. mala; spec. typ. detritum (1866), Mus. Brit. — SMITH & KIRBY, Rhop. Exot. 24, Lycæn. Afr., p. 93, t. 21, f. 6 (1893). — AURIV., Öfvers. Vet. Akad. Förhl. 53, p. 435 (1896). *lara* STAUD., Iris 4, p. 218 (1891), Coll. Stand. — SMITH & KIRBY, Rhop. Exot. 21, Lycæn. Afr. p. 73, t. 18, f. 1, 2 (1892). *lircæa* SMITH & KIRBY, Rhop. Exot. 24, Lycæn. Afr., p. 95, t. 21, f. 11, 12 (1893). Old Calabar — Kamerun — Gabun.

3. **L. aspidos** H. H. DRUCE, An. N. H. (6) 5, p. 25 (1890), Coll. Druce. — KARSCH, B. E. Z. 38, p. 215 (1893).

Togo[4] — Lagos.

⚥ 4. **L. latimarginata** SMITH, Nov. Zool. 5, p. 354 (1898), Mus. Tring. — eadem ac praecedens?

Benin: Warri.

5. **L. Hermansi** AURIV., Öfvers. Vet. Akad. Förhl. 53, p. 435 (1896), Mus. Bruxell.

Congogebiet: Ubangi-Fluss.

6. **L. eurema** PLÖTZ, S. E. Z. 41, p. 199 (1880), Mus. Gryph. — SMITH & KIRBY, Rhop. Exot. 11, Lycæn. Afr., p. 38, t. 9, f. 7, 8 (1890).

♂ *earipes* KIRBY, An. N. H. (5) 19, p. 363 (1887), Coll. Gr. Smith. — SMITH & KIRBY, Rhop. Exot. 2, Lycæn. Afr., t. 2, f. 5, 6 (1887).

libussa STAUD., Exot. Schm. 1, p. 268 (1888), Coll. Staud.

Sierra Leona — Ashanti.

7. **L. tera** HEW., Ent. M. Mag. 10, p. 125 (1873), Mus. Brit.

Soyauxii DEWITZ, Nov. Acta Acad. N. Cur. 41: 2, p. 201, t. 26, f. 10 (1879), Mus. Berol. — SMITH & KIRBY, Rhop. Exot. 15, Lycæn. Afr., p. 51 (1891).

Soxauxii SMITH & KIRBY, Rhop. Exot. 15, Lycæn. Afr., t. 12, f. 9, 10 (1891).

Kamerun — Gabun — Kuilu — Congogebiet: Matadi, Isangi, Sassa — Angola.

10. **Liptena** HEWITSON.

< *Liptena* HEWITSON, Exot. Butt. Pentila & Liptena. Text (1866). — Typus: *L. libyssa.*

= *Liptena* AURIV., Ent. Tidskr. 16, p. 200 (1895). — Typus: *L. libyssa.*

⸗ *Pentila* SMITH & KIRBY, Rhop. Exot. 2, Lycæn. Afr., p. 8 (4) (1887). — Typus: *P. undularis.*

> *Parapontia* RÖBER in STAUD. & SCHATZ, Exot. Schm. 2, p. 280 (1892). — Typus: *P. undularis.* — nom. praeoce.

> *Deloneura* RÖBER in STAUD. & SCHATZ, Exot. Schm. 2, p. 280, t. 50 (1892). — Typus: *D. immaculata* STAUD. — nom. praeoce.

> *Leucolepis* KARSCH, B. E. Z. 38, p. 216 (1893). — Typus: *L. decipiens.*

⸜ *Tetrarhanis* KARSCH, B. E. Z. 38, p. 213, 217 (1893). — Typus: *T. ilma.*

HEWITSON giebt (l. c.) eine gute und auch heute noch fast ganz genügende Beschreibung der Gattung *Liptena*, vereint aber damit auch die *Larinopoda*-Arten, wie aus die Wörter: Posterior wing with the cell closed in some species much more obliquely than in others deutlich hervorgeht. Die Beschreibung passt gar nicht auf »*Liptena*« *acraea* WESTW. und diese Art kann darum unmöglich als Typus von *Liptena* betrachtet werden. Im Vergleich mit HEWITSON's Beschreibung ist die von SMITH & KIRBY gelieferte Charakteristik der Gattung »*Pentila*« ganz ungenügend und nichtssagend.

Deloneura Röber hat nichts mit *Deloneura* Trimen zu thun, sondern ist auf eine ächte *Liptena* gegründet. Die Abbildung der Rippen ist darin fehlerhaft, dass die Rippe 6 (OR) der Vorderflügel statt frei zu sein mit dem Stiele von 7 + 8 + 9 vereinigt ist.

Die zahlreichen Arten lassen sich nach der Zeichnung und der Farbe in mehrere natürliche Gruppen eintheilen. Diese Gruppen wurden von einigen Verfassern als selbständige Gattungen betrachtet. Da aber die morphologischen Unterschiede nicht konstant sind oder doch nicht bei allen Arten einer Gruppe auftreten, konnte ich diese Gattungen nicht beibehalten.

Uebersicht der Gruppen.

A. Die Flügel oben weiss—hell ockergelb mit oder ohne schwarze Zeichnungen.
  α. Die Flügel kurz und breit, stets oben mit weisser Grundfarbe. Der Vorderrand, die Spitze und der Saum der Vorderflügel *auf beiden Seiten* breit schwarz, oben stets zusammenhängend und ungefleckt. Die Rippen 3 und 4 der Hinterflügel entspringen fast immer getrennt. — *Liptena* sens. strict.   Erste Gruppe.
  β. Die Flügel mehr langgestreckt, oben mit weisser oder gelber Grundfarbe. Die Vorderflügel oben unbezeichnet oder mit einem grossen schwarzen Spitzenfleck, welcher sich am Saume selten so weit wie bis zur Rippe 2 fortsetzt; der Vorderrand selten und nur oben schwarz. Die Hinterflügel unten einfarbig oder mit mehreren feinen Querlinien. Die Rippen 3 und 4 der Hinterflügel gestielt oder aus demselben Punkte, sehr selten (N:o 9) am Ursprunge getrennt. — *Parapentia* Röber (= *Leucolepis* Karsch).   Zweite Gruppe.
B. Die Flügel oben einfarbig schwarz oder schwarz mit orangerothen Flecken oder orangegelb mit schwarzen Rändern. Die Rippen 3 und 4 der Hinterflügel aus demselben Punkte.
  α. Die Flügel unten schwärzlich mit hellen Flecken oder gelblich mit schwarzen Flecken, oben gewöhnlich mehr oder weniger orangegelb oder roth, selten einfarbig schwarz. Die Rippe 7 der Vorderflügel in den Saum.   Dritte Gruppe.
  β. Die Flügel oben einfarbig schwarz, unten weiss mit schwarzen Zeichnungen. Die Rippe 7 der Vorderflügel in die Spitze. — *Tetrarhanis* Karsch.   Vierte Gruppe.

Erste Gruppe.

Die hieher gehörenden Arten erinnern theils an die Larinopoden theils täuschend an die *Pentila*-Arten der *Tirza*-Gruppe. Von den *Pentila*-Arten sind sie durch das Fehlen der Praecostalrippe der Hinterflügel und durch die viel kürzeren Mittelzellen leicht zu unterscheiden.

Uebersicht der Arten.

A. Die schwarze Spitze der Vorderflügel unten hellgefleckt oder mit einem weissen Striche. Die Hinterflügel oben ohne schwarzen Mittelpunkt.

α. Die schwarze Saumbinde der Vorderflügel erreicht den Hinterrand und setzt sich in gleicher Breite auf der Oberseite der Hinterflügel bis zum Analwinkel fort. Der Innenrand der Hinterflügel unten breit schwarz.

  *. Auf der Unterseite der Vorderflügel ist der schwarze Vorderrand hinter der Spitze der Mittelzelle durch einen Vorsprung der weissen Grundfarbe von der schwarzen Spitze scharf getrennt.

    1. Die Hinterflügel unten gelblich mit 6—7 grossen schwarzen Flecken, von denen 4 mit dem schwarzen Innenrande und mit dem Saume vereinigt sind und zwei frei am Vorderrande stehen.

N:o 1.

    2. Die weisse Grundfarbe der Hinterflügelunterseite ist durch breite, schwarze Striche in 11—12, ganz getrennte Flecke getheilt. Von diesen Flecken stehen 4—5 am Saume und 7 auf der Scheibe.

N:o 2.

  **. Auf der Unterseite der Vorderflügel geht der schwarze Vorderrand allmäblig und ohne tiefen Einschnitt in die schwarze Spitze über. Die Hinterflügel unten mit sehr breiter, am Saume weissgefleckter Saumbinde.

    1. Die Hinterflügel unten mit zwei breiten, schwarzen Binden, von denen die eine von der Mitte des schwarzen Innenrandes bis zur Mitte des Vorderrandes und die andere aus der vorigen quer von der Spitze der Mittelzelle bis zur schwarzen Saumbinde geht und das Feld 6 ganz bedeckt. Die weisse Grundfarbe wird hierdurch in zwei grossere und eine kleine Abtheilung getheilt.

N:o 3.

    2. Die weisse Grundfarbe der Hinterflügelunterseite nicht in Flecke getheilt.

      a. Die Hinterflügel unten in der Mitte am Ende der Mittelzelle mit einem grossen schwarzen, sehr unregelmässigen Fleck, welcher den Vorderrand, aber weder den Innen- noch den Aussenrand berührt.

N:o 4.

      b. Die Hinterflügel unten am Ende der Mittelzelle mit einem grossen, gerundeten, tief schwarzen, ganz freien Fleck.

N:o 5.

β. Die schwarze Saumbinde der Vorderflügeloberseite wird nach hinten allmählig schmäler und erreicht nur die Rippe 2; auf der Oberseite der Hinterflügel ist sie nur durch eine sehr feine Saumlinie vertreten. Die Hinterflügel unten weiss mit einer 3 Millim. breiten, ungefleckten, gegen die Spitze verschmälerten, schwarzen Saumbinde und schwarzem Innenrande.

N:o 6.

B. Die schwarze Spitze der Vorderflügel sowie der Vorderrand und der Saum auf beiden Seiten ungefleckt. Die Hinterflügel auf beiden Seiten mit einem schwarzen Mittelpunkte auf der Querrippe der Mittelzelle und einer breiten, ungefleckten, schwarzen Saumbinde, am Innenrande aber gar nicht schwarz.

  α. Die Vorderflügel auf der Querrippe mit einem deutlichen, schwarzen Flecke, welcher mit dem Vorderrand vereinigt ist.

N:o 7.

  β. Die Vorderflügel ohne deutlichen Fleck auf der Querrippe der Mittelzelle.

N:o 8.

1. **L. libyssa** HEW., Exot. Butt. Pentila & Liptena. t. 1. f. 5, 6 (1866), Mus. Brit.
Old Calabar — Kamerun[71] — Gabun — Congogebiet: Mukenge   Angola.

2. **L. Hollandi** AURIV., Ent. Tidskr. 16, p. 200 (1895).
libyssa var. DEWITZ, D. E. Z. 30, p. 428, t. 2, f. 1 (1886), Mus. Berol.
Congogebiet: Mukenge.

3. **L. campimus** HOLLAND, Psyche 5, p. 427 (1890), Coll. Holland. — SMITH & KIRBY, Rhop. Exot. 21, Lycaen. Afr., p. 75, t. 18, f. 7, 8 (1892).
Kamerun[71] — Gabun — Ogowe.

4. **L. melandeta** HOLLAND, Ent. News 4, p. 25, t. 1, f. 5, 6 (1893), Coll. Holland.
Ogowe-Fluss.

5. **L. lybia** Staud., Iris 4, p. 217 (1891), Coll. Staud. — Smith & Kirby, Rhop. Exot.
   21, Lycæn. Afr., p. 74, t. 18, f. 5, 6 (1892).
   Gabun.

6. **L. simplicia** Möschler, Abh. Senckenb. Ges. 15, p. 63 tab., fig. 14 (1888), Coll. Staud.
   albula H. H. Druce, Ent. M. Mag. 25, p. 108 (Octob. 1888), Coll. Druce. — Smith
   & Kirby, Rhop. Exot. 11, Lycæn. Afr., p. 37, t. 9, f. 3, 4 (1890).
   semilimbata Mabille, An. E. Fr. (6) 10, p. 24, t. 2, f. 3 (1890).
   Elfenbeinküste[57] — Ashanti.

7. **L. confusa** n. sp. — sequentis var.?
   mutata ♀ Smith & Kirby, Rhop. Exot. 2, Lycæn. Afr., p. 5 (1), t. 2, f. 3, 4 (1887),
   Coll. Gr. Smith.
   Kamerun.

8. **L. opaca** Kirby, An. X. H. (6) 6, p. 266 (1890), Coll. Staud. — Smith & Kirby, Rhop.
   Exot. 19, Lycæn. Afr., p. 65, t. 16, f. 3, 4 (1892). — Auriv., Ent. Tidskr. 16,
   p. 200 (1895).
   Kamerun — Gabun.

Zweite Gruppe.

Diese Gruppe ist sehr natürlich und besteht aus zart gebauten, dünn flügeligen, weissen
oder gelben Arten, welche an die *Teriomima*-Arten erinnern. Die Hinterflügel haben
gewöhnlich unten zwischen den Rippen 1 b und 6 eine feine schwarze Saumlinie und die
Vorderflügel gewöhnlich zwischen der Spitze und den Rippen 4 oder 3 zwei solche Linien.
Die Geschlechter sind ähnlich gefärbt und gezeichnet.

Uebersicht der Arten.

A. Beide Flügel oben und unten weisslich mit einem schwarzen Punkte auf der Querrippe der Mittelzelle, sonst
   unten nur mit feiner Saumlinie und oben mit einem 4 Millim. breiten, nur bis zur Rippe 4 reichenden,
   schwarzen Spitzenflecke der Vorderflügel. Beide Flügel an der Wurzel schwach ockergelb angeflogen. Die
   Rippen 3 und 4 der Hinterflügel an ihrem Ursprunge ziemlich weit getrennt.   N:o 9.
B. Beide Flügel ohne Mittelpunkt auf der Querrippe der Mittelzelle. Die Rippen 3 und 4 der Hinterflügel aus
   demselben Punkte oder gestielt.
   α. Die Hinterflügel auf beiden Seiten einfarbig oder nur mit einer feinen dunklen Saumlinie oder selten unten
       mit drei undeutlichen, gelben Querlinien.
       . Beide Flügel weiss; die Vorderflügel nur oben mit grossem, schwarzem Spitzenflecke.
           1. Der Spitzenfleck der Vorderflügel erreicht nur die Rippe 4. Der Vorderrand der Vorderflügel-
              oberseite nur an der Wurzel bräunlich. Grössere Art. 33—35 Millim.   N:o 10.
           2. Der Spitzenfleck der Vorderflügel erreicht die Rippe 3 oder sogar die Mitte des Feldes 2 und setzt
              sich am Vorderrande im Felde 12 bis zur Wurzel fort. Kleinere Art, 24—27 Millim.   N:o 11.
       **.* Beide Flügel mit gelber Grundfarbe.
           1. Die Vorderflügel oben mit grossem, schwarzem Spitzenflecke, welcher sich am Vorderrande bis zur
              Wurzel und nach hinten bis zur Rippe 2 erstreckt. Die Hinterflügel oben am Analwinkel mit
              schwarzer Saumlinie und einigen schwarzen Schuppen vor dieser Linie.   N:o 12.
           2. Die Vorderflügel ohne schwarzen Spitzenfleck und nur ein wenig dunkler gelb am Saume und an
              der Spitze. Beide Flügel unten ohne schwarze Saumlinie.

a. Die Hinterflügel unten ganz ohne Zeichnungen. Flügelspannung 32 Millim.   N:o 13.

b. Die Hinterflügel unten hinter der Mitte mit drei, sehr undeutlichen, feinen, gelblichen Querlinien. Flügelspannung 27—28 Millim.   N:o 14.

†. Die Hinterflügel unten mit 4—7 dunklen Querlinien oder mit dunklen Diskalpunkten. Die Vorderflügel stets oben mit schwarzem Spitzenflecke.

    *. Die Hinterflügel unten mit dunklen Querlinien.

      †. Die Hinterflügel unten ausser der Saumlinie nur mit vier gelbbraunen, ebenen Querlinien. Die Flügel weiss. Die Vorderflügel oben mit grossem, schwarzen Spitzenfleck, welcher sich längs dem Vorderrande bis zur Wurzel und am Saume bis zur Rippe 2 erstreckt.   N:o 15.

      ††. Die Hinterflügel unten ausser der Saumlinie mit 6—7 dunklen Querlinien.

        §. Die Querlinien der Hinterflügelunterseite rostbraun und ganz eben. Die Flügel gelb, oben ganz wie bei N:o 12 gezeichnet. Flügelspannung 24—26 Millim.   N:o 16.

        §§. Die Querlinien der Hinterflügelunterseite dunkelbraun—schwarzbraun, mehr oder weniger gewellt oder gezackt. Flügelspannung 33—38 Millim.

          1. Die Flügel weiss. Die äusseren Querlinien der Hinterflügelunterseite vollständig.

            a. Der Spitzenfleck der Vorderflügeloberseite erreicht höchstens die Rippe 4. Der Vorderrand der Vorderflügel oben nicht oder nur sehr schmal verdunkelt. Die ersten Querlinien der Hinterflügel sehr fein, oft zum Theil undeutlich oder in Flecke aufgelöst. N:o 17.

            b. Der Spitzenfleck der Vorderflügeloberseite ist gross und erreicht am Saume die Rippe 2. Der Vorderrand der Vorderflügel bis hinter der Spitze der Mittelzelle sehr breit schwarz, die vordere Hälfte der Mittelzelle bedeckend und die Rippe 5 erreichend, aber durch die weisse Grundfarbe der Felder 5, 6, 9—11 vom Spitzenflecke getrennt. Die Querlinien der Hinterflügel alle sehr dick und deutlich. N:o 18.

          2. Die Flügel ockergelb. Die vier äussersten Querlinien der Hinterflügelunterseite in den Feldern 4 und 5 unterbrochen. Der Spitzenfleck der Vorderflügel erreicht nur die Rippe 4.   N:o 19.

    **. Die Hinterflügel unten ohne Querlinien, aber mit 7 schwarzen Punkten (3 in 1 c und je einem in 2, 4, 6 und 7). Die Flügel mit gelber Grundfarbe. Der Spitzenfleck der Vorderflügel erreicht wenigstens die Rippe 3.   N:o 20.

9. **L. fatima** KIRBY, An. N. H. (6) 6, p. 268 (1890), Coll. Staud. — SMITH & KIRBY, Rhop. Exot. 18, Lycæn. Afr., p. 62, t. 15, f. 8, 9 (1891). — AURIV., Ent. Tidskr. 16, p. 202 (1895).

Kamerun[71] — Gabun — Kuilu-Fluss.

10. **L. Alluaudi** MABILLE, An. E. Fr. (6) 10, p. 23, t. 2, f. 2 (1890). — KARSCH, B. E. Z. 38, p. 216 (1893). — AURIV., Ent. Tidskr. 16, p. 202 (1895).

Elfenbeinküste — Togo[*4] — Kamerun[71].

11. **L. decipiens** KIRBY, An. N. H. (6) 6, p. 268 (Sept. 1890), Coll. Staud. — SMITH & KIRBY, Rhop. Exot. 19, Lycæn. Afr., p. 67, t. 16, f. 7, 8 (1891). *leucostola* HOLLAND, Psyche 5, p. 429 (Dez. 1890). Coll. Holland.

Kamerun: Barombi — Ogowe-Fluss — Congogebiet: Isangi (DEWEVRE).

12. **L. xanthostola** HOLLAND, Psyche 5, p. 429 (1890), Coll. Holland.

Ogowe-Fluss.

13. **L. evanescens** KIRBY, An. N. H. (5) 19, p. 364 (1887), Coll. Gr. Smith. — SMITH & KIRBY, Rhop. Exot. 2, Lycæn. Afr., p. 9 (5), t. 2, f. 11, 12 (1887).

Kamerun — Gabun — Kuilu.

14. **L. immaculata** Staud., Exot. Schm. 1, p. 268, t. 94 (1887—88), Coll. Staud.
xanthis Holland, Psyche 5, p. 429 (1890), Coll. Holland.
Ogowe-Fluss.   Süd-Afrika ?

15. **L. subundularis** Staud., Iris 4, p. 215 (1891), Coll. Staud. — Smith & Kirby, Rhop.
Exot. 21, Lycaen. Afr., p. 75, t. 18, f. 9, 10 (1892).
Kamerun — Ogowe-Fluss.

16. **L. undina** Smith & Kirby, Rhop. Exot. 29, Lycaen. Afr. p. 117, t. 25, f. 6, 7 (1894),
Coll. Staud.
Kuilu-Fluss.

17. **L. undularis** Hew., Exot. Butt. Pentila & Liptena, t. 1, f. 7 (1866), Mus. Brit. —
Smith & Kirby, Rhop. Exot. 2, Lycaen. Afr., p. 9 (5), t. 2, f. 13 (1887).
Gabun — Kuilu — Congo.

18. **L. Ferrymani** Smith & Kirby, Rhop. Exot. 15, Lycaen. Afr., p. 50, t. 12, f. 11, 12
(1891), Coll. Gr. Smith.
Niger-Fluss: Lokoja.

19. **L. flavicans** Smith & Kirby, Rhop. Exot. 15, Lycaen. Afr., p. 50, t. 12, f. 5—8 (1891).
Coll. Staud.
Kamerun: Barombi.

20. **L. Homeyeri** Dewitz, B. E. Z. 28, p. 188, t. 1, f. 3, 3ª (1884), Mus. Berol.
Congogebiet: Quango.

Dritte Gruppe.

Die Arten, welche ich zu dieser Gruppe geführt habe, erinnern sehr an die *Pseuderesien* und werden darum auch gewöhnlich in der Litteratur als *Pseuderesia*-Arten betrachtet. Von den ächten Pseuderesien sind sie indessen immer durch die in beiden Flügeln freie Rippe 6 leicht zu unterscheiden. Die Geschlechter sind besonders oben dadurch verschieden, dass die rothgelbe Farbe bei den ♀♀ mehr ausgedehnt ist als bei den ♂♂.

Uebersicht der Arten.

A. Die Spitzenhälfte der Vorderflügel unten schwarz mit breiter, weisser Subapicalbinde. Die Hinterflügel unten orangegelb mit grossen, schwarzen, in den Feldern 1 b—3, 6 und 7 weissgefleckten Saumflecken und einem schwarzen Punkte im Felde 7. ♂. Die Vorderflügel oben einfarbig schwarz, die Hinterflügel mit orangerother Mittelbinde.   N:o 21.

B. Die Vorderflügel nie unten mit weisser Subapicalbinde, bisweilen aber mit kleinen, hellen Flecken.
  a. Die Hinterflügel unten wenigstens bis über die Mitte hinaus gelb—orangegelb mit mehreren, scharf hervortretenden, schwarzen Punkten und Flecken.
    *. Grosse Art, 36—40 Millim. Die Vorderflügel beim ♂ oben einfarbig schwarz, die Hinterflügel oben mit einer breiten, gelbrothen Mittelbinde, welche jedoch den Vorderrand nicht erreicht. N:o 22.

**. Kleinere Arten, 28—30 Millim. Beide Flügel oben rothgelb; der Vorderrand und die Spitze der Vorderflügel sehr breit schwarz; der Aussenrand beider Flügel 2—3 Millim. breit schwarz.

  1. Beide Flügel unten vor dem Saume mit einer gelben, sehr tief gezackten, auf beiden Seiten schwarz begrenzten Querlinie.   N:o 23.

  2. Diese Querlinie nicht oder nur unvollständig vorhanden und nur gewellt oder schwach gezackt. Das Feld 6 der Vorderflügelunterseite vor der Saumlinie stets breit gelb ohne Zeichnungen.   N:o 24.

†. Die Hinterflügel unten dunkelbraun schwarz.

  *. Die Hinterflügel unten mit orangegelben—rothgelben oder röthlichen und gewöhnlich auch mit schwärzlichen Flecken. Die Flecke gewöhnlich nicht scharf hervortretend.

    †. Auf der Unterseite der Hinterflügel steht im Felde 1 c, der Wurzel der Rippe 2 gegenüber, ein tief schwarzer, rothgeringelter Punkt.

      1. Die Hinterflügel oben schwarz mit einem rothgelben Längenflecke in der Mitte. Die Vorderflügel oben beim ♂ einfarbig schwarz, beim ♀ mit einem grossen, rothgelben Längenflecke, welcher die Wurzel der Felder 1 b, 2, 3 (und 4) bedeckt.   N:o 25.

      2. Beide Flügel beim ♂ oben einfarbig schwarz.   N:o 26.

    ††. Die Hinterflügelunterseite unten ohne solchen Punkt im Felde 1 c. Die Mittelzelle und der Vorderrand der Vorderflügel oben einfarbig schwarz.   N:o 27—29.

  **. Die Hinterflügel unten mit zahlreichen, hellgelben oder weissen, ungleich grossen Flecken auf schwarzem Grunde. Die Vorderflügel oben beim ♂ einfarbig schwarz, beim ♀ mit einem grossen, orangegelben, nach vorn stark verjüngten Hinterrandsfleck. Die Hinterflügel beim ♀ oben orangegelb mit schwarzem Vorderrande, breiter, schwarzer Saumbinde und 2—3 schwarzen Querstrichen in der Mittelzelle.

    1. ♂. Die Hinterflügel oben in der Mitte mit orangegelber Querbinde. ♀. Der Hinterrandsfleck der Vorderflügel erreicht fast den Vorderrand.   N:o 30.

    2. ♂. Die Hinterflügel oben schwarz ohne Zeichnungen. ♀. Der Hinterrandsfleck der Vorderflügel erreicht nur die Rippe 4.   N:o 31.

21. **L. subvariegata** Smith & Kirby, Rhop. Exot. 14, Lycaen. Afr., p. 43, t. 11, f. 3, 4 (1890), Coll. Staud.
Kamerun.

22. **L. tullia** Staud., Iris 4, p. 221 (1891), Coll. Staud. — Fig. 27.
Gabun.

23. **L. similis** Kirby, An. N. H. (6) 6, p. 264 (1890), Coll. Staud.
— Smith & Kirby, Rhop. Exot. 17, Lycaen. Afr., p. 58, t. 14,
f. 3, 4 (1891); 20, p. X (1892).
olombo Holland, Psyche 5, p. 429 (1890), Coll. Holland.
Kamerun.

Fig. 27. *Liptena tullia* Staud.

24. **L. turbata** Kirby, An. N. H. (6) 6, p. 263 (1890), Coll. Staud. — Smith & Kirby, Rhop. Exot. 17, Lycaen. Afr., p. 58, t. 14, f. 13, 14 (1891).
Kamerun — Knilu-Fluss.

25. **L. catalina** Smith & Kirby, Rhop. Exot. 1, Lycaen. Afr., p. 4, t. 1, f. 7, 8 ♀ (1887); 14, p. 44, t. 11, f. 1, 2 ♂ (1890), Coll. Gr. Smith. — Auriv., Ent. Tidskr. 16, p. 201 (1895).
Sierra Leona — Lagos — Kamerun.

26. **L. tripunctata** SMITH & KIRBY, Rhop. Exot. 29, Lycæn. Afr., p. 116, t. 25, f. 3, 4 (1894), Coll. Staud.
Kuilu-Fluss.

27. **L. ideoides** DEWITZ, D. E. Z. 30, p. 428, t. 2, f. 9, 9ᵃ (1886), Mus. Berol.
♀ *Girthi* DEWITZ, D. E. Z. 30, p. 428, t. 2, f. 7, 7ᵃ (1886), Mus. Berol.
Congogebiet: Mukenge.

28. **L. otlauga** SMITH & KIRBY, Rhop. Exot. 14, Lycæn. Afr., p. 16, t. 11, f. 9, 10 (1890), Coll. Staud.
Kamerun.

29. **L. infima** SMITH & KIRBY, Rhop. Exot. 14, Lycæn. Afr., p. 46, t. 11, f. 15, 16 (1890), Coll. Gr. Smith. — præcedentis var.?
Sierra Leona.

30. **L. helena** H. H. DRUCE, Ent. M. Mag. 25, p. 108 (1888), Coll. Druce. — SMITH & KIRBY, Rhop. Exot. 11, Lycæn. Afr., p. 35, t. 9, f. 1, 2 (1890).
♀ *orycinoides* SMITH & KIRBY, Rhop. Exot. 14, Lycæn. Afr., p. 47, t. 11, f. 11, 12 (1890), Coll. Staud.
Ashanti — Kamerun.

31. **L. modesta** KIRBY, An. N. H. (6) 6, p. 270 (Sept. 1890), Coll. Staud. — SMITH & KIRBY, Rhop. Exot. 22, Lycæn. Afr., p. 81, t. 19, f. 7, 8 (1892).
latruncularia HOLLAND, Psyche 5, p. 426 (Dez. 1890), Coll. Holland.
Kamerun — Gabun — Kuilu.

°32. **L. despecta** HOLLAND, Psyche 5, p. 426 (1890), Coll. Holland.
Ogowe-Fluss.

Vierte Gruppe.

Zu dieser Gruppe gehört nur eine einzige, sehr charakteristische, kleine (18‴—24‴) Art. Die Unterseite beider Flügel ist weiss mit folgenden schwarzen Zeichnungen: ein Punkt auf der Schlussrippe der Mittelzelle; eine feine, aus kleinen Strichelchen gebildete Diskallinie, welche 2—3 Millim. vom Saume entfernt ist, und eine zum Theil in Strichelchen aufgelöste Saumlinie. Dazu kommt (wenigstens) auf den Vorderflügeln eine dicke Submarginallinie, welche bei der Hauptform zu einem sehr grossen Spitzenfleck erweitert ist.

33. **L. ilma** HEWITSON, Exot. Butt. Pentila & Liptena, t. 2, f. 13 (1873), Mus. Brit.
Congogebiet: Isangi (DEWÈVRE) — Angola.
var. **simplex** AURIV., Ent. Tidskr. 16, p. 201 (1895), Mus. Holmiæ.
ilma KARSCH, B. E. Z. 38, p. 217 (1893).
Togo[x4] — Kamerun.

-- -- -- --

Als Anhang führe ich hier in alphabetischer Reihenfolge einige Arten auf, welche ich nicht gesehen habe und die ich darum zu den richtigen Gattungen nicht führen konnte. Die meisten gehören jedoch wahrscheinlich zu *Liptena*.

34. **L.? cornucopiæ** Holland, An. N. H. (6) 10, p. 285 (1892), Coll. Holland. — *»D'Urbania»*.
Ogowe-Fluss.

°35. **L.? galenides** Holland, Ent. News 6, p. 167 (1895), Coll. Holland. — *Teriomima*.
Kamerun.

36. **L.? mapongua** Holland, Ent. News 4, p. 24 (1893), Coll. Holland. — *D'Urbania*.
Ogowe-Fluss.

°37. **L.? o-rubrum** Holland, Psyche 5. p. 425 (1890), Coll. Holland. — *Pseuderesia*.
Ogowe-Fluss.

38. **L.? osheba** Holland, Psyche 5. p. 428 (1890), Coll. Holland. — *D'Urbania*.
Ogowe-Fluss.

39. **L.? pseudosoyauxi** Ehrmann, Journ. N. York E. Soc. 2, p. 78 (1894), Coll. Ehrm.
— *»Liptena*.
Liberia.

40. **L.? umbra** Holland, An. N. H. (6) 10, p. 285 (1892), Coll. Holland. — *Pentila*.
— vix descripta!
Ogowe-Fluss.

11. **Micropentila** Auriv.

= *Micropentila* Auriv., Ent. Tidskr. 16, p. 203 (1895).

Die Rippen sind bei dieser Gattung ganz wie bei *Liptena* angeordnet. Die Palpen aber sind kürzer und ihr Mittelglied ist unten mit abstehenden, borstenähnlichen Haaren oder Schuppen bekleidet. Die Zeichnung der Unterseite ist bei mehreren Arten der der Liptena-Arten N:o 30 und 31 so ähnlich, dass es fraglich sein kann, ob es nicht besser wäre auch die Micropentilen als eine Gruppe von *Liptena* zu betrachten.

Uebersicht der Arten.

A. Die Flügel oben schwarzbraun; die Vorderflügel mit 1—5 kleinen, weisslichen Flecken; die Hinterflügel einfarbig oder nur mit einem kleinen, weisslichen Flecke. Die Flügel unten mit zahlreichen, weisslichen Flecken. Die Flügelfranzen weissgefleckt.

α. Grösser, 22—26 Millim. Die Vorderflügel oben mit zwei Flecken vor der Mitte (in 1 b und in der Mittelzelle) und drei hinter der Mitte (in 3, 6 und 9). N:o 1.

,β. Kleiner, 17—20 Millim. Die Vorderflügel oben nur mit zwei oder drei Flecken hinter der Mitte in den Feldern (3), 5 und 9.   N:o 2.

B. Die Hinterflügel oben mit einer wenigstens am Innenrande deutlichen, orangegelben Mittelbinde. Die Vorderflügel oben beim ♂ einfarbig, schwarzbraun, beim ♀ mit gelber, gegen den Vorderrand verschmälerter Mittelbinde. Die Flügelfranzen einfarbig.

α. Die Flügel unten mit zahlreichen, weisslichen Flecken. Die Hinterflügel des ♂ oben mit einer sehr deutlichen, orangegelben Mittelbinde, welche jedoch nur die Rippe 5 oder 6 erreicht.   N:o 3.

,β. Die Flügel unten ohne weissliche Flecke oder höchstens mit weisslicher Begrenzung der schwarzen Saumpunkte.

*. ♂. Die Hinterflügel oben mit einer dreieckigen, am Innenrande breiten, orangegelben Mittelbinde, welche die Rippe 5 oder 6 erreicht. Unten ist diese Binde viel schmäler und heller, erreicht aber den Vorderrand. Die Vorderflügel auf beiden Seiten einfarbig, schwarzbraun. Die Flügel unten ohne schwarze Saumpunkte.   N:o 4.

**. ♂. Die Mittelbinde der Hinterflügel ist oben nur am Innenrande deutlich, hell graugelb, unten aber vollständig, gelblich grau. Die Vorderflügel unten mit deutlicher grauer Bogenlinie hinter der Mitte; oben ist diese Querlinie sehr schwach angedeutet. Beide Flügel unten mit schwarzen Saumpunkten, welche nach innen von kleinen grauen Bogen begrenzt sind.   N:o 5.

1. **M. adelgunda** STAUD., Iris 4, p. 219, (1891), Coll. Staud. — SMITH & KIRBY, Rhop. Exot. 22, Lycæn. Afr., p. 80, t. 19, f. 1—3 (1892).
Kamerun: Barombi — Ogowe-Fluss.

2. **M. adelgitha** HEW., Ent. M. Mag. 11, p. 36 (1874), Mus. Brit. — STAUD., Iris 4, p. 219 (1891). — SMITH & KIRBY, Rhop. Exot. 22, Lycæn. Afr., p. 79, t. 19, f. 4—6 (1892).
moneta MAB., An. E. Fr. (6) 10, p. 23, t. 2, f. 4 (1890).
Kamerun: Barombi — Gabun.

3. **M. alberta** STAUD., Iris 4, p. 220 (1891), Coll. Staud. — SMITH & KIRBY, Rhop. Exot. 22, Lycæn. Afr., p. 82, t. 19, f. 11—14 (1892).
Ogowe-Fluss.

4. **M. triangularis** AURIV., Ent. Tidskr. 16, p. 203 (1895), Mus. Holmiæ.
Kamerun.

5. **M. brunnea** KIRBY, An. N. H. (5) 19, p. 368 (1887). — SMITH & KIRBY, Rhop. Exot. 4, Lycæn. Afr., p. 16, t. 4, f. 5, 6 (1888).
‹West-Afrika›.

6. **M.? fuscula** SMITH, Nov. Zool. 5, p. 355 (1898), Mus. Tring.
Benin: Warri.

12. Eresina nov. gen.

Antennæ mediocres, medium marginis antici alar. ant. vix attingentes, apicem cellulæ discoidalis autem superantes; clava distincta, ovalis, admodum compressa. — Palpi squamosi et subsetosi, frontem sat longe superantes, articulo ultimo sat longo, subcylindrico. —

Pedes breves, adpresse squamosi; tibiæ posticæ compresso-incrassatæ, subcurvatæ. — Alæ anticæ costis 11 tantum præditæ: costa 3 e latere postico ante angulum posticum, costa 4 ex angulo postico, costa 5 ab angulo antico cellulæ propius, costa 6 longe pone apicem cellulæ e trunco communi costarum 7 et 8, costa 9 aut ex eodem trunco paullo pone apicem cellulæ discoidalis aut ex apice cellulæ discoidalis costaque 10 sola libera e latere antico cellulæ oriuntur; costa 7 in apicem alæ egreditur. — Alæ posticæ costis 8 præditæ: costa 6ª et 7ª petiolo longo communi instructæ. Costula præcostalis deest. — Cellulæ discoidales clausæ, breves, medium alæ haud attingentes. — Abdomen mediocre, alas posticas non (♀) aut breviter (♂) superans.

Fig. 23. Rippenbau von *Eresina corynetes* Sm. & Kirb.

Das Geäder dieser Gattung weicht nicht nur von dem der Liptaninen, sondern auch von demjenigen von allen afrikanischen Lycæniden so beträchtlich ab, dass ein Blick auf die Abbildung des Geäders genügt, um die hieher gehörenden Formen sofort zu erkennen. Die Rippe 6 der Vorderflügel entspringt nämlich sehr weit hinter der Spitze der Mittelzelle aus dem Stiele von 7 + 8 und hinter dem Ursprunge der Rippe 9. Ob diese Rippe 9 der Rippe 9 oder 10 der übrigen Liptaninen entspricht, vermag ich nicht zu entscheiden. Aus dem Vorderrande der Mittelzelle entspringt bei *corynetes* nur eine einzige Rippe (die Rippe 10), bei *gerda* zwei Rippen, von denen jedoch die äussere (9) aus der Spitze selbst kommt. Bei *gerda* ist die MDC beider Flügel sehr kurz oder fehlt ganz.

Durch Farbe und Zeichnung erinnern die *Eresina*-Arten theils an *Pseuderesia*, theils an die Arten der vierten Gruppe von *Liptena*.

Als Typus betrachte ich »*D'Urbania*» *corynetes* Smith & Kirby.

Uebersicht der Arten.

A. Die Flügel wellenrandig. Die Hinterflügel oben orangegelb, der Innenrand sehr breit (wenigstens bis zur Mittelzelle und zur Rippe 3) und der Saum (gegen die Spitze sehr verschmälert) schwarz. Die Vorderflügel oben beim ♂ einfarbig schwarz, beim ♀ mit einer orangegelben, am Hinterrande breiten, nach vorn verschmälerten und von der Rippe 6 begrenzten Mittelbinde. N:o 1.

B. Die Flügel ganzrandig, oben hell orangegelb, am Saume tiefer orangegelb. Die Flügel unten mit einer aus Flecken und Strichelchen gebildeten, schwach metallischen Submarginallinie. N:o 2.

1. **E. corynetes** Smith & Kirby, Rhop. Exot. 14, Lycæn. Afr., p. 47. t. 11, f. 7, 8 (1890). Coll. Staud.
Kamerun: Barombi.

2. **E. gerda** Kirby, An. N. H. (6) 6, p. 265 (1890), Coll. Staud. — Smith & Kirby, Rhop. Exot. 19, Lycæn. Afr., p. 65, t. 16, f. 9, 10 ♂, (non ♀) (1892). — alis anticis supra macula apicali triangulari brunnea in areis 1—8; alis posticis infra brunneo-ochraceis, densius striolatis.
Kamerun: Barombi.

var. (ab.?) **unicolor** n. var. — ♂. Alis anticis supra tantum macula apicali minutissima fusca in area 6; alis posticis infra sulphureis, parum brunneo-punctatis et striolatis. — Coll. Staud.
Knilu-Fluss.

13. **Argyrocheila** Staud.

Argyrocheila Staud., Iris 4, p. 215 (1891). — Smith & Kirby, Rhop. Exot. 21, Lycæn. Afr., p. 76 (1892).

Fig. 29. Rippenbau von *Argyrocheila undifera* Staud.

Diese sehr eigenthümliche Gattung steht unter den Lipteninen sehr isolirt da und zeigt keine deutlichen verwandtschaftlichen Beziehungen zu anderen Gattungen. Hinsichtlich des Rippenbaues stimmt sie jedoch, wie die beistehende Abbildung zeigt, fast ganz mit *Eresina* überein, ausgenommen, dass die Rippe 8 der Vorderflügel, wenn auch äusserst klein, vorhanden ist.

1. **A. undifera** Staud., Iris 4, p. 215 (1891). Coll. Staud. — Smith & Kirby, Rhop. Exot. 21, Lycæn. Afr., p. 77, t. 18, f. 11, 12 (1892). Ogowe-Fluss.

14. **Aslauga** Kirby.

= *Aslauga* Kirby, An. N. H. (6) 6, p. 261 (1890). — Röber in Staud. & Schatz, Exot. Schm. 2, p. 282, t. 50 (1892).

Im Rippenbau stimmt diese Gattung fast ganz mit *Liptena* überein und weicht hauptsächlich nur durch die ungewöhnliche Form der Flügel ab. Die Vorderflügel sind hinter der Spitze am Ende der Rippe 6 eingebuchtet oder gerade und treten dann stark bauchig hervor. Ihre Spitze wird hierdurch schärfer und deutlicher als bei den *Liptena*-Arten. Die Hinterflügel sind am Innenrande zwischen 1 a und 1 b breit und tief ausgeschnitten und der Analwinkel tritt dadurch nach innen scharf hervor.

Uebersicht der Arten.

A. Die Flügel auf beiden Seiten ockergelb, oben am Vorderrande und am Saume breit schwarzbraun. Hinterkörper gelblich.

B. Die Flügel unten mit grauer- violettbrauner Grundfarbe, oben wenigstens in der Mitte bläulich überzogen.

   α. Die Flügel unten ganz einfarbig violettbraun ohne Zeichnungen, oben dunkelblau mit schwarzem Vorderrande beider Flügel und schwarzer Spitze und Saumbinde der Vorderflügel.   N:o 2.

   β. Die Flügel unten grau mit einem geraden, dunkelbraunen Querstreifen, welcher am Vorderrande dicht vor der Spitze anfängt und fast an der Mitte des Hinterrandes (resp. des Innenrandes) endet. Beide Flügel oben beim ♀ mit dunklem Saume und Vorderrande, an der Wurzel hell blau und dann bläulich grau; ♂ mir unbekannt.   N:o 3.

1. **A. marginata** Plötz, S. E. Z. 41, p. 204 (1880), Mus. Gryph.
   marginalis Kirby, An. N. H. (6) 6, p. 261 (Sept. 1890), Coll. Gr. Smith. — Smith & Kirby, Rhop. Exot. 22, Lycæn. Afr., p. 83, t. 19, f. 15 (1892).
   ♀ *subfalcida* Holland, Psyche 5, p. 423 (Dez. 1890).
   Sierra Leona — Kamerun — Ogowe-Fluss.

2. **A. vininga** Hew., Ent. M. Mag. 11, p. 183 (1875). Mus. Brit. Hew., Ill. D. Lep., Suppl., p. 35, t. 5ᵇ, f. 3 (1878).
Kamerun. Fernando Po.

3. **A. purpurascens** Holland, Psyche 5, p. 424 (Dez. 1890). — Smith & Kirby, Rhop. Exot. 23, Lycaen. Afr., p. 88, t. 20, f. 7, 8 (1893).
Ogowe-Fluss.

15. **Euliphyra** Holland.

= *Euliphyra* Holland, Psyche 5, p. 423 (Dez. 1890), vix descripta. — Smith & Kirby. Rhop. Exot. 23, Lycaen. Afr., p. 89 (1893).

Da die Gattungsmerkmale bisher nur sehr unvollständig angegeben wurden, liefere ich hier einige Zuträge nach einem Stücke von *mirifica*, das ich untersucht habe.

Die Augen sind nackt. — Die Fühlerkeule deutlich abgesetzt, drehrund. Die Vorderflügel mit 12 Rippen: Rippe 6 aus dem Stiele von 7 + 8 + 9, Rippe 7 in den Saum nahe an der Spitze, 10 und 11 frei aus dem Vorderrande der Mittelzelle; die Rippe 5 entspringt etwas näher an 6 als an 4. — Die Hinterflügel mit 8 Rippen; die Rippe 2 entspringt ungewöhnlich nahe an der Hinterecke der Mittelzelle, 3 und 4 aus der Hinterecke kurz vereinigt; 6 und 7 getrennt. — Die Palpen ziemlich kurz mit kurzem, geneigtem Endgliede.

Im Rippenbau stimmen die übrigen Arten fast ganz mit *mirifica* überein (die Rippe 7 der Vorderflügel geht jedoch fast in die Spitze aus) und weichen nur durch die Flügelform von ihr ab.

Uebersicht der Arten.

A. Der Saum der Hinterflügel abgerundet. Die Flügel oben dunkelbraun mit einem grossen, weisslichen Hinterrandsfleck in 1 a und 1 b der Vorderflügel, unten mit violettgrauer −brauner Grundfarbe und braunen und weissgelblichen Zeichnungen. N:o 1.

B. Der Saum der Hinterflügel deutlich geeckt. Die Hinterflügel unten mit weisser Grundfarbe.
  α. Der Saum der Hinterflügel am Ende der Rippe 2 am meisten hervortretend, geeckt. N:o 2.
  β. Der Saum der Hinterflügel am Ende der Rippe 3 geeckt.
    *. Die Flügel oben braun, gegen die Spitze der Vorderflügel schwärzlich. Die Vorderflügel oben mit einem grossen, weisslichen Flecke, welcher die Spitze der Mittelzelle, die Würzel der Felder 2 −5 und die Mitte des Feldes 1 b bedeckt. N:o 3.
    **. Die Flügel oben weiss, am Saume breit schwarzbraun und mit schwarzbraunem Vorderrande der Vorderflügel. N:o 4.

1. **E. mirifica** Holland, Psyche 5, p. 423 (1890), Coll. Holl. — Smith & Kirby, Rhop. Exot. 23, Lycaen. Afr., p. 89, t. 20. f. 11, 12 (1893).
Ogowe-Fluss.

2. **E. leucyania** Hew., Trans. Ent. Soc. London 1874, p. 355 ♂, non ♀ (1874), Mus. Brit. — Hew., Ill. D. Lep. Suppl., p. 34, t. 5ᵇ, f. 2 ♂ (1878).
Old Calabar.

3. **E. Hewitsoni** n. sp.[1]

leucyania ♀ HEW., Trans. Ent. Soc. London 1874, p. 355 (1874). Mus. Brit. — HEW.,
III. D. Lep. Suppl., p. 34, t. 5 b, f. 1 (1878).
Old Calabar.

4. **E. Sjöstedti** AURIV., Ent. Tidskr. 16, p. 204, fig. 13 (1895), Mus. Holmiæ.
Kamerun.

16. Iridopsis n. nom.

Iris STAUD., Iris 4, p. 141 (1891) — nomen præoccup.

Fig. 39. Rippenbau
von *Iridopsis incre-
dibilis* STAUD.

Der Name *Iris* wurde schon 1869 von SAUSSURE (Mitth. schw. ent.
Ges. 3, p. 56) für eine Mantiden-Gattung verwendet und kann darum hier
nicht gebraucht werden. Der Name ist indessen in SCUDDER's Nomenclator
nicht aufgeführt und ich würde darum sicher SAUSSURES Gattung übersehen
haben, wenn nicht Prof. KARSCH mich darauf aufmerksam gemacht hatte.

Nach dem Typus gebe ich hier eine Abbildung des Geäders, welches
durch die sonderbare Biegung der Rippe 7 der Vorderflügel von alles, was
ich bei den Schmetterlingen gesehen habe abweicht. Dr. STAUDINGER hat
diese Biegung nicht genau bemerkt, sondern giebt unrichtig 5 Subcostaläste
der Vorderflügel an.

Uebersicht der Arten.

A. Die violettblaue Farbe der Oberseite bedeckt die ganze Mittelzelle und die Felder 1 a— 6 der Vorderflügel,
mit Ausnahme einer vorne stark erweiterten, schwarzen Saumbinde, und die Mittelzelle und die Felder 1 c—
6 der Hinterflügel mit Ausnahme einer schmalen Saumbinde.   N:o 1, 2.
B. Die tiefblaue Farbe der Oberseite bedeckt nur den grössten Theil der Felder 1 a— 3 der Vorderflügel und
die Mittelzelle nebst den Feldern 1 c—4 der Hinterflügel.
  α. Die blaue Farbe der Hinterflügeloberseite ungetheilt. Beide Flügel unten mit einer grünen Saumbinde.
                                                                                                 N:o 3.
  β. Die blaue Farbe der Hinterflügeloberseite am Ende der Mittelzelle durch einen schwarzen Querstrich tief
  eingeschnitten. Die Saumlinie der Unterseite silbergrau.   N:o 4.

1. **I. incredibilis** STAUD., Iris 4, p. 141, t. 1, f. 7 (1891), Coll. Staud.
Sierra Leona. Congogebiet: Zongo (Mus. Brux.).

2. **I. exquisita** SMITH. Nov. Zool. 5, p. 353 (1898), Mus. Tring. — præcedentis var.?
Ogowe.

---

[1] Nachdem ich die Typen von HEWITSONS *leucyania* ♂ und ♀ untersucht habe, glaube ich sicher,
dass sie zwei Arten angehören.

3. **I. perdita** Kirby. An. N. H. (6) 6, p. 274 (1890). Coll. Gr. Smith. — Smith & Kirby, Rhop. Exot. 16, Lycæn. Afr., p. 56, t. 13, f. 11, 12 (1891).
Kamerun.

°4. **I. Ansorgei** Smith, Nov. Zool. 5, p. 354 (1898). Mus. Tring.
Sierra Leona.

17. Deloneura Trimen.

= *Deloneura* Trimen, Trans. Ent. Soc. 1868, p. 81 (1868). — Trimen, S. Afr. Butt. 2, p. 224 (1887).

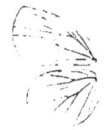

Fig. 31. Rippenbau von *Deloneura immaculata* Trimen.

Die einzige bisher bekannte Art dieser Gattung ist eine hellgelbliche, ganz zeichnungslose Form aus dem Kaffernlande. Ich habe das sehr seltene Thier in keiner europäischen Sammlung finden können. Durch die zuvorkommende Güte des Herrn L. Péringuey in der Capstadt wurde mir indessen aus dem dortigen Museum einer der drei Typen zur Ansicht gesandt. Nach diesem Stücke ist die hier gelieferte Abbildung des Geäders verfertigt.

Die Art, welche Staudinger als *D. immaculata* abbildet und nach welcher Röber dann die Gattungsmerkmale von *Deloneura* aufgestellt hat, ist eine ächte *Liptena* von der Untergattung *Parapontia*.

1. **D. immaculata** Trimen, Trans. Ent. Soc. 1868, p. 83, t. 5, f. 4 (1868). Mus. Africæ austr. — Trimen, S. Afr. Butt. 2, p. 226 (1887).
Kaffernland.

18. Epitolina Auriv.

< *Teriomima* Auctorum.
Epitolina Auriv., Ent. Tidskr. 16, p. 205 (1895).

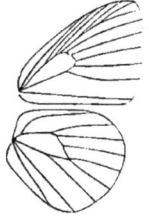

Fig. 32. Rippenbau von *Epitolina dispar* Kirby.

Die hieher gehörige Art (oder Arten?) wurde früher zu *Teriomima* gestellt, weicht aber im Rippenbau (vergl. die Figur) ganz von dieser Gattung ab und stimmt darin am nächsten mit *Epitola* überein. Auch in Farbe und Zeichnung bietet *Epitolina* grosse Uebereinstimmung mit den kleineren Arten von *Epitola* dar.

Die Unterseite zeigt sich beim Vergleich mehrerer Stücke so veränderlich, dass ich keine Grenze zwischen den beschriebenen Formen ziehen kann, sondern alle als eine Art betrachten muss. Es giebt so gar Stücke, die unten ganz einfarbig ohne Zeichnungen sind. Das ♂ ist oben mehr oder weniger blau- oder violett-glänzend, das ♀ ist oben braun mit einem grossen, gelben, nach vorn verschmälerten Flecke in den Feldern 1 b—5 der Vorderflügel.

1. **E. dispar** KIRBY. An. N. H. (5) 19, p. 367 (1887), Coll. Gr. Smith. — SMITH & KIRBY, Rhop. Exot. 4, Lycaen. Afr., p. 17, t. 4, f. 9—12 (1888); 20, p. X (1892). — DRUCE, Ent. M. Mag. 28, p. 65 (1892). — alis post. infra fascia ochracea submedia dilatata.

anestra MÖSCHLER, Abh. Senck. Ges. 15, p. 63, tab., fig. 21 (1888).

var. (ab.?) **cordelia** KIRBY, An. N. H. (6) 6, p. 270 (1890), Coll. Staud. — SMITH & KIRBY, Rhop. Exot. 22, Lycaen. Afr., p. 82, t. 19, f. 9, 10 (1892). — alis post. infra fasciato-maculatis, fasciis aequalibus, media haud latiore.

var.? **melissa** H. H. DRUCE, Ent. M. Mag. 25, p. 109 (1888), Coll. H. Druce. — DRUCE, Ent. M. Mag. 28, p. 65 (1892). — alis supra purpureo-micantibus, infra fere ut in *cordelia* signatis.

dubia KIRBY, An. N. H. (6) 6, p. 271 (1890), Coll. Staud.

Sierra Leona — Ashanti[16] — Kamerun.

19. **Phytala** WESTW.

Phytala WESTW., Gen. D. Lep., p. 471 (1852). — RÖBER in STAUD. & SCHATZ, Exot. Schm. 2, p. 287, t. 50 (1892).

Phytala steht der folgenden Gattung sehr nahe und kann davon nur durch die Vereinigung der Rippen 11 und 12 der Vorderflügel unterschieden werden. Einige bisher zu *Epitola* gestellte Arten müssen jedoch aus diesem Grunde zu *Phytala* hinübergeführt werden. Die ♂♂ sind oben zum grössten Theil blau.

Uebersicht der Arten.

A. Grosse Art, 60—67 Millim. Die Flügel unten mit abwechselnden, hellen und dunklen, breiten Querbinden. — ♂. Die grünlich blaue Farbe der Vorderflügeloberseite ohne schwarze Flecke. Die Vorderflügel oben an der Wurzel des Hinterrandes mit schwärzlichem Mehlfleck.   N:o 1.

B. Kleinere Arten, 32—36 Millim. — ♂. Die blaue Farbe der Vorderflügeloberseite mit schwarzen Flecken in der Mittelzelle und in der Wurzel der Felder (2, 3), 4—6.

  a. Die Hinterflügel unten mit breiter, weisslicher Mittelbinde.

    '. ♂. Die Hinterflügel unten an der Wurzel des Feldes 1 a mit einem kleinen, ovalen, dunklen Mehlfleck. Die Rippe 1 dadurch an ihrer Wurzel stark vorwärts gebogen.

      §. Die blaue Farbe der Hinterflügeloberseite erreicht beim ♂ in den Feldern 1 c—6 fast den Saum und ist nur durch eine sehr feine schwarze Saumlinie von den dunklen Franzen getrennt.

        1. Die Mittelbinde der Hinterflügelunterseite überall fast gleich breit; in der Mitte zwischen dem Saume und der Mittelbinde verläuft eine helle Submarginallinie.   N:o 2.

        2. Die Mittelbinde der Hinterflügelunterseite in den Feldern 5 und 6 deutlich nach aussen erweitert; keine helle Submarginallinie.   N:o 3.

      §§. Die Hinterflügel des ♂ oben mit 2 Millim. breiter, schwarzer Saumbinde.   N:o 4.

    '' . ♂. Die Vorderflügel oben ohne Mehlfleck an der Wurzel des Feldes 1 a; ihre Rippe 1 an der Wurzel fast gerade.   N:o 5.

b. Die Hinterflügel unten ohne helle Mittelbinde. — ♂. Die Vorderflügel ohne Mehlfleck an der Wurzel. Die Hinterflügel oben fast bis zum Saume blau.   N:o 6.

1. **Ph. elais** DOUBL. & HEW., Gen. D. Lep., t. 77, f. 2 (1852). Mus. Brit. — HEW., Cat.
Lycaen. Brit. Mus., p. 2, t. 1, f. 2 (1862). — STAUD., Exot. Schm. 1, p. 268, t. 94
(1888). — ♀ HOLLAND, Psyche 5, p. 425 (1890).
Ashanti — Kamerun — Ogowe — Kuilu — Bangasso am oberen
Ubangi (Mus. Brux.).

2. **Ph. hyetta** HEW., Ent. M. Mag. 10, p. 150 (1873); Ill. D. Lep. Suppl.
p. 19, t. 1b, f. 11,[1] 12 (1878). Mus. Brit.
Angola.

Fig. 33. *Ph. hyettina* AURIV. ♂.

3. **Ph. hyettoides** AURIV., Ent. Tidskr. 16, p. 206 (1895). Mus. Holmiae.
Kamerun — Gabun (Coll. Staud.).

4. **Ph. hyettina** AURIV., Ent. Tidskr. 18, p. 214 (1898), Coll. Staud.
Sierra Leona.

Fig. 34. *Ph. intermixta* AURIV. ♂.

5. **Ph. intermixta** AURIV., Ent. Tidskr. 18, p. 215 (1898), Coll. Staud.
Kuilu.

6. **Ph. Henleyi** KIRBY, An. N. H. (6) 6, p. 272 (1890), Coll. Staud. — SMITH & KIRBY,
Rhop. Exot. 20, Lycaen. Afr., p. 57, t. 17, f. 3, 4 (1892).
Kamerun: Barombi.

20. **Epitola** WESTW.

= *Epitola* WESTW., Gen. D. Lep., p. 470 (1852). — RÖBER in STAUD. & SCHATZ, Exot.
Schm. 2, p. 278, t. 50 (1892). — KARSCH, B. E. Z. 38, p. 213 (1893).

Die zahlreichen Arten dieser Gattung verdienen einmal genau studiert und monographisch bearbeitet zu werden. Noch ist aber das in Europa vorhandene Material für
eine solche Bearbeitung zu gering. Ich habe zwar die meisten Arten gesehen, konnte aber
nicht alle hinreichend untersuchen. Im Rippenbau stimmen sie gewöhnlich mit *E. posthumus* ♂ darin überein, dass die Rippen 10 und 11 der Vorderflügel frei aus der Mittelzelle
entspringen. Ich habe nämlich diese Rippen frei gefunden bei *Hewitsoni, miranda, posthumus* ♂, *urania, Crowleyi, ceraunia, Staudingeri, gerina, badura, marginata* ♀, *carcene, zelica,
cephena, barombiensis, catuna, conjuncta* und *pinodoides*. Dagegen entspringt die Rippe 10 aus
dem Stiele von 7 + 8 + 9 weit hinter der Spitze der Mittelzelle bei *honorius* und kurz hinter
der Mittelzelle bei *carcina, leonina* STAUD. und *zelza*. Bei *carcina* ♀ habe ich jedoch auch
gefunden, dass die Rippe 10 und der Stiel von 7 + 8 + 9 von demselben Punkte ausgehen
können. Bei *posthumus* ♀ und *doleta* kann auch die Rippe 11 die Rippe 12 berühren oder

---

[1] Bei Untersuchung des typischen Stückes habe ich gefunden, dass die schwarze Farbe in 1 b und in der
Wurzel des Feldes 2 der Vorderflügeloberseite nur von der Abreibung der Schuppen herrührt.

mit dieser an einem Punkte vereinigt sein. Die übrigen Arten habe ich hinsichtlich ihres Rippenbaues nicht untersucht.

Die hier besprochenen Verschiedenheiten in der Anordnung der Rippen 10 und 11 der Vorderflügel scheinen nicht immer ganz konstant zu sein und lassen sich nicht zur Bildung natürlicher Gruppen verwenden.

Statt ihrer habe ich mich darum der Zeichnung und der männlichen Haar- oder Sammetflecke bedient.

Uebersicht der Arten.

I. Die Hinterflügel unten an der Wurzel mit schwarzen Punktflecken in der Mittelzelle und in den Feldern 1 c, 7 (und 8). — ♂. Die Vorderflügel oben im Felde 1 a oder auf der Rippe 1 mit einer (schiefen) Längenreihe von schwarzen, nach hinten gerichteten Haaren.

A. Der Saum der Hinterflügel am Ende der Rippe 3 stumpf gelappt. Die Hinterflügel unten (an der Wurzel) dunkel violettgrau. — ♂. Die Vorderflügel oben ohne Mehlfleck in 5, 6 und 9.

α. ♂. Die Vorderflügel oben bis über die Mitte hinaus blau ohne schwarze Flecke. N:o 1.

β. ♂. Die violettblaue Farbe der Vorderflügeloberseite bedeckt nur die Wurzel der Felder 1 b und 2 und bildet Flecke in 3—6 und 9. Die Mittelzelle fast ganz schwarz, nur an der Wurzel mit einigen blauen Schuppen. N:o 2.

B. Die Hinterflügel ganzrandig mit stark gebogenem Saume, unten an der Wurzel braungelb. — ♂. Die Vorderflügel oben in der Mittelzelle und in 1 a—3 blau mit einem grossen, schwarzgrauen Mehlfleck, welcher die Wurzelhälfte der Felder 5, 6 und 9 bedeckt und nach aussen von kleinen blauen Flecken der Felder 4—6 und 9 begrenzt wird. — ♀. Die Vorderflügel oben schwarzbraun mit einer breiten, weissen Querbinde über die Mitte in den Feldern 2—6, 9 und 10 und mit einem blauen Längsstrahl in der Wurzel des Feldes 1 b. N:o 3.

II. Die Hinterflügel unten ohne schwarze Wurzelpunkte.

A. Die Unterseite der Hinterflügel metallisch (gold—violett-)glänzend mit oder ohne grosse weisse Flecke. Die Wurzel des Vorderrandes der Vorderflügel unten goldglänzend. — ♂. Die Vorderflügel oben in 1 a längs der Rippe 1 mit einer Reihe von langen, nach hinten gerichteten Haaren (= Haarkamm). Die Hinterflügel oben zum grössten Theil, die Vorderflügel wenigstens in dem Wurzeltheil von 1 b und 2 blau.

α. Die ganze Mittelzelle und beim ♂ auch der Wurzeltheil der Felder 4—6, 9 und 10 der Vorderflügeloberseite blau. — ♂. Der Haarkamm der Vorderflügel liegt dicht an der Rippe 1 und trennt sich erst nahe an der Wurzel von ihr ab. N:o 4, 5.

β. Die Mittelzelle wenigstens zum grossen Theil und die Wurzel der Felder 4—6 der Vorderflügeloberseite ganz schwarz. — ♂. Der Haarkamm der Vorderflügel verläuft nur eine kürzere Strecke dicht an der Rippe 1 und biegt sich dann wurzelwärts allmählig von ihr ab.

*. Grössere Art. 48—52 Millim. Die Flügel unten mit dunkelviolettem Glanze. ♂. Die blaue Farbe der Vorderflügeloberseite bedeckt auch den Hinterrand der Mittelzelle und die Wurzel des Feldes 3. Die Vorderflügel oben ohne Mehlfleck. N:o 6.

**. Kleinere Art. 40—46 Millim. Die Hinterflügel unten mit gelblichem Metallglanze. — ♂. Die Mittelzelle und die Wurzel des Feldes 3 der Vorderflügeloberseite schwarz. Die Vorderflügel oben mit einem kleinen Mehlfleck auf der Rippe 3 vor deren Mitte. N:o 7.

B. Die Flügel unten grau-dunkelbraun mit oder ohne kleine weissliche Flecke, stets aber ohne Metallglanz. — ♂. Die Vorderflügel ohne Haarkamm. Die Hinterflügel oben zum grössten Theil, die Vorderflügel wenigstens in den Feldern 1 b und 2 blau. Der Vorderrand der Hinterflügel wenigstens bis zur Rippe 7 schwarz.

α. ♂. Die Vorderflügel oben mit einem dunklen Mehlfleck oder an der Wurzel mit einer durch schwarze Schuppen verdickten Rippe. Die blaue Farbe der Vorderflügel bedeckt immer die Wurzel der Felder 2—4(—6).

    *. ♂. Die Vorderflügel oben mit einem grossen, dunklen Mehlfleck.

        §. ♂. Der Mehlfleck ist sehr gross, viereckig, schwarz und liegt am Saume, den grössten Theil der Felder 2—4 bedeckend.   N:o 8.

        §§. ♂. Der Mehlfleck ist mattgrau und liegt nahe an der Wurzel.

            1. ♂. Der Mehlfleck wird durch einen blauen Streifen der Mittelzelle vom dunklen Vorderrande getrennt. Die Vorderflügel mit einem schwarzen Querstrich am Ende der Mittelzelle.   N:o 9.

            2. ♂. Der Mehlfleck erreicht den Vorderrand. Die Vorderflügel ohne schwarzen Querstrich am Ende der Mittelzelle.   N:o 10.

    **. ♂. Die Vorderflügel oben ohne Mehlfleck, aber mit einer der Wurzelrippen durch schwarze Schuppen deutlich verdickt.

        †. ♂. Die Mediana an der Wurzel schwarz und verdickt.   N:o 11—17.

        ††. ♂. Die Rippe 1 (Submediana) an der Wurzel oder zum grössten Theil schwarz und verdickt; auch die Mediana kann bisweilen etwas verdickt sein.

            1. Die Flügel unten mit weisser Grundfarbe und fast ohne Zeichnungen.   N:o 18.

            2. Die Flügel unten dunkel bleigrau.   N:o 19.

β. ♂. Die Vorderflügel oben ohne Mehlfleck und ohne verdickte Rippen an der Wurzel. Ihre blaue Farbe bedeckt die Wurzel der Felder 3—6 nicht, sondern bildet freie Flecke etwa in der Mitte dieser Felder und die Mittelzelle ist mehr oder weniger schwarzgefleckt oder bisweilen fast ganz schwarz.

    *. Beide Flügel unten mit hellen Flecken am Saume. Die Vorderflügel unten ohne schwärzlichen Mittelschatten.   N:o 20.

    **. Die Hinterflügel unten einfarbig braun ohne Zeichnungen. Die Vorderflügel unten in der Mitte mit einem schwärzlichen Längsstreifen, welcher an der Wurzel schmal ist, nach aussen allmählig breiter wird, den Saum aber nicht erreicht.   N:o 21—28.

1. **E. Hewitsoni** MABILLE, Bull. Soc. Zool. Fr. 2, p. 221 (1877), Mus. Paris.
Falkensteini DEWITZ, Nov. Acta Ac. N. Cur. 41:2, p. 181, t. 25, f. 3 (1879), Mus. Berol.
Chinchoxo — Landana.

2. **E. miranda** STAUD., Ent. Nachr. 15, p. 176 (1889), Coll. Staud. — SMITH & KIRBY. Rhop. Exot. 23, Lycaen. Afr., p. 87, t. 20, f. 9, 10 (1893).
Sierra Leona. Gabun (Coll. Staud.).

3. **E. honorius** FABR., Ent. syst. 3:1, p. 151 (1793). — DONOV., Nat. Repos. 4, t. 119, (1826). — HEWITSON, Ill. D. Lep. Suppl., p. 17, t. 1ª, f. 3—5 (1878). — AURIV., Ent. Tidskr. 16, p. 207 (1895).
teresa HEW., Ent. M. Mag. 6, p. 86 (1869), Mus. Brit.
Sierra Leona[81] — Kamerun — Gabun — Kuilu — Landana[65] — Bangasso am oberen Ubangi.

4. **E. posthumus** FABR., Ent. syst. 3:1, p. 149 (1793). — HEW., Ill. D. Lep. Suppl., p. 18, t. 1ª, f. 8 (1878).
♀ *Belli* HEW., An. N. H. (4) 13, p. 382 (1874), Mus. Brit.

♂ *elion* Doubl. & Hew., Gen. D. Lep., t. 68, f. 5 (1852), Mus. Brit. — Hew., Cat. Lyc. Brit. Mus., p. 1, t. 1, f. 1 (1862).
Sierra Leona[81] — Ashanti[14] — Kamerun — Gabun — Kuilu Fluss. — Congogebiet: Mukenge.[44]

5. **E. urania** Kirby, An. N. H. (5) 19, p. 441 (1887), Coll. Gr. Smith. — Smith & Kirby, Rhop. Exot. 7, Lycæn. Afr., p. 23, t. 6, f. 1, 2 (1889). — ? = *posthumus* ♂.
Sierra Leona[81] — Togo[54] — Kamerun.

6. **E. Crowleyi** Em. Sharpe, An. N. H. (6) 6, p. 106 (1890), Coll. Crowley. — Crowley, Trans. Ent. Soc. 1890, p. 555, t. 17, f. 6, 7 (1890).
Hewitsoni Staud., Ent. Nachr. 15, p. 178 (1889), Coll. Staud. — Smith & Kirby, Rhop. Exot. 23, Lycæn. Afr., p. 88 (1893). — nomen præocc.
Sierra Leona.

7. **E. ceraunia** Hew., Ent. M. Mag. 10, p. 149 (1879), Mus. Brit. — Hew., Ill. D. Lep. Suppl., p. 18, t. 1 a, f. 6, 7[1] (1878). — Staud., Exot. Schm. 1, p. 268 (1888).
Dewitzi Kirby, An. N. H. (5) 19, p. 442 (1887), Coll. Gr. Smith. — Smith & Kirby, Rhop. Exot. 7, Lycæn. Afr., p. 24, t. 6, f. 3—6 (1889). — Auriv., Ent. Tidskr. 16, p. 207 (1895).
Sierra Leona[81] — Kamerun — Gabun.

8. **E. Staudingeri** Kirby, An. N. H. (6) 6, p. 271 (1890), Coll. Staud. — Smith & Kirby, Rhop. Exot. 16, Lycæn. Afr., p. 53, t. 13, f. 3, 4 (1891).
Sierra Leona. Gabun.

9. **E. carcina** Hew., Ent. M. Mag. 10, p. 150 (1873), Mus. Brit. — Hew., Ill. D. Lep. Suppl., p. 20, t. 1[b], f. 17, 18 ♀ (1878). — Staud., Exot. Schm. 1, p. 268, t. 94 (1887—8). — Auriv., Ent. Tidskr. 16, p. 205 (1895). — an duæ species?
♂ *dunia* ♂ Kirby, An. N. H. (5) 19, p. 443 (1887), Coll. Gr. Smith. — Smith & Kirby, Rhop. Exot. 7, Lycæn. Afr., p. 27, t. 7, f. 1, 2 (1889).
Sierra Leona — Ashanti — Old Calabar — Kamerun — Gabun — Kuilu.

10. **E. gerina** Hew., Ill. D. Lep. Suppl., p. 19, t. 1[b], f. 13, 14 (1878), Mus. Brit. Congo.

11. **E. cercene** Hew., Ent. M. Mag. 10, p. 150 (1873), Mus. Brit. — Hew., Ill. D. Lep. Suppl., p. 20, t. 1[b], f. 19, 20 (1878).
Kamerun[61] — Kuilu — Angola.

12. **E. badura** Kirby, An. N. H. (6) 6, p. 271 (1890), Mus. Brit. — Smith & Kirby, Rhop. Exot. 16, Lycæn. Afr., p. 55, t. 13, f. 9, 10 (1891).
♀ *dunia* ♀ Smith & Kirby, Rhop. Exot. 16, Lycæn. Afr., p. 54 (1891), Coll. Staud.
♀ *leonina* Smith & Kirby, Rhop. Exot. 16, Lycæn. Afr., t. 13, f. 7, 8 (1891).
Kamerun — Gabun.

---

[1] Hewitsons Beschreibung und Abbildung der Oberseite scheinen gar nicht auf das ♂ von *Dewitzi* zu passen. Dieses hat indessen darin seinen Grund, dass die blauen Schuppen der Oberseite des typischen Stückes zum grossten Theil abgerieben sind. Die blauen Schuppen der *Epitola*-Arten werden sehr leicht abgerieben und man kann darum die Ausdehnung der blauen Farbe nur bei ganz frischen Stücken genau bestimmen.

13. **E. leonina** STAUD., Exot. Schm. 1, p. 268 (1888), Coll. Staud.
   ♂ *ciconia* SMITH & KIRBY, Rhop. Exot. 20, Lycæn. Afr., p. 70 (-58⁵), t. 17. f. 5, 6 (1892), Coll. Staud.
   ♀ *versicolor* ♂♀ KIRBY, An. N. H. (5) 19, p. 444 (1887), Coll. Gr. Smith. — SMITH & KIRBY, Rhop. Exot. 7, Lycæn. Afr., p. 28, t. 7, f. 7, 8 (1889).
   Sierra Leona.

14. **E. marginata** KIRBY, An. N. H. (5) 19, p. 443 (1887), Coll. Gr. Smith. — SMITH & KIRBY, Rhop. Exot. 7, Lycæn. Afr., p. 27, t. 7, f. 5, 6 (1889). — AURIV., Ent. Tidskr. 16, p. 205 (1895).
   ♀ *versicolor* ♀ KIRBY, An. N. H. (5) 19, p. 444 (1887), Coll. Gr. Smith. — SMITH & KIRBY, Rhop. Exot. 7, Lycæn. Afr., p. 28, t. 7, f. 9, 10 (1889).
   Kamerun — Gabun.

⁻15. **E. badia** KIRBY, An. N. H. (5) 19, p. 444 (1887), Coll. Gr. Smith. — SMITH & KIRBY, Rhop. Exot. 7, Lycæn. Afr., p. 29, t. 7, f. 3, 4 (1889).
   Kamerun.

16. **E. zelza** HEW., Ent. M. Mag. 10, p. 151 (1873), Mus. Brit. — HEW., Ill. D. Lep. Suppl., p. 19, t. 1ᵇ, f. 15, 16 (1878).
   Old Calabar.

⁻17. **E. uniformis** KIRBY, An. N. H. (5) 19, p. 445 (1887), Coll. Gr. Smith. — SMITH & KIRBY, Rhop. Exot. 7, Lycæn. Afr., p. 29, t. 7, f. 11—14 (1889).
   Kamerun.

18. **E. zelica** KIRBY, An. N. H. (6) 6, p. 272 (1890), Coll. Staud. — SMITH & KIRBY, Rhop. Exot. 16, Lycæn. Afr., p. 54, t. 13, f. 5, 6 (1891).
   Kamerun — Gabun.

⁻19. **E. cercenoides** HOLLAND, Psyche 5, p. 424 (1890).
   Ogowe Fluss.

20. **E. catuna** KIRBY, An. N. H. (6) 6, p 273 (1890), Coll. Staud. — SMITH & KIRBY, Rhop. Exot. 20, Lycæn. Afr., p. 60, t. 17, f. 11, 12 (1892).
   Kamerun — Gabun — Kuilu.

21. **E. barombiensis** KIRBY, An. N. H. (6) 6, p. 274 (1890), Coll. Staud. — SMITH & KIRBY, Rhop. Exot. 20, Lycæn. Afr., p. 59, t. 17, f. 9, 10 (1892).
   Kamerun: Barombi.

22. **E. rezia** SMITH & KIRBY, Rhop. Exot. 23, Lycæn. Afr., p. 86, t. 20, f. 6 (1893), Coll. Staud.
   Kamerun — Gabun.

⁻23. **E. benitensis** HOLLAND, Psyche 5, p. 425 (1890), Coll. Holland. — HOLL. An. N. H. (6) 12, p. 249 (1893).
   Ogowe Fluss.

24. **E. cephena** Hew., Ent. M. Mag. 10, p. 151 (1873), Mus. Brit. — Hew., Ill. D. Lep. Suppl., p. 19, t. 1ᵇ, f. 9, 10 (1878).
Gabun.

25. **E. doleta** Kirby, An. N. H. (6) 6, p. 273 (1890), Coll. Staud. — Smith & Kirby, Rhop. Exot. 20, Lycaen. Afr., p. 57, t. 17, f. 1, 2 (1892). — an praecedentis ♂?
Sierra-Leona.

26. **E. conjuncta** Smith & Kirby, Rhop. Exot. 23, Lycaen. Afr., p. 86, t. 20, f. 3—5 (1893), Coll. Staud.
Sierra Leona.

27. **E. pinodoides** Smith & Kirby, Rhop. Exot. 23, Lycaen. Afr., p. 85, t. 20, f. 1, 2 (1893). Coll. Staud.
Sierra Leona.

°28. **E. pinodes** H. H. Druce, An. N. H. (6) 5, p. 24 (1890), Coll. Druce. — ♀. Smith & Kirby, Rhop. Exot. 16, Lycaen. Afr., p. 53, t. 13, f. 1, 2 (1891).
Sierra Leona — Lagos.

29. **E. Goodi** Holland, Psyche 5, p. 424 (1890), Coll. Holland. — Smith & Kirby, Rhop. Exot. 20, Lycaen. Afr., p. 70 (58a), t. 17, f. 7, 8 (1892).
Ogowe-Fluss.

°30. **E. umbratilis** Holland, Psyche 5, p. 425 (1890), Coll. Holland.
Ogowe-Fluss.

·31. **E. elissa** Smith,[1] Nov. Zool. 5, p. 354 (1898), Mus. Tring.
Benin: Warri.

°32. **E.? Ernesti** Karsch, Ent. Nachr. 21, p. 290 (1895), Mus. Berol.
Togo.

21. **Hewitsonia** Kirby.

= *Corydon* Hew., Ill. D. Lep. Suppl., p. 1, t. 1 (1869). — nomen praeoccup.
== *Hewitsonia* Kirby, Cat. D. Lep., p. 426 (1871). — Röber in Staud. & Schatz, Exot. Schm. 2, p. 279, t. 50 (1892).

[1] Nach dem Verf. am nächsten mit *E. estuna* verwandt.

Diese Gattung umfasst einige grossen Arten, welche im Rippenbau sehr nahe mit den *Epitola*-Arten übereinstimmen, durch ihre eigenthümliche Zeichnung aber sehr leicht von allen *Epitola*-Arten zu unterscheiden sind. Unten sind die Vorderflügel schwarzbraun mit dem Vorderrande bis zur Wurzel des Stieles von 7 + 8 + 9 und der Spitze sehr breit hell gelblich mit schwarzen Rippen und schwarzen Strichen auf den Zwischenaderfalten. Die Hinterflügel sind unten gelb—weisslich mit dunklen Strichen am Saume, welche entweder die Rippen bedecken oder dicht an denselben verlaufen und nach innen paarweise bogenförmig vereinigt sind. Dazu kommen dunklere Saumstriche auf den Zwischenaderfalten und 6 dunkle Querlinien, von denen die zwei ersten unmittelbar aus der Flügelwurzel gegen den Vorderrand gerichtet sind, die drei folgenden nahe am Innenrande anfangen und die letzte (äusserste) zwischen der Wurzel der Rippe 4 und dem Vorderrande verläuft. Die vierte ist immer die kürzeste und erstreckt sich nur zwischen 1 b und 2. Die Querlinien sind mehr oder weniger unregelmässig und bisweilen in Punkte oder Striche aufgelöst. Oben sind die Geschlechter einander ganz unähnlich. Die Vorderflügel haben beim ♂ blaue Flecke am Hinterwinkel in (1 a), 1 b und 2 und eine blauweissliche Subapicalbinde von 4—5 Flecken in den Feldern 4 6, 9 und 10, beim ♀ dagegen einen länglichen, gelben Fleck in 1 b oder in 2 und eine gelbe Subapicalbinde in den Feldern 4—6, 9 und 10. Die Hinterflügel sind beim ♂ oben wenigstens im Saumtheile der Felder 2—5 blau, beim ♀ aber einfarbig dunkelbraun ohne Zeichnungen.

Uebersicht der Arten.

A. Das Feld 2 der Vorderflügelunterseite einfarbig ohne hellen Fleck oder nur am Saume hell gefärbt. --
    ♀. Der längliche, gelbe Fleck am Hinterwinkel der Vorderflügeloberseite liegt im Felde 1 b.
    α. Die zweite und dritte schwarze Querlinie der Hinterflügelunterseite zusammenhängend. Die Hinterflügel unten im Wurzeltheil der Felder 2, 6 und 7 orangegelb. N:o 1.
    β. Die zweite und dritte Querlinie der Hinterflügelunterseite je in 4—5 Flecke aufgelöst. Die Hinterflügel unten zum Theil, besonders in 6, 7 und an der Aussenseite der fünften Querlinie in 1b—2, röthlich braun.
        N:o 2.
B. Das Feld 2 der Vorderflügelunterseite mit einem hellen Fleck in der Mitte. -- ♀. Der längliche, gelbe Fleck am Hinterwinkel der Vorderflügeloberseite liegt im Felde 2. — Die Hinterflügel unten fast ganz wie bei N:o 2 gezeichnet. N:o 3.

1. **H. Boisduvali** HEW., Ill. D. Lep. Suppl., p. 1, t. I (1869); ♀. Suppl., p. 17. t. I^a. f. 1 (1877), Mus. Brit. — AURIV., Ent. Tidskr. 12. p. 218, t. 3, f. 3 ♀ (1891). Ashanti — Kamerun[61] — Gabun. Congogebiet: Mukenge[14].

2. **H. similis** AURIV., Ent. Tidskr. 12, p. 218 (1891). *Boisduvali* HEW., Ill. D. Lep. Suppl., p. 17, t. I^a, f. 2 (1878). Mus. Brit. Gabun.

3. **H. Kirbyi** DEWITZ, Nov. Acta Acad. N. Cur. 41: 2, p. 207, t. 26, f. 17 (1879). Mus. Berol. — AURIV., Ent. Tidskr. 12, p. 218, t. 3, f. 2 ♀ (1891). *Preussi* STAUD., Iris 3, t. 3, f. 7 (1890); 1. p. 139 (1891). Coll. Staud. Metam.: AURIV., Ent. Tidskr. 16, p. 207, t. 2, f. 1, 1a, 1b (1895). Kamerun — Gabun — Angola (im Inneren).

Subfam. **Lycæninæ.**

Es scheint mir kaum möglich diese Unterfamilie in scharf getrennte, natürliche Gruppen zu zerlegen. Nur die zwei ersten Gattungen und *Spalgis* weichen von den übrigen beträchtlich ab. Eine gute Abtheilung bilden jedoch die vier letzten Gattungen.

Uebersicht der Gattungen.

I. Das erste Glied aller Tarsen flachgedrückt und wenigstens doppelt so lang wie die übrigen Glieder zusammen. Die Hinterflügel mit langer, gegen die Wurzel umgebogener Præcostalrippe. Die Palpen äusserst lang, den Kopf weit überragend. Die Augen nackt.   1. *Megalopalpus.*

II. Das erste Fussglied cylindrisch und von gewöhnlicher Länge. Die Hinterflügel ohne Præcostalrippe.

  A. Alle Beine bis zum zweiten Fussgliede dicht langhaarig. Die Augen haarig. Die Hinterflügel abgerundet ohne Ecken oder Schwänzchen.   2. *Lachnocnema.*

  B. Wenigstens die Tibien und Tarsen anliegend beschuppt ohne lange Haare, sehr selten haarig; die Augen aber in diesem Falle nackt.

    a. Die Hinterflügel am Ende der Rippe 1 b gelappt, geschwänzt oder geeckt, selten beinahe abgerundet, dann aber die Fühler kurz, kräftig gebaut, allmählig verdickt mit undeutlich abgesetzter, drehrunder Keule. Der Innenrand der Hinterflügel fast immer zwischen den Rippen 1 a und 1 b mehr oder weniger ausgeschnitten.

      *. Die Hinterflügel am Ende der Rippe 1 b auf der Innenseite mit einem sehr deutlichen, nach hinten gerichteten Lappen, aber ganz ohne Schwänzchen; dagegen an der Rippe 2 geschwänzt. Die Augen dicht haarig. Die Vorderflügel stets mit 11 Rippen, von denen 7 und 8 lang gestielt sind.
                                        3. *Deudorix.*

     **. Die Hinterflügel am Ende der Rippe 1 b geschwänzt und gewöhnlich auch gelappt (der Lappen jedoch nach innen und nicht nach hinten gerichtet), selten abgerundet ohne Lappen oder Schwänzchen.

      †. Die ODC-Rippe der Vorderflügel ist lang und sehr schief gestellt, die MDC-Rippe fehlt dagegen gänzlich. Die Rippen 5 und 6 der Vorderflügel gehen darum von demselben Punkte (scheinbar von der Spitze der Mittelzelle) aus. Die Vorderflügel mit 11 Rippen, die Rippe 7 in die Spitze. Die Augen nackt. Die Hinterflügel mit einem langen, breiten Schwanzanhang an der Rippe 1 b, an der Rippe 2 aber ohne Anhang. Die Fühler kurz, die Spitze der Mittelzelle bei weitem nicht erreichend, allmählig verdickt ohne abgesetzte Kolbe.   4. *Myrina.*

      ††. Die ODC-Rippe der Vorderflügel fehlt oder ist kurz, die MDC-Rippe ist dagegen immer da und die Rippen 5 und 6 sind demnach an ihrem Ursprunge deutlich getrennt.

†. Die Hinterflügel am Ende der Rippe 2 geschwänzt.

+. Die Palpen äusserst kurz und fein. Die Vorderflügel mit 11 Rippen. Die Augen nackt.   5. *Pseudaletis.*

++. Die Palpen normal oder lang.

§. Die Vorderflügel nur mit 10 Rippen, von denen die Rippe 7 in die Spitze oder in den Vorderrand mündet. Die Rippen 2— 9 der Vorderflügel gehen fast immer alle frei (nicht gestielt) von der Mittelzelle aus.

   o. Die Fühler schlank mit deutlichen Gliedern, welche 3— 4-mal so lang wie breit sind, und mit ziemlich deutlicher Kolbe.

     1. Die Rippen 6 und 7 der Vorderflügel sind an ihrem Ursprunge von einander ziemlich weit getrennt. Die Hinterflügel mit drei Schwänzchen (an 1 b, 2 und 3), von denen das innerste (an 1 b) kürzer oder wenigstens nicht länger als dasjenige an der Rippe 2 ist. Die Augen nackt.
      6. *Oxylides.*

     2. Die Rippen 6 und 7 der Vorderflügel gehen gewöhnlich von demselben Punkte aus. Die Hinterflügel mit 2 oder 3 Schwänzchen, von denen das innerste (an der Rippe 1 b) stets das längste ist.   7. *Hypolycæna.*

     3. Die Rippen 6 und 7 der Vorderflügel an ihrer Wurzel mehr oder weniger vereinigt. Die Hinterflügel mit zwei gleichlangen, haarfeinen Schwänzchen am Ende der Rippen 1 b und 2. Die Flügel unten sehr bunt gefärbt mit Querreihen von viereckigen, gelben Flecken. Die Augen nackt.
      15. *Zeritis.*

   oo. Die Fühler dick und kräftig gebaut, gegen die Spitze nur allmählig verdickt ohne deutliche Kolbe; ihre Glieder kurz, nicht oder wenig länger als breit und wenig deutlich. Die Augen nackt.   8. *Stugeta.*

§§. Die Vorderflügel mit 11 oder 12 Rippen, im vorigen Falle geht die Rippe 7 in die Spitze, im letzteren in den Saum aus. Aus dem Vorderrande der Mittelzelle vor ihrer Spitze entspringen stets zwei Rippen (9 und 10 oder 10 und 11). Die Hinterflügel immer wenigstens mit zwei Schwänzchen (an 1 b und 2). Die Fühler kräftig gebaut mit kurzen Gliedern.

   o. Die Hinterflügel fast immer an der Rippe 3 geschwänzt oder wenigstens geeckt, sehr selten ganz eben. In diesem Falle sind die Flügel unten ohne metallische Flecke.

     1. Die Augen dicht haarig.   9. *Trichiolaus.*

     2. Die Augen nackt.

a. Das Schwänzchen an der Rippe 1 b der Hinterflügel
kürzer oder wenigstens nicht länger als das an der
Rippe 2. — ♂. Die Hinterflügel oben in der Mitte mit
einem grossen, hellgelblichen Mehlfleck.
10.   *Dapidodigma.*

b. Das Schwänzchen an der Rippe 1 b der Hinterflügel
stets länger und stärker als die übrigen.
11.   *Iolaus.*

oo. Die Hinterflügel gewöhnlich an der Rippe 3 nicht geschwänzt
oder geeckt, selten schwach geeckt. Die Flügel unten mit
zahlreichen, kleineren oder grösseren, metallischen Flecken oder
sogar mit metallischer Grundfarbe.

1. Die Vorderflügel mit 12 Rippen.   12.   *Aphnæus.*

2. Die Vorderflügel nur mit 11 Rippen.

a. Die Rippe 10 der Vorderflügel frei verlaufend.
13.   *Spindasis.*

b. Die Rippe 10 der Vorderflügel vereinigt sich bald nach
ihrem Ursprunge eine lange Strecke mit der Rippe 11
(Costale).   14.   *Chlorosalas.*

††. Die Hinterflügel am Ende der Rippe 2 ohne Schwänzchen (mit einziger
Ausnahme von *Phasis thero* L.).

o. Die Vorderflügel nur mit 10 Rippen; die Rippe 7 in die Spitze, die
Rippen 8 und 9 frei aus dem Vorderrande der Mittelzelle. Die
Augen nackt.

1. Die Rippen 6 und 7 der Vorderflügel deutlich gestielt. Die
Flügel oben mehr oder weniger roth oder rothgelb. Die Vorderflügel oben ohne Augenfleck am Analwinkel.   17.   *Axiocerces.*

2. Die Rippen 6 und 7 frei aus demselben Punkte. Die Flügel
nicht oben roth oder rothgelb. Die Vorderflügel oben im Felde
1 b am Saume mit einem schwarzen, weisslich geringelten Augenflecke.   18.   *Leptomyrina.*

oo. Die Vorderflügel mit 11 oder 12 Rippen.

§. Die Augen dicht langhaarig. Die Vorderflügel mit 11 Rippen.
19.   *Capys.*

§§. Die Augen nackt.

✳. Die Mittel- und Hinterschienen mit kleinen Spornen. Die
Vordertarsen des ♂ normal gebaut, ungegliedert. Die Fühler
der Thorax.

1. Die Rippe 6 der Vorderflügel frei aus der Spitze der Mittelzelle.

a. Der erste Subcostalast der Vorderflügel (= die Rippe 10)
ist bald nach ihrem Ursprunge mit der Costale vereinigt.
14.   *Chlorosalas.*

b. Der erste Subcostalast der Vorderflügel (die Rippe 11
oder selten 10) gänzlich frei verlaufend.

a'. Die Palpen nicht oder mässig zusammengedrückt. Die
Hinterflügel an der Rippe 1 b fast immer geeckt.
20. *Phasis.*

b'. Die Palpen sehr stark zusammengedrückt. Die Hinterflügel an der Rippe 1 b breit abgerundet, ganzrandig.
23. *Spalgis.*

2. Die Rippe 6 der Vorderflügel eine Strecke mit der Rippe
7 gestielt.

a. Die Fühlerkolbe nur allmählig verdickt. Das Endglied
der Palpen lang, zugespitzt. Die Hinterflügel am Analwinkel (1 b) nur kurz gelappt. 21. *Erikssonia.*

b. Die Fühlerkolbe deutlich abgesetzt, cylindrisch, stumpf.
Das Endglied der Palpen sehr kurz und ziemlich stumpf.
Die Hinterflügel an der Rippe 1 b mit feinem Schwänz-
chen. 16. *Desmolycæna.*

**. Die Mittel- und Hinterschienen ohne Spornen. Die Vordertarsen
des ♂ gegliedert und mit zwei Klauen bewaffnet. Die Vorderflügel mit 11 Rippen. Die Fühler nicht länger als der
Thorax. 22. *Irrugia.*

β. Die Hinterflügel am Ende der Rippe 1 b nie geschwänzt, gelappt oder geeckt,
sondern abgerundet und gewöhnlich weniger als an der Rippe 2 hervortretend,
am Ende der Rippe 1 b höchstens mit einer Haarquaste. Der Innenrand der
Hinterflügel gerade oder etwas konvex, selten zwischen 1 a und 1 b schwach
ausgebuchtet. Die Fühler sehr fein mit scharf abgesetzter, mehr oder weniger
flachgedrückter Kolbe. — Die *Cupido*-Gruppe.

*. Die Hinterflügel am Saume mit 3 (oder selten nur 2) Haarquästen am Ende
der Rippen 1 b, 2 und 3.

§. Die Augen nackt. 24. *Cupidesthes.*

§§. Die Augen dicht haarig. 25. *Lycænesthes.*

**. Die Hinterflügel ganz ohne Schwänzchen oder Haarquäste oder nur an der
Rippe 2 geschwänzt.

§. Die ODC der Vorderflügel ist stets vorhanden und gewöhnlich sehr schief
gestellt; die Rippe 7 oder 7 + 8 der Vorderflügel entspringt darum getrennt von der Rippe 6 und scheinbar vor der Spitze der Mittelzelle. Die
Vorderflügel nie unten in der Mittelzelle mit mehr als einem schwarzen
Punkte. 26. *Cupido.*

§§. Die ODC der Vorderflügel fehlt; die Rippen 6 und 7 darum stets aus
demselben Punkte oder kurz gestielt. Die Vorderflügel unten in der Mittelzelle mit zwei schwarzen Punkten, welche in gerader Linie mit dem
Fleck am Ende der Mittelzelle liegen. 27. *Hodes.*

1. **Megalopalpus** Röber.

Miletus Westw., Gen. D. Lep., p. 502 (1852).
Megalopalpus Röber, Iris 1, p. 51, t. 3, f. Ba—d (1886). — Röber in Staud. &
Schatz. Exot. Schm. 2, p. 277, t. 49 (1892). — Karsch, B. E. Z. 38, p. 213 (1893).
— Auriv., Ent. Tidskr. 16, p. 208 (1895).

Ich bin früher, besonders wegen der Praecostalrippe der Hinterflügel, geneigt gewesen
diese Gattung unter die Lipteninen einzureihen. Da aber die offenbar mit *Megalopalpus*
nahe verwandte, asiatische Gattung *Gerydus* Boisd. (*Miletus*) ohne Praecostalrippe ist,
scheint es mir besser diese Gattungen unter die Lycaeninen zu stellen.

Der Saum der Hinterflügel ist bei den ♂♂ abgerundet, bei den ♀♀ aber an der
Rippe 5 winkelig hervortretend. Die Flügel sind bei allen Arten oben weiss oder weisslich mit der Spitzenhälfte der Vorderflügel schwarz.

Uebersicht der Arten.

A. Die Unterseite der Hinterflügel mit Querreihen von Flecken, welche kaum dunkler als der Grund sind und
   darum nur durch ihre weissliche Begrenzung deutlich hervortreten. Die breiteste und deutlichste dieser
   Querreihen liegt etwas hinter der Mitte und bildet einen vollständigen Bogen zwischen dem Analwinkel und
   dem Vorderrande.
   α. Die Hinterflügel oben mit einer in der Mitte 5 Millim. breiten, schwärzlichen Saumbinde.   N:o 1.
   β. Die Saumbinde der Hinterflügeloberseite höchstens 2—3 Millim. breit und in der Mitte gewöhnlich sehr
      schmal oder ganz unterbrochen.   N:o 2.
B. Die Unterseite der Hinterflügel mit 3—4 unregelmässigen, fast geraden, dunkelbraunen Querbinden, welche
   auf dem helleren Grunde scharf hervortreten. Die Hinterflügel oben einfarbig weiss mit bräunlichen Franzen
   oder mit einer feinen, schwarzen Saumlinie zwischen den Rippen 1 b und 5.   N:o 3.

1. **M. zymna** Doubl. & Hew., Gen. D. Lep., t. 76, f. 7 (1852), Mus. Brit. — Karsch,
   B. E. Z. 38, p. 217 (1893).
   Ashanti. — Togo[4] — Gabun.

2. **M. simplex** Röber, Iris 1, p. 51, t. 4, f. 4 ♀ (1886). — Auriv., Ent. Tidskr. 16, p.
   208 (1895). — praecedentis var.?
   ♂ *bicoloria* Capronn., An. E. Belg. 33, Bull., p. 121 (1889), Mus. Brux.
   ♂ *similis* Kirby, An. N. H. (6) 6, p. 262 (1890), Coll. Staud. — Smith & Kirby,
   Rhop. Exot. 15, Lycaen. Afr., p. 19, t. 12, f. 3, 4 (1891).
   Kamerun — Congo[4]: zwischen Kasongo und den Stanleyfällen (Mus. Brux.).

3. **M. metaleucus** Karsch, B. E. Z. 38, p. 217 (1893). Mus. Berol. — Auriv., Ent. Tidskr.
   16, p. 208 (1895).
   zymna Smith & Kirby, Rhop. Exot. 15, Lycaen. Afr., p. 19, t. 12, f. 1, 2 (1891).
   Ashanti — Togo[81] — Kamerun.

2. **Lachnocnema** TRIMEN.

Lachnocnema TRIMEN, S. Afr. Butt. 2, p. 233 (1887). — KARSCH, B. E. Z. 38, p. 215 (1893).
Lucia RÖBER in STAUD. & SCHATZ, Exot. Schm. 2, p. 277 (1892). - E. REUTER, Acta Soc. Sc. Fenniæ 22: 1, p. 188 (1896).

Die Arten dieser Gattung sind durch braune, mit metallglänzenden Schuppen bestreute oder von solchen Schuppen umzogene Flecke der Unterseite ausgezeichnet. Die ♂♂ sind oben hellbraun—dunkelbraun, glänzend ohne Zeichnungen, die ♀♀ aber sind wenigstens in der Mitte der Flügel weiss oder gelblich. Die Arten sind noch nicht hinreichend bekannt und ich muss mich darum in der folgenden, provisorischen Uebersicht zum Theil auf die ♀♀ beschränken.

Uebersicht der Arten.

A. Kleinere Arten mit einer Flügelspannung von 24—30 Millim.　　　　　　　　　N:o 1—5.
　α. ♀. Die Wurzel der Hinterflügeloberseite bis zur Spitze der Mittelzelle dunkelbraun oder dunkelgrau, bisweilen mit blaugrauem Anstrich.
　　'. ♀. Beide Flügel oben in der Mitte mit einem weissen Fleck, welcher die Wurzel der Felder 3 - 5 bedeckt.　　　　　　　　　N:o 1.
　　''. ♀. Beide Flügel oben hinter der Mittelzelle hell grau angeflogen, aber ohne deutlichen Fleck.　　　　　N:o 2.
　β. ♀. Die Hinterflügel oben weiss mit 3 Millim. breiter, schwärzlicher Saumbinde. Die Vorderflügel oben mit einem grossen, weissen Hinterrandsfleck, welcher die Rippe 5 oder 6 erreicht.　　　N:o 4.
B. Grosse Arten mit einer Flügelspannung von 38—44 Millim.
　α. ♀. Die Vorderflügel oben mit einem weissen Längenfleck, welcher den Hinterrand der Mittelzelle und die Wurzel der Felder 2 und 3 bedeckt. Die Hinterflügel oben mit einer breiten, weissen Querbinde zwischen dem Innenrand und der Rippe 6.　　　N:o 6.
　β. ♀. Beide Flügel hinter der Spitze der Mittelzelle mit einer breiten, hellgelben Querbinde. N:o 7.

1. **L. bibulus** FABR., Ent. syst. 3: 1, p. 307 (1793). — DONOV., Ins. India. t. 46, f. 1 (1800). — TRIMEN, S. Afr. Butt. 2. p. 235 (1887). — STAUD., Exot. Schm. 1, p. 269, t. 94 (1887—8). — TRIMEN, Proc. Zool. Soc. 1891, p. 61 (1891).
♀ *laches* FABR., Ent. syst. 3: 1, p. 317 (1793).
D. legorguei BOISD., Voy. Deleg. 2, p. 588 (1847). Coll. Oberth. — HOPFFER, Peters Reise Moss. Ins., p. 411 (1862). — TRIMEN, Rhop. Afr. Austr. 2, p. 280 (1866).
Kamerun — Ogowe[47] — Kap Kolonie — Natal — Zululand — Delagoa Bay — Manicaland[77] — Mossambik[79] — Nyassaland.

2. **L. D'Urbani** TRIMEN, S. Afr. Butt. 2, p. 236 (1887); Proc. Zool. Soc. 1891, p. 62 (1891). — BUTLER, Proc. Zool. Soc. 1896, p. 121. — MARSHALL, Proc. Zool. Soc. 1897, p. 846 (1898).
Kap Kolonie — Kaffernland — Natal — Manicaland[77] — Nyassaland.[121]

°3. **L. emperamus** SNELLEN, Tijdschr. v. Ent. (2) 7, p. 25, t. 2, f. 1—3[1] (1872), Coll. Snellen.
An der Mündung des Congo Flusses.

4. **L. exigua** HOLLAND, Psyche 5, p. 127 (1890), Coll. Holland. — SMITH & KIRBY, Rhop. Exot. 29, Lycaen. Afr., p. 118, t. 25, f. 8, 9 (1894).[2]
Ogowe Fluss — Kuilu Fluss.

5. **L. brimo** KARSCH, B. E. Z. 38, p. 217 (1893), Mus. Berol.
Togo.

6. **L. magna** AURIV., Ent. Tidskr. 16, p. 209 (1895), Mus. Holmiæ.
Kamerun. Congogebiet: Abumonbasi (Mus. Bruxell.).

°7. **L. Reutlingeri** HOLLAND, An. N. H. (6) 10, p. 286 (1892), Coll. Holland.
Benita.

3. **Deudorix** HEW.

— *Deudorix* HEW., Ill. D. Lep., p. 16 (1862). — TRIMEN, S. Afr. Lep. 2, p. 105 (1887). — RÖBER in STAUD. & SCHATZ, Exot. Schm. 2, p. 268, t. 17 (1892). — KARSCH, B. E. Z. 38, p. 214 (1893).
> *Virachola* MOORE, Lep. Ceylon 1, p. 104 (1881). — DE NICÉVILLE, Butterfl. of India 3, p. 476 (1890).
> *Hypomyrina* H. DRUCE, An. N. H. (6) 7, p. 364 (1891). — KARSCH, Ent. Nachr. 21, p. 312 (1895).
> *Hypokopelates* DRUCE, An. N. H. (6) 7, p. 364 (1891).
Kopelates DRUCE, An. N. H. (6) 7, p. 364 (1891). — KARSCH, Ent. Nachr. 21, p. 314 (1895).
Pilodeudorix DRUCE, An. N. H. (6) 7, p. 366 (1891).
Artis KARSCH, Ent. Nachr. 21, p. 315 (1895).
Diopetes KARSCH, Ent. Nachr. 21, p. 317 (1895).

Deudorix ist, wenn man sie so, wie HEWITSON, TRIMEN und RÖBER gethan haben, begrenzt, eine sehr natürliche und von den übrigen sehr leicht unterschiedene Gattung. MOORE, DE NICÉVILLE, DRUCE und KARSCH haben in den letzten Jahren die artreiche Gattung *Deudorix* in viele Gattungen zersplittert. Diese Gattungen sind aber fast alle nur auf sekundäre, männliche Geschlechtkaraktere begründet und darum nach meiner Ansicht nicht haltbar. Es ist auch sehr unbequem die generische Stellung der ♀♀ nicht

---

[1] SNELLEN giebt den Typus als ♀ an. Die Abbildung und Beschreibung scheinen mir jedoch sicher nach einem ♂ gemacht zu sein. Die Vorderfüsse des ♂ sind, wie schon TRIMEN gezeigt hat, ganz wie die des ♀ deutlich gegliedert und die Genitalklappen sind gänzlich in das vorletzte Glied eingezogen. Die Geschlechter können darum ausserlich nur durch die Form der Vorderflügel und die Zeichnung unterschieden werden.

[2] Offenbar ein ♀ und nicht ein ♂.

bestimmen zu können. Ich betrachte darum diese Gattungen hier nur als mehr oder weniger natürliche Artengruppen. Hier oben sind nur die Namen solcher Gruppen, welche in Afrika vertreten sind, aufgeführt. Die Hauptmasse der æthiopischen *Dendorix*-Arten gehört zu der Gruppe, welche von Moore *Virachola* genannt wurde, und nicht, wie bisweilen angegeben wird, zu *Rapala*.

Uebersicht der Arten.[1]

I. Die Flügel unten eintönig gelb ohne oder mit sehr undeutlichen Zeichnungen. Die Hinterflügel unten am Saume in den Feldern 1 c und 2 mit zwei ganz ähnlichen, schwarzen, mit blauen Schuppen bestreuten Mondflecken. — ♂. Beide Flügel ohne Haarbüschel und ohne Mehlfleck. — *Hypomyrina* DRUCE.

α. Die Hinterflügel oben orangegelb, an der Wurzel nur schmal schwarz, am Innenrande nur bis zur Rippe 1 b schwärzlich und mit sehr feiner schwarzer Saumlinie zwischen dem Analwinkel und der Rippe 6.

   *. Die Vorderflügel oben schwarz mit einem grossen, orangegelben Hinterrandsflecke, welcher sich bis zur Rippe 4 oder 5 erstreckt.   N:o 1.

   **. Der orangegelbe Hinterrandsfleck der Vorderflügel erreicht nur die Rippe 2 oder sogar nur die Rippe 1.   N:o 2.

β. Die Hinterflügel oben bis zum Ende der Mittelzelle schwarz, dann orangegelb, wie in Abtheilung α.   N:o 3.

II. Die Flügel wie unten fast einfarbig gelb. Die Hinterflügel unten im Felde 2 vor dem Saume mit einem grossen, schwarzen Flecke, welcher gewöhnlich nach innen von einem gelben Bogen begrenzt wird und immer durch Form, Grösse oder Farbe vom Saumflecke des Feldes 1 c abweicht.

A. Die Flügel unten dunkel spangrün mit einer gemeinsamen, breiten, gelben Querbinde vom Vorderrande der Vorderflügel bis zum Innenrande der Hinterflügel. — ♂. Beide Flügel ohne Mehlfleck und ohne Haarbüschel.   N:o 4.

B. Die Flügel unten nie so wie in Abtheilung A. gezeichnet. — ♂. Die Hinterflügel oben im Felde 7 oder in 6 und 7 am Vorderrande der Mittelzelle mit einem mehligen oder seidenglänzenden Schuppenflecke.

α. ♂. Die Vorderflügel unten ohne Borstenbüschel am Hinterrande. Die Flügel unten mit dunkel spangrüner Grundfarbe. — *Aetis* KARSCH.

   *. Die Flügel oben schwarzbraun, stellenweise blau beschuppt; die Hinterflügel oben mit ockergelber Längsbinde am Vorderrande. Die Hinterflügel unten mit einem rundlichen, lichten Querfleck unmittelbar jenseit der Mitte zwischen den Rippen 7 und 4.   N:o 5.

   **. Die Flügel oben schwarz, ziemlich dicht mit kaiserblauen Schüppchen bestreut. Die Hinterflügel oben ohne Vorderrandsbinde und unten ohne lichten Querfleck.   N:o 6.

β. ♂. Die Vorderflügel stets unten am Hinterrande etwas vor der Mitte mit einem nach vorn gerichteten Haarbüschel.

   *. Die Flügel unten über die Mitte hinaus weiss ohne Zeichnungen, dann aber mit einer gemeinsamen, gelben oder braunen, schwarzgesäumten, zusammenhängenden und fast geraden Querbinde. — *Hypokopelates*.

     †. Die gelbe Querbinde der Unterseite liegt am Vorderrande der Hinterflügel etwa 4 Millim. vom Saume entfernt und ist auch nach aussen von der weissen Grundfarbe begrenzt. — ♂. Die Vorderflügel oben ohne schwarzen Mehlfleck in der Mitte, unten in 1 b mit einem grossen, tief schwarzen, halbkreisförmigen Flecke, welcher vom Vorderrande der Hinterflügel mehr oder weniger vollständig bedeckt wird.

---

[1] Die ♀♀ sind mir nur unvollständig bekannt und ich musste mir darum in vielen Fällen in dieser Uebersicht auf die ♂♂ beschränken.

§. Die Hinterflügel am Ende der Rippe 3 scharf geeckt und mit Schwanzanhang. — ♂. Die Flügel oben blau; die Spitze der Vorderflügel und der Vorderrand der Hinterflügel bis zur Rippe 6 schwarz.

 1. Der Anallappen der Hinterflügel oben zum Theil roth. — ♂. Die Hinterflügel oben ohne Haarpinsel im Felde 1 c.   N:o 7.

 2. Der Anallappen der Hinterflügel oben schwarz mit blauen Schuppen. — ♂. Die Hinterflügel oben in der Mitte des Feldes 1 c mit einem schwarzen, nach aussen gerichteten und mit den Rippen gleichlaufenden Haarpinsel. — ♀. Die Flügel oben braungrau, die Hinterflügel am Saume in den Feldern 1 c—4 breit weiss (nach HEWITSON und KARSCH).   N:o 8.

§§. Die Hinterflügel am Ende der Rippe 3 nur schwach oder undeutlich geeckt und ohne Schwanzanhang. ♂. Die Vorderflügel oben bläulich schwarz mit einem kleinen, rothen Hinterrandsfleck in 1 a und 1 b. Die Hinterflügel oben in 1 c, 2, 3, 4 und in der Spitze der Mittelzelle roth, sonst schwarz.   N:o 9.

††. Die braune Querbinde der Unterseite liegt am Vorderrande der Hinterflügel nur 1 Millim. vom Saume entfernt. Das von ihr begrenzte Saumfeld ist auf beiden Flügeln fast ganz dunkelgrau. — ♂. Die Vorderflügel oben in der Mitte mit einem sehr grossen, gerundeten, schwarzen Mehlfleck, welcher die Wurzel der Felder 2—5 bedeckt, unten aber ohne schwarzen Fleck in 1 b. Beide Flügel oben schön blau; die Spitze der Vorderflügel und der Vorderrand der Hinterflügel schwarz. Der Anallappen der Hinterflügel oben theilweise rothgelb.   N:o 10.

*. Die Flügel unten nicht weiss oder, wenn weiss oder weisslich, ohne zusammenhängender Querbinde der Hinterflügel oder mit deutlichen Zeichnungen in der Wurzelhälfte.

†. ♂. Die Vorderflügel unten in 1 b dicht an der Mittelzelle mit einem tief schwarzen, glänzenden Fleck. Der Mehlfleck der Hinterflügeloberseite ist klein, quergestellt und liegt in der Mitte zwischen den Rippen 7 und 8 oder näher an 8 (ob so auch bei *diyllus*?). Die Flügel oben schwärzlich mit blauen oder grünen Längsstreifen.

 §. Die Flügel unten grün oder grünlich. Die Rippe 10 der Vorderflügel liegt sich eine Strecke der Rippe 11 dicht an. — *Kopelates* DRUCE.   N:o 11.

 §§. Die Flügel unten schwarzgrau—lichtgrau. Die Rippe 10 der Vorderflügel berührt nicht die Rippe 11. Die Flügelunterseite mit feinen, weissen oder blauweissen Querlinien und Querstrichen.

  o. ♂. Die Hinterflügel oben im Wurzeltheil des Feldes 1 c mit einem grossen, gegen den Innenrand gerichteten Haarpinsel. Der Vorderrand der Hinterflügeloberseite nicht heller als die Scheibe. — ♀. Die Flügel oben eintönig dunkel rauchbraun, violett angeflogen. — *Pilodeudorix* DRUCE.   N:o 12.

  oo. ♂. Die Hinterflügel oben ohne Haarpinsel im Felde 1 c. Der Vorderrand der Hinterflügel oben breit grauschwarz.   N:o 13, 14.

††. ♂. Die Vorderflügel unten ohne schwarzen Fleck im Wurzeltheile des Feldes 1 b. Der Mehlfleck der Hinterflügeloberseite ist mittelmässig oder gross, gerundet oder eckig und bedeckt die Wurzel der Felder 6 und 7, bisweilen auch einen Theil der Mittelzelle. *Virachola* MOORE (> *Diopetes* KARSCH).

 1. Die Hinterflügel unten im Wurzeltheil bis zur Spitze der Mittelzelle einfarbig ohne Zeichnungen.

  §. Die Vorderflügel unten zwischen der Zellenspitze und dem Saume mit 2—3 feinen weisslichen Querlinien, von denen die innerste nicht oder wurzelwärts dunkel gesäumt ist. Die Stirn in der Mitte schwarz oder selten fast ganz weiss (N:o 15).

  o. Die Hinterflügel oben wenigstens in den Feldern 1 c—3 mit deutlichen, hellen (beim ♂ blauen, beim ♀ weissen) Strichen am Saume. Die Flügel oben beim ♂ schwarzblau, beim ♀ eintönig grau. Die Flügel unten braungrau mit einem schwachen Stich ins Grüne.   N:o 15.

oo. Die Hinterflügel oben ohne helle Saumstriche. — ♂. Beide Flügel oben bis oder fast bis zum Saume intensiv blau oder grünlich blau, unten dunkel schwarzbraun— schwärzlich. — *Diopetes* KARSCH.

+. Die Vorderflügel unten am Hinterrande bis zur Falte des Feldes 1 b breit grau-weiss; die weisse Farbe scharf begrenzt. N:o 16.

++. Die Vorderflügel unten am Hinterrande höchstens etwas heller und nicht oder nur im Felde 1 a weisslich.

1. Die innerste der drei Querlinien auf der Vorderflügelunterseite liegt im Felde 1 b 6 Millim. vom Saume entfernt und ist 3—4-mal so weit von der zweiten, wie diese von der dritten entfernt. — ♂. Die Flügel oben dunkel violettblau, nur wenig schillernd. N:o 17.

2. Die innerste, helle Querlinie der Vorderflügelunterseite liegt im Felde 1 b nur drei Millim. vom Saume entfernt und nur doppelt so weit von der zweiten, wie diese von der dritten.

a. ♂. Die Flügel von oben gesehen ganz blau, nur wenig schillernd. — ♀. Die Flügel oben eintönig, braun, etwas glänzend, aber ohne blaue oder violette Schuppen. N:o 18.

b. ♂. Die Flügel oben grünlich blau, sehr stark schillernd und darum senk-recht von oben gesehen nur in der Wurzelhälfte der Vorderflügel blau, nach aussen aber schwärzlich. — ♀. Die Flügel oben zum grössten Theil matt blau, grünlich schillernd, gegen den Saum schwärzlich. N:o 19.

§§. Die Vorderflügel unten zwischen der Zellenspitze und dem Saume mit zwei oder vier weisslichen Querlinien, von denen die innerste *saumwärts* und die darauf folgende *wurzel-wärts* braun gesäumt sind (diese beiden Querlinien schliessen dadurch eine mehr oder weniger deutliche Querbinde ein), bisweilen sind diese beiden Querlinien durch eine zu-sammenhängende, dunkle Querbinde vertreten. Die Stirn in der Mitte orangegelb (♂) —braun (♀).

o. Die Vorderflügel unten statt der zwei inneren Querlinien mit einer dunklen Querbinde. Die Flügel unten mit weisser Grundfarbe, oben mit einem schmutzgelben Fleck, welcher in den Vorderflügeln die Mitte von 1 b und die Wurzel von 2 und in den Hinter-flügeln den äusseren Theil der Felder 2—4 bedeckt. Nur ♀♀ bekannt. N:o 20.

oo. Die zwei inneren Querlinien der Vorderflügelunterseite deutlich.

1. ♂. Die Flügel oben schwärzlich, bei schiefer Beleuchtung mit intensiv blauem Schiller in der Saumhälfte, im Wurzeltheil nicht oder nur matt bläulich. ♀ mir unbekannt.

a. Die Hinterflügel oben ohne rothgelbe Saumbinde oder Flecke. N:o 21.

b. Die Hinterflügel oben mit rothgelber Saumbinde oder wenigstens mit einem roth-gelben Fleck im Felde 2. N:o 22.

2. ♂. Die Flügel oben schwarzbraun ohne blauen Schiller; die Vorderflügel mit einem langgestreckten, orangegelben Hinterrandsfleck, welcher die Rippe 4 erreicht, die Hinterflügel von der Spitze der Mittelzelle bis zum Saume breit orangegelb. — ♀. Die Flügel oben schwärzlich—graubraun, im Wurzeltheile blau angeflogen. N:o 23.

11. Die Hinterflügel unten im Wurzeltheil mit 1—4 rothen—schwarzen, weissgeringelten, scharf hervortretenden Punkten (in den Feldern 1 a, 1 c, 7 und in der Mittelzelle).

§. Wenigstens die Hinterflügel oben beim ♂ zum grössten Theil orangegelb oder gelbroth.

o. ♂. Die Vorderflügel oben einfarbig schwarzbraun mit schwachem, blauem Schiller. N:o 24.

oo. ♂. Die Vorderflügel oben nicht einfarbig.

+. ♂. Die Vorderflügel oben schwärzlich mit einem gerundeten, röthlichen Fleck in 1 b oder in 1 b und 2.

    1. ♂. Die gelbrothe Farbe der Hinterflügeloberseite durch eine wenigstens 1 Millim. breite, schwarze Saumbinde vom Saume getrennt. Die Wurzelpunkte der Unterseite gross und schwarz.   N:o 25.

    2. ♂. Die Hinterflügel oben bis zum Saume orangegelb.   N:o 26, 27.

++. ♂. Die Vorderflügel oben mit einem grossen, orangegelben Hinterrandsfleck oder zum grössten Theil orangegelb. Die Hinterflügel unten mit drei Wurzelpunkten in 1 a, 7 und in der Mittelzelle.

    1. ♂. Der Vorderrand der Vorderflügel oben wenigstens bis zur Mittelzelle schwarz.

        a. Die Wurzelpunkte der Hinterflügelunterseite roth.

            a'. ♂. Die Vorderflügel oben schwarz mit einem orangegelben Hinterrandsflecke.   N:o 28.

            b'. ♂. Die Vorderflügel oben orangegelb mit dem Vorderrande, der Spitze und dem Saume schwarz   N:o 29.

        b. Die Wurzelpunkte der Hinterflügelunterseite schwarz. — ♂. Die Vorderflügel oben wie bei N:o 29.   N:o 30.

    2. ♂. Der Vorderrand der Vorderflügel oben orangegelb, nur die Spitze und der Saum, nach hinten sehr verschmälert, schwarz.   N:o 31.

§§. Die Flügel nie oben orangegelb oder gelbroth.

    1. Die Hinterflügel unten mit drei rothen Wurzelpunkten in 1 a, 7 und in der Mittelzelle. Die Vorderflügel oben blau am Saume und an der Spitze breit, am Vorderrande schmäler schwarzbraun. Ob das ♀ einer anderen Art?   N:o 32.

    2. Die Hinterflügel unten gewöhnlich mit schwarzen, selten mit röthlichen Wurzelpunkten, gewöhnlich nur 1—2 in 7 und in der Mittelzelle.   N:o 33, 34.

1. **D. nomenia** HEW., Trans. Ent. Soc. London 1874, p. 353 (1874), Mus. Brit. — HEW., Ill. D. Lep. Suppl., p. 25, t. 3ᵇ, f. 105, 106 (1878).
Sierra Leona — Niger⁷⁴˙¹²⁶ — Old Calabar. Congogebiet: Inkissi Fluss,⁴⁵ Bena-Bendi (Mus. Brux.).

2. **D. nomion** STAUD., Iris 4, p. 156, t. 1, f. 11 (1891), Coll. Staud.
Sierra Leona.

3. **D. acares** KARSCH, B. E. Z. 38, p. 219 (1893), Mus. Berol.
Togo.

°4. **D. perigrapha** KARSCH, Ent. Nachr. 21, p. 313 (1895), Mus. Berol.
Congogebiet: 6° s. Br., 22—26 ö. L. v. Greenw.

5. **D. mimeta** KARSCH, Ent. Nachr. 21, p. 315 (1895), Mus. Berol.
Congogebiet: 6° s. Br., 20—26 ö. L. v. Greenw.

6. **D. ula** KARSCH, Ent. Nachr. 21, p. 316 (1895), Mus. Berol.
Congogebiet: Mukenge.

7. **D. mera** HEW., Ent. M. Mag. 10, p. 124 (1873), Mus. Brit. — HEW., Ill. D. Lep. Suppl., p. 33, t. 5ᵇ, f. 49, 50 (1878).
Kamerun — Gabun — Angola.

8. **D. eleala** Hew., Ill. D. Lep., p. 52, t. 23, f. 25—27 (1865), Mus. Brit. — Karsch,
B. E. Z. 38, p. 222 (1893). - Auriv., Ent. Tidskr. 16, p. 209 (1895).
Sierra Leona[81] — Ashanti — Togo[84] — Old Calabar — Kamerun[71] — Ogowe —
Kuilu — Angola[7] — Congogebiet: Zongo, Mokoange, Kassongo (Mus. Bruxell.).

9. **D. aruma** Hew., Ent. M. Mag. 10, p. 124 (1873); Ill. D. Lep. Suppl., p. 33, t. 5[b],
f. 47, 48 (1878), Mus. Brit.
Kamerun[71] — Gabun.

10. **D. otræda** Hew., Ill. D. Lep., p. 29, t. 15, f. 34 (1863), Mus. Oxoniæ.
genuba Hew., Ent. M. Mag. 12, p. 106 (1875); Ill. D. Lep. Suppl., p. 25, t. 3[b],
f. 103, 104 (1878), Mus. Brit.
Sierra Leona — Kamerun[71] — Kuilu Fluss — Congogebiet: Kassongo (Mus. Bruxell.).

11. **D. virgata** H. H. Druce, An. N. H. (6) 7, p. 365 (April 1891), Coll. Druce.
gracilis Staud., Iris 4, p. 152, t. 1, f. 9 (Juli 1891), Coll. Staud.
Sierra Leona.

12. **D. camerona** Plötz, S. E. Z. 41, p. 201 (1880), Mus. Gryphisw.
barbatus Druce, An. N. H. (6) 7, p. 366 (April 1891), Coll. Druce.
nobilis Staud., Iris 4, p. 149, t. 1, f. 8 (Juli 1891), Coll. Staud.
Sierra Leona — Togo — Loko am Niger Fluss — Kamerun.

13. **D. diyllus** Hew., Ill. D. Lep. Suppl., p. 32, t. 5[a], f. 70, 71 (1878), Mus. Brit. —
Druce, An. N. H. (6) 5, p. 28 (1890). — Druce, Ent. M. Mag. 28, p. 185 (1892).
debilis Staud., Iris 4, p. 150 (1891).
Sierra Leona.

°14. **D. caerulea** H. H. Druce, An. N. H. (6) 5, p. 28 (1890), Coll. Druce. — Druce,
Ent. M. Mag. 28, p. 65 (1892). — Trimen, Proc. Zool. Soc. 1894, p. 53 (1894).
obscurata Trimen, Proc. Zool. Soc. 1891, p. 84, t. 9, f. 13 (1891).
Lagos. Ovamboland.[10] Manicaland.[77]

15. **D. zela** Hew., Ill. D. Lep. Suppl., p. 14, t. 5, f. 41—43 (1869), Mus. Brit.
simplex Staud., Iris 4, p. 153 (1891), Coll. Staud.
Sierra Leona. Nyassaland.[130]

16. **D. catalla** Karsch, Ent. Nachr. 21, p. 318 (1895), Mus. Berol.
Togo — Kamerun: Yaunde.

17. **D. violetta** Auriv., Ent. Tidskr. 18, p. 216 (1897), Mus. Holmiæ.
Gabun — Congogebiet: Isangi (Dewèvre).

18. **D. deritas** Hew., Trans. Ent. Soc. 1874, p. 352 (1874); Ill. D. Lep. Suppl., p. 30,
t. 5[a], f. 58, 59 (1878). Mus. Brit. — Karsch, Ent. Nachr. 21, p. 318 (1895). —
expansio alar. 29 Millim.
Kamerun — Angola.

var. (?) **aucta** Karsch, Ent. Nachr. 21, p. 318 (1895), Mus. Berol. — expansio alar. 38 Millim.

deritas Karsch, B. E. Z. 38, p. 219 (1893).

Togo.

19. **D. corruscans** Auriv., Ent. Tidskr. 18, p. 216 (1898). Coll. Staud.

Kamerun — Ogowe-Fluss.

20. **D. bimaculata** Hew., Trans. Ent. Soc. 1874, p. 353 (1874); Ill. D. Lep. Suppl., p. 26, t. 3[b], f. 111, 112 (1878). — sequentis ♀??

Sierra Leona. Gabun.

21. **D. odana** H. H. Druce, Ent. M. Mag. 23, p. 204 (1887), Coll. Druce.

Kamerun.

22. **D. galathea** Swainson, Zool. Ill. 2, t. 69 (1821—22). — Hew., Ill. D. Lep., p. 25 (1863).

Sierra Leona.

23. **D. diocles** Hew., Ill. D. Lep. Suppl., p. 12, t. 5, f. 55, 56 (1869), p. 29, t. 5[a], f. 57 (1878), Mus. Brit. — Staud., Exot. Schm. 1, p. 278, t. 96 (1888). — Trimen, S. Afr. Butt. 2, p. 108, t. 7, f. 6 ♀ (1887). — Butler, Proc. Zool. Soc. 1898, p. 406 (1898).

Natal — Swaziland — Delagoa Bay — Deutsch Ost-Afrika: Bagamoyo. — Brit. Ost-Afrika[146].

24. **D. dariaves** Hew., Ent. M. Mag. 13, p. 205 (1877); Ill. D. Lep. Suppl., p. 30, t. 5[a], f. 60—62 (1878), Mus. Brit. — Trimen, S. Afr. Butt. 2, p. 110 (1887). — Monteiro, Delagoa Bay, t. 1, f. 7 ♂ (1891).

Delagoa Bay — Deutsch Ost-Afrika: Dar-es-Salaam; Zanzibar. — Brit. Ost-Afrika[146].

25. **D. lorisona** Hew., Ill. D. Lep., p. 37, t. 16, f. 48, 49 (1863), Mus. Brit. — Butler, Proc. Zool. Soc. 1898, p. 406 (1898).

Sierra Leona. Brit. Ost-Afrika[146].

26. **D. diopolis** Hew., Ill. D. Lep. Suppl., p. 30, t. 5[a], f. 63, 64 (1878), Coll. Staud.

Patria.?

27. **D. wardi** Mabille, Bull. Soc. Zool. Fr. 3, p. 82 (1878). — Mab., Hist. Mad. Lep. 1, p. 233, t. 30, f. 7, 7[a] ♀ (1885—87). — ? = *diopolis*.

♂. *rutila* Mab., Bull. Soc. Zool. Fr. 3, p. 83 (1878), Coll. Gr. Smith. — Mab., Hist. Mad. Lep. 1, p. 242 (1887).

♂. *rutilans* Mab., Hist. Mad. Lep. 1, t. 30[a], f. 6, 6[a] (1885).

Madagaskar.

28. **D. derona** Smith, An. N. H. (6) 7, p. 126 (1891), Coll. Gr. Smith.

Madagaskar.

29. **D. licinia** Mab., Bull. Soc. Zool. Fr. 3, p. 83 (1878); Hist. Mad. Lep. 1, p. 243, t. 30ª, f. 5, 5ª (1885—87). — Trimen, S. Afr. Butt. 2, p. 111 (1887); 3, p. 411 (1889); Proc. Zool. Soc. 1891, p. 84 (1891). — sequentis var.?
dinochares Smith, An. N. H. (5) 19, p. 64 (1887), Coll. Gr. Smith. — Monteiro, Delagoa Bay, t. 1, f. 6 (1891).
Delagoa Bay — Matabeleland — Mashunaland — Deutsch Ost-Afrika: Dar-es-Salaam (Coll. Staud.). Madagaskar.

30. **D. livia** Klug, Symb. Phys., t. 40, f. 3—6 (1834), Mus. Berol. — Butler, Proc. Zool. Soc. 1884, p. 485 (1885); Proc. Zool. Soc. 1898, p. 406 (1898).
Metam.: Nurse, Proc. Zool. Soc. 1896, p. 244 (1896).
Nubien. Somaliland[128, 144]: Tajora[11] — Brit. Ost-Afrika[146] — Arabien: Aden[12, 83].

31. **D. dinomenes** Smith, An. N. H. (5) 19, p. 65 (1887), Coll. Gr. Smith. — Trimen, S. Afr. Butt. 3, p. 391 (1889).
Sierra Leona (Coll. Staud.). Delagoa Bay — Transvaal.

[c]32. **D. batikeli** Boisd., Faune Madag., p. 24, t. 3, f. 5 (1833), Coll. Oberthur. — Mabille, Hist. Mad. Lep. 1, p. 240, t. 29, f. 7, 7ª (1885—87).
Madagaskar.

33. **D. antalus** Hopffer, Monatsb. Akad. Wiss. Berlin 1855, p. 641 (1855); Peters Reise Mossamb. Ins., p. 400, t. 25, f. 7—9, ♀ (1862), Mus. Berol. — Trimen, S. Afr. Butt. 2, p. 107 (1887).
antа Trimen, Trans. Ent. Soc. London (3) 1, p. 402 (1862). — Hew., Ill. D. Lep., p. 25, t. 5, f. 49—51 (1863). — Staud., Exot. Schm. 1, p. 278 (1888). — Butler, Proc. Zool. Soc. 1896, p. 832 (1897).
batikeli Trimen, Rhop. Afr. Austr. 2, p. 232 (1866).
gambius Mab., Hist. Mad. Lep. 1, p. 239, t. 30ª, f. 7, 7ª, 8 (1885—87).
Metam.: Trimen, Proc. Zool. Soc. 1894, p. 52 (1894).
Senegal[80] — Sierra Leona[81] — Ashanti[16] — Togo[84] — Niger[126] — Kamerun[64] — Ogowe[63] — Chinchoxo[64] — Laudana[63] — Congogebiet — Angola[5] — Ovamboland[10] — Damaraland[24] — Kap Kolonie — Kaffernland — Natal — Zululand — Swaziland — Transvaal — Manicaland[77] — Querimba — Nyassaland[46, 121] — Deutsch Ost-Afrika: Zanzibar[48]. Tanganika[118], Ussui[55a] — Brit. Ost-Afrika[22, 127] — Abyssinien[3]. Comoren[89]. Madagaskar.

34. **D. tsiphana** Boisd., Faune Mad., p. 25 (1833), Coll. Oberth. — Mabille, Hist. Mad. Lep. 1, p. 241, t. 29, f. 8, 8ª (1885—87).
Madagaskar.

35. **D.? rava** Holland, An. N. H. (6) 10, p. 286 (1892), Coll. Holland. — An hujus generis?; — *aruma* ♀? Descriptio non sufficiens.
Ogowe.

4. **Myrina** Fabr.

< *Myrina* Fabr., Illig. Magaz. 6, p. 286 (1807). — Westw., Gen. D. Lep., p. 475 (1852).
— *Loxura* Boisd., Spec. Gen. Lep. 1, t. 22, f. 3 (1836). — Trimen, Rhop. Afr. Austr., p. 218 (1866).
Myrina Trimen, S. Afr. Butt. 2, p. 140 (1887). — Röber, Exot. Schm. 2, p. 269, t. 47 (1892). — Kirby, Handb. Lep. 2, p. 75 (1896).

Die Flügel oben wenigstens bis über die Mitte hinaus schwarzbraun—schwärzlich, an der Wurzel mehr oder weniger blau.

Uebersicht der Arten.

A. Die Hinterflügel unten ohne blutrothe Flecke. Die Flügel unten dunkelbraun—gelbbraun, hinter der Mitte mit einer gemeinsamen, auf den Vorderflügeln bisweilen undeutlichen, bis zur Rippe 2 der Hinterflügel fast geraden, dann aber fast rechtwinkelig gegen den Innenrand gebrochenen, gelben Querlinie.

    a. Die Vorderflügel oben in der Saumhälfte einfarbig schwarz oder mit einer undeutlichen, helleren Submarginalbinde.   N:o 1, 2.

    β. Die Vorderflügel oben am Saume sehr breit rostbraun.   N:o 3.

B. Die Hinterflügel unten am Analwinkel mit drei grossen, zusammenstossenden, blutrothen Flecken in den Feldern 1 b, 1 c und 2. Die Flügel unten eintönig braungrau und nur zwischen dem Innenrande und der Rippe 3 der Hinterflügel mit einer schwarzen und weissen Querlinie.   N:o 4.

1. **M. silenus** Fabr., Syst. Ent., p. 531 (1775), Mus. Brit. — Kirby, Handb. Lep. 2, p. 76, t. 40, f. 3 (1896).
alcides Cramer, Pap. Exot. 1, p. 150, t. 96, f. D, E (1776). — God., Enc. Meth. 9, p. 594 (1823). — Duncan, For. Butt., p. 188, t. 25, f. 3 (1837).
Sierra Leona — Ashanti[11]. Bangasso am oberen Ubangi. Acquatoria: Wadelai[4]. Abyssinien[3].

2. **M. corax** Cramer, Pap. Exot. 4, p. 176, t. 379, f. D, E (1781). — Herbst, Naturs. Schm. 10, p. 263, t. 286, f. 1, 2 (1800). — praecedentis ♀?
Guinea .

3. **M. ficedula** Trimen, Trans. Ent. Soc. 1879, p. 340 (1879); S. Afr. Butt. 2, p. 141 (1887).
alcides Boisd., Spec. Gen. Lep. 1, t. 22, f. 3 (1836). — Wallengr., Rhop. Caffr., p. 34 (1857). — Trimen, Rhop. Afr. Austr. 2, p. 219 (1866).
silenus Staud., Exot. Schm. 1, p. 278, t. 95 (1887—88).
Angola: Ambriz[7] — Kap Kolonie — Kaffernland[27] — Natal — Transvaal — Manicaland[77] — Deutsch Ost-Afrika: Kandera[55]. — Somaliland[139].

4. **M. dermaptera** Wallengr., Lep. Rhop. Caffr., p. 34 (1857), Mus. Holmiæ. — Hew., Ill. D. Lep., p. 26, t. 4, f. 3, 4 (1863). — Trimen, Rhop. Afr. Austr. 2, p. 220 (1866); S. Afr. Butt. 2, p. 144 (1887); 3, p. 413 (1889).
Angas, Kaffirs Illustr., t. 30, f. 9 (1849).
Natal — Zululand.

5. **Pseudaletis** Druce.

= *Pseudaletis* Druce, Ent. M. Mag. 24, p. 259 (1888).

Eine sehr merkwürdige Gattung, welche isolirt dasteht und für West-Afrika eigenthümlich ist. Die Weibchen haben einen am Ende verdickten und dort mit dicht zusammengepackten Haaren (»Afterwolle«) bekleideten Hinterkörper. Mit diesen Haaren werden wahrscheinlich die Eier bedeckt. Die Hinterflügel mit zwei Schwänzchen, an 1b und 2.

Uebersicht der Arten.

A. Die Flügel auf beiden Seiten mit rothgelber— rothbrauner Grundfarbe. Der Vorderrand und die Spitze der Vorderflügel und der Saum beider Flügel schwarz mit einigen weissen Flecken. N:o 1.
B. Die Flügel weiss oder hellgelb mit schwarzen Zeichnungen oder schwärzlich mit weissen Zeichnungen.
   α. Die Vorderflügel am Hinterrande bis über die Mitte hinaus weiss—hellgelb oder wenigstens mit weissem Hinterrandsflecke.
     *. Die Wurzelhälfte oder noch etwas mehr der Vorderflügeloberseite weiss; der Vorderrand und zwei mit diesem zusammenhängende Flecke schwarz. Die Spitze und der Saum sehr breit schwarz ohne helle Flecke. N:o 2. 3.
     **. Die Vorderflügel oben zum grösseren Theil schwärzlich mit 1—3 hellen, von dem hellen Hinterrandsflecke völlig getrennten Flecken in der schwarzen Farbe.
       1. Der helle (gelbliche) Hinterrandsfleck der Vorderflügel ist gross und streckt sich weit über die Rippe 2 hinaus. Die Hinterflügel oben ohne dunkle Submarginalbinde vor dem dunklen Aussenrande. N:o 4.
       2. Der weisse Hinterrandsfleck der Vorderflügel ist klein und erreicht nicht oder kaum die Rippe 2. Die Hinterflügel oben vor dem schwarzen Saume mit einer geraden, schwarzen Submarginalbinde. — ♀. Die Vorderflügel oben mit einer gelblichen Subapicalbinde, welche dem ♂ fehlt. N:o 5.
   β. Die Vorderflügel oben schwarz ohne Hinterrandsfleck, aber mit einem weissen Punkte am Ende der Mittelzelle und einer weissen Querbinde unmittelbar hinter der Mitte. Die Hinterflügel oben schwarz in der Mitte mit einer weissen Längsbinde, welche jedoch den Aussenrand nicht erreicht. N:o 6.

1. **Ps. agrippina** H. H. Druce, Ent. M. Mag. 24, p. 259 (1888); 28, p. 65 (1892), Coll. Druce.
   ♂. *tricolor* Staud., Iris 4, p. 143, t. 1, f. 5 (1891), Coll. Staud.
   Kamerun.

2. **Ps. clymenus** H. H. Druce, Ent. M. Mag. 22, p. 155 (1885), Coll. Druce. — Holland, Ent. News 4, p. 28, t. 1, f. 7 (1893).
   Kamerun.

3. **Ps. zebra** Holland, Psyche 6, p. 50 (1891), Coll. Holland. — Holland, Ent. News 4, p. 28, t. 1, f. 8 (1893).
   Ogowe-Fluss.

4. **Ps. antimachus** Staud., Exot. Schm. 1. p. 276, t. 95 (1888), Coll. Staud.
   Gabun.

5. **Ps. leonis** STAUD., Exot. Schm. 1, p. 276 (1888), Coll. Staud.
   ♂. *trifasciata* EM. SHARPE, An. N. H. (6) 6, p. 103 (1890), Coll. Crowley. —
   CROWLEY, Trans. Ent. Soc. London 1890, p. 155, t. 18, f. 8 (1890).
   Sierra Leona.

6. **Ps. nigra** HOLLAND, An. N. H. (6) 10, p. 286 (1892); Ent. News 4, p. 28, t. 1, f. 9
   (1893), Coll. Holland.
   Ogowe-Fluss.

6. **Oxylides** HÜBN.

< *Oxylides* HÜBNER, Verz., p. 77 (1816).
≈ *Oxylides* DE NICÉVILLE Butterfl. of India 3, p. 433 note* (1890).
> *Syrmoptera* KARSCH, Ent. Nachr. 21, p. 308 (1895).

Oxylides ist mit der folgenden Gattung nahe verwandt, scheint mir aber davon hinreichend verschieden zu sein um als eine besondere Gattung betrachtet zu werden. Die Flügel sind bei allen Arten unten weiss mit einer dunklen Querlinie in oder etwas hinter der Mitte und mit drei schwarzen, mehr oder weniger metallisch beschuppten Flecken am Analwinkel der Hinterflügel in den Feldern 1 b, 1 c und 2. Die Flügel sind bei den ♂♂ (so weit sie bekannt sind) oben violettblau mit der Spitzenhälfte der Vorderflügel und der Spitze der Hinterflügel schwarz und mit der Analgegend der Hinterflügel mehr oder weniger weiss. Die ♂♂ ohne Haarpinsel, Mehlflecke oder sonstige derartige Auszeichnungen.

Uebersicht der Arten.

A. Beide Flügel unten im Wurzeltheile bis zur Querlinie einfarbig weiss ohne Zeichnungen. Die Querlinie der Vorderflügel liegt fast genau in der Mitte des Flügels. Die Hinterflügel unten vor dem Saume mit einer zweiten Querlinie, welche von der Spitze bis zum Ende der Rippe 1 a geht und bisweilen in der Mitte breit unterbrochen, aber wenigstens zwischen den Rippen 4 und 6 immer deutlich ist.
   α. Die Hinterflügel unten am Analwinkel nicht gelb. Die Mittelquerlinie der Unterseite in ihrer ganzen Länge braungelb, fein schwarz gesäumt.   N:o 1.
   β. Die Hinterflügel unten am Analwinkel zwischen den Analflecken und der äusseren Querlinie in den Feldern 1 b—2 ausgedehnt gelb überzogen. Die Mittelquerlinie der Unterseite vom Vorderrande der Vorderflügel bis zur Rippe 3 der Hinterflügel schwarz, dahinten gelb.   N:o 2.
B. Wenigstens die Vorderflügel unten vor der Mitte mit einer dunklen Querlinie vom Vorderrande, quer über die Mittelzelle bis zum Ursprunge der Rippe 2. Die Querlinie der Vorderflügel liegt etwas hinter der Mitte des Flügels. Die Hinterflügel unten ohne äussere Querlinie.   N:o 3—5.

1. **O. faunus** DRURY, Ill. Exot. Ins. 2, p. 2, t. 1, f. 4, 5 (1773). — CRAMER, Pap. Exot.
   1, p. 63, t. 39, f. B, C (1775); ♂ p. 150, t. 96, f. F, G (1776). — FABR., Gen. Ins.,
   p. 266 (1777). — HERBST, Naturs. Schm. 11, t. 302, f. 7, 8 (1804).
   ♂. *hesiodus* FABR., Ent. syst. 3: 1, p. 260 (1793). — HERBST, Naturs. Schm. 11, p.
   41, t. 302, f. 5, 6 (1804). — PALIS. DE BEAUV., Ins. Afr. et Amer., p. 262, t. 7,
   f. 5, 6 ♂, 7 ♀ (1805). — margine interiore alar. post. supra fusco, area anali anguste
   1—1,5, ♂, aut 4 mill. lata alba.
   Sierra Leona — Liberia[73] — Elfenbeinküste[57] — Ashanti — Benin[17] — Kamerun[41] —
   Gabun — Landana[83] — Congogebiet: Umangi, Aruwimi[46], Mukenge[44] — Angola[7, 65].

var. **albata** AURIV., Ent. Nachr. 21, p. 382 (1895), Coll. Sceldr. — margine interiore, i. e. areis 1 a et 1 b, alar. post. supra albido, area alba anali maris 2—3 mill. lata, feminae usque ad medium alæ extensa.

Congogebiet: Ubangi, Bena-Bendi, Bangala, Isangi.

2. **O. bella** n. sp. — ♂. Speciei praecedenti supra simillima alis posticis margine interiore usque ad costam 1 b albido, fusco-irrorato ad angulum ani 5 mill. late albis ma-culis tribus liberis nigris; alis infra niveis fascia angusta media communi, a margine antico anticarum usque ad costam tertiam alar. post. nigra, deinde arcuata flava; anticis margine ipso tenuissime ciliisque fuscis; posticis fascia submarginali, inter apicem alæ et costam 1 fusca, deinde flava, area inter hanc fasciam et maculas marginales etiam flava; ciliis caudisque niveis. — Expans. alar. ant. 28 mill. — Coll. Staud.

Kuilu-Fluss.

3. **O. amasa** HEW., Ill. D. Lep. Suppl., p. 1, t. 6, f. 89, 90 (1869), Mus. Brit. Old Calabar.

4. **O. Homeyeri** DEWITZ, Nov. Acta Acad. N. Cur. 41: 2, p. 206, t. 26, f. 13 (1879), Mus. Berol.

Angola im Inneren.

5. **O. melanomitra** KARSCH, Ent. Nachr. 21, p. 308 (1895), Mus. Berol. — praece-dentis ♀?

Kamerun: Yaunde.

7. **Hypolycæna** FELDER.

— *Hypolycæna* FELDER, Wien. Ent. Mon. 6, p. 293 (1862). — HEW., Ill. D. Lep., p. 48 (1865). — TRIMEN, S. Afr. Butt. 2, p. 114 (1887). — RÖBER in STAUD & SCHATZ, Exot. Schm. 2, p. 267, t. 46 (1892). — REUTER, Acta Soc. Sc. Fenn. 22: 1, p. 175 (1896).

> *Hypolycæna* DE NICÉVILLE Butt. of India 3, p. 18, 389 (1890). — KIRBY, Handb. Lep. 2, p. 61 (1896).

> *Zeltus* DE NICÉVILLE Butt. of India 3, p. 19, 399 (1890).

Die von DE NICÉVILLE von *Hypolycæna* abgetrennte Gattung *Zeltus* ist nur auf die grössere Länge des Schwänzchen 1 b gegründet. Da aber *maara* und *liara* ziemlich in der Mitte zwischen *Zeltus* und *Hypolycæna* sens. str. stehen, ist es nicht möglich diese Gatt-ungen aufrecht zu halten, ohne auch für die letztgenannten Arten eine neue Gattung zu gründen, was indessen kaum berechtigt sein dürfte.

Beide Flügel haben unten in der Saumhälfte zwei Querlinien, von denen die innere (die Querbinde) breiter ist und in der Mitte oder kurz hinter der Mitte liegt und die andere, feinere (die Submarginallinie) nahe am Saume verläuft. Am Analwinkel der Hinterflügelunterseite stehen in 1 b und 2 zwei schwarze, mehr oder weniger metallische Flecke, welche nach innen gewöhnlich durch grelle Farben begrenzt sind.

Uebersicht der Arten.

A. Die Wurzelhälfte beider Flügel unten bis zur Querbinde einfarbig weiss ohne Zeichnungen. Die Querbinde braungelb, schwarz gesäumt; die Submarginallinie schwärzlich. Die Augen haarig.

    α. Das Schwänzchen 1 b der Hinterflügel deutlich länger als der Hinterflügel selbst (von der Wurzel bis zum Analwinkel) und mehr als doppelt so lang wie das Schwänzchen 2. — *Zeltus* DE NICÉV.

        *. Die Querbinde der Vorderflügelunterseite liegt am Hinterrande viel weiter nach aussen als die Querbinde der Hinterflügel und stösst darum nicht mit dieser, sondern mit der Submarginallinie der Hinterflügel zusammen. Der Analfleck in 1 b (und 1 c) der Hinterflügelunterseite ganz ohne rothe Begrenzung.   N:o 1.

        **. Die Querbinde der Vorderflügelunterseite liegt fast immer genau in der Verlängerung der Querbinde der Hinterflügel. Der Analfleck in 1 b der Hinterflügelunterseite nach vorn und nach aussen roth begrenzt.

        §. Grössere Art mit einer Flügelspannung von 28—29 Millim. — ♂. Die Vorderflügel oben an der Wurzelhälfte nur schwach graublau, kaum schillernd.   N:o 2.

        §§. Kleinere Arten mit einer Flügelspannung von 20—24 Millim. — ♂. Die Vorderflügel oben schwarz wenigstens bis zur Mitte blau oder grünlich schillernd.

          1. Der weisse Innenrand der Hinterflügeloberseite ist sehr breit, erreicht fast die Rippe 3 und ist vorne mehr oder weniger mit Blau überzogen. — ♂. Die Vorderflügel ohne Mehlfleck.   N:o 3.

          2. Der weisse Innenrand der Hinterflügeloberseite ist schmäler und wird nach aussen von der Rippe 2 begrenzt. — ♂. Die Vorderflügel oben im Winkel zwischen der Rippe 2 und der Mediana mit einem sehr kleinen (nur mit der Lupe deutlichen), braunen Mehlfleck. N:o 4.

    β. Das Schwänzchen 1 b der Hinterflügel nicht länger als der Hinterflügel selbst und nicht doppelt so lang wie das Schwänzchen 2. Die Flügel unten fast gänzlich wie bei *antifaunus* gezeichnet. ♂. Die Vorderflügel oben am Ende der Mittelzelle mit einem deutlichen, gerundeten, grauen Mehlfleck, welcher die Wurzel der Rippen 3—5 bedeckt.

        *. Der Anallappen der Hinterflügel oben roth gefleckt. Die Flügel oben graublau.   N:o 5.

        **. Der Anallappen der Hinterflügel oben schwarz gefleckt ohne Roth. Die Flügel oben azurblau.   N:o 6.

B. Die Flügel unten in der Wurzelhälfte wenigstens mit einem Querstriche am Ende der Mittelzelle und mit einem Punkte im Felde 7 der Hinterflügel.

    α. Die Vorderflügel unten ohne Zeichnungen zwischen der Wurzel und dem Querstriche am Ende der Mittelzelle. Die Augen haarig. — ♂. Die Flügel ohne Pinsel oder Mehlflecke, oben dunkel (roth)braun, mehr oder weniger stark violett schillernd. — *Hypolycæna* sens. str.

        *. Die Querbinde (innere Querlinie) der Unterseite unregelmässig, hie und da unterbrochen oder von getrennten Strichen gebildet. Die Grundfarbe der Unterseite heller oder dunkler grau. — ♀. Die Vorderflügel oben einfarbig oder fast einfarbig braun, die Hinterflügel hinter der Mitte mit zwei aus Flecken gebildeten, gewöhnlich abgekürzten Querbinden.   N:o 8.

        **. Die Querbinde (innere Querlinie) der Unterseite auf den Vorderflügeln und zwischen dem Vorderrande und der Rippe 2 der Hinterflügel (fast) zusammenhängend und fast gerade.

Die Flügel unten grau, zwischen den Querlinien weisslich. Die innere Querlinie dick und lebhaft rothbraun. — ♀. Die Flügel oben schwarzbraun; die Hinterflügel nur mit weisser Submarginallinie.

N:o 9.

2. Die Flügel unten überall mit rein weisser Grundfarbe. Die innere Querlinie nur wenig dicker als die äussere, gelblich. — ♀. Die Vorderflügel oben mit sehr breiter weisser Mittelbinde, die Hinterflügel oben wenigstens in der ganzen Saumhälfte weiss mit drei dunklen Querlinien.

N:o 10.

♂. Die Vorderflügel unten in der Mitte zwischen der Wurzel und dem Zellende mit einem rothgelben Querstriche, welcher sich auch auf den Hinterflügeln bis zum Innenrande fortsetzt. Die Augen nackt. — Die Flügel bei beiden Geschlechtern oben zum grössten Theil blau. — ♀. Die Hinterflügel oben mit einem grossen Mehlflecke am Vorderrande der Mittelzelle und in der Wurzel des Feldes 1 c mit einem schwarzbraunen, nach vorn gerichteten Haarpinsel. — Genus diversum?

*. Beide Flügel oben mit fast derselben blauen Farbe. Die schwarze Saumbinde der Vorderflügeloberseite beim ♂ an der Spitze sehr erweitert, 7 Millim. breit. Die Hinterflügel beim ♂ oben am Vorderrande bis zur Rippe 5 breit schwarz. Die Unterseite braungrau und die rothbraune Wurzelquerlinie der Hinterflügel fast zusammenhängend.

N:o 11.

**. Die Vorderflügel oben schön dunkel violettblau, die Hinterflügel himmelsblau. Die schwarze Saumbinde der Vorderflügeloberseite beim ♂ an der Spitze nur wenig erweitert und nur etwa 3 Millim. breit. Die Hinterflügel beim ♂ oben bis zur Rippe 7 blau und nur mit einem kurzen schwarzen Querstriche vor der Spitze. Die Unterseite weissgrau und die Wurzelquerlinie der Hinterflügel nur durch 4 rothbraune, weit getrennte Flecke (in 1 a, 1 b, 7 und in der Mittelzelle) vertreten.

N:o 12.

1. **H. hatita** Hew., Ill. D. Lep., p. 51, t. 23. f. 21—24 (1865). Mus. Brit. — Karsch, B. E. Z. 38, p. 222, 223 (1893).

faunus ♂ God. Enc. Meth. 9, p. 618 (1823).

Sierra Leona — Ashanti — Togo[84] — Kamerun[71] — Kuilu-Fluss — Congogebiet: Quango — Angola[7].

2. **H. antifaunus** Doubl. & Hew., Gen. D. Lep., t. 75, f. 1 (1852). Mus. Brit. — Hew., Ill. D. Lep., p. 51 (1865). — Karsch, B. E. Z. 38, p. 222 (1893).

faunus ♀ God., Enc. Meth. 9, p. 618 (1823).

Sierra Leona — Ashanti[14] — Togo[84] — Old Calabar — Kamerun[64] — Ogowe — Kuilu — Congogebiet[45]: Mukenge[44], Mompono — Angola[7].

3. **H. lebona** Hew., Ill. D. Lep., p. 51 (1865), Mus. Brit. — Karsch, B. E. Z. 38, p. 222 (1893). — Auriv., Ent. Tidskr. 16, p. 210 (1895).

antifaunus Hew., Ill. D. Lep., t. 23, f. 28, 29 (1865).

Sierra Leona[81] — Liberia — Elfenbeinküste[57] — Ashanti[14, 16] — Togo[84] — Old Calabar — Kamerun — Gabun — Kuilu-Fluss — Congogebiet.

ab. **scintillans** Auriv., Ent. Tidskr. 16, p. 210 (1895), Mus. Holmiæ. Kamerun.

var. **coerulea** Auriv., Ent. Tidskr. 16, p. 210 (1895), Mus. Holmiæ. Kamerun.

4. **H. dubia** Auriv., Ent. Tidskr. 16. p. 211 (1895), Mus. Holmiæ.
Kamerun.

5. **H. liara** H. H. Druce, An. N. H. (6) 5, p. 27 (1890), Coll. Druce. — Auriv., Ent.
Tidskr. 16. p. 211 (1895).
naara Karsch, B. E. Z. 38, p. 222, 223 (1893).
Ashanti — Togo[84] — Lagos — Kamerun[74] — Congogebiet: Zongo, Isangi (Mus.
Bruxell.).

6. **H. naara** Hew., Ent. M. Mag. 10, p. 124 (1873); Ill. D. Lep. Suppl., p. 33, t. 5[b],
f. 51, 52 (1878), Mus. Brit.
Angola.

°7. **H. kadiskos** H. H. Druce, An. N. H. (6) 5, p. 27 (1890), Coll. Druce.
Lagos.

8. **H. philippus** Fabr., Ent. syst. 3: 1, p. 283 (1793). — Donov., Ins. India, t. 42, f. 3[1]
(1800). — Hew., Ill. D. Lep., p. 50, t. 22, f. 15, 16 (1865). — Trimen, S. Afr.
Butt. 2, p. 118 (1887). — Mabille, Hist. Mad. Lep. 1, p. 229, t. 30, f. 1, 2, 2[a]
(1885—7). — Staud., Exot. Schm. 1, p. 283, t. 96 (1888).
orejus Hopff., Monatsb. Akad. Wiss. Berlin 1855, p. 641 (1855), Mus. Berol. —
Wallengr., Rhop. Caffr., p. 35 (1857). — Hopff., Peters Reise Mossamb. Ins.,
p. 401, t. 25, f. 10, 11 (1862).
erylus Trimen, Rhop. Afr. Austr. 2, p. 228 (1866).
ramonza Saalm., Ber. Senckenb. Ges. 1878, p. 84 (1878), Mus. Francof.
Ganz Afrika. Madagaskar. Aldabra.[124]

9. **H. pachalica** Butler, Proc. Zool. Soc. 1888, p. 69 (1888), Mus. Brit.
Deutsch Ost-Afrika: Dar-es-Salaam (Coll. Staud.) — Brit. Ost-Afrika[21, 146] — Aequatoria: Wadelai.

10. **H. Buxtoni** Hew., Ent. M. Mag. 10, p. 206 (1874), Mus. Brit. — Trimen, S. Afr.
Butt. 2, p. 119 (1887).
Seamani Trimen, Trans. Ent. Soc. 1874, p. 332, t. 2, f. 3, 4 (1874).
Kap Kolonie — Natal — Swaziland — Nyassaland.[121]

11. **H. coeculus** Hopffer, Monatsb. Akad. Wiss. Berlin 1855, p. 642 (1855); Peters Reise
Mossamb. Ins., p. 402, t. 25, f. 12—14 (1862), Mus. Berol. — Hew., Ill. D. Lep.,
p. 52 (1865). — Trimen, S. Afr. Butt. 2, p. 116 (1887). — Trimen, Proc. Zool.
Soc. 1891. p. 85, t. 9, f. 14 var.! (1891); 1894, p. 53 (1894).
Congogebiet: Mukenge[44] — Angola[64] — Ovamboland: Omrora[100] — Delagoa Bay —
Mashuna[141] — Manicaland[77] — Querimba[79] — Tette[78] — Nyassaland[36, 121] —
Deutsch Ost-Afrika: Parumbira,[118] Bagamoyo,[55] Tchouaka.[48]

---

[1] Die Figur ist sehr schlecht und erinnert unten viel mehr an *Buxtoni* als an *philippus*.

12. **H. cobaltina** n. sp.
coeculus Mab., Hist. Mad. Lep. 1, p. 231, t. 30, f. 8, 8ª, 9 (1885—7).
Madagaskar.

°13. **H.?** **maryra** Mab., Hist. Mad. Lep. 1, p. 230, t. 30ª, f. 1, 1ª (1885—7), Coll. Gr.
Smith. — ? = *Iolaus ceres*.
Madagaskar.

°14. **H.?** **renidens** Mab.. An. E. Belg. 28 Bull., p. 186 (1884); Hist. Mad. Lep. 1, p. 236
(1887), t. 30ᵇ, f. 1, 1ª (ined.). — *Deudorix?*
Madagaskar.

°15. **H.?** **vittigera** Mab., Pet. Nouv. Ent. 2, p. 289 (1879); Hist. Mad. Lep. 1, p. 237,
t. 30ª, f. 2, 2ª (1887), Coll. Gr. Smith.
Madagaskar.

°16. **H.?** **auricostalis** Butler, Proc. Zool. Soc. 1896, p. 832, t. 41, f. 7 (1897), Mus. Brit.
— genus mihi dubium.[1]
Nyassaland.

8. **Stugeta** Druce.

= *Stugeta* Druce, An. N. H. (6) 8, p. 140, 149 (1891).

Die Arten sind mir nur ungenügend bekannt und ich kann darum dieselben nicht
übersichtlich unterscheiden.

1. **S. Bowkeri** Trimen, Trans. Ent. Soc. London (3) 2, p. 176 (1864); Rhop. Afr. Austr.,
p. 225, t. 4, f. 4 (1866); S. Afr. Butt. 2, p. 132 (1887). — Staud., Exot. Schm. 1,
p. 275, t. 95 (1888). — Butler, Proc. Zool. Soc. 1894, p. 569 (1894).
Angola[5,7] — Ovamboland[10] — Kap Kolonie — Kaffernland — Natal — Transvaal[sd] — Betchuanaland — Manicaland[77] — Brit. Ost-Afrika: Baringo See[22].

2. **S. marmorea** Butler, Ent. M. Mag. 2, p. 169, fig. (1866), Mus. Brit.
Weisser Nil.

9. **Trichiolaus** n. gen.

Oculi dense hirsuti. — Palporum articulus tertius secundo brevior. — Alæ anticæ
maris costis 12, feminæ costis 11 præditæ; costa 3 a costa 2 fere brevius quam a costa 4
separata. — Alæ posticæ caudis tribus ad exitum costarum 1ᵃ b, 2ᵃ et 3ᵃ sitis instructæ;
cauda 3ª brevissima.

---

[1] Butler spricht in der Beschreibung von einem äusseren Schwänzchen (outer tail) der Hinterflügel.
in der Abbildung aber haben die Hinterflügel nur ein Schwänzchen (an 1 b).

Durch die dicht haarigen Augen unterscheidet sich diese Gattung sehr leicht von *Iolaus*.

1. **T. mermeros** MAB., Bull. Soc. Zool. Fr. 3, p. 82 (1878); Hist. Mad. Lep. 1, p. 234, t. 30, f. 5, 5ª, 6, 6ª (1887).
   argentarius BUTLER, An. N. H. (5) 4, p. 231 (1879); (5) 5, p. 395 (1880), Mus. Brit.
   Madagaskar.

10. Dapidodigma KARSCH.

= *Dapidodigma* KARSCH, Ent. Nachr. 21, p. 310 (1895).

1. **D. hymen** FABR., Syst. Ent., p. 519 (1775), Mus. Brit.
   liger CRAMER. Pap. Exot. 3, p. 109, t. 254, f. E, F (1779). — HERBST, Naturs. Schm. 11, p. 104, t. 302, f. 1, 2 (1804). — GOD., Enc. Meth. 9, p. 622 (1823). — KARSCH, Ent. Nachr. 21, p. 310 (1895).
   Sierra Leona — Niger[126] — Kamerun: Barombi — Ogowe — Kuilu Fluss.

11. Iolaus.

= *Iolaus* HÜBNER, Verz., p. 81 (1826). — MOORE, Journ. Asiat. Soc. Beng. 53, p. 34, (1884).
< *Iolaus* WESTW., Gen. D. Lep., p. 480 (1852). — HEW., Ill. D. Lep., p. 40 (1865). — TRIMEN, S. Afr. Butt., p. 125 (1887). — RÖBER in SCHATZ & STAUD., Exot. Schm. 2, p. 269, t. 47 (1892).
> *Iolaus* DRUCE, An. N. H. (6) 8, p. 139, 140 (1891).
> *Epamera* DRUCE, l. c., p. 139, 141 (1891).
> *Sukidion* DRUCE, l. c., p. 139, 142 (1891).
> *Argiolaus* DRUCE, l. c., p. 139, 143 (1891).
> *Tanuetheira* DRUCE, l. c., p. 139, 148 (1891).

Die hier oben angeführten, von H. H. DRUCE 1891 aufgestellten Gattungen sind nur auf sekundäre, männliche Geschlechtskaraktere oder auf ganz geringfügige und relative Unterschiede gegründet und können darum nach meiner Ansicht höchstens als Untergattungen betrachtet werden.

Es ist mir bisher nicht gelungen eine scharfe, auf structurellen Kennzeichen beruhende Grenze zwischen *Iolaus* und *Aphnaus-Spindasis* zu ziehen. Durch Farbe, Zeichnung und Habitus weichen indessen die letzteren so beträchtlich von *Iolaus* ab, dass sie gewiss getrennt gehalten werden müssen.

Bei den *Iolaus*-Arten sind die Flügel oben blau und schwarz oder auch (besonders bei den ♀♀) ausgedehnt weiss, selten fast ganz hell gelblich weiss. Bei *Aphnæus* und

Spindasis haben die Vorderflügel dagegen fast immer oben ockergelbe, orangegelbe oder violettbraune Zeichnungen.

Die Vorderflügel haben bei den ♀♀ immer 11, bei den ♂♂ 11 oder 12 Rippen.

Die ♀♀ sind mir nur zum Theil bekannt und ich muss mich darum hier auf eine Uebersicht der ♂♂ beschränken.

Uebersicht der Männchen.

I. Die Vorderflügel mit 12 Rippen; die Rippe 7 in den Saum. Beide Flügel unten bis über die Mitte hinaus einfarbig weiss ohne Zeichnungen. — *Tannetheira* DRUCE + *Argiolaus* DRUCE.

   A. Die Stirn schwarz mit breiten, weissen Seitenrändern.

      α. Der Haarpinsel am Hinterrande auf der Unterseite der Vorderflügel schwarz.

         *. Das Schwänzchen an der Rippe 1 b der Hinterflügel sehr breit (2 Mill.) und lang (18—20 Mill.), einfarbig weiss. Die Hinterflügel oben in den Feldern 1 c—3 und in der Mittelzelle grünlich blau; ihre Spitze bis zur Rippe 4 breit schwarz. Die Vorderflügel oben schwarz, an der Wurzel blau. — *Tannetheira* DRUCE.

           §. Die Vorderflügel oben in der Mitte ohne bronzefarbenen Fleck.   N:o 1.

           §§. Die Vorderflügel oben in der Mitte (etwa zwischen den Rippen 2 und 4) mit einem grossen, braunen oder bronzefarbenen, glänzenden Flecke.   N:o 2.

         **. Das Schwänzchen an der Rippe 1 b der Hinterflügel weniger breit und lang, nie einfarbig weiss.

           §. Die Vorderflügel unten am Saume nicht verdunkelt oder nur etwas röthlich angeflogen und ohne dunklen Hinterrandsfleck.

              †. Der Vorderrand der Hinterflügel oben bis zur Rippe 7 weiss oder weissgrau.   N:o 3, 4.

              ††. Der Vorderrand der Hinterflügel oben wenigstens bis zur Rippe 7 schwarz.

                o. Die Flügel oben zum grössten Theil blau oder grünlich blau.

                  1. Die Vorderflügel oben an der Wurzel des Vorderrandes blau oder schwarz mit blauen Schuppen. Die Franzen der Hinterflügel oben schwarz.   N:o 6.

                  2. Die Vorderflügel oben an der Wurzel des Vorderrandes weisslich. Die Franzen der Hinterflügel rein weiss.   N:o 7.

                oo. Die Flügel oben zum grössten Theil rein metallisch grün.   N:o 8.

           §§. Die Vorderflügel unten mit breiter, gegen den Hinterwinkel verschmälerter, schwarzgrauer Saumbinde und am Hinterrande in 1 a und 1 b breit schwärzlich. Die Hinterflügel oben am Vorderrande bis zur Rippe 6 schwarz.   N:o 9, (10).

      β. Der Haarpinsel am Hinterrande auf der Unterseite der Vorderflügel gelb oder braungelb.

         *. Die Flügel oben blau und schwarz.

           §. Die Hinterflügel oben hinter der Mitte des hell blauen Vorderrandes mit langen nach hinten gerichteten, hell gelblichen Haaren; ihre Spitze sehr breit und stumpf abgerundet. Der Anallappen klein oben schwarz und weiss, ganz ohne rothe Schuppen.   N:o 11.

           §§. Die Hinterflügel oben am Vorderrande wenigstens bis zur Rippe 7 schwarz und ohne Haare; ihre Spitze nur mässig abgerundet. Der Anallappen oben mehr oder weniger roth.

              1. Die Hinterflügel oben im Felde 1 c und gewöhnlich auch im Felde 2 mit einem rothen Submarginalflecke.   N:o 16.

               2. Die Hinterflügel oben ohne rothe Submarginalflecke in den Feldern 1 c und 2.

                                  N:o 13, 14.

         **. Die Flügel oben weiss und schwarz.   N:o 17, (18?).

B. Die Stirn orangeroth mit breiten weissen Seitenrändern. Der Haarpinsel am Hinterrande auf der Unterseite der Vorderflügel schiefergrau.   N:o 19.

II. Die Vorderflügel nur mit 11 Rippen; die Rippe 7 geht in die Spitze hinaus.

  A. Der Hinterrand der Vorderflügel unten mit einem Haarpinsel oder mit langen schwarzen Haaren bekleidet.

    α. Der Hinterrand der Vorderflügel unten fast in seiner ganzen Länge mit langen, schwarzen, nach vorn gerichteten Haaren bekleidet. Die Hinterflügel oben ohne Schuppenfleck am Vorderrande der Mittelzelle. — *Sukidion* DRUCE. — Beide Flügel oben schön himmelsblau; die Vorderflügel mit einem viereckigen, schwarzen Spitzenfleck, die Hinterflügel ohne Zeichnungen.   N:o 20.

    ϑ. Der Hinterrand der Vorderflügel unten in der Mitte mit einem Haarpinsel. Die Hinterflügel stets oben mit einem grösseren oder kleineren Schuppenflecke, welcher die Wurzel der Felder 6 und 7 und einen kleineren oder grösseren Theil der Mittelzelle bedeckt.

      *. Die Hinterflügel unten an der Wurzel wenigstens bis über die Spitze der Mittelzelle hinaus einfarbig ohne Zeichnungen. Die Flügel unten ohne schwarze Submarginalpunkte, bisweilen aber mit einer feinen Submarginallinie oder mit Submarginalstrichen.

        §. Die Stirn schwarz mit breiten, weissen Seitenrändern. Der Haarpinsel der Vorderflügel schwarz.

          o. Der Schuppenfleck der Hinterflügeloberseite ist klein, kreideweiss und von einer hellblauen Zone umgeben. Der Anallappen der Hinterflügel oben in der Mitte mit rothen Schuppen.   N:o 21.

          oo. Der Schuppenfleck der Hinterflügeloberseite ist gross, dunkelbraun und von einer schwärzlichen Zone umgeben. Der Anallappen der Hinterflügel oben schwarz und weiss mit grünen Schuppen, aber nicht roth.

            1. Die Flügel oben heller blau. Die blaue Farbe der Vorderflügel erreicht die Wurzel der Rippe 4. Die schwarze Farbe am Innenrande der Hinterflügel streckt sich am Saume in das Feld 1 c hinein und bildet dort einen abgerundeten schwarzen Fleck, welcher die Rippe 2 fast erreicht.   N:o 22.

            2. Die Flügel oben tief blau. Die blaue Farbe der Vorderflügel erreicht nur die Wurzel der Rippe 2. Der schwarze Innenrand der Hinterflügel ist nach aussen geradlinig und in der Wurzelhälfte von der Rippe 1 b begrenzt, streckt sich aber in der Saumhälfte ein wenig in das Feld 1 c hinein.   N:o 23.

        §§. Die Stirn weiss mit zwei orangerothen Längsstrichen oder oben orangeroth—orangegelb und unten weiss, selten fast ganz weiss.

          †. Der Haarpinsel der Vorderflügelunterseite weiss. Die Vorderflügel unten mit einem Querstriche am Ende der Mittelzelle und mit zwei dunklen Querlinien zwischen jenem und dem Saume.   N:o 24.

          ††. Der Haarpinsel der Vorderflügelunterseite schwarz.

            ι. Die Flügel unten mit einer unregelmässigen, dicken, an den Flügelspitzen zu einem 4—5 Millim. breiten Apicalflecke erweiterten, braunen Submarginalbinde. — Der Anallappen der Hinterflügel oben ohne rothe Schuppen.   N:o 25.

            ιι. Die Flügel nie unten so wie in der Abtheilung ι gezeichnet.

              +. Die Vorderflügel unten hinter der Mitte nur mit einer oder zwei feinen, schwärzlichen Querlinien und gewöhnlich ohne Querstrich auf der Schlussrippe der Mittelzelle oder nur mit einem sehr feinen, solchen Querstriche.

                o. Die Hinterflügel oben ohne schwarze Saumflecke.

                  1. Die blaue Farbe der Vorderflügeloberseite bedeckt zwei Drittel des Flügels und erreicht den Vorderrand. Die Hinterflügel oben bis zum Vorderrande blau.   N:o 26.

                  2. Die blaue Farbe der Vorderflügeloberseite bedeckt höchstens die Wurzelhälfte und erreicht nicht den Vorderrand. Die Hinterflügel oben mit schwarzer Spitze.

                    a. Die blaue Wurzelhälfte der Vorderflügel erreicht die Rippe 4 und ist nach aussen abgerundet.

a'. Der Anallappen der Hinterflügel oben ohne rothe Schuppen oder nur mit einigen von der Behaarung fast bedeckten, rothen Schuppen. Der Mehlfleck der Hinterflügel sehr gross, glänzend grau, und an der Rippe 5 nur 4 Millim. vom Saume entfernt.   N:o 27.

b'. Der Anallappen der Hinterflügel oben breit roth; ihr Mehlfleck mässig gross, braun und an der Rippe 5 etwa 6 Mill. vom Saume entfernt.
      N:o 28.

b. Die blaue Farbe der Vorderflügel erreicht nur die Wurzel der Rippe 2 und ist nach aussen sehr schief und fast gerade abgeschnitten. Die rothen Schuppen des Anallappens der Hinterflügel fast ganz von schwarzen Haaren bedeckt. Der Mehlfleck der Hinterflügel mässig gross, braun. N:o 29.

oo. Die Hinterflügel oben mit schwarzen Saumflecken in den Feldern 1 c und 2. Die Vorderflügel unten gewöhnlich mit einem feinen Querstriche am Ende der Mittelzelle.

1. Der Vorderrand der Hinterflügel oben fast bis zur Rippe 6 schwärzlich.
      N:o 30.

2. Der Vorderrand der Hinterflügel oben bis zur Rippe 7 weisslich, dann blau mit der Rippe 7 und einem kleinen Spitzenfleck im Felde 6 schwärzlich.
      N:o 31.

++. Die Vorderflügel unten hinter der Mitte mit einer oder zwei dicken, rothbraunen Querlinien oder wenn diese Linien fein oder schwärzlich sind mit einem sehr dicken Querstriche am Ende der Mittelzelle.

o. Die Vorderflügel unten mit einem dicken, rothbraunen Querstriche am Ende der Mittelzelle.

1. Die Vorderflügel unten hinter der Spitze der Mittelzelle mit zwei dicken, rothbraunen Querlinien.

a. Die blaue Farbe der Vorderflügeloberseite bedeckt nur die Felder 1 a und 1 b und die Wurzelhälfte der Mittelzelle und ist demnach nach vorn durch eine sehr schiefe, fast mit dem Hinterrande gleichlaufende Linie begrenzt.
      N:o 32.

b. Die blaue Farbe der Vorderflügeloberseite bedeckt wie gewöhnlich die ganze Mittelzelle und die Wurzel der Felder 3—6 und ist nach aussen bogenförmig hervortretend.
      N:o 33.

2. Die Vorderflügel unten hinter der Mittelzelle nur mit einem kleinen Vorderrandsflecke im Felde 6 und zwei feinen, dunklen Querlinien, von denen nur die äussere deutlich und vollständig ist.   N:o 34.

oo. Die Vorderflügel unten ohne Querstrich am Ende der Mittelzelle und nur mit einer einzigen Querlinie, welche sich zwischen den Rippen 9 und 2 erstreckt; der Saum und der Vorderrand schmal ockergelb.   N:o 35.

**. Die Hinterflügel unten an der Wurzel mehr oder weniger gefleckt oder gestrichelt.

o. Beide Flügel unten vor dem Saume mit einer Querreihe von 7—8 scharf hervortretenden, schwarzen Punkten und mit breiten, rothbraunen Querstrichen oder Querlinien (drei auf den Vorderflügeln, zwei auf den Hinterflügeln). Der Aussenrand (und der Vorderrand) der Vorderflügel unten schmal gelb gesäumt.

1. Die roth- oder gelbbraunen Querzeichnungen der Unterseite nach aussen und nach innen schwarzbraun gesäumt.   N:o 36, 37.

2. Die rothgelben Querzeichnungen der Unterseite nicht dunkel gesäumt.   N:o 38.

oo. Die Flügel unten ohne schwarze Submarginalpunkte. Beide Flügel unten mit einem Querstriche am Ende der Mittelzelle und zwischen der Mittelzelle und dem Saume mit zwei Querlinien, von denen die innere der Hinterflügel unregelmässig geschlängelt ist.

1. Die Vorderflügel unten mit einem dicken Querstrich in der Mitte der Mittelzelle. Die Hinterflügel unten an der Wurzel mit 6—7 getrennten Flecken.   N:o 39.

2. Die Vorderflügel unten ohne Querstrich in der Mittelzelle, bis zum Ende der Mittelzelle
unbezeichnet. Die Hinterflügel unten an der Wurzel mit einer zusammenhängenden Querlinie.   N:o 40.

B. Die Vorderflügel unten am Hinterrande ohne Haarpinsel und ohne lange Haare.
  α. Die Flügel oben blau—violett und schwarz.
    *. Beide Flügel unten ohne Zeichnungen zwischen der Wurzel und dem Ende der Mittelzelle. Die
       Hinterflügel oben am Vorderrande der Mittelzelle an der Wurzel der Rippen 6 und 7 mit einem
       grösseren oder kleineren Schuppenflecke. Die Flügel unten weiss mit zwei schwarzen Querlinien
       hinter der Mitte.
         o. Die Vorderflügel unten mit einem dunklen Querstriche am Ende der Mittelzelle, am Hinterrande
            bläulich schillernd und auf der Mitte der Submediana mit einem das mittlere Drittel der Rippe
            einnehmenden, breiten, länglich runden, schwarzgerandeten Flecke glänzender, weisslichgrauer
            Schuppen.   N:o 41.
         oo. Die Vorderflügel unten ohne Querstrich auf der Schlussrippe der Mittelzelle. N:o 42.
    **. Beide Flügel unten mit einem Querstriche am Ende der Mittelzelle und die Hinterflügel auch mit
        einer Querlinie an der Wurzel.   N:o 43—45.
  β. Die Flügel beiderseits hell gelb, am Analwinkel der Hinterflügel ockergelb. Die Vorderflügel oben an
     der Spitze und am Saume schmal schwarz. Beide Flügel unten mit schwarzer Querlinie hinter der
     Mitte; die Vorderflügel ausserdem mit einem schwarzen Querstriche am Ende der Mittelzelle.
                                                                                          N:o 46.

───── ── ·······

Für die richtige Bestimmung der Weibchen ist es nothwendig die folgenden Thatsachen genau zu
beachten:
A. Die Hinterflügel unten wenigstens bis zum Ende der Mittelzelle einfarbig, weiss oder gelblich, ohne
   Zeichnungen.
  α. Die Stirn schwarz mit breiten, weissen Seitenrändern.   N:o 1—18 (20?), 21—23.
  β. Die Stirn oben roth—rothgelb, unten weiss, oder weiss mit zwei rothen—braunen Längsstrichen oder
     ganz orangegelb.
    *. Die Grundfarbe der Unterseite weiss—braungrau.
       §. Die Unterseite der Vorderflügel ganz unbezeichnet oder nur hinter der Mitte mit zwei feinen,
          schwärzlichen Querlinien und ohne Querstrich am Ende der Mittelzelle oder nur mit einem sehr
          feinen, solchen Querstriche.   N:o 19, 24—31, 42.
       §§. Die Unterseite der Vorderflügel mit einem dicken Querstriche am Ende der Mittelzelle oder,
           wenn dieser fehlt, wenigstens mit einem dicken, rothbraunen Querlinie zwischen der Mittelzelle
           und der Flügelspitze.   N:o 32—35, 41.
    **. Die Flügel unten mit ockergelber—orangegelber Grundfarbe.   N:o 46.
B. Die Hinterflügel unten an der Wurzel mit mehreren oder wenigeren Zeichnungen.
                                                                                 N:o 36—40, 43—45.

1. **J. timon** Fabr., Mant. Ins. 2, p. 65 (1787), Mus. Glasgow. — Butler, Cat. Fabr. Lep.,
   p. 184 (1870); Lep. Exot., p. 42, t. 14, f. 3, 4 (1870). — ♂ Hew., Ill. D. Lep.
   Suppl., p. 29, t. 1ᵃ, f. 57 (1878).
   Sierra Leona — Old Calabar.

2. **J. prometheus** H. H. Druce, An. N. H. (6) 8, p. 149 (1891). Coll. Druce.
   Sierra Leona.

3. **J. alcibiades** Kirby, Cat. D. Lep., p. 409 (1871). — Druce, An. N. H. (6) 8, p. 146 (1891).
timon Donov., Nat. Reposit. 3, t. 97 (1825).
julianus Staud., Iris 4, p. 144, t. 1, f. 2 (1891), Coll. Staud. — Druce, Ent. M. Mag. 28, p. 185 (1892).
Sierra Leona — Ashanti — Lagos — Kamerun.

°4. **J. menas** H. H. Druce, An. N. H. (6) 5, p. 29 (1890); (6) 8, p. 148 (1891), Coll. Druce.
Senegambien. Gabun.

°5. **J. paneperata** H. H. Druce, An. N. H. (6) 5, p. 30 (1890); (6) 8, p. 146 (1891), Coll. Druce.
Lagos.

6. **J. iulus** Hew., Ill. D. Lep. Suppl., p. 9, t. 4, f. 41—43 (1869), Mus. Brit. — Druce, An. N. H. (6) 8, p. 144 (1891).
Sierra Leona — Togo (Coll. Suffert).

7. **J. Jamesoni** H. H. Druce, An. N. H. (6) 8, p. 145 (1891), Coll. Godm. & Salv.
Congogebiet: Aruwimi River.

8. **J. calisto** Doubl. & Hew., Gen. D. Lep., p. 487, t. 75, f. 6 (1852), Mus. Brit. — Hew., Ill. D. Lep., p. 41 (1865). — Druce, An. N. H. (6) 8, p. 147 (1891).
Senegambien — Sierra Leona — Gabun.

9. **J. laonides** Auriv., Ent. Tidskr. 18, p. 218 1897), Mus. Holmiæ.
laon ♂ Druce, An. N. H. (6) 8, p. 146 (1891).
Sierra Leona.

10. **J. mæsa** Hew., Ill. D. Lep., p. 27, t. 11, f. 4, 5 ♀ (1863), Mus. Brit. — Druce, An. N. H. (6) 8, p. 145 (1891). — mas ignotus.
Sierra Leona.

11. **J. cæsareus** Auriv., Ent. Tidskr. 16, p. 213 (1895), Mus. Holmiæ.
Kamerun.

°12. **J. lukabas** H. H. Druce, An. N. H. (6), 5, p. 30 (1890), Coll. Druce.
Senegambien.

13. **J. julius** Staud., Iris 4, p. 146 (Juli 1891), Coll. Staud. — Druce, Ent. M. Mag. 28, p. 185 (1892). — ? - sequentis var.
lekanion H. H. Druce, An. N. H. (6) 8, p. 144 (Aug. 1891), Coll. Druce.
Sierra Leona.

14. **J. silarus** H. H. Druce, Ent. M. Mag. 22, p. 154 (1885), Coll. Druce.
? *iulus* Oberth., Etudes d'Ent. 3, p. 21 (1878).
silas var. A. Trimen, S. Afr. Butt. 2, p. 128 (1887).

Delagoa Bay — Deutsch Ost-Afrika: Dar-es-Salaam (Coll. Staud.); Mamboia. — Brit. Ost-Afrika: Toru,[146] Ndara[146].

15. **J. ælianus** STAUD., Iris 4, p. 148 (1891), Coll. Staud. — DRUCE, Ent. M. Mag. 28, p. 185 (1892). — mas ignotus.
Sierra Leona.

16. **J. silas** WESTW., Gen. D. Lep., p. 481, t. 74, f. 5 ♀ (1852), Mus. Brit. — TRIMEN, Rhop. Afr. Austr., p. 222 (1866); S. Afr. Butt. 2, p. 127 (1887). — STAUD., Exot. Schm. 1, p. 275, t. 95 ♂ (1888).
♂ *nega* HERR. SCHEFFER, Aussereur. Schm., f. 51, 52 (1853?).
Kap Kolonie — Kaffernland — Natal — Zululand — Delagoa Bay. ?Somali-land»[128, 144].

ᶜvar. **lalos** H. H. DRUCE, An. N. H. (6) 17, p. 286 (1896), Coll. Druce.
Deutsch Ost-Afrika: Dar-es-Salaam.

17. **J. ismenias** KLUG, Symb. Phys., t. 40, f. 1, 2 (1834), Mus. Berol.
Sklavenküste: Lagos (teste DRUCE). Nubien: Ambukol.

18. **J. Piaggiæ** OBERTH., An. Mus. Genov. 18, p. 730, t. 9, f. 6 (1883), Mus. Genova.
Abyssinien.

19. **J. Trimeni** WALLENGR., Öfvers. Vet. Akad. Förhl. 32, p. 87 (1875), Mus. Malmogiæ. — TRIMEN, S. Afr. Butt. 2, p. 129, t. 7, f. 4 (1887).
Transvaal — Mashuna.[141]

20. **J. inores** HEW., Ent. M. Mag. 11, p. 85 (1872), Mus. Brit.; Ill. D. Lep. Suppl., p. 27, t. 4ª, f. 44, 45 (1878). — H. H. DRUCE, An. N. H. (6) 8, p. 142 (1891).
Gabun?

21. **J. laon** HEW., Ill. D. Lep. Suppl., p. 28, t. 4ª, f. 16, 17 ♀ (1878), Mus. Godm. & Salv. — AURIV., Ent. Tidskr. 18, p. 217, fig. 4 ♀ (1897). — ?♀ KARSCH, B. E. Z. 38, p. 221 (1893). — Taf. 6, Fig. 1 ♂.
Ashanti — ?Togo — Kamerun — Gabun.

22. **J. bellina** PLÖTZ, S. E. Z. 41, p. 200 (1880), Mus. Gryph. — AURIV., Ent. Tidskr. 16, p. 211 (1895).
iaspis H. H. DRUCE, An. N. H. (6) 5, p. 30 (1890), Coll. Druce.; (6) 8, p. 142, (1891).
Sierra Leona — Ashanti: Aburi; Addah — Kamerun[41].

23. **J. sapphirinus** AURIV., Ent. Tidskr. 18, p. 218 (1897), Mus. Holmiæ. — Taf. 6, Fig. 2 ♂.
Gabun: Ogowe-Fluss.

ᶜ24. **J. mermis** H. H. DRUCE, An. N. H. (6) 17, p. 285 (1896), Coll. Druce.
Deutsch Ost-Afrika: Dar-es-Salaam.

25. **J. creta** HEW., Ill. D. Lep. Suppl., p. 24, t. 3ʰ, f. 99, 100 (1878), Mus. Brit.
Gabun (Coll. Staud.)   Congo.

26. **J. carina** Hew., Ent. M. Mag. 10, p. 122 (1873); Ill. D. Lep. Suppl., p. 28, t. 4ᵃ, f. 52—54 (1878), Mus. Brit.
West-Afrika.

27. **J. iasis** Hew., Ill. D. Lep., p. 42, t. 19, f. 11, 12 (1865), Mus. Oxon.
Senegambien — Sierra Leona^81 — Ashanti — Lagos — Kamerun — Gabun — Kuilu.

28. **J. cytæis** Hew., Ent. M. Mag. 11. p. 182 (1875), Mus. Brit.
cyteis Hew., Ill. D. Lep. Suppl., p. 29. t. 4ᵃ, f. 55, 56 (1878).
Fernando Po.

29. **J. agnes** Auriv., Ent. Tidskr. 18, p. 219 (1897), Mus. Holmiæ.
Kamerun.

30. **J. Belli** Hew., Ill. D. Lep. Suppl., p. 9, t. 4, f. 33, 34 (1869), Mus. Brit.
♂ *pollux* Auriv., Ent. Tidskr. 16, p. 213 (1895), Mus. Holmiæ.
Sierra Leona — Kamerun.
Druce führt diese Art fälschlich zu *Argiolaus* und verleitete mich dadurch dieselbe nochmal als *pollux* zu beschreiben. Hewitsons Figur ist nach einem etwas abweichenden Weibchen, bei dem die rothen Saumflecke der Hinterflügelunterseite nicht durch einen Bogen verbunden sind, gemacht.

31. **J. silanus** Smith, An. N. H. (6) 3, p. 137 (1889), Coll. Gr. Smith. — Druce, An. N. H. (6) 17, p. 286 (1896).
Deutsch Ost-Afrika: Usagara (Coll. Stand.) — Brit. Ost-Afrika: Mombasa.

32. **J. eurisus** Cramer, Pap. Exot. 3, p. 47, t. 221, f. D, E (1779). — Hew., Ill. D. Lep. Suppl., p. 9, t. 4, f. 31, 32 (1869).
helius Fabr., Spec. Ins. 2, p. 112 (1781), Mus. Brit. — Herbst, Naturs. Schm. 11, p. 47, t. 303, f. 3, 4 (1804). — God., Enc. Meth. 9, p. 618 (1823). — Kirby, Handb. Lep. 2, p. 73 (1896).
»Delmina» — Sierra Leona^81 — Lagos — Kamerun (Coll. Druce).

33. **J. bolissus** Hew., Ent. M. Mag. 10, p. 123 (1873), Mus. Brit.; Ill. D. Lep. Suppl., p. 28, t. 4ᵃ, f. 48, 49 (1878).
Kamerun^89. Congo.

34. **J. alienus** Trimen, Trans. Ent. Soc. London 1898, p. 10, t. 1, f. 6 (1898).
Mashunaland.

35. **J. sidus** Trimen, Trans. Ent. Soc. London (3) 2, p. 176 (1864). — Hew., Ill. D. Lep., p. 41, t. 20, f. 25 (1865). — Trimen, Rhop. Afr. Austr. 2, p. 224, t. 4, f. 5 (1866); S. Afr. Lep. 2, p. 130 (1887); Proc. Zool. Soc. 1894, p. 53 (1894).
Kap Kolonie — Kaffernland — Natal — Zululand.

36. **J. aphnæoides** Trimen, Trans. Ent. Soc. London 1873, p. 110 (Mai 1873), Mus. Grahamstown. — Hew., Ill. D. Lep. Suppl., p. 28, t. 4ᵃ, f. 50, 51 (1878). — Trimen, S. Afr. Butt. 2, p. 137 (1887); Proc. Zool. Soc. 1894, p. 54 (1894).

canissus Hew., Ent. M. Mag. 10, p. 123 (Nov. 1873), Mus. Brit.
Kap Kolonie — Panda-ma-tenka (nahe an den Victoria-Fällen) — Manicaland[77]
— Nyassaland.

°37. **J. diametra** Karsch, Ent. Nachr. 21, p. 306 (1895), Mus. Berol.
Deutsch Ost-Afrika: Nord-Usambara.

38. **J. œmulus** Trimen, Trans. Ent. Soc. London 1895, p. 192, t. 5, f. 6 (1895).
Natal. Deutsch Ost-Afrika: Dar-es-Salaam (Coll. Staud.).

°39. **J. ceres** Hew., Ill. D. Lep., p. 39, t. 17, f. 63 (1865), Coll. Oberth. — Trimen, S.
Afr. Butt. 2, p. 134[1] (1887). — Mab., Hist. Mad. Lep. 1, p. 238, t. 30ᵃ, f. 3, 3ᵃ, 4
(1885—7).
Zululand — ? Delagoa Bay.[1] Madagaskar.

40. **J. mimosæ** Trimen, Trans. Ent. Soc. 1874, p. 330, t. 2, f. 1, 2 (1874), Coll. Trimen;
S. Afr. Butt. 2, p. 135 (1887).
Kap Kolonie — Kaffernland — Natal — Transvaal — Bamagwato — Somaliland[144].

41. **J. æthria** Karsch, B. E. Z. 38, p. 220 (1893), Mus. Berol.
Togoland.

42. **J. glaucus** Butler, Proc. Zool. Soc. 1885, p. 766 (1886) und in James Unkn. Horn
of Africa, p. 245 (1888). Mus. Brit.
Somali-Land.

°43. **J. tajoraca** Walker, Entomologist 5, p. 51 (1870).
Tajora (Tedjura) an der Somali-Küste gegenüber Aden.

°44. **J. Nursei** Butler, Proc. Zool. Soc. 1896, p. 251, t. 10, f. 16 (1896), Mus. Brit. —
eadem ac præcedens?
Aden.

45. **J. umbrosa** Butler, Proc. Zool. Soc. 1885, p. 766, t. 47, f. 6 (1886) und in James
Unkn. Horn of Africa, p. 244, tab., f. 6 (1888), Mus. Brit. — ? — N:o 43 varietas.
Somali-Land[128].

46. **J. pallene** Wallengr., Rhop. Caffr., p. 36 (1857), Mus. Holmiæ. — Hew., Ill. D. Lep.
Suppl., p. 27, t. 3ᵇ, f. 113, 114 (1878). — Trimen, S. Afr. Butt. 2, p. 138 (1887).
— Staud., Exot. Schm. 1, p. 276, t. 95 (1888).
Okawango Fluss[10] — Transvaal — Natal. — Deutsch Ost-Afrika: Pangani.

— — — — —

°47. **J.? Hollandi** Ehrmann, Journ. N. York Ent. Soc. 2, p. 77 (1894), Coll. Ehrmann.
Liberia.

[1] Das von Trimen beschriebene Weibchen aus Hewitsons Sammlung hat nur 10 Rippen der Vorderflügel und gehört wahrscheinlich nicht zu dieser Art. Das ♂ habe ich nicht gesehen. Ob ein ächter Iolaus?

12. **Aphnæus** Hübner.

< *Aphnæus* Hübner, Verz.. p. 81 (1826). — Hew., Ill. D. Lep., p. 60 (1865). Trimen, S. Afr. Butt. 2, p. 146 (1887). — Schatz & Röber, Exot. Schm. 2, p. 271. — Reuter, Acta Soc. Sc. Fenn. 22: 1, p. 180 (1896). — Kirby, Handb. Lep. 2, p. 79 (1896).
— *Aphnæmorpha* De Nicéville, Butterfl. of India 3, p. 347 (1890).

Hübner vereinigte in der Gattung *Aphnæus* auch die Arten der folgenden Gattung. Da aber Wallengren schon 1857 die Gattung *Spindasis* errichtete und ausdrücklich in der Beschreibung hervorhebte, dass die Vorderflügel nur 11 Rippen haben, scheint es mir ganz richtig den Namen *Aphnæus* für *oreas* und verwandte, welche 12 Rippen der Vorderflügel haben, zu behalten. Die ♂♂ dieser und der folgenden Gattung entbehren gänzlich den Haarpinsel am Hinterrande der Vorderflügel, welcher fast alle Arten von *Iolaus* auszeichnet.

Uebersicht der Arten.

A. Die Flügel unten mit zahlreichen, grösseren oder kleineren, silberglänzenden Flecken, oben mehr oder weniger blau.

    α. Die Unterseite mit grossen, mehr oder weniger zu Querbinden oder Makeln zuzammengeflossenen, *braun* umzogenen Silberflecken.

      *. Die Vorderflügel unten fast in der Mitte zwischen dem Zellende und der Flügelspitze mit einer breiten, zusammenhängenden, fast geraden Querbinde, welche sich zwischen den Rippen 2 und 7 erstreckt.

                                                    N:o 1.

      **. Die fragliche Querbinde ist im Felde 4 breit unterbrochen und ist demnach von zwei vereinigten Flecken der Felder 2 und 3, von drei oder zwei vereinigten Flecken der Felder 5, 6 (und 8 + 9) und von einem Flecke des Feldes 4, welcher ganz abgesondert viel näher am Saume steht, vertreten.

        †. Die Silberflecke der Unterseite mässig gross mehr oder weniger eckig. Die Flügel oben ohne braune Binde vor dem Saume. Die Vorderflügel oben ohne weisse Flecke oder nur mit einem solchen Flecke am Ende der Mittelzelle.

                                                    N:o 2, 3.

        ††. Die Silberflecke der Unterseite zum grössten Theile sehr gross und abgerundet. Beide Flügel oben beim ♀ dicht vor dem Saume mit einer breiten, rothbraunen Querbinde und die Vorderflügel oben mit gelbbraunem Vorderrande. Die Vorderflügel oben mit sechs sehr deutlichen, weissen Flecken, einem unmittelbar hinter der Spitze der Mittelzelle in den Feldern 4 und 5 und den übrigen, kleineren näher am Saume in den Feldern 2—6. Von diesen stehen die der Felder 2, 3, 5 und 6 fast in einer Linie, der im Felde 4 aber viel näher am Saume.

                                                      N:o 4.

    β. Die Unterseite fast nur mit kleinen, punktförmigen, *schwarz* umzogenen, getrennten Silberflecken.

                                                      N:o 6.

B. Die Flügel unten ohne Silberflecke, statt derselben aber mit gerundeten, gelblichen, braun umrandeten Flecken.

                                                      N:o 5.

1. A. **oreas** Drury, Ill. Exot. Ins. 3, p. 46, t. 31, f. 2, 3 (1782). — Herbst, Naturs. Schm. 11, p. 36, t. 301, f. 9, 10 (1804). — God., Enc. Meth. 9, p. 645 (1823). — ♀ Hew., Ill. D. Lep., p. 60 (1865). — Wateril, Aid. 2, p. 25, t. 163 (1885). — Staud.. Exot. Schm. 1, p. 274, t. 95 (1887—88). — Holland, Ent. News 4. t. 1. f. 13 (1893). — Kirby, Handb. Lep. 2, p. 80 (1896).

pindarus FABR., Ent. syst. 3: 1, p. 262 (1793). — DONOV., Ins. of India, t. 38, f. 2 (1800).

♀ *guttatus* PLÖTZ, S. E. Z. 41, p. 201 (1880), Mus. Gryph.

Sierra Leona — Kamerun[64] — Gabun — Congogebiet: Bangala[47], Kassai, Ibembo, Abumonbasi (Mus. Brux.), Mukenge[44].

[c]2. **A propinquus** HOLLAND, Ent. News 4, p. 25, t. 1, f. 14 (1893), Coll. Holland. — sequentis mas?
Ogowe.

[c]3. **A. argyrocyclus** HOLLAND, Psyche 5, p. 431 (1890); Ent. News 4, p. 28, t. 1, f. 15 (1893).
Ogowe.

4. **A. Hutchinsoni** TRIMEN, S. Afr. Butt. 2, p. 148 (1887); 3, p. 413 (1889), Mus. Capense. — BUTLER, Proc. Zool. Soc. 1897, p. 849, t. 50, f. 7 (1898).
zanzibarensis SMITH, An. N. H. (6) 3, p. 136 (1889), Coll. Gr. Smith.
Natal — Transvaal — Deutsch Ost-Afrika: Dar-es-Salaam (Coll. Staud.) — Brit. Ost-Afrika: Mombasa.

[o]5. **A. Erikssoni** TRIMEN, Proc. Zool. Soc. 1891, p. 86, t. 9, f. 15 (1891). — ♂ TRIMEN, Trans. Ent. Soc. London 1898 p. 9, t. 1, f. 5 (1898).
Angola: Ehanda. — Mashunaland.

6. **A. asterius** PLÖTZ, S. E. Z. 41. p. 201 (1880), Mus. Gryph.
chalybeatus EM. SHARPE, An. N. H. (6) 6, p. 105 (Juli 1890); Trans. Ent. Soc. London 1890, p. 555, t. 18, f. 7 (1890), Coll. Crowley.
ilogo HOLLAND, Psyche 5, p. 429 (Dez. 1890); Ent. News 4, p. 28, t. 1, f. 11 (1893), Coll. Holland.
Sierra Leona — Ashanti — Ogowe.

[o]7. **A. argenteola** HOLLAND, Psyche 5, p. 430 (1890); Ent. News 4, p. 28, t. 1, f. 12 (1893). — praecedentis varietas?[1]
Ogowe.

13. **Spindasis** WALLENGR.

< *Aphnaeus* HÜBNER, Verz., p. 81 (1826). — HEW., Ill. D. Lep., p. 60 (1865). — etc. (vide p. 327).
Spindasis WALLENGREN, Lep. Rhop. Caffr., p. 45 (1857).
= *Aphnaeus* DE NICÉVILLE, Butterfl. of India 3, p. 38, 346 (1890). — KARSCH, B. E. Z. 38, p. 214 (1893).

---

[1] Da die von HOLLAND zwischen *ilogo* und *argenteola* angeführten Unterschiede ziemlich unbedeutend sind und ich ein Stück aus Ogowe besitze, welches zum Theil besser mit *ilogo*, zum Theil besser mit *argenteola* übereinstimmt, halte ich es für sehr wahrscheinlich, dass *argenteola* nur eine Aberration von *asterius* ist.

Nach der Zeichnung der Unterseite können die aethiopischen Spindasis-Arten in drei Gruppen getheilt werden. In der ersten Gruppe, welche mehrere, nahe verwandte Arten umfasst, finden sich typisch folgende Zeichnungen auf der Flügelunterseite.

Auf den Vorderflügeln: 1. ein oder zwei Flecke dicht an der Wurzel, *die Wurzeldecke*; 2. ein Fleck im ersten Viertel der Mittelzelle, welcher sich auch in das Feld 11 hinein verlängern kann, den Vorderrand aber nicht erreicht, der *Subbasalfleck*; 3. eine Querbinde vom Vorderrande über die Mitte der Mittelzelle wenigstens bis zur Wurzel der Rippe 2, *die erste Querbinde*; 4. eine Querbinde vom Vorderrande quer über die Schlussrippe der Mittelzelle, *die zweite Querbinde*; 5. ein Querfleck am Vorderrande, welcher gewöhnlich schon an der Rippe 6 endet, *die dritte Querbinde*; 6. eine Querbinde in der Mitte zwischen der Mittelzelle und der Flügelspitze, welche sich, mit dem Saume fast gleichlaufend, vom Vorderrande bis zur Rippe 4 oder noch weiter erstreckt, *die vierte Querbinde*, und 7. zwei mit dem Saume gleichlaufende, dunkle *Submarginallinien*, von denen die innere bisweilen hie und da, nie aber in seiner ganzen Länge, doppelt oder verdickt sein kann.

Auf den Hinterflügeln: 1. sechs oder sieben *Wurzelpunkte*, welche entweder getrennt und in zwei Querreihen geordnet sind (erste Reihe in 1 a, der Mittelzelle und 8, die zweite in 1 c, der Mittelzelle und 7) oder zu einer breiten Wurzelbinde vereinigt sind; 2. ein Längsstrich auf der Rippe 1 b von der Wurzel bis zur Mitte der Rippe; 3. eine Querbinde, welche eine Fortsetzung der ersten Querbinde der Vorderflügel bildet, sich vom Vorderrande bis zur Rippe 2 in fast gerader Linie erstreckt und sich dann in scharfem Winkel gegen die Mitte des Innenrandes umbiegt, *die erste Querbinde*; 4. eine Querbinde, welche am Vorderrande nahe an der Spitze anfängt und wenigstens die Rippe 4 erreicht, *die zweite Querbinde*; 5. zwei *Submarginallinien*, von denen die innere mehr oder weniger verdickt oder unregelmässig verdoppelt sein kann.

Fast alle diese Zeichnungen der Unterseite sind dunkel umzogen und metallisch ausgefüllt.

Uebersicht der Arten.

1. Die Querbinden auf der Unterseite der Vorderflügel fangen alle am Vorderrande selbst an. Die Vorderflügel oben am Saume wenigstens 2–3 Millim. breit schwarzbraun.

   A. Die Grundfarbe der Flügelunterseite, wenigstens zum grossen Theil, weiss mit oder ohne Silberglanz.

      α. Die Vorderflügel unten an der Wurzel rothgelb, aber ohne Wurzel- und Subbasalflecke. Die Querbinden beider Flügel getrennt. Die Grundfarbe der Unterseite stark silberglänzend.   N:o 1.

      β. Die Vorderflügel unten mit Wurzel- und Subbasalflecken, welche mehr oder weniger zusammengeflossen sind. Die Querbinden der Unterseite mehr oder weniger, bisweilen fast netzförmig, zusammengeflossen.

         *. Die Grundfarbe der Unterseite silberglänzend. Die Vorderflügel oben mit orangegelben Flecken.   N:o 2.

        **. Die Grundfarbe der Unterseite ohne Silberglanz. Die Vorderflügel oben mit rein weissen Flecken.   N:o 3.

   B. Die Grundfarbe der Flügelunterseite ockergelb – strohgelb.

      α. Die dritte Querbinde der Vorderflügelunterseite ist, wie gewöhnlich, nur sehr kurz und erreicht höchstens die Rippe 6; die vierte Querbinde aber ist wenigstens bis zur Rippe 4 zusammenhängend.

        *. Die zweite Querbinde der Vorderflügelunterseite erreicht wenigstens die Rippe 2, gewöhnlich auch die Rippe 1; die vierte Querbinde aber endet im Felde 3.

†. Die Vorderflügel oben an der Wurzel des Vorderrandes schwarzgrau oder schwärzlich.

 o. Die Vorderflügel unten an der Wurzel des Vorderrandes (im Felde 11) mit Wurzel- und Subbasalflecken.

  §. Die vierte Querbinde der Vorderflügelunterseite gerade.

   1. Die innere Submarginallinie der Vorderflügelunterseite am Vorderrande deutlich erweitert, wie doppelt. Die erste Querbinde der Hinterflügelunterseite bis zur Rippe 2 gerade; die Submarginallinien deutlich, rothbraun und fast vollständig. N:o 4.

   2. Die innere Submarginallinie der Vorderflügelunterseite am Vorderrande nicht erweitert. Die erste Querbinde der Hinterflügelunterseite zwischen dem Vorderrande und der Rippe 2 deutlich gebogen; die innere Submarginallinie der Hinterflügel schwefelgelblich, die äussere nur an der Spitze vorhanden. N:o 5.

  §§. Die vierte Querbinde der Vorderflügelunterseite deutlich S-förmig gebogen. N:o 6.

 oo. Die Vorderflügel unten an der Wurzel im Felde 11 bis zur ersten Querbinde einfarbig ohne Flecke.

  §. Der schwärzliche Längsstreifen im Wurzeltheil des Feldes 1 b der Unterseite der Vorderflügel erreicht nur die Rippe 2.

   1. Die Vorderflügel oben mit orangegelben Flecken. Die Querbinden der Unterseite orangegelb. N:o 7.

   2. Die Vorderflügel oben schwarzgrau ohne oder nur mit kleinen hellen Flecken. Die Querbinden der Unterseite rostfarbig. N:o 8.

  §§. Der schwärzliche Längsstreifen der Unterseite der Vorderflügel im Felde 1 b setzt sich eine lange Strecke längs der Rippe 2 fort. N:o 9.

 ††. Die Vorderflügel oben an der Wurzel des Vorderrandes im Felde 11 orangegelb und mit drei breiten, lebhaft orangegelben Querbinden. N:o 11.

**. Die zweite Querbinde der Vorderflügelunterseite endet an oder etwas hinter der Wurzel der Rippe 3; die vierte Querbinde aber ist geschlängelt und erreicht die Rippe 1. Die Wurzel- und Subbasalpunkte der Vorderflügel auch im Costalfelde vorhanden. Die Wurzelpunkte der Hinterflügel deutlich und getrennt. N:o 12.

7. Die dritte Querbinde der Vorderflügelunterseite erreicht wenigstens die Rippe 2, ist aber im Felde 4 unterbrochen und besteht demnach aus zwei Abtheilungen. Die vierte Querbinde erreicht die Rippe 4 und besteht auch aus zwei kurzen Abtheilungen, welche im Felde 5 getrennt sind. N:o 13, 14.

II. Die Zeichnungen der Vorderflügelunterseite sind alle durch einen deutlichen Zwischenraum vom Vorderrande getrennt.

 α. Die Vorderflügel oben mit einer geraden, schwarzen, durch die helle Grundfarbe von dem schwarzen Saume deutlich getrennten Submarginalbinde, welche auch unten deutlich ist und der inneren Submarginallinie der vorhergehenden Arten entspricht. N:o 15, 16.

 β. Die Spitze und der Saum der Vorderflügel oben mehr oder weniger breit schwarz ohne besondere Submarginalbinde. Die Vorderflügel unten vor dem Saume mit zwei Querreihen von je 6—7 Punkten, von denen die inneren deutlich und mit Silber ausgefüllt sind, die äusseren aber sehr undeutlich sind oder ganz fehlen. N:o 18, 19.

1. **S. phanes** TRIMEN, Trans. Ent. Soc. London 1873, p. 111, t. 1, f. 4, 5 (1873); S. Afr. Butt. 2, p. 156 (1887).

 erna STAUD., Exot. Schm. 1, p. 274 (1888), Coll. Staud.

 Damara[56] — Kap Kolonie: Griqualand — Transvaal.

1 a. **S. waggæ** EM. SHARPE, Proc. Zool. Soc. 1898, p. 372 (1898).

 Somaliland.

°2. **S. namaqua** Trimen, Trans. Ent. Soc. London 1874, p. 334, t. 2, f. 5, 6 (1874);
S. Afr. Butt. 2. p. 158 (1887).
Kap Kolonie.

3. **S. somalina** Butler, Proc. Zool. Soc. 1885, p. 764, t. 47, f. 5 (1886) und in James
Unkn. Horn of Africa, p. 242 tab., f. 5 (1888), Mus. Brit.
Somali-Land[144].

4. **S. natalensis** Doubl. & Hew., Gen. D. Lep., t. 75, f. 4 (1852), Mus. Brit. —
Hopffer, Peters Reise Moss. Ins., p. 399, (1862). — Trimen, Rhop. Afr. Austr. p.
227 (1866). — Butler, Proc. Zool. Soc. 1896, p. 122 (1896). — Staud., Exot.
Schm. 1, p. 274, t. 95 (1887—88).
masilikazi ♂ Wallengr., Lep. Rhop. Caffr., p. 45 (1857), Mus. Holmiæ. — Trimen, S. Afr. Butt. 2, p. 152 (1887). — Butler, Proc. Zool. Soc. 1898, p. 195,
t. 20, f. 5 (1898).
Damara — Kap Kolonie — Natal — Transvaal — Mashuna[141] — Victoria Fall[55]
— Manicaland[77] — Querimba[79].

5. **S. Nyassæ** Butler, Ent. M. Mag. 20, p. 250 (1884); Proc. Zool. Soc. 1894, p. 569
t. 36, f. 4 (1894), Mus. Brit. — praecedentis var.?
Nyassaland.

6. **S. Victoriæ** Butler, Ent. M. Mag. 20, p. 251 (1884), Mus. Brit. — Trimen, S. Afr.
Butt. 3, p. 414 note (1889).
Ovamboland[10]. Victoria Nyanza.

7. **S. mozambica** Bertoloni, Mem. Acad. Bologna 2, p. 177; sep., p. 13 (1851).
natalensis Hew., Ill. D. Lep., p. 62, t. 25, f. 1, 2 (1865), Mus. Brit. — Trimen,
S. Afr. Butt. 2, p. 150 (1887). — ?Karsch, B. E. Z. 38, p. 223 (1893).
caffer Trimen, Trans. Ent. Soc. London 1868, p. 88 (1868); 1870, p. 368 (1870).
— Staud., Exot. Schm. 1, p. 274 (1888).
Sierra Leona. Togo*4(?). Ovamboland[10] — Kap Kolonie — Natal — Transvaal
— Mossambik — Nyassaland[121].

8. **S. apelles** Oberth., Etudes d'Ent. 3. p. 22 (1878), Coll. Oberth.
Deutsch Ost-Afrika: Zanzibar; Dar-es-Salaam.

9. **S. avriko** Karsch, B. E. Z. 38, p. 223, t. 5, f. 9 (1893), Mus. Berol.
Togo.

°10. **S. modesta** Trimen, Proc. Zool. Soc. 1891, p. 87, t. 9, f. 16 (1891).[1]
Ovamboland: Omrora.

---

[1] Trimen beschreibt nicht die Farbe der Wurzel des Vorderrandes der Vorderflügeloberseite, nach der
Figur aber scheint sie, wie bei *Homeyeri*, gelb zu sein. Von *Homeyeri* unterscheidet sich *modestus* leicht durch
die graulichen Querbinden der Unterseite.

11. **S. Homeyeri** Dewitz. D. E. Z. 30, p. 429, t. 2, f. 5, 5ᵃ, 5ᵇ, 5ᶜ (1886), Mus. Berol.
— Trimen, Proc. Zool. Soc. 1891, p. 88 (1891). — Butler, Proc. Zool. Soc. 1893,
p. 662 (1894).
Congogebiet: Mukenge — Angola: Ehanda¹⁰ — Omrora¹⁰ — Manicaland⁷⁷ —
Nyassaland³⁶, ¹³⁰ — Deutsch Ost-Afrika: Dar-es-Salaam (Coll. Staud.).

12. **S. ella** Hew., Ill. D. Lep., p. 63, t. 25, f. 6 (1865), Mus. Brit. — Trimen, S. Afr.
Butt. 2, p. 154 (1887). — Butler, Proc. Zool. Soc. 1898, p. 195, t. 20, f. 6 (1898).
chaka Wallengr., Öfvers. Vet.-Akad. Förh. 32, p. 89 (1875), Mus. Malmogiæ.
Kap Kolonie: Griqualand — Natal — Transvaal — Matabeleland — Mashuna¹⁴¹ —
Deutsch Ost-Afrika.

13. **S. iza** Hew., Ill. D. Lep., p. 62, t. 25, f. 5 (1865), Mus. Brit.
Gabun (nach Stücken in Hew. Coll.).

14. **S. crustaria** Holland, Psyche 5, p. 430 (1890); Ent. News 4, p. 28, t. 1, f. 10 (1893),
Coll. Holl. — eadem ac praeced.?
Ogowe-Fluss. — Congogebiet: zwischen Kassongo und den Stanley Fällen (Mus.
Brux.).

15. **S. nilus** Hew., Ill. D. Lep., p. 62 (1865), Mus. Brit. — ? = *acamas* var.
Weisser Nil.

16. **S. acamas** Klug.
var. **bellatrix** Butler, Proc. Zool. Soc. 1886, p. 369 (1886), Mus. Brit.
Nubien: Suakin. — Somaliland¹³⁹.

16a. **S. subaurea** Smith, Nov. Zool. 5, p. 358 (1898), Mus. Tring. — ? = praecedentis
varietas.
Niger: Lokoja.

17. **S. lutosa** Plötz. S. E. Z. 41, p. 200 (1880), Mus. Gryph. ¹
Ashanti.

18. **S. aderna** Plötz. S. E. Z. 41, p. 203 (1880), Mus. Gryph.
♂ *fallax* Em. Sharpe. An. N. H. (6) 6, p. 104 (1890). — Crowley, Trans. Ent.
Soc. London 1890, p. 555, t. 17, f. 4 (1890), Coll. Crowley.
♀ *latijimbriata* Em. Sharpe. An. N. H. (6) 6, p. 105 (1890). — Crowley, Trans.
Ent. Soc. London 1890, p. 555, t. 17, f. 5 (1890), Coll. Crowley.
Sierra Leona — Kamerun: Victoria — Ogowe-Fluss.

19. **S. leonina** Em. Sharpe, An. N. H. (6) 6, p. 104 (1890). — Crowley, Trans. Ent.
Soc. 1890, p. 555, t. 18, f. 5 (1890), Coll. Crowley.
♂ *bicolor* Em. Sharpe, An. N. H. (6) 8, p. 241 (1891), Coll. Crowley.
Sierra Leona — Togo.

¹ Das einzige, typische Stück dieser Art ist so schlecht erhalten, dass ich die Art nicht näher beschreiben kann. Sie gehört jedoch sicher zur Abtheilung II und ist von allen mir bekannten Arten verschieden.

14. **Chloroselas** Butler.

< *Aphnaeus* Trimen, S. Afr. Butt. 2, p. 146 (1887); 3. p. 115 (1889).
= *Chloroselas* Butler. Proc. Zool. Soc. 1885, p. 765 (1886).

Diese Gattung steht der Gattung *Spindasis* äusserst nahe und unterscheidet sich nur dadurch, dass die Rippe 10 (= SC¹) der Vorderflügel sich bald nach ihrem Ursprunge mit der Costale vereinigt und darum leicht übersehen werden kann.

Butler und Trimen geben irrthümlich nur zehn Rippen der Vorderflügel an. Die Augen sind nackt.

Alle Stücke von *pseudozeritis*, die ich gesehen habe, besitzen ein deutliches Schwänzchen an der Rippe 2 der Hinterflügel; bei den vier Typen aber von *esmeralda* im British Museum konnte ich keine Spur dieses Schwänzchen entdecken.

1. **Ch. tamaniba** Walker, Entomologist 5, p. 51 (1870).
   esmeralda Butler, Proc. Zool. Soc. 1885, p. 765, t. 47, f. 4 (1886) und in James, Unkn. Horn of Africa, p. 243, tab., f. 4 (1888), Mus. Brit. — Butler, Proc. Zool. Soc. 1896, p. 251 (1896).
   Nubien: Hor Tamanib (unweit Suakin) — Somaliland[2].

2. **Ch. pseudozeritis** Trimen, Trans. Ent. Soc. London 1873, p. 113, t. 1, f. 6 (1873); S. Afr. Butt. 2, p. 160 (1887); 3, p. 414 (1889). — forma praecedentis?
   Kap Kolonie: Bathurst District — Natal.

15. **Zeritis** n. gen.

= *Zeritis* Boisd., Spec. Gen. Lep. 1, t. 22, f. 6 (1836). Figura falsa, descriptio nulla!

Clava antennarum valde elongata, parum distincta, scapo longior. Palpi breves, articulo ultimo porrecto, cylindrico, subnudo. — Oculi nudi. — Costae alarum anticarum 10, omnino ut in genere *Aphnaeus* dispositae. — Alae posticae caudis duabus ad apicem costarum 1 b⁰ˢ et 2ᵃᵉ egredientibus, filiformibus instructae.

Diese Gattung ist durch die zwei Schwänzchen der Hinterflügel sehr leicht von den folgenden Gattungen zu unterscheiden. In Boisduvals Figur von *Zeritis nerine* ist das Geäder, wie gewöhnlich in den Figuren dieses Verfassers, ganz falsch abgebildet und die Hinterflügel nach einem Stücke, bei dem die Schwänzchen abgebrochen waren, gezeichnet. Von einer Gattung *Zeritis* Boisd. kann man darum nach meiner Ansicht kaum sprechen.

1. **Z. nerine** Boisd., Spec. Gen. Lep. 1. expl. p. 6, t. 22, f. 6 (1836), Coll. Oberth.
   amine Butler, Trans. Ent. Soc. 1874, p. 533, t. 11, f. 1, 2 (1874), Mus. Brit.
   Ashanti — Dahomey: Whydah — Niger[74].

2. **Z. Sorhageni** Dewitz, Nov. Acta Ac. Nat. Cur. 41: 2, p. 204, t. 26, f. 11 (1879). Mus. Berol.
   Angola im Inneren.

16. **Desmolycæna** TRIMEN.

— *Desmolycæna* TRIMEN. Trans. Ent. Soc. London 1898. p. 7 (1898).

Diese neue Gattung scheint mir nach der Abbildung und Beschreibung am nächsten mit *Spindasis* und *Chloroselas* verwandt zu sein und gehört sicher nicht zu der *Cupido*-Gruppe, in welcher die Hinterflügel nie an der Rippe 1 b geschwänzt sind.

1. **D. mazoensis** TRIMEN, Trans. Ent. Soc. London 1898, p. 8, t. 1, f. 4 (1898), Coll. Trimen.
Mashunaland.

17. **Axiocerses** HÜBNER.

= *Axiocerses* HÜBNER, Verz. p. 71 (1826). — RÖBER in SCHATZ & STAUDINGER, Exot. Schm. 2, p. 271, t. 47 (1892). — KIRBY, Handb. of Lepid. 2, p. 63 (1896).
= *Chrysorychia* WALLENGR., Rhop. Caffr., p. 44 (1857). — TRIMEN, S. Afr. Butt. 2, p. 161 (1887).

Durch die Zeichnung der Unterseite erinnern die *Axiocerses*-Arten sehr an die beiden letzten Arten der Gattung *Spindasis*, von denen sie indessen durch das Fehlen des Schwänzchen an der Rippe 2 der Hinterflügel leicht zu unterscheiden sind. Die Oberseite entbehrt auch beim ♂ stets jede blaue Farbe.

Die Vorderflügel sind oben schwarz oder schwärzlich mit einem grösseren oder kleineren, rothen oder rothgelben, einfarbigen oder schwarzgefleckten Hinterrands- (♂) oder Discal-flecke (♀). Die Hinterflügel sind oben fast ganz oder wenigstens zum grössten Theile roth—rothgelb mit (♀) oder ohne (♂) 1—2 dunkle Fleckenquerreihen hinter der Mitte. Unten sind die Flügel mit zahlreichen, kleinen, silbernen oder goldenen, dunkel umrandeten Flecken bestreut. Der Vorderrand der Vorderflügel unten an der Wurzel hell gefärbt. Der Anallappen der Hinterflügel ist sehr deutlich und der Innenrand vor demselben tief und breit ausgeschnitten.

Uebersicht der Arten.

A. Die hellen Theile der Oberseite gelbroth—rothgelb. Die Vorderflügel unten im Felde 1 b an der Wurzel schwärzlich mit einem silbernen Fleck, dann mehr oder weniger orangegelb und gewöhnlich mit einem doppelten, weissgekernten Querfleck hinter der Mitte.

    α. Der Vorderrand der Vorderflügel unten an der Wurzel gelblich oder gelblich weiss. Die Vorderflügel unten mit deutlichem, doppeltem Querfleck hinter der Mitte des Feldes 1 b.   N:o 1, 2, (3?).

    β. Der Vorderrand der Vorderflügel unten an der Wurzel breit weiss, silberglänzend. Die Vorderflügel ohne oder mit undeutlichem Querflecke im Felde 1 b.   N:o 4.

B. Die hellen Theile der Oberseite sehr dunkel roth. Die Vorderflügel unten im Felde 1 b mit einem silbernen Längsstrich an der Wurzel und dann mit einer langen, silbernen, schwarz eingefassten, gegen den Hinterwinkel gerichteten Längslinie. Die ganze Unterseite dunkel braunroth, stellenweise mit violettem Anfluge.   N:o 5.

1. **A. harpax** FABR., Syst. Ent., p. 829 (1775). — TRIMEN, S. Afr. Butt. 2, p. 162 (1887); Proc. Zool. Soc. 1891, p. 89 (1891); 1894, p. 55 (1894).
♀ *thyra* WALLENGR., Rhop. Caffr., p. 44 (1857), Mus. Holmiæ.
♂ *tjoane* WALLENGR., Rhop. Caffr., p. 44 (1857), Mus. Holmiæ.
croesus TRIMEN, Trans. Ent. Soc. (3) 1, p. 283 (1862).
perion HOPFFER, Peters Reise Mossamb. Ins., p. 403, t. 26, f. 1—3 (1862), Mus. Berol. — TRIMEN, Rhop. Afr. Austr. 2, p. 267 (1866). — STAUD., Exot. Schm. 1, p. 270, t. 94 (1887—8).
Sierra Leona. — Dahomey. Angola[7] — Ovamboland[10] — Kap Kolonie — Kaffernland — Natal — Zululand — Delagoa — Transvaal — Matabeleland — Manicaland[77] — Zambezi — Nyassaland[36] — Aequatoria: Wadelai[4] — Ost-Afrika[122].

2. **A. perion** CRAMER, Pap. Exot. 4, p. 176, t. 379, f. B, C (1781). — HERBST, Naturs. Schm. 10, p. 265, t. 286, f. 5, 6 (1800). — GOD., Enc. Meth. 9, p. 645 (1823). — KIRBY, Handb. Lep. 2, p. 63 (1896). — præcedentis varietas?[1]
Senegal[9] — Sierra Leona[x1] — Ashanti[64] — Togo[x4] — Kamerun[64]. Nyassaland[36, 121] — Brit. Ost-Afrika[21, 22] — Somaliland[139] — Abyssinien[3].

°3. **A. mendeche** SMITH, An. N. H. (6) 3, p. 135 (1889), Coll. Gr. Smith.
Brit. Ost-Afrika: Mombasa.

4. **A. amanga** WESTW. in Oates Matabele Land, p. 351 (1881); Edit. 2, p. 360 (1889), Mus. Oxoniæ. — TRIMEN, S. Afr. Butt. 2, p. 165, t. 9, f. 1 (1887); Proc. Zool. Soc. 1891, p. 90 (1891); 1894, p. 55 (1894).
Damara — Matabeleland: Gwailo Fluss — Transvaal[86] — Natal — Mashuna[141] — Manicaland[77] — Nyassaland[121]: Mera See[36], Zomba[36]. — Deutsch Ost-Afrika: Tabora — Brit. Ost-Afrika[146].

5. **A. punicea** SMITH, An. N. H. (6) 3, p. 134 (1889), Coll. Gr. Smith.
cruenta TRIMEN, Proc. Zool. Soc. 1894, p. 55, t. 6, f. 13 (1894).
Manicaland[77] — Deutsch Ost-Afrika: Dar-es-Salaam (Coll. Staud.). — Brit. Ost-Afrika: Mombasa.

18. **Leptomyrina** BUTLER.

< *Scoptes* HÜBNER, Verz., p. 111 (1826).
= *Leptomyrina* BUTLER, Proc. Zool. Soc. 1898, p. 405 (1898).

Antennæ tenues, subbreves, filiformes articulis elongatis; clava bene distincta, brevis, plus minus dilatato-compressa. — Palpi longi, porrecti, infra setosi, articulo ultimo elongato-acuminato, subnudo. — Oculi nudi. — Costæ alarum anticarum 10: costa 5 e medio costulæ transversæ; costa 6 et 7 ex eodem puncto, apice cellulæ orientes, 7[a] in apicem

---

[1] Ich muss bekennen, dass ich nach Vergleichung zahlreicher Stücke von *harpax* und *perion* aus verschiedenen Gegenden Africas nicht im Stande bin, stichhaltige Unterschiede zwischen diesen Arten anzuführen.

egrediens; costa 8 et 9 liberæ e latere anteriore cellulæ discoidalis. — Alæ posticæ ad apicem costæ 1 b productæ aut caudatæ et lobatæ, costis 8 præditæ.

Die Arten, für welche BUTLER neulich die Gattung *Leptomyrina* aufgestellt hat, wurden bisher bald zu dieser, bald zu jener Gattung geführt ohne irgendwo richtig zu passen. TRIMEN führt sie zu *Hypolycæna*, von welcher Gattung sie sich jedoch sofort durch das Fehlen des Schwänzchens an der Rippe 2 der Hinterflügel unterscheiden. Äusserlich sind sie durch die Augenflecke am Analwinkel beider Flügel sehr leicht kenntlich.

Uebersicht der Arten.

A. Die Hinterflügel am Analwinkel lang ausgezogen, gelappt und mit langem Schwänzchen am Ende von 1 b. Die Hinterflügel unten mit deutlichen Querzeichnungen und mit zwei Augenflecken am Analwinkel (in 1 b und in 2). Flügelspannung 22—27 Millim.

    α. Die Flügel oben hell bläulich grau, das Spitzendrittel der Vorderflügel und 2—3 wellenförmige Submarginallinien schwärzlich.   N:o 1.

    β. Die Flügel oben schwarzgrau; die Hinterflügel am Saume mehr oder weniger grau mit 2—3 dunklen Submarginallinien.   N:o 2.

B. Die Hinterflügel am Analwinkel etwas ausgezogen und deutlich geeckt, aber ohne Schwänzchen und Anallappen. Die Flügel oben glänzend kaffeebraun, an der Wurzel schwach blau angeflogen. Die Hinterflügel unten nebelig weissgrau—braungrau ohne deutliche Zeichnungen und ohne Analflecke am Saume. N:o 3.

1. **L. phidias** FABR., Ent. syst. 3: 1, p. 286 (1793). — MABILLE, Hist. Mad. Lep. 1, p. 227, t. 30, f. 3, 3a, 4 (1885—7). — STAUD., Exot. Schm. 1, p. 283 (1888). *rabe* BOISD., Faune Mad., p. 25 (1833), Coll. Oberth. — HEW., Ill. D. Lep. Suppl., p. 12, t. 5, f. 30, 31 (1869).
    Madagaskar.

2. **L. hirundo** WALLENGR., Rhop. Caffr., p. 35 (1857). Mus. Holmiæ. — TRIMEN, Rhop. Afr. Austr. 2, p. 230, t. 4, f. 11 (♂♀) (1866); S. Afr. Butt. 2, p. 121 (1887). — HEW., Ill. D. Lep. Suppl., p. 12 (1869). — STAUD., Exot. Schm. 1, p. 283 (1888). Kap Kolonie — Kaffernland — Natal — Delagoa Bay. Brit. Ost-Afrika[146].

3. **L. lara** L., Mus. L. Ulr., p. 320 (1764): Syst. Nat. ed. 12, p. 791 (1767). — GOD., Enc. Meth. 9, p. 675 (1819). — WALLENGR., Rhop. Caffr., p. 35 (1857). — TRIMEN, Rhop. Afr. Austr., p. 260 (1866). — HEW., Ill. D. Lep. Suppl., p. 13 (1869). — WALLENGR., Öfvers. Vet. Ak. Förhl. 29: 3, p. 47 (1872). — TRIMEN, S. Afr. Butt. 2, p. 123 (1887). — STAUD., Exot. Schm. 1, p. 283, t. 96 (1888). *iolaus* CRAMER, Pap. Exot. 3, p. 141, t. 270, f. F, G (1780). — HERBST, Naturs. Schm. 11, p. 325, t. 325, f. 1, 2 (1804). — WALLENGR., Rhop. Caffr., p. 34 (1857). *gongius* STOLL., Suppl. Cram., p. 150, t. 33, f. 5, 5 D (1790). *protumnus* HÜBNER, Verz., p. 111 (1826).
    Kap Kolonie — Kaffernland — Orange Republik — Natal · Zululand — Transvaal — Delagoa — Kamas Land — Deutsch Ost-Afrika (STAUD.) — Abyssinien?.

?4. **L. auricostalis** BUTLER, (vide supra p. 317).

19. **Capys** Hew.

< *Scoptes* Hübner, Verz., p. 111 (1826).
= *Capys* Hew., Ill. D. Lep., p. 59 (1865). — Trimen, S. Afr. Butt. 2, p. 112 (1887). — Röber in Schatz & Staud., Exot. Schm. 2, p. 267, t. 46 (1892).

Uebersicht der Arten.

A. Beide Geschlechter oben in der Mitte der Flügel mehr oder weniger breit orangeroth. Die Franzen weiss an den Rippenenden und an der Wurzel schwärzlich. N:o 1.
B. Die Flügel beim ♀ oben dunkel schwarzgrau mit graublauem Anfluge, aber ohne Roth in der Mitte; die Hinterflügel oben am Saume mit rothen Mondflecken. Die Flügel beim ♂ oben schwarzbraun in der Mitte sehr breit, bisweilen fast ganz orangeroth. Die Franzen weiss mit *rother* Wurzellinie. N:o 2.

1. **C. alphæus** Cramer, Pap. Exot. 2, p. 131, t. 182, f. E, F (1777). — God., Enc. Meth. 9, p. 663 (1823). — Westw., Gen. D. Lep., t. 77, f. 3 (1852). — Trimen, Rhop. Afr. Austr. 2, p. 270 (1866); S. Afr. Butt. 2, p. 113, t. 7, f. 5 (1887). — Staud., Exot. Schm. 1, p. 274, t. 95 (1887—8).
   Kap Kolonie — Natal — Transvaal.

*2. **C. disjunctus** Trimen, Trans. Ent. Soc. 1895, p. 190, t. 5, f. 5, 5ª (1895). — ♂ alis supra anticis latissime, posticis fere totis aurantiacis.
   Natal — Transvaal — Mashunaland.

   var. **connexivus** Butler, Proc. Zool. Soc. 1896, p. 831, t. 41, f. 6 (1897), Mus. Brit. — ♂ alis anticis minus late aurantiacis, posticis marginibus late fuscis; ♀ a forma typica vix distinguenda.
   Nyassaland.

20. **Phasis** Hübner.

> *Phasis* Hübner, Verz., p. 73 (1826). — Kirby, Handb. Lep. 2, p. 77 (1896) [typus N:o 13].
> *Aloeides* Hübner, Verz., p. 73 (1826) [typus N:o 20].
– *Nais* Swainson, Zool. Ill. (2) 3, p. 136 (1833) nomen specif.! [typus N:o 10].
= *Zerythis* Blanch., Hist. Nat. Ins. 3, p. 463 (1840) [typus N:o 13].
   Zeritis Westw., Gen. D. Lep., p. 500 (1852) [typus N:o 10]. — Trimen, Rhop. Afr. Austr., p. 261 (1866); S. Afr. Butt. 2, p. 167 (1887).
> *Crudaria* Wallengr., Öfvers. Vet. Ak. Förhl. 32: 1, p. 86 (1875) [typus N:o 28].
> *Chrysoritis* Butler, Proc. Zool. Soc. 1897, p. 848 (1898) [typus N:o 1].

Boisduval wird gewöhnlich als Auctor der Gattung *Zeritis* (oder *Cigaritis*) aufgeführt; er hat aber nirgends eine solche Gattung beschrieben, sondern nur eine Art, *nerine*, fehlerhaft (ohne Schwänzchen) und mit ganz falschem Geäder abgebildet. *Nerine*

Boisd. ist übrigens mit den *Phasis*-Arten gar nicht congenerisch, sondern gehört einer besonderen Gattung, *Zeritis mihi* (siehe oben p. 333) an.

Phasis ist in Südafrika durch zahlreiche, unter sich ziemlich verschiedene Arten vertreten. Die Vorderflügel haben fast immer 12 Rippen, von denen die Rippe 7 in den Saum mündet, bei *leroma*, *chrysantas* (teste TRIMEN) und *orcas* (sowie bei den nordafrikanischen zu »*Cigaritis*« Auct. geführten Arten) sind aber nur 11 Rippen vorhanden und die Rippe 7 mündet in die Flügelspitze. Auf diese Formen gründete WALLENGREN seine Gattung *Crudaria*.

Viele Arten sind mir leider unbekannt geblieben. Die Uebersicht musste darum in vielen Beziehungen unvollständig bleiben.

Uebersicht der Arten.

I. Die Flügel oben mit (metallischer) orangegelber Grundfarbe, in der viereckige, schwarze Flecke stehen; die Vorderflügel stets oben mit 1—2 schwarzen Punkten auf der Schlussrippe der Mittelzelle. — Die Palpen unten borstenhaarig. Die Stirn mit langen, abstehenden Haaren bekleidet.

  A. Der Saum der Vorderflügel gleichmässig abgerundet. Die Hinterflügel am Analwinkel nur kurz ausgezogen.

    α. Die Flügel oben nicht blau an der Wurzel.

      *. Die Franzen mit weissen Flecken an den Rippenenden. Beide Flügel unten mit silbernen, V-förmigen Saumflecken.   N:o 1.

      **. Die Franzen ungefleckt oder mit weissen Flecken zwischen den Rippen.

        †. Die Hinterflügel am Ende der Rippe 1 b geeckt, aber ohne Schwänzchen.

          o. Die Flügelfranzen nicht oder nur undeutlich weissgefleckt.

            §. Beide Flügel oben hinter der Mitte mit einer Querreihe von 5—7 schwarzen Discalflecken.

              1. Die Hinterflügel unten ohne silberne Flecke.

                a. Die beiden Diskalflecke im Felde 1 b der Vorderflügel weiter vom Saume entfernt als der Diskalfleck im Felde 2.   N:o 2.

                b. Die beiden Diskalflecke im Felde 1 b der Vorderflügel stehen näher am Saume als der Fleck im Felde 2.   N:o 3.

              2. Die Hinterflügel unten mit silbernen Flecken. Der Diskalfleck im Felde 1 b der Vorderflügel steht ein wenig weiter vom Saume als der Fleck im Felde 2.   N:o 4.

            §§. Die Hinterflügel oben ganz ohne Diskalflecke und nur mit mehr oder weniger vereinigten Saumflecken.

              1. Der Vorderrand der Hinterflügel oben wenigstens bis zur Rippe 6 breit schwarzbraun. Die Vorderflügel oben nur mit 1—4 Diskalflecken.   N:o 5.

              2. Der Vorderrand der Hinterflügel oben nicht verdunkelt. Die Vorderflügel oben mit einer Querreihe von 7—8 fast zusammenhängenden Diskalpunkten.   N:o 6.

          oo. Die Flügelfranzen breit, schwarz mit grossen weissen Flecken zwischen den Rippen. Die Hinterflügel unten mit goldenen Flecken. Die Vorderflügel oben mit 5, die Hinterflügel mit 0—3 Diskalflecken.   N:o 7.

      ††. Die Hinterflügel mit einem feinen, an der Spitze weissen Schwänzchen am Ende der Rippe 1 b. Die Vorderflügel oben ohne Diskalpunkte, aber mit einem breiten, an der Spitze stark erweiterten, schwarzen Saumtheile. Der Vorderrand der Hinterflügel oben breit schwarz. Die Hinterflügel nahe am Saume mit einer Querreihe schwarzer Punkte.   N:o 8.

β. Die Flügel oben an der Wurzel breit schwarz und dicht mit blauen Schuppen bestreut. Beide Flügel oben mit schwarzen Diskalflecken. N:o 9.

B. Der Saum der Vorderflügel an der Rippe 4 oder 5 schwach aber deutlich geeckt. Die Hinterflügel am Analwinkel scharf ausgezogen, nicht aber eigentlich geschwänzt. Beide Flügel oben mit 5—7 Diskalflecken, und die Vorderflügel oben mit schwarzer Saumbinde.

  α. Beide Flügel oben an der Wurzel breit schwarz mit lebhaftem, silberblauem Glanze.

    *. Die Hinterflügel unten mit mehreren, V- oder H-förmigen, unregelmässigen Silberflecken.
        N:o 10.

    **. Die Hinterflügel unten fast einfarbig ockergelb ohne Silberflecke. N:o 11.

  β. Beide Flügel oben fast bis zur Wurzel orangeroth ohne Blau. Die Hinterflügel unten bunt mit Silberflecken. N:o 12.

II. Die Flügel oben ohne orangegelbe Felder oder die orangegelbe Farbe nicht metallisch und stets ohne *freie* schwarze Flecke. — Die Palpen unten grob beschuppt ohne Borstenhaare. Die Stirn anliegend und kurz behaart.

A. Die Vorderflügel oben schwarzbraun mit 5—7 orangerothen, scharf begrenzten, viereckigen Flecken. Die Hinterflügel mit *zwei* Schwänzchen, an 1 b und 2. N:o 13.

B. Die Vorderflügel nie oben mit mehreren orangegelben Flecken.

  α. Die Flügel oben schwarzbraun und orangegelb oder gelbroth. Die orangegelbe Farbe ist bald über den grössten Theil der Flügel ausgedehnt, bald auf einen kleinen Theil in der Mitte der Vorderflügel und am Saume der Hinterflügel beschränkt.

    *. Die orangegelbe Farbe der Vorderflügeloberseite durch eine schwarze Querbinde, welche sich vom Vorderrande bis in das Feld 1 b erstreckt, in zwei ganz getrennte Abtheilungen getheilt. Die Hinterflügel unten mit zwei weissen Querstrichen im Felde 7 und einer weissen Querlinie hinter der Mitte zwischen der Rippe 7 und dem Innenrande. N:o 14.

    **. Die orangegelbe Farbe der Vorderflügeloberseite zusammenhängend.

      †. Die Flügelfranzen unten mit sehr deutlichen, weissen Flecken, welche sich gewöhnlich nach innen strichförmig verlängern. Die Hinterflügel unten mit zahlreichen, lebhaft silberglänzenden Flecken.

        §. Die gelbrothe Farbe der Vorderflügel ist sehr ausgedehnt und erreicht fast in seiner ganzen Länge den Vorderrand. Die Hinterflügel an der Rippe 2 deutlich geschwänzt. N:o 15.

        §§. Die gelbrothe Farbe der Vorderflügel ist durch einen schwarzen Längsstreif vom dem (bisweilen gelblichen) Vorderrande getrennt. Die Hinterflügel an der Rippe 2 nicht oder nur sehr kurz geschwänzt. N:o 16, 17.

      ††. Die Flügelfranzen unten ohne weisse Flecke. Die Hinterflügel nie an der Rippe 2 geschwänzt.

        o. Die Hinterflügel oben ohne schwarze Saumpunkte.

          §. Die Flügelfranzen kurz, ganzrandig, ungefleckt, mehr oder weniger purpurroth gefärbt. Die Hinterflügel gewöhnlich unten mit purpurrother Grundfarbe. Die Spitze und der Saum der Vorderflügel oben breit schwarz. N:o 18.

          §§. Beide Flügel oben hell orangegelb und nur mit einer feinen, an der Spitze der Vorderflügel schwach erweiterten, schwarzen Saumlinie. Die Franzen nicht roth. N:o 19.

        oo. Die Hinterflügel oben mit deutlichen, schwarzen Saumpunkten, welche bisweilen zu einer nach innen gezackten Saumbinde vereinigt sind, am Analwinkel nicht oder nur stumpf ausgezogen. Die Flügelfranzen ziemlich lang, oben mehr oder weniger gefleckt und an den Hinterflügeln deutlich wellenrandig. Die Hinterflügel nie unten purpurroth gefärbt. N:o 20—25.

  β. Die Flügel oben einfarbig dunkelgrau—schwarzbraun, selten mit einigen undeutlichen, grauen Submarginalflecken.

    *. Die Vorderflügel mit 12 Rippen. Die Hinterflügel ohne Schwänzchen am Analwinkel, aber mit tief wellenrandigen Franzen. Die Flügel oben schwarzbraun mit oder ohne graue Submarginalflecke. N:o 26.

344

AURIVILLIUS, RHOPALOCERA ÆTHIOPICA.

**". Die Vorderflügel nur mit 11 Rippen; die Rippe 7 in die Spitze. Die Hinterflügel mit einem feinen
Schwänzchen an der Rippe 1 b und mit ganzrandigen Franzen. Die Flügel oben einfarbig dunkelgrau. — *Cenduria* WALLENGR.** N:o 28.

*. Die Flügel oben hell bläulich weissgrau—weisslich mit der Spitze und dem Saume der Vorderflügel
schmal schwärzlich und beim ♀ mit einem hell orangegelben Subapicalflecke der Vorderflügel.** N:o 27.

°1. **Ph. oreas** TRIMEN. Trans. Ent. Soc. London 1891. p. 176 (1891).
Natal.

2. **Ph. zeuxo** L., Mus. L. Ulr.. p. 331 (1764). Mus. Upsaliense. — GOD., Enc. Meth. 9,
p. 672 (1823). — TRIMEN. Rhop. Afr. Austr. 2. p. 262, t. 5, f. 2 (1866); S. Afr.
Butt. 2, p. 171 (1887).
Kap Kolonie.

3. **Ph. chrysaor** TRIMEN, Trans. Ent. Soc. London (3) 2, p. 177 (1864); Rhop. Afr.
Austr. 2, p. 263 (1866); S. Afr. Butt. 2, p. 172, t. 9, f. 2 (1887).
Kap Kolonie — Kaffernland — Natal.

°4. **Ph. aethon** TRIMEN, S. Afr. Butt. 2, p. 176, t. 9, f. 4 (1887), Mus. Capense.
Transvaal.

°5. **Ph. lyncurium** TRIMEN. Trans. Ent. Soc. London 1868. p. 86 (1868); S. Afr. Butt. 2,
p. 174, t. 9, f. 3, 3a (1887).
Kaffernland.

°6. **Ph. lycegenes** TRIMEN, Trans. Ent. Soc. 1874, p. 337, t. 2, f. 7 (1874); S. Afr. Butt. 2,
p. 175 (1887); 3, p. 415 (1889).
Natal.

°7. **Ph. chrysantas** TRIMEN, Trans. Ent. Soc. London 1868, p. 85, t. 5, f. 6 (1868), Coll.
Trimen; S. Afr. Butt. 2, p. 177 (1887).
Kap Kolonie.

°8. **Ph. phosphor** TRIMEN. Trans. Ent. Soc. London (3) 2, p. 178 (1864); Rhop. Afr.
Austr. 2, p. 269, t. 4, f. 12 (1866); S. Afr. Butt. 2, p. 179 (1887).
Kaffernland.

9. **Ph. pyroeis** TRIMEN, Trans. Ent. Soc. (3) 2, p. 178 (1864); Rhop. Afr. Austr. 2.
p. 264, t. 5, f. 1 (1866); S. Afr. Butt. 2, p. 180 (1887).
Kap Kolonie.

10. **Ph. thysbe** L., Mus. L. Ulr.. p. 330 (1764); Syst. Nat. edit. 12, p. 789 (1767). —
GOD., Enc. Meth. 9, p. 663 (1823). — BLANCHARD, Hist. Nat. Ins. 3, p. 463, t. 6,
f. 5 (1841). — WALLENGR., Rhop. Caffr., p. 42, (1857). — TRIMEN, Rhop. Afr.
Austr., p. 265 (1866). — BUTLER, Proc. Zool. Soc. 1868, p. 223, t. 17, f. 5 (1868).
— TRIMEN, S. Afr. Butt. 2, p. 181 (1887). — STAUD., Exot. Schm. 1, p. 270,
t. 94 (1887—8).

nais Cramer, Pap. Exot. 1, p. 71, t. 17, f. D. E (1775).
splendens Swainson, Zool. Ill. (2) 3, t. 136 (1833).
Kap Kolonie — Kaffernland — Zululand.

11. **Ph. Osbecki** Auriv., Lep. Mus. L. Ulr., p. 117 (1882), Mus. Holmiæ. Trimen.
S. Afr. Butt. 2, p. 185 (1887). — praecedentis varietas?
Kap Kolonie.

12. **Ph. palmus** Cramer, Pap. Exot. 4, p. 100, t. 341, f. F, G (1781). — Trimen, S. Afr.
Butt. 2, p. 185 (1887). — Staud. Exot. Schm. 1, p. 270 (1888).
thysbe var. Trimen, Rhop. Afr. Austr., p. 265 (1866).
Kap Kolonie.

13. **Ph. thero** L., Mus. L. Ulr., p. 328 (1764); Syst. Nat. ed. 12, p. 787 (1767).
Stoll, Ordre syst. Lep. de Cramer, p. 12, not. 31 (1782). — Gob., Enc. Meth. 9,
p. 662 (1823). — Blanchard, Hist. Nat. Ins. 3, p. 165 (1841). — Lucas in
Chenu Enc. H. N. Pap. 1, p. 214, f. 351 (1852). — Trimen, Rhop. Afr. Austr.,
p. 276 (1866); S. Afr. Butt. 2, p. 186 (1887).
rumina Drury, Ill. Exot. Ins. 1, p. 3, t. 2, f. 1 (1773).
salmoneus Cramer, Pap. Exot. 4, p. 99, t. 341, f. D, E (1781).
erosine Fabr., Maut. Ins. 2, p. 51 (1787). — Herbst, Naturs. Schm. 11, p. 34,
t. 301, f. 7, 8 (1804).
pulsius Herbst, Naturs. Schm. 7, p. 83, t. 165, f. 6, 7 (1793).
Kap Kolonie.

14. **Ph. sardonyx** Trimen, Trans. Ent. Soc. London 1868, p. 83, t. 5, f. 5; t. 6, f. 6, 7
(1868); S. Afr. Butt. 2, p. 188 (1887).
Kap Kolonie.

15. **Ph. argyraspis** Trimen, Trans. Ent. Soc. 1873, p. 111, t. 1, f. 7, 8 (1873); S. Afr.
Butt. 2, p. 189 (1887).
< *malagrida* Trimen, Rhop. Afr. Austr., p. 344 (1866).
Kap Kolonie.

°16. **Ph. Wallengreni** Trimen, S. Afr. Butt. 2. p. 192 (1887); 3. p. 116 (1889).
< *malagrida* Trimen, Rhop. Afr. Austr., p. 272 (1866).
malagrida Trimen, Rhop. Afr. Austr., t. 5, f. 3 (1866).
Kap Kolonie.

17. **Ph. malagrida** Wallengr., Rhop. Caffr., p. 13 (1857), Mus. Holmiæ. — Trimen,
S. Afr. Butt. 2, p. 194 (1887).
aglaspis Trimen, Trans. Ent. Soc. London (3) 1, p. 286 (1862).
Kap Kolonie — Transvaal.

18. **Ph. aranda** Wallengr., Rhop. Caffr., p. 13 (1857), Mus. Holmiæ. — Trimen, S. Afr.
Butt. 2, p. 198 (1887).

mars TRIMEN, Trans. Ent. Soc. London (3) 1, p. 285 (1862).
pierus var. A TRIMEN, Rhop. Afr. Austr., p. 275 (1866).
Kap Kolonie — Kaffernland — Natal — Transvaal.

19. **Ph. simplex** TRIMEN, Trans. Ent. Soc. London 1893, p. 136 (1893).
Damaraland — Kleines Namaqualand — Matabeleland.

20. **Ph. thyra** L., Mus. L. Ulr., p. 329 (1764); Syst. Nat. ed. 12, p. 789 (1767).
HÜBNER, Samml. Exot. Schm. 2, t. 88 (1816—21). — WESTW., Gen. D. Lep.,
t. 76. f. 9 (1852). — TRIMEN, Rhop. Afr. Austr., p. 273 (1866); S. Afr. Butt. 2,
p. 195, t. 9, f. 5 ♀ (1887).
nycetus CRAMER, Pap. Exot. 4, p. 178, t. 380, f. F, G (1781).
cuadrus ♀ FABR., Mant. Ins. 2, p. 89 (1787), Mus. Havniæ.
cuadrus var. 2, GOD., Enc. Meth. 9, p. 672 (1823).
Metam: TRIMEN, S. Afr. Butt. 2, p. 197 (1887).
Kap Kolonie — Kaffernland — Natal — Transvaal.

°21. **Ph. almeida** FELDER, Verh. z. b. Ges. Wien 12, p. 478 (1862); Reise Novaras Lep.,
p. 264, t. 32, f. 25, 26 (1865), Mus. Vindob. — TRIMEN, S. Afr. Butt. 2, p. 200
(1887).
< *pierus* TRIMEN, Rhop. Afr. Austr. 2, p. 274 (1866).
Kap Kolonie — Transvaal.

22. **Ph. pierus** CRAMER, Pap. Exot. 3, p. 84, t. 243, f. E, F (1779). — TRIMEN, S. Afr.
Butt. 2. p. 202 (1887).
cuadrus ♂ FABR., Mant. Ins. 2. p. 89 (1787), Mus. Havniæ.
suetonius FABR., Ent. syst. 3: 1, p. 320 (1793).
Kap Kolonie — Kaffernland.

23. **Ph. molomo** TRIMEN, Trans. Ent. Soc. London 1870, p. 373, t. 6, f. 9 (1870); S.
Afr. Butt. 2, p. 205 (1887); Proc. Zool. Soc. 1891, p. 90 (1891).
Ovamboland[10] — Kap Kolonie — Orange Republik — Transvaal — Delagoa Bay.

24. **Ph. damarensis** TRIMEN, Proc. Zool. Soc. 1891, p. 90, t. 9, f. 17 (1891).
Damaraland.

25. **Ph. taikosama** WALLENGR., Rhop. Caffr., p. 43 (1857), Mus. Holmiæ. — TRIMEN,
S. Afr. Butt. 2, p. 203 (1887). — BUTLER & MARSHALL, Proc. Zool. Soc. 1897,
p. 848 (1898).
pierus var. B. TRIMEN, Rhop. Afr. Austr. 2, p. 275 (1866); Trans. Ent. Soc. London 1870, p. 372 (1870).
Kap Kolonie — Kaffernland — Natal — Orange Republik — Transvaal —
Zululand — Bamangwato: Tauwani Fluss.

26. **Ph. orthrus** TRIMEN, Trans. Ent. Soc. London 1874, p. 340, t. 2, f. 10 (1874); S.
Afr. Butt. 2, p. 207 (1887).
Natal — Zululand — Delagoa Bay — Transvaal[86].

27. **Ph. Barklyi** TRIMEN, Trans. Ent. Soc. 1874, p. 338, t. 2, f. 8, 9 (1874); S. Afr.
Butt. 2, p. 208 (1887).
Kap Kolonie: Namaqualand.

28. **Ph. leroma** WALLENGR., Rhop. Caffr., p. 42 (1857), Mus. Holmiæ. — TRIMEN, Rhop.
Afr. Austr. 2, p. 231 (1866); Trans. Ent. Soc. London 1870, p. 375, t. 6, f. 10
(1870); S. Afr. Butt. 2, p. 169 (1887).
zorites HEW., Trans. Ent. Soc. London 1874, p. 354 (1874), Mus. Brit.
delagoensis EM. SHARPE, An. N. H. (6) 8, p. 240 (1891), Coll. Crowley.
Damaraland[56] — Kap Kolonie — Natal — Transvaal[85] — Mashuna[141].

21. **Erikssonia** TRIMEN.

= *Erikssonia* TRIMEN, Proc. Zool. Soc. 1891, p. 91 (1891).

Diese eigenthümliche Gattung, deren einzige Art ich leider nicht gesehen habe, ist
ohne Zweifel mit *Phasis* nahe verwandt und kann nicht zu den Lipteninen geführt werden.
Die Hinterflügel sind nämlich am Analwinkel schwach, aber deutlich geeckt.

1. **E. acræina** TRIMEN, Proc. Zool. Soc. 1891, p. 92, t. 9, f. 18—20 (1891).
Ovamboland.

22. **Arrugia** WALLENGR.

< *Thestor* HÜBNER, Verz., p. 73 (1826).
= *Arrugia* WALLENGR., Öfvers. Vet.-Akad. Förh. 29, p. 47 (1872). — TRIMEN, S. Afr.
Butt. 2, p. 226 (1887). — RÖBER in STAUD. & SCHATZ, Exot. Schm. 2, p. 277, t. 49
(1892).

HÜBNER führte zu seiner Gattung (coitus) *Thestor* die beiden Arten *petalus* CRAM.
und *ballus* FABR. und lieferte die folgende Beschreibung: Die Senken (Hinterflügel) unten
besonders (wohl = ungewöhnlich) gefärbt, weiss gezeichnet. Da diese Beschreibung offenbar besser auf *ballus* als auf *petalus* passt und dazu kommt, dass *ballus* eine von HÜBNER
sicher gesehene und weit mehr bekannte Art war,[1] scheint es mir richtiger *ballus* als
Typus der Gattung *Thestor* zu betrachten. SCUDDER und KIRBY behaupten, dass *petalus*
der Typus von *Thestor* sein muss, weil RAMBUR schon 1839 für *ballus* die Gattung *To-
mares* errichtete. Wenn es aber aus HÜBNERS eigener Arbeit, wie ich glaube, deutlich
hervorgeht, dass *ballus* ursprünglich der Typus von *Thestor* war, hatte RAMBUR nicht Recht
darauf eine neue Gattung zu gründen. Nach meiner Ansicht ist also die fast von allen
Verfassern gemachte Verwendung der Namen *Thestor* und *Arrugia* die am meisten berechtigte.

---

[1] Ich erlaube mir an Linnés berühmte Wörter in Philosophia botanica zu erinnern: Si genus receptum,
secundum ius naturæ et artis, in plura dirimi debet, tum nomen antea commune manebit vulgatissimæ et offici-
nali plantæ.»

Arrugia ist eine sehr eigenthümliche, nur in Südafrika vertretene Lycæniden-Gattung, welche durch die vollständige Entwickelung der männlichen Vorderbeine den Pieriden nahe kommt. Die Fühler sind kurz und kräftig gebaut und werden fast von der Wurzel an allmählig gegen die Spitze dicker (die Kolbe fängt nahe an der Wurzel an.). Die Palpen sind lang hervorragend und anliegend beschuppt. Die Vorderflügel haben auf beiden Seiten 1—2 schwarze Punkte in der Mittelzelle, einen schwarzen Fleck am Ende der Mittelzelle und eine unregelmässige Querreihe von 6—8, gerundeten oder viereckigen, schwarzen Diskalflecken. Die Hinterflügel führen wenigstens oben eine längere oder kürzere, schwarze Diskalbinde.

Uebersicht der Arten.

A. Beide Flügel oben in der Mitte mehr oder weniger ausgedehnt schmutzig ockergelb.   N:o 1.
B. Die Flügel oben in der Mitte grau oder weisslich.
　α. Die Vorderflügel oben in der Mitte besonders hinter den Diskalflecken weisslich. Die Fühler wenigstens
　　7 Millim. lang.   N:o 2.
　β. Die Vorderflügel oben nicht weiss. Die Fühler erreichen nicht 6 Millim.   N:o 3.

1. **A. protumnus** L., Mus. L. Ulr., p. 340 (1764): Syst. Nat. ed. 12, p. 791 (1767). — Donov., Nat. Reposit. 5, t. 161 (1827). — Trimen, Rhop. Afr. Austr., p. 278 (1866); S. Afr. Butt. 2, p. 228 (1887). — Staud., Exot. Schm. 1, p. 270 ♂, t. 94 (1887—88).
　petalus Cramer, Pap. Exot. 3, p. 84, t. 243, f. C, D (1779). — Herbst, Naturs. Schm. 11, p. 316, t. 323, f. 8, 9 (1804). — God., Enc. Meth. 9, p. 672 (1823).
　silvius Fabr., Mant. Ins. 2, p. 88 (1787), Mus. Havniæ.
　Kap Kolonie — Transvaal.

2. **A. basuta** Wallengr., Rhop. Caffr., p. 46 (1857), Mus. Holmiæ. — Trimen, Trans. Ent. Soc. London 1870, p. 377 (1870); S. Afr. Butt. 2, p. 231, t. 9, f. 8, 8a (1887).
　protumnus var. A Trimen, Rhop. Afr. Austr. 2, p. 279 (1866).
　zaraces Hew., Trans. Ent. Soc. 1874, p. 354 (1874), Mus. Brit.
　protumnus ♀ Staud., Exot. Schm. 1, p. 270 (1888), Coll. Staud.
　Kap Kolonie — Kaffernland — Natal — Transvaal.

3. **A. brachycera** Trimen, Trans. Ent. Soc. London 1883, p. 353 (1883); S. Afr. Butt. 2, p. 230, t. 9, f. 7 (1887).
　Kap Kolonie.

23. **Spalgis** Moore.

Spalgis Moore, Proc. Zool. Soc. 1879, p. 137 (1879); Lep. of Ceylon 1, p. 70 (1881). — De Nicéville, Butt. of India 3, p. 54 (1890). — Röber in Schatz & Staud., Exot. Schm. 2, p. 276, t. 49 (1892).

Durch die völlig abgerundeten, schwanzlosen Hinterflügel stimmt diese kleine Gattung mit den folgenden Gattungen überein, hat aber kurze und dicke, drehrunde Fühler, welche gegen die Spitze allmählig dicker werden und keine deutlich abgesetzte Kolbe haben. Die Augen sind nackt und die Palpen lang, weit hervorragend. Die Vorderflügel haben 11 Rippen. Die Schmetterlinge sind klein, schlank gebaut und haben die Flügel unten mit zahlreichen, feinen, schwarzen, wellenförmigen und oft unregelmässig vertheilten Querlinien bezeichnet.

°1. **S. lemolea** H. H. DRUCE, An. N. H. (6) 5. p. 26 (1890); Ent. M. Mag. 28. p. 66 (1892), Coll. Druce.
latimarginata EM. SHARPE, An. N. H. (6) 6, p. 347 (October 1890), Coll. Shelley.
s-signata HOLLAND, Psyche 5, p. 426 (Nov. 1890), Coll. Holl.
Metam.: HOLLAND, Psyche 6, p. 201. t. 4 (1892).
Senegambien — Lagos — Ogowe-Fluss.

°2. **S. pilos** H. H. DRUCE, An. N. H. (6) 5. p. 27 (1890), Coll. Druce.
Gambia.

3. **S. tintinga** BOISD., Faune Madag., p. 27 (1833), Coll. Oberth. — MABILLE, Hist. Mad. Lep. 1, p. 225, t. 29, f. 4, 4a (1887).
doens DRUCE, Cist. Ent. 1, p. 361 (1875), Coll. Godm. & Salv.
Madagaskar.

24. Cupidesthes AURIV.

— *Cupidesthes* AURIV., Ent. Tidskr. 16, p. 215 (1895).

1. **C. robusta** AURIV., Ent. Tidskr. 16, p. 215 (1895), Mus. Holmiæ.
Kamerun.

25. Lycænesthes MOORE.

< *Lycæna* TRIMEN, Rhop. Afr. Austr., p. 234 (1866).
— *Lycænesthes* MOORE, Proc. Zool. Soc. 1865. p. 773 (1866). — HEW., Trans. Ent. Soc. London 1874, p. 343 (1874); Ill. D. Lep., p. 219 (1878). — MOORE. Lep. of Ceylon 1. p. 87 (1881). — DISTANT, Rhop. Malay., p. 232 (1884). — TRIMEN, S. Afr. Butt. 2. p. 93 (1887). — DE NICÉVILLE, Butt. of India 3, p. 15, 127 (1890).
> *Lycænesthes* KARSCH, B. E. Z. 38, p. 214 (1893). — E. REUTER, Acta Soc. Sc. Fenniæ 22: 1, p. 182 (1896).
> *Triclema* KARSCH. B. E. Z. 38, p. 214. 227 (1893).
> *Pseudodipsas* E. REUTER, Acta Soc. Sc. Fenniæ 22: 1. p. 182 (1896).

Die Gattung *Lycænesthes* ist in Afrika durch zahlreiche. zum Theil sehr nahe verwandte Arten vertreten. Die Subcostalrippe der Vorderflügel hat gewöhnlich 4 Äste, der dritte Ast (= Rippe 8) ist indessen nicht selten sehr kurz und verschwindet bisweilen gänzlich. Auf die letzteren Formen gründete KARSCH seine Gattung *Triclema*. Da aber die Rippe 8 allmählig kürzer wird und sogar bei derselben Art (z. B. *turbata*) bald fehlen, bald vorhanden sein kann, scheint es unmöglich die Gattung *Triclema* aufrecht zu halten.

Nach der Zeichnung der Unterseite können die Arten in zwei natürliche Gruppen getheilt werden, die *Sylvanus*-Gruppe und die *Larydas*-Gruppe. Bei allen mir bekannten Arten der ersten Gruppe ist die Subcostale der Vorderflügel vierästig.

Die Geschlechter sind gewöhnlich oben und bisweilen auch unten sehr verschieden und die ♀♀ noch in vielen Fällen unbekannt. Die besonders in der zweiten Gruppe sehr verwickelte Zeichnung der Unterseite lässt sich durch Wörter nur schwerlich klar darstellen und musste für jede Art genau abgebildet werden. Ich muss darum hier auf eine ausführliche Uebersicht der Arten verzichten, zumal da mehrere Arten mir unbekannt geblieben sind.

Uebersicht der Arten.

I. Die Vorderflügel unten bis zur Spitze der Mittelzelle einfarbig ohne Zeichnungen oder nur mit einem schwarzen Wurzelstrich im Felde 1 b. — Bei allen von mir untersuchten Arten sind die Palpen unten glatt beschuppt ohne Borsten und haben die Vorderflügel 11 Rippen. — Die *Sylvanus*-Gruppe.
  A. Die Hinterflügel unten nahe an der Wurzel mit 1—5 gerundeten, schwarzen oder braunrothen, scharf hervortretenden, weissgeringelten Punkten, welche in den Feldern 7, 8, 1 a, 1 c und in der Mittelzelle stehen können.
    α. Die Vorderflügel unten an der Wurzel im Felde 1 b mit einem breiten, schwarzen Längsstreif. Die Flügel oben glänzend braungrau mit sehr schwachem, bläulichem Schiller. Die Hinterflügel nur mit zwei Haarquästen (an 1 b und 2). Die Stirn weiss mit zwei schwarzen Borstenlinien.
                                             N:o 1.
    β. Die Vorderflügel unten ohne schwarzen Wurzelstrich. Die Hinterflügel auch an der Rippe 3 mit Haarquaste. Die Stirn (bei mir bekannten Arten) schwarz mit schmalen, weissen Seitenrändern.
                                             N:o 2—18.
  B. Die Hinterflügel unten ohne dunkle, scharf hervortretende Punkte an der Wurzel.   N:o 20—26.
II. Die Vorderflügelunterseite auch im Wurzeltheil mit Zeichnungen. — Die *Larydas*-Gruppe.
  A. Die Flügel beim ♂ oben ohne orangegelbe Zeichnungen.
    α. Die Flügel des ♂ oben blau oder violett schillernd oder mit blauen Zeichnungen.
      *. Die Flügel des ♂ oben blau oder violett schillernd.   N:o 28—37, 39.
      **. Die Flügel des ♂ oben mit feinen, blauen Punkten, Strichen oder Querlinien.   N:o 42—44.
    β. Die Flügel des ♂ oben ohne Blau oder Violett.   N:o 45—50.
  B. Wenigstens die Vorderflügel bei beiden Geschlechtern oben mit einem orangegelben Flecke in 1 b oder mehr oder weniger ausgedehnt orangegelb.
    α. Nur der Vorderflügel oben mehr oder weniger orangegelb.   N:o (51), 52—55.
    β. Beide Flügel oben mehr oder weniger ausgedehnt orangegelb.   N:o 56—66.
Obs. Von N:o 38, 40 und 41 sind nur die ♀♀ bekannt; die Stellung von N:o 51 scheint mir unsicher.

Obs. Von den Arten der *Larydas*-Gruppe, die ich untersucht habe, gehören zu *Lycaenesthes* sens. str., mit 11 Rippen der Vorderflügel: *larydas*, *lysicles*, *lachares*, *lamprocles*, *lychnides*, *leptines*, *juba*, *pyroptera*, *scintillula* und *mahota* (von diesen haben alle glatt beschuppte Palpen mit Ausnahme von *lychnides*, *leptines* und *mahota*, bei denen die Palpen unten borstig sind) und zu *Triclema* KARSCH, mit 10 Rippen der Vorderflügel: *coerulea*, *fasciata*, *Staudingeri*, *lucretilis*, *lucretia*, *lamias*, *oculata*, *lyzanius*, *lacides*, *phoenicis*, *lasones*, *mæander* und *lychnaptes*. Die *Triclema*-Arten haben gewöhnlich borstige Palpen; glatt beschuppte Palpen haben jedoch *Staudingeri* und *mæander*.

Von *turbata* SMITH besitzt unser Museum drei Stücke (2 ♂♂, 1 ♀), die auf beiden Seiten ganz ähnlich gezeichnet sind; das eine ♂ und das ♀, beide aus Gabun stammend, haben indessen 11 Rippen der Vorderflügel und glatt beschuppte Palpen, das zweite ♂ aber, welches aus Kamerun stammt, hat nur 10 Rippen der Vorderflügel und borstige Palpen. Diese merkwürdige Thatsache bin ich vorläufig nicht im Stande zu erklären.

Es mag hier bemerkt werden, dass die Palpen bei den Lycaenesthes-Weibchen stets länger als bei den Männchen sind.

1. **L. amarah** GUÉRIN, Lefeb. Voy. Abyss. 6, p. 384, t. 11, f. 5, 6 (1847). — WALLENGR., Rhop. Caffr., p. 40 (1857). — TRIMEN, Rhop. Afr. Austr., p. 235 (1866); S. Afr. Butt. 2, p. 94 (1887); 3, p. 411 (1889).
   olympusa WALKER, Entomologist 5, p. 53 (1870).
   Sierra Leona[81]. Angola — Ovamboland[10] — Kap Kolonie — Kaffernland[27] — Natal — Transvaal — Mashuna[141]. Deutsch Ost-Afrika[55, 5] — Brit. Ost-Afrika[22, 119] — Abyssinien — Aden[83].

2. **L. sylvanus** DRURY, Ill. Exot. Ins. 2, p. 5, t. 3, f. 2, 3 (1773). — STAUD., Exot. Schm. 1, p. 273 (1888). — AURIV., Ent. Tidskr. 16, p. 215 (1895).
   ♀ *moneus* FABR., Spec. Ins. 2. p. 113 (1781). Mus. Brit. — BUTLER, Cat. Fabr. Lep., p. 188, t. 2, f. 10 (1870).
   silvanus HERBST, Naturs. Schm. 11, p. 49, t. 303, f. 5, 6 (1804).
   syllidus HÜBNER, Verz., p. 76 (1826).
   larydas var. GOD., Enc. Meth. 9, p. 619 (1823).
   ♀ *locra* PLÖTZ, S. E. Z. 41, p. 203 (1890), Mus. Gryph.
   Sierra Leona — Togo[84] — Kamerun[64, 69] — Gabun — Congogebiet[45].

3. **L. lemnos** HEW., Ill. D. Lep., p. 221, t. 90, f. 13, 14 (1878), Mus. Brit. — HOLLAND, Proc. U. S. Nat. Mus. 18, p. 241 (1895).
   sylvanus HEW., Ill. D. Lep., p. 222, t. 92, f. 41 (1878). — TRIMEN, S. Afr. Butt. 2, p. 98 (1887). — STAUD., Exot. Schm. 1, t. 94 (1887).
   emolus GERST., Deckens Reise 3, p. 373, t. 15, f. 4 (1873). Mus. Berol.
   natalensis STAUD., Exot. Schm. 1, p. 273 (1888).
   Natal — Delagoa Bay — Brit. Ost-Afrika[18].

°4. **L. minima** TRIMEN, Trans. Ent. Soc. London 1893, p. 135, t. 8, f. 10 (1893).
   Natal.

5. **L. adherbal** MABILLE, Bull. Soc. Zool. Fr. 2, p. 217 (1877). — ? BUTLER, Proc. Zool. Soc. 1893, p. 660 (1894); 1896, p. 120 (1896).
   ? *lunulata* TRIMEN, Proc. Zool. Soc. 1894, p. 51, t. 6, f. 12 (1894).
   Landana (nördlich der Congo-Mündung). Mashuna[141] — Manicaland[77] — Nyassaland[121].

6. **L. Hewitsoni** n. nom.
   otacilia HEW., Ill. D. Lep., p. 228, t. 92, f. 35—37 (1878), Mus. Brit.
   Patria?

7. **L. Monteironis** Kirby in Hew., Ill. D. Lep., p. 223 (1878), Mus. Brit. - ?   *adherbal*
Mar.
Old Calabar — Angola.

°8. **L. otacilia** Trimen, Trans. Ent. Soc. 1868, p. 90 (1868); S. Afr. Butt. 2, p. 102,
t. 7, f. 8 (1887).
Kap Kolonie — Kaffernland -- Natal — ? Zambezi: Victoria Fälle[35].

9. **L. neglecta** Trimen, Trans. Ent. Soc. London 1891, p. 175 (1891); 1893, p. 132,
t. 8, f. 7, 8 (1893).
Natal — Zululand.

°10. **L. livida** Trimen, Trans. Ent. Soc. London 1881, p. 443 (1881); S. Afr. Butt. 2,
p. 103, t. 7, f. 7, 7ª (1887).
Kap Kolonie.

°11. **L. Millari** Trimen, Trans. Ent. Soc. London 1893, p. 133, t. 8, f. 9 (1893).
Natal.

12. **L. Lasti** Smith & Kirby, Rhop. Exot. 27, Lycaen. Afr. p. 109, t. 24, f. 1, 2 (1894),
Coll. Gr. Smith.
Brit. Ost-Afrika: Mombasa.

13. **L. Smithi** Mar., An. E. Fr. (5) 7, Bull., p. 72 (1877); Hist. Mad. Lep. 1, p. 213,
t. 27, f. 9—11 (1887), Coll. Gr. Smith.
lochias Hew., Ill. D. Lep., p. 221, t. 90, f. 7, 8 (1878), Mus. Brit.
Madagaskar.

14. **L. brunnea** Smith & Kirby, Rhop. Exot. 26, Lycaen. Afr., p. 106, t. 23, f. 13, 14
(1893), Coll. Holl.
Patria?

15. **L. lithas** H. H. Druce, An. N. H. (6) 5, p. 24 (1890), Coll. Druce. — Smith &
Kirby, Rhop. Exot. 27, Lycaen. Afr., p. 110, t. 24, f. 3, 4 (1894).
Sierra Leona — Ashanti: Addah.

°16. **L. Grosei** n. sp.
lithas ♀ Smith & Kirby, Rhop. Exot. 27, Lycaen. Afr., p. 110, t. 24, f. 5, 6 (1894),
Coll. Gr. Smith.
Kamerun.

17. **L. levis** Hew., Ill. D. Lep., p. 221, t. 91, f. 21, 22 (1878), Mus. Brit. — Smith &
Kirby, Rhop. Exot. 27, Lycaen. Afr., p. 113, t. 24, f. 11—13 (1894).
Gabun — Ogowe-Fluss.

18. **L. Butleri** Oberth., An. Mus. Genov. 15, p. 170, t. 1, f. 2 (1880), Mus. Genov.
Abyssinien.

19. **L. tisamenus** Holland, Psyche 6, p. 52 (1891). Coll. Holland.
Ogowe-Fluss.

20. **L. thyrsis** Kirby in Hew. Ill. D. Lep., p. 224, t. 92, f. 42—44 (1878). Mus. Brit.
Gabun. Fernando Po.

21. **L. ligures** Hew., Trans. Ent. Soc. 1874, p. 349 (1874); Ill. D. Lep., p. 220, t. 90,
f. 1, 2 (1878), Mus. Brit.
Sierra Leona — Ashanti — Old Calabar[87] — Kamerun[64] — Gabun — Congogebiet:
Zongo, Mokoange (Mus. Brux.) — Angola.

22. **L. musagetes** Holl., Ent. News 4, p. 25 (1893), Coll. Holland.
Kamerun — Gabun — Congogebiet: Bena-Bendi (Mus. Brux.).

23. **L. liodes** Hew., Trans. Ent. Soc. London 1874, p. 349 (1874), Mus. Brit. — Trimen,
S. Afr. Butt. 2, p. 100 (1887).
emolus Trimen, Rhop. Afr. Austr. 2, p. 234, t. 4, f. 8, 9 (1866) nom. præocc. —
?Mab., Hist. Mad. Lep. 1, p. 202, t. 27, f. 1, 2 (1887).
sichela Hew., Ill. D. Lep., p. 222 (1878).
Metam.: Trimen, S. Afr. Butt. 2, p. 101 (1887).
Kap Kolonie — Kaffernland — Natal — Transvaal[86]. ? Madagaskar.

24. **L. princeps** Butler, An. N. H. (4) 18, p. 484 (1876), Mus. Brit.
Niger[74]. Abyssinien — Somaliland[144].

25. **L. rubricincta** Holland, Psyche 6, p. 51 (1891), Coll. Holland. — Smith & Kirby,
Rhop. Exot. 25, Lycæn. Afr., p. 100, t. 22, f. 11, 12 (1893).
Ogowe-Fluss.

26. **L. Voltæ** Em. Sharpe, An. N. H. (6) 6, p. 105 (1890), Coll. Crowley. — Crowley,
Trans. Ent. Soc. 1890, p. 555, t. 18, f. 6 (1890).
Ashanti: Volta Fluss.

var. **gabunica** n. var. Differt margine fusco alarum supra multo latiore, 5 mill.
lato, costaque alarum posticarum usque ad costam 6:am infuscata. — Long. alar.
exporr. 34 Millim. — Coll. Staud.
Gabun.

Wenn nicht die Augen fein haarig wären, möchte ich diese Art zu *Capidesthes*
führen und sie sogar als das ♀ von *robusta* betrachten.

27. **L.? holcias** Westw. in Oates Matabele Land Edit. 2, p. 361 (1889), Mus. Oxonia-.
lochias? Westw. in Oates Matabele Land Edit. 1, p. 352 (1881).
Africa merid. centr.

28. **L. larydas** Cramer, Pap. Exot. 3, p. 160, t. 282, t. H (1780). — Herbst. Naturs.
Schm. 10, p. 287, t. 290, f. 4 (1800). — God., Enc. Meth. 9, p. 619 (1823). —
♀ Hew., Ill. D. Lep., p. 222, t. 92, f. 40 (1878). — Trimen, S. Afr. Butt. 2,

p. 96 (1887). — STAUD., Exot. Schm. 1. p. 273 (1888). — KARSCH, B. E. Z. 38, p. 229 (1893).

pericles FABR., Ent. syst. 3: 1, p. 273 (1793). — DONOV., Ins. of India, t. 42. f. 4 (1800).

Kersteni GERST., Archiv f. Naturg. 37: 1, p. 359 (1871); v. Deckens Reise 3, p. 373. t. 15, f. 5 (1873), Mus. Berol. — BUTLER, Proc. Zool. Soc. 1894, p. 568 (1894). — an varietas distincta?

Sierra Leona — Elfenbeinküste[57] — Ashanti[14] — Togo[54] — Old Calabar[67] — Kamerun[64. 71] — Congogebiet[43. 45. 46] — Angola[7]. Natal — Delagoa Bay — Manicaland[77] — Deutsch Ost-Afrika: Usambara[18] — Brit. Ost-Afrika[22]: Uganda[21], Toru[146].

29. **L. caerulea** AURIV., Ent. Tidskr. 16. p. 217 (1895), Mus. Holmiæ.
Kamerun.

30. **L. lysioles** HEW., Trans. Ent. Soc. 1874, p. 348 (1874); Ill. D. Lep., p. 224, t. 91, f. 15, 16 (1878), Mus. Brit.
Sierra Leona[81] Old Calabar — Kamerun[71] — Gabun (Coll. Staud.).

31. **L. lachares** HEW., Ill. D. Lep., p. 225, t. 91, f. 33, 34 (1878), Mus. Brit. — ♂
AURIV., Ent. Tidskr. 16, p. 216 (1895). — an re vera mas et femina.?
Kamerun.

32. **L. liparis** SMITH, Nov. Zool. 5, p. 357 (1898), Mus. Tring.
Benin: Warri.

33. **L. lycotas** SMITH. Nov. Zool. 5, p. 356 (1898), Mus. Tring.
Congogebiet: Bopoto.

34. **L. pulchra** SMITH & KIRBY, Rhop. Exot. 26. Lycæn. Afr., p. 105, t. 23, f. 9, 10 (1893), Coll. Staud.
Gabun.

35. **L. fasciata** AURIV., Ent. Tidskr. 16, p. 218 (1895), Mus. Holmiæ.
Kamerun — Congogebiet: Isangi (DEWÈVRE), Umangi (WILVERTH).

36. **L. Staudingeri** SMITH & KIRBY, Rhop. Exot. 27. Lycæn. Afr., p. 112, t. 24, f. 9, 10 (1894), Coll. Staud.
Ogowe Fluss.

37. **L. melambrota** HOLLAND, Ent. News 4. p. 27 (Jan. 1893), Coll. Holland.
Ogowe Fluss.

38. **L. oculata** SMITH & KIRBY, Rhop. Exot. 26. Lycæn. Afr., p. 101, t. 23, f. 1, 2 (Oct. 1893), Coll. Staud. — præcedentis ♀?
Ogowe Fluss.

39. **L. Buchholzi** PLÖTZ, S. E. Z. 41, p. 202 (1880), Mus. Gryph.
Kamerun: Victoria.

°40. **L. grammica** SMITH & KIRBY, Rhop. Exot. 26, Lycaen. Afr., p. 102, t. 23, f. 3, 4 ♀ (1893), Coll. Gr. Smith.
Brit. Ost-Africa: Mombasa.

²41. **L. regilla** HOLLAND, Psyche 6, p. 51 (1891), Coll. Holland.
Ogowe Fluss.

42. **L. lucretilis** HEW., Trans. Ent. Soc. 1874, p. 349 (1874); Ill. D. Lep., p. 228, t. 91, f. 29, 30 (1878), Mus. Brit. — DEW., N. Acta Acad. N. Cur. 41: 2, p. 180, t. 26, f. 4 (1879). — SMITH & KIRBY, Rhop. Exot. 26, Lycaen. Afr., p. 103, t. 23, f. 5, 6 (1893).
Sierra Leona (Mus. Holmiæ) — Gabun — Ogowe Fluss — Chinchoxo⁶⁵.

43. **L. lucretia** SMITH & KIRBY, Rhop. Exot. 27, Lycaen. Afr., p. 111, t. 24, f. 7, 8 (1894), Coll. Staud.
Kamerun: Victoria.

44. **L. lamias** HEW., Ill. D. Lep., p. 227, t. 91, f. 25, 26 (1878), Mus. Brit.
»West-Afrika». Kamerun⁷¹ — Gabun (Coll. Staud.).

45. **L. lamprooles** HEW., Ill. D. Lep. p. 225, t. 91, f. 31 (1878), Mus. Brit.
»West-Afrika . Kamerun⁷¹.

46. **L. lyzanius** HEW., Ent. M. Mag. 11, p. 36 (1874); Ill. D. Lep., p. 226, t. 91, f. 27, 28 (1878), Mus. Brit.
Old Calabar.

47. **L. turbata** SMITH & KIRBY, Rhop. Exot. 26, Lycaen. Afr., p. 105, t. 23, f. 11, 12 (1893), Coll. Staud. — eadem ac N:o 46?
Kamerun⁷¹ — Gabun.

48. **L. phoenicis** KARSCH, B. E. Z. 38, p. 228 (1893), Mus. Berol.
Togo — Kamerun⁷¹.

49. **L. lacides** HEW., Trans. Ent. Soc. London 1874, p. 348 (1874); Ill. D. Lep., p. 227, t. 91, f. 19, 20 (1878), Mus. Brit.
Angola.

50. **L. lychnides** HEW., Ill. D. Lep., p. 224, t. 91, f. 32, t. 92, f. 38 (1878), Mus. Brit.
Old Calabar.

51. **L. flavomaculata** SMITH & KIRBY, Rhop. Exot. 26, Lycaen. Afr., p. 104, t. 23, f. 7, 8 (1893), Coll. Crowley.
»West-Afrika .

52. **L. mœander** PLÖTZ, S. E. Z. 41, p. 202 (1880), Mus. Gryph. — AURIV., Ent. Tidskr. 16, p. 218 (1895).
Kamerun⁷¹ — Gabun — Ogowe Fluss: Eningo.

53. **L. fulvimacula** Mab., An. E. Fr. (6) 10, p. 24, t. 2, f. 5 (1890). — ? — N:o 52.
Elfenbeinküste[57].

54. **L. xanthopoecila** Holland. Ent. News 4, p. 27 (1893), Coll. Holland.
Ogowe Fluss.

55. **L. lusones** Hew., Trans. Ent. Soc. London 1874, p. 347 (1874); Ill. D. Lep., p. 227,
t. 91, f. 17, 18 (1878), Mus. Brit. — Dew., N. Acta Ac. N. Cur. 41: 2, p. 202,
t. 26, f. 8 (1879).
Kamerun — Gabun — Congogebiet: Mompono, Bena-Bendi (Mus. Brux.) —
Angola (im Inneren).

56. **L. pyroptera** Aurv., Ent. Nachr. 21, p. 382 (1895), Coll. Sceldr. — Taf. 6, Fig. 3.
Congogebiet: Banana, Mompono (Rosen).

57. **L. scintillula** Holland, Psyche 6, p. 50 (1891); ♀ Ent. News 4, p. 26 (1893), Coll.
Holland. — Smith & Kirby, Rhop. Exot. 25, Lycæn. Afr., p. 98, t. 22, f. 3—6 (1893).[1]
Gabun — Ogowe Fluss.

°58. **L. mahota** Smith, An. N. H. (5) 19, p. 65 (1887), Coll. Gr. Smith. — Trimen, S. Afr.
Butt. 3, p. 390 (1889). — Monteiro, Delagoa Bay, Frontisp., f. 8 (1891). — Smith
& Kirby, Rhop. Exot. 25, Lycæn. Afr., p. 99, t. 22 f. 7, 8 and ?? 9, 10 (1893).[1]
Delagoa Bay. ? Old Calabar — ? Gabun.

59. **L. locuples** Smith, Nov. Zool. 5, p. 357 (1898), Mus. Tring.
Benin: Warri.

°60. **L. erythropoecila** Holland, Ent. News 4, p. 26 (1893), Coll. Holland.
Ogowe Fluss.

61. **L. lychnaptes** Holland, Psyche 6, p. 51 (1891); An. N. H. (6) 12, p. 250 (1893),
Coll. Holland.
lychnoptera Smith & Kirby, Rhop. Exot. 25, Lycæn. Afr., p. 97, t. 22, f. 1, 2 (1893).
Ogowe Fluss.

°62. **L. lukokescha** Karsch, Ent. Nachr. 21, p. 295 (1895), Mus. Berol.
Congogebiet: Mukenge.

63. **L. leptines** Hew., Trans. Ent. Soc. 1874, p. 348 (1874); Ill. D. Lep., p. 226, t. 91,
f. 23, 24 (1878), Mus. Brit.
Gabun — Congo.

64. **L. pythagoras** Fabr., Ent. syst. 3: 1, p. 259 (1793). — Donov., Ins. of India, t. 39,
f. 3 (1800). — God. Enc. Meth. 9, p. 619 (1823).
In Indiis. West-Afrika?

---

[1] Die Zusammengehörigkeit der Geschlechter dieser Arten scheint mir sehr zweifelhaft.

°65. **L. Zenkeri** KARSCH, Ent. Nachr. 21, p. 293 (1895), Mus. Berol.
Kamerun: Yaunde. — Congogebiet: Umangi (WILVERT; Mus. Brux.).

66. **L. juba** FABR., Mant. Ins., p. 82 (1787), Mus. Havniæ. — AURIV., Ent. Tidskr. 16,
p. 219 (1895).
Deritzi STAUD., Iris 4, p. 155, t. 1, f. 10 (1891), Coll. Staud.
Sierra Leona.

26. Cupido SCHRANK.

< *Cupido* SCHRANK, Fauna Boica 2: 1, p. 153 (1801); = ?Sect. B.
< *Polyommatus* LATR., Hist. Nat. des Crust. et Ins. 14, p. 116 (1805).
< *Lycæna* FABR., Illig. Magaz. 6, p. 285 (1807).
> *Nomiades* HÜBNER, Verz., p. 67 (1826).
> *Hemiargus* HÜBNER, Verz. p. 69 (1826).
> *Lampides* HÜBNER, Verz., p. 70 (1826). — DE NICÉVILLE, Butt. of India 3, p. 159
(1890). — KARSCH, Ent. Nachr. 21, p. 298 (1895).
> *Hyreus* HÜBNER, Verz., p. 70 (1826). — KARSCH, Ent. Nachr. 21, p. 298 (1895). —
nomen praeoccupatum.
> *Castalius* HÜBNER, Verz., p. 70 (1826). — DE NICÉVILLE, Butt. of India 3, p. 195 (1890).
— KARSCH, Ent. Nachr. 21, p. 299 (1895).
= *Lycæna* WESTW., Gen. D. Lep., p. 488 (1852). — TRIMEN, S. Afr. Butt. 2, p. 11 (1887).
> *Chilades* MOORE, Lep. of Ceylon 1, p. 76 (1881). — DE NICÉVILLE, Butt. of India 3,
p. 88 (1890). — KARSCH, Ent. Nachr. 21, p. 297 (1895).
> *Zizera* MOORE, Lep. of Ceylon 1, p. 78 (1881). — DE NICÉVILLE, Butt. of India 3,
p. 15, 110 (1890). — KARSCH, Ent. Nachr. 21, p. 297 (1895).
> *Azanus* MOORE, Lep. of Ceylon 1, p. 79 (1881). — DE NICÉVILLE Butt. of India 3,
p. 15, 122 (1890). KARSCH, Ent. Nachr. 21, p. 297 (1895).
> *Tarucus* MOORE, Lep. of Ceylon 1, p. 81 (1881). — DE NICÉVILLE, Butt. of India 3,
p. 16, 186 (1890). — KARSCH, Ent. Nachr. 21, p. 298 (1895).
> *Nacaduba* MOORE, Lep. of Ceylon 1, p. 88 (1881). — DE NICÉVILLE, Butt. of India 3,
p. 16, 141 (1890). — RÖBER in STAUDINGER & SCHATZ, Exot. Schm. 2, p. 273, t. 18
(1892).
> *Catochrysops* MOORE, Lep. of Ceylon 1, p. 90 (1881). — DE NICÉVILLE, Butt. of India 3,
p. 16, 175 (1890). — KARSCH, Ent. Nachr. 21, p. 298 (1895).
> *Polyommatus* MOORE, Lep. of Ceylon 1, p. 93 (1881). — DE NICÉVILLE, Butt. of India 3,
p. 16, 203 (1890). — KARSCH, Ent. Nachr. 21, p. 299 (1895).
> *Talicada* MOORE, Lep. of Ceylon 1, p. 96 (1881). — DE NICÉVILLE, Butt. of India 3,
p. 16, 134 (1890).
= *Plebeius* RÖBER in STAUDINGER & SCHATZ, Exot. Schm. 2, p. 272, t. 18 (1892). — E.
REUTER, Acta Soc. Sc. Fenn. 22: 1, p. 180 (1896).
> *Oboronia* KARSCH, B. E. Z. 38, p. 211, 229 (1893); Ent. Nachr. 21, p. 299 (1895).

> *Cupido* KARSCH, B. E. Z. 38, p. 214 (1893); Ent. Nachr. 21, p. 297 (1895).
> *Athysanota* KARSCH, Ent. Nachr. 21, p. 297 (1895).
> *Orthomiella* KARSCH, Ent. Nachr. 21, p. 297 (1895), haud = *Orthomiella* NICÉV.
> *Neolycaena* KARSCH, Ent. Nachr. 21, p. 298 (1895).
> *Cupidopsis* KARSCH, Ent. Nachr. 21, p. 298 (1895).
> *Thermoniphas* KARSCH, Ent. Nachr. 21, p. 298, 303 (1895).
> *Phlyaria* KARSCH, Ent. Nachr. 21, p. 302 (1895).
> *Uranothauma* BUTLER, Proc. Zool. Soc. 1895, p. 631 (1895).
> *Cyclyrius* BUTLER, Proc. Zool. Soc. 1896, p. 830 (1897).
> *Cacyreus* BUTLER, Proc. Zool. Soc. 1897, p. 845 (1898).

Hieroben sind nur solche »Gattungen«, in welche afrikanische Arten gestellt wurden, aufgeführt.

MOORE und nach ihm DISTANT, DE NICÉVILLE, KARSCH und BUTLER haben versucht, die Gattung *Cupido* in mehrere Gattungen zu zerlegen. Wenn man die langen und ausführlichen Beschreibungen von MOORE sieht, könnte man glauben, dass seine Gattungen sehr gut von einander getrennt wären. Wenn man aber die Kennzeichen genau prüft, findet man bald, dass die meisten für alle seine Gattungen gemeinsam und die übrigen entweder nicht stichhaltig, oder nur sehr geringfügig sind. Thatsächlich sind die Arten nicht nach ihren structurellen Kennzeichen, sondern nach Zeichnung und Farbe geordnet. Solche Gruppen aber kann ich unmöglich als Gattungen anerkennen.

KARSCH allein ist konsequent gewesen und hat die Arten so weit möglich streng nach ihren structurellen Kennzeichen geordnet. Dadurch aber wurde er gezwungen, sehr nahe verwandte Arten weit von einander zu trennen und einander fremde Arten in derselben Gattung zu vereinigen.

Die structurellen Charaktere, welche bei den Arten der Gattung *Cupido* in Betracht genommen werden können, sind: 1:o. Die An- oder Abwesenheit des Schwänzchens an der Rippe 2 der Hinterflügel; 2:o. Die Stellung des ersten Subcostalastes (Rippe 10) der Vorderflügel, ob frei oder mit der Costalrippe vereinigt; 3:o. Die Behaarung der Augen und 4:o die Anzahl der Rippen der Vorderflügel. Zu diesen Charakteren wäre vielleicht auch die Bekleidung der Stirne und der Palpen zu fügen: diese Verhältnisse sind aber noch nich hinreichend untersucht.

Obgleich er wusste, dass einige nordamerikanischen Cupido-Arten eine schwanzlose und eine geschwänzte Generation haben, theilte DISTANT[1] die Lycæniden in drei grosse Gruppen, von denen die erste, die Curetaria, sich einzig und allein durch die schwanzlosen Hinterflügel von den beiden anderen unterscheidet, und vereinigte in dieser Gruppe die Cupido-Gattungen *Cyaniris*, *Neopithecops* und *Zizera* mit solchen ganz fremden Gattungen wie *Curetis*, *Liphyra*, *Gerydus* u. a.

DE NICÉVILLE und KARSCH folgen ihm insofern, als sie die Cupido-Gattungen in zwei grössere Abtheilungen, nach der An- oder Abwesenheit des Schwänzchens, eintheilen. Man braucht aber nur zu wissen, dass *Nacaduba ardates* MOORE bald geschwänzt, bald

---

[1] Rhop. Malay., p. 196.

schwanzlos ist, dass *Talicada nyseus* in Asien geschwänzt, in Afrika aber ungeschwänzt ist, und dass *malathana* Boisd., *ortygia* Trimen, *negus* Felder und *ornata* Mab. schwanzlos, die ihnen entsprechenden, sehr nahe verwandten Arten *osiris* Hoffr., *asteris* God., *quassi* Karsch und *Güssfeldti* Dew. aber geschwänzt sind, um einzusehen, dass diese Eintheilung eine sehr unglückliche und unnatürliche ist. Das Schwänzchen der Hinterflügel ist in der That für einige Artengruppen kennzeichnend, bei anderen aber kann es nicht einmal als Artkennzeichen benutzt werden.

Der erste Subcostalast der Vorderflügel liefert ein weit besseres Merkmal für die Gruppierung der Arten. Dieses Kennzeichen hat aber den Fehler, dass eine scharfe Grenze zwischen den verschiedenen Formen kaum zu ziehen ist. Der erste Subcostalast ist nämlich bald weit von der Costale getrennt, bald mehr oder weniger an diese genähert, berührt die Subcostale bald nur in einem Punkte, bald eine längere Strecke oder ist endlich in einem Punkte oder einer Strecke mit der Costale zu einer Rippe vereinigt. Es giebt hierdurch so viele Uebergangsformen, dass nur eine Grenze zu ziehen ist. nämlich zwischen den Formen, bei denen diese beiden Rippen in einem Punkte oder einer Strecke zu einer Rippe verbunden sind und denjenigen, bei denen diese Rippen nicht zu einer verschmolzen sind.

Die Behaarung der Augen ist, wie schon Lederer hervorgehoben hat, für die Beurtheilung der verwandtschaftlichen Beziehungen der Cupido-Arten von grosser Bedeutung. Im allgemeinen ist es sehr leicht zu sehen, ob die Augen haarig oder nackt sind, bisweilen sind dieselben indessen so fein und kurz behaart, dass man sie leicht für nackt halten könnte. Es ist mir kein Fall bekannt, wo haarige und nackte Augen bei wirklich nahe verwandten Arten auftreten. Moore vereinigte ganz unrichtig den nacktäugigen *theophrastus* in einer Gattung mit *plinius*, welcher dicht haarige Augen hat. Diese Arten sind offenbar nicht näher verwandt. Es verdienen darum die Augen weit mehr als bisher beachtet zu werden.

Nach sorgfältiger Prüfung dieser und anderer Charaktere sowie der aufgestellten »Gattungen» muss ich den Herren Snellen und Trimen darin beipflichten, dass die Arten der Gattung Cupido nur mit Hülfe der Zeichnungsanlagen in natürliche Gruppen eingetheilt werden können. Unter solchen Verhältnissen können diese Gruppen unmöglich als selbständige Gattungen betrachtet werden. Sie sind keineswegs mit dem, was man sonst als Gattung betrachtet, gleichwertig. Die Gattung *Cupido* wird zwar äusserst reich an Arten sein. Das ist aber nicht durch künstliche und unnatürliche Zersplitterung abzuhelfen. Wir können nicht der Natur vorschreiben, wie artenreich die Gattungen sein sollen, sondern müssen dieselben, wie sie sind, anerkennen.

Für die ungetheilte Gattung muss entschieden Schranks Name *Cupido* angewendet werden. *Cupido*, *Polyommatus* und *Lycaena* umfassten anfänglich dieselben Thiere, die modernen Gattungen *Thecla*, *Cupido* und *Chrysophanus*, und müssen darum stets als Synonymen betrachtet werden (»once a synonym, ever a synonym») und können nicht für verschiedene Gruppen angewendet werden. *Cupido* ist nicht nur der älteste Name, sondern Schrank hat auch das Verdienst die Gattung viel besser als seine Nachfolger aufgefasst und eingetheilt zu haben.

Plebeius kann ich aus den von SCUDDER und anderen angeführten Gründen unmöglich als einen von LINNÉ stammenden Gattungsnamen betrachten.

Die æthiopischen Cupido-Arten theile ich nach der folgenden Uebersicht in sechzehn Gruppen ein.

Uebersicht der Gruppen oder Untergattungen.

I. Die Vorderflügel unten an der Wurzel mit einem dunklen Längsstriche oder mit Querzeichnungen, welche den Vorderrand erreichen; sehr selten fehlen sowohl der Längsstrich, wie auch die Querzeichnungen im Felde 11, in diesem Falle ist jedoch die Rippe 10 eine Strecke vollständig mit der Rippe 11 verschmolzen. Der erste Subcostalast (Rippe 10) der Vorderflügel ist gewöhnlich eine Strecke mit der Costale vereinigt oder berührt dieselbe in einem Punkt, seltener verläuft er ganz frei aber dicht an der Costale. Die Vorderflügel stets mit 11 Rippen.

A. Beide Flügel unten ohne Querstrich am Ende der Mittelzelle, mit weisser an der Wurzel gelblicher Grundfarbe. Die Augen haarig. Die Rippe 10 eine kurze Strecke mit 11 verschmolzen. Die Vorderflügel unten mit einem schwarzen Wurzelfleck in 1 b, aber ohne Zeichnungen in der Mittelzelle und im Felde 11. Die Vorderflügel oben braun mit violettblauem Schiller. — *Phlyaria* KARSCH. **Erste Gruppe.**

B. Wenigstens die Vorderflügel unten mit einem dunklen Querstriche oder Querflecke am Ende der Mittelzelle.

  a. Die Vorderflügel unten im Wurzeltheil mit 2—6 dunklen Querbinden, welche am *Vorderrande selbst anfangen* und bisweilen so breit sind, dass sie im Felde 11 nur durch feine weisse Querlinien getrennt sind. Die Vorderflügel unten ohne Längsstrich an der Wurzel. Die Hinterflügel an der Rippe 2 geschwänzt. Die Augen haarig.

  *. Die Rippe 10 der Vorderflügel eine lange Strecke mit 11 verschmolzen.

    1. Die Hinterflügel oben weiss mit breiter, schwarzer Saumbinde, in der zwei blaue Saumpunkte (in 1 b und 2) stehen und unten ohne Querstrich am Ende der Mittelzelle. Die Vorderflügel des ♂ oben ohne Sammtfleck.

      Zweite Gruppe.

    2. Die Hinterflügel oben einfarbig braun, gewöhnlich mit blauem oder violettem Schiller und unten mit einem Querfleck am Ende der Mittelzelle. Die Vorderflügel des ♂ oben gewöhnlich mit Männchenschuppen, welche zu einem grossen Flecke oder feinen Längslinien gehäuft sind. — *Uranothauma* BUTLER. **Dritte Gruppe.**

  **. Die Rippe 10 der Vorderflügel frei verlaufend. — *Hyreus* HÜBNER.

      Vierte Gruppe.

  β. Die Vorderflügel unten am Vorderrande ohne Querzeichnungen im Felde 11.

  *. Die Vorderflügel unten an der Wurzel mit einem dunklen Längsstrahl, welcher dem Hinterrande der Costale folgt.

    1. Der Wurzelstrich der Vorderflügelunterseite sehr kurz; der Wurzeltheil sonst bis zur Spitze der Mittelzelle einfarbig ohne Zeichnungen. Die Hinter-

Flügel auf beiden Seiten vor dem Saume zwischen der Rippe 6 und dem Innenrande breit orangegelb. Die Augen nackt. Die Rippe 10 der Vorderflügel eine Strecke mit der Rippe 11 ganz verschmolzen. — *Talicada* MOORE. Fünfte Gruppe.

ιι. Der Wurzelstrich der Vorderflügelunterseite wenigstens mässig lang. Die Hinterflügel ohne orangegelbe Saumbinde.

o. Die Hinterflügel an der Rippe 2 geschwänzt.

§. Die Augen nackt.

1. Die Rippe 10 der Vorderflügel eine Strecke mit der Rippe 11 ganz vereinigt. Die Flügel unten weisslich mit schwärzlichen, viereckigen Flecken fast wie bei den *Hesperia* (*Pyrgus*)-Arten bezeichnet. Sechste Gruppe.

2. Die Rippe 10 der Vorderflügel berührt die Rippe 11 nur in einem Punkte oder ist ganz frei. — *Castalius* HÜBNER = *Tarucus* MOORE (parte). Siebente Gruppe.

§§. Die Augen dicht haarig. Die Rippe 10 der Vorderflügel ganz frei. Der Wurzelstrich der Vorderflügelunterseite sehr deutlich. Die Flügel unten mit zahlreichen unregelmässigen Querstrichen, aber ohne Punkte. — *Tarucus* MOORE (parte). Achte Gruppe.

oo. Die Hinterflügel ohne Schwänzchen. Die Rippe 10 der Vorderflügel eine Strecke mit der Rippe 11 ganz vereinigt.

§. Die Hinterflügel mit einer rein weissen, breiten Mittelbinde. Beide Flügel unten ohne freie dunkle Flecke. Die Augen fast nackt. Neunte Gruppe.

§§. Die Hinterflügel ohne weisse Querbinde. Die Augen dicht haarig. — *Azanus* MOORE. Zehnte Gruppe.

**. Die Vorderflügel unten ohne Längsstrahl an der Wurzel, aber mit zwei hellen Querlinien in der Mittelzelle. Die Rippe 10 der Vorderflügel eine lange Strecke mit der Rippe 11 vereinigt. Die Augen dicht haarig. Die Stirn schwarz mit sehr feinen, weissen Seitenlinien. — *Nacaduba* MOORE. — Die Hinterflügel bei den afrikanischen Arten ohne Schwänzchen. — *Orthomiella* KARSCH (non DE NICÉV.). Elfte Gruppe.

II. Die Vorderflügel unten an der Wurzel immer ohne Längsstrahl und ohne Zeichnungen am Vorderrande (im Felde 11), gewöhnlich bis zum Ende der Mittelzelle unbezeichnet. Der erste Subcostalast nie mit der Costale verschmolzen. Die Vorderflügel mit 11 oder selten nur mit 10 Rippen.

A. Beide Flügel unten mit einem Querstriche oder einem Querflecke am Ende der Mittelzelle.

α. Beide Flügel unten ganz ohne schwarze Punkte an der Wurzel.

*. Die Hinterflügel an der Rippe 2 geschwänzt. Die Augen dicht haarig. Die Flügel unten mit zahlreichen, braunen Querlinien. Der Saumfleck im Felde 2 der Hinterflügelunterseite nach innen orangegelb begrenzt. — *Polyommatus* MOORE. Zwölfte Gruppe.

**. Die Hinterflügel ohne Schwänzchen und unten ohne orangegelbe Ringe der Saumflecke.

§. Die Hinterflügel unten ohne Saumflecke oder nur mit einem schwarzen, blaubestäubten Saumflecke im Felde 2. — *Cyclyrius* BUTLER.

Dreizehnte Gruppe.

§§. Die Hinterflügel unten wenigstens mit vier grossen, tiefschwarzen, metallisch bestäubten Saumflecken in den Feldern 2—5.

Vierzehnte Gruppe.

β. Wenigstens die Hinterflügel unten an der Wurzel oder am Vorderrande mit 1—4 scharf hervortretenden, schwarzen, gewöhnlich weiss umzogenen Punkten. — *Cupido* sens. str. = *Catochrysops*, *Everes*, *Zizera* etc. AUCT.

Fünfzehnte Gruppe.

B. Beide Flügel mit rein weisser Grundfarbe und ohne Querstrich oder Querfleck am Ende der Mittelzelle. — *Oboronia* KARSCH ‹ *Athysanota* KARSCH › *Termoniphas* KARSCH.

Sechszehnte Gruppe.

Erste Gruppe.

Die beiden zu dieser Gruppe gehörenden Arten erinnern in der Zeichnung der Unterseite sehr an gewisse *Pentila*-Arten. Die Hinterflügel sind an der Rippe 2 geschwänzt. Die Vorderflügel führen unten auf dem weissen Grunde nur ungleich grosse Saumflecke und einen Vorderrandsfleck in 6, 8 und 9 fast in der Mitte zwischen dem Zellende und der Spitze. Die Hinterflügel unten mit zwei schwarzen, blau beschuppten Saumflecken in 1 b und 2, einem schwarzen Fleck am Ende der Rippe 5 und einem schwarzen Punkte auf der Rippe 1 b nahe an der Wurzel.

Uebersicht der Arten.

A. Die Hinterflügel oben am Innenrande mit einem grossen, nur bis zur Rippe 2 reichenden weissen Fleck und unten mit zwei grossen, rundlichen, schwarzen Flecken am Vorderrande im Felde 7.   N:o 1.

B. Die Hinterflügel oben mit einer breiten, weissen Mittelbände, welche sich vom Innenrande bis zur Rippe 6 oder 7 erstreckt, und unten ohne Flecke im Felde 7.   N:o 2.

1. C. stactalla KARSCH, Ent. Nachr. 21. p. 302 (1895). Mus. Berol.
   Togo.

2. C. cyara HEW., Exot. Butt. Lycaena, t. 1, f. 9, 10 (1876), Mus. Brit. — KARSCH, Ent. Nachr. 21. p. 303 (1895).
   Kamerun[61] — Congogebiet: Isangi, Mukenge — Angola.

Zweite Gruppe.

Von dieser Gruppe, welche die vorhergehende mit der folgenden schön verbindet, ist nur eine einzige Art bekannt.

3. **C. beritsia** Hew., Exot. Butt. Lycæna. t. 1, f. 11, 12 (1876). Mus. Brit.
♀ *virgo* Butler, Proc. Zool. Soc. 1896, p. 121, t. 6, f. 1 (1896). Mus. Brit.
Kamerun — Angola. Nyassaland[121, 130].

Dritte Gruppe.

Die ersten und letzten Arten dieser Gruppe sind beim ersten Anblicke ziemlich verschieden, durch Zwischenformen aber mit einander eng verbunden. Das Fehlen des Sammtfleckes bei *C. Antinorii* beweist, dass solche Auszeichnungen nur als Art-, nicht aber als Gruppen-Merkmale verwendet werden können.

Uebersicht der Arten.

A. Die Hinterflügel unten mit ringförmigen, weiss ausgefüllten Diskalflecken, welche nicht zu einer Querbinde vereinigt sind.

  α. Die Vorderflügel des ♂ oben ohne schwarzen Sammtfleck.   N:o 4.

  β. Die Vorderflügel des ♂ zwischen der Spitze und der Mittelzelle mit einem grossen, dreieckigen oder herzförmigen, schwarzen Sammtflecke, welcher sich von der Rippe 7 bis in die Mitte des Feldes 2 hinein erstreckt.

    . Grösser, 39 - 40 Millim.; die Flügel oben schön violettblau schillernd.   N:o 5.

    **.* Kleiner, 29—30 Millim.; die Flügel oben kupferbraun mit violettem Schiller.   N:o 6.

B. Die Hinterflügel unten mit eckigen, schwarzen oder schwärzlichen, zu einer Mittelquerbinde vereinigten Diskalflecken.

  α. Die Vorderflügel des ♂ oben mit einem grossen, herzförmigen, schwarzen Sammtflecke zwischen der Mittelzelle und der Spitze ganz wie bei N:o 5 und 6.   N:o 7, 8.

  β. Die Vorderflügel des ♂ oben mit schwarzen Strichen auf den Zwischenaderfalten.

    . Diese Sammtstriche dick und kurz.   N:o 9.

    **.* Diese Sammtstriche lang und sehr fein.   N:o 10, 11.

4. **C. Antinorii** Oberth., An. Mus. Genov. 18, p. 731. t. 9, f. 3 (1883). Mus. Genova.
  — Trimen, Proc. Zool. Soc. 1894, p. 50 (1894).
Manicaland[77] — Deutsch Ost-Afrika: Kilimanjaro (Mus. Berol.) - Abyssinien.

5. **C. Crawshayi** Butler, Proc. Zool. Soc. 1895, p. 631, t. 35, f. 6 ♂, 7 ♀ (1895). Mus. Brit.
Nyassaland: Kasungu Berg etc. 5000—7000 Fuss ü. M.

6. **C. cordatus** Em. Sharpe, Proc. Zool. Soc. 1891, p. 636, t. 48, f. 4 (1892). Coll. Jackson.
Brit. Ost-Afrika: Kavirondo.

7. **C. nubifer** Trimen. Trans. Ent. Soc. London 1895, p. 187, t. 5, f. 1, 1a (Juni 1895). Natal.

8. **C. pelotus** Karsch, Ent. Nachr. 21. p. 300 (October 1895). Mus. Berol. — an eadem ac n:o 7?
Deutsch Ost-Afrika: Kilimanjaro, Sirwa[355] (als *cordatus*).

9. **C. Poggei** Dewitz, N. Acta Ac. N. Cur. 41: 2, p. 205, t. 26, f. 7 (1879), Mus. Berol. — Trimen, Proc. Zool. Soc. 1894, p. 50 (1894).
Angola (im Inneren)[65]. Manicaland[77] — Nyassaland[136].

10. **C. Falkensteini** Dewitz, N. Acta Ac. N. Cur. 41: 2, p. 204, t. 25, f. 5 (1879), Mus. Berol. Karsch, B. E. Z. 38, p. 225 (1893).
juba Butler, Fabr. Lep., p. 163, t. 2, f. 9 (1869).[1] — Karsch, B. E. Z. 38, p. 225 (1893).
Sierra Leona[81] — Ashanti[64] — Togo[84] — Kamerun[71] — Congogebiet[43, 45] — Angola (im Inneren). Brit. Ost-Afrika: Uganda[21]. Kavirondo[21], Ruwenzori[118].

11. **C. artemenes** Mab., An. E. Belg. 23, Bull., p. 16 (Febr. 1880); Hist. Mad. Lep. 1, p. 209, t. 27, f. 3, 4 (1885—87). — praecedentis var.?
auratus Butler, An. N. H. (5) 5, p. 336 (April 1880), Mus. Brit.
Madagaskar. ? Deutsch Ost-Afrika: Mutyek[55a].

Vierte Gruppe.

Die Flügel des ♂ entbehren immer Sammtflecke und Sammtstriche. Die Hinterflügel unten mit grossen, unregelmässigen Zeichnungen.

Uebersicht der Arten.

A. Die Flügel beim ♂ oben blau, beim ♀ schwarzbraun mit weissen Flecken und blauem Schiller an der Wurzel. Die Vorderflügel unten mit 4 weissen und drei dunklen, abwechselnden Querstrichen in der Mittelzelle. Die Franzen der Vorderflügel unregelmässig weiss gefleckt.   N:o 12.

B. Die Flügel beim ♂ oben kupferbraun mit violettem Schiller, beim ♀ kupferbraun ohne oder nur mit schwachem violetten Schiller. Die Vorderflügel unten in der Mittelzelle nur mit einem dunklen, auf beiden Seiten weissgerandeten Querflecke. Die Franzen der Vorderflügel gleichförmig weiss gefleckt.
  α. Die Flügel oben mehr oder weniger blau schillernd.   N:o 13.
  β. Die Flügel oben bronzebraun ohne Blau.   N:o 13 a.

12. **C. lingeus** Cramer, Pap. Exot. 4, p. 176, t. 379, f. F, G (1781). — Herbst, Naturs. Schm. 10, p. 272, t. 288, f. 1, 2 (1800). — Gon., Enc. Meth. 9, p. 656 (1823). — ♂ Wallengr., Rhop. Caffr., p. 37 (1857). — Trimen, Rhop. Afr. Austr., p. 239 (1866); S. Afr. Butt. 2, p. 66 (1887). — Karsch, B. E. Z. 38, p. 225 (1893).
oicus Fabr., Ent. syst. 3: 1, p. 281 (1793).
darius Mab., Bull. Soc. Zool. Fr. 2, p. 216 (1877); Hist. Mad. Lep. 1, p. 210, t. 26, f. 13—15 (1885—87).
Sierra Leona[81] — Ashanti[14, 64] — Togo[84] — Niger[74] — Kamerun[64, 71] — Congo.[63] Kap Kolonie — Kaffernland[27] — Natal — Zululand[29] — Delagoa Bay — Transvaal[85] — Manicaland[77] — Nyassaland[36] — Deutsch Ost-Afrika: Usinja[55a] — Brit. Ost-Afrika[127]; Uganda[119] — Aequatoria[4] — Somaliland[2, 128] — Abyssinien[1] — Arabien: Aden[83]. Madagaskar[107]. S:t Thomas[113]. Prinzen Insel[92].

[1] *Papilio juba* Fabr. longe alia species est. Vide pg. 353.

13. **C. palemon** CRAMER, Pap. Exot. 4. p. 209, t. 390, f. E, F (1782). — TRIMEN, Rhop.
Afr. Austr. 2, p. 240 (1866); S. Afr. Butt. 2, p. 67 (1887). — BUTLER, Proc.
Zool. Soc. 1897, p. 845, t. 50, f. 4 (1898).
texpis HERBST, Naturs. Schm. 11, p. 270, t. 317, f. 7, 8 (1804).
Kap Kolonie — Kaffernland — Natal — Zululand — Transvaal — Nyassa-
land[121, 130] — Deutsch Ost-Afrika: Kilimanjaro — Brit. Ost-Afrika: Tana Fluss[121],
Ruwenzori[119].

13a. **C. Marshalli** BUTLER, Proc. Zool. Soc. 1897, p. 845, t. 50, f. 5 (1898), Mus. Brit.
lingeus ♀ WALLENGR., Rhop. Caffr., p. 37 (1857).
Natal.

Fünfte Gruppe.

Die afrikanischen Stücke der einzigen hieher gehörigen Art sind nach STAUDINGER
ungeschwänzt, die asiatischen dagegen geschwänzt.

14. **C. nyseus** GUÉR., Voy. Deless., p. 78, t. 22, f. 1 (1843). — STAUD., Exot. Schm. 1.
p. 271, t. 94 (1888).
»West- und Ost-Afrika» (Coll. Stand.).

Sechste Gruppe.

15. **C. thespis** L., Mus. L. Ulr., p. 318 (1764); Syst. Nat. ed. 12, p. 791 (1767). —
GOD., Enc. Meth. 9, p. 682 (1823). — TRIMEN, Rhop. Afr. Austr., p. 246 (1866);
S. Afr. Butt. 2, p. 87, t. 8, f. 2, 2a (1887).
♀ *pitho* L., Mus. L. Ulr., p. 337 (1764); Syst. Nat. ed. 12, p. 795 (1767).
Kap Kolonie — Natal[28].

16. **C. Bowkeri** TRIMEN, Trans. Ent. Soc. London 1883, p. 351 (1883); S. Afr. Butt. 2,
p. 88 (1887).
Natal.

Siebente Gruppe.

Bei *sybaris*, dessen Zeichnung der Unterseite am besten entwickelt ist, führen die
Hinterflügel unten 3—4 Wurzelpunkte (in 1a, 1c, 7 und in der Mittelzelle), 3 Sublasal-
punkte (in 1c, 7 und in der Mittelzelle), einen Querstrich am Ende der Mittelzelle, 8
Diskalpunkte (in 1b—7), von denen die in 3 und 5 näher am Saume stehen, 8 freie
Submarginalpunkte in einer Bogenreihe (in 1b—7) und 8 Saumpunkte (in 1b—7).

Uebersicht der Arten.

A. Die Diskalpunkte der Hinterflügelunterseite vollständig vorhanden und alle oder fast alle vor der Mitte ihrer Felder stehend. Die Flügel beim ♂ oben blau ohne weisse Zeichnungen. Die Hinterflügel stets unten mit einem Querstrich am Ende der Mittelzelle.

 α. Die Submarginalflecke der Hinterflügelunterseite sind weit vom Saume entfernt und stehen, wenigstens in den Feldern 3—5, nur wenig hinter der Mitte dieser Felder. Die Vorderflügel des ♂ oben mit deutlichem, dunklem Querfleck am Ende der Mittelzelle. Die Saumflecke 1c—3(—5) der Hinterflügelunterseite mit grünblauen Schuppen.

  *. Die Diskal- und Submarginalflecke der Hinterflügel alle frei und gerundet, punktförmig. N:o 17.

  **. Die Sumarginalflecke der Hinterflügel langgestreckt, eckig und zu einer Submarginalbinde vereinigt. Auch die Diskalflecke eckig und theilweise zusammengeflossen.   N:o 18.

 β. Die Submarginalflecke der Hinterflügelunterseite sind strichförmig, dem Saume stark genähert und stehen weit hinter der Mitte aller Felder. Nur die Saumflecke 1c und 2 der Hinterflügelunterseite blau beschuppt. Die Vorderflügel des ♂ oben ohne Querfleck am Ende der Mittelzelle. Der grosse Diskalfleck 5 der Hinterflügel liegt nahe am Saume dicht vor dem Submarginalfleck 5.   N:o 19.

B. Die Diskalflecke der Hinterflügelunterseite sind oft zum Theil verschwunden und liegen alle oder fast alle dicht an den Submarginalflecken, mit denen sie auch vereinigt sein können. Die Flügel auch beim ♂ oben weiss, weissgefleckt oder mit weisser Mittelbinde.

 α. Die Hinterflügel unten mit einem dicken Querstrich am Ende der Mittelzelle. Die Vorderflügel oben gewöhnlich mit 1—2 weissen Flecken im schwarzen Saume (im Felde 4 (+5) und in 6).

  *. Der Querstrich am Ende der Mittelzelle der Hinterflügel beiderseits frei endend.

   o. Die Vorderflügel oben mit einem aus 5—6 Flecken der Felder 1b—5 gebildeten, weissen Mittelflecke, welcher den Hinterrand nicht erreicht.

    1. Der grosse, weisse Mittelfleck der Vorderflügeloberseite gleichbreit und in der Mitte nicht oder kaum eingeschnürt.   N:o 20.

    2. Der weisse Mittelfleck der Vorderflügeloberseite in der Mitte durch den Querstrich der Mittelzelle und durch einen Vorsprung des schwarzen Aussenrandes fast in zwei Flecke getheilt.

       N:o 21, 22.

   oo. Die Vorderflügel oben mit einem sehr grossen und breiten, weissen Hinterrandsflecke, welcher wenigstens die Rippe 6 erreicht und am Hinterrande 5 Millim. breit ist.   N:o 26.

  **. Der Querstrich am Ende der Mittelzelle der Hinterflügel ist beiderseits mit den Subbasalflecken zu einer dicken Querlinie vereinigt.   N:o 23.

 β. Die Hinterflügel unten ganz ohne Querstrich am Ende der Mittelzelle.

  *. Die dunkle Saumbinde der Vorderflügeloberseite unregelmässig und mit 1—2 grossen, weissen Subapicalflecken.   N:o 24.

  **. Die Saumbinde der Vorderflügeloberseite breit, einfarbig schwarz, ungefleckt. Die Flügel unten rein weiss mit scharf hervortretenden, dicken Punkten und Flecken.   N:o 25.

17. **C. sybaris** HOPFF., Monatsb. Akad. Wiss. Berlin 1855, p. 642 (1855), Mus. Berol. — WALLENGR., Rhop. Caffr., p. 37 (1857). — HOPFF., Peters Reise Moss. Ins. p. 408, t. 26, f. 6—8 (1862). — TRIMEN, Rhop. Afr. Austr. 2, p. 242 (1866); S. Afr. Butt. 2, p. 85 (1887).

Angola: Ebanda[10] — Ovamboland[10] — Damaraland[56] — Kap Kolonie — Kaffernland — Orange Republik — Natal — Zululand — Delagoa Bay — Transvaal[5] — Victoria Fall[55] — Querimba — Deutsch Ost-Afrika[55] — Somaliland[82] — Abyssinien[2]

°17a. **C. Louisæ** Em. Sharpe. Proc. Zool. Soc. 1898, p. 371 (1898).
Somaliland.

18. **C. theophrastus** Fabr., Ent. syst. 3: 1. p. 281 (1793), Mus. Havniae. God., Enc.
Meth. 9, p. 658 (1823). — Lucas, Explor. Alger. Zool. 3. p. 362, t. 1, f. 6 (1849).
— Trimen, Rhop. Afr. Austr., p. 241 (1866). — Moore, Lep. Ceylon 1. p. 81.
t. 36, f. 3 (1881). — De Nicéville, Butt. of India 3, p. 187 (1890).
? *pirithous* L., Syst. Nat. ed. 12, p. 790 (1767).
Senegal⁹⁰. Nubien: Suakin, Hor Tamanib¹¹ — Tajora¹¹ — Somali²⋅¹²⁸. Arabien: Aden¹². Sokotra¹⁴⁵.

19. **C. hintza** Trimen, Trans. Ent. Soc. London (3) 2, p. 177 (1864); Rhop. Afr. Austr..
p. 243 (1866); S. Afr. Butt. 2, p. 79, t. 8, f. 1, 1a (1887). — Staud., Exot.
Schm. 1, p. 271, t. 94 (1887—88). — Butler, Proc. Zool. Soc. 1896, p. 120 (1896).
rosimon Wallengr., Rhop. Caffr., p. 38 (1857), Mus. Holmiae.
Kap Kolonie — Kaffernland — Natal³⁰ — Transvaal⁵ — Nyassaland¹²¹.

var.? **resplendens** Butler, An. N. H. (4) 18, p. 484 (1876), Mus. Brit.; Proc. Zool.
Soc. 1896, p. 120 (1896).
Abyssinien.

20. **C. calice** Hopff.. Monatsb. Akad. Wiss. Berlin 1855. p. 642 (1855); Peters Reise
Moss. Ins., p. 405, t. 26, f. 4, 5 (1862), Mus. Berol. — Trimen, S. Afr. Butt. 2,
p. 80 (1887).
Senegal⁹ (Mus. Berol.). Angola⁷⋅¹⁰ — Ovamboland¹⁰ — Natal — Zululand —
Mossambik — Nyassaland¹²¹.

21. **C. melæna** Trimen, S. Afr. Butt. 2, p. 82 (1887). — Butler, Proc. Zool. Soc. 1898,
p. 404 (1898).
calice Wallengr., Rhop. Caffr., p. 38 (1857). — Trimen, Rhop. Afr. Austr., p.
244 (1866).
Angola: Ehanda¹⁰ — Ovamboland¹⁰ — Damaraland⁵⁶ — Kap Kolonie — Kaffernland — Natal — Zululand — Transvaal⁸. Brit. Ost-Afrika²¹⋅¹⁴⁶.

°22. **C. griqua** Trimen, S. Afr. Butt. 2. p. 84 (1887).¹
Kap Kolonie: Griqualand.

23. **C. Gregorii** Butler, Proc. Zool. Soc. 1894, p. 568, t. 36, f. 3 (1894), Mus. Brit.
Brit. Ost-Afrika.

24. **C. cretosus** Butler, An. N. H. (4) 18, p. 485 (1876), Mus. Brit.
Nodieri Oberth., An. E. Fr. (6) 3, Bull., p. 12 (1883), Coll. Oberth.
Senegal. Abyssinien.

var. **lactinatus** Butler, Proc. Zool. Soc. 1885, p. 764, t. 47, f. 3 (1886) und in
James, Unkn. Horn of Africa, p. 241 tab., f. 3 (1888), Mus. Brit.
Somaliland.

---

¹ Die Hinterflügel scheinen nach Trimens Angabe bei dieser Art gewöhnlich schwanzlos zu sein.

25. C. carana HEW., Exot. Butt. Lycæna, t. 1, f. 6 (1876), Mus. Brit.
Kamerun[64, 71] — Landana[63] — Angola[85].
var. kontu KARSCH, B. E. Z. 38, p. 227 (1893), Mus. Berol.
Togoland.

26. C. margaritaceus EM. SHARPE, Proc. Zool. Soc. 1891, p. 636, t. 48, f. 3 (1892), Coll.
Jackson.
Brit. Ost-Afrika: Kavirondo, Ruwenzori[119].

Achte Gruppe.

27. C. telicanus LANG.
var. plinius FABR., Ent. syst. 3: 1, p. 284 (1793). — DONOV., Ins. of India, t. 45,
f. 1 (1800). — MOORE, Lep. of Ceylon 1, p. 82, t. 36, f. 4 (1881). — DE NICÉVILLE,
Butt. of India 3, p. 194 (1890). — alis infra colore fundi pallidiore, albescente;
femina supra albo-variegata.
telicanus WALLENGR., Rhop. Caffr., p. 36 (1857). — HOPFF., Peters Reise Mossamb.
Ins. p. 106 (1862). — TRIMEN, Rhop. Afr. Austr., p. 238 (1866). — MAB., Hist.
Mad. Lep. 1, p. 206, t. 26, f. 8—9 (1885—87). — TRIMEN, S. Afr. Butt. 2, p. 69
(1887); Proc. Zool. Soc. 1894, p. 50 (1894). — KARSCH. B. E. Z. 38, p. 225 (1893).
pulchra MURRAY, Trans. Ent. Soc. London 1874, p. 524, t. 10, f. 7, 8 (1874). —
MAB., Hist. Mad. Lep. 1, t. 26, f. 10—12 (1885).
rabefaner MAB., An. E. Fr. (5) 7, Bull., p. 71 (1877).
? cassioides CAPR., An. E. Belg. 33, Bull., p. 121 (1889). [1]
Ganz Africa. Prinz Insel[92]. St. Thomas[113]. Rodriguez[110]. Mauritius[109]. Bourbon[88].
Madagaskar[93]. Comoren[89]. Aldabra[124]. Seychellen[115, 124].

Neunte Gruppe.

Die Flügel beim ♂ oben hell blau und weiss, die Vorderflügel oben in der Mitte
mit einem weissen Flecke, welcher die Wurzel der Felder 2—4 bedeckt. Die Flügel beim
♀ oben schwarz und weiss, an der Wurzel schwach blau angeflogen; die Vorderflügel oben
mit einer weissen Halbbinde, welche die Mitte von 1a, 1b und die Wurzel von 2—5
bedeckt, und mit einem weissen Subapicalfleck in 4 und 5.

28. C. isis DRURY, Ill. Exot. Ins. 2, p. 6. t. 3, f. 4, 5 (1773). — KARSCH, B. E. Z. 38,
p. 225 (1893).
coeruleoalbus GOEZE, Ent. Beitr. 3: 1, p. 212 (1779).

---

[1] Nach Stücken im Brüsseler Museum habe ich früher cassioides mit mirza PLÖTZ vereinigt. Da aber
Herr Seeldrayers mir später gütigst mitgetheilt hat, dass plinius in ROBBES (er erwarb Capronniers Schmetterlinge) Sammlung als cassioides steht, ist diese Synonymie wahrscheinlicher. Die Beschreibung ist ganz ungenügend.

camillus CRAMER, Pap. Exot. 4, p. 20, t. 300, f. A, B (1780).
isarchus FABR., Ent. syst. 3: 1, p. 316 (1793). HERBST, Naturs. Schm. 11, p. 293,
t. 320, f. 8, 9 (1804). — GOD., Enc. Meth. 9, p. 679 (1823).
Sierra Leona — Liberia[73] — Ashanti[16] — Togo[x4]. Congogebiet: Mukenge[44],
Aequator station[43], Aruwimi[46], Angola[85] — Aequatoria[4].

Zehnte Gruppe.

Eine sehr natürliche und leicht kenntliche Gruppe. Auf der Unterseite der Hinterflügel sind die Wurzelpunkte zu einem Striche, welcher die Hinterseite der Rippe 8 folgt,
vereinigt; die Subbasalpunkte sind gerundet und tief schwarz, die Diskalpunkte dagegen gewöhnlich wenig dunkler als die Grunde und langgestreckt: die Diskalpunkte 1b und 7 sind
jedoch immer gerundet und tief schwarz. Die Submarginalflecke beider Flügel sind schmal,
strichförmig und zu einer Submarginallinie verbunden. Die Diskalflecke 3—6(und 8) der
Vorderflügel sind braun und zu einer fast geraden Querbinde vereinigt. Alle Zeichnungen
sind weiss umzogen.

Uebersicht der Arten.

A. Die Vorderflügel unten mit einem dunklen Punkte in der Mittelzelle der Wurzel der Rippe 2 gegenüber.
Wenn ein Diskalpunkt im Felde 8 der Vorderflügel vorhanden ist, liegt er gerade vor dem Diskalpunkte im
Felde 6 als Fortsetzung der Querbinde. Die Saumflecke 1 c und 2 der Hinterflügelunterseite mehr oder
weniger mit blauen Schuppen bestreut.

   α. Die Diskalflecke der Hinterflügel alle gerundet, punktförmig und schwarz; der Diskalpunkt 3 liegt näher
   am Saume und ist grösser als die Diskalpunkte 4 und 5, welche bisweilen sogar ganz fehlen. Der Diskalfleck 4 der Vorderflügel an der Rippe 4 nach aussen hakenförmig ausgezogen. Der Saumfleck 2 der
   Hinterflügel nicht nach innen orangegelb gesäumt. N:o 29.

   β. Die Diskalpunkte 3—5 der Hinterflügel liegen in einer fast geraden Querlinie gleich weit vom Saume
   entfernt und der Diskalpunkt 3 ist kleiner als der Diskalpunkt 4. Der Diskalfleck 4 der Vorderflügel
   nach aussen gerade abgeschnitten oder in der Mitte bauchig hervortretend, nie aber an der Rippe 4
   ausgezogen.

     *. Die Flügel unten weiss—gelblich weiss; die weissen Ringe der Flecke darum nicht oder kaum merk-
     bar. Die Diskalpunkte der Hinterflügel frei oder fast frei, schwärzlich, und der Diskalpunkt 4 gerundet
     und viel grösser als 3 und 5.

     §. Die Unterseite nicht gelblich. Die Punkte und Flecke kleiner. Der Saumfleck 2 der Hinterflügel
     ohne gelben Ring. Der schwarze Saum der Oberseite beim ♂ bis zu 1 Mill. breit. N:o 30.

     §§. Die Unterseite gelblich weiss. Die Punkte und Flecke gross und sehr deutlich. Der Saumfleck 2
     der Hinterflügel nach innen gelb gesäumt. Der schwarze Saum der Oberseite des ♂ sehr schmal.
     linienförmig. N:o 31.

     **. Die Flügel unten braungrau—grau; die breiten weissen Ringe der Flecke darum sehr deutlich. Die
     Diskalflecke 1 c—6 der Hinterflügel braun und eckig, 1 c mit 2 und 3 mit 4 und 5 zu zwei Quer-
     strichen vereinigt; der Diskalfleck 4 nicht oder kaum grösser als 5. Der Saumfleck 2 der Hinter-
     flügel nach innen orangegelb gesäumt. N:o 32.

B. Die Vorderflügel unten ohne dunklen Punkt in der Mittelzelle. Der Diskalpunkt 8 der Vorderflügel ist schwarz
und steht viel näher an der Wurzel als der Diskalfleck 6. Auch in 9 ist ein Diskalpunkt vorhanden. Die
Saumflecke 1 c und 2 der Hinterflügel tief schwarz ohne blaue Schuppen. N:o 33, 34.

29. **C. sigillatus** Butler, An. N. H. (4) 18, p. 483 (1876), Mus. Brit.; Proc. Zool. Soc. 1896, p. 119 (1896).

natalensis Trimen, S. Afr. Butt. 2, p. 77 (1887).

Natal — Delagoa Bay — Nyassaland[36, 124, 130] — Abyssinien.

30. **C. moriqua** Wallengr., Rhop. Caffr., p. 39 (1857), Mus. Holmiæ. — Trimen, Rhop. Afr. Austr., p. 251 (1866); S. Afr. Butt. 2, p. 75, t. 8, f. 5, 5 a (1887) ex parte.

benigna Möschler, Verh. z. b. Ges. Wien 33, p. 285, t. 16, f. 1 (1883), Coll. Staud.

Angola: Ehanda[10], Kaffernland[27] — Natal — Zululand — Delagoa Bay — ? Brit. Ost-Afrika[21] — ? Aequatoria: Wadelai[4]. ? Somaliland[128].

31. **C. mirza** Plötz, S. E. Z. 41, p. 203 (1880), Mus. Gryph. — Auriv., Ent. Tidskr. 16, p. 220 (1895).

moriqua var. Trimen, S. Afr. Butt. 2, p. 76 (1887).

occidentalis Butler, Proc. Zool. Soc. 1887, p. 571 (1888), Mus. Brit.

? *cassivides* Capr. (vide p. 361).

Sierra Leona (Mus. Holmiæ) — Old Calabar[87] — Kamerun — Gabun[61] (als »*moriqua*«) — Congogebiet: Bangala, Bena Bendi, Stanley Fälle — Nyassaland[131]. Natal — Delagoa — Deutsch Ost-Afrika — Brit. Ost-Afrika[22].

32. **C. jesous** Guérin, Lefeb. Voy. Abyss. 6, p. 383, t. 11, f. 3, 4 (1847). — Wallengr., Rhop. Caffr., p. 39 (1857). — Trimen, Rhop. Afr. Austr., p. 250 (1866); S. Afr. Butt. 2, p. 72 (1887).

gamra Lederer, Verh. z. b. Ges. Wien 5, p. 189, t. 1, f. 3 (1855). — Snellen, Tijdschr. v. Ent. (2) 7, p. 21 (1872). — De Nicév., Butt. of India 3, p. 125, t. 26, f. 176 (1890).[1]

agare Walker, Entomologist 5, p. 53 (1870).

Ashanti[14]. Congo-Mündung[39] — Angola[65]: Ehanda[10] — Ovamboland[10] — Damaraland[56] — Kap Kolonie — Kaffernland[27] — Orange Republik — Natal — Transvaal[85] — Betchuanaland — Deutsch Ost-Afrika[55, a] — Brit. Ost-Afrika: See Jipe[18]. — Somaliland[82, 144] — Abyssinien — Nubien[11]. Arabien: Aden[83].

33. **C. ubaldus** Cramer, Pap. Exot. 4, p. 209, t. 390, f. L, M (1782). — Herbst, Naturs. Schm. 11, p. 199, t. 312, f. 3, 4 (1804). — De Nicév., Butt. of India 3, p. 123 (1890).

artemides Stoll., Essai d'un ordre syst. Lep. de Cramer (in Cramer Pap. Exot. 4), p. 13 (1782).

Somaliland[82] — Arabien: Aden[12].

34. **C. zena** Moore, Proc. Zool. Soc. 1865, p. 505, t. 31, f. 9 (1865). — Butler, Proc. Zool. Soc. 1897, p. 813 (1898). — ? = N:o 33.

macalenga Trimen, Trans. Ent. Soc. London 1870, p. 364, t. 6, f. 5, 6 (1870); S. Afr. Butt. 2, p. 74 (1887).

Kap Kolonie — Transvaal[85] — Natal[138].

---

[1] Nach genauer Vergleichung der Abbildungen von Guérin und Lederer, so wie auch von Stücken aus Syrien (*gamra*) mit Stücken aus Süd-Afrika (*jesous*) bin ich nicht im Stande einige Unterschiede zwischen diesen beiden »Arten« zu entdecken. Schon Gerstaecker vereinigte *gamra* mit *jesous* (Deckens Reise 3, p. 372).

Elfte Gruppe.

Die Fleckchen der Unterseite sind kaum dunkler als die Grundfarbe und darum nur durch die feinen, weisslichen Strichen, durch welche sie beiderseits begrenzt sind, kenntlich. Sehr karakteristisch ist es übrigens, dass jeder Fleck durch eine feine (fast undeutliche), helle Mittellinie in zwei Hälfte getheilt ist. Die Wurzelflecke der Hinterflügel sind nur durch einen kurzen Strich an der Wurzel der Rippe 8 vertreten. Die Unterseite hat nur zwei schwarze Punkte, die beiden Saumflecke in den Feldern 1 c und 2 der Hinterflügel, welche hell, bisweilen metallisch, umzogen sind und einen gelben Ring ganz entbehren.

Uebersicht der Arten.

A. Die Flügel oben einfarbig schwarz ohne Zeichnungen und ohne blauen Schiller.   N:o 35.
B. Die Flügel oben beim ♂ einfarbig dunkel violettblau, an der Wurzel weisslich behaart, beim ♀ graubraun mit einem kleinen violetten Felde.   N:o 36.

35. **C. æthiops** Mab., Bull. Soc. Zool. Fr. 2, p. 219 (1877).
melania Capr., An. E. Belg. 33, Bull., p. 120 (1889), Mus. Bruxell.
stratola Holland, Psyche 6, p. 52 (1891). Coll. Holland.
Gabun — Ogowe — Chinchoxo — Congogebiet[43].

36. **C. sichela** Wallengr., Rhop. Caffr., p. 37 (1857), Mus. Holmiæ. — Trimen, S. Afr.
Butt. 2, p. 61 (1887). — Karsch, B. E. Z. 38, p. 225 (1893). — Butler, Proc.
Zool. Soc. 1896, p. 829 (1897).
reticulum Mab., An. E. Fr. (5) 7, Bull., p. 72 (1877); Hist. Mad. Lep. 1, p. 216,
t. 27, f. 14, 15 (1885—87).
dexamene Druce, Ent. M. Mag. 23, p. 203 (1887).
docilis Butler, Proc. Zool. Soc. 1887, p. 571 (1888), Mus. Brit.
Sierra Leona[81] — Togo[84] — Old Calabar[67] — Kamerun[71] — Angola: Ehanda[10] —
Ovamboland[10] — Kap Kolonie — Natal — Delagoa Bay — Transvaal — Mashuna[141] — Manicaland[77] — Nyassaland[130] — Brit. Ost-Afrika[146]. Madagaskar.

Zwölfte Gruppe.

37. **C. bæticus** L., Syst. Nat. ed. 12, p. 789 (1767). — Hübner, Eur. Schm., f. 373—375
(1798—1803). — God., Enc. Meth. 9, p. 653 (1823). — Wallengr., Rhop. Caffr.,
p. 36 (1857). — Trimen, Rhop. Afr. Austr., p. 236 (1866). — Mab., Hist. Mad.
Lep. 1, p. 204 (1887). — Trimen, S. Afr. Butt. 2, p. 58 (1887). — Kirby, Handb.
Lep. 2, p. 82, t. 45, f. 1—3 (1896).
Metam.: Trimen, Rhop. Afr. Austr., p. 342 (1866); S. Afr. Butt. 2, p. 58 (1887).
Afrika. Ascension Insel[87]. St. Helena[111]. Mauritius[109]. Bourbon[88]. Madagaskar[93].
Comoren: Mayotte[98]. Seychellen[115]. Arabien[12].

Dreizehnte Gruppe.

Diese Gruppe ist offenbar am nächsten mit der elften Gruppe verwandt. Es ist sogar unsicher, ob die erste, mir unbekannte Art, *notoba*, zu dieser oder jener Gruppe gehört, denn TRIMEN giebt nicht an, ob die Rippe 10 der Vorderflügel frei ist oder nicht. Die Flecke der Unterseite treten gewöhnlich nur durch ihre helle Begrenzung hervor. Die Wurzelflecke der Hinterflügel sind undeutlich, die Subbasalflecke aber zahlreich (5—6) und fast zu einer Querbinde verbunden. Die Diskalflecke beider Flügel sind gross und zu einer Querbinde vereinigt, welche gewöhnlich fast gerade ist. Die Augen sind wenigstens bei *noquasa* und *tsomo* haarig.

Uebersicht der Arten.

A. Die Hinterflügel wenigstens oben ohne schwarzen Saumfleck im Felde 2.
   α. Die Diskalbinde der Hinterflügel nach aussen durch die graue oder braune Grundfarbe begrenzt.
      . Die Flügel beim ♂ oben fast bis zum Saume, beim ♀ im Wurzeltheil violettblau.   N:o 38.
      **.* Die Flügel beim ♂ oben nur an der Wurzel, beim ♀ nicht oder fast gar nicht blau.   N:o 39.
   β. Die Diskalbinde der Hinterflügel nach aussen durch eine sehr deutliche, weissliche Querbinde begrenzt. Die Flügel des ♂ oben blau, am Saume schmal braun. Die Franzen weissgefleckt.   N:o 40.
B. Die Hinterflügel auf beiden Seiten mit einem scharf hervortretenden schwarzen Saumfleck im Felde 2. Die Diskalflecke (Diskalbinde) der Hinterflügel nach aussen von einer weissen Querbinde begrenzt.
   α. Die Franzen graubraun, an ihrer Spitze heller, nicht aber deutlich weissgefleckt. Die Diskalbinde der Hinterflügel kaum dunkler als die Grundfarbe, nach aussen fast geradlinig begrenzt.   N:o 41.
   β. Die Franzen deutlich weiss gefleckt. Die Diskalbinde der Hinterflügel verdunkelt, nach aussen unregelmässig gezackt.   N:o 42.

°38. **C. notoba** TRIMEN, Trans. Ent. Soc. London 1868, p. 91 (1868), Mus. Capense.
   notobia TRIMEN, S. Afr. Butt. 2, p. 62, t. 8, f. 6, 6a (1887).
   Kap Kolonie — Orange Republik — Transvaal.

39. **C. tsomo** TRIMEN, Trans. Ent. Soc. London 1868, p. 91 (1868), Mus. Capense; S. Afr. Butt. 2, p. 63, t. 8, f. 7 (1887).
   Kap Kolonie — Kaffernland.

°40. **C. æquatorialis** EM. SHARPE, Proc. Zool. Soc. 1891, p. 637, t. 48, f. 5 (1892), Coll. Jackson. — BUTLER, Proc. Zool. Soc. 1894, p. 567 (1894).
   Deutsch Ost-Afrika[118] — Brit. Ost-Afrika: Elgon Berg, Höhnel Berg[22], Kenia Berg[22], Ruwenzori[119].

41. **C. noquasa** TRIMEN, S. Afr. Butt. 2, p. 64 (1887); 3, p. 410 (1889). — BUTLER, Proc. Zool. Soc. 1897, p. 846, t. 50, f. 6 (1898).
   Natal. Deutsch Ost-Afrika (Coll. Lanz).

°42. **C. juno** BUTLER, Proc. Zool. Soc. 1896, p. 830, t. 41, f. 5 (1897), Mus. Brit.
   Nyassaland.

Vierzehnte Gruppe.

Die Augen sind wenigstens bei *metophis* nackt. Die Vorderflügel haben bei *metophis* 11, bei *Barberæ* aber nach TRIMEN nur 10 Rippen. *C. Barberæ* ist der kleinste aller æthiopischen Tagfalter. Nach BUTLER (Proc. Zool. Soc. 1897, p. 845) ist *Barberæ* nur eine Form von *metophis*.

43. **C. metophis** WALLENGR., Wien. Ent. Mon. 4, p. 37 (1860). Mus. Holmiæ: Öfvers. Vet. Akad. Förhl. 29: 3, p. 48 (1872). — TRIMEN, S. Afr. Butt. 2. p. 54 (1887). Damaraland: Kuisip — Kap Kolonie — Natal (Mus. Holmiæ) — Delagoa Bay.

°44. **C. Barberæ** TRIMEN, Trans. Ent. Soc. 1868, p. 89, t. 5, f. 7 (1868), Mus. Capense; S. Afr. Butt. 2, p. 56 (1887).
Kap Kolonie — Kaffernland — Natal.

Fünfzehnte Gruppe.

Zu dieser Gruppe gehört mehr als die Hälfte der æthiopischen Cupido-Arten. Sie werden nunmehr gewöhnlich auf viele, so genannte Gattungen vertheilt. Da aber diese Gattungen entweder ausschliesslich auf die Farbe gegründet oder auch ganz unnatürlich sind, konnte ich sie nicht einmal als Gruppen betrachten. Eine grosse Anzahl Arten ist mir leider unbekannt geblieben. Die Artübersicht ist darum nur als ganz provisorisch zu betrachten und hat nur den Zweck die Bestimmung ein wenig zu erleichtern.

Uebersicht der Arten.

I. Die Diskalflecke 1 c—6 der Hinterflügel immer heller als die Subbasalpunkte oder wenigstens heller als der Subbasalpunkt 7, gewöhnlich wenig dunkler als die Grundfarbe und darum nur zufolge ihrer hellen Begrenzung deutlich hervortretend. Die Vorderflügel stets mit 11 Rippen und unten ohne Zeichnungen zwischen der Wurzel und dem Zellende.

  A. Die weisse oder weissliche Begrenzung der Fleckchen der Unterseite tritt gegen die etwas dunklere Grundfarbe deutlich hervor; nur bei einer Art (N:o 45) ist die Grundfarbe der Unterseite fast weiss, bei dieser sind aber die Diskalflecke der Unterseite zu einer breiten Querbinde zusammengeflossen.

    α. Die Diskalflecke 4 und 5 der Hinterflügel gross und langgestreckt, viel grösser als die übrigen, gewöhnlich rechteckig und nach innen mit dem Flecke am Ende der Mittelzelle vereinigt, bisweilen nur wenig heller als die Subbasalpunkte. Die Diskalflecke 1 c—6 der Hinterflügel fast immer zu einer Querbinde vereinigt, der Diskalfleck 3 bisweilen sehr klein. Die Augen haarig.

    . Die Flügel oben beim ♂ ganz oder zum grössten Theil, beim ♀ wenigstens an der Wurzel, blau.

      †. Die Grundfarbe der Unterseite fast rein weiss. Die Hinterflügel geschwänzt.   N:o 45.

      ††. Die Grundfarbe der Unterseite grau—dunkelgrau.

        §. Die Hinterflügel an der Rippe 2 geschwänzt.   N:o 46—48.

        §§. Die Hinterflügel ohne Schwänzchen.   N:o 49.

    **. Die Flügel bei beiden Geschlechtern oben einfarbig graubraun—dunkelbraun ohne Spur von blauem Schiller. Die Hinterflügel ohne Schwänzchen.

§. Die Diskalflecke der Vorderflügel sind ungleich gross und stehen in einer unregelmässig gebogenen Querlinie.　　　　N:o 50.

§§. Die Diskalflecke der Vorderflügel sind fast gleich gross und stehen in einer geraden Querlinie.
　　　　N:o 51.

ɟ. Die Diskalflecke 4 und 5 der Hinterflügel nicht oder nur wenig grösser als die übrigen und abgerundet oder quergestellt, nicht aber nach innen verlängert und nie mit dem Flecke am Ende der Mittelzelle vereinigt, immer viel heller als die Subbasalpunkte.

　　*. :Die Querflecke am Ende der Mittelzelle und die Diskalflecke der Unterseite (mit Ausnahme des ersten und letzten) ockergelb .　　　　N:o 52.

　**. Diese Flecke der Unterseite nie ockergelb oder nur dann gelblich wenn die Grundfarbe gelblich ist.

　　†. Die Hinterflügel ohne rothgelben Submarginalfleck im Felde 3. Die Vorderflügel nie oben mit goldgelbem Glanze.

　　　1. Der schwarze Saumfleck im Felde 2 der Hinterflügelunterseite nach innen von einem (orange-) gelben Bogen oder Flecke begrenzt. — Aus Mangel an Untersuchungsmaterial muss ich gegenwärtig auf eine genauere Auseinandersetzung der zahlreichen Arten dieser Gruppe verzichten. Einige Arten sind wahrscheinlich nur Synonymen. Die Eintheilung nach dem Fehlen oder Vorhanden des Schwänzchens ist eine ganz künstliche.

　　　　o. Die Hinterflügel ohne Schwänzchen.

　　　　　§. Die Diskalflecke der Vorderflügel sind 6 (in 1 b—6).

　　　　　　1. Die Diskalflecke sind gross, zusammenstossend und stehen in einer fast geraden Querreihe; nur der Fleck 2 steht bisweilen etwas mehr wurzelwärts. N:o 53—57.

　　　　　　2. Die Diskalflecke der Vorderflügel sind klein, punktförmig, getrennt und stehen nicht in einer geraden Linie.　　　　N:o 76.

　　　　　§§. Die Diskalflecke der Vorderflügel sind nur 5 (ob immer?), gerundet und bilden einen deutlichen, nach innen offenen Bogen.　　　　N:o 58—59.

　　　　oo. Die Hinterflügel an der Rippe 2 geschwänzt.

　　　　　§. Der Diskalfleck 7 der Hinterflügel liegt viel näher an der Wurzel als der Diskalfleck 6; die Diskalflecke 5—7 der Hinterflügel liegen fast in einer geraden Linie und bilden gewöhnlich einen fast rechten Winkel mit den Diskalflecken 3—5.

　　　　　　+. Die Augen nackt oder fast nackt. Die Vorderflügel beim ♀ mit einem Diskalpunkt im Felde 8.

　　　　　　　1. Die Hinterflügel wenigstens unten mit einem schwarzen, grünbeschuppten, nach innen orangegelb begrenzten Saumpunkte in der Mitte des Feldes 1 c.
　　　　　　　　　　　　N:o 60, 61, ?62.

　　　　　　　2. Die Hinterflügel unten ohne solchen Punkt.　　　　N:o 63, 69.

　　　　　　++. Die Augen deutlich haarig. Die Vorderflügel gewöhnlich ohne Diskalpunkt im Felde 8. Wenn ein schwarzer, nach innen rothgelb begrenzter Saumfleck im Felde 1 c der Hinterflügel vorhanden ist, ist er klein und liegt in der Innenrandshälfte des Feldes.

　　　　　　　1. Die Hinterflügel unten ohne Subbasalpunkt im Felde 1 c.[1] Die Flügel des ♂ oben blau.

　　　　　　　　a. Die Hinterflügel unten mit einem schwarzen Saumfleck im Felde 1 c. Die Unterseite mit braungrauer Grundfarbe. Der Diskalfleck 2 der Vorderflügel liegt deutlich mehr wurzelwärts als der Fleck 3.

　　　　　　　　　a'. Die Flügel oben violettblau.　　　　N:o 64, 65.

　　　　　　　　　b'. Die Flügel oben hell silberblau oder silbergrünlich.　　　　N:o 66.

---

[1] Es scheint mir jedoch sehr wahrscheinlich, dass dieses Kennzeichen nicht immer stichhaltig ist. Vergl. BUTLER, Proc. Zool. Soc. 1895. p. 732.

    b. Die Hinterflügel unten ohne schwarzen Saumfleck im Felde 1 c. Die Unterseite mit weisslicher Grundfarbe. Der Diskalfleck 2 der Vorderflügel liegt nicht oder kaum mehr wurzelwärts als die übrigen.   N:o 67.

  2. Die Hinterflügel unten mit einem deutlichen Subbasalpunkt im Felde 1 c.[1] Die Flügel des ♂ oben braungrau ohne blauen Schiller.   N:o 68 a.

§§. Der Diskalfleck 7 der Hinterflügel liegt dicht am Diskalflecke 6 und nicht oder nur wenig näher an der Wurzel als dieser. Die Diskalflecke 5—7 liegen nicht in einer Linie oder bilden einen sehr offenen Winkel mit den Flecken 3—5.
    N:o 70 (? N:o 71, 72).

  ††. Der schwarze Saumfleck im Felde 2 der Hinterflügelunterseite nach innen von einem blutrothen Bogen begrenzt. Nur der Subbasalfleck 7 der Hinterflügel tief schwarz, die übrigen von der Farbe des Grundes, aber mit dicken weissen Ringen.   N:o 73, 74.

  ††. Die Hinterflügel auf beiden Seiten im Felde 3 mit einem rothgelben Submarginalflecke, welcher mit dem Flecke in 1 c und 2 verbunden ist. Die Diskalflecke der Vorderflügel getrennt, klein, punktförmig. Die Hinterflügel ohne Schwänzchen.

    §. Die Hinterflügel nur mit einem schwarzen Saumflecke (im Felde 2). Die Flügel des ♂ oben blau und wenigstens die Vorderflügel mehr oder weniger goldgelb schillernd.   N:o 77.

    §§. Die Hinterflügel wenigstens mit drei, gleich grossen, tief schwarzen, unten grün beschuppten Saumflecken (in 1 c—3). Die Flügel des ♂ oben braun ohne Blau.   N:o 78.

B. Die Flügel unten mit weisser Grundfarbe, ihre dunklen Flecke darum ohne helle Ringe. Die Diskalflecke der Vorderflügel und die Diskalflecke 1 c—6 der Hinterflügel strichförmig, getrennt, braun. Die 2 oder 3 Subbasalpunkte und die Diskalflecke 1 b und 7 der Hinterflügel schwarz, gerundet. Die Submarginalflecke strichförmig und zu einer wellenförmigen Submarginallinie vereinigt. Die Saumpunkte klein schwärzlich, nur der im Felde 2 der Hinterflügel grösser und tief schwarz, gewöhnlich aber ganz ohne rothgelben Ring. Die Augen nackt. Die Hinterflügel geschwänzt. Kleine, zart gebaute Arten.

  α. Die Flügel beim ♂ oben einfarbig schwarzbraun; die Vorderflügel mit weisser Spitze.   N:o 81.

  β. Die Flügel bei beiden Geschlechtern oben mehr oder weniger blau. Die Spitze der Vorderflügel schwärzlich.   N:o 82.

II. Die Diskalflecke der Hinterflügel alle getrennt, punktförmig und von derselben Farbe wie die Subbasalpunkte.

A. Die Vorderflügel nur mit 10 Rippen; die Rippe 7 ist nämlich einfach und nicht verzweigt. Die Augen nackt. Die Hinterflügel auf beiden Seiten mit grossem rothgelben Submarginalfleck im Felde 2 und gewöhnlich auch in 1 c und 3, aber nur in 2 mit schwarzem Saumfleck. Die Stirn dunkelbraun mit weissen Seitenrändern.

  α. Die Hinterflügel ohne Schwänzchen. Die Vorderflügel unten mit einem schwarzen Punkt in der Mittelzelle. Gewöhnlich grösser, 31—36 Millim.   *Neolycaena* KARSCH.   N:o 83.

  β. Die Hinterflügel an der Rippe 2 geschwänzt. Die Vorderflügel unten gewöhnlich ohne Fleck in der Mittelzelle. Kleiner. 25—28 Millim. — *Cupidopsis* KARSCH.   N:o 84.

B. Die Vorderflügel wie gewöhnlich mit 11 Rippen.

  α. Die Augen haarig. Die Hinterflügel wenigstens unten mit orangegelber Begrenzung auf der Innenseite des Saumfleckes im Felde 2. Grosse Arten.

    *. Die Hinterflügel an der Rippe 2 geschwänzt. Die Flügel unten mit weisser Grundfarbe.

    §. Die Flügel oben beim ♂ schön blau. beim ♀ weiss, bei beiden mit breiter schwarzer Spitze und Saumbinde der Vorderflügel und mit 5—6 schwarzen Saumflecken der Hinterflügel, unten mit schwarzen Punkten zwischen dem Saume und der in Flecke aufgelösten Submarginallinie.
    N:o 85.

    §§. Die Flügel oben hell blauviolett mit von der Unterseite durchscheinenden schwarzen Zeichnungen. Die Flügel unten ohne schwarze Saumflecke, aber mit zusammenhängender Submarginallinie. Der Diskalfleck 4 der Vorderflügel gross, langgestreckt.   N:o 85 a.

---

[1] Es scheint mir jedoch sehr wahrscheinlich, dass dieses Kennzeichen nicht immer stichhaltig ist. Vergl. BUTLER, Proc. Zool. Soc. 1895, p. 732.

**. Die Hinterflügel ohne Schwänzchen.

§. Die Flügel unten mit hellgrauer Grundfarbe. Die Flügel oben beim ♂ dunkel braungrau ohne
Blau, beim ♀ hell violettblau.   N:o 86.

§§. Die Flügel unten mit ockergelber Grundfarbe und oben bei beiden Geschlechtern violettblau.
                                                                                            N:o 87.

β. Die Augen nackt. Die Hinterflügel ohne Schwänzchen und auf beiden Seiten fast immer ganz ohne
orangegelbe Submarginalflecke (nur bei N:o 89 a mit einem gelben Bogen im Felde 2).

*. Die Vorderflügel unten ohne Zeichnungen in der Mittelzelle.

o. Beide Flügel unten mit einer weissen Querbinde zwischen den Diskalflecken und der Submarginallinie. Grössere Arten, 28—35 Millim.   N:o 88, 89, 89 a.

oo. Die Grundfarbe der Unterseite nicht oder kaum heller zwischen den Diskalflecken und der
Submarginallinie.

§. Der Diskalfleck 6 der Hinterflügel liegt nicht näher am Saume als der Diskalfleck 7; diese
beiden Flecke liegen darum in einer gegen den Vorderrand fast senkrechten Linie. Die Vorderflügel ohne Diskalpunkte in 8 und 9.   N:o 90.

§§. Der Diskalfleck 6 der Hinterflügel liegt viel näher am Saume als der Diskalfleck 7; die
Diskalflecke 5—7 liegen darum fast in einer Linie. Die Vorderflügel mit Diskalpunkten in
8 und 9.   N:o 91, 92.

**. Die Vorderflügel unten mit einem schwarzen, weissgeringelten Punkte in der Mittelzelle.

o. Die Flügel oben mehr oder weniger blau und ohne weisse Zeichnungen. Die Diskalpunkte 5—7
der Hinterflügel in einer Linie, welche mit den Diskalpunkten 3—5 fast einen rechten Winkel
bildet.

§. Die Vorderflügel wenigstens mit 7 deutlichen Diskalpunkten (in 1 c—6 und 8).

1. Die Vorderflügel ohne Diskalpunkt im Felde 9 und gewöhnlich auch ohne Wurzelpunkt
im Felde 1 b. Die Hinterflügel unten ohne weissen Längsstrich.   N:o 93.

2. Die Vorderflügel mit Diskalpunkt im Felde 9 und mit einem grossen und deutlichen
Wurzelpunkte im Felde 1 b hinter dem Punkte in der Mittelzelle. Die Hinterflügel unten
mit einem weissen Längsstreif längs der Rippe 5.   N:o 94.

§§. Die Vorderflügel nur mit drei grossen und tief schwarzen Diskalpunkten in 4—6. Wenn andere
Diskalpunkte vorhanden sind, sind sie sehr klein und undeutlich.   N:o 95.

oo. Beide Flügel oben auf braunem Grunde mit weissen Ringen, welche den Ringen der Punkte der
Unterseite entsprechen. Die Vorderflügel unten mit einem Wurzelpunkte im Felde 1 b. Die
Diskalpunkte 6 und 7 der Hinterflügel sind ebensoweit vom Saume entfernt und stehen in einer
gegen den Vorderrand senkrechten Linie.   N:o 96.

45. **C. Reichenowi** DEWITZ. N. Acta Acad. N. Cur. 41: 2, p. 203, t. 26, f. 14 (1879),
Mus. Berol.
Angola (im Inneren).

46. **C. asteris** GOD., Enc. Meth. 9, p. 657 (1823), (Mus. Paris.?). — TRIMEN, S. Afr. Butt.
2, p. 24, t. 8, f. 3, 3a (1887).
< celæus TRIMEN, Rhop. Afr. Austr., p. 247 (1866).
Kap Kolonie: nahe an der Kapstadt. Nyassaland[130] (caffraria?).

°47. **C. caffrariæ** TRIMEN, S. Afr. Butt. 2, p. 23 (1887).
< asteris TRIMEN, Rhop. Afr. Austr., p. 247 (1866).
Kap Kolonie — Kaffernland. — Natal[13a].

°48. **C. Grahami** TRIMEN, Trans. Ent. Soc. London 1893, p. 123, t. 8, f. 1, 2 (1893),
Mus. Capense.
Kap Kolonie: Dordrecht.

49. **C. ortygia** TRIMEN, S. Afr. Butt. 2, p. 26 (1887).
< *asteris* TRIMEN, Trans. Ent. Soc. London 1870, p. 361 (1870).
Kap Kolonie — Orange Republik.

50. **C. methymna** TRIMEN, Trans. Ent. Soc. London (3) 1, p. 280 (1862), Mus. Capense:
S. Afr. Butt. 2, p. 27 (1887).
celeus TRIMEN, Rhop. Afr. Austr., p. 248 (1866).
Kap Kolonie — Kaffernland — Natal. Ost-Afrika[122].

51. **C. puncticilia** TRIMEN, Trans. Ent. Soc. London 1883, p. 350 (1883); S. Afr. Butt. 2,
p. 29. t. 8, f. 4 (1887).
Kap Kolonie.

°52. **C. hypopolia** TRIMEN, S. Afr. Butt. 2, p. 30 (1887).
Natal — Transvaal.

53. **C. malathana** BOISD., Faune Madag., p. 25 (1833), Coll. Oberth. — MAB., Hist. Mad.
Lep. 1, p. 219, t. 28, f. 5—10 (1885—7).
asopus HOPFF., Monatsb. Akad. Wiss. Berlin 1855, p. 642 (1855); Peters Reise
Mossamb. Ins., p. 410, t. 26, f. 13—15 (1862), Mus. Berol. — TRIMEN, Rhop. Afr.
Austr. 2, p. 249 (1866); S. Afr. Butt. 2, p. 16 (1887). — KARSCH, B. E. Z. 38,
p. 225 (1893).
kama TRIMEN, Trans. Ent. Soc. (3) 1, p. 403 (1862).
conguensis MAB., Bull. Soc. Zool. Fr. 2, p. 218 (1877).
Senegal — Sierra Leona[81] — Ashanti[64] — Togo[84] — Kamerun[71] — Gabun —
Chinchoxo[65] — Congogebiet[64] — Ovamboland[10] — Kap Kolonie - Natal — Zulu-
land — Delagoa Bay -- Transvaal — Manicaland[77] — Mossambik[79] — Nyassaland[36]
Deutsch Ost-Afrika[55,55a,11s] — Brit. Ost-Afrika[18] — Acquatoria[4] — Somaliland[82].
Arabien: Aden. Madagaskar. Aldabra[124].

54. **C. albistriatus** CAPRON., An. E. Belg. 33, Bull., p. 121 (1889), Mus. Bruxell. --
Taf. 6, Fig. 4.
Congogebiet.

55. **C. dolorosus** TRIMEN, S. Afr. Butt. 2, p. 41 (1887).
Kaffernland — Natal — Zululand — Transvaal.

56. **C. negus** FELDER, Reise Novar. Lep., p. 279, t. 35, f. 1, 2 (1865), Mus. Tring.
— TRIMEN, S. Afr. Butt. 2, p. 21, note (1887). — KARSCH, Ent. Nachr. 21,
p. 299 (1895).
Abyssinien: Bogos. Togoland (Mus. Berol.).

˜57. **C. Victoriæ** Karsch, Ent. Nachr. 21, p. 300 (1895), Mus. Berol.
Brit. Ost-Afrika: Kitoto am Ugowe Bay.

°57a. **C. cuprescens** Em. Sharpe in Neumann Elephant-Hunting, p. 412, tab., fig. 3, 3a
(1898).
Brit. Ost-Afrika: Lorogi Berge.

58. **C. fumosus** Butler, Proc. Zool. Soc. 1885, p. 762 (1886) und in James Unkn. Horn
of Africa, p. 239 (1888), Mus. Brit.
Somaliland.

59. **C. procerus** Trimen, Trans. Ent. Soc. London 1893, p. 125, t. 8. f. 3, 4 (1893),
Mus. Capense.
Natal — Transvaal.

60. **C. osiris** Hopff., Monatsb. Akad. Wiss. Berlin 1855, p. 642 (1855); Peters Reise
Mossamb. Ins., p. 409, t. 26, f. 11, 12 (1862), Mus. Berol. — Trimen, S. Afr.
Butt. 2, p. 15 ♂, non ♀ (1887). — Karsch, B. E. Z. 38, p. 225 (1893). — Trimen,
Trans. Ent. Soc. London 1893, p. 127 (1893).
Sierra Leona (Mus. Holmiæ) — Togo[84]. Ovamboland[10]. Natal — Transvaal —
Swaziland — Delagoabay — Mossambik — Nyassaland[36] — Deutsch Ost-Afrika[53]
— Brit. Ost-Afrika[127, 148] — Aequatoria[4]. Madagaskar.

°61. **C. anubis** Snellen, Tijdschr. v. Ent. (2) 7, p. 21, t. 1, f. 6—9 (1872). —
? = N:o 60.
Congo (an der Mündung).

°var. **phoa** Snellen, Tijdschr. v. Ent. (2), 7, p. 22 (1872).
Congo (an der Mündung).

˜62. **C. pyrrhops** Mab., Bull. Soc. Zool. Fr. 2, p. 217 (1877). — ? = N:o 61.
Landana.

63. **C. cyclopteris** Butler, An. N. H. (4) 18, p. 483 (1876), Mus. Brit.
Sierra Leona[x1]. Abyssinien. Aequatoria[4].

64. **C. Barkeri** Trimen, Trans. Ent. Soc. London 1893, p. 129, t. 8, f. 5, 6 (1893).
asteris Snellen, Tijdschr. v. Ent. (2) 7, p. 18, t. 1, f. 4, 5 (1872).
♀ *osiris* ♀ Trimen, S. Afr. Butt. 2, p. 15 (1887).
tiressa Karsch, Ent. Nachr. 21, p. 298, note 5 (1895).
Congo[10] — Ovamboland[10]. Natal — Zululand — Transvaal — Swaziland —
Delagoa Bay — Deutsch Ost-Afrika: Tanga.

65. **C. patricia** Trimen, S. Afr. Butt. 2, p. 20 (1887).
asteris ♂ (parte) Wallengr., Rhop. Caffr., p. 40 (1857). Mus. Holmiæ.

celæus ♂ (parte) TRIMEN, Rhop. Afr. Austr., p. 247 (1866).
? *parsimon* WALLENGR., Öfvers. Vet.-Akad. Förhandl. 3: 1, p. 88 (1875), Mus. Malmogiæ.
Kap Kolonie — Kaffernland — Natal — Zululand — Transvaal — Mashuna[141].
Somaliland[144].

66. **C. glauca** TRIMEN, S. Afr. Butt. 2, p. 21 (1887).
asteris WALLENGR., Rhop. Caffr., p. 40 (1857), Mus. Holmiæ.
Gabun — Angola — Ovamboland[10]. Transvaal — Mashuna[141] — Nyassaland[121].

67. **C. quassi** KARSCH, Ent. Nachr. 21, p. 305 (1895), Mus. Berol.
negus KARSCH, B. E. Z. 38, p. 226 (1893).
Togoland.

´68. **C. parsimon** FABR., Syst. Ent., p. 526 (1775), Mus. Brit. — BUTLER, Proc. Zool.
Soc. 1897, p. 842 (1898).
Sierra Leona — Lagos.

68a. **C. celæus** CRAMER. Pap. Exot. 4, p. 177, t. 379, f. K, K (1781). — HERBST, Naturs. Schm. 11, p. 334, t. 326, f. 7, 8 (1804). — TRIMEN, Rhop. Afr. Austr., p.
247 (1866) parte.
parsimon GOD., Enc. Meth. 9, p. 683 (1823). — TRIMEN, S. Afr. Butt. 2, p. 18
(1887).
asteris ♀ WALLENGR., Rhop. Caffr., p. 40 (1857).
plebeja BUTLER, Proc. Zool. Soc. 1898, p. 192, t. 20, f. 2 (1898).
Angola[5] — Okavango Fluss[10]. Kaffernland — Natal — Transvaal — Mashuna[141]
Manicaland[77]. ? Abyssinien[48].

69. **C. eleusis** DEMAISON, An. E. Fr. (6) 8. Bull., p. 66 (1888); l. c. 64, Bull., p. 60
(1895).
podorina MAB., An. E. Fr. (6) 10, p. 25 (1890).
pharaonis STAUD., Iris 7, p. 243, t. 9, f. 4 (1894), Coll. Staud.
Senegal. Nubien — Abyssinien.

70. **C. contractus** BUTLER, Proc. Zool. Soc. 1880, p. 406, t. 39, f. 3 (1880), Mus. Brit.
NURSE, Proc. Zool. Soc. 1896, p. 244 (1896).
Arabien: Aden[89].

´71. **C. lois** BUTLER, Proc. Zool. Soc. 1885, p. 762 (1886) und in: JAMES Unkn. Horn
of Africa, p. 239 (1888), Mus. Brit.
Somaliland.

´72. **C. Sancti-Thomæ** EM. SHARPE, Proc. Zool. Soc. 1893, p. 556 (1893), Mus. Lisboa.
Insel St. Thomé.

73. **C. scintilla** Mab., An. E. Fr. (5) 7, p. 72 (1877); Hist. Mad. Lep. 1, p. 211, t. 27, f. 5—7 (1887).
   quadriocularis Saalm., Lep. Madag., p. 100, t. 1, f. 7, 8 (1884), Mus. Francof. Madagaskar.

74. **C. sanguigutta** Mab., Bull. Soc. Philom. (7) 3, p. 132 (1879); Hist. Mad. Lep. 1, p. 214, t. 27, f. 12, 13 (1885—87).
   coeruleoarcuatus Saalm., Lep. Madag., p. 102, t. 1, f. 9—11 (1884), Mus. Francof. Madagaskar.

ʿ75. **C. letsea** Trimen, Trans. Ent. Soc. London 1870, p. 362, t. 6, f. 3, 4 (1870); S. Afr. Butt. 2, p. 40 (1887).
   Kap Kolonie — Orange Republik.

76. **C. messapus** God., Enc. Meth. 9, p. 682 (1823). — Wallengr., Rhop. Caffr., p. 41 (1857). — Trimen, Rhop. Afr. Austr., p. 254 (1866); S. Afr. Butt. 2, p. 42 (1887).
   sebagadis Guérin, Lef. Voy. Abyss. 6, p. 385, t. 11, f. 7, 8 (1847).
   acca Doubl. & Hew., Gen. D. Lep., t. 76, f. 1 (1852).
   Kap Kolonie — Kaffernland. Abyssinien.

77. **C. mahallakoena** Wallengr., Rhop. Caffr., p. 41 (1857). Mus. Holmiæ. — Trimen, Trans. Ent. Soc. 1870, p. 366, t. 6, f. 7, 8 (1870); S. Afr. 2, p. 44 (1887); Proc. Zool. Soc. 1894, p. 48 (1894).
   Ovamboland[10] Damaraland[56] — Kap Kolonie — Kafferrnland[27] — Orange Republik — Natal — Zululand — Delagoa Bay — Transvaal[5] — Bamangwato — Manicaland[77] — Nyassaland[130] — Deutsch Ost-Afrika; Parumbira[118] — Brit. Ost-Afrika[127].

78. **C. trochilus** Freyer, N. Beitr. 5, p. 98, t. 440, f. 1 (1844). — Herr. Schæff., Schm. Eur. 1, p. 128, t. 18, f. 224, 225; t. 49, f. 226 (1844). — Wallengr., Rhop. Caffr., p. 41 (1857). — Trimen, Rhop. Afr. Austr., p. 256 (1866); S. Afr. Butt. 2, p. 52 (1887).
   parva Murray, Trans. Ent. Soc. London 1874, p. 526, t. 10, f. 1 (1874).
   Damaraland[26] — Kap Kolonie — Kafferrnland[27] — Natal — Zululand — Delagoa Bay — Transvaal[5] — Nyassaland[121] — Deutsch Ost-Afrika; Parumbira[118] — Brit. Ost-Afrika[22] — Somaliland[128, 144] — Abyssinien[11] — Nubien[11]. Arabien: Aden[83].

°79. **C. ignotus** Trimen, S. Afr. Butt. 2, p. 39 (1887), Mus. Capense.
   Natal — Transvaal.

ˉ80. **C. tantalus** Trimen, S. Afr. Butt. 2, p. 38 (1887).
   Kafferrnland — Natal.

81. **C. hippocrates** Fabr., Ent. syst. 3: 1, p. 288 (1793). — Donov., Ins. of India, t. 45, f. 3 (1800). — Mab., Hist. Mad. Lep. 1, p. 203, t. 26, f. 4—7 (1885—87). — Trimen, S. Afr. Butt. 2, p. 35 (1887). — Karsch, B. E. Z. 38, p. 225 (1893).

delicatula MAB., Bull. Soc. Zool. Fr. 2. p. 215 (1877); An. E. Fr. (5) 7. Bull.. p. 71 (1877).
Sierra Leona — Liberia[73] — Ashanti[14] — Togo[84] — Niger[74] — Kamerun[71] — Congo[63] — Angola. Natal — Zululand   Delagoa Bay — Nyassaland[121] — Brit. Ost-Afrika[146] — Abyssinien[3].

82. **C. micylus** CRAMER, Pap. Exot. 3. p. 160. t. 282. f. F. G (1780). — HERBST, Naturs. Schm. 10. p. 277. t. 288. f. 7, 8 (1800). — KARSCH, B. E. Z. 38. p. 225 (1893). — praecedenti valde affinis.
micylus GOD., Enc. Meth. 9. p. 659 (1823).
Sierra Leona — Liberia[73] — Elfenbeinküste[57] — Ashanti[14] — Togo[84].

var. **togara** PLÖTZ, S. E. Z. 41, p. 202 (1880). Mus. Gryph. — ARARV., Ent. Tidskr. 16. p. 220 (1895).
Kamerun — Gabun[69] — Landana[63].

83. **C. cissus** GOD., Enc. Meth. 9. p. 683 (1823). — GEYER in HÜBNER's Zutr. Exot. Schm. 5. p. 7. f. 811, 812 (1837). — WALLENGR., Rhop. Caffr.. p. 40 (1857). — TRIMEN. Rhop. Afr. Austr. p. 252 (1866). — MAB., Hist. Mad. Lep. 1. p. 217. t. 28. f. 1—4 (1885—87). — TRIMEN. S. Afr. Butt. 2. p. 31 (1887).
catharina TRIMEN, Trans. Ent. Soc. (3) 1. p. 281 (1862).
Sierra Leona[81]. Kamerun[61] — Chinchoxo[65] — Congogebiet (Mus. Holmiae) — Ovamboland[10] — Kap Kolonie — Kaffernland[27] — Natal — Zululand — Transvaal — Bamangwato — Mashuna[141] — Manicaland[77].

ab. **aberrans** BUTLER, An. N. H. (5) 2. p. 289 (1878). Mus. Brit.
Madagaskar.

84. **C. iobates** HOPFFER, Monatsb. Akad. Wiss. Berlin 1855, p. 642 (1855); Peters Reise Moss. Ins., p. 408. t. 26. f. 9, 10 (1862), Mus. Berol. — TRIMEN, Rhop. Afr. Austr., p. 245 (1866). — ARARV., Öfvers. Vet.-Akad. Förh. 36: 7. p. 43 (1879). - - TRIMEN, S. Afr. Butt. 2. p. 33 (1887).
Sirani TRIMEN, Trans. Ent. Soc. (3) 1. p. 402 (1862).
Angola: Kinsembo[3]. Ehanda[40] — Damaraland[36] — Kap·Kolonie — Orange Republik — Natal — Delagoa Bay — Transvaal[7] — Matabeleland — Querimba Nyassaland[121] — Deutsch Ost-Afrika: Kilimanjaro[55a] — Brit. Ost-Afrika[146]; Uganda[119] — Somaliland[129] — Abyssinien[2].

85. **C. leucon** MAB., Pet. Nouv. Ent. 2. p. 289 (Jan. 1879); Hist. Mad. Lep. 1. p. 226. t. 29. f. 5, 5', 6. 6° (1885—87).
azureus BUTLER, An. N. H. (5) 4. p. 230 (Sept. 1879). Mus. Brit.
Madagaskar.

85a. **C. giganteus** TRIMEN, Trans. Ent. Soc. London 1898, p. 4. t. 1. f. 2, 3 (1898).
Mashunaland — Victoria Nyanza (Mus. Brit.).

86. **C. peculiaris** ROGENH. in BAUMANN Usambara, p. 331 (1891), Mus. Vindob.
perpulcher HOLLAND, Entomologist 25, Suppl., p. 90 (1892); Proc. U. S. Nat. Mus.
18, p. 239, t. 7, f. 7 (1895), Mus. Washington. — BUTLER, Proc. Zool. Soc. 1896,
p. 828 (1897).
hypoleucus BUTLER, Proc. Zool. Soc. 1893, p. 660 (1894); l. c. 1894, p. 14 note
(1894), Mus. Brit. — BUTLER, Proc. Zool. Soc. 1898, p. 103 (1898). — forma
diversa?.
exclusa TRIMEN, Proc. Zool. Soc. 1894, p. 47, t. 6, f. 11 (1894).
Manicaland[77] — Nyassaland: Zomba[36] — Deutsch Ost-Afrika: Usambara, Kilimanjaro, Victoria Nyanza[36] — Brit. Ost-Afrika[127, 146].

87. **C. Stormsi** ROBBE, An. E. Belg. 36, p. 132 (1892), Mus. Bruxell.   Taf. 6, Fig. 5.
mashuna TRIMEN, Proc. Zool. Soc. 1894, p. 48 note (1894).
Mashunaland[77] — Tanganika.

88. **C. niobe** TRIMEN, Trans. Ent. Soc. London (3) 1, p. 282 (1862); Rhop. Afr. Austr.,
p. 253, t. 4, f. 10 (1866); S. Afr. Butt. 2, p. 36 (1887).
Kap Kolonie — Kafferrland — Natal — Zululand — Transvaal.

°89. **C. pephredo** TRIMEN, S. Afr. Butt. 3, p. 389 (1889).
Natal.

89a. **C. ariadne** BUTLER, Proc. Zool. Soc. 1898, p. 193, t. 20, f. 3, 4 (1898).
Natal.

90. **C. antanossa** MAB., An. E. Fr. (5) 7, Bull. p. 72 (1877); Hist. Mad. Lep. 1, p. 221,
t. 28, f. 11—14 (1885—87), Coll. Gr. Smith. — TRIMEN, Trans. Ent. Soc. 1894,
p. 173 (1894).
Gabun (Coll. Staud.) — Congo (Mus. Bruxell.). Natal — Mashuna[141] — Deutsch
Ost-Afrika. Madagaskar.

91. **C. gaika** TRIMEN, Trans. Ent. Soc. (3) 1, p. 103 (1862); S. Afr. Butt. 2, p. 50
(1887). — KARSCH, B. E. Z. 38, p. 225 (1893).
lysimon WALLENGR., Rhop. Caffr., p. 39 (1857). — TRIMEN, Rhop. Afr. Austr.,
p. 256, t. 4, f. 7 (1866).
eleodora WALKER, Entomologist 5, p. 54 (1870).
pygmaea SNELLEN, Tijdschr. v. Ent. 19, p. 163, t. 7, f. 3 (1876).
Ashanti[16], Ovamboland[101] — Damara — Kap Kolonie — Kafferuland — Natal —
Zululand — Transvaal[85] — Manicaland[77] — Nyassaland[36] — Deutsch Ost-Afrika:
Kilimanjaro[51] — Brit. Ost-Afrika[119, 127] — Somaliland[128] — Abyssinien — Nubien[11],
Arabien: Aden[5]. Seychellen[124]. Amiranten[124].

92. **C. mylica** GUENÉE in MAILLARD, Ile Réun. 2, Lep., p. 18 (1863). — MAB., Hist.
Mad. Lep. 1, p. 224, t. 29, f. 2, 2a (1885—87). — ? = no 91.
perpura SAALM., Lep. Madag., p. 98 (1884), Mus. Francof.
Madagaskar. Bourbon.

93. **C. lysimon** HÜBNER, Eur. Schm., f. 534—35 (1798—1803). — Gon., Enc. Meth. 9, p. 701 (1823). — Boisd., Faune Mad., p. 23 (1833). — Mab., Hist. Mad. Lep. 1, p. 223, t. 29, f. 1, 1a (1887). — Trimen, S. Afr. Butt. 2, p. 15 (1887). — Karsch, B. E. Z. 38, p. 225 (1893).
knysna Trimen, Trans. Ent. Soc. London (3) 1, p. 282 (1862); Rhop. Afr. Austr., p. 255 (1866). — Mab., Hist. Mad. Lep. 1. p. 222, t. 28, f. 15—17 (1887).
karsandra Moore, Proc. Zool. Soc. 1865, p. 505, t. 31, f. 7 (1865).
Ganz Afrika. Arabien. Seychellen[115]. Comoren[89]. Madagaskar. Bourbon[?]. Mauritius[109]. Insel St. Thomé[115]. Prinz-Insel[92].

94. **C. lucida** Trimen, Trans. Ent. Soc. London 1883, p. 348 (1883); S. Afr. Butt. 2, p. 17 (1887). — Holland, Proc. U. S. Nat. Mus. 18, p. 238 (1895).
Angola: Ebanda[10] — Ovamboland[10] — Kap Kolonie — Kaffernland — Natal Zululand — Transvaal — Nyassaland[130] — Deutsch Ost-Afrika[118].

95. **C. atrigemmata** Butler, An. N. H. (5) 2, p. 290 (1878), Mus. Brit. — Mab., Hist. Mad. Lep. 1, p. 215, t. 29, f. 3, 3a (1885—87).
Madagaskar.

96. **C. stellata** Trimen, Trans. Ent. Soc. London 1883, p. 349 (1883); S. Afr. Butt. 2, p. 49 (1887).
Kap Kolonie. Nyassaland[?].

Die zwei folgenden Arten gehören zwar ohne Zweifel dieser Gruppe an, sind mir aber übrigens nicht hinreichend bekannt und allzu oberflächlich beschrieben.

97. **C. naidina** Butler, Proc. Zool. Soc. 1885, p. 762, t. 47, f. 2[1] (1886) und in: James Unkn. Horn of Africa. p. 238 tab., f. 2 (1888), Mus. Brit.
Somaliland.

98. **C. unigemmata** Butler. Proc. Zool. Soc. 1895. p. 630, t. 35, f. 4, 5 (1895), Mus. Brit.
Nyassaland.

Sechszehnte Gruppe.

Diese Gruppe ist sehr natürlich und ihre Arten durch die weisse Grundfarbe und das Fehlen des Striches am Ende der Mittelzelle sehr leicht zu erkennen. Die Diskalflecke fehlen auch oder sind gelblich und strichförmig und liegen weit hinter der Mitte. Nur der Diskalfleck 7 der Hinterflügel kann schwärzlich und gerundet sein. Die Sub-

---

[1] Die Beschreibung und die Abbildung stimmen nicht mit einander überein. Die Hinterflügel sind geschwänzt; die Augen haarig.

marginalflecke sind (wenn vorhanden) bogenförmig und zu einer Linie vereinigt. Die Saumflecke sind braun oder schwärzlich und gewöhnlich alle deutlich. Die Subbasalpunkte der Hinterflügel fehlen gewöhnlich. Die Zeichnung der Unterseite erinnert an diejenige von *C. micylus*. Die Vorderflügel mit 11 Rippen. Die Augen sind nackt. Die Palpen sind unten glatt beschuppt ohne Borsten.

KARSCH gründete seine Gattung *Thermoniphas* auf die Annäherung der Rippe 10 an die Rippe 11 der Vorderflügel. Beim Vergleich von mehreren Stücken von *C. punctatus* finde ich indessen, dass die Rippe 10 bald weit, bald nur sehr schmal von der Rippe 10 getrennt, bald sogar diese eine Strecke berührend verläuft. Die Vorderflügel bei allen Arten oben mit breiter, an der Spitze erweiterter, schwarzer Saumbinde, die sich auch auf den Hinterflügeln bis zur Rippe 6 fortsetzt.

Uebersicht der Arten.

A. Die Hinterflügel an der Rippe 2 geschwänzt. — *Oboronia* KARSCH + *Thermoniphas* KARSCH.

  a. Die Hinterflügel unten mit zwei kleinen, schwarzen Subbasalpunkten im Felde 7 und in der Mittelzelle. Der Diskalfleck 7 der Hinterflügel gross und schwarz. Die Hinterflügel auf beiden Seiten und die Vorderflügel unten mit deutlicher Submarginallinie.   N:o 99.

  β. Die Hinterflügel unten ganz ohne Subbasalpunkte.

    . Der Diskalfleck 7 der Hinterflügel nicht schwarz, undeutlich oder ganz fehlend.

      1. Die Hinterflügel auf beiden Seiten und die Vorderflügel unten ohne Submarginallinie. Die Saumflecke darum ganz frei liegend. Die Vorderflügel ganz am Vorderrande ganz weiss oder nur dicht an der Wurzel ein wenig verdunkelt. Die Diskalflecke beider Flügel fehlen oder sind sehr undeutlich, gelblich.   N:o 100.

      2. Die Hinterflügel auf beiden Seiten und die Vorderflügel unten mit deutlicher, dunkelbrauner Submarginallinie, welche die Saumflecke nach innen begrenzt. Die Vorderflügel oben am Vorderrande breit braun beschuppt.   N:o 101.

    **.* Der Diskalfleck 7 der Hinterflügel gross und schwarz. Die Hinterflügel auf beiden Seiten und die Vorderflügel unten mit deutlicher, schwarzbrauner Submarginallinie, welche die Saumflecke nach innen begrenzt. Die Vorderflügel oben am Vorderrande breit und gewöhnlich bis zur Saumbinde schwarzgrau.   N:o 102.

B. Die Hinterflügel ohne Schwänzchen. — *Abysonota* KARSCH. Die Hinterflügel unten ohne Subbasalpunkte, aber mit schwarzem Diskalflecke im Felde 7. Die Submarginallinie beider Flügel unten undeutlich oder fehlend. Nur die drei Saumflecke 1e—2 der Hinterflügelunterseite schwarz und deutlich, die übrigen sowie diejenigen der Vorderflügel matt und undeutlich oder ganz fehlend.   N:o 103, 104.

99. **C. plurilimbata** KARSCH. Ent. Nachr. 21, p. 303 (1895), Mus. Berol.
   Congogebiet: Mukenge.

100. **C. Güssfeldti** DEWITZ, N. Acta Acad. N. Cur. 41: 2, p. 206, t. 26, f. 12 (1879).
   Mus. Berol.
   elorina STAUD., Exot. Schm. 1, p. 271 (1888), Coll. Staud.
   Sierra Leona[c1] (Mus. Holmiae) — Liberia (Coll. Staud.). Congogebiet: Bangasso (Mus. Bruxell.), Mukenge[44] — Angola (im Inneren).

101. **C. bueronica** KARSCH, Ent. Nachr. 21, p. 304 (1895), Mus. Berol.
   Deutsch Ost-Afrika: Usambara.

102. **C. punctatus** Dewitz, N. Acta Acad. N. Cur. 41: 2, p. 205. t. 26, f. 15 (1879). Mus. Berol.
clorea Staud., Exot. Schm. 1, p. 271, t. 91 (1887—88). — Karsch, B. E. Z. 38, p. 229 (1893).
Togo[4] — Niger — Kamerun[71] — Gabun — Congogebiet — Angola (im Inneren).

103. **C. clorea** Fabr., Ent. syst. 3: 1, p. 194 (1793). — Donov., Nat. Repos. 2, t. 53 (1824). — Boisd., Spec. Gen. Lep. 1, p. 678 (1836). — Auriv., Ent. Tidskr. 16, p. 219 (1895). — species fictitia? (alis ant. *Larinopoda* speciei, alis post. C. ornati).
Patria?

104. **C. ornatus** Mab., An. E. Fr. (6) 10, p. 24, t. 2, f. 6 (1890). — Karsch, B. E. Z. 38, p. 229 (1893). — ? — *clorea* Fabr. — Alæ post. supra fascia submarginali nulla.
Sierra Leona (Mus. Holmiæ) — Elfenbeinküste[37] — Togo[4].
var. **vestalis** Auriv., Ent. Tidskr. 16, p. 219 (1895), Mus. Holmiæ. — alæ posticæ supra linea submarginali distincta.
Sierra Leona (Coll. Staud.). Kamerun. Congogebiet: Bena Bendi (Uebergangsform zu *ornatus*).

Gruppe ?

Die folgenden Arten sind mir gänzlich unbekannt und so oberflächlich beschrieben, dass ich nicht entscheiden kann, zu welcher Gruppe sie gestellt werden sollten.

105. **C. bura** Walker, Entomologist 5, p. 54 (1870). [1]
Somaliland: Tajora.

°106. **C. cleodora** Walker, Entomologist 5, p. 54 (1870). [1]
Nubien: Hor Tamanib — Abyssinien: Harkeko.

107. **C. kedonga** Smith, Nov. Zool. 5, p. 357 (1898), Mus. Tring.
Brit. Ost-Afrika: Uganda.

°108. **C. lyce** Walker, Entomologist 5, p. 54 (1870). [1]
Somaliland: Tajora.

°109. **C. olympusa** Walker, Entomologist 5, p. 53 (1870). [1]
Somaliland: Tajora.

110. **C. paludicola** Holland, Psyche 6, p. 52 (1891). Coll. Holland.
Ogowe-Fluss.

[1] Es wäre sehr wichtig, dass die Typen dieser Arten, wenn sie noch vorhanden sind, bald von einem kompetenten Forscher genau untersucht würden.

111. **C. pandama** WALKER, Entomologist 5, p. 54 (1870). [1]
Nubien: Hor Tamanib.

112. **C. samia** WALKER, Entomologist 5, p. 55 (1870). [1]
Nubien: Hor Tamanib.

113. **C. serrula** MAB., An. E. Fr (6) 10, p. 25 (1890).
Senegal.

Schliesslich sei hier bemerkt, dass OBERTHÜR eine *Lycæna dion* Gon. aus Abyssinien aufführt. Welche Art er aber damit bezeichnet, ist mir unbekannt.

27. **Heodes** DALM.

Heodes DALMAN, Vetensk.-Akad. Handl. 37, p. 63, 91 (1816).
Chrysophanus HÜBNER, Verz., p. 72 (1826). — WESTW., Brit. Butt., p. 91 (1841).
WESTW., Gen. D. Lep., p. 497 (1852). — TRIMEN, Rhop. Afr. Austr., p. 258 (1866);
S. Afr. Butt. 2, p. 90 (1887). — RÖBER in STAUDINGER & SCHATZ, Exot. Schm. 2, p.
271, t. 48 (1892). — E. REUTER, Acta Soc. Sc. Fenniæ 22: 1, p. 183 (1896).
— *Polyommatus* BOISD., Icones, p. 43 (1832—33) und viele andere Verf.
Lycæna CURTIS, Brit. Ent., t. 12 (1824) und viele andere Verf.

Ich bedaure sehr, dass ich den so charakteristischen Namen *Chrysophanus* gegen *Heodes* austauschen muss. Das Prioritätsgesetz ist jedoch unerbittlich.

SCUDDER trennt [2] *Heodes* mit *phlæas* als Typus wegen des angeschwollenen ersten Gliedes der Hintertarsen des ♂ von den übrigen Arten, welche dann den Namen *Chrysophanus* bekommen. Ich finde aber diese Theilung durchaus zu weitgehend. Uebrigens gehören alle die ethiopischen Arten zu *Heodes* sens. str.

Uebersicht der Arten.

A. Der Saum der Hinterflügel zwischen den Rippen 1b und 2 ausgebuchtet und darum am Analwinkel und an
der Rippe 2 deutlich geeckt. N:o 1, 2.
B. Der Saum der Hinterflügel gleichförmig abgerundet. N:o 3.

1. **H. pseudophlæas** LUCAS, An. E. Fr. (6) 5, p. 499 note 2 (1866). — vix descripta;
? *phlæas* L. varietas geogr.
Abyssinien.

---

[1] Es wäre sehr wichtig, dass die Typen dieser Arten, wenn sie noch vorhanden sind, bald von einem kompetenten Forscher genau untersucht würden.
[2] Butt. of E. U. States and Canada 2, p. 990 (1888).

°2. **H. Abbotl** HOLLAND. Entomologist 25, Suppl., p. 90 (1892); Proc. U. S. Nat. Mus. 18, p. 240, t. 7, f. 4 (1895), Mus. Washington. — ?   n:o 1.
Nyassaland: Kasungu Berg[130] — Deutsch Ost-Afrika (Kilimanjaro?; vergl. Godman[30]).

3. **H. orus** CRAMER, Pap. Exot. 4, p. 84, t. 332, f. E, F (1780). — HERBST, Naturs. Schm. 11, p. 323, t. 324, f. 8, 9 (1804). — GOD., Enc. Meth. 9, p. 672 (1823). — WALLENGR., Rhop. Caffr., p. 42 (1857). — TRIMEN, Rhop. Afr. Austr., p. 259 (1866); S. Afr. Butt. 2, p. 91 (1887).
arcus FABR., Mant. Ins. 2, p. 80 (1787), Mus. Havniae.
Kap Kolonie — Kaffernland[27] — Natal — Transvaal.

Fam. **Pieridæ.**

Die dunklen Zeichnungen der Pieriden lassen sich, wie DIXEY[1] nachgewiesen hat, sehr leicht auf eine Reihe von Saumflecken an den Rippenenden und eine mit jenen abwechselnde Reihe von Submarginalflecken, sowie auf einen bis drei Flecke am Ende der Mittelzelle zurückführen. Die Saumflecke sind gewöhnlich unter sich und oft auch mit den Submarginalflecken zu einer Saumbinde vereinigt, welche in der Regel helle Flecke der Grundfarbe einschliesst.

Uebersicht der Gattungen.

I. Die Fühler ganz ohne Kolbe, gegen die Spitze schwach perlschnurartig. Die Rippen 5 und 6 der Hinterflügel gestielt. Die Vorderflügel mit 10 Rippen; ihre Rippe 5 aus dem Stiele von 6 + 7. Die Rippen 7 und 8 der Hinterflügel berühren einander in einem Punkte in der Mitte, so dass eine geschlossene Wurzelzelle entsteht. Die Palpen sehr schmal und klein. *Pseudopontiina* E. REUTER.   1. *Pseudopontia.*

II. Die Fühler mit Kolbe, nie perlschnurartig. Die Rippen 5 und 6 der Hinterflügel getrennt oder aus demselben Punkte. Die Rippe 5 der Vorderflügel niemals aus dem Stiele von 6 + 7. Die Rippen 7 und 8 der Hinterflügel überall breit getrennt.

A. Die Hinterflügel mit langer und deutlicher Praecostalrippe. Die zwei ersten Palpenglieder unten mit Haaren und Borsten bekleidet. Die Vorderflügel mit 10—12 Rippen.

a. Die Rippe 6 der Vorderflügel entspringt aus der Rippe 7 weit hinter der Spitze der Mittelzelle. — *Pierina.*

*. Die Vorderflügel nur mit 11 Rippen. Die Praecostalrippe gerade oder nach aussen gebogen.

§. Die mittlere Querrippe (MDC) der Vorderflügel fehlt oder ist sehr kurz und steht entweder fast senkrecht gegen den Stiel von 6 + 7 oder ist mit ihrem vorderen Ende schief nach aussen gerichtet.

1. Die Vorderflügel nur mit 10 Rippen. Die Fühlerkolbe langgestreckt, spindelförmig, zugespitzt.   2. *Leptosia.*

2. Die Vorderflügel mit 11 Rippen. Die Fühlerkolbe stumpf und kurz.
3. *Herpaenia.*

[1] On the phylogeny of the Pierinae, as illustrated by their wing-markings and geographical distribution. Trans. Ent. Soc. London 1894, p. 249—334, tab. 3—5.

§§. Die MDC der Vorderflügel ist gut entwickelt und mit ihrem vorderen
Ende schief nach innen gerichtet.

   1. Die Vorderflügel nur mit 10 Rippen; die Rippe 7 ist nämlich ganz
   einfach und nicht gegabelt; die Rippe 9 ganz gerade und mit der
   Rippe 8 völlig gleichlaufend.   4. *Mylothris.*

   2. Die Vorderflügel gewöhnlich mit 11, selten nur mit 10 Rippen (indem
   die Rippe 8 winzig klein ist oder fehlt), der erste Subcostalast [die Rippe
   9 (10)] aber in diesem Falle mehr oder weniger geschlängelt und nicht
   mit dem zweiten Aste gleichlaufend.

      a. Die MDC der Vorderflügel ist deutlich gebogen und bildet darum
      mit dem Stiele von 6 + (7 + 8) einen rechten oder sogar einen stumpfen
      Winkel. ♂: Das Hinterleibsende unten unmittelbar vor den Genital-
      klappen mit einem langen Haarpinsel.   5. *Appias.*

      b. Die MDC der Vorderflügel ist ganz gerade oder nur sehr schwach
      gebogen und bildet darum stets einen spitzen Winkel mit dem Stiele
      von 6 + (7 + 8). ♂: Das Hinterleibsende unten ohne Haarpinsel.
                                                     6. *Pieris.*

**. Die Vorderflügel mit 12 Rippen. Die Praecostalrippe wurzelwärts gebogen.
— Die Rippen 10 und 11 der Vorderflügel aus der Mittelzelle. Die MDC
der Vorderflügel kurz und mit ihrem vorderen Ende schief nach aussen
gerichtet.   7. *Phyllocharis.*

β. Die Rippe 6 der Vorderflügel entspringt fast immer ganz frei aus der Spitze der
Mittelzelle oder ist nur sehr kurz gestielt. Die MDC der Vorderflügel ist mit
ihrem vorderen Ende schief nach aussen gerichtet oder bildet mit der Rippe 6
einen rechten Winkel. — *Teracolina.*

   *. Die Palpen sehr kurz und schlank gebaut, von oben nicht sichtbar, ihr End-
   glied rudimentär. Die Fühler sind kurz und erreichen bei weitem nicht die
   Spitze der Mittelzelle; ihre Kolbe gross und flachgedrückt. Die Rippe 6 der
   Vorderflügel ein wenig gestielt.   8. *Calopieris.*

   **. Die Palpen von gewöhnlicher Länge, von oben deutlich sichtbar; ihr Endglied
   spitz ausgezogen.

      §. Aus der vorderen Seite der Rippe 7 der Vorderflügel entspringt nur eine
      Rippe (die Rippe 8).   9. *Teracolus.*

      §§. Aus der vorderen Seite der Rippe 7 der Vorderflügel entspringen zwei
      Rippen (die Rippen 8 und 9).   10. *Eronia.*

B. Die Praecostalrippe der Hinterflügel fehlt gänzlich oder ist, wenn vorhanden, wurzelwärts umgebogen. Die Palpen unten glatt beschuppt oder selten mit Borsten und
Haaren bekleidet. Die Vorderflügel mit 11 Rippen; ihre Rippe 6 stets aus 7.

   α. Die Rippen 9 und 10 der Vorderflügel entspringen beide aus dem Vorderrande
   der Mittelzelle.

      *. Die Hinterflügel mit kurzer, wurzelwärts umgebogener Praecostalrippe; ihre
      Rippe 8 am Ausgangspunkte der Praecostalrippe deutlich winkelig gebrochen.
      Die Rippe 7 der Vorderflügel in den Saum.   11. *Catopsilia.*

**. Die Hinterflügel ohne Praecostalrippe und mit sanft gebogener Rippe 8. Die
Rippe 7 der Vorderflügel in die Spitze oder in den Vorderrand.
12. *Terias.*

β. Die Rippe 9 der Vorderflügel entspringt hinter der Spitze der Mittelzelle aus dem
Stiele von 6+7+8. Die Hinterflügel ohne Praecostalrippe.   13. *Colias.*

1. Pseudopontia Plötz.

Globiceps Felder, Pet. Nouv. Ent. 1, N:o 8, p. 30 [1] (Oct. 1869), nomen praeocc.
= *Pseudopontia* Plötz, S. E. Z. 31, p. 348 (April 1870). — Schatz, Exot. Schm. 2,
p. 65, t. 4 (1885—6). — Auriv., Ent. Tidskr. 16, p. 255, 257 (1895). — E. Reuter,
Acta Soc. Sc. Fenniae 22:1, p. 18, 228, t. 1, f. 7 (1896); Ent. Record 11, p. 8 (1899).
— Kirby, Handb. Lep. 3, p. 77 (1897). — Jordan, Novit. Zoolog. 5, p. 382, t. 14,
f. 28 (1898).
= *Gonophlebia* Felder, Pet. Nouv. Ent. 1, p. 95 (Juni 1870). — Grote, Ent. Record 10,
p. 213 (1898).

Hinsichtlich dieser merkwürdigen Gattung verweise ich auf die ausführliche Besprechung in E. Reuter's und K. Jordan's verdienstvollen Arbeiten. Grote's und Kirby's
eigenthümliche Ansichten (l. c. und Ent. Record 10, p. 273) kann ich aber nicht theilen.

Uebersicht der Arten.

A. Die Flügel auf beiden Seiten halbdurchsichtig, weisslich ohne Zeichnungen.   N:o 1.
B. Die Flügel weiss. Die Vorderflügel mit einem scharf begrenzten, viereckigen schwarzen Spitzenflecke und
einem mittelgrossen, dreieckigen, schwarzen Flecke im Subapicalfelde. Die Hinterflügel und die Wurzel der
Vorderflügel unten mit schwarzen Strichelchen.   N:o 2.

1. **Ps. paradoxa** Felder, Pet. Nouv. Ent. 1, N:o 8, p. 30 [1] (1869), Mus. Tring: l. c.,
p. 95, fig. (1870). — Staud., Exot. Schm. 1, p. 26, t. 16 (1884). — Kirby, Handb.
Lep. 3, p. 78, t. 79, f. 3 (1897).
calabarica Plötz, S. E. Z. 31, p. 348, t. 2, f. 1 a—1 f (1870), Mus. Gryph.
Sierra Leona[61] — Liberia[75] — Old Calabar — Kamerun[71] — Gabun — Chinchoxo[65] — Landana[63] — Congogebiet — Angola[8, 65].

2. **Ps. cepheus** Ehrmann, Journ. N. York Ent. Soc. 2, p. 77 (1894), Coll. Ehrmann. —
hujus generis?
Liberia: Grand Sess.

2. Leptosia Hübner.

< *Leptosia* Hübner, Verz., p. 95 (1826).
-- *Nina* Horsf., Cat. Lep. Ins. E. Ind. Co., p. 140 (1829).

___

[1] Die zwölf ersten Nummern dieser Zeitschrift sind nicht paginiert.

= *Pontia* Boisd., Spec. Gen. Lep. 1, p. 130 (1836). — Doubl. & Hew., Gen. D. Lep., p. 40 (1847). — Trimen, Rhop. Afr. Austr., p. 25 (1862). — Schatz. Exot. Schm. 2, p. 65, t. 6 (1885—6). — Trimen. S. Afr. Butt. 3, p. 7 (1889). — Karsch, B. E. Z. 38, p. 230 (1893). — E. Reuter, Acta Soc. Sc. Fennica 22: 1, p. 18 (1896).

= *Nychitona* Butler, Cist. Ent. 1, p. 34, 11 (1870). — Auriv., Ent. Tidskr. 16, p. 255 (1895).

Leptosia Distant, Rhop. Malay., p. 287 (1885). — Kirby. Handb. Lep. 3. p. 176 (1897).

Es ist nicht ohne Bedenken, dass ich für diese Gattung den Namen *Leptosia* anwende. Die für seine Anwendung von Scudder und Kirby angeführten Gründe sind jedoch kaum zu widerlegen. Dadurch kann auch der so allgemein gebrauchte Name *Leucophasia* Steph. (1827) für *sinapis* beibehalten werden (*Leptidia* Bilb. ist ein Nomen nudum!).

Die sehr nahe verwandten, vielleicht in einander übergehenden Arten sind dünnflügelig, oben weiss mit oder ohne Saumflecke und gewöhnlich mit einem ganz freien, viereckigen Submarginalfleck auf den Vorderflügeln. Unten sind die Hinterflügel und die Spitze der Vorderflügel mehr oder weniger mit gelbgrünen Strichelchen bestreut und beide Flügel haben kleine schwarze Saumpunkte am Ende der Zwischenaderfalten.

Uebersicht der Arten.

A. Grösser, 48 -60 Millim. Die schwarze Apicalbinde der Vorderflügeloberseite ist breiter und erstreckt sich gewöhnlich von der Rippe 4 bis zur Rippe 10. Der Submarginalfleck der Vorderflügel liegt, wenn vorhanden, im Felde 3, wird nach vorn von der Rippe 4 begrenzt, setzt sich aber bisweilen nach hinten in das Feld 2 hinein fort.   N:o 1.

B. Kleiner, 29—43 Millim. Die schwarze Apicalbinde der Vorderflügel des ♂ ist schmäler und kürzer und erstreckt sich gewöhnlich nur von der Rippe 5 bis zur Rippe 8. Der Submarginalfleck der Vorderflügel wird, wenn vorhanden, von der Rippe 4 in zwei Theile abgeschnitten und erreicht weder die Rippe 5, noch die Rippe 3. Beim ♀ scheinen die Flügel oben immer einfarbig weiss ohne Submarginalfleck und ohne oder fast ohne Saumflecke zu sein.   N:o 2.

1. **L. medusa** Cramer, Pap. Exot. 2, p. 86, t. 150, f. F (1777). — Boisd. Spec. Gen. Lep. 1, p. 433 (1836). — Auriv., Ent. Tidskr. 16, p. 257 (1895). — macula submarginali alar. ant. distincta.
   empeda God., Enc. Meth. 9, p. 139 (1819).
   narica Doubl. & Hew., Gen. D. Lep., t. 5, f. 5 (1847), Mus. Brit.
   ab. **marginea** Mab., An. E. Fr. (6) 10, p. 27 (1890). — an ad spec. seqv. referenda?
   ab. **immaculata** Auriv., Ent. Tidskr. 16, p. 257 (1895). Mus. Holmiae. — macula submarginali alar. ant. nulla.
   Sierra Leona — Elfenbeinküste[37] — Ashanti — Togo — Kamerun — Gabun — Congogebiet: Bena-Bendi, Zongo, Mokoange.

2. **L. alcesta** Cramer, Pap. Exot. 4, p. 175, t. 379, f. A (1781). — Wallengr., Rhop. Caffr., p. 6 (1857). — Trimen, Rhop. Afr. Austr., p. 26 (1862). — Hopffer, Peters Reise Mossamb. Ins., p. 349 (1862). — Staud., Exot. Schm. 1, p. 27, t. 16 (1884). — Trimen, S. Afr. Butt. 3, p. 8, t. 10, f. 1 (1889). — Auriv., Ent. Tidskr. 16, p. 257 (1895). — macula submarginali fasciaque apicali alar. ant. distinctis.

sylvicola Boisd., Faune Madag., p. 20 (1833); Spec. Gen. Lep. 1, p. 433 (1836). —
Saalm., Lep. Madag. 1, p. 65 (1884). — Staud., Exot. Schm. 1, p. 27 (1884). —
Butler, Proc. Zool. Soc. 1895, p. 734 (1896).
dorothea Mab., Hist. Mad. Lep. 1, p. 245. t. 31, f. 1 (1885—7).

ab. **narica** Fabr., Ent. syst. 3: 1, p. 187 (1793). — Godt., Enc. Meth. 9, p. 163 (1819).
    — Boisd., Spec. Gen. Lep. 1, p. 431 ex parte (1836). — fascia apicali alar. ant.
    deest.

ab. **nupta** Butler, Cist. Ent. 1, p. 175 (1873), Mus. Brit. — alis supra unicoloribus
albis.

Sierra Leona[81] — Liberia[73] — Elfenbeinküste[57] — Ashanti[14] — Togo[84] — Niger[74]
Kamerun — Gabun — Congogebiet — Angola. Natal — Zululand — Delagoa Bay
— Manicaland[77] — Nyassaland[66, 130] — Deutsch Ost-Afrika[55] — Brit. Ost-Afrika[21, 146];
Uganda[119], Ruwenzori[119] — Aequatoria[4]. Madagaskar.

3. **Herpænia** Butler.

= *Herpænia* Butler, Cist. Ent. 1, p. 38, 52 (1870). — Schatz, Exot. Schm. 2, p. 61,
t. 5 (1885—6). — Trimen, S. Afr. Butt. 3, p. 76 (1889).

Scudder will für diese Gattung Wallengrens Name *Pinacopteryx* anwenden. Aus
Wallengrens Beschreibung geht jedoch hervor, dass die erste Unterabtheilung als die
typische betrachtet werden muss.

Die einzige Art ist ziemlich veränderlich und hat darum den Anlass zur Aufstellung
mehrerer Formen gegeben. Diese Formen sind indessen nach meiner Ansicht nur Zeit-
oder Lokalrassen derselben Art.

Die Zeichnung der Oberseite ist sehr charakteristisch. Auf weissem bis hellgelblichem
oder etwas fleischfarbenem Grunde finden sich folgende schwarze Zeichnungen: 1. eine
sehr breite Saumbinde. in der auf den Vorderflügeln 5—6 (in 1 b. 3, 4, 5, 6 und 8; die
in 4 und 8 klein oder fehlend) und auf den Hinterflügeln 6—7 (ziemlich gleichgrosse) Flecke
der Grundfarbe stehen; 2. ein sehr breiter Längsstreif der Vorderflügel, welcher an der
Wurzel anfängt, die ganze Mittelzelle und die Wurzel der Felder 1 a—5 bedeckt und durch
einen breiten Querstrich des Feldes 3 mit der Saumbinde vereinigt ist; bisweilen ist er
auch längs der Rippe 2 mit der Saumbinde verbunden; 3. die Wurzel der Hinterflügel
(als Fortsetzung des Längsstreifens der Vorderflügel) und 4. eine Querbinde über die
Mitte der Hinterflügel, welche sich vom Vorderrande bis zum Innenrande oder wenigstens
bis zum Ursprunge der Rippe 2 erstreckt und aus 5—9 Flecken (in der Mittelzelle und
in den Feldern (1 a—2), 4—7) zusammengesetzt ist. Auf der Unterseite sind nur die
Submarginalflecke 1 b—3 und ein Theil des Längsstreifens der Vorderflügel schwarz, alle
übrigen Zeichnungen aber gelbbraun—ockerbraun—grünlichbraun.

Beim ♂ haben die Vorderflügel unten in der Wurzel des Feldes 1 b einen langgestreckten, graubraunen Mehlfleck.

1. **H. eriphia** God., Enc. Meth. 9, p. 157 (1819). — Lucas, Lep. Exot., t. 28, f. 2, (1835). — Boisd., Spec. Gen. Lep. 1, p. 513 (1836). Lucas in Chenu Enc. H. N. Pap. 1, p. 18, f. 150 (1852). — Wallengr., Rhop. Caffr., p. 10 (1857). Trimen, Rhop. Afr. Austr. 1, p. 10 (1862). — ♂ Staud., Exot. Schm. 1, p. 33, (1884). — Trimen, S. Afr. Butt. 3, p. 77 (1889); Proc. Zool. Soc. 1891, p. 96 (1891). — alis post. infra fasciis maculisque marginalibus pallidis distinctis.

tritogenia Klug, Symb. Phys., t. 7, f. 18, 19 (1829), Mus. Berol. — Boisd., Spec. Gen. Lep. 1, p. 513 (1836). — Geyer in Hübner, Zutr. 5, p. 11, f. 829, 830 (1837). — Hopffer, Peters Reise Mossamb. Ins., p. 356 (1862).

var. hibern. **Nyassæ** Lanz, Iris 9, p. 123 (1896), Coll. Lanz. — alis post. infra carneo-aut rufescente-brunneis fasciis transversis maculisque marginalibus obsoletis aut fere omnino deletis.

eriphia »♂» Staud., Exot. Schm. 1, t. 18 (1884). — »♀» Staud., Exot. Schm. 1, p. 33 (1884).

eriphia var. A. Trimen, S. Afr. Butt. 3, p. 78 (1889).

Senegal[80]. Angola[5, 7, 10] — Ovamboland[10] — Damara[56] — Kap Kolonie — Orange Republik — Kaffernland[27] — Natal — Delagoa Bay — Transvaal — Bechuanaland — Matabeleland — Manicaland[77] — Nyassaland[56, 124] — Deutsch Ost-Afrika[118, 54, 55a] — Brit. Ost-Afrika[18] — Abyssinien[3] — Nubien.

var. **iterata** Butler, Proc. Zool. Soc. 1888, p. 96 (1888); l. c. 1894, p. 580, t. 37, f. 4 (1894), Mus. Brit. — a forma typica vix nisi signaturis nigris latioribus distincta. Deutsch Ost-Afrika: Kilimanjaro[51] — Brit. Ost-Afrika[21, 22, 146].

var. hib. **melanarge** Butler, Proc. Zool. Soc. 1885, p. 774 (1886), Mus. Brit. — praecedentis forma hibernalis.
Somaliland[128, 129, 144]. — Brit. Ost-Afrika[146].

var. **Mabillei** n. var. — alis fundi colore niveo, fascia transversa alarum post. ad basin costæ 2ᵈ desinente.
eriphia Mab., Hist. Mad. Lep. 1, p. 268, t. 35, f. 1 (1885—7).
Madagaskar.

var. **lacteipennis** Butler, An. N. H. (4) 18, p. 489 (1876), Mus. Brit. — spec. dist.? Abyssinien.

4. Mylothris (Hübner) Butler.

< *Mylothris* Hübner, Verz., p. 90 (1826).
= *Mylothris* Butler, Cist. Ent. 1, p. 34, 42 (1870). — Schatz, Exot. Schm. 2, p. 61, t. 5 (1885—6). — Trimen, S. Afr. Butt. 3, p. 28 (1889). — Karsch, B. E. Z. 38, p. 230 (1893). — Auriv., Ent. Tidskr. 16, p. 256 (1895). — Kirby, Handb. Lep. 2, p. 160 (1896).

Mylothris ist eine sehr natürliche und für die æthiopische Region eigenthümliche Gattung. Die südamerikanischen Arten, welche Butler später (1872) zu *Mylothris* führte, gehören, wie Trimen und Dixey nachgewiesen haben, sicher nicht hieher.

Bei allen Arten fehlen die Submarginalflecke und die Mittelflecke beider Flügel. Die Saumflecke sind dagegen gewöhnlich wohl entwickelt und auf der Oberseite der Vorderflügel fast immer zu einer Apicalbinde vereinigt.

Uebersicht der Arten.

I. Die Flügel auf beiden Seiten einfarbig schwarzgrau ohne Zeichnungen, aber mit hell hervortretenden Rippen.
  N:o 1.

II. Die Flügel nie einfarbig schwarzgrau, immer mit Saumflecken oder mit dunkler Saumbinde.

A. Die Saumflecke der Hinterflügel wenigstens auf der Unterseite zu einer zusammenhängenden, breiten Saumbinde vereinigt. Die Apicalbinde der Oberseite der Vorderflügel unten fast ähnlich und nicht in Flecke aufgelöst. Der Vorderrand der Vorderflügel oben bis zur Wurzel schmal schwarz.

  α. Die Vorderflügel unten an der Wurzel und die Hinterflügel am Anfange des Vorderrandes lebhaft orangegelb.

   *. Der Wurzeltheil der Hinterflügel oben weiss. Die schwarze Saumbinde der Hinterflügel beim ♂ oben 4—5 (gegen die Spitze bisweilen in Flecke aufgelöst), unten 9—10, beim ♀ auf beiden Seiten 15—17 Millim. breit. Der Wurzeltheil der Hinterflügel unten mehr oder weniger vollständig mit Oekergelb überzogen.
  N:o 2.

   **. Der Wurzeltheil der Hinterflügel oben ockergelb.
  N:o 3.

  β. Die Vorderflügel unten an der Wurzel und die Hinterflügel am Anfange des Vorderrandes hell schwefelgelb; der helle Wurzeltheil der Hinterflügelunterseite gewöhnlich auch mehr oder weniger vollständig mit Schwefelgelb überzogen. Beim ♂ sind die Flügel oben rein weiss und die Saumbinde der Hinterflügel oben nur 2—3 Millim. (oft in Flecke aufgelöst) und unten 4—7 Millim. breit. Beim ♀ sind die Flügel oben entweder ganz wie beim ♂ rein weiss. oder mehr oder weniger, bisweilen fast ganz mit schwarzgrauen Schuppen bestäubt. Die Saumbinde der Hinterflügel ist stets auf beiden Seiten zusammenhängend, ihre Breite aber wechselt ausserordentlich, von 3—17 Millim.
  N:o 4.

B. Die Saumflecke der Hinterflügel wenigstens auf der Unterseite ganz frei und abgerundet, selten sehr klein oder fehlend. Die Apicalbinde der Vorderflügeloberseite ist unten immer fast vollständig in runde Flecke aufgelöst.

  α. Beide Flügel oben mit weisser—grauer oder gelber Grundfarbe oder die Vorderflügel gelb und die Hinterflügel weiss.

   †. Der Vorderrand der Vorderflügel ohne freie schwarze Flecke am Ende der Rippen 9 und 10. Wenigstens die Saumflecke 6—8 der Vorderflügeloberseite fast immer zu einer Apicalbinde vereinigt.

    A. Beide Flügel oben nie an der Wurzel schwarz oder schwärzlich, die Hinterflügel selten ganz grau, aber auch in diesem Falle nicht dunkler an der Wurzel.

     +. Die Vorderflügel oben an der Wurzel und längs dem Vorderrande bis zur Rippe 8 breit blaugrau bestäubt; die blaugraue Farbe bedeckt wenigstens die Hälfte der Mittelzelle. Beide Flügel beim ♂ oben und unten mit weisser Grundfarbe.

      o. Die Apicalbinde der Vorderflügel ist schmal, nur 4 Millim. breit und reicht nur bis zur Rippe 5; am Ende der Rippen 2—4 kleine, gerundete Saumflecke.
  N:o 5.

      oo. Die Apicalbinde der Vorderflügel 9—10 Millim. breit, wenigstens bis zur Rippe 3 zusammenhängend, auf der Innenseite scharfwinkelig eingeschnitten; an der Rippe 2 ein grosser, dreieckiger Saumfleck.
  N:o 6.

     ++. Die Vorderflügel oben nie an der Wurzel blaugrau bestäubt, höchstens am Vorderrande im Costalfelde grau.

      c. Der gelbe oder orangegelbe—orangerothe Wurzelfleck der Vorderflügelunterseite ist breit, bedeckt wenigstens die ganze Breite der Mittelzelle und ist nach aussen abgerundet oder quer abgeschnitten; bisweilen ist die Unterseite der Vorderflügel ganz gelb.

§. Die schwarze Apicalbinde der Vorderflügeloberseite ist beim ♂ an der Spitze ungefähr
6 Mill. breit, wenigstens bis zur Rippe 3 zusammenhängend und auf der Innenseite gerade
oder gleichmässig bogenförmig ausgerandet. Der Saumfleck 2 ist entweder frei oder
gewöhnlich auch mit der Saumbinde vereinigt. Beim ♀ sind die Saumflecke der Vorderflügeloberseite fast ganz von einander getrennt, nach innen aber auf den Rippen strichförmig verlängert. – Die Arten dieser Abtheilung sind sehr nahe mit einander verwandt.

'. ♂. Die Vorderflügel oben ganz weiss oder nur an der Wurzel gelb.

    1. ♂. Die Vorderflügel oben an der Wurzel nicht oder nur sehr undeutlich und
        unregelmässig gelblich (die gelbe Farbe der Unterseite scheint mehr oder weniger
        durch); ♀ Vorderflügel oben ockergelb.   N:o 7.

    2. ♂. Die Vorderflügel oben an der Wurzel matt orangegelb; ♀ die Vorderflügel
        oben weiss.   .   N:o 8. (9).

    3. ♂. Die Vorderflügel oben an der Wurzel breit hell schwefelgelb. N:o 10.

''. ♂. Die Vorderflügel oben ganz oder zum grössten Theil gelb.

    1. ♂. Die Vorderflügel oben schneeweiss und gelb.

      a. Die schwefelgelbe, an der Wurzel goldgelbe Farbe der Vorderflügeloberseite
        bedeckt das Wurzeldrittel der Felder 1 a und 1 b, die Mittelzelle und die
        Felder 7—10. Die Vorderflügel unten vor der Spitze mit grünlich gelben
        Längsstrichen in den Feldern 3—7.   N:o 11.

      b. Die schwefelgelbe Farbe der Vorderflügeloberseite bedeckt die Mittelzelle und
        die von der schwarzen Farbe freien Theile der Felder 3—9, sowie auch einen
        Theil des Feldes 2; die Felder 1 a und 1 b sind aber bis zur Wurzel weiss.
        Die Vorderflügel unten ohne gelbe Längsstriche vor der Spitze. N:o 12.

    2. ♂. Die Vorderflügel oben ganz schwefelgelb; die Hinterflügel weiss, bisweilen
        an der Wurzel mehr oder weniger schwefelgelb.   N:o 13.

    3. ♂. Beide Flügel oben und unten ockergelb oder dunkel dottergelb; die Hinter-
        flügel mit sehr grossen Saumflecken. — ♀. Beide Flügel ockergelb; die Vorder-
        flügel mit sehr breiten schwarzen Strichen an den Rippenenden; die Hinter-
        flügel oben mit breiter, schwarzer Saumbinde.   N:o 14.

§§. Von den Saumflecken der Vorderflügeloberseite sind entweder alle, oder wenigstens die
an den Rippenenden 2—4 frei. Die Apicalbinde ist darum, wenn vorhanden, nur sehr
kurz und schmal. Beim ♀ sind die Saumflecke nicht oder nur wenig nach innen
ausgezogen.

'. Beide Flügel oben und unten (etwas heller) safrangelb; die Saumflecke der Vorder-
    flügeloberseite alle ganz frei und gerundet.   N:o 15.

''. Die Vorderflügel oben gelb, ihre Spitze zwischen den Rippen 5—8 zusammen-
    hängend schwarz. Die Hinterflügel oben in ihrer vorderen Längshälfte schwefel-
    gelb, dann weiss.   N:o 16.

'''. Die Flügel oben weiss oder schmutzig ockergelblich; wenigstens die Saumflecke 7
    und 8 der Vorderflügel zu einer Apicalbinde vereinigt.

    1. Die Vorderflügel unten an der Wurzel lebhaft feuerroth.

      a. Die Vorderflügel oben an der Wurzel von der Farbe des Grundes.
                                         N:o 17.

      b. Die Vorderflügel oben an der Wurzel mit einem grossen orangerothen Flecke
        und an der Wurzel der Hinterflügel schwefelgelb (♂) oder orangeroth (♀).
                                        N:o 18.

    2. Die Vorderflügel oben und unten an der Wurzel goldgelb.

      a. Die Saumflecke der Hinterflügel klein, punktförmig. Die Hinterflügel unten
        mehr oder weniger gelblich. Der Saumfleck 5 der Vorderflügeloberseite mit der
        Apicalbinde vereinigt. — ♀. Beide Flügel oben hell ockergelblich. N:o 19.

b. Die Saumflecke 2—4 der Hinterflügel gross und grösser als die übrigen. Die Hinterflügel oben und unten rein weiss. Der Saumfleck 5 der Vorderflügeloberseite frei und klein.   N:o 20.

oo. Der orangegelbe —(feuer)rothe Wurzelfleck der Vorderflügelunterseite ist sehr schief abgeschnitten und setzt sich längs dem Vorderrande mehr oder weniger weit fort.

§. Die Apicalbinde der Vorderflügeloberseite ziemlich breit und bis zur Rippe 3 zusammenhängend.   N:o 22.

§§. Die Apicalbinde der Vorderflügeloberseite erreicht höchstens die Rippe 5.

1. Die Apicalbinde der Vorderflügeloberseite sehr klein, nur aus den vereinigten Saumflecken 7 und 8 bestehend. Die Saumflecke der Hinterflügel sehr klein, punktförmig. Die Vorderflügel beiderseits, die Hinterflügel oben rein weiss; die Hinterflügel unten schwach gelblich.   N:o 23.

2. Die Apicalbinde der Vorderflügeloberseite ist 5 Millim. breit und besteht aus den Saumflecken 5—8. Die Saumflecke der Hinterflügel sehr gross, gerundet, zum Theil zusammenstossend. Die Vorderflügel beiderseits weiss; die Hinterflügel oben schwach, unten stark gelblich.   N:o 24.

††. Beide Flügel oben an der Wurzel wenigstens 5 Millim. breit schwarz bestäubt. Die Flügel oben mit weisser, schwach grünlicher Grundfarbe. Die Vorderflügel unten mit orangegelbem Wurzelflecke; die Hinterflügel unten mehr oder weniger gelb bestäubt. Die Apicalbinde der Vorderflügeloberseite erreicht beim ♂ die Rippe 4, beim ♀ die Rippe 2. Die Saumflecke der Hinterflügel mittelmässig (♂) oder sehr gross, zusammenstossend (♀).   N:o 25.

Obs.! N:o 5 gehört vielleicht auch zu dieser Abtheilung.

††. Der Vorderrand der Vorderflügel besonders unten mit freien, schwarzen Flecken am Ende der Rippen 9 und 10. Alle Saumflecke der Vorderflügeloberseite frei. Grosse Art. 69—73 Millim., mit der Grundfarbe beider Flügel weiss und der ganzen Hinterrandshälfte der Vorderflügel (1 a, 1 b, 2 und der Mittelzelle) goldgelb (♂) oder matt hell ockergelb (♀).   N:o 21.

β. Die Vorderflügel mit weisser, die Hinterflügel mit gelber Grundfarbe.

*. Die Apicalbinde der Vorderflügeloberseite erreicht nur die Rippe 5 und ist an der Spitze nur 2—3 Millim. breit. Die Saumflecke der Hinterflügel mässig gross. Die Vorderflügel oben an der Wurzel kaum verdunkelt.   N:o 26.

**. Die Apicalbinde der Vorderflügel erreicht wenigstens die Rippe 4, setzt sich aber gewöhnlich bis zum Hinterwinkel fort und ist an der Spitze mindestens 6 Millim. breit. Die Saumflecke der Hinterflügel klein, punktförmig und diejenigen der Vorderflügelunterseite meist fehlend. Die Vorderflügel oben an der Wurzel mehr oder weniger breit schwarz.   N:o 27, 28.

°1. **M. Humbloti** Oberth., An. E. Fr. (6) 8 Bull., p. 42 (1888); Etud. d'Ent. 13, p. 11, t. 2, f. 7 (1890), Coll. Oberth.
Comoren.

2. **M. chloris** Fabr., Syst. Ent., p. 473 (1775), Mus. Brit. — Drury, Ill. Exot. Ins. 3, p. 43, t. 32, f. 3, 4 (1782). — Herbst, Naturs. Schm. 5, p. 121, t. 99, f. 1—4 (1792). — God., Enc. Meth. 9, p. 160 (1819). — Boisd., Spec. Gen. Lep. 1, p. 516 (1836). — Lucas in Chenu. Enc. II. N. Pap. 1, p. 291, f. 498 (1852). — Staud., Exot. Schm. 1, p. 29, t. 17 (1884). — Karsch, B. E. Z. 38, p. 231 (1893).
♀ *thermopyle* Cramer, Pap. Exot. 3, p. 26, t. 207, f. F, G (1779).
Sierra Leona — Ashanti[16] — Togo[84] — Niger[74] — Old Calabar[97] — Kamerun[64, 69] Gabun[60] — Congogebiet: Bangasso, Sassa — Aequatoria[4].

3. **M. clarissa** Butler, Proc. Zool. Soc. 1888, p. 70 (1888), Mus. Brit. — praecedentis ♀ aberr.?
Aequatoria: Wadelai.

4. **M. rembina** Plötz, S. E. Z. 41, p. 205 (1880), Mus. Gryph.[1]
subfusa Crowley, Trans. Ent. Soc. London 1890, p. 551, t. 18, f. 3, 4 (1890), Coll. Crowley. — Karsch, Ent. Nachr. 18, p. 168 (1892).
camerunica Auriv., Ent. Tidskr. 12, p. 220 (1891), Mus. Holmiæ.
Kamerun — Gabun: Rembo-Fluss, Haut-Como, Bakoné.

5. **M. nubila** Möschler, Verh. z. b. Ges. Wien 33, p. 275 (1883), Coll. Staud. — Staud., Exot. Schm. 1, p. 29 (1884).
bernice Staud., Exot. Schm. 1, t. 16 (1884).
Kamerun — Gabun.

6. **M. sjöstedti** Auriv., Ent. Tidskr. 16, p. 260, t. 3, f. 2 (1895), Mus. Holmiæ.
Kamerun.

7. **M. spica** Möschler, Verh. z. b. Ges. Wien 33, p. 277 (1883), Coll. Staud. — Auriv., Ent. Tidskr. 16, p. 258 (1895).
?♀ *rhodope* Donov., Nat. Repos. 3, t. 86 (1834).
♀ *eudoxia* ♂» Boisd., Spec. Gen. Lep. 1, p. 510 (1836), Coll. Oberth.
♂ *poppea* var. *c* Möschler, Verh. z. b. Ges. Wien 33, p. 275 (1883).
♂ *jaopura* Karsch, B. E. Z. 38, p. 232 (1893), Mus. Berol.
Metam.: Auriv., Ent. Tidskr. 16, p. 258, t. 2, f. 2 (1895).
Ashanti[27] — Togo[84] — Kamerun — Congogebiet: Zongo, Mokoange.

8. **M. poppea** Cramer, Pap. Exot. 2, p. 21, t. 110, f. D ♀ (1779). — Dewitz, N. Acta Ac. N. Cur. 41:2, p. 181 ex parte (1879). — var. a ♂, d ♀. Möschler, Verh. z. b. Ges. 33, p. 274—75 (1883).
poppa Herbst, Naturs. Schm. 5, p. 76, t. 89, f. 5 (1792).
Sierra Leona — Ashanti[27] — Togo[84]. Aequatoria[4].

9. **M. hilara** Karsch, Ent. Nachr. 18, p. 169 (1892), Mus. Berol. — a praecedente distincta?
Kamerun.

10. **M. asphodelus** Butler, Proc. Zool. Soc. 1887, p. 572 (1888), Mus. Brit. — Auriv., Ent. Tidskr. 16, p. 259 (1895).
poppea Dewitz, N. Acta Ac. N. Cur. 41:2, t. 25, f. 11 (1879).
phileris Snellen, Tijdschr. v. Ent. 25, p. 227 (1882).
Old Calabar — Kamerun[71] — Gabun — Congogebiet: Bangasso, Bangala — Angola[9].

---

[1] Die Art wurde nach zwei Stücken der dunkelsten Weibchen-Form aufgestellt.

11. **M. primulina** BUTLER An. X. II. (6) 19, p. 627 (1897), Mus. Brit. — intermedia inter praecedentem et N:o 13.
Lagos.

12. **M. dimidiata** AURIV., Ent. Tidskr. 19, p. 182 (1898), Coll. Staud.
Sierra Leona.

13. **M. sulphurea** AURIV., Ent. Tidskr. 16, p. 259, t. 3, f. 3 (1895). Mus. Holmiæ. —
? N:o 10 var.
Kamerun.

14. **M. ochracea** AURIV., Ent. Tidskr. 16, p. 259, t. 3, f. 1 (1895), Mus. Holmiæ.
Kamerun.
ᶜvar. (?) **flaviana** SMITH, An. X. II. (7) 1, p. 246 (1898), Coll. Gr. Smith.
Kamerun.

15. **M. crocea** BUTLER, Proc. Zool. Soc. 1895, p. 734, t. 43, f. 1 (1896), Mus. Brit.
Brit. Ost-Afrika: Ruwenzori.

16. **M. citrina** AURIV., Ent. Tidskr. 19, p. 182 (1898), Coll. Staud. — Taf. 6, Fig. 7.
Deutsch Ost-Afrika: Bagamoyo.

17. **M. agathina** CRAMER, Pap. Exot. 3, p. 76, t. 237, f. D, E (1779). — HERBST, Naturs.
Schm. 5, p. 162, t. 104, f. 4, 5 (1792). — GOD., Enc. Meth. 9, p. 139 (1819). —
BOISD., Spec. Gen. Lep. 1, p. 511 (1836). — TRIMEN, Rhop. Afr. Austr., p. 28,
varr. exceptis (1862). — HOPFFER, Peters Reise Mossamb. Ins., p. 361, t. 21, f. 11,
12 (1862). — STAUD., Exot. Schm. 1, p. 33, t. 19 (1884). — TRIMEN, S. Afr.
Butt. 3, p. 30 (1889).
xantholeuca HÜBNER, Verz., p. 92 (1826).
Metam.: TRIMEN, S. Afr. Butt. 3, p. 31, t. 2, f. 3 (1889).
Chinchoxo[65] — Landana[63] — Congogebiet[63]: Mukenge[44], Bangala[47], Kasongo —
Angola[5] — Ovamboland[10] — Damaraland — Kap Kolonie — Kaffernland[27] —
Natal — Zululand — Delagoa Bay — Transvaal — Manicaland[77] — Zambezi —
Nyassaland[36] — Deutsch Ost-Afrika[118, 54, 55] — Brit. Ost-Afrika[21, 22] — Somali-
land[124-26, 144] — Abyssinien[3].

18. **M. Rüppelli** KOCH, Indo-austr. Lep. Fauna, p. 88 (1865). — FELDER, Reise Novaras
Lep., p. 167 (1865). — OBERTH., Etudes d'Ent. 3, p. 16, t. 1, f. 2 (1878); An.
Mus. Genov. 15, p. 149 (1880). — TRIMEN, S. Afr. Butt. 3, p. 34, t. 10, f. 3, 3ᵃ
(1889).
poppea TRIMEN, Rhop. Afr. Austr., p. 321 (1866).
harmus TRIMEN, Trans. Ent. Soc. London 1879, p. 342 (1879).
poppea var. c MÖSCHLER, Verh. z. b. Ges. 33, p. 275 (1883).
Kap Kolonie — Kaffernland[27] — Zambezi — Mashunaland[141] — Nyassaland[36] —
Brit. Ost-Afrika[22] — Abyssinien.

19. **M. Yulei** BUTLER, Proc. Zool. Soc. 1896, p. 853, t. 43, f. 2 (1897), Mus. Brit.
Nyassaland — Deutsch Ost-Afrika: Kilimanjaro, Usagara (Coll. Staud.).

20. **M. phileris** BOISD., Faune Mad., p. 17, t. 2, f. 3. 4 (1833), Coll. Oberth.: Spec. Gen.
Lep. 1, p. 512 (1836). — LUCAS in CHENU, Enc. Hist. Nat. Lep. t. 18, f. 4 (1852).
— MAB., Hist. Mad. Lep. 1, p. 265, t. 33. f. 1, 2 (1885—7).
Madagaskar.

21. **M. Smithi** MAB., Bull. Soc. Philom. (7) 3, p. 132 (1879); Hist. Mad. Lep. 1, p. 266,
t. 35, f. 5. 6 (1885—7), Coll. Gr. Smith.
Madagaskar.

22. **M. bernice** HEW., Exot. Butt. Pieris. t. 8, f. 52. 53 (1866), Mus. Brit. — KARSCH.
Ent. Nachr. 18, p. 168 (1892).
Kamerun[69] — Congo[l]: Sassa am oberen Ubangi (COLMANT).
var.? **berenicides** HOLL., Proc. U. S. N. Mus. 18, p. 756 (1896), Mus. Washingt.
Brit. Ost-Afrika.

23. **M. rubricosta** MAB., An. E. Fr. (6) 10, p. 28 (1890), Coll. Mab. -- MAB. & VUILL.,
Nov. Lep. 8. p. 61, t. 10, f. 3 (1892). — forma praecedentis?
mackenziana EM. SHARPE, Proc. Zool. Soc. 1891, p. 190, t. 16, f. 5 (1891), Coll.
Jackson.
Congogebiet: Bena-Bendi. Mossambik — Deutsch Ost-Afrika[118,553] — Brit. Ost-
Afrika: Kavirondo, Uganda.

24. **M. wintoniana** EM. SHARPE, Proc. Zool. Soc. 1891, p. 189, t. 16, f. 2 (1891). Coll.
Jackson.
Congogebiet (Mus. Bruxell.) — Brit. Ost-Afrika: Kavirondo.

25. **M. ngaziya** OBERTH., An. E. Fr. (6) 8. Bull., p. 41 (1888); Etudes d'Ent. 13, p. 11,
t. 1, f. 3, 4; t. 4, f. 17, 18 (1890), Coll. Oberth.
Comoren.

26. **M. trimenia** BUTLER, Cist. Ent. 1. p. 13 (1869), Mus. Brit. — STAUD., Exot. Schm. 1.
p. 29, t. 17 (1884). — TRIMEN, S. Afr. Butt. 3, p. 33 (1889).
agathina var. b, c TRIMEN, Rhop. Afr. Austr., p. 29, t. 2, f. 2 (1862—66).
Kap Kolonie — Kaffernland — Natal. Abyssinien[3] (N:o 282).

°27. **M. sagala** SMITH, Ent. M. Mag. 23. p. 32 (1886), Coll. Gr. Smith. — forma sequentis?
Zanzibar.

28. **M. narcissus** BUTLER, Proc. Zool. Soc. 1888, p. 95 (1888), Mus. Brit.
Brit. Ost-Afrika: Taveta, Teita[21].
var. (ab.?) **dentatus** BUTLER, Proc. Zool. Soc. 1896, p. 124, t. 6, f. 3 (1896), Mus. Brit.
Nyassaland.

[l] HEWITSON giebt als Vaterland Gabun . In seiner Sammlung aber und in KIRBY's Catalogue of HEWIT-
SON's Collection wird Congo als Vaterland angeführt.

var. (ab.?) **Crawshayi** BUTLER, Proc. Zool. Soc. 1896, p. 124, t. 6, f. 4 (1896), Mus. Brit. — KARSCH, Ent. Nachr., 23, p. 369 (1897).
Nyassaland. — Deutsch Ost-Afrika: Usambara[154].

var. ♀ **Jacksoni** EM. SHARPE, Proc. Zool. Soc. 1891, p. 190, t. 16, f. 3 (1891), Coll. Jackson.
Brit. Ost-Afrika: Kavirondo, Kikuyu.

var. ♀ **Knutsoni** AURIV., Ent. Tidskr. 12, p. 222 (1891). — a *Jacksoni* vix nisi alis posticis ochraceo-flavis distinguenda.
Kamerunberg.

°var. (ab.?) **Neumanni** EM. SHARPE, An. N. H. (6) 17, p. 125 (1896), Coll. Neumann. — NEUMANN, Elephant Hunting, p. 444 tab., fig. 1, 1a, 2, 2a (1898). — area alba alarum anticarum ad maculam discalem trifidam, basin arearum 2—4 occupantem redacta.
Brit. Ost-Afrika: Kenia Berg.

5. **Appias** HÜBNER.

< *Pieris* AUCT.
> *Appias* HÜBNER, Verz., p. 91 (1826). — BUTLER, Cist. Ent. 1, p. 49, 55 (1870). — KIRBY, Handb. Lep. 2, p. 172 (1896).
– *Tachyris* WALLACE, Trans. Ent. Soc. London (3) 4, p. 361 (1867). — SCHATZ, Exot-Schm. 1, p. 64, t. 6 (1885—86). — E. REUTER, Acta Soc. Sc. Fenn. 22: 1, p. 17 (1896).
> *Phrissura* BUTLER, Cist. Ent. 1, p. 49, 55 (1870). — KARSCH, B. E. Z. 38, p. 230 (1893).
> *Glutophrissa* BUTLER, Ent. M. Mag. 23, p. 249 (1887).
> *Phrissura* B. DIXEY, Trans. Ent. Soc. London 1894, p. 308—309 (1894).

Diese in Asien sehr artenreiche Gattung steht der folgenden sehr nahe, kann aber in beiden Geschlechtern durch die Stellung der MDC der Vorderflügel und in männlichem auch durch den Haarpinsel des Hinterleibes sehr leicht getrennt werden. *Phrissura* und *Glutophrissa* kann ich, da die von BUTLER angeführten Kennzeichen nicht stichhaltig sind, unmöglich von *Appias* unterscheiden. Vergl. Ent. Tidskr. 16, p. 261, und DIXEY (l. c.). Die Hinterflügel auf beiden Seiten ohne freie Submarginalflecke. Die Vorderflügel stets mit 11 Rippen.

Die Arten sind zum Theil sehr nahe verwandt und noch nicht hinreichend bekannt. Die Weibchen sind den Männchen gewöhnlich sehr unähnlich und bei *epaphia* so veränderlich, dass die verschiedenen Varietäten wie getrennte Arten aussehen.

Die afrikanischen Arten sind alle durch eine sehr interessante und bisher nicht beachtete Eigenthümlichkeit in der Zeichnung der Vorderflügel ausgezeichnet. *Die Submarginalflecke der Vorderflügel liegen, wenn vorhanden, nicht wie bei den Pieris-Arten zwischen, sondern auf den Rippen.* Wenn die Submarginalflecke mit den Saumflecken zu einer Saumbinde vereinigt sind, ist darum diese Binde auf der Innenseite nicht zwischen, sondern an den Rippen gezackt. Auf der Unterseite sind diese Submarginalflecke besonders bei den Weibchen oft frei und deutlich; die Submarginalflecke 2 und 3 sind jedoch auch dort gewöhnlich mit den respektiven Saumflecken vereinigt. Die Saumflecke 2 und 3 scheinen darum grösser zu sein als die übrigen.

Uebersicht der Arten.

I. Die Hinterflügel am Saume unbezeichnet oder mit freien Saumflecken.

  A. Die Vorderflügel oben an der Wurzel gelb oder mit gelber Grundfarbe.

    α. Die Vorderflügel oben an der Wurzel schwefelgelb (σ). Die Apicalbinde und der Wurzelfleck wie bei n:o 2. Das ♀ mir unbekannt.   N:o 1.

    β. Die Vorderflügel oben an der Wurzel orangegelb—safrangelb (σ) oder ganz gelb (♀).

      *. Die Flügel unten mit deutlichen Saumflecken.

        §. Die Apicalbinde der Vorderflügeloberseite ist an der Spitze etwa 6 Millim. breit und am Saume bis zur Rippe 2 zusammenhängend. Der orangegelbe Wurzelfleck der Vorderflügeloberseite bedeckt nicht die Hälfte der Mittelzelle.   N:o 2.

        §§. Die Apicalbinde der Vorderflügeloberseite sehr kurz und schmal, am Saume durch dreieckige Flecke an den Enden der Rippen 6—2 fortgesetzt. Der orangegelbe Wurzeltheil der Vorderflügeloberseite ist sehr gross und bedeckt viel mehr als die Hälfte der Mittelzelle.   N:o 3.

      **. Die Flügel unten ganz ohne Saumflecke, bisweilen aber auf den Vorderflügeln mit zwei oder mehreren Submarginalflecken. Die Apicalbinde der Vorderflügeloberseite fast wie bei n:o 2.

        §. Grösser, 55—65 Millim. Die Flügel auf beiden Seiten mit weisser Grundfarbe.   N:o 4.

        §§. Kleiner, 43 Millim. Die Vorderflügel mit weisser, die Hinterflügel mit hellgelber Grundfarbe; die Vorderflügel jedoch unten an der Spitze gelblich.   N:o 5.

  B. Die Vorderflügel oben mit weisser oder weisslicher Grundfarbe und ohne gelben Wurzelfleck.

    α. Beide Flügel oben mit derselben Grundfarbe, gewöhnlich weiss, selten (beim ♀) gelblich.

      *. Beide Flügel unten mit vollständiger (8—9 auf den Vorderfl., 7—8 auf den Hinterfl.) Reihe von scharf hervortretenden, gerundeten, schwarzen Saumflecken. Die Rippen nie unten vor der Spitze der Vorderflügel schwarz.

        o. Der Saum der Vorderflügel gleichmässig gebogen und ihre Spitze stumpf abgerundet, nicht hervortretend. Die Vorderflügel unten an der Wurzel wenigstens bis zum Ende des ersten Drittels der Mittelzelle gelb.   N:o 6.

        oo. Der Saum der Vorderflügel in der Mitte etwas ausgerandet und ihre Spitze deutlich hervortretend. Die Vorderflügel unten an der Wurzel sehr schwach und fast nur im Felde 11 schwefelgelb.   N:o 9.

      **. Die Flügel unten ohne oder nur mit einzelnen Saumflecken oder die Saumflecke, wenn alle oder fast alle vorhanden, mehr oder weniger dreieckig und zum Theil wenig scharf hervortretend. Die Rippen im letzteren Falle unten an der Spitze der Vorderflügel schwarz.

        o. Die Vorderflügelform wie bei n:o 6. Die Saumbinde der Vorderflügeloberseite ist an der Spitze 6 Millim. breit, nach innen scharf gezackt und erreicht die Rippe 1. Der Saumfleck 1 jedoch beinahe frei.   N:o 7.

        oo. Die Vorderflügel mit geradem oder schwach ausgebuchtetem Saume und etwas hervortretender, ziemlich scharfer Spitze. Die Saumbinde der Vorderflügeloberseite ist beim σ an der Spitze höchstens 5 Millim. breit und erreicht nur die Rippe 3. Am Ende der Rippe 2 gewöhnlich ein kleiner Saumfleck, nie aber an der Rippe 1. Beim ♀ var. ist die Saumbinde der Vorderflügeloberseite sehr breit und schliesst 2—3 weisse Flecke der Felder 4—6 ein.   N:o 10.

    β. Die Vorderflügel mit weisser, die Hinterflügel mit schwefelgelber Grundfarbe. Die Saumbinde der Vorderflügeloberseite ist breit und ist wenigstens bis zur Rippe 3 zusammenhängend. Die Saumflecke unten deutlich.   N:o 8.

II. Die Hinterflügel auf beiden Seiten mit breiter, schwarzer Saumbinde. Die Saumbinde der Vorderflügeloberseite ist sehr breit, erreicht den Hinterrand und schliesst 2—3 weisse Flecke der Felder 4—6 ein. Die
Wurzel und die ganze Mittelzelle der Vorderflügel oben schwarz.   N:o 10 ♀.

1. **A. sylvia** FABR., Ent. syst., p. 170 (1775), Mus. Brit. [1] — BOISD., Spec. Gen. Lep. 1,
   p. 551 (1836).
   ♂ *rhodope* var. a. MÖSCHLER, Verh. z. b. Ges. Wien 33, p. 273 (1883), Coll. Staud.
   ♀? *rhodope* var. c. MÖSCHLER, Verh. z. b. Ges. Wien 33, p. 273 (1883), Coll. Staud.
   Sierra Leona[81]. Old Calabar[67]. Congogebiet: Leopoldville (Mus. Holmiæ), Bangala,
   Bena Bendi, Sassa — Angola[21].

2. **A. rhodope** FABR., Syst. Ent., p. 473 (1775). — GOD., Enc. Meth. 9, p. 140 (1819).
   — DEWITZ, N. Acta Ac. Nat. Cur. 41: 2, p. 183, t. 25, f. 12 (1879). — MÖSCHLER,
   Verh. z. b. Ges. Wien 33, p. 270 ex parte (1883).
   ♀ *eudoxia* CRAMER, Pap. Exot. 3, p. 35, t. 213, f. C (1779). — DRURY, Ill. Exot.
   Ins. 3, p. 13, t. 32, f. 1, 2 (1782). — HERBST, Naturs. Schm. 5, p. 175, t. 107,
   f. 1, 2 (1792). — BOISD., Spec. Gen. Lep. 1, p. 510 ♀, non ♂. (1836).
   ♂ *poppea* LUCAS, Lep. Exot., p. 52, t. 26, f. 3 (1835).
   ♂ *rhodanus* WARD, Ent. M. Mag. 8, p. 58 ♀, non ♂ (1871); Afr. Lep., p. 4, t. 4,
   f. 2 ♀ (1873).
   Sierra Leona — Liberia[73] — Ashanti[16] — Togo[84] — Kamerun[64] — Gabun[64] —
   Chinchoxo[65] — Congogebiet: Bangala (Mus. Bruxell.), Bena Bendi.

3. **A. nyassana** BUTLER, Proc. Zool. Soc. 1896, p. 853, t. 43, f. 3 (1897), Mus. Brit.
   Nyassaland.

4. **A. confusa** BUTLER, Proc. Zool. Soc. 1872, p. 55 (1872). — MAB., Hist. Mad. Lep. 1,
   p. 263 (1887).
   ♀ *phileris* BOISD., Faune Mad. p. 17, t. 2, f. 5 (1833), Coll. Oberth.
   coniata BUTLER, Cist. Ent. 2, p. 391 (1879), Mus. Brit. — MAB., Hist. Mad. Lep. 1,
   t. 34, f. 5, 6 (1885).
   beeyra MAB., An. E. Belg. 23, Bull., p. 105 (1880).
   Madagaskar.

5. **A. majungana** SMITH, An. N. H. (6) 7, p. 124 (1891), Coll. Gr. Smith. — SMITH &
   KIRBY, Rhop. Exot. 22, Belenois, p. 7, t. 2, f. 7, 8 (1892).
   Madagaskar.

6. **A. phaola** DOUBL., An. N. H. (1) 20, p. 63 (1847); Proc. Zool. Soc. 1847, p. 58 (1847),
   Mus. Brit. — ROGENH., An. Mus. Wien 4, p. 519, t. 23, f. 3 (1891).
   ♂ *rhodanus* WARD, Ent. M. Mag. 8, p. 58 ♂ (1871); Afr. Lep., p. 4, t. 4, f. 1
   (1873), Coll. Oberth.
   Kamerun[71] — Gabun[60] — Congogebiet: Popokabaka, Rubi, Quango, Bena Bendi.

---

[1] Der Typus (?) in Banks Sammlung gehört dieser Art an. Die Beschreibung passt aber, wie schon
Möschler hervorhebt, viel besser auf *epaphia* CRAM. ♂.

7. **A. isokani** SMITH, An. N. H. (6) 3, p. 123 ♂ (1889), Coll. Gr. Smith. - SMITH & KIRBY, Rhop. Exot. 22, Belenois, p. 7, t. 2, f. 9—10 (1892). — praecedentis var. geographica?
nagare SMITH, An. N. H. (6) 3, p. 124 (1889), Coll. Gr. Smith. — SMITH & KIRBY, Rhop. Exot. 22, Belenois, p. 6, t. 2. f. 4—6 (1892). [1]
Brit. Ost-Afrika: Mombasa.

var. **dubia** n. var. (aut. sp.?).
isokani ♀ SMITH, An. N. H. (6) 3, p. 123 (1889), Coll. Gr. Smith. — SMITH & KIRBY, Rhop. Exot. 22, Belenois. p. 7, t. 2, f. 11 (1892).
Mombasa.

8. **A. Lasti** SMITH, An. N. H. (6) 3, p. 124 (1889), Coll. Gr. Smith. — SMITH & KIRBY, Rhop. Exot. 22, Belenois, p. 5, t. 2, f. 1—3 (1892).
Deutsch Ost-Afrika: Pangani (Mus. Holmiæ). — Brit. Ost-Afrika: Mombasa. Mgana[146].

9. **A. sabina** FELDER, Reise Novar. Lep., p. 167 (1865), Mus. Vindob. — STAUD., Exot. Schm. 1, p. 29 (1884). — AURIV., Ent. Tidskr. 16, p. 260 (1895).
Sierra Leona — Ashanti[16] — Kamerun[71] — Congogebiet: Amadi, Stanley Fälle, Sassa — Angola[7].

10. **A. epaphia** CRAMER, Pap. Exot. 3, p. 26, t. 207, f. D, E (1779). — HERBST, Naturs. Schm. 5, p. 122, t. 99, f. 5, 6 (1792).
♀ *saba* FABR., Spec. Ins. 2. p. 46 (1781), Mus. Brit. — ♂, ♀ HOPFFER, Peters Reise Mossamb. Ins., p. 353 (1862). — TRIMEN, Trans. Ent. Soc. London 1881, Proc., p. 7, t. 9, f. 3, 4 (1881). — STAUD., Exot. Schm. 1, p. 29, t. 16 (1884). — MAB., Hist. Mad. Lep. 1, p. 259, t. 36, f. 3—6 (1885—87). — TRIMEN, S. Afr. Butt. 3, p. 40 (1889); Proc. Zool. Soc. 1894, p. 63 (1894).
♀ *hypathia* DRURY, Ill. Exot. Ins. 3, p. 43, t. 32. f. 5, 6 (1782).
♀ *higinia* GOD., Enc. Meth. 9, p. 133 (1819).
♂ *orbona* BOISD., Faune Mad., p. 18, t. 1, f. 3 (1833). — ♂, ♀ BOISD., Spec. Gen. Lep. 1, p. 497 (1836).
♀ *malutha* BOISD., Faune Mad., p. 18, t. 1. f. 4, 5 (1833).
♂ *matuta* DOUBL., An. N. H. (1) 20. p. 64 (1847); Proc. Zool. Soc. 1847. p. 59 (1847).
Ganz Afrika. Madagaskar. Comoren.

ab. ♀ **albida** MAB., Hist. Mad. Lep. 1, p. 261 (1887), t. 36ª, f. 1, 1ª (ined.).
Madagaskar.

---

[1] *Nagare* ♂ und *isokani* ♂ scheinen mir sicher nur zwei Individuen derselben Art zu sein. Die Unterschiede sind äusserst unbedeutend und bestehen nur darin, das bei *nagare* die Hinterflügel oben 4 - 5 kleine Saumflecke und die Vorderflügel unten die Submarginalflecke 2 und 3 besitzen, welche bei *isokani* fehlen. Die ♂♂ von *epaphia* sind oft in dieser Hinsicht weit mehr veränderlich als *nagare* und *isokani*.

ab. ♀ **flavida** MAB., Hist. Mad. Lep. 1, p. 262, t. 36, f. 7, 8 (1885—87). — TRIMEN, S. Afr. Butt. 3, p. 42 (1889); Proc. Zool. Soc. 1894, p. 64 (1894). — BAKER, Trans. Ent. Soc. 1895, p. 418 (1895). — colore fundi flavescente.

saba var. SNELLEN, Tijdschr. v. Ent. 25, p. 226 (1882).

Congogebiet — Angola — Natal — Manicaland[77]. Madagaskar.

var. (ab.?) **contracta** BUTLER, Proc. Zool. Soc. 1888, p. 75 (1888). Mus. Brit.

Brit. Ost-Afrika[21] — Aequatoria: Wadelai.

6. **Pieris** SCHRANK.

< *Pieris* SCHRANK, Fauna Boica 2: 1, p. 152 (1801). — BOISD., Spec. Gen. Lep. 1, p. 434, (1836). — DOUBL., Gen. D. Lep., p. 42 (1847). — SCHATZ, Exot. Schmett. 2, p. 60, t. 5 (1886). — TRIMEN, S. Afr. Butt. 3, p. 37 (1889).

> *Pieris* E. REUTER, Acta Soc. Sc. Fenniæ 22: 1, p. 12, t. 1, f. 6 (1896). — KIRBY, Handb. Lep. 2, p. 142 (1896).

< *Pontia* FABR., Illigers Magaz. 6, p. 283 (1807).

> *Belenois* HÜBNER, Verz., p. 92 (1826). — BUTLER, Cist. Ent. 1, p. 50 (1870). — SCHATZ, Exot. Schm. 2, p. 61, t. 5 (1886).

> *Acræa* HÜBNER, Verz., p. 93 (1826).

< *Anaphæis* HÜBNER, Verz., p. 93 (1826).

> *Synchloe* HÜBNER, Verz., p. 94 (1826). — BUTLER, Cist. Ent. 1, p. 51 (1870). — SCHATZ, Exot. Schm. 2, p. 61, t. 5 (1886). — E. REUTER, Acta Soc. Sc. Fenniæ 22: 1, p. 12, (1896).

> *Pinacopteryx* WALLENGR., Rhop. Caffr., p. 7 (1857); Öfvers. Vet.-Akad. Förh. 15, p. 75 (1858).

> *Pontia* KIRBY, Handb. Lep. 2, p. 151 (1896).

Die bisher gemachten Versuche diese Gattung in mehrere zu zerlegen muss ich unbedingt als verfehlt betrachten. BUTLER trennt (l. c., p. 55) *Belenois* dadurch von *Synchloe* und *Pieris*, dass die Analklappen des ♂'s bisweilen mit kleinen Haken bewaffnet sind, und *Synchloe* von *Pieris* dadurch, dass die UDC der Hinterflügel bei *Synchloe* eben so lang wie, bei *Pieris* länger als die Hälfte der MDC ist. Durch solche Kennzeichen kann aber eine wirkliche Grenze zwischen diesen »Gattungen« nicht gezogen werden. Von anderen Verfassern wird *Synchloe* von *Pieris* dadurch unterschieden, dass bei *Synchloe* die Rippe 8 der Vorderflügel fehlen sollte. Diese Rippe ist jedoch z. Beispiel bei *P. hellica* oft vorhanden und bei *P. Johnstoni* sehr deutlich und andererseits bei den typischen *Pieris*-Arten *brassicæ* und *rapæ* sehr kurz. WALLENGREN hebt vor, dass die Rippe 10 der Vorderflügel bei *severina*, *mesentina* und *gidica* sich bald mit der Costalrippe vereinigt und eine geschlossene Wurzelzelle bildet. Bei der mit diesen Arten unzweifelhaft sehr nahe verwandten *P. Crawshayi* ist indessen die Rippe 10 ganz frei. Auch dieses Kennzeichen kann darum nicht gebraucht werden.

Die oft grosse Verschiedenheit der Geschlechter und die Veränderlichkeit mehreren Arten erschweren in hohem Grade eine Uebersicht derselben.

Uebersicht der Arten.

I. Die Rippe 8 der Vorderflügel ist stets [1] vorhanden und nicht oder nur wenig kürzer als die Rippe 7.

A. Auf der Unterseite der Vorderflügel sind sowohl die schwarzen Saumflecke an den Rippenenden, wie auch die schwarzen Submarginalflecke der Felder 3—6 und 8 gewöhnlich gut entwickelt und mehr oder weniger mit einander zu einer (hellgefleckten) Saumbinde vereinigt, selten sind sie von einander völlig getrennt und noch seltener fehlen die Saumflecke gänzlich; in diesem Falle sind indessen die Submarginalflecke zwischen dem Vorderrande und der Rippe 3 zu einer Querbinde vereinigt.

    α. Die Hinterflügel unten mit einer breiten, zusammenhängenden, schwarzen, bisweilen hellgefleckten, Saumbinde oder vor dem Saume mit einer winkeligen oder von nach aussen offenen Bogen gebildeten Submarginallinie, welche die dunklen Rippen mit einander verbindet. Selten ist die ganze Unterseite der Hinterflügel schwarz oder schwärzlich.

    *. Die Hinterflügel unten ganz schwarz, nur an der Wurzel des Vorderrandes schmal orange- oder schwefelgelb. Die Spitze der Vorderflügel auf beiden Seiten wenigstens bis zur Mittelzelle schwarz.

        1. Die Hinterflügel auch oben schwarz, an der Wurzel aber ziemlich breit blaugrau bestäubt, unten ohne gelbe Flecke am Vorderrande vor der Spitze.   N:o 1.

        2. Die Hinterflügel oben bläulich weiss mit breiter, nach innen gezackter, schwarzer Saumbinde, unten kurz vor der Spitze mit einem gelben Flecke am Vorderrande.   N:o 2.

    **. Die Hinterflügel auf beiden Seiten mit heller Grundfarbe.

      †. Die Vorderflügel fast immer mit einem schwarzen Punkte oder einem Querflecke am Ende der Mittelzelle. Wenn dieser Punkt fehlt, ist die schwarze Saumbinde der Vorderflügel auf beiden Seiten deutlich weissgefleckt.

        ‡. Die Hinterflügelunterseite zwischen der Mittelzelle und dem Saume mit einer dunklen Diskalquerlinie, welche im Felde 4 abgebrochen ist und in jedem der Felder 2, 3 und 5 einen, im Felde 1 c aber zwei lange Striche nach aussen entsendet. Diese Zacken erreichen oder durchschneiden die in der Mitte jedes Feldes gewöhnlich abgebrochene Submarginallinie.

            N:o 3.

        ‡‡. Die Hinterflügel unten ganz ohne Diskallinie, aber wenigstens zwischen den Rippen 2 und 5 mit zusammenhängender Submarginallinie oder mit breiter Saumbinde.

          +. Die Submarginallinie der Hinterflügelunterseite setzt sich auch in den Feldern 5—7 als deutliche, die Rippen verbindende Querstriche oder Querflecke fort oder ist auch dort mit den Saumflecken zu einer Saumbinde vereinigt.

          §. Auf der Unterseite der Vorderflügel sind die hellen Saumflecke der Felder 3—8 durch eine die Rippenenden verbindende, schwarze Saumlinie vom Saume getrennt. Die Rippe 10 der Vorderflügel scheint immer mit der Costale vereinigt zu sein.

            o. Die Vorderflügel oben am Ende der Mittelzelle mit einem schwarzen Querstrich, welcher wenigstens sowohl die UDC wie die MDC bedeckt.

              1. Die hellen Saumflecke der Felder 3—8 der Vorderflügel sind auf beiden Seiten (♂) oder wenigstens auf der Unterseite (♀) gross und deutlich und ebenso breit oder breiter als die schwarze Submarginalbinde, welche dieselben nach innen begrenzt.   N:o 8.

              2. Die hellen Saumflecke der Vorderflügel sind oben gewöhnlich nur in den Feldern 5, 6 und 8 deutlich und fehlen in den Feldern 3 und 4 gänzlich oder sind auch unten klein und viel schmäler als ihre schwarze Begrenzung nach innen.

                N:o 5 varr. *infida*, *boguensis* und *leucogyne*.

            oo. Die Vorderflügel oben am Ende der Mittelzelle ungefleckt oder nur mit einem kleinen, schwarzen Punkte oder Punktflecke auf der UDC.

[1] Bei einem ♀ von *P. pigra* fehlt diese Rippe ganz, was jedoch nur eine ganz zufällige Anomalie sein kann.

1. Die Hinterflügel oben nur mit freien, schwarzen Saumflecken.

              N:o 5 v. *agrippina*.

2. Die Hinterflügel oben mit zusammenhängender, schwarzer Saumbinde.

    a. ♂. Die Saumbinde der Hinterflügeloberseite 3—5 Millim. breit mit 4 deutlichen weissen Flecken in 2—5.   ♀. Die Grundfarbe beider Flügel mehr oder weniger gelblich. Die Saumbinde der Hinterflügel erreicht nicht die Spitze der Mittelzelle.   N:o 5.

    b. ♂. Die Saumbinde der Hinterflügeloberseite 4—5 Millim. breit, ungefleckt oder nur im Felde 5 mit einem deutlichen weissen Flecke. — ♀. Die Flügel auf beiden Seiten mit weisser Grundfarbe. Die Saumbinde der Hinterflügel ist ungefleckt und erreicht wenigstens die Spitze der Mittelzelle.   N:o 4.

§§. Auf der Unterseite der Vorderflügel erreichen die hellen Saumflecke der Felder 3—8 den Saum und sind von einander nur durch die schwarzen Rippen getrennt und nach innen von der Submarginalbinde begrenzt. Seiten fehlt die Submarginalbinde oder sind die Rippen kaum dunkler als die Grunde. Die Rippe 10 der Vorderflügel ist oft ganz frei.

    o. Die Vorderflügel auf beiden Seiten ganz ohne schwarzen Punkt oder Querstrich am Ende der Mittelzelle. Beide Flügel unten ohne andere, deutliche, schwarze Zeichnungen als die Saumflecke an den Rippenenden.   N:o 9.

    oo. Die Vorderflügel mit einem schwarzen Punkte oder einem Querstriche am Ende der Mittelzelle.

       1. Auf der Unterseite sind nur der Submarginalfleck im Felde 3 und der Diskalfleck auf der UDC der Vorderflügel schwarz und deutlich. Alle übrigen Zeichnungen sind matt und undeutlich oder ganz verschwunden. Die Hinterflügel und die Spitze der Vorderflügel unten matt graugelblich.   N:o 10.

       2. Die Flügel unten mit deutlichen Zeichnungen, von denen wenigstens die Submarginalbinde der Vorderflügel und der Diskalfleck schwarz sind.   N:o 11.

 + +. Die Submarginallinie der Hinterflügelunterseite ist in den Feldern 5—7 durch freie, die Rippen nicht berührende, schwarze Punkte vertreten. Die Vorderflügel auf beiden Seiten, die Hinterflügel nur unten mit einem schwarzen Punkte auf der UDC.   N:o 13.

††. Die Vorderflügel immer ohne Zeichnungen am Ende der Mittelzelle. Beide Flügel oben mit einer breiten, zusammenhängenden, ungefleckten, schwarzen Saumbinde.

    §. Die Vorderflügel auf beiden Seiten, die Hinterflügel oben mit rein weisser Grundfarbe. Die Vorderflügel unten an der Wurzel breit feuerroth; die Hinterflügel unten ockergelb (♂) oder weiss (♀). Die schwarze Saumbinde auch unten breit und ungefleckt.   N:o 21.

    §§. Die Flügel auf beiden Seiten mit schwefelgelber Grundfarbe.

       1. Die schwarze Saumbinde unten wie oben ungefleckt, einen gelben Fleck im Felde 8 am Vorderrande der Vorderflügel ausgenommen.   N:o 22.

       2. Die schwarze Saumbinde beider Flügel unten mit gelben Flecken.   N:o 23.

t. Die Hinterflügel unten am Saume entweder nur mit 6 freien, schwarzen Saumflecken an den Rippenenden 1 b —6 oder gewöhnlich auch mit 3—7 gerundeten, freien Submarginalpunkten (in 1 c—7).

   *. Die Hinterflügel unten mit einem schwarzen Punkte oder Flecke auf der UDC. Die Vorderflügel auf beiden Seiten mit einem Flecke oder einem Querstriche am Ende der Mittelzelle.

    §. Die Vorderflügel am Ende der Mittelzelle mit einem breiten Querstriche (♀) oder beim ♂ wenigstens unten mit einem dreieckigen Costalflecke, welcher durch einen feinen Strich mit dem gerundeten Diskalflecke der UDC vereinigt ist.

o. Auf der Unterseite der Vorderflügel sind die Saumflecke gross, dreieckig und durch die schwarz gesäumten Rippen mit den Submarginalflecken verbunden. Die dadurch eingeschlossenen, hellen Flecke der Felder 5—8 sind gelblich. Die Hinterflügel unten hell ockergelb.

N:o 14.

oo. Die Saumflecke der Vorderflügelunterseite sind klein und von den unter sich freien oder fast freien Submarginalflecken mehr (♂) oder weniger (♀) weit getrennt. Der Zwischenraum zwischen den Submarginalflecken und dem Saume ist rein weiss (♂) wie die Grundfarbe oder schwach gelblich (♀). Die Hinterflügel beim ♂ unten gelblich weiss mit 7 dottergelben Flecken zwischen dem Saume und den Submarginalflecken. Beim ♀ sind die Hinterflügel auf beiden Seiten und die Vorderflügel unten an der Wurzel ockergelb. Flügelspannung 54—58 Millim.

N:o 15.

§§. Die Vorderflügel auf beiden Seiten am Ende der Mittelzelle nur mit einem gerundeten, schwarzen Flecke auf der UDC und ganz ohne Costalfleck. Die Saumflecke der Vorderflügelunterseite sind gross und scharf dreieckig, erreichen aber nicht die unter sich freien Submarginalflecke. Die Vorderflügel unten überall mit rein weisser Grundfarbe. Die Hinterflügel unten kaum gelblich angeflogen, im Felde 8 lebhaft gelb und mit einem gelben Flecke in der Wurzel von 1 c und am Saume in 6 und 7. Flügelspannung 55—61—65 Millim. Das ♂ ist dem ♀ von P. calypso sehr ähnlich, hat aber viel kleinere schwarze Submarginalflecke auf der Unterseite.

N:o 16.

**. Die Hinterflügel auf beiden Seiten ohne Fleck am Ende der Mittelzelle.

§. Die Vorderflügel auf beiden Seiten am Ende der Mittelzelle mit einem schwarzen Querstriche, welcher die UDC und MDC folgt. Unten ist die Spitze der Vorderflügel und die ganzen Hinterflügel gelb und die Wurzel der Vorderflügel mehr oder weniger breit orangegelb. Die Saumflecke der Unterseite klein und von den Submarginalpunkten weit getrennt.

N:o 17.

§§. Die Vorderflügel auf beiden Seiten ganz ohne schwarze Zeichnungen am Ende der Mittelzelle.

o. Die Submarginalflecke der Vorderflügeloberseite sind alle oder wenigstens die der Felder 3—5 klein und frei, so dass die hellen Saumflecke nicht vollständig von der Grundfarbe abgetrennt werden. Der Submarginalfleck 4 fehlt gewöhnlich ganz. Die Wurzel des Vorderrandes der Hinterflügelunterseite feuerroth. Auf der Unterseite sind die Hinterflügel und die Spitze der Vorderflügel ockergelb und die Vorderflügel gewöhnlich an der Wurzel orangeroth.

N:o 18.

oo. Die Submarginalflecke der Vorderflügeloberseite sind unter sich und mit den Saumflecken zu einer breiten Saumbinde vereinigt. Die Hinterflügel unten an der Wurzel des Vorderrandes mehr oder weniger breit dottergelb.

a. Beim ♂ sind die Flügel auf beiden Seiten weiss, beim ♀ aber haben die Vorderflügel gewöhnlich eine gelbe Grundfarbe. Die Submarginalflecke der Vorderflügelunterseite frei oder nur durch die schwarzen Rippen mit den Saumflecken vereinigt.

1. Die schwarze Saumbinde der Vorderflügeloberseite tritt im Felde 3 weit nach innen hervor, ist dagegen im Felde 4 tief eingeschnitten und schliesst 3—5 helle Striche oder Flecke der Felder 5, 6, 8 (und 3—1) ein.

N:o 19.

2. Die tief schwarze Saumbinde der Vorderflügeloberseite ist ganz einfarbig ohne Flecke und tritt im Felde 3 nur wenig und stumpf nach innen hervor. Die Vorderflügel unten an der Wurzel mehr oder weniger dottergelb.

N:o 20.

b. Die Flügel auf beiden Seiten mit schwefelgelber Grundfarbe. Die Submarginalflecke der Vorderflügel auch unten mit den Saumflecken zu einer breiten Saumbinde vereinigt. Die Hinterflügel beiderseits mit 5 dunklen, freien Saumflecken und unten auch mit 7 kleinen Submarginalflecken.

N:o 21.

II. Auf der Unterseite der Vorderflügel fehlen entweder sowohl die Saumflecke wie die Submarginalflecke gänzlich oder sind nur kleine Saumflecke vorhanden; selten treten auch 1—4 ganz freie Submarginalflecke auf, von denen der Submarginalfleck 3 besonders bei den ♀♀ gross und tief schwarz sein kann. Die Rippe 10 der Vorderflügel fast immer frei verlaufend.

α. Beide Flügel oben und unten ohne schwarzen Punkt oder Fleck auf der Querrippe der Mittelzelle.

    ✝. Die Vorderflügel unten an der Wurzel von der Farbe des Grundes oder selten bei den Weibchen von N:o 25 orangegelb.

       *. Die Vorderflügel oben mit einer zusammenhängenden, schwarzen Saumbinde, welche sich von der Spitze wenigstens bis zur Rippe 3 erstreckt, oder mit grossen, dreieckigen Saumflecken.

          ,l. Die Flügel auf beiden Seiten mit schwefelgelber Grundfarbe.   N:o 25.

          ll. Die Flügel oben ganz oder zum grössten Theil weiss oder weisslich oder die Vorderflügel orangegelb.

            §. Grössere Arten mit einer Flügelspannung von 51—66 Millim. Beide Flügel unten mit deutlichen schwarzen Saumflecken.

              a. Die Flügel beim ♂ ohne Submarginalflecke oder höchstens mit einem solchen Flecke im Felde 3 auf der Vorderflügelunterseite. Beim ♀ haben die Hinterflügel 5—6 Submarginalflecke in 1 c—6 und die Vorderflügel 3—4 solche Flecke in 1 b. 3, 5 und 6.

                 1. ♂. Die Vorderflügel oben an der Wurzel und die Hinterflügel längs dem Innenrande und unten schwefelgelb. Die Saumflecke der Hinterflügel gross und in der Quere ausgezogen. — ♀. Die Vorderflügel mit orangegelber Grundfarbe, oben an der Wurzel nicht grau bestäubt.   N:o 26.

                 2. ♂. Beide Flügel oben mit rein weisser Grundfarbe. Die Saumflecke der Hinterflügel gerundet. — ♀. Die Flügel oben mit weisslicher oder weissgelber Grundfarbe. Die Vorderflügel oben in der Mittelzelle und in den Feldern 1 b und 3 bis zu den Submarginalflecken dicht schwarzgrau bestäubt.   N:o 27.

              b. Die Flügel beim ♀ auf beiden Seiten ganz ohne Submarginalflecke, weiss oder schmutzig gelbweiss. Die Vorderflügel unten an der Wurzel mehr oder weniger breit schwefel- oder orange-gelb.   N:o 25, ♀.

            §§. Kleinere Art, nur etwa 44 Millim. Die Vorderflügel unten ganz ohne Saumflecke. Das ♀ mir unbekannt.   N:o 28.

       **. Die Saumflecke der Vorderflügeloberseite fehlen ganz oder sind sehr klein und höchstens zwischen der Spitze und der Rippe 5 zu einer schmalen Saumbinde vereinigt.

            §. Kleine Art; Flügelspannung nur 34—38 Millim. ♂. Die Flügel auf beiden Seiten hell schwefelgelb. — ♀. Die Flügel wie beim ♂ oder die Vorderflügel oben weisslich, die Hinterflügel oben gelblich; beide Flügel unten weiss am Saume schwefelgelb. Die Vorderflügel stets unten ohne Submarginalflecke.   N:o 30.

            §§. Grössere Art; Flügelspannung 35—58 Millim. Die Vorderflügel auf beiden Seiten mit weisser Grundfarbe. Die Hinterflügel oben weiss (♂, ♀) oder matt ockergelb (♀), unten weisslich—ockergelb.   N:o 31.

    ✝✝. Die Vorderflügel unten an der Wurzel breit orangegelb.   N:o 32.

β. Beide oder wenigstens der eine Flügel unten mit einem schwarzen Punkte oder Flecke auf der UDC.

   *. Die Hinterflügel ohne Submarginalflecke oder auch unten mit solchen Flecken.

    ✝. Kleinere Arten mit einer Flügelspannung von 38—52 Millim.

       1. ♂. Die Rippen der Oberseite nicht schwarz.

          o. Die Wurzel des Vorderrandes der Hinterflügelunterseite saffrangelb. Die Hinterflügel und die Spitze der Vorderflügel unten gelb.   N:o 33, 34.

          oo. Die Hinterflügel unten an der Wurzel des Vorderrandes nicht besonders gefärbt.

             1. Die Unterseite der Hinterflügel und die Spitze der Vorderflügel unten mehr oder weniger dicht mit braun gesprenkelt.   N:o 35.

             2. Beide Flügel unten rein weiss oder etwas gelblich, aber ganz ohne braune Marmorierung.   N:o 36, 37.

11. ♂. Die Rippen der Oberseite fein schwarz, scharf hervortretend. Die Unterseite mit rein weisser Grundfarbe. N:o 39.

††. Grössere Arten mit einer Flügelspannung von 60—70 Millim. Die Hinterflügel auf beiden Seiten ganz einfarbig ohne Zeichnungen. Die Vorderflügel unten ohne Spur von Saumflecken, aber mit einem grossen Submarginalfleck in 3 und gewöhnlich mit 1—2 kleineren, solchen Flecken in 5 und 6.

   o. Beide Flügel oben mit weisser Grundfarbe. Die Spitze der Vorderflügel oben 1—6 Millim. breit schwarz. N:o 40.

   oo. ♂. Die Flügel oben weiss, die ganze Spitzenhälfte der Vorderflügel aber orangegelb. Die Vorderflügel oben mit ziemlich breiter, schwarzer Saumbinde bis zur Rippe 2. — ♀. Die Flügel oben hell ockergelb; die Vorderflügel ganz ohne schwarze Saumbinde. N:o 41.

**. Die Hinterflügel oben in den Feldern 2—6 mit 5 Submarginalflecken, von denen die zwei vordersten sehr gross, eckig und tief schwarz sind, unten aber ganz ohne Zeichnungen. Die Vorderflügel auf beiden Seiten mit einem grossen Flecke am Ende der Mittelzelle und mit 4—5 Submarginalflecken in 1 b, 3, 5, (6) und 8, von denen die beiden erstgenannten gross sind und der Fleck 3 durch dunkle Bogen mit den Flecken 1 b und 5 verbunden. Die Flügel oben mit einer schwarzgrauen Saumbinde, welche sich von der Spitze der Vorderflügel bis zur Rippe 3 der Hinterflügel erstreckt und auf der Unterseite gänzlich fehlt. Nur das ♀ bekannt. N:o 42.

II. Die Rippe 8 der Vorderflügel fehlt gänzlich oder ist sehr kurz, viel kürzer als die Hälfte der Rippe 7.

α. Die Vorderflügel auf beiden Seiten mit einem grossen schwarzen Flecke oder Querstriche auf der Schlussrippe der Mittelzelle. Die Hinterflügel sind oben beim ♂ einfarbig weiss oder haben nur kleine schwarze Saumflecke, beim ♀ aber haben sie 3—5 zu einer Querbinde vereinigte Submarginalflecke, welche durch die schwarzen Rippen mit den Saumflecken vereinigt sind und dadurch 3—5 grosse, gerundete Flecke der Grundfarbe einschliessen.

  *. Die Schlussrippe der Mittelzelle der Vorderflügel ist weiss und theilt den schwarzen Fleck in zwei Theile. Die Hinterflügel unten mit zahlreichen, grossen, mehr oder weniger zusammengeflossenen, grünen oder grünlichen Flecken und mit hell gelben oder weisslichen Rippen.

    1. Die weissen Saumflecke der Hinterflügelunterseite nach innen erweitert und quer abgehauen und der weisse Fleck in der Mittelzelle und im Wurzeltheil des Feldes 7 klein und unregelmässig. N:o 43.

    2. Die weissen Saumflecke der Hinterflügelunterseite nach innen abgerundet oder zugespitzt. Der weisse Fleck in der Mittelzelle und der im Wurzeltheile des Feldes 7 der Hinterflügelunterseite gross und abgerundet. N:o 44.

  **. Die Schlussrippe der Mittelzelle der Vorderflügel schwarz. Die Hinterflügel unten mit schwarzgesäumten Rippen.

    1. Die Hinterflügel unten in allen Feldern mit gelben Längsstrichen statt der Submarginalflecke; die schwarze Begrenzung der Rippen 2—6 im äusseren Theil viel breiter. Der Fleck am Ende der Mittelzelle der Vorderflügel nicht mit den Submarginalflecken verbunden.

      a. Der weisse Saumfleck 4 der Vorderflügeloberseite ist grösser als die Saumflecke 3 und 5 und beim ♂ nach innen mit der Grundfarbe vereinigt. Die Vorderflügel mit stumpfer Spitze. N:o 45.

      b. Der weisse Saumfleck 4 der Vorderflügeloberseite ist klein, nicht oder nur wenig grösser als die Saumflecke 3 und 4 und stets vollständig von der Grundfarbe getrennt. Die Vorderflügel mit scharfer, fast rechtwinkeliger Spitze. N:o 46.

    2. Die Hinterflügel unten ohne gelbe Längsstriche aber mit einer von schwarzen Bogen oder Strichen gebildeten Submarginallinie. Der Fleck am Ende der Mittelzelle der Vorderflügel durch einen schwarzen Strich längs der Rippe 4 mit dem Submarginalfleck 3 verbunden. N:o 47.

β. Die Vorderflügel auf beiden Seiten ohne Fleck auf der Schlussrippe der Mittelzelle. — Eine der *Pieris brassicæ* L. ähnliche, aber durch die breit schwarzen Rippen der Hinterflügelunterseite leicht unterschiedene Art. N:o 48.

1. **P. Raffrayi** Oberth., Etud. d'Ent. 3, p. 17, t. 1, f. 3 (1878), Coll. Oberth.
Angola? (Coll. Staud.). Deutsch Ost-Afrika[55a]: Usambara — Brit. Ost-Afrika: Ruwenzori[134] — Abyssinien.

2. **P. margaritacea** Em. Sharpe, Proc. Zool. Soc. 1891, p. 191, t. 16, f. 4 (1891), Coll.
Jackson. — Karsch, Ent. Nachr. 23, p. 368 (1897).
Deutsch Ost-Afrika: Usambara[54] — Brit. Ost-Afrika: Sotik.

3. **P. gidica** God., Enc. Meth. 9, p. 131 (1819). — Boisd., Spec. Gen. 1, p. 503 (1836):
Voy. Deleg. 2, p. 586 (1847). — Trimen, Rhop. Afr. Austr. 1, p. 34, (1862); S.
Afr. Butt. 3, p. 64, t. 11, f. 1 ♂ (1889). — alis post. infra haud rufescentibus
vitta nulla.
♂ *Westwoodi* Wallengr., Rhop. Caffr., p. 9 (1857), Mus. Holmiæ.
♀ *Doubledayi* Wallengr., Rhop. Caffr., p. 8 (1857), Mus. Holmiæ.
var. hibern. **abyssinica** Lucas, Rev. Zool. (2) 4, p. 328 (1852), Mus. Paris. — Gerst.,
Deckens Reise 3:2, p. 363 (1873). — Trimen, S. Afr. Butt. 3, p. 66 (1889). —
Baker, Trans. Ent. Soc. London 1895, p. 420 (1895). — alis post. infra pallide
rufescentibus vitta media albida marginem fere attingente.
allica Oberth., Etud. d'Ent. 3, p. 16 (1878). Coll. Oberth.
Senegal[48]. Damaraland[24] — Kap Kolonie — Kaffernland[27] — Natal — Swaziland
— Zambezi — Mero See[56] — Deutsch Ost-Afrika[55a, 55, 54]. — Brit. Ost-Afrika[22]: Endara[18], Uganda[21], Sabaki[20] — Somaliland[128, 129, 144] — Aequatoria[4] — Abyssinien[2].

4. **P. creona** Cramer, Pap. Exot. 1, p. 148, t. 95, f. C—F (1776). — Herbst, Naturs.
Schm. 5, p. 119, t. 98, f. 2—5 (1792). — God. Enc. Meth. 9, p. 131 (1819). —
Boisd., Spec. Gen. Lep. 1, p. 505 (1836) ex parte.
cneora Fabr., Ent. syst. 3: 1, p. 191 (1797).
ernestius Laporte, Bull. Soc. Linn. Bord. 4, p. 141 (1830).
severina Möschler, Abh. Senckenb. Ges. 15, p. 53 (1887).
Senegal[50]. Ashanti[16] — Niger[74, 126]. ? Landana[63], Congo[63] (sp. alia?).

5. **P. severina** Cramer, Pap. Exot. 4, p. 95, t. 338, f. G, H ♀ (1781). — Herbst,
Naturs. Schm. 5, p. 168, t. 105, f. 1, 2 ♀ (1792). — God., Enc. Meth. 9, p. 131
(1819). — Boisd., Spec. Gen. Lep. 1, p. 507 (1836). — ♀ Wallengr., Rhop. Caffr.,
p. 8 (1857). — Trimen, Rhop. Afr. Austr., p. 32 (1862). — Hopffer, Peters Reise
Mossamb. Ins., p. 352 (1862). — Weale, Proc. Ent. Soc. London, p. 8 (1878). —
Staud., Exot. Schm. 1, p. 33, t. 18 (1884). — Trimen, S. Afr. Butt. 3, p. 68 (1889).
Baker, Trans. Ent. Soc. London 1895, p. 420 (1895).
♂ *mesentina* Wallengr., Rhop. Caffr., p. 9 (1857).
creona Mab., Hist. Mad. Lep. 1, p. 267, t. 36, f. 1—2 (1885—7).
Metam.: Trimen, S. Afr. Butt. 3, p. 69 (1889).
Angola: Kinsembo[5], Loanda[6], Ebanda[10] — Ovamboland[10] — Damara (Mus. Holmiæ)
— Kap Kolonie — Kaffernland — Natal — Zululand — Transvaal — Delagoa Bay
— Portug. S. Ost-Afrika[79] — Manicaland[77] — Mero See[36] — Nyassaland[121] — Deutsch
Ost-Afrika[56, 55] — Brit. Ost-Afrika[56, 20, 21] — Aequatoria[4]. Madagaskar[107].

ab.[1] **agrippina** FELDER, Reise Novar. Lep. 2, p. 173 (1865), Mus. Tring. — BUTLER, An. N. H. (5) 2, p. 291 (1878). — MAB., Hist. Mad. Lep. 1, p. 258, t. 34, f. 3 ♂, non ♀ (1885—7); transitus ad var. *boguensis*. — TRIMEN, S. Afr. Butt. 3, p. 70 note (1889). — BUTLER. Proc. Zool. Soc. 1893, p. 664 (1894). — al. ant. puncto nigro ad apicem cellulæ: al. post. supra tantum maculis nigris marginalibus ad apices costarum.

Damaraland (Mus. Holmiæ). Natal — Delagoa Bay[24] - Mero Soc[36] — Nyassaland[36] — Deutsch Ost-Afrika[54] — Brit. Ost-Afrika[21] — Aequatoria[4]. Madagaskar[107].

var.[1] **elisa** VOLLENH., Pollen & Van Dam Faune Mad. 5, p. 12, t. 2, f. 3 (1869). — TRIMEN, S. Afr. Butt. 3, p. 71 (1889). — forma parva, 38—47 mill., maculis marginalibus infra brunneis, quoad signaturam modo varietati præcedenti, modo sequentibus similis.

Johannæ BUTLER, An. N. H. (5) 3, p. 191 (1879), Mus. Brit.

Comoren: Mayotte[08], Johanna[89].

ab.[1] **leucogyne** BUTLER, Proc. Zool. Soc. 1884, p. 492 (1885), Mus. Brit. — alæ ant. fasciola transversa nigra ad apicem cellulæ disc., post. supra tantum maculis nigris marginalibus.

Arabien: Aden.

ab.[1] **boguensis** FELDER, Reise Novara Lep. 2, p. 173 (1865), Mus. Tring. — TRIMEN, S. Afr. Butt. 3, p. 69 (1889). — alæ ant. fasciola transversa nigra ad apicem cellulæ disc., post. supra fascia marginali nigra albomaculata angusta.

Brit. Ost-Afrika[21] — Abyssinien.

ab.[1] **infida** BUTLER, Proc. Zool. Soc. 1888, p. 77 (1888); 1894, p. 578, t. 37, f. 1, 2 (1894), Mus. Brit. — A varietate præcedente signaturis nigris valde dilatatis, latissimis distincta.

Deutsch Ost-Afrika[53] — Brit. Ost-Afrika[21, 22, 119] — Somaliland[128, 144] — Aequatoria[4].

"6. **P. sylvander** SMITH, Proc. Zool. Soc. 1890, p. 464 (1890), Coll. Gr. Smith. — ? = N:o 13. Congogebiet: zwischen Aruwimi und Aequatoria[46].

°7. **P. agrippinides** HOLL., Proc. U. S. Nat. Mus. 18, p. 758 (1896), Mus. Washington. — an *P. zochalia* var.?

Brit. Ost-Afrika.

8. **P. mesentina** CRAMER, Pap. Exot. 3, p. 140, t. 270, f. A, B (1780). — HERBST. Naturs. Schm. 5, p. 86, t. 91, f. 5, 6 (1792). — GOD., Enc. Meth. 9, p. 130 (1819). BOISD., Spec. Gen. Lep. 1, p. 501 (1836). — LUCAS in Chenu Enc. Hist. Nat. Pap., t. 19, f. 5 (1852). — HOPFFER, Peters Reise Mossamb. Ins., p. 352 (1862). — TRIMEN, Rhop. Afr. Austr., p. 35 (1862). — WEALE, Proc. Ent. Soc. London 1878, p. 9 (1878). — MAB., Hist. Mad. Lep. 1, p. 257, t. 35, f. 2, 2 a (1885—7). — TRIMEN, S. Afr. Butt. 3, p. 59 (1889).

---

[1] Die Varietäten sind alle mit einander und mit der Hauptform durch zahlreiche Zwischenformen eng verbunden.

aurota FABR., Ent. syst. 3:1, p. 197 (1793).

♀ *augusta* OLIV., Voy. Emp. Othom. Atlas, p. 7, t. 33, f. 3 (1804). — GOD., Enc.
Meth. 9, p. 130 (1819).

♀ *syrinx* WALLENGR., Wien. Ent. Mon. 4, p. 34 (1860), Mus. Holmiæ.

lordaca WALKER, Entomol. 5, p. 48 (1870).

Metam.: TRIMEN, S. Afr. Butt. 3, p. 62 (1889). — NURSE, Proc. Zool. Soc. 1896,
p. 247 (1896).

Senegal[80]. Kamerun[69] (Mus. Holmiæ). Chinchoxo[83] — Congo[83] — Angola[83]
— Ovamboland[10] — Damaraland[56] — Kap Kolonie — Kaffernland — Natal — Zululand — Delagoa Bay — Transvaal — Betchuanaland — Matabeleland — Manicaland — Zambezi — Nyassaland — Deutsch Ost-Afrika — Brit. Ost-Afrika —
Somaliland — Aequatoria — Abyssinien — Nubien. Arabien. Madagaskar.

var. (temp.?) **auriginea** BUTLER, Proc. Zool. Soc. 1886, p. 375 (1886); l. c. 1895,
p. 736 (1896).

Brit. Ost-Afrika: Ruwenzori[119].

9. **P. Grandidieri** MAB., An. E. Fr. (5) 8 Bull., p. 77 (1878); Hist. Mad. Lep. 1,
p. 262, t. 35, f. 3, 4 (1885—7), Coll. Gr. Smith.

Madagaskar.

10. **P. Crawshayi** BUTLER, Proc. Zool. Soc. 1893, p. 665 (1894), Mus. Brit.

diminuta BUTLER, Proc. Zool. Soc. 1893, p. 666, t. 60, f. 7 (1894), Mus. Brit. —
BUTLER, Proc. Zool. Soc. 1896, p. 851 (1897).

Mero See — Nyassaland[131] — Brit. Ost-Afrika: Elgon Berg.

11. **P. zochalia** BOISD., Spec. Gen. Lep. 1, p. 506 (1836), Coll. Oberth. — TRIMEN,
Rhop. Afr. Austr., p. 37 (1862); S. Afr. Butt. 3, p. 57, t. 10, f. 6 ♀ (1889). —
alæ ant. fasciola transversa nigra ad apicem cellulæ disc., alæ post. supra sæpissime
linea angulata submarginali nigra distincta.

♀? *hyona* BOISD., Spec. Gen. Lep. 1, p. 508 (1836).

? *agrippina* ♀ MAB., Hist. Mad. Lep. 1, p. 258, t. 34, f. 4 (1885—7).

Kap Kolonie — Kaffernland — Natal — Transvaal — Deutsch Ost-Afrika[54] (die
Variet.?) — Brit. Ost-Afrika[21]. Madagaskar (Mus. Holmiæ).

var. **Tanganjikæ** LANZ, Iris 9, p. 123 (1896), Coll. Lanz; Mus. Holmiæ. — alæ ant.
macula nigra ad apicem cellulæ disc.; alæ post. supra tantum punctis nigris marginalibus ad apices costarum. — transitus ad *P. Crawshayi.*

Deutsch Ost-Afrika: Parumbira[118] — Brit. Ost-Afrika[22].

°12. **P. venata** BUTLER, Trans. Ent. Soc. London 1871, p. 169, t. 7, f. 7 (1871), Mus. Brit.

Aequatoria: am Weissen Nil.

13. **P. subeida** FELDER, Reise Novar. Lep. 2, p. 174 (1865). Mus. Tring.

instabilis BUTLER, Proc. Zool. Soc. 1888, p. 76 (1888), Mus. Brit.

Kordofan: Bahr-el-Ghazal — Aequatoria[4] — Brit. Ost-Afrika[119].

14. **P. calypso** Drury, III. Exot. Ins. 2, p. 30, t. 17, f. 3, 4 (1773). — Cramer. Pap.
Exot. 2, p. 91, t. 154. f. C—F (1777). — Herbst, Naturs. Schm. 5, p. 115, t. 97,
f. 5—8 (1792). — God., Enc. Meth. 9, p. 130 (1819). — Lucas, Lep. Exot., p. 54,
t. 27 (1835). — Boisd., Spec. Gen. Lep. 1, p. 504 (1836). — Lucas in Chenu,
Enc. Hist. Nat. Pap., t. 25, f. 5 (1852). — Dewitz, N. Acta Acad. N. Cur. 41:2,
p. 182 (1879). — Staud., Exot. Schm. 1, p. 33, t. 18 (1884). — Dewitz, Ent.
Nachr. 15, p. 108, t. 2, f. 1—3, hermaphr. (1889). — Kirby, Handb. Lep. 2,
p. 161 (1896).
fulvoacuminatus Goeze, Ent. Beitr. 3:1, p. 120 (1779).
nigronotatus Goeze, Ent. Beitr. 3:1, p. 182 (1779).
nigropictus Goeze, Ent. Beitr. 3:1, p. 183 (1779).
Sierra Leona — Liberia[71] — Elfenbeinküste[57] — Ashanti[16] — Togo[54] — Niger[54, 126] —
Old Calabar — Kamerun[64] — Gabun — Chinchoxo[65] — Landana[63] — Congogebiet[43, 45]
(spec. sequ.?) — Angola[5, 7, 65] (spec. sequ.?).[1]

15. **P. Welwitschi** Rogenh., An. Mus. Wien. 4, p. 518, t. 23, f. 2 (1889), Mus. Vindob.
— Butler, Proc. Zool. Soc. 1893, p. 662 (1894). — praecedentis var.?
? *calypso* var. Butler, Proc. Zool. Soc. 1888, p. 77 (1888), Mus. Brit.
Angola — Congogebiet: Mpala am Tanganika See (Mus. Holmiae).

16. **P. dentigera** Butler, Proc. Zool. Soc. 1888. p. 78 (1888), Mus. Brit. — ? N:o 14 var.
Congogebiet: Mongalla, Popokabaka, Bassam-Kussu, Sassa (Mus. Brux.) — Aequatoria: Gadda[4].

17. **P. ogygia** Trimen, Trans. Ent. Soc. London 1883, p. 356 (1883); S. Afr. Butt. 3,
p. 56, t. 11, f. 2 (1889).
Natal.

18. **P. larima** Boisd.,[2] Spec. Gen. Lep. 1, p. 524 (1836).
Senegal.
var. **thysa** Hoffer, Monatsb. Akad. Wiss. Berlin 1855, p. 639 (1855); Peters Reise
Mossamb. Ins., p. 349, t. 21, f. 7—10 (1862), Mus. Berol. — Dewitz, Nov. Acta
Acad. Nat. Cur. 41:2, p. 15 (1879). — Trimen, S. Afr. Butt. 3, p. 44 (1889). —
alis ant. infra apice aureis, post. supra maculis marginalibus distinctis.
agathina var. A Trimen, Rhop. Afr. Austr., p. 29 (1862).
sabrata Butler, Trans. Ent. Soc. London 1870, p. 526 (1870), Mus. Brit.; Proc.
Zool. Soc. 1896, p. 839 (1896).
larima Snellen, Tijdschr. v. Ent. 25, p. 225 (1882).
Chinchoxo[65] — Congomündung — Angola[5, 7], Kaffernland[27] — Natal — Zululand
— Delagoa Bay — Querimba — Nyassaland[130] — Deutsch Ost-Afrika[54, 55]: Pa-

---

[1] Staudinger giebt (l. c.) irrthümlich auch Natal als Vaterland an.
[2] Boisduvals Beschreibung kann nur nach einem etwas abweichenden Stücke von *thysa* Hoffr. gemacht
sein. Herr Oberthür hat mir gütigst mitgetheilt, dass in Boisduvals Sammlung eine Form von *capricornus* als *larima* steckt. Die Beschreibung aber passt sicher nicht auf *capricornus* Ward.

rumbira[118], Zanzibar Insel[48], Usambara[55a] — Brit. Ost-Afrika[20, 22]; Semliki Fluss[53],
Mgaua[146] — Somaliland[129].
var. (ab.?) **Meldolæ** BUTLER, Proc. Zool. Soc. 1871, p. 725 (1871); Lep. Exot. p. 117,
t. 43. f. 5 (1872), Coll. Meldola. — alis post. utrinque absque maculis marginalibus, infra maculis submarginalibus minutis vel obsoletis.
Angola: Loanda.

var. (ab.?) **balangensis** REBEL & ROGENH. in Baumann Massai Land, p. 326 (1894),
Mus. Vindob. — alis ant. infra apice haud flavis.
Deutsch Ost Afrika: Balangda.

19. **P. theora** DOUBL., An. N. H. (1) 17, p. 25 (1846), Mus. Brit. — DOUBL. & HEW., Gen.
D. Lep., t. 6, f. 4 (1847). — ♀ alis ant. supra flavis.
♂ *parorcia* HEW., Trans. Ent. Soc. 1869, p. 72 (1869), Mus. Brit. — AURIV., Ent.
Tidskr. 12, p. 222 (1891).
♂ *sylvarum* MAB., An. Ent. Fr. (6) 10, p. 27, t. 2, f. 1 (1890).
Elfenbeinküste[57] — Ashanti[14] — Kamerun[64] — Gabun[61] — Landana[65] — Congogebiet: Bangala[47], Leopoldville, Ibembo, Mukenge, Popokabaku, Ubangi (Mus. Brux.).
ab. ♀ **concolor** n. ab. — alis ant. supra albis. — Mus. Bruxell.
Congogebiet: Bena-Bendi.

var. (ab.?) **maculata** n. var. — fascia nigra apicali alar. ant. supra maculis albis valde
dilatatis ornata. — Mus. Bruxell.
Congogebiet: Bangala.

20. **P. Theuszi** DEWITZ, Ent. Nachr. 15, p. 107, t. 2, f. 6—9 (1889), Mus. Berol.
ab. ♀ **semialba** AURIV., Ent. Tidskr. 16, p. 261 (1895), Mus. Holmiæ.
Kamerun[71] — Congogebiet: Quango: Bena-Bendi.

21. **P. helcida** BOISD., Faune Mad., p. 17, t. 2, f. 1, 2 (1833); Spec. Gen. Lep. 1, p. 501
(1836), Coll. Oberth. — STAUD., Exot. Schm. 1, p. 33, t. 18 (1884). — MAB.,
Hist. Mad. Lep. 1, p. 256, t. 33, f. 3—5 (1885—7).
♀ *albipennis* BUTLER, An. N. H. (5) 4, p. 232 (1879), Mus. Brit.
Madagaskar.

22. **P. hedyle** CRAMER, Pap. Exot. 2, p. 137, t. 186, f. C, D (1777). — HERBST, Naturs.
Schm. 5, p. 170, t. 105, f. 7, 8 (1792). — GOD., Enc. Meth. 9, p. 146 (1819). —
BOISD., Spec. Gen. Lep. 1, p. 500 (1836).
Sierra Leona[51] — Ashanti[16].

23. **P. rhena** DOUBL., An. N. H. (1) 17, p. 24 (1846), Mus. Brit. — præcedentis var.?
Ashanti.

24. **P. ianthe** DOUBL., Gray Zool. Misc., p. 77 (1842), Mus. Brit. — BUTLER, Lep. Exot.,
p. 91, t. 34, f. 8 (1872).
Sierra Leona.

25. **P. solilucis** Butler, Trans. Ent. Soc. 1874, p. 433 (1874), Coll. Druce. — ♀ Auriv., Ent. Tidskr. 19, p. 183, fig. 7 (1898).
    sulphurescens Capr., An. Ent. Belg. 33 Bull., p. 120 (Juli 1889), Mus. Bruxell.
    agylla Rogenh.,[1] An. Mus. Wien 4, p. 549, t. 23, f. 4 (Dez.? 1889), Mus. Vindob.
    Kamerun: Barombi (Coll. Staud.) — Congogebiet: Mukenge[44], Zongo, Mokoange, Bena-Bendi (Mus. Bruxell.) — Angola. Deutsch Ost-Afrika: Udoe (Coll. Staud.).
    var. (ab.?) **cære** R. Felder, An. Mus. Wien 4, p. 550, note (1889), Mus. Vindob.
    — a forma typica fascia apicali alar. ant. angustiore et breviore, punctisque marginalibus infra minutis aut obsoletis tantum differt.
    Benguela.

26. **P. oebron** Ward., Ent. M. Mag. 8, p. 59 (1871); Afr. Lep, p. 3, t. 3, f. 1, 2 (1873).
    ♀? *capricornus* Ward., Afr. Lep., p. 3, t. 3, f. 4, 5 (1873).
    Kamerun[64].

27. **P. capricornus** Ward., Ent. M. Mag. 8, p. 59 (1871); Afr. Lep., p. 3, t. 3, f. 3 ♂, 6, 7 ♀ (1873), Coll. Oberth. — ♂ alæ post. infra flavescentes; ♀ alæ post. supra ad basin haud griseis.
    ♂ *adultera* Plötz, S. E. Z. 41, p. 204 (1880).
    Kamerun[64].
    var. **Lindneri** Dewitz, Nov. Acta Acad. Nat. Cur. 41:2, p. 186, t. 25, f. 6 ♂ (1879), Mus. Berol. — Paullo minor; ♂ alæ post. infra albæ, ♀ alæ post. supra usque ad puncta submarginalia grisescentes.
    ♀ *Falkensteini* Dewitz, Nov. Acta Acad. Nat. Cur. 41:2, p. 182, t. 25, f. 4 (1879), Mus. Berol.
    Chinchoxo.

28. **P. orbona** Geyer, Hübner Zutr. 5, p. 44, figg. 985, 986 (1837).
    ? *ortygna* Butler, Proc. Zool. Soc. London 1888, p. 76 (1888).
    Senegal. (Acquatoria: Foda[4]; alia sp.? an *P. gerda* Sm.?)

°29. **P. mahoboides** Holl., Proc. U. S. Nat. Mus. 18, p. 757 (1896), Mus. Washingt.
    Brit. Ost-Afrika.

30. **P. spilleri** Spiller, Entomol. 17, p. 62 (1884), Coll. Staud. — Staud., Ent. Nachr. 10, p. 52, 115 (1884); Exot. Schm. 1, p. 33, t. 18 (1884). — Trimen, S. Afr. Butt. 3, p. 54 (1889). — alis post. infra sulphureis — albidis.
    var. **gallenga** Smith, An. N. H. (5) 19, p. 65 (1887), Coll. Gr. Smith. — Trimen, S. Afr. Butt. 3, p. 54, note 1 (1889). — Baker, Trans. Ent. Soc. London 1895, p. 419 (1895). — alis post. infra rufescentibus.
    Natal — Zululand — Delagoa Bay.

---

[1] Butler giebt selbst (Proc. Zool. Soc. 1895, p. 662) irrthümlich *agylla* als Synonym von *ianthe* Doubl. *Soldneis* (*agylla*) ist vielleicht eine Lokalrasse von *ianthe*, sicher aber nicht dieselbe Form.

31. **P. pigea** Boisd., Spec. Gen. Lep. 1, p. 523 (1836), Coll. Oberth. — Wallengr., Rhop. Caffr., p. 7 (1857). — ♀ Trimen, Rhop. Afr. Austr. 1, p. 29 (1862); S. Afr. Butt. 3, p. 46, t. 10, f. 5, 5 a (1889). — major, 36—58 mill., alis post. punctis marginalibus distinctis.
  ♂ *simana* Wallengr., Rhop. Caffr., p. 10 (1857), Mus. Holmiæ.
  ♂ *inana* Butler, Trans. Ent. Soc. 1870, p. 526 (1870), Mus. Brit.
  ♀ *caffraria* Lanz, Iris 9, p. 121 (1896), Coll. Staud.

  var. hibern. **alba** Wallengr., Rhop. Caffr., p. 10 (1857), Mus. Holmiæ. — Trimen, S. Afr. Butt. 3, p. 48 (1889). — Baker, Trans. Ent. Soc. London 1895, p. 418 (1895). — minor, 35—50 mill., alis post. utrinque punctis marginalibus nullis.
  pigea ♂ Trimen, Rhop. Afr. Austr. 1, p. 29 (1862).
  Angola: Kinsembo[5]. Kaffernland — Natal — Transvaal — Manicaland[77].

32. **P. rubrobasalis** Lanz, Iris 9, p. 116 (1896), Coll. Lanz. — alis post. apiceque ant. infra pallide ochraceis.
  Deutsch Ost-Afrika: Hochplateau zwischen Nyassa und Tanganika; Usagara, Victoria Nyanza (Mus. Berol.).

  var. **nitida** n. var. — alis. posticis apiceque anticarum infra albis, margaritaceo nitidis.
  Kamerun: Buea (Mus. Berol.).

°33. **P. mabella** Smith, An. N. H. (6) 8, p. 79 (1891), Coll. Gr. Smith. — Smith & Kirby, Rhop. Exot. 23, Pinacopteryx, p. 1, t. 1, f. 4—6 (1893).
  Madagaskar.

34. **P. mahobo** Smith, An. N. H. (6) 8, p. 80 (1891), Coll. Gr. Smith. — Smith & Kirby, Rhop. Exot. 23, Pinacopteryx, p. 1, t. 1, f. 1—3 (1893). — præcedentis var.?
  Madagaskar.

35. **P. charina** Boisd., Spec. Gen. Lep. 1, p. 525 (1836), Coll. Oberth. — Trimen, Rhop. Afr. Austr., p. 30 (1862); S. Afr. Butt. 3, p. 52, t. 10, f. 4 (1889).
  anactorie Doubl., Gray Zool. Misc., p. 77 (1842).
  Kap Kolonie — Kaffernland — Natal — Zululand.

36. **P. simana** Hopffer, Monatsb. Akad. Wiss. Berlin 1855, p. 640 (1855); Peters Reise Mossamb. Ins., p. 354, t. 23, f. 3—6 (1862), Mus. Berol. — Trimen, S. Afr. Butt. 3, p. 50 (1889); Proc. Zool. Soc. London 1894, p. 64 (1894). — Baker, Trans. Ent. Soc. London 1895, p. 418 (1895). — Holl., Proc. U. S. Nat. Mus. 18, p. 757, (1896). — præcedentis var. temp.?
  Natal — Manicaland[77] — Querimba[79] — Deutsch Ost-Afrika[54, 55] — Brit. Ost-Afrika[127].

37. **P. gerda** Smith & Kirby, Rhop. Exot. 23, Pinacopteryx, p. 4, t. 1, f. 10, 11 (1893),
Coll. Gr. Smith. — praecedentis var.? A simona solum differt apice alar. ant.
supra latius, 4 mill., nigro alisque supra ad basin infuscatis.
Deutsch Ost-Afrika: Pangani — Brit. Ost-Afrika: Mombasa.

*38. **P. narena** Smith, An. N. H. (7) 1, p. 245 (1898), Coll. Gr. Smith.
Madagaskar.

°38a. **P. helena** Smith, Nov. Zool. 5, p. 350 (1898), Mus. Tring.
Brit. Ost-Afrika: Kavirondo.

39. **P. liliana** Smith, An. N. H. (6) 3, p. 122 (1889), Coll. Gr. Smith. — Smith & Kirby,
Rhop. Exot. 23, Pinacopteryx, p. 2, t. 1, f. 7—9 (1893).
nigropunctata Em. Sharpe, An. N. H. (6) 5, p. 336 (1890), Coll. Jackson. — Waterh.,
Aid 2, t. 189, f. 4 (1890).
Brit. Ost-Afrika: Mombasa, Sabaki[20], Ngatana[22], Voi Fluss[21], Mgana[146].

40. **P. antsianaka** Ward, Ent. M. Mag. 7, p. 30 (1870); Afr. Lep., p. 2, t. 2, f. 5, 6
(1873), Coll. Oberth.[1]
antsihanaka Mab., Hist. Mad. Lep. 1, p. 254, t. 34, f. 1, 1a (1885—87).
Madagaskar.

ab. **affinis** Mab., Bull. Soc. Philom. (7) 3, p. 138 (1879), Coll. Gr. Smith; Hist. Mad.
Lep. 1, p. 255, t. 34, f. 2, 2a (1885—87).
Madagaskar.

ab. **persimilis** Smith & Kirby, Rhop. Exot. 20, Belenois, p. 2, t. 1, f. 6, 7 (1892),
Coll. Gr. Smith.
Madagaskar.

ab. **Drurii** Smith & Kirby, Rhop. Exot. 20, Belenois 1, p. 1 (1892), Coll Gr. Smith.
Lasti Smith & Kirby, Rhop. Exot. 20, Nepheronia, t. 1, f. 4, 5 (1892).
Madagaskar.

41. **P. ramona** Smith, An. N. H. (6) 7, p. 123 (1891), Coll. Gr. Smith. — Smith &
Kirby, Rhop. Exot. 20, Belenois, p. 2, t. 1, f. 1—3 (1892).
Madagaskar.

---

[1] Die Formen dieser Art können nach folgender Uebersicht leicht unterschieden werden.
A. Beide Flügel unten mit weisser Grundfarbe.
   a. Die Vorderflügel unten bis zur Spitze der Mittelzelle orangegelb; ihre Spitze oben fast 6 Mill.
    breit schwarz und mit deutlichen Submarginalpunkten in 3, 5, 6 und 8.   Die Hauptform.
   β. Die Vorderflügel unten nur bis zur Mitte der Mittelzelle orangegelb.
    *. Die Vorderflügelspitze oben sehr schmal, nur 1 Mill. breit schwarz.   ab. *Drurii.*
    **. Die Vorderflügelspitze oben 6 Mill. breit schwarz.   ab. *persimilis.*
B. Die Hinterflügelunterseite und die Spitze der Vorderflügel unten rothlich grau. Die Vorderflügel
   unten an der Wurzel bis zur Spitze der Mittelzelle orangegelb, ihre Spitze oben breit schwarz.
                ab. *affinis.*

°42. **P. anomala** BUTLER, Proc. Zool. Soc. 1881, p. 178, t. 18, f. 3 (1881). Mus. Brit. —
DIXEY, Proc. Zool. Soc. 1898, p. 380 (1898). — affinitate dubia!
Sokotra.

43. **P. daplidice** L., Syst. Nat. ed. 10, p. 468 (1758). — HÜBNER, Europ. Schm, figg.
114—115, 477—8 (1800—1818).
Abyssinien[3] (au spec. sequ.?).

44. **P. glauconome** KLUG, Symb. Phys., t. 7, f. 18, 19 (1829), Mus. Berol. — BOISD.,
Spec. Gen. Lep. 1, p. 546 (1836).
hellica MAB., Hist. Mad. Lep. 1, p. 269, t. 35, f. 7 (1885—87) varietas!
Metam: NURSE, Proc. Zool. Soc. 1896, p. 248 (1896).
Arabien: Aden[12]. Sudan[133] — Somaliland[128, 144]. [Madagaskar[107]?]

45. **P. helice** L., Mus. L. Ulr., p. 243 (1764).
hellica L., Syst. Nat. ed. 12, p. 760 (1767). — HÜBNER, Samml. Exot. Schm. 1,
t. 141 (1806—1816). — GOD., Enc. Meth. 9, p. 129 (1819). — BOISD., Spec. Gen.
Lep. 1, p. 546 (1836). — WALLENGR., Rhop. Caffr., p. 7 (1857). — TRIMEN, Rhop.
Afr. Austr., p. 39 (1862). — CROWLEY, Trans. Ent. Soc. London 1887, t. 3, f. 4,
5 (1887). — TRIMEN, S. Afr. Butt. 3, p. 73 (1889).
daplidice CRAMER, Pap. Exot. 2, p. 114, t. 171, f. C, D (1777).
raphani ESPER, Eur. Schm. 1, Suppl., t. 123, f. 3, 4 (1806).
Metam: TRIMEN, S. Afr. Butt. 3, p. 74 (1889).
Kap Kolonie — Kafferuland — Orange Republik — Natal — Transvaal.

46. **P. Johnstoni** CROWLEY, Trans. Ent. Soc. London 1887, p. 35, t. 3, f. 1—3 (1887),
Coll. Crowley.
Deutsch Ost-Afrika: Kilimanjaro.

47. **P. distorta** BUTLER, Proc. Zool. Soc. 1885, p. 774, t. 47, f. 12 (1886), Mus. Brit.
Somaliland.

48. **P. brassicoides** GUÉR., Lefeb. Voy. Abyss. 6, p. 365, t. 9, f. 3—6 (1849). — OBERTH.,
Etud. d'Ent. 3, p. 18, t. 1, f. 4 (1878).
Abyssinien.

°49. **P. Saalmülleri** n. sp. — Sicher nicht das ♀ von *Mylothris Rüppelli*, sondern eine
ächte *Pieris*.
Rüppellii ♀ SAALM., Ber. Senck. Ges. 1883—84, p. 67 note (1884), Mus. Francof.
Abyssinien.

Obs.: *Pieris licea* FABR. und *cubotea* GOD. stammen sicher nicht aus dem afrikanischen Gebiete.

7. **Phyllocharis** Schatz.

≧ *Synchloe* Hübner, Verz., p. 94 (1826).
≧ *Euchloe* Hübner, Verz., p. 94 (1826).
< *Euchloe* Butler, Cist. Ent. 1, p. 53, 57 (1870).
< *Anthocharis* Boisd., Spec. Gen. Lep. 1. p. 555 (1836). — Doubl., Gen. D. Lep., p. 55 (1847).
- *Phyllocharis* Schatz. Exot. Schm. 2, p. 71, tab. 8 (1885—86). — Kirby, Handb. Lep. 2, p. 190 (1896). — E. Reuter, Acta Soc. Sc. Fenniæ 22: 1, p. 24 (1896).

1. **Ph. Falloui** Allard, An. E. Fr. (4) 7, p. 312, 318, t. 6, f. 1a, 1b (1867).
Somaliland[144]. [Algeria.]

8. **Calopieris** n. gen.

< *Pontia* Klug, Symb. Phys., tab. 7 (1829).
< *Anthocharis* Boisd., Spec. Gen. Lep. 1, p. 581 (1836).

Palpi brevissimi, tenuissimi, frontem haud superantes, articulo ultimo minutissimo. — Antennæ breves, clava magna, complanata, obtusa. — Alæ anticæ costis 11 præditæ; costa 3ª a 2ª fere duplo latius quam a 4ª separata; costula transversa infera (UDC) late profunde incurva, costula transversa media (MDC) brevis, recta, obliqua; costa 6ª brevissime petiolata; costæ 7ª et 8ª petiolo plus duplo longiores in marginem costalem ante apicem egrediuntur. — Alæ posticæ costis 8 præditæ; costa 1ª brevis longe ante medium marginis interioris desinit; costa 3ª a 2ª duplo longius quam a 4ª separata; costula transversa infera longa æqualiter curvata, costula transv. media brevis, omnino recta, valde obliqua; costula præcostalis mediocris, apicem alæ versus curvata. — Pedes breves, admodum incrassati.

Eine sehr ausgezeichnete Gattung, welche die Teracoliden mit den Pieriden verbindet und von allen übrigen Gattungen sehr scharf getrennt ist.

1. **C. eulimene** Klug, Symb. Phys., t. 7, f. 5—8 (1829), Mus. Berol. — Boisd., Spec. Gen. 1, p. 581 (1836).
Nubien: Ambukol, Ambaia Erba[133], Hor Tamanib[11].

9. **Teracolus** Swains.

> *Aphrodite* Hübner, Verz., p. 95 (1826). Nomen præoccupatum.
≧ *Colotis* Hübner, Verz., p. 97 (1826).
≦ *Abæis* Hübner, Verz., p. 97 (1826).

> *Teracolus* Swainson. Zool. Ill. (2) 3. t. 115 (1832—33). — Schatz. Exot. Schm. 2.
p. 72. t. 8 (1885—86). — Kirby. Handb. Lep. 2. p. 192 (1896). — E. Reuter, Acta
Soc. Sc. Fenniæ 22: 1. p. 25 (1896).

< *Anthocharis* Boisd., Spec. Gen. Lep. 1, p. 556 (1836). — Trimen, Rhop. Afr. Austr.,
p. 42 (1862).

> *Idmais* Boisd., Spec. Gen. Lep. 1, p. 584 (1836). —- Doubl., Gen. D. Lep., p. 59 (1847).
— Trimen, Rhop. Afr. Austr., p. 60 (1862). — Herr. Schäffer, Prodr. syst. Lep. 2.
p. 6 (1867). — Schatz, Exot. Schm. 2, p. 73, t. 8 (1885—86). — Kirby, Handb. Lep.
2. p. 198 (1896). — E. Reuter, Acta Soc. Sc. Fenniæ 22: 1. p. 26 (1896).

> *Callosune* Doubl., Gen. D. Lep., p. 57 (1847). — Herr. Schäffer, Prodr. syst. Lep. 2.
p. 6 (1867). — Schatz, Exot. Schm. 2. p. 72. t. 8 (1885—86). — Kirby, Handb. Lep.
2. p. 194 (1896). — E. Reuter, Acta Soc. Sc. Fenniæ 22: 1, p. 25 (1896).

> *Anthopsyche* Wallengr., Rhop. Caffr., p. 10 (1857).

> *Ptychopteryx* Wallengr., Rhop. Caffr., p. 17 (1857). — Butler, Cist. Ent. 1, p. 47
(1870); Lep. Exot., p. 45 (1870). — nomen praeoccup.

> *Thespia* Wallengr., Öfvers. Vet.-Akad. Förh. 15. p. 77 (1858).

= *Teracolus* Butler, Cist. Ent. 1. p. 36, 47, 56 (1870). — Trimen. S. Afr. Butt. 3, p.
80 (1889).

> *Abæis* Kirby, Handb. Lep. 2. p. 197 (1896).

> *Colotis* Kirby. Handb. Lep. 2. p. 198 (1896).

Revisio: Butler, Proc. Zool. Soc. 1876, p. 126—165 (1876). — Marshall, Proc.
Zool. Soc. 1897, p. 3—36 (1897). — Butler, An. N. H. (6) 20, p. 385—399, 451—473,
495—507 (1897). — Em. Sharpe, Mon. Entom. 1, Teracolus, p. 1—00 (1898—00).

Wenn es, wie Scudder will, richtig wäre *calais* Cramer als Typus von *Colotis* Hübner
oder *aretheusa* Cram. als Typus von *Abæis* zu betrachten, musste die Gattung *Teracolus*
Colotis oder eventuell *Abæis* benannt werden. Wenn man aber Hübners Gattung *Colotis*
untersucht, ist es ganz offenbar, dass er dieselbe für die rothgelben *Colias*-Arten (*electra*,
myrmidone, *edusa*, *aurora* und *chrysotheme*) errichtete und dass *calais* mit jenen wegen
ihrer Farbe irrthümlich vereinigt wurde. Noch deutlicher ist es, dass Hübner die *are-*
theusa Cram. nie zu *Abæis* gestellt hätte, wenn er gewusst hätte, dass *aretheusa* nur das
♀ von *crippe* L. ist, welche Art er zu *Aphrodite* führt. *Aretheusa* steht darum auch ganz
fremd in *Abæis* und hat nichts mit den beiden übrigen, wirklich verwandten Arten (*ni-*
cippe und *brigitta*) zu thun.

Es scheint mir darum ganz richtig, dass Butler für die vereinigten Gattungen
Teracolus, *Idmais* und *Callosune* den Namen *Teracolus* anwendete.

Es ist sehr zu bedauern, dass Kirby in seinem kürzlich erschienenen Hand-
buche nicht nur die alten unhaltbaren Gattungen *Teracolus*, *Callosune* und *Idmais* aufrecht gehalten, sondern auch zwei neue Gattungen *Abæis* und *Colotis* aufgestellt hat,
ohne ein einziges stichhaltiges Kennzeichen angeben zu können. Durch solche werthlosen
Namen wird das Studium der Lepidopteren nicht befördert, sondern sehr erschwert. Es

sollten im Gegentheil alle wissenschaftlichen Entomologen eifrig bestrebt sein, die Gattungen so klar und scharf als möglich zu begrenzen.

Die Arten der Gattung *Teracolus* sind durch ihre überaus grosse Veränderlichkeit sehr interessant. Sie treten nicht nur in derselben Gegend während verschiedener Jahreszeiten als verschiedene Formen, Sommer- und Winter-Formen, und Uebergänge zwischen jenen am Ende der Jahreszeiten auf, sondern sie können auch in verschiedenen Gegenden recht verschieden sein (Lokal-Rassen).

Die Sommer-(Regenzeit-)Formen sind fast immer durch eine grössere Entwickelung der schwarzen Zeichnungen der Oberseite und durch die weisse oder fast weisse, nicht dunkel gesprenkelte Grundfarbe der Hinterflügelunterseite ausgezeichnet, mit welcher die Spitze der Vorderflügelunterseite immer gleichgefärbt ist.

Die Winter-(Trockenzeit-)Formen haben dagegen die schwarzen Zeichnungen der Oberseite schwach entwickelt oder ganz verwischen und sind besonders durch die mehr oder weniger röthliche und schwarz gesprenkelte Unterseite der Hinterflügel und der Spitze der Vorderflügel leicht kenntlich.

Es ist ganz natürlich, dass die Sommerformen in denjenigen Gegenden, wo der Niederschlag sehr gross und das Klima demzufolge sehr feucht ist, intensiver ausgeprägt sein müssen als dort, wo die Regenmenge weniger gross ist. Solche extremen Formen sind als *var. æstiv. extrem.* bezeichnet. Aus den Gegenden, wo überhaupt keine eigentliche Trockenzeit vorkommt (z. B. S. Leona und Kamerun), sind nur die Sommerformen bekannt.

Dasselbe gilt natürlich auch von den Winterformen. Sie sind in sehr trockenen Gegenden besser als sonst entwickelt (*var. hib. extrem.*) und können bisweilen fast alleinherrschend sein.

Näheres über diese interessanten Thatsachen findet sich in der zweiten Abtheilung meiner Abhandlung.

Ich habe die verschiedenen Zeit- und Lokal-Formen für sich aufgeführt und nicht wie Butler und Marshall nur als Synonymen betrachtet. Die folgende Artübersicht beabsichtigt nur die Männchen. Aus Mangel an genügendem Materiale muss ich auf eine Uebersicht der sehr abweichenden und veränderlichen Weibchen verzichten.

Uebersicht der Männchen.

1. Die Vorderflügel (und bisweilen auch die Hinterflügel) oben zwischen den Rippen mit 4—8 hellen Saumflecken, welche bisweilen sehr klein,[1] strichförmig sind oder so erweitert, dass der dunkle Saum durch sie fast ganz in Flecke aufgelöst wird. Unten fehlen diese Saumflecke ganz oder sind grösser als auf der Oberseite. Beide Geschlechter oben ohne Prachtfleck an der Spitze der Vorderflügel oder mit einer Doppelreihe von violettrothen Längsflecken. — *Idmais*.

A. ♂. Die Vorderflügel im Felde 1b vor der Mitte der stark gebogenen Rippe 1 mit einem blasig erhabenen, auf der Unterseite schwärzlichen Schuppenflecke; ihr Hinterrand vor der Mitte bauchig erweitert und das Feld 1a darum ungewöhnlich breit. Die Flügel oben mit röthlichgelber (lachsfarbiger) Grundfarbe.   N:o 1.

---

[1] Bei *T. eor* ♂ erreichen die langen violettrothen Submarginalflecke den Saum und vereinigen sich mit den Saumflecken, welche dadurch nicht als selbständige Flecke auftreten.

B. ♂. Die Vorderflügel ohne Schuppenfleck in 1 b und mit geradem oder fast geradem Hinterrande.

   α. Die Spitze der Vorderflügel ist nie oben breit schwarz mit zwei Querreihen von violettrothen, schillernden Flecken.

     *. Die schwarzen Diskalflecke der Vorderflügeloberseite sind alle da und mit einander zu einer tief gezackten Querbinde zwischen dem Vorderrande und der Rippe 1 vereinigt. Der Diskalfleck 1 b liegt immer weit näher an der Wurzel als der Diskalfleck 2 und die Querbinde ist darum auf der Innenseite im Felde 2 tief ausgeschnitten. Die Querbinde verläuft entweder ganz frei oder ist mehr oder weniger vollständig mit der dunklen Saumbinde vereinigt.

       †. Der Diskalfleck 3 der Vorderflügel liegt eben so weit oder noch weiter als der Diskalfleck 2 von der Wurzel entfernt. Dieses tritt auf der Unterseite, wo die Flecke frei sind, am deutlichsten hervor. - Der Vorderrand und ein grosser Fleck am Ende der Mittelzelle der Vorderflügel schwarz. Die Grundfarbe beider Flügel oben rothgelb—weiss.   N:o 2.

       ††. Der Diskalfleck 3 der Vorderflügel liegt deutlich näher an der Flügelwurzel als der Diskalfleck 2.

         1. Die Flügel unten fast einfarbig ohne Zeichnungen; nur die schwarzen Diskalflecke 1b, 2 und 3 sowie der Mittelfleck der Vorderflügel sind deutlich, bisweilen haben auch die Hinterflügel einige undeutliche Flecke.

           o. Wenigstens die Vorderflügel mit fleischrother oder schwefelgelber Grundfarbe. Die Hinterflügel oben mit sehr breiter, ungefleckter, schwarzer Saumbinde.   N:o 3.

           oo. Beide Flügel oben mit weisser Grundfarbe. Die schwarze Saumbinde der Hinterflügeloberseite mässig breit, weissgefleckt.   N:o 4.

         11. Beide Flügel unten mit reicher, wenn auch bisweilen matter Zeichnung.

           o. Die Hinterflügeloberseite wenigstens beim ♂ ohne deutliche dunkle Querlinie kurz hinter der Mitte, hell braungelb mit schwarzen Rippen.

             §. Die Diskalquerlinie der Vorderflügeloberseite endet an der Rippe 3.   N:o 5.

             §§. Die Diskalquerlinie der Vorderflügeloberseite erreicht die Rippe 1.

               1. Die Hinterflügel oben nur mit sehr fein schwarzen Rippen und mit undeutlicher Saumbinde.   N:o 6.

               2. Die Rippen der Hinterflügeloberseite sehr breit schwarz; ihre Saumbinde breit und deutlich mit deutlichen, hellen Saumflecken.   N:o 7.

           oo. Die Hinterflügeloberseite kurz hinter der Mitte mit einer deutlichen, schwarzen Querbinde.

             §. Die Grundfarbe beider Flügel oben lebhaft orangegelb, nur die Wurzel der Vorderflügel beim ♂ bis zur Mitte der Mittelzelle grauweiss.   N:o 8.

             §§. Beide Flügel wenigstens an der Wurzel mehr oder weniger breit weiss oder weisslich.   N:o 10.

   **. Die schwarzen Diskalflecke der Vorderflügel fehlen beim ♂ gänzlich oder sind nur in den Feldern 4 - 6 und 8 vertreten oder sind beim ♀ alle frei und in einer sanft und gleichmässig gebogenen Querreihe gestellt.

     †. Die Hinterflügel ganzrandig. Kleinere Arten, 32—42 Mill., mit weisser Grundfarbe.

       o. Die Flügel oben rein weiss ohne gelb. ♂. Die Vorderflügel hinter der Mittelzelle mit schwarzen Rippen und mit schwärzlichen Flecken an den Rippenenden, die Hinterflügel einfarbig weiss mit sehr kleinen schwarzen Saumpunkten. — ♀. Die Vorderflügel mit einer Querreihe von 4—7 Diskalpunkten und mit einem Mittelpunkte am Ende der Mittelzelle.   N:o 11.

       oo. Die Flügel oben wenigstens beim ♂ zum Theil goldgelb—ockergelb.

         §. ♂. Die drei ersten Viertel der Mittelzelle und die Wurzel der Felder 1a und 1b der Vorderflügeloberseite bläulich grau. Der Vorderrand der Hinterflügel oben wenigstens bis zur Rippe 6 ockergelb. Die Vorderflügel oben mit einem grossen, ockergelben Flecke, welcher wenigstens die Felder 1a und 1b (ihre Wurzel ausgenommen) bedeckt.   N:o 12.

§§. ♂. Die ockergelbe Farbe der Vorderflügel bedeckt die ganze Mittelzelle und auch die Wurzel der Felder 1a und 1b, sowie auch wenigstens den Vorderrand und die Mittelzelle der Hinterflügel. • N:o 13.

††. Die Hinterflügel deutlich, aber leicht gezackt. Grössere Art, 52—56 Mill.; beide Flügel mit citrongelber Grundfarbe. N:o 14.

♂. Die Spitze der Vorderflügel ist oben sehr breit schwarz und enthält zwei Querreihen von violettrothen, schillernden Flecken, welche durch die zickzackformige, schwarze Diskalquerlinie getrennt sind.

*. Die Vorderflügel nie oben an der Wurzel breit blaugrau.

ö. Die Hinterflügel oben am Saume nur mit freien, dunklen Saumflecken an den Rippenenden.
N:o 15.

oo. Die Hinterflügel oben mit einer zusammenhängenden schwarzen Saumbinde.

1. Die Saumbinde der Hinterflügeloberseite mässig breit und mit gelblichen Saumflecken geziert.
N:o 16.

2. Die Saumbinde der Hinterflügeloberseite vorne sehr breit, am Analwinkel in eine Spitze auslaufend, nach innen unregelmässig gebogen. ungefleckt. N:o 17.

** Die Vorderflügel oben an der Wurzel breit (wenigstens bis zur Rippe 2) blaugrau. Die violettrothen Flecke der Vorderflügel sind gross und langgestreckt, die der inneren Reihe erreichen die Mittelzelle oder bedecken sogar die Spitze derselben. N:o 18.

II. Die Vorderflügel oben ohne Spur von hellen Saumflecken zwischen den Rippenenden. Ihr Saum gewöhnlich zwischen der Spitze und der Rippe 3 oder 2 schwarz.

A. ♂. Die Vorderflügel oben an oder gewöhnlich etwas vor der Spitze mit einem grossen, aus 3—7 grell gefärbten, freien oder vereinigten Flecken der Felder 2—8 gebildeten Apicalflecke (Prachtflecke).

α. Die UDC und MDC der Vorderflügel bilden nicht zusammen einen gleichförmigen Bogen. Der Mittelpunkt der Vorderflügel liegt, wenn vorhanden, nur auf der UDC. Der Prachtfleck bedeckt nie die Spitze der Mittelzelle.

*. Die Hinterflügel sind unten nicht regelmässig, fein quergestrichelt und haben keinen Längsstrahl durch die Mitte.

†. ♂. Beide Flügel oben mit rein weisser Grundfarbe. Der Prachtfleck der Vorderflügel nie nach innen unmittelbar schwefelgelb begrenzt.

1. ♂. Der Prachtfleck der Vorderflügel besteht aus 5—6 länglichen, freien, matt ockergelben Flecken, welche vom grunbraunen, schwach violett schillernden Grunde umgeben sind. Das Feld 1a, fast das ganze Feld 1b (nur mit Ausnahme des vorderen Wurzeltheiles) und die äussere Hälfte der Felder 2 und 3 der Vorderflügeloberseite tief sammtschwarz. Das Feld 3 gewöhnlich mit einem weissen Submarginalflecke. N:o 19.

11. ♂. Die Vorderflügel nie oben so wie in Abtheilung 1 gezeichnet.

+. ♂. Der Prachtfleck der Vorderflügeloberseite lebhaft blau, violett oder rothviolett schillernd.

o. ♂. Der Prachtfleck der Vorderflügeloberseite nach innen deutlich, bisweilen aber sehr schmal schwarz begrenzt.

§. ♂. Der Prachtfleck ist klein, überall sehr breit schwarz umzogen und besteht nur aus drei kurzen viereckigen Flecken in 4—6, und aus je einem kleinen Striche in 7 und 8, der jedoch auch fehlen kann. N:o 20.

§§. ♂. Der Prachtfleck ist grösser und besteht aus 5—6 Flecken, von denen der unterste gewöhnlich im Felde 3 steht.

1. ♂. Der Prachtfleck ist mässig (im Felde 6 nur etwa 7 Mill.) breit und sein Fleck im Felde 4 ist nie doppelt so lang wie breit.

a. Die Rippen der Hinterflügelunterseite nicht oder nur sehr breit schwarz.
N:o 21.

b. Die Rippen der Hinterflügelunterseite sehr breit schwarz. N:o 22.

2. ♂. Der Prachtfleck ist sehr (im Felde 6 etwa 12 Mill.) breit und sein Fleck im Felde 4 ist mehr als doppelt so lang wie breit. N:o 23

oo. ♂. Der Prachtfleck der Vorderflügeloberseite ist nach innen ganz ohne schwarze Begrenzung und stösst darum unmittelbar an die weisse Grundfarbe, welche sogar zwischen den Theilen des Fleckes eindringen kann.

    §. Der Prachtfleck ist gross, breit (im Felde 6 wenigstens 12 Mill. breit) und zusammenhangend.

        1. Der Prachtfleck fängt am Vorderrande gerade gegenüber der Spitze der Mittelzelle an.   N:o 24.

        2. Der Prachtfleck fängt am Vorderrande ziemlich weit hinter der Spitze der Mittelzelle an.

           a. ♂. Der Prachtfleck erreicht wenigstens die Mitte des Feldes 3.   N:o 25.

           b. ♂. Der Prachtfleck erreicht höchstens die Rippe 4.   N:o 26.

    §§. Der Prachtfleck besteht nur aus 2—4 kleinen, durch die weisse Grundfarbe mehr oder weniger vollständig von einander getrennten Fleckchen der Felder 4—6.

        1. Flügelspannung wenigstens 55 Mill.; die Flügel oben rein weiss.   N:o 27.

        2. Flügelspannung etwa 45 Mill.; die Flügel oben grünlich weiss.   N:o 28.

••. Der Prachtfleck der Vorderflügeloberseite nie blau, violettblau oder rothviolett.

    o. Der Prachtfleck tief roth (bluthroth—scharlachroth; bisweilen schwach violett schillernd) oder selten ockergelb; im letzteren Falle sehr gross, die Spitze der Mittelzelle fast erreichend. Unten haben die Vorderflügel schwarzbraune Diskalflecke in 1b, 3—6 und 8 und die Hinterflügel gewöhnlich eine fast vollständige Querreihe von schwärzlichen Diskalflecken.

        §. Der Prachtfleck ist gross, im Felde 6 etwa 8—13 Mill. breit und bildet auch im Felde 2 einen grösseren oder kleineren Fleck; seine äussere schwarze Begrenzung setzt sich fast immer bis zum Analwinkel fort.

           1. Die innere schwarze Begrenzung des Prachtfleckes ist sehr breit und nach hinten so erweitert, dass sie die Wurzel der Felder 2 und 3 gänzlich bedeckt.   N:o 29.

           2. Die Wurzel der Felder 2 und 3 der Vorderflügel ist nicht von der schwarzen Begrenzung des Prachtfleckes bedeckt.

              a. Der Prachtfleck ist ockergelb. [1] Beide Flügel oben an der Wurzel breit grau bestaubt.   N:o 30.

               b. Der Prachtfleck ist scharlachroth.   N:o 31, 32. [2]

        §§. Der Prachtfleck ist im Felde 6 nur 5—7 Mill. breit und wird nach hinten von der Rippe 3 begrenzt; seine äussere schwarze Begrenzung setzt sich nur bis zur Rippe 2 fort.   N:o 33.

oo. Der Prachtfleck ist rothgelb—orangegelb—gelb und nur mässig gross. Die Hinterflügel nie unten mit einer Querreihe von Diskalflecken.

    §. Der Prachtfleck ist gewöhnlich nach innen schwarz begrenzt; wenn aber die schwarze Begrenzung fehlt, fehlt auch jede andere schwarze Zeichnung am Innenrande des Prachtfleckes.

        +. Der Prachtfleck ist bei jeder Beleuchtung deutlich röthlich gelb (gelbroth—rothgelb).

        °. Der Prachtfleck ist bei der Sommerform auf allen Seiten (sehr) breit schwarz gesäumt und besteht aus kurzen, durch die schwarzen Rippen fast getrennten Fleckchen, bei der Winterform aber ist er von unregelmässiger nicht dreieckiger Form (er ist auf der Innenseite stets mehr oder weniger tief ein-

---

[1] BUTLER führt nunmehr (An. N. H. (6) 20, p. 495) eine Form mit rothem Prachtflecke als Zeitform von *Hildebrandti* auf; da aber diese fragliche Zeitform nur durch die Grösse ein wenig von *Anna* WALLENGR. abweichen scheint, gehört sie entweder zu *Anna* und nicht zu *Hildebrandti* oder ist auch *Hildebrandti* nur eine Form von *Anna*.

[2] Ich bin leider nicht im Stande einige durchgreifende Unterschiede zwischen diesen »Arten« anzugeben.

geschnitten in den Feldern 3 und 4) und nach innen gewöhnlich deutlich, aber schmal schwarz gesäumt. bisweilen jedoch ganz ohne schwarze Begrenzung.

1. Grössere Arten, 33—50 Millim.; der Prachtfleck des ♂ stets nach innen mit schwarzer Begrenzung.   N:o 34—36.

2. Kleinere Arten, 25—33 Millim.; der Prachtfleck des ♂ bei der Winterform ganz ohne innere schwarze Begrenzung.   N:o 38—40.[1]

— . Der Prachtfleck ist gross, am Vorderrande wurzelwärts ausgezogen, nach innen gerade oder fast gerade abgeschnitten und erhält dadurch gewöhnlich eine fast dreieckige Form. Er ist bei der Sommergeneration auf allen Seiten schmal schwarz gesäumt, bei der Winterform aber gewöhnlich nach innen ganz ohne schwarze Begrenzung.

1. Der Prachtfleck ist fast dreieckig und nie nach innen schwefelgelb gesäumt.   N:o 41, 42.

2. Der Prachtfleck ist nach aussen breit und stumpf abgerundet und bildet dadurch ein Zirkelsegment. das kleiner als ein Halbkreis ist. Auf der Innenseite ist der Prachtfleck zuerst schwarz und dann wenigstens stellenweise auch schwefelgelb gesäumt.   N:o 43.

‡‡. Der Prachtfleck ist ockergelb—lehmgelb ohne röthliche Beimischung oder selten und nur bei gewisser Beleuchtung etwas röthlich schillernd.

. Der Prachtfleck ist nach aussen schwarz begrenzt oder wird wenigstens durch deutliche schwarze Punkte oder Striche an den Rippenenden eingekerbt.

1. Die Hinterflügel oben am Vorderrande und die Vorderflügel oben am Hinterrande mehr oder weniger breit schwarz oder schwärzlich. Die Vorderflügel ohne Mittelpunkt.   N:o 45.

2. Die Flügel oben an der Wurzel rein weiss oder nur sehr wenig schwarz beschuppt.

a. Der Prachtfleck ist ringsum ziemlich breit schwarz gesäumt und erreicht kaum die Rippe 3. Die Vorderflügel mit einem schwarzen Mittelpunkte.   N:o 46.

b. Der Prachtfleck ist nach innen ganz ohne schwarze Begrenzung und nach aussen nur mit sehr feinen und kurzen schwarzen Strichen an den Rippenenden versehen; er erreicht die Rippe 2. Die Vorderflügel ohne Mittelpunkt. Die Flügel unten schneeweiss mit dem Spitzendrittel der Vorderflügel schön schwefelgelb und mit 5 freien, orangegelben Flecken an seinem Innenrande.   N:o 47. Vergl. auch N:o 34—40.

— . Der Prachtfleck erreicht vollständig die Spitze und den Saum oder ist nach aussen nur unregelmässig schwarzgrau bestäubt ohne schwarze Striche oder Punkte an den Rippenenden.   N:o 48, 49.

§§. Der Prachtfleck ist zwischen dem Vorderrande und der Rippe 4 ganz ohne innere schwarze Begrenzung, ist aber im Felde 3 nach innen schwarz begrenzt oder hat wenigstens an oder etwas vor seinem Innenrande einen sehr charakteristischen, schwarzen Fleck auf der Rippe 4.   N:o 51.

---

[1] Da ich von diesen drei Formen genügendes Material nicht besitze, führe ich dieselben nach BUTLER (An. N. H. (6) 20, p. 459) auf. So weit ich nach den Abbildungen und den Beschreibungen beurtheilen kann. können wenigstens die Winterformen nicht durch Kennzeichen von einander unterschieden werden. Auch BUTLER betrachtete selbst früher (Pr. Zool. Soc. 1896, p. 253) *eragore*, *mouna* und *Heuglini* als Synonymen. Auch die mit jenen vereinigten (ob richtig?) Sommerformen *Thruppi* und *Yerburi* sind einander sehr ähnlich, während *daira* etwas mehr abweichend ist. Wahrscheinlich werden alle drei sich später als eine Art herausstellen. Die »Winterformen» sind übrigens mit *antigone* bedenklich nahe verwandt.

††. Beide Flügel oder wenigstens die Vorderflügel oben schwefelgelb—weissgelb, selten rein weiss; in diesem Falle aber ist der Prachtfleck auf der Innenseite deutlich schwefelgelb begrenzt. Der grosse orangegelbe, nach innen gewöhnlich nicht schwarz begrenzte Prachtfleck erreicht die Rippe 2, bisweilen sogar die Rippe 1.

§. Die Vorderflügel mit stumpf abgerundeter Spitze. Die Hinterflügel gewöhnlich oben weiss oder nur schwach gelblich, unten weiss (Sommerform) oder röthlich (Winterform).

N:o 53.

§§. Die Vorderflügelspitze tritt ziemlich scharf hervor. Die Flügel oben schwefelgelb—hellgelb, selten fast weiss: die Hinterflügel unten gelb (Sommerform) oder röthlich (Winterform).

1. Kleinere Form, ♂ etwa 40 Millim.; die Flügel bisweilen oben weisslich. N:o 54.

2. Grössere Form, ♂ 45—47 Millim.; die Flügel oben stets mit schön schwefelgelber Grundfarbe. N:o 55.

**. Die Hinterflügelunterseite und die Spitze der Vorderflügelunterseite fein und dicht braun quergestrichelt; die Hinterflügel unten mit einem dunklen Längsstrahle von der Wurzel durch die Mittelzelle fast bis zum Saume. Die Spitze der Vorderflügel scharf, fast rechtwinkelig. Flügelspannung 45—60 Millim.

1. Der nach hinten im Felde 3 offene (in der Grundfarbe übergehende) oder nur durch die Rippe 4 begrenzte Prachtfleck wird zwischen dem Vorderrande und der Rippe 4 durch eine breite, tief schwarze Halbbinde nach innen begrenzt. Die Flügel oben bei beiden Geschlechtern schwefelgelb; der Prachtfleck beim ♂ nicht oder wenig dunkler als die Grundfarbe, beim ♀ orangegelb —orangeroth. N:o 56.

2. Der Prachtfleck nicht nach innen schwarz begrenzt. Die Flügel oben beim ♂ mit gelber, beim ♀ mit weisser Grundfarbe; der Prachtfleck stets sehr gross, lebhaft orangeroth. N:o 57.

β. Die UDC und MDC der Vorderflügel bilden zusammen einen gleichförmigen Bogen. Der Mittelpunkt der Vorderflügel ist wenigstens unten vorhanden und liegt an der Wurzel der Rippe 5, zum Theil auch die MDC bedeckend. Der schwefelgelbe Prachtfleck des ♂ ist sehr gross, bedeckt vollständig die Wurzel der Felder 3—10 und auch die Spitze der Mittelzelle und wird nach hinten von der Rippe 3 begrenzt. N:o 58.

B. Die Vorderflügel oben mit breit schwarzer, einfarbiger oder nur mit einigen grauen Schuppen bestreuter Spitze und ganz ohne Prachtfleck. Die Grundfarbe oben beim ♂ citronengelb, beim ♀ weiss. Die Hinterflügel oben unbezeichnet (♂) oder mit breiter, schwarzer Saumbinde (♀). Die Vorderflügel auf beiden Seiten mit schwarzem Diskocellularpunkte. N:o 59.

1. T. faustus OLIV.[1]

var. **vi** SWINHOE, Proc. Zool. Soc. 1884, p. 437, t. 39, f. 6, 7 (1884), Coll. Swinh. — BUTLER, An. N. H. (6) 20, p. 499 (1897). — alis infra luteis.

Arabien: Aden.

2. T. amatus FABR.[2]

var. **calais** CRAMER, Pap. Exot. 1, p. 84, t. 53, f. C, D (1775). — HERBST, Naturs. Schm. 5, p. 180, t. 108, f. 5, 6 (1792). — TRIMEN, Rhop. Afr. Austr., p. 61 (1862). — BUTLER, Proc. Zool. Soc. 1876, p. 139 (1876). — MARSHALL, Proc. Zool. Soc. 1897, p. 9 (1897). — EM. SHARPE, Monogr. Ent. 1, p. 1, t. 1, f. 1, 1a—1c, 1f: t. 1a, f. 2, 2a (1898).

dynamene KLUG, Symb. Phys., t. 6, f. 17, 18 (1829), Mus. Berol. — BOISD., Spec. Gen. Lep. 1, p. 588 (1836).

---

[1] Die Hauptform stammt aus Syrien und wurde bisher nicht in unserem Gebiete gefunden.

[2] Ich habe hier nicht die Synonymen der asiatischen Lokalrasse *amatus* FABR. aufgeführt.

carnifer Butler, Proc. Zool. Soc. 1876, p. 138, t. 7, f. 8, 9 (1876); l. c. 1884, p. 488 (1885).

Metam.: Nurse, Proc. Zool. Soc. 1896, p. 245 (1896). — Em. Sharpe, Monogr. Ent. 1, p. 4, t. 1, f. 1 d, 1 e (1898).

Congo — Angola[5, 7] Damaraland: Swakop[26]. Deutsch Ost-Afrika: Parumbira[11*], Bagamoyo[48]. Kilimanjaro[51], Usambara[34], Katoto[55a] — Brit. Ost-Afrika: Ngatana[22], Sabaki[20], Voi Fluss[21] — Somaliland[82, 128, 129] — Abyssinien[1, 2] — Nubien: Ambukol. Arabien: Aden.

var. **Crowleyi** Em. Sharpe, Monogr. Ent. 1, p. 8, t. 1 a, f. 1, 1 a—1 d (1898), Coll. Crowley.

dynamene Mab., Hist. Mad. Lep. 1, p. 285, t. 41, f. 8, 9 (1885—87).

Delagoa Bay — Port. Ost-Afrika: Beira, Pungwe Fluss, Zambezi. Madagaskar.

3. **T. phisadia** God., Enc. Meth. 9, p. 132 (1819). — Boisd., Spec. Gen. Lep. 1, p. 587 (1836). — Mab., Hist. Mad. Lep. 1, p. 281 (1887). — Marshall., Proc. Zool. Soc. 1897, p. 10 (1897). — Butler, An. N. H. (6) 20, p. 389 (1897). — ♂ alis. post. parte basali tota alba.

arne Klug, Symb. Phys., t. 7, f. 1—4 (1829), Mus. Berol. — Boisd., Spec. Gen. Lep. 1, t. 19, f. 2 (1836).

philomene Mab., An. E. Belg. 23 Bull., p. 106 (1880); Hist. Mad. Lep. 1, t. 11, f. 10 (1885).

Metam.: Nurse, Proc. Zool. Soc. 1896, p. 245, t. 10, f. 13, pupa (1896).

Senegal — Nubien: Ambukol, Wadi Gabait[133] — Abyssinien[1] — Somaliland[128, 139]. Arabien.

var. **Rothschildi** Em. Sharpe, Monogr. Ent. 1, p. 14, t. 4, f. 1, 1 a—1 c, 1 e (1898), Mus. Tring. — major; costa alar. ant. latius et obscurius fusco-nigra; ♂ alis post. parte basali tota alba.

Brit. Ost-Afrika: Mombasa, Melindi.

var. **ocellatus** Butler, Proc. Zool. Soc. 1885, p. 767 (1886), Mus. Brit. — Em. Sharpe, Monogr. Ent. 1, p. 11, t. 2, f. 2, 2a (1898). — ♂ parte basali alar. post. antice dilute carnea, postice alba.

Somaliland: Shebeli[129].

4. **T. vestalis** Butler.

var. **castalis** Staud., Exot. Schm. 1, p. 43, t. 23 (1884—5), Coll. Staud. — Em. Sharpe, Monogr. Ent. 1, p. 19, t. 7, f. 1—1 c (1898).

Brit. Ost-Afrika: Teita, Mombasa, Melindi — Somaliland[128].

5. **T. gaudens** Butler, An. N. H. (4) 18, p. 486 (1876), Mus. Brit. — Marshall., Proc. Zool. Soc. 1897, p. 14 (1897). — Butler, An. N. H. (6) 20, p. 503 (1897). — sequentis var.?: alis post. infra flavescentibus.

Abyssinien.

var. hib. **arenicolens** Butler, Ent. M. Mag. 21, p. 81 (1884), Mus. Brit.; Trans. Ent. Soc. London 1895, p. 520 (1895). — alis post. infra magis rufescentibus.

Arabien.

Obs. Butler führt nunmehr *arenicolens* als Zeitform zu *chrysonome*. Wahrscheinlich sind weder *gaudens* noch *arenicolens* specifisch von *chrysonome* verschieden.

6. **T. chrysonome** Klug, Symb. Phys., t. 7, f. 9—11 (1829), Mus. Berol. — Boisd., Spec. Gen. Lep. 1, p. 585 (1836). — Marshall, Proc. Zool. Soc. 1897, p. 14 (1897). — Butler, An. N. H. (6) 20, p. 503 (1897). — alis post. infra flavidis, maculis rufescentibus.

Deutsch Ost-Afrika: Kilimanjaro[51] — Brit. Ost-Afrika[21] — Somaliland[82]: Dedjainio[128], Ahdeh[129], Sheik Huscin[129], Zaila[83], Rugga[144] — Nubien: Hor Tamanib[11], Halaib[133], Wadi[133], Ambukol.

var. **helvolus** Butler, Proc. Zool. Soc. 1888, p. 94 (1888), Mus. Brit.; Trans. Ent. Soc. 1895, p. 520 (1895). — alis post. infra plus minus rufescentibus.

Brit. Ost-Afrika[146]: Sabaki[22] — Somaliland.

7. **T. Doubledayi** Hopff., Peters Reise Mossamb. Ins., p. 362—63 (1862), Mus. Brit. — Butler, An. N. H. (6) 20, p. 504 (1897).

chrysonome Doubl. & Hew., Gen. D. Lep., t. 7, f. 5, ♂ (1847).
vesta Trimen, Rhop. Afr. Austr., p. 62 (1862).
Hewitsoni Kirby, Cat. Diurn. Lep., 498 (1871).

Sierra Leona (Coll. Staud.). Congo — Angola[7].

8. **T. aurigineus** Butler, An N. H. (5) 12, p. 103 (1883), Mus. Brit. — Marshall, Proc. Zool. Soc. 1897, p. 14 (1897). — Butler, An. N. H. (6) 20, p. 503 (1897). alis post. infra fundo læte aureo.

Nyassaland — Deutsch Ost-Afrika[55a]: Kandera[53], Usambara[54], Kilimanjaro[50], Victoria Nyanza[49] — Brit. Ost-Afrika[22]: Taweta[51], Voi Fluss[21], Victoria Nyanza[119]. — Somaliland: Sheik Huscin[129] — Aequatoria: Wadelai[4].

var. hib. **venustus** Butler, Proc. Zool. Soc. 1888, p. 94 (1888), Mus. Brit.; Trans. Ent. Soc. London 1895, p. 520 (1895); Proc. Zool. Soc. 1896, p. 834 (1897). — alis post. infra rufescentibus.

Nyassaland[130] — Deutsch Ost-Afrika: Kilimanjaro.

°9. **T. Ansorgei** Marshall, Proc. Zool. Soc. 1897, p. 13 (1897). — Butler, An. N. H. (6) 20, p. 504 (1897). — ? Butler, Proc. Zool. Soc. 1897, p. 693 note (1897). — praecedentis var.?

Deutsch Ost-Afrika: Parumbira. ? Somaliland[132].

10. **T. vesta** Reiche, Ferr. & Galin. Voy. Abyss. Ent., p. 463, t. 31, f. 7, 8 (1849). — Butler, An. N. H. (6) 20, p. 505 (1897). — Marshall, Proc. Zool. Soc. 1897, p. 12 (1897).

? *cellula* Lucas, Rev. Zool. (2) 4, p. 428 (1852).

Abyssinien.

var. (ab.?) **rhodesinus** Butler, Proc. Zool. Soc. 1893, p. 663, t. 60, f. 6 (1894), Mus. Brit. — Butler, An. N. H. (6) 20, p. 504 (1897).

Nyassaland: Mero See.

var. **mutans**[1] BUTLER. An. X. H. (4) 19, p. 459 (1877), Mus. Brit.; Proc. Zool. Soc. 1896, p. 126 (1896), p. 834 (1897); An. X. H. (6) 20, p. 505 (1897).

resta HOPFFER, Peters Reise Mossamb. Ins., p. 361 (1862). — TRIMEN, S. Afr. Butt. 3, p. 160 (1889).

Damaraland. Natal — Swaziland — Delagoa Bay — Transvaal — Bamangwato — Querimba[79] — Zambezi — Tette[79] — Nyassaland — Deutsch Ost-Afrika: Usambara[34] — Brit. Ost-Afrika: Taveta[51].

var. hib. **argillaceus** BUTLER, An. X. H. (4) 19, p. 459 (1877), Mus. Brit. — STAUD., Exot. Schm. 1, p. 305 (1888). — TRIMEN, S. Afr. Butt. 3, p. 161 (1889). — BAKER, Trans. Ent. Soc. London 1895, p. 426 (1895).

resta WESTW., Oates Matabele Land, p. 337 (1882). — STAUD., Exot. Schm. 1, p. 42, t. 23 (1884).

Natal — Swaziland — Transvaal — Nyassaland.

var. **catachrysops** BUTLER, An. X. H. (5) 2, p. 178 (1878), Mus. Brit.; An. X. H. (6) 20, p. 506 (1897).

Deutsch Ost-Afrika: Kilimanjaro[22], Massasi — Brit. Ost-Afrika[146]: N'Doli[22] — Somaliland[129].

var. **Hanningtoni** BUTLER, An. X. H. (5) 12, p. 104 (1883), Mus. Brit.; An. X. H. (6) 20, p. 506 (1897).

bipartitus ROTHSCH., Nov. Zool. 1, p. 537 (1894), Mus. Tring.

Brit. Ost-Afrika: Sabaki[22], Victoria Nyanza, Nzoi[21].

var. **amelia** LUCAS, Rev. Zool. (2) 4, p. 427 (1852).

Senegal.

---

[1] Die hier mit *T. resta* vereinigten Formen sind nach meiner Ansicht nicht selbständige Arten, sondern nur Zeit- und Lokalformen derselben Art und sind hauptsächlich nur durch die grössere oder geringere Ausdehnung der dunklen Zeichnungen von einander zu unterscheiden. Die folgende Uebersicht giebt die Hauptunterschiede der typischen Stücke an.

A. Die schwarze Saumbinde der Hinterflügel ist nicht so breit, wie die hellen Submarginalflecke, welche zwischen ihr und der schwarzen Diskalbinde liegen.

α. Der Wurzeltheil der Hinterflügel nächst der Diskalbinde hell ockergelblich. Die Diskalbinde beider Flügel oben sehr schmal (so wie bei *auriginens*). Die Hinterflügel unten mit schwefelgelber Grundfarbe.

rhodesinus.

β. Der Wurzeltheil der Hinterflügeloberseite bis zur Diskalbinde weiss. Die Diskalbinde der Oberseite breiter.

*. Die weisse Farbe der Wurzel der Vorderflügeloberseite erreicht die Spitze der Mittelzelle.

1. Die Hinterflügel unten mit schwefelgelber Grundfarbe.   *mutans.*

2. Die Hinterflügel unten mit röthlicher Grundfarbe.   *argillaceus.*

**. Die weisse Farbe der Wurzel der Vorderflügeloberseite tritt nur in 1 a und 1 b auf und wird in der Spitze der Mittelzelle durch die hell röthlich gelbe Grundfarbe verdrängt. Die Grundfarbe der Unterseite der Hinterflügel lebhaft gelb.   *resta* typ.

B. Die schwarze Saumbinde der Hinterflügeloberseite ist deutlich breiter als die hellen Submarginalflecke. Die Hinterflügel unten mit gelber Grundfarbe.

α. Der schwarze Mittelfleck der Vorderflügel gross, wie bei den vorigen.   *catachrysops.*

β. Der schwarze Mittelfleck der Vorderflügel (am Ende der Mittelzelle) klein, punktförmig.

Hanningtoni, amelia.

11. **T. venosus** STAUD.. Exot. Schm. 1. p. 43, 305, t. 23 (1884—5), Coll. Staud. — HOLL., Proc. U. S. Nat. Mus. 18, p. 759 (1896). — MARSHALL, Proc. Zool. Soc. 1897, p. 15 (1897). — BUTLER, An. N. H. (6) 20, p. 502 (1897).

Brit. Ost-Afrika: Taita, Taru[146].

12. **T. halimede** KLUG, Symb. Phys., t. 7, f. 12—15 (1829), Mus. Berol. — BOISD., Spec. Gen. Lep. 1, p. 526 (1836). — STAUD.. Exot. Schm. 1, p. 43 (1885). — MAB., Hist. Mad. Lep. 1, p. 286, t. 41, f. 6—7 (1885—7). — BUTLER, An. N. H. (6) 20, p. 501 (1897). — area flava alar. ant. costam 3am ant. 4am attingit.

acaste BUTLER, Proc. Zool. Soc. 1884, p. 490 (1885).

coelestis SWINHOE, Proc. Zool. Soc. 1884, p. 435, t. 39, f. 1, 2 (1884), Coll. Swinhoe. BUTLER, Proc. Zool. Soc. 1884, p. 189 (1885).

Metam.: NURSE, Proc. Zool. Soc. 1896, p. 246, t. 10, f. 17 (1896).

Arabien.

var. **acaste** KLUG, Symb. Phys., t. 7, f. 16, 17 (1829), Mus. Berol. — area flava alar. ant. tantum ad costam 2am extensa.[1]

polycaste BOISD., Spec. Gen. Lep. 1, p. 525 (1836) ex parte.

♂ *leo* BUTLER, An. N. H. (3) 16, p. 397 (1865), Mus. Brit. — SWINHOE, Proc. Zool. Soc. 1884, p. 436, t. 39, f. 3 (1884). — MARSHALL, Proc. Zool. Soc. 1897, p. 15 (1897). — BUTLER, An. N. H. (6) 20, p. 501 (1897); Proc. Zool. Soc. 1898, p. 411 (1898).

Senegal. Nubien: Ambukol, Halaib[135], Erba[135] — Weisser Nil — Erythraea: Harkeko[11] (unweit Massaua) — Abyssinien[3] — Somaliland: Tajora[11], Zaila[83], Bihenandola[128], Sheik Husein[129], Shebeli[129] — Brit. Ost-Afrika[21, 146]: Taveta[51] — Deutsch Ost-Afrika: Usambara[54], Dar-es-Salaam (Coll. Staud.).

13. **T. pleione** KLUG, Symb. Phys., t. 8, f. 7, 8 (1829), Mus. Berol. — BOISD., Spec. Gen. Lep. 1, p. 672 (1836). — STAUD., Exot. Schm. 1, p. 42, t. 23 (1884—5). — MARSHALL, Proc. Zool. Soc. 1897, p. 14 (1897). — BUTLER, An. N. H. (6) 20, p. 502 (1897). — ♂ arcis 4 et 5 alar. ant. ex magna parte colore aureo tectis.

miriam FELDER, Reise Novar. Lep., p. 190, t. 27, f. 3, 4 (1865). — BUTLER, Proc. Zool. Soc. 1884, p. 488 (1885).

chrysomelis BUTLER, Cist. Ent. 1, p. 244 (1874), Mus. Brit.

eucheria MAB., An. E. Fr. (5) 9 Bull., p. 174 (1879); Hist. Mad. Lep. 1, p. 287. t. 41, f. 5, 5a (1885—7).

Metam.: NURSE, Proc. Zool. Soc. 1896, p. 245, t. 10, f. 18 (1896).

Arabien. Weisser Nil (Brit. Mus.). Abyssinien: Mahal-Uonz[3] (Var.?).

var. **heliocaustus** BUTLER, Proc. Zool. Soc. 1885, p. 768, t. 47, f. 8, 9 (1886), Mus. Brit. — MARSHALL, Proc. Zool. Soc. 1897, p. 14 (1897). — BUTLER, An. N. H. (6)

---

[1] Der Typus von KLUGS *acaste* stammt aus Ambukol in Nubien und kann darum unmöglich, wie BUTLER will, zu der arabischen Hauptform gezogen werden. Damit stimmt vortrefflich überein, dass der gelbe Anflug der Vorderflügel in KLUGS Figur deutlich nach vorn von der Rippe 2 begrenzt wird. Ich betrachte darum ohne Bedenken *acaste* als das ♀ von *leo* BUTLER. KLUG vereinigte die ♂♂ von *acaste* mit denen von *halimede*.

20, p. 502 (1897). — ♂ areis 4 et 5 alar. ant. band aureo-tinctis, colore aureo antice costa 3ª aut 4ª terminata.

Somaliland: Sibbe¹²⁹, Arusa¹³², Rugga Pass¹⁴⁴.

14. **T. protomedia** KLUG, Symb. Phys., t. 8, f. 13, 14 (1889). — BOISD., Spec. Gen. Lep. 1, p. 509 (1836). — STAUD., Exot. Schm. 1, p. 43, t. 23 (1884—5). — MAB., Hist. Mad. Lep. 1, p. 288, t. 39, f. 5 (1885—7). — BUTLER, An. N. H. (6) 20, p. 507 (1897).

Metam: YERBURY, Proc. Zool. Soc. 1896, p. 256, t. 10, f. 15 (1896).

Deutsch Ost-Afrika: Usambara⁶⁴, Kilimanjaro⁵⁵ª, Kisuani⁵⁵ª — Brit. Ost-Afrika: Golbanti²², Sabaki²¹ — Somaliland⁸⁴ ¹²⁹ ¹⁵², Bichen¹²⁸, Aequatoria: Wadelai¹ Abyssinien¹⁶³; Massaua⁴⁸ — Nubien¹³³; Ambukohl. Arabien.

15. **T. pholoe¹** WALLENGR., Wien. E. Mon. 4, p. 35 (1860), Mus. Holmiæ. TRIMEN, S. Afr. Butt. 3, p. 159 (1889). — BUTLER, An. N. H. (6) 20, p. 500 (1897). — Sequentis var.?

phænon TRIMEN, Trans. Ent. Soc. London (3) 1, p. 522 (1863).

Damaraland.

16. **T. celimene** LUCAS, Rev. Zool. (2) 4, p. 426 (1852), Mus. Paris. — TRIMEN, S. Afr. Butt. 3, p. 157 (1889). — MARSHALL, Proc. Zool. Soc. 1897, p. 11 (1897). — BUTLER, An. N. H. (6) 20, p. 500 (1897).

amina HEW., Exot. Butt. Anthocharis, t. 1, f. 1—3 (1866), Mus. Brit. — STAUD., Exot. Schm. 1, p. 44, t. 23 (1884—5).

Swaziland — Transvaal — Matabeleland — Manicaland⁷⁷ — Zambezi - Nyassaland — Deutsch Ost-Afrika⁵⁵ª — Brit. Ost-Afrika: Kitui (Coll. Staud.) — Abyssinien.

17. **T. præclarus** BUTLER, Proc. Zool. Soc. 1885, p. 769, t. 47, f. 7 (1886), Mus. Brit. — BUTLER, An. N. H. (6) 20, p. 501 (1897).

Somaliland.

18. **T. zoe** GRANDID., Rev. Zool. (2) 19, p. 272 (1867). — MAB., Hist. Mad. Lep. 1, p. 295, t. 10, f. 3—5 (1885—7). — MARSHALL, Proc. Zool. Soc. 1897, p. 16 (1897). — BUTLER, An. N. H. (6) 20, p. 501 (1897).

Madagaskar.

19. **T. eris** KLUG, Symb. Phys., t. 6, f. 15, 16 (1829), Mus. Berol. — BOISD., Spec. Gen. Lep. 1, p. 514 (1836). — REICHE, Ferret & Galin. Voy. Abyss. Ent., p. 460, t. 31, f. 1—3 (1849). — WALLENGR., Rhop. Caffr., p. 15 (1857). TRIMEN, Rhop. Afr. Austr., p. 59 (1862). — HOPFFER, Peters Reise Moss. Ins., p. 356 (1862). — KIRBY, Proc. R. Dublin Soc. (2) 2, p. 357 (1880). — STAUD., Exot. Schm. 1, p. 42, t. 23 (1884). — WATERH., Aid 2, t. 143, f. 3 (1884). — TRIMEN, S. Afr. Butt. 3, p. 93 (1889); Proc. Zool. Soc. 1894, p. 65 (1894). — MARSHALL, Proc. Zool. Soc. 1897, p. 7 (1897). — EM. SHARPE, Monogr. Ent. 1, p. 24, t. 9, f. 1—1 g (1898).

¹ Der Typus von WALLENGRENS *pholoe* ist, wie BUTLER richtig vermutet hat, ein ♀ und weicht vom ♂ hauptsächlich nur durch den etwas breiteren, schwarzen Saum der Vorderflügel ab.

♀ *fatua* FELDER, Reise Novar. Lep., p. 189, t. 25, f. 3 (1865), Mus. Vindob.
BUTLER, Proc. Zool. Soc. 1894, p. 572 (1894).

♀ *abyssinicus* BUTLER, An. N. H. (4) 18, p. 486 (1876), Mus. Brit.

maimuna KIRBY, Proc. R. Dublin Soc. (2) 2, p. 338 (1880), Mus. Dublin. —
WATERH., Aid 2, t. 143, f. 1—2 (1884). — TRIMEN, S. Afr. Butt. 3, p. 95, note 3
(1889). — BUTLER, An. N. H. (6) 20, p. 392 (1897). — EM. SHARPE, Monogr.
Ent. 1, p. 30, t. 11, f. 1—1g (1898).

Johnstoni BUTLER, Ent. M. Mag. 23, p. 29 (1886), Mus. Brit. — TRIMEN, S. Afr.
Butt. 3, p. 95, var. A (1889). — BUTLER, Proc. Zool. Soc. 1894, p. 572 (1894);
An. N. H. (6) 20, p. 391 (1897); Proc. Zool. Soc. 1897, p. 851 (1898). — EM.
SHARPE, Monogr. Ent. 1, p. 21, t. 8, f. 1—1f. (1898).

opalescens BUTLER, Ent. M. Mag. 23, p. 30 (1886), Mus. Brit. — TRIMEN, S. Afr.
Butt. 3, p. 96 (1889). — BUTLER, Proc. Zool. Soc. 1894, p. 573 (1894); l. c. 1896,
p. 125 (1896); l. c. 1896, p. 835 (1897); An. N. H. (6) 20, p. 391 (1897). —
EM. SHARPE, Monogr. Ent. 1, p. 27, t. 10, f. 1—1g (1898).

punctigera LANZ, Iris 9, p. 126 (1896), Coll. Lanz.

Senegal. Angola[7] — Ovamboland[10] — Damaraland[56] — Namaqualand — Kap
Kolonie   Kaffernland — Natal — Delagoa Bay — Transvaal — Bamangwato:
Tati[35] — Matabeleland — Manicaland[77] — Querimba[70] — Zambezi — Nyassa-
land[121,130] — Deutsch Ost-Afrika[118,54,55a]: Kandera[53], Jipe See[18] — Brit. Ost-Afrika:
Sabaki[20], Voi Fluss[21] — Somaliland: Arusa Galla Land[132] — Abyssinien[1] — Nubien:
Atbara Fluss. Ambukol.

Nach Untersuchung des mir zugänglichen Materiales und nach Vergleichung der
vorzüglichen, von Miss SHARPE gelieferten Abbildungen der typischen Stücke bin
ich überzeugt, dass *maimuna*, *Johnstoni* und *opalescens* (= *punctigera*) nicht einmal
als Lokalrassen beibehalten werden können. Weder Miss SHARPE noch BUTLER selbst
können einige konstante Trennungsmerkmale angeben. Von *opalescens* sagt Miss
SHARPE zwar »distinguished at a glance by the yellow streak on the under-
side between the submedian and first median nervules of the secondaries«,
dieses Kennzeichen passt aber nicht auf die kleine, zu *opalescens* geführte dry-
season Form und findet sich auch, wenigstens angedeutet, bei Stücken aus anderen
Gegenden.

20. **T. crone** ANGAS, Kafirs Illustr., t. 30, f. 3 (1849). — alis post. infra flavis.

ione BOISD., Voy. Deleg. 2, p. 587 (1847). — TRIMEN, Rhop. Afr. Austr., p. 43
(1862). — BUTLER, Proc. Zool. Soc. 1876, p. 132 (1876). — STAUD., Exot. Schm.
1, p. 44 (1885). — MARSHALL, Proc. Zool. Soc. 1897, p. 18 (1897).   BUTLER,
An. N. H. (6) 20, p. 397 (1897).

speciosus WALLENGR., Rhop. Caffr., p. 16 (1857), Mus. Holmiae. — TRIMEN, S. Afr.
Butt. 3, p. 105 (1889).

var. hib. **jobina** BUTLER, Cist. Ent. 1, p. 44 (1869), Mus. Brit.; Lep. Exot., p. 116,
t. 43, f. 3 (1872). — STAUD., Exot. Schm. 1, p. 43, t. 23 (1884—5). — TRIMEN,

KONGL. SV. VET. AKADEMIENS HANDLINGAR. BAND **31**. N:O **5**. 429

S. Afr. Butt. 3, p. 107 (1889). — BAKER, Trans. Ent. Soc. London 1895, p. 122 (1895). — alis post. infra rufescentibus, plus minus fusco-striolatis. Natal — Swaziland.

21. **T. ione** GOD.,[1] Enc. Meth. 9, p. 140 (1819) verisimiliter. — LUCAS, Lep. Exot., t. 37, f. 4 (1835); figura speciminis typica? — BOISD., Spec. Gen. Lep. 1. p. 545 (1836) certe. — REICHE, Ferret & Galinier Voy. Abyss. Ent., p. 457, t. 30, f. 1, 2 ♂; 5—8 ♀ (1849). HOPFFER, Peters Reise Mossamb. Ins., p. 357, t. 21, f. 1, 2 ♂, 3—6 ♀ (1862). — WESTW., Oates Matabeleland, p. 338 (1881); Edit. 2, p. 345 (1889). — TRIMEN, S. Afr. Butt. 3, p. 101 (1889); Proc. Zool. Soc. 1894, p. 65 (1894). — major; ♂ margine apicali alar. ant. supra nigro, alis post. apiceque alar. ant. infra albis; alis ant. saepissime puncto discali nigro praeditis.

imperator BUTLER, Proc. Zool. Soc. 1876, p. 132 (1876), Mus. Brit.; An. N. H. (6) 20, p. 395 (1897).

var. (hib.) **jalone** BUTLER, Cist. Ent. 1, p. 14 (1869), Mus. Brit. — STAUD., Exot. Schm. 1, p. 44, t. 23 (1884—5). — major vel medius; ♂ margine apicali alar. ant. supra plus minus late cinereo aut cinereo-maculato; alis post. apiceque alar. ant. infra flavidis aut roseo-tinctis, saepe etiam brunneo-striolatis.

♀ *phlegyas* ♀ BUTLER, Proc. Zool. Soc. 1865, p. 431, t. 25, f. 3a (1865), Mus. Brit.

var. **phlegyas** BUTLER, Proc. Zool. Soc. 1865, p. 431, t. 25, f. 3 ♂ (1865), Mus. Brit. — TRIMEN, S. Afr. Butt. 3, p. 109 (1889). — BUTLER, Proc. Zool. Soc. 1896, p. 836 (1897). MARSHALL, Proc. Zool. Soc. 1897, p. 20 (1897). — BUTLER, An. N. H. (6) 20, p. 396 (1897). — minor; ♂ margine apicali alar. ant. plus minus late cinereo; alis post. infra albis aut albidis, saepe nigrocostatis; alis ant. saepissime absque puncto nigro discali.

♂ *ione* var. REICHE, Ferret & Galinier Voy. Abyss., p. 459, t. 30, f. 3, 4 (1849). ♀ *coliagenes* BUTLER, An. N. H. (3) 20, p. 216, t. 1, f. 4, 5 (1867), Mus. Brit. *Buxtoni* BUTLER, Proc. Zool. Soc. 1876, p. 130 (1876). Mus. Brit. — ♀ WESTW., Oates Matabeleland, p. 340, t. E, f. 7, 8 (1881); Edit. 2, p. 346, t. 5, f. 7, 8 (1889). — BUTLER, An. N. H. (6) 20, p. 397 (1897). — alis post. infra haud nigrocostatis.

natalensis STAUD., Exot. Schm. 1, p. 44 (1885), Coll. Staud. *Bettoni* BUTLER, Proc. Zool. Soc. 1898, p. 409 (1898), Mus. Brit. Senegal. Ovamboland[77] — Damaraland — Matabeleland[65] — Transvaal — Natal — Delagoa Bay — Manicaland[77] — Querimba — Zambezi Nyassaland[96.130] — Deutsch Ost-Afrika[55a]: Parumbira[118], Kandera[55], Usambara[54] — Brit. Ost-Afrika[21]: Sabaki[20] — Somaliland: Sheik Husein[129] — Aequatoria: Wadelai[1] Abyssinien[1.3] — Sudan: Weisser Nil.

22. **T. bacchus** BUTLER, Proc. Zool. Soc. 1888, p. 73 (1888), Mus. Brit. — SMITH & KIRBY, Rhop. Exot. 9, Callosune, p. 1, t. 1, f. 1—4 (1889). — VUILLOT, An. E. Fr. 61,

---

[1] Hinsichtlich der Deutung von *ione* GOD. stimme ich mit TRIMEN (vergl. Proc. Zool. Soc. 1897, p. 19, note 1) völlig überein.

Bull., p. 8 (1892). — Butler. An. N. H. (6) 20, p. 398 (1897). — praecedentis var.?

mrogoroana Vuillot, An. E. Fr. 60, Bull., p. 101 (1891); l. c. 61, Bull., p. 8
(1892), Coll. Vuillot.

Deutsch Ost-Afrika[558]: Mrogoro, Kandera[53], Kilimanjaro — Aequatoria: Lado,
Wadelai.

23. **T. regina** Trimen, Trans. Ent. Soc. Lond. (3) 1, p. 520 (1863). — Westw., Oates
Matabeleland, p. 339. t. E. f. 9, 10 (1881); Edit. 2, p. 346, t. 5, f. 9, 10 (1889).
— Trimen, S. Afr. Butt. 3, p. 111, t. 11, f. 3 (1889). — Butler, Proc. Zool. Soc.
1896, p. 836 (1897). — Marshall, Proc. Zool. Soc. 1897, p. 21 (1897). — Butler,
An. N. H. (6) 20, p. 395 (1897). — alis post. apiceque alar. ant. infra plus minus
rufescentibus fuscoque striolatis.

var. æstiv. **anax** Smith, An. N. H. (6) 3, p. 125 (1889), Coll. Gr. Smith. — Smith
& Kirby, Rhop. Exot. 9, Callosune, p. 2, t. 1, f. 5—8 (1889). — Trimen, Proc.
Zool. Soc. 1894, p. 66 (1894). — Baker, Trans. Ent. Soc. Lond. 1895, p. 422
(1895). — alis post. apiceque alar. ant. infra albis (σ) aut lutescentibus (φ).
ione Wallengr., Rhop. Caffr., p. 15 (1857), Mus. Holmiæ.

regina var. Trimen, Trans. Ent. Soc. Lond. (3) 1, p. 521 (1863); S. Afr. Butt. 3,
p. 112 (1889).

eliza Em. Sharpe, An. N. H. (6) 5. p. 441 (1890), Coll. Jackson. — Waterh., Aid,
t. 189. f. 5, 6 (1890).

Süd-Angola: Humbe[10] — Damaraland - Matabeleland[55] - Transvaal - Manicaland[77] — Mero See[56] — Nyassaland[121, 125, 130] — Deutsch Ost-Afrika: Usambara[134],
Kandera[53], Kilimanjaro[558] - Brit. Ost-Afrika (eliza) — Aequatoria: Albert Nyanza.

24. **T. Lorti** Em. Sharpe, Proc. Zool. Soc. 1896, p. 527 (1896).
Somaliland[128, 144].

25. **T. hetæra** Gerst., Archiv. f. Naturg. 37. p. 357 (1871); Deckens Reise 3: 2, p. 365.
t. 15, f. 2 (1873), Mus. Berol. — Pagenst., Jahrb. Hamb. Wiss. Anst. 10: 2, p. 219
(1893). — Marshall, Proc. Zool. Soc. 1897, p. 17 (1897) ex parte. — Butler,
An. N. H. (6) 20, p. 394 (1897); Proc. Zool. Soc. 1898, p. 408 (1898). — Em.
Sharpe, Mon. Ent. 1, p. 12, t. 15, f. 1—1 c (1899).
f. *foliaceus* Butler, Proc. Zool. Soc. 1894, p. 573, t. 36, f. 7 (1894), Mus. Brit.
Deutsch Ost-Afrika: Usegua[55] — Brit. Ost-Afrika: Ndara, Maungu[21], Sabaki Fluss[22],
Taru[146].

26. **T. puniceus** Butler, Proc. Zool. Soc. 1888, p. 72 (1888); l. c. 1894, p. 573, t. 36,
f. 5, 6 (1894), Mus. Brit. — Butler, An. N. H. (6) 20, p. 394 (1897). — Em.
Sharpe, Mon. Ent. 1, p. 38, t. 14, f. 1—1 g (1899). — forma praecedentis?
Brit. Ost-Afrika: Mombasa, Sabaki[22], Taru[146], Victoria Nyansa[22] — Aequatoria:
Wadelai[4].

27. **T. eunoma** Hopff., Monatsb. Akad. Wiss. Berlin 1855. p. 640 (1855); Peters Reise Mossamb. Ins., p. 353, t. 23, f. 1. 2 (1862), Mus. Berol. — Trimen, S. Afr. Butt. 3, p. 114 (1889). — Marshall. Proc. Zool. Soc. 1897, p. 16 (1897). — Butler, An. N. H. (6) 20, p. 393 (1897). — Em. Sharpe, Mon. Ent. 1, p. 36, t. 13, f. 1, 1 a (1899). — plaga subapicalis maris maculis duabus parvis violascente-rubris tantum composita.
Portug. Südost-Afrika: Inhambani.

var. (ab.?) **chromiferus** Rothsch., Nov. Zool. 1, p. 538 (1894), Mus. Tring. — Butler, An. N. H. (6) 20, p. 394 (1897). — Em. Sharpe, Mon. Ent. 1, p. 37, t. (2 —)2 d (1899). — plaga subapicalis maris maculis 3—4 composita. Nomen vix conserv.
Portug. Südost-Afrika: Beira, Mossambik, Zambezi — [Deutsch Ost-Afrika: Zanzibar, Dar-es-Salaam. — ad N:o 26 referenda?]

28. **T. elgonensis** Em. Sharpe. Proc. Zool. Soc. 1891, p. 191, t. 16, f. 6 (1891). Coll. Jackson. — Marshall, Proc. Zool. Soc. 1897, p. 16 (1897). — Em. Sharpe, Mon. Ent. 1, p. 35, t. 12, f. 2, 2 a (1899).
Brit. Ost-Afrika: Elgon Berg, Nandi, Eldoma.

29. **T. Walkeri** Butler, An. N. H. (5) 14, p. 403 (1884), Mus. Brit. — Marshall, Proc. Zool. Soc. 1897, p. 22 (1897). — Butler, An. N. H. (6) 20, p. 496 (1897).
Elephant Bay — Benguela (Coll. Staud.).

30. **T. Hildebrandti** Staud., Exot. Schm. 1, p. 44, t. 23 (1884—5), Coll. Staud. — ♀ Rogenh. in Baumann Usambara, p. 329 (1894). — ? Lanz, Iris 9, p. 128 (1896). — Marshall, Proc. Zool. Soc. 1897, p. 24 (1897). — Butler, An. N. H. (6) 20, p. 495 (1897) ex parte?
callidia Smith, Ent. M. Mag. 23, p. 32 (1886), Coll. Gr. Smith.
Deutsch Ost-Afrika: Zanzibar, Usambara[54]. Kisuani[55], Umbugwe[56], Meatu[53] — Brit. Ost-Afrika: Ndi. Uganda[119].

31. **T. Annæ** Wallengr., Rhop. Caffr., p. 16 (1857), Mus. Holmiæ. — Trimen, S. Afr. Butt. 3, p. 114 (1889). — Marshall, Proc. Zool. Soc. 1897, p. 22 (1897). — Butler, An. N. H. (6) 20, p. 495 (1897). — alis infra albis, costis ad marginem nigris.
danaë Doubl. & Hew., Gen. D. Lep., t. 7, f. 2 (1847). — Boisd., Voy. Deleg. 2. p. 587 (1847). — Trimen. Rhop. Afr. Austr. 1, p. 14 (1862).
cinerescens Butler. Cist. Ent. 1, p. 172 (1873); Proc. Zool. Soc. 1876, p. 155 (1876).
cinerescens Staud., Exot. Schm. 1, p. 44, t. 23 (1884—5).
? *Hildebrandti* var. Butler, An. N. H. (6) 20, p. 495 (1897).

var. hib. **Wallengreni** Butler. Proc. Zool. Soc. 1876, p. 157 (1876), Mus. Brit. — Westw., Oates Matabele Land, p. 341, t. E. f. 3. 4 (1884). Trimen, S. Afr. Butt. 3, p. 118 (1889). — Baker, Trans. Ent. Soc. London 1895, p. 122 (1895). — alis posticis apiceque anticarum infra roseo-flavidis—roseo-brunneis, punctis minutis marginalibus nigris.

♂ *danaë* WALLENGR., Rhop. Caffr., p. 14 (1857), Mus. Holmiae.
♀ *eupompe* WALLENGR., Rhop. Caffr., p. 14 (1857), Mus. Holmiae.
confusa WESTW., Oates Matabele Land, Edit. 2. p. 348 (1889), Mus. Oxoniae.
Damaraland — Kap Kolonie — Kaffernland — Natal — Delagoa Bay — Transvaal — Matabeleland[55] — Zambezi — ? Nyassaland — Deutsch Ost-Afrika: Usambara[134].

32. **T. eupompe** KLUG, Symb. Phys., t. 6, f. 11—14 (1829), Mus. Berol. — BOISD., Spec. Gen. Lep. 1. p. 571 (1836). — GEYER, Hübner Zutr. 5, p. 45, f. 991—92 (1837). — MARSHALL, Proc. Zool. Soc. 1897, p. 22 (1897). — BUTLER, An. N. H. (6) 20, p. 197 (1897). — alis infra albis serie discali macularum obsoleta aut nulla.
theopompe FELDER, Reise Novar. Lep., p. 183 (1865), Mus. Tring. — HOPFF., Stettin. E. Z. 30, p. 132 (1869). — transitus ad v. *dedecora*.
antcupompe FELDER, Reise Novar. Lep., p. 184 (1865), Mus. Tring. — BUTLER, An. N. H. (4) 18, p. 188 (1876).
var. hib. **dedecora** FELDER, Reise Novar. Lep., p. 184 (1865), Mus. Tring. — alis infra plus minus roseo-tinctis, serie discali macularum obsoleta aut nulla.
var. (ab.?) **pseudacaste** BUTLER, Proc. Zool. Soc. 1876, p. 156, t. 6, f. 12: non fig. 11 (1876), Mus. Brit.; An. N. H. (6) 20, p. 196 (1897). — alis infra albis serie discali macularum distinctissima strigisque marginalibus nigris.
? ♀ *evippe* CRAMER, Pap. Exot. 1, p. 143, t. 91, f. D, E (1775).
eupompe LUCAS, Lep. Exot., p. 70, t. 36, f. 4, (1835).
phoenius BUTLER, An. N. H. (4) 18, p. 488 (1876), Mus. Brit. — BUTLER, Proc. Zool. Soc. 1888, p. 74 (1888); l. c. 1894, p. 574 (1894).
miles BUTLER, An. N. H. (5) 12, p. 105 (1883), Mus. Brit.
Hildebrandti ♀ BUTLER, Proc. Zool. Soc. 1895, p. 735 (1896).
Deutsch Ost-Afrika: Usambara[54,134], Kilimanjaro[51,55a], Mrogoro (Mus. Berol.) — Brit. Ost-Afrika[22]; Sabaki Fluss[26], Voi Fluss[21], Victoria Nyanza[49,119] — Somaliland[2,128,29,132]; Zaila[55] — Aequatoria: Wadelai[4] — Abyssinien[2,5,48] — Nubien[132]; Dongola, Arabien, Senegal[56].

33. **T. Guenei** MABILLE, An. E. Fr. (5) 7, Bull., p. 38 (1877); Hist. Mad. Lep. 1, p. 298, t. 10, f. 7—9 (1885—7). — major, alis infra serie discali macularum distincta.
Madagaskar.
var. (ab.?) **siga** MABILLE, Le Naturaliste 2, p. 100 (1882); Hist. Mad. Lep. 1, p. 295, t. 11, f. 4, 4ª (1885—7). — minor (circit. 35 mill.) alis infra serie discali macularum obsoleta aut nulla.
Madagaskar.

34. **T. evippe**[1] L., Syst. Nat. ed. 10, p. 469 (1758); Mus. L. Ulr., p. 239 (1764); Syst. Nat. ed. 12, p. 762 (1767). — CLERCK, Icones Ins. 2, t. 10, f. 5 (1764). — CRAMER,

---

[1] Die Vorderflügel fast immer mit einem kleinen schwarzen Punkte auf der Schlussrippe der Mittelzelle. Dieser Punkt fehlt dagegen gewöhnlich bei *omphale*.

Pap. Exot. 1, p. 143, t. 91, f. F, G (1775). — Herbst, Naturs. Schm. 5, p. 105.
t. 93, f. 1. 2 (1792). — God., Enc. Meth. 9. p. 122 (1819). — Lucas, Lep. Exot.,
p. 72. t. 37, f. 1 (1835). — Boisd., Spec. Gen. Lep. 1, p. 573 (1836). — Trimen,
S. Afr. Butt. 3, p. 140 (1889). — Marshall, Proc. Zool. Soc. 1897, p. 27 (1897)
ex parte. — Butler, An. N. H. (6) 20, p. 471 (1897). — ♂ area apicali nigra
alar. ant. immaculata.

♀ *aretheusa* Drury, Ill. Exot. Ins. 2. p. 35, t. 19. f. 5, 6 (1773). — Cramer, Pap.
Exot. 3, p. 31, t. 210, f. E, F (1779).

♀ *hanna* Herbst, Naturs. Schm. 5, p. 177, t. 107, f. 5, 6 (1792).

♀ *amytis* God., Enc. Meth. 9, p. 123 (1819).

♀ *urethusa* Boisd., Spec. Gen. Lep. 1, p. 582 (1836).

♀ *cebrene* Boisd., Spec. Gen. Lep. 1. p. 583 (1836). — Kirby, Handb. Lep. 2, p.
197 (1896).

var. (ab.?) ♀ **ocale** Boisd., Spec. Gen. Lep. 1, p. 584 (1836). — Butler, Ent. M.
Mag. 18, p. 228 (1882). — Trimen, S. Afr. Butt. 3, p. 142 note (1889). — Butler, An. N. H. (6) 20, p. 472 (1897). — ♀ area apicali nigra alar. ant. serie macularum fulvarum divisa; transit. ad sequ.; ♂ a forma typica vix distinguendus.

epigone Felder, Reise Novara Lep., p. 186 (1865), Mus. Tring.

angolensis Butler, Proc. Zool. Soc. 1876, p. 154 (1876), Mus. Brit.

pseudocale Butler, Proc. Zool. Soc. 1876, p. 154, t. 6, f. 10 [non fig. 9] (1876),
Mus. Brit.

microcale Butler, An. N. H. (4) 18, p. 487 (1876), Mus. Brit. — Trimen, S. Afr.
Butt. 3, p. 154 (1889).

Sierra Leona[81] — Liberia[73] — Elfenbeinküste[57] — Ashanti[16, 64] — Togo — Niger[74]:
Lokoja[126] — Old Calabar — Kamerun — Gabun — Landana[63] — Chinchoxo[85] —
Congogebiet: Abumombasi (Mus. Bruxell.) — Ambriz[7] — Loanda[7]. Natal — Zwaziland. Abyssinien — Nubien. Arabien: Aden.

35. **T. omphale** [1] God., Enc. Meth. 9, p. 122 (1819). — Boisd., Spec. Gen. Lep. 1. p.
574 (1836). — Butler, Proc. Zool. Soc. 1876, p. 151 (1876). — Trimen, S. Afr.
Butt. 3, p. 142 (1889). — Butler, An. N. H. (6) 20, p. 469 (1897). — forma
aestivalis: alis infra albis: ♂ alis ant. supra vitta lata nigra ad marginem posticum,
alis post. pone medium fascia transversa nigra.

achine Lucas, Lep. Exot., p. 73, t. 37, f. 2 ♀ (1835). — Wallengr., Rhop. Caffr.,
p. 11 (1857). — Staud., Exot. Schm. 1, p. 15, t. 23 (1884—85).

♂ *exole* Reiche, Ferret & Galin. Voy. Abyss. Ins., p. 460, t. 31. f. 1 (1849). —
Hopffer, Peters Reise Mossamb. Ins. p. 358 (1862).

---

[1] *Omphale* ♂ kann von *crippe* ♂ gewöhnlich durch den breiten schwarzen Hinterrandsstreifen der
Vorderflügeloberseite unterschieden werden. Bei der Winterform (*theogone*) kann indessen dieser Streifen ganz
fehlen, da ist aber die schwarze Begrenzung des Prachtfleckes fast immer viel schmäler als bei *crippe* und die
Unterseite der Hinterflügel röthlich und braun gestrichelt. Einzelne Stücke, bei denen die Unterseite fast weiss,
wie bei *crippe* ♂, und die schwarze Begrenzung des Prachtfleckes breiter ist, sind aber kaum von *crippe* zu
trennen und beweisen, dass *omphale* wahrscheinlich eine Lokalrasse von *crippe* ist. Vergl. Snellen, Tijdschr.
v. Ent. 25, p. 229, und Marshall, Proc. Zool. Soc. 1897, p. 27.

eurygone LUCAS, Rev. Zool. (2) 4, p. 341 (1852).
♀ *omphale* :♂ WALLENGR., Rhop. Caffr., p. 11 (1857).
♀ *arte* FELDER, Reise Novar. Lep., p. 187 (1867). Mus. Tring.
♀ *suffusus* BUTLER, Proc. Zool. Soc. 1876, p. 152, t. 6, f. 9; non f. 10 (1876), Mus. Brit.

var. æstiv.-hib. **omphaloides** BUTLER, Proc. Zool. Soc. 1876, p. 151 (1876), Mus. Brit. — LANZ, Iris 9, p. 127 (1896). — forma intermedia: alis supra fere ut in forma æstivali signatis, at fascia alar. post. sæpe plus minus obsoleta; alis infra plus minus roseo-tinctis et fusco-irroratis.
omphale TRIMEN, Rhop. Afr. Austr., p. 50 (1862). var. A. TRIMEN, S. Afr. Butt. 3, p. 144 (1889).
♀ *roxane* FELDER, Reise Novar. Lep., p. 187 (1865). Mus. Tring.
hybridus BUTLER, Proc. Zool. Soc. 1876, p. 152 (1876). Mus. Brit.
complexivus BUTLER, Proc. Zool. Soc. 1885, p. 770 (1886). Mus. Brit.

var. hib. **theogone** BOISD., Spec. Gen. Lep. 1, p. 575 (1836), Coll. Oberth. — HOPFF., Peters Reise Mossamb. Ins., p. 359 (1862). — BUTLER, Proc. Zool. Soc. 1876, p. 152 (1876). — TRIMEN, S. Afr. Butt. 3, p. 115 (1889). BAKER, Trans. Ent. Soc. London 1895, p. 425 (1895). — alis infra plus minus roseo-tinctis et fusco-irroratis, alis post. supra absque fascia transv. nigra; plaga fulva apicali alar. ant. majore et latiore, tenuiter nigro-cincta; striga nigra marginis postici alar. ant. nunc distincta, nunc plane deleta.
procne WALLENGR., Rhop. Caffr., p. 12 (1857), Mus. Holmiae. — TRIMEN, Rhop. Afr. Austr., p. 323 (1866). — BUTLER, Proc. Zool. Soc. 1876, p. 153 (1876): l. c. 1896, p. 838 (1897).
lomalicus ♂ BUTLER, Proc. Zool. Soc. 1871, p. 724 (1872); Lep. Exot., p. 91, t. 34, f. 10 (1872), Coll. Meldola. — transit. ad *erippe*! ?

var. (hib. et geogr.?) **pyrrhopterus** BUTLER, Proc. Zool. Soc. 1894, p. 575, t. 36, f. 8, 9 (1894), Mus. Brit. — BUTLER, An. N. H. (6) 20, p. 470 (1897). — alis post. apiceque alar. ant. infra saturate roseo-tinctis, fusco-irroratis et striolatis; alis supra ut in v. *theogone* signatis.
Senegambien, Congogebiet[53]: Lukungu[41], Mukenge[41] — Angola[6,8]: Ehanda[10], Humbe[10] Kap Kolonie — Kaffernland — Natal — Swaziland — Delagoa Bay — Transvaal — Victoria Fälle[55] — Portug. Ost-Afrika: Querimba[76], Mossambik[79] — Nyassaland[56] — Deutsch Ost-Afrika: Parumbira[118], Kandera[53], Usambara[54], Bagamoyo[55], Katoto[53a], Zanzibar[48], Kilimandjaro[54] — Brit. Ost-Afrika[21]: Sabaki[20], Kikuyu[22] — Somaliland[82,128,129,144] — Abyssinien.

36. **T. pallene** HOPFF., Monatsber. Akad. Wiss. Berlin 1855, p. 640 (1855); Peters Reise Mossamb. Ins. p. 358, t. 23, f. 7, 8 (1862), Mus. Berol. — MARSHALL., Proc. Zool. Soc. 1897, p. 34 (1897). — BUTLER, An. N. H. (6) 20, p. 158 (1897).
? *pseudetrida* WESTW., Oates Matabele Land, p. 340 (1882); edit. 2, p. 317 (1889), Mus. Oxoniæ.

cinctus Butler. An. N. H. (5) 12, p. 105 (1883). Mus. Brit. — Butler. Proc. Zool. Soc. 1896, p. 838 (1897). — Marshall. Proc. Zool. Soc. 1897. p. 33 (1897). Matabeleland? -- Delagoa Bay (Coll. Staud.) — Tette[59] — Nyassaland[150] — Deutsch Ost-Afrika: Usukuma[55a], Meatu[55a], Victoria Nyanza.

37. **T. infumatus** Butler. Proc. Zool. Soc. 1896, p. 128, t. 6. f. 5. 6 (1896), Mus. Brit. — Marshall, Proc. Zool. Soc. 1897, p. 30 (1897). Butler. An. N. H. (6) 20. p. 458 (1897). — praecedentis var.? Nyassaland — Tanganika — Victoria Nyanza.

38. **T. daira** Klug, Symb. Phys., t. 8, f. 1—4 (1829), Mus. Berol. — Botsp., Spec. Gen. Lep. 1. p. 579 (1836). -- Mab. Hist. Mad. Lep. 1. p. 297, t. 11. f. 3 (1885 —87). — Marshall. Proc. Zool. Soc. 1897, p. 31 (1897). — Butler. An. N. H. (6) 20. p. 459 (1897). — forma æstivalis: macula apicali alar. ant. intus nigro-marginata, alis infra albis.
dalila Felder, Reise Novar. Lep.. p. 188 (1865), Mus. Tring.
var. (interm.) **stygia** Felder, Reise Novar. Lep., p. 188 (1865), Mus. Tring. — Butler, An. N. H. (6) 20, p. 459 (1897).
odysseus ♂ Swinhoe. Proc. Zool. Soc. 1884, p. 411, t. 40. f. 3 (1884), Mus. Brit. *xanthus* ♀ Swinhoe, Proc. Zool. Soc. 1884, p. 440, т. 39. f. 11 (1884), Mus. Brit.
var. hib. **nouna** Lucas, Explor. Algér. Zool. 3, p. 350, t. 1. f. 2 (1849). -- Butler. Proc. Zool. Soc. 1884, p. 491 (1885). -- macula apicali alar. ant. intus haud nigro-marginata; alis post. infra carneis, plus minus fusco-irroratis.
demagore Felder. Reise Novar. Lep.. p. 186 (1865). Mus. Tring.
Nubien: Shelal Berg[133] — Sudan: Weisser Nil. zwischen Berber und Kartum. — Abyssinien: Harkeko[1], Bogos — Somaliland[128]: Bunder Maria[82], Zaila[33].

39. **T. Heuglini** Felder. Wien. Ent. Mon. 3, p. 272 (1859), Mus. Tring. — Felder, Reise Novar. Lep. p. 185, t. 25, f. 4 (1865). — forma hib.: macula apicali alar. ant. intus haud nigro-marginata; alis post. infra rufescentibus.
♀ *Jamesi* Butler, Proc. Zool. Soc. 1885, p. 771 (1886); l. c. 1896, p. 251 (1896).
var. æstiv. **Thruppi** Butler, Proc. Zool. Soc. 1885, p. 771, t. 17. f. 10 (1886), Mus. Brit. — Marshall, Proc. Zool. Soc. 1897, p. 31 (1897). — macula apicali alar. ant. intus late nigro-marginata; alis ant. vitta lata nigra ad marginem posticum; alis infra colore fundi albo.
Jacksoni Em. Sharpe. An. N. H. (6) 5, p. 336 (1890), Coll. Jackson. — Waterh. Aid, t. 189, f. 3 (1890).
Brit. Ost-Afrika[22, 146] — Somaliland: Sheik Husein[128]. ?Angola: Ambriz[7].

40. **T. evagore** Klug, Symb. Phys.. t. 8, f. 5, 6 (1829), Mus. Berol. — Botsp., Spec. Gen. Lep. 1. p. 579 (1836). — Butler. Proc. Zool. Soc. 1896, p. 255 (1896); An. N. H. (6) 20, p. 459 (1897). — forma hibernalis: macula apicali alar. ant. intus haud nigro-marginata; alis ant. vitta marginis posticis destitutis; alis post. infra dilute fulvis.

saxeus SWINHOE, Proc. Zool. Soc. 1884, p. 441, t. 40, f. 1, 2 (1884), Coll. Swinhoe. — BUTLER, Proc. Zool. Soc. 1884, p. 491 (1885).

var. (æstiv.) **Yerburii** SWINHOE, Proc. Zool. Soc. 1884, p. 441, t. 39, f. 12 (1884), Coll. Swinhoe. — BUTLER, Proc. Zool. Soc. 1896, p. 254 (1896). — macula apicali alar. ant. intus late nigro-marginata; alis ant. vitta lata nigra ad marginem posticum; alis infra colore fundi albo.
Metam.: NURSE, Proc. Zool. Soc. 1896, p. 246, t. 10, f. 14 (1896).

ab. **Swinhoei** BUTLER, Proc. Zool. Soc. 1884, p. 491 (1885), Mus. Brit. — alis sulphureis.
Arabien: Aden[12]. ?Somaliland[144].

11. **T. achine** CRAMER, Pap. Exot. 4, p. 94, t. 338, f. E, F (1781). — HERBST, Naturs. Schm. 5, p. 109, t. 95, f. 9, 10 (1792). — HÜBNER, Samml. Exot. Schm. 2, t. 128, f. 1—4 (1816—24). — GOD., Enc. Meth. 9, p. 122 (1819). — BOISD., Spec. Gen. Lep. 1, p. 574 (1836). — TRIMEN, Rhop. Afr. Austr., p. 16 (1862). — TRIMEN, S. Afr. Butt. 3, p. 131 (1889). — MARSHALL, Proc. Zool. Soc. 1897, p. 30 (1897). — forma æstivalis normalis; macula apicali alar. ant. intus nigro-marginata; vitta nigra marginis postici alar. ant. plus minus distincta; alis infra albis costis haud (aut summo apice tantum) nigris.
hyperides BUTLER, Proc. Zool. Soc. 1876, p. 149 (1876), Mus. Brit.
Trimeni BUTLER, Proc. Zool. Soc. 1876, p. 150 (1876), Mus. Brit.
♀ *ramaquebana* WESTW., Oates Matabel. Land, p. 344, t. E. f. 5, 6 (1882); edit. 2, p. 348, t. 5, f. 5, 6 (1889), Mus. Oxoniæ.

var. æstiv. extrema **gavisa** WALLENGR., Rhop. Caffr., p. 13 (1857), Mus. Holmiæ. — TRIMEN, Rhop. Afr. Austr., p. 324 (1866). — BUTLER, Proc. Zool. Soc. 1876, p. 150 (1876). — STAUD., Exot. Schm. 1, p. 45, t. 23 (1884—85). — TRIMEN, S. Afr. Butt. 3, p. 134 (1889); Proc. Zool. Soc. 1894, p. 67 (1894). — BAKER, Trans. Ent. Soc. 1895, p. 424 (1895). — BUTLER, An. N. H. (6) 20, p. 469 (1897). — a forma æstiv. norm. differt costis alar. post. saltem infra totis aut e magna parte nigris.
— ANGAS, Kafirs Illustr., t. 30, f. 4, 5 (1849).
♀ *exole* ♀ REICHE, Ferret & Galin. Voy. Abyss. Ins., p. 460, t. 31, f. 5, 6 (1849).
♀ *omphale* ♀ WALLENGR., Rhop. Caffr., p. 14 (1857).
♀ *Cartori* BUTLER, Ent. M. Mag. 18, p. 227 (1882), Mus. Brit.
♀ *subrenosus* ♀ BUTLER, An. N. H. (5) 12, p. 105 (1883), Mus. Brit.
fumidus SWINHOE, Proc. Zool. Soc. 1884, p. 442, t. 40, f. 4, 5 (1884), Mus. Brit.
♀ *sipylus* ♀ SWINHOE, Proc. Zool. Soc. 1884, p. 445, t. 40, f. 12 (1884), Mus. Brit.
♂ *laura* EM. SHARPE, An. N. H. (6) 5, p. 441 (1890).

var. interm. (æstiv.-hib.) **antevippe** BOISD., Spec. Gen. Lep. 1, p. 572, t. 18, f. 3 (1836), Coll. Oberth. — BUTLER, Proc. Zool. Soc. 1894, p. 577 (1894). — macula apicali alar. ant. intus haud nigro-marginata; vitta nigra marginis postici alar. ant. saepissime nulla; alis infra albis nec irroratis nec rufescentibus.
? *zera* LUCAS, Rev. Zool. (2) 4, p. 128 (1852).

?? *isaura* Lucas, Rev. Zool. (2) 4, p. 121 (1852). [1]

helle Butler, Proc. Zool. Soc. 1876, p. 149 (1876), Mus. Brit.

hero Butler, Proc. Zool. Soc. 1876, p. 150, t. 6, f. 11 non fig. 12? (1876). Mus. Brit.

isaura Butler, An. N. H. (4) 18, p. 503 (1876); l. c. (6) 20, p. 466 (1897).

♂ *subrenosus* ♂ Butler, An. N. H. (5) 12, p. 105 (1883), Mus. Brit. — Trimen. S. Afr. Butt. 3, p. 135, note 1 (1889).   Butler. Proc. Zool. Soc. 1896, p. 127 (1896).

var. hib. norm. **ithonus** Butler. Proc. Zool. Soc. 1876, p. 146, t. 6, f. 8 non fig. 7? (1876), Mus. Brit. — macula apicali alar. ant. intus saepissime haud nigro-margi-nata, extus distincte nigro-cincta; vitta nigra marginis postici alar. ant. saepissime nulla; alis post. apiceque alar. ant. infra roseo-tinctis, carneis vel rufescentibus, plus minus fusco-irroratis.

anterippe Geyer, Hübners Zutr. 5, p. 37, fig. 949, 950 (1837). — Trimen, Rhop. Afr. Austr., p. 18, 19 note (1862); S. Afr. Butt. 3, p. 136 (1889).

cera Butler, Proc. Zool. Soc. 1894, p. 576 (1894).

harmonides Butler, Proc. Zool. Soc. 1876, p. 146 (1876), Mus. Brit.

hippocrene Butler, Proc. Zool. Soc. 1876, p. 147 (1876), Mus. Brit. — transit. ad var. *anterippe*.

ignifer Butler, Proc. Zool. Soc. 1876, p. 147 (1876), Mus. Brit.

Havernickii Staud., Exot. Schm. 1, p. 15, 305 (ex parte), t. 23 (1884—85). Coll. Staud. — Butler, Ent. M. Mag. 23, p. 31 (1886). — Trimen, S. Afr. Butt. 3, p. 138 note 2 (1889).

var. hib. extrema **simplex** Butler, Proc. Zool. Soc. 1876, p. 148 (1876), Mus. Brit. Trimen, S. Afr. Butt. 3, p. 130 (1889). — a forma hib. normali differt macula apicali alar. ant. extus haud nigro-marginata, punctis aut strigis nigris ad apices costarum tantum ornata, intus semper absque squamis nigris, vitta marginis post. semper nulla.

damarensis Auriv., Öfvers. Vet.-Akad. Förhandl. 36; 7, p. 46 (1879), Mus. Holmiae.

Senegal. Ashanti: Accra (*Carteri*). [2] Angola: im Inneren[65], Ehanda[10], Humbe[10] — Ovamboland[10] — Damaraland[56] — Kap Kolonie — Kaffernland — Natal — Swazi-land — Delagoa Bay — Transvaal[5] — Matabeleland[35] — Mashunaland — Manica-land[77] — Portugis. Ost-Afrika[76] — Nyassaland[76, 121] — Deutsch Ost-Afrika[55]: Usambara[54, 134], Kilimanjaro[51], Kandera[33], Victoria Nyanza[40], Usegua[55] — Brit. Ost-Afrika[21, 22]: Jipe See[18] — Somaliland[83, 132]; Dara-as[129]. Sheik Husein[129] — Aequatoria[4] — Abyssinien[2] — Nubien[133]; Hor Tamanib[41].

---

[1] Dr Butler vereinigt *isaura* Lucas mit *helle* Butler. Lucas's Beschreibung, sowie seine Ver-gleichung der neuen Art mit *norma* und *delphine* scheinen mir viel besser auf eine Winterform der *Doira*-Gruppe zu passen.

[2] *P. achine* wird sonst nirgends von der Westküste Afrikas zwischen Senegal und Angola erwähnt und muss in diesem Gebiete sehr selten sein.

12. **T. lais** BUTLER, Proc. Zool. Soc. 1876, p. 145 (1876), Mus. Brit. — TRIMEN, S. Afr.
Butt. 3, p. 155 (1889). — MARSHALL, Proc. Zool. Soc. 1897, p. 32 (1897). —
BUTLER, An. N. H. (6) 20, p. 157 (1897).
halyattes BUTLER, Proc. Zool. Soc. 1876, p. 145, t. 6, f. 7 [non fig. 8] (1876),
Mus. Brit. — TRIMEN, S. Afr. Butt. 3, p. 139 (1889). — MARSHALL, Proc. Zool.
Soc. 1897, p. 30 (1897).
Kap. Kolonie: Orange Fluss — Natal — Swaziland.

13. **T. evanthe** BOISD., Spec. Gen. Lep. 1, p. 567 (1836), Coll. Oberth. — TRIMEN,
Rhop. Afr. Austr., p. 54 (1862). — SAALM., Lep. Madag. 1, p. 70, t. 2, f. 22, 23
(1884). — MAB., Hist. Mad. Lep. 1, p. 293, t. 11, f. 1, 2 (1885—7). — MARSHALL,
Proc. Zool. Soc. 1897, p. 26 (1897). · BUTLER An. N. H. (6) 20, p. 455 (1897).
ena MAB., Bull. Soc. Philom. (7) 3, p. 134 (1879); Hist. Mad. Lep. 1, p. 294, t. 40,
f. 6, 6ᵃ (1885—7).
Madagaskar.

44. **T. evanthides** HOLL., Proc. U. S. Nat. Mus. 18, p. 268, t. 8, f. 9 (1895), Mus.
Washington.
Insel Aldabra.

45. **T. evenina** WALLENGR., Rhop. Caffr., p. 12 (1857), Mus. Holmiæ. — TRIMEN, Rhop.
Afr. Austr., p. 322 (1866); Trans. Ent. Soc. London 1870, p. 380, t. 6, f. 11
(1870). — WALLENGR., Öfvers. Vet. Akad. Förhl. 32: 1, p. 90 (1875). — TRIMEN,
S. Afr. Butt. 3. p. 126 (1889). — MARSHALL, Proc. Zool. Soc. 1897, p. 33 (1897).
— BUTLER, An. N. H. (6) 20, p. 464 (1897). — forma æstivalis; macula apicali
alar. ant. intus nigro-marginata; vitta nigra marginis postici alar. ant. et marginis
costalis alar. post. lata et distincta; alis post. infra albis aut sulfureo-albis.
♂ *deidamia* WALLENGR., Wien. Ent. Mon. 1, p. 35 (1860), Mus. Holmiæ. —
WALLENGR., Öfvers. Vet. Akad. Förhl. 29: 3, p. 44 (1872).
corda[1] MÖSCHLER. Verh. z. bot. Ges. Wien 33, p. 278 (1883), Coll. Staud.

var. æstiv. extrem. **sipylus** SWINHOE, Proc. Zool. Soc. 1884, p. 444, t. 40, f. 10 ♂
(1884), Mus. Brit. — macula apicali intus latissime nigromarginata; alis post. supra
late nigromarginatis aut nigromaculatis.

var. interm. **casta** GERST., Archiv f. Naturg. 37: 1, p. 357 (1871); Deckens Reise 3,
p. 365, t. 15, f. 1, 1ᵃ (1873). — macula apicali alar. ant. intus haud nigro-
marginata; vitta nigra marginis postici alar. ant. et costali alar. post. abbreviata;
alis infra albis.

var. hib. **deidamioides** AURIV., Öfvers. Vet. Akad. Förhl. 36: 7, p. 45 (1879), Mus.
Holmiæ. — macula apicali alar. ant. intus sæpissime tenue aut vix, rarissime
latius nigro-marginata; vitta nigra marginis post. alar. ant. abbreviata, vitta costali

---

[1] *T. corda* MÖSCHL. ist, wie ich mich durch die Untersuchung des Typexemplares überzeugt habe, ein
grosses Stück von *evenina* ♂ mit sehr breiter, schwarzer, innerer Begrenzung des Apicalfleckes der Vorderflügel
(fast wie bei *sipylus*), aber mit kleinen Saumpunkten der Hinterflügel. *Corda* wird von BUTLER und MARSHALL
zu *omphale*, und *callidia* SMITH statt derselben ebenso ganz unrichtig zu *evenina* geführt.

alar. post. variabili; alis post. infra carneis aut rufescentibus, plus minus dense fusco-irroratis.

inornata WESTW., Oates Matabele Land, p. 338 (1882); edit. 2, p. 345 (1889), Mus. Oxoniae.

Hereronicki STAUD., Exot. Schm. 1, p. 45 (1885) ex parte, Coll. Staud.[1]

evenina var. A TRIMEN, S. Afr. Butt. 3, p. 127 (1889).

Süd-Angola: Humbe[10], Ehanda[10] — Ovamboland[10] — Damaraland[66] — Kap Kolonie — Kaffernland[27] — Orange Republik — Transvaal — Delagoa Bay — Betchuanaland — Tati Fluss[55] — Nyassaland[130] — Deutsch Ost-Afrika: Zanzibar, Udoe (Coll. Staud.) — Brit. Ost-Afrika: Jipe See[18] — Somaliland[128, 129, 144].

46. **T. ephyia** KLUG, Symb. Phys., t. 6, f. 9, 10 (1829), Mus. Berol. — BOISD., Spec. Gen. Lep. 1, p. 580 (1836). — MARSHALL, Proc. Zool. Soc. 1897, p. 25 (1897). — BUTLER, An. N. H. (6) 20, p. 457 (1897).

?Angola[7] — ?Damaraland: Rehaboth (Coll. Staud.).[2] Nubien: Ambukohl.

47. **T. liagore** KLUG, Symb. Phys., t. 6, f. 5, 6 ♂: 7, 8 (♀ vera?) (1829), Mus. Berol. — BOISD., Spec. Gen. Lep. 1, p. 580 (1836). — MARSHALL, Proc. Zool. Soc. 1897, p. 25 (1897).

Nubien: Ambukohl, Habaib[133], Shelal Berg[133].

Obs. BUTLER, führt (An. N. H. (6) 20, p. 453) *liagore* als Synonym von *evarne* KLUG auf. Nachdem ich aber ein typisches Stück von *liagore* aus Ambukohl in STAUDINGERS Sammlung untersucht habe, kann ich BUTLERS Ansicht nicht beitreten. *Liagore* scheint mir dagegen mit *ephyia* und *evenina* sehr nahe verwandt und weicht von der *evarne*-Gruppe ab durch das Fehlen der schwefelgelben, inneren Begrenzung des Prachtfleckes und die völlige Abwesenheit jeder Spur von dem für die *evarne*-Gruppe eigenthümlichen Subapicalflecke der Unterseite der Vorderflügel. Die Stücke in Brit. Museum sind vielleicht nicht ächte *liagore*.

48. **T. agoye** WALLENGR., Rhop. Caffr., p. 15 (1857), Mus. Holmiae. — TRIMEN, Rhop. Afr. Austr., p. 325 (1866); S. Afr. Butt. 3, p. 98 (1889). — alis supra plus minus squamis nigris conspersis costis omnibus tenue nigris.

eosphorus TRIMEN, Trans. Ent. Soc. London (3) 1, p. 523 (1863).

Damaraland — Bamangwato — Transvaal.

var. **Bowkeri** TRIMEN, Trans. Ent. Soc. London 1883, p. 358 (1883); S. Afr. Butt. 3, p. 100, t. 11, f. 4 (1889). — MARSHALL, Proc. Zool. Soc. 1897, p. 8 (1897). — alis supra haud aut vix nigro-conspersis costis haud nigris.

---

[1] STAUDINGER beschrieb unter diesem Namen sowohl ein ♂ von *achine* v. *ithonus*, wie auch 4 ♂♂ von *deidamioides*, welche Form hauptsächlich nur durch die Farbe des Apicalfleckes von *achine* v. *ithonus* und v. *simplex* ♂ zu unterscheiden ist.

[2] Das Stück aus STAUDINGERS Sammlung, welches ich zu dieser Art führe, ist einem *evenina* ♂ (forma æstiv.) sehr ähnlich, hat eine breite, schwarze innere Begrenzung des Apicalfleckes, aber keine Spuren eines Hinterrandsstreifens der Vorderflügel oder eines Vorderrandsstreifens der Hinterflügel. Die Vorderflügel haben einen kleinen schwarzen Punkt am Ende der Mittelzelle und mittelgrosse Saumflecke auf der Oberseite der Hinterflügel. Diese fehlen ganz auf der rein weissen Unterseite. DRUCE hat wahrscheinlich dieselbe Form aus Angola als *ephyia* aufgeführt.

agoye TRIMEN, Trans. Ent. Soc. 1870, p. 381 (1870). — WALLENGR., Öfvers. Vet. Akad. Förhl. 29: 3, p. 46 (1872).

Damaraland: Swakop Fluss[26]. Knisip Fluss (Mus. Holmiae) — Kap Kolonie.

°49. **T. zephyrus** MARSHALL, Proc. Zool. Soc. 1897. p. 8 (1897), Coll. E. Sharpe. — praecedentis var.? (enf BUTLER, An. N. H. (6) 20, p. 163).

Somaliland: Silou[129] (als *agoye*), Haud[129].

50. **T. niveus** BUTLER, Proc. Zool. Soc. 1881, p. 177, t. 18, f. 1 (1881), Mus. Brit. — MARSHALL, Proc. Zool. Soc. 1897, p. 36 (1897). — BUTLER, An. N. H. (6) 20, p. 464 (1897). — DIXEY, Proc. Zool. Soc. 1898, p. 380 (1898). — macula apicali alar. ant. usque ad marginem extensa, costis apice incrassatis nigris divisa.

var. (ab.?) **candidus** BUTLER, Proc. Zool. Soc. 1881, p. 178, t. 18, f. 2 (1881), Mus. Brit. — macula apicali alar. ant. colore niveo fundi ab apice et a margine distincte separata.

Insel Socotra[145].

51. **T. antigone** BOISD., Spec. Gen. Lep. 1, p. 572 (1836), Coll. Oberth. — TRIMEN, Rhop. Afr. Austr., p. 52 (1862). — BUTLER, Ent. M. Mag. 18, p. 228 (1882). — TRIMEN, S. Afr. Butt. 3, p. 148 (1889). — BUTLER, An. N. H. (6) 20, p. 461 (1897). — forma hibernalis; alis post. infra plus minus fusco-irroratis, roseo-tinctis, carneis vel rufescentibus, rarissime fere albis; vitta nigra[1] marginis postici alar. ant. nebulosa aut nulla, rarius distincta.

delphine BOISD., Spec. Gen. Lep. 1, p. 577 (1836), Coll. Oberth.

♂ *eucharis* ♂ WALLENGR., Rhop. Caffr., p. 15 (1857), Mus. Holmiae.

interruptus BUTLER, Proc. Zool. Soc. 1871, p. 724 (1872), Coll. Meldola.   BUTLER, An. N. H. (6) 20, p. 462 (1897) ex parte.

subfumosus BUTLER, Proc. Zool. Soc. 1876, p. 139, t. 6, f. 3 (1876); l. c. 1896, p. 838 (1897), Mus. Brit.

flaminia BUTLER, Proc. Zool. Soc. 1876, p. 140, t. 6, f. 1 (1876), Mus. Brit.

lycoris BUTLER, Proc. Zool. Soc. 1876, p. 140, t. 6, f. 4 [non fig. 6!] (1876), Mus. Brit.

lycœus BUTLER, Proc. Zool. Soc. 1876, p. 141, t. 6, f. 2 (1876), Mus. Brit.

friga BUTLER, Proc. Zool. Soc. 1876, p. 142, t. 6, f. 5 (1876), Mus. Brit.

galathinus BUTLER, Proc. Zool. Soc. 1876, p. 142 (1876), Mus. Brit.

gelasinus BUTLER, Proc. Zool. Soc. 1876, p. 143 (1876), Mus. Brit. — TRIMEN, Proc. Zool. Soc. 1891, p. 98 (1891).

coniger BUTLER, Ent. M. Mag. 18, p. 229 (1882), Mus. Brit.

comptus BUTLER, Proc. Zool. Soc. 1888, p. 94 (1888), Mus. Brit.

var. æstiv. **phlegetonia** BOISD., Spec. Gen. Lep. 1, p. 576 (1836). — WALLENGR., Rhop. Caffr., p. 13 (1857). — HOPFFER, Peters Reise Mossamb. Ins., p. 360 (1862). — BUTLER, Ent. M. Mag. 18, p. 230 (1882). — TRIMEN, S. Afr. Butt. 3, p. 151

---

[1] Der schwarze Hinterrandsstreifen der Vorderflügel fehlt bei *antigone, delphine, eucharis, subfumosus, flaminia, lycoris* und *gelasinus*, ist nebelig und schwach entwickelt bei *interruptus, lycrus, friga, coniger* und *comptus* und ist kräftig entwickelt bei *galathinus*, welcher dadurch einen Uebergang zu der Sommerform bildet.

(1889). — Baker, Trans. Ent. Soc. London 1895, p. 425 (1895).   alis post.
infra albis aut flavo-albis, haud fusco-irroratis; vitta nigra marginis post. alar. ant.
lata et distincta; maculis marginal. alar. post. sæpe magnis vel conjunctis.

eione Boisd., Spec. Gen. Lep. 1, p. 578 (1836), Coll. Oberthur. — Butler, Proc.
Zool. Soc. 1876, p. 144 (1876). — Butler. An. N. H. (6) 20, p. 460 (1897) ex parte.
delphine Trimen, Rhop. Afr. Austr., p. 53 (1862).
loandicus ♀ Butler, Proc. Zool. Soc. 1871. p. 724 (1872); Lep. Exot., p. 91. t. 34,
f. 9 (1872), Coll. Meldola.
lucullus Butler, Proc. Zool. Soc. 1876, p. 143, t. 6, f. 6 [non fig. 4] (1876),
Mus. Brit.
glycera Butler, Proc. Zool. Soc. 1876, p. 144 (1876). Mus. Brit. — An. N. H. (6)
20, p. 461 (1897).
minans Butler, Ent. M. Mag. 18, p. 229 (1882), Mus. Brit.
♂ *xanthus* ♂ Swinhoe, Proc. Zool. Soc. 1884, p. 440, t. 39, f. 10 (1884), Mus.
Brit. — Butler, An. N. H. (6) 20, p. 462 (1897) ex parte.
♀ *odysseus* ♀ Swinhoe, Proc. Zool. Soc. 1884. p. 441 (1884), Mus. Brit.
bifasciatus Em. Sharpe, An. N. H. (6) 5, p. 336 (1890), Coll. Jackson. — Waterh.,
Aid, t. 189, f. 2 (1890). — Hampson, An. N. H. (6) 7, p. 181 (1891).

var. (æstiv. extrema?) **Emini** Butler, An. N. H. (6) 7, p. 47 (1891), Mus. Brit.;
An. N. H. (6) 20, p. 460 (1897). — a forma typica æstivali differt alis post. fascia
nigra marginali latissima trientem alæ occupante præditis.

Senegal[50]. Ashanti[15, 16, 64] — Congogebiet: Sassa am oberen Ubangi (Colmant).
Angola[8]: Loanda[6, 7], Ehanda[10] — Ovamboland[10] — Damaraland — Kap Kolonie —
Kaffernland — Natal — Swaziland — Delagoa Bay — Transvaal — Bamangwato
Matebeleland[35] — Mashunaland — Portugiesisch Ost-Afrika[79] — Nyassaland[136] —
Deutsch Ost-Afrika: zwischen Nyassa und Tanganika[118]. Kilimanjaro[51], Kandera[55],
Umba[55a] — Brit. Ost-Afrika: Sabaki Fluss[20], Njempo[22], Kampala[119], Uganda[119],
Victoria Nyanza[119] — Somaliland: Zaila[84], Sheik Husein[129] — Aequatoria: Wadelai[4]
Abyssinien[2, 3].

°52. **T. metagone** Holland, Proc. U. S. Nat. Mus. 18, p. 760 (1896), Mus. Washington.
— Butler, An. N. H. (6) 20, p. 462 (1897). — Præcedentis var.?
Brit. Ost-Afrika.

53. **T. evarne** Klug, Symb. Phys., t. 6, f. 1—4 (1829), Mus. Berol. — Boisd., Spec.
Gen. Lep. 1, p. 569 (1836). — Lucas, Lep. Exot., p. 73, t. 37, f. 3 (1835). —
Staud., Exot. Schm. 1, p. 45 (1885). — Marshall, Proc. Zool. Soc. 1897, p. 26
(1897). — Butler, An. N. H. (6) 20, p. 453 (1897). — forma æstivalis: alis
post. infra flavo-albidis vel albis; macula apicali alar. ant. extus modice nigro-
marginata.
xantherarne Butler, Proc. Zool. Soc. 1876, p. 163 (1876); An. N. H. (4) 18, p. 489
(1876), Mus. Brit.

var. **Philippsi** BUTLER, Proc. Zool. Soc. 1885, p. 772, t. 47, f. 11 (1886), Mus. Brit.
— alis utrinque fere albis; macula apicali alar. ant. extus vix nigro-marginata;
forma parva.

var. hib. **citreus** BUTLER, Proc. Zool. Soc. 1876, p. 162 (1876), Mus. Brit. — BUTLER,
Proc. Zool. Soc. 1894, p. 575 (1894). — alis post. infra rufescentibus.

♀ *ccarne* GEYER, Hübners Zutr. 5, p. 45, fig. 993—994 (1837).

syrtinus BUTLER, Proc. Zool. Soc. 1876, p. 163 (1876), Mus. Brit.; l. c. 1894,
p. 574 (1894) ex parte.

Deutsch Ost-Afrika[55a]: Mrogoro (Mus. Berol. & Holmiæ), Usambara[54], Kilimanjaro[51]
Brit. Ost-Afrika[22] — Somaliland[82,83,129,144]; Gellokur[128], Arusa[132] — Aequatoria[4]
— Abyssinien[2,11] — Nubien: Ambukol. Senegal.

54. **T. auxo** LUCAS, Rev. Zool. (2) 4, p. 422 (1852). — STAUD., Exot. Schm. 1, p. 45,
t. 23 (1884—5). — TRIMEN, S. Afr. Butt. 3, p. 120 (1889). — MARSHALL, Proc.
Zool. Soc. 1897, p. 25 (1897). — BUTLER, An. N. H. (6) 20, p. 452 (1897). — -
forma æstivalis; alis post. infra læte sulphureis; macula apicali alar. ant. extus late
vel mediocriter nigro-marginata.

ccarne BOISD., Voy. Deleg. 2, p. 586 (1847). — WALLENGR., Rhop. Caffr., p. 14
(1857). — TRIMEN, Rhop. Afr. Austr., p. 55 (1862).

var. hib. **topha** WALLENGR., Wien. Ent. Mon. 4, p. 34 (1860), Mus. Holmiæ. —
WALLENGR., Öfvers. Vet. Akad. Förhl. 29:3, p. 46 (1872). — TRIMEN, S. Afr.
Butt. 3, p. 123 (1889). — BAKER, Trans. Ent. Soc. London 1895, p. 422 (1895).
— MARSHALL, Ent. M. Mag. 33, p. 52 (1897). — alis supra pallidioribus; alis post.
infra rufescentibus, plus minus brunneo irroratis; macula apicali alar. ant. extus
tenue aut vix nigro-marginata.

♀ *cucharis* ♀? WALLENGR., Rhop. Caffr., p. 15 (1857), Mus. Holmiæ.

keiskamma TRIMEN, Rhop. Afr. Austr., p. 56, t. 2, f. 2, 3 (1862). — STAUD., Exot.
Schm. 1, p. 46 (1885).

Metam.: WEALE, Trans. Ent. Soc. London 1877, p. 274 (1877). — TRIMEN, S. Afr.
Butt. 3, p. 124 (1889). — MARSHALL, Ent. M. Mag. 33, p. 52 (1897); Proc. Zool.
Soc. 1897, p. 836 (1898).

Kap Kolonie — Kaffernland — Natal — Zululand — Delagoa Bay — Transvaal
— Matabeleland[55]. Victoria Nyanza[119].

°var.? **dissociatus** BUTLER, An. N. H. (6) 20, p. 453 (1897), Mus. Brit. — alis supra
albis vel albidis; ad speciem praeced. referendus?

Nyassaland — Deutsch Ost-Afrika: Kilimanjaro, Victoria Nyanza.

55. **T. incretus** BUTLER, Ent. M. Mag. 18, p. 146 (1881), Mus. Brit.; Proc. Zool. Soc.
1888, p. 93 (1888). — MARSHALL, Proc. Zool Soc. 1897, p. 25 (1897). — BUTLER,
An. N. H. (6) 20, p. 452 (1897). — praecedentis var.?; vix nisi statura paullo
majore distinguendus.

ab. **vulneratus** STAUD., Exot. Schm. 1, p. 46, t. 23 (1884—5). Coll. Staud. — alis post.
utrinque ad marginem late irregulariter sanguineo- vel rufescente-tinctis.

Nyassaland[130] — Deutsch Ost-Afrika[54, 55a] (als *nucro*): Mamboia, Kilimanjaro[54]
Brit. Ost-Afrika[21]: Sabaki Fluss[20], Ndangi Fluss[22], Thika-Shika[22].

56. **T. subfasciatus** SWAINSON, Zool. Ill. (2) 3, t. 115 (1833), Mus. Oxoniae. — BOISD.,
Spec. Gen. Lep. 1, p. 567 (1836). — TRIMEN, Rhop. Afr. Austr., p. 58, 331 (1862—6).
— STAUD., Exot. Schm. 1, p. 43, t. 23 (1884—5). — TRIMEN, S. Afr. Butt. 3,
p. 92 (1889). — KIRBY, Handb. Lep. 2, p. 193 (1896). — MARSHALL, Proc. Zool.
Soc. 1897, p. 6 (1897). — BUTLER, An. N. H. (6) 20, p. 393 (1897) ex parte. —
EM. SHARPE, Mon. Ent. 1, p. 32, t. 12, f. 1 a—1 e (1898—99).
Bohemani WALLENGR., Rhop. Caffr., p. 18 (1857), Mus. Holmiae. — BUTLER, Lep.
Exot., p. 45 (1870).
Süd-Angola: Ehanda[10] — Ovamboland[10] — Damaraland[56] — Betchuanaland —
West Griqualand — Hope Town — Transvaal — Bamangwato — Matabeleland
— Nyassaland[130] — Deutsch Ost-Afrika: Irangi (Mus. Wien) — Brit. Ost-Afrika:
Uganda.

57. **T. ducissa** DOGNIN, Le Natural. 13, p. 132 (1891). — MARSHALL, Proc. Zool. Soc.
1897, p. 21 (1897). — praecedentis var. hibern.?; cuf. BUTLER, An. N. H. (6) 20,
p. 393 (1897).
♂ *sulfuratus* KARSCH, Ent. Nachr. 24, p. 98 (1898), Mus. Berol.
♀ *subfasciatus* ♀ var. EM. SHARPE, Mon. Ent. 1, t. 12, f. 1 d, 1 e (1899).
Deutsch Ost-Afrika: Mendela, Mkaramo[136], Gera[136], Usandawe[136], Mpwapwa[136].

58. **T. Lucasi** GRANDIDIER, Rev. Zool. (2) 19, p. 273 (1867). — BRAUER, Archiv. f.
Naturg. 37: 2, p. 248 (1871). — SAALM., Lep. Mad. 1, p. 67, t. 2, f. 19—21 (1884).
— MAB., Hist. Mad. Lep. 1, p. 281, t. 37, f. 1—3 (1885—7).
cohemara WARD., Ent. M. Mag. 6, p. 224 (1870); Afr. Lep., p. 4. t. 4, f. 3, 4
(1873), Coll. Oberth.
Madagaskar.

59. **T. mananhari** WARD, Ent. M. Mag. 6, p. 224 (1870); Afr. Lep., p. 2, t. 2, f. 1—4
(1873). — SAALM., Lep. Mad. 1, p. 68, t. 3, f. 33 (1884). — MAB., Hist. Mad.
Lep. 1, p. 289, t. 39, f. 3, 4 (1885—7). — alis post. infra sulphureis—ochraceis
vitta media nulla.

var. **nothus** MAB., Hist. Mad. Lep. 1, p. 290 (1887), t. 36a, f. 2, 2a (inedit.). —
alis post. infra sulphureis—ochraceis vitta longitudinali media nigra.

var. lib. **flavida** MAB., An. E. Fr. (5) 7 Bull., p. 37 (1887); Hist. Mad. Lep. 1,
p. 291, t. 40, f. 1, 2 (1885—7). — alis post. apiceque alar. ant. infra rufescentibus aut brunneis: alis post. saepissime vitta distincta.
Madagaskar.

ᶜ60. **T.??** **aldabrensis** Holland, Proc. U. S. Nat. Mus. 18, p. 269, t. 8, f. 7, 8 (1895),
Mus. Washington. -- Genus?[1]
Insel Aldabra.

ᶜ61. **T.?** **doxo** God., Enc. Meth. 9, p. 132 (1819), Mus. Edinburg? — Boisd., Spec. Gen.
Lep. 1, p. 527 (1836).
Afrika??

<h2 style="text-align:center">9. Eronia Boisd.</h2>

> *Eronia* Boisd., Spec. Gen. Lep. 1, p. 604 (1836). — Butler, Cist. Ent. 1, p. 38, 52,
57 (1870). — Kirby, Handb. Lep. 2, p. 202 (1896). — Typus: *E. cleodora*.

— *Eronia* Doubl., Gen. D. Lep., p. 64 (1847). — Schatz, Exot. Schm. 2, p. 74, t. 6
(1885—6). — Trimen, S. Afr. Butt. 3, p. 169 (1889). — Karsch, Berl. Ent. Zeit. 38,
p. 231 (1893).

> *Dryas* Boisd., Voy. Deleg. 2, p. 588 (1847). — Wallengr.,
Rhop. Caffr., p. 16 (1857). — Snellen, Tijdschr. v. Ent. 25,
p. 230 (1882). — Typus: *E. leda*.

> *Nepheronia* Butler, Cist. Ent. 1, p. 38, 53, 57 (1870). —
Kirby, Handb. Lep. 2, p. 205 (1896). — Typus: *E. argia*.

> *Leuceronia* Auriv., Ent. Tidskr. 16, p. 256 (1895). —
Typus: *E. Buqueti*.

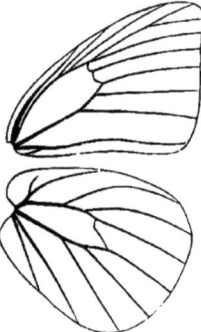

Fig. 35. Rippenbau von *Eronia
argia* Fabr.

Ich finde keine genügende Gründe um *Dryas* und *Nepheronia* von *Eronia* zu trennen. Auch *Leuceronia* kann nicht
beibehalten werden. Ich begründete diese Gattung auf das
Fehlen der Rippe 11 der Vorderflügel. Butler und Karsch
haben mir aber später mitgetheilt, dass diese Rippe bei *Buqueti*
bald vorhanden bald abwesend sein kann; ein bei den Tagfaltern sehr seltenes Verhältniss.

<h3 style="text-align:center">Uebersicht der Arten.</h3>

A. Die Hinterflügel oben mit zusammenhängender schwarzer Saumbinde; ihre Grundfarbe oben weiss oder weissgelb, unten ockergelb: ihr Saum deutlich stumpf gezackt. Die Vorderflügel oben mit einer schwarzen Saumbinde, welche zwei Subapicalflecke (in 6 und 9) der Grundfarbe einschliesst. Beide Flügel unten mit gemeinsamer rothbraunen schwarzbraunen, mehr oder weniger grau bestäubten Saumbinde, welche an der
Spitze der Vorderflügel einen grossen, unregelmässigen, ockergelben Vorderrandsfleck umgiebt. N:o 1.

B. Die Hinterflügel oben unbezeichnet, einfarbig oder nur mit freien, schwarzen Saumflecken. Der Saum der
Hinterflügel ganzrandig oder gewellt.

[1] Wenn die Abbildung richtig ist, gehört diese Art nicht zu *Teracolus*. Die langen Fühler und besonders
das Geader der Vorderflügel sind der Gattung *Teracolus* ganz fremd.

α. Beide Flügel oben und unten mit lebhaft gelber—hellgelber Grundfarbe. Die Vorderflügel oben an der Spitze mit rostbrauner, beim ♂ sehr schmaler, beim ♀ aber breiterer und von 5—6 ähnlich gefarbten Submarginalflecken begleiteter Saumbinde zwischen den Rippen 3 und 10. Die Vorderflügel beim ♂ mit einem sehr grossen, (die Zellenspitze erreichenden), orangegelben Apicalfleck, welcher beim ♀ fehlt oder weniger deutlich ist. N:o 2.

β. Beide Flügel oben beim ♂ stets mit weisser oder weisslicher Grundfarbe, beim ♀ bisweilen gelb aber ohne Submarginalflecke. Die Vorderflügel oben mit schwarzer Apical- oder Saumbinde oder selten ganz ohne dunkle Saumbinde.

   *. Die Vorderflügel unten mit einem dunklen, schwarzbraunen Vorderrandsfleck nahe an der Spitze (♂) oder mit unregelmässiger dunkler Saumbinde (♀).

     1. Grössere Art mit einer Flügelspannung von 68—77 Mill. Die schwarze Saumbinde der Vorder-flügeloberseite erreicht wenigstens die Rippe 2. — ♂. Die Flügel oben mit grünlichweisser Grund-farbe. N:o 3.

     2. Kleinere Art mit einer Flügelspannung von etwa 60 Mill. Die schwärzliche Apicalbinde der Vorder-flügel ist schmäler und erreicht höchstens die Rippe 3. — ♂. Die Flügel oben mit rein weisser Grundfarbe. N:o 4.

   **. Die Vorderflügel unten einfarbig ohne Zeichnungen oder nur mit kleinen schwarzen Punkten an den Rippenenden und mit 1—2 schwarzen Submarginalflecken (in 3 und 5).

     1. Die Hinterflügel und die Spitze der Vorderflügel unten lebhaft perlmutterglänzend. Die Hinter-flügel unten ohne Fleck auf der Querrippe der Mittelzelle; ihr Vorderrand an der Wurzel orange-gelb. — ♂. Die Flügel oben bläulichweiss. N:o 5.

     2. Die Flügel unten nicht perlmutterglänzend. Die Hinterflügel unten mit einem braunen Ringflecke am Ende der Mittelzelle, ihr Vorderrand aber nicht gelb an der Wurzel. Die Flügel oben mit weisser Grundfarbe. Die Hinterflügel ohne schwarze Saumflecke. N:o 6.

1. **E. cleodora** HÜBNER, Samml. Exot. Schm. 2, t. 130 (1822—36). — BOISD., Spec. Gen. Lep. 1, p. 603 (1836). — TRIMEN, Rhop. Afr. Austr., p. 64 (1862). — HEW., Exot. Butt. Eronia, t. 1, text (1867). — TRIMEN, S. Afr. Butt. 3, p. 171 (1889). — BAKER, Trans. Ent. Soc. London 1895, p. 426 (1895). — forma hibernalis; margine nigro alarum post. tantum 1—3 mill. lato; alis post. infra saturate ochraceis.

erxia HEW., Exot. Butt. Eronia, t. 1, f. 7 (1867), Mus. Brit.

var. æstiv. norm. **erxia** HEW., Exot. Butt. Eronia, t. 1, text (1867), Mus. Brit. — STAUD., Exot. Schm. 1, p. 36 (1884). — margine nigro alarum post. 5—8 mill. lato; alis post. infra pallidiore ochraceis vel flavis.

cleodora DOUBL. & HEW., Gen. Diurn. Lep., t. 9, f. 1 (1847). — STAUD., Exot. Schm. 1, p. 36, t. 21 (1884).

var. æstiv. extr. et geogr. **dilatata** BUTLER, Proc. Zool. Soc. 1888, p. 196 (1888), Mus. Brit. — TRIMEN, S. Afr. Butt. 3, p. 174, note (1889). — margine nigro alarum post. latissimo, 10—12 mill. lato, apicem cellulæ disc. sæpe attingente; alis post. sæpe infra pallide flavis.

latimarginata WEYMER, S. E. Z. 53, p. 96 (1892), Coll. Weymer.

Angola (Coll. Staud.). Kap Kolonie — Kaffernland — Natal — Zululand — Portug. S. Ost-Afrika: Querimba[79] — Nyassaland; Mero See[66] — Deutsch Ost-Afrika: Dar-es-Salaam, Bagamoyo[48], Zanzibar[48]. Kilimanjaro[51]. Meatu[55a] — Brit. Ost-Afrika[21, 116]: Taveta[50], Sabaki[20], Victoria Nyanza[119] — Somaliland[120] — Abyssinien[1-3].

2. **E. leda** Boisd., Voy. Deleg. 2, p. 588 (1847), Coll. Oberthur. — Doubl. & Hew., Gen. D. Lep., p. 65, 530 (1847—52). — Guérin, Lefeb. Voy. Abyss. 6, p. 367 (1849). — Hopffer, Peters Reise Mossamb. Ins., p. 364 (1862). — Trimen, Rhop. Afr. Austr., p. 63 (1862). — Staud., Exot. Schm. 1, p. 37, t. 21 (1884). — Trimen, S. Afr. Butt. 3, p. 174 (1889). - - Baker, Trans. Ent. Soc. London 1895, p. 427 (1895). — forma æstivalis; major, alis post. infra pallidioribus et minus dense rufoconspersis.

- , Angas. Kafirs Illustr., t. 30, f. 2 (1849).

tekoukoule Guérin, Lefeb. Voy. Abyss. 6, t. 9, f. 1, 2 (1849).

Wahlbergi Wallengr., Rhop. Caffr., p. 17 (1857). Mus. Holmiae.

var. hib. **Trimeni** Oberth. Etudes d'Ent. 3, p. 20 (1878). — minor, alis post. infra saturatius aurantiacis densiusque rufo-conspersis.

♀ *leda* Trimen. Rhop. Afr. Austr, t. 2, f. 5 (1862).

Angola (Coll. Hew.). Kaffernland — Natal — Zululand — Transvaal[135] — Portug. Ost-Afrika: Querimba[70] — Nyassaland[130] — Mero See[36] — Deutsch Ost-Afrika[55a]; Parumbira[118], Usambara[54] — Brit. Ost-Afrika[21, 146] — Somaliland[129] — Abyssinien[63].

3. **E. argia** Fabr., Ent. syst., p. 470 (1775), Mus. Brit. — Herbst, Naturs. Schm. 5, p. 78, t. 90, f. 1 (1792). — God., Enc. Meth. 9, p. 140 (1819). — Lucas, Lep. Exot., t. 32, f. 3 (1835). — Boisd., Spec. Gen. Lep. 1, p. 448 (1836). — Staud., Exot. Schm. 1, p. 37, t. 21 (1884). — Butler, Proc. Zool. Soc. 1888, p. 96 (1888). — Trimen, Proc. Zool. Soc. 1894, p. 68 (1894).

♂ *cassiopea* Cramer, Pap. Exot. 3, p. 14, t. 201, f. A (1782).

♀ (typica) Auriv., Ent. Tidskr. 16, p. 262 (1895). — alis supra albis, anticis absque macula basali aurantiaca.

ab. ♀ **semiflava** Auriv., Ent. Tidskr. 16, p. 262 (1895). — alis ant. supra aurantiacis absque macula basali: alis post. albis.

ab. ♀ **idotea** Boisd., Spec. Gen. Lep. 1, p. 441 (1836), Coll. Oberth. — Auriv., Ent. Tidskr. 16, p. 262 (1895). - - alis supra sulphureis, anticis absque macula basali.

ab. ♀ **poppea** Donov., Nat. Reposit. 2, t. 54, f. 2 (1824). — Auriv., Ent. Tidskr. 16, p. 262 (1895). — alis supra albis, anticis macula basali aurantiaca.

ab. ♀ **mixta** Auriv., Ent. Tidskr. 16, p. 262 (1895). — alis anticis supra flavis macula basali aurantiaca: posticis albis.

ab. ♀ **sulphurea** Auriv., Ent. Tidskr. 16, p. 262 (1895). — alis supra sulphureis, anticis macula basali aurantiaca ornatis.

var. (ab.?) **varia** Trimen, Trans. Ent. Soc. London (3) 2, p. 175 (1864): Rhop. Afr. Austr. 2, p. 327 (1866). — ♂ margine nigro alarum ant. angustiore: ♀ margine nigro alarum ant. ex parte in maculis dissoluto; alis ant. supra albis macula basali aurantiaca, alis post. flavis.

argia Trimen, S. Afr. Butt. 3, p. 179 (1889).

Sierra Leona[81] — Liberia[75] — Ashanti[16] — Togo[84] — Niger: Lokoja[126] — Kamerun[64] — Congogebiet[45]: Aruwimi[46], Equator Station, Zongo, Sassa, Quango, Mu-

kenge[44], Itimba — Angola[7]: Kinsembo[5], im Inneren[65]. — Kaffernland[27] — Natal
– Zululand — Delagoa Bay — Portug. Ost-Afrika: Querimba[79] — Deutsch Ost-
Afrika: Parumbira[118], Kilimanjaro[51] — Brit. Ost-Afrika: Teita[21], Sabaki(?)[22].

4. **E. pharis** Boisd., Spec. Gen. Lep. 1, p. 443 (1836), Coll. Oberth. -- Staud., Exot.
Schm. 1, p. 37 (1884).
♀ *chione* Doubl., An. N. H. 14, p. 421 (1844), Mus. Brit.
Sierra Leona[51]. Kamerun[64, 71]. Congogebiet[45]: Mukenge[44], Zongo, Mokoange -— Angola (Coll. Hew.).

5. **E. thalassina** Boisd., Spec. Gen. Lep. 1, p. 443 (1836), Coll. Oberth. — Staud., Exot.
Schm. 1, p. 37 (1884). — Trimen, Proc. Zool. Soc. 1894, p. 67 (1894). — ♀ alis
utrinque albis vel albidis.
♂ *verulanus* ♂ Ward, Ent. M. Mag. 8, p. 59 (1871); Afr. Lep., p. 4, t. 4, f. 5 (1873).

ab. ♀ **verulanus** Ward, Ent. M. Mag. 8, p. 59 ♀ (1871); Afr. Lep., p. 4, t. 4, f. 6, 7
(1873). — alis. ant. utrinque ochraceo-flavis, alis post. albis.
Senegal. Ashanti[14, 16] -— Kamerun[71] — Congogebiet: Aruwimi[46], Zongo, Sassa,
zwischen Kasongo und den Stanley-Fällen. — Manicaland[77] -- Mero See[56] — — —
Brit. Ost-Afrika[22]: Sabaki Fluss[20], Kibwezi[21], Kampala[118], Uganda[119] — Bugundi bei
Albert Nyanza (Mus. Berol.).

6. **E. Buqueti** Boisd., Spec. Gen. Lep. 1, p. 607 (1836), Coll. Oberth. — Hopffer, Peters
Reise Moss. Ins., p. 363 (1862). — Trimen, Rhop. Afr. Austr., p. 66 (1862) ex
parte. — Trimen, S. Afr. Butt. 3, p. 177 (1889) ex parte. — Baker, Trans. Ent.
Soc. 1895, p. 426 (1895). — fascia marginali nigra alar. ant. apice lata et usque
ad angulum posteriorem extensa, costa usque ad basin nigra; alis post. infra haud
brunneo-irroratis.

var. (interm.) **mossambicensis** Hopffer, Peters Reise Mossamb. Ins. p. 363, t. 23, f. 9
(1862), Mus. Berol. — a forma typica tantum differt alis post. infra distincte
brunneo-striolatis et irroratis.
zelinda Ward., Ent. M. Mag. 10, p. 59 (1873), Coll. Oberth.
Buqueti Staud., Exot. Schm. 1, p. 37 (1884).

var. lib. **arabica** Hopffer, Peters Reise Mossamb. Ins., p. 363 (1862), Mus. Berol. —
alis ant. supra fascia apicali nigra angustiore nec ultra costam 3am extensa, margine
costali haud nigro; alis post. infra brunneo-striolatis et irroratis.
Buqueti Mab., Hist. Madag. Lep. 1, p. 280, t. 37, f. 4—5 (1885—87).

var. lib. extr. **capensis** Hopffer, Peters Reise Mossamb. Ins., p. 363 (1862), Mus.
Berol. — fascia apicali alar. ant. nulla aut fere nulla; alis post. infra dense brunneo-
striolatis et irroratis.
Senegal. Congo Mündung[9] — Angola[7]: Kinsembo[5] — Damaraland — Kap Kolonie
Kaffernland — Natal — Swaziland — Delagoa Bay — Transvaal — Portug. Ost-
Afrika: Querimba[79] — Nyassaland -- Deutsch Ost-Afrika[55a]: Nguru[55], Kandera[55] —

Brit. Ost-Afrika[21, 146]: Nzoai[22] (*capensis*), Baringo See[22] (typ.) — Somaliland: südlich von Berbera[22] (*arabica*), Bihen Andola[128] (*capensis*), Dobar[128] (*arabica*) — Abyssinien[3]: Hor Tamanib[11], Arabien[12] (*arabica*). Madagaskar[107] (*arabica*).

10. Catopsilia HÜBNER.

Colias SWAINSON, Zool. Ill. 1, t. 5 (1820).

‒ *Catopsilia* HÜBNER, Verz., p. 98 (1826). — BUTLER, Lep. Exot. p. 154 (1873). — KIRBY, Handb. Lep. 2. p. 225 (1896).

> *Phoebis* HÜBNER, Verz., p. 98 (1826). — BUTLER, Lep. Exot., p. 155 (1873).

> *Murtia* HÜBNER, Verz., p. 98 (1826).

> *Colias* HÜBNER, Verz., p. 99 (1826).

= *Callidryas* BOISD., Lep. Amer. sept., p. 73 (1829); Spec. Gen. Lep. 1, p. 605 (1836). — DOUBL., Gen. D. Lep., p. 66 (1847). — TRIMEN, Rhop. Afr. Austr., p. 67 (1862). — HERR. SCHÆFFER, Prodr. Syst. Lep. 2, p. 5 (1867). — BUTLER, Cist. Ent. 1, p. 36, 46, 56 (1870). — TRIMEN, S. Afr. Butt. 3, p. 182 (1889).

> *Aphrissa* BUTLER, Lep. Exot., p. 155 (1873).

‒ *Catopsilia* SCHATZ, Exot. Schm. 2, p. 67, t. 7 (1885—86).

Die von BUTLER und anderen aufgestellten Abtheilungen (=Gattungen) von *Catopsilia* sind nur auf die sekundären Geschlechtscharaktere der ♂♂ begründet und können darum nicht als selbständige Gattungen betrachtet werden.

Die ethiopischen Arten sind alle in männlichem Geschlechte durch einen Mehlfleck im Felde 7 der Hinterflügel und durch einen Haarpinsel am Hinterrande der Vorderflügel ausgezeichnet und gehören demnach der Abtheilung *Catopsilia* sens. str. BUTLER an.

Uebersicht der Männchen.

A. Die Flügel oben einfarbig weiss: die Vorderflügel mit einem schwarzen Punkte am Ende der Mittelzelle und gegen die Spitze mit einer sehr schmalen (bisweilen fehlenden), schwarzbraunen Vorderrandslinie und kleinen Saumflecken an den Rippenenden.   N:o 1.

B. Die Flügel oben weiss, an der Wurzel breit schwefelgelb.

     α. Die Vorderflügel mit deutlichem, gerundetem Mittelfleck; ihr Vorderrand an der Spitze schmal schwarz.   N:o 2.

     β. Die Vorderflügel mit sehr kleinem Mittelfleck oder ohne Mittelfleck; ihr Vorderrand nicht schwarz.   N:o 3.

Uebersicht der Weibchen.

A. Die Flügel oben weiss ohne Gelb. Der Vorderrand und der Saum der Vorderflügel schmal schwärzlich.   N:o 1 var.

B. Die Flügel oben ganz oder zum Theil gelb.

     α. Die Vorderflügel oben mit rothbraunen, gewöhnlich freien Saumflecken; die Flügel oben wenigstens im Aussenhälfte gelb, gewöhnlich ohne deutliche Submarginalflecke.

     ¹. Die Flügel oben ganz schwefelgelb oder nur selten in der Mitte heller, weisslich.   N:o 1.

**. Die Flügel oben im Wurzeltheil breit weiss oder weisslich, dann schwefelgelb und am Saume orange-
gelb. N:o 2.

β. Die Vorderflügel oben mit zusammenhängender, schwarzer, 2—3 Millim. breiter Saumbinde und schwarzem
Vorderrande. Die Flügel oben weiss oder weisslich an der Wurzel schwefelgelb; die Submarginallflecke
gewöhnlich vollständig vorhanden, schwärzlich. N:o 3.

1. **C. florella** FABR., Syst. Ent., p. 479 (1775). Mus. Brit. — GOD., Enc. Meth. 9, p. 96
(1819). — DONOV., Nat. Reposit. 3, t. 90 (1825). — HOPFFER, Peters Reise Mossamb.
Ins., p. 365 (1862). — TRIMEN, Trans. Ent. Soc. 1870, p. 382 (1870). — STAUD.,
Exot. Schm. 1, p. 38, t. 22 (1884). — BUTLER, Proc. Zool. Soc. 1884, p. 485 (1885).
— TRIMEN, S. Afr. Butt. 3, p. 185 (1889). — ♀ alis supra flavis--sulphureis.
♂ *pyrene* ♂ SWAINSON, Zool. Ill. 1, t. 51 (1820—21). — BUTLER, Lep. Exot., p. 44,
t. 16, f. 8, 10 (1870). — MAB., Hist. Mad. Lep. 1, p. 274, t. 39, f. 1 (1885—87).
♂ *florella* ♂ BOISD., Spec. Gen. Lep. 1, p. 608 (1836). — WALLENGR., Rhop. Caffr., p.
18 (1857). — TRIMEN, Rhop. Afr. Austr., p. 68 (1862). — GUENÉE, Maill. Notes
Réun. Lep., p. 5 (1862).
♀ *rhadia* BOISD., Spec. Gen. Lep. 1, p. 617 (1836), Coll. Oberth. — WALLENGR.,
Rhop. Caffr., p. 18 (1857). — TRIMEN, Rhop. Afr. Austr., p. 69 (1862). — MAB.,
Hist. Mad. Lep. 1, p. 279 (1887).
♀ *castalia* DOUBL., Gen. D. Lep., p. 68 (1847). Mus. Brit.
♀ *marcellina* BERTOLONI, Mem. Acad. Bologna 2, p. 178 (1851).
♀ *florella* ♀ var. GUENÉE, Maill. Notes Réun. Lep., p. 7, t. 22, f. 1, 2 (1862).
♀ *florella* BUTLER, Lep. Exot., p. 56, t. 22, f. 1, 2 (1870).
♀ *rufosparsa* BUTLER, An. N. H. (5) 5, p. 395 (1880), Mus. Brit. — MAB., Hist.
Mad. Lep. 1, t. 38, f. 3 (1885).
♂ *Swainsoni* WESTW., Oates Matabele Land, p. 335 (1882); Edit. 2, p. 342 (1889).

ab. ♀ **hyblæa** BOISD., Spec. Gen. Lep. 1, p. 612 (1836), Coll. Oberth. — TRIMEN, S.
Afr. Butt. 3, p. 187 (1889). — alis supra pallidioribus, albido-flavis.

ab. ♀ **aleurona** BUTLER, An. N. H. (4) 18, p. 489 (1876), Mus. Brit. — TRIMEN, S.
Afr. Butt. 3, p. 187 (1889). — alis supra medio late albo-suffusis.

ab. ♀ **pyrene** ♀ SWAINSON, Zool. Ill. 1, t. 51 (1820—21). — BUTLER, Lep. Exot., p. 44,
t. 16, f. 9 (1870). — MAB., Hist. Mad. Lep. 1, p. 274 t. 39, f. 2 (1885—87). —
alis supra albis; mari fere omnino similis.
florella ♀ BOISD., Spec. Gen. Lep. 1, p. 608 (1836). — TRIMEN, Rhop. Afr. Austr.
p. 68 (1862). — GUENÉE, Maill. Notes Réun. Lep., p. 5 (1862).
Metam.: GUENÉE, Maill. Notes Réun. Lep., p. 7 (1862). — TRIMEN, S. Afr. Butt. 3,
p. 188 (1889). — NURSE, Proc. Zool. Soc. 1896, p. 249 (1896).
Ueberall auf dem Festlande Afrikas südlich von der Sahara. Arabien[12]. Sokotra[116].
Seychellen[115]. Comoren[99]. Madagaskar. Bourbon[88]. Mauritius[109].

2. **C. thauruma** REAK., Proc. Acad. N. Sc. Philad. 18, p. 238 (1866). — MAB., Hist.
Mad. Lep. 1, p. 271, t. 38, f. 4—5 (1885—87).

fiaduma Hew., Exot. Butt. Callidryas, t. 1, f. 1—4 (1867), Mus. Brit.
thauruma Butler, Lep. Exot., p. 56, t. 22, f. 3—6 (1870).
Madagaskar.

3. **C. Grandidieri** Mab., An. E. Fr. (5) 7 Bull., p. 38 (1877). — Saalm., Lep. Mad. 1,
p. 67 (1884). — Mab., Hist. Mad. Lep. 1, p. 273, t. 38, f. 1, 2 (1885—87).
decipiens Butler, An. N. H. (5) 5, p. 338 (1880).
Madagaskar.

11. **Terias** Swainson.

Terias Swainson, Zool. Ill. 1, t. 22 (1820). — Horsf., Cat. Lepid. Ins., p. 134 (1829). —
Boisd., Spec. Gen. Lep. 1, p. 651 (1836). -- Doubl., Gen. D. Lep., p. 76 (1847). —
Trimen, Rhop. Afr. Austr., p. 75 (1862). -- Butler, Cist. Ent. 1, p. 35, 44, 55 (1870).
— Trimen, S. Afr. Butt. 3, p. 10 (1889). — Karsch, B. E. Z. 38, p. 231 (1893).
Eurema Hübner, Verz., p. 96 (1826: certissime post 1820).
Abæis Hübner, Verz., p. 97 (1826).
Xanthidia Boisd., Lep. Amer. Sept., p. 48 (1829), enf. Boisd., Spec. Gen. Lep. 1,
p. 563.
Eurema Schatz, Exot. Schm. 2, p. 67, t. 6 (1885—86).
Maira Smith & Kirby, Rhop. Exot. 24, Lycæn. Afr., p. 96 (1893).

Revision: Butler, Trans. Ent. Soc. London 1871, p. 526—544 (1871); An. N. H.
(7) 1, p. 56—82 (1898).

Ich habe hier die æthiopischen *Terias*-Arten bis auf acht reduziert, bin aber dessen-
ungeachtet nicht sicher, dass alle diese acht Formen selbständige Arten sind.

Uebersicht der Arten.

A. Die Vorderflügel oben mit einer vollständigen, den Hinterwinkel erreichenden, zusammenhängenden, schwarzen
Saumbinde, welche nach innen wenigstens an der Rippe 4 oder 5 zahnförmig hervorspringt. — ♂. Die
Mediana der Vorderflügel an seiner Wurzel bis zur Rippe 2 beiderseits von einem schmalen Striche beson-
derer Schuppen, welche, wenn man die Flügel gegen das Licht hält, dunkel hervortreten, begleitet. — Die
Hecabe-Gruppe.
   a. Die schwarze Saumbinde der Vorderflügel tritt an der Rippe 4 am weitesten nach innen hervor, ist dann
zwischen den Rippen 2 und 4 eingeschnitten und tritt an der Rippe 2 gewöhnlich wieder scharf hervor.
    . Die Flügel beim ♂ schön schwefelgelb. Durchschnittlich grösser, 40—50 Mill.   N:o 1.
    .. Die Flügel beim ♂ dunkler gelb, goldgelb—ockergelblich. Kleiner, 27—40 Mill.   N:o 2.
   β. Die schwarze Saumbinde der Vorderflügel tritt an der Rippe 5 oder an der Falte zwischen 4 und 5 am
weitesten, gewöhnlich aber nur stumpf und schwach nach innen hervor und ist dann zwischen der Rippe
4 und dem Hinterwinkel ganz schmal und gleichbreit, oft fast ganz ohne Spur von Zacken auf der
Innenseite.   N:o 4.
B. Die Vorderflügel oben ohne Saumbinde oder mit einer abgekürzten, den Hinterwinkel nicht erreichenden
Saumbinde oder mit einer vollständigen, breiten, nach innen aber gleichförmig abgerundeten Saumbinde.
♂. Die Vorderflügel ganz ohne Schuppenstriche an der Wurzel der Mediana.

α. Die Flügel mit weisser oder gelblich weisser Grundfarbe. Die schwarze Saumbinde der Vorderflügel erreicht höchstens die Rippe 2, tritt aber an der Rippe 4 weit nach innen hervor. N:o 5.

β. Die Flügel mit gelber Grundfarbe. Die Saumbinde der Vorderflügel ist, wenn vorhanden, nicht an der Rippe 4 geeckt.

. Der Saum der Hinterflügel zwischen den Rippen 3 und 4 deutlich aber schwach geeckt. N:o 6.

**.* Der Saum der Hinterflügel gleichförmig gebogen.

1. Die schwarze Saumbinde der Hinterflügel des ♂ an der Spitze 2—3 Mill. breit. — Vom Festlande Afrikas. N:o 7.

2. Die schwarze Saumbinde der Hinterflügel des ♂ an der Spitze 3,5—4 Mill. breit. — Aus Madagaskar. N:o 8.

1. **T. brenda** Doubl. & Hew., Gen. D. Lep., p. 79, t. 9, f. 6¹ (1847), Mus. Brit. — Hopffer, Peters Reise Mossamb. Ins., p. 367 (1862). — Karsch, B. E. Z. 38, p. 235 (1893). — Butler, An. N. H. (7) 1, p. 67 (1898).

solifera Auriv., Ent. Tidskr. 16, p. 262 (1865).

Sierra Leona — Liberia⁷⁹ — Ashanti — Togo⁸⁴ — Kamerun⁶⁴, ⁷¹ — Gabun⁶¹ — Congogebiet: Aruwimi⁴⁶, Sassa. Portug. Ost-Afrika: Querimba⁷⁹ — Uganda¹¹⁹.

2. **T. senegalensis** Boisd., Spec. Gen. Lep. 1, p. 672 (1836), Coll. Oberth. — Karsch, B. E. Z. 38, p. 235 (1893). — Butler, An. N. H. (7) 1, p. 67 (1898). — forma æstivalis; alis ant. infra macula nulla brunnea subapicali; a *T. hecabe* L. distincta?

hecabe Hopffer, Peters Reise Mossamb. Ins., p. 365 (1862).

solifera Butler, An. N. H. (4) 15, p. 396 (1875), Mus. Brit.

Bewsheri Butler, An. N. H. (5) 3, p. 190 (1879), Mus. Brit. — Butler, An. N. H. (7) 1, p. 67 (1898).

leonis Butler, An. N. H. (5) 17, p. 222, t. 5, f. 6 (1886), Mus. Brit. — Karsch, B. E. Z. 38, p. 235 (1893). — Auriv., Ent. Tidskr. 16, p. 263 (1895). — Butler, An. N. H. (7) 1, p. 67 (1898).

orientis Butler, Proc. Zool. Soc. 1888, p. 71 (1888), Mus. Brit.

Butleri Trimen, S. Afr. Butt. 3, p. 23 (1889).

var. hib. **bisinuata** Butler, An. N. H. (4) 18, p. 185 (1876), Mus. Brit. — alis ant. infra macula subapicali brunnea ornatis.

senegalensis Geyer, Hübner Zutr. 5, f. 969, 970 (1837).

chalcomiata Butler, An. N. H. (5) 3, p. 190 (1879), Mus. Brit.

dentilimbata Butler, An. N. H. (5) 3, p. 190 (1879), Mus. Brit.

æthiopica Trimen, S. Afr. Butt. 3, p. 21 (1889). — Karsch, B. E. Z. 38, p. 234 (1893). — Trimen, Proc. Zool. Soc. 1891, p. 62 (1891).

Ganz Afrika südlich von der Sahara. Arabien¹², Madagaskar? Comoren⁸⁰, St. Thomé¹¹³.

3. **T. anjuana** Butler, An. N. H. (5) 3, p. 189 (1879), Mus. Brit. — intermedia inter praecedentem et sequentem; species distincta?

---

¹ Die Abbildung, wie auch Stücke aus Sierra Leona, zeigt eine schmale und nach innen wenig unregelmässige Saumbinde der Vorderflügel. Unter einer grossen Anzahl (aber 30) Stücke aus Kamerun finde ich jedoch alle mögliche Übergänge zu einer breiteren, zwischen 2 und 4 tief eingeschnittenen Saumbinde. Ich deutete früher diese Form, wohl mit Unrecht, als *solifera* Butler.

decipiens Butler, An. N. H. (5) 3, p. 189 (1879), Mus. Brit.
Comoren: Insel Johanna.

4. **T. floricola** Boisd., Faune Mad., p. 21 (1833); Spec. Gen. Lep. 1, p. 671 (1836), Coll.
Oberth. — Mab., Hist. Mad. Lep. 1, p. 251, t. 31, f. 5—7 (1885—87). — Butler,
An. N. H. (7) 1, p. 66 (1898). — forma æstivalis; alis ant. infra macula brunnea
subapicali nulla.
Boisduraliana Mab., Hist. Mad. Lep. 1, p. 253, t. 32, f. 4, 5 (1885—87).
var. hib. **ceres** Butler, An. N. H. (5) 17, p. 218, t. 5, f. 3 (1886), Mus. Brit. —
alis ant. infra macula brunnea subapicali ornatis.
floricola Trimen, S. Afr. Butt. 3, p. 19 (1889).
(Liberia[?]? Ashanti[60]? Old Calabar[67]?) Congogebiet: Banana — Angola: Ehanda[10].
Ovamboland[10]. Natal — Zululand. Deutsch Ost-Afrika[55a]: Parumbira[118]. Somaliland[128]. Acquatoria[4]. Madagaskar. Bourbon[~]. Mauritius[100].

5. **T. hapale** Mab., Le Natural. 2, p. 99 (1882); Hist. Mad. Lep. 1, p. 250, t. 32, f. 6 ♂,
7, ♀ (1885—87).
Desjardinsi ♀ Mab., Hist. Mad. Lep. 1, p. 248, t. 32, f. 1a, 2 (1885—87).
Gabun (Mus. Holmiæ) — Congogebiet: Bangala, Isangi. Madagaskar.

Obs. Mabille's Fig. 6 wird von Mabille selbst als wahrscheinlich ein ♀ und von
Butler sicher als ♀ angegeben. In Staudingers Sammlung habe ich aber ein mit der
Abbildung übereinstimmendes Stück gefunden, welches ein ♂ ist und der für
die Hecabe-Gruppe so charakteristischen Schuppenstriche an der Mediana der Vorderflügel völlig entbehrt. *Hapale* hat demnach nichts mit *T. floricola* zu thun,
sondern ist eine selbständige Art aus der Brigitta-Gruppe.

6. **T. Desjardinsi** Boisd., Faune Mad., p. 22, t. 2, f. 6 (1833); Spec. Gen. Lep., 1, p. 671
(1836), Coll. Oberth. — Bates, Proc. Zool. Soc. 1863, p. 476 (1863). — Hopffer,
Peters Reise Mossamb. Ins., p. 367 (1862). — Mab., Hist. Mad. Lep. 1, p. 249 ♂
2ᵉ forme (1887). — Karsch. B. E. Z. 38, p. 234 (1893). — Butler, An. N. H. (7)
1, p. 62 (1898). — forma æstivalis; alis ant. infra sulphureis apice haud ferrugineo
nec fascia subapicali brunnea; alis supra margine nigro angusto, anticarum circ. 3
mill., posticarum 1 mill. lato aut punctis indicato.
var. æstiv. extr. **regularis** Butler, An. N. H. (1) 18, p. 486 (1876), Mus. Brit. —
Trimen, S. Afr. Butt. 3, p. 26 (1889). — Baker, Trans. Ent. Soc. London 1895,
p. 117 (1895). — Butler, Proc. Zool. Soc. 1896, p. 125 (1896). — Butler, An.
N. H. (7) 1, p. 62 (1898). — alis ant. infra sulphureis nec ferrugineo-marginatis
nec brunneo-fasciatis; alis supra margine nigro anticarum apice 5—6 mill., posticarum 2—3 mill. lato.
♀ *Desjardinsi* ♀ Trimen, Rhop. Afr. Austr., p. 79 (1862).
Oberthüri Mab., Bull. Soc. Zool. Fr. 2, p. 223 (1877). — Karsch, B. E. Z. 38, p.
235 (1893).
Marshalli Butler, Proc. Zool. Soc. 1897, p. 854 (ex parte), t. 50, f. 8 (1898).

var. hib. **Marshalli** BUTLER, An. X. II. (7) 1. p. 62 (1898) ex parte. Mus. Brit; Proc.
Zool. Soc. 1897, p. 851. t. 50. f. 9 (1898). — alis ant. infra margine apicali (et
exteriore) plus minus late ferrugineo- vel roseo-tincto et sæpissime fascia brunnea
subapicali ornatis.
floricola WALLENGR., Rhop. Caffr., p. 19 (1857), Mus. Holmiæ.
Desjardinsi TRIMEN, Rhop. Afr. Austr., p. 78 (1862). — MÖSCHLER, Verh. z. b. Ges.
Wien 33, p. 281 (1883) ex parte. — MAB., Hist. Mad. Lep. 1, p. 218, t. 32. f. 1,
2a (1885—87). — TRIMEN, S Afr. Butt. 3 p. 24, t. 10. f. 2 (1889). — LANZ, Iris
9, p. 115 (1896).

ab. ♀ **aliena** BUTLER, An. X. H. (5) 5, p. 337 (1880), Mus. Brit.
Desjardinsi ♀ var. MAB., Hist. Mad. Lep. 1, p. 250. t. 32, f. 3, 3a (1885—87).

var. hib. extr. **mandarinula** HOLLAND, Entomologist 25. Suppl., p. 91 (1892); Proc.
U. S. Nat. Mus. 18, p. 242. t. 7. f. 5 (1895). Mus. Washington. — alis supra citrinis
punctis tantum minutis marginalibus, in alis anticis interdum confluentibus, signatis.
punctinotata BUTLER, Proc. Zool. Soc. 1895, p. 633, t. 35, f. 8, 9 (1895). Mus
Brit. — BUTLER, An. X. II. (7) 1, p. 63 (1898).
Sierra Leona (Mus. Holmiæ) — Ashanti[16] — Togo[84] — Niger; Lokoja[126] — Kame-
run[69] — Gabun — Landana[63] — Congogebiet — Angola: Ehanda[10]. Kap Kolonie —
Kaffernland[27] — Natal — Zululand — Transvaal — Manicaland[77] — Portug. Ost-
Afrika[79] — Nyassaland[36] — Deutsch Ost-Afrika: Parumbira[118], Usambara[34, 134]. Bu-
guera[33] — Brit. Ost-Afrika: Ruwenzori[113], Mbololo[22] — Somaliland[129] — Aequatoria[1]
— Abyssinien[2]. Madagaskar. Aldabra[124].

7. **T. brigitta** CRAMER. Pap. Exot. 4, p. 82, t. 331, f. B, C (1780). — HERBST. Naturs.
Schm. 5, p. 173, t. 106, f. 6, 7 (1792). — GOD., Enc. Meth. 9, p. 155 (1819). —
BOISD., Spec. Gen. Lep. 1, p. 676 (1836). — TRIMEN, Rhop. Afr. Austr., p. 80 (1862).
STAUD., Exot. Schm. 1, p. 28. t. 16 (1884). — TRIMEN, S. Afr. Butt. 3, p. 14 (1889).
— AURIV., Ent. Tidskr. 16, p. 263 (1895). — BUTLER, An. N. H. (7) 1, p. 58 (1898).
— alis infra præsertim ad margines plus minus rufescentibus vel brunnescente-flavis,
plus minus nigro-irroratis; ciliis rufis.
candace FELDER, Reise Novaras Lep., p. 213 (1865), Mus. Tring.
seruli WESTW., Oates Matabele Land, p. 312 (1881); Ed. 2, p. 350 (1889), Mus.
Oxoniæ. — TRIMEN, S. Afr. Butt. 3, p. 15 note (1889).

var. æstiv. **zoë** HOPFFER, Monatsb. Akad. Wiss. Berlin 1855, p. 640 (1855); Peters
Reise Mossamb. Ins., p. 369. t. 23, f. 10, 11 (1862), Mus. Berol. — WALLENGR.,
Rhop. Caffr., p. 19 (1857). — WESTW., Oates Matab. Land. p. 342 (1882); Edit. 2,
p. 349 (1889) ♀ var. ut ♂ descr. — TRIMEN, S. Afr. Butt. 3. p. 16 (1889). —
BAKER, Trans. Ent. Soc. London 1895, p. 417 (1895). — MARSHALL, Trans. Ent.
Soc. London 1896, p. 564 (1896). — alis infra sulphureis, haud rufescentibus.
♂ *pulchella* GEYER, Hübner Zutr. 5, p. 8, f. 815—816 (1837). — TRIMEN, Rhop.
Afr. Austr., p. 78 (1862). — STAUD., Exot. Schm. 1. p. 28. t. 16 (1884).
♂ *drona* WALLENGR., Rhop. Caffr., p. 19 (1857), Mus. Holmiæ.

♂ *rahel* HOPFFER, Peters Reise Mossamb. Ins., p. 368 (1862), ex parte. — TRIMEN, Rhop. Afr. Austr., p. 76 (1862).
♀ *caffra* FELDER, Reise Novaras Lep., p. 213 (1865).
♀ *sulphurea* SMITH & KIRBY, Rhop. Exot. 24, Lycaen. Afr., p. 96, t. 21, f. 13 (1893). Coll. Grose Smith.[1]
Ganz Afrika südlich von der Sahara. Madagaskar. Aldabra[124].

8. **T. pulchella** BOISD., Faune Mad., p. 20, t. 2, f. 7 (1833), Coll. Oberth.; Spec. Gen. Lep. 1, p. 677 (1836). — MAB., Hist. Mad. Lep. 1, p. 246, t. 31, f. 2—4 (1885—7). — TRIMEN, S. Afr. Butt. 3, p. 18, note 1 (1889). — BUTLER, An. N. H. (7) 1, p. 58 (1898). — præcedentis var.?
Madagaskar. Mauritius.

12. **Colias** FABR.

< *Colias* FABR., Illig. Magaz. 6, p. 284 (1807). — LATR., Enc. Meth. 9, p. 10 (1819). — LATR., Crust. Arachn. Ins. 2, p. 378 (1829).
Colias LEACH, Edinb. Encyclop. 9: 1, p. 760 (1815). — BOISD.; Spec. Gen. Lep. 1, p. 633 (1836). — DOUBL., Gen. D. Lep., p. 72 (1847). — TRIMEN, Rhop. Afr. Austr., p. 70 (1862). — HERR. SCHÆFFER, Prodr. Syst. Lep. 2, p. 6 (1867). — BUTLER, Cist. Ent. 1, p. 43, 56 (1870). — SCHATZ, Exot. Schm. 2, p. 68, t. 7 (1885—6). — TRIMEN, S. Afr. Butt. 3, p. 163 (1889). — E. REUTER, Acta Soc. Sc. Fennica 22: 1, p. 22 (1896).
Zerene > *Colotis* HÜBNER, Verz., p. 96, 97 (1826).
Eurymus HORSF., Cat. Lep. Ins., p. 134 (1829). — SWAINSON, Zool. Ill. (2) 2, t. 60 (1831—32). — KIRBY, Handb. Lep. 2, p. 208 (1896).

Revision: ELWES, Trans. Ent. Soc. London 1880, p. 133—146 (1880); l. c. 1884, p. 1—26 (1884). — KEFERSTEIN, Verhl. z. b. Ges. Wien 32, p. 419—458 (1883).

SCUDDER und KIRBY haben neulich für diese Gattung den Namen *Eurymus* HORSF. einführen wollen, weil LATREILLE schon 1810 *P. rhamni* L. als Typus von *Colias* FABR. erklärte.

Wenn man aber die von FABRICIUS gegebene Beschreibung[2] der Gattung *Colias* genau durchliest, wird man bald finden, dass dieselbe viel besser auf die von FABRICIUS

---

[1] Durch die Gefälligkeit des Herrn GR. SMITH habe ich den Typus von *Maira sulphurea* genau untersuchen können. Ich bin nicht im Stande weder generische noch specifische Unterschiede zwischen *M. sulphurea* und *T. zoe* zu entdecken. Es ist fast ergötzlich, dass die geehrten Herren sich so gründlich durch ein zwergartiges Weibchen von *T. zoe* täuschen liessen.
[2] *Colias.* Taster zwei, kurz, dreigliedrig; erstes und zweites Glied fast gleich, drittes klein, fein, spitz. Fühler kurz, nach aussen dicker. (Gleiche Füsse).
*. Mit gerundeten Flügeln. *Pap. Palæno, Hyale, Glaucippe.*
**. Eckige Flügel. *P. Rhamni, Cleopatra.*

zuerzt aufgeführten Arten *palæno* und *hyale* als auf *rhamni* passt. Das dritte Palpenglied ist nämlich bei *palæno* und *hyale* »klein, fein und spitz«, bei *rhamni* aber zwar klein, nicht aber »fein und spitz« sondern dick und stumpf. LATREILLE hatte demnach unrecht, LEACH aber und seine Nachfolger ganz recht, da sie *Colias* für *hyale* und verwandte anwendeten. LATREILLE erwähnt übrigens selbst noch 1829 *hyale* als eine Art der Gattung *Colias* und hatte nie die Absicht *hyale* und *rhamni* generisch zu trennen.

Uebersicht der Arten.

A. Die dunkle Saumbinde der Vorderflügeloberseite ist bei beiden Geschlechtern in den Feldern 2, 4—8 oder 9 deutlich hell gefleckt und in den Feldern 1 a und 1 b doppelt schmäler, weil dort ihre innere (submarginale) Abtheilung gänzlich fehlt oder nur schwach angedeutet ist. Die Grundfarbe beim ♂ schwefelgelb oder citrongelb, beim ♀ weiss oder weisslich. N:o 1.

B. Die dunkle Saumbinde der Vorderflügeloberseite ist beim ♂ ungefleckt, beim ♀ wie in A gefleckt, bei beiden Geschlechtern aber bis zum Hinterwinkel breit und zusammenhängend. Die Grundfarbe ist orangegelb mit röthlichem Schiller, selten beim ♀ weiss. N:o 2.

1. **C. hyale** L., Syst. Nat. ed. 10. p. 169 (1758); Fauna Suecica. p. 272 (1761).[1] — OCHSENH., Schm. Europ. 1: 2. p. 181 (1808). — GOD., Enc. Meth. 9, p. 99 (1819). — BOISD., Spec. Gen. Lep. 1, p. 650 (1836). — TRIMEN, Rhop. Afr. Austr., p. 74 (1862). — alis post. supra macula media pallide aurantiaca; macula discali alar. ant. magna subrotundata.

palæno ESPER, Schmett. 1, p. 68, t. 4, f. 2 (1777). — HERBST, Naturs. Schmett. 5, p. 215, t. 114, f. 7, 8 (1792). — HÜBNER, Europ. Schmett. Pap., f. 438, 439 (1798 —1803).

Kirbyi LEWIS, Disc. law of priority, p. 34 (1872). — KIRBY, Handb. Lep. 2, p. 115, t. 61, f. 1, 2 (1896).[1]

Abyssinien[3, 11]. (Die Variet.?)

°var. **marnoana** ROGENH., Verh. z. b. Ges. Wien 33 Sitzb., p. 22 (1884). Mus. Vindob. — alis post. supra absque macula media aurantiaca; macula discali alar. ant. minore, elongata.

Sudan.

2. **C. electo** L., Cent. Ins., p. 21 (1763); Amoen. Acad. 6. p. 405 (1763). *electra* L., Syst. Nat. edit. 12, p. 764 (1767). — GOD., Enc. Meth. 9, p. 102 (1819). — BOISD., Spec. Gen. Lép. 1, p. 637 (1836). — WALLENGR., Rhop. Caffr., p. 19 (1857). — TRIMEN, Rhop. Afr. Austr., p. 74 (1862). — STAUD., Exot. Schm. 1, p. 41 (1885). — TRIMEN, S. Afr. Butt. 3, p. 165 (1889). — BUTLER, Proc. Zool. Soc. 1894, p. 570 (1894).

hyale CRAMER, Pap. Exot. 4, p. 119, t. 351, f. E—H (1781).

---

[1] Die Ansicht KIRBY'S, dass *hyale* L. dieselbe Art wie *croceus* FOURCR. (*edusa* F.) sein sollte, ist völlig grundlos. Vergl. AURIVILLIUS, Ent. Tidskr. 19, p. 61—64 (1898).

ab. ♀ **aurivillius** KEFERSTEIN, Verh. z. b. Ges. Wien 32, p. 457 (1883). — colore fundi alarum albo.

paleno CRAMER. Pap. Exot. 4, p. 96, t. 340, f. A, B (1781).

Metam.: TRIMEN, Rhop. Afr. Austr., p. 332, t. 1, f. 2, 2 a (1866); S. Afr. Butt. 3, p. 167 (1889).

Kamerun: Baliburg[69]. Damaraland — Kap Kolonie — Kaffernland[27] — Orange Republik — Natal — Zululand — Swaziland — Transvaal — Betchuanaland — Manicaland[77] — Nyassaland[46] — Deutsch Ost-Afrika[85a]; Usambara[54, 134], Kilimanjaro[59] — Brit. Ost-Afrika[21, 22] — Somaliland[128, 129, 132] — Abyssinien[1, 3].

Obs. *C. croceus* FOURCR. (*edusa* FABR.) aus Europa und Nord-Afrika ist nur eine sehr wenig abweichende Varietät von *C. electo*.

Fam. **Papilionidæ.**

Diese Familie ist in der æthiopischen Region nur durch eine Gattung vertreten. Man hat zwar versucht die Gattung *Papilio* in mehrere Gattungen zu zerlegen, ohne jedoch für diese Gattungen andere durchgreifende Kennzeichen als sekundäre Geschlechtskaraktere oder Farbe und Zeichnung angeben zu können.

1. **Papilio** L.

< *Papilio* L., Syst. Nat. ed. 10, p. 448 (1758). — Fabr., Syst. Ent., p. 112 (1775) etc. etc.

= *Papilio* Latr., Hist. Nat. Crust. et Ins. 14, p. 108 (1805). — Boisd., Spec. Gen. Lep. 1, p. 183 (1836). — Doubl., Gen. D. Lep., p. 5 (1846). — Trimen, Rhop. Afr. Austr., p. 11 (1862). — Schatz, Exot. Schm. 2, p. 42, t. 2 (1886). — Trimen, S. Afr. Butt. 3, p. 194 (1889). — Reuter, Acta Soc. Sc. Fenniæ 22: 1, p. 3, 214 (1896). — Kirby, Handb. Lep. 2, p. 267 (1896).

Papilio + *Zelima* Fabr., Illig. Magaz. 6, p. 279 (1807).

= *Amaryssus* Dalm., Vet. Akad. Handl. 37, p. 60, 85 (1816).

— *Iphiclides* + *Heraclides* + *Laertias* + *Idaides* + *Orpheides* Hübner, Verz., p. 82—86 (1826).

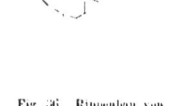

Fig. 36. Rippenbau von *Papilio tynderæus* Fabr.

Haase hat das Verdienst die von Felder aufgestellten, zahlreichen Gruppen auf drei Untergattungen[1] vertheilt zu haben. Er nennt diese Untergattungen *Papilio* s. str., *Cosmodesmus* und *Pharmacophagus*. Von diesen sind *Cosmodesmus* und *Pharmacophagus*, wie auch Reuter hervorhebt, unzweifelhaft unter sich näher als mit *Papilio* s. str. verwandt. Alle drei Untergattungen sind in unserem Gebiete vertreten; *Pharmacophagus* jedoch nur durch eine einzige Art, *P. antenor* aus Madagaskar.

P. antenor kann zwar von allen æthiopischen *Cosmodesmus*-Formen durch die freie Rippe 11 der Vorderflügel sehr leicht unterschieden werden; da aber dieser Unterschied nicht für alle *Cosmodesmus*-Formen aus anderen Welttheilen gilt, ziehe ich es vor, *Cosmodesmus* und *Pharmacophagus* in eine Untergattung zu vereinigen.

[1] Bibl. Zool. 8: 1, p. 15 (1891).

K. Sv. Vet. Akad. Handl. Band 31. N:o 5.

58

Uebersicht der Untergattungen.

A. Die Hinterflügel des ♂'s mit flachem Innenrande ohne Falte und ohne Männchenschuppen. Die Rippe 11 der Vorderflügel verläuft bei beiden Geschlechtern ganz frei
bis zum Vorderrande. Die Fühler schwarz.　　　　　　　　　Erste Untergattung.

B. Der Innenrand der Hinterflügel ist beim ♂ nach oben umgeschlagen, eine Falte bildend,
welche lange Strahlhaare und mehr oder weniger filzartige Männchenschuppen einschliesst. Die Rippe 11 der Vorderflügel vereinigt sich fast immer bald nach ihrem
Ursprunge mit der Rippe 12 und ist nur in der letzten Gruppe ganz frei. Das Weibchen dieser Gruppe kann indessen durch die rothbraunen Fühler leicht von den
Weibchen der ersten Untergattung unterschieden werden.　　　Zweite Untergattung.

Erste Untergattung.

Papilio sens. str.

Uebersicht der Gruppen.

A. Die Hinterflügel ganz ohne Augenflecke.

α. Der Hinterkörper lang und schlank, den Analwinkel der Hinterflügel (= die Spitze
der Rippe 1) erreichend. Die Vorderflügel sehr lang und schmal, wenigstens beim
♂ doppelt so lang wie die Hinterflügel. Die Hinterflügel oben rothgelb mit einem
grossen schwarzen Flecke am Ende der Mittelzelle, mit 6—7 gerundeten, schwarzen
Diskalflecken und mit einer nach innen tief gezackten, schwarzen Saumbinde, welche
mit gelben Saumflecken an den Enden der Zwischenaderfalten geziert ist. Die
Vorderflügel schwarz mit zahlreichen, grossen, eckigen, rothgelben Flecken.
　　　　　　　　　　　　　　　　　　　　　　　　　　　　　Erste Gruppe.

β. Der Hinterkörper erreicht nicht den Analwinkel der Hinterflügel. Die Vorderflügel
breiter, nie doppelt so lang wie die Hinterflügel.

* . Die Flügel oben schwarz oder schwarzbraun mit weissen—gelben—rothgelben
Zeichnungen oder selten gelb, rothgelb oder weiss mit schwarzen Zeichnungen.

†. Die Mittelzelle der Hinterflügel ganz oder wenigstens in ihrer Wurzelhälfte
hell gefärbt; selten ist das innerste Wurzel-Viertel oder Drittel schwarz; in
diesem Falle aber haben die Hinterflügel in jedem der Felder 1 c—6 zwei
deutlich getrennte Submarginalflecke.

§. Beide Flügel mit einer vollständigen Reihe von weissen, vom Saume ziemlich weit (3—13 Mill.) entfernten Submarginalflecken. Die Querreihe der
Vorderflügel ist unregelmässig geschlängelt, die der Hinterflügel aber wie
doppelt, weil in jedem Felde zwei schief gestellte Flecke auftreten. Beide
Flügel ausserdem mit 4—7 weisslichen Diskalflecken und die Vorderflügel
mit einem solchen Flecke in der Mitte und einem vor der Spitze der
Mittelzelle. Beide Flügel wenigstens im Saumtheil mit schwarzer Grundfarbe und weissen Saumflecken.　　　　　　　　　　　　　Zweite Gruppe.

§§. Die Vorderflügel beim ♀ höchstens mit vier (in den Feldern 1 b, 2, 3 und 7) einfachen Submarginalflecken, die Hinterflügel beim ♀ in jedem Felde mit zwei kleinen, dicht am Saume stehenden Submarginalflecken. Beim ♂ sind die Flügel oben fast ganz oder zum grössten Theil gelb; die Vorderflügel mit schwarzer Saumbinde, in der nur ein Submarginalfleck (im Felde 7) steht, und die Hinterflügel mit unregelmässigen, grossen oder mit der Grundfarbe zusammengeflossenen Submarginalflecken.

Vierte Gruppe.

††. Die Mittelzelle der Hinterflügeloberseite an der Wurzel mehr oder weniger breit, gewöhnlich bis zur Mitte schwarz gefärbt. Wenn die Mittelzelle nicht bis zur Mitte schwarz ist, fehlen entweder die Submarginalflecke gänzlich oder sie treten in jedem Felde nur einzeln auf.

§. Die Hinterflügel abgerundet oder an der Rippe 4 nur kurz geeckt.

Fünfte Gruppe.

§§. Die Hinterflügel an der Rippe 4 lang geschwänzt.   Sechste Gruppe.

**. Die Flügel oben schwarz mit blauen oder grünen Zeichnungen oder zum grössten Theil hell grünlich blau.

†. Die Hinterflügel gleichmässig abgerundet. Der Hinterkörper gelb. Die Flügel oben zum grössten Theil hell (grünlich) blau mit schwarzen Rippen und schwarzen Zwischenaderfalten.   Dritte Gruppe.

††. Die Hinterflügel an der der Rippe 1 geeckt oder geschwänzt.

§. Der Körper unten hell gefärbt ohne deutliche Punktflecke.

Siebente Gruppe.

§§. Der Körper unten schwarz, gewöhnlich mit weissen Punktflecken.

Achte Gruppe.

B. Die Hinterflügel auf beiden Seiten am Analwinkel im Felde 1 c mit einem (schwarzen, blauen und rothen) Augenflecke und wenigstens unten auch mit einem ähnlichen Augenflecke am Vorderrande im Felde 7. Die Flügel schwärzlich mit hellgelber Mittelbinde und hellgelben Submarginal- und Saumflecken.   Neunte Gruppe.

Zweite Untergattung.

{ *Pharmacophagus* HAASE, Bibl. Zool. 8: 1, p. 15 (1891).
{ *Cosmodesmus* HAASE, l. c.

Uebersicht der Gruppen.

I. Die Hinterflügel ohne Schwänzchen, höchstens kurz gezackt. Die Rippe 11 der Vorderflügel stets eine Strecke mit der Rippe 12 vereinigt.

A. Die Stirn jederseits breit gelb und darum nur längs der Mitte schmal schwarz. Die Palpen ganz gelb. Die Flügel oben schwarz und roth gezeichnet.

Zehnte Gruppe.

B. Die Stirn schwarz jederseits mit einem weissen oder rothen Punkte oder Flecke. Die Flügel nie oben roth gezeichnet.

α. Die Hinterflügel unten an der Wurzel mit einer zusammenhängenden, schwarzen Subbasallinie, welche die rothe Wurzel vom weissen Diskus trennt. Die Vorderflügel unten an der Wurzel (in der Mittelzelle und im Felde 12) lebhaft roth. Die Flügel oben weiss und schwarz gezeichnet.   Elfte Gruppe.

β. Die Hinterflügel unten an der Wurzel mit einem bis mehreren getrennten, schwarzen Punkten oder Flecken.

*. Die Hinterflügel unten mit zahlreichen, deutlichen, schwarzen Punkten oder Flecken in der Spitze der Mittelzelle und im Wurzeltheil der Felder 1 c—7. Die Flügel oben schwarzbraun mit grünen oder grünlichen Zeichnungen.
                                                          Zwölfte Gruppe.

**. Die Hinterflügel unten ganz ohne andere schwarze Punkte oder Flecke als die Wurzelpunkte. Die Flügel oben schwarz oder schwärzlich mit gelben— weissen hellblauen Zeichnungen.   Dreizehnte Gruppe.

II. Die Hinterflügel an der Rippe 4 lang geschwänzt.

A. Die Rippe 11 der Vorderflügel vereint sich bald mit der Rippe 12, eine geschlossene Vorderrandszelle bildend. Die Stirn schwarz mit weissen Seitenrändern. Die Fühler schwarz.

α. Die Mittelzelle der Vorderflügel mit 5—6 hellen Querbinden oder Querflecken. Beide Flügel mit Submarginalflecken.   Vierzehnte Gruppe.

β. Die Mittelzelle der Vorderflügel unbezeichnet. Die Vorderflügel ohne Submarginalflecke.   Fünfzehnte Gruppe.

B. Die Rippe 11 der Vorderflügel ganz frei. Die Stirn einfarbig roth. Der Hinterkörper zum grössten Theil roth oder röthlich. Die Flügel schwarz mit zahlreichen weissen oder röthlichen Flecken. Die Fühler braunroth. — *Pharmacophagus* HAASE.
                                                          Sechzehnte Gruppe.

Erste Gruppe.

Papilio, sectio XXXII, FELDER, Spec. Lep. Pap., p. 19, 65 (1864).
= *Druryia* (sectio) AURIV., Ent. Tidskr. 2, p. 44 (1881). — SCHATZ, Exot. Schm. 2, p. 40, t. 2 (1885—6).
Papilio: Antimachus-Gruppe HAASE, Bibl. Zool. 8: 1, p. 72 (1891).
Druryia RIPPON, Icones Ornithopt. 1, p. IV* (1894).   KIRBY, Handb. Lep. 2, p. 250 (1896).

Ich habe *Druryia* nur als Sectio der Gattung *Papilio* aufgestellt und kann sie fortwährend nur als solche betrachten.

Zu dieser Gruppe gehört nur eine einzige Art, der grösste aller bekannten Tagfalter, der berühmte *P. antimachus*. *P. Ridleyanus*, welcher von FELDER und KIRBY als dem *antimachus* nahe stehend erwähnt wird, ist sicher nicht näher als alle anderen *Papilio*-Arten mit *antimachus* verwandt.

1. **P. antimachus** Drury, Ill. Exot. Ins. 3, p. 1, t. 1 (1782), Museum Sidney. — Esper, Ausl. Schm., p. 94, t. 22, f. 2 (1791). - - God., Enc. Meth. 9, p. 28 (1819). — Donov., Nat. Reposit 3, t. 100, 101 (1825). — Boisd., Spec. Gen. Lep. 1, p. 188 (1836). — Lucas, in Chenu Enc. II. N. Pap. 1, t. 15 (1851—3). — Hewitson, Ent. M. Mag. 11, p. 16, 113 (1874). — Rutherford, Ent. M. Mag. 15, p. 5 (1878) — Auriv., Ent. Tidskr. 2, p. 44 (1881). — Staud., Exot. Schm. 1, p. 20, t. 13 (1884). — ♀ Watkins, Entomol. 25, p. 143 (1892); Ent. M. Mag. 28, p. 162, 189, t. 5 (1892). — ♀ Staud., Iris 5, p. 268 (1892). — Kirion, Icones Ornith. 1, p. V, t. 2, f. 1, 2 ♂, 3, 4 ♀; t. 3, f. 1. 2 ♂ (1891). — Janet, An. E. Fr. 63, p. 108 (1891). — Kirby, Handb. Lep. 2, p. 250 (1896).

Sierra Leona[51]. Old Calabar — Kamerun[71] — Gabun[59] — Congogebiet: Mata Fluss[41], Kassai[43], Aruwimi[46].

Zweite Gruppe.

Papilio: Rex-Gruppe Haase, Bibl. Zool. 8: 1, p. 72 (1891).

Zu dieser Gruppe, die ich *Melindopsis* nennen möchte, gehören zwei sehr seltene Arten aus Ost-Afrika, welche die dort vorkommenden *Danaida* (*Melinda*) *formosa* Godm. und *mercedonia* Karsch durch Farbe und Zeichnung wunderbar wohl nachahmen. Ihre Flügelspannung ist 120—140 Mill. und demnach viel bedeutender als die der erwähnten *Danaida*-Arten. Die Hinterflügel führen bei beiden Arten drei grosse, weissliche Wurzelflecke (in 1 c, 7 und in der Mittelzelle).

Uebersicht der Arten.

A. Die Vorderflügel auch im Wurzeltheil schwarz mit zwei langen, nach aussen erweiterten, rostgelben Längsstrichen in 1 b und in der Mittelzelle. Die Hinterflügel auf beiden Seiten bis zur Wurzel mit schwarzer Grundfarbe, unten an der Wurzel des Vorderrandes breit rostgelb.   N:o 2.

B. Die Vorderflügelwurzel wenigstens bis zur Rippe 2 dunkel kastanienbraun. Die Hinterflügel weit über die Mitte hinaus dunkel rostbraun gefärbt.   N:o 3.

2. **P. rex** Oberth., An. E. Fr. (6) 6 Bull., p. 115 (1886); Etudes d'Ent. 12, p. 2, t. 1, f. 2 (1888). Coll. Oberthur. — Rothschild, Nov. Zool. 4, p. 315, t. 4 f. 1 (1897). Deutsch Ost Afrika: Mhonda — Brit. Ost-Afrika: Uganda.

3. **P. mimeticus** Rothschild, Entomologist 30, p. 165 (1897); Nov. Zool. 4, p. 315, t. 4, f. 2 (1897), Mus. Tring.

Brit. Ost-Afrika: Uganda.

Dritte Gruppe.

Ornithoptera Schatz, Exot. Schm. 2, p. 10 (1886).
Papilio: Zalmoxis-Gruppe Haase, Bibl. Zool. 8: 1, p. 71 (1891).
< *Drurya* Kirion, Icones Ornith. 1, p. IV* (1891).
Icarus Röber, Ent. Nachr. 24, p. 186 (1898). — nomen praeoccup.!

Nur eine Art. Die Vorderflügel sind oben am Vorderrande und am Saume sehr schmal, an der Spitze breit schwarz. Die Hinterflügel haben oben eine 6—12 Mill. breite, schwarze Saumbinde, in der dicht am Saume blaue Submarginalflecke stehen.

4. **P. zalmoxis** HEW., Exot. Butt. Pap., t. 6, f. 18 (1864), Mus. Brit. — DISTANT, Proc. Zool. Soc. 1879, p. 648 (1880). — ROESSLER & STAUD., S. E. Z. 45, p. 142, 298 (1884). — STAUD., Exot. Schm. 1, p. 11, t. 7 (1884). — ♀ STAUD., Iris 5, p. 268 (1892). — KIRBY, Handb. Lep. 2, p. 267 (1896). — RIPPON, Icones Ornith. 1, p. VII, t. 3ª, f. 1—3 (1896). — RÖBER, Ent. Nachr. 24, p. 185 (1898).

*Suff*erti RÖBER, Ent. Nachr. 24, p. 186 (1898). — forma typica.[1]

ab. **Ripponi** RÖBER, Ent. Nachr. 24, p. 186 (1898). — colore fundi aenescente; specimina decolorata!

Old Calabar — Kamerun — Gabun — Landana[63] — Congogebiet[45]: Kassai[43], Vivi[41], Lukungu[41], Aruwimi[41, 46], Lualuaburg (Mus. Berol.).

Vierte Gruppe.

Papilio: Sectio LV—LVII, FELDER, Spec. Lep. Pap., p. 29, 77, 78 (1864).
= *Papilio*: Merope-Gruppe, HAASE, Bibl. Zool. 8: 1, p. 68 (1891).
Papilio: Sectio, KIRBY, Handb. Lep. 2, p. 291 (1896).

Diese Gruppe ist besonders durch die ausserordentliche Veränderlichkeit und Formenreichtum der Weibchen, welche gewöhnlich den Männchen so unähnlich sind, dass sie von FELDER, welcher ihre Zusammengehörigkeit mit den Männchen nicht kannte, in verschiedene Gruppen gestellt wurden, ausgezeichnet.

Es ist wahrscheinlich, dass alle hieher gehörigen Formen, mit Ausnahme von N:o 5, nur Lokalrassen einer Art sind. Um aber die Uebersicht zu erleichtern, führe ich sie hier bis auf weiteres als besondere Arten auf.

Uebersicht der Männchen.

A. Die Saumbinde der Vorderflügeloberseite ist rostbraun und enthält nahe an ihrer Innenseite zwei Flecke der Grundfarbe in 7 und 8. Die Vorderflügel mit matt schwefelgelber Grundfarbe. Die Hinterflügel bräunlich gelb, unten dunkler, oben mit rostbraunen Flecken an den Rippenenden und mit rostbraunem Schwanzanhange. N:o 5.

B. Die Saumbinde der Vorderflügel sowie alle übrigen Zeichnungen der Oberseite schwarz.

 α. Die Hinterflügel oben mit einer zusammenhängenden, ungefleckten, schwarzen Saumbinde.

  *. Die Franzen und die Saumflecke der Hinterflügeloberseite hell gelb, nicht dunkler als die Grundfarbe. Die dunkle Querbinde der Hinterflügelunterseite schwärzlich braun, nie vollständig zusammenhängend, sondern in der Mitte mehr oder weniger unterbrochen. N:o 6, 7.

  **. Die Franzen und bisweilen auch der angrenzende Theil der Saumflecke der Hinterflügeloberseite ockergelb, deutlich dunkler als die Grundfarbe. Die Querbinde der Hinterflügelunterseite rostbraun, zusammenhängend oder nur durch einen weisslichen Fleck des Feldes 5 unterbrochen.

[1] HEWITSONS Figur wurde nach einem schlechten und verfärbten, grünlichen Stücke gemacht.

1. Das Schwänzchen der Hinterflügel höchstens etwas über die Mitte hinaus schwarz. Die Innenseite der schwarzen Saumbinde der Vorderflügel gleichmässig gebogen ohne tieferen, rechtwinkeligen Einschnitt.   N:o 8.
2. Das Schwänzchen der Hinterflügel oben fast ganz schwarz, nur das äusserste Viertel oder Fünftel beiderseits ockergelb. Die Innenseite der Saumbinde der Vorderflügel an der Rippe 8 tief und rechtwinkelig eingeschnitten.   N:o 9.
β. Die Hinterflügel oben mit einer 6—8 Mill. breiten, ungefleckten, schwarzen Saumbinde und mit kleinen, mondförmigen, ockergelben Saumflecken zwischen den Rippenenden. Das Schwänzchen oben einfarbig schwarz.   N:o 10.

Uebersicht der Weibchen.

A. Die Hinterflügel an der Rippe 4 breit und lang geschwänzt.
  α. Die Saumbinde der Hinterflügeloberseite hell gefleckt oder nicht zusammenhängend, in schwarze Flecke aufgelöst.
    *. Die Saumbinde der Hinterflügeloberseite in schwarze Flecke aufgelöst. Die Grundfarbe beider Flügel wie beim ♂ hell gelblich. Die Mittelzelle der Vorderflügel mit einem schwarzen Längsstriche am Vorderrande, welcher sich hinter der Mitte zu einem Querflecke erweitert.
      1. Das Schwänzchen der Hinterflügel oben gelb mit schwarzer Mittellinie. Die Saumbinde der Vorderflügel auch in den Feldern 2 und 3 mit einem gerundeten, gelben Submarginalflecke.
        N:o 6 forma typica.
      2. Das Schwänzchen der Hinterflügel zum grössten Theil schwärzlich. Die Saumbinde der Vorderflügel wie beim ♂ nur mit einem Submarginalflecke (im Felde 7).   N:o 9.
    **. Die Saumbinde der Hinterflügel zusammenhängend, 8—15 Mill. breit, in jedem Felde mit zwei weissen Submarginalflecken. Das Schwänzchen einfarbig schwarz. Die ganze Spitzenhälfte der Vorderflügel, sowie auch die ganze Mittelzelle oder der grösste Theil derselben schwarz mit weissen Flecken (drei Submarginalflecke in 2. 3 und 7; drei langgestreckte, zusammenstossende Diskalflecke in 4—6, ein Wurzelfleck in 8 und ein Querstrich vor dem Ende der Mittelzelle).
      1. Die Grundfarbe beider Flügel weiss.   N:o 6 f. niavioides.
      2. Die Grundfarbe beider Flügel rothorange (ziegelroth).   N:o 6 f. ruspinæ.
  β. Die Saumbinde der Hinterflügeloberseite ganz wie beim ♂ zusammenhängend, ungefleckt. Das Schwänzchen schwarz.   N:o 10.
B. Die Hinterflügel abgerundet ohne Schwänzchen. Ihre Saumbinde stets zusammenhängend und in jedem Felde mit zwei hellen Submarginalflecken geziert. Die hellen Zeichnungen der Vorderflügel bestehen aus: 1:o. einem gewöhnlich grossen, bisweilen aber sehr kleinen oder fehlenden Hinterrandsfleck; 2:o. 5—6 Diskalflecken (in 2 und 4 8); 3:o. einem Querstriche hinter der Mitte der Mittelzelle und 4:o. 3—4 Submarginalflecken.
  α. Der Diskalfleck 5 der Vorderflügel fehlt ganz oder ist sehr klein und liegt an der Wurzel des Feldes 5, weit von den Diskalflecken 4 und 6 getrennt. Ihr Hinterrandsfleck fehlt oder tritt nur als schmaler Streifen im Felde 1 a auf.   N:o 8 forma typica.
  β. Der Diskalfleck 5 der Vorderflügel ist eben so gross oder grösser als die Diskalflecke 4 und 6 und bildet mit diesen zusammen eine Subapicalbinde. Der Hinterrandsfleck der Vorderflügel ist gross und breit, bedeckt den grössten Theil der Felder 1 a und 1 b und vereinigt sich darum mit dem grossen Diskalflecke in 2, dringt sogar bisweilen mehr oder weniger in die Mittelzelle hinein.
    *. Alle Zeichnungen der Oberseite weiss.
      1. Die Saumbinde der Hinterflügel sehr breit, die Spitze der Mittelzelle fast erreichend und mit deutlichen schwarzen Längsstrichen auf den Zwischenaderfalten, nach innen unregelmässig begrenzt.
        N:o 7 f. hippocoon.
      2. Die Saumbinde der Hinterflügel nur 8—11 Mill. breit, nach innen scharf begrenzt; ihre Zwischenaderstriche undeutlich.   N:o 8 f. tibullus.

**. Die Hinterflügel oben mit gelber—orangegelber Grundfarbe.

  1. Alle Zeichnungen der Vorderflügeloberseite weiss.

   a. Die Vorderflügel im Felde 3 mit einem grossen Diskalflecke, welcher den Hinterrandsfleck mit
   der Subapicalbinde vereinigt.   N:o 7 f. *dionysus.*

   b. Die Vorderflügel wie gewöhnlich ohne Diskalfleck im Felde 3. Der Hinterrandsfleck und die
   Subapicalbinde darum breit getrennt.   N:o 7 f. *nioboides.*

  2. Der Hinterrandsfleck der Vorderflügel nebst dem Diskalfleck 2 ganz wie der Wurzeltheil der Hinterflügel gelb orangegelb—ziegelroth.

   a. Die Subapicalbinde der Vorderflügel (= die Diskalflecke 4—6) ganz wie der Hinterrandsfleck
   orangegelb. Die schwarzen Zwischenaderstriche der Hinterflügel reichen weit in die gelbe
   Grundfarbe hinein.   N:o 7 f. *niobe.*

   b. Die Subapicalbinde der Vorderflügel weiss oder gelblich weiss. Die Zwischenaderstriche der
   Hinterflügel dringen nicht oder kaum in die gelbe Grundfarbe hinein.

                                                                          N:o 8 f. *trophonius.*

5. **P. nobilis** ROGENH., Verh. z. b. Ver. Wien 41, p. 563 (1891), Mus. Vindob.
   Pringlei EM. SHARPE, Proc. Zool. Soc. 1894, p. 352, t. 19, f. 3 (1894).
   Deutsch Ost-Afrika: Paré — Brit. Ost-Afrika: zwischen Kikuyu und Victoria Nyanza.

6. **P. Antinorii** OBERTH., An. Mus. Genov. 18, p. 711, t. 9. f. 4 (1883). Mus. Genova.
   — STAUD., Exot. Schm. 1, p. 11 (1884). — KHEIL, Iris 3, p. 333 (1890). — HAASE,
   Bibl. Zool. 8:1, p. 69, t. 1, f. 1 (1891).
   brutus var. OBERTH., Etudes d'Ent. 3, p. 11 (1878).

   ab. ♀ **niavioides** KHEIL, Iris 3, p. 335, fig. 1 (1890). Coll. Kheil. — HAASE, Bibl.
   Zool. 8: 1, p. 69 (1891).
   niavina HAASE, Bibl. Zool. 8:1, t. 1, f. 2 (1891).

   ab. ♀ **ruspinae** KHEIL, Iris 3, p. 335, fig. 2 (1890), Coll. Kheil. — HAASE, Bibl. Zool.
   8:1, p. 69, t. 1, f. 3 (1891).
   Abyssinien — Somaliland[128, 129, 132].

7. **P. dardanus** BROWN, Ill. Zool., p. 52, t. 22 (1776). — KARSCH, B. E. Z. 38, p. 238
   (1893).
   ♂ *merope* CRAMER, Pap. Exot. 2, p. 87, t. 151. f. A, B, spec. mutilatum (1777);
   4, p. 174, t. 378, f. D, E (1781). — HERBST, Naturs. Schm. 3, p. 177, t. 46, f. 1, 2
   (1788). — STAUD., Exot. Schm. 1, p. 11 (ex parte), t. 7 ♂ (1884). — KIRBY, Handb.
   Lep. 2, p. 291 (1896).
   ♂ *brutus* FABR., Spec. Ins. 2, p. 13 (1781). Mus. Brit. — LUCAS, Lep. Exot., p. 25,
   t. 13, f. 1 (1835). — BOISD., Spec. Gen. Lep. 1, p. 221 (1836) ex parte. — LUCAS,
   Chenu Enc. H. N. 1, t. 2, f. 1 (1852).
   ♂ *sulfureus* PALIS. BEAUV., Ins. Afr. et Amer., p. 46, t. 1 (1805).
   ♀ *hippocoon* FABR., Ent. syst. 3:1, p. 38 (1793). — HEW., Exot. Butt. Papilio, t. 12,
   f. 38 (1869). — HAASE, Bibl. Zool. 8:1, p. 70, t. 1, f. 6 (1891).
   ♀ *niavius* CRAMER, Pap. Exot. 3, p. 71, t. 231, f. A (1779). — ♀ HERBST, Naturs.
   Schm. 6, p. 24, t. 122, f. 6 (1793). — ♀ GOD., Enc. Meth. 9, p. 182 (1819). —
   PALIS. BEAUV., Ins. Afr. et Amer., p. 238, t. 6, f. 1 (1819—21).
   Westermanni BOISD., Spec. Gen. Lep 1, p. 372 (1836), Coll. Oberth.

ab. ♀ **dionysus** Doubl. & Hew., Gen. D. Lep., p. 20, t. 3, f. 1 (1846).
hippocoon Hew., Exot. Butt. Papilio, t. 12, f. 41 (1869), Mus. Brit.

ab. ♀ **nioboides** n. ab.
hippocoon Hew., Exot. Butt. Papilio, t. 12, f. 39 (1869), Mus. Brit.

ab. ♀ **niobe** n. ab.
hippocoon Hew., Exot. Butt. Papilio, t. 12, f. 40 (1869), Mus. Brit.
Sierra Leona[x1] — Liberia[74] — Ashanti[16] — Togo[74] — Benin[17] — Niger[74] — Old
Calabar — Kamerun — Gabun — Chinchoxo[64] — Congogebiet: Yellala Fälle[41],
Kassai[43], Kuilu Fluss[45], Aruwimi[46] — Angola[5,7].

8. **P. cenea** Stoll. — praecedentis forma geographica?
♀ *cenea* Stoll., Suppl. Cramer., p. 134, t. 29, f. 1, 1a (1791). — Trimen, Rhop.
Afr. Austr., p. 20 (1862). — Haase, Bibl. Zool. 8: 1, p. 70, t. 1, f. 4, t. 2, f. 7
(1891).
♂ *brutus* God., Enc. Meth. 9, p. 69 (1819). — Donov., Nat. Reposit. 3, t. 77 (1825).
— Boisd., Spec. Gen. Lep. 1, p. 221 (1836) ex parte et var. A. — Wallengr.,
Rhop. Caffr., p. 5 (1857).
♀ *rechila* God., Enc. Meth. 9, p. 183 (1819).
♂ *merope* Trimen, Rhop. Afr. Austr., p. 11 (1862).
♂, ♀ *merope* Trimen, Trans. Linn. Soc. 26, p. 508, t. 43, f. 1 ♂, 3 ♀, 4 ♀ var.
(1869). — Butler, Trans. Ent. Soc. London 1869, p. 275, t. 5, f. 1 ♀ (1869). —
Weale, Trans. Ent. Soc. 1871, p. 131—6, t. 1, f. 3 ♂ (1874).
♂ *tibullus* ♂ Kirby, Proc. R. Dublin Soc. (2) 2, p. 338 (1880). — Waterh., Aid 2,
t. 139, f. 1 (1883).
♂, ♀ *cenea* Trimen, Trans. Ent. Soc. London 1881, p. 169, t. 9, f. 1 ♂, 2 ♀ (1881);
S. Afr. Butt. 3, p. 243 (1889); Proc. Zool. Soc. 1894, p. 70 (1894).
Metam.: Weale, Trans. Ent. Soc. 1871, p. 133, t. 1, f. 1, 2 (1871). — Trimen,
S. Afr. Butt. 3, p. 249 (1889).

ab. ♀ **tibullus** Kirby, Proc. R. Dublin Soc. (2) 2, p. 338 (1880), Mus. Dublin.
Waterh., Aid 2, t. 139, f. 2 (1883). — Trimen, Proc. Zool. Soc. 1894, p. 70
(1894).
merope ♀ Trimen, Trans. Linn. Soc. 26, t. 43, f. 6 (1869). — Staud., Exot. Schm.
1, p. 11, t. 7 ♀ (1884).
hippocoonides Haase, Bibl. Zool. 8: 1, p. 70, t. 2, f. 8 (1891).

ab. ♀ **trophonius** Westw., An. N. H. 9, p. 38 (1842); Arcana Ent. 1, p. 153, t. 39,
f. 1, 2 (1845). — Haase, Bibl. Zool. 8: 1, p. 70, t. 1, f. 5 (1891).
cenea ♀ Trimen, Rhop. Afr. Austr., p. 20 (1862).
merope ♀ Trimen, Trans. Linn. Soc. 26, t. 43, f. 5 (1869). — Butler, Trans. Ent.
Soc. London 1869, p. 276 forma b (1869).
Kap Kolonie — Kaffernland[27] — Natal — Zululand — Delagoa Bay — Transvaal[135] — Manicaland[77] — Nyassaland[56] — Deutsch Ost-Afrika: Mpwapwa[134], Ba-

langda[55a]. Imbo-Urundi[55a] — Brit. Ost-Afrika: Sabaki[20], Teita[21], Kibwezi[21], Kikuyu[21], Golbanti[22].

9. **P. meriones** FELDER, Reise Novar. Lep., p. 95 (1865), Mus. Vindob. — TRIMEN, Trans. Linn. Soc. 26, t. 42, f. 1 (1869). — SAALM., Lep. Mad. 1, p. 62, t. 1, f. 2 (1884). — MAB., Hist. Mad. Lep. 1, p. 309, t. 50, f. 1, 2 (1885—87). *brutus* BOISD., Faune Madag., p. 12 (1833). — var. B BOISD., Spec. Gen. Lep. 1, p. 222 (1836). Madagaskar.

10. **P. Humbloti** OBERTH., An. E. Fr. (6) 8, Bull., p. 10 (1888); Etudes d'Ent. 13, p. 9, t. 1, f. 1, 2 (1890), Coll. Oberth. Comoren.

Fünfte Gruppe.

< *Papilio:* sectio LVI—LVII FELDER, Spec. Lep. Pap., p. 29, 77, 78 (1864). *Papilio:* Zenobia-Gruppe HAASE, Bibl. Zool. 8: 1, p. 70 (1891).

Diese Gruppe ist sehr natürlich und besteht nur aus afrikanischen, unter sich nahe verwandten Arten. Die Wurzel der Hinterflügelunterseite ist bei allen Arten ockergelb—rothbraun mit schwarzen Längsstrahlen und nach aussen durch die weisse Mittelbinde scharf begrenzt. Bei allen ♂♂ und bei vielen ♀♀ haben die Flügel eine gemeinsame weisse oder weissliche Mittelbinde, welche auf den Hinterflügeln zusammenhängend, auf den Vorderflügeln aber mehr oder weniger in Flecke aufgelöst ist.

Die ♂♂ sind übrigens durch eine mehr oder weniger dichte und ausgebreitete, filzähnliche Bekleidung der Wurzel der Felder 1b—4(—6) und der Rippen 2—5 der Vorderflügeloberseite ausgezeichnet. Nur bei *P. zenobia* fehlen die Filzhaare fast gänzlich. Die ♀♀ der Arten N:o 11—16 (17) sind den Männchen oben unähnlich und gleichen verschiedenen Danaiden und Acraeiden.

Uebersicht der Arten.

1. Der schwarze Wurzellängsstrahl im Felde 7 der Hinterflügelunterseite ist verdickt und in der Mitte unterbrochen, zwei Flecke bildend.

    A. Die Diskalflecke der Vorderflügel sind alle nach aussen abgerundet oder quer abgeschnitten. Die Geschlechter sind einander sehr unähnlich. Der Diskalfleck 3 der Vorderflügel fehlt fast immer bei den Weibchen.

        a. ♂. Die Diskalflecke 2—5 der Vorderflügel auf beiden Seiten oder wenigstens nach innen abgerundet, oval oder eiförmig, nie viereckig. — ♀. Von den Diskalflecken der Vorderflügel fehlen diejenigen der Felder 1a, 1b, 3 und 4 gänzlich. Der Diskalfleck 2 ist gross und liegt in der Wurzel des Feldes 2, die Diskalflecke 5 und 6 sind kleiner, zusammenstossend und schief gegen die Mitte des Saumes gerichtet.

        . Die 6 weissen oder gelblichen Submarginalflecke der Hinterflügel stehen so dicht am Saume, dass sie wenigstens zum Theil mit den Saummöndchen vereinigt sind und demnach als Saumflecke anf-

treten. — ♂. Die Mittelbinde gelblich weiss, auf den Vorderflügeln gerade, gegen die Flügelspitze gerichtet und aus 8 allmählig gegen die Spitze verkleinerten Flecken gebildet. Die Vorderflügel ohne Submarginalflecke. — ♀. Die Mittelbinde der Hinterflügel abgerundet, hell ockergelblich; alle übrigen Zeichnungen weiss. Die Vorderflügel mit einem schiefen Querstrich in der Mittelzelle an der Mitte des Vorderrandes und mit 5 Submarginalpunkten (in 1b, 2, 3, 5 und 8), von denen der letzte den Saum berührt. N:o 11.

**. Die Submarginalflecke der Hinterflügel sind alle von den weissen Saummöndchen deutlich (1—5 Mill.) entfernt oder fehlen gänzlich. — Die hieher gehörigen Formen sind noch nicht genügend bekannt, stehen aber einander offenbar sehr nahe und sind wahrscheinlich nur Lokalrassen einer Art.

§. ♂. Die Mittelbinde der Hinterflügel nur 5—8 Mill. breit, die der Vorderflügel in 1b nur 5 Mill. breit und aus kleinen, weit getrennten Fleckchen gebildet. Alle Zeichnungen rein weiss. — ♀. Der Submarginalfleck 8 der Vorderflügel vom Saume weit, etwa 4 Mill. entfernt.
N:o 12.

§§. ♂. Die Mittelbinde der Hinterflügel 10—13 Mill. breit, die der Vorderflügel in 1b etwa 10 Mill. breit und aus grösseren, nicht so weit getrennten Flecken gebildet. — ♀. Der Submarginalfleck 8 der Vorderflügel den Saum berührend oder vom Saume kaum getrennt.

o. ♂. Die Vorderflügel oben ohne Fleck im Felde 6 oder nur mit einem kleinen Diskalflecke in der Mitte des Feldes. — ♀. Die Vorderflügel mit einem kleinen Submarginalflecke im Felde 6.

1. ♂. Alle Zeichnungen der Oberseite schneeweiss. Die Vorderflügel oben ohne Diskalfleck in 6 und 8, aber mit einem kleinen Submarginalfleck im Felde 5. Die Mittelbinde der Hinterflügel deutlich breiter am Innenrande als am Vorderrande. Die Hinterflügel oben mit 4 Submarginalpunkten (in 3—6). — ♀ mir unbekannt. N:o 13.

2. ♂. Die Mittelbinde der Oberseite gelblichweiss. Die Vorderflügel mit kleinen Diskalflecken in 6 und 8, aber ganz ohne Submarginalpunkte. Die Mittelbinde der Hinterflügel kaum breiter am Innenrande als am Vorderrande. Die Hinterflügel oben nur mit 3 Submarginalpunkten (in 3—5). — ♀. Alle Flecke der Vorderflügeloberseite und der grosse Fleck der Wurzelhälfte der Hinterflügeloberseite gelblichweiss.» N:o 14.

oo. ♂. Die Vorderflügel oben in der Wurzel des Feldes 6 mit einem länglichen, weissen Wischfleck, welcher den kleinen, bisweilen fast undeutlichen Diskalfleck desselben Feldes beinahe erreicht. Die Zeichnungen rein weiss. Die Vorderflügel oben mit einem weissen Flecke in der Mittelzelle an der Mitte des Vorderrandes. Die Hinterflügel ohne deutliche Submarginalflecke. — ♀. Die Vorderflügel ohne Submarginalfleck im Felde 6. N:o 15.

β. ♂. Die Diskalflecke 1b—5 der Vorderflügel in die Quere ausgezogen, viereckig, mit parallelen Seiten; der Diskalfleck 7 näher am Saume als die übrigen. Beide Flügel ohne Submarginalpunkte. Die Mittelbinde der Hinterflügel 12—15 Mill. breit. — ♀. Die Mittelbinde der Vorderflügel ist in zwei getrennte Abtheilungen aufgelöst, von denen die erste eine Halbbinde am Hinterrande aus 3—4 Flecken (in den Feldern 1a—3) und die andere eine Subapicalbinde aus 5 Flecken (in 4—6, 9 und in der Mittelzelle) bildet. Die Mittelbinde der Hinterflügel 5—12 Mill. breit. Beide Flügel ohne Submarginalpunkte. N:o 16.

γ. ♂ mir unbekannt. — ♀. Die Diskalflecke 1a und 1b der Vorderflügel fehlen gänzlich, die Diskalflecke 2—4 aber sind gross und zusammenstossend und bilden zusammen mit den viel kleineren Diskalflecken 5 und 6 und mit einem grossen Fleck in der Mittelzelle ein grosses, weisses Mittelfeld. Die Diskalflecke mit einer breiten, nach innen gerade abgeschnittenen, nach aussen aber bauchig hervortretenden, oben auf beiden Seiten, unten aber nur wurzelwärts scharf begrenzten, weissen Querbinde. Keine weisse Saumflecke. N:o 17.

B. Die Vorderflügelquerbinde besteht aus 6 grossen, nur durch die Rippen getrennten, nach innen quer abgeschnittenen, nach aussen aber spitz ausgezogenen, gelblichweissen Flecken der Felder 1a—5 und aus einem freien Subapicalfleck in 7. Die Flügel ohne Submarginalpunkte. Die Geschlechter ähnlich gefärbt und gezeichnet. N:o 18.

II. Der schwarze Längsstrahl an der Wurzel im Felde 7 auf der Unterseite der Hinterflügel ist schmal, linienförmig und zusammenhängend. Beide Flügel ohne Submarginalpunkte, aber mit deutlichen, bisweilen sehr grossen Saumflecken. Die Geschlechter einander ähnlich. Grosse Arten mit einer Flügelspannung von 95 —110 Mill.

A. Die Saumflecke der Hinterflügel klein halbmondförmig, bei weitem nicht so dick wie am Saume breit.

α. Die Mittelbinde breit, schneeweiss, auf den Vorderflügeln gerade, ohne Fleck im Felde 6, aber mit einem viel näher am Saume gelegenen Fleck in 7.   N:o 19.

β. Die Mittelbinde nur etwa 12 Mill. breit, gelblich, auf den Vorderflügeln am Vorderrande wurzelwärts gebogen, die Spitze der Mittelzelle fast umfassend, indem die Diskalflecke 5—8 an oder fast an der Wurzel ihrer Felder liegen.   N:o 20.

B. Die Saumflecke der Hinterflügel sehr gross, halbelliptisch oder kreisförmig, viel dicker als am Saume breit. Die Binde der Vorderflügel aus 9 Flecken (in 1a—8).

α. Die Hinterflügel am Saume abgerundet. Die Zeichnungen der Oberseite gelblichweiss. Die Mittelbinde der Hinterflügel 8—10 Mill. breit.   N:o 21.

β. Die Hinterflügel in der Länge gezogen, an der Spitze der Rippe 4 deutlich eckig hervortretend. Die Zeichnungen der Oberseite hell schwefelgelb. Die Mittelbinde der Hinterflügel nur 3—6 Mill. breit.   N:o 22.

11. **P. echerioides** TRIMEN. Trans. Ent. Soc. London 1868. p. 72. t. 6, f. 1. 2 (1868). - STAUD., Exot. Schm. 1. p. 11 (1884). — TRIMEN, S. Afr. Butt. 3, p. 255 (1889). - HAASE, Bibl. Zool. 8: 1. p. 71. t. 2. f. 9. 10 (1891). — TRIMEN, Proc. Zool. Soc. 1894, p. 70 (1894). — KARSCH, Ent. Nachr. 21, p. 225 (1895).
? *echerioides* ♀ OBERTH., Etudes d'Ent. 13, p. 10, t. 2. f. 6 (1890). — an ad *Homeyeri* referenda?
messalina TRIMEN, Rhop. Afr. Austr., p. 329 (1866).
Kap Kolonie — Kaffernland — Natal — Transvaal — Manicaland[77] — Deutsch Ost-Afrika: Pangani, Nguru, Morangu[52] (als *zenobia*).

var. **Wertheri** KARSCH in: WERTHER, Die mittl. Hochländer des nördl. D. O.-Afrikas, p. 315 (1898). — femina a forma typica differt alis post. in areis 5 et 6 macula singula alba inter plagam discalem et maculas marginales.
Deutsch Ost-Afrika: Mangati.

12. **P. Jacksoni** EM. SHARPE, Proc. Zool. Soc. 1891. p. 188. t. 17. f. 1, 2 (1891), Coll. Jackson. — KARSCH, Ent. Nachr. 21, p. 226 (1895).
Deutsch Ost-Afrika: Imbo-Urundi[55a] — Brit. Ost-Afrika: zwischen Sotik und Kavirondo: Kikuyu, Wawamba[119], Ruwenzori[119].

13. **P. zoroastres** DRUCE, Ent. M. Mag. 14, p. 226 (1878), Mus. Godm. & Salv. — AURIV., Ent. Tidskr. 16, p. 265 (1895). — Taf. 6. fig. 9.
Fernando Po — Kamerun: Victoria.

14. **P. preussius** KARSCH. B. E. Z. 38, p. 368 figg. (1894); Ent. Nachr. 21, p. 226 (1895), Mus. Berol. -- praecedentis aberr.?
Kamerun-Berg: Buea.

15. **P. Homeyeri** PLÖTZ. S. E. Z. 41. p. 306 (1880). Coll. Homeyeri. [1]
Neumanni KARSCH, Ent. Nachr. 21. p. 225 (1895). Mus. Berol.
Tanganika OBERTH., Bull. Ent. Fr. 1897. p. 190, fig. 8, 9 (1897). Coll. Oberth.
Angola: Pungo-Andongo — Congogebiet: M'pala. Deutsch Ost-Afrika(?): Geri zwischen Ngoroine und Sossian.

16. **P. cynorta** FABR., Ent. syst. 3: 1. p. 37 (1793). — WESTW., Arcana Ent. 1. p. 151. t. 40. f. 3, 4 (1843). — STAUD., Exot. Schm. 1. p. 11. t. 6 (1884). — HAASE. Bibl. Zool. 8: 1, p. 71, t. 3, f. 19, 20 ♀, 21 ♂ (1891). — KARSCH, B. E. Z. 38. p. 237 (1893).
zeryntius BOISD., Spec. Gen. Lep. 1, p. 370 (1836). Coll. Oberth.
♀ boisduvallianus WESTW., Arcana Ent. 1, p. 151, t. 40, f. 1, 2 (1843). Coll. Oberth.
hermaphr.: RUTHERFORD, Proc. Ent. Soc. London 1878, p. 24 (1878). — OBERTH., Bull. Soc. Ent. Fr. 1897, p. 191 (1897).
Sierra Leona[81] — Ashanti[16] — Togo[84] — Kamerun — Gabun[80] — Congogebiet: Aruwimi[16] — Angola[5, 7].

17. **P. plagiatus** AURIV., Ent. Tidskr. 19, p. 183 (1898). — Taf. 6. Fig. 8.
Congogebiet: Sassa (COLMANT).

18. **P. zenobia** FABR., Syst. Ent., p. 503 (1775), Mus. Brit. — BUTLER, Fabr. Lep., p. 252 (1869). — AURIV., Ent. Tidskr. 12, p. 224 (1891). — KARSCH, B. E. Z. 38, p. 237 (1893), p. 370 (1894). — AURIV., Ent. Tidskr. 16, p. 265 (1895). — fascia alar. post. latiore, 12—15 mill. lata.
messalina STOLL, Suppl. Cramer., p. 125, t. 26, f. 2, 2b (1790). — TRIMEN, Rhop. Afr. Austr., p. 23 (1862).
cynortas GOD., Enc. Meth. 9, p. 75 (1819). — LUCAS, Lep. Exot., p. 48, t. 24. f. 2 (1835).
cynorta BOISD., Spec. Gen. Lep. 1, p. 370 (1836).
ab. **odenatus** WESTW., Trans. Ent. Soc. London 1872, p. 96. t. 3, f. 3, 4 (1872). Mus. Oxoniae. — AURIV., Ent. Tidskr. 16, p. 265 (1895). — fascia alar. post. angustiore, 8—10 mill. lata.
Sierra Leona — Liberia[73] — Ashanti[14, 16] — Togo[84] — Old Calabar — Kamerun — Gabun[80] — Angola (HEW. Cat.).

19. **P. andronicus** WARD, Ent. M. Mag. 8, p. 121 (1871). — AURIV., Ent. Tidskr. 16, p. 264, t. 3, f. 4 (1895).
chionicus KARSCH, B. E. Z. 38, p. 370 (1894).
Kamerun.

20. **P. mechowianus** DEW., Ent. Nachr. 11, p. 305 fig. (1885), Mus. Berol.
Congogebiet: zwischen Kasongo und den Stanleyfällen, Sassa — Angola.

---

[1] Durch die Gefälligkeit des Herrn Major ALEX. HOMEYERS konnte ich den Typus genau untersuchen und habe gefunden, dass er sehr genau mit Oberthürs Abbildung des ♂'s von Tanganika übereinstimmt, was ich schon nach der Beschreibung vermutet hatte.

21. **P. cypræofila** Butler, Ent. M. Mag. 5, p. 60 (1868).
   cypraajila Dist., Proc. Zool. Soc. 1879, p. 648 (1879).
   zenobius God., Enc. Meth. 9, p. 74 (1819). — Lucas, Lep. Exot., p. 47, t. 24, f. 1
   (1835). — Boisd., Spec. Gen. Lep. 1, p. 369 (1836). — Lucas in Chenu Enc. H.
   N. Pap. 1, t. 2, f. 2 (1852).
   zenobia Donov., Nat. Reposit. 5, t. 179 (1827). — Westw., Trans. Ent. Soc. London 1872, p. 97 (1872).
   Sierra Leona[81] — Elfenbeinküste[37] — Ashanti — Old Calabar — Kamerun[64].

22. **P. gallienus** Dist., Proc. Zool. Soc. 1879, p. 649 (1879), Coll. Horniman.
   Mechowi Dewitz, B. E. Z. 25, p. 286 (1881); 26, p. 69, t. 3, f. 1 (1882). Mus.
   Berol.
   Kamerun: Barombi, Yaunde (Mus. Berol.). — Congogebiet: Quango, Lualuaburg
   (Mus. Holmiæ).

Sechste Gruppe.

< *Papilio:* Sectio IV Felder, Spec. Lep. Pap., p. 29, 77 (1864).
   Papilio: Hesperus-Gruppe + Delalandei-Gruppe + Constantinus-Gruppe Haase, Bibl. Zool.
   8: 1, p. 66, 68 (1891).

Diese Gruppe ist weniger natürlich und konnte vielleicht besser in mehrere Gruppen zerlegt werden.

Der Körper ist unten weisslich—dunkelbraun, stets aber ohne weisse Punkte.

Uebersicht der Arten.

A. Das Schwänzchen der Hinterflügel einfarbig, dunkel oder nur jederseits hell gefärbt. Die Hinterflügel nur mit kleinen, bogenförmigen Sammelflecken.

   α. Die helle Mittelbinde der Hinterflügel verläuft quer über die Mittelzelle, die Spitze derselben gewöhnlich frei lassend, und ist gegen den Innenrand gerichtet. Die Hinterflügel mit Submarginalflecken.

   *. Die Flügel unten ohne schwarze Längsstrahle an der Wurzel. Das Schwänzchen der Hinterflügel einfarbig. — ♂. Die Vorderflügel ohne Filzflecke. — ♀. Die Hinterflügel oben am Innenrande in 1c mit einem rothen Flecke vor dem Analwinkel. — Die *Hesperus*-Gruppe.

   §. Die Hinterflügel oben in jedem Felde höchstens mit einem Submarginalflecke. Die Mittelbinde der Vorderflügel im Felde 4 ohne Fleck oder nur mit einem sehr kleinen Flecke und darum dort breit unterbrochen. Die Vorderflügel oben gewöhnlich nur mit einem einzigen Submarginalflecke im Felde 8, selten (beim ♀) auch mit kleinen Submarginalflecken in 2—4. Der Diskalfleck 2 der Vorderflügel stets grösser als der Diskalfleck 1b. Die Stirn einfarbig schwarzbraun.

   1. Die Mittelbinde der Hinterflügel bedeckt weder die Wurzel der Felder 4 und 5, noch die Spitze der Mittelzelle. Der Diskalfleck 3 der Vorderflügel viel kürzer und kleiner als der Diskalfleck 2.   N:o 23.

   2. Die Mittelbinde der Hinterflügel bedeckt sowohl die Spitze der Mittelzelle wie auch die Wurzel der Felder 4 und 5. Die Diskalflecke 2 und 3 der Vorderflügel beinahe gleich gross.   N:o 24.

§§. Die Hinterflügel oben in jedem Felde mit 2—4 Submarginalflecken. Die Mittelbinde der Vorderflügel zwar mehr oder weniger in Flecke aufgelöst, nicht aber unterbrochen; ihr Fleck 2 nicht grösser als der Fleck 1 b. Die Vorderflügel oben mit einer vollständigen, sanft S-förmig gebogenen Querreihe von 8 Submarginalflecken. Die Stirn mit zwei hellen Punkten. N:o 25.

**. Die Flügel unten mit deutlichen, schwarzen Längsstrahlen an der Wurzel. Das Schwänzchen der Hinterflügel gewöhnlich jederseits hell gefleckt. Beide Flügel oben mit Submarginalflecken. — ♂. Die Vorderflügel oben beiderseits der Rippen 1—5 mit glänzenden Filzhaaren bekleidet. — ♀. Die Hinterflügel ohne rothen Fleck am Analwinkel.

§. Die Vorderflügel mit einem hellen Flecke in der Spitze der Mittelzelle. Die Diskalflecke 5 und 6 der Vorderflügel von der Wurzel ihrer Felder ziemlich weit entfernt. Die Mittelbinde der Hinterflügel bedeckt nicht die Spitze der Mittelzelle. N:o 26.

§§. Die Vorderflügel ohne hellen Fleck in der Mittelzelle. Die Diskalflecke 5 und 6 der Vorderflügel bedecken die Wurzel der Felder 5 und 6. Die Mittelbinde der Hinterflügel bedeckt die Spitze der Mittelzelle. N:o 27.

β. Die helle Querbinde der Hinterflügel ist gegen die Spitze der Rippe 2 gerichtet und liegt weit hinter der Spitze der Mittelzelle, etwa in der Mitte zwischen dem Saume und der Zellenspitze und kann darum eher als eine Submarginalbinde als als eine Mittelbinde betrachtet werden. Beide Flügel ohne Submarginalflecke. Die Querbinde der Vorderflügel ist schmal, mehr oder weniger in neun abgerundete Flecke aufgelöst und fängt hinter der Mitte der Felder 1 a und 1 b an. Die Grundfarbe schwarzbraun, die Flecke ockergelb. N:o 27.

B. Das Schwänzchen der Hinterflügel mit einem hellen Flecke an der Spitze. Die Querbinde der Hinterflügel bedeckt nur die Spitze der Mittelzelle, ist gegen den Analwinkel gerichtet und auf den Rippen nach aussen lang gezackt. Die Hinterflügel haben grosse helle Saumflecke, aber keine Submarginalflecke. Die Vorderflügel mit acht in einer geraden Linie gestellten Submarginalflecken. Die Stirn schwarz mit breiten, hellen Seitenrändern. — ♂. Die Rippen 1—4 der Vorderflügel sehr breit filzartig beschuppt. N:o 28.[1]

23. **P. hesperus** WESTW., Arcana Ent. 1, p. 189, t. 48 (1843). — STAUD., Exot. Schm. 1, p. 11, t. 7 (1884). — KARSCH, B. E. Z. 38, p. 372 (1894). - - AURIV., Ent. Tidskr. 16, p. 266 (1895). — alis post. maculis 3(—4) submarginalibus (in areis 3, 4, 6, 7) valde inaequalibus.

♀ *calabaricus* DIST., Proc. Zool. Soc. 1879, p. 649 (1879).

Elfenbeinküste[57] — Ashanti — Old Calabar[67] — Kamerun[34] — Gabun[59, 60] — Landana[63] — Congogebiet[45]; Bangala[47], Kassai[41], Monbuttu[4] — Angola: im Inneren[65]. Fernando Po. Brit. Ost-Afrika: Teita[21].

°var. (ab.?) **horribilis** BUTLER, Lep. Exot., p. 88, t. 34, f. 2 (1872). Coll. Swanzy. alis post. maculis 5 submarginalibus (in areis 3—7) haud valde inaequalibus. Ashanti: Cape Coast. Nyassaland[38, 130].

24. **P. pelodurus** BUTLER, Proc. Zool. Soc. 1895, p. 720, fig. (1896). Mus. Brit. Nyassaland; Zomba.

25. **P. euphranor** TRIMEN, Trans. Ent. Soc. 1868, p. 70, t. 5, f. 1, 2 (1868): S. Afr. Butt. 3, p. 235 (1889). Kaffernland — Natal — Transvaal.

---

[1] Vergl. hier auch das angebliche ♀ von N:o 30 *P. mangoura*.

26. **P. constantinus** WARD., Ent. M. Mag. 8. p. 34 (1871); Afr. Lep., p. 1, t. 1, f. 1, 2 ♂
(1873). — OBERTH., Etud. d'Ent. 3, p. 12. t. 1. f. 1 ♀ (1878). — TRIMEN, S. Afr.
Butt. 3, p. 232 (1889).

Natal — Delagoa Bay — Transvaal — Bamangwato: Lotsani Fluss — Nyassaland:
Mero See[56] — Deutsch Ost-Afrika: Bagamoyo[48], Kilimanjaro[51], Umba[55ᵃ], Ussure[55ᵃ]
— Brit. Ost-Afrika[146]: Sabaki[20], Maunga[21]. Kibwezi[21,22], Mombasa.

27. **P. Mackinnoni** EM. SHARPE. Proc. Zool. Soc. 1891, p. 187, t. 16, f. 1 (1891). Coll.
Jackson.

Brit. Ost-Afrika: zwischen Sotik und Kavirondo. Kikuyu[21], Ruwenzori[119].

28. **P. Delalande(i)** GOD., Mem. Soc. Linn. Paris 2. t. 1, f. 1, 2 (1823); Enc. Meth. 9,
p. 811 (1823). — LUCAS, Lep. Exot., p. 39. t. 20, f. 2 (1835). — LUCAS in Chenu
Enc. II. N. Pap., t. 7, f. 2 (1852). — SAALM., Lep. Mad., p. 60, t. 1, f. 1 (1884).
— MAB., Hist. Mad. Lep. 1, p. 310, t. 48, f. 1, 2 (1885—7).

Lalandei BOISD., Spec. Gen. Lep. 1, p. 326 (1836). — WESTW., Arcana Nat. 1,
p. 150, t. 37. f. 1, 2 (1843). — TRIMEN, Rhop. Afr. Austr., p. 12 (1862).
Madagaskar.

Siebente Gruppe.

< *Papilio:* sectio IV FELDER, Spec. Lep. Pap., p. 29, 77 (1864).
< *Papilio:* Phorcas-Gruppe HAASE, Bibl. Zool. 8: 1. p. 68 (1891).

Wenn, wie jetzt allgemein angenommen wird, *P. thersander* FABR. das dimorphe
Weibchen von *P. phorcas* ist,[1] kann diese Gruppe nicht scharf von der vorhergehenden
unterschieden werden und schliesst sich besonders dem *P. constantinus* sehr eng an.

Bei den Männchen und den typischen Weibchen ist die Querbinde oben schön grün
und sehr breit, die Wurzel der Hinterflügel erreichend und sich an die Mittelzelle der
Vorderflügel dicht anliegend.

29. **P. phorcas** CRAMER, Pap. Exot. 1. p. 1. t. 2. f. B, C (1775). — BROWN, Ill. Zool.,
p. 22, t. 11 (1776). — HERBST, Naturs. Schm. 3, p. 197, t. 48, f. 5, 6 (1788). —
GOD., Enc. Meth. 9, p. 67 (1819). — STAUD., Exot. Schm. 1. p. 21 (1884).
dorceus FABR., Syst. Ent., p. 457 (1775), Mus. Brit. — BOISD., Spec. Gen. Lep. 1,
p. 223 (1836). — LUCAS in Chenu Enc. II. N. Pap. 1, t. 3. f. 1 (1852).
Sierra Leona — Ashanti[16] — Kamerun[71] — Gabun — Congogebiet (Mus. Holmiæ)
— Angola: im Inneren[65] — Nyassaland: Kasungu Berg[130], Nyika[130]. — Deutsch
Ost-Afrika: Usambara[134], Ngoroine[55ᵃ]. — Brit. Ost-Afrika[22]: Kikuyu[21].

ab. ♀(?) **thersander** FABR., Ent. syst. 3: 1, p. 32 (1793). — WESTW., An. N. H. 9,
p. 38 (1842); Arcana Ent. 1. p. 148, t. 38, f. 1, 2 (1842). — DISTANT, Proc. Zool.

---

[1] DISTANT behauptet jedoch, dass er in Hornimans Sammlung zwei Männchen von *P. thersander* gesehen
hat. (Proc. Zool. Soc. 1879, p. 648).

Soc. 1879, p. 647 (1879). — Trimen. S. Afr. Butt. 3, p. 234 note 1 (1889). — fascia alar. angusta, 7—8 mill. lata, albido-flavescente, a basi alarum post. longe remota. Sierra Leona — Ashanti[16] (als *constantinus*) — Kamerun (Coll. Staud.).

*var. **congoanus** Rothsch., Nov. Zool. 3, p. 325 (1896), Mus. Tring. — major, fascia pallidiore; nomen vix conservandum?[1]
Congogebiet: Lukolele.

°var. **Ansorgei** Rothsch.. Nov. Zool. 3, p. 324 (1896), Mus. Tring. — macula discali 7 alar. ant. a maculis 6ª et 8ª fundo nigro separata; macula nulla in area 5ª; maculis submarginal. alar. post. in medio inter marginem et apicem cellulæ sitis.
Uganda.

Achte Gruppe.

= *Papilio:* Sectio LIV Felder, Spec. Lep. Pap., p. 28, 76, 77 (1864).
=: *Papilio: Oribasus*-Gruppe Haase, Bibl. Zool. 8:1, p. 67 (1891).
= *Eques* Kirby, Handb. Lep. 2, p. 290 (1896).

Auch diese Gruppe ist. besonders wenn das von Mabille als *mangoura* ♀ abgebildete Weibchen wirklich zu *mangoura* gehört, eng mit der sechsten Gruppe verbunden. Die ♂♂ haben keine Filzflecke. Die Stirn ist weiss punktiert.

Die Querbinde, welche nur beim ♀ von *phorbanta* völlig fehlt, ist blau oder grünlich und auf den Hinterflügeln gegen den Analwinkel gerichtet und fast immer nach innen von der Rippe 1 b begrenzt.

Uebersicht der Arten.

I. Die Hinterflügel an der Rippe 4 mit einem deutlichen, freien, wenigstens 6 Mill. langen Schwänzchen.
   A. Das Schwänzchen mit weisser Spitze. Die Hinterflügel unten mit heller Mittelbinde, aber ohne Submarginalflecke. Die Querbinde der Vorderflügel oben am Vorderrande tief gegabelt. Die Vorderflügel oben mit blauen Submarginalflecken, die Hinterflügel ohne Submarginalflecke.
   B. Das Schwänzchen einfarbig schwarz. Die Hinterflügel unten ohne deutliche helle Mittelbinde, gewöhnlich aber mit hellen Submarginalflecken. Die Querbinde der Vorderflügel am Vorderrande nicht ordentlich gegabelt, bisweilen aber in Flecke aufgelöst. Die Hinterflügel stets oben mit blauen (oder sehr selten weisslichen N:o 35 ♀) Submarginalflecken.
      a. Der Aussenrand der Vorderflügel hinter der Spitze am Ende der Rippen 5 und 6 deutlich ausgeschnitten. Grössere Arten mit einer Vorderflügellänge von 55—57 Mill., vom Festlande Afrikas stammend. Die Vorderflügel unten mit vier gelben Submarginalflecken in 1 b—4.
         *. Die grünlich blaue Mittelbinde der Oberseite nach hinten allmählig und sehr stark erweitert, so dass die Diskalflecke 2 und 3 der Hinterflügel sehr lang sind und viel mehr als die Hälfte ihrer Felder bedecken. Die Submarginalflecke der Hinterflügelunterseite bei beiden Geschlechtern braun (von der Grundfarbe), mit violett-silbernen Ringen umzogen.   N:o 31.

---

[1] Es liegen mir zahlreiche Stücke von Kamerun, Gabun und dem Congogebiete vor, welche durch ihre Grösse und die Breite der Querbinde mit der Beschreibung von *congoanus* ganz übereinstimmen; die Querbinde ist aber bei ihnen lebhaft grün, ganz wie bei den viel kleineren Stücken aus Sierra Leona.

**. Die Mittelbinde nach hinten nur wenig erweitert, so dass die Diskalflecke 2 und 3 der Hinter-
flügel nur ein Drittel oder ein Viertel ihrer Felder bedecken und kaum doppelt so lang wie breit
sind. Die Submarginalflecke der Hinterflügelunterseite beim ♂ gelb, scharf hervortretend, beim ♀
wie bei der vorigen Art.   N:o 32.

ß. Der Aussenrand der Vorderflügel fast ganz gerade. Arten aus Madagaskar; mit einer Vorderflügellänge von nur 44—48 Mill. Die Vorderflügel unten in 1 b—4 ohne Submarginalflecke oder mit
weisslichen Flecken.

*. Die Mittelbinde fast gleich (6—8 Mill.) breit und wenigstens bis zur Rippe 5 der Vorderflügel
zusammenhängend, auf beiden Flügeln nach innen fast geradlinig begrenzt. Der Diskalfleck 2 der
Hinterflügel bedeckt nicht die innerste Wurzel des Feldes 2 und der Diskalfleck 1 c ist ziemlich
kurz und erreicht bei weitem nicht die Mittelzelle. Die Hinterflügel unten nur mit matten, weisslichen oder schwach violett schillernden Submarginalflecken.   N:o 33.

**. Die Mittelbinde ist sehr unregelmässig, fehlt beim ♂ gänzlich in den Feldern 1 a und 1 b der
Vorderflügel und ist beim ♀ im Felde 1 b mehr oder weniger breit unterbrochen. Auf den Hinterflügeln ist sie gegen den Innenrand verbreitert, so dass der Diskalfleck 2 die Wurzel des Feldes 2
völlig bedeckt und der Diskalfleck 1 c sehr lang ist und die Mittelzelle erreicht. Die Submarginalflecke der Hinterflügelunterseite beim ♂ gelb, scharf hervortretend, beim ♀ weisslich, gross und
nur schwach hervortretend.   N:o 34.

II. Die Hinterflügel zwischen den Rippen 2 und 4 breit ausgezogen und an der Rippe 4 mehr oder weniger
scharf geeckt oder gelappt, nicht aber mit einem ordentlichen, freien Schwänzchen. Bei *phorbanta* ist dieser
Lappen am meisten schwanzähnlich, aber nur 3 Mill. lang. Die Submarginalflecke der Hinterflügelunterseite
beim ♂ goldgelb—weiss, scharf begrenzt, beim ♀ undeutlich, nebelig, weisslich.

A. Die blaue Mittelbinde fehlt entweder ganz oder wenigstens auf den Vorderflügeln zwischen dem Hinterrande und der Rippe 2. — Arten aus Madagaskar.

α. ♂. Die Vorderflügel wenigstens mit Diskalflecken in 2—4 und 6, gewöhnlich auch mit kleinen
Flecken in 5, 7 und 8. Die Mittelbinde der Hinterflügel gegen den Analwinkel spitz und ziemlich
lang ausgezogen. — ♀. Beide Flügel oben dunkelbraun ohne Mittelbinde, aber mit weissen Submarginalflecken.   N:o 35.

ß. ♂, ♀. Die Vorderflügel nur in 3 und 4 (selten auch mit einem kleinen Flecke in 2) mit Diskalflecken und wie beim ♂ der vorigen Art auch mit einem grossen blauen Flecke in der Mittelzelle.
Die Mittelbinde der Hinterflügel endet quer im Wurzeltheil der Felder 2 und 3.   N:o 36.

B. Die blaue oder grünliche Mittelbinde auf beiden Flügeln vollständig vorhanden. Die Submarginalflecke
der Hinterflügel oben stets blau, unten beim ♂ goldgelb—weiss, scharf begrenzt, beim ♀ nebelig, weisslich,
undeutlich begrenzt.

α. Die Mittelbinde ist schmäler, am Hinterrande der Vorderflügel 2—7, in der Mitte der Hinterflügel
4—12 Mill. breit und nach hinten nur wenig erweitert. Der Diskalfleck 2 der Hinterflügel bedeckt
gewöhnlich nicht die innerste Wurzel des Feldes 2 und der Diskalfleck 1 c ist nur 8—20 Mill. lang
und erreicht bei weitem nicht die Mittelzelle.   N:o 38.

ß. Die Mittelbinde ist breit, am Hinterrande der Vorderflügel 10—14 Mill., in der Mitte der Hinterflügel 10—17 Mill. breit und nach hinten deutlich erweitert. Der Diskalfleck 2 der Hinterflügel
bedeckt immer vollständig die Wurzel des Feldes 2 und der Diskalfleck 1 c ist sehr lang (18—25
Mill.) und erreicht immer die Mittelzelle.   N:o 39.

30. **P. mangoura** Hew., Ent. M. Mag. 11. p. 226 (1875); Exot. Butt. Papilio, t. 15,
f. 49, 50 (1877); Mus. Brit. — Saalm., Lep. Mad. 1, p. 62 (1884). — Mab., Hist.
Mad. Lep. 1, p. 312, t. 49, f. 1 ♂, 2 ♀ (vera?) (1885—7).
Madagaskar.

31. **P. charopus** Westw., Arcana Ent. 1, p. 189, t. 47 (1843).
Ashanti — Kamerun[44, 74].

32. **P. Hornimani** DISTANT, Proc. Zool. Soc. 1879, p. 647, t. 47, f. 1, 3 ♂. 2 ♀ (1879), Coll. Horniman.
Deutsch Ost-Afrika: Magila, Usambara[134].

33. **P. oribazus** BOISD., Spec. Gen. Lep. 1, p. 223 (1836), Coll. Oberthur. — SAALM., Lep. Madag. 1, p. 55, t. 3, f. 30 (1884). — MAB., Hist. Mad. Lep. 1, p. 315, t. 47, f. 1—3 (1885—7).
Madagaskar.

34. **P. epiphorbas** BOISD., Faune Madag., p. 13, t. 1, f. 1 (1833); Spec. Gen. Lep. 1, p. 226 (1836), Coll. Oberthur. — MAB., Hist. Mad. Lep. 1, p. 319, t. 45, f. 1—2 (1885—7).
Metam.: MAB., Hist. Mad. Lep. 1, p. 321, t. 45, f. 3 (1885—7).
Madagaskar.

35. **P. phorbanta** L., Mant. Plant., p. 525 (1771).[1] — JABLONSKY, Naturs. Schm. 1, p. 125, t. 12, f. 3 ♂ (1784). — ESPER, Ausl. Schm., p. 143, t. 37, f. 2 ♂ (1792—3). — —, D'AUBENTON, Planches enlum., t. 43, f. 1, 2 ♂ (1765), figuræ typicæ.
disparilis BOISD., Faune Madag., p. 15, t. 1, f. 2 ♀ (1833), Coll. Oberth. — LUCAS, Lep. Exot., p. 19, t. 10, f. 2 ♂ (1835). — BOISD., Spec. Gen. Lep. 1, p. 227 (1836). — HERR. SCH., Aussereurop. Schm. Tagf., f. 63, 64 ♀ (1852). — LUCAS in Chenu Enc. II. N. Pap., t. 5, f. 2 ♂ (1852). — SAALM., Lep. Mad. 1, p. 56 (1884). — MAB., Hist. Mad. Lep. 1, p. 318, t. 44, f. 2 ♂ (1885—7).
Metam.: OBERTH., Etud. d'Ent. 12, p. 12, t. 4, f. 6 (1888).
Bourbon. ? Madagaskar[107].

var. **nana** OBERTH., Etudes d'Ent. 4, p. 54 (1880), Coll. Oberth. — minor.
Seychellen.

36. **P. manlius** FABR., Ent. syst. Suppl., p. 422 (1798), Mus. Havniæ.
♀ *grachus* FABR., Ent. syst. Suppl., p. 422 (1798).
phorbanta GOD., Enc. Meth. 9, p. 47 (1819). — LUCAS, Lep. Exot., p. 18, t. 10, f. 1 ♀ (1835). — BOISD., Spec. Gen. Lep. 1, p. 225 (1836). — HERR. SCH., Aussereur. Schm. Tagf., fig. 61, 62 ♂ (1852). — MAB., Hist. Mad. Lep. 1, p. 316, t. 46, f. 1 ♂, 2 ♀ (1885—7).
Mauritius. ? Madagaskar[107] (introducta?).

°37. **P. Donaldsoni** EM. SHARPE, Proc. Zool. Soc. 1896, p. 537 (1896). — sequentis var.?
Somaliland: Darro-Berge, Meo.

38. **P. nireus** L., Syst. Nat., ed. 10. p. 464 (1758); Mus. Lud. Ulr., p. 217 (1764), Mus. Upsaliæ. — CLERCK. Icones Ins. 2, t. 30, f. 1 (1764). — DRURY, Ill. Exot. Ins. 2, p. 6, t. 4, f. 1, 2 (1773). — CRAMER, Pap. Exot. 2, p. 137, t. 187, f. A, B

---

[1] LINNÉ hat ganz sicher diese Art nur durch D'Aubenton's Abbildung gekannt und sie nach derselben beschrieben. D'Aubenton's Figur stellt aber *P. disparilis* BOISD. und nicht *P. phorbanta* GOD. und BOISD. dar. Es ist sehr zu bedauern, dass BOISDUVAL die von LINNÉ citierte Figur offenbar nicht verglichen hatte, als er seinen *disparilis* beschrieb.

(1777). — HERBST, Naturs. Schm. 3, p. 111, t. 37, f. 1, 2 (1788). — STAUD., Exot. Schm. 1, p. 12, t. 7 (1884). — KARSCH, B. E. Z. 38, p. 238 (1893). — KIRBY, Handb. Lep. 2, p. 290 (1896). — fascia alar. post. postice dilatata, macula areæ 2ᵐ extus elongata quam macula areæ 1 c longiore.

crinus GRAY, Cat. Lep. Ins. Brit. Mus. 1, p. 35 (1852).

Sierra Leona[81] — Elfenbeinküste[57] — Ashanti[14] — Togo[54] — Niger[126] — Old Calabar[67] — Kamerun[59] — Gabun[60] — Chinchoxo[65] — Congogebiet: Bangala[47], Kassai[45], Inkissi[45], Manyanga[41], Leopoldville[11], Monbuttu[4] — Angola[5, 7, 65] — Mero See[36] ? Brit. Ost-Afrika[21]: Sabaki[20], Wawamba[119], Kibwezi[22].

°var. aristophontes OBERTH., Bull. Ent. Fr. 1897, p. 188, figg. 6 ♂, 7 ♀ (1897), Coll. Oberth. — a forma typica vix differt nisi fascia maris paullo latiore maculisque omnibus submarginalibus alar. ant. feminæ utrinque distinctis.
Comoren.

var. lyæus DOUBL., An. N. H. 16, p. 178 (1845). — WALLENGR., Rhop. Caffr., p. 1 (1857). - - OBERTH., Etudes d'Ent. 3, p. 13 (1878). — TRIMEN, S. Afr. Butt. 3, p. 237 (1889); Proc. Zool. Soc. 1894, p. 69 (1894). — fascia alar. post. postice haud dilatata, macula ejus in area 2 extus oblique truncata nec elongata nec quam maculæ areæ 1 c longiore.

nireus CRAMER, Pap. Exot. 4, p. 175, t. 378, f. F, G (1781). — SWAINSON, Zool. Ill. (1) 3, t. 125 (1822). — BOISD., Spec. Gen. 1, p. 224 (1836). — TRIMEN, Rhop. Afr. Austr., p. 15 (1862).

Metam.: BARBER, Trans. Ent. Soc. London 1874, p. 519, t. 9 (1874). — TRIMEN, S. Afr. Butt. 3, p. 240, t. 2, f. 5 (1889).

Kap Kolonie — Kaffernland[27] — Natal — Zululand — Delagoa Bay — Transvaal — Manicaland[77] — Deutsch Ost-Afrika: Mpwapwa[136] — Abyssinien[3].

ʳvar. (ab.?) pseudonireus FELDER, Reise Novar. Lep., p. 94 (1865), Mus. Tring.
? pseudonireus var.? BUTLER, Proc. Zool. Soc. 1895, p. 633 (1895).
? Nyassaland[38, 125, 130] — Somaliland[128] — Abyssinien.

39. P. bromius DOUBL., An. N. H. 16, p. 176 (1845), Mus. Brit. — GRAY, Cat. Lep. Ins. Brit. Mus. 1, p. 26, t. 6, f. 2 (1852). — KARSCH, B. E. Z. 38, p. 238 (1893). Sierra Leona[81] — Liberia[76] — Ashanti[64] — Togo[81] — Kamerun[59] — Gabun[60, 61] — Congogebiet: Bangala[47], Inkissi Fluss[45], Kassai[43], Aruwimi[46], Monbuttu[4] — Aequatoria[4]. Insel St. Thomé[113].

var. brontes GODM., Proc. Zool. Soc. 1885, p. 540 (1885), Mus. Brit. — BUTLER, Proc. Zool. Soc. 1895, p. 737 (1896). — a forma typica differt fascia angustiore (8—11 Mill.), magis coerulea, alis ant. infra apice distincte brunneis, maculis 4 submarginalibus magnis bipartitis flavo-albidis in areis 1 b—4 alisque post. infra magis brunneis absque lineis nigris intercostalibus in areis 2—7.
Nyassaland[120] — Deutsch Ost-Afrika: Usambara[134], Kilimanjaro, Tschagga[54] — Brit. Ost-Afrika: zwischen Salt Lake und Wawamba[119], Kikuyu[21] — Somaliland: Darro Berge[129], Meo[129].

Neunte Gruppe.

> *Orpheides* Hübner, Verz., p. 86 (1826).
– *Papilio*: Sectio XXXIX + LIII Felder, Spec. Lep. Pap., p. 21, 28, 68, 76 (1864).
= *Papilio*: Erithonius + Menestheus-Gruppe Haase, Bibl. Zool. 8: 1, p. 65, 66 (1891).
> *Orpheides* Kirby, Handb. Lep. 2, p. 280 (1896).

Ich vereinige hier zu einer Gruppe die durch die Zeichnung sehr eng verbundenen *P. menestheus* Dr. und *demodocus* Esper. Die Palpen sind hell gefärbt.

Uebersicht der Arten.

A. Die Hinterflügel nicht oder nur kurz geschwänzt. Das Schwänzchen oben einfarbig schwarz und höchstens 6 Mill. lang, gleichbreit. Die Submarginalflecke 1 b–7 der Vorderflügeloberseite sind ungleich gross und stehen nicht in einer geraden Linie. Die Hinterflügel oben am Vorderrande im Felde 7 mit einem grossen, wohl entwickelten, braunen oder braungelben, blau und schwarz umzogenen Augenflecke. Der Diskalfleck 6 der Vorderflügel steht viel näher am Saume als die Diskalflecke 1 a–5 und der Diskalfleck 7 ist in zwei Flecke getheilt. Die Vorderflügel mit drei gelben Flecken in der Spitze der Mittelzelle. Die Stirn schwarz mit gelben Seitenrändern. — ♂. Die Vorderflügel ohne Filzflecke.

   α. Die Wurzelhälfte der Mittelzelle der Vorderflügeloberseite mit Querreihen von kleinen gelben Punkten. Die Diskalflecke 2 und 3 der Vorderflügel unregelmässig geeckt.

     . Der rothe Submarginalfleck 1 c der Hinterflügel, welcher die äussere Abtheilung des Augenfleckes bildet, grenzt unmittelbar an dem gelben Saumflecke 1 c. Die Hinterflügel an der Rippe 4 nur kurz gelappt.
          N:o 40.

     . Der rothe Submarginalfleck 1 c der Hinterflügel, welcher hinter dem blau umzogenen Augenflecke liegt, ist durch einen viereckigen schwarzen Fleck fast völlig von dem gelben Saumflecke 1 c getrennt. Die Hinterflügel beim ♂ nur gelappt, beim ♀ an der Rippe 4 geschwänzt.
          N:o 41.

   β. Die Wurzelhälfte der Mittelzelle der Vorderflügeloberseite nur mit gelben Schuppen bestreut. Die Diskalflecke 2 und 3 der Vorderflügel auf beiden Seiten abgerundet. Die Hinterflügel an der Rippe 4 geschwänzt. Der Submarginalfleck 1 c der Hinterflügel wie bei N:o 40 gestellt.
          N:o 42.

B. Die Hinterflügel an der Rippe 4 mit einem 14—20 Mill. langen, an der Spitze erweiterten und vor der Spitze jederseits hell gefleckten Schwänzchen. Die Submarginalflecke 1 b–7 der Vorderflügel sind gleich gross und liegen in einer fast geraden Linie. Der Augenfleck 7 der Hinterflügeloberseite gewöhnlich nur durch einen rothen und einen blauen Fleck vertreten. Der Diskalfleck 6 der Vorderflügel liegt nicht näher am Saume als die Diskalflecke 1 a–5; der Diskalfleck 7 fehlt oder ist klein und liegt an der Wurzel des Feldes 7. Die Vorderflügel oben ohne Flecke in der Mittelzelle oder höchstens mit zwei Flecken vor der Spitze der Mittelzelle. Die Stirn schwarz mit zwei gelben Langslinien. — ♂. Die Vorderflügel oben mit vier breiten Filzstreifen an den Rippen 1–4.
          N:o 43.

40. **P. demodocus** Esper, Ausl. Schm., p. 205, t. 51, f. 1 (1798). — Auriv., Ent. Tidskr. 16, p. 267 (1895).

   demoleus L., Mus. Lud. Ulr., p. 214 (1764), Mus. Upsaliae. — Cramer, Pap. Exot. 3. p. 65, t. 231, f. A, B (1779). — Wulfen, Ins. Capens., p. 29 (1786). — Herbst. Naturs. Schm. 3, p. 106, t. 36, f. 3, 4 (1788). — Donovan, Ins. China, t. 29, f. 1 (1798). — Palisot, Ins. Afr. et Amer., p. 120, t. 2 b, f. 2 (18..). — God., Enc. Méth. 9, p. 45 (1819). — Hübner, Samml. Exot. Schm. 1, t. 116 (1806—16). — Boisd., Faune Madag., p. 12 (1833). — Lucas, Lep. Exot., p. 16, t. 9, f. 2 (1835).

— Boisd., Spec. Gen. Lep. 1, p. 237 (1836). — Lucas in Chenu Enc. H. N. Pap. 1, t. 8, f. 1 (1853). — Wallengr., Rhop. Caffr., p. 5 (1857). — Trimen, Rhop. Afr. Austr., p. 17 (1862). — Staud., Exot. Schm. 1, p. 20, t. 13 (1884). — Mab., Hist. Mad. Lep. 1, p. 303, t. 43, f. 2 (1885—87). — Trimen, S. Afr. Butt. 3, p. 223 (1889). — Karsch, B. E. Z. 38, p. 238 (1893). — Kirby, Handb. Lep. 2. p. 280 (1896). — non *demoleus* L. S. N. 1758!
Metam.: Trimen, Rhop. Afr. Austr., p. 18. t. 1, f. 1, 1 a (1862). — Mab., Hist. Mad. Lep. 1. p. 30, t. 49, f. 3, 3 a (1885—87). — Oberth., Etudes d'Ent. 12, p. 9, t. 4, f. 5 (1888). — Trimen, S. Afr. Butt. 3, p. 225 (1889).

ab. (artific.) **nubila** Capr., An. E. Belg. 25 Bull., p. 43 (1881). — signaturis sordide aurantiucis (colore humore mutato!).
Ueberall auf dem Festlande Afrikas südlich von der Sahara. Arabien[83]. Comoren[80]. Madagaskar[83]. St. Thomé[113]. Prinzen-Insel[92].

var. **Bennetti** Dixey, Proc. Zool. Soc. 1898, p. 381, t. 30, f. 3 (1898), Mus. Oxoniæ. — maculis omnibus minoribus, alis posticis caudatis.
Sokotra.

41. **P. erithonioides** Smith, An. N. H. (6) 7, p. 122 (1891), Coll. Gr. Smith. — Smith & Kirby, Rhop. Exot. 18, Papilio, p. 23, t. 11, f. 3, 4 (1891).
Madagaskar.

42. **P. morondavana** Smith, An. N. H. (6) 8, p. 78 (1891), Coll. Gr. Smith. — Smith & Kirby, Rhop. Exot. 18, Papilio, p. 24, t. 11, f. 1, 2 (1891).
Madagaskar.

43. **P. menestheus** Drury, Ill. Exot. Ins. 2, p. 15, t. 9, f. 1, 2 (1773). — Cramer, Pap. Exot. 2, p. 72, t. 142, f. A, B (1777). — Herbst, Naturs. Schm. 3, p. 130, t. 40, f. 1, 2 (1788). — God., Enc. Meth. 9, p. 59 (1819). — Boisd., Spec. Gen. Lep. 1, p. 236 (1836). — Karsch, B. E. Z. 38, p. 238 (1893). — fascia alar. ant. ad costam basin versus incurva, macula discali 8ᵃ e maxima parte ante exitum costæ 8ᵃᵉ posita, macula disc. 7ᵃ in ipsa basi areæ 7ᵃᵉ locata aut omnino deficiente; maculis discalibus alar. ant. extus acuminatis aut rotundatis; signaturis pallide flavis; alis ant. 59—67 mill. longis.
Sierra Leona — Elfenbeinküste[37] — Ashanti[18] — Togo[54] — Kamerun[64, 71].

ab. **pygmæus** n. ab. — a forma typica tantum differt signaturis pure albis et statura multo minore, alis ant. tantum 45 mill. longis. — Mus. Holmiæ.
Kamerun.

var. **Lormieri** Distant, Ent. M. Mag. 11, p. 129 (1874). — a forma typica differt fascia alar. ant. usque ad costam fere omnino recta, macula disc. 8ᵃ tota vel e maxima parte pone exitum costæ 8ᵃᵉ posita, maculaque disc. 7ᵃ a basi areæ 7ᵃᵉ remota.
menestheus Mab., Hist. Mad. Lep. 1, p. 362, t. 44, f. 1, 1 a ♂ (1885—7).
Gabun[61] — Congogebiet: Stanleypool[41]. Madagaskar.

var. **ophidicephalus** OBERTH., Etudes d'Ent. 3, p. 13 (1878), Coll. Oberthur. — TRIMEN, Trans. Ent. Soc. London 1879, p. 345 (1879); S. Afr. Butt. 3, p. 229 (1889); Proc. Zool. Soc. 1894, p. 69 (1894). — a forma typica differt fascia alar. ant. latiore, magis continua, maculis extus *truncatis* composita ocellisque alar. post. majoribus et distinctioribus.

menestheus TRIMEN, Rhop. Afr. Austr. 2, p. 320, t. 2, f. 1 (1866).

Kap Kolonie — Kaffernland — Natal — Transvaal — Manicaland[77] — Nyassaland: Mero See[56], Zomba[37] — Deutsch Ost-Afrika: Tanganika[11*], Kilimanjaro[61], Schimba Berge[4*]. — ?Brit. Ost-Afrika: Kibwezi[21]. (Aus diesem Lokale liegt mir ein von Miss SHARPE bestimmtes Stück vor, das fast in der Mitte zwischen *menestheus* und *ophidicephalus* steht, dieser scheint demnach in Nord-Ost-Afrika allmählig in die Hauptform überzugehen).

Zehnte Gruppe.

= *Papilio:* Sectio XXXI, subsectio B FELDER, Spec. Lep. Pap., p. 19, 65 (1864).

Die einzige hieher gehörige Art ähnelt durch Flügelform und Farbe der *Acraea regina* ♂ und wird gewöhnlich, aber ganz unrichtig, als mit *P. antimachus* nahe verwandt betrachtet. Von *P. antimachus* weicht *P. ridleyanus* durch die mit der Rippe 12 vereinigte Rippe 11 der Vorderflügel, durch die Mittelzelle der Hinterflügel, welche sich weit über die Flügelmitte hinaus erstreckt, und durch die Innenrandfalte der Hinterflügel des Männchens weit ab. Diese Innenrandfalte ist ziemlich kurz, die Haare der Rippe 1 b sind schwarz und die Männchenschuppen klein und anliegend, nicht filzartig.

Die Vorderflügel sind schwarz, stellenweise halbdurchsichtig mit einer Halbbinde von 5 rothen Flecken in 1 a—4 und zwei tief schwarzen, jederseits gelblich gesäumten Querflecken in der Mittelzelle. Die Hinterflügel sind oben zum grössten Theile roth mit schwarzer Saumbinde und Wurzel und einigen schwarzen Flecken.

44. **P. ridleyanus** WHITE, An. N. H. 12, p. 262, fig. (1843), Mus. Brit. — DOUBL. & HEW., Gen. D. Lep., p. 8, t. 3, f. 3 (1846). — STAUD., Exot. Schm. 1, p. 10, t. 6 (1884). — DEWITZ, B. E. Z. 30, p. 301 (1886). — ROGENHOFER, An. Mus. Wien 4, p. 547, t. 23, f. 1 (non ♀) (1889). — HAASE, Bibl. Zool. 8: 1, p. 64, t. 4, f. 27 (1891). Niger: Lokoja[126] — Kamerun: Barombi[72], Yaunde — Gabun: Ogowe, Kuilu — Chinchoxo[65] — Landana[63] — Congogebiet: an der Mündung des Congo Flusses, Isangila[41], Lukungu[41], Aequator Station[43], Bangala[47], Inkissi Fluss[45], Mukenge[40], Stanley Fälle — Angola im Inneren[65]. Aequatoria: Kangasi[4] — Deutsch Ost-Afrika: Bukoba (Mus. Berol.).

Elfte Gruppe.

= *Zelima* FABR., Illig. Mag. 6, p. 279 (1807). ·

- *Papilio:* Sectio XXX FELDER, Spec. Lep. Pap., p. 19, 64 (1864).

< *Papilio:* Angolanus-Gruppe HAASE, Bibl. Zool. 8: 1, p. 63 (1891).

= *Papilio:* Sectio (XXX) KIRBY, Handb. Lep. 2, p. 278 (1896).

Die Arten sind mit einander nahe verwandt und haben alle dieselbe weisse Grundzeichnung auf der Unterseite. Diese besteht auf den Vorderflügeln aus 8 Submarginalflecken, welche dicht am Saume stehen, 9 Diskalflecken (in 1 a—8), von denen die der Felder 5, 6 und 8 fast immer doppelt sind, und aus 4 Querflecken oder Querbinden in der Mittelzelle, von denen der erste klein und punktförmig ist, der zweite der Rippe 3 gegenüber liegt und der dritte grösser ist, dem Felde 4 gegenüber liegt und oft mit dem vierten, welcher dicht vor der Spitze liegt, vereinigt ist. Die Hinterflügel haben unten eine breite weisse Querbinde, welche sich vom Vorderrande wenigstens bis zur Rippe 2 erstreckt und durch einen dunklen Längsstrahl des Feldes 1 c vom weissen Innenrandfelde 1 b getrennt wird. Ausserdem führen die Hinterflügel in der breiten, dunklen Saumbinde 6 Submarginalflecke, von denen die der Felder 2—4 bisweilen gespalten sind, und 3—4 Diskalflecke in den Feldern 2—5. Diese Diskalflecke können auch doppelt vorhanden und in zwei Reihen angeordnet sein.

Die Haare der Innenrandfalte der Hinterflügel des ♂:s sind lang und gelblich weiss und die Androconien mässig gross.

Uebersicht der Arten.

A. Beide Flügel oben ohne Submarginalflecke und ohne freie (abgetrennte) Diskalflecke oder nur mit einem kleinen solchen Flecke im Felde 7 der Vorderflügel. Die weisse, durch die Diskalflecke gebildete Mittelbinde der Vorderflügel erstreckt sich nur bis zur Rippe 5 und ist mit den weissen Zeichnungen der Mittelzelle vereinigt. Die Hinterflügel unten mit 4—5 freien, rothen Diskalflecken (in 1 c—5). N:o 45.

B. Beide Flügel oben mit weissen Submarginalflecken und freien Diskalflecken. Die Hinterflügel unten ohne rothe Flecke in der Saumbinde.

    α. Der Hinterkörper jederseits mit einem breiten, gelben Seitenstreifen, der sich von der Wurzel fast bis zur Spitze erstreckt. Die zwei letzten weissen Querzeichnungen in der Mittelzelle der Vorderflügel sind breit getrennt. N:o 46.

    β. Der Hinterkörper ohne gelben Seitenstreif, höchstens mit drei gelben Seitenflecken auf den Gliedern 2—4; die Rückenschilder dagegen unten an ihren Hinterecken mit einem dreieckigen schwarzen Flecke. Die zwei letzten weissen Querzeichnungen in der Mittelzelle der Vorderflügel sind zu einem abgerundeten Endflecke vereinigt oder nur schmal und gewöhnlich unvollständig getrennt. N:o 47.

45. **P. endochus** BOISD., Spec. Gen. Lep. 1. p. 243 (1836), Coll. Oberth. — DOUBL. & HEW., Gen. D. Lep., t. 3, f. 2 (1846). — SAALM., Lep. Madag., p. 59, t. 3, f. 31 (1884). — STAUD., Exot. Schm. 1. p. 11 (1884). — MAB., Hist. Mad. Lep. 1. p. 305, t. 43, f. 4, 4 a (1885—7).
Madagaskar.

46. **P. pylades** FABR., Ent. syst. 3: 1, p. 34 (1793). — GOD., Enc. Meth. 9, p. 43 (1819). — DONOV., Nat. Reposit. 1, t. 13 (1823). — BOISD., Spec. Gen. Lep. 1, p. 244 (1836). — GEYER, Hübner Zutr. 5, p. 35, figg. 941—42 (1837). — STAUD., Exot. Schm. 1, p. 11, t. 6 (1884). — KARSCH, B. E. Z. 38, p. 237 (1893). — macula 3ᵃ discali alar. ant. basin aream 3ᵉ omnino occupante, cum maculis cellulæ discoidalis maculisque discalibus 1 a—2 in plagam magnam albam connexa.
Senegal — Sierra Leona[81] — Ashanti[16] — Togo[84] — Niger[74]: Lokoja[126]. Congogebiet: Zongo, Mokoange (Mus. Brux.). — Aequatoria[4].

var. **angolanus** Goeze, Ent. Beitr. 3: 1, p. 87 (1779). — macula discali 3ª alar. ant. parva, rotundata aut obsoleta, a basi areæ 3ª remota et a maculis ceteris omnino separata, maculis cellulæ discoidalis alar. ant. inter se et a maculis discalibus bene separatis.

— Seba, Thesaur. 4, p. 14, t. 9, f. 19, 20 (1765).

corrineus Bertoloni, Mem. Acad. Bologna 2, p. 173, t. 1, f. 1—3 (1851).

pylades var. Gray, Cat. Lep. Brit. Mus. 1, p. 8 (1852).

anthemenes Wallengr., Rhop. Caffr., p. 6 (1857).

pylades Dewitz, Acta Acad. N. Cur. 41: 2, p. 187 (1879).

corinneus Trimen, S. Afr. Butt. 3, p. 217 (1889).

Kuilu — Chinchoxo[65] — Congogebiet: Inkissi Fluss[45], Mukenge[49] — Angola[7] — Ovamboland[10] — Damaraland: Kuisip, Svakop (Mus. Holmiæ). Natal — Delagoa Bay — Transvaal — Matabeleland — Mashuna[141] - Manicaland[77] — Mossambik[78] — Nyassaland[86] — Deutsch Ost-Afrika: Parumbira[118], Kandera[53], Nguru[53]. — Brit. Ost-Afrika[146].

47. **P. morania** Angas, Kafirs Illustr., t. 30, f. 1 (1849). — Trimen, S. Afr. Butt. 3, p. 220 (1889); Proc. Zool. Soc. 1891, p. 100, t. 9, f. 21 (1891). — macula discali 2ª alar. ant. magna, subquadrangula, basin areæ 2ª totam occupante; fascia nigra marginali alar. postic. supra circiter 7 mill. lata maculis discalibus albis in areis 2—4 a margine interiore fasciæ parum remotis.

pylades Trimen, Rhop. Afr. Austr., p. 22 (1862).

Metam.: Trimen, S. Afr. Butt. 3, p. 221 (1889).

Ovamboland[10]. Natal — Zululand — Delagoa Bay.

var. **taboranus** Oberth., An. E. Fr. (6) 6, Bull., p. 114 (1886); Etudes d'Ent. 12, p. 2, t. 1, f. 1 (1888), Coll. Oberth. — macula discali 2ª alar. ant. a basi areæ 2ª plus minus remota, elongato-rotundata: fascia nigra marginali alar. post. supra 10—12 mill. lata maculis discal. albis in areis 2—4 fere in medio fasciæ sitis.

nicinoæ Butler, Proc. Zool. Soc. 1893, p. 667 (1894); l. c. 1895, p. 263, t. 16, f. 4 (1895); l. c. 1896, p. 851 (1897), Mus. Brit.

Nyassaland: Mero See, Fwambo[37] — Deutsch Ost-Afrika: Tabora.

Zwölfte Gruppe.

< *Papilio:* Sectio XXXV Felder, Spec. Lep. Pap., p. 19, 66 (1864).

Diese Gruppe verbindet ganz natürlich die vorhergehende mit der folgenden, indem *cyrnus* sich an *morania* und *latreillianus* sich an *Falleri* anschliesst. Unter sich sind die drei Arten ziemlich verschieden, jedoch offenbar mit einander näher als mit den übrigen Gruppen verwandt.

Uebersicht der Arten.

A. Die Vorderflügel unten an der Wurzel des Vorderrandes breit roth. Die Rippen der Hinterflügelunterseite roth oder braun gesäumt. Die Hinterflügel am Saume kurz gezackt, oben mit 11 grünen Flecken (einem grossen in der Mittelzelle, 5 Diskalflecken und 5 Submarginalflecken in 2—6); unten sind diese Flecke durch eckige, schwarze Flecke getrennt. Die Vorderflügel mit 8 Submarginalflecken (in 1b—8), 8 Diskalflecken (in 1b—8), von denen der in 1b gross und wurzelwärts ausgezogen ist, der in 5 klein oder verschwunden und der im Felde 8 gewöhnlich doppelt ist, und mit drei grossen, bisweilen gespaltenen Flecken in der Spitzenhälfte der Mittelzelle. Die Palpen und die Stirnpunkte weiss. N:o 48.

B. Die Vorderflügel unten an der Wurzel nicht roth. Die Rippen der Hinterflügelunterseite nicht roth gesäumt. Die Hinterflügel zwischen der Mittelzelle und dem Saume nur mit einer Querreihe von grünen Flecken. Die Vorderflügel in jedem der Felder 1b—8 mit zwei kleinen Submarginalflecken oder ganz ohne Submarginalflecke. Die Vorderflügel mit 8—9 Diskalflecken, in 1a—8, von denen der Fleck in 1a gross und breit, der in 2 nach innen quer abgeschnitten und der in 5 sehr klein ist oder gänzlich fehlt. Die Mittelzelle der Vorderflügel mit 3—6 Flecken. Die Diskalbinde der Vorderflügel setzt sich auf den Hinterflügeln fort und bildet dort einen Fleck in der Mittelzelle und einen in 1c.

α. Die Palpen sowie auch die Stirn- und Brustpunkte roth. Die Flecke der Oberseite auch unten grün und deutlich. Die Flügel unten besonders am Saume violettschillernd. Die Hinterflügel am Saume gezackt, ihre Felder 2 und 3 je mit einem grossen, nach aussen gespaltenen Submarginal- (Diskal-?) flecke. N:o 49.

β. Die Palpen gelb; die Stirn- und Brustpunkte weiss. Die Flecke der Oberseite unten matt und gelblich, mehr oder weniger messingglänzend und undeutlich begrenzt. Der Saum der Hinterflügel sanft gewellt, ihre Felder 2—6 je mit zwei Flecken. N:o 50.

48. **P. cyrnus** Boisd., Spec. Gen. Lep. 1, p. 239 (1836), Coll. Oberth. — Saalm., Lep. Mad. 1, p. 57, t. 2, f. 17, 18 (1884). — Mab., Hist. Mad. Lep. 1, p. 308, t. 43, f. 1 (1885—87).
Madagaskar.

49. **P. tyndaræus** Fabr., Ent. syst. 3:1, p. 35 (1793). — Donov., Nat. Reposit. 3, t. 83 (1825). — Boisd., Spec. Gen. Lep. 1, p. 241 (1836).
nausinous God., Enc. Meth. 9, p. 45 (1819).
tyndaræus God., Enc. Meth. 9, p. 45 (1819).

ab. (artific.) **ochrea** Capr., An. E. Belg. 33. Bull., p. 119 (1889). — signaturis sordide aurantiacis (colore humore mutato!).
Sierra Leona[81] — Liberia[73] — Elfenbeinküste[57] — Kamerun: Barombi[72] — Gabun[58, 61] — Chinchoxo[83] — Congogebiet[46]: Bangala[47], Stanley Fälle[41], Yambuya[45], Aequator Station[45], Mukenge[40], Monbuttu[4].

50. **P. latreillianus** God., Enc. Meth. 9, p. 44 (1819). — Boisd., Spec. Gen. Lep. 1, p. 240 (1836). — Guérin, Icones Règne Anim., p. 466 (1844). — minor signaturis supra virescente-flavidis, alis anticis supra maculis submarginalibus distinctis.
Latreillii Guérin, Icones Règne Anim., t. 76, f. 1, 1a (1830—31?). — Gray, Griffith Anim. Kingd. 15, p. 791, t. 3, f. 1, 1a (1832).
Sierra Leona.

var. **Theorini** Auriv., Ent. Tidskr. 2, p. 15 (1881), Mus. Holmiae. — major, signaturis pallide viridibus; alis ant. maculis submarginalibus nullis.

Kamerun[61, 71, 72] — Gabun — Congogebiet: Banga ma Utekke[41], Bangala[47], Lopori[43] — Angola im Inneren[65].

Dreizehnte Gruppe.

≦ *Papilio*: Sectio XXXI FELDER, Spec. Lep. Pap., p. 19, 65 (1864).
≦ *Papilio*: Sectio XXXV FELDER, Spec. Lep. Pap., p. 19, 66 (1864).
< *Papilio*: Leonidas-Gruppe HAASE, Bibl. Zool. 8: 1, p. 61 (1891).
> *Papilio*: Sectio XXXI A KIRBY, Handb. Lep. 2, p. 279 (1896).

Fast alle Arten dieser Gruppe sind durch einen tief schwarzen, weissgekernten Fleck dicht an der Wurzel der Hinterflügelunterseite ausgezeichnet.

P. Fulleri verbindet diese Gruppe mit *P. latreillianus*. *P. leonidas* ist dagegen mit der Pylades-Gruppe und mit *P. cyrnus* offenbar eng verbunden.

Die mit *P. adamastor* WESTW. am nächsten verwandten Formen sind unter sich äusserst nahe verwandt und gehen wahrscheinlich in einander über oder gehören zum Theil als Lokalrassen zusammen. Ihre Verbreitung und Veränderlichkeit ist aber noch nicht hinreichend bekannt. [1]

Uebersicht der Arten.

A. Beide Flügel unten mit deutlichen, dunklen Längsstrichen auf den Zwischenaderfalten und mit dunklen Längsstrahlen in der Mittelzelle.

α. Die Hinterflügel oben von der Wurzel bis weit über die Spitze der Mittelzelle hinaus weiss oder weissgelb und darum nur mit einer schmalen, 3—6 Mill. breiten, schwarzen Saumbinde.

*. Auf der Vorderflügeloberseite ist die ganze Mittelzelle (mit Ausnahme eines kleinen Vorderrandsfleckes vor der Mitte) die Felder 1a—6 fast bis zum Saume und die Wurzel der Felder 7 und 8 gelblich weiss. Schwarz sind dagegen der Vorderrand, die mit zwei hellen Flecken in 7 und 8 gezierte Flügelspitze und eine zwischen der Rippe 5 und dem Hinterwinkel nur 1 Mill. breite Saumlinie. Die Saumbinde der Hinterflügeloberseite ist nur 3 Mill. breit, am Vorderwinkel aber etwas erweitert und dort zwei helle Flecke einschliessend. N:o 51.

**. Die Vorderflügel oben schwarz mit einer am Hinterrande sehr erweiterten, (gelblich) weissen Halbbinde, welche sich bis zur Rippe 5 erstreckt und dort mit einem grossen, ähnlich gefärbten Flecke in der Spitzenhälfte der Mittelzelle verbunden ist; die schwarze Grundfarbe überall ohne helle Flecke. Die Hinterflügel oben rein weiss mit einer etwa 5 Mill. breiten, gegen den Vorderwinkel verschmälerten, ungefleckten, schwarzen Saumbinde. N:o 52.

β. Die Hinterflügel oben mit einer hellen, 7—16 Mill. breiten Mittelbinde, welche jedoch weder die Wurzel völlig erreicht, noch sich über die Spitze der Mittelzelle hinaus erstreckt. Die Vorderflügel mit einer von 6—9 Diskalflecken gebildeten Mittelbinde, welche sich vom Hinterrande bis zur Rippe 9 erstreckt, fast immer aber im Felde 5 unterbrochen ist, weil der Fleck 5 fehlt. Auch die Diskalflecke 2, 4, 6 und 7 fehlen bisweilen oder sind sehr klein. Die Mittelzelle der Vorderflügel mit einem oder mehreren hellen Flecken.

[1] Vergl. KARSCH, Ent. Nachr. 21, p. 282—286 (1895), AURIV., Ent. Tidskr. 17, p. 73—74 (1896) und SEELDRAYERS, An. Ent. Belg. 40, p. 503—505 (1896).

*. Der breite dunkle Saumtheil der Hinterflügel ganz ohne helle Zeichnungen. Die Vorderflügel ohne Submarginalflecke oder nur mit einigen sehr undeutlichen solchen Flecken. Die Mittelbinde der Vorderflügel ziemlich gleichbreit, fast immer ohne Fleck im Felde 5. Die Mittelzelle mit einem langen Flecke am Hinterrande dem Felde 3 gegenüber.

§. Die Hinterflügel unten an der Wurzel tief schwarz mit einem grossen orangegelben Flecke an der Wurzel des Vorderrandes. Die Flügel schwarz mit weisser, schwach grünlicher Mittelbinde.

N:o 53.

§§. Die Hinterflügel unten an der Wurzel braunroth --hellbraun mit drei schwarzen Punktflecken, von denen einer weissgekernt ist und an der Wurzel der Mittelzelle liegt, der zweite im Felde 7 und der dritte an der Spitze der Præcostalrippe liegt.

1. Die Mittelbinde der Hinterflügel ist unten, wie oben, grünlich weiss oder rein weiss und beiderseits scharf begrenzt. Der Diskalfleck 7 der Vorderflügel fehlt fast immer und der Fleck in der Mittelzelle ist klein und gleichbreit. Die Zeichnungen grünlich weiss oder rein weiss.

N:o 54.

2. Die Mittelbinde der Hinterflügel ist unten matt gelblich und undeutlich begrenzt. Der Diskalfleck 7 der Vorderflügel ist gewöhnlich vorhanden und der Fleck in der Mittelzelle grösser und dreieckig. Die Zeichnungen der Oberseite schmutzig gelbweiss — matt hellgelb. N:o 55, 56.

**. Die breite dunkle Saumbinde der Hinterflügel mit mehreren hellen Flecken, gewöhnlich sowohl Submarginal- wie auch Diskalflecken. Die Vorderflügel mit 3—8 Submarginalflecken. Die Hinterflügel unten ohne schwarzen Wurzelpunkt im Felde 7 und demnach nur mit zwei Wurzelpunkten.

§. Die Zeichnungen hell mattgelb. Die Mittelbinde der Vorderflügel nach hinten kaum erweitert, fast ganz wie bei *ucalegon* gebildet. Die Mittelzelle der Vorderflügel mit einem Apicalfleck und mit einem Striche am Hinterrande zwischen den Rippen 3 und 4. Die Hinterflügel mit je zwei Submarginalpunkten in den Feldern 2—6 und mit drei grossen Diskalflecken in 2—4. — Vorderflügellänge 50 Mill. N:o 57.

§§. Die Zeichnungen rein weiss oder grünlich weiss. Die Mittelbinde der Vorderflügel nach hinten breiter, bisweilen auch im Felde 2 breit unterbrochen.

o. Die Diskalflecke 1a und 1b der Vorderflügel bedecken nicht die Wurzel der Felder 1a und 1b. Die Submarginalflecke 4--8 der Vorderflügel fehlen ganzlich oder sind je durch zwei kleine Punkte vertreten.

†. Die Hinterflügel oben in jedem der Felder 2—4 mit einem einzigen, einfachen Diskalflecke. Beide Flügel in jedem Felde mit zwei kleinen strichähnlichen Submarginalflecken. Der weisse Wurzelfleck des Feldes 2 der Hinterflügel nach aussen quer abgeschnitten und scharf begrenzt. Die Mittelzelle der Vorderflügel dem Felde 3 gegenüber mit 3—4 weissen Längsstrichen und dicht vor der Spitze mit einem weissen Vorderrandsfleck. N:o 58.

††. Die Hinterflügel ohne Diskalflecke oder in jedem der Felder 2—4 mit zwei kleinen Diskalstrichen. Die Wurzelflecke der Felder 2 (und 3) der Hinterflügel nach aussen undeutlich begrenzt und in ihrer Mitte durch die Grundfarbe mehr oder weniger tief eingeschnitten.

1. Kleinere Arten mit einer Vorderflügellänge von 35—38 Mill.

. Der grosse weisse Fleck in der Mittelzelle der Vorderflügel (dem Felde 3 gegenüber) erreicht nicht den Vorderrand der Zelle. Der Diskalfleck 2 der Vorderflügel ist gross und berührt die Rippen 2 und 3. Sowohl die Diskal- wie auch die Submarginalstriche der Hinterflügel deutlich; die letzteren paarweise schief gestellt. Die Vorderflügel an der Wurzel viel dunkler als an der Spitze und am Saume, wo sie halbdurchsichtig sind. N:o 59.

Der grosse weisse Fleck in der Mittelzelle der Vorderflügel erreicht den Vorderrand der Zelle. Der Diskalfleck 2 der Vorderflügel ist klein, abgerundet und berührt nie auf einmal die Rippen 2 und 3 oder fehlt bisweilen gänzlich. Die Vorderflügel am Saume nicht oder nur wenig dünner beschuppt als an der Wurzel.

1. Die Hinterflügel wenigstens in 2 und 3 mit je zwei Diskalpunkten; ihre Submarginalpunkte deutlich; die Spitze ihrer Mittelzelle schwarz. Der weisse Querfleck der Vorderflügelzelle legt sich der Mediana dicht an, ihre Spitze mit oder ohne weissen Fleck.   N:o 60.

2. Die Hinterflügel ohne Diskalpunkte und mit undeutlichen oder zum Theil fehlenden Submarginalpunkten. Die Spitze ihrer Mittelzelle weiss ausgefüllt.

   a. Die Mittelzelle der Vorderflügel mit einem weissen Spitzenflecke. Der Diskalfleck 1 b der Vorderflügel reicht nicht so weit wurzelwärts wie der Diskalfleck 1 a und ist darum kürzer als jener.   N:o 61.

   b. Die Mittelzelle der Vorderflügel ohne Fleck an der Spitze. Die Diskalflecke 1 a und 1 b der Vorderflügel wurzelwärts gemeinsam schief abgerundet.
                                                          N:o 62.

  ⅄⅄ Grössere Art mit einer Vorderflügellänge von etwa 48 Mill. Der Fleck in der Mittelzelle der Vorderflügel ist gross und erreicht den Vorderrand der Zelle, wo er jedoch viel schmäler als an der Mediana ist. Der Diskalfleck 2 der Vorderflügel ist lang und liegt dicht an der Rippe 3, berührt aber nicht die Rippe 2.   N:o 63.·

oo. Die Diskalflecke 1 a und 1 b der Vorderflügel sind wurzelwärts lang ausgezogen, so dass sie die Wurzel der Felder 1 a und 1 b völlig bedecken. Die Submarginalflecke 4—8 der Vorderflügel sind gerundet, ziemlich gross und einfach, die Submarginalflecke der Hinterflügel aber in jedem Felde durch zwei Striche vertreten. Die Wurzelflecke der Felder 2 und 3 der Hinterflügel sind nach aussen quer abgeschnitten und scharf begrenzt. Die Mittelzelle der Vorderflügel vor der Mitte mit drei weissen Punkten in einer Querlinie, dann mit einem grossen, durch die dunklen Falten in drei Theile abgetheilten Querfleck und endlich an der Spitze mit zwei kleineren Flecken.   N:o 64.

B. Beide Flügel unten ohne dunkle Längsstriche auf den Zwischenaderfalten oder nur mit Andeutungen von solchen Strichen und ohne dunkle Längsstrahle in der Mittelzelle. — Beide Flügel mit Submarginalflecken. Die Hinterflügel gewöhnlich mit Diskalflecken in 2—5 und mit einer breiten Querbinde, welche den grössten Theil der Mittelzelle und die Wurzel der Felder 1 c, 2, 6 und 7 bedeckt. Die Vorderflügel stets mit Diskalflecken in 1 b, 3, 7 und 8, gewöhnlich aber auch mit kleinen solchen Flecken in 2, 4, 5 und 6; nur bei der Var. *interniplaga* mit Diskalfleck in 1 a. Ihre Mittelzelle gewöhnlich mit drei hellen Zeichnungen (einem Längsstriche vor der Mitte, einem bisweilen zweitheiligen Querfleck in der Mitte und einem Apicalflecke).   N:o 65.

51. **P. Levassori** OBERTH., Etudes d'Ent. 13, p. 10, t. 2, f. 5 (1890), Coll. Oberth. Comoren.

52. **P. Hachei** DEWITZ, B. E. Z. 25, p. 286 (1881); 26, p. 69, t. 3, f. 2 (1882). Congogebiet: Quango-Fluss, Lopori[43].

53. **P. auriger** BUTLER, Ent. M. Mag. 13, p. 57 (1876). — AURIV., Ent. Tidskr. 12, p. 223, t. 1, f. 1 (1891).
harpagon SMITH, An. N. H. (6) 5, p. 224 (1890), Coll. Gr. Smith.
Gabun.

54. **P. ucalegon** HEW., Exot. Butt. Pap., t. 7, f. 19 (1865). Mus. Brit. — STAUD., Exot. Schm. 1, p. 10 (1884). — signaturis virescente-albis.
Old Calabar[67] — Kamerun[64] — Gabun.

    var. **Simoni** n. var. — Signaturis alarum pure albis, cellula discali alar. ant. fascia transversa præapicali fastigiata. — Mus. Bruxellense.
Congogebiet: Bangala. — Von Lieutenant SIMON gefangen.

55. **P. ucalegonides** STAUD., Exot. Schm. 1. p. 10 (1884). Coll. Staud. — AURIV.. Ent. Tidskr. 17, p. 71, fig. 1—3 (1896).
ucalegon STAUD., Exot. Schm. 1, t. 6 (1884).
Congogebiet: Bouna[41], Quango, Sankuru (Mus. Brux.). Zanzibarküste (Coll. Staud.).

°56. **P. phrynon** DRUCE, An. N. H. (6) 15, p. 332 (1895), Coll. Druce. — eadem ac praeced.?
Congogebiet: im Inneren.

57. **P. Fulleri** SMITH, Ent. M. Mag. 19, p. 234 (1883), Coll. Gr. Smith. — SMITH & KIRBY, Rhop. Exot. 3, Papilio, p. 1. t. 2, f. 3, 4 (1888).
Kamerun.

58. **P. Aurivilliusi** SEELDR.. An. E. Belg. 40, p. 499 fig. (1896), Coll. Seeldr. & Mus. Holmiae.
Congogebiet.

59. **P. agamedes** WESTW., An. N. H. 9, p. 38 (1842); Arcana Ent. 1, p. 151, t. 37, f. 3, t. 39, f. 3 (1843), Mus. Oxoniae. — KARSCH, Ent. Nachr. 21, p. 284 (1895).
Ashanti — Togo.

60. **P. adamastor** BOISD., Spec. Gen. Lep. 1, p. 371 (1836), Coll. Oberth. — WESTW., Arcan. Ent. 1, p. 153, t. 38, f. 3 (1843). — KARSCH, Ent. Nachr. 21, p. 284. 285 (1895). — AURIV., Ent. Tidskr. 17, p. 73 (1896). — SEELDR., An. E. Belg. 40, p. 503 fig. (1896).
Ashanti — Togo.

61. **P. almansor** HONRATH, B. E. Z. 28, p. 210, t. 7, f. 9 (1884). — KARSCH, Ent. Nachr. 21, p. 285 (1895).
Ashanti. Angola (im Inneren).

62. **P. carchedonius** KARSCH, Ent. Nachr. 21, p. 285, 286 (1895), Mus. Berol. — AURIV., Ent. Tidskr. 17, p. 73, fig. 4 (1895).
adamastor KARSCH, B. E. Z. 38, p. 237, 239 (1893).
Togo[54]. Congogebiet: Abumonbasi am oberen Ubangi.

63. **P. poggianus** HONRATH, B. E. Z. 28, p. 210, t. 7, f. 10 (1884). Mus. Berol. — KARSCH, Ent. Nachr. 21, p. 285 (1895).
Angola (im Inneren).

64. **P. philonoe** WARD., Ent. M. Mag. 10, p. 152 (1873). Coll. Oberth. (?) — KARSCH, Ent. Nachr. 21, p. 283, 285 (1895).
Deutsch Ost-Afrika: Umba Nyika[55], Kilimanjaro[51], Saadani, Usaramo, Dar-es-Salaam — Brit. Ost-Afrika[146]: Ribé, Malindi, Ndara (Mus. Berol.), Sabaki[20]. Ngatana[22].

65. **P. leonidas** FABR., Ent. syst. 3: 1, p. 35 (1793). — GOD., Enc. Meth. 9, p. 44 (1819).
— BOISD., Spec. Gen. Lep. 1, p. 242 (1836). — STAUD., Exot. Schm. 1, p. 10,
t. 6 (1884). — TRIMEN, S. Afr. Butt. 3, p. 211 (1889). — KARSCH, B. E. Z. 38,
p. 237, 238 (1893). — TRIMEN, Proc. Zool. Soc. 1894, p. 68 (1894). — KIRBY.
Handb. Lep. 2, p. 279 (1896). — signaturis pallide viridibus, alis ant. absque macula discali in area 1a.

similis CRAM. (nec. L.), Pap. Exot., p. 14, t. 9, f. B, C (1775). - - HERBST, Naturs.
Schm. 6, p. 31, t. 124, f. 1, 2 (1793).

Sierra Leona[81] — Liberia[73] — Ashanti[14] — Togo[84] — Niger: Lokoja[126] - - Old
Calabar[67] — Kamerun[64, 71] — Gabun[59] — Chinchoxo[65] — Landana[63] — Congogebiet[45]:
Bangala[47], Mukenge[40] — Angola[7, 65] — Banangwato[24] — Zululand[24] — Delagoa
Bay[24] — Manicaland[77] — Nyassaland[125]: Zomba[36] — Deutsch Ost-Afrika[55a]: Parum-
bira[118], Kandera[53] — Brit. Ost-Afrika: Voi Fluss[21] — Aequatoria: Kaugasi[4].

ab. (var.?) **pelopidas** OBERTH., Etudes d'Ent. 4, p. 55, t. 5, f. 1 (1879), Coll. Oberth.
— TRIMEN, S. Afr. Butt. 3, p. 212 (1889). — a forma typica tantum differt maculis discalibus et cellularibus alar. ant. paullo majoribus et pallidioribus.

Deutsch Ost-Afrika: Tschouaka, Umba Nyika[55a].

ab. (var.?) **interniplaga** n. ab. — A praecedentibus differt alis anticis macula magna
discali in area 1a ornatis.

pelopidas STAUD., Exot. Schm. 1, p. 10 (1884).

Deutsch Ost-Afrika.

var. **brasidas** FELDER, Verh. z. b. Ges. Wien 14, p. 307, 353; sep. p. 19, 65 (1864).
— TRIMEN, S. Afr. Butt. 3, p. 214 (1889). — a praecedentibus formis differt signaturis omnibus multo minoribus, albescentibus et ex parte deficientibus (maculis
discalibus alar. ant. 2, 4—6 saepe nullis).

leonidas var. GRAY, Cat. Lep. Ins. Brit. Mus., p. 7, t. 5, f. 3 (1852). — TRIMEN,
Rhop. Afr. Austr., p. 21 (1862).

Metam.: TRIMEN, S. Afr. Butt. 3, p. 215 (1889).

Angola[7]. Kap Kolonie — Kaffernland — Natal — Zululand.

Vierzehnte Gruppe.

< *Iphiclides* HÜBNER, Verz., p. 82 (1826).
= *Papilio*: Sectio XXVI FELDER, Spec. Lep. Pap., p. 16, 61 (1864).
= *Papilio*: Colonna und Policenes-Gruppe HAASE, Bibl. Zool. 8: 1, p. 61 (1891).

Die Arten dieser Gruppe, sowie die mit denselben am nächsten verwandten
Formen aus Asien und Amerika sind hinsichtlich ihrer Farbe und Zeichnung von EIMER
sehr eingehend besprochen in seiner Arbeit: Die Artbildung und Verwandtschaft bei den
Schmetterlingen. Theil 1. Jena 1889. Er führt darin die Zeichnung der Papilio-Arten
auf elf schwarze Querbinden zurück. Bei den afrikanischen Formen sind am Vorderrande der Vorderflügel wenigstens 8—9 von diesen Binden leicht zu unterscheiden. Die

Binden sind breit und grossen Theils zusammengeflossen, so dass die helle, grünliche oder grünlich-weisse Grundfarbe ganz in Flecke und Striche aufgelöst wird. Um die Auffassung der Beschreibungen wesentlich zu erleichtern und die Uebereinstimmung der Zeichnung mit der Zeichnung bei den vorhergehenden Tagfaltern klar zu machen, betrachte ich indessen hier die Grundfarbe als schwarz mit hellen (grünen) Zeichnungen. Bei *P. politicenes* findet man die folgenden grünen Zeichnungen: auf den Vorderflügel: 1. eine kurze Querbinde dicht an der Wurzel; 2. vier parallele Querstriche in der Mittelzelle; 3. einen gerundeten Fleck kurz vor der Spitze der Mittelzelle; 4. je einen Wurzelstrich in 1a und 1b (diese bilden eine gerade Fortsetzung des ersten Querstriches in der Mittelzelle); 5. acht Diskalflecke, je einen in 1a—6 und 8; 6. acht Submarginalflecke in 1b—8, von denen der erste in 1b gewöhnlich doppelt ist; und auf den Hinterflügeln: 1. eine Querbinde dicht an der Wurzel, welche sich längs dem Innenrande fortsetzt und beim ♂ durch die Androconien der Innenrandfalte bedeckt wird; 2. eine schmale Mittelbinde, welche nur aus drei Flecken in 2, 7 und in der Mittelzelle besteht; 3. sieben Diskalflecke in 1c—7, von denen jedoch der erste (in 1c) roth ist, und 4. fünf oder sechs Submarginalstriche in 2—6 oder 7. Dazu kommt auf der Unterseite der Hinterflügel die aus acht rothen Flecken (je einem in 1c, 2—4, 7 und 8 und zwei in der Mittelzelle) gebildete »Prachtbinde».

Uebersicht der Arten.

I. Die Hinterflügel oben in der Spitze der Mittelzelle mit einem besonderen, hellen Flecke, welcher bisweilen mehr oder weniger, nie aber vollständig mit dem Flecke der Mittelbinde zusammengeschmolzen ist. Der Diskalfleck 3 der Hinterflügel ist langgestreckt und erreicht ganz oder beinahe die Wurzel des Feldes 3.

    A. Die hellen Querstriche der Vorderflügelzelle sind paarweise zu zwei grossen, unregelmässigen Querflecken vereinigt. Der Diskalfleck 8 der Vorderflügel gross und einfach. Alle Zeichnungen gelblichweiss mit Ausnahme von zwei rothen Flecken in 1c und 2 der Hinterflügel und einem rothen Punkte auf der Unterseite in 7.   N:o 66.

    B. Die hellen Querstriche der Vorderflügelzelle breit getrennt oder nur an der Mediana ein wenig zusammenstossend. Der Diskalfleck 8 der Vorderflügel in zwei kleinere Flecke aufgelöst.

        α. Die hellen Querstriche der Vorderflügelzelle fast gerade. Die Diskalflecke 2—4 der Vorderflügel füllen die Wurzel der Felder 2—4 fast ganz aus. Der Wurzelfleck und der Diskalfleck des Feldes 1a zu einem Fleck vereinigt. Die Hinterflügel oben ohne rothe Flecke. Die Zeichnungen der Oberseite grünlich weiss.   N:o 67.

        β. Die hellen Querstriche der Vorderflügelzelle S-förmig gebogen. Die Diskalflecke 2—4 der Vorderflügel sind wurzelwärts abgerundet und füllen darum die Wurzel der Felder 2—4 nicht aus. Die Hinterflügel oben mit rothen Flecken in 1c und 2. Die Zeichnungen der Oberseite bei frischen Stücken lebhaft grün.   N:o 68.

II. Die Hinterflügel oben ohne hellen Fleck in der Spitze der Mittelzelle.

    A. Der Diskalfleck 1b der Vorderflügel ist gross und breit, quadratisch oder trapezoidal.

        α. Die Hinterflügel oben mit einem langgestreckten, grünen Flecke in der Wurzel des Feldes 3. Die hellen Querstriche der Vorderflügelzelle sehr fein, linear oder sogar undeutlich. Die Submarginalflecke beider Flügel klein und undeutlich.   N:o 69.

        β. Die Hinterflügel oben stets ohne Fleck in der Wurzel des Feldes 3.

        *. Die Hinterflügel oben mit einem rothen Flecke in 1c hinter der Mitte des Innenrandes. Die Querstriche der Vorderflügelzelle fast ganz gerade. Die Diskalflecke 2—7 der Hinterflügeloberseite alle gut entwickelt. Die Spitze der Mittelzelle der Hinterflügelunterseite mit einem

rothen Flecke. Die Zeichnungen der Oberseite lebhaft grün. Der rothe Querstrich im Felde 2 der Hinterflügelunterseite liegt fast genau in der Mitte des Feldes 2.   N:o 70.

**. Die Hinterflügel oben ohne rothen Fleck im Felde 1 c. Die hellen Querstriche der Vorderflügelzelle mehr oder weniger gebogen oder geschlängelt.

§. Die Diskalflecke 2—5 der Hinterflügel ziemlich gross und grün gefärbt. Die Spitze der Hinterflügelzelle unten mit einem rothen Flecke oder Striche. Die Zeichnungen der Oberseite lebhaft grün. Der rothe Querstrich im Felde 2 der Hinterflügelunterseite liegt weit hinter der Mitte des Feldes 2.   N:o 71.

§§. Die Diskalflecke 2—5 der Hinterflügel sind klein und weisslich oder fehlen gänzlich. Die Spitze der Hinterflügelzelle unten ohne rothen Fleck; der entsprechende Fleck liegt im Felde 5 oder fehlt gänzlich.

o. Die Diskalflecke 2 und 3 der Hinterflügeloberseite fehlen, die in 4 und 5 fehlen auch oder sind klein. Die Zeichnungen der Oberseite mehr oder weniger grünlich. Der dritte und vierte Querstrich der Vorderflügelzelle nur mässig gebogen.

1. Die Zeichnungen der Oberseite hell grün. Der grosse Wurzelfleck im Felde 2 der Hinterflügel fehlt auf der Unterseite oder ist nur angedeutet.   N:o 72.

2. Die Zeichnungen der Oberseite gelblich weiss, nur schwach grün angeflogen. Der Wurzelfleck des Feldes 2 der Hinterflügel ist auch unten gross.   N:o 73.

oo. Die Diskalflecke 2—5 der Hinterflügel alle vorhanden und weisslich. Der dritte und vierte Querstrich der Vorderflügelzelle tief S-förmig gebogen. Die Zeichnungen der Oberseite alle gelblich weiss.   N:o 74.

B. Der Diskalfleck 1 b der Vorderflügel ist sehr schmal, strichförmig und bildet eine unmittelbare Fortsetzung des zweiten Querstriches der Mittelzelle. Der Diskalfleck 2 ist auch schmal und liegt fast genau in der Mitte zwischen der Wurzel des Feldes 2 und dem Saume. Die Hinterflügel ohne Diskalflecke, oben vor dem Analwinkel in 1 c und 2 mit zwei rothen Flecken.   N:o 75.

66. **P. mercutius** Smith & Kirby, Rhop. Exot. 28 Papilio, p. 33 (1894), Coll. Gr. Smith.

Hollandi Smith & Kirby, Rhop. Exot. 28 Papilio, t. 14, f. 1, 2 (1894). nom. praeoccup.

Delagoa Bay.

67. **P. evombar** Boisd., Spec. Gen. Lep. 1, p. 251 (1836), Coll. Oberth. — Ward, Afr. Lep., p. 1, t. 1, f. 3, 4 (1873). — Mab., Hist. Mad. Lep. 1, p. 306, t. 43, f. 3, 3a (1885—87). — Eimer, Artb. und Verw. bei d. Schm. 1, p. 224, t. 4, f. 4 (1889). Madagaskar.

68. **P. antheus** Cramer, Pap. Exot. 3, p. 71, t. 234, f. B, C (1779). — Herbst, Naturs. Schm. 3, p. 195, t. 48, f. 3, 4 (1788). — Trimen, Rhop. Afr. Austr., p. 13 (1862). — Eimer, Artb. und Verw. bei d. Schm. 1, p. 226, t. 4, f. 3 (1889). — Trimen, S. Afr. Butt. 3, p. 205 (1889). — maculis media et apicali cellulae discoidalis alar. post. haud connexis.

antharis God., Enc. Meth. 9, p. 52 (1819).

agapenor Boisd., Spec. Gen. Lep. 1, p. 255 (1836).

Sierra Leona[81] — Ashanti[16] — Kamerun[61] — Gabun[59] — Congogebiet[46]: Kassai[45], Bangala[47], Inkissi Fluss[45] — Angola[7]: Ehanda[10]. Natal — Delagoa Bay — Inhambane[78] — Deutsch Ost-Afrika[48]: Parumbira[118], Usegua[55a] — Aequatoria: Gadda[4].

ab. **evombaroides** EIMER, Arth. und Verw. bei d. Schm. 1, p. 228 fig. (1889), Coll. Eimer. — a forma typica differt maculis cellulæ discoidalis alar. post. plus minus late connexis.

Goldküste n. s. w. unter der Hauptform.

ab. **utuba** HAMPSON, An. N. H. (6) 7, p. 182 (1891), Mus. Brit. — fasciis 3ª et 4ª cellulæ discoidalis alar. ant. ad medianam inter se connexis, figuram U formantibus. Brit. Ost-Afrika: Sabaki Fluss.

var. (ab.?) **lurlinus** BUTLER, An. N. H. (5) 12, p. 106 (1883), Mus. Brit. — a forma typica tantum differt statura paullo majore maculisque viridibus (praesertim submarginalibus) majoribus; nomen vix conservandum.

Nyassaland[136] — Deutsch Ost-Afrika: Victoria Nyanza.

var. **Nyassæ** BUTLER, An. N. H. (4) 19, p. 459 (1877), Mus. Brit. — maculis viridibus paullo minoribus; alis posticis infra in cellula discoidali absque macula nigra et rubra et in area 2ª macula discali parva aut obsoleta.

Nyassaland — Deutsch Ost-Afrika: Usagara[63], Kandera[53] — Brit. Ost-Afrika[22]: Kibwezi[21].

69. **P. nigrescens** EIMER, Arth. und Verw. bei d. Schm. 1, p. 223 (1889), Coll. Eimer. — AURIV., Ent. Tidskr. 12, p. 225 (1891).

policenoides HOLLAND, An. N. H. (6) 10, p. 287 (1892); Ent. News 4, p. 28, t. 1, f. 1 (1893), Coll. Holland.

Kamerun — Ogowe Fluss — Kuilu Fluss (Coll. Staud.).

70. **P. policenes** CRAMER, Pap. Exot. 1, p. 61, t. 37, f. A, B (1775). — BOISD., Spec. Gen. Lep. 1, p. 261 (1836). — WALLENGR., Rhop. Caffr., p. 5 (1857). — TRIMEN, Rhop. Afr. Austr., p. 14 (1862). — STAUD., Exot. Schm. 1, p. 12, t. 7 (1884). — TRIMEN, S. Afr. Butt. 3, p. 201 (1889). — EIMER, Arth. und Verw. bei d. Schm. 1, p. 220, t. 4, f. 2 (1889). — KARSCH, B. E. Z. 38, p. 238 (1893).

pompilius HERBST, Naturs. Schm. 3, p. 205, t. 49, f. 5, 6 (1788).

agapenor FABR., Ent. syst. 3: 1, p. 26 (1793). — WESTW., Arcana Ent. 1, p. 149 (1845).

scipio PAL. BEAUV., Ins. Afr. et Amer., p. 70, t. 2, f. 1 (1805).

policeanus GOD., Enc. Meth. 9, p. 52 (1819).

Metam.: [SAUNDERS, Trans. Ent. Soc. London (2) 4, p. 59, t. 13, f. 1a, 1b (1857)].[1] — TRIMEN, S. Afr. Butt. 3, p. 203, t. 2, f. 4 (1889).

Sierra Leona — Liberia[73] — Elfenbeinküste[57] — Ashanti[14] — Togo[84] — Benin[17] Niger: Lokoja[126] — Old Calabar[67] — Kamerun[64] — Gabun[59] — Chinchoxo[65] — Congogebiet — Angola[7] [65]. Natal — Zambezi — Nyassaland[120] — Deutsch Ost-Afrika: Usambara[54], Schimba[48] — Aequatoria: Kangasi[4].

---

[1] Vergl. TRIMEN, S. Afr. Butt. 3, p. 204 note; gehören wahrscheinlich zu *P. demoleus!*

71. **P. sisenna** MAB., An. E. Fr. (6) 10, p. 29 (1890), Coll. Mabille. — MAB. & VUILL., Nov. Lep. 8, p. 62, t. 10, f. 4 (1892).

Mossambik — Deutsch Ost-Afrika: Lindi, Bagamoyo, Nguru (Coll. Staud.).

72. **P. polistratus** SMITH, An. N. H. (6) 3, p. 121 (1889), Coll. Gr. Smith. — SMITH & KIRBY, Rhop. Exot. 25, Papilio, p. 31, t. 13, f. 5, 6 (1893). — BUTLER, Proc. Zool. Soc. 1898, p. 56 (1898). — maculis discal. alar. post. 2—5 deficientibus. Portug. Ost-Afrika[140] — Deutsch Ost-Afrika: Usaramo (Coll. Staud.) — Brit. Ost-Afrika: Mombasa.

var. **Richelmanni** WEYMER, Stettin. E. Z. 53, p. 98 (1892). Coll. Blass. — maculis discal. alar. post. 4ᵃ et 5ᵃ distinctis.

Deutsch Ost-Afrika: Tanga.

73. **P. Junodi** TRIMEN, Trans. Ent. Soc. London 1893, p. 138 (1893) [Mus. Brit.]. — SMITH & KIRBY, Rhop. Exot. 28, Papilio, p. 34, t. 14, f. 3, 4 (1894).

Delagoa Bay.

74. **P. porthaon** HEW., Exot. Butt. Papilio, t. 7, f. 21, 22 (1865), Mus. Brit. — TRIMEN, S. Afr. Butt. 3, p. 207 (1889). — EIMER, Artb. und Verw. bei d. Schm. 1, p. 229 (1889).

Metam.: TRIMEN, S. Afr. Butt. 3, p. 208 (1889).

Delagoa Bay — Zambesi — Nyassaland — Deutsch Ost-Afrika: Usagara[55], Usegua[55a] — Brit. Ost-Afrika: Sabaki[20].

75. **P. colonna** WARD, Ent. M. Mag. 10, p. 151 (1873), Coll. Oberth. — OBERTH., Etudes d'Ent. 3, p. 15 (1878). — TRIMEN, S. Afr. Butt. 3, p. 209, t. 11, f. 5 (1889). — EIMER, Artb. und Verw. bei d. Schm. 1, p. 230, t. 4, f. 8 (1889). — MONTEIRO, Delagoa Bay, p. 214, fig. (1891).

tragicus BUTLER, Ent. M. Mag. 13, p. 56 (1876), Mus. Brit.

Metam.: TRIMEN, S. Afr. Butt. 3, p. 211 (1889). — MONTEIRO, Delagoa Bay, p. 214 figg., 217 (1891).

Delagoa Bay — Zambesi — Deutsch Ost-Afrika: Usegua[55a], Usaramo, Usagara (Coll. Staud.), Schimba Berg[48] — Brit. Ost-Afrika: Sabaki[20], Kibwezi[21,22], Mombasa, Ribé.

Fünfzehnte Gruppe.

— *Papilio*: Kirbyi-Gruppe HAASE, Bibl. Zool. 8:1, p. 62 (1891).

Die hellen Zeichnungen sind in dieser Gruppe so stark reduciert, dass die Vorderflügel nur eine schmale, von 8—10 Flecken gebildete Mittelbinde, die Hinterflügel nur die Fortsetzung der Mittelbinde und 4—6 Submarginalflecke führen. Unten ist die Prachtbinde der Hinterflügel gut entwickelt und besteht aus rothen, schwarzbegrenzten Strichen in 1 c, 2, 3, in der Spitze der Mittelzelle und in 7.

Uebersicht der Arten.

A. Das Schwänzchen der Hinterflügel nur mit der äussersten Spitze weiss. Die Zeichnungen der Oberseite gelb.

N:o 76.

B. Das Schwänzchen der Hinterflügel fast bis zur Mitte weiss. Die Zeichnungen der Oberseite weiss oder grün.

N:o 77.

76. **P. illyris** HEW., Ent. M. Mag. 9, p. 232 (1873); Exot. Butt. Papilio, t. 13, f. 43, 44 (1873), Mus. Brit.

Ashanti — Kamerun: Barombi[72].

77. **P. Kirbyi** HEW., Ent. M. Mag. 9, p. 146 (1872); Exot. Butt. Papilio, t. 13, f. 42 (1873). — signaturis paginæ superioris albidis.

Lagos. Brit. Ost-Afrika[22].

var. **Ottonis** n. var. — signaturis paginæ superioris viridibus. — Coll. Staudinger. — species diversa?

Deutsch Ost-Afrika: Usambara.

Sechzehnte Gruppe.

Papilio: Sectio LXXV FELDER, Spec. Lep. Pap., p. 39, 88 (1864).

Papilio: Antenor-Gruppe HAASE, Bibl. Zool. 8: 1, p. 59 (1891).

Pharmacophagus KIRBY, Handb. Lep. 2, p. 306 (1896).

P. Antenor ist der einzige æthiopische Vertreter der Aristolochien-Falter im Sinne HAASE's und von allen übrigen *Papilio*-Arten des Gebietes sehr verschieden.

Die Vorderflügel führen drei breite Querflecke in der Mittelzelle, 8—9 Diskalflecke und 8 grosse, gerundete Submarginalflecke. Die Hinterflügel haben einen grossen Fleck in der Mitte der Mittelzelle, 7 Diskalflecke in den Feldern 1 c—7 und 7 Submarginalflecke. Dazu kommt auf der Unterseite ein Fleck in der Wurzel des Feldes 7 und einer an der Wurzel des Vorderrandes. Die Diskalflecke 2—4 der Hinterflügel sind klein oder ganz verwischt. Beim ♂ sind nur die Submarginalflecke 1 c—5 der Hinterflügel roth, alle übrigen rein weiss; beim ♀ sind alle Flecke schwach röthlich angeflogen und die Submarginalflecke der Hinterflügel gelblich.

Antenor ist eine grosse Art mit einer Vorderflügellänge von etwa 73 Mill.

78. **P. antenor** DRURY, Ill. Exot. Ins. 2, p. 4, t. 3, f. 1 (1773). — JABLONSKY, Naturs. Schm. 2. p. 133, t. 13, f. 1 (1784). — ESPER, Ausl. Schm., p. 96, t. 23, f. 1 (1791). — DONOV., Ins. of India, t. 15, f. 1 (1803). — GOD., Enc. Meth. 9, p. 69 (1819). — BOISD., Spec. Gen. Lep. 1, p. 189 (1836). — MAB., Hist. Mad. Lep. 1, p. 299, t. 42, f. 1, 2 (1885—7). — KIRBY, Handb. Lep. 2, p. 306 (1896).

Metam.: MAB., Hist. Mad. Lep. 1, p. 301, t. 42, f. 3—5 (1885—7).

Madagaskar.

II.

ALLGEMEINER THEIL.

Um ein systematisches Material für einen thiergeographischen Zweck anwenden zu können ist es nothwendig, dass es nach denselben systematischen Principien bearbeitet ist und Formen umfasst, die ungefähr dasselbe geologische Alter und dasselbe Verbreitungsvermögen haben. Um einigermassen zuverlässige Ergebnisse zu erhalten ist es ferner nothwendig, dass das Material eine bedeutende Anzahl Formen umfasst, denn wenn es nur wenige Formen zählt, kann man leicht irregeführt werden.

Man hat früher oft diese wichtigen Grundsätze übersehen und gemeint, dass die Ergebnisse pflanzen- oder thiergeographischer Untersuchungen innerhalb eines gewissen Gebietes ungefähr gleich ausfallen müssen, gleichviel welches Material zur Untersuchung angewendet wird. Dass dieses aber nicht der Fall sein kann, ist leicht einzusehen, wenn man bedenkt, dass die geographische Verbreitung jeder Familie, jeder Gattung und jeder Art nur von den Verhältnissen bedingt sein kann, die seit dem ersten Auftreten dieser Familie, dieser Gattung oder dieser Art auf der Erde herrschend gewesen sind, uns aber unmöglich (wenn man von der Annahme einer monophyletischen Entwickelung dieser systematischen Gruppen ausgeht) etwas über die Verhältnisse zu sagen vermag, die vor ihrem ersten Auftreten auf der Erde herrschend waren. Eine, geologisch gesehen, ältere Gruppe kann deshalb in ihrer geographischen Verbreitung andere Eigenthümlichkeiten als eine jüngere zeigen, und man ist berechtigt, für die Erklärung derselben weiter in der Entwickelungsgeschichte der Erde zurückzugehen, als bei der Behandlung einer jüngeren Gruppe.

Systematische Einheiten von ungefähr demselben geologischen Alter können indessen, wenn die dahin gehörenden Organismen unter sehr verschiedenen Verhältnissen leben und ein sehr verschiedenes Verbreitungsvermögen besitzen, ebenfalls verschiedene Resultate in geographischer Hinsicht liefern. Die geographischen Verhältnisse, die für die Verbreitung der einen Gruppe ein unübersteigliches Hinderniss gebildet haben, können nämlich für die Verbreitung der anderen nur von geringer oder gar keiner Bedeutung gewesen sein.

Schliesslich ist es von dem grössten Gewicht, dass das Material, das für eine geographische Untersuchung angewandt wird, in systematischer Hinsicht gleichmässig und in einer Weise bearbeitet ist, die der natürlichen Verwantschaft der Formen entspricht. Für die Thiergeographie haben die natürlichen (nicht die künstlichen) Gattungen eine viel grössere Bedeutung als die Arten und die höheren systematischen Einheiten eine grössere Bedeutung als die Gattungen. Wenn man, wie viele der modernen Systematiker, den Gattungsbegriff beinahe bis auf das Niveau des Artbegriffes sinken lässt und die Localrassen zu Arten macht, muss das Material, um in thiergeographischer Hinsicht angewendet werden zu können, in einer ganz anderen Weise behandelt werden, als wenn der Gattungs- und Artbegriff so wie in dieser Arbeit aufgefasst wird. Ist nun das Material, das einem thiergeographischen Forscher zu Gebote steht, nicht einheitlich, sondern theils nach der einen, theils nach der anderen Anschauung bearbeitet, so ist es auch gänzlich unanwendbar und für zuverlässige statistische Berechnungen nicht als Unterlage zu benutzen. Es ist dieses Verhältniss, das die pflanzen- und thiergeographische Forschung in den meisten Fällen in so hohem Grade erschwert und bewirkt, dass ihre Ergebnisse oft weniger befriedigend ausfallen.

Da ich in dem vorigen Theile dieser Arbeit eine vollständige systematische Ueber-sicht der Tagfalter des æthiopischen Faunengebietes geliefert habe und diese Falter eine sehr formenreiche Gruppe bilden, deren Arten ohne Zweifel ungefähr dasselbe geologische Alter haben und hinsichtlich der Lebensweise und der Verbreitungsmöglichkeiten sehr nahe mit einander übereinstimmen, betrachte ich es als besonders angemessen, hier auch eine kurze Uebersicht der Beziehungen der æthiopischen Tagfalterfauna zur Tagfalterfauna anderer Faunengebiete und ihrer Vertheilung in ihrem Gebiete zu geben.

Die Facta, die sich in der speciellen Abtheilung angeführt finden, würden ohne Zweifel eine Unterlage für eine viel detaillirtere Darstellung der thiergeographischen Ver-hältnisse geben können, als ich hier wegen Mangel an Zeit und Raum zu liefern vermag. Ich bin genöthigt, mich darauf zu beschränken, die Sache im Grossen zu sehen und die Einzelheiten künftigen Bearbeitern der Fauna zu überlassen. Interessant würde es auch gewesen sein, die Schmetterlingsfauna mit der Verbreitung der übrigen Insekten und der phanerogamen Pflanzen zu vergleichen. Dieses ist jedoch leider gegenwärtig unmöglich, da noch keine andere Insektengruppe des æthiopischen Gebietes in dieser Hinsicht bear-beitet worden ist und der Zusammenhang zwischen Afrikas höheren Pflanzen und seinen Tagfaltern nicht nachgewiesen werden kann, so lange wir in Betreff der Nahrungspflanzen der æthiopischen Schmetterlingsarten noch in beinahe vollständiger Unkenntniss sind.

1. Die Beziehungen der æthiopischen Tagfalterfauna zur Fauna anderer Gebiete.

Die æthiopische Fauna zählt 1,613 bekannte Schmetterlingsarten. Von diesen kommen 33, d. h. nur 2,04 Proc., auch in anderen Gebieten vor.

Von diesen 33 Arten ist eine, *Pyrameis cardui*, beinahe kosmopolitisch (sie fehlt nur in Südamerika), und von den übrigen können nur vier, nämlich *Pieris daplidice*, *Phyllocharis Falloui*, *Colias hyale* und *C. electo*, die zwar auch, mehr oder weniger weit, in den nördlichen Theil des indomalayischen Gebietes eindringen, als wirkliche palä-arktische Arten betrachtet werden. Alle die übrigen[1] sind allgemeine indo-malayische

---

[1] Diese gemeinsamen Arten sind: *Danaida chrysippus**, *dorippus**, *limniace*; *Melanitis leda*; *Atella phalantha*; *Argynnis hyperbius*; *Precis orithyia**, *œnone**; *Hypolimnas misippus* (kommt auch in Guiana, wahrscheinlich eingeschleppt, vor); *Byblia ilithyia*; *Spindasis ocamas*; *Cupido nyseus*, *theophrastus**, *teli-canus**, *jesous**, *ubaldus*, *zena*, *bœticus**, *trochilus**, *gaika*, *lysimon*; *Leptosia alcesta*; *Pieris mesentina**; *Teracolus fausta**, *calais**, *phisadia**, *eupoule*. Die mit einem * bezeichneten Arten kommen auch in den südlichsten Theilen des palaarktischen Gebietes vor.

Formen, die sich theilweise auch in die südwestliche Ecke des paläarktischen Gebiete hinein verbreiten.

Es kommen schliesslich auch wenigstens drei unzweifelhaft æthiopische Formen vor, die sich nach Norden in das palæarktische Gebiet hinein verbreiten. Diese sind: *Acræa Doubledayi*, *Pieris glaucomome* und *Teracolus chrysonome*.

Die æthiopischen Tagfalter gehören 128 Gattungen an, von denen nicht weniger als 86 oder nahe 68 Proc. für die æthiopische Fauna eigenthümlich sind. Die Vertheilung der Gattungen und Arten auf die Familien, Unterfamilien und Gruppen geht aus der folgenden Tabelle hervor.

Tab. 1.

Familien und Unterfamilien.	Eigenthümlich für die æthiopische Region.		Gemeinsam für die æthiopische und für andere Regionen.		Summe.	
	Gattungen.	Arten.	Gattungen.	Arten.	Gattungen.	Arten.
Danaididæ	1	30	2	3	3	33
Satyridæ	10	170	5	1	15	171
Nymphalidæ:						
Acræinæ	2	148	1	—	3	148
Nymphalinæ:						
Argynnididi	2	10	3	2	5	12
Vanessidi	3	60	6	1	9	61
Eurytelidi	2	9	3	1	5	10
Ennicidi	1	11	—		1	11
Marpesidi	—	2	1	—	1	2
Neptididi	—	29	1	—	1	29
Nymphalidi	17	197	-		17	197
Charaxidi	2	81	1		3	81
Libytheidæ	—	5	1	-	1	5
Lemoniidæ	1	8	1	—	2	8
Lycænidæ:						
Lipteninæ	21	190	-	—	21	190
Lycæninæ	20	383	7	11	27	394
Pieridæ	4	166	9	11	13	177
Papilionidæ	—	78	1		1	78
Summe	86	1580	42	33	128	1613

Ein Blick auf die vorstehende Tabelle zeigt sofort, dass die æthiopische Region hinsichtlich der Tagfalterfauna besonders gut von allen anderen Faunengebieten unterschieden ist und von ihnen nur wenige Arten (von denen einige ausserdem in Afrika als eigenthümliche Localrassen auftreten) und eine verhältnissmässig geringe Anzahl Gattungen geliehen hat. Da sich der Zusammenhang zwischen dem æthiopischen und den anderen Faunengebieten in erster Reihe durch die Gattungen beleuchten lassen dürfte, die diesen

Gebieten gemeinsam sind, wollen wir diese Gattungen erst einer näheren Betrachtung unterwerfen.

Acht derselben, nämlich *Danaida*, *Pyrameis*, *Libythea*, *Cupido*, *Heodes*, *Pieris*, *Colias* und *Papilio* sind vollständig oder beinahe vollständig kosmopolitisch und liefern deshalb für die Beurtheilung des Ursprunges der æthiopischen Fauna keine Leitung. Dasselbe kann auch von den in allen tropischen Gegenden vorkommenden Gattungen *Acraea* (sens. lat.), *Catopsilia* (sens. lat.) und *Terias* gesagt werden.

Von den übrigen 31 Gattungen, welche die æthiopische Region mit anderen Regionen gemeinsam hat, sind 20 weit in der indomalayischen und zum Theil auch in der austro-malayischen Region verbreitet, in der paläarktischen aber nicht zu finden. Diese Gattungen sind *Euplæa*, *Elymnias*, *Melanitis*, *Henotesia*, *Atella*, *Salamis*, *Hypolimnas*, *Kallima*, *Eurytela*, *Ergolis*, *Byblia*, *Cyrestis*, *Abisara*, *Dendoris*, *Hypolycæna*, *Spalgis*, *Lycænesthes*, *Leptosia*, *Appias* und *Eronia*. Die Gattungen *Ypthima*, *Precis*, *Charaxes*, *Spindasis* und *Teracolus* gehören eigentlich der indomalayischen Fauna an, obschon sie durch die eine oder andere Art auch in dem südlichsten Theil der paläarktischen Region vertreten sind. *Argynnis* und *Neptis* haben sowohl in dem paläarktischen, wie in dem indomalayischen Gebiete eine grosse Verbreitung. Schliesslich sind *Pararge*, *Brenthis* und *Phyllocharis*, über deren æthiopische Repräsentanten weiter hinten mehr gesagt werden wird, als haupt-sächlich paläarktische Gattungen zu betrachten, obschon sie auch den einen oder anderen Repräsentanten in dem nördlichsten Theile des indomalayischen Gebietes haben.

Es erübrigt dann bloss die Gattung *Hypanartia*, die sich nur noch in der neotropischen Region findet.

Die 42 Gattungen, welche die æthiopische Region mit anderen Regionen gemeinsam hat, finden sich also ausser den drei paläarktischen Gattungen und der Gattung *Hypanartia* alle in dem indomalayischen Gebiet und können also von hier nach Afrika ausgewandert, oder von dort hierher eingewandert sein. Es verdient jedoch ausdrücklich hervorgehoben zu werden, das die heutigen, lokalen und klimatischen Verhältnisse in den Grenzgebieten einem Austausch von Formen zwischen der indomalayischen und der æthiopischen Region nahezu unübersteigliche Hindernisse in den Weg legen. Namentlich gilt dieses von allen den Formen, die zu den Waldschmetterlingen gezählt werden können. Dieses wird dadurch bekräftigt, dass den beiden Regionen jetzt so äusserst wenig *Arten* gemeinsam sind. In Arabien, dem gegenwärtigen Grenzgebiet, fehlen auch mehrere der gemeinsamen Gattungen, so z. B. *Elymnias*, *Henotesia*, *Acræa*, *Atella*, *Salamis*, *Kallima*, *Eurytela*, *Ergolis*, *Cyrestis*, *Charaxes*, *Libythea*, *Abisara*, *Spalgis* und *Appias*.

Die Zusammensetzung der afrikanischen Tagfalterfauna zeigt also deutlich, dass im Grenzgebiete früher andere Verhältnisse als gegenwärtig geherrscht haben müssen oder dass sich früher eine andere und geeignetere Verbindung zwischen diesen nun so gut getrennten Regionen gefunden hat.

Von den paläarktischen Gattungen haben zwei, *Pararge* und *Phyllocharis*, ohne Zweifel auch unter ähnlichen Verhältnissen wie den gegenwärtigen im Nilthale entlang nach den Gegenden in Afrika vordringen können, in denen sie sich jetzt finden. Ganz anders ist das Verhältniss mit *Brenthis*, deren æthiopische Arten nur auf den höchsten Berggipfeln im östlichen und südöstlichen Afrika gefunden worden und also durch ein ungeheures tropisches Tiefland von ihren nächsten Verwandten auf den Bergen im südlichen und in dem Tieflande im mittleren und nördlichen Europa getrennt sind. Nicht einmal im nördlichen Afrika ist bisher, so viel ich weiss, eine *Brenthis*-Art. sei es im Tieflande oder in den Gebirgsgegenden, gefunden worden. Die Gattung *Brenthis*, die als wesentlich paläarktisch betrachtet worden ist, zählt indessen ausser einigen Arten in Nordamerika auch Arten im südlichsten Theile von Südamerika, und es ist daher die Möglichkeit vorhanden, dass die afrikanischen und die südamerikanischen Arten in irgend einem Zusammenhang mit einander stehen.

Das breite und sehr tiefe Atlantische Meer, das jetzt Afrika und Südamerika von einander trennt, scheint jeden Gedanken an einen genetischen Zusammenhang zwischen den Faunen dieser beiden Welttheile auszuschliessen, und man sollte nicht erwarten, eine einzige ihnen gemeinsame Form oder gemeinsame Gattung zu finden. Wenn man von einigen beinahe kosmopolitischen Gattungen absieht, kommt jedoch, wie oben erwähnt worden ist, in Afrika eine Gattung, *Hypanartia*, vor, die sich nur noch in Südamerika findet, und ausserdem ist eine andere für Afrika eigenthümliche Gattung, *Crenis*, so nahe mit der südamerikanischen Gattung *Eunica* verwandt, dass sie kaum von ihr unterschieden werden kann, wogegen in anderen Regionen keine einzige mit diesen beiden näher verwandte Gattung vorkommt.

Da jeder Gedanke an die Möglichkeit der Verbreitung eines Tagfalters quer über heutigen Atlantischen Ocean vollständig ausgeschlossen zu sein scheint, kann das Vorkommen dieser beiden Gattungen in der aethiopischen Region schwerlich in anderer Weise als durch eine früher bestandene, nähere Verbindung zwischen den beiden Continenten erklärt werden. Auch mehrere andere Umstände, z. B. die Verbreitung der Strausse und das Vorkommen einiger *Rhipsalis*-Arten in Kamerun und auf Madagaskar, die einzigen Formen der Familie Cacteæ, die von der alten Welt bekannt sind, sprechen für einen solchen Zusammenhang. Es gehört der Geologie zu, näher zu erforschen, wie dieser Zusammenhang beschaffen gewesen ist. Hier mag nur betont werden, dass er sich in der älteren Tertiärzeit gefunden und dass auch Madagaskar direct oder indirect mit Amerika in Verbindung gestanden haben muss. Es ist nämlich bemerkenswerth, dass sowohl *Hypanartia*, wie auch *Crenis* auf Madagaskar repräsentirt sind. Die Geologen scheinen nunmehr am meisten der Annahme einer in der Tertiärzeit bestandenen, südlichen Verbindung zwischen Afrika und Südamerika mittelst eines Festlandes in den südlichsten Theilen des Atlantischen Oceans zuzuneigen. Die thier- und pflanzengeographischen Verhältnisse scheinen auch gerade für eine solche Verbindung zu sprechen. In einer viel älteren Zeit, nämlich während der devonischen Formation, dürfte sich, nach der Ansicht verschiedener Geologen,[1] möglicherweise auch eine andere directe Verbindung zwischen Afrika und einem Theile des östlichen Südamerikas quer über den Atlantischen Ocean gefunden haben. Diese Verbindung liegt jedoch so weit in der Zeit zurück, dass sie sicher für die Tagfalterfauna der beiden Regionen ohne Bedeutung gewesen ist, wohingegen sie zu beachten sein dürfte, wenn die Frage den älteren Gliederthiertypen, z. B. den Scorpionen, Blattiden u. a. gilt.

---

[1] Vergleiche *Katzer* Das Amazonas Devon und seine Beziehungen zu den anderen Devongebieten der Erde. Prag 1897.

Die zahlreichen, für die æthiopische Region eigenthümlichen Tagfaltergattungen zeugen zwar in erster Reihe von der grossen Selbstständigkeit und dem hohen Alter der Fauna, verdienen aber auch mit verwandten Formen in anderen Regionen verglichen zu werden.

Den ersten Platz als für die æthiopische Region im höchsten Grade auszeichnend nimmt die Unterfamilie der Lipteninæ mit 21 Gattungen und 190 Arten ein, die alle ohne Ausnahme für die æthiopische Region eigenthümlich sind. Weder im südlichen oder nördlichen Amerika, noch in der paläarktischen Region kommt eine Gattung vor, die zu dieser Unterfamilie gezählt werden kann. In der indomalayischen und der austromalayischen Region findet sich dagegen eine Gattung, Liphyra, die von Röber zu den Lipteninæ gezählt wird und möglicherweise näher mit den æthiopischen Formen verwandt sein kann.

Den zweiten Platz nimmt die Nymphaliden-Gruppe der Nymphalidi (Limenitidi Auct.) ein. Dieselbe ist in der æthiopischen Region von 17 Gattungen und 197 Arten, alle für die Region eigenthümlich, repräsentirt. Von dieser Gruppe finden sich mehrere Gattungen in der indomalayischen Region, eine Nymphalis (Limenitis), in der paläarktischen und nearktischen und eine, Adelpha, in Amerika. Keine der æthiopischen Gattungen zeigt eine grössere Verwandtschaft mit Nymphalis oder Adelpha, wogegen die Verwandtschaft mit den indischen Gattungen zum Theil recht bedeutend ist. Man vergleiche z. B. die Entwickelungsstadien von Euphædra und Euthalia.

Die Unterfamilie der Lycæninæ zählt 20 für Afrika eigenthümliche Gattungen mit zusammen 131 Arten. Hiervon sind Megalopalpus, Oxylides, Stugeta, Trichiolaus, Jolaus, Aphnæus, Chloroselas und Cupidesthes offenbar mit Gattungen verwandt, die sich auch in der indomalayischen Region finden oder für die indomalayische und die æthiopische Region gemeinsam sind. Dagegen bilden Zeritis, Desmolycæna, Axiocerses, Capys, Phasis, Erikssonia und Arrugia eine für Afrika besonders auszeichnende Gruppe von Gattungen, die anderwärts keine näheren Verwandten haben. Dasselbe gilt auch von den vereinzelt stehenden Gattungen Lachnocnema, Pseudaletis, Dapidodigma, Myrina und Leptomyrina.

Die Familie der Satyridæ kann 10 für die æthiopische Region eigenthümliche Gattungen aufweisen. Von diesen sind Mycalesis und Heteropsis sehr nahe mit Henotesia, und Gnophodes mit Melanitis verwandt, während Pseudonympha und Neocœnyra möglicherweise von Ypthima hergeleitet werden können, wogegen die übrigen Gattungen, Aphysoneura, Mevris, Leptoneura, Cœnyra und Physcæneura keine grössere Uebereinstimmung mit indomalayischen Gattungen zeigen.

In den übrigen Gruppen finden sich nur wenige für die æthiopische Region eigenthümliche Gattungen. Von diesen stehen Amauris, Pardopsis, Planema, Lachnoptera, Smerina, Catacroptera, Neptidopsis, Mesoxantha, Euxanthe, Monura, Saribia, Herpænia, Mylothris und Calopieris indomalayischen oder für beide Regionen gemeinsamen Gattungen mehr oder weniger nahe. Die Gattungen Vanessula, Apaturopsis und Pseudopontia sind dagegen besonders eigenthümlich und deuten auf keine nahe Verwandtschaft mit indomalayischen Gattungen hin. Schliesslich erübrigt nur die Gattung Crenis, die sich, wie oben erwähnt worden ist, sehr nahe an die südamerikanische Gattung Eunica anschliesst.

Aus der vorstehenden Untersuchung geht hervor, dass die æthiopische Tagfalter-fauna trotz ihrer grossen Eigenthümlichkeit doch hinsichtlich ihres allgemeinen Charakters der indomalayischen Fauna näher als irgend einer anderen steht.

2. Die Verbreitung der Tagfalter in der äthiopischen Region und die Eintheilung dieser Region in Subregionen.

Seitdem die Fauna Ost-Afrikas anfing, in Europa bekannt zu werden, hat man gewusst, dass sie sich in mehreren Hinsichten von der westafrikanischen und auch, obschon in geringerem Grade, von der südafrikanischen unterscheidet. So lange indessen das ganze innere Afrika in geographischer und noch mehr in entomologischer Hinsicht ein vollständig unbekanntes Gebiet war, war es unmöglich, sich von der Ausbreitung der beiden Küstenfaunen in das Land hinein eine Vorstellung zu bilden. Man wusste nicht, ob sie irgendwo im Inneren zusammenstiessen oder ob dort eine von beiden verschiedene centralafrikanische Fauna zu finden war.

Nunmehr sind indessen von Centralafrika und insonderheit aus dem Congostaate und den deutschen und englischen Besitzungen um die grossen Seen so viele und reiche Sammlungen nach Europa gesandt und bearbeitet worden, dass man die Ausbreitung der Arten auch im Innern des Landes ziemlich genau bestimmen kann. Das einzige Gebiet, das in Bezug auf seine Tagfalterfauna noch beinahe ganz unbekannt ist, sind die französischen Besitzungen längs der Südgrenze der Sahara von Senegal im Westen bis Darfur im Osten.

Ich wage es deshalb, hier den ersten Versuch zu einer Eintheilung der äthiopischen Tagfalterfauna in Subregionen zu machen.

Da eine Fauna ihr Gepräge hauptsächlich von den Formen erhält, die für sie eigenthümlich sind, habe ich diese für meine Untersuchungen zum Ausgangspunkt genommen und in erster Reihe ihre Verbreitung in Afrika studirt.

Die Lipteninen, Afrikas eigenthümlichste Falter, finden sich besonders zahlreich in ganz Westafrika von Sierra Leone im Nordwesten bis nach dem südlichen Angola und von der Küste durch das ganze Gebiet des Congoflusses bis in das Herz von Afrika hinein, wo sie jedoch bei den grossen Seen plötzlich beinahe ganz verschwinden, so dass sie im Gebiete jenseits derselben sehr selten sind oder ganz fehlen. Dasselbe ist der Fall südlich der Wasserscheide zwischen dem Congo und dem Zambesi. In Abyssinien und Arabien, auf Madagaskar und allen Inseln an der Ostküste von Afrika fehlen sie vollständig.[1] Zahlen beleuchten dieses Verhältniss am besten. In dem obenerwähnten west-afrikanischen Gebiet kommen von Lepteninæ 18 Gattungen mit 166 Arten vor, von denen sich 15 Gattungen und 162 Arten *allein* in dem westafrikanischen Gebiete finden. In Südafrika, von Angola im Norden bis ungefähr an die Delagoa Bay an der Ostküste, kommen 6 Gattungen mit 13 Arten vor, von denen 2 Gattungen und 9 Arten für dieses Gebiet eigenthümlich sind. In dem ganzen übrigen, ungeheuren, ostafrikanischen

[1] Bisher sind sie auch nicht in Aequatoria oder Uganda gefunden worden. Dort dürfte jedoch wahrscheinlich eine oder die andere Art vorkommen.

Gebiete finden sich nur 4 Gattungen mit 19 Arten, von denen 12 Arten, aber keine Gattung, für dieses Gebiet eigenthümlich sind.

Von Nymphalidi, der demnächst eigenthümlichsten Tagfaltergruppe der æthiopischen Region, finden sich in dem westafrikanischen Gebiete 17 Gattungen mit 187 Arten, wovon 6 Gattungen und 174 Arten für dieses Gebiet eigenthümlich sind. In Südafrika finden sich 4 Gattungen mit 8 Arten, von denen nur eine Art für das Gebiet eigenthümlich ist. In Ostafrika gibt es 11 Gattungen, aber nur 19 Arten, von denen nur 3 für Ostafrika eigenthümlich sind. Auf Madagaskar sind 2 Gattungen mit 3 Arten angetroffen worden, von denen 2 Arten für die Insel eigenthümlich sind. In Arabien findet sich nur eine einzige Art, *Hamanumida dædalus*, die ausserdem über das ganze afrikanische Festland verbreitet ist.

Hinsichtlich dieser beiden Schmetterlingsgruppen findet sich also ein ungeheurer Unterschied zwischen der westafrikanischen Fauna und dem übrigen Theil der æthiopischen Region. Ihre Verbreitung zeigt auch deutlich, dass sich die westafrikanische Subregion bis weit über die Mitte von Afrika hinaus ausdehnt und das ganze Wassersystem des Congoflusses umfasst.

Wie die für die æthiopische Region eigenthümlichen Gattungen und deren Arten auf die verschiedenen Theile der Region vertheilt sind, geht aus den folgenden Uebersichtstabellen hervor.

Tab. 2.

Die Verbreitung der für die æthiopische Region eigenthümlichen (= endemischen) Gattungen.

	Gattungen eigenthümlich für					Gattungen gemeinsam für								Summe
	West-Afrika	Süd-Afrika	Ost-Afrika	die Comoren	Madagaskar	West- und Ost-Afrika	West- und Süd-Afrika	West-Afrika und Madagaskar	West-Afrika, Süd-Afrika und Madagaskar	Ost-Afrika, Süd-Afrika und Madagaskar	West-Afrika, Ost-Afrika und Madagaskar	Süd-Afrika, Ost-Afrika und Madagaskar	alle Subregionen	
Danaididæ	—	—	—	—	.	—	—	—	—	—	—	1		1
Satyridæ	—	3	1	—	1	—	—	1	1	—	2	1		10
Acræinæ	—	—	—	—	—	—	—	1	1	—	—	—		2
Nymphalinæ:														
Argynnididi	—	—	—	1	—	—	—	—	1	—	—	—		2
Vanessidi	1	—	—	—	—	—	1	—	1	—	—	—		3
Eurytelidi	1	—	—	—	—	—	—	—	1	—	—	—		2
Eunicidi	—	—	—	—	—	—	—	—	—	—	—	1		1
Nymphalidi	6	—	—	—	6	—	—	3	1	—	1			17
Charaxidi	1	—	—	—	—	—	—	—	—	—	1			2
Lemoniidæ	—	—	—	1	—	—	—	—	—	—	—	1		1
Liptenine	15	2	—	.	..	—	3	—	1	—				21
Lycæninæ	6	1	—	1	—	—	1	5	—	2	1			20
Pieridæ	1	—	1	—	—	—	—	—	—	—	2			4
Summe	31	9	2	—	4	6	—	1	3	15	2	5	8	86

Tab. 3. Die Verbreitung der Arten der endemischen Gattungen.

	Arten eigenthümlich für					Arten gemeinsam für								Summe.
	West-Afrika.	Süd-Afrika.	Ost-Afrika.	die Comoren.	Madagaskar.	West- und Ost-Afrika.	West- und Süd-Afrika.	Süd-Afrika und Madagaskar.	Ost-Afrika, Süd-Afrika und Madagaskar.	West-, Ost- und Süd-Afrika und Madagaskar.	Ost-Afrika und Madagaskar.	Ost-Afrika und Süd-Afrika.	alle Subregionen.	
Danaididæ	8	—	7	1	2	.	—	—	—	3	—	1	.	22
Satyridæ	41	23	21	—	2	6	—	1	.	2	—	2	-	98
Acræinæ	17	—	5	—	—	1	—	-	1	—	—	1	-	25
Nymphalinæ:														
Argynnididi	1	—	—	—	1	—	—	.-	.	—	—	1	—	3
Vanessidi	2	—	—	—	1	—	—	—	1	.	.	—	—	4
Eurytelidi	1	—	—	—	—	1	..	—	—	1	—	—	—	3
Eunicidi	4	1	1	—	1	—	1	—	—	2	—	—	1	11
Nymphalidi	174	1	3	—	2	9	1	-	.	3	1	3	..	197
Charaxidi	4	—	1	—	1	—	—	—	—	—	—	1	—	7
Lemonidæ	—	—	—	—	1	—	—	—	—	—	—	—	—	1
Lipteninæ	162	9	12	—	..	3	—	—	—	1	—	3	..	190
Lycæninæ	56	39	14	—	2	1	1	1	—	6	—	11	..	131
Pieridæ	16	1	4	2	2	4	—	—	1	—	1	1	1	32
Summe	486	74	68	3	15	25	3	2	1	19	2	24	2	724

Wenn man nun diese Zahlen zu einer Uebersicht sämmtlicher, in jeder Subregion vorkommender, endemischer Gattungen und ihrer Arten zusammenstellt, erhält man das folgende Resultat.

Tab. 4. Uebersicht der in jeder Subregion vorkommenden, endemischen Gattungen und ihrer Arten.

Familien und Gruppen.	West-Afrika.		Süd-Afrika.		Ost-Afrika.		Madagaskar mit den Comoren.		Alle Subregionen	
	Gattungen.	Arten.	Gattungen.	Arten.	Gattungen.	Arten.	Gattungen.	Arten.	Gattungen.	Arten.
Danaididæ	1	11	1	4	1	11	1	3	1	22
Satyridæ	2	49	8	28	6	31	3	3	10	98
Nymphalidæ:										
Acræinæ	1	18	2	2	2	8	1	1	2	25
Nymphalinæ:										
Argynnididi	1	1	1	1	1	1	1	1	2	3
Vanessidi	3	3	1	1	1	1	1	1	3	4
Eurytelidi	2	2	—	—	1	2	1	1	2	3
Eunicidi	1	8	1	5	1	4	1	2	1	11
Nymphalidi	17	187	4	8	11	19	2	3	17	197
Charaxidi	2	4	1	1	1	2	1	1	2	7
Lemonidæ	—	—	—	—	—	—	1	1	1	1
Lycænidæ:										
Lipteninæ	18	166	6	13	4	19	—	—	21	190
Lycæninæ	12	64	13	58	9	32	3	3	20	131
Pieridæ	3	22	2	4	3	11	2	5	4	32
Summe	63	555	40	125	41	141	18	25	86	724

Bei einem Vergleich der Tabellen 2, 3 und 4 zeigt es sich, dass von den 63 endemischen Gattungen mit 535 Arten, die sich in der westafrikanischen Subregion finden, nicht weniger als 31 (= 50 Proc.) Gattungen und 486 (= 90 Proc.) Arten für diese Subregion eigenthümlich sind. In Süd-Afrika dagegen finden sich 40 Gattungen mit 125 Arten, von denen 9 (= 22,5 Proc.) Gattungen und 74 (= 59,2 Proc.) Arten nicht ausserhalb dieser Subregion angetroffen worden sind. In Ost-Afrika finden sich 41 Gattungen mit 141 Arten, welche sich alle, ausser 2 (= 4,9 Proc.) Gattungen und 68 (= 48,3 Proc.) Arten, auch anderwärts finden. Auf Madagaskar und den Comoren finden sich schliesslich 18 Gattungen mit 25 Arten, von denen 4 (= 23,5 Proc.) Gattungen und 18 (= 72 Proc.) Arten für dieses Gebiet eigenthümlich sind. Auf den übrigen zur æthiopischen Region gehörenden Inseln kommt, so viel bis jetzt bekannt ist, keine einzige der endemischen Gattungen vor.

Hinsichtlich der Verbreitung der endemischen Gattungen in der æthiopischen Region zeigt es sich also, dass sie in der westafrikanischen Subregion ausserordentlich reich repräsentirt sind und dass die ostafrikanische Subregion die an solchen Formen relativ ärmste ist und hauptsächlich nur von den anderen Subregionen geliehene Formen aufzuweisen hat.

Um die Darstellung der Verbreitung der Tagfalter in der æthiopischen Region zu vervollständigen erübrigt nun, die Verbreitung der nicht endemischen Gattungen und ihrer Arten zu untersuchen.

Eine Zusammenstellung derselben findet sich in den Tabellen 5—7, die in Uebereinstimmung mit den Tabellen über die endemischen Gattungen ausgearbeitet sind.

Tab. 5.   **Die Verbreitung der nicht endemischen Gattungen.**

Familien und Gruppen	\multicolumn{4}{c|}{die ganze æthiopische und}				\multicolumn{4}{c|}{West-Afrika und}				\multicolumn{2}{c|}{Ost-Afrika und}		Madagaskar und	alle Regionen	Summe.
	die indomalayische Region.	die indomalay. und die palæarktische Region.	die palæarktische und die neotropische Region.	die neotropische Region.	die indomalayische Region.	die indomalay. und die palæarktische Region.	Ost-Afrika und die indomalay. Region.	Ost-Afrika, Süd-Afrika und die indomalayische Region.	die palæarktische Region.	die palæarktische und die indomalay. Region.	die indomalayische Region.	alle Regionen.	
Danaidæ	··		—		—					—	1	1	2
Satyridæ	3	··		1				1	··		1	·	5
Nymphalidæ:													
Acræinæ	—		1		—							1	1
Nymphalinae:													
Argynnidi	1		—		—			1	1		··		3
Vanessidi	2	1	—	1		1			—		1		6
Eurytelidi	2		—		1			—	··		—		3
Marpesidi			··					1			—		1
Nephidi		1	··					—			—		1
Charaxidi		1	—		—							1	1
Libytheidæ	—			—							—		
Lemoniidæ	—				1						—		
Lycænidæ:													
Lycæninæ	3						1		··		2		7
Pieridæ	3	1	2		—				1		2		9
Papilionidæ . . .			—					—			1		1
Summe	14	4	3	1	3	1	1	2	3	1	1	8	42

Tab. 6.

Die Verbreitung der Arten der nicht endemischen Gattungen.

			Summe.

Arten gemeinsam für:

Süd-Afrika und:
- die indomalayische Region.
- Madagaskar.

Ost-Afrika und:
- Süd-Afrika, die palæarktische und die indomalay. Region
- Süd-Afrika und Madagaskar.
- Süd-Afrika und die indomalayische Region.
- die palæarktische und die indomalayische Region.
- die indomalayische Region.
- die palæarktische Region.
- Madagaskar.
- Süd-Afrika.

West-Afrika und:
- Ost-Afrika und die indomalayische Region.
- die indomalayische Region.
- Ost-Afrika und Süd-Afrika.
- Madagaskar.
- Süd-Afrika.
- Ost-Afrika.

die ganze æthiopische Region und:
- die palæarktische und die indomalay.
- die indomalayische
- die palæarktische

Arten eigenthümlich für:
- St. Thomé.
- Sokotra.
- Seychellen.
- Madagaskar.
- Süd-Afrika.
- Ost-Afrika.
- West-Afrika.

Danaidae, Satyridae, Nymphalidae, Acraeinae, Nymphalinae, Argynnidii, Vanessidi, Eurytelidi, Marpesiidi, Nepteidi, Charaxidi, Libytheidae, Lemoniidae, Lycaenidae, Lycaeninae, Pieridae, Papilionidae, Summe, Die Arten der endemischen Gattungen (vergl. Tab. 5), Summe æthiopisch. Arten.

Tab. 7.

Uebersicht der in jeder Subregion vorkommenden, nicht endemischen Gattungen und ihrer Arten.

Familien und Gruppen.	West-Afrika.		Süd-Afrika.		Ost-Afrika.		Madagaskar mit den Maskarenen und Comoren.		Die Seychellen und Aldabra.		Sokotra.		St. Thomé.		Alle Subregionen.	
	Gattungen.	Arten.	Gattungen.	Arten.	Gattungen.	Arten.	Gattungen.	Arten.	Gattungen.	Arten.	Gattungen.	Arten.	Gattungen.	Arten.	Gattungen.	Arten.
Danaididæ	1	3	1	2	1	5	2	4	2	3	1	1	1	1	2	11
Satyridæ	4	14	3	6	4	15	3	50	1	1	1	1	1	1	5	73
Nymphalidæ:																
Acræinæ	1	59	1	34	1	57	1	17	—		1	1	1	4	1	123
Nymphalinæ:																
Argynnididi	1	2	1	2	3	7	1	2	1	1	—		—	—	3	9
Vanessidi	6	35	5	21	6	38	5	19	1	1	3	3	2	3	6	60
Eurytelidi	3	7	2	4	2	4	2	3	—		1	1	—	—	3	7
Marpesidi	1	1	—		—		1	1	—		—		—		1	2
Neptididi	1	19	1	3	1	7	1	8	—	—	—		—	—	1	29
Charaxidi	1	51	1	19	1	32	1	9	—		1	1	1	2	1	77
Libytheidæ	1	2	1	1	1	1	1	3	—		—		1	1	1	5
Lemoniidæ	1	7	—	—	—		—		—		—		—		1	7
Lycænidæ:																
Lycæninæ	7	147	6	88	6	102	5	30	1	3	1	2	2	5	7	263
Pieridæ	8	58	8	11	9	91	7	32	2	3	3	3	3	3	9	115
Papilionidæ	1	12	1	12	1	32	1	17	1	1	1	1	1	2	1	78
Summe	37	447	31	236	36	391	31	195	9	13	13	14	13	22	42	889
Die Verbreitung der endemischen Gattungen und ihrer Arten. Summe	63	535	40	125	41	141	18	25	—	—	—	—	—	—	86	724
Summe	100	982	71	361	77	532	49	220	9	13	13	14	13	22	128	1,613
Davon sind für die Subregionen eigenthümlich (vergl Tab. 2 und 6)	31	760	9	127	2	226	4	160	—	5	—	3	—	6	—	—
=	31 ·	77,3 %	12,6 %	35 %	2,6 %	42,5 %	8 %	73,6 %	—	—	—	—	—	—	—	—

Tab. 8.

Uebersicht der Verbreitung der Familien, Unterfamilien und Gruppen innerhalb der Subregionen.

Familien, Unterfamilien und Gruppen.	West-Afrika mit St. Thomé.		Süd-Afrika.		Ost-Afrika mit Sokotra.		Madagaskar mit den Maskarenen, Comoren und Seychellen.	
Danaididæ .	2	14	2	6	2	16	3	9
Satyridæ .	6	63	11	31	10	16	6	55
Nymphalidæ:	41	402	21	101	32	184	20	73
Acræinæ	2	80	3	36	3	65	2	18
Nymphalinæ: .	39	322	18	65	29	119	18	55
Argynnididi .	2	3	2	3	1	8	2	4
Vanessidi .	9	38	6	22	7	39	6	22
Eurytelidi	5	9	2	4	3	6	3	4
Marpesidi	1	1	—	—	—	—	1	1
Ennoidi .	1	8	1	5	1	4	1	3
Neptididi . . .	1	19	1	3	1	7	1	8
Nymphalidi.	17	187	1	8	11	19	2	3
Charaxidi .	3	57	2	20	2	35	2	10
Libytheidæ .	1	2	1	1	1	1	1	3
Lemoniidæ .	1	7	—	—	-	-	1	1
Lycænidæ .	37	378	25	159	19	153	8	32
Lipteninæ .	18	166	6	13	4	19	—	—
Lycæninæ .	19	212	19	146	15	134	8	32
Pieridæ . . .	11	80	10	48	12	104	9	37
Papilionidæ .	1	12	1	12	1	32	1	18
Summe	**100**	**988**	**71**	**361**	**77**	**535**	**49**	**228**

Aus Tabelle 7 ergiebt sich das interessante Verhältniss, dass die nicht endemischen Gattungen und ihre Arten in der æthiopischen Region viel gleichförmiger als die endemischen vertheilt sind. Von den 42 nicht endemischen Gattungen finden sich 37 in West-Afrika, 31 in Süd-Afrika, 36 in Ost-Afrika und 31 auf Madagaskar. Der Unterschied ist also ziemlich unbedeutend. Auch hinsichtlich der Anzahl der zu diesen Gattungen gehörenden Arten unterscheidet sich West-Afrika mit 417 wenig von Ost-Afrika, das 391 solche Arten besitzt. Süd-Afrika und Madagaskar haben zwar eine viel geringere Anzahl solcher Arten, aber dieses steht offenbar mit der in diesen Gebieten herrschenden grösseren Artenarmuth im allgemeinen in Zusammenhang.

Die eigenthümliche Verbreitung der endemischen Gattungen und ihrer Arten ist allein hinreichend, die Berechtigung der Trennung West-Afrikas als eigene Subregion von Süd- und Ost-Afrika darzuthun. Auch diese beiden Gebiete zeigen bemerkenswerthe, wenn auch nicht so bedeutende Verschiedenheiten. Madagaskar weicht schliesslich durch seine viele eigenthümliche, nicht zu den endemischen, sondern zu den nicht endemischen

Gattungen gehörenden Arten so bedeutend von Ost-Afrika ab, dass es verdient, als eine besondere Subregion aufgeführt zu werden. Ich nehme deshalb für die æthiopische Tagfalterfauna vier Subregionen an: West-Afrika, Süd-Afrika, Ost-Afrika und Madagaskar. Ueber die nähere Begrenzung und die Eigenthümlichkeiten dieser Subregionen wird hier unten berichtet werden. Ehe dieses geschieht, ist indessen eine andere, höchst wichtige Erscheinung in einem besonderen Kapitel näher zu behandeln.

3. Ueber Lokalrassen.

Viele der Arten, die für die ganze æthiopische Region oder doch wenigstens für West- und Ost-Afrika gemeinsam sind, treten nicht überall in der Region in demselben Gewande auf, sondern zeigen in verschiedenen Theilen ihres Verbreitungsgebietes gewisse, bestimmte, oft recht bedeutende Verschiedenheiten. Diese Formen werden ganz ohne Grund von vielen Forschern als selbständige Arten betrachtet. Es zeigt sich nämlich stets, dass dort, wo ihre Verbreitungsgebiete aneinander grenzen, Zwischenformen zwischen ihnen auftreten. Uebrigens unterscheiden sie sich beinahe stets nur durch eine grössere oder geringere Ausbreitung gewisser Farben oder durch verschiedene Farbenschattirungen, während sich die Grundzüge der Zeichnung unverändert zeigen.

Die Tagfalterfauna der æthiopischen Region liefert mehrere interessante Beispiele solcher Lokalrassen. Wenigstens 32 Arten sind meines Erachtens sichere Beispiele dieser Erscheinung, und mehr Fälle werden ohne Zweifel entdeckt werden, sobald die Verhältnisse in gewissen, bisher wenig bekannten Grenzgebieten genau studirt worden sind.

Wir wollen hier einige Beispiele anführen: *Acraea egina* Cr. ist in ganz West-Afrika von Senegal und Sierra Leone im Norden bis Angola im Süden und bis Uganda und in den nördlichsten Theil des Nyassalandes im Innern allgemein. In diesem grossen Gebiete ist das ♂ gleich gefärbt und bei ihm nur ein grosser rother Fleck auf den Vorderflügeln nahe der hinteren Ecke in den Feldern 1 a und 1 b zu sehen. Im deutschen und englischen Ost-Afrika und ebenso auch im Nyassaland findet sich dagegen eine andere Form, welche die Vorderflügel des Männchens lebhaft roth gefärbt hat, sonst aber in jeder Einzelheit mit *egina* übereinstimmt. Diese Form ist von MABILLE unter dem Namen *Acraea areca* als eigene Art beschrieben worden. Im Nyassaland, wo diese beiden Formen einander begegnen, kommen indessen Exemplare vor, die deutliche Uebergangsformen zwischen ihnen sind, und es kann deshalb unmöglich bezweifelt werden, dass wir es hier mit zwei Lokalrassen von ein und derselben Art zu thun haben. Ein ganz gleiches ist das Verhältniss mit *Acraea zetes* L. und ihrer Lokalrasse *acara* (vergl. Fig. 37 d—f). *A. zetes* ist über ganz West-Afrika und im Innern von Afrika bis nach Aequatoria und Uganda verbreitet, wogegen *acara* nur im östlichen Afrika von Natal im Süden durch Deutsch- und Britisch-Ost-Afrika bis zum Weissen Nil hinauf vorkommt. Exemplare von den eigentlichen Grenzgegenden habe ich zwar nicht gesehen, in West-Afrika kommen aber einzelne Individuen vor (ab. *jalema* God.), die mitten zwischen den beiden geographischen Rassen stehen und also deutlich die Zusammengehörigkeit derselben darthun. Auch in diesem Fall wird man ganz sicher in dem Innern des Nyassalandes und im nördlichen

Theil von deutsch Ost-Afrika Uebergangsformen antreffen. Der Unterschied zwischen *A. zetes* und ihrer Varietät *acara* ist übrigens ganz derselbe wie zwischen *A. egina* und *acara* und besteht darin, dass die rothe Farbe auf den Vorderflügeln bei Exemplaren von Ost-Afrika weit mehr ausgebreitet ist. Die Hinterflügel dagegen sind bei *acara* in entgegengesetzter Richtung entwickelt, so dass der schwarze Saum breiter und tiefer schwarz gefärbt ist als bei *A. zetes* (vergl. Fig. 37 d und f).

Eine andere mit *egina* nahe verwandte *Acræa*-Art (*cepheus*, Fig. 37 a—c) zeigt, obschon sie eine andere geographische Verbreitung hat, völlig analoge Farbenveränderungen. Sie ist nämlich bisher nur in dem westafrikanischen Gebiete gefunden worden. In dem nordwestlichen Theile desselben, von Sierra Leona bis Togo, scheint sie selten zu sein, und dort tritt das ♂ unter einer Form, *eginopsis*, auf, die, ganz wie das ♂ von *egina*, nur einen rothen Fleck an der hinteren Ecke der Vorderflügel in den Feldern 1 a und 1 b hat (Fig. 37 a). In dem dann folgenden Gebiete findet sich von Lagos bis Kamerun und im nördlichsten Theile des Congostaates dagegen die Form *abdera* Hew. (Fig. 37 b), bei der die rothe Farbe nicht nur den grössten Theil der Felder 1 a und 1 b und der Mittelzelle, sondern auch die Wurzel der Felder 2 und 3 bedeckt. Im Congogebiet, ebenso in Angola und bis Kangasi in der Aequatorialprovinz hinauf kommt dagegen nur die Hauptform (Fig. 37 c) vor, deren Vorderflügel zum grössten Theil roth sind. Die Hinterflügel sind bei allen Formen beinahe vollständig gleich gefärbt.

Obschon also Lokalrassen auch *innerhalb* der Subregionen auftreten können, geschieht dieses doch verhältnissmässig selten, und die Regel ist die, dass die Arten, die eine grosse Verbreitung haben, erst beim Uebergange von der einen Subregion in die andere ihr Aussehen verändern.

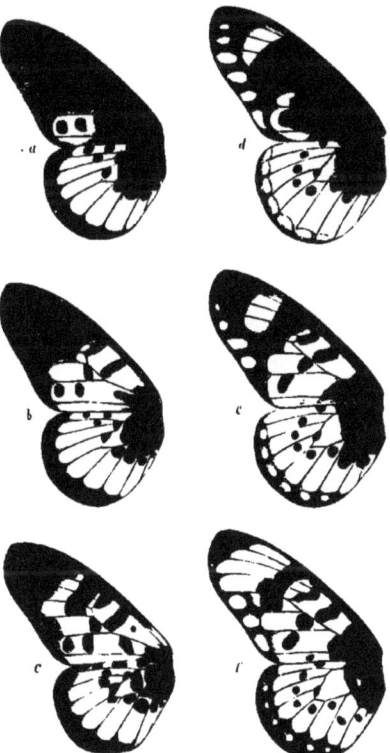

Fig. 37 a. *Acræa cepheus* var. *eginopsis* Aur.
     b.   »   var. *abdera* Hew.
     c.   »   Die Hauptform.
     d.   »   *zetes* L.
     e.   »   »   ab. *jalema* Gob.
     f.   »   »   var. *acara* Hew.

ein Factum, das von der grössten Bedeutung ist und dazu beiträgt, die Subregionen, insonderheit die west- und ostafrikanische, noch besser zu begrenzen.

Nach den Tabellen 3 und 6 giebt es von den endemischen Gattungen 46 (25 + 19 + 2) Arten und von den nicht endemischen 160 Arten, die für West- und Ost-Afrika gemeinsam sind. Die meisten dieser 206 gemeinsamen Arten treten vollständig unverändert in beiden Subregionen auf und zeigen dass hier nicht von einer äusseren Kraft die Rede sein kann, die die Art, unabhängig von der eigenen Natur derselben, verändert, sobald sie von der einen Subregion in die andere übertritt.

Wenigstens 32 Arten (= 15,5 Proc.) zeigen indessen, wenn sie von der einen Subregion in die andere übergehen, eine deutliche Veränderung. Nach der Beschaffenheit dieser Veränderung können sie in mehrere Gruppen eingetheilt werden.

Bei *Amauris niavius*, *A. psyttalea* und *Hypolimnas anthedon* (Fig. 38) ist bei der ostafrikanischen Form (Fig. 38 b) die weisse Grundfarbe der Hinterflügel viel mehr ausgebreitet und deshalb der schwarze Saum derselben viel schmäler als bei der westafrikanischen (Fig. 38 a). Die weissen Zeichnungen der Vorderflügel erhalten sich dagegen beinahe unverändert.

Bei *Gnophodes parmeno* ist bei Exemplaren von Ost-Afrika die gelbe Subapicalbinde der Vorderflügel breiter und auch deutlicher begrenzt, als bei Exemplaren von West-Afrika.

Bei *Acraea zetes, egina, perenna, terpsichore, vinidia, pharsalus* und *cuvedon* (Fig. 41 d—f), ebenso bei *Planema tellus, Precis sophia, P. octavia* (die Sommerformen). *Byblia götzius* und *Pseudacraea Boisduvali* ist bei Exemplaren von West-Afrika die rothe, rothgelbe oder gelbe Zeichnung der Vorderflügel viel weniger ausgebreitet als bei Exemplaren von Ost-Afrika und die schwarze Farbe in umgekehrter Weise entwickelt.

Bei *Acraea neobule* von Süd- und Ost-Afrika ist beinahe die ganze äussere Hälfte der Vorderflügel glasklar, wogegen bei der westafrikanischen Form, die sich von Senegal bis zum Niger findet, mehr oder weniger zusammenfliessende gelbe Saumflecke vorhanden sind, die den glasklaren Theil des Flügels zu einem kleineren Subapicalfeld reduciren, das den Saum nicht erreicht. Die süd- und ostafrikanische Form von *neobule* ist ungewöhnlich weit nach Norden

verbreitet, so dass sie sich bis an die Mündung des Congoflusses hinauf findet.

Precis milonia Feld., deren zahlreiche Formen leider noch nicht sicher gedeutet sind, scheint eine südliche und östliche Form, *tugela*, zu besitzen, die grösser ist und eine etwas breitere und hellere Querbinde hat.

Neptidopsis ophione Cr. besitzt eine ostafrikanische Form, *velleda*, die sich von der Hauptform durch braunrothe Flecke an der Analecke und der Spitze der Hinterflügel unterscheidet. Bei *Pseudacraea expansa*, der östlichen Form von *Ps. lucretia*, treten, eigenthümlich genug, ebenfalls an der Hinterecke der Hinterflügel rothgelbe Zeichnungen auf, doch unterscheidet sich *expansa* von *lucretia* auch dadurch, dass die weissen Zeichnungen bei ihr viel grösser und mehr entwickelt sind. Es verdient hervorgehoben zu werden, dass sich auch eine andere schwarz und weisse ostafrikanische Art, die prachtvolle *Hypolimnas usambara* WARD, von ihren westafrikanischen Verwandten durch die rothbraune Farbe an der Analecke und dem Saume der Hinterflügel unterscheidet. *H. usambara* kann indessen nicht als eine Lokalform einer westafrikanischen Art betrachtet werden.

Bei *Euphædra eleus* var. *orientalis* ist nach ROTHSCHILD die helle Subapicalbinde der Vorderflügel um die Hälfte breiter als bei der westafrikanischen Hauptform. Da indessen diese Binde auch bei Exemplaren von Westafrika in seiner Breite sehr wechselnd ist, dürfte es nicht sicher sein, ob in diesem Falle eine scharfe Grenze zwischen der west- und der ostafrikanischen Form gezogen werden kann.

Euryphene senegalensis H. SCH. hat eine ostafrikanische Form, *orientis* KARSCH, bei der die Grundfarbe der Flügel bei beiden Geschlechtern oben viel heller (gelbbraun) ist und die gelbe (♂) oder weisse (♀) Subapicalbinde der Vorderflügel sich breiter und mehr zusammenhängend zeigt.

Cymothoe theobene DOUBL. tritt im südöstlichen Afrika unter einer Form, var. *Blassi* WEYM., auf, die oben heller ist und bei der die Mittelbinde der Flügel eine etwas grössere Breite und nach aussen eine weniger deutliche Begrenzung zeigt.

Bei der süd- und ostafrikanischen Form von *Charaxes brutus* haben beide Flügel kleine, helle Saumpunkte oder Striche, die bei der Hauptform ganz und gar fehlen oder äusserst klein sind.

Eronia argia hat in Süd-Afrika eine Varietät, *varia*, bei der die schwarzen Zeichnungen weniger als bei der Hauptform entwickelt sind.

Bei *Papilio menestheus* var. *ophidicephalus* OBERTH. von Süd- und Ost-Afrika sind alle die hellen Zeichnungen grösser als bei der westafrikanischen Hauptform, und in der Spitze der Mittelzelle der Vorderflügel tritt ein grosser, gelber Fleck auf, der bei der Hauptform entweder ganz und gar fehlt, oder durch zwei kleine, getrennte Flecke repräsentirt ist.

Für alle die nun besprochenen 26 Arten ist das gemeinsam, dass ihre westafrikanische Form dunkler als die ostafrikanische ist. Da die Niederschläge in West-Afrika im grossen und ganzen viel bedeutender als in Ost-Afrika sind und deshalb der Feuchtigkeitsgrad der Luft daselbst viel höher ist, sollte man sich versucht fühlen, die Erklärung dieser Verschiedenheit in dem von gewissen Autoren als Naturgesetz hervorgehobenen Satze zu suchen, dass Thierformen, die in einem feuchten Klima oder am Wasser leben, eine dunklere Farbe als die an trockneren Lokalen lebenden erhalten. Gegen die Allgemeingiltigkeit dieses Erklärungsgrundes spricht jedoch das unbestreitbare Factum, dass sich einige Arten, über die hier näher berichtet werden soll, in ganz entgegengesetzter Weise verhalten.

Bei *Precis terea* DRURY (Fig. 39 *a*) haben beide Flügel oben eine ungefähr 8 Mm. breite, gelbe Querbinde, die von einer feinen, zuweilen beinahe unmerklichen, schwarzen Linie in einen inneren und einen äusseren Theil getheilt ist. In Süd- und Ost-Afrika ist *P. terea* durch *elgiva* HEW. (Fig. 39 *b*) ersetzt, bei welcher Art die gelbe Querbinde nur eine Breite von ungefähr 5 Mm. hat und die dieselbe in zwei Theile theilende schwarze Linie, da der ganze innere Theil der Binde hier vollständig von der schwarzbraunen Grundfarbe ausgefüllt ist, fehlt. Im Berliner-Museum finden sich von dem Grenzgebiet der beiden Formen in Angola die schönsten Uebergangsformen, die deutlich beweisen, dass *elgiva* nur eine südliche und östliche Lokalform von *terea* ist.

Die weisse Querbinde der Flügel ist bei *Eurytela hiarbas* von West-Afrika 6—6,5 Mill. breit, bei ihrer südlichen und östlichen Rasse, var. *angustata*, aber nur 3—4 Mm.

Die beiden wohlbekannten, mit blauer Binde versehenen westafrikanischen Papilioarten *nireus* und *bromius* werden im südlichen und östlichen Afrika durch die Lokalrassen *lyaeus* und *brontes* vertreten, bei denen das dunkelblaue Querband der Flügel merkbar schmäler als bei den Hauptformen dieser Arten ist.

Papilio pylades FABR. von West-Afrika unterscheidet sich nur durch eine reichere weisse Zeichnung von var. *angolanus* im südlichen und östlichen Afrika. *Angolanus* ist jedoch weiter nach Norden ausgebreitet, als sonst gewöhnlich der Fall ist, und im Congothale häufig.

In ähnlicher Weise unterscheidet sich *P. brasidas* GRAY von Süd-Afrika von seiner Hauptform *P. leonidas* von West-Afrika.

Die letztgenannten 6 Arten treten also in West-Afrika in einem helleren Gewande als in Süd- und Ost-Afrika auf und können nicht nach dem soeben angeführten Gesetz erklärt werden. Wenn man mit EIMER, PIEPERS u. a. annimmt, dass sich die Farben (und Zeichnungen) der Schmetterlingsflügel orthogenetisch, in bestimmter Reihenfolge und nach bestimmten, wenigstens innerhalb jeder Familie gleichartigen Gesetzen entwickeln, so dass sich eine gewisse Farbenzeichnung durch ihre eigene Natur als älter als eine andere erkennen lässt, könnten diese Lokalrassen vielleicht in der Weise erklärt werden, dass die Schmetterlingsformen West-Afrikas in der Regel ein höheres (?) oder

Fig. 39 a. *Precis terea*.
b. *elgiva*.

niedrigeres (?) Alter als die ostafrikanischen haben, in einigen Fällen aus uns unbekannten Ursachen aber ein entgegengesetztes Verhältniss statt hat, wodurch dann die 6 letztgenannten Fälle ihre Erklärung erhielten. Es ist hier nicht der rechte Platz, auf eine nähere Darstellung dieser Fragen einzugehen, welche übrigens noch nicht behandelt werden können ohne dass man unaufhörlich die eine Hypothese durch die andere stützt.

Auch Ost- und Süd-Afrika haben eine grosse Anzahl gemeinsamer Arten. Nach den Tabellen 3 und 6 gehören 46 den endemischen und 172 den nicht endemischen Gattungen an. Diese 218 gemeinsamen Arten treten im allgemeinen unverändert in beiden Regionen auf oder zeigen nur unbedeutendere und wenig constante Verschiedenheiten, die noch nicht hinreichend studirt worden sind. In den wenigen Fällen, wo man von einer deutlich von der südafrikanischen verschiedenen ostafrikanischen Form sprechen kann, besteht der Unterschied in einer bei der letztgenannten auftretenden grösseren Ausbreitung der hellen Grundfarbe und entsprechender Einschränkung der schwarzen Farbe.

Dieses zeigt sich, wenn man die ostafrikanischen Formen *Acraca arctirineta, bomba* und *cabira* mit den entsprechenden südafrikanischen Formen *A. anemosa, induna* und *natalensis* und die südafrikanische Form *Precis octaria* var. *natalensis* mit Exemplaren von Ost-Afrika vergleicht. Bei *Planema aganice* gehen in Ost-Afrika die weissen oder blassgelben Zeichnungen in das Rothgelbe über. In den übrigen Fällen, wo sich zwischen den süd- und ostafrikanischen Formen ein Unterschied findet, ist es noch unentschieden, ob wir es mit Lokalrassen oder Jahreszeitformen und Aberrationen zu thun haben.

Die madagaskarische Subregion besitzt mit dem afrikanischen Festlande nur 60 Arten gemeinsam. Die meisten derselben sind weit verbreitete Arten, die auch auf Madagaskar in demselben Gewande wie in den übrigen Theilen der æthiopischen Region auftreten. Einige treten jedoch als deutliche Lokalrassen auf. Von ihnen mögen hier angeführt werden: *Precis epiclelia*, die von *clelia* dadurch unterschieden ist, dass bei ihr die weissen Zeichnungen der Vorderflügel kleiner sind und das Weibchen auf den Hinterflügeln keinen blauen Fleck hat; *P. paris*, die von der Festlandsform *cebrene* dadurch abweicht, dass die Mittelzelle der Vorderflügel beinahe ganz schwarz ist und zwei blaue Querstriche hat; *Hypolimnas deceptor* var. *deludens, dubius* var. *Drucei, anthedon* var. *madagascariensis* und *Herpænia eriphia* var. *Mabillei*, die sich alle von ihren Hauptformen durch eine grössere Entwickelung der weissen Zeichnungen unterscheiden. Besonders bemerkenswerth ist *Hypol. anthedon*, bei der der weisse Discus der Hinterflügel in West-Afrika am kleinsten ist, sich in Süd- und Ost-Afrika bedeutend grösser zeigt und auf Madagaskar seine grösste Entwickelung erreicht.

Wenn ein Gebiet durch das Meer von angrenzenden Gebieten getrennt ist, fällt das Kriterium der Lokalrassen, das sonst das beste ist, nämlich dass diese Rassen in den Grenzgebieten in einander übergehen, vollständig weg. Es ist deshalb schwer zu entscheiden, ob ein Theil der Formen auf Madagaskar als Lokalrassen oder als getrennte Arten zu betrachten sind. Da die Unterschiede bedeutender und Zwischenformen nicht einmal als Aberrationen bekannt sind, habe ich die madagaskarischen Formen als selbstständige Arten aufgefasst. Es verdient jedoch, hier besonders hervorgehoben zu werden, dass einige derselben, wie z. B. *Amauris nossima, Gnophodes betsimena* und *Cyrestis elegans*, von ihren nächsten Verwandten auf dem Festlande nur durch eine weitere Entwickelung der Kennzeichen unterschieden sind, durch welche sich die ostafrikanischen Lokalrassen von den westafrikanischen zu unterscheiden pflegen.

Der geographischen Lage wird also in mehreren Fällen von den Charakteren der in den respectiven Subregionen auftretenden Tagfalterformen in der Weise entsprochen, dass die westafrikanischen Formen den einen Endpunkt und die madagaskarischen den anderen bilden und die süd- und ostafrikanischen Formen mitten zwischen beiden stehen.

4. Die westafrikanische Subregion.

Das zoogeographische Gebiet, das wir als die westafrikanische Subregion bezeichnen wollen, beginnt in Nordwest ungefähr bei 10° nördl. Breite und erstreckt sich längs der Westküste südwärts wenigstens bis zu 10 südl. Breite oder etwas südlicher. Zwischen

Sierra Leone und Old Calabar ist seine Ausbreitung in das Land hinein wenig bekannt. Sicher ist es indessen, dass es hier nicht bis an die Sahara, d. h. bis an die Nordgrenze der æthiopischen Region hinaufreicht, sondern von einem breiten Gebiete der ostafrikanischen Subregion begrenzt wird, das sich vom Nil am südlichen Rande der Sahara entlang bis an Senegal hin erstreckt. Die Stationen Bismarckburg im Togolande und Lokoja an der Mündung des Benueflusses in den Niger sind leider die einzigen Stellen im Innern, von wo die Tagfalterfauna etwas besser bekannt ist. Obschon diese Plätze verhältniss-

Fig. 40. Kartenskizze, die Ausdehnung der Subregionen darstellend. Die westafrikanische Subregion ist schwarz, die südafrikanische heller grau und die ostafrikanische weiss.

mässig nahe an der Küste liegen und eine in der Hauptsache völlig westafrikanische Tagfalterfauna haben, zeigt sich doch hier schon die eine oder andere Art, die eigentlich nicht der westafrikanischen Subregion angehört, sondern offenbar von der auf der Nordseite sich hereinschiebenden ostafrikanischen Subregion herstammt. Von solchen Formen mögen besonders *Charaxes epijasius*, welche Art sowohl bei Bismarckburg, wie bei Lokoja angetroffen worden ist, *Mycalesis desolata* und *Acræa encedon* var. *daira* genannt werden. Die letztgenannte Form ist vielleicht so weit am Niger hinauf gefangen worden, dass sie nicht zur westafrikanischen Subregion hinzuführen ist. Das Wahrscheinlichste ist es wohl, dass die Bergketten und das Hochland, die im Innern die Grenze zwischen dem Wassergebiet der Küstenflüsse und des Nigers bilden und sich von Sierra Leona bis in die Nähe von Lokoja erstrecken, auch die natürliche Grenze zwischen den beiden Subregionen bilden. Die Lösung dieser Frage muss, nachdem sich die französische Republik zum Herren über den grössten Theil dieses Grenzgebietes gemacht hat, das in faunistischer Hinsicht eines der am wenigsten bekannten in Afrika ist, Ehrensache der französischen Forscher sein.

Von Old Calabar erstreckt sich die westafrikanische Subregion mit Sicherheit durch das Innere von Kamerun über Yaunde bis Songo und Mokoange am grossen Bogen des Ubangiflusses und von dort längs des Ubangi (Bangasso und Sassa) und seiner Nebenflüsse bis Niam Niam, Monbuttu und in die Gegend des Albert Nyanza. Auch hier haben wir nördlich dieser durch Deutsche und Belgier untersuchten Punkte ein hinsichtlich der Tagfalterfauna vollständig unbekanntes französisches Territorium. Die westafrikanische Subregion dehnt sich hier ohne Zweifel so weit nach Norden aus, wie Ubangis Wassersystem reicht. Dagegen dürfte es sehr ungewiss sein, ob der Sharifluss und der Tsadsee der westafrikanischen Subregion angehören oder nicht. Vom Albertsee biegt die Grenze der westafrikanischen Subregion nach Süden ab, folgt dann dem Semlikifluss bis an den Albert Eduardsee und von hier ab dem westlichen Rande des tiefen Spaltenthales, in dessen Grunde der Kivu- und der Tanganikasee gelegen sind, bis an die Südspitze des Tanganika. Hier biegt die Grenze nach Westen um und folgt dann der Wasserscheide zwischen den südlichen Nebenflüssen des Congo und dem Zambesi, um sich schliesslich in nordwestlicher Richtung zwischen den Quellen des Kunene, Okavango und Kuanza hinzuziehen, bis sie nahe an 10° südl. Br. die Westküste erreicht. An diese grosse westafrikanische Subregion schliesst sich auch beinahe ganz das kleine interessante Uebergangsgebiet an, das zwischen dem Albert Nyanza und dem Victoria Nyanza liegt und im Osten vom Nil, im Süden vom Kagerafluss und im Westen von dem ebenerwähnten merkwürdigen Spaltenthal zwischen dem Albert Eduard See und der Nordspitze des Tanganika begrenzt wird. Zu diesem Gebiet gehören in erster Reihe Uganda, Unjoro mit dem Ruwenzoriberge und Ankole. Die Tagfalterfauna ist in diesem Uebergangsgebiet in wesentlichem Grade westafrikanisch, aber doch mit einem Theil ostafrikanischer Elemente, die sich anderorts innerhalb der westafrikanischen Subregion nicht wiederfinden, untermischt. Dasselbe gilt auch, nach Emin Paschas Untersuchungen, von gewissen Theilen der Aequatorialprovinz.

Die Grenzen der westafrikanischen Subregion können also im Grossen und Ganzen schon jetzt mit ziemlicher Genauigkeit gezogen werden. Die näheren Details, insonderheit an der nördlichen Grenze, müssen jedoch der Zukunft überlassen bleiben.

Von den 128 Gattungen und 1613 Arten der Tagfalter der æthiopischen Region kommen nicht weniger als 100 Gattungen (= 78,1 Proc.) und 982 Arten (= 60,9 Proc.) in der westafrikanischen Subregion vor. Von diesen sind 31 Gattungen und 760 Arten bisher nicht ausserhalb der westafrikanischen Subregion (das ebenerwähnte Grenzgebiet einberechnet) gefunden worden. Noch schärfer tritt die Eigenthümlichkeit der westafrikanischen Subregion hervor, wenn man in Betracht zieht, dass von den endemischen Gattungen 63 (= 73,2 Proc.) mit 535 Arten (= 74 Proc.) in ihr repräsentirt sind. Die Anzahl der den endemischen Gattungen angehörenden Arten übersteigt also die Anzahl der den nicht endemischen Gattungen angehörenden (147) um 88, während in den übrigen Subregionen die Arten der nicht endemischen Gattungen denjenigen der endemischen bedeutend an Zahl überlegen sind. Beinahe alle die Gattungstypen, welche die æthiopische Region in erster Reihe charakterisiren, sind also in West-Afrika zusammengedrängt, sodass die anderen Regionen an eigenthümlichen Formen verhältnissmässig arm sind.

Die für die westafrikanische Subregion eigenthümlichen Gattungen sind: *Vanessula*, *Mesoxantha*, *Pseudoneptis*, *Cymandra*, *Harmilla*, *Euryphædra*, *Diestogyna*, *Pseudathyma*, *Mimuna*, 15 Gattungen von den *Liptenina* (d. h. alle ausser *Alæna*, *Durbania*, *Pentila*, *Mimacræa*, *Teriomima* und *Deloneura*), *Megalopalpus*, *Pseudaletis*, *Oxylides*, *Dapidodigma*, *Zeritis*, *Cupidesthes* und *Pseudopontia*. Die meisten dieser Gattungen sind zwar klein oder gradezu monotypisch, aber auch die grossen, artenreichen Gattungen wie *Pseudacræa*, *Euphædra*, *Euryphene*, *Cymothoe*, *Jolaus* u. a. haben die Hauptmasse ihrer Arten in West-Afrika und sind in den anderen Subregionen nur durch wenige Formen vertreten.

Wenn man die ungeheure Verschiedenheit sieht, die sich zwischen der westafrikanischen und der ostafrikanischen Subregion, obwohl die letztere beinahe an allen Seiten unmittelbar an die erstere grenzt, findet, stellt man sich unwillkürlich die Frage: Worauf beruht diese tief eingreifende Verschiedenheit zwischen diesen beiden Subregionen? Die Ursachen können zweierlei Art sind. Entweder kann der Unterschied durch die verschiedenen Verhältnisse erklärt werden, die jetzt in West- und Ost-Afrika herrschen, oder auch beruht er auf Verhältnissen, die früher hier herrschend gewesen sind und den Grund zu dieser heute noch bestehenden Verschiedenheit gelegt haben.

Im Grossen gesehen hat die westafrikanische Subregion ein viel feuchteres Klima und eine grössere Niederschlagsmenge als die anderen Theile von Afrika. Die Vegetation wird dadurch viel üppiger, und grosse Strecken, wenn auch bei weitem nicht das ganze Gebiet, sind mit einem zusammenhängenden dichten Urwald bekleidet. Ihr Maximum erreicht die Niederschlagsmenge in Sierra Leone und in Kamerun, in welchen Gebieten sie stets 200 Cm. übersteigt und sich bis auf 900 Cm. belaufen kann. Es ist eine ganz natürliche Sache, dass die Waldschmetterlinge, zu denen beinahe alle Gattungen der Gruppe der Nymphalidi gehören, in solchen Gegenden gut entwickelt sind. Sie scheinen auch ihr Centrum im Kamerungebiet zu haben. In vielen Theilen von Ost-Afrika, namentlich aber in Mossambique und auf Madagaskar, ist indessen der Niederschlag wenigstens ebenso reichlich, wie im Congogebiet, und gut entwickelter Urwald tritt hier ebenfalls auf. Dessen ungeachtet ist die Fauna an diesen Stellen nicht west-, sondern ostafrikanisch, und die Anzahl der Waldschmetterlinge, die hier auftreten, gering. Bemerkenswerth ist es auch, dass die Lokalrassen in den regenreicheren Theilen von Ost-Afrika denselben ausgeprägten ostafrikanischen Typus wie in den trockenen Gegenden beibehalten und keine Tendenz zeigen, in die westafrikanische Formen überzugehen.

Hieraus scheint mir hervorzugehen, dass das feuchte Klima von West-Afrika für die Verschiedenheit der beiden Faunen keine genügende Erklärung zu geben vermag, obschon es sicher zur Vergrösserung dieser Verschiedenheit beiträgt und es auch den grösseren Reichthum an Formen innerhalb der westafrikanischen Subregion erklären kann. Ohne Zweifel muss sich für diese grosse Verschiedenheit der beiden Subregionen auch ein historischer Grund finden. Unsere Kenntniss der Geschichte des afrikanischen Festlandes ist indessen noch allzu unbedeutend, um uns hierbei einen bestimmten Fingerzeig geben zu können. Die faunistische Verschiedenheit der Subregionen dürfte indessen für künftige Forschungen hinsichtlich der Geologie Afrikas ihre Bedeutung haben.

Tab. 9.

Die Verbreitung der Tagfalter innerhalb der westafrikanischen Subregion.

Familien und Unter-familien.	Sierra Leona und Liberia.		Ashanti und Togo.		Dahomey bis Niger.		Old Calabar und Kamerun.		Gabun.		Congogebiet.		Angola.	
	Gattungen.	Arten.	Gattungen.	Arten.	Gattungen.	Arten.	Gattungen.	Arten.	Gattungen.	Arten.	Gattungen.	Arten.	Gattungen.	Arten.
Danaididæ	2	5	2	7	2	1	2	13	2	10	2	10	2	5
Satyridæ	5	23	6	29	2	5	6	32	6	31	6	31	5	16
Nymphalidæ:														
Acræinæ	2	15	2	27	2	11	2	40	2	21	2	51	2	25
Nymphalinæ:														
Argynnididi	2	3	1	2	1	1	2	3	2	2	2	2	1	1
Vanessidi	6	20	7	20	4	9	7	25	6	17	7	31	7	25
Eurytelidi	5	6	5	6	1	1	5	7	5	6	4	6	1	5
Eunicidi	1	3	1	1	1	1	1	1	1	1	1	5	1	1
Marpesiidi	1	1	1	1	—		1	1	—	—	1	1	—	—
Neptididi	1	5	1	8	1	1	1	13	1	11	1	13	1	8
Nymphalidi	12	18	12	19	6	17	15	123	13	67	12	91	10	31
Charaxidi	3	27	3	32	1	11	3	41	2	28	3	38	2	33
Libytheidæ	1	1	1	1	1	1	1	1	1	1	1	1	1	1
Lemoniidæ.	1	1	1	1	—		1	1	—	—	1	5	1	3
Lycænidæ:														
Lipteninæ	11	29	11	24	8	11	16	80	16	79	12	33	8	11
Lycæninæ	12	67	13	55	12	29	14	84	13	77	11	59	11	16
Pieridæ . .	9	23	8	25	8	23	10	58	8	23	9	39	10	31
Papilionidæ	1	16	1	21	1	8	1	27	1	21	1	27	1	17
Summe	75	293	76	307	51	126	88	533	79	398	76	446	67	268

Eine Sache verdient jedoch ganz besonders hervorgehoben zu werden. In dem gelinde brackigen Wasser des Tanganikasees lebt eine Fauna, die eine deutliche Verwandtschaft mit der Meeresfauna zeigt und völlig von der Fauna der Süsswasserseen verschieden ist. Medusen und Schneckenthiere finden sich hier, die offenbar nahe mit Meeresformen verwandt sind. Aus diesem Grunde lässt es sich nicht bezweifeln, dass dieser See ehemals mit dem Meere in directer Verbindung gestanden hat. Es ist auch wahrscheinlich, dass diese Verbindung das tropische Ost-Afrika mehr oder weniger vollständig von West-Afrika abgeschnitten hat, wodurch für die Verschiedenheit der beiden

Subregionen eine historische Erklärung gegeben ist. Die historische Erklärung braucht jedoch nicht nur hierin zu liegen. Es kann auch möglich sein, dass die klimatischen Verhältnisse in den Grenzgebieten früher solche gewesen sind, dass sie in einem viel höheren Grade als jetzt einen Austausch der Formen zwischen West- und Ost-Afrika verhindert haben. Gegenwärtig müssen wir uns mit diesen dürftigen Andeutungen begnügen. In Zukunft wird es den Geologen und Biologen im Verein ohne Zweifel gelingen, eine sichrere Darstellung dieses interessanten Verhältnisses zu geben.

Um das Merkwürdige in der grossen Verschiedenheit dieser zwei so unmittelbar an einander grenzenden Faunen deutlicher zu beleuchten, will ich hier nur daran erinnern, dass Nord-Afrika, das doch durch das Mittelländische Meer von Europa getrennt ist, nur eine einzige Tagfaltergattung besitzt, die sich nicht im südlichen Europa wiederfindet, und nur fünf Gattungen aufweisen kann, die nicht auch in Skandinavien leben. West-Afrikas Tagfalterfauna unterscheidet sich also von Ost-Afrikas viel mehr als Schwedens von Algiers.

Es würde schliesslich erübrigen zu untersuchen, wie die Arten und Gattungen in der westafrikanischen Subregion vertheilt sind. Die verschiedenen Theile dieses Gebietes sind indessen in einem so äusserst verschiedenen Grade untersucht, dass es gegenwärtig nicht die Mühe verlohnt, sie mit einander zu vergleichen. Ich beschränke mich deshalb darauf, auf die obenstehende Tabelle (Tab. 9) hinzuweisen, welche zeigt, wie viele Gattungen und Arten von den verschiedenen Theilen der westafrikanischen Subregion bekannt sind.

5. Die südafrikanische Subregion.

Die südafrikanische Subregion kann noch nicht mit voller Genauigkeit begrenzt werden und geht im Osten wahrscheinlich ohne scharfe Grenze in die ostafrikanische über. So viel man gegenwärtig weiss, dehnt sie sich an der Westküste bis an die Grenze der westafrikanischen Subregion hinauf, wodurch sie also die ostafrikanische Subregion vollständig von der Westküste Afrikas abschneidet. In dem Innern dürfte die Grenze gegen die ostafrikanische Subregion längs des Okavango (Kubango) bis Ngami, von hier in einem grossen Bogen ostwärts bis nach dem Mashunalande, dann westwärts zurück bis an den Limpopo und hernach längs dieses Flusses bis an die Ostküste gezogen werden können (Vergl. Fig. 10). THIMEX hat in seinem berühmten Werke über die Tagfalter Süd-Afrikas als die nördliche Grenze der südafrikanischen Subregion den Wendekreis angenommen. Diese Grenze scheint mir an der Ostküste ganz natürlich zu sein, trennt an der Westküste aber von Süd-Afrika ein grosses Gebiet ab, das in faunistischer Hinsicht zur südafrikanischen Subregion zu gehören scheint.

Eigenthümlich für die südafrikanische Subregion sind die Gattungen *Meneris, Cocuyra (Pseudonympha), Durbania, Deloneura, Desmolycæna, Phasis, Erikssonia* und *Arrugia*. Von diesen sind namentlich die artenreichen Gattungen *Pseudonympha* und *Phasis* charakteristisch, und ich glaube, dass ihre Verbreitung als für die Begrenzung der südafrikanischen Subregion bestimmend betrachtet werden kann, weshalb ich die Grenzen derselben im Innern weiter nach Osten gezogen habe, sodass sie auch das Matabele- und

Mashunaland umfasst. Von diesen beiden Gattungen besitzt *Phasis* keine nahen Verwandten in Ost-Afrika, während *Pseudonympha* in diesem Gebiete durch die ihr sehr nahe stehende Gattung *Neocoenyra* repräsentirt ist. Zu den für Süd-Afrika eigenthümlichen Gattungen kann, da der Vergleich nur dem Festlande gilt, auch *Leptoneura*, die nur noch auf Madagaskar vorkommt, gezählt werden. Auch von *Pseudonympha* soll, nach MABILLE, eine Form auf Madagaskar vorkommen.

Von endemischen Gattungen finden sich in Süd-Afrika 10 mit 125 Arten, während die nicht endemischen durch 236 Arten, auf 31 Gattungen vertheilt, vertreten sind. Im Ganzen finden sich also in dieser Subregion 71 Gattungen mit 361 Arten. Von den Gattungen sind 9, also 12,6 Proc., von den Arten 127, also 35 Proc., für die südafrikanische Subregion eigenthümlich. In Bezug auf eigenthümliche Gattungstypen steht mithin Süd-Afrika West-Afrika am nächsten, in Bezug auf eigenthümliche Arten aber unter allen Subregionen am niedrigsten. Von den für die südafrikanische Subregion eigenthümlichen Arten gehören 74 zu den endemischen und 53 zu den nicht endemischen Gattungen.

Die südafrikanische Subregion zeichnet sich vor allem durch ihren Reichtum an Formen aus, die der Unterfamilie der Lycaeninae angehören. Diese Formen machen nämlich in dieser Subregion 40,4 Procent der Tagfalterfauna aus, während sie in West-Afrika 21,4, in Ost-Afrika 25 und auf Madagaskar nur 14,6 Procent derselben betragen. Hierauf folgen die Unterfamilie der Nymphalinae mit 65 Arten (= 18 Proc.), die Familie der Pieridae mit 48 Arten (= 13,3 Proc.), die Unterfamilie der Acraeinae mit 36 Arten (= 10 Proc.) und die Familie der Satyridae mit 34 Arten (= 9,4 Proc.).

Andererseits zeichnet sich die südafrikanische Subregion, wenn sie mit der westafrikanischen verglichen wird, durch ihre Armuth an Formen der Lipteninae und der Nymphalidi aus. Die Lipteninae machen in West-Afrika 16,8, in Süd-Afrika aber nur 3,6 Proc. und die Nymphalidi in West-Afrika 19, in Süd-Afrika aber nur 2,2 Procent der ganzen Tagfalterfauna aus.

Die südafrikanische Subregion hat mit West-Afrika 116 Arten, von denen jedoch, ausser 12, alle auch in Ost-Afrika zu finden sind, mit Ost-Afrika 218 und mit Madagaskar nur 53 Arten gemeinsam. Sie schliesst sich also am nächsten an die ostafrikanische Subregion an.

Die klimatischen Verhältnisse sind in der südafrikanischen Subregion sehr wechselnd. Längs der Küste vom Kuneneﬂuss bis zum Oranjeﬂuss, im nördlichen Theil des Kaplandes und im nördlichen Theil des Betschuanalandes (Kalahari) findet sich ein sehr geringer oder beinahe gar kein Niederschlag, weshalb die Vegetation und die Tagfalterfauna hier sehr arm sind. In den übrigen Theilen des Gebietes findet sich dagegen ein deutlicher Unterschied zwischen einer Regen- und einer Trockenzeit. Am reichsten ist der Niederschlag an der Westküste von der Algoa Bay bis in die Gegend der Delagoa Bay hinauf. Dort hat Süd-Afrika sein Waldgebiet, und dort ist auch die Tagfalterfauna viel reicher als anderwärts im Gebiete, ohne jedoch in wesentlichem Grade das Gepräge zu verlieren, welches für das Gebiet im Ganzen auszeichnend ist.

In Betreff näherer Angaben über die Verbreitung der Tagfalter Süd-Afrikas bitte ich auf TRIMENS ausgezeichnetes Werk (Literaturverz. N:o 24) und auf folgende Tabelle verweisen zu dürfen.

Tab. 10.

Die Verbreitung der Tagfalter innerhalb der südafrikanischen Subregion.

Familien, Unterfamilien und Gruppen.	Deutsch Südwest-Afrika.		Kap Kolonie und Kaffernland.		Natal bis Delagoa Bay und Transvaal.		Betchuanaland bis Mashuna.	
	Gattungen.	Arten.	Gattungen.	Arten.	Gattungen.	Arten.	Gattungen.	Arten.
Danaididæ	1	1	2	3	2	6	2	2
Satyridæ	4	4	6	21	11	19	6	8
Nymphalidæ:								
Acræinæ	1	12	3	11	3	25	1	18
Nymphalinæ:								
Argynnididi	—	—	1	1	2	3	—	—
Vanessidi	1	8	5	10	6	20	5	14
Eurytelidi	1	1	2	2	2	4	—	—
Eunicidi	1	2	1	1	1	4	—	—
Marpesidi	—		—		—		—	
Neptididi	1	1	1	1	1	3	1	1
Nymphalidi	2	2	1	1	4	7	2	2
Charaxidi	1	5	1	8	2	17	1	13
Libytheidæ . . .				—	1	1	1	1
Lemoniidæ				—	—	—		
Lycænidæ:								
Lipteninæ	1	1	3	4	1	6	4	8
Lycæninæ	10	40	16	91	17	105	15	42
Pieridæ	9	24	9	31	10	41	8	22
Papilionidæ	1	3	1	7	1	12	1	4
Summe	37	104	52	192	67	273	47	135

6. Die ostafrikanische Subregion.

Diese Subregion umfasst den übrigen Theil des afrikanischen Festlandes, welches der æthiopischen Region angehört, sowie Arabiens Westküste vom nördlichen Wendekreis südwärts (vergl. Seite 9). Ausserdem ist hierher ohne Zweifel auch die Insel Sokotra zu zählen.

In der ostafrikanischen Subregion giebt es 77 Gattungen von Tagfaltern mit 535 Arten, von denen 41 Gattungen (= 53,2 Proc.) mit 141 Arten (= 26,4 Proc.) zu den endemischen Gattungen der æthiopischen Region und 36 Gattungen (= 46,8 Proc.) mit 394 Arten (= 73,6 Proc.) zu den nicht endemischen Gattungen gehören. Beinahe drei Viertheile von den Arten der Subregion gehören also solchen Gattungen an, die sich auch ausserhalb der æthiopischen Region finden.

Eigenthümlich für diese Subregion sind nur zwei Gattungen, *Aphysoneura* und *Calopieris*, jede mit nur einer bekannten Art. Die Anzahl der für die Subregion eigenthümlichen Arten ist dagegen ziemlich gross und beläuft sich auf 229, d. h. 42,9 Proc. Von diesen 229 Arten gehören 161 den nicht endemischen und nur 68 den endemischen Gattungen an. Ost-Afrika unterscheidet sich also in dieser Hinsicht wesentlich nicht nur von West-Afrika, sondern auch von Süd-Afrika, denn in diesen Subregionen gehört der grössere Theil der für dieselben eigenthümlichen Arten den endemischen Gattungen an.

Auch in Ost-Afrika ist die Unterfamilie der *Lycæninæ* die artenreichste Gruppe und zählt hier 134 Arten, welche 25 Proc. der ganzen Tagfalterfauna der Subregion ausmachen.. Nach den Lycæninæ kommen die *Nymphalinæ* mit 119 Arten (= 22,4 Proc.), die *Pieridæ* mit 104 Arten (= 19,4 Proc.), die *Acræinæ* mit 65 Arten (= 12,1 Proc.) und die *Satyridæ* mit 46 Arten (= 8,6 Proc.). Ost-Afrika kann als die Subregion der Pieriden bezeichnet werden. Diese sind nämlich hier nicht nur relativ, sondern auch absolut zahlreicher als in irgend einer der anderen Subregionen. Danach kommen Madagaskar mit 17,3 Proc. (37 Arten), Süd-Afrika mit 13,3 Proc. (48 Arten) und West-Afrika mit nur 8,1 Proc. (80 Arten).

Hinsichtlich des Verhältnisses zu den anderen Subregionen schliesst sich die ostafrikanische am nächsten an die südafrikanische an, indem sie mit derselben 218 Arten (46 endemischen und 172 nicht endemischen Gattungen angehörend) gemeinsam besitzt. Mit West-Afrika hat sie 206 Arten (46 endemischen und 160 nicht endemischen Gattungen angehörend) und mit der madagaskarischen Subregion 54 Arten (5 endemischen und 49 nicht endemischen Gattungen angehörend) gemeinsam. Ausser diesen Arten besitzt Ost-Afrika 12, die sich auch ausserhalb der æthiopischen Region, aber nicht anderwärts in derselben finden.

Die ostafrikanische Subregion bietet hinsichtlich der klimatischen Verhältnisse, des Niederschlages, der Höhe über dem Meere, der Beschaffenheit des Bodens, der Vegetation u. s. w. von allen Subregionen die grösste Abwechselung dar. Von den trockenen wüstenähnlichen Gebieten in Somaliland, in Nubien, längs des südlichen Randes der Sahara und in Arabien finden sich alle möglichen Uebergänge zu dem rein tropischen Urwalde. Dieser ist jedoch in Ost-Afrika viel seltener als in West-Afrika und bekleidet hier nur kleinere und von einander isolirte Gebiete. Namentlich tritt er kräftig entwickelt längs den Flüssen und auf den Abhängen der höheren Berge, z. B. des Kilimanjaro und des Kenia, auf, wo er in einer Höhe von 2,000 bis 3,000 Meter über dem Meere sehr dicht ist. In der Regel findet sich überall in Ost-Afrika ein ausgeprägter Unterschied zwischen Regenzeit (eine oder zwei) und Trockenzeit, so dass wenigstens ein Monat des Jahres ganz regenfrei ist. In dem zwischen dem Victoria Nyanza und dem Semlikifluss belegenen Uebergangsgebiet (vergl. S. 515) regnet es indessen in allen Monaten, obschon der Niederschlag nicht ungewöhnlich gross ist. Dieses Gebiet, das sich hinsichtlich seiner Tagfalterfauna nahe an West-Afrika anschliesst, ist also auch in Bezug auf den Niederschlag der westafrikanischen Subregion ähnlicher als der ostafrikanischen.

Es ist ganz natürlich, dass die grossen lokalen Verschiedenheiten in der ostafrikanischen Subregion auch auf die Tagfalterfauna einwirken. Diese ist in den trockenen und offenen Gebieten entschieden ärmer und zeigt dort ein viel deutlicheres ostafrikanisches Gepräge als in den feuchteren und mehr schattigen Gebieten, ohne jedoch in diesen die Hauptzüge zu verlieren, die sie unter allen Verhältnissen von der westafrikanischen unterscheiden. Eine genaue Vergleichung der Unterabtheilungen der Subregion wird sicher, wenn sie einmal ausgeführt werden kann, das grösste Interesse darbieten. Gegenwärtig ist unsere Kenntniss von grossen Strecken so mangelhaft, dass ich von einer solchen Vergleichung absehen und mich damit begnügen muss, auf Tabelle 11 hinzuweisen, welche zeigt, was bis jetzt von der Verbreitung der Tagfalterfauna in Ost-Afrika bekannt ist.

Obschon die hier angeführten Zahlen ohne Zweifel durch fortgesetzte Untersuchungen eine nicht unbedeutende Veränderung erfahren werden, so wird dieses doch auf ihre gegenseitige Grösse wenig oder gar nicht einwirken. Es verdient deshalb, hier hervorgehoben zu werden, dass die Kennzeichen, die für die Subregion am meisten auszeichnend sind, immer schärfer und deutlicher hervortreten, je weiter nach Osten oder Nordosten im Gebiete man kommt. Die Pieriden, die noch im portugisischen Südost-Afrika und in Nyassaland weniger zahlreich als die Lycæninen sind und sich nur auf resp. 19,3 und 16,9 Proc. der Tagfalterfauna belaufen, treten schon in Deutsch Ost-Afrika zahlreicher als die Lycæninen auf, nehmen in Brit. Ost-Afrika noch mehr an Zahl zu, sodass sie auch die Nymphalinen an Zahl übertreffen, und erweisen sich in den übrigen Gebieten (ausser auf Sokotra) als die artenreichste Gruppe. Gleichzeitig nehmen die Nymphalinen, namentlich die westafrikanischen Nymphalidi, und die Lipteninæ höchst bedeutend an Zahl ab. Die Lipteninæ sind in Somaliland nur durch eine einzige Art vertreten und fehlen in Abyssinien, Nubien, Arabien und auf Sokotra ganz, und ebenso zeigen sich die Nymphalidi in dem ganzen Gebiete östlich und nordöstlich von Brit. Ost-Afrika nur durch eine einzige Art, *Hamanumida dædalus*, repräsentirt, die übrigens noch nicht in Nubien oder auf Sokotra angetroffen worden ist.

In Zusammenhang hiermit verschwinden die endemischen Gattungen nach Osten hin schnell. Es zeigt sich nämlich bei einem Vergleich der einzelnen Gebiete, dass Portug. Südost-Afrika 26, Nyassaland 23, Deutsch Ost-Afrika 33, Britisch Ost-Afrika 28, Somaliland 11, Abyssinien 12, Nubien 5, Arabien 2 und Sokotra keine solche Gattung besitzt.

Arabien, der äusserste Vorposten der æthiopischen Region gegen Osten, besitzt also nur zwei endemische Gattungen, *Hamanumida* und *Jolaus;* alle seine übrigen Gattungen finden sich auch in der indomalayischen Region. Von den Arten sind 21 rein æthiopisch wogegen die übrigen 22 (= 51,2 Proc.) unverändert oder als wenig abweichende Lokalrassen auch in der indomalayischen oder im südlichsten Theile der palæarktischen Region vorkommen. Die in Arabien vorkommenden endemischen Arten sind: *Precis clelia, limnoria, chorimene* ab. *orthosia; Hamanumida dædalus; Jolaus Nursei; Deudorix livia; Lycænesthes amarah; Cupido lingens, malathana, contractus; Pieris severina; Teracolus gaudens* var. *arenicoleus, halimede, phisone, protomedia, erippe, evagore; Eronia Buqueti; Catopsilia florella, Terias senegalensis* var. und *Papilio demodocus.* Die meisten dieser Arten sind allgemein in der ganzen æthiopischen Region, doch finden sich einige, wie z. B. *Precis limnoria, Deudorix livia* und die drei erstgenannten *Teracolus*-Arten, nur noch in den östlichsten Theilen von Afrika, und dann gewöhnlich als offenbare Lokalrassen. *Jolaus Nursei, Cupido contractus* und *Teracolus evagore* sind bis jetzt nicht ausserhalb

Tab. II.

Die Verbreitung der Tagfalter innerhalb der ostafrikanischen Subregion.

Familien, Unterfamilien und Gruppen.	Portug. Ost-Afrika Gattungen	Arten	Nyassa-Land. Gattungen	Arten	Deutsch Ost-Afrika Gattungen	Arten	Brit Ost-Afrika. Gattungen	Arten	Somali-Land. Gattungen	Arten	Abyssinien. Gattungen	Arten	Nubien. Gattungen	Arten	Arabien. Gattungen	Arten	Sokotra. Gattungen	Arten
Danaididae . .	2	1	2	9	2	10	2	8	1	3	2	5	1	2	1	2	1	1
Satyridae . .	8	11	7	11	8	19	7	14	1	6	5	9	3	3	2	2	1	1
Nymphalidae	21	73	20	97	28	123	25	92	8	15	13	41	4	6	5	9	6	6
Acraeinae . . .	2	21	2	32	3	42	3	36	2	3	2	9	1	2			1	1
Nymphalinae	19	49	18	65	25	81	22	56	6	12	11	32	3	4	5	9	5	5
Argynnidi	1	1	1	1	1	1	3	1	3	5	—	—	2	3				
Vanessidi	5	19	6	21	5	26	7	21	3	7	5	11	3	1	3	7	3	3
Eurytelidi	2	3	2	3	3	6	3	5	1	1	1	1	—		1	1	1	1
Ennicidi	1	3	1	3	1	2	—	—	—		—	—			—			
Marpesiidi .		—	—				—	—	—		—	—			—			
Neptididi .	1	3	1	2	1	5	1	2	—		1	2						
Nymphalidi	7	8	6	7	10	16	6	8	1	1	1	1	—		1	1		
Charaxidi	2	11	1	25	2	22	2	15	1	3	1	11	—		—		1	1
Libytheidae . .	1	1			—		—		—		—		—		—		—	
Lemoniidae		—																
Lycaenidae	13	49	12	50	14	55	12	50	11	37	9	30	4	15	4	13	1	2
Lipteninae	2	2	2	5	3	8	3	8	1	1	1	1	—		—			
Lycaeninae . . .	11	17	10	45	11	47	9	12	10	36	9	30	4	15	4	13	1	2
Pieridae	10	37	10	37	10	58	10	61	10	12	9	34	9	25	5	16	3	3
Papilionidae	1	17	1	15	1	25	1	17	1	5	1	3	1	1	1	1	1	1
Summe	56	191	52	249	63	291	55	242	35	108	39	122	22	52	18	43	13	14

Arabiens gefunden worden; sie sind also die einzigen für Arabien eigenthümlichen Arten, die man gegenwärtig kennt. Die erstgenannte Art fällt jedoch möglicherweise mit *J. tajoraca* von Somaliland zusammen und die letztgenannte steht ein paar Arten von Ost-Afrika so äusserst nahe, dass sie wahrscheinlich mit ihnen zusammengeschlagen werden muss. Möglich ist es indessen auch, dass sich *C. contractus* als mit irgend einer indo-malayischen Art identisch erweist. Arabien ist also, wie alle Grenzgebiete, äusserst arm an eigenthümlichen Typen.

7. Die madegassische Subregion.

Diese Subregion besteht ausschliesslich aus Inseln und umfasst Madagaskar, Bourbon, Mauritius, Rodriguez, Albatros und einige andere kleine Inseln nördlich der Maskarenen, die Comoren, die Insel Gloriosa, die Aldabra-Insel, die Amiranten und die Seychellen. In geographischer Hinsicht ist also diese Subregion durch das Meer gut von den anderen Subregionen getrennt, aber auch in scharf begrenzte Unterabtheilungen getheilt.

Im Ganzen besitzt diese Subregion 228 Arten, die auf 51 Gattungen vertheilt sind. Eigenthümlich für diese Subregion sind nur 4 Gattungen (= 8,1 Proc.), aber 165 Arten (= 72,3 Proc.). In hohem Grade beachtenswerth ist es indessen, dass von diesen 165 für diese Subregion eigenthümlichen Arten nur 18 (= 10,9 Proc.) den endemischen Gattungen angehören und dass von den endemischen Gattungen in der Subregion nur 18 durch zusammen 25 Arten repräsentirt sind.

Obschon also die madegassische Subregion, was die Anzahl der für sie eigenthümlichen Arten (72,3 Proc.) anbetrifft, sehr hoch steht und am nächsten an der westafrikanischen liegt, so hat sie doch ein von dem dieser Region vollständig verschiedenes Gepräge. In West-Afrika gehört den endemischen Gattungen nicht nur der grössere Theil der Arten im allgemeinen, sondern auch der grössere Theil der für die Subregion eigenthümlichen Arten an. In der madegassischen Subregion spielen die endemischen Gattungen dagegen eine ganz untergeordnete Rolle, in dem 89 Proc. der Arten der Subregion nicht endemischen (indomalayischen) Gattungen angehören.

Die madegassische Subregion verdient die Subregion der Satyriden genannt zu werden. Diese Familie tritt hier nämlich mit 55 Arten auf und macht also 24,1 Proc. der Tagfalterfauna aus, während in Süd-Afrika nur 9,4 Proc., in Ost-Afrika 8,6 Proc. und in West-Afrika nicht mehr als 6,3 Proc. der Tagfalterfauna Satyriden sind. Von anderen grösseren Gruppen sind in der madegassischen Subregion die Nymphalinæ durch 55 Arten (= 24,1 Proc.), die Pieridæ durch 37 Arten (= 16,2 Proc.), die Lycænidæ durch 32 Arten (= 14 Proc.) und die Acræinæ durch 18 Arten (= 7,9 Proc.) vertreten.

Die Lipteninen fehlen vollständig in dieser Subregion und die Gruppe der Nymphalidi zählt hier nur zwei Gattungen und drei Arten. Dagegen sind hier die Marpesiidi und die Lemoniidi, die in Süd- und Ost-Afrika gänzlich fehlen, durch je eine Art vertreten.

Für die Subregion eigenthümlich sind die monotypischen Gattungen *Heteropsis*, *Smerina*, *Saribia* und *Trichiolaus*. Ausserdem giebt es hier eine indomalayische Gattung, *Euploea*, die in anderen Theilen der æthiopischen Region nicht repräsentirt ist. Von den übrigen 44 Gattungen finden sich 43 (von denen 3, *Apaturopsis*, *Cyrestis* und *Spalgis*, nicht in Süd- und Ost-Afrika gefunden worden sind) auch in West-Afrika, 42 in Ost-Afrika und 40 in Süd-Afrika. Von den Arten, welche die madegassische Subregion mit den anderen Subregionen gemeinsam hat, sind 59 in Ost-Afrika, 58 in Süd-Afrika und 50 in West-Afrika gefunden worden.

Die Gattungen und Arten, die für die madegassische Subregion und den übrigen Theil der æthiopischen Region gemeinsam sind, finden sich also beinahe alle über die ganze æthiopische Region verbreitet, und die madegassische Subregion schliesst sich kaum merkbar näher an Ost-Afrika, als an die anderen Subregionen an.

Andererseits hat man behauptet, dass Madagaskar eine grössere Uebereinstimmung mit dem südlichen Asien, als mit den anderen Theilen der æthiopischen Region zeige. Hinsichtlich der Tagfalterfauna findet sich jedoch nur ein einziger Umstand, der für eine solche Behauptung spräche, und dieses ist das Auftreten der Gattung *Euploea* in der madegassischen Subregion. Das Auftreten dieser indomalayischen Gattung wird jedoch mehrfach durch das Auftreten der 13 endemischen und der 32 nicht endemischen Gattungen aufgewogen, die Madagaskar mit der æthiopischen Region gemeinsam hat. Es kann deshalb, was die Tagfalterfauna anlangt, niemals bestritten werden, dass Madagaskar sich viel näher an Afrikas Festland, als an das südliche Asien anschliesst. Das grössere indomalayische Gepräge, das Madagaskars Tagfalterfauna wirklich hat, ist nämlich beinahe ausschliesslich von negativer Art und durch die Abwesenheit einer Anzahl der mehr charakteristischen, rein æthiopischen Formen oder die Armuth der Inseln an solchen Formen hervorgerufen. ·

Der grosse Reichtum, den Madagaskar und auch die anderen Inseln an eigenthümlichen Formen zeigen, giebt Zeugniss von dem hohen geologischen Alter und der langen Isolirung dieser Inseln.

Mehrere der kleinen Inseln sind in faunistischer Hinsicht sehr unvollständig untersucht oder noch ganz und gar unbekannt.

Eine Vergleichung dieser Inseln mit einander bietet jedoch viel von Interesse dar, und ich füge deshalb hier eine Tabelle (N:o 12) bei, welche zeigt, was wir von der Tagfalterfauna der einzelnen Inseln oder Inselgruppen wissen.

Tab. 12.   Die Verbreitung der Tagfalter auf den verschiedenen Inseln der madegassischen Subregion.

Familien, Unterfamilien und Gruppen.	Madagaskar.		Bourbon.		Mauritius.		Rodriguez.		Die Comoren.		Aldabra und Gloriosa.		Die Seychellen.	
	Gattungen	Arten	Gattungen	Arten	Gattungen	Arten	Gattungen	Arten	Gattungen	Arten	Gattungen	Arten	Gattungen	Arten
Danaididæ	3	5	2	2	3	3	2	2	2	2	1	1	2	2(+17)
Satyridæ . . .	7	51	2	2	2	2	1	1	2	2	—		1	1
Nymphalidæ : . .	20	69	7	7	7	7	2	2	7	14	3	3	2	3
Acræinæ . .	2	18	—		—		—		1	5			—	—
Nymphalinæ :	18	51	7	7	7	7	2	2	6	9	3	3	2	3
Argynnididi	2	3	1	1	1	1	—		1	1	1	1	1	2
Vanessidi	6	22	5	5	5	5	2	2	2	4	2	2	1	1
Eurytelidi	3	4	—		—		—		1	1			—	
Marpesidi	1	1	—		—		—						—	
Eunicidi	1	3	—		—		—		—		—		—	
Neptididi	1	5	1	1	1	1	—		1	2	—		—	
Nymphalidi	2	3	—		—		—		1	1			—	
Charaxidi	2	10	—		—		—						—	
Libytheidæ	1	2	—		1	1	—		—		—		—	
Lemoniidæ	1	1	—		—		—		—		—		—	
Lycænidæ . .	8	31	1	1	1	3	1	1	2	1	2	1	1	1
Lipteninæ	—		—		—		—		—		—		—	
Lycæninæ . .	8	31	1	1	1	3	1	1	2	1	2	1	1	1
Pieridæ	9	31	2	2	2	3	—		5	7	2	1	1	1
Papilionidæ	1	13	1	1	1	1	—		1	1	—		1	1
Summe .	50	206	15	18	17	20	6	6	19	33	8	12	8	12(+17)

Madagaskar ist in Zusammenhang mit seiner überwältigenden Grösse viel reicher
an Tagfaltern als die anderen Inseln und giebt dadurch der ganzen Subregion ihren Cha-
rakter. 50 Gattungen der Subregion und nicht weniger als 206 (= 90,3 Proc.) ihrer
Arten sind auf Madagaskar vertreten. Alle vier für die Subregion eigenthümlichen Gattungen und die Gruppen der Marpesiidi, Eunicidi, Charaxidi und Lemoniidæ sind auf
diese Insel beschränkt. Es ist jedoch wahrscheinlich, dass die Eunicidi und die Charaxidi
sich später auch auf den Comoren vertreten zeigen werden. Die Satyriden zählen auf
Madagaskar 54 Arten und machen also 26,2 Proc. seiner Tagfalterfauna aus, während sie
auf den anderen Inseln sehr gering an Zahl sind.

Madagaskar hat längs der Ostküste bis ungefähr in die Mitte der Insel ein sehr
feuchtes Klima mit einem reichlichen jährlichen Niederschlag. Dieser Theil der Insel ist
deshalb mit dichtem Urwald bewachsen und reich an Tagfaltern. Längs der Südwest-
küste ist der Niederschlag dagegen sehr unbedeutend, und es tritt dort deshalb eine
Schmetterlingsfauna auf, welche an die in den trockneren Theilen von Ost-Afrika vor-
kommende erinnert. MABILLE giebt an, dass einige bisher nur von Aden bekannte Formen
der Gattung *Teracolus* auf Madagaskar vorkommen. Die Richtigkeit dieser Angabe
wird aus guten Gründen von BUTLER bezweifelt. Wenn indessen die betreffenden Arten
wirklich auf Madagaskar vorkommen, so sind sie ohne Zweifel auf die trockensten Gegenden des südwestlichen Theiles der Insel beschränkt.

Bourbon hat keinen Repräsentanten einer endemischen Gattung. Die 18 Arten dieser
Insel finden sich ausser zweien, *Neptis dumetorum* und *Papilio phorbanta*,[1] alle auch auf
Madagaskar und 11 auf Afrikas Festland.

Mauritius. Obschon diese Insel weiter als Bourbon im Meere draussen liegt, scheint
sie doch reicher an Tagfaltern zu sein. Sie besitzt von ihnen nämlich 17 Gattungen
und 20 Arten. Von den Gattungen gehört hier, gleichwie auf Bourbon, auch nicht eine
einzige den endemischen an. Von den Arten hat die Insel 14 mit Bourbon, 18 mit Madagaskar und 11 mit Afrikas Festland gemeinsam. Zwei Arten, *Libythea cinyras* und *Papilio
manlius*, sind für die Insel eigenthümlich. Bemerkenswerth ist es, dass Mauritius mehr
Arten mit Madagaskar, als mit der nahe gelegenen Insel Bourbon gemeinsam hat.

Von *Rodriguez* sind nur 6 Arten bekannt, die ebenso vielen Gattungen angehören.
Von diesen ist *Euploea Desjardinsi* für diese kleine Insel eigenthümlich, wogegen die
übrigen, *Danaida chrysippus*, *Melanitis leda*, *Precis rhadama*, *Hypolimnas misippus* und
Cupido telicanus auch auf Mauritius, Bourbon, Madagaskar und Afrikas Festland vorkommen.

Die *Comoren* sind leider nur wenig bekannt. Was man von ihnen weiss, zeigt
jedoch, dass sie, wie ihre Lage an die Hand giebt, ein Verbindungsglied zwischen Madagaskar und Afrikas Festland bilden. Von 19 Gattungen, die auf den Comoren vorkommen,
gehören vier (*Amauris*, *Mycalesis*, *Pseudacraea* und *Mylothris*) den endemischen an. Hierdurch unterscheiden sich die Comoren wesentlich von allen den anderen kleinen Inseln,
auf denen die endemischen Gattungen gänzlich fehlen. Von den vier endemischen Gattungen fehlt *Mycalesis* auf Madagaskar. Die 15 nicht endemischen Gattungen kommen

---

[1] MABILLE giebt, obschon wahrscheinlich mit Unrecht, an, dass sich auch diese zwei Arten auf Madagaskar finden.

alle auch auf Madagaskar vor. Von den Arten sind 8 (*Amauris comorana; Neptis mayottensis*, *comorarum; Mylothris Humbloti, ngaziya; Terias anjuana; Papilio Humbloti* und *P. Levassori*) eigenthümlich für die Inselgruppe. Von den übrigen 25 Arten finden sich 17 auch auf Afrikas Festland und auf Madagaskar, 5 nur auf Madagaskar und 3 (*Mycalesis anynana; Acræa esebria; Papilio nireus*) in der ostafrikanischen Subregion, aber nicht auf Madagaskar.

Von der Insel *Gloriosa*, gleich nordwestlich von Madagaskar, sind nur zwei Tagfalter. *Atella phalantha* und *Hypolimnas misippus*, bekannt.

Von der viel grösseren Insel *Aldabra* kennen wir 12 Arten, nämlich ausser den zweien von Gloriosa auch *Danaida chrysippus; Precis clelia; Hypolycæna philippus; Cupido telicanus, malathana*, sp.; *Teracolus evanthides; T.? aldabrensis* und *Terias Desjardinsi* und *zoe*. Von diesen sind die beiden Teracolus-Arten für die Insel eigenthümlich.

Die *Amiranten* sind, was ihre Tagfalterfauna anlangt, so gut wie gänzlich unbekannt. Man kennt nur *Cupido gaika* von den Inseln Providence und Alphonse und *Cupido telicanus* von der letztgenannten Insel.

Die *Seychellen* sind besser untersucht, scheinen aber arm an Tagfaltern zu sein. Von den 12 Arten, die man von diesen Inseln mit Sicherheit kennt, sind zwei (*Euploea mitra* und *Atella Philiberti*) für die Inselgruppe eigenthümlich und gut von nahestehenden Formen unterschieden, neun (*Danaida chrysippus; Melanitis leda; Atella phalantha; Hypolimnas misippus; Cupido bæticus, telicanus, lysimon, gaika* und *Catopsila florella*) sind über die ganze æthiopische Region verbreitet, und eine (*Papilio phorbanta* v. *nana*) ist eine Lokalrasse von einer Art, deren Hauptform sich nur auf Mauritius findet. Von den Seychellen stammt möglicherweise auch die nicht wiedergefundene HÜBNERS Tagren nicht wiedergefundene *Euploea Rogeri* her. Durch das Auftreten einer *Euploea* schliessen sich die Seychellen offenbar näher an Madagaskar und die Maskarenen, als an Ost-Afrika an.

8. Ueber Jahreszeitformen.

Nach den Untersuchungen, die von NICÉVILLE, PRYER u. a. in Asien und von TRIMEN und MARSHALL in Süd-Afrika angestellt worden sind, ist es eine unbestreitbare Thatsache, dass viele tropische Schmetterlingsarten, die mehr als eine jährliche Generation haben, in der Regen- und der Trockenzeit unter verschiedenen Formen auftreten, ganz wie in den kälteren Gegenden aus den überwinternden Puppen oft Schmetterlinge von einem anderen Aussehen als aus den in der warmen Jahreszeit entwickelten hervorgehen. Diese höchst interessante Erscheinung bekam von WEISSMANN, welcher der erste war, der sie in Europa näher studirte, den Namen Saisondimorphismus.

In vielen Theilen der æthiopischen Region findet sich eine scharfe Grenze zwischen einer jährlichen Regen- und einer jährlichen Trockenzeit oder zwischen zwei jährlichen Regen- und zwei dazwischenliegenden Trockenzeiten. Es ist deshalb wahrscheinlich, dass viele afrikanische Schmetterlinge einen ausgeprägten Saisondimorphismus besitzen.

Dass es sich wirklich so verhält, ist bisher nur in wenigen Fällen durch Experimente dargethan worden, aber diese Fälle sprechen dafür, dass ein solcher Dimorphismus, wennschon er noch nicht völlig durch die Entwickelung der einen Generation aus Eiern der anderen bewiesen worden ist, auch in mehreren anderen Fällen vorkommt.

Eine Vergleichung der Arten, die wir mit Sicherheit kennen, zeigt nämlich, dass die Verschiedenheiten, die sich in Farbe und Zeichnung der verschiedenen Generationen einer Art zeigen, auch bei anderen Arten derselben Gruppe oder Gattung vorkommen, und man kann deshalb für die Veränderungen, welche die Arten einer Gattung durch die Einwirkung der Verhältnisse in den verschiedenen Jahreszeiten erleiden, gewisse Gesetze oder Regeln aufstellen.

Gestützt auf diese Gesetze kann man dann mit der grössten Sicherheit schliessen, dass Formen, die sich von einander nur durch Kennzeichen unterscheiden, die bei nahestehenden Arten die Jahreszeitformen auszeichnen, auch nur Jahreszeitformen einer Art sind. Wenn für eine solche Annahme noch die Flugzeit sowie einzelne Individuen sprechen, die Uebergänge zwischen den beiden Formen bilden, braucht man, auch wenn noch keine Zuchtversuche gemacht worden sind, im Allgemeinen nicht zu zaudern, diese Formen als Jahreszeitformen einer Art zusammenzuführen.

Aus diesen Gründen habe ich geglaubt, den Saisondimorphismus wenigstens bei 42 Arten annehmen zu können. Diese Arten vertheilen sich auf 9 Gattungen in folgender Weise: *Mycalesis* 3, *Henotesia* 1, *Acræa* 4, *Precis* 3, *Hamanumida* 1, *Pieris* 3, *Teracolus* 20, *Eronia* 3 und *Terias* 4.

Bei *Mycalesis* und *Henotesia* zeigt sich der Dimorphismus in ganz derselben Weise wie bei nahestehenden indischen Satyriden. Die Augenflecke auf der Unterseite der Flügel sind nämlich bei den Exemplaren, die in der Regenzeit fliegen, gross und deutlich und gut ausgebildet, bei Formen der Trockenzeit dagegen klein und punktförmig oder ganz verschwunden. Dazu ist die Unterseite der Flügel bei den Formen der Trockenzeit gewöhnlich heller und bunter. Die Arten, bei denen dieses der Fall ist, sind *Mycalesis safitza, vulgaris, nebulosa* und *Henotesia perspicua*. Auch einige andere Arten werden sich wahrscheinlich als saisondimorphisch erweisen. Es verdient, hier besonders hervorgehoben zu werden, dass Trockenzeitformen von *M. vulgaris* und *nebulosa* in Kamerun (wenigstens im Küstengebiet), wo sich in der That keine Trockenzeit findet, nicht angetroffen worden sind.

Von der Gattung *Acræa* giebt es wenigstens 4 Arten (*bomba, aerita, atolmis* und *caldarena*), bei denen ein deutlicher Saisondimorphismus vorzukommen scheint. Die Form der Regenzeit unterscheidet sich nämlich bei diesen Arten durch eine grössere Entwickelung der schwarzen Farbe auf der Oberseite der Flügel, namentlich an der Spitze der Vorderflügel. Afrikas *Acræa*-Arten werden bei genauem Studium sicher einmal sehr wichtige Beiträge zur Beantwortung der Frage von dem Saisondimorphismus liefern.

Die Gattung *Precis* liefert mehrere höchst interessante Beispiele von Saisondimorphismus. Durch MARSHALL's Experiment (siehe S. 137) ist es zur Genüge bewiesen, dass *Pr. amestris* nur die Trockenzeitform von *Pr. octavia* ist. Solche scharf ausgeprägte Dimorphismen kommen auch bei *Pr. archesia* und *andremiaja* und wahrscheinlich auch bei *Pr. ceryne* (*tukuoa*) und mehreren anderen Arten vor. Bei den *Precis*-Arten unterscheiden sich die Jahreszeitformen nicht nur in hohem Grade durch die Farbe und die Zeichnung, sondern auch durch die Form der Vorderflügel von einander. Der Zahn des

Saumes sind nämlich bei der Form der Trockenzeit viel länger als bei der der Regenzeit, wenigstens wenn man nach dem Verhältniss bei der ostindischen *Pr. asteria (almana)* urtheilen darf. Wenn sich bei der Form der Regenzeit auf der Unterseite der Hinterflügel Augenflecke finden, sind sie bei der Form der Trockenzeit klein oder nicht vorhanden.

Bei *Hamanumida dædalus*, die in ganz Afrika vorkommt, ist in der Trockenzeit die Unterseite der Flügel bräunlich und ohne Flecken, aber in der Regenzeit viel heller, gelblich und mit grösseren oder kleineren weissen Flecken versehen. Alle Exemplare, die ich von Kamerun gesehen habe, gehören der Regenzeitform an.

Von *Pieris* können hier drei Arten, *gidica*, *Spilleri* und *pigea*, angeführt werden. In Hinsicht auf ihre Kennzeichen verweise ich auf den systematischen Theil dieses Werkes.

Teracolus übertrifft, was den Saisondimorphismus anbelangt, alle anderen Gattungen. Man kennt schon zwanzig Arten dieser Gattung, die ausgeprägte Jahreszeitformen haben, und man wird solche Formen wahrscheinlich auch bei allen ihren anderen Arten finden. Die Trockenzeitformen zeichnen sich stets dadurch aus, dass die Unterseite der Hinterflügel und die gleichgefärbte Spitze der Vorderflügel eine mehr oder weniger rothgelbe (zuweilen sandgelbe) Grundfarbe haben und mit schwarzen Strichelchen und Punkten besäet sind, sowie auch, dass die schwarze Zeichnung der Oberseite der Flügel (insonderheit aber die Begrenzung des Prachtfleckes) fehlt oder sehr reducirt ist. Die *Teracolus*-Arten scheinen trockene, namentlich aber solche Gegenden vorzuziehen, wo eine gut ausgeprägte Trockenzeit mit einer Regenzeit abwechselt. In dem feuchten West-Afrika kommt nur eine Art, *T. evippe*, und zwar selbstverständlich als ausgeprägte Regenzeitform, vor. Je schärfer ausgesprochen in einem Gebiet die Trockenzeit auftritt, desto deutlicher zeigen sich auch die Trockenzeitformen der *Teracolus*-Arten ausgeprägt (vergl. S. 417 und die verschiedenen Arten). Bei den Regenzeitformen zeigen die Flügel auf ihrer Oberseite besser entwickelte schwarze Zeichnungen und auf der Unterseite eine rein weisse oder klare, weissgelbe Grundfarbe.

Eronia cleodora, *leda* und *Buqueti* haben offenbar Jahreszeitformen, die in allem Wesentlichen mit den entsprechenden Formen von *Teracolus* übereinstimmen (vergl. S. 445—447).

Von *Terias* sind wenigstens vier Arten mit ausgeprägten Jahreszeitformen bekannt. Bei den Regenzeitformen zeigen die Flügel auf der Oberseite breitere schwarze Zeichnungen und auf der Unterseite eine rein gelbe Grundfarbe ohne rothe oder braune Zeichnungen. Bei den Trockenzeitformen sind die schwarzen Zeichnungen auf der Oberseite der Flügel kleiner, während sich auf der Unterseite der Vorderflügel ein rothbrauner Subapicalfleck findet; die Unterseite der Hinterflügel ist oft röthlich oder braungesprenkelt. Ungeachtet ich von *Terias brenda* und *senegalensis* eine sehr grosse Anzahl von Exemplaren aus Kamerun gesehen habe, habe ich unter ihnen doch nicht ein einziges der Trockenzeitform angehöriges gefunden.

Aus der vorstehenden, kurz gefassten Schilderung der Jahreszeitformen in Afrika geht hervor, dass dieselben unter gewissen Verhältnissen in Lokalrassen übergehen können und in keinen anderen Gegenden als solchen vorkommen, wo der Niederschlag in den verschiedenen Jahreszeiten eine grössere oder geringere Verschiedenheit zeigt. Dadurch erklärt es sich, dass von der Küste von Kamerun oder der Ostküste von Madagaskar keine einzige Jahreszeitform bekannt ist.

9. Ueber »Mimicry» oder Nachahmung.

Die Erscheinung, die mit dem obenstehenden Namen bezeichnet wird, ist eine der merkwürdigsten im Thierreich und hat zu einer nicht geringen, sich mit ihr beschäftigenden Literatur Anlass gegeben. Als Mimicry» wird bekanntlich die auffallende äussere Ähnlichkeit bezeichnet, die sich oft zwischen nicht näher verwandten, sondern zuweilen ganz verschiedenen Gattungen oder Familien, ja sogar ganz verschiedenen Ordnungen angehörenden Arten findet. Von den Tagschmetterlingen sind eine Menge solche Beispiele bekannt, und auch die Tagfalterfauna der æthiopischen Region bietet viele und wichtige Beispiele von »Mimicry« dar.

Die Nachahmung zeigt sich übrigens in Afrika als äusserst nahe mit den Lokalrassen verbunden und verdient auch darum näher studiert zu werden.

Die folgenden Beispiele von Mimicry sind mir aus dem æthiopischen Gebiete bekant.

1. a. *Danaida chrysippus* L.
    b. *Acræa encedon* L.
    c. *Argynnis hyperbius* L. ♀.
    d. *Hypolimnas misippus* L. ♀.
    e. *Pseudacræa Poggei* Dew.
    f. ?*Mimacræa Marshalli* Trim.
    g. ?*Papilio cenea* ab. ♀ *trophonius*.

    var. *alcippus:*   D. *dorippus* Klug.
    ab. *alcippina* Aur.,   var. *daira* Godm. & Salv.
    ab. ♀ *alcippoides* Butl., ab. ♀ *inaria* Cram.

2. a. *Danaida limniace* Cr.
    b. ?*Euxanthe eurinome* Cr.

3. a. *Danaida mercedonia* Karsch.
    b. *Papilio mimeticus* Rothsch.

4. a. *Danaida formosa* Godm.
    b. *Papilio rex* Oberth.

5. a. *Amauris niavius* L.
    b. *Hypolimnas anthedon* Doubl.
    c. *Papilio dardanus* ♀.

    var. *dominicanus* Tr.
    var. *Wahlbergi* Wallengr.
    P. *cenea* Stoll ab. ♀ *tibullus* Kirby.

6. a. *Amauris psyttalea* Plötz.
    b. *Hypolimnas dubius* Pal.

    A. *tartarea* Mab.
    H. *dubius* ab. *cerberus* Aur.

7. a. *Amauris nossima* Ward.
    b. *Hypolimnas anthedon* var. *madagascariensis* Mab.
    c. ?*Hypolimnas deceptor* var *deludens* Smith.
    d. ?   *usambara* Ward.

8. a. *Amauris ochlea* Boisd.
   b. *Hypolimnas deceptor* Trim.
   c. *Pseudacræa lucretia* var. *expansa* Butl.

9. a. *Amauris echeria* Stoll.
   b. *Papilio cenea* Stoll ♀.

10. a. *Amauris echeria* var. *albimaculata* Butler.
    b. *Hypolimnas dubius* var. *mima* Trimen.
    c. *Papilio echerioides* Trim. ♀.

11. a. *Elymnias phegea* Fabr.
    b. *Planema epæa* Cr. ♂.

12. a. *Elymnias bammakoo* Westw.
    b. *Planema epæa* Cr. ♀.
    c. *Pseudacræa eurytus* L. ♀.
    d. *Papilio cynorta* Fabr. ♀.

13. a. *Pardopsis punctatissima* Boisd.
    b. *Pentila* spp.

14. a. *Acræa egina* Cram.   *A. egina* var. *areca* Mab.
    b. *Pseudacræa Boisduvali* Dourl.   *Ps. Boisduvali* var. *Trimeni* Butl.
    c. *Papilio ridleyanus* Doubl.

15. a. ?*Acræa orina* Hew.
    b. *Pseudacræa Clarki* Butl.

16. a. ?*Acræa esebria* varr.
    b. *Mimacræa* spp.

17. a. *Acræa alciope* var. *macarina* Butl. ♀.
    b. *Mimacræa charmian* Gr. Smith.

18. a. *Planema tellus* Auriv.
    b. *Pseudacræa eurytus* ab. *epigea* Butl.

19. a. *Planema consanguinea* Auriv.
    b. *Pseudacræa Theorini* ab. *consanguinea* Auriv.

20. a. *Planema elongata* Butl.
    b. *Pseudacræa Gottbergi* Dew.
    c. *Pseudacræa ruhama* Hew.

21. a. *Planema formosa* Butler.
    b. *Pseudacræa fulvaria* Butler.

22. a. *Planema aganice* Hew.
    b. *Pseudacræa imitator* Trim.

23. a. *Planema vestalis* Felder.
    b. *Pseudacræa striata* Butler.

24. a. *Atella phalantha* Drury.
    b. *Pseudargynnis hegemone* God.

25. a. *Neptidopsis ophione* CR.
    b. *Neptis agatha* CR.
26. a. *Crenis rosa* HEW.
    b. *Crenidomimas concordia* HOPFF.
27. a. *Neptis nysiades* HEW.
    b. *Pseudathyma sibyllina* STAUD.
28. a. *Neptis nicoteles* HEW., *nicobule* HOLL. und *Lermanni* AURIV.
    b. *Pseudathyma neptidina* KARSCH.
29. a. *Acræa Aurivillii* STAUD.
    b. *Pseudacræa Künowi* DEW.
30. a. *Acræa alciope* HEW. ♂.
    b. *Telipna acræa* DOUBL. & HEW.
31. a. *Pentila tachyroides* DEW.
    b. *Cupido cyara* HEW. Die Unterseite.
    c. *Mylothris spica* MÖSCHL. ♂.
32. a. *Pentila Kirbyi* AURIV.
    b. *Liptena confusa* AURIV.
33. a. *Pentila mahata* DEW.
    b. *Liptena opaca* KIRBY.
34. a. *Acræa sotikensis* EM. SHARPE (oder? *A. supponina* STAUD.).
    b. *Mimacræa Krausi* DEW.
35. a. *Citrinophila* spp.
    b. *Terias* spp.
36. a. *Larinopoda lircæa* HEW.
    b. *Leptosia medusa* ab. *immaculata* AURIV.
37. a. *Liptena ilma* HEW.
    b. *Cupido hippocrates* FABR.
38. a. *Liptena ideoides* DEW.
    b. *Deudorix mimeta* KARSCH.
39. a. *Mylothris asphodelus* BUTL.
    b. *Appias sylvia* FABR.
40. a. *Mylothris poppea* CR.
    b. *Appias rhodope* FABR.
41. a. *Mylothris Rüppelli* KOCH.
    b. *Appias nyassana* BUTL.
42. a. *Mylothris phileris* BOISD.
    b. ? *Appias confusa* BUTL.
43. a. *Mylothris narcissus* BUTL.
    b. *Appias Lasti* SMITH.
44. a. *Appias sabina* FELD.
    b. *Pieris capricornus* WARD.

45. a. *Pieris Spilleri* SPILLER.
  b. *Terias Desjardinsi* var. *mandarinula* HOLL.
46. a. *Mylothris agathina* TRIM. ♀ var.
  b. *Pieris pigea* BOISD. ♀.
47. a. *Pieris helcida* BOISD.
  b. *Teracolus mananhari* WARD. ♀.
  c. ? *Eronia cleodora* HÜBN.
48. a. *Teracolus Lucasi* GRAND. ♀.
  b. *Catopsilia Grandidieri* MAB.
49. a. *Pseudacraea lucretia* CR.
  b. *Papilio carchedonius* KARSCH und *P. adamastor* WESTW.

Noch mehr Fälle von Ähnlichkeit zwischen nicht nahe mit einander verwandten Tagfaltern werden sich ohne Zweifel in Zukunft von der æthiopischen Subregion anführen lassen.

Als BATES seine berühmte Mimicry-Theorie aufstellte, gründete er sie auf folgende drei Hauptsätze: 1) die nachgeahmte Art muss aus irgend einem Grunde für insektenfressende Thiere unschmackhaft sein. 2) die nachgeahmte Art muss in grosser Menge auftreten und 3) die nachahmende Art muss von gewissen Feinden gern gegessen werden und viel seltener als die Form sein, die ihr Modell ist.

Da es sich indessen bald zeigte, dass auch Arten, die für insektenfressende Thiere sehr unschmackhaft sind, einander sehr ähnlich sein können, suchte F. MÜLLER die Theorie durch die Berechnung zu retten, dass auch in diesem Falle die eine Art Vortheil davon haben könne, der anderen zu ähneln (sie nachzuahmen», falls nämlich die nachgeahmte Art allgemeiner und die nachahmende seltener ist. Denn wenn man annimmt, dass z. B. junge Vögel keinen angeborenen Abscheu für gewisse Insekten haben, sondern erst durch die Erfahrung Kenntniss davon erhalten, welche Arten essbar sind oder nicht, so müssen sie während der Lehrzeit eine grössere Anzahl von der allgemeinen, als von der seltenen Art tödten, dessen ungeachtet aber die seltenere Art als ebenso ungeniessbar wie die allgemeine kennen lernen.

Unter Afrikas Tagfaltern giebt es wenigstens zwei Arten, die ganz sicher gleich unschmackhaft sind und gleich allgemein auftreten, gleichwohl aber in augenfälliger Weise einander nachahmen. Diese Arten, deren grosse Uebereinstimmung in der Zeichnung bisher merkwürdigerweise nie hervorgehoben worden ist, sind *Danaida chrysippus* mit ab. *alcippus* und *D. dorippus* auf der einen und *Acraea encedon* mit ab. *alcippina* und var. *daira* auf der anderen Seite. Diese Formen bilden, wie Fig. 41 zeigt, eine vollständige Parallele und sind ein ebenso hübsches Beispiel von Mimicry, wie *D. chrysippus* und die weiblichen Formen von *Hypolimnas misippus*.

Ob es die ursprüngliche Mimicry-Theorie verträgt, noch weiter abgeändert zu werden, so dass sie auch für diesen Fall passt, erlaube ich mir nicht zu entscheiden.[1] Sicher

---

[1] Es ist schwer zu verstehen, warum eine *Acraea* die wohl schützende Tracht ihrer zahlreichen nächsten Verwandten aufgeben sollte, um eine ganz fremde und viel grössere Art nachzuahmen.

scheint es mir indessen zu sein, dass die Mimicry-Theorie, trotz des Enthusiasmus, womit sie von vielen umfasst wird, noch nicht als eine wissenschaftlich begründete Lehre be-

Fig. 11. Beispiele von Mimicry.

a. *Danaida chrysippus*.	d. *Acraea encedon*.	g. *Hypolimnas misippus* ♀.
b. » » ab. *alcippus*.	e. » » ab. *alcippina*.	h. » » ab. *alcippoides* ♀.
c. » *dorippus*	f. » » var. *daira*	i. » » ab. *inaria* ♀.

trachtet werden kann, sondern an der Hand der vorliegenden zahlreichen Facta erst genau geprüft werden muss. Von Afrika ist mir noch keine einzige Beobachtung bekannt, welche beweist, dass die Tagfalter dieses Erdtheiles in einem nennenswerthen Grade im Fluge von Vögeln verfolgt und verzehrt werden. Dieses muss doch vor allem anderen erst bewiesen werden. Die hier vorn angeführten Beispiele von einer grösseren Ähnlichkeit zwischen Tagfaltern gelten beinahe alle der Oberseite der Flügel und spielen also keine Rolle, wenn die Schmetterlinge still sitzen. Man kann deshalb die Untersuchungen auf die Vögel (und möglicherweise die Odonaten) beschränken, welche die einzigen Thiere sind, von denen sich annehmen lässt, dass sie fliegende Tagschmetterlinge fangen.

Es ist hier nicht der Platz, auf eine nähere Erörterung dieser schwer zu beantwortenden Fragen einzugehen. Ich habe in Bezug auf die Tagfalter Afrikas nur die vielen Fälle hervorheben wollen, die erst in befriedigender Weise erforscht und erklärt werden müssen, ehe man die Mimicry-Theorie als etwas anderes als eine reine Hypothese betrachten kann. Die beachtenswerthen Einwendungen, die von EIMER,[1] PIEPERS[2] u. a. gegen diese Theorie gemacht worden sind, dürfen auch nicht ausser Betracht gelassen werden. Diejenigen, welche sich für diese Fragen interessiren, will ich auf die Werke dieser Forscher und auf die interessante Discussion über Mimicry» in der Entomological Society in London 1897[3] und Mr. TRIMENS Presidential Adress: »On Mimicry in Insects[4] verweisen.

10. Schlussbemerkungen.

Nachdem nun in dem Vorstehenden die wichtigsten der mit dem Gegenstand meiner Abhandlung in Zusammenhang stehenden thiergeographischen und biologischen Fragen kurz berührt worden sind, will ich nur noch die Hoffnung aussprechen, dass meine Arbeit Anlass zu zahlreichen, mehr in das Detail gehenden Untersuchungen der Tagfalterfauna der æthiopischen Region und zu ähnlichen Darstellungen der Verbreitung anderer Insektengruppen in Afrika geben möge. Eine Vergleichung der Verbreitung verschiedener Insekten innerhalb der æthiopischen Region würde nämlich von dem grössten Interesse sein und ohne Zweifel Beiträge zur Lösung vieler noch unbeantworteten Fragen liefern.

Mancher, der den sogenannten phylogenetischen Fragen einen hohen Werth beilegt, wird sich ohne Zweifel darüber verwundern, dass solche Fragen hier nicht behandelt worden sind. Dieses ist mit voller Absicht geschehen, denn theils passt eine Arbeit, die sich nur auf eine der zoologischen Regionen beschränkt, für die Behandlung solcher Fragen nicht, theils kann ich diesen Stammbäumen, die aus lauter Hypothesen aufgebaut sind und die den einen Tag grün und schön dastehen, bewundert von einer grossen Schaar in ihrem Schatten weilenden, den anderen sich entlaubt und dürr zeigen, reif zum Verbrennen, keinen grossen wissenschaftlichen Werth beimessen. Die vornehmlichste Schwierigkeit bei aller solchen Speculation liegt darin, dass die phylogenetischen Gesetze, nach denen man einen Stammbaum zu construiren sucht, keineswegs unbestreitbare wissenschaftliche Thatsachen, sondern nur Annahmen sind, die erst durch Studien in der Natur bekräftigt oder

[1] Orthogenesis der Schmetterlinge. Leipzig 1897. 8:o.
[2] Congrés Internat. de Zoologie 3, S. 460.
[3] Trans. Ent. Soc. London, 1897. Proc. S. 20—47.
[4] L. c., S. 74—97.

widerlegt werden sollen. Man hat also keinen festen Ausgangspunkt und keinen sicheren Grund, auf den man bauen kann. Es ist eine unleugbare Thatsache,[1] dass Organe oder ganze Körpertheile bei der *Ontogenesis* erst gut entwickelt sein und dann rudimentär werden oder ganz verschwinden können, um schliesslich wieder vollkommen entwickelt aufzutreten. Da dieses bei der Entwickelung des Individuums geschehen kann, weshalb soll es dann nicht auch bei der Entwickelung der Art haben geschehen können? Aber ist dieses der Fall gewesen, wie kann man dann auf die Schlüsse bauen, die aus der grösseren oder geringeren Entwickelung gewisser Organe gezogen werden. Ebenso schwer ist es zu entscheiden, ob zwei gleichartige Bildungen selbstständig, von einander unabhängig, durch gleiche Lebensgewohnheiten entstanden sind oder ob sie eine wirkliche Verwandtschaft bezeichnen; z. B. die Kranzfüsse bei den Schmetterlingsraupen die KARSCH als Grund für sein Schmetterlingssystem anwenden will, die aber nach GROTES Ansicht eine polyphyletische Entstehung haben. Die Frage von dem monophyletischen oder polyphyletischen Entstehen nicht nur jedes besonderen Organes, sondern der organischen Natur in ihrer Ganzheit ist, wissenschaftlich gesehen, noch vollständig unbeantwortet und dürfte es auch vielleicht für immer verbleiben.

Unter solchen Verhältnissen verwundert es mich, dass verschiedene Auctoren, die sich in der letzten Zeit mit dem System der Lepidopteren beschäftigt haben, zu behaupten wagen, dass man auf dem Wege der phylogenetischen Speculation ein besseres System als durch die genaue Beobachtung des Baues der bekannten Formen gewinnen könne. Dass z. B. die alten von HERRICH-SCHÆFFER und LEDERER aufgestellten Systeme grosse Mängel haben, lässt sich nicht bestreiten, dieses hat aber keineswegs in der Verwerflichkeit der Methode dieser Forscher an und für sich, sondern darin seinen Grund, dass dieselben nicht alle Organe und alle Entwickelungsstadien untersucht, sondern sich mit der Untersuchung gewisser Organe und Entwickelungsstadien begnügt haben, wodurch sie leicht auf falsche Wege geleitet werden konnten. Nimmt man dagegen gebührende Rücksicht auf den ganzen Bau und die ganze Entwickelungsgeschichte der Thiere, so kommt man auf diesem Wege ohne Zweifel zu einem ebenso natürlichen System, wie jemals durch phylogenetische Speculationen. Es ist für das natürliche System viel wichtiger, dass man alle jetzt lebenden Formen so vollständig wie möglich kennen zu lernen sucht, denn die Entdeckung einer einzigen neuen Art ist oft für die Systematik von grösserer Bedeutung gewesen und hat über die Verwandtschaft ganzer Gruppen ein klareres Licht geworfen, als die sinnreichsten phylogenetischen Speculationen. DELAGE[2] sagt auch in seinem grossen Werke über Les Procordés mit Recht: Da es noch Niemand geglückt ist, das Aussehen einer Thierform anzugeben, noch ehe sie entdeckt war, wie jemals soll man da wohl an die Möglichkeit glauben, ausgestorbene Stammformen zu reconstruiren?

Die Ergebnisse, zu denen die phylogenetischen Forschungen in Betreff der Tagfalter bisher geführt haben, zeigen keine Uebereinstimmung und erwecken kein Vertrauen.

---

[1] Man studire die Entwickelung von *Meloe* u. a. sowie von *Cicada septendecim* L.

[2] Traité de Zoologie Concrète. Tome 8. Les Procordés, p. 358. Avait-on prévu l'Archæopteryx, l'Ammonite etc.? Et l'on voudrait reconstituer les traits et l'organisation des formes ancestrales primitives avec l'infimes indices qu'elles en laissés de leur existence.

EIMER[1] behauptet, dass alle Tagfalter ursprünglich mit schwarzen (Längs- oder) Querstrichen auf hellem Grunde gezeichnet gewesen sind. DIXEY[2] hinwieder nimmt an, dass die Pieriden ursprünglich eine eintönige schwärzliche oder schwarzgraue Farbe gehabt haben, während PIEPERS[3] zu der Ueberzeugung gekommen ist, dass sie erst mit rothen Flügeln aufgetreten und die anderen Farben dann in einer gewissen Ordnung auf die rothe gefolgt sind. Alle berufen sich für ihre Lehre auf gewisse phylogenetische Gesetze.

Ebenso widersprechend sind die Angaben über die Herstammung der Tagfalterfamilien. REUTER[4] nimmt für die Papilionidæ und die Pieridæ, die er also von den Nymphalidæ gut getrennt betrachtet, einen gemeinsamen Ursprung an, und einen solchen Ursprung giebt er auch allen Tagfaltern ausser den Grypoceren (Hesperiidæ); GROTE[5] hinwieder ist der Ansicht, dass die Papilionidæ einen selbstständigen Stamm bilden und mit den anderen Familien keinen gemeinsamen Ursprung haben, wogegen die Nymphalidæ von den Pieridæ und die Nemeobidæ-Lycænidæ von den Vorvätern der Hesperiidæ, die wieder mit den Pieridæ gemeinsamen Ursprungs sind, herstammen. HAMPSON[6] leitet die Papilionidæ von den Hesperiidæ, die Pieridæ und die Erycinidæ von den Papilionidæ, die Nymphalidæ und die Satyridæ von den Pieridæ und die Lycænidæ von den Erycinidæ her. Schliesslich zeigt JORDAN[7] in seiner sehr interessanten und verdienstvollen Abhandlung über die Antennen der Tagfalter, dass die Nymphalidæ von den Papilionidæ herstammen und die Erycinidæ und Pieridæ sich sehr von ihnen unterscheiden und von den Lycænidæ ausgegangen sein müssen. Wem soll man nun glauben? So lange weder unter den lebenden, noch unter den ausgestorbenen Formen wirkliche Zwischenglieder nachgewiesen worden sind, will ich für meinen Theil die Frage offen lassen.

[1] EIMER, TH. Die Artbildung und Verwandtschaft der Schmetterlinge. Jena 1889.
[2] DIXEY, A. Trans. Ent. Soc. London 1894, S. 290.
[3] PIEPERS, E. Tijdschr. der Nederlandsche Dierkund. Vereeniging (2) 5. S. 70–289. 1898.
[4] REUTER, E. Über die Palpen der Rhopaloceren. Helsingfors 1896. — Vielleicht die wichtigste der bisher erschienenen Arbeiten über die Systematik der Tagfalter.
[5] GROTE, N. Mitth. aus dem Roemer-Museum. N:o 9. Hildesheim 1897.
[6] HAMPSON, G. F. Catalogue of the Lepidoptera Phalænæ. Vol. 1, p. 16. London 1898.
[7] JORDAN. Novit. Zool. 5. p. 115. 1898.

Nachträge und Verbesserungen.

Seite 21.

143. KARSCH, F. Ordnung Schmetterlinge oder Schuppenflügler, Lepidoptera, in: C. W. WERTHER. Die mittleren Hochländer des nördlichen Deutsch Ost-Afrika. Berlin 1898, 8:o, p. 312—317. (14 spp.)

144. SHARPE, EMILY M. A list of the Lepidopterous Insects collected by Mrs Lort Phillips in Somaliland. — Proc. Zool. Soc. London 1898, p. 369—372. 1898. (53 spp.)

145. DIXEY, F. A. On a collection of insects and arachnids made by Mr E. N. Bennett in Socotra, with descriptions of new species. Lepidoptera. — Proc. Zool. Soc. London 1898, p. 372—383, tab. 30. 1898. (13 spp.)

146. BUTLER, A. G. On a collection of Lepidoptera made in British East Africa by Mr C. S. Betton. — Proc. Zool. Soc. 1898, p. 395—444, tab. 32, 33. 1898. (114 spp.)

Seite 111.

Steht ab. daira statt var. daira.

Seite 117.

°119. A.? nandensis EM. SHARPE, An. N. H. (7) 3, p. 244 (1899).
Brit. Ost-Afrika: Nandi.

Seite 159.

var. acheloia WALL. kommt nicht auf der Insel Sokotra vor.

Seite 169.

29. N. Woodwardi EM. SHARPE, An. N. H. (7) 3, p. 243 (1899).
Brit. Ost-Afrika: Nandi.

Seite 231—243.

In Novitates Zoologicæ Vol. 5 sind folgende *Charaxes*-Arten abgebildet worden:

2a. Ansorgei ROTHSCH. ♂, Taf. 5 Fig. 2; 13. *etesipe* GOD. ab. ♂, Taf. 5 Fig. 5; 14. *tarctensis* ROTHSCH. ♂, Taf. 5 Fig. 4; 18. *odysseus* STAUD. ♀, Taf. 7 Fig. 4; 23. *azota* HEW. ♂, Taf 5 Fig. 3; 24. *anticlea* DRURY ♀, Taf. 6 Fig. 4; 25a. *blanda* ROTHSCH. ♂, Taf. 6 Fig. 3; 43. *tiridates* var. *mixtus* ROTHSCH. ♀, Taf. 6 Fig. 1; 46. *imperialis* BUTLER ♀, Taf. 6 Fig. 5; 51. *candiope* var. *thomasius* STAUD. ♀, Taf. 7 Fig. 5;

61. zoolina DOUBL. & HEW. ♂, ♀, Taf. 9 Fig. 4—6 und var. *betsimisaraka* ♂, ♀, Taf. 9 Fig. 7, 8.

Seite 298.

11. — — — — nach *Phasis thero* ist hinzufügen: und *Ph. sardonyx*.

Seite 381.

°106. C. cleodora WALKER und °109. C. olympusa sind nur Synonymen von respective *Cupido* N:o 91 und *Lycaenesthes* N:o 1.

Systematisches Verzeichniss

der Tagfalter

der æthiopischen Region.

118. parva BUTL.
119. iboina WARD.
120. difficilis MAB.
121. vola WARD.
122. narcissus FABR.
   v. fraterna BUTL.
123. mæva MAB.
124. menamena MAB.
125. ankaratra WARD.
126. teratia KARSCH.
127. Simonsi BUTL.
128. eliasis HEW.
129. masonra HEW.
130. benacus MAB.
131. autahala WARD.
132. ankoma MAB.
133. avelona WARD.
134. parvidens MAB.
135. cingulina MAB.
136. perdita BUTL.
137. Wardi MAB.
138. narova MAB.
139. andrivola MAB.
140. masikora MAB.
141. passandava WARD.
142. paradoxa MAB.

9. **Heteropsis** WESTW.
143. drepana D. & H.

10. **Pararge** HÜBN.
144. maderakal GUÉR.

11. **Aphysoneura** KARSCH.
145. pigmentaria KARSCH.

12. **Meneris** WESTW.
146. tulbaghia L.
147. indosa TR.
148. dendrophilus TR.

13. **Leptoneura** WALL.
149. clytus L.
150. oxylus TR.
151. mintha GEYER.
152. dingana TR.
153. Bowkeri HEW.
154. cassus L.
155. cassina BUTL.

14. **Coenyra** HEW.
156. hebe TR.

15. **Physcæneura** WALL.
157. panda BOISD.
158. pione GODM.
   ab. lucida BUTL.
159. leda GERST.

16. **Pseudonympha** WALL.
160. cassius GOD.
161. magus FABR.
162. vigilans TR.
163. hippia CR.
164. poetula TR.
165. Trimeni BUTL.
166. hyperbius L.
   v. Mabillei AUR.
167. irrorata TR.
168. narycia WALL.
169. neita WALL.
170. Durbani TR.

17. **Neocoenyra** BUTL.
171. natalii BOISD.
172. bera HEW.
173. ypthimoides BUTL.
174. duplex BUTL.
175. rufilineata BUTL.
176. Gregorii BUTL.
177. extensa BUTL.
178. Victoriæ AUR.
179. parallelopupillata KARSCH.

18. **Ypthima** WESTW.
180. Gondoti MAB.
181. Tamatavæ BOISD.
182. zanjuga MAB.
183. argyrina MAB.
184. andriana MAB.
185. Vinsoni GUÉN.
186. rakoto WARD.
187. dyscola MAB.
188. triophtbalma MAB.
189. ibitina WARD.
190. Mabillei AUR.
191. mopsus MAB.
192. Smithi MAB.
193. Sufferti AUR.
194. albivitula MAB.
   ab. excellens BUTL.
195. Batesi FELD.
   ab. Elwesi AUR.
196. niveata BUTL.
197. asterope KLUG.
198. granulosa BUTL.
199. simplicia BUTL.
200. doleta KIRBY.

201. impura ELW. & EDW.
202. pupillaris BUTL.
203. albida BUTL.
204. itonia HEW.
205. mashuna TR.
206. Hochueli HOLL.

Fam. Nymphalidæ.
Subf. **Acræinæ.**

19. **Pardopsis** TR.
207. punctatissima BOISD.

20. **Acræa** FABR.
208. Rabbaiæ WARD.
   v. Mombasæ SMITH.
209. zonata HEW.
210. igati BOISD.
211. Danumi VOLL.
212. kraka AUR.
213. eugenia KARSCH.
214. quirina FABR.
215. cerasa HEW.
216. iturina SMITH.
217. humilis E. SH.
218. hova BOISD.
219. mabela BOISD.
220. ranavalona BOISD.
   ab. maransetra WARD.
   ab. manandaza WARD.
221. machequena SMITH.
222. obeira HEW.
223. audromba SMITH.
224. Burni BUTL.
225. lia MAB.
226. admatha HEW.
   ab. leucographa RIB.
227. insignis DIST.
228. crystallina SMITH.
229. horta L.
230. neobule D. & H.
   v. scis FEISTH.
231. camoena DR.
232. satis WARD.
233. asbolophintha KARSCH.
234. zetes L.
   ab. jalema GOD.
   v. acara HEW.
   ab. pseudolycia BUTL.
235. Barberi TR.
   ab. Trimeni AUR.
236. anemosa HEW.
   ab. alboradiata AUR.
237. Welwitschi ROG.
238. niobe E. SH.
239. medea CR.

240. egina CR.
   v. areca MAB.
241. perenna D. & H.
   v. thesprio OBERTH.
242. cepheus L.
   v. abdera HEW.
   v. eginopsis AUR.
243. petræa BOISD.
244. Büttneri ROG.
245. violarum BOISD.
246. ascma HEW.
247. omrora TR.
248. tarna MAB.
   v. marmorata SM. & K.
249. chilo GODM.
250. hypoleuca TR.
251. anacreon TR.
252. anacreontica SM.
253. bomba SM.
   v. induna TR.
254. acrita HEW.
   ab. umbigua TR.
   v. chæribula OBERTH.
   v. pudorina STAUD.
255. periphanes OBERTH.
256. onerata TR.
257. Guillemei OBERTH.
258. nohara BOISD.
   v. halali MARSH.
259. atolmis WESTW.
   v. acontias WESTW.
260. stenobea WALL.
   ab. lygus BRUCE.
261. caldarena HEW.
   ab. nero BUTL.
   v. nelusca OBERTH.
   v. pudorella AUR.
262. aglaonice WESTW.
263. bræsia GODM.
   v. regalis OBERTH.
264. Doubledayi GUÉR.
265. axina WESTW.
266. oncæa HOPFF.
   v. Marnois ROG.
267. atergatis WESTW.
268. cæcilia FABR.
   ? v. bypatia DR.
269. natalica BOISD.
270. pseudegina WESTW.
   v. abadina RIBBE.
271. mirabilis BUTL.
272. rahira BOISD.
273. zitja BOISD.
   ab. radiata GUÉN.
   ab. calida BUTL.
   ab. rakeli BOISD.
   ab. fumida MAB.
274. tornax BUTL.
275. terpsichore L.
   ab. janisca GOD.

v. Rougeti GUÉR.
v. manjaca BOISD.
ab. melas OBERTH.
276. ventura HEW.
277. excelsior E. SH.
278. ucerata HEW.
279. vinidia HEW.
v. tenella ROG.
280. sotikensis E. SH.
281. praeponina STAUD.
282. supponina STAUD.
283. bonasia FABR.
ab. cynthius DR.
284. alicia E. SH.
285. uvui SM.
286. balina KARSCH.
287. apecida OBERTH.
288. cabira HOPFF.
v. natalensis STAUD.
289. viviana STAUD.
v. Karschi AUR.
290. Oberthüri BUTL.
291. Althofli DEW.
v. rubrofasciata AUR.
292. Rogersi HEW.
v. salambo SM.
293. pharsalus WARD.
v. pharsaloides HOLL.
294. Vuilloti MAB.
295. eucedon L.
ab. infuscata STAUD.
ab. alcippina AUR.
ab. Sganzini BOISD.
v. lycia FABR.
ab. uccoda HEW.
v. daira GODM.
296. pentapolis WARD.
297. thelestis OBERTH.
298. epidica OBERTH.
299. vesperalis SM.
300. insularis E. SH.
301. orestia HEW.
302. igola TR.
303. strattipocles OBERTH.
304. masamba WARD.
ab. silia MAB.
ab. Boscae SAALM.
305. sambavae WARD.
306. Conradti OBERTH.
307. Buschbecki DEW.
308. orina HEW.
ab. nigroapicalis AUR.
ab. orinata OBERTH.
ab. derbela HEW.
309. parrhasia FABR.
v. oppidia HEW.
310. leona STAUD.
311. penelcos WARD.
v. pelopeia STAUD.
312. penelope STAUD.

313. Newtoni E. SH.
314. servona GOD.
315. safie FELD.
ab. Antinorii OBERTH.
316. semivitrea AUR.
v. pervia E. SH.
317. circeis DR.
v. lycoides BOISD.
v. ntebiae E. SH.
318. melanoxantha E. SH.
319. creas E. SH.
320. Johnstoni GODM.
ab. octobalia KARSCH.
ab. confusa ROG.
321. fallax ROG.
322. lycoa GOD.
ab. Butleri AUR.
323. esebria HEW.
ab. pseudoprotea BUTL.
ab. amphiprotea BUTL.
ab. protea TR.
v. masaris OBERTH.
v. metaprotea BUTL.
v. Jacksoni E. SH.
v. Monteironis BUTL.
324. iodutta FABR.
ab. carmentis D. & H.
325. alciope HEW.
v. macarina BUTL.
326. Aurivillii STAUD.
327. disjuncta SM.
328. naudensis E. SH.
329. Ansorgei SM.
330. conjuncta SM.

21. Planema D. & H.
331. epava CR.
332. tellus AUR.
v. epitellus STAUD.
333. epiprotea BUTL.
334. consanguinea AUR.
v. intermedia AUR.
v. albicolor KARSCH.
335. elongata BUTL.
336. excisa BUTL.
337. Dewitzi STAUD.
338. Poggei DEW.
339. formosa BUTL.
340. quadricolor ROG.
341. latifasciata E. SH.
342. leopoldina AUR.
343. scalivittata BUTL.
344. meruana ROG.
345. aganice HEW.
v. montana BUTL.
346. adrasta WEYM.
347. alcinoe FELD.
v. camerunica AUR.

348. umbra DR.
349. macarioides AUR.
v. Hewitsoni AUR.
350. macaria FABR.
351. vestalis FELD.
352. Godmanni BUTL.
353. indentata BUTL.
354. Salvini BUTL.

Subf. Nymphalinae.
22. Lachnoptera DOUBL.
355. Ayresi TR.
v. Abbotti HOLL.
356. iole FABR.
ab. becatea HEW.
ab. Afzelii AUR.
23. Atella DOUBL.
357. columbina CR.
358. phalantha DR.
359. madagascariensis MAB.
360. Philiberti JOANNIS.
24. Smerina HEW.
361. manoro WARD.
25. Argynnis FABR.
362. hyperbius L.
26. Brenthis HÜBN.
363. Hanningtoni ELW.
364. excelsior BUTL.
365. Baumanni REB. & ROG.
366. smaragdifera BUTL.
27. Hypanartia KIRBY.
367. hippomene HÜBN.
v. madagascarorum AUR.
368. schoeneia TR.
369. borbonica OBERTH.
370. delius DR.
28. Pyrameis HÜBN.
371. abyssinica FELD.
372. cardui L.
29. Vanessula DEW.
373. milca HEW.

30. Precis HÜBN.
orithya L.
374. v. madagascariensis GUÉN.
v. here LANG.
375. clelia CR.
v. epiclelia BOISD.
oenone L.
376. v. cebrene TR.
v. paris TR.
377. hadrope D. & H.
378. Westermanni WESTW.
379. sophia FABR.
v. infracta BUTL.
380. octavia CR.
v. naestris DR.
v. natalensis STAUD.
v. sesamus TR.
381. simia WALL.
382. Trimeni BUTL.
383. antilope FEISTH.
ab. cuama HEW.
384. tukuoa WALL.
385. ceryne BUTL.
386. pelarga FABR.
v. galami BOISD.
387. leodice CR.
ab. harpyia FABR.
388. actia DIST.
389. milonia FELD.
v. aurorina BUTL.
v. pyriformis BUTL.
ab. pelargoides AUR.
v. ranana SM.
v. sinuata PL.
v. tugela TR.
390. curodoce WESTW.
391. coelestina DEW.
392. archesia CR.
ab. Staudingeri DEW.
v. semitypica AUR.
v. pelasgis GOD.
v. chapunga HEW.
393. guruana ROG.
394. limnoria KLUG.
v. naib GUÉR.
v. taveta ROG.
395. andremiaja BOISD.
v. musa GUÉR.
396. terea DR.
v. elgiva HEW.
397. Gondoti BOISD.
398. natalica FELD.
399. stygia AUR.
v. Gregorii BUTL.
400. chorimene GUÉR.
ab. orthosia KLUG.
401. rhadama BOISD.
402. Nachtigalli DEW.

683. Crossleyi WARD.
684. carinome CR.
  v. ansellica BUTL.
685. trajanus WARD.
686. tiberius SM.

62. Charaxes OCHS.
687. brutus CR.
  v. natalensis STAUD.
  v. junius OBERTH.
688. andara WARD.
689. Ansorgei ROTUSCH.
690. epijasius REICHE.
691. castor CR.
  v. Godarti AUR.
  v. flavifasciatus BUTL.
692. pelias CR.
  v. saturnus BUTL.
  ab. laticinctus BUTL.
693. Hausali FELD.
694. phraortes DOUBL.
695. pollux CR.
696. phaebus BUTL.
697. andranodorus MAB.
698. druceanus BUTL.
699. eudoxus DR.
700. elesipe GOD.
701. tavetensis ROTUSCH.
702. cacuthis HEW.
703. achaemenes FELD.
704. lactetinctus KARSCH.
705. odysseus STAUD.
706. lucretius CR.
707. Boueti FEISTH.
  v. Maccleunii BUTL.
  v. Lasti SM.
708. cynthia BUTL.
709. protoclea FEISTH.
710. azota HEW.
  v. nyasana BUTL.
  v. callielea SM.
711. anticlea DR.
712. Baumanni ROG.
713. blanda ROTUSCH.
714. Thysi CAPR.
715. Hildebrandti DEW.
716. phaeus HEW.
717. cedreatis HEW.
718. fulgurata AUR.
719. manica TR.
720. Rosa BUTL.
721. Kheili STAUD.
722. etheocles CR.
  ab. catochrous STAUD.
  v. alladinis BUTL.
  v. Hollandi BUTL.
  v. Dewitzi BUTL.
  v. ethalion BOISD.
  v. phaeus STAUD.

v. Chanleri HOLL.
  v. viola BUTL.
  v. Kirki BUTL.
723. guderiana DEW.
724. Bohemani FELD.
725. smaragdalis BUTL.
  v. princeps BUTL.
726. Monteiri STAUD.
727. pythodoris HEW.
728. violetta SM.
729. cithaeron FELD.
730. xiphares CR.
731. tiridates CR.
  v. mixtus ROTUSCH.
732. bipunctatus ROTUSCH.
733. numenes HEW.
734. imperialis BUTL.
735. ameliae DOUM.
736. hadrianus WARD.
737. nobilis DRUCE.
738. jahlusa TR.
  v. argynnides WESTW.
739. candiope GOD.
  v. thomasius STAUD.
740. antamboulou LUC.
741. Cowani BUTL.
742. analava WARD.
743. Balfouri BUTL.
744. varanes CR.
  v. nigrescens BUTL.
  v. fulvescens AUR.
745. publius STAUD.
746. Ussheri BUTL.
747. violinitens CROWL.
748. decius CR.
  v. coniger BUTL.
749. lichas D. & H.
750. paphianus WARD.
751. Kahldeni HOM. & DEW.
752. zoolina D. & H.
  v. relatus BUTL.
753. Homeyeri DEW.
754. Elonekei DEW.
755. betanimena LUC.
  ab. andriba WARD.
756. neanthes HEW.
757. nichetes SM.
  v. leoninus BUTL.
758. porthos SM.
759. zelica BUTL.
760. laodice DR.
761. mycerina GOD.
762. Doubledayi AUR.
763. eupale DR.
  ab. dilutus ROTUSCH.

63. Monura MAB.
764. zingha CR.

Fam. Libytheidæ.

64. Libythea FABR.
765. labdaca WESTW.
766. aneoata SM.
767. lains BUTL.
768. Isiandava SM.
769. cinyras TR.

Fam. Lemoniidæ.

65. Saribia BUTL.
770. tepahi BOISD.

66. Abisara FELD.
771. gerontes FABR.
772. Dewitzi AUR.
773. Rogersi DRUCE.
  v. geryon STAUD.
774. tantalus HEW.
775. intermedia AUR.
776. Ruthherfordi HEW.
  v. Herwigi DEW.
777. talantus AUR.

Fam. Lycænidæ.
Subf. Lipteninæ.

67. Alæna BOISD.
778. amazoula BOISD.
779. Hauttecoeuri OBERTH.
780. interposita BUTL.
781. Nyassæ HEW.
  ab. ochracea BUTL.
782. caissa RED. & ROG.
783. picata E. SH.
784. Johanna E. SH.
785. reticulata BUTL.
786. Oberthuri AUR.

68. Teliphua AUR.
787. aeræa D. & H.
788. Rothi SM.
789. binacula PLÖTZ.
  v. echo SM. & KIRB.
  v. seminata SM. & KIRB.
790. acræoides SM. & K.
791. sanguinea PL.
792. carnuta HEW.
  v. parva KIRBY.

69. Pentila WESTW.
793. Hiendlmayeri DEW.
794. nero SM. & K.
795. rotha HEW.
796. amenaida HEW.
  v. nyassana AUR.
797. Mombasæ SM. & K.
798. amenaidoides HOLL.
799. Pauli STAUD.
800. petreia HEW.
  v. Preussi STAUD.
801. paucipunctata KIRB.
802. tropicalis BOISD.
803. Lasti SM. & K.
804. occidentalium AUR.
805. laura KIRBY.
806. Hewitsoni SM. & K.
  v. limbata HOLL.
807. abraxas D. & H.
808. yaunda KARSCH.
809. auga KARSCH.
810. Choctensi AUR.
811. phidia HEW.
812. tripunctata AUR.
813. torrida KIRBY.
814. tachyroides DEW.
815. picena HEW.
816. alba DEW.
817. glagoessa HOLL.
818. peucetia HEW.
819. Kirbyi AUR.
820. nubata DEW.
821. sylphida STAUD.
822. tirza HEW.
823. sylpha KIRB.
824. perfragilis HOLL.

70. D'Urbania TRIM.
825. amakosa TR.
826. limbata TR.
827. saga TR.

71. Mimacræa BUTL.
828. charmian SM. & K.
829. fulvaria AUR.
830. darwinia BUTL.
  v. apicalis SM. & K.
831. neurata HOLL.
832. Krausi DEW.
833. gelinia OBERTH.
834. Marshalli TR.

72. Pseuderesia BUTL.
835. libentina HEW.
  v. zerita PL.
836. catharina BUTL.
837. picta SM
838. eleaza HEW.

1187. brunnea SM. & K.
1188. lithas H. DRUCE.
1189. Grosei AUR.
1190. levis HEW.
1191. Butleri OBERTH.
1192. tisamenus HOLL.
1193. thyrsis KIRB.
1194. ligures HEW.
1195. musagetes HOLL.
1196. liodes HEW.
1197. princeps BUTL.
1198. rubricincta HOLL.
1199. Voltæ E. SH.
    v. gabunica AUR.
1200. holcius WESTW.
1201. larydas CR.
1202. cærulea AUR.
1203. lysicles HEW.
1204. lachares HEW.
1205. liparis SM.
1206. lycotas SM.
1207. pulchra SM. & K.
1208. fasciata AUR.
1209. Staudingeri SM. & K.
1210. melambrota HOLL.
1211. oculata SM. & K.
1212. Buchholzi PL.
1213. grammica SM. & K.
1214. regilla HOLL.
1215. lucretilis HEW.
1216. lucretia SM. & K.
1217. lamias HEW.
1218. lamprocles HEW.
1219. lyzanius HEW.
1220. turbata SM. & K.
1221. phoenicis KARSCH.
1222. lacides HEW.
1223. lychnides HEW.
1224. flavomaculataSM.&K.
1225. mavander PL.
1226. fulvimacula MAB.
1227. xanthopoecila HOLL.
1228. lusones HEW.
1229. pyroptera AUR.
1230. scintillula HOLL.
1231. mahota SM.
1232. locuples SM.
1233. erythropoecila HOLL.
1234. lychnaptes HOLL.
1235. lukokescha KARSCH.
1236. leptines HEW.
1237. pythagoras FABR.
1238. Zenkeri KARSCH.
1239. juba FABR.

113. Cupido SCHRANK.
1240. stactalla KARSCH.
1241. cyara HEW.
1242. heritsia HEW.
1243. Antinorii OBERTH.

1244. Crawsbayi BUTL.
1245. cordatus E. SH.
1246. nubifer TR.
1247. pelotus KARSCH.
1248. Poggei DEW.
1249. Falkensteini DEW.
1250. artemenes MAB.
1251. lingeus CR.
1252. palemon CR.
1253. Marshalli BUTL.
1254. nyseus GUÉR.
1255. thespis L.
1256. Bowkeri TR.
1257. sybaris HOPFF.
1258. Louisæ E. SH.
1259. theophrastus FABR.
1260. hintza TR.
    v. resplendens BUTL.
1261. calice HOPFF.
1262. melæna TR.
1263. griqua TR.
1264. Gregorii BUTL.
1265. crebosus BUTL.
    v. lactinatus BUTL.
1266. carana HEW.
    v. kontu KARSCH.
1267. margaritaceus E. SH.
1268. telicanus LANG.
    v. plinius FABR.
1269. isis DR.
1270. sigillatus BUTL.
1271. moriqua WALL.
1272. mirza Pt.
1273. jesous GUÉR.
1274. ubaldus CR.
1275. zena MOORE.
1276. æthiops MAB.
1277. sichela WALL.
1278. bæticus L.
1279. notoba TR.
1280. tsomo TR.
1281. æquatorialis E. SH.
1282. noquasa TR.
1283. juno BUTL.
1284. metophis WALL.
1285. Barberæ TR.
1286. Reichenowi DEW.
1287. asteris GOD.
1288. caffrariæ TR.
1289. Grahami TR.
1290. ortygia TR.
1291. methymna TR.
1292. puncticilia TR.
1293. hypopolia TR.
1294. malathana BOISD.
1295. albistriatus CAPR.
1296. dolorosus TR.
1297. negus FELD.
1298. Victoriæ KARSCH.
1299. cuprescens E. SH.

1300. fumosus BUTL.
1301. procerus TR.
1302. osiris HOPFF.
1303. annulis SNELL.
    v. phoa SNELL.
1304. pyrrhops MAB.
1305. cyclopteris BUTL.
1306. Barkeri TR.
1307. patricia TR.
1308. glauca TR.
1309. quassi KARSCH.
1310. parsimon FABR.
1311. celæus CR.
1312. eleusis DEM.
1313. contractus BUTL.
1314. lois BUTL.
1315. Sancti-Thomæ E. SH.
1316. scintilla MAB.
1317. sanguigutta MAB.
1318. letsea TR.
1319. messapus GOD.
1320. mahallakoænaWALL.
1321. trochilus FREYER.
1322. ignotus TR.
1323. tantalus TR.
1324. hippocrates FABR.
1325. mieylus CR.
    v. togara PL.
1326. cissus GOD.
    ab. aberrans BUTL.
1327. iobates HOPFF.
1328. leucon MAB.
1329. giganteus TR.
1330. peculiaris ROG.
1331. Stormsi ROBBE.
1332. niobe TR.
1333. peplaredo TR.
1334. ariadne BUTL.
1335. antanossa MAB.
1336. gaika TR.
1337. mylica GUEN.
1338. lysimon HÜBN.
1339. lucida TR.
1340. atrigemmata BUTL.
1341. stellata TR.
1342. naidina BUTL.
1343. nnigemmata BUTL.
1344. plurilimbataKARSCH.
1345. Güssfeldti DEW.
1346. bueronica KARSCH.
1347. punctatus DEW.
1348. elorea FABR.
1349. ornatus MAB.
    v. vestalis AUR.
1350. bura WALK.
1351. kedonga SM.
1352. lyce WALK.
1353. paludicola HOLL.
1354. paudama WALK.

1355. samia WALK.
1356. serrula MAB.

114. Heodes DALM.
1357. pseudophlæas LUCAS.
1358. Abboti HOLL.
1359. orus CR.

Fam. Pieridæ.

115. Pseudopontia PL.
1360. paradoxa FELD.
1361. cepheus EHRM.

116. Leptosia HÜBN.
1362. medusa CR.
    ab. marginea MAB.
    ab. immaculata AUR.
1363. alcesta CR.
    ab. narica FABR.
    ab. nupta BUTL.

117. Herpænia BUTL.
1364. eriphia GOD.
    v. Nyassæ LANZ.
    v. iterata BUTL.
    v. melanarge BUTL.
    v. Mabillei AUR.
    v. lacteipennis BUTL.

118. Mylothris HÜBN.
1365. Humbloti OBERTH.
1366. chloris FABR.
1367. clarissa BUTL.
1368. rembina PL.
1369. nubila MÖSCHL.
1370. Sjöstedti AUR.
1371. spica MÖSCHL.
1372. poppea CR.
1373. hilara KARSCH.
1374. asphodelus BUTL.
1375. primulina BUTL.
1376. dimidiata AUR.
1377. sulphurea AUR.
1378. ochracea AUR.
    v. flaviana SM.
1379. crocea BUTL.
1380. citrina AUR.
1381. agathina CR.
1382. Rüppelli KOCH.
1383. Yulei BUTL.
1384. phileris BOISD.
1385. Smithi MAB.
1386. bernice HEW.
    v. berenicides HOLL.

1518. argia Fabr.
ab. semiflava Aur.
ab. idotea Boisd.
ab. poppea Donov.
ab. mixta Aur.
ab. sulphurea Aur.
v. varia Tr.
1519. pharis Boisd.
1520. thalassina Boisd.
ab. verulanus Ward.
1521. Buqueti Boisd.
v. mossambicensis Hopff.
v. arabica Hopff.
v. capensis Hopff.

125. Catopsilia Hübn.

1522. florella Fabr.
ab. hyblæa Boisd.
ab. aleurona Butl.
ab. pyrene Swains.
1523. thauruma Reak.
1524. Grandidieri Mab.

126. Terias Swains.

1525. brenda D. & H.
1526. senegalensis Boisd.
v. bisinuata Butl.
1527. anjuana Butl.
1528. floricola Boisd.
v. ceres Butl.
1529. hapale Mab.
1530. Desjardinsi Boisd.
v. regularis Butl.
v. Marshalli Butl.
ab. aliena Butl.
v. mandarinula Holl.
1531 brigitta Cr.
v. zoe Hopff.
1532. pulchella Boisd.

127. Colias Fabr.
1533. hyale L.
v. marnoana Rog.
1534. electo L.

Fam. Papilionidæ.

128. Papilio L.

1535. antimachus Dr.
1536. rex Oberth.
1537. mimeticus Rothsch.
1538. zalmoxis Hew.
ab. Rippoui Röber.
1539. nobilis Rog.
1540. Antinorii Oberth.
ab. niavioides Kheil.
ab. ruspinæ Kheil.
1541. dardanus Brown.
ab. dionysus D. & H.
ab. nioboides Aur.
ab. niobe Aur.
1542. cenea Stoll.
ab. tibullus Kirb.
ab. trophonius Westw.
1543. meriones Feld.
1544. Humbloti Oberth.
1545. echerioides Tr.
v. Wertheri Karsch.
1546. Jacksoni E. Sh.
1547. zoroastres Druce.
1548. preussius Karsch.
1549. Homeyeri Pl.
1550. cynorta Fabr.
1551. plagiatus Aur.
1552. zenobia Fabr.
ab. odenatus Westw.
1553. andronicus Ward.
1554. mechowianus Dew.
1555. cypræofila Butl.
1556. gallienus Dist.

1557. hesperus Westw.
1558. pelodurus Butl.
1559. euphranor Tr.
1560. constantinus Ward.
1561. Mackinnoni E. Sh.
1562. Delalandei God.
1563. phorcas Cr.
ab. thersander Fabr.
v. congoanus Rothsch.
v. Ansorgei Rothsch.
1564. mangoura Hew.
1565. charopus Westw.
1566. Hornimani Dist.
1567. oribazus Boisd.
1568. epiphorbas Boisd.
1569. phorbanta L.
v. nana Oberth.
1570. manlius Fabr.
1571. Donaldsoni E. Sh.
1572. nireus L.
v. aristophontes Oberth.
v. lyæus Doubl.
1573. bromius Doubl.
v. brontes Godm.
1574. demodocus Esper.
ab. nubila Capr.
v. Bennetti Dix.
1575. erithonioides Sm.
1576. morondavana Sm.
1577. menestheus Dru.
ab. pygmæus Aur.
v. Lormieri Dist.
v. ophidicephalus Oberth.
1578. ridleyanus White.
1579. endochus Boisd.
1580. pylades Fabr.
v. angolanus Goeze.
1581. morania Angas.
v. taboranus Oberth.
1582. cyrnus Boisd.

1583. tyndæreus Fabr.
ab. ochrea Capr.
1584. latreillianus God.
v. Theorini Aur.
1585. Levassori Oberth.
1586. Hachei Dew.
1587. auriger Butl.
1588. ucalegon Hew.
v. Simoni Aur.
1589. ucalegonides Staud.
1590. phrynon Druce.
1591. Fulleri Sm.
1592. Aurivilliusi Seeldr.
1593. agamedes Westw.
1594. adamastor Boisd.
1595. almansor Honr.
1596. carchedonius Karsch.
1597. poggianus Honr.
1598. philonoe Ward.
1599. leonidas Fabr.
ab. pelopidas Oberth.
ab. interniplaga Aur.
v. brasidas Feld.
1600. mercutius Sm. & K.
1601. evombar Boisd.
1602. antheus Cr.
ab. evombaroides Eim.
ab. niuba Hamps.
v. lurlinus Butl.
v. Nyassæ Butl.
1603. nigrescens Eim.
1604. policenes Cr.
1605. sisenna Mab.
1606. polistratus Sm.
v. Richelmanni Weym.
1607. Junodi Tr.
1608. porthaon Hew.
1609. colonna Ward.
1610. illyris Hew.
1611. Kirbyi Hew.
v. Ottonis Aur.
1612.[1] antenor Dr.

---

[1] Die Verschiedenheit zwischen der Tab. 1 (Seite 497) und diesem Verzeichnisse hängt davon ab, dass zwei Cupido-Arten (vergl. p. 538) als Synonymen eingezogen worden und dass eine Art, deren Vaterland unbekannt ist, in den Tabellen nicht aufgenommen werden konnte.

Register der Gattungen und Arten.

Der Druck wurde Ende April 1899 abgeschlossen.

— — ⟶ • ⟵ ———

ERLÄUTERUNG ZU DEN TAFELN.

Tafel I.

Fig. 1. *Planema leopoldina* AURIV.; nach dem typischen Stücke im Brüsseler Museum, p. 120.

2. *Acræa semivitrea* AURIV.; nach dem typischen Stücke im Brüsseler Museum, p. 114.

3. *Acræa caldarena* HEW., ab. ♀ *nero* BUTL.; nach einem Stücke in SUFFERT's Sammlung, p. 99.

4. *Neocœnyra Victoriæ* AURIV.; nach dem typischen Stücke in SUFFERT's Sammlung, p. 72.

5. *Ypthima Sufferti* AURIV.; nach dem Typus in SUFFERT's Sammlung, p. 76.

6. *Kallima Jacksoni* EM. SHARPE, nach einem Stücke von Sassa in Lieutenant COLLMANT's Sammlung, p. 153.

7. *Neptis Seeldrayersi* AURIV., nach dem Typus in SEELDRAYER's Sammlung, p. 167.

8. *Neptis Lermanni* AURIV., nach dem Typus im Brüsseler Museum, p. 168.

9. *Pseudathyma neptidina* KARSCH, nach einem Stücke in SEELDRAYER's Sammlung, p. 218.

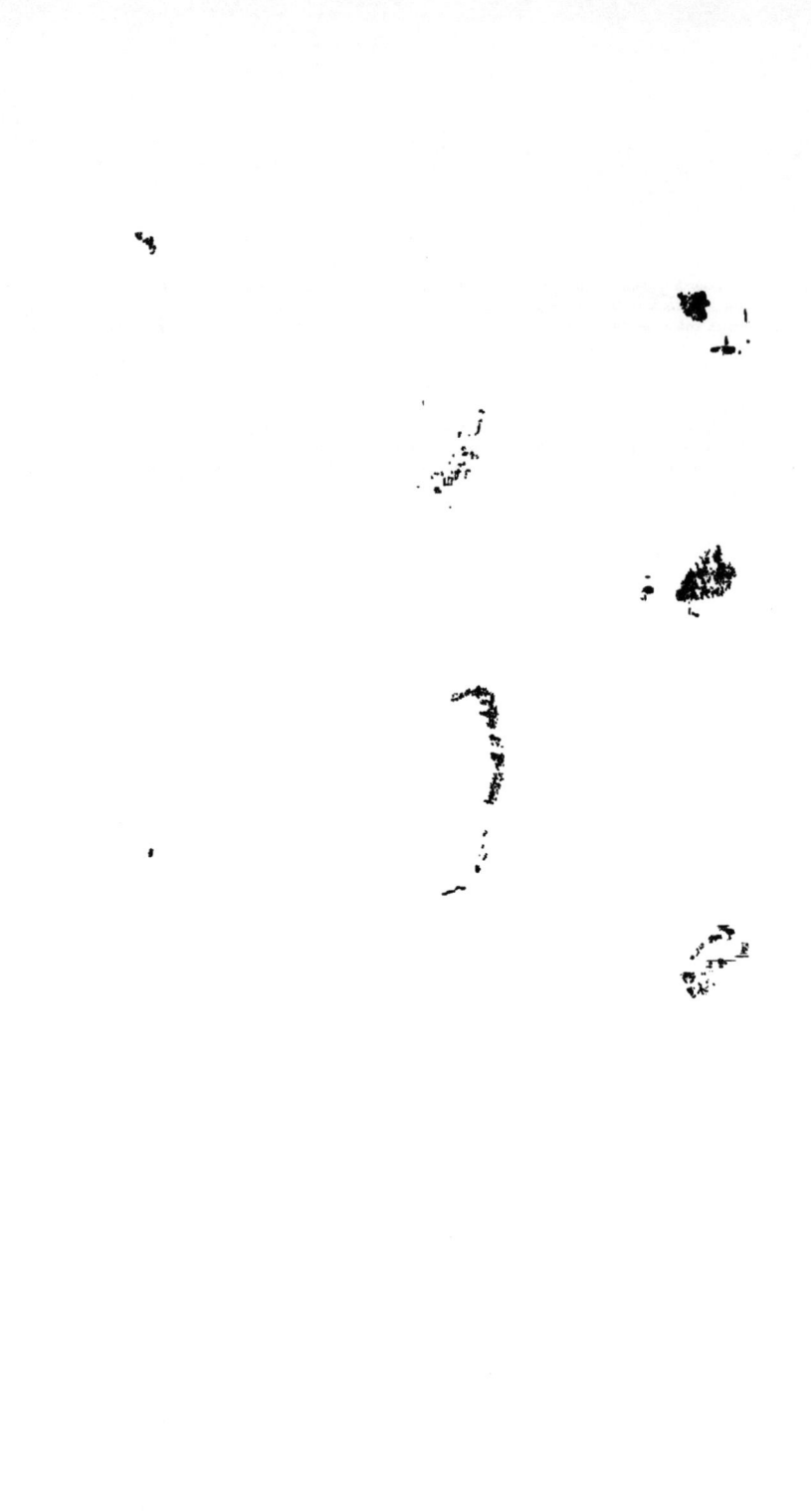

Tafel 2.

Fig. 1. *Euphædra Eberti* AURIV. ♂ } nach den Typen im Brüsseler Museum, p. 187.
  2. *Euphædra Eberti* AURIV. ♀ }

 » 3. *Euphædra Herberti* EM. SHARPE ♂, nach dem Typus von *E. acrozaleuca* KARSCH im Berliner Museum, p. 189.

 » 4. *Euphædra uganda* AURIV. ♂, nach dem Typus im Berliner Museum, p. 190.

  5. *Euryphene rubrocostata* AURIV. ♂, nach dem Typus im Brüsseler Museum, p. 197.

  6. *Euryphene aurora* AURIV. ♀, nach dem Typus im Brüsseler Museum, p. 199.

Tafel 3.

Fig. 1. *Euryphene iturina* KARSCH ♀, nach einem Stücke in SEELDRAYER's Sammlung, p. 200.

    2. *Euryphene lætititia* PLÖTZ ♂, nach einem Stücke im Reichsmuseum in Stockholm. p. 200.

»   3. *Euryphene chrienhilda* STAUD. ♂, nach einem Stücke in STAUDINGER's Sammlung, p. 200.

    4. *Euryphene absolon* FABR. ♂, die Unterseite der Flügel; nach einem Stücke im Reichsmuseum in Stockholm, p. 201.

»   5. *Euryphene absolon* FABR., var. *micans* AURIV. ♂, die Unterseite der Flügel; nach einem Stücke im Reichsmuseum in Stockholm, p. 201.

»   6. *Euryphene zonara* BUTL. ♂, die Unterseite der Flügel; nach einem Stücke im Reichsmuseum in Stockholm, p. 201.

    7. *Euryphene mandinga* FELD. ♂, die Unterseite der Flügel; nach einem Stücke im Reichsmuseum in Stockholm, p. 201.

    8. *Euryphene congolensis* CAPR. ♂; nach einem Stücke im Brüsseler Museum, p. 200.

    9. *Euryphene congolensis* CAPR. ♀; nach dem Typus im Brüsseler Museum, p. 200.

  10. *Euryphene Severini* AURIV. ♂; nach dem Typus im Brüsseler Museum, p. 200.

  11. *Euryphura aurantiaca* AURIV. ♂; nach dem Typus im Brüsseler Museum, p. 207.

  12. *Euryphura aurantiaca* AURIV. ♀; nach dem Typus im Brüsseler Museum, p. 207.

Tafel 4.

Fig. 1. *Cymothoe Cloetensi* SEELDR. ♂; nach einem typischen Stücke im Reichsmuseum in Stockholm. p. 211.

 " 2. *Cymothoe superba* AURIV. ♀; nach dem Typus im Berliner Museum, p. 213.

 " 3. *Cymothoe Hewitsoni* STAUD. ♂; nach dem Typus in Staudingers Sammlung, p. 214.

 4. *Cymothoe Hewitsoni* STAUD. ♀: nach einem Stücke im Reichsmuseum in Stockholm, p. 214.

 5. *Cymothoe Staudingeri* AURIV. ♂; nach dem Typus in Staudingers Sammlung, p. 213.

 6. *Cymothoe Reinholdi* PLÖTZ ♂; nach dem Typus von *C. theodora* STAUD. in Staudingers Sammlung, p. 211.

 7. *Cymothoe Reinholdi* PLÖTZ ♀; nach dem Typus im Reichsmuseum in Stockholm, p. 211.

Tafel 5.

Fig. 1. *Cymothoe consanguis* AURIV. ♂; nach dem Typus im Reichsmuseum in Stockholm, p. 214.

2. *Cymothoe consanguis* AURIV. ♀; nach dem Typus im Reichsmuseum in Stockholm, p. 214.

3. *Cymothoe caprina* AURIV. ♂; nach dem Typus im Brüsseler Museum. p. 214.

4. *Cymothoe hyarbitina* AURIV. ♂; nach dem Typus im Brüsseler Museum, p. 212.

5. *Cymothoe eris* AURIV. ♂; nach dem Typus im Brüsseler Museum, p. 214.

6. *Charaxes Boueti* FEISTH. ♂; nach einer Abbildung des Typexemplares in Oberthurs Sammlung, p. 235.

7. *Charaxes Thysi* CAPR. ♂; nach dem Typus im Brüsseler Museum, p. 236.

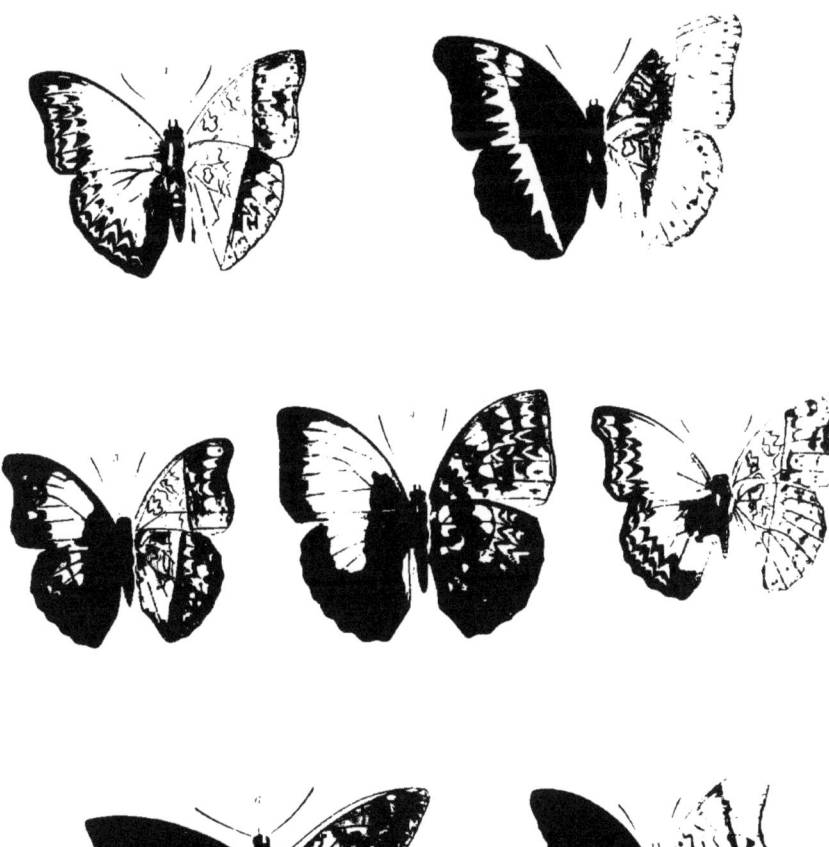

Tafel 6.